김지하를 다시 본다

김지하를 다시 본다

☞ 일러두기

1. 이 책은 2023년 5월 6일~7일 한국학중앙연구원에서 열린 「김지하 시인 1주기 추모 학술심포지엄」에서 발표된 토론 자료집과, 행사 후 토론에 대한 내용들을 발표자들이 다시 정리한 것을 전반부로 하여, 단행본 형식으로 편집해 발행하였습니다.

2. 또한 후반부는 김지하 시인의 글 중에서 다시 생각하며 꼭 읽어야 할 글들을 모았습니다.

3. 본문의 글은 되도록 글쓴이의 원문을 살려 수록하였으며, 부호는 통일하되 명백한 오자와 탈자만 수정하였습니다.

4. 이 책의 분류와 수록 순서는 「김지하 시인 1주기 추모 학술심포지엄」에서 발표된 순서 그대로이며, 후반부 재수록된 김지하의 글들은 시기에 따라 언급된 주제가 흐름을 갖도록 임진택의 책임으로 편집했습니다.

5. 김지하 시인의 연보 중 혹시 누락된 것은 알려주시면 보완하겠습니다.

김지하를
다시
본다

염무웅 이부영 유홍준 임진택
엮음

개마서원
Publishing co.

발간사

김지하, '해방을 통해 생명으로'

이부영(자유언론실천재단 명예이사장)

　김지하 시인이 세상을 떠난 지 두 해 반이나 지났다. 추모문화제가 있었고 추모심포지엄까지 열렸으니 그와 사귀고 놀고 따르던 선배, 동료, 후배들은 정리하지 않으면 안 된다는 압박감을 느낄 만하다. 그가 쌓아놓은 그득한 더미에 벽돌 한 장이라도 올려 놓아야겠다는 갸륵한 심사 때문이다. 이 시간에도 김 시인의 문학과 전통문화 그리고 생명평화의 뜰에 물을 주고 김매는 후학들이 애쓰고 있다. 그 정리하는 짐을 한목 임진택이 지고 나섰다.
　1970년에 김지하 시인이 발표한 「오적五賊」에 이은 그의 일련의 시작詩作과 문예활동은 박정희 정권의 영구집권 기도와 민주-인권 탄압에 정면 저항하는 메시지를 국내외에 던지면서 비상한 관심을 불러일으켰다. 풍자와 저항을 담은 시와 노래, 판화와 전통 민중연희(탈춤·마당굿·판소리)가 대학과 지식인 사회에 반독재 민주화운동뿐만 아니라 새로운 문화운동으로서도 충격을 던졌다. 일제의 식민지배 속에서도 생명력을 이어온 춤사위·민요 등을 민주화운동에 접목시키는 작업이 바로 전통사상과 문화를 새롭게 한국의 현대사회에 전승시키는 문화운동이라는 사실을 국내외의 문화예술인들, 평론가들과 학자들이 주목하기 시작했다. 망국·식민지배·전쟁·분단·독재·가난의 대명사처럼 되어있던 한국, 그 반독재 민주화 투쟁 속에서도 소외되어 있던 동학 등 민족종교에 대한 관심이, 토착적 자주적 사상이 민족문화의 힘으로 분출하기 시작했다.

안보 투쟁에서의 패배와 진보세력의 대분열로 크게 침체에 빠져있던 미야타 마리에 선생을 비롯한 당시 일본의 지식인들에게 김지하의 신선한 문화투쟁은 동북아시아의 민주와 평화라는 당면 과제에 대해, 한국과 일본의 역사해석에 대해 비판적 성찰을 불러일으키는 계기를 제공했다.

한반도의 분단과 독재, 숨막히는 문화적·사상적 폐쇄성에 대한 김지하의 투쟁은 그 자신부터 극복하는 과정이기도 했다. 한일협정 반대 학생운동에 참여하기 전까지 김지하는 자신을 스스로 모던니스트, 슈르레알리스트라고 평가하기도 했다. 그랬던 그가 당면과제에 대응하는 투쟁과 민족 구성원 안에 연면히 이어져온 종교적·문화적 감성을 접목시키는 작업에 착수했다. 전통적·내재적 접근을 통해서 제국주의적 외세의 침략에 억압당하는 자가 자기 정체성을 세우고 세계적 보편성에 다가선다는 것을 보여주려 했다. 그는 수운·해월의 동학과 전봉준의 봉기가 조선 근대화의 근본이어야 한다고 확신했다.

2023년 작고한 일본의 노벨문학상 수상자 오에 겐자부로 선생은 기회 있을 때마다 자신이 아니라 김지하 시인이 노벨문학상을 받았어야 했다고 술회했다. 일본 사회의 과거 회귀에 경종을 울렸던 전후 일본의 대표적 평화운동가 오에 선생은 보편적 기준으로 봐도 수상 자격이 있었다. 그런 그가 겸양을 보인 이유는 무엇이었을까. 오에 선생은 식민지 조선의 폭압이 남아있는 분단 한국에서 조선의 문화적·이념적 전통을 잇고 새롭게 해석하면서 투쟁을 벌인 김지하야말로 세계의 이념적·국가적 양극화를 넘어서려는 인류 보편적 문학·예술을 대표한다고 보았다. 7~80년대 제3세계를 대표하는 문학인으로 김 시인을 손꼽았던 것이다. 김 시인이 제3세계 노벨상으로 일컬어졌던 '로터스상'을 받았으니 오에 선생의 우애는 그만큼 값이 있었다. 오에 선생의 생각처럼 한일 관계가 진행되었어야 했다. 요즘 전개되는 사태를 김 시인이 살아있어서 보았다면 다시 자리에서 벌떡 일어나지 않았을까.

다른 무엇보다 김지하의 문화적 메시지가 오늘의 한류의 원류였음이 시간이 흐를수록 절실하게 가슴에 다가온다. 부자와 강대국이 아니라 짓밟히고 고통받은 자로부터 분출하는 문화가 세계인의 마음을 움직인다는 평범한 진실을 확인해준다. 그의 시「오적」에 배어 흘러나오는 판소리 가락과 풍자, 홍과 분노에 우리의 근현대가 그대로 녹아 있다면, 그것이 한류의 원류가 아니면 무엇이 한류인가. 분단 한국의 신자유주의가 씹다 버린 껌 같은 것이 한류인가.

김지하 시인이 1970년「오적」시 사건으로 구속되었다가 석방된 뒤 신문회관(지금의 프레스센터) 회의실에서 강연회를 가진 다음 몇몇 친구들과 개인적인 소회를 밝히는 기회를 가졌다. 당시 박정희 정권은 1971년 대통령 선거를 앞두고 4.19혁명 세대와 6.3한일협정 반대투쟁 세대의 학생운동 출신 인사들에게 미국으로 유학을 가도록 회유하고 있었다. 여러 인사들이 떠나고 있었다. 누구인가 김 시인에게도 그런 제안이 있었는지 물었다. 그는 이렇게 대답했다.

"이 나라는 3면이 바다로 둘러싸여 있고 북쪽은 철조망으로 가로막혀 있다. 마치 큰 자루 속에 갇혀있는 것 같다. 그런데 정권은 자신에게 필요할 때는 자루 속으로 손을 집어넣어서 쥐 한 마리 꺼내 들듯이 '여기 빨갱이 한 마리 있소' 하고 소리 지른다. 이런 나라를 피해 미국으로 가란 말인가. 나는 챙피해서도 못가겠다. 여기서 쭈그리고 앉아서라도 살아야겠다."

그리고 그는 그 말대로 살았다. 죽음을 살아낸 다음에 생명·평화에 마음을 쏟았다고 누가 감히 그를 타박할 수 있겠는가. 젊은 시절 '타는 목마름으로' 민주주의를 갈망했던 그는 '죽임' 앞에서 처절한 사투를 벌인 끝에 마침내 '생명'이라는 깨달음에 다다랐고, '감옥 밖 감옥에서' 다시 타는 목마름으로 '생명세상'을 외치고 갈구하다 기진하여 스러졌다. 그가 치열한 구도와 수난의 과정에서 기필코 열어 보려 했던 그 '생명의 문'을 이제 우리가 열어내야만 한다.

최근 염무웅 선생은 김 시인이 1975년 3월 동아일보 「고행…1974」 옥중수기에 인혁당 고문 용공조작 사실을 밝히고 다시 박정희의 사형장으로 걸어 들어간 용기만으로도 자신에게 맡겨진 역사적 소임을 충분히 한 것이라고 말했다.

자루 속 같은 분단 한반도 남쪽에서 힘들게 살다간 김지하 시인에게 '애 많이 썼다'고 위로해주고 싶다.

그리워하는 많은 벗들과 후배들의 추억 속에 김 시인도 편안한 마음으로 명부에 들어가 쉬고 있기를 기원한다.

2024년 11월 18일
김지하 시인 추모문집 담당자이자 친구 이 부 영

※ 2023년 5월, 김지하 시인 추모 1주기를 맞아 이틀간에 걸쳐 규모 있고 의미 있는 학술 심포지엄이 열릴 수 있도록 물심양면으로 배려해 주신 '한국학중앙연구원' 안병우 원장님과 재야의 큰 일꾼 문국주 선생님께 감사드립니다.

책머리에

잊혀진 이름, 김지하

임진택(창작판소리 명창, 마당극 연출가)

  지난 2022년 5월 8일 시인 김지하가 세상을 떠났을 때, 사람들은 그의 죽음에 별 관심을 갖지 않았다. 세상을 떠나기 전에 그는 이미 사람들에게 많이 잊혀져 있었고, 그를 아는 사람들 중에는 그의 탁월성이나 공적보다는 그의 과오나 '훼절'에 대해 불쾌한 감정을 더 갖고 있었으며, 그래서 그 이름을 기억에서 떨쳐내려고 하는 사람들마저 없지 않았다.

  그가 죽었을 때 원주의 장례식장에는 문상객이 거의 오지 않았다. 문학 분야든 정치 분야든 소위 민주진보 진영에서는 김지하를 사회장社會葬이나 문학예술인장文學藝術人葬으로 추모할 분위기가 전혀 일지 않았고, 그를 '훼절'로 끌어들였던 수구 보수진영에서는 발걸음은커녕 아예 연락조차 하는 사람이 없었다. 별로 달갑지 않은 대통령과 관료들이 보낸 조화가 와있었지만 의미없는 허례허식이었을 뿐, 그마저도 한쪽 구석으로 치워 놓아져서 장례식장은 썰렁하기 짝이 없었다. 어허! 천하의 김지하가 말년에 이런 참혹한 신세가 되다니….

  김지하라는 인물이 과연 이처럼 초라하게 묻혀버려도 될 인물인가…? 자문하면서 나는 고개를 가로젓는다. 아무리 생각해 봐도 김지하는 그가 이룬 문학예술 미학적 성과나 정치투쟁 행적에 있어 결코 이렇게 싸늘하게 보내서는 안될 인물이고, 더욱이 20세기 후반 척박한 한반도에서 누구도 발상하지 못한 '생명운동'을 주창한 '생명사상가'로서의 김지하는 결코 폄훼貶毀되어서도 안되고 잊혀서도 안될 인물이기 때문이다.

  이것이 바로 이 책을 출판하는 이유이다. 저항시인으로서의 김지하는 물론, 목숨을 걸고 치열하게 싸운 그의 반독재투쟁 행적, 그리고 무엇보다 생명사상가이자 생명운동가로서의 김지하가 누구였는지 세상에 다시 한번 간곡히 알려서 세상사람 모두를 '생명의 세계관에 입각한 문명전환의 길'에 나서게 하는 것, 그것이 이 책을 출판하는 가장 큰 이유이자 목적이다.

타는 목마름으로 생명을 연 구도자, 김지하

  김지하 시인이 그렇게 허망하게 세상을 떠난 지 49일째 되는 6월 25일, 시인의 외로운 떠남을 안타까워한 지인들이 나서 서울 천도교 중앙대교당에서 추모문화제를 모셔드렸다. 고인의 오랜 벗인 이부영 님이 앞장서 주셨고, 고인의 직계 후배인 유홍준 님이 온갖 어려운 뒷바라지를 맡아 해주었다. 염무웅·황석영·김용옥 님을 비롯해서 정지창·문정희·최원식·이동순·채희완·김봉준·김형수·홍용희·전범선 님 등 작가, 시인, 화가, 가수, 평론가들이 핍진한 글로 고인을 추모해 주었고, 송철원·정성헌·이기상·최열·주요섭 님 등 학생운동의 동지와 생명운동의 동료들이 매우 착잡한 심정으로 고인을 회고했다. 특별히 일본 문예지 우미[海]의 편집인이었던 미야타 마리에 씨가 글도 보내오고 직접 추모행사에까지 참석했는데, 그녀는 김지하 시인보다 두세 살 연상으로, 사형선고를 받고 감옥에 갇혀있던 김지하 구명을 위해 자신의 모든 것을 다 바친, 자그만 체구의 고집 센 여인이었다.

 그 해 겨울, 도서출판 〈모시는 사람들〉은 그때 발표된 지인들의 글을 모아 『타는 목마름으로 생명을 열다』라는 제목의 소중한 책을 만들어 주었다. 『타는 목마름으로 생명을 열다』라는 이 제목은 김지하의 생애를 가장 정확하게 한마디로 축약한 문장이라 할 수 있다. 기왕에 발간된 김지하의 책 중에 『타는 목마름에서 생명의 바다로』라는 제목이 있는 바, 이는 김지하가 민주투사에서 생명사상가로 전환했음을 명백하게 함축하고 있는 문구이다. 그 후 김지하에 관한 끊임없는 논란은 바로 이 부분에 집중되어 왔다. 민주투사에서 생명사상가로 전환한 것이 한 인간의 변절인가 아니면 영성靈性의 확장인가? 혹은 그것은 현실도피인가 아니면 원시반본原始返本인가? 민주투사와 생명사상가는 병립할 수 없는 모순관계인가? 혁명革命과 개벽開闢을 동시에 성취할 수 있는 방도는 없는 것인가?

 김지하는 이 논란으로 인해 오랫동안 숱한 비난과 오욕의 세월을 보내야만 했으며, 더럽혀진 이름을 끝내 세척해내지 못한 채 세상을 뜨고 말았다. 그 점이 아쉽고 안타까워서 후배인 나도 그 추모의 장에 글을 하나 보탠 바, 내 글의 제목이 「위악자僞惡者 김지하를 위한 변명」이었다. 위선자僞善者라는 단어는 있지만 위악자라는 단어는 존재하지 않는다. 위악자라는 용어는 아마도 내가 최초로 지어낸 말일 것이다. 그리고 김지하는 아마도 그렇게 불린 최초의 인물일 것이다. 변명辨明이란 단어도 세간에는 '거짓을 늘어놓는 말'로 잘못 통용되고 있지만, 원래는 소크라테스가 택한 사유思惟와 토론을 가리키는 것으로 '사리를 따져 똑똑히 밝힌다'는 뜻이다. 내가 써놓은 그 글 '위악자 김지하를 위한 변명'을 한번 선한 마음으로 살펴봐 주시기 바란다.

노래가 된 김지하의 시詩

2023년 5월 6일과 7일 이틀에 걸쳐 한국학중앙연구원 회의실에서 김지하 시인 1주기를 추모하는 학술심포지엄이 열렸다. 염무웅 님과 이부영 님이 이끌어 주시고 유홍준 님이 뒷받침해준 이 심포지엄의 큰 제목은 「김지하의 문학·예술과 생명사상」이었다. 심포지엄 첫날에는 '김지하의 문학·예술과 미학'이라는 주제로 발제와 토론이 있었고, 둘째 날에는 '김지하의 정치적 고난과 생명사상의 태동'이라는 전혀 다른 주제의 강연과 발제·토론이 있었다.

심포지엄뿐만 아니라 첫날 6일 저녁에는 한국학중앙연구원 안에 있는 청계학당 뜰에서 〈젊은 날 빛을 뿜던 아, 모든 꽃들〉이라는 제목의 추모공연이 마련된 바 이는 '노래가 된 김지하의 시詩'를 모아

놓은 특별한 기획이었으며, 이와 별도로 5월 4일부터 9일까지 인사동 백악미술관에서는 〈꽃과 달마, 그리고 흰 그늘의 미학〉이라는 제목으로 김지하 추모 서화전이 열려 그가 그려놓은 묵란·묵매·달마, 수묵산수화와 채색 꽃그림들이 전시되었다. 이 전시를 총괄한 유홍준 님은 "추사 김정희가 시도 잘 썼으나 글씨가 워낙 출중해서 시재詩才는 잘 안 알려졌는데, 김지하는 시인으로 워낙 유명해서 글씨와 그림은 알려지지 않았다"고 설명했다. 글씨나 그림에 문외한인 나로서도 충분히 공감이 가는 비유였다. 시·서·화詩書畵 일체一體의 경지를 보여주고 있는 김지하의 그림과 글씨에 관한 분석과 평가는 심포지엄에서 유홍준 님이 '붓 끝에 실린 모시는 마음'이라는 글로 발제를 해주셨고, 같은 글이 서화전 도록圖錄에도 수록되어 있는 바 일독 하시기를 권한다.

　김지하는 아마도 노래로 불려진 시를 가장 많이 갖고 있는 시인일 터이다. 초기 서정시라 할 수 있는 「황톳길」을 비롯해서 「서울길」, 「빈 산」, 「새」, 「회귀」, 「녹두꽃」 등 여러 시들이 노래로 만들어졌다. 특히 연극 〈금관의 예수〉의 주제곡은 김지하 작사에 김민기가 곡을 붙여 만든 것으로 가장 널리 알려진 노래 중 하나이다. 무엇보다도 그의 시 「타는 목마름으로」는 80년대와 90년대의 민주화운동 학생 세대들에게 가장 많이 불린 노래이다. 그만한 영향력을 지니고 있던 노래를 꼽자면, 보다 온유하면서도 단호한 쪽으로는 〈아침이슬〉 같은 김민기의 노래가 있고, 보다 강인하면서도 치열한 쪽으로는 백기완 님의 장시 「묏비나리」에서 발췌해서 황석영 님이 부각시킨 노래

〈임을 위한 행진곡〉이 있다.

　시가 노래로 불린다는 것은 무슨 의미인가? 왜 김지하의 시는 다른 시인들의 시보다 더 많이 노래로 만들어지고 불렸는가? 시 안에 음악성은 어떤 방식으로 내재해 있으며 음악에는 시적詩的 감성이 어떻게 예비되고 구현되는가? 이 질문은 앞으로 문학·음악 분야 전문가들에 의해 규명되어야 할 미학적 과제이다. 우선 짐작하건대 김지하의 시에는 그 문장 안에 다른 현대시에서는 찾아보기 어려운 자기만의 독특한 운율이 들어있다는 사실이다. 단순히 글자 수로 파악되는 율격이 아니라 시를 읊거나 낭송할 때 생겨나는 음보音步까지 감안한 독특한 운율이 김지하의 서정시에 들어있는 바, 그 운율의 정체를 밝혀내는, 다시 말해 "시는 무엇이고 가락(장단)은 무엇이며 그 둘의 본질과 관계는 무엇인가"를 규명하는 미학적 과제가 남아있다.

　또 하나 발견되는 특이한 점은 김지하 초기 서정시와 결합한 노래 또는 반주에는 국악 선율과 국악기가 도입되고 있다는 사실이다. 이를 선도한 음악인들로 김구한·이종구·김영동 등이 있고 김민기가 한때 거기에 가세하기도 했다. 예컨대 가장 토착적 율격이 도드라졌던 시인 김소월이나 정지용의 경우 정작 노래로 만들어지기는 서양 가곡풍으로 작곡되곤 했다는 사실을 환기할 필요가 있다. 김소월·정지용·백석·이용악·윤동주·한용운·이상화·이육사·고은·신경림과는 다른, 김지하 서정시에 내재한 토착적 음악성의 정체는 무엇인지 좀더 심층적으로 규명할 필요가 있다고 본다.

담시譚詩의 독보적인 존재, 김지하

시인 김지하를 특징짓는 또다른 특별한 범주範疇는 그 자신이 명칭한 담시譚詩 분야이다. 1970년 5월 김지하의 담시 「오적五賊」이 실린 『사상계思想界』는 즉각 폐간 당하고 작가가 구속되었으며, 1972년 4월에는 담시 「비어蜚語」로 말미암아 『창조創造』지誌 역시 폐간되고 작가는 감금당하는 파란波瀾이 일었다. 김지하는 1970년대 초반 담시라는 장르를 십분 활용하여 정치풍자와 사회비판의 선봉에 선즉, 이는 그 누구도 예측하지 못했으며 어느 작가도 따라할 수 없는 독보적인 경지였다.

나는 김지하의 담시 중 「소리내력」「똥바다」「오적」 이렇게 세 편을 판소리로 작창하여 불렀다. 원래는 「오적」을 판소리로 만들기 위해 정통판소리를 직접 배우기 시작했으나, 순서로 보면 1974년 판소리를 배우기도 전에 〈소리내력〉을 먼저 강창했고, 1985년 비몽사몽간에 〈똥바다〉를 작창하여 전국을 돌아다녔으며, 정작 〈오적〉을 제대로 판소리로 만든 것은 그보다 훨씬 늦은 1993년이 되어서였다.

김지하의 담시는 정확하게 말하면 '단형短形의 판소리 사설'이다. 김지하 담시의 문체는 '이야기체'이다. 김지하의 담시는 '이야기의 서사적 전개'로서, 마치 판소리 사설의 이야기체처럼 말로 하는 '아니리' 대목과 창으로 하는 '소리' 대목으로 구성되어 있다. 김시인이 담시 사설을 아니리와 소리로 구분해 놓은 것은 아니지만, 판소리로 작창하려고 들여다보면 아니리 대목과 소리 대목이 확연히 드러난다. 마찬가지로 김 시인이 각 소리 대목에 어떤 장단을 사용하라고 지시해 놓지는 않았지만, 소리를 아는 사람이 들여다보면 그가 어떤 장단을 염두에 두고 사설을 썼는지 금방 알아채게 된다. 이런 관점에서 '단형의 판소리 사설'로서의 김지하 담시의 문학적 완성도는 대단히 높다.

〈소리내력〉과 〈오적〉의 경우 나는 김지하 시인의 담시 사설을 단 한 글자도 바꾸지 않고 그대로 재현하였다. 말하자면 김지하는 판소리 문체가 무엇인지를 완전히 이해하고 있었다고 봐야 할 것이다. 다른 예로, 담시 「비어」 중 한 작품인 「육혈포 숭배」는 소리대목 없이 아니리로만 짜여있는 이야기체 사설인데, 소리 한 대목 없이 아니리로만 된 작품을 쓴다는 것은 판소리 문체를 완벽히 이해하고 있는 사람이 아니고서는 결코 발상할 수 없는 경지이다.

〈오적〉이나 〈소리내력〉에 비해 〈똥바다〉는 원작 「분씨물어糞氏物語-똥씨이야기」를 상당부분 개작한 것이다. 그도 그럴 것이 담시 「똥바다」는 초현실주의Surrealism 작품이기 때문이다. 〈똥바다〉의 후반부, 삼촌대三寸待-촛도마떼가 이순신 동상 위에서 '똥을 내싸지르는 대목'은 사실과는 동떨어진 괴기하기 짝이 없는 장면이다. 그림으로 비교하면 마치 신학철 화백의 「한국현대사」 포도콜라주처럼 흰빈도의 온갖 오물 잡것들이 덕지덕지 달라붙은 콜라주 기법의 엮음사설이다. 이 사설 그대로는 도저히 판소리로 표현하는 것이 불가능한지라 부분적으로 삭제하고 조정할 수밖에 없었는데, 비몽사몽 헤매다가 어느 날 번뜻 떠오른 것이 적벽가의 적벽대전 대목이었다. 그리하여 빠른 잦은모리 장단에 얹어 작창을 시도한 '삼촌대 똥 내싸지르는 대목'은 적벽가의 적벽대전 못지않은 기발함과 통쾌함으로 청중들의 체중을 싹 가시게 하는 카타르시스 효과를 발휘했다. 내 자랑을 하려는 게 아니고, 김지하 시인이 얼마나 판소리를 깊이 이해하고 있었는지 증빙하는 사례로서 설명하는 것이다.

소설 분야든 시 분야든 희곡 분야든 우리 문학계에 판소리에 관심 가진 사람이 별로 없다는 것은 매우 아쉬운 일이며, 더욱이 김지하의 담시를 이어받아 시도하려는 작가가 거의 없다는 것은 참으로 안타까운 일이다. 판소리는 그 본질이 문학이요 연극이요 음악인지라, 진정한 창작판소리는 문학인과 연극인과 음악인의 협력 위에서만 꽃필 수 있다. 담시를 '전통의 계승문제'로서 뿐 아니라 '문학의 본령 문제'로 보는 문단 작가들의 인식이 있어야 할 것이다.

문화운동과 마당극의 효시^{嚆矢}, 김지하

김지하가 행한 문학·예술·미학적 활동 중에서 빼놓아서는 안되는 종목이 〈마당극〉이다. 김지하는 젊은 시절 시뿐 아니라 미술·연극·영화·민속 등에 두루 관심이 많았고 각 방면에 두루 통달^{通達}했던 인물이다. 시·서·화^{詩書畵} 뿐 아니라 악·가·무^{樂歌舞}까지도 섭렵하고 있었다는 얘기다. 전언에 의하면, 1960년대 한일협상 반대 학생시위에 처음으로 '향토의식 초혼굿'이라는 문화적 양식을 도입한 이가 문리대 학생 김지하였고, 운동가요가 없던 그 시절 〈최루탄가〉〈바람이 분다〉 등 운동가요를 발굴한 학생이 바로 김지하였다.

한편 김지하가 선배 김윤수의 지침을 받아 오윤 등 후배 화가들을 부추겨 '현실동인'을 발족시키고 미술의 사회참여를 주창한 것은 한국미술사에 한 획을 긋는 일대 사건이었다. 그런가 하면 젊은 시절 김지하는 친구인 영화감독 하길종과 모의하여 갑오년 동학농민혁명의 좌절挫折을 주제로 한 영화 〈태인〉을 구상하고 시나리오를 써 놓기도 했다. 전라도 태인은 동학의 남접 접주들에 연고緣故가 깊은 지역으로, 영화 〈태인〉은 우금치에서의 패배 후 쫓겨 내려간 동학농민군이 마지막 전투를 벌이다 또다시 패퇴한 공간이자 시간이다. 우리는 여기서 김지하가 영화에 대한 관심뿐 아니라 오래 전부터 '동학'과 운명적인 연緣을 맺고 있었음을 감지할 수 있다.

  김지하는 서울대학교 시절 문학모임은 물론 연극회 활동을 했고, 대단한 명배우였다는 소문이 전해온다. 내가 그를 처음 만난 것도 문리대 연극회 연습실에서였다. 1970년 가을, 내가 대학 2년생일 때, 「오적」 필화사건으로 수난 속에 엄청 유명해진 김지하라는 선배가 후배들이 연습하고 있는 문리대 연극회실로 찾아온 것이었다. 다음해 3학년이 된 나는 문리대 연극회 회장직을 맡았고, 10년 선배인 지하 형을 모셔 그가 쓴 두 개의 단막극 〈구리 이순신〉과 〈나폴레옹 꼬냑〉을 공연하기로 계획하였다. 당시 삼선개헌 반대 데모 등으로 대학가가 뒤숭숭한 가운데 학교속은 끝내 이 작품의 공연을 불허하였고, 그 여파로 나는 무기정학 처분을 받았다. 연습은 중단되고 지하 형에게는 아무런 사례도 하지 못한 채 헤어지고 말았는데, 나는 이 빚을 어떻게든 꼭 갚아야겠다고 마음먹고 있었다. 그 무렵 지하 형이 되풀이 강조하는 푸념이 있었다. "자연주의自然主義 연극 갖고는 안돼."

  지하 형은 새로운 연극의 필요성을 절감하고 있었다. 돌아보니 당시 연극계 풍토는 번역극이 대세였을 뿐만 아니라, 드물게 시도되는 창작극의 경우도 막幕과 장場으로 구분된 자연적 시·공간 안에 갇혀 진행되는 자연주의적 무대극 틀을 벗어나지 못하던 시기였다.

그 다음해 1972년 초봄, '가톨릭문화운동'의 일환으로 준비된 〈금관의 예수〉라는 작품에서 우리는 지하 형과 본격적으로 만나게 된다. 여기서 '우리' 라고 하는 것은 나를 포함한 김석만·이상우 등 서울문리대 연극반원과 서울미대 학생이던 김민기를 말한다. 1972년은 가톨릭농민회가 결성된 해인데, 지하 형이 가톨릭을 업고 현실참여 연극 순회공연을 준비하면서 '문화운동' 이라는 표제를 달고 나온 사실에 주목할 필요가 있다.

〈금관의 예수〉는 기실 지하 형의 전작前作 〈구리 이순신〉의 연장선상에 있는 작품이다. 이순신의 온몸이 청동으로 갇혀 있다는 설정과 예수의 머리가 금관으로 조임당하고 있다는 설정은 모티브motive가 동일하다. 지하 형은 자연주의적 틀에서 벗어난 진정한 사실주의 연극, 어쩌면 표현주의적 양식까지도 마다하지 않는 파격적인 연극을 구상하고 있었다.

그런데 〈금관의 예수〉로 부산·광주·대구·인천 등 가톨릭 대교구가 있는 지역을 순회하고 돌아와 마지막 서울공연을 앞두고 있을 때 뜻밖의 사건이 벌어진다. 일본에서 천막극天幕劇을 한다는 가라쥬로[唐十郎]라는 이가 무작정 김지하를 만나겠다고 자기네 '상황극단' 단원들을 이끌고 현해탄을 건너온 것이다. 그들이 합동공연을 제안하면서 하는 말이 자기네 천막을 세관인지 어딘지에 압수당한 터라 그냥 야외에서 공연하면 된다는 것이었다. 우리는 서강대 강당(극장)에서 공연하려던 계획을 바꿔 교문 위 구릉 테니스장 공터에서 합동공연을 하기로 합의했다. 〈금관의 예수〉를 먼저 공연하면서 우리는 당연히 평지를 무대로 하고 구릉에 앉은 관중들을 바라보며 공연을 했다. 말하자면 야외공연의 특성에 대해서는 전혀 고려하지 않은 채 뒷벽도 없는 텅 빈 공터에서 원래 했던 무대극 그대로의 방향과 동선動線으로 공연을 한 것이다.

허나 가라쥬로네 〈두 도시二都 이야기〉 공연은 달랐다. 한 배우가 교문쪽에서부터 소리치며 달려오면서 공연이 시작되었고, 그들은 평지가 아닌 구릉을 자기네들 무대로 삼았다. 구릉에 앉아있던 관객들은 어색하게 일어서서 평지로 내려와 선 채로 공연을 관람하게 되었다. 그들은 절제된 대화보다는 거칠게 뛰고 외치고 노래하고 울고 뒹굴면서 열정적인 극행위를 했다. 우리로서는 상상조차 하지 못했던 괴기하면서도 발랄한 일종의 그로테스크 연극이었다. 그날 밤 뒷풀이 자리에서 김지하가 가라쥬로에게 고백했다. "가라, 너희들 연극이 우리보다 10년은 앞선 것 같다."

또 한 해가 지난 1973년 늦봄, '남산 부활절 합동예배 삐라사건'에 연루되어 어처구니 없는 피해를 입고 상심에 빠져있던 나는 원주에 기거하고 있던 지하 형에게 자책自責하는 편지를 보냈는데, 얼마 후 지하 형으로부터 뜻밖의 답장이 왔다. 가톨릭농민회와 협력하여 농촌계몽 문화운동의 일환으로 순회연극을 계획하고 있으니 바로 원주로 오라는 것이었다. 곧바로 학교를 휴학하고 원주로 달려간즉, 지하 형은 〈진오귀〉라는 제목이 쓰인 대본을 내놓으며 나에게 이렇게 말했다. "이번 연극은 '마당극'이다." 아! '마당극'이라는 용어가 처음 나온 것이다. 그리고 그것은 어김없이 '문화운동'의 일환이었다.

〈진오귀〉라는 제목은 동해안별신굿에 들어있는 진오귀굿에서 나온 것으로, 농촌 농민을 괴롭히는 외부 세력들을 잡귀신에 비유하여 설정한 제목이다. 농촌 협업을 주제로 한 이 작품은 사실주의적 대화와 더불어 민족형식인 탈춤마당이 들어있고, 해설은 판소리 아니리로 도연導演하게 해서 계몽의 목적을 발휘할 수 있도록 한, 한국 현대연극사에 있어서 최초의 '마당극' 작품이었다.

원주 인근에 기거하는 청년들을 모아 지하 형이 직접 연출을 맡고, 나는 판소리 아니리 해설과 중농中農·마름농부 역할을 맡아 연습하던 중 어느날 지하 형이 시무룩한 표정으로 나타나 말을 꺼냈다. 가톨릭농민회와 회합을 가졌는데 "지금의 농촌현실이 이같은 협업 계몽으로는 해결될 수 없다"는 문제 제기가 있었다는 것이다. 농촌의 피폐와 이농문제가 자체 치유가 불가능할 정도로 이미 심각한 상황에 돌입한 것이었다. 우리는 〈진오귀〉 연습을 중단하고 해산할 수밖에 없었는데, 헤어지는 자리에서 나는 지하 형에게 이렇게 제안했다. "형님, 상황이 이러하니 이 작품을 농촌계몽 순회공연으로는 하지 못한다 하더라도 저희들 선에서 마당극 형식 실험은 한번 해봐야겠습니다." 그리하여 작품을 들고 서울로 돌아와 문리대 연극회 공연으로 올리는 것을 타진해 보았으나 학교측이 거부하는고로, 서울제일교회 박형규 목사님을 찾아가 교회 대학생회 회원들을 데리고 마당극 공연을 한번 해보겠노라고 제안드린 바 목사님이 흔쾌히 승낙하셨다.

그리하여 나는 작품 제목을 '농민의 울음'이라는 뜻에서 곡할 곡哭자를 넣어 〈청산별곡靑山別哭〉으로 바꾸고, 내가 대신 연출을 맡아 판소리 아니리 도창도 하면서 1973년 12월 24일과 25일 양일간 서울 제일교회 본당(무대가 없는 원형공간)에서 최초의 마당극 공연을 시도하게 된 것이다. 이 작품에서 당시 탈춤부흥운동에 앞장섰던 채희완이 도깨비귀신 마당의 안무를 맡아 새로운 탈춤 창작을 시도한 바, 〈진오귀-청산별곡〉은 현대 한국연극사에 있어 '마당극'의 효시嚆矢이면서 '창작탈춤'이 첫 시도된 작품으로 남게 된다.

돌아보면 김지하 시인이 쓰고 연출한 연극 작품은 〈구리 이순신〉 〈나폴레옹 꼬냑〉 〈금관의 예수〉 〈진오귀〉 이렇게 네 작품밖에 안 되고 더구나 앞의 두 작품은 단막극이어서 크게 평가될 수 없는 위치에 있지만, '마당극'이라는 개념의 처음 사용이 김지하에 의한 것이었으며 현대의 공식적인 마당극 첫 작품이 김지하 작 〈진오귀〉였음은 부인할 수 없는 문화사적 진실이다.

김지하 시인은 이후 연극이든 마당극이든 이쪽 분야로는 돌아오지 못했다. 1974년 1월 긴급조치 1호때부터 쫓기기 시작하더니 그 해 4월 긴급조치 4호때는 민청학련 수뇌부로 날조되어 군법회의에서 사형선고까지 받았다.

운명인가? 그 무렵 민청학련 사건에 함께 연루되어 서대문구치소에 수감된 나는 검사 취조를 받으러 가는 호송차 안에서 사형선고를 받은 지하 형과 단 둘이 마주쳤다. 지하 형은 호송차 안에서 교도관 몰래 나에게 속삭이는 말투로 유언처럼 당부했다. "진택아, 나는 죽는다. 내가 꼭 하고 싶은 일이 있었는데, 네가 대신 해다오." 나도 목소리를 낮춰 조심스럽게 물었다. "그 일이 뭔가요?" 지하 형은 잠시 생각을 모으더니 이렇게 답했다. "문화운동, 문화운동이다." 나 역시 잠시 생각을 모은 후 답했다. "예, 알겠습니다. 하지만 형님, 꼭 사십시오. 죽으면 안됩니다."

감옥 밖에서 벌어진 구명운동에 힘입어 지하 형은 다행히 무기로 감형 받았고, 1975년 초 잠시 가석방으로 풀려나왔다가, 인혁당이 조작임을 폭로한 이유로 다시 붙잡혀 들어가 6년 가까운 영어囹圄의 형극荊棘를 치러야 했다. 그가 감옥에 있는 동안 1980년 5월 광주에서는 군부의 무자비한 학살에 대항한 시민들의 처절한 항쟁이 일어났다. 아, 슬프다.

오, 안타깝다. 감옥 안에서 수년간을 면벽 수행한 구도자求道者 김지하는 벽 틈에서 피어난 꽃을 보고 '생명'이라는 큰 깨달음을 얻었으나, 천기天機를 알아낸 댓가는 실로 혹독하였다. 1980년 말 출옥할 때 그는 섬망譫妄으로 인한 정신분열 증세를 가진 줄 모른 채 세상으로 나왔다.

생명사상과 생명운동의 선구자, 김지하

1980년말 지하 형이 출옥한 후 81년초 서울에 온 그와 다시 해후했을 때 이런 일이 있었다. 반갑게 마주앉아 술잔을 기울이던 중, 지하 형이 그동안 우리 후배들이 탈춤운동과 마당극운동에서 괄목할 만한 성과를 거둔 것을 치하하며 이렇게 물었다. "그동안 우리 민속들 발굴해서 문화운동 하면서 찾아낸 핵심 미학이 뭔가?" 나는 얼른 우리가 해온 일들을 머릿속에 정리하면서 손바닥을 펴보이며 이렇게 답했다. "신명, 신바람입니다." 그러자 지하 형은 약간 놀라며 반기는 표정을 짓더니 쥐고 있던 자기 손을 펴보이며 이렇게 말했다. "그래, 내가 감옥에서 깨달은 화두도 바로 그것, 생명이었어." "생명이라구요?" 생명이라는 단어를 듣자마자 나 역시 어떤 놀라움이 깨달음처럼 떠올랐다. "맞습니다. 신명은 생명 안에 있습니다." 지하 형이 다시 생각하더니 이렇게 말했다. "앞으로는 민족문화운동·민중문화운동 이런 것들이 다 생명문화운동으로 가야 할거야. 생명문화운동."

 1982년 어느 날, 원주에서 올라온 지하 형이 어떤 두툼한 자료집을 꺼내 나더러 한번 읽어보고 소감을 말하라고 했다. 글의 제목은 「생명의 세계관 확립과 협동적 생존의 확장」이었다. 그 글의 첫 구절은 이렇게 시작되고 있었다. "죽음의 먹구름이 온 세계를 뒤덮고 있다…" 어디서 본 것 같은 그 첫마디 글귀에 나는 곧바로 빨려들어 갔고 앉은 자리에서 심취해서 다 읽어버렸다. 글의 분량이 많아서 빨리 읽었어도 한 시간은 걸렸음직한데, 지하 형은 꿈쩍도 않고 앉아 묵상하면서 내가 그 글을 다 읽기를 기다렸다. 글을 다 읽은 내가 좀 멍하게 앉아있자 지하 형이 물었다. "어떠냐, 읽은 소감이?" 감동에서 빠져나오지 못한 내가 급한 김에 이렇게 답했다. "형님, 공산당 선언 이후 최고의 선언이 나왔습니다." 그러자 지하 형은 약간 미묘한 웃음을 짓더니 고개를 끄덕이며 이렇게 말했다. "그래, 공산주의나 사회주의 갖고는 이제 안 돼. 유물론 갖고는 안 돼. 이제 모든 운동은 이리로 모여야 돼. 생명사상, 생명운동이야." 나는 지하 형의 주장에 크게 공감하면서도 내 광대기질을 참지 못하고, 이렇게 말했다. "형님 말씀이 백번 옳은데요, 선언이 너무 빨리 나온 것 같네요. 40년쯤 후라면 몰라도…." 지하 형이 피식 웃으며 말했다. "40년? 그 때까지 못가고 다 망해 자식아." 내가 그 때 왜 '40년쯤 후'라고 예측했는지, 우연이라고 하기에는 운명적인 느낌이 든다.

각설하고, 고백하건대 나는 그 때 공산당 선언을 읽어본 적이 없었을 뿐더러, 기실 그 생명 선언의 첫 구절은 공산당 선언의 서문 첫 구절 "어떤 유령이 유럽을 배회하고 있다"를 패러디한 것이었다.

지하 형은 감옥 벽 사이에서 '생명'이라는 화두를 놓고 사투를 벌여 끝내 어떤 큰 깨달음을 얻었지만, 그 과정에서 천기누설의 업보業報였을까, 혹독한 정신분열 증세를 피하지 못했다. 감옥에서 출소한 뒤 얼마 안돼서부터 정신병원 치료를 받는다는 소문이 들려왔고, 실제로 지인들과 함께 있던 자리에서 착란적 언행을 보이는 일이 목격되기도 했다. 그 자신이 이러한 자기 증세를 알고 있었기에 자신의 글에다 그 비통한 사실을 언급하기도 했거니와, 유사한 정신분열 증세를 앓았던 횔덜린이라는 독일 시인에 의탁하여 자기 신세를 한탄하는 참담한 시를 써놓기도 했다.

김지하의 생애 중 감옥 가기 전에는 1970년대 초初·중반이 시작詩作 및 정치투쟁의 전성기였고, 감옥을 나온 후로는 80년대 초·중반을 전후한 무렵이 생명사상·개벽사상을 전개한 절정기였다고 볼 수 있다. 그러나 1991년 소위 조선일보 '죽음의 굿판' 필화사건(그 글의 원제목은 「젊은 벗들이여, 역사에서 무엇을 배우는가」였다) 이후로 오랫동안 그의 언행과 정신상태는 정상과 비정상을 오가는 혹독한 시련 속에 있었다. 그의 글과 행동 중 올바른 것과 뒤틀린 것이 뒤섞여 나오는 것은 모두 그의 정신적 혼돈상태로부터 연유했다는 것이 나의 판단이다.

그 정도의 건강 상태에서는 웬만한 사람 같으면 활동을 중단하고 그만 은퇴해서 조용히 살아가야 할 터임에도 김지하는 그렇지 않았다. 그에게는 세상 사람들에게 알려야 할 너무나도 화급하고 절박한 사명이 있었다. "지금 이대로 가면 모두 죽는다." "기후 재앙이 온다." "전염병이 세계를 휩쓴다." "국제관계가 이러하면 핵전쟁이 일어날 수도 있다." 등등의 상황을 김지하가 40년 전부터 끊임없이 예언했지만, 사람들은 곧이듣지 않았다. 타는 목마름으로 민주주의와 자유를 외쳤던 그가 그보다 더 타는 목마름으로 전 지구와 온 인류의 생명위기를 경고했지만, 사람들은, 특히 민주진보진영의 사람들은 그 호소를 귀담아 듣지 않았다. 그의 정신상태가 짐짐 더 극도로 쇠약해진 연유도 아마 거기에 있었을 것이다. 그의 예기치 못한 실언과 엉뚱한 행동도 그러한 불통不通 속에서 착란이 겹쳐 일어난 불상사라고 나는 판단하고 있다.

단언하건대 지금 우리가 겪고 있는 제반 상황들 ─물질만능, 인간 소외, 생명 경시, 빈부 격차, 증오와 배타, 적대적 공존, 환경 파괴, 생태 교란, 기후 위기, 전염병 창궐, 전쟁 도발, 핵전쟁 위기 등─ 의 심각성과 위급성을 보면 보면 김지하의 예언은 맞았다. 뿐만 아니라 김지하는 그러한 위기에 대한 대안과 처방을 40년 전부터 이미 '타는 목마름으로' 갈구했고, 모색했고, 제안했고, 시도했고, 그리하여 기진할 때까지 절규했다. 이 모든 갈구와 절규의 방향을 한마디로 요약하면 바로 생명사상이요 생명운동이었다. 그리고 그 목표는 '문명을 대전환하여 전지구와 인류를 살리는 일'이었다. 그가 작금의 지배 이데올로기인 이원론二元論적 세계관의 반생명적 본질을 간파하고 일원론一元論적 세계관을 설파한 것은 '천동설에 대한 지동설의 설파보다도 더 원대한' 파천황破天荒의 천지개벽이요 문명대전환의 선언이었다.

그런 점을 감안하여 우리는 이 책에 한국학중앙연구원에서 있었던 학술심포지엄 내용에 더해 그가 온전한 정신상태에서 최고의 지적知的·영적靈적 수준으로 발표했거나 강연한 생명사상·개벽사상에 관한 글들을 모아 수록하였다. 이 책이 잊혀져 가는 김지하를 더이상 늦지 않게 다시 찾아보고 재평가하는 소중한 계기가 되기를 바란다. 생명사상·생명운동의 선구자 김지하를 부디 잊지 말기를 바란다.

마지막으로 한말씀 덧붙이고자 한다.

얼마전 한강 작가가 노벨문학상을 받았다. 온 국민과 함께 환영한다. 나는 그녀가 쓴 『소년이 온다』를 읽고 큰 감동을 받았으며, 그 작품 하나만으로도 완성되었다고 생각했다. 하지만 다른 관점에서 아쉬움은 남는다. 그녀의 아버지 세대들이 이룩한 한국문학의 성과가 진즉에 더 먼저 세계에 알려졌더라면 하는 아쉬움 말이다.

예술의 역할은 시대時代에 따라 다르다. 역사적 사건을 대하는 예술가의 태도 역시 세대世代에 따라 다를 수밖에 없다. 역사적 현장과 상황을 기록하고 실상을 고발하여 항변하고 해결해야 하는 시대가 있는가 하면, 살아남은 자들의 고통과 상처를 보듬어 안음으로써 공감과 치유로 나아가야 하는 시기가 있다. 나는 해방 이후 분단된 나라에서 탄생한 전후세대 문학, 분단시대 통일문학, 반독재 투쟁의 저항문학이 세계문학사 속에서 먼저 크게 조명받기를 기대했지만 끝내 이루어지지 못한 것이 못내 아쉽다. 압제의 시대, 역사의 한복판에서 문학의 자유와 표현의 자유를 위해 시대적 소명과 헌신을 다한 선후배 문학인들에게 깊은 경의를 표한다.

올해는 한국작가회의의 전신前身인 '자유실천문인협의회'가 창립된 지 50년이 되는 해이다. 김지하는 한국작가회의와는 극심한 애증이 얽힌 관계였다. 50년 전 1974년 11월 '자유실천문인협의회'의 창립은 그 해 유신체제 하에서 조작된 소위 '문인간첩단 사건'과 '민청학련 사건'에 연루된 김지하를 비롯한 구속 문인들에 대한 석방 요구로부터 촉발된 것이었다. 그럼에도 '민족문학작가회의' 시절에는 소위 조선일보 '죽음의 굿판' 사건으로 야기된 필동으로 깨끔이니 뭐니 하는 불화不和까지 빚었다. 이제 그 후신後身인 한국작가회의 50주년을 맞아 그동안 설킨 온갖 애증과 갈등, 곡해와 비난을 말끔히 씻어내고, 화해와 상생의 한국문학이 한 걸음 더 멀리, 한 단계 더 높이, 한 파장 더 넓게 온세계로 울려퍼져 나가기를 소원한다.

'한국작가회의 50주년'을 축하하며 이 책 『김지하를 다시 본다』를 헌정한다.

글 싣는 순서

06 **발간사**

　김지하, '해방을 통해 생명으로' | 이부영(자유언론실천재단 명예이사장)

10 **책머리에**

　잊혀진 이름, 김지하 | 임진택(창작판소리 명창, 마당극 연출가)

1부 김지하 추모 학술 심포지엄

　김지하의 문학·예술과 생명사상

　　기조 발제 | 시인 김지하가 이룬 문학적 성과와 유산 | 38
　　　염무웅(문학평론가, 영남대학교 명예교수)

● **김지하의 문학·예술과 미학**

　1주제_생성과 역사, 그리고 생명의 문법 | 70
　　　- 김지하의 초기 시세계와 시론
　　　발제 | 임동확(시인, 한신대학교 교수)
　　　토론 | 서승희(한국학중앙연구원 교수)

　2주제_김지하 후기시에 관한 한 생각 | 114
　　　- 생명·흰 그늘·못난 시
　　　발제 | 김사인(시인)
　　　토론 | 이재복(한양대학교 교수)

3주제_ 김지하 '담시'의 형식 미학과 풍자성 | 168

　　　　발제 | 홍용희(문학평론가, 경희사이버대학교 교수)

　　　　토론 | 백현미(전남대학교 교수)

4주제_ 김지하의 민중문화예술운동 | 208

　　　　발제 | 정지창(평론가, 전 영남대학교 교수)

　　　　토론 | 김봉준(화가, 오랜미래신화미술관장)

5주제_ 김지하의 생명미학과 악·가·무 천지굿론 | 250

　　　　발제 | 채희완(부산대학교 명예교수)

　　　　토론 | 이윤선(문화재청 문화재전문위원)

6주제_ 정치와 미학의 어긋난 궤적 연결하기 | 320

　　　　김지하 미학 사상의 특이성에 대한

　　　　역사지리인지생태학적 해석을 중심으로

　　　　발제 | 심광현(한국예술종합학교 명예교수)

　　　　토론 | 김수현(경상국립대학교 명예교수)

● **김지하의 그림과 글씨** ─────────────

특별 주제_ 붓끝에 실려 있는 모시는 마음 | 386

　　　　발제 | 유홍준(미술평론가, 명지대학교 석좌교수)

　　　　토론 | 홍성담(화가)

● 민주화운동과 김지하

특별 강연 ❶_ 김지하 재판의 막전막후 | 424
　　　김정남(전 청와대 교육문화수석)

축사 _ 김지하에 대한 이해가 계속 이어지기를 희망합니다 | 433
　　　미야타 마리에(중앙공론사 문예지 『海』 전 편집장)

특별 강연 ❷_ 김지하 구원운동의 의미와 일·한 시민연대 | 436
　　　히라이 히사시(교도통신 객원논설위원)

● 김지하의 생명사상과 생명운동

1주제_ 김지하 생명사상의 뿌리 - 동학을 중심으로 | 476
　　　발제 | 박맹수(원광대학교 명예교수)
　　　토론 | 김용휘(대구대학교 교수)

2주제_ 김지하와 한국 기독교사상 | 510
　　　발제 | 조현범(한국학중앙연구원 교수)
　　　토론 | 김선필(서강대학교 신학연구소 선임연구원)

3주제_21세기 생명위기에 대응할 김지하의 생명학 | 548

    발제 | 이기상(한국외국어대학교 명예교수)

    토론 | 심광섭(전 감리교신학대학교 교수)

4주제_김지하의 생명사상과 생명운동의 전개 | 594

    발제 | 주요섭(생명운동가)

    토론 | 김소남(국사편찬위원회 편찬연구원)

종합토론_생명운동의 현황과 나아갈 방향

    좌장 | 정성헌(DMZ평화생명동산 이사장)

- ▶ 생명사상과 생명운동의 과제 | 640
  - 김용우(한알마을 이사장)
- ▶ 죽임의 굿판은 걷어치워야 한다 | 644
  - 정길(불교환경연대 녹색불교연구소장)
- ▶ 핵(核) '죽임의 굿판' - 귀천(歸天)의 웃음 | 652
  - 김영래(신시화백연구가)
- ▶ 율려와 생명문화운동 | 660
  - 김영동(국악작곡가)
- ▶ 생명 위기에 대한 통감(痛感)없이 생명운동 없다 | 663
  - 이병철(시인, 생명운동가)

2부 김지하가 남긴 글과 생각
생명의 길·개벽의 꿈

- ▶ 양심선언 | 676
- ▶ 나는 무죄이다 | 701
- ▶ 창조적 통일을 위하여 - '로터스상' 수상 연설 | 722
- ▶ 생명의 세계관 확립과 협동적 생존의 확장 | 729
- ▶ 개벽과 생명운동 | 816
- ▶ 깊이 잠든 이끼의 샘 | 880
- ▶ 생명평화선언 | 932
- ▶ 화엄개벽의 모심 | 978

- ● 김지하 시인의 삶 | 1028
- ● 작품 목록 | 1035
- ● 필자 소개와 짧은 회고 | 1040

그림 김봉준

1

김지하 추모 학술 심포지엄

김지하의 문학·예술과 생명사상

기조발제

시인 김지하가 이룬 문학적 성과와 유산

염무웅 | 문학평론가, 영남대학교 명예교수

1

 2022년 5월 8일 시인 김지하(金芝河)가 세상을 떠났을 때 강원도 원주 기독병원에 마련된 그의 장례식장은 너무도 썰렁했다. 비록 말년의 행보가 실망스러웠다 하더라도 한 시대의 민주화 투쟁과 수난을 대표하는 상징적 존재이자 가슴을 울렸던 독보적인 시인임이 분명한데, 그런 사람을 이렇게 보낸다면 이것은 끝내 우리 사회의 부끄러움으로 남을 거라 생각되었다. 이런 생각을 공유한 분들이 뜻을 모았고, 그의 오랜 동지였던 이부영(李富榮) 선생이 그 뜻을 대표하는 추진위원장을 맡아 49재가 되는 6월 25일 서울 천도교 대교당에서 '김지하 시인 추모문화제'를 열었다. 다행히 넓은 강당이 꽉 차도록 많은 분들이 참석하여 시인이 생전에 이룩한 위업을 돌아보며 그의 마지막 가는 길을 위로했다.
 다음의 글은 이 자리에서 발표한 추모사를 바탕으로 대폭 깁고 더 보탠 것이다. 김지하와의 개인적 인연을 말하면, 그는 나보다 1년 먼저 1959년 미술대학 미학과에 입학했다가 1961년 미학과가 문리대로 옮기는 바람에 한 캠퍼스에서 공부하는 친구가 된 사이다. 정확한 기억은 없지만, 동향의 소설가 김승옥(金承鈺)이 다리를 놓았을 것이다. 내가 학창시절에 사귄 대부분의 문학 친구들과 달리 김지하는 다양한 분야에 관여하면서 활동하느라 휴학을 거듭한 끝에 나보다 2년 반 늦게 대학을 졸업했다. 그 무렵부터 1970년대 초까지의 5, 6년 동안은 자주 만나 온갖 사생활을 서로 들여다보며 지냈으나, 그 뒤로는 이런저런 사정으로 '마음은 가깝되 몸은 먼' 상태에서 반세기를 보냈다. 그를 보내는 것이 더욱 안타깝게 가슴에 닿는 까닭이다.

2

4.19혁명 이후 대학가는 유례없는 해방감과 신생의 분위기에 싸여 있었다. 이승만 정권이 무너지고 과도정부를 거쳐 장면 정부가 수립되는 동안의 사회적 자유는 대한민국 역사상 전무후무하지 않을까 짐작되는데, 억눌려 있던 혁신계 중심의 민족운동이 활동을 시작한 것도 그러한 자유 위에서 가능한 일이었다. 대표적인 것이 1960년 9월 결성된 '민족자주통일중앙협의회'(민자통)로서, 그 지도 아래 11월에는 서울대 '민족통일연맹'(민통연)이 발족하고 이어서 1961년 5월에는 민통연을 기반으로 전국적 대학생 조직의 결성이 예고되면서 준비선언문을 통해 유명한 '가자! 북으로, 오라! 남으로, 만나자! 판문점에서' 라는 구호가 제출되었다.

이 구호는 놀라운 파급력으로 국민들의 선풍적인 주목을 받았다. 그런데 뜻밖인 것은 대학가의 '민통연' 활동에 늘 냉소적으로 대응해오던 김지하가 "판문점 학생회담에 민족예술과 민족미학 분야의 남한 학생대표로 선정된" 데에 동의한 사실이었다. 이 일련의 작업을 주도한 것은 조동일(趙東一) 학형이었는데, 김지하로서는 아마 이것이 공적인 정치운동에 참여하기로 한 최초의 결정이었을 것이다.[1]

그러나 사회운동이 독재 반대와 시민적 자유의 쟁취라는 민주주의의 경계를 넘어서고자 시도하는 것은 이 나라에서는 언제나 위험을 불러오곤 했다. 그 무렵 원주 기독회관의 강연에 오신 함석헌(咸錫憲) 선생은 "반드시 무슨 일이 일어날 것"이라 경고했다. 역시 그 무렵 인사를 드리고 평생 스승으로 모신 장일순(張壹淳) 선생도, 또 6.25 전후에 남로당 조직에서 활동했던 김지하의 아버지도 한결같이 다가오는 위험을 예고했다. 하지만 그는 '조직이 아닌 개인으로 참가하는 것'이기에 남북 학생회담 참가를 승낙한 것이었다고, 그로부터 40여 년이 지나고 나서 회고한다.

그가 그 시점에서 남북 학생회담이 실제로 이루어질 수 있으리라 확신한 것은 아니었다. 그렇다면 남북 학생회담 참가 결정이 그의 삶에서 가지는 의의는 무엇인가. 이 사건과 관련하여 그는 회고록에서 다음과 같이 말하고 있다. "실패할 줄 알면서도 죽임의 자리로 성큼성큼 나아가는 것, 그것이 나의 마지막에서의 참가였다."[2] 1960년의 시점에서 남북학생회담이 성사될 수 없다고 생각한 것은 그의 정치적 판단이었다. 그러나 그러한 정치행동의 결과로 닥치게 될 수난과 고통을 감수하기로 마음먹은 것, 더구나 조직이 아닌 개인으로 참가하는 것이기에 승낙한 것, 그것은 그의 실존적 결단이었다. '정치적 인간'과 '실존적 인간'이 김지하의 내부에서 부딪칠 때 그의

---

1) 『김지하 회고록 - 흰 그늘의 길 1』, 학고재, 2003, 377쪽 참조. 이하 '회고록1'로 약칭.
2) 회고록 1, 377쪽.

선택은 언제나 '실존'으로 기울어지곤 했는데, 이것은 김지하의 생애 전체에 걸쳐 반복된 선택의 패턴이 아니었나 생각한다. 아무튼 그 연장선에서 김지하는 1964년 봄 박정희 정권의 굴욕적 한일회담을 반대하는 학생시위에 앞장서 싸우게 되었다. 그리고 '6.3항쟁'이라 불리게 된 이 사건으로 그는 첫 감옥살이를 한다. 넉 달에 불과했지만 이때의 감옥 체험으로부터 여러 편의 시가 태어났다.

뼛속 깊이 시인이고 예술가인 김지하의 삶을 돌아보면서 우리가 던지는 근원적 질문은 어쩌다 그가 정치투사의 길로 들어서게 됐나 하는 것인데, 그는 자기 '행동'이 어떤 조직이나 이념으로부터 나온 것이 아니라 자신이 처한 상황의 필연성에 따른 개인적 열정의 산물이었다고 거듭하여 대답한다.3) 즉, 자신은 "언제나 조직 밖의 활동가"4)라는 의식이 그에게 있었던 것이다. 심지어 그는 역사적 사건의 한복판에 서 있는 순간에도 "역사와는 반대되면서 그럼에도 역사로 돌아가는… 내면적 카오스의 시간"을 생득적으로 느끼고 있었다고 말한다.5) 역사와 반대되는 길을 통해 역사로 돌아간다는 논리적 역설 즉 '내면적 카오스의 시간'이야말로 김지하에게는 다름 아닌 '시의 시간'이었다. 요컨대 평생에 걸쳐 그의 영혼을 지배한 것은 강철 같은 행동이나 메마른 과학이 아니라 근원에 대한 갈망으로서의 혼돈·방황·사랑이었던 바, 그것은 바로 시였다. "참다운 시는 가장 지혜롭고 최고로 과학적인 사상마저도 압도한다."6)

---

3) 회고록 2, 341쪽.
4) 회고록 2, 42쪽.
5) 회고록 2, 54쪽.
6) 회고록 2, 67쪽.

3

막연하게 캠퍼스 지인으로 지내던 김지하를 내가 조금 깊이 알게 된 것은 1964년 5월쯤이 아니었나 기억한다. 을지로 5가 뒷골목의 어느 술집에서 학우들의 시화전이 열린다는 소식을 학교에 들렀다가 게시판에서 보았다. 그 시화전에서 나는 처음으로 '金之夏'라고 서명된 그의 시를 보았다. 김지하의 시뿐만 아니라 거기 걸린 다른 학우들의 시도 대부분은 그동안 내가 읽어오던 우리나라의 시적 관습과는 거리가 먼 매우 실험적인 작품들이었다. 후일 영화감독이 된 김지하의 고교 동창 하길종(河吉鍾)의 「태(胎)를 위한 과거분사」는 특히 과격한 것이었는데, 얼마 뒤 그 제목으로 얄팍한 시집도 나와서 대학 구내서점에 진열되었다. 김지하 본인은 그 시절 자기가 슈르(초현실주의) 풍의 모더니즘 계열 시를 썼다고 밝힌 적이 있다.

시화전에서 받은 김지하에 대한 궁금증 때문에 얼마 뒤 나는 그의 학술발표를 듣게 됐다. 어딘가에 붙어 있던 학술발표 광고가 나를 그리로 이끌었다. 박종홍(朴鍾鴻) 교수가 늘 철학개론을 강의하던 대형강의실에서였다. 정규 강의가 끝난 뒤의 어둑한 교실 분위기와 칠판에 분필로 갈겨쓴 제목 '추(醜)의 미학', 그리고 드문드문 앉아 있던 청중의 뒷모습이 지금도 아련히 떠오른다. 괴기·왜곡·과장·골계·해학·풍자 등 정통미학에서 저급한 것으로 취급해오던 미학적 요소들의 적극적 가치를 설명하는 내용이었는데, 나에게는 발표 제목도 설명 내용도 낯설고 적잖이 충격적이었다.

김지하 자신에 의하면 그 발표는 헤겔의 제자인 19세기 독일 철학자 칼 로젠크란츠(Karl Friedrich Rosenkranz, 1805~79)의 저서 『추의 미학』(Ästhetik des Häβlichen, 1853)에 근거한 것이라고 했다. 그러나 내가 정말 주목한 것은 그가 로젠크란츠라는 서구학자의 이론을 수용하되 단순히 거기에 머무르지 않았다는 사실이다. 그는 로젠크란츠의 미학을 발판으로 삼되 그것을 디딤돌로 하여 우리 고유의 전통예술에 새로운 미학적 생명을 불어넣을 이론적 전이(轉移)를 시도하고 있었다. 그러니까 '추의 미학'이라는 똑같은 이름 아래 로젠크란츠가 서구 근대미학의 변화의 양상들을 해설하고 있었다면 김지하는 잠들어 있던 한국 전통미학의 새로운 회생 가능성을 거기서 찾아내고 있었던 셈이다.

김지하는 일찍이 미학과 선배 김윤수(金潤洙)를 통해 루카치를 비롯한 사회주의 계통의 미학사상과 루이 아라공 같은 전위시인을 알게 됐다고 한다. 그때까지 그는 초현실주의 풍의 시를 습작 삼아 쓰면서 딜런 토머스의 파격성과 천재성에 심취해 있었다. 이렇게 그는 서구 모더니즘의 다양한 경향에 여전히 한발 담그고 있으면서도 주로 조동일 학형과의 교류를 통해 탈춤이나 풍물 또는 민요나 판소리 같은 우리의 전통예술의 중요성에 차츰 눈을 떴고, 1960년대 후반 월간지 『아세아』에 연재되던 이용희(李用熙, 필명 李東洲) 교수의 회화사 연구에 자극받아 조선 후기의 풍속화와 진경산수(眞景山水)를 공부하게 되었다. 이 모든 학습을 김지하 방식으로 수렴한 '추의 미학'은 초현실주의 같은 모더니즘 서구예술의 긍정적 측면을 우리 자신의 민족·민중 미학 전통의 고유성 안에 흡수하려는 대담한 시도였던 셈이다.

그런데 여기서 정말 주목해야 할 사실은 김지하의 민중예술과 민족전통에 대한 경사가 단지 이론의 차원에 그친 것이 아니었다는 점이다. 그의 경우 오히려 이론에 앞선 광범한 실험과 실천이 시도되었다. 이런 면에서도 선편을 잡고 김지하를 자극한 것은 조동일이었다. 김지하에 의하면 조동일은 이미 6.3항쟁 무렵에 '원귀(怨鬼) 마당쇠'라는 마당굿을 시도했던 바, 그것은 단식(斷食)반의 '박산군(朴山君)'을 거쳐 훗날 '호질(虎叱)'과 '야, 이놈 놀부야!' 등의 탈춤이나 마당굿으로 발전했고, 그것이 이후 "풍물과 마당극을 중심으로 한 민족문화운동의 꽃다운 남상(濫觴)이 되었다"는 것이다.[7]

아마 무엇보다 눈여겨보아야 할 사실은 분단 이후 이때 처음으로 김지하와 그의 동료들에 의해 당면한 정치투쟁과 민중적 문화운동의 결합이 '목적의식적으로' 시도되었다는 점일 것이다. 1968년 통혁당 사건을 계기로 조동일이 운동의 현장을 떠난 뒤에는 김지하가 거의 혼자 대학가의 민족문화운동을 이끌게 되는데, 그의 발랄한 상상력과 치열한 활동력은 더 많은 후배의 양성과 참여를 불러와 운동의 전(全)대학적 확산으로 이어졌다. 1970년대 김지하가 감옥에 갇힌 뒤에도 채희완의 마당굿, 임진택의 판소리, 이애주의 춤, 김민기의 노래, 김영동의 국악 등 연행예술의 여러 장르들은 복고주의의 낡은 틀을 깨고 때로는 문학이나 미술보다 더 급진적인 정치성을 띠면서 대학가를 넘어 노동현장 및 농촌사회의 저변으로 퍼져나갔다. 그것은 일종의 '문화혁명'이라 할 만한 측면을 지닌 것이었다.

나는 1960년대 중반부터 한동안 김지하와 자주 만나 그의 생활을 좀 더 깊이 들여다보게 되었다. 그가 폐결핵 요양차 입원해 있던 역촌동 병원에도 몇 차례 면회를 갔다. 지하의 삶에서 특히 중요한 것은 미술대 후배 오윤(吳潤)과의 친교인데, 부친인 소설가 오영수(吳

---

7) 회고록 2, 38쪽.

永壽) 선생 댁으로 가는 길을 여러 번 그와 동행했다. 갓 결혼한 나의 셋방이 오 선생 댁 가까운 우이천 냇가였는데, 골목길 끄트머리에 있는 '초롱집'이라는 옛날식 주막에서 한잔하고 오 선생 댁으로 향하는 수가 많았다. 한번은 화가 방혜자(方惠子) 선배와 그녀의 프랑스인 남편도 지하를 따라 그 주막에 들렀다가 오 선생 댁으로 간 적도 있고, 때로는 오 선생 댁에서 윤이 누나 오숙희 선배가 주최하는 조촐한 국악이나 판소리 감상 모임을 열기도 했다.

김지하가 오윤을 자주 찾은 것은 그의 남다른 미술 재능을 높이 평가하고 깊이 매료됐기 때문이었다. 떠돌이처럼 살던 지하가 오윤을 자주 찾으면서 그들 주위에 일종의 모임이 형성되었다. 지하를 리더로 하여 오윤과 그의 미술대 친구들인 임세택·오경환 등이 모여들어 하나의 동인 형태를 띠게 된 것이었다. 그것이 '현실 동인'이었는데, 김지하가 작성하여 김윤수 선생의 교열과 오윤 등의 독회를 거친 '현실 동인 선언'이 팸플릿으로 만들어졌다. 그와 더불어 동인들 작품의 전시회도 계획되었으나, 미술대 교수들의 미움을 사서 작품은 압수되고 전시회는 미수에 그쳤다. 하지만 그때 뿌려진 씨앗은 오윤과 다른 친구들을 통해 점점 자라나 10여 년 뒤에는 '현실과 발언' 동인의 결성으로 열매를 맺었고, 그 흐름은 오늘날 한국 미술의 새 역사를 쓰는 데까지 발전했다.

4

김지하가 대학문화운동에 여러 방면으로 창의적인 아이디어를 제공하고 지도적인 역할을 하며 결정적인 영향을 끼쳤지만, 그럼에도 그의 본업은 어디까지나 시였다. 고교 시절의 국어 교사가 이화여대

출신으로 문학을 깊이 아는 정지용(鄭芝溶) 시인의 제자여서, 그녀의 수업에서 시에 관해 많은 것을 배웠다고 한다. 하지만 그럼에도 문학소년 시절의 김지하는 정지용 이래의 한국시의 전통적 관습을 따르기보다 서구의 실험적이고 전위적인 시인들에 매력을 느끼고 그런 경향의 습작을 했다. 대학 진학 때 시와 그림 사이에서 갈등하다가 미학과를 선택했으나, 학과 교수들에게 실망하고 난 다음에는 시에 더 열중했던 것 같다. 그리하여 1963년 3월 『목포문학』에 「저녁 이야기」라는 작품을 발표하고, 또 그 무렵 서울과 원주의 다방에서 개인시화전도 열었다. 학생운동을 비롯한 여러 다양한 활동으로 대학사회에서 제법 명성이 알려져 있었음에도 결국 그는 문단적 관례에 따른 등단 절차를 밟았다. 시인 조태일(趙泰一)이 주재하던 『시인』지 1969년 11월호에 「황톳길」 등 5편을 발표함으로써 공식적으로 시인이 된 것이다.

  작품 「황톳길」은 첫 줄부터 강렬한 색채와 숨가쁜 리듬으로 독자를 압도한다. 그것은 한국시에서 일찍이 보지 못하던 비장하고 처절한 이미지들의 제시였다.

    황톳길에 선연한
    핏자욱 핏자욱 따라
    나는 간다 애비야
    네가 죽었고
    지금은 검고 해만 타는 곳
    두 손엔 철삿줄
    뜨거운 해가
    땀과 눈물과 모밀밭을 태우는

> 총부리 칼날 아래 더위 속으로
> 나는 간다 애비야
> 네가 죽은 곳
> 부줏머리 갯가에 숭어가 뛸 때
> 가마니 속에서 네가 죽은 곳
>
> 「황톳길」 첫 연

 이 핏빛 언어들은 오랫동안 반공의 이름으로 금기의 영역에 유폐되어 있던 폭력과 학살의 장면을 여과 없이 드러내었다. 총부리 칼날에 죽어 두 손엔 철삿줄 묶인 채 가마니 속에 버려진 주검, 그 주검의 주인공이 다름 아닌 아버지이고 그 아버지를 "애비야"라고 부르며 "네가 죽은 곳"으로 "나는 간다"고 환각처럼 외칠 때, 시적 화자가 향하는 것은 죽음을 무릅쓴 저항의 전장일 수밖에 없다. 이 치열한 도전의 역사적 배경은 무엇인가. 시의 후반으로 가면 어렴풋이 '그날의 만세'를 외치던 군중과 '총칼 아래 쓰러져간' 아버지들의 영상이 떠오른다. 어린 시절 목격했던 '인민재판의 잔혹성'[8]과 '좌익 혐의자들에 대한 무자비한 학살'[9]의 광경이 악몽과도 같은 검붉은 핏빛 환각으로 변하여 그를 놓아주지 않았던 것이다. 요컨대 시인의 기억을 사로잡고 있는 것은 좌 또는 우의 이데올로기가 아니라 학살 장면 자체의 잔혹성이었다. 따지고 보면 그 살벌한 장면들의 배후에 있는 것은 '척박한 식민지에서 태어나' '폭정의 뜨거운 여름' 같은 조금 추상적인 표현으로 암시된 우리 현대사의 모순이고 비극이다. 어쩌면 서정시로서는 암시에 그치는 것이 불가피할지 모

---

[8] 회고록 1, 212쪽.
[9] 회고록 1, 221쪽.

른다. 핏빛 영상의 몸서리치는 환기만으로도 「황톳길」은 김지하 문학의 '출사표'로서 강한 인상을 주기에 족했다고 말할 수 있다.

중요한 사실은 김지하 시의 출발점에는 '가난하고 버림받은 땅'이자 '반란과 형벌의 고장'으로서의 고향 전라도에 대한 운명적인 연대가 깊게 깔려 있다는 점이다. 어린 시절 목격했던 좌우대립의 참혹함뿐만 아니라 훨씬 더 거슬러 올라가 일본제국 군대에 의한 동학군 학살과 남한대토벌의 역사도 그에게는 무심할 수 없는 인연이 있었다. "나의 영적 혈통의 핵심에 있는 동학의 기억은 단순히 어렸을 때의 집안의 전설이 아니라 스무 살이 넘은 나에게 하나의 살아 있는 현실"10)이었다고 그는 말한다. 짧은 시 한 토막을 다음에 예시한다.

> 강물도 담벼락도
> 돌무더기도 불이 붙는
> 이 척박한 땅에 귀는 짤리고
>
> 바람은 일어
> 돌개바람 햇빛을 가려
> 칼날 선 황토에 눈멀었네
> 뜨거운 남쪽은
> 반란의 나라
> 거역하다 짤린 목이 다시 외치다
> 외치다 찢긴 팔이
> 다시금 거역하다

---

10) 회고록 1, 387쪽.

쇠사슬채 쇠사슬채 몸부림치다 이윽고
멈춰 버린 수수밭
멈춰 버린 멈춰 버린 아아 멈춰 버린
시퍼런 하늘 아래 우뚝우뚝 타버린
장승이 우네
뜨거운 남쪽은 반란의 나라

「남쪽」 전문

　오래 지나 '광주 5월'을 겪고 난 뒤에도 그는 "아직도 전라도는 '밤'인가? 아마도 이 '밤의 의식'이 내 시의 출발점일 게다. 이 '밤의 의식' '슬픔'이 없었다면 나의 저항적 감성이 싹이 틀 수 없었을 테니…"11)라고 탄식한다.

5

　돌이켜보면 1970년은 김지하 개인에게나 한국시의 역사에서나 특별한 해였다고 말할 수 있다. 5월에는 문제의 작품 「오적(五賊)」이 발표되어 문단과 사회를 강타했고, 연말에는 시집 『황토』가 출간되어 시단의 주목을 받았다. 지금 읽어도 중요한 문제제기를 담고 있다고 생각되는 시론(詩論)이자 미학 논문인 「풍자냐 자살이냐」가 발표된 것도 그해 7월이다. 『농무』의 시인 신경림(申庚林)이 문단에 복귀한 것도 그해 가을이었고, 열악한 노동현실에 항의하여 젊은 노동자 전태일이 분신한 것도 이때였다. 1960년대 말 김수영(金洙

---

11) 회고록 1, 267쪽.

暎)·신동엽(申東曄)이 잇달아 세상을 떠난 데 이은 김지하의 눈부신 등장과 신경림·이성부(李盛夫)·조태일 등의 새로운 활약은 우리 사회와 문학 내부에서 거대한 전환이 진행되고 있음을 알리는 명백한 신호였다. 이 전환의 시대를 가장 치열한 언어로 대표한 것이 바로 김지하였는데, 이제 문학은 그를 통해 현실과 최전선에서 부딪치는 현장들 중의 하나가 된 것이었다.

문제작 「오적」을 쓰게 된 것은 우연이라면 우연이었다. 어느 날 길에서 사본 야당 기관지 '민주전선'에서 '동빙고동의 도둑촌' 기사를 읽은 것이 계기였다. 마침 월간지 『사상계』의 편집장으로부터 정치시 한 편을 써달라는 부탁을 받았던 터라, 도둑촌 이야기를 "판소리 스타일의 풍자적 서사시 형식으로 쓰겠다는 결심으로" "사흘 동안 밤낮으로 미아리 골방에 틀어박혀 내내 혼자 낄낄 웃어대면서 들입다 써 갈긴 것이 곧 「오적」이다."[12] 사흘 만에 썼다는 말을 문자 그대로 믿기 어려울 정도인데, 하지만 같은 판소리 계열의 장시 『이 가문 날에 비구름』[13]도 서문에서 "수운 최제우 선생의 삶과 죽음을 한 호흡에 단필로 내리쳤다"고 호언한 것을 보면 그의 놀라운 필력을 믿지 않을 수도 없다.

당시 동아일보에 시 월평을 쓰던 나는 당연히 「오적」의 기념비적 중요성에 주목했다. 하지만 월평이라는 지면의 성격상 본격적인 검토가 어렵기도 했고, 게다가 작자인 김지하와 잡지사 대표 및 편집장이 구속되는 등 사회적 파장이 커지자 소심해져서 다음과 같이 소략하게 언급하는 데 그쳤다. "이 작품을 단순한 현실풍자로만 보아 넘기는 것은 피상적 판단에 그치기 쉽다. 도리어 그러한 생생한 풍

---

12) 회고록 2, 164~5쪽.
13) 동광출판사, 1988.

자를 유기적으로 자기 내부에 용해시킨 시형식적 달성이야말로 한국시의 앞날을 밝게 한다."14)

여기서 「오적」의 '시형식적 달성'이라고 언급한 것이 무엇을 말하려고 한 것인지에 대한 좀 더 상세한 설명이 필요하다. 이 작품이 재벌 · 국회의원 · 고급공무원 · 장성 · 장차관 등 당시 한국사회의 지배분자들의 부패와 타락에 대한 강력한 풍자적 비판임은 누구의 눈에나 명백하다. 그것은 말하자면 이 시의 드러난 부분이다. '담시(譚詩)'라는 낯선 용어로 자신의 형식을 규정했지만,15) 다름 아닌 판소리의 수사법과 가락을 따르고 있다는 것도 의문의 여지가 없다. 그러나 어떤 점에서는 판소리라는 형식 자체도 (과거의 전통이라는) 외부에서 빌려온 것이다. 이 작품에 있어서 김지하가 달성한 고유하고도 탁월한 업적은 오랫동안 무관하게 따로 존재해 오던 양자의 생생하고도 유기적인 결합, 즉 박제품 상태의 판소리 형식을 현실비판의 살아 있는 무기로 힘차게 살려낸 사실이다. 전통형식으로서의 민요와 시조는 현대시인들에 의해 다양하게 시도되어 허다한 업적이 축적되었지만, '소리'로서의 판소리를 현대적인 문학으로 살려낸다는 생각을 한 사람은 없었다. 그런 점에서 「오적」을 비롯한 김지하의 담시들은 그의 독특한 문예미학이 이룩한 획기적인 성취이다.

---

14) 동아일보 1970.5.30. 당시 나는 공화당 국회의원이자 국회 재경위원장인 金在淳 발행의 월간지 『샘터』 편집장으로 밥벌이를 하고 있었는데, 이 월평이 국회에서 논란이 되었다고 들었다. 이를 계기로 나는 얼마 후 『샘터』사를 그만두었다.
15) '담시(譚詩)'는 서구문학, 특히 독일문학에서의 '발라드' 개념을 김지하가 자신의 판소리 시의 장르를 규정하기 위해 사용한 것으로, 우리 문학장에서 일반화된 용어가 아니다. 나는 오래전 이 용어문제에 관심을 갖고 괴테의 발라드 「마왕」을 중심으로 다소간의 개념적 검토를 시험한 적이 있다. 영남대 인문과학연구소 발행, 『인문연구』 제4호. 1983.

이어서 그는 「비어(蜚語)」 「오행(五行)」 「앵적가(櫻賊歌)」 「똥바다」 등의 '판소리 시'들을 잇달아 발표했다. 후일 그는 『담시 전집』16)을 간행하면서 "판소리의 현대화와 동학혁명 서사시는 내 꿈"이라고 언명하기도 했다. 그런데 「비어」는 「소리 내력」 「고관(尻觀)」 「육혈포 숭배(六穴砲崇拜)」 등 사실상 별개인 세 작품을 하나로 묶어 붙인 제목이다. 나는 이 가운데 가장 문학성이 높고 독자(또는 청중)의 접근이 쉬운 작품이라 여겨진 「소리 내력」에 대해 오래 전에 비교적 자세히 분석한 바 있다.17)

김지하는 민요와 판소리 같은 전통적 시형식의 현재적 가치를 창작을 통해서만 보여준 것이 아니라 이론으로도 적극 주장했다. 그 대표적 논문이 「풍자냐 자살이냐」이다. 전공자들은 잘 아는 사실이지만, 이 제목은 김수영의 시 「누이야 장하고나!」의 한 구절 "풍자가 아니면 해탈이다"를 오독한 데서 나온 것인데, 어떻든 이 논문은 김지하가 선배시인 김수영을 강하게 의식하면서 자신의 '추의 미학'을 시론에 적용한 글이다. 그의 논리에 따르면 정치적 억압과 폭력 아래에서는 민중적 비애의 감정이 발생하고 그것이 축적되어 한(恨)으로 발전하는데, 이 한은 민중적 반(反)폭력 즉 풍자를 통해서만 사회적 힘으로 전화될 수 있다. 그런 점에서 김수영이 억압적 현실을 풍

---

16) 솔, 1993.
17) 염무웅, 「서사시의 가능성과 문제점」, 『한국문학의 현단계 1』 창작과비평사 1982. 평론집 『혼돈의 시대에 구상하는 문학의 논리』 1995 수록. 이 글에서 나는 김지하의 판소리 계열 담시에 관해 다음과 같이 요약한 바 있다. "「앵적가」 「고관」 등의 작품에서는 웃음이 혐오감을 유발한다. 즉, 이 작품들의 경우 웃음은 대상에 대한 공격성을 띠는 바, 그것은 풍자로 된다. 「소리내력」에서는 비애를 거쳐 한(恨)으로 나간다는 점이 위의 작품들과 대조적이며, 「오적」은 혐오와 비애 즉 풍자와 한의 양면을 공유한다."

자적으로 비판한 것은 옳았으며 이 비판정신은 마땅히 계승되어야 한다고 김지하는 말한다. 그러나 "그(김수영)의 풍자가 모더니즘의 답답한 우리 안에 갇히어 민요 및 민예 속에 난파선의 보물들처럼 무진장 쌓여 있는 저 풍성한 형식가치들, 특히 해학과 풍자언어의 계승을 거절한 것은 올바르지 않다."[18]

한국 고유의 전통적 문예형식들에 대한 김지하의 고평가와 이의 현대적 계승 주장은 그러나 간단한 문제가 아니다. 김수영 시인이 민요와 구시대적 발상의 시를 좋아하지 않은 것은 잘 알려져 있다. 그의 시에 전통적 율격의 활용이 잘 보이지 않는 것도 분명한 사실이다. 그런 완강한 반전통주의가 김수영의 시에 어떤 결핍을 낳았는지, 아니면 반대로 그의 시적 사유에 특유의 치열성과 대담함을 가져왔는지는 쉽게 판단하기 어렵다. 어쨌든 김소월부터 신경림에까지 이르는 '김수영 바깥의' 시인들이 민요적 발상과 리듬을 통해 우리 시에 긍정적으로 기여한 점이 많음은 부정할 수 없을 것이다.

반면에 판소리는 이와 다르다. 판소리는 김지하의 「오적」처럼 예외적으로 문학적 텍스트 자체가 널리 전파되어 읽히기도 했지만, 원칙적으로는 청중 앞에서 고수(鼓手)의 북 장단과 추임새에 맞추어 '소리'로 하는 것이다. 소리꾼 임진택의 훌륭한 사례가 보여주듯 그런 연행 장르로서의 판소리는 오늘날 위축된 상태로나마 여전히 살아 있는 예술이다. 하지만 문학 장르로서의 판소리는 김지하와 같은 특출한 재능이 출현하지 않는 한, 대중적으로 다시 부흥하기 어려우리라고 나는 생각한다.

그런데 김지하는 오랜 감옥생활과 그 안에서의 깊은 사색의 시간

---

18) 『김지하 시선집, 타는 목마름으로』, 창작과비평사, 1982, 152쪽에서 인용.

을 보낸 다음인 1980년대 중반 담시보다 더 야심적인 기획으로 『대설(大說) 남(南)』을 발표하기 시작했다. 중도 포기로 미완에 그쳤음에도 세 권이나 되는 대하 장시였다. 역시 판소리 형식이었는데, 오래전에 읽어 기억이 뚜렷하지 않지만 돌이켜 생각하면 『대설 남』은 민중들의 다채로운 생활양상을 구체적으로 전형화하기보다 단순히 양식상의 모델로 삼음으로써 일종의 형식주의에 기울어지지 않았나 여겨진다. 즉, 그의 '대설'은 서구 합리주의 전통의 극복에서 더 나아가 자신의 '남조선 사상'의 서사적 구현이라는 야심적인 목표를 내세운 구상이었으나, 민중 없는 민중형식 내지 민중이 실감하기 어려운 형식실험으로 귀착됨으로써 중단되지 않았나 생각되는 것이다. 이것은 '담시'의 집중적 예술효과조차 '닫힌' 완결구조라 자기비판했던 김지하의 판단에 분명히 문제점이 있음을 보여주는 것이다. 어쩌면 이것은 서구적 '근대' 및 그 근대의 핵심이라 그가 믿었던 서구 합리주의와의 관계 설정에 있어 그에게 어떤 '지나침'이 있지 않았을까 생각하게 만드는 대목이다.[19]

6

시집 『황토』가 출간된 직후인 1971년 4월에는 박정희와 김대중이 맞붙은 대통령선거가 치러졌다. 민주진영으로서는 이 선거가 단지 대통령 뽑는 행사가 아니라 민주주의의 존폐를 결정하는 혈전과도 같았다. 김지하도 대통령선거의 엄중한 의미를 자각하고 '민주수호

---

[19] 나는 1985년 「서정시·담시·대설. —김지하 시의 형식문제」라는 짤막한 논문을 쓰고 나서 이를 보완할 계획이었으나 그렇게 하지 못한 채 평론집 『모래 위의 시간』, (작가 2001)에 수록했다.

국민협의회'[20])에 참여하는 한편, 가톨릭 원주대교구 기획위원이 되어 지학순(池學淳) 주교와 장일순 선생의 지도 아래 활발하게 활동했다. 가톨릭 서울대교구 발행의 월간지 『창조』에 발표한 담시 「비어」 때문에 중앙정보부에 연행되어 수사를 받기도 했다. 1972년 10월 박 정권은 마침내 민주주의 폐지와 박정희의 종신집권을 뜻하는 소위 '유신'이라는 것을 선포했는데, 김지하는 살벌한 분위기를 감안한 어느 선배의 권유에 따라 설악산 백담사 계곡으로 몸을 숨겼다. 거기서 그는 만해 스님을 떠올리며 유명한 시 「타는 목마름으로」를 썼다. 얼마 뒤 상경한 그는 소설가 박경리(朴景利) 선생의 딸 김영주 씨와 결혼식을 올렸다.

하지만 안정된 생활이 기다리는 것은 아니었다. 그는 1973년 연말 장준하(張俊河) 선생이 주도하는 개헌청원 운동에 참여했고, 이듬해 연초에는 문인들의 '개헌청원 지지선언'에도 동참했다. 그러나 박 정권은 이 모든 민주회복 활동을 금지 처벌하는 긴급조치 1호를 발동했고, 이에 김지하는 그날로 다시 내설악을 거쳐 강릉으로 피신했다. 그러나 민주주의를 외치는 활동이 수그러들지 않자 박 정권은 긴급조치 4호를 발동하고 소위 '민청학련' 사건을 조작하여 수많은 학생과 민주인사들을 잡아들이고 고문·조작·기소하는 만행을 감행했다. 김지하도 민청학련 배후조종 혐의로 구속되어 군법회의에서 사형을 선고받고 이어서 무기징역으로 감형되었다. 이때 정보부 6국에서의 수사 체험에 바탕을 둔 시가 「불귀(不歸)」였다.

---

20) '민주수호국민협의회'는 1971년 4월 19일 김재준·이병린·천관우를 대표로 하여 결성된 재야의 민주화운동 상설기구. 당시 서명자 60명 가운데 12명이 박두진·이호철·남정현·최인훈·박용숙·구중서·한남철·김지하·조태일·방영웅·박태순·염무웅 등의 문인들. 동아일보 1971.4.19. 참조.

이상과 같은 일들이 숨 쉴 틈 없이 진행되던 1970년대 전반기는 김지하의 생애에 있어 치열한 정치투쟁과 눈부신 시 창작이 서로를 전제하고 서로를 고조시키는 가운데 절정에 이른 황금의 시기였다. 이 무렵 쓰여진 「타는 목마름으로」와 「1974년 1월」은 가장 통렬한 참여시이자 동시에 가장 순결한 서정시로서 김지하의 이름을 한국시사의 정상의 반열에 올려놓은 걸작일 것이다. 「빈 산」과 「불귀」도 가슴을 울리는 뛰어난 작품이지만, 가혹한 시대의 발톱에 긁힌 개인적 상처가 약간의 허무주의적 감상의 그림자를 여운처럼 남겨놓고 있다.

생각해보면 김지하의 시들이 세월의 풍화작용을 이기고 여전히 생생하게 살아 있는 느낌을 주는 것은 현실 상황과 시인 개인 간의 극히 구체적인 접촉, 그리고 그 순간들에 대한 너무도 생생한 감각적 현전(現前)을 그의 언어가 드러내는 데 성공하고 있기 때문이다. 추상적 관념이나 상투적 구호로 떨어질 수도 있는 정치적 메시지조차도 이 감각적 직접성을 통한 구체적 현장의 재현으로 되면서 비로소 시의 세계로 살아 들어온다.

> 1974년 1월을 죽음이라 부르자
> 오후의 거리, 방송을 듣고 사라지던
> 네 눈 속의 빛을 죽음이라 부르자
> 좁고 추운 네 가슴에 얼어붙은 피가 터져
> 따스하게 이제 막 흐르기 시작하던
> 그 시간
> 다시 쳐온 눈보라를 죽음이라 부르자
> 「1974년 1월」 첫 연

1974년 1월 8일의 서울을 살았던 사람들에게 그날 오후 5시 길거리 전파상에서 울리던 '대통령긴급조치 제1호' 선포 뉴스는 얼음장 같은 차가움으로 등골을 쓸어내리게 하는 것이었다. 찬바람 속에 귀가를 서두르던 소시민들의 발걸음, 그들의 겁먹은 표정을 보는 시인의 눈이 이 시에는 벽화처럼 예리하게 찍혀 있다. 영장 없이 체포 수색하여 군법회의에서 재판한다는데, 어찌 겁먹지 않을 수 있겠는가. 바로 전날만 해도 신문 1면에는 "이희승, 이헌구, 김광섭, 안수길, 이호철, 백낙청씨 등 문인 61명이 7일 오전 10시 서울 중구 명동 1가 코스모폴리탄 지하다방에 모여 개헌서명을 지지하는 성명서를 발표했다"는 기사가 3단으로 실려 있던 터였다.[21] 문인들의 성명 발표는 얼어붙었던 피를 이제 막 따스하게 녹이기 시작하는 봄기운의 징조였고, 청춘의 고뇌를 안고 거리를 배회하던 가난한 청년에게는 비로소 찾아온 첫사랑의 예감일 수도 있었다. 그런데 이 모든 것들 위에 덮친 세찬 눈보라, 그것은 바로 '죽음'이었다. 바로 얼마 뒤 김지하는 정보부에 잡혀가 민청학련의 배후로 수사를 받게 되는데, 그 수사받던 방을 「고행… 1974」는 다음과 같이 묘사하고 있다.

> 그 방들 속에서의 매 순간순간들은 한마디로 죽음이었다. 죽음과의 대면! 죽음과의 싸움! 그것을 이겨 끝끝내 투사의 내적 자유에 돌아가느냐, 아니면 굴복하여 수치에 덮여 더없이 스러져가느냐 1? 1974년은 한마디로 죽음이었고, 우리들 사건 전체의 이름은 이 죽음과의 싸움이었다. 죽음을 스스로 선택함으로써 비로소 죽음을 이겨내는 촛불 신비의 고행. 바로 그것이 우리의 일이었다.[22]

---

21) 동아일보, 1974년 1월 8일자 참조.

7

 김지하가 불붙인 문화운동이 대학가를 거쳐 사회 전반으로 퍼져 나가는 동안 그 자신은 오랫동안 감옥에 갇혀 지내야 했다. 형집행정지로 석방되었다가 방금 인용한 옥중수기 「고행… 1974」 때문에 다시 무기수가 되어 수감된 것이었다. 그리고 이제야말로 유례없이 가혹한 옥중생활이 그를 기다리고 있었다. 감시 속에 철저히 고립된 것은 물론이고, 거의 1년 반 동안 독서·접견·통방·운동이 금지된 지옥의 시간이었다. 그것은 한 인간이 온전한 정신으로 견딜 수 있는 한계를 넘어선 것이었다.

 "어느 날 대낮에 갑자기 네 벽이 좁혀오고 천장이 자꾸 내려오며 가슴이 꽉 막힌 듯 답답해서 꽥 소리를 지르고 싶은 충동에 사로잡혔다. 아무리 고개를 흔들어봐도 허벅지를 꼬집어봐도 마찬가지였다. 몸부림, 몸부림을 치고 싶은 것이었다."[23] 김지하처럼 예민한 감수성의 소유자가 아니더라도 그럴 만하지 않은가. 그의 정신질환 증세는 틀림없이 이때의 극한상황에서 발원했을 것으로 믿어진다.

 그나마 다행히 1977년부터 독서가 가능해졌다. 면벽 참선과 함께 독선(讀禪)이라 불린 그의 집중적인 독서가 시작되었다. "진정한 내 공부의 시작이었다. 동서양의 수많은 책을 읽었다. 그 길고 긴 시간, 나는 그저 책 읽는 것밖에 한 일이 없는 듯싶다. 지금의 나의 지식은 거의 그 무렵의 수많은 독서의 결과다."[24] 감옥에서 그가 힘을 다해 공부한 것은 첫째 생태학, 둘째 선불교, 셋째 떼야르 드 샤르댕

---

22) 김지하, 「고행… 1974」, 동아일보, 1975.2.25.

(Pierre Teilhard de Chardin, 1881~1955), 넷째가 동학이었다고 말한다. 특히 동학과 떼야르 공부는 감옥의 창턱에 날아와 싹튼 작은 풀잎에의 경외심과 동반되면서 지하에게 일종의 사상적 전회(轉回)를 가져왔다. 사회변혁을 위한 직접적인 투쟁으로부터 그가 '생명사상'이라 부른 의식혁명의 영역으로 활동과 사상의 중심이 옮겨간 것인데, 이렇게 변모하여 출옥한 김지하에 대해 일반인들이나 소위 운동권에서는 뜨악한 눈길을 보냈고 심지어는 변절 혐의도 걸었다. 하지만 그 자신으로서는 어린 시절부터 방황과 고뇌 속에 찾아 헤매던 '인간구원'과 '자아해방'이라는 근본의 길에 마침내 들어선 것이었다. 객관적으로 보더라도 그가 강렬한 민주투사의 이미지를 갖게 된 것은 「오적」 발표와 민청학련 구속이라는 외적 사건의 '뜻하지 않은' 결과였을 뿐이며, 사실은 '투사'로 사회적 명성이 드높았던 동안에도 그의 내면에는 투사 이미지와 양립할 수 없는 예술적 방황과 종교적 고뇌가 그치지 않았다.

  1980년 12월 그는 드디어 석방되었다. 하지만 집 앞의 감시는 계속되었고, 가는 곳마다 정보원이 따라붙어 "앉은 곳이 바로 새로운 서대문 감옥이었다."[25] 그러지 않아도 고문과 감금의 후유증이 심한 터에 이러한 상황은 그의 정신질환을 더욱 악화시켰다. 술에 대한 의존도 심해졌다. 그는 원래부터 술을 좋아해서 안주 없이 깡소주를 마시기 일쑤였다. 1990년대에는 가끔 대구에 내려오는 길에 드물지만 우리 집에서 잔 적도 있다. 나는 다음날 출근을 위해 잠을 자야

---

23) 회고록 2, 430쪽.
24) 회고록 2, 420쪽.
25) 회고록 3, 40쪽.

하는데, 그는 소주잔을 들고 이야기를 그치지 않았다. 새벽에 일어나 보면 그는 이미 어디론가 사라지고 없었다. 고백하건대 당시에 나는 그의 괴로움과 외로움을 충분히 알지 못했다. 물론 알았더라도 그를 얼마나 도울 수 있었을지는 의문이다. 회고록에 보면 다음과 같은 구절이 있다.

> 처음과 끝을 알 수 없는 번뇌가 그 무렵에 나를 사로잡고 놓지 않았다. 밤은 밤대로 끝없는 착종(錯綜)과 불면의 밤이었고, 낮은 낮대로 공연히 들뜨는 환상과 흥분의 나날이었다. 눈만 뜨면 어디선가 나를 부르는 것 같이 좌불안석. 오라는 곳도 많고 갈 곳도 많은 그런 날들이었다. 때론 소음이 음성으로 바뀌어 들리기도 하고, 때론 대낮 천장 위에서 핏빛 댓이파리들의 무서운 춤을 보기도 했다. 번뇌였다.[26]

오늘 나는 40여 년 전의 지난날을 돌아보며 한없이 아픈 마음으로 시집 『화개(花開)』[27]에 실린 그의 시 「횔덜린」을 읽는다.

> 횔덜린을 읽으며
> 운다
>
> '나는 이제 아무것도 아니다
> 즐거워서 사는 것도 아니다'

---
26) 회고록 3, 55쪽.
27) 실천문학사, 2002.

어둠이 지배하는
시인의 뇌 속에 내리는

내리는 비를 타고
거꾸로 오르며 두 손을 놓고

횔덜린을 읽으며
운다

어둠을 어둠에 맡기고
두 손을 놓고 거꾸로 오르며

내리는 빗줄기를
거꾸로 그리며 두 손을 놓고

횔덜린을 읽으며
운다

'나는 이제 아무것도 아니다
즐거워서 사는 것도 아니다'
「횔덜린」 전문

횔덜린(Friedrich Hölderlin, 1770~1843)이 누구던가. 그는 철학자 헤겔과 한 교실에서 공부했던 시인으로서 시대와의 불화로 인해 생애의 후반 37년을 정신착란자로 살았던 인물이다. 한 세기 이상

잊혔다가 20세기 들어와 어느 날 갑자기 '시인 중의 시인'으로 재발견된, '신이 사라지고 자연과의 조화가 무너진 자기 시대'를 탄식하며 '인간의 영혼 깊은 곳에 잠자고 있는 고귀한 신성(神性)을 일깨우는 것이야말로 시인의 소명'이라 보았던 순결한 영혼의 소유자였다. "어둠을 어둠에 맡기고 / 두 손을 놓고 거꾸로 오르며" ─이런 구절에 암시되어 있는 것처럼 지하는 자신 안에 숨어 있는 횔덜린의 '어둠'을 보고 세상을 거슬러 살아온 것 같은 자기 일생이 "내리는 비를 타고 / 거꾸로 오르는" 도로(徒勞)가 아니었는지, 그 막막한 무력감에 눈물을 흘리는 것이다.

8

 물론 김지하는 석방 이후 30여 년 동안 정신적 고통과 사회적 고독에도 불구하고 횔덜린처럼 정신착란 속에서 지낸 것이 결코 아니다. 횔덜린은 열아홉 살에 이웃 프랑스의 대혁명을 목격한 세대로서, 젊은 날의 편지들에서는 민감한 정치상황을 끊임없이 언급하면서 혁명이념의 변질과 좌절을 예의 주시한 바 있었다. 하지만 그럼에도 그 자신이 정치적 박해에 쫓긴 적은 없었다. 정신착란의 긴 세월 동안 낙서처럼 써놓았던 시구절이나 어머니에게 보낸 60여 통의 편지를 보면 그의 신성 추구는 행동이 결여된 그의 정서적 온순함에 기반한 것인지 모른다는 생각도 든다.[28]
 그러나 김지하는 전혀 다르다. 시대와의 불화를 겪으면서 영성이라는 개념으로 '고귀한 신성'을 추구한 것은 횔덜린과 비슷하다 하

---

[28] 장영태 옮김, 『횔덜린 서한집』, 2022. 참조.

겠지만, 그는 횔덜린과 달리 정치투쟁의 일선에서 네 차례나 감옥을 경험하고 죽음의 위험을 통과한 뒤에야 영성과 생명이라는 결정적 화두에 이르렀다. 그 지난한 과정에는 오랜 시간의 가혹한 독방과 치열한 독서와 건곤일척의 사색이 있었음을 잊어서는 안 된다. 하지만 유감스럽게도 이 시련과 고투의 시간은 일반인들에게 충분히 알려지고 이해되지 못한 상태였다. 「오적」과 「타는 목마름으로」의 강렬한 정치적 이미지를 놓치고 싶지 않은 사람들에게 1980년대 이후의 영성적(靈性的) 김지하는 점점 실망스러워 보이게 마련이었다. 대학생들의 노동현장 위장 취업이 하나의 대세를 이루고 계급혁명이 임박한 듯이 보이던 1980년대와 1990년대에는 더욱 그러했다. 아시아·아프리카 작가회의가 1975년에 선정한 '로터스상 특별상'이 1981년 그에게 전달되었을 때 김지하에게는 부산으로부터 '웬 사람'의 전보가 한 장 날아왔다고 한다. "모두들 죽임 당하는데 너 혼자 상을 받다니 염치가 있느냐?" 광주의 참혹함을 겪고 난 직후임을 감안하더라도 이성을 잃은 반응이라고 하겠는데, 어쨌든 그것은 김지하를 보는 사회적 시선의 일부이기도 했다. 이에 대해 그는 이렇게 썼다. "전보를 읽으며 나의 한도 깊이깊이 내면화되었다. 옳은 이야기였다."[29] 그러나 깊이 가라앉은 한은 그의 정신에 더욱 치명적인 손상을 입혔을 것이다.

생애의 말년에 이를수록 그의 정치적 행보에 이상 조짐이 나타난다는 데는 이론의 여지가 없다. 특히 1991년 '죽음의 굿판' 운운하는 조선일보 기고문은 많은 사람들이 김지하를 떠나는 계기가 되었다. 하지만 그때만 하더라도 그는 "강경대 군 사건의 책임 추궁과 함

---

[29] 회고록 3, 41쪽.

께 무엇보다 먼저 죽은 이들에 대한 예절을 찾아 챙기지 못했구나!'라고 사과의 뜻을 밝혔다.30) 하지만 그의 사과는 제대로 알려지지 않았다. 김지하의 이름이든 다른 무엇이든 필요하면 얼마든지 이용하고 돌아서는 것이 이 나라 대형언론의 사악한 생리라는 것을 알지 못한 것이 그의 잘못이라면 잘못이었다. 2010년대에 들어와 김지하는 그야말로 상식에 어긋나는 언행을 선보였다. 당연히 비판이 따랐다. 하지만 우리는 오랜 병고 끝에 혼돈이 깊어진 노년의 김지하가 타인의 비판 안에 들어 있는 합리적 핵심을 붙잡아 자신의 인간적 성숙과 정치적 교정을 위한 거름으로 삼을 힘을 이제는 잃었음을 인정해야 한다. 이 점, 김지하를 사랑했던 동료와 후배들을 한없이 가슴 아프게 한다.

이처럼 점점 정신적 퇴행이 진행되는 와중에도 1980년대와 1990년대는 글 쓰는 사람으로서의 김지하에게 가장 생산적인 연대였다. 마그마가 분출하듯 시의 분야에서는 『대설 남 1, 2, 3』(1982, 84, 85)과 서정시집 『애린 1, 2』(1986), 『검은 산 하얀 방』(1986), 『별밭을 우러르며』(1989), 그리고 장시 『이 가문 날의 비구름』(1988) 등이 나왔고 논설집 내지 산문집으로는 『민족의 노래 민중의 노래』(1984), 『밥』(1984), 『남녘땅 뱃노래』(1985), 『살림』(1987) 등이 잇따라 간행되었다. 이런 일종의 붐은 2000년대 초의 『흰 그늘의 길 - 김지하 회고록 1~3』(2003)까지 이어져, 막연한 짐작보다 훨씬 많은 책들이 그의 이름으로 출판되었음을 알 수 있다.

나는 이들 가운데 일부밖에 읽지 못했다. 시집은 그래도 상당수 구해서 대강 훑어보았지만, 산문집은 구경조차 하지 못한 것이 많다

---

30) 회고록 3, 221쪽.

는 사실을 이번에 알았다. 회고록 세 권은 지하가 작고한 뒤에야 완독했는데, 김지하 저술의 결정판이라는 생각이 들었다. 산문집 가운데는 『남녘땅 뱃노래』가 정성 들여 만들었을뿐더러 내용이 가장 알차다. 그런데 『애린』 이후의 시들은 점점 긴장이 풀어지고 신세 한탄에 가까운 맥빠진 작품들이 많아져 실망을 주었다.

9

김지하의 생애에 가장 중요한 영향을 끼친 인물은 무위당 장일순이다. 장일순은 일찍이 "몽양 여운형(呂運亨)의 제자요 추종자였고 몽양 사후 죽산 조봉암(曺奉岩)의 동조자였으며 윤길중(尹吉重)의 동지로서"[31] 혁신계 정당활동을 하다가 5.16으로 3년간 옥살이를 하였다. 출옥한 뒤에는 가톨릭에 입교하고 고향인 원주에 은거하면서 지학순 주교와 함께 가톨릭에 기반한 이른바 '원주 캠프'를 이끌었다. 장일순에 대해 김지하는 "선생의 사상은 단적으로 말해 좌우의 통합이었고 영성과 과학의 통전이었으며 동서양과 남북의 통일이었다"[32]고 말한 바 있다. 김지하는 깊은 존경심과 충실성을 가지고 평생 장일순의 노선을 따랐다. 그가 가톨릭 세례를 받고 난초 치는 것을 배운 것도 장일순의 모범을 따른 것이었다.

물론 김지하는 후일 사실상 가톨릭을 떠나 점점 더 동학의 수운(水雲)과 해월(海月)에 경도되었다. 뿐만 아니라 김일부(金一夫)의 『정역(正易)』과 강증산(姜甑山)의 '후천개벽'설도 깊이 공부했고

---

31) 회고록 2, 81쪽.
32) 회고록 2, 81쪽.

노자와 장자를 읽는가 하면 일부 무속신앙까지도 적극 받아들였다. 젊은 시절에는 서구의 전위예술에 탐닉하기도 했고 한때 마르크스와 마오쩌둥의 사회혁명 서적도 탐독했다. 요컨대 김지하는 종교에서나 사상에서나 평생에 걸쳐 어떤 단일한 믿음에 고착되지 않았다. 끊임없는 방황 속에서 쉬지 않고 진리를 찾아나가는 것이 형벌과도 같은 그의 삶이었다.

회고록 『흰 그늘의 길』 머리말에서 김지하는 "나의 아버지는 공산주의자였다"는 분명한 고백 없이는 회상 자체가 불가능하다고 술회한다. 다른 곳에서도 그는 아버지의 좌익 전력 때문에 행동에 제약을 받았다고 말한다. 그런데도 그는 박정희 정권으로부터 공산주의자라는 공격을 받아 생명의 위협까지 겪어야 했다. 이때 그가 감옥 안에서 작성하여 비밀리에 유출한 문건이 유명한 「양심선언」인데, 이 글에서 그는 단호히 주장했다. "한 마디로 잘라 말해서 지금껏 나는 자신을 공산주의자라고 생각해 본 적이 한번도 없으며 현재에도 나는 결코 공산주의자가 아니다."[33]

이것은 그가 목숨을 구걸하기 위해 자신의 신념을 부인한 것이 결코 아니다. 그는 정치적으로 특정한 이념의 추종자인 적이 없었다. 그렇다면 그에게 일관되게 추구한 그 무엇이 없었던가. 오랜 감옥경험을 통해 그가 찾은 것이 '생명'의 절대성이었음은 널리 알려져 있다. 그 생명론을 근거로 김지하는 우리 시대의 생태적 위기와 이념적 혼돈의 심각성을 되풀이 지적하고 누구보다 큰소리로 문명전환을 주장했다. 이와 더불어 그는 서구 주도의 근대 자본주의 문명이 막다른 골목에 이르렀음을 힘껏 경고했다. 다만 그는 아버지 세대의 사회주

---

[33] 『남녘땅 뱃노래』, 두레, 1985, 44쪽.

의 계급혁명으로는 오늘의 위기를 해결할 수 없다고 확언한다.

> 인간은 감성과 이성만으로는 완전히 정곡을 찌를 수 없고 거기에 제삼의 힘, 아니 근원적인 힘인 영성이 발동해야 무엇인가 이루어질 수 있음을 끝없는 감탄사와 함께 절감하였다.[34]

> 이제 다가오고 있는 세계혁명은 정치경제의 하부구조적 혁명이 아니라, 오히려 전혀 새로운 정치경제적 양식의 씨앗을 내부에 이미 간직하고 있는 문화의 대혁명인 것이다.[35]

그는 진정한 혁명으로서의 문화대혁명의 씨앗이 동아시아, 그중에서도 한반도, 그 중에서도 가장 핍박받고 헐벗은 남녘땅의 민중 속에, 그들의 고유정서와 전통사상 속에 잠재해 있을 거라고 되풀이 주장한다. 그 예언을 오늘의 현실 속에서 실현하는 일이 우리 세대의 과업이라는 생각을 남기고 그는 저세상으로 떠났다.

---

34) 회고록 2, 202쪽.
35) 회고록 2, 206쪽.

김지하의
문학·예술과 미학

임동확

김사인

홍용희

정지창

채희완

심광현

1주제

생성과 역사, 그리고 생명의 문법
— 김지하의 초기 시세계와 시론

발제 | 임동확
토론 | 서승희

생성과 역사, 그리고 생명의 문법
— 김지하의 초기 시세계와 시론

"시는/과학의 최고의 영역"이다.(「아리아드네Ariadne」)
"매일 매 순간/인격을 허물어서/비로소 사는 자"가 "시인이다."
(「못난 시」)

임동확 | 시인, 한신대학교 교수

1. 서론: 『애린1·2』와 『검은 산 하얀 방』 사이

김지하 문학의 중심에는 현실세계가 어떤 질서 속에서 운동하는가와 더불어 그에 대한 '통어(統御) 가능성'에 대한 관심이 일정하게 놓여 있다. 특히 그걸 지적 차원에서 파악하려는 데 그치는 것이 아니라 그 질서의 원리를 현실 속에 적극적으로 적용하고자 하는 실천적 관심이 그의 문학 세계의 핵심을 이루고 있다. 그리고 이는 그의 작품 세계에서 곧잘 확인할 수 있는 두 개의 상반된 감정이나 행동 등의 동시공존(coexistence)을 의미하는 양가성(ambivalence)에서 확인된다. 대체로 그는 서로 다른 가치나 선택의 상황에서 이분법적인 선택이나 투쟁보다 두 세계 사이의 병행이나 공존을 함께 추구하면서도 동시에 현실세계의 작동원리와 그 공능(功能)에 대한 관심을 지속적으로 보여주고 있다.

주지하다시피 이러한 김지하의 시세계는 1970년 한얼문고판 첫 시집 『황토』(1970)와 1986년 3월과 9월에 연달아 발간된 『애린』 1·2권을 전·후기로 크게 나눠볼 수 있다. 그리고 전기(前期)의 경우, 주로 한국 민주화 운동과정에서 오는 실존적 고뇌와 더불어 박정희 정권과의 대립각을 세우는 과정에서 얻은 상처와 영광이 주된 정서로 작용하고 있으며, 1969년 조태일 시인 주관의 『시인』지로 등단 직후에 발행된 1970년 한얼문고판 첫시집 『황토』(1970년 12월 20)에서 제2시집 『타는 목마름으로』(1982)에 수록된 작품들이 여기에 해당한다.

하지만 그의 후기 시세계 경우, 대체로 "죽고 새롭게 태어남을 애린"[1)]으로 명명하며 시작된 시집 『애린』 1·2권을 계기로 극적인 전환점을 이룬다. 남성적인 결단과 직선적인 투쟁의식이 지배적이던 초기 시와 달리, 오랜 옥중 생활 속에서 싹튼 '생명사상'을 내재된 여성적인 부드러움과 곡선적인 포용의식을 선보인다.[2)] 감옥의 벽으로 상징되는 이분법적 대립의 세계관으로부터 생명의 본성의 관점에서 모든 갈등과 대립을 포괄하고 해체하고자 하는 이원론적 일원론의 세계관으로의 변신을 꾀한다.

하지만 그의 시집 『애린』 1·2권의 경우 오랜 영어(囹圄)의 생활과 그에 대한 체험이나 기억들이 지배적이라는 점이다. 자신이 갇혀 지낸 "캄캄한 지하실 시멘트 벽"(「소를 찾아 나서다」)과 "쇠창살"

---

1) 김지하, 「'애린' 간행에 붙여」, 『애린 1』, 실천문학사, 1986, 7쪽.
2) 채광석, 발문 「'황토'에서 '애린' 까지·1」, 위의 책, 148쪽 참조.

(「안산」) 등 여전히 과거의 수감생활에서 오는 개인적 회한의 정서나 울분의 감정 등이 해소되지 않은 채 남아 있다. 비록 마치 "고구마밭"의 "쇠스랑질"처럼 "꽉 쥐는 듯 슬근살짝/놔"주며 뒤얽힌 생의 "매듭"(「푸른 매듭」)을 풀고자 했지만, "긴 시간/고통받았던"(「이제 나에게 오세요」) 시절에 대한 회한이나 아픔의 정서에서 결코 자유롭지 못하다.3)

반면에 『검은 산 하얀 방』의 경우, 옥중생활을 전후한 사적 체험에서 벗어나 공간적으로는 삼척 두타산 일대와 해남의 백방포 등 생명 상실의 역사 현장으로 확대된다. 특히 분단과 통일 등으로 시적 지평이 확대되고 있지만 그 과정에서 그의 초기 시 특유의 구어체와 리듬의식이 사라진다. 무엇보다도 그 과정에서 그가 평소 꺼려했던 교술적이고 진술적인 '다' 형의 시들이 등장한다. 그리고 그것의 긍정적이거나 부정적인 의미를 따지기에 앞서, 그의 후기시가 그의 본격화된 일련의 생명담론을 펼치기 위한 일종의 수단이 되면서 나타난 불가피한 현상의 하나라고 할 것이다.

따라서 필자는 이러한 관점에서 『검은 산 하얀 방』 전후로 그의 시세계를 초기와 후기로 크게 구분해 보면서 먼저 초기 시세계에 대항 담론으로서 반근대성과 생성론적 사유가 개입되어 있음을 밝혀

---

3) 예컨대 그의 시세계는 시집 『애린 1·2』를 계기로 옥중생활을 한 서대문교도소 주변의 '안산'이나 '악박골'에서 벗어나 '남한강'과 '원주' 등으로 확장되고 있다. 하지만 그럼에도 불구하고 이 시기의 시들은 "저만큼서 나를 부르는" "애린"(「문 두드리는 소리」)이 "술병 속에 갇"(「갇힘」)혀 있거나 지난 세월의 "추억" 속에 스스로를 "가두는" "마음의 감옥"(「살림」)의 형국이다. 어떤 폭력에도 파괴될 수 없는 인간 영혼의 생명력과 우주혼의 움직임으로서' 애린'을 상정하고 있음에도, "저만큼서" "자꾸만" "나를 부르는" "애린"의 "피 묻은 흰 손"(「문 두드리는 소리」)의 기억에서 자유롭지 못한 모습이다.

보고자 한다. 특히 이러한 인식틀을 기반으로 민예양식의 현대화 등 전통양식의 창조적 수용이 시도되었으며, 무엇보다도 그의 유별난 리듬의식과 신명에 대한 관심이 이와 결부되어 있음을 살펴볼 예정이다. 그러면서 한편으로 그의 초기 시에서부터 자주 출몰하는 환상이 단지 개인적 신비체험에 그치는 것이 아니라 당대 이데올로기의 비판과 전복과 결부되어 있음을 살펴보고자 한다. 그럼으로써 과도하게 그의 대사회적 행동과 담론에 의지하는 기존의 연구들과 도식화된 접근방식에 의해 제대로 이해받지 못하고 있는 그의 초기 시 세계를 집중적으로 조명해볼 작정이다.

2. 대항담론으로서 반근대성[4]과 생성론적 세계

1960년 4.19혁명을 뒤집고 군부쿠데타로 등장한 박정희 정권은 '조국근대화'를 내세우며 서구 자본주의 또는 일본의 발전 모델을 기반으로 국가주도의 강력한 경제성장 정책을 추구해 왔다. 하지만 '중단 없는 전진'을 표방하며 추구한 경제개발은 실상 정치적 독재와 표리를 이루고 있었고, 그 결과 도시와 농촌간의 양극화와 더불어 빈부격차의 심화와 특권층의 부패로 얼룩졌다. 특히 그 과정에서

---

[4] 6·70년대 김지하 문학과 사상의 정신구조의 원천이자 창조소(創造素)라고 할 수 있는 '반-근대성(反近代性, anti-modernity)'은 일단 잘못된 근대주의와 그 이데올로기에 대한 부정 및 비판과 관계된 용어다. 하지만 여기서의 '반' 혹은 'anti'는 변증법에서 말하는 반정립(反定立, Antithese) 혹은 지양(止揚, aufheben)에 가까운 개념으로서 그가 근대 자체를 무조건으로 부정하기보다 일종의 대안적 운동으로서 근대극복의지와 관계되어 있는 용어라고 할 수 있다.

근대성의 지표라고 할 수 있는 민주적 영역의 확대나 과학적이고 합리적인 가치체계 구축 등이 배제된 채 고유의 전통문화가 우연적이고 일시적이며 미발전적인 것으로 취급되어 급속히 사장되어 갔다. 무엇보다도 군부정권과 연결된 근대화 프로젝트는 반대자들의 인권을 유린하는 정치적 야만과 경제적 불평등으로 귀결된 바 있으며, 1970년대 들어서면서 급기야 전제적이고 억압적인 유신통치로 이어진 바 있다.

김지하는 이러한 시대적 상황 속에서 그의 시가 외침(外侵)과 폭정, 전쟁과 가난으로 얼룩진 당대 현실과 역사의 부조리에 맞서 고난 받는 민중의 한과 역동적인 정서를 바탕으로 강력한 저항과 투쟁의 수단이 되기를 마다하지 않았다. 특히 그는 「오적」(1970) 등 일련의 담시와 희곡 「나폴레옹 꼬냑」(1971) 등을 통해 관 주도의 왜곡된 근대화와 당대 권력층의 부정부패에 대한 강렬하고도 매서운 풍자시를 선보인 바 있다.[5]

   빈 손 가득히 움켜쥔
   햇살에 살아
   벽에도 쇠창살에도
   노을로 붉게 살아
   타네
   불타네

---

[5] 참고로 김지하의 초기 시세계 연구는 일련의 서정시들뿐만 아니라 1970년 5월 월간 『사상계』에 실어 큰 파문을 일으킨 담시 「오적」을 비롯한 희곡 「나폴레옹 꼬냑」(1971), 「구리 이순신」(1971), 담시 「앵적가櫻敵歌」(1971), 담시 「비어蜚語」(1972), 장편풍자시 「분씨물어糞氏物語」(1973), 「오행五行」(1973) 등과 더불어 대설 『남南』 제1권(1982), 『남南』 제2권(1984)과의 연관관계 속에서 진행되어야 마땅할 것이다.

깊은 밤 넋 속의 깊고

깊은 상처에 살아

모질수록 매질 아래 날이 갈수록

흡뜨는 거역의 눈동자에 핏발로 살아

열쇠 소리 사라져 버린 밤은 끝없고

끝없이 혀는 짤리어 굳고 굳고

굳은 벽 속의 마지막

통곡으로 살아

…(중략)…

별 푸른 시구문 아래 목 베어 횃불 아래

횃불이여 그슬러라

하늘을 온 세상을

번뜩이는 총검 아래 비웃음 아래

너희, 나를 육시토록

끝끝내 살아.

「녹두꽃」 부분

    박정희 정권에 의해 추진된 '근대화 신화'는, 일단의 근대화 이데올로그들에 의해 그 모든 것이 순수하며 영원한 정당성을 갖고 있는 것처럼 선전되고 가열히 된다. 하기만 그러한 허구적 근대화 신화의 이면엔 "벽"과 "쇠창살" 등의 시어가 대변하듯이 반정부세력들에 자행된 직접적인 인신구속과 인권탄압의 그림자가 자리하고 있다. 개인의 자유와 권리향상이 유보된 경제 성장 위주의 일면적 근대화는, 또한 "날이 갈수록" "모질"어진 "매질"과 "혀"마저 "짤리어 굳"어 버리는 박정권의 학정(虐政)으로 이어진 바 있다. 특히 "별 푸른 시구문 아래 목 베어"라는 구절이 암시하듯이 박정권의 가짜 근대화 신화에 저항하는 이들이 직접 사형당하는 사법살인 사건이 벌어지기도 했다.

김지하가 말하는 '행동의 시'는 단연 이러한 시대적 그 상황을 배경으로 하고 있다. 그 속에서 저항의 목청을 높이려 하지만, 현재 "나"는 발성기관인 "혀"마저 거세돼 "통곡"조차 부자유한 상태다. 하지만 "나"는 그러한 비참하고 비극적인 삶의 조건에 굴하지 않는다. 오히려 사형 집행장을 비추는 "횃불"처럼 자신의 한 몸을 제물 삼아 "하늘"과 "온 세상"의 한 끝을 "그슬"리고자 한다. "번뜩이는 총검"으로 무장한 국가기구와 그 하수인들의 "비웃음" 속에서 설령 "육시(戮屍)"를 당하더라도, "나"는 "끝끝내 살아" "흡뜨는 거역의 눈동자"를 가진 반역자이고자 한다.

이처럼 그의 초기 시들엔 모두가 "굳게 입을 다물 때" "홀로 깨어나 촛불을 밝힌 죄"로 "젊어서 죽"(「우물」)어가는 비극적 영웅의 운명에 대한 예감이 스며들어 있다. 또한 "육신"을 직접적으로 위협하고 구속하는 "미친 계엄령" 속에서 기꺼이 죽음을 불사하는 "황불"(「황불」)이 되고자 하는 불굴의 투쟁의지를 쉽게 확인할 수 있다. 하지만 이와 동시에 그 가운데서 어쩔 수 없는 좌절감과 그로 인한 "삶의 아픔"과 "끌려가던 벗들"에 대한 "추억"과 "살아오는" "자유"(「타는 목마름으로」)에 대한 회상의 감정이 복잡하게 투사되어 나타나 있다. 국가권력에 맞서 투쟁하는 개인과 집단의 단호한 결전의지와 아픔, 외로움과 희망이 교차되어 있는 게 바로 그의 초기 시를 지배하는 '행동의 시' 세계다.

하지만 그의 초기 시들은 박정권의 '근대화 신화'에 강력하게 저항하고 투쟁하는 '행동의 시'에만 매몰되지 않았다. 또한 단지 정치적이고 문화적인 근대화가 제외된 한국의 일면적 근대화에 대한 비판과 풍자에만 집중하지 않았다. 그리고 이는 그의 첫 번째 시론격인「풍자냐 자살이냐」가 그 증거다. 여기서 그는 "이 세상"에 "단지 변하지 않는" 원칙이 있다면 "만물이 모두 세월의 흐름에 따라 변한다"6) 7)고 말하고 있다. 왜곡된 한국적 근대화 신화와 대립각을 세우는 한편으로 그의 일찍부터 거기에 맞설 대안적 대항담론으로 모든 것을 운동과 변화의 관점에서 사유하되 변화 자체의 절대적 불변성 또는 동일성에 주목하는 생성론적 세계인식을 보여주고 있다.

김지하의 시적 '출사표'에 해당한 작품으로 후일 그의 '생명문학'의 원형이자 생성론적 사유의 일단을 보여주는「황톳길」이 대표적이다.8) 여기서 그는 단지 급박한 역사적 현실에 상응하는 투쟁의지와 그걸 뒷받침하는 역동적인 정동성(情動性)만을 보여주지 않는다. 죽음과 죽임의 반생명적인 현실에 대한 극대화된 저항의식이나 실존적 결단 의식의 배면엔 존재하는 모든 것들의 이중성 내지 양면

---

6) 김지하가 문단에 정식으로 등단하기 직전에 발표한「현실동인 제1선언」(1969.10.25.) 역시 이를 뒷받침한다. 여기서 그는 "참된 예술"은 "일상적 감각의 타성 아래" "한 대상의 수동적 재현이나" "공허한 형식"화가 아니다. 어디까지나 "생동하는 현실의 구체적인 반영태"이자 "모순에 찬 현실의 도전을 맞받아 대결하는 탄력성 있는 응전능력에 의해서만 수확되는 열매다"라고 전제한다. 그러면서 곧바로 "현실은 부단히 운동"하며 "현실은 사실의 노내없이 불가하고 동시에 사실의 극복 없이 불가능하다"고 말한다. 김지하,「현실동인 제1선언」,『김지하전집 제3권(미학사상)』, 실천문학사, 2002, 77쪽 참조.
7) 김지하,「풍자냐 자살이냐」,『김지하전집3』, 실천문학사, 2002, 39쪽.
8) 김지하 회고록,「황톳길」(『흰 그늘의 길1』, 학고재, 2003), 440~441쪽 참조. 참고로 김지하의 대표 시 가운데 하나인「황톳길」은 현재로서 확인할 길 없는「육십령」등 6편이 1966년 친구 사이인 조동일을 통해『창작과 비평』에 투고된 적 있다는 기록으로 보아, 적어도 1969년 조태일 주관의『시인』지에 등단하기 전에 창작되었음을 미루어 짐작해볼 수 있다.「김지하 연보」,『김지하 전집 제3권』, 734쪽 참조.

성에 주목하는 생성의 논리가 스며들어 있다.

> 황톳길에 선연한
> 핏자욱 핏자욱 따라
> 나는 간다 애비야
> 네가 죽었고
> 지금은 검고 해만 타는 곳
> 두 손엔 철삿줄
> 뜨거운 해가
> 땀과 눈물과 모밀밭을 태우는
> 총부리 칼날 아래 더위 속으로
> 나는 간다 애비야
> 네가 죽은 곳
> 부줏머리 갯가에 숭어가 뛸 때
> 가마니 속에서 네가 죽은 곳
>
> 밤마다 오포산에 불이 오를 때
> 울타리 탱자도 서슬 푸른 속이파리
> 뻗시디뻗신 성장처럼 억세인
> 황토에 대낮 빛나던 그날
> 그날의 만세라도 부르랴
> 노래라도 부르랴
> 대샆에 대가 성긴 동그만 화당골
> 우물마다 십 년마다 피가 솟아도
> 아아 척박한 식민지에 태어나

총칼 아래 쓰러져간 나의 애비야
어이 죽순에 괴는 물방울
수정처럼 맑은 오월을 모르리 모르리마는

작은 꼬막마저 아사하는
길고 잔인한 여름
하늘도 없는 폭정의 뜨거운 여름이었다
끝끝내
조국의 모든 세월은 황톳길은
우리들의 희망은

낡은 짝배들 햇볕에 바스라진
뻘길을 지나면 다시 모밀밭
희디흰 고랑 너머
청천 드높은 하늘에 갈리든
아아 그날의 만세는 십 년을 지나
철샀줄 파고드는 살결에 숨결 속에
너의 목소리를 느끼며 흐느끼며
나는 간다 애비야
네가 죽은 곳
부줏머리 갯가에 숭어가 뛸 때
가마니 속에서 네가 죽은 곳.
　　「황톳길」 전문

지금껏 저항시의 하나로 취급돼온 그의 「황톳길」은 단지 죽은 "애비"의 "핏자국 따라" 가는 아들로서 "나"의 사무친 원한과 단호한 투쟁의지에만 그 초점이 맞춰져 있지 않다. 또한 동시에 제대로 장사(葬事)조차 지낼 수 없어 "가마니"로 제 "애비"의 시체를 덮어놓을 수밖에 없는 비참한 비극의 역사에 저항하거나 애도하는 데 그치지 않는다. 여전히 "두 손"이 "철삿줄"로 묶여 있고 "총부리 칼날"이 목숨을 위협하는 부자유한 삶의 조건 속에서도 "나"의 시선은 거의 동시에 "부줏머리 갯가에 숭어가 뛰"는 눈부신 생명의 세계에 닿아 있다. 나아가, 가족사적 불행과 역사적 비극 속에서도 기꺼이 "뻗시디뻗신" "울타리 탱자"나무처럼 "서슬 푸른 속니파리" 가진 생명의 "성장" 또는 역동성을 주목하고 있다.

달리 말해, "나"의 관심사는 단지 "뜨거운 해가/땀과 눈물과 메밀밭을 태우"는 자연의 불길한 재해나 "밤마다 오포산에 불이 오"르는 불길한 사태와 같은 당대의 폭정이나 그로 인한 미래 사회의 불행을 암시하거나 고발하는 데 그치지 않는다. 그야말로 "대샆에 대가 성긴 동그만 화당골"의 "우물마다 십 년마다 피가 솟"는 말세적 분위기 속에서 도, "죽순에 괴인 물방울"이나 "수정처럼 맑은 오월"과 같은 훼손되기 이전의 생명의 세계로 뻗어 있다. "낡은 짝배들 햇볕에 바스라진 / 뻘길"과 같은 불모의 시간 속에서도 "희디흰 고랑"의 "모밀밭"과 "청천 드높은 하늘"과 같은 전망의 세계에 가 있다.

"죽은" "애비"와 살아있는 "나"(아들) 사이를 통합하는 단호한 행동과 결단이 반복적으로 강조되어 있는 "나는 간다"는 선언이 그 결절점이다. 지금 여기에 부재하는 "너의 목소리를 느끼며 흐느끼며" 내가 가는 곳은 단지 "애비"가 "죽은" 비극적 역사 현장만이 아니다. 행여 마치 수면을 박차고 뛰어오르는 "부줏머리 갯가"의 "숭어"처럼 약동하는 생명의 세계다. 단지 서로가 죽이고 죽는 극한의 대립과 죽임이 아니라 그마저도 새로운 차원의 변화를 이끌어 내는 역동성과 운동, 흐름과 생성의 임계점이 바로 '나'가 궁극적으로 도달하고자 하는 지점이다.

다시 말해, "나"에게 "밤마다 오포산" 오르는 "불"과 "서슬 푸른 속니파리"를 가진 "울타리 탱자"는 서로 무관하며 상반된 현상이 아니다. 얼핏 서로 대립적인 "황톳길"과 "모밀밭", "가마니 속"과 "부줏머리 갯가", "핏자욱"과 "물방울"과 같은 개별적 사실들이 상호침투를 통해 새로운 차원의 화합을 이루는 사태를 나타낸다. 삶과 죽음, 소멸과 성장, 척박함과 풍요로움이 상호 의존하고 상호협력적인 관계로 전화되면서 또 다른 변화와 조화를 도모하는 것을 의미한다. 전쟁의 폭력과 폐허로 얼룩진 과거 역사와의 연속성과 유대를 유지하면서도, 동시에 거기로부터의 창조적 일탈을 꾀하고 있는 생성의 세계가 바로 '황톳길'인 셈이다.

그의 첫 시집 『황토』에 실려 있는 시로 1965년 서울대 「대학신보」에 처음 발표됐던 그의 시 「들녘」을 또 다른 한 예로 살펴보자.

　　　무엇이 여기서
　　　무너지고 있느냐
　　　무엇이 저렇게 소리치고 있느냐
　　　아름다운 바람이 저 흰 들길을 밀머어
　　　뜨거운 흙을 적시는 한탄리 들녘
　　　무엇이 조금씩 조금씩
　　　무너져가고 있느냐

　　　참혹한 옛 싸움터의 꿈인 듯

햇살은 부르르 떨리고
하얗게 빛 바랜 돌무더기 위를
이윽고 몇 발의 총소리가 울려 간 뒤
바람은 나직히 속살거린다

그것은
늙은 산맥이 찢어지는 소리
그것은 허물어진 옛 성터에
미친 듯이 타오르는 붉은 산딸기와
꽃들의 웨침 소리
그것은 그리고
시드는 힘과 새로 피어오르는 모든 힘의
기인 싸움을 알리는 쇠나팔 소리
내 귓속에서
또 내 가슴속에서 울리는
피 끓는 소리

잔잔하게
저녁 물살처럼 잔잔하게
붓꽃이 타오르는 빈 들녘에 서면
무엇인가 자꾸만 무너지는 소리
무엇인가 조금씩 조금씩
무너져 내리는 소리.

「들녘」 전문

얼핏 볼 때, 강원도 평창군 미탄리에 소재한 "한탄리 들녘"은 "참혹한 옛 싸움터"로 농촌해체가 급속히 진행되는 곳의 하나에 지나지 않는다. 동시에 이곳은 "몇 발의 총소리"가 암시하듯이 "참혹한 옛 싸움터"의 하나에 불과하다. 하지만 "몇 발의 총소리가 울려 간 뒤"에도 "나직히 속살" 거리는 "바람"에 "늙은 산맥이 찢어지는" "한탄리 들녘"은, 단지 근대화 과정에서 몰락해가는 농촌의 현장이나 역사적 상처로부터 자유롭지 못하는 공간의 하나가 아니다. 바로 그곳은 "허물어진 옛 성터"처럼 몰락의 진행이 되는 곳이자 동시에 "붉은 산딸기와/꽃들의 웨침 소리"가 "미친 듯이 타오르는" 역동적이며 부산한 생기(生起)의 현장이다. 단적으로 "시드는 힘"과 "새로 피어나는 힘"과 같은 서로 다른 두 개의 힘들이 분화됨이 없이 동시적으로 존속하는 역사적 생성의 시공간이 "기인 싸움을 알리는 쇠나팔 소리"가 "울리는" "한탄리 들녘"이다.

그런데 여기서 간과해서는 안 될 것은, 일종의 붕괴와 몰락을 통해 상승을 꿈꾸는 이 "한탄리 들녘"이 다름 아닌 "빈 들녘"이라는 점이다. 일종의 공처(空處) 또는 '비어놓은 자리'로서 뭔가 "자꾸만 무너지는" 자리이자 동시에 뭔가 "조금씩/조금씩/무너져 내리는", 곧 신생을 위한 파괴적 창조가 이뤄지는 생성의 장이라는 점이다. 달리 말해, "한탄리 들녘"은 "조금씩" 무언가가 "무너져가"면서도 "아름다운 바람"이 "힘 문견"이 "민러이" 무언기 "쇼피치는", 새로운 삶의 육성과 풍요를 도모하는 시공간이다. 동시에 '시듦'과 새로움, 무너짐과 일어섬, 죽음과 신생이 한 치의 양보도 없이 팽팽한 역설적 긴장 속에서 서로 짝을 이룬 채 "나"의 실존과 역사가 비로소 조화로운 관계를 맺는 곳이기도 하다.

이처럼 그는 폭력적이고 기형적인 근대화에 대항해온 초기 시에서부터 서로 대립되는 것 사이의 절대적 일체성에 주목해 왔다. 특히 '투쟁의 시' 또는 '행동의 시'를 견지해온 시대 속에서도 그는 대립적인 요소들을 이분법적으로 파악하는 기계론적 존재논리보다 서로 반대되면서도 동시에 서로 이루어주는 생성논리의 입장에서 박정권의 폭압에 치열하게 대결해 왔다. 한국 근대화에 내장된 실체론적이고 선형적인 사고방식에 기반한 근대성을 극복하고자 초기부터 모든 현상 사이의 상보적 이중성에 주목하며 이원론적 일원론의 세계인식을 견지해 왔던 시인이 바로 김지하였던 셈이다.

3. 생동의 리듬의식과 냉동구조의 언어

일찍이 '시인 추방론'을 주장한 바 있는 고대 그리스 철학자 플라톤은 시(문학)가 영혼의 이성적인 부분을 파괴한다고 보았다. 한 문장의 리듬이 영혼의 가장 밑바닥이자 이성의 적대자인 격정(thumos)을 일으킨다는 이유에서였다. 하지만 플라톤의 제자인 아리스토텔레스에게 영혼의 비이성적인 상태를 자극하는 '격정'은 결코 부정적인 것이 아니었다. 그의 스승인 플라톤과 달리, 아리스토텔레스는 연민과 공포의 감정을 자극하여 인간의 영혼을 정화시키는 효과를 갖고 있는 것을 시적 리듬으로 보았다.

하지만 김지하 시인에게 역시 각 음(音)들의 위치나 상대적 길이를 나타내는 리듬은, 인간 영혼의 가장 밑바닥에 자리하면서 격정(thumos)을 일으키거나 연민과 공포의 감정을 자극하는 시의 한 요소만이 아니다. 영원한 매력을 뿜어내는 샘인 시적 리듬은, 눈에 보이는 삶의 존재감뿐만 아니라 보이지 않은 생명의 존재적 깊이와 연관되어 있다. 무엇보다도 리듬이 가진 높낮이와 장단, 빠르기와 느리기 등의 움직임은, 한 개인이나 사회의 존재의 심연과 더불어 한 집단이나 민족의 역사적 시간과 삶의 질서를 보여주는 그 어떤 것에 가깝다.

문학평론가 백낙청이 김지하의 문학을 평가하면서 주목한 그의 리듬 내지는 운문형식의 중요성이 그렇다. 백낙청은 그가 "매우 리듬에 민감한 시인일뿐더러 그 리듬이 감정의 흐름을 정확히 타고 있"으며, 바로 그 점이 "남이 흉내 내기 어려운 점"9)이라고 말하고 있다. 또 문학평론가 임우기는 김지하 시의 "외재율과 내재율 사이엔 무수한 비대칭적 변화가 일어나고 그 변화가 시의 표면 내용을 확장된 변화 속에 옮겨 놓"10)는다고 평가하고 있다. 그러면서 이들은 공통적으로 단지 시의 의미뿐만 아니라 그의 시적 통일성을 유지하게 하는 시적 리듬과 음악성의 중요성을 지적하고 있다.

김지하의 첫 번째 시론격인 평론 「풍자냐 자살이냐」(1970)가 그 직접적인 증거의 하나다. 거기서 그는 "민요의 전복 표현과 축약법, 전형화 원리와 우의(寓意), 단절과 상징법 등 복잡 다양한 형식 가치들"이 "오늘날의 생활 언어를 효력적인 대중 시어로 높이고 세우는 데 튼튼한 주춧돌을 제공"11)하리라는 믿음을 피력하고 있다. 또 그는 「민족의 노래 민중의 노래」(1970)에서 "정도의 차이"는 있지만 전통의 "서정요"에서 "전문화된 판소리에 이르기까지" "그 나름대로의 정교하고 섬세한 예술적 의장(意匠)의 법칙성과 독특한 형성의 원리, 형식가치의 원형이 숨어 있음을 똑똑히 알아야 한다"12)고

---

9) 백낙청, 「한국문학과 제3세계문학의 사명」, 『민족문학과 세계문학2』, 창작과 비평사, 227쪽.
10) 임우기, 「가위 소리의 숨과 꿈」, 『그늘에 대하여』, 강, 1996, 259쪽.
11) 김지하, 「풍자냐 자살이냐」, 『타는 목마름으로』, 창작과 비평, 1998, 158쪽.

강조하고 있다. 그는 초기부터 시 또는 문학예술의 형식과 내용을 이분법적으로 파악하기보다 상호 유기적이고 역동적인 관점에서 파악하면서 이를 적극적으로 그의 시 속에 반영해왔던 것이다.

1986년 펴낸 분도출판사판 그의 시집 『검은 산 하얀 방』의 서문을 통해서도 이와 같은 태도가 확인된다. 그는 여기서 "나의 평소의 관심사인" "형식문제, 곧 가락이나 장단, 말의 생동성 따위"에 대해서 "일단 제쳐 두기로 했다"[13]고 말하고 있다. 하지만 그러면서도 그는 『검은 산 하얀 방』이 다름 아닌 제 마음 속에서 흘러나온 말들을 그대로 구술(口述)한 것들로서 일체 수정이나 가필 등 추고하지 않은 시집임에도 불구하고, 이전과 달리 자신의 시가 생동감을 잃고 있는 것에 대한 불만을 드러낸다. 특히 자신의 시가 어느새 교술적(敎術的)이고 문어체적인 '다'형의 진술로 끝나는 것에 못마땅해 하거나 당황해하면서 자신의 시들을 '냉동(冷凍)구조' 혹은 '냉동 언어'로 규정하고 있다.[14]

달리 말해, 김지하에게 한 편의 시 속에 내재한 가락이나 장단, 운율이나 수사법 등 형식문제는 단지 중립적이고 도구적인 것이 아니다. 내용과 형식의 통합체로서 시적 리듬은 특정의 의미를 만들어내고 배제하는 특정한 역사적 형식을 의미한다.[15] 특히 그것들은 단순히 시학적인 문제가 아니라 "죽임의 언어를 쇄신시키고 새롭게 그 기능을 부여함으로써 생명 체험의 충만"에 "이바지"[16]한다. 그건 시의 내용과 독립된 감성물이나 형식적인 요소가 아니라 의미론

---

12) 「민족의 노래 민중의 노래」, 위의 책, 165쪽.
13) 김지하, 『검은 산 하얀 방』 서문, 1986, 분도출판사, 10쪽.
14) 위의 책, 10~11쪽 참조.
15) 앤터니 이스톱/박인기 옮김, 『시와 담론』, 지식산업사, 1994, 105쪽 참조.

적인 자질들과 상호작용하면서 끊임없는 의미생성과 더불어 하나의 유기적 생명체로 살아있게 하는 '신명'의 움직임과 깊게 관련되어 있기 때문이다.17)

김지하의 초기 시에서 가장 높은 빈도로 출현하는 수사법의 하나인 '반복법'이 대표적이다. 열거법과 대구법과 함께 같은 단어나 표현을 두 번 이상 거듭 쓰는 '반복법'은, 이른바 '모든 것들을 살아 뜀뛰게 하는 활동하는 무'로서 '신명'을 불러일으키는 결정적인 요소의 하나라고 할 수 있다.

> 돌아라 낮도 밤도 없이
> 돌아라 돌아
> 미칠 듯 미친 사람 미치듯이 돌아라
> 춤추는 볏가리 낫가리 풍랑 속에
> 해야 밀탁배기 한 사발에
> 취해 돌아라 해야
>
> 죽도록 걸어 걷우어 남 좋도록 되도록만
> 세상이야 그렇고 어허
> 그렇고 그런거지 폭폭한 흰 서리가
> 밤새에 내려 시름만
> 두터워 간다네 찬 바람아 어허
> 미칠 듯 미친 사람 미치듯이 웨쳐라

---

16) 위의 책, 12쪽.
17) 김지하,「민중문학의 형식문제」,『김지하전집 3 미학사상』, 실천문학사, 2002, 65~69쪽 참조.

이윽고 새벽 들판에도 이슬길이 열리면
잠자든 산맥이 불쑥 일어나
나락벌에 해는 이글거리고 배추빛 그저 좋은 날에야
그 어느 때야 울리나
주름 깊은 가난 위에 꽹과리는 울리나

돌아라 낮도 밤도 없이
돌아라 돌아
미친 듯 미친 사람 미치듯이 웨쳐라
씨허연 쌀빛 앞에 눈멀어서 돌아라
발동기는 시커멓게 소리지르고
해는 이마 위에 번쩍번쩍거리고

「타작」 전문

위 시에서 가장 먼저 눈에 띄는 것은 "돌아라"와 "웨쳐라"와 같은 동일한 어구의 반복이다. 곧이어 "돌아라 돌아", "좋도록만 되도록만", "미칠 듯이 미친 사람 미치듯", "걷어 걷우어", "번쩍번쩍거리고" 등 무려 10차례의 '연속적 반복법'이다. 나아가, 1연과 4연의 "돌아라 낮도 밤도/없이 돌아라"와 더불어 1연과 2연과 4연의 "미칠 듯 미친 사람 미친 듯이 웨쳐라(돌아라)"에서는 또 앞에 오는 단어나 표현이 일정한 간격을 두고 되풀이되는 '사이 반복법'이다. 그뿐만 아니다. 1연과 4연 1~2행의 "돌아라"는 단어나 표현이 동일하게 문장 앞에서 반복되는 '머리구 반복법'에 해당한다. 또 2연 2행과 5행의 어미 "어"와 3연 4행과 5행의 "울리나"의 경우, 문장 끝에 있는 단어나 표현들이 다음에 오는 문장에서 반복되는 '글구 반복법' 이 구사되어 있다. 그리고 여기에 4연 5행과 6행의 연결어미 "고"까지 포함하면, 한 편의 시에 무려 20여 번이 넘는 여러 유형의 반복법이 교차되어 나타나고 있다.

  예컨대 의미상으로만 볼 때, '미친 듯이 외쳐라' 라고 해도 무방하다. 하지만 그는 거의 강박적으로 "미칠 듯 미친 사람 미치듯이 웨쳐라"라고 반복한다. 그리고 그럼으로써 상황의 절박성과 함께 고난에 처한 "나"의 실존적 절실성을 강조하고 있다. 특히 굳이 반복법을 사용하지 않아도 될 경우에서조차 동일어휘나 특정 단어의 반복적인 사용으로 하여 시적 분위기를 고조시키는 한편으로 기존의 의미에서 벗어나 새로운 의미를 강화시키고 있다. 동일하거나 비슷한 단어나 어휘의 반복을 통해, 시적 리듬과 시적 내용을 강화하면서 생명 자체의 신비한 흐름이나 혼이 깃든 에너지의 흐름이라고 할 수 있는 '신명' 을 이끌어내고자 한다.

  한편으로 이러한 의미의 반복법과 더불어 그의 초기 시에 자주 출현하는 수사법의 하나가 대조법이다. 그리고 두 가지 사실이나 현상을 서로 대비함으로써 자신이 말하고자 함을 더욱 뚜렷하게 하려는 이러한 대조법이 그의 초기 '행동의 시' 를 뒷받침하는 저항의식과 투쟁정신의 원동력으로 작용하고 있다.

    지금도 너는 반짝이느냐
    성자동 언덕의 눈
    아득한 뱃길 푸른 물굽이 구비 위에
    하얗게 날카롭게
    너는 타느냐

산 채로
산 채로 묻힌 붉은 흙을 헤치고
등에 칼을 꽂은 채 바다로 열린 푸른 눈
썩은 보리와 갈라진 논바닥이 거기서 웨치고
거기서 나의 비탄은 새파란
불꽃으로 변한다 너는 타느냐

마주한 저 월출산 아래 내리는
저 용당리 들녘에 내리는 은빛
비행기의 은빛 비늘의 눈부심, 독한 눈부심 위에 아아 푸른 눈
침묵한 아우성의 번뜩임이 거기서 타느냐
지금도 너는 반짝이느냐
성자동 언덕의 눈
하얗게 날카롭게 너는 타느냐.

「성자동 언덕의 눈」 전문

위 시에도 여전히 반복법과 열거법 등이 지배적이다. 하지만 그 가운데서도 "산 채로 묻힌 붉은 흙을 헤치"거나 "등에 칼을 꽂은" 과거의 "성자동과 아득한 뱃길 푸른 물 구비"의 "바다로 열린 푸른 눈"이 대비되어 있다. 또한 "썩은 보리와 갈라진 논바닥"과 "용당리 들녘에 내리는 은빛", "눈부심"이 대조를 이루고 있다. 그러면서 아픈 역사의 상처를 딛고 미래의 삶으로 열려있는, 현재의 "나"의 "비탄"과 "아픔"을 극복해줄 전망과 새로운 생명의지의 출현을 갈망하고 있다. 이상적인 동경을 담은 "성자동 언덕의 눈"과 그와 반대되는 반생명적인 것들의 대비를 통해, 자신이 하려는 내용을 강조

하고 보다 명료하게 하는 수사법의 하나인 '대조법'인 셈이다.

달리 말해, 그는 서로 상반되는 두 개의 어휘나 문장, 표현과 시행 등이 결합하는 방식의 이러한 대조법을 통해, 무의식적이나마 예측 불능한 당대의 갈등과 모순을 극복하고자 한다. 무엇보다도 상반되는 두 개의 어휘나 표현, 문장이나 시행 등을 대립시키거나 차이 나게 하는 데 그치지 않고, 영웅적 승리에 의한 대립과 모순의 극복 내지 해결의지를 드러내고 있다.[18]

하지만 후기 시에 이를수록 그는 이러한 대조법이 지닌 영웅적 결단과 투쟁, 저항과 승리보다는 두 가지 사실이나 현상 사이의 대립과 모순의 공속성을 꾀한다. 이른바 삶과 죽음, 정신과 육체, 선과 악, 기쁨과 슬픔, 밝음과 어두움처럼 서로 무관해 보이는 사물이나 사건을 하나로 엮어주는 대조법적 세계에서 점차 '양극의 일치' 또는 '반대의 일치'를 지향하는 모순어법적 세계관으로 전환하고 있다. 곧 초기 시들의 경우 자신의 이야기나 메시지를 강조하는 대조법적 세계인식이 주된 흐름이었다면, 후기 시들의 경우 모순어법적 세계인식을 바탕으로 서로 대립적이고 상반된 것들의 공동귀속에 의한 근원적인 일치를 추구했다고 할 수 있다.

4. 환상의 출현과 흰 그늘의 길

김지하 시의 또 다른 특징의 하나가 주로 '흰색'의 출현과 관련되어 있는 환상이나 환각의 잦은 출현이다. 초기 시부터 신비적이며

---

[18] 성민엽, 「드넓은 통일의 세계-김지하의 서정시」, 『애린 2』, 실천문학사, 1989(4판), 97~98쪽 참조.

기이한 환상의 장면이 제시되어 있거나 외부 대상이나 자극이 없음에도 실제로 있는 것처럼 느꼈다고 생각하는 환각의 체험이 진술되어 있다. 특히 투쟁과 저항의 시인으로서 인간의 현실적 경험을 재현하고 있으리라는 선입견과 달리, 얼핏 현실도피처럼 보이는 무의식적인 환상이나 기이하거나 기괴한 상상력을 곧잘 보여주고 있다.

하지만 그렇기에 그의 시를 읽는 독자들에게 당혹감을 주는 이러한 그의 환상은, 단지 사회적 금기에 의해 억압된 욕망의 보상이나 개인적 결핍과 좌절에 따른 무의식적인 심리적 표출이 아니다. 또한 동시에 작품 내적으로만 볼 때, 쉽게 이해될 수 없는 이러한 시적 환상은 개인적이고 역사적인 사실이나 실체와 무관하게 진행되지 않는다. 주로 그의 환상은 유년기의 6·25 체험이나 한국 진보운동의 좌절 등과 관련된 사회적 환상의 형태를 띠고 있으며, 따라서 그걸 제대로 파악하고 해석하기 위해선 전후 맥락을 더듬어가는 것이 필수적으로 요청된다.

그의 데뷔작 가운데 하나였던 시 「비」와 이와 직접적으로 관련되어 있는 산문 「깊이 잠든 이끼의 샘」을 먼저 살펴보기로 하자.

Ⅰ)
새가 내린다
작은 새
하이얀 아침 접시꽃 위에
접시 위에
이 빠진 칼날 위에도 작은 새

어디에선가

붙잡힌 그이는

하늘에서부턴가

스미어 오는 발자국 소리 또 밀이삭 소리

귀기울였나 귀기울였나

묶여 간 그이는 시방

고개를 넘었나

눈물은 웬일로 한 방울

피 흐르나

꽃접시

그 위에 내리는 종이새

그 위에 죽어서 날으지 않는 종이새

죽어서도 죽어서도 훨훨훨 날으지

그이는 날으지

새가 내린다

칼날 위에

칼날처럼 내린다

눈이 붉은 작은 새

맺고

마르고

또 젖어드는 내 눈망울 속에 꽃접시

뜨락에도 붉은 꽃접시

언제부턴가 떨리며

옛날부턴가 그 위에 위에
저주처럼 내려
내려 쌓이는
하이얀
종이로 만든
비.
「비」 전문

Ⅱ)
　한여름 어느 뜨거운 날이었다.
　어머니는 마루에서 다듬이질을 하고 계셨고 나는 마당 복판에서 장독대 옆에 있는 접시꽃 앞에 서 있었다. 햇빛 아래 빛나는 흰 접시꽃 잎의 반사에 문득 내가 눈 위에 손을 올렸던 것 같다. 조금 지나친 동작 같았는데 왜 그런 동작을 취했을까? 너무 흰빛이었다. 푸른 하늘에 구름이 하얗게 타고 있었고 그 여름 전체가 새하얗게 눈부셨다. 그때 신작로 쪽의 토담 위로 큰 캡을 쓴 외삼촌의 상반신이 보였고 거의 동시에 마치 항아리가 깨지면서 물이 쏟아지듯 마당으로 뛰어나오는 어머니와 후닥닥 마당으로 뛰어 들어오는 외삼촌 사이에 무슨 얘기가 오간 뒤에 어머니는 급히 방으로 쫓아 들어가고 외삼촌이 마루에 재빨리 걸터앉으며 가방을 탁 하고 열었다.
　'미친 여자의 하얀 팔'
　왜 그랬는지 모르겠다. 그러나 그 날의 이미지는 그랬다. 알 것이다. 이 시는 좀 이상한 데가 있다. 조금은 미친 사람의 세계에 가깝고, 새하얗고 동시에 붉은 피를 흘리는 한 젊은 여자의 접시꽃 위에 불길한 검은 죽음이나 음모처럼 눈이 붉은 작은 새가 추락하듯 내린다.[19]
「깊이 잠든 이끼의 샘」

일반적으로 환상의 주요한 속성 자체가 그야말로 그 어떤 확정적인 의미나 통합적인 질서로 환원해 볼 수 없는 성질을 지니고 있는 것이라면, 그게 무얼 의미하는지 그의 시 텍스트 자체로 파악하기란 거의 불가능하다. 예컨대 I)의 시를 처음 대하거나 그 자체로만 이해하려고 들 때, 여기서 말하는 "작은 새"와 "접시꽃", "접시"와 "붙잡힌 그이"나 "묶여 간 그이" 등이 무엇을 의미하는지 불분명하다. 단지 기괴하거나 섬뜩하다고 할 수밖에 없는 지극히 개인적인 초월과 신비체험의 현상으로 취급하기 쉽다. 하지만 이와 관련된 II)의 산문에 나타난 직접적 고백이나 진술을 참고하면, 곧 "새"는 "비"의 의인화이며, "접시꽃"은 "장독대 옆의 접시꽃'을 그대로 반영하고 있다. 또한 "접시"는 "깨진 항아리"의 시적 변용이며, "붙잡힌 그이"나 "묶여 간 그이"는 다름 아닌 그의 "외삼촌"을 가리킨다.

물론 그렇다고 II)가 어릴 적 그의 생 체험을 기계적으로 반영하거나 투사하고 있는 것은 아니다. 또한 II)가 I)에 전부 투영되어 있거나 그걸 곧이곧대로 재현하고 있는 것도 아니다. 그럼에도 불구하고 I)과 II)를 관련시켜 읽어 볼 때, 그저 막연하게 다가오는 "꽃접시" "위에 내리는 종이새"는 다름 아닌 장독대 항아리에 고인 빗물을 가리킨다. 또한 I)의 "눈이 붉은 작은 새"의 경우, "비"의 은유이자 '나' 자신에 대한 의인화이다. 특히 I) "저수저럼 내려 "쌓이는/하이얀/종이로 만든/비"의 경우, 한 젊은 여자의 접시꽃 위에 눈이 붉은 작은 새가 추락하듯 내린다고 느낀 그의 유년기의 환

---

19) 노겸 김영일(김지하) 지음, 「깊이 잠든 이끼의 샘」, 김지하 서정시 100선 『꽃과 그늘』, 실천문학, 1999. 221~222쪽.

상의 체험이 반영되어 있다.

  1963년 처음 「용당리에서의 나의 죽음은」이란 제목으로 발표된 바 있으나, 후일 「용당리에서」로 개칭된 시 또한 그 좋은 예이다.

    용당리에서의 나의 죽음은
    출렁이는 가래에 묻어올까, 묻어오는
    소금기 바람 속을
    돌 속에서 흐느적거리고 부두에서
    노동자가 한 사람 죽어 있다
    그러나 나의 죽음
    죽음은 어디에.

    무슨 일일까
    신문지 속을 바람이 기어가고
    포래포래마다 반짝이는 내 죽음의
    흉흉한 남쪽의 손금들 수군거리고
    해가 침몰하는 가래의 바다 저 끝에서
    단 한 번
    짤막한 기침 소리 단 한 번.

    그러나 용당리에서의 나의 죽음은
    침묵의 손수건에 묻어 올까
    난파와 기나긴 노동의 부두에서 가마니 속에
    노동자가 한 사람 죽어 있다
    그런데
    무슨 일일까

작은 손이 들리고

물위에서 작고 흰 손이 자꾸만

나를 부르고.

「용당리에서」 전문

　위 시에 대한 사전지식이나 곁텍스트(para-text)가 없다면, 솔직히 "용당리" 갯가에서 바라본 바닷물 위에 나타난 "작고 흰 손"이 무얼 의미하는지 알기 쉽지 않다. 특히 '가상의 땅끝'으로 명명한 '용당리'에서 "물 위에서 작고 흰 손"이 "들리"면서 "나를 부르"는 듯한 환상의 체험이 어디서 기인하는지 알 수 없다. 하지만 6·25 한국전쟁이 발발하기 한 해 전인 국민학교 3학년 때의 체험이 바탕이 된 그의 산문을 읽고 나면, 그 '흰 손'이 6·25 직전 이른바 '보도연맹 사건'으로 수장된 남로당원들에 대한 얘기나 기억의 반영이자 변용임을 알 수 있다.[20]

　달리 말해, 그의 시적 환상들은 그 어떠한 타자성도 깃들여 있지 않은 자신 내부의 불안이나 공포에만 관련되어 있지 않다. 일반적으로 주체 내부에 감춰진 사적인 환상과 달리, 그의 환상은 필연적으로 당대의 이데올로기와의 관계에서 생산된 역사적이고 사회적인 환상의 형태를 띠고 있다. 특히 현실과의 부정적인 관계 속에서 규정되는 그의 이러한 환상은 당대의 사회적이고 역사적 맥락의 장 안에서 이데올로기 비판과 전복의 기능을 수행하고 있는 게 큰 특징이다.

---

[20] 위 글, 198쪽 참조. 참고로 그는 여기서 스스로조차 "바다로부터 올라오는 저 기이한 '흰 손'! 그리고 짤막한 예언적, 경고성의 기침 소리! 흰 손이 흔들리며 내게 보내온 이야기는 과연 무엇이었을까? 어째서 이 손은 '흰 손이었을까' 하는 의문을 표하고 있다.

그의 초기 시에 자주 출몰하는 그의 죽음의식 역시 그렇다. 그의 죽음의식은 긍정적인 미적 쾌락이나 만족과는 또 다른 개인적이고 사회적인 고통스런 상황 또는 지연된 죽음의 무의식적인 재현과 맞물려 있다.21)

> 내 죽음과 죽음 위에 피어난 흰 나리 꽃
> 사이의 아득한 저
> 혼수의 밑바닥까지
> 꿈이냐
> 아아 이게 생시냐
> 우렁찬 나팔소리가 들리고
> 손에 손에 산이 번쩍 들려 드디어는
> 바다에 빠진다 보아라 저것 보아라
> 기인 긴 지옥의 노동 속에서
> 노을 무렵에
> 미쳐 숨겨가는 나의 저기 저 뒤틀린 눈매의
> 넋을 보아라
> 친구여
> 지친 살을 보는 내 눈 사이에 열리는
> 노을 같은 피투성이의 내 한줌의 살과 저 쌔하얀 꿈을 보아라
> 노을 같은 피투성이의 내 한줌의 살과 저 쌔하얀 꿈을 보아라
> 「지옥·3」 부분

---

21) 장 프랑수아 리오타르/유정완·이삼출·민승기 옮김, 『포스트모던의 조건』, 1992, 217쪽 참조.

여기서 "나"는 "기인 긴 지옥의 노동"의 결과로 이미 "넋"이 되어 있거나, 아니면 "미처 숨져가"는 반"죽음"의 상태에 놓여있다. 하지만 그런 참담한 "죽음"이나 "혼수" 상태 속에서도 '나'는, 그 "위에 피어난 흰나리 꽃"을 보거나 "우렁찬 나팔 소리"를 듣는다. 그 자신마저도 그게 "꿈"인지 "생시"인지 확신할 수 없는, "손에 산이 번쩍 들려" "드디어는 / 바다에 빠"지는 불가사의한 환상을 체험한다. '나'의 규정할 수 없는 어떤 욕망의 실체를 드러내는 환상이 "죽음과 죽음 위에 피어난 흰나리 꽃"이나 "나팔 소리"다.

그런 가운데 결코 충족될 수 없는 꿈과 욕망의 기표로서 "저 쌔하얀 꿈"은, 단지 어떤 대상과 결합하여 자신을 유지하려는 생명본능에 그치지 않는다. "꿈"인지 "생시"인지 분간이 가지 않는 "가사(假死)" 혹은 "혼수" 상태에서 다가온 "흰 나리꽃"과 "우렁찬 나팔소리"와 "손에" "산이 번쩍 들"리는 환상 내지 환청은 지배질서나 지배문화가 억압해온 원초적이고 감각적인 존재들을 표상한다. 특히 "기인 긴 지옥의 노동 속에서" "미쳐 숨져가는 나" "뒤틀린 눈매"와 그 "눈 사이에 열리는" "노을 같은 피투성이의 내 한줌의 살"과 같은 파편화된 신체적 환상은, 근대화라는 이름 아래 강요되거나 은폐돼 온 것들의 전경화이자 동시에 그 파탄에서 오는 끔찍한 '죽음의 본능'으로부터 자신을 지키려는 무의식적인 움직임과 연결되어 있다.[22]

그러니까 그의 초기 시 텍스트를 지배적하는 한 요소인 '흰 빛'의 환상은 단지 자기도 파괴될 것이라는 편집증적 불안(paranoid

---

22) 엔소니 엘리오트 지음/정문영 옮김, 『정신분석학 입문』, 한신문화사, 1998, 53쪽 참조

anxiety)으로 인해 발생하는 심리적인 현상에 그치지 않는다. 먼저 그것은 자아의 소멸 내지 주체의 죽음의 위협에 맞서 그만큼 강렬한 삶의 의지를 외부세계에 투사하는 것과 연결되어 있다. 특히 그것은 당대의 단일하고 환원적인 진실들을 위반하면서 또 다른 담론의 공간을 창출하고자 하는 의지와 결부되어 있다. 개인적이고 역사적인 기억이나 이미지에 대한 내면화이자 그에 저항하는 정신적 항체의 이미지의 일종으로 후일 자기실현의 상징으로서 '흰 그늘의 길'과 연결되어 있는 게 그의 '흰 빛' 환상이라고 할 수 있다.

5. 결론

김지하는 박정권의 근대화가 전체주의적인 정치적 억압과 경제적 불평등으로 귀결되던 지난 6~70년대, 당대 현실의 모순과 역사적 부조리에 맞서는 '행동의 시인'이 되기를 원했다. 하지만 저항과 투쟁의 목청을 높이는 과정 속에서도 그는 한국 사회에 유입된 서구적 근대 또는 근대화의 허구성을 꿰뚫어 보면서 근대 극복의지를 강하게 드러낸 바 있다. 특히 그는 한국의 근대화가 오히려 새로운 야만과 파괴의 기제로 뒤바뀌는 상황에서 근대화 세력에 저항하는 한편, 그러한 근대화 또는 근대성에 대한 근본적인 재검토와 성찰을 통해, 전통적인 실체론적이고 이원론적인 세계관을 극복해 나갈 대안으로 상보성과 상대성, 그리고 유기성을 바탕으로 한 생성적 사유에 접근해 갔다고 할 수 있다.

구체적으로 그는 한국 근대화에 내장된 실체론적이고 선형적인 사고방식에 기반한 근대성을 극복하고자 처음부터 '존재하는 모든 것' 의 부동(不動)의 원인 또는 근거(Grund)를 추구했던 서구의 형이상학 내지 존재론과 일정한 거리를 유지한다. 대신 늘 새롭게 생성되는 역동적인 변화와 운동의 관점에서 "살아 있는 힘의 동결"로서 "민중의 거센 힘"에 주목해왔다. 그러면서 동시에 "늙어 어린이/처럼 부드러워"지는 "꽉 찬/부재不在"(「기마상」)를 주목하는 생성론적 세계인식을 펼쳐 왔다. 특히 끊임없이 변화하는 현상 속에서 변화와 불변을 동시에 문제 삼는 유기체적 실재관의 입장에서 후일 모든 양자택일적인 결정(Entscheidung)의 세계로부터 자유로워지는 생명과 평화의 사상을 발전시켜 나갔다고 할 수 있다.

하지만 그의 이러한 생성론적 세계인식은 단지 인식론적이고 의미론적인 차원에 머무르지 않는다. 초기 시에서 보여주는 유난한 리듬의식과 수사법, 가락과 장단 등과 같은 비의미적 자질들의 중요성에 대한 주목으로 이어진다. 그리고 그것들이 단지 중립적인 형식의 문제에 그치는 것이 아니라 의미적 자질과 상호작용하면서 끊임없는 의미생성으로 이어진 바 있다. 특히 그것들이 당대 상황의 절박성을 환기하고 실존적 절실함을 강화시키면서 그의 시에 더욱 생동감과 역동성을 부여하는 요소로 작용한 바 있다.

김지하 시의 또 다른 특성의 하나는 잦은 환상의 출현이다. 그는 초기 시부터 후기 시에 이르기까지 적극적으로 반영해 왔으며 환상은, 그의 말대로 당대의 억압적인 분위기 속에서 그이 무의식 또는 기억의 배후에서 움직이는 영적 흐름과 연결되어 있다. 또한 지금까지 문화적 속박으로부터 침묵당하고 은폐된 것들을 드러내고자 하는 의지가 담긴 그의 환상은, 당대의 단일하고 환원적인 진실들을 위반하면서 당대의 의식적인 담론과 다른 담론의 공간을 창조하고자 하는 의지와 맞물려 있다. 한 사회의 문화의 인식론적이고 존재론적인 틀 내의 공간을 추적하여 다양하고 모순된 '진실들'을 이끌어 내고, 의식적인 담론과는 다른 담론 공간을 창조하고자 하는 의지가 담겨 있다는 게 그의 '환상'이라고 할 것이다.

  김지하 시인은 이러한 관점에서 어떤 교조적 이념이나 정치 프로그램을 통해 이른바 '후천개벽'이나 '네오 르네상스'의 세계를 꿈꾸지 않았다. 외려 모든 가치 자체에 대한 원생명의 반역이자 그 원초적 반역으로 대변되는 질적 생기(生起)로 가득 차 있는 생명의 연속성 또는 창조력 그 자체를 통해, 어떤 사사로움도 없는 '천지공심(天地公心)'의 시와 정치의 일치, 혹은 생성과 역사의 통일에 기반한 생명의 문법을 펼친 바 있다. 특히 한 개체로서 각기 내면의 생명의 깊고 자유로운 자기선택과 결단으로서 자기 조직화와 각자의 깊은 심령의 움직임에 따른 자유의 전개로서 '우주생명학'의 정립이 시인으로서 그의 최종 목표였다고 할 수 있다.

토론문

「생성과 역사, 그리고 생명의 문법」

서승희 | 한국학중앙연구원 교수

　임동확 선생님의 발표문 「김지하의 초기 시 세계와 시론-생성과 역사, 그리고 생명의 문법」은 김지하 초기 시에서 드러나는 생성론적 사유를 시적 문법과의 상관관계 속에서 조명한 글입니다. 선생님은 김지하 시인이 박정희 정권의 이른바 조국근대화론에 저항하면서도 비판과 대립 그 자체를 목표로 삼기보다는 근대 극복과 대안 탐색의 지평으로 나아갔다고 논의하셨습니다. 또한 시의 내용적·주제적 차원은 물론 미적 형식의 차원에서 생성론적 사유를 구현해가는 과정을 정교하게 분석해 주셨습니다. 이를 따라 읽으면서 김지하 문학에 대한 상식을 되짚고 앞으로의 과제를 생각해보는 시간을 가질 수 있었습니다.

　최근의 김지하 문학 연구들은 기존의 시론, 사상론을 갱신하기 위해 번역론, 장소론, 기호학, 젠더론, 미니어론, 비교연구 등 다양한 논점과 방법론을 도입하고 있는 중입니다. 이러한 추세는 매우 고무적이며 앞으로 더 확장될 필요가 있습니다. 김지하는 명성에 비해 문학의 전모가 충분히 알려지지 않은 시인에 속하기 때문입니다. 그의 정치적 발언과 실천, 사상에 논의가 집중된 것도 큰 이유겠지만, '행동의 시에서 생명 사상으로' 라는 전환의 궤적이 문학을 규정하는 선험적 틀로써 작용해왔다는 사실을 선생님의 글을 읽고 분명히 알게 되었습니다. 그렇다면, 김지하에게 문학이란 무엇이었는가? 그리고 그의 문학은 어떤 모습을 지니고 있는가? 라는 기본적인 질문으로부터 다시 출발하는 작업이 필요하겠다는 생각도 들었습니다. 선생님의 글은 바로 이러한 질문에 대한 응답의 성격을 지니고 있습니다. 문학과 정치 혹은 문학의 정치에 대해 오랫동안 사유해온 학자이자 예술가로서의 혜안이 빚어낸 결과물이 아니었을까 감히 짐작해 봅니다. 두 시인의 문학적 대화에 참여하게 된 것을 감사하게 생각하며, 보충 설명을 부탁드리는 것으로 토론을 갈음하고자 합니다.

우선 시기 구분에 대한 생각을 여쭙고자 합니다. 김지하 시인의 별세로 그의 문학 세계를 총체적으로 정리, 재검토해야 하는 과제가 우리 앞에 놓이게 되었습니다. 『황토(黃土)』가 초기 시에 해당된다는 것은 이론의 여지가 없지만, 『애린』1,2 및 『검은 산 하얀 방』이 출간된 1986년도 이후를 후기로 분류해야 할지, 또 다른 분류법을 고려해야 할지 궁금합니다. 짚어주신 대로, 이 시집들은 김지하의 시적 전환이 일거에 이루어진 것이 아님을 짐작케 하는 단서들을 드러내고 있습니다. 『애린』1,2가 과거의 세계를 응시하고 있다면(행동의 시) 『검은 산 하얀 방』의 경우 "냉동 구조의 언어"로 당대 문제를 다루고 있다는 점에서(강신의 시) 차별화된 성격을 지닌다는 분석이 그것입니다. 그런데 '행동', '강신' 등의 용어는 『황토』 후기에서 시인이 자신의 시가 그러한 것이길 바라는 마음으로 언급한 것이기도 합니다. 이렇게 볼 때 전기와 후기 사이에 일종의 이행기를 규정하는 것이 가능할지 의견을 청해 듣고 싶습니다.

다음으로 생성론적 사유에 대해 질문드리고자 합니다. 김지하의 초기 시론 및 예술론에 대한 선생님의 논의를 통해 "존재하는 모든 것들을 유기적이고 생명적이며 관계적인 열린 체계로 이해"하며 "시적이고 사상적인 변혁을 통해 거대한 문명의 전환을 꿈꾸었던 시인"의 사유를 배웠습니다. 다른 말로 이는 "서구의 이분법적 존재론" 대신 둘 사이의 "공속성"에 주목하는 "동아시아적 생성론"이라고도 표현되고 있기도 합니다. 이러한 사유는 폭압적 현실 속에서 서구 및 동양의 사유 체계와 문화예술을 두루 검토하며 형성된 독자적 세계관이자 미학적 방법론이라 생각됩니다. 회고록인『흰 그늘의 길』을 통해서도 1960년대 대학생들의 지적 풍토와 당시 김지하의 독서 편력을 엿볼 수 있었습니다만, 생성론적 사유의 형성 기반, 사상적 영향 관계에 관해서는 선생님께 보다 자세한 가르침을 구해야 할 것 같습니다.

세 번째로 시적 리듬에 대한 질문입니다. 이 글에서 시적 리듬은 시학의 차원을 넘어서 "한 개인이나 사회의 존재의 심연"이자 "한 집단이나 민족의 역사적 시간과 삶의 질서를 보여주는" 것으로서 중요성을 부여받고 있습니다. 또한 김지하 시의 리듬은 형식과 내용의 이분법을 넘어서 "하나의 유기적 생명체로 살아 있게 하는 '신명'의 움직임"과 관련된다는 점도 논의해 주셨습니다. 일련의 시편에서 드러나는 열거법, 반복법, 대조법은 과연 시적 의미를 효과적으로 부각하고 강화하는 역할을 하고 있으며 이것이 바로 김지하 초기 시의 특징임을 실감케 합니다. 그러나 초기 시에 나타난 민중적 리듬의 문제는「오적(五賊)」,「비어(蜚語)」등의 담시 및 풍자시와 더불어 논의되어야 그 효과와 의미를 총체적으로 판단할 수 있을 듯합니다. 지면의 한계로 미처 자세히 들려주지 못한 사항들도 있을 듯한데 이에 관해 보충 설명을 해주시면 감사하겠습니다.

마지막으로 김지하 시의 환상성을 개인적 체험이 아닌 사회적 맥락에서 고찰하신 부분이 흥미로웠습니다. 이는 리얼리즘 문학에 초점을 두어 한국현대문학사 혹은 진보적 문학운동의 특징을 풀이하는 논의들을 재고하게 하는 동시에, 김지하 시에서 돌출되는 환상, 죽음 의식, '흰색' 등의 특정 색채 이미지들을 보다 넓은 해석의 지평에서 생각하게 한다는 점에서 중요한 함의를 지닙니다. 주지하듯 이 환상 이론가들은 경이로움, 기괴함, 즐거움, 전복성 등 환상의 다양한 효과에 주목한 바 있습니다. 김지하 시는 지배 이데올로기가 은폐하고 있는 진실을 폭로한다는 점에서 환상의 정치성을 증명하는 사례라 하겠습니다. 텍스트와 컨텍스트를 동시에 시야에 넣음으로써 도출된 이와 같은 분석은, 새롭게 김지하 문학 연구를 시작하려고 하는 후학들에게 적지 않은 교훈과 영감을 제공해 줍니다.

  토론문을 마무리하며 개인적인 이야기를 잠시 드리자면 저는 김지하를 『애린』의 시인으로 처음 만났습니다. 어머니가 사 오신 『애린』 1, 2(솔출판사, 1995)의 시구가 좋아서 반복해서 읽었고 친구에게 보내는 편지에 인용했던 기억도 있습니다. 대학에 들어가서 저항 시인이자 문화운동가이며 사상가로서의 김지하를 더 자세히 알게 되었지만, 김지하의 시와 사상, 과거와 현재를 동시에 생각하는 것, 이에 대해 말하거나 글 쓰는 것이 저에게는 매우 어려운 일로 여겨졌습니다. 오랜 세월이 흐르고 시인이 유명을 달리하고 나서야 저는 비로소 김지하를 다시 생각하게 되었습니다. 학창 시절의 원체험을 넘어서 이제 교육과 연구의 지평에서 김지하의 문학을 어떻게 가르치고 연구할 것인지 적극적으로 고민해야 할 때가 왔음을 깨달았습니다. 이 학술 심포지엄과 임동확 선생님의 가르침은 그런 의미에서 제게 매우 소중합니다. 감사드립니다.

토론문에 대한 답변

임 동 확

먼저 소설 전공임에도 불구하고 미흡한 발표문을 꼼꼼히 읽고 잘 정리해주신 서승희 교수님께 감사의 말씀을 전합니다. 특히 이번 토론문을 작성하기 위해 제 석사·박사학위논문까지 찾아 읽었다는 말씀을 나중에 전해 듣고 서교수님의 학자적 성실함과 엄밀함에 이 지면을 빌어 재삼 감사와 경의를 표하는 바입니다.

각설하고, 김지하는 초기 박정권의 기술·경제중심의 근대화와 국가폭력에 맞선 저항시인의 면모가 강했다면, 80년대 중반을 결절점(結節點, nodal point)으로 생명과 살림의 문화운동에 앞장선 생명사상가의 면모가 두드러졌다고 할 수 있습니다. 절대 권력과 그로 인한 인권 탄압 등에 직접적으로 대응하기보다 지난 시대의 개발지상주의적 근대화의 이데올로기를 비판하면서 생태학적이고 우주론적인 생명사상을 체계화하고 심화시켜 왔던 것이지요.

그러한 김지하의 문학은 대체로 표면적으로 세 번의 전환점을 이룹니다. 그 첫 번째가 대항담론으로서 반근대성을 지풍 속에 거구적으로 구현했던 6·70년대 생산된 작품들로 첫시집 『황토』와 『타는 목마름으로』에 수록된 일련의 시들과 담시 「오적」과 희곡 「나폴레옹 꼬냑」 등이 여기에 해당할 것입니다. 그의 두 번째 전환점은 대안적 근대모색과 생명사상의 본격적 전개와 관련 있는 시집 『애린 1』 『검은 산 하얀 방』 『애린 2』 등 시집을 연속적으로 펴냈던 1986년

경입니다. 그는 이때부터 이원론적인 근대주의와의 대결의식 대신 모든 갈등을 포괄하고 해체하는 일원론적인 세계로의 존재전환을 꾀합니다. 세 번째 전환점은 생명과 평화의 시정(詩政)에 기반한 생명사상운동의 본격적인 전개와 더불어 흰 그늘의 미학의 심화와 동시에 우주생명학의 개진입니다. 김지하는 그의 시집 『중심의 괴로움』(1994), 『화개』(2002) 등을 기점으로 인간과 자연의 오랜 분열과 대립을 극복할 이른바 '선후천융합대개벽'을 그 대안으로 제시하고 있습니다.

 하지만 저는 이번 세미나를 통해 그의 시세계를 '행동의 시'와 '강신의 시'로 나눠 보았는데, 이는 솔직히 그의 초기 시와 후기 시로 편의상 나눠 살펴보고자 불가피하게 설정된 시기 구분이라고 할 수 있습니다, 제가 맡은 초기 시세계의 경계와 범위를 정하기 위한 고육책의 성격이 짙기도 하지요. 하지만 이러한 저의 시도가 딱히 무의미했던 것만은 아니었다고 믿습니다. 그의 외면적인 문학세계의 변화와 사상적인 전환의 이면에 마치 원형(原型)처럼 내재하고 있었던 게 '강신(降神)의 시' 세계였다고 생각되었기 때문이지요.

 어쨌든 마치 예언처럼 그가 그의 첫 번째 시론격인 「풍자냐 자살이냐」에 언급한 '강신의 시'가 후일 한 인간의 우주적이고 사회적인 확장력과 더불어 심층무의식을 포괄하는 보이지 않는 근원적이고 우주적 영성에 대한 그의 관심과 창작으로 이어졌다는 점에서 앞으로 그의 시적 세계의 시기 구분을 해나가는 데 조금이나마 시사점을 제공하리라 생각합니다.

 두 번째 질문과 관련하여 이번 발표문에서 살펴본 대로 김지하 시인의 대표적 세계해석의 방법이라고 할 수 있는 생성론적 사유가 그의 초기 시에서부터 구현되어 있다는 것을 확인할 수 있었습니다.

하지만 한국문학계가 그동안 리얼리즘과 모더니즘이라는 큰 틀 아래서 당대의 문학을 재단하고 작가들을 평가하다보니, 왜곡된 한국 근대화와 더불어 서구의 근대를 넘어서려고 하는 고투에서 비롯된 김지하의 생성론적인 세계관이 그의 초기 시세계에부터 관철되고 있다는 사실 자체가 지금껏 간과되어 왔다고 할 수 있습니다. 특히 반민주적이고 반민중적인 박정권과 정면 대립하는 가운데 역동적 이원론 속에서도 서로 대립되는 것들의 상보성에 주목하는 김지하 문학의 생성론적 사유가 제대로 조명 받거나 평가 받을 수 없었던 것이지요.

하지만 그의 초기 시인 「황톳길」과 「들녘에서」 등에서 살펴본 대로 그의 생성론적 사유는 생득적이라고 할 만큼 매우 이른 시기에 형성되었다고 볼 수 있습니다. 그리고 이때 주목되는 것이 중동고 재학 시절의 독서체험입니다. 그는 두 고등학교 선생님의 지도와 격려로 한용운, 김소월 등 한국 시인들의 시와 김성한, 손창섭 등 단편 소설을 접하게 됩니다. 또한 막심 고리키, 도스토옙스키 등의 러시아 소설 작품들과 키츠, 셸리, 바이런, 엘리엇 등 세계현대 시인들의 작품을 읽게 됩니다. 그 가운데 고3 시절 인간의 삶과 죽음의 근원적 문제를 다룬 딜런 토마스의 시세계에 깊이 매료되었다는 사실입니다. 특히 그것이 그의 초기 시에 나타나는 죽음과 강렬한 삶에의 투쟁의지와 깊게 연결되어 있다는 점입니다.

하지만 그의 '민중론'과 '생명론', 그리고 미학론(예술론)을 움직이는 핵심적인 요소라 할 수 있는 생성론적 사유의 형성의 기반은, 아무래도 서울대 미학과 입학 이후 다양한 미학과 사상에 대한 체계적 학습의 결과로 보여집니다. 특히 그 가운데서도 타고난 탐구열로 인한 동서양의 고전과 현대사상을 넘나드는 폭넓은 독서체험과 더불어 '남북학생회담' 남측 학생 미학부문 대표활동과 '우리문화연구회' 비공식 멤버로서 전통 민예 등에 관심과 공부가 그의 생성론적인 사유의 기반이 되었다고 할 수 있을 것입니다. 결국 죽임의 논리로 귀결되는 서구적 관념론과 유물론과 다른 새로운 살림과 내면적 영성에 기반한 생명사상을 전개할 수 있는 토대가 바로 이 무렵에 형성되었다고 할 수 있지요.

중요한 것은, 최종적으로 '우주생명학'으로 수렴되는 그의 생명사상에 영향을 끼치거나 '흰그늘의 미학'으로 귀결되는 미학론에 직·간접적으로 관계되어 있는 학자들이나 사상가들과의 관계 속에서 형성되었을 생성론적 사유가 단지 이들과의 영향관계나 독서체험에서만 비롯되었다고 볼 수 없습니다. 동학운동과 얽힌 가족사적 비극과 아버지의 좌익활동에 따른 역사적 고난, 그리고 그의 긴 옥중생활에서 생체험 등이 복합적으로 작용하고 있다고 할 수 있습니다. 특히 동양과 서양, 전통과 현대의 어느 한쪽에 고집하지 않은 생래적 호학(好學)의 자세와 태도가 후일 자연과 초자연, 현실과 환상, 주관과 객관을 넘나드는 생성론적이고 일원론적 세계의 새로운 생명문학, 우주적 율려 문학을 탄생시키는 또 다른 요소였다고 할 수 있을 것입니다.

세 번째로 김지하의 시적 리듬과 관련하여 간과하면, 안 될 것은, 그의 주된 수사법의 하나인 반복법과 긴밀하게 연결되어 있는 구어체 사용입니다. 예컨대 그의 담시 「오적」(1970), 「비어」(1974), 그리고 『大說 남』 등은 이러한 구어체의 창조적 적용이자 그 결정판입니다. 우선 이러한 작품에 나타나는 지배적인 요소의 하나인 구어체는 반복법과 상승 작용하여 텍스트의 유동성에 안정감을 부여함과 더불어 그만의 시적 패턴을 만드는 것으로 작용하고 있습니다. 어떤 핵심적 관념을 표현하기 위해 동일한 율격의 조건 아래서 규칙적으로 사용 낱말들의 집단을 의미하는 '상투어구formula'와 뮈토스를 유지하는 힘으로 작용하는 수많은 '형용어구epithet' 등을 바탕으로 이른바 '이야기성'과 더불어 '구술성'을 최대한 전경화한 한 게 그의 담시계열 작품들이지요.

따라서 그의 시적 리듬 문제를 제대로 규명하기 위해선 그의 서정시와 담시계열의 작품이 갖고 있는 동일성과 차이성을 총체적으로 파악하는 후속 연구 작업이 이어져야 마땅하리라는 생각입니다. 단적으로 전자가 감정의 고조에 따른 상황의 절박성과 시적 주체의 실존적 절박감에 더 중점을 두고 있다면, 후자의 경우 작중 인물과 독자(청자) 사이의 거리를 확보하게 만들면서 사건과 상황을 객관적으로 조망하게 하는 효과로 이어졌다는 점에서 그렇다고 할 수 있지요.

마지막으로 김지하는 판소리의 가장 중요한 미학적 요체로 후일 '흰 그늘'의 미학으로 발전시키는 '그늘'을 지목합니다. 깊은 한(恨)의 움직임이자 창조원리의 핵심 추동력으로 '그늘'이 삶과 텍스트를 연결시키고 상상력과 현실, 주관과 객관, 내용과 형식, 초자연적인 것과 자연적 인식 사이를 복합적으로 매개하고 있다고 보고 있는 것이지요. 특히 그 가운데서도 근원적 질서와 드러난 질서 사이의 상호 어긋남에서 발생하는 침전된 정서이자 쓰라린 깨달음으로서 그늘이 에고와 무의식 사이를 중개한다는 점입니다. 무엇보다도 그 과정에서 자주 출현하는 '흰 빛' 이미지와 그와 개인적이고 역사적인 환상이 발생한다는 점이며, 바로 그것들이 신령한 근원적 생명 또는 우주적 생명 생성을 모시고 깨닫는 황금 고리이자 황금 통로로 작용한다는 점일 것입니다.

김지하는 그런 점에서 환상의 본질적 중요성이나 그 의의를 선취한 매우 드문 시인이라고 할 수 있습니다. 특히 그가 일차적으로 자신의 내면을 지배하는 어두운 무의식 또는 자기 존재의 밑바탕에서 발원했을 환상을 꾸준히 주체적으로 의식화하는 것을 님어 전인격인 사유를 통해 후일 우주 생명학으로까지 승화시켜 갔던 점은 높이 살만합니다. 의식과 무의식을 포함한 자기 존재의 바탕이자 우주를 관통하고 초월하는 '흰 그늘'의 자기화 내지 내면화에 기반한 '흰 그늘 미학'은 다분히 이러한 불가삼투적인 환상과의 정면대결의 결과라고 할 수 있는 것이지요.

2주제

김지하 후기시에 관한 한 생각
― 생명·흰 그늘·못난 시

발제 | 김사인

토론 | 이재복

김지하 후기시에 관한 한 생각
— 생명 · 흰 그늘 · 못난 시

김사인 | 시인

1

　김지하의 생애를 감히 영웅적이라 불러 지나치지 않을 것이다. 이때 영웅적이란 형언은 그의 영욕과 고투, 비애와 좌절까지를 아우른다. 그는 시인으로서, 사회적 실천가로서, 구도적 사상가로서, 어떤 경우에도 끊임없이 자신과 주어진 상황의 경계를 넘어 '그 이상'이고자 했다.

　태평양전쟁이 발발하던 식민지 시대 말에 태어나 8.15와 6.25의 유소년기를 거쳐, 4.19와 5.16, 6.3과 인혁, 통혁, 동백림의 60년대(20대)에 이어, 전태일의 분신과 10월 유신과 긴급조치, 「오적」과 「비어」, 인혁당과 민청학련과 긴 투옥을 통과해 박정희 피살로 막을 내리는 그의 70년대(30대)를 어떠했다고 말할 것인가. 오죽하면 이런 탄식일까.

　　참새라면 쥐라면 파리 모기 빈대라면

풀 돌 물 연기 구름이라면
한줌 흙이라면
차라리 아예 태어나지 말았더라면
태어나도 노을진 어느 보리밭 가녘
귀 떨어진 돌부처로 모로 누웠더라면
「안팎」 부분, 『16인 신작 시집』, 1985

'차라리 아예 태어나지 말았'기를 바랐던 기구한 천신만고를 견디, 80년 12월의 석방을 맞지만, 광주의 5월로 시작된 80년대(40대)는 그에게 순조로웠겠는가. 생명 화두와 동학의 재발견, 87년을 전후한 국내외의 큰 격동, 이어 50대에 들던 91년 이른바 분신 정국의 '죽음의 굿판' 필화로 야기된 전후 사정은 익히들 아시는 바이다. 이후 율려운동을 비롯한 여러 시도들과 바람 잘 날 없던 필화와 설화들에도 불구하고, 입원과 퇴원을 반복하는 처지를 무릅쓰고, 사상운동 예술운동 상의 거의 모든 영역에서 그가 보여준 탐구의 쉼 없는 집요함은, 방향에 대한 동의 여부를 떠나 찬탄을 금하기 어렵다.

그는 광인(人)인가? 그럴지도 모른다. 그는 몽상가인가? 그럴지도 모른다.
그러나 분명한 것은 그야말로 이 삶을, 이 시대를, 이 빈약한 시대를 온몸으로 앓으면서 채찍질해대는 참다운 의미에서의 시인이라는 사실이다. 도대체 시인이 그렇게 하지 않는다면 누가 그런 역할을 맡을 것인가!
김영현, 「엮은이의 말」, 『꽃과 그늘』, 1999

2

2-1 김지하는 지난 20세기 동안 이 땅에서 통용되어온 시라는 개념에 대해 근본적인 물음을 제기하고, 그에 내재한 매판성과 반생명성을 창작 실천을 통해 돌파하고자 한 희귀한 사례에 속한다. 그의 문학적 입신부터가 종래의 안이한 서정시 문법과 미학을 강렬하게 충격하는 데서부터 시작되었으니, 담시 또는 창작판소리로 불려오는 「오적」, 「비어」 계열의 작품들이 그것이다.

그것은 서세동점의 추세 속에서 서구적 양식과 미감의 득세에 밀려 지하로 복류해 온 조선 후기 이래 판소리나 육자배기, 기층의 예능 감각을 백 년 만에 주류예술계의 머리 위로 다시 떠워 올린 예술사적 장거였다.

해학과 풍자와 비장과 익살이 살아 넘치는 그 압도적인 성취에 대해 7, 80년대의 어떤 비평도 적절하고 유효한 미학적 논의를 펴지 못했다. 이미지요 운율이요 서사요 하는 식의 서구 기원의 기존 시문학의 개념과 부속된 비평 도구들은 '평지돌출'의 이 물건들을 적절히 형언하기 어려웠고, 그 근수를 잴 수 있는 척도가 되지 못했기 때문이다.

> 시를 쓰되 좀스럽게 쓰지 말고 똑 이렇게 쓰랏다.
> 내 어쩌다 붓끝이 험한 죄로 칠전에 끌려가
> 볼기를 맞은 지도 하도 오래라 삭신이 근질근질
> 방정맞은 조동아리 손목댕이 오물오물 수물수물

뭐든 자꾸 쓰고 싶어 견딜 수가 없으니, 에라 모르것다
볼기가 확확 불이나게 맞을 때는 맞더라도
내 별별 이상한 도둑이야길 하나 쓰것다
「오적」 부분, 1970

글을 쓰려거든 똑 이렇게 써야 한다. 백두산 꼭대기에서 어떤 놈이 방귀를 뿡 하고 냅다 뀌면 한라산 꼭대기에서 다른 한 놈이 '어이 쿠려!' 이렇게!
또 이렇게! 영광 법성포 칠산바다에서 조기가 한 마리 펄쩍 하늘로 뛰어올라 강릉 경포대 앞바다에 가서 풍덩 하고 떨어진다. 뭐 이렇게! 알겄냐?'
내가 다섯 살 때던가, 외할아버지의 말씀이다.
후기 「깊이 잠든 이끼의 샘」, 『꽃과 그늘』, 1999

주류질서에서 밀려나 잃을 것도 없고, 관아에 끌려가 매맞기를 밥 먹듯 하면서도 그러나 어깃장과 입바른 소리로 버티며 좀스럽기를 한사코 거부하는, 행세하는 자들의 얌체 없는 위선 앞에서는 입과 손이 근질근질하여 못 견디는, 이것이 바로 김지하가 가끔 언급하는 '우투리'의 모습인데, 김지하 담시의 화자(광대)나 주인공들은 대개 이긴 빼리 밥긴 빈힝깨 돔맨 프고의 시회꺽 위치의 인체피피이 있다. 여기에 '백두산에서 방귀를 뀌면 한라산에서 어이 쿠려' 하는 '상남자'스러운 호방함까지 보태져 기존의 소시민적 규범과 예의들을 일거에 쪼잔하고 소심한 것이게 한다.

풍자 담시의 주인공이자 소리 광대이자 저항적 민중성의 화신인 '우투리'들은(얼마간 김지하 자신의 분신이기도 한) 현실의 천대와

억압을 능청과 풍자로 돌려쳐 되먹이면서, 마치 모택동의 유격 전술처럼, 적들이 참기도 화를 내기도 애매할 심리적 미적 자세와 거리를 확보하여, 내상을 최소화하며 숨을 쉰다.

김지하는 화자의 몸과 마음을 빌어 이 지점에 탁월하게 자리잡음으로써, 임병 양란 이래 쌓여온 통치계층에 대한 불신과 불량스러움의 민중예술적 전환 형식인 판소리, 탈춤, 육자배기 속의 에너지에 접속했던 것이다.

2-2 그러나 이러한 '예술적 폭발'은 훈련된 문예 기능만으로 시도 때도 없이 이루어질 수 있는 성질의 것이 아니다. 작중의 '안도'가, '꾀수'가 그렇듯이, 어떻게든 살아보려는 안간힘이 끝없이 거듭거듭 떠밀리고 밟히고 꺾이고 마침내 살 수도 죽을 수도, 앉을 수도 설 수도, 울 수도 웃을 수도 없게 되고 마는 날들이, 제 당대만이 아니라 대를 물려 이어지고 또 이어져서야 가능한 것이다. 그에 상응하는 김지하 풍자 담시의 문학적 전사를 시집 『황토』의 처절과 공포와 원한과 청승의 세계에서 엿볼 수 있다.

70년대 김지하 풍자 담시의 에너지는 임병 양란 이래 서북과 삼남의 봉기와 좌절들, 속수무책으로 나라를 뺏기는 피눈물의 고립무원과 이어진 분단과 동족상잔의, 대를 물려 쌓인 어떤 힘이 김지하라는 영매를 빌어 분출한 것으로 차라리 이해함 직하다. 깊고 강렬하고 불길한 이 힘은 현대시요 자유시요, 리얼리즘이요 모더니즘이요 하는 습관화된 문학놀음, 예술놀음을 일거에 낯없게 만든 것이다. 그 판소리광대 김지하의 영혼의, 심층 무의식의 원적지는 이런 곳으로 짐작된다.

내가 가끔/ 꿈에 보는 집이 하나 있는데//

세 칸짜리 초가집/ 빈 초가집//

댓돌에 피 고이고 부엌에/ 식칼 떨어진//

그 집에/ 내가 사는 꿈이 하나 있는데//

뒷곁에 우엉은/ 키 넘게 자라고 거기/ 거적에 싸인 시체가 하나//

아득한 곳에서 천둥소리 울려오는/ 잿빛 꿈속의 내 집//

옛 고부군에 있었다는/ 고즈넉한/ 그 집

「逆旅」, 『중심의 괴로움』, 1994

…6·25는 송장의 잔치였다.… 6·25 직전 사전검속된 남로당원들을 해군 선박으로 무수히 실어와 큰 바다에서 둘씩 둘씩 철삿줄로 묶어 수장한, 소위 '보도연맹사건' 의 저 캄캄한 바다에서의 대살육의 이미지가 엇섞여 들었다. 이것이 나의 땅끝이었다.

후기 「깊이 잠든 이끼의 샘」 부분, 『꽃과 그늘』, 1999

이 암담하고 공포스러운 기운이 '안으로 온축하고 높이 승화시키는' 것을 득의의 창작 경로로 삼아온 기존 서정시의 '시김새'를 훌쩍 뛰어넘어, '신명을 밖으로 폭발하듯 밀어붙이는' '풀이의 대중적인 야단법석' 을 복권시켰던 것이다.

아무리 익살과 능청의 탈을 쓰고 신출귀몰하며 해도, 이러한 폭발이 끝내는 다시 또 '칠전 몽둥이'를 불러올 것은 불문가지. 피박살이 준비되어 있는 것이다. 본인과 온 주변을 잡아가 주리 틀고, 부서지고 도망쳐 숨고, 추노보다 더 집요하게 박살의 평계를 추궁하고, 단매에 죽지 않으면 다시 길고 긴 감금과 위리안치, 광대 김지하에 대한 권력의 대응이 바로 그런 것이었다.

…결국 땅끝이었다. 이 세상의 끝! 그것은 그 어떤 이데올로기도 정치 프로그램도 없는 반란, 세계와 역사와 성스러운 모든 가치 자체에 대한 원생명의 반역이었고 비로 그 원초적 반역이 불 지피는 미친 기쁨의 세계였다. 이것이 나의 땅끝이었다. 그리고 여기 이것이 참으로 나의 詩다운 詩의 출발점인 것이다.

후기 「깊이 잠든 이끼의 샘」, 『꽃과 그늘』, 1999

이 부근, 죽을 수도 있다는 예감과, 두렵지만 그러나 수락할 수밖에 없는 마음의 어느 소슬한 지점에, 1975년 봄의 「모래내」, 「빈산」 등의 저 절창의 서정시편들이 있다. 이 무렵의 시편들은 순교에 맞먹는 비장으로써 숭고에 육박한다. 백열상태로 고양된 불꽃의 높은 순도 속에 소시민적 애증의 찌꺼기는 끼어들 여지조차 없다. 한국 현대시 사상 이육사와 김남주가 닿았던 이 지점은, '한번 죽고자' 하지 않고는 이를 수 없는 자리이다. (김지하의 한 소명은 어떤 의미로는 여기서 절정을 이룬 것이 아닌가 생각해 볼 수 있다. 역사의 간지는 그 이후 무엇을 준비해두고 있었던가.)

2-3 김지하는 그러한 죽음 같은 헌신과 외로운 증오, 그럴수록 더해져 오는 폭압 사이에서 생명에 대한 획기적 각성과 조우했던 듯하고, 그로부터 시작되는 마음의 행로는 출옥 이후 외부 현실과의 착종 속에서 더욱 강화된다.

극도로 비관용적이고 군사화된 폭력적 사회변혁운동파와 난폭 무쌍한 군부 파시스트들의 극악한 이중구속, 또 내 내면의 환상적 초월과 초보적 경제운동으로서의 생명운동의 생태 중력질서 속에서의 그 지리한 운동현실 사이의 견디기 힘든 이중구속, 이미 감옥에서 활짝 열려버린 상단전(上丹田:泥丸宮)의 영적 분출과 술과 불면으로 인해 흩어져버린 하단전(下丹田)의 정기(精氣)의 해체 사이에서 오는 주화입마(走火入魔)의 위험들, 그 여리고 슬프고 애틋한 '애린'의 갈가리 찢긴 아픈 이미지와 들소 같고 마귀 같고 육식조 같은 주변의 온갖 속물 군상들의 어지러운 노랫소리와 색정적인 속삭임 사이의 이중구속으로부터 훌쩍 벗어나기 위해…

바로 그 지점에서부터, 그 이름조차 아득한 '땅끝'에서부터 나의 시는 비로소 자기 발견, 제 뿌리와 줏대, 이미지의 고향, 언어의 집, 그리고 참된 삶이 생성하는 시간의 풀꽃들이 쌓인 옛 곳간을 찾아낸 것이다.

후기 「깊이 잠든 이끼의 샘」, 『꽃과 그늘』, 1999

'참된 삶이 생성하는 시간의 풀꽃들이 쌓인 옛 곳간', '안팎의 통합, 내면의 영성적 평화와 외면의 생명 중력질서의 대변혁의 통합'이라고 표현되는 그 지점에서 그는 이 '땅끝', 세상의 절망적인 끝에서 한 시절 그가 취했던 6, 70년대의 마음의 길, 시의 길을 '어둡고 무거운 싸움닭의 세계'였을 뿐 실패였다고 보기에 이른다.

그때, 땅끝에서, 싶은 수풀 속에서 빌선안 사실의 이미지는 이미지 그 자체로서 파산했다. 한 노동자의 절망적 죽음 속에 흐르는 모든 한국 극좌 운동의 통일과 혁명 지향의 비극적 최후의 예감, 거기 떨떠름한 동지가 아닌, 깊은 혁명적 동맹자로서 연대하려던 나의 비극적인 자발적 죽음의 이미지는 그 이미지 자체로서 실패했다.

후기 「깊이 잠든 이끼의 샘」, 『꽃과 그늘』, 1999

나는 이제 참으로 거듭된 삶과 고통스러운 사상의 '각비(覺非)'를 통해 새 길을 찾았고(…) 중요한 것은 성실한 '각비(覺非)'에 의해 내면으로부터 생성하는 창조적이고 초월적인 '흰 그늘'이라는 첫 깨달음과 이미지의 발화에 있다. 이것이 이제 시작되었다는 희망적인 소식을 전하고 싶은 것이다…

앞의 글

그가 말하는 '실패' 속에는 「오적」류의 담시는 물론 시집 『황토』와 70년대의 서정시들이 포함되는 것으로 읽힌다. 이 정황에 대해 그는 이렇게 말하고 있다.

나는 너무 감옥에 '오래' 있었고 투쟁에 너무 '깊이' 개입해 있었다. 바로 그 '오래'와 '깊이'가 나의 '큰 판소리' 생산을 막았고, 또 역으로는 그 판소리 안으로 '오래'와 '깊이'가 들어가서 그것이 참으로 '큰' 소리가 되는 길을 도리어 가로막았다.
그러나 어쩌랴! 시절이 '시'보다 '삶'을, '삶'보다 '쌈'을 더 요구했고 나는 본디, 이십대의 어느 날 어느 벗에게 술 취해 떠들었듯이 '민족의 역사 위에 내 몸으로 큰 시를 쓰기'를 각오하고 있었기 때문이었을까? 지금 생각해도 나의 지난날의 시적 성취는 그리 뛰어난 것이 못 되지 않나 싶다.

앞의 글

이러한 마음자리의 중심 이동과 인식 전환의 윤곽을 비교적 잘 정돈된 형식으로 보여주면서 김지하 시의 전반과 후반을 획하는 문건이 82년 초의 「생명의 세계관 확립과 협동적 생존의 확장」(일명 생명운동에 관한 원주보고서;「삶의 새로운 이해와 협동적 삶의 실천」
으로 수정, 게재되어『남녘땅 뱃노래』1985에 수록. 이 문건을 계기
로 원주 그룹과 김지하 간의 분기가 발생했다고도 추측된다)일 것이
다. 김지하의 옥중의 생명 체험과 원주 동지들과의 동학 공부를 포
함한 80년 출옥 이후의 생각의 전환을 집약하고 있는 것이 그가 기
초한 이 문건이어서, 자칫 자의적일 수도 있는 김지하 사상・문학의
선천시기와 후천시기 구분의 한 지표로 삼음직하다고 생각한다.

> 물과 바람과 대기, 빛과 그늘, 변화하는 기후와 계절, 풀, 곡식, 나무
> 와 벌레, 짐승들을 하나의 총체적인 통일된 생명체로, 하나의 통일적
> 인 기(氣)의 운동으로 인식하고 믿어 의심치 않으며, 일체 생명을 신
> 령한 것으로 존중하는 전통과 이웃을 한 형제, 한 가족처럼 가깝게
> 느끼는 전통 속에 이미 영성적이면서 공동체적인 세계관이, 생명의
> 세계관과 그에 입각한 전사회적・전우주적인 협동적 생존의 확장 가
> 능성이 '숨겨진 채로 드러나' 있다.
> 「생명의 세계관 확립과 협동적 생존의 확장」, 1982

> 그러한 민중적 세계관에 입각한 전 민중적・전 사회적・전인류적・
> 전 생명계적인 협동적 생존의 확장과 영성적이면서 공동체적인 새로
> 운 생활 양식을 창조, 발전시키는 운동을 새세새 민중운동과의 숭
> 고한 연대 속에서 수행하는 곳으로부터 한국사회의 극심한 일체의
> 생명파괴 현상과 분단상황에 대한 근본적이고 총체적인 해결책, 대
> 응책이 찾아질 수 있다.(…)
> 앞의 글

이 문건에는 이뿐 아니라 지난 70년대의 운동을 포함하여 좌우 사회운동 모두의 선민의식과 급진주의적 기회주의적 오류들에 대한 자기비판이 김지하의 육성인듯 새겨져 있다. 김지하의 생명으로의 전환을 감옥에서의 백일 참선과 우연한 신비적 체험 때문으로 설명하는 일각의 관점을 교정할 근거가 됨직하다.

지금까지 운동을 주도해 왔던 소위 선진집단들은 오랜 저항과 그에 따르는 희생에도 불구하고 왜 민중의 비극을 구체적으로 해결하지 못했는지를 근본적으로 반성해야 한다.…
우리는 우리가 마주하고 있는 민중의 소리에 귀를 기울이기보다 외국으로부터 관념적으로 배운 우리의 매판적 급진적 지식을 민중에게 강요하지나 않았을까? 우리 자신이 한 사람의 민중으로 민중의 삶을 스스로 살며 민중의 호흡을 자기자신의 호흡으로 숨쉬기보다 몇 가지 학문적 도식에 빠져 상황의 핵심을 전혀 오해하지는 않았을까? 가장 큰 고난의 담당자가 민중임에도 불구하고 민중의 피압박 심리에 지쳐 지식인들만이 그 상황을 해결할 수 있다는 독단적 아집에 빠지지 않았을까? …
현재의 시점에서 주체적 의지의 진정한 목표는 무엇인가? 전 세계적으로, 전 사회적으로 허무하고 짓밟히고 시들어가는 생명을 되살려내는 일이다. 악마에의 저항에서 악마편에 가담하는 자에 못지않게 악마와 맞서서 저항하는 쪽도 생명 자체를 추상적 이념과 소외된 욕망에 종속시킬 위험이 크다. 그러나 목적을 망각한 저항은 반드시 저항 자체를 배반하게 된다는 점에서 생명에 대한 사랑으로 뒷받침되지 않은 저항은 무엇보다 경계해야 한다.
앞의 글

2-4 이러한 전환과 궤를 같이하여 스스로의 지친 심신을 달래고 가누고자 애쓴 시적 행보가 1986년 간행된 『애린』 1,2라 할 수 있다. 그가 치른 70년대의 모질고 혹독한 시간은 인간인 한 차마 온전한 채 통과할 수는 없는 것이었다. 참전군인들의 육체적 심리적 외상이 그렇듯, 어딘가 망가지고 병들지 않았다면 도리어 이상할 일. 겉은 살아있는 형상이지만 이미 그는 한번 죽었던 것인지도 모른다. 굴속에 웅크려 가장 낮은 에너지 수위로 동면에 들거나, 그에 준하는 긴 자기돌봄의 시간이, 살아야 하는 한 개체로서는 필수의 절차였을 것이다. 그러나 출옥 후의 본인도 주변도 이것을 허용치 못했다.

아마도 『애린』의 간절한 자기연민과 비슷한 시기의 『사상기행』이, 김지하에게는 '짐승들의 다친 상처 핥기'에 해당하는 그 노릇이었을 것으로 짐작된다. 후속되는 생명에의 모심 또는 연민으로부터 먼 자리는 아닐 것이다. 젊고 건강한 몸들은 몸을 의식치 않는다. 혹독한 병과 고통에 진저리쳐 본 자만이 몸의 소중함과 애틋함에 사무친다.

> 둘러봐도 가까운 곳 어디에도/ 인기척 없고 어스름만 짙어갈 때/
> 오느냐 이 시간에 애린아
> 내 흐르는 눈물/ 그 눈물 속으로/ 내 내쉬는 탄식/ 그 탄식 속으로/
> 네 넋이 오느냐 저녁놀 타고
> 어두워 어둠에 가득찬 내 얼굴/ 이 시간 애린 오느냐
> 「남한강에서」, 『애린1』, 1986

동학공부가 증산과 정역으로, 나아가 한민족 고대사상으로까지 깊어지면서 그의 생명론은 우주론으로 확장되고 시들도 그에 따라 변화한다. 시집 『별밭을 우러르며』(1989), 『중심의 괴로움』(1994)을 거

처 『화개』2002를 매개로 『못난 시』2009에 도달하는 과정에는 시에 대한 그의 인식의 변화가 함께 진행되고 있다. 생명을 핵심으로 한 새로운 개안을 몸 깊이 체화하고 뿌리내리기 위한 노력들이 다양한 방식으로 시 속에 나타나고 있다. 때로 지나치다고 느껴지는 대목이 없지 않으나, 마음을 가누기 위한 쉽지 않은 안간힘이 역력하다.

출옥 후엔 언제나 각서를 썼느냐를 묻는 사람이 많다. 나는 매년 각서를 썼다. 비어(蜚語) 사건 때는 아주 비굴하게, 민청학련 때는 아주 당당하게, 80년 출옥 때는 당당하고 비굴하게 그리고 마지막 번에는 치사하게 '술을 먹고 싶다'고 쓰기까지 했다. 그래서 출옥 후 5공 관계자들이 여러 번 술을 샀고 갈비짝을 보내고 사과짝을 보냈다. 나는 거물의식까지 즐기며 태연히 받아먹었다.…
명성에 대한 집착이 강하고 터무니없는 영웅심이 있으며 이른바 페르소나(기독교의 삼위일체)에 대한 동일시가 심하다. 여자관계가 많았는데 매우 어둡고 색정적이고 복잡했다. 알콜에 탐닉하고 룸살롱에 가서 술 먹고 부화방탕하기를 즐겼으며 퇴폐이발소도 가끔 드나들었다. 알콜 중독, 어머니 콤플렉스, 종교적 환상과 함께 원인이 된 나의 병명은 심한 정신분열증이었다. 두 번이나 정신병동에 입원했다. 치료는 끝났다. 그러나 이것이 내 아이들에게 영향을 주어서는 안 된다. 티없이 맑았던 유년으로 따뜻한 남쪽 고향으로 돌아가고 싶다.
「'나는 도적' 고백운동 벌이자」, 『뭉치면 죽고 헤치면 산다』, 1991

꿈꾸지 않겠다/ 꿈으로/고통을 이겨내는 일/그만두겠다//
지긋지긋해도/ 하루하루 삶을/ 무심히 살겠다//
풀 한 포기와 말하며/ 우주를 살겠다
「삶1」, 『화개』, 2002

이제야/ 내 마음/고향에 돌아와//

우울한 너에게 편지를 쓴다/ 삶은/가슴 밑바닥 붉은 꽃봉오리/

두 다리 사이/ 어두운 곳/ 새파란/별//

이제야 한마디 한다//

별과/ 꽃을/ 모심이 삶//

너에게/ 나이 칠십에//

내가 남길 것은//

오롯이// 이 한마디뿐.

「별과 꽃 속에서」 부분, 『시 삼백1』, 2010

모심은 조심//

조심은/ 모심의 조건//

반드시/ 지켜야 할 최대의 조건은/ 그리고// 무심//

무심은 조심/텅 비운 모심이 바로/가장 큰/조심

「모심」 부분, 『시 삼백1』, 2010

참/ 공부는/ 참으로/ 외로운 사람만이 하는 일//

아무나 못하는,/피가 얼어붙고/살점 떨어져 나가는/추운/

참으로 쓸쓸한.//

아무도 곁에 없고/아내도 자식마저도 없고/

누구도 알아주는 이 없고./ 누구나 비웃어 욕을 하는/

미쳤다고 손가락질해마지않는//

허허허//

그런 일.

「공부」 부분, 『시 삼백3』, 2010

서푼짜리들은 언제나 늦게 나타난다/ 하아얀 촛불이 켜지기에/
개벽을 예감했는데//
이어서/ 시뻘건 횃불 커지고/ 또 이어서 시커먼 숯불 켜진다//
까불고 까부쉬고 까발리는/ 마당쇠들 까쇠들/
거기다 서푼짜리들은 언제나/ 늦게야 나타난다//
이제는 아예/ 나랏돈 떼어 처먹은 놈/ 거기다/ 여편네한테/
몽땅 짐 넘기는 놈/ 한참 비겁하게/ 자살로 도망가는 놈/
영전에 몰려들어/ 촛불 켜는 것들//
모두 다/여지없는 서푼짜리들

「서푼짜리들」 부분, 『시 삼백3』

오늘/ 기축년/ 칠월 이십이일 아침//

회음에서 /달 떠오른다

…(중략)…

오늘//

아낙들 모든 시커먼 회음에서부터/ 드높이 솟아오른다//

북극 태음의 물을 흔들어/ 세상을 개벽하는/ 바로 그날
대윤초다

「윤초20」, 『시 삼백3』

…/ 처음이다./ 박근혜 대통령 탄핵사태/ 최순실 사태로/ 인해/
아내가/ 나에게/ 말도 안하던 한 달여 만에/ 어제//
내 밤인사에/ 단 한마디/ 대답 "네에"/ 아아아/ 말!//
유리다.//
춘분(春分), 추분(秋分)이다. /200만 촛불이다./

여성, 아이들, 노친네들의 200만!

···(중략)···

나/ 이제//

방안에서 공부나 하고 책이나 쓰고/ 일절 말없이 살면서/ 그래/
아니, 그것조차 버리고/ 그림만 그리며/ 새 세상을 기다리겠다.//
새 세상/아아!

(丙申 12월 3일)

「유리」, 『흰 그늘』, 2018

다섯 줄로 /내 마지막 詩를 쓴다. /마지막 운, /나 /아내를 모심.

(丙申 12월 20일)

「다섯 줄」 전문, 『흰 그늘』

2-5 이런 과정을 거쳐 '생명'과 '흰 그늘'과 '못난 시'를 키워드로 성립하는 그의 후기시들의 지향은(특히 2000년 이후 뚜렷해진다), 70년대초의 풍자 담시들과 시집 『황토』, 『빈산』을 위시한 서정시들의 감동에 익숙했던 눈에는, 시적 긴장에 미달하는, 그래서 두서없고 '김지하' 답지 않은 허드레 넋두리들로 읽히기 쉽다.

그러나 이 점을 생각해보아야 한다.

시집 『황토』와 『빈산』, 그리고 그의 풍자 담시들(「비어 대응 꼬나」「앵적가」「분씨물어」「금관의 예수」「진오귀」「오행」 등의 희곡들도 포함)은 대략 75년 그의 재수감 이전, 30대 중반까지의 기간에 생산된 작품들이다.(솔출판사 판 『김지하시전집』 3권 정도의 분량) 반면, 80년 석방 이후 2022년 타계하기까지 훨씬 더 긴 40여 년 동안의, 시집 『애린』 이래 훨씬 더 많은 시와 시집들(대략 20여 권)이 생명 선언의 토대 위에서 생산되어 있다.

그러나 후기의 시들은 7,80년대의 시들에 비해 널리 읽히지도, 깊이 논의되지도 않는 것으로 보인다. 그의 사유가 동학과 증산 정역을 넘어 신시와 마고 천부경, 율려, 단학에까지 미치게 되면서, 적지 않은 독자들은 그의 발이 현실에서 떨어져 돌이킬 수 없어졌다고 느꼈던 듯하고, 91년의 '죽음의 굿판' 사태와 겹쳐져 상황은 더욱 악화되었던 것이다.

그렇지만 청년기까지의 김지하를 강조한 나머지 장년기 노년기의 더 긴 기간의 그의 삶과 성취를 파탄난 정신의 허드레 글장난으로 치지도외하는 것은 어떤 이유로건 정당화되기 어렵다. 더구나 남겨진 글(시와 논설들)로 보건대 그는 '흰 그늘' '못난 시'라는 시적 척도와 원리를 설정하고 자신과 한국시의 갱신을 긴 시간에 걸쳐 쉼없이 모색해온 터이다. "안으로 온축하고 높이 승화하는 서정시의 시김새", 다시 말해 재래의 서정시 문법을 그는 의도적으로 해체하고자 했다.

김지하가 표방했던 '못난 시'의 이념 자체가 '한번 스치고 버려지기'를 지향한 부분도 있지만, 그의 복잡한 내면과 생애와 영적 편력의 세부에 선입견 없이 다가가보려는 이라면, 6,70년대의 '잘 나가던 김지하'만을 편애하여 80년대 이후 '정신파탄자' 김지하의 악전고투의 갈피에 내장된 모험과 성과들을 흘려버리는 우를 범해서는 아니 된다. 그가 마지막 시집까지 밀고 갔던 '허튼 시' '못난 시'의 미학에 유념하며 우리는 다시 한번 김지하를 찬찬히 읽을 필요가 있는 것이다.

그가 김지하란 이름마저 벗고자 했음도 이 시기 그의 마음의 지향과 관련하여 유념될 필요가 있다. 어둠과 희생과 죽음의 이름에서 생명과 모심, 겸손의 이름에로 그는 나아가고자 했다. '勞謙 김영일'로 불리어 본래의 이름 '꽃 한송이'(英一)를 회복하기를 희망했다.

> 연초 한낮 내 방에 그냥 홀로 무료하게 앉아 있을 때다. 문득 '노겸(勞謙)'이란 두 글자가 뇌리에 떠올라와 그 의미가 깊이 각인된다. '근로'와 '겸손'이니 언뜻 알아들었다. 그래서 나는 그것을 앞으로 내 호(號)로 삼기로 작정하였다. '열심히 일하는 겸손'이요 '활동하는 무(無)', '아상(我相) 없는 노동자', '노예 노동자'의 옛 뜻이기도 하다.
> 후기 「깊이 잠든 이끼의 샘」, 『꽃과 그늘』, 1999

다른 자리에서 그는 勞謙을 '고되게 일하고 겸허히 숨어 삶' '애쓰는 못난이, 못난이가 애써 삶'의 뜻으로 새기고자 했다.

3

『애린』이후 그가 시쓰기의 길로 내건 못난 시, 흰 그늘의 시는 무엇을 지향하는 것인가.

그것은 기존 시 양식과 시론을 좀 더 그럴법하게 보고 고민하시는 것이 아니었다. 시라는 양식과 시쓰는 행위, 나아가 말한다는 것의 근본을 되묻는 것이었으며, 서구 기원의 기존 시학과 다른 원리로 시를 파악, 설정하고 실행하려는 노력이었다.

이러한 '시에 대한 다른 사유'는 그의 후반생을 관류했던 삶의 태도나 생각과 표리를 이루는 동시에, 82년 원주보고서에 선언된 '생명가치로의 중심이동'의 세부화, 시학적 구체화에 해당하는 것이라 할 수 있다.

생명적 각성과 공부 위에서, 옛 '싸움닭'의 시, 투쟁과 증오의 시를 넘어서되 그 마음자리의 깊은 곳을 감싸안고 가는, 생명의 시·살림의 시를, 그것도 시에 담긴 메시지 수준이 아니라 양식과 미학상의 전환을 통해 달성하고자 시도한 것이다.

이러한 김지하 후기의 '이전과는 다른 시쓰기'는, 전기의 시편들에 비해 흐트러지고(散) 성글다(疎). 행과 연은 턱없이 짧고, 언어와 문장은 무심히 적은 낙서인 듯 평이하다. 이미지 비유 상징 등의 기존 문예 수단들에 기댄 작품의 심미적 완성이 아니라 장바닥 장삼이사들의 시끄럽고 산만한 소락대기이기를 표방하고, 그것이 시쓰기의 신령함에 더 근본에서 통하며, 생명적 민중적 합법성에 부합하는 말하기, 노래하기라고 보는 입장에 선다.

> 말을 절약하여 틈을 열고 싶었다. 그 성긴 틈으로 큰 삶이 들며 나며 통하고 울렸으면 싶었다.
> 自序「틈나는 대로」,「중심의 괴로움」, 1994

시인이 한 시집의 머리에 적은 것처럼 이런 쓰기의 전환은 읽기의 태세 변환에 호응되어야 그 뜻을 이루는 것일 터인데, 7, 80년대의 그의 독자들은 그의 새로운 시도를 충분히 수락하지 않고 있는 듯하다.

그러나 이제 돌아보건대, 출옥과 함께 시작된 그의 생명선언과 동학공부 이후의 일련의 행보들은 전 시대의 정치적 저항운동과 그에 편향되었던 자신의 협소함에 대한 반성으로서 일정한 타당성을 가지는 것으로, 그 민중적, 생명적 합법성을 부인하기는 어렵다. 그리고 80년 출옥 이후 그의 발언과 실천들은 극소수 극단적인 경우를 제외하고는, 논란을 야기했던 많은 경우들조차 생명 패러다임으로서의 내적 일관성을 유지하고 있었다.

추후의 공부를 위해 후반의 김지하 시집들을 중심으로 생각의 단서가 될만한 시와 산문들을 발췌하고 주제어를 붙여 첨부한다.

[신령한 시] …시는 무서운 신령(神)의 활동이다. 내 젊었을 때 이것을 몰랐으니, 모르는 체로 편안했었으니, 그것을 몰랐으니 차라리 시를 몰랐다고 하는 쪽이 정직하리라!

후기 「깊이 잠든 이끼의 샘」, 『꽃과 그늘』, 1999

[시인은 텅 빈 것] 핵이 왜 핵이 되느냐 하면 가만 있질 않아서 핵이 돼요. 가만히 있으면 물질화과정으로 밀려나 버려. 움직이는 것이 중심이다. 그 생성론이 실체론을 대체한다.…생성의 결과가 실체지, 실체가 생성의 어머니가 아니다. 그러면 시인이란 뭘까? 텅 빈 것. 텅 비었으니까 얼마나 변덕스러워. 원자핵이 그래서 변덕스러운 거야.

「비전을 향한 미학적 모험」, 『바람결 풍류』 제8호, 2000. 2.

[가난] 6.25 이후… 그 어느 분야에서도 모두가 여러 가지 의미로서 단 한마디, '가난' 그 기세였다. '가난' 그것이 내 청훈의 생태와 시의 출발점이었다.

…내용이 아니다. 정신보다 더 깊은 영의 가난은 내용이 아니라 형식에서, 형식보다 더 깊은 장단, 호흡에서 기어나온다.

후기 「깊이 잠든 이끼의 샘」, 『꽃과 그늘』, 1999

[그늘 / 율려 / 입술] …칼 융 쪽에서 접근한다면 '그림자론'이 되는데 그보다는 '그늘론'이 한결 본격 미학이요, 더 과학적으로 들어간다면 '율려학(學)'이 정확하다. 율려의 장단 안에 넋이 흔들리는 것, 그것이 곧 '그늘'이니까. 그것을 '입술'이, 허수경의 그 입술이 바들바들 떨면서 말 한다고 생각해 보라! 그 '가난'을 짐작할 수 있겠는가? 내용은, 사유와 이미지와 의미와 감각들은 다 그 위에서 춤출 뿐이다. 독단인가? 그렇지 않다. 바로 그 '가난', 그리고 그것을 드러내는 '입술'인 '율려', 그 '율려'의 느낌인 '그늘', 그 이전에 그 바닥에서 흔들리는 '제로'가 있었음을 기억하라!

앞의 글

[가난과 쏘과 흰 빛] 모든 좋은 것들이 처음 태어나 성장하는 '블랙홀'이 바로 이 '헉!' 하고 빠져서 무너져내려 버리는 한순간의 판단 정지인 '무(無)', '공(空)'이다. 이것이 바로 '가난'이고 그리고 '가난'의 시적 반영이다. …이것은 이제 그와는 정반대로 '여백'이 될 가능성, '틈'으로 전환될 개연성, '소통성(疎通性)'으로 발전할 근거가 된다. 그래서 '흰 빛'의 출생지, 그 자궁은 시커먼 '블랙홀'이다.

앞의 글

[覺非] '가난'을 '창조'로 바꾸는 것은 '각비(覺非)'라고 부르는 용기요 결단이다. 그러나 나는 예전과 마찬가지로 지금에도 내 시뿐 아니라 내 영혼에 대해서까지도 아직까지도 바로 그 밑바닥의 컴컴한 기억 속의 그 귀신 모습처럼 '가난'을 바로 쳐다볼 용기가 없다. '각비(覺非)'를 못한다. 아직도 그렇다. 아아, 나는 얼마나 비겁한가!

앞의 글

[覺非] 선천(先天)시대 중력장의 비극의 맞은편에 역사가 아닌 영성적인 내면으로부터의 생명의 풋풋한 생성으로서의 새푸른 하늘, 짙푸른 탱자나무, 뛰어오르는 숭어떼 그 생명의 새하얗게 빛나는 초월성, 희디흰 메밀꽃, 시뻘건 황토흙의 신령한 그 붉은 빛의 압도! 그러나 그 무엇보다도 중요한 점은 아비의 죽음을 이어 그 죽음의 자리로 아들이 또다시 나아간다는 바로 그 결단이다. 나는 이것을 동학(東學) 용어로 '각비(覺非)'라고 부르는데 바로 이것이 내가 최근 '신대(神代)'라고 부르거나 '황극(皇極)'이라고 부르는 것, 빛과 어둠이 어우러지는 이중성의 '그늘' 속에서부터 생성하는 눈부신 '흰 빛', 즉 '흰 그늘' 또는 '신 인간'이다. 이것이다… '각비(覺非)'
앞의 글

[예술은 역사가 아니라 생성에 참여한다] 미래와 과거와 전 우주를 안으로 끌어들이면서 지금 여기에로 끝없이 되돌아오는 우주적이고 초월적인 내면성의 무궁무궁한 생성으로서의 참다운 삶의 시간!… 생성은 역사의 근원이지만 역사가 아니다. 참다운, 올올한 고급 예술가는 역사에 참가하지 않는다. 그는 생성에 참가한다. 그의 내면으로부터의 삶의 감각, 살아 생동하는 표현충동의 진솔한 욕구는 생성에 속하지 역사에 속하지 않는다.

그러나 참으로 민중적인 삶을 살고기 하는 일이 있는 세울끼는 생성의 편에 분명히 서서 역사를 비판하지만, 어떤 경우, 차원변화의 한 지대점(点)에서는 비록 마음에 들지 않고 죽임을 각오하더라도 그 비극적 역사의 패배 현장에 그 스스로 마음 속의 자유와 영성의 미는 힘에 따라 흔연히 참가한다. 그로써 그는 민중과 동지들과의 참다운 우주 생명을 공유(有)한다. 그런데 역사에는 이 사람들의 그 시간이

기록되어 있는가?
후기 「깊이 잠든 이끼의 샘」, 『꽃과 그늘』, 1999

[마르크스주의와 나] 나는 마르크스를 긍정적으로 보았고 배운 점도 있지만 부정적인 인식을 더 많이 갖고 있었고 또 비판적이었다. 나는 정치적으로 전혀 마르크스를 따르지 않았으며, 격렬하고 근본주의적인 행동을 줄기차게 해왔지만 결코 한 번도 무슨 조직에 동의하거나 가담한 적이 없다.… 사실 내 시에 산업노동자를 다룬 작품이 단 한 편도 없다는 사실을 두고 누군가가 왈, '우연이지만 유감'이라고 한 적이 있다는데,… 내 신념에 따른 것이지 전혀 우연이 아니다.
앞의 글

[시란]
시란 어둠을/ 어둠대로 쓰면서 어둠을/ 수정하는 것
쓰면서/ 저도 몰래 햇살을 이끄는 일.
「속3」, 『별밭을 우러르며』, 1989

[시란]
짓지도/ 쓰지도 말라//

이제/ 속에서 떨리고/ 밖에서 흐르라//

산에 울고/ 물에서 웃으라//

넋이/ 넋이 아니거든//

쓰지 말라//

때로는/ 쓰지 않아도//

빛이 나/ 온통 흰빛이 나//

구름이리라//

삶이/ 곧/ 시이리라//

깊고 깊은/ 시장 한복판에서//

때론/ 창녀와의/ 풋사랑이//

흰 그늘/ 빛나는 한 편의/ 시, /

그것이리라.

「詩, 4332년 12월 15일 낮 옛 가야 땅을 지나며 詩를 생각한다」, 『화개』, 2002

[격식 갖추지 않고 묻노라니] 참으로 삶이란 무엇일까? 새삼스럽게 의문이 돌아온다. 격식 갖추지 않고 묻노라니 이런 모습으로 되었다.

머리말 「이 천둥 번개의 시절에」, 『별밭을 우러르며』, 1989

[성긴 틈 큰 삶] 그 고적함 속에서 시는 내게 숨쉴 수 있는 틈이었다. 틈나는 대로 틈을 생각하며 썼다. 틈. 이것은 知天命의 나이 쉰에 깨달은 나의 天命에 관계 있는 것. 말을 절약하여 틈을 열고 싶었다. 그 성긴 틈으로 큰 삶이 들며 나며 통하고 울렸으면 싶었다.

自序 「틈나는 대로」, 『중심의 괴로움』, 1994

[조동일의 권유] 개중에 외우(畏友) 조동일 교수의 부탁은 늘 가슴에 따뜻한 감시와 함께 깊이 배기어 있다. 못난 시를 쓰라는 거였고, 좀 더 어수룩해지라는 거였다. 그래, 이번 구례 화엄사행 중에 이 말을 기억해내고 한밤중에 숙소인 광학장(光學莊) 귀퉁이의 한 방 하얀 벽 앞에 정좌하고 있으니 자꾸 쏟아지는 시상을 감당키 어려워 되나 캐나 적어서 말을 이루어놓은 서투른 결과…

서문 『화개』, 2002

[어수룩한 시/ 엉터리 시]
내 대학 때/ 민중민족문학의 사형(師兄)/ 조동일 교수를//
시와시학사 편집실에서/ 십여 년 만에 만났더니/ 대뜸/ 왈,//
'어수룩한 시 많이 쓰고/ 허름한 시 가리지 말고 발표해!//
그래/ 어김없이/꼭 그랬더니만//
 평론가란 이들이 모두 다
차마 엉터리란 소린 못하고/ 죄 입 다물어버렸다
「내 시의 스승은 조형 다음에 또 이형 부분」, 『유목과 은둔』, 2004

[허름하고 허튼 시] 내 시집 중에 가장 허름하고 가장 허튼 글모음일 듯하다. 허름한 것은 '졸(拙)'이고 허튼 것은 '산(散)'이니 둘 다 혼돈에 속한다. 뒤에 숨어 있어야 할 생각의 뼈대들이 앞으로 튀어나와 천정을 치기도 한다.
그런데 웬일일까? 이 허름하고 허튼 것들이 이상하게 가엾다.
시인의 말 「허름하고 허튼 글」, 『유목과 은둔』, 2004

[추/ 숭고]
 '사람은 똥 싸는 때 가장 철학적이고,/ 시적인 생각을 하게 된다.
아직 대답이/ 안되었나? //
'...' //
'시는 똥이다. 가장 훌륭한 시는 똥보다 더 추하고 더러운 데서 나오는 것이다./ 똥을 연구해야 좋은 시를 쓴다' //
웃음, 외침, 박수 또 박수!//
나는 박수 속에서 차에 올랐다./ 비행기 속에서 생각했다.//
'숭고는,/ 가장 격조 높은 아름다움은 극도의 추(醜)와 질병을 통과

해야 나온다.

 …(중략)…

나에겐 추에 대한 용기가 아직도 있는가?/ 고 3때 문리대까지 가서 황찬호 선생의/ '권력과 영광' 특강을 듣던 때의 그 용감한 추의 미학이…

비행기에서 내렸다./ 집이 가까워질 때 마침내 대답이 떨어졌다.//

 '없다' //

「귀향」, 『유목과 은둔』 부분

[그늘] 그늘은 어떻게 생기느냐 하면 두 가지인데, 우선 삶의 신산고초에서 나오고 또 하나는 피나는 수련의 경과에서 나옵니다…공부 없는 사람은 그늘이 생기지 않아요. 여기서 주의할 것은 그늘지게 하는 것은 뭐냐 하는 건데, 그것은 한(恨)입니다. 한은 그늘로 나타납니다. 그늘은 실제 이미지를 동반합니다. 그것은 악이기도 하고 선이기도 하고 맑기도 하고 탁하기도 하고 온갖 것이 다 복합된 애매모호하고 불확실한 세계입니다. 그런데 이 그늘이 언어에서의 이미지의 모태입니다.

정현기 「시와 시인을 찾아서 – 김지하」『시와 시학』, 1995, 봄

[그늘 / 흰 그늘] 그늘이 어두컴컴하면서도 그 안에 비고 대깁되는 핏들이 이리저리 얽히는 과정이라면, 그 안에 숨어 있는 성스러운, 거룩한, 일상과는 전혀 다른 새 차원을 '흰'이라고 합시다. 그 차원이 드러난 차원으로 떠올라오는 것을 '흰 그늘' 이라고 합니다.

『흰 그늘의 미학을 찾아서』, 2005, 315쪽

'그늘'도 귀신울음소리(鬼哭聲)까지 표현할 정도래야 진정한 예술로서 지극한 예술(至藝)에 이르고 지예만이 참 도(道)에 이르는 것이다. 귀곡성까지 가려면 '그늘' 만으로는 부족하다. 우주를 바꾸려는 신의 마음을 움직이고 감동시켜야 하는데 그러자면 그늘이 있어야 하고 그 그늘만 아니라 거룩함, 신령함, 귀기(鬼氣)나 신명(神明)이 그늘과 함께 있어야 하며 그늘로부터 '배어나와야' 한다
『흰 그늘의 미학을 찾아서』, 320쪽

[神]
무슨
기이한
그런 것 전혀 아니고

다만
핵심으로 파드는
남다른
눈

나는 그런 걸 신(神)이라 부른다네
「신(神)」 부분, 『시 삼백3』, 2008

[시김새] '시김새'는 판소리와 우리 민족예술의 핵심미학이다. '시김새'는 '흰 그늘' 이다.
서문 「시김새는 흰 그늘이다」, 시집 『시김새』, 2011

[못난 시]
'어수룩하게 살고 못난 시 쓰고'

사형(兄) 조동일 교수의 여러 해 전 도움말이다.
그리 살고자 내 딴엔 무척 애썼으나 본의와는 달리 끊임없는 좌충우돌에 기회만 있으면
나도 모르게 똑똑한 체, 잘난 체였다
…(중략)…
못난 시!
그렇게 됐다.
그러나 과연 참으로 못난 것인가?
참으로 어수룩한 것인가?
못난 체하는 잘난 체는 아니었는가?
전편(篇)을 다시 읽어 보니 한 번, 혹은 두 번째 읽으면
더 이상은 읽어볼 염이 나지 않는다.
'됐다!'
이래야 한다.
한두 번으로 끝나야 한다.
못난 것 같아도 자꾸 읽히는 건 그만큼 잘난 것이다.
속에 무언가 숨긴 것이다. 애를 많이 쓴 것이고
그만큼 재주 부린 것이다.
반드시 못난 시는 그 반대여야 한다.
아니면 '못난' 이란 말 쓰지 말아야 한다.
남는 게 없어도 좋다.
남기 위해 살아오지도 않았고 기억되기

위해서 쓰고 있지도 않다.
…(중략)…
인도의 문맹 시인
까비르의 시가
왜 삼천 수나 되는지
이제야 비로소 그 까닭을 알겠다.
희소성은 잘난 시만의 귀족적인 경우!
그대로 둔다. 그러니 거의 시끄럽다.
시청 촛불들의 요란한 화백회의는 너무 과분하고
딱 촌놈들의 5일장이나
새벽 동대문 신끼장,
남대문 중고품
돗떼기시장이다.

서문 『못난 시들』, 2009

[못난 시 / 숭고] 어느 날인가는 이 못난 시도 또한 넘어설 것이다. 나 그네는 길에서 죽는 법.
다만 지금의 내겐 참으로 어려운 과제가 하나
주어져 있음을 고백하고 싶다.
모심, 비움, 못난 웃음과 엉뚱한 풍자,
그리하여 드러나는 희극적인 괴(怪), 그것이
과연 우아한 귀족 예술가들 전문의 비극과
비장미 없이도 숭고와 심오에 가닿을 수
있는가? 동서양 미학의 역사, 그 어디에도
그런 것은 없다. 그럼에도 묻는다. 나 같은

밑바닥 민초들의 허름한, 그리고 시시껄렁
웃기는 삶에서도 최고의 미학 차원인 숭고와
심오라는 이름의 '흰 그늘' 이 가능할 것인가?
숭고의 미학적 비밀은 괴(怪)에 있고
괴의 초점은 날카로운 풍자에 있다.
그런데도 내 풍자의 칼끝은 물론
의도대로지만
한없이 무디고 끝없이 부드럽다.
그럼에도 도리어 '흰 그늘' 은 가능할 것인가?
'기위친정(己位親政)' 의 북극 복귀는
미학적 현실에서도 오히려
가능할 것인가?
꿈도 야무져라!

앞의 글

[못난 시]

몇 해 전/조동일 형이 권하던/ 못난 시를//

쓴다/ 쓸까/ 쓴다/ 쓸까//

생각 생각만 하다 내내 못 쓰고/ 오늘/ 이리/

마음만이라도 어수룩하게

못난 시 몇 편 쓰는 척이나마 하다가//

문득/ 깨달은 것 한 가지 있다//

이것이 못나도/시가 될 수 있는 것은 오로지/ 세상 모든 시인들이

모두 다 예외 없이

극도로 극도로 똑똑해서라는 것.//

그들에 대한/ 서푼짜리 분노에서 벗어나는 것 역시//

못난 시/ 못난 시/ 못난 시//

내가 아닌/ 잘난 시인들이 도리어 만들어주는/ 진짜/ 진짜/ 못난 시//

서푼짜리 분노에서/ 바람아 편지야 나는/ 얼마나 작으냐에서 훌훌 벗어나는 그런/ 못난 시//

아아 /이제/ 살았다

「못난 시 5」, 『못난 시들』, 2008

[허공 모심]

안에

허공이 들어와

그 자체로

상상력은 모두 모두

모심이 되는//

텅 빈 허공 모시는

줄기찬

아니다 그렇다의 한가운데//

가운데 솟는

새 길 하나

눈물로 모심뿐//

없다

「못난 시 10000」 부분

[못난 시 너머]

어언/ 시력 오십 년//

나는/ 현대시의/ 종말을 안다//

허공모심의/ 못난 시뿐//

못난 시 마저/ 모시다 모시다/ 드디어 저물어 사라지는//

그러나/ 그 끝엔//아아// 꿈인가//

추사가/ 그리도 그리던//

빈 마음과/ 빈 마음으로부터만 동터오는/ 익살과 괴기 그 너머로//

산 높고 물 깊은 것/ 山崇海深의//

그 끝//

그 끝이 거기 혹시는/ 귀신 웃음소리처럼 송홍록처럼/ 혹시는 있을 줄이야!//

숭고와 심오가/ 눈부시게 눈부시게/ 살아 있을 줄이야!//

그래/ 바로 거기 있을 줄이야!//

거기/ 못난 시 너머 그 너머/ 아/ 거기에!

「못난 시 10000」 부분

[한 편만]

시/한 편만/쓰고 싶다//

단 한 편//

어떤 사람이 읽어도/마음 편할/못난 시//

언제 온 것인가/시 지요 너무도 길니/ 불편한/ 불인하시던 안//

그런/수없이 많은 시편들 시편들 뿐//

시/한 편만/쓰고 싶다

단 한 편의 못난 시//

하얀 밤이 /가깝다.

「못난 시 300」 전문

[오늘의 시경] 이제 이렇게 한번 가보자. 어떻게?
시의 한 양식에만 매달리지 말고 여러 양식에/ 여러 가지 지향을 담아 그야말로 달이 천 개의/ 강물에 다 다른 얼굴로 비치되 작은 먼지 한 톨 안에도 우주가 살아 생동하도록 그렇게.
여러 해 전 나는 공자가 당대 민초들의 찬가나/ 정치적 비판 시 이외에도 노래와 이야기와/ 교훈적인 시들을 엇섞어 '시 삼백'의 백화제방을/ 『시경』으로 들어 올렸음이 당대 문예의 한 방향/ 제시였음을 기억해냈다.
우리가 가려고 하는 아시안 네오 르네상스는 /우선 시에 있어서 또 하나의 '시 삼백'을 원하고/ 있다.
서문 「이제 이렇게」 부분, 『시 삼백1』

[흰 그늘뿐]
마지막으로/ 내 그들의 오랜/ 형님답게 한마디/ 읊조려/ 이별한다/ 잘 가거라//
때는/ 태양도 달빛도/ 어기찬 바람도 못 막는 것/ 영웅인들/어쩌랴//
한낱/ 풀잎이며 꽃이슬/ 한 여인의/ 문득 내쉬는 짧은 한숨/
언뜻 스치는 / 향내// 그래/ 그런 것들만이/때를 바꾼다//
이제 아는가/인간은/세상을 만들지 못하는 것
그것은/되는 것//
그것을 그나마/바꾸는 건 힘없고/소리 높이지 않는 잔잔한/그늘//
그나마/ 흰 그늘뿐//
잘 가시거라/다시 오거라/다시 오실 땐 부디//
자그막 자그막한/아기 걸음으로/사뿐사뿐 오거라
「가는 것들에 대하여」 『시 삼백2』, 2010

4

 그러면 그의 시쓰기는 스스로 표방하는 미학을, '흰 그늘'과 '허튼 시, 못난 시'를 잘 구현한 것인가. 예술 창작의 특성상 작가의 의도/의지가 곧 창작상의 성취인 것은 아니므로, 그의 미학적 주장과는 별개로 이 점이 꼼꼼히 검토되어야 한다. 그리고 이 때 우리가 꼭 그가 제시하는 미학적 준거를 따라야 하는 것만도 아닐 것이다.
 그는 서구기원의 갇힌 시쓰기, 미움과 폭력의 시쓰기, 작가중심의 귀족적 시쓰기, 절제의 시쓰기를 넘어 생명적이고 우주적이면서 동시에 구체적인 시쓰기의 영역을 열고 싶어했다. 특히 1984, 1987년 발병 후의 강연과 글과 시들에서 그는 잦은 빈도로, 다변에 가까울 만큼 예술의 본질, 궁극의 미학에 대해 말해왔다. 최종적으로 그것은 '흰 그늘'이라는 형용모순의 형언을 입었던 듯하다.
 그는 여러 각도, 여러 지점에서 여러 말을 빌어 달을 가리켜왔던 셈이다. 가리키는 그 손가락의 절실함과 진정성을 소홀히 해서도 안 되지만, 그가 필사적으로 지시한 그 달을, 그 달의 실감을 깊이 감득하는 일, 그가 가리키는 그 달이 고금동서의 허다한 이들이 가리켜왔던 바에 없던 무엇을 새로 보태는 깃인지 조심히 음미해야 한다.
 필자의 눈에 인상적이었던 시편들 몇을 김지하의 후기 시집들에서 가려 제시한다. 편편을 좀더 세심히 음미하는 일은 다음의 과제로 삼겠다. 특히 마지막 시집 『흰 그늘』(2018)의 고졸하고 담박한 시편들에서 그가 지향했던 '성글고 허튼 시'의 한 가능성이 언뜻 실감되기도 했음을 적어둔다.

동이에 물을 붓는데
밑빠진 동이에 물을 붓는데
밑에서 흐른 물이 발을 적시네
「동이」, 『별밭을 우러르며』, 1989

저 먼 우주의 어느 곳엔가
나의 병을 앓고 있는 별이 있다//
하룻밤 거친 꿈을 두고 온
오대산 서대 어딘가 이름 모를
꽃잎이 나의 병을 앓고 있다//
시정에 숨어 숨 고르고 있을
기이한 나의 친구
밤마다 병든 나를 꿈꾸고//
옛날에 옷깃 스친 어느 떠돌이가
내 안에서 굿을 친다//
여인 하나
내 이름 쓴 등롱에 불 밝히고 있다//
나는 혼자인 것이냐
홀로 앓는 것이냐//
창틈으로 웬 바람이 기어들어
내 살갗을 간지른다.
「저 먼 우주의」, 『중심의 괴로움』, 1994

졸리는데도
자고 싶지 않다//

이 세상 어딘가에서
지금 이 시간
깨어 있는 나의
정신이
있다//
그가
나를 생각하고 있다//
만나고
싶다//
그는 누구일 것인가
그가 누구일 것인가//
졸리는데도
자고 싶지 않다
슬픈 먼동이
저렇게 무정하게 떠오르는데
「님」 전문, 『시삼백1』, 2010

스물이면
혹
나 또한 잘못 갔으리
가 뉘우쳤으리
품안에 와 있으라
옛 휘파람 불어주리니
모란 위 四庚
첫이슬 받으라

수이
三途川 건너라.
「滌焚」, 『중심의 괴로움』, 1994

꽃 피어도
나비
오지 않는다//
봄의 적막이
속에 든다//
춥고
외로와
사랑하고저 하나
내밀어 볼
팔
없다//
온 마음
맨몸이 죽도록
거리를 걷는다
피투성이로 걷는다
사랑하고저.
「사랑」, 『중심의 괴로움』, 1994

늪이
날개 달고
하늘 오르듯//

찌든 내 어둠

이렇게 섬겨 섬겨//

나

어느날

해맑은 해맑은

물가에 설까//

아니간다

아니간다

맹세하며 가는 곳

아니갈 그곳//

그곳

오늘

어느듯

딴곳//

늪이

날개 달고

하늘 오르듯//

못보던

딴곳

「늪이」, 『중심의 괴로움』, 1994

횔덜린을 읽으며

운다//

'나는 이제 아무것도 아니다

즐거워서 사는 것도 아니다' //

어둠이 지배하는

시인의 뇌 속에 내리는//

내리는 비를 타고

거꾸로 오르며 두 손을 놓고//

횔덜린을 읽으며

운다//

어둠을 어둠에 맡기고

두 손을 놓고 거꾸로 오르며//

내리는 빗줄기를

거꾸로 그리며 두 손을 놓고//

횔덜린을 읽으며

운다//

 '나는 이제 아무것도 아니다

즐거워서 사는 것도 아니다'.

「횔덜린」, 「화개」, 2002

어디

빈 길이 있었던가

내가 헤매었던

그 길고 긴

산길//

어느 한 곳 빈길이 있었던가//

나

지금

그 길을 찾아간다//

없다//

그러나 찾는다.//

없음에도 찾고 또 찾는

길//

그 길//

그것이 빈 길

아아

없다.

(丙申4월 24일)

「빈 길」, 『흰 그늘』, 2018

꼬옥/ 머언데서만

詩를 잡아 써왔다.//

이제//

일흔여섯

손자 본 나이.//

생각한다

또 궁리한다//

-무에서는 詩가 안 나오는가? -//

오늘 저녁엔

아내와 며느리 따라//

고깃집에도

안 갈란다

될까?

(丙申 4월 20일 3시)

「무(無)」 『흰 그늘』, 2018

아예/ 아무 생각없이//

그저

시를 써야겠다는 생각 하나로//

이렇게

앉았다.//

이래서 詩가 나올까?

詩란 이런 것일까?//

詩란

도대체 무엇일까?//

열린 창 너머

머언 산들 위에

가을철 흰구름이 쓸쓸하다//

"쓸쓸하다."//

이것뿐

시(詩)냐?

(丙申 9월 24일)

「아무 생각없이」, 『흰그늘』, 2018

다섯 줄로

내 마지막 詩를 쓴다.

마지막 운,

나

아내를 모심.

(丙申 12월 20일)

「다섯 줄」, 『흰 그늘』, 2018

[부기]

1. 김지하의 현란한 고전적 인용과 그에 대한 '김지하식' 경문해석의 타당성에 대해 좀 더 냉정한 검토가 필요하다. 侍天主 造化定 永世不忘 萬事知는 그렇다 쳐도, 영동천심월(影動天心月), 십일일언(十一一言) 십오일언(十五一言) 등의 경우, 감록 등 민간 비기 독해 방식의 예지도 고려되어야 하지만, 지나치면 종교적 무오류 확신에 빠질 수도 있다. 김시인이 고대사적 원형유산과 미래적 첨단과학의 융합이 필요하다고 했던 것처럼, 전통 종교의 한자 주문, 경문에 대한 의리적, 훈고적 해독은 꾸준히 재시도되어야 한다.

2. '흰 그늘'은 그처럼 일체의 작위를 내려놓음으로써 달성되는 것인가. '애씀'과 '마음모음'을, 대상이나 감정의 핵심을 觀하려는 일체의 노력과 집중을 '잘 쓰려는 욕심'이라고만 볼 수 있는가. 또 '잘 씀'이 반생명적, 반민중적이기만 한 것인가. 시인의 '애씀'은 대상의 깊은 곳에 접속되기 위한 기도나 명상과도 같은 것으로, 그에 받쳐져 '참말[眞言]'로서의 시가 성립되지 않는가. 또 그가 말하는 비 '히튼 것' '성긴 것' 역시 그것이 의도적으로 추구될 때 얼마나 참일 것인가. 80년대의 '전문성의 반민중성 여하'를 둘러싼 논쟁을 참조할 필요가 있다.

3. 그는 2천년대의 시에서 코로나와 같은 질환이 미구에 닥칠 것을 예견하고 있다. 광적인 상태에서 보는 환각인가 초월적 예지 능

력인가. 흥미로운 바다.

먼지 않은 날/ 신종플루보다 더 악한/괴질이 오고 있음/
환히 보인다//
말하고 쓰고 또 말했으나/ 내 조국이 이미 조국이 아님
고개를/ 돌린다//
가슴 쓰라리다/ 많은 사람 쓰러지는 모습이/ 환히 보인다
「고개를 돌린다」 부분, 『시삼백 3』

세상과 함께
오만 년 후천개벽 없이는
세상 그만 끝인 걸
십 년쯤 뒤엔//
전염병 염병 우라질 병들 모두다
창궐할 때 그때는
내 생각이 날 게다
「못난 시 208」 부분

토론문

「김지하 후기시에 관한 한 생각」

이재복 | 문학평론가, 한양대학교 한국언어문학과 교수

　김사인 선생님께서 보내주신 글을 읽으면서 김지하의 시와 사상, 미학에 대해 많은 생각을 하게 되었습니다. 선생님의 글에는 그동안 김지하의 시와 사상, 미학과 관련된 글들에서 논의되지 않은 부분들이 날것의 형태로 제시되어 있어 저의 무지를 자각하게 하고 아울러 지하의 전모를 다시 성찰케 하는 좋은 계기와 공부 기회를 제공해 주었습니다. 선생님께서 이 글에서 제시한 내용에 전적으로 공감하면서 의문이 들거나 아니면 제 미욱한 공부 수준에서 생각한 내용을 말씀드리는 것으로 토론에 갈음하겠습니다.

　먼저 "김지하가 20세기 동안 이 땅에서 통용되어온 시라는 개념에 대해 근본적인 물음을 제기하고, 그에 내재된 매판성과 반생명성을 창작 실천을 통해 돌파하고자 한 희귀한 사례에 속한다"라고 말씀하셨습니다. 이때 "20세기 동안 이 땅에 통용되어온 시"란 누구나 잘 알고 있듯이 그것은 "서구 기원의 기존 시 문학"입니다. 김지하의 시는 서구 기원의 시 문학과 다른 우리 시, 특히 "조선 후기 이래 판소리나 육자배기, 기층의 예능감각"을 지닌 그런 시라는 것입니다. 여기에는 『오적』(1985)과 '비어' 계열의 작품이 속하는 것으로 보고 계십니다. 이러한 논리 하에서라면 지하가 겨냥하고 있는 시란 민중의 생명성과 신명에 기반한, "신명을 밖으로 폭발하듯 밀어붙이는", "풀이의 대중적인 야단법석"의 세계와 원리를 드러내는 시라고 할 수 있습니다.

그런데 이것만으로 지하가 겨냥하는 시의 원적을 해명하는 데에는 무리가 있어 보입니다. 김 선생님께서 날카롭게 들추어내고 있는 것처럼 지하는 60년대 70년대 마음의 길, 시의 길을 "어둡고 무거운 싸움닭의 세계"라고 규정하고 있습니다. 이러한 규정의 범주에는 '담시'는 물론 시집『황토』(1970)와 70년대의 서정시들이 포함된다고 할 수 있습니다. 우리가 민중성 혹은 민중의 생명성을 신명의 차원으로 끌어올린 시로 평가받는 '담시' 형식의 시들에 대한 지하의 비판적이고 반성적인 자기 성찰은 그가 겨냥하고 있는 시의 궁극이 어디에 있는지를 잘 말해주는 아주 중요한 지점이라고 할 수 있습니다. 익히 잘 알고 있는 것처럼 또 선생님께서도 언급하신 것처럼 지하의 시, 사상, 미학은 1982년 초 '생명운동에 관한 원주보고서' 이후 뚜렷한 변모를 보여주고 있습니다. 그것을 선생님께서는 "선천시기와 후천시기"라는 말로 표현을 하셨으며, 또 그것을 "70년대 운동을 포함하여 좌우 사회운동 모두의 선민의식 급진주의적 기회주의적 오류들에 대한 자기비판"에서 비롯된 것으로 보고 계십니다. 이러한 시각은 참으로 탁견이라고 생각합니다.

그렇다면 다시 의문이 듭니다. 지하가 궁극적으로 겨냥하는 시의 모습이 후기시에 놓이는 것일까요? 후기에 이르면 지하의 생명론은 우주론까지 나아가게 되고 그의 시들도 그에 따라 변하게 됩니다. 이렇게 되면 그의 전기시에 속하는 '담시'는 물론 시집『황토』와 70년대의 서정시들과 우주론적인 생명론을 드러내는 후기시 사이에는 변증법적인 우열의 논리로 이해될 여지가 있는 것 같습니다. 저는

지하의 전기시에 대한 반성적 성찰을 이런 변증법적인 우열의 논리가 아니라 마치 음양(陰陽)의 논리처럼 해석해야 하지 않나 하는 생각이 듭니다. 전기가 어둠이라면 후기는 밝음이 아니라 어둠 속에 밝음 혹은 밝음 속에 어둠이 내재해 있는 그런 논리로 이해한다면 지하가 궁극적으로 겨냥하고 있는 시의 전모가 드러날 수 있으리라고 봅니다. 만일 이런 논리로 본다면 지하가 궁극적으로 겨냥하고 있는 시의 모습은 이 두 시기를 아우르는 그런 논리 하에서 찾아야 한다고 생각합니다. 그래서 저는 전후기를(후기만이 아닌) '생명' 혹은 '생명성' 이라는 관점에서 전기가 그것의 현실의 억압과 상극화된 실존에서 오는 어두운 감정적 분출을 강조했다면, 후기는 우주적인 상생의 차원에서 오는 밝고 허름한 기운을 강조하고 있다고 봅니다. 이런 두 시기의 생명에 대한 것들을 아우를 때 지하의 시 혹은 사상과 미학의 전모가 드러나지 않을까 하는 생각을 해보았습니다.

김 선생님께서는 지하의 시를 "이미지 비유 상징 등의 문예 수단들에 기댄 작품 자체의 심미적 완성이 아니라 장바닥 장삼이사들의 시끄럽고 산만한 소락대기들을 표방하고, 그것이 시쓰기의 신령함에 더 근본에서 통하며, 생명적 민중적 합법성에 부합하는 말하기 노래하기라고 보는 입장"을 견지하고 계십니다. 저는 이 말씀이 지하의 시를 전·후기 모두 포괄하여 규정한 것으로 보고 있습니다. 이것을, 지하의 시기 "생명 패러다임으로서의 내핍 일상성", 이것은 후기시만이 아닌 전·후기 시에 모두 해당되는 것으로 볼 수 있을 것 같습니다. 여기에 대한, 다시 말하면 지하가 겨냥하고 있는 시의 궁극적인 모습이 어떠한 것인지에 대해 선생님의 좀 더 구체적인 고견을 듣고 싶습니다.

다음으로 선생님께 여쭙고 싶은 것은 지하의 후기시에서 보이는 시와 사상과의 관련성에 관한 내용입니다. 지하의 후기시는 그의 생명사상의 기반 하에서 쓰여진 시라고 해도 과언이 아닐 겁니다. 그런데 흥미로운 것은 그가 이야기하고 있는 '생명', '우주생명', '그늘', '흰 그늘', '산알', '신(神)', '시김새', '못난 시', '숭고', '허공', '모심', '너머' 등의 개념들이 시를 통해 형상화될 때 어떤 경우에는 운문의 형식으로 드러나기도 하고 또 어떤 경우에는 산문의 형식으로 드러나기도 한다는 점입니다. 가령 시집 『중심의 괴로움』(1994)에 실린 시들은 생명 혹은 우주생명에 대한 그의 사상을 함축적이고 틈이 있는 여백의 형식을 통해 아름다우면서도 숭고하게 제시되어, 그의 생명사상 전체를 아우르는 미적 효과를 창출하고 있습니다. 특히 「啐啄」이라는 시가 그렇습니다. "저녁 몸속에/새파란 별이 뜬다/회음부에 뜬다/가슴 복판에 배꼽에/뇌 속에서도 뜬다//내가 타 죽은/ 나무가 내 속에 자란다/나는 죽어서/나무 위에/조각달로 뜬다//사랑이여/탄생의 미묘한 때를 알려다오//껍질 깨고 나가리/박차고 나가/우주가 되리/부활하리"(「啐啄」전문) 저는 이 시 안에 그의 우주생명론이 응축되어 있다고 봅니다. 나의 몸과 우주의 몸 사이의 생생지도(生生之道)를 아름답게 노래하고 있는 시라고 할 수 있습니다. 그래서 저는 이 시에 깃든 우주생명 사상을 풀어서 학생들에게 또는 일반 대중들에게 전달해 왔습니다.

그런가 하면 『흰그늘의 산알 소식과 산알의 흰그늘 노래』(2010)는 월북한 북한의 경락학자인 김봉한이 제기한 '산알'의 개념을 시로 풀어쓴 시집입니다. 그런데 이 시집은 『중심의 괴로움』과는 달리 그 형식이 산문으로 되어 있습니다. 이 시집을 보면 아직 이론적으로나 학문적으로 체계화되어 있지 않은 산알에 대해 시인의 생각을 산문 형식으로 풀어 쓴 시편들로 되어 있습니다. 가히 산알론이라고 할 정도로 그것에 대한 시인의 생각을 풀어놓고 있기 때문에『중심의 괴로움』에서 엿볼 수 있는 함축적이고 틈이 있는 여백의 정서 같은 것은 찾아보기가 어렵습니다. 가령『중심의 괴로움』에 수록된 「啐啄」과 동일한 제목의 시가『흰그늘의 산알 소식과 산알의 흰그늘 노래』에 수록되어 있습니다.

> 啐은 달걀 안에서 햇병아리가 밖으로 나오려고 부리로 껍질을 쪼는 것이고 啄은 달걀 밖에서 그 啐의 부위와 시기와 그 지혜의 수위와 기운을 짐작한 어미닭이 그 부위를 정확하게 밖에서 쪼아 안팎의 일치로 달걀이 깨어져 병아리가 비로소 이 세상에 탄생하는 과정 자체를 啐啄이라한다. 이것은 흔히 개벽의 비유로 사람과 한울님 사이에, 또는 내밀한 계기와 외면적 조건 사이의 필연의 문제로, 특히나 불교에서는 侍者의 禪機와 이를 눈치챈 祖室 사이의 안팎의 喝과 棒 또는 禪門의 해탈문의 계기로 비유된다. 치유는 바로 큰 깨달음인 것이다.
> (「啐啄」)

어떤가요? 두 시가 사뭇 그 느낌이 다르지 않나요? 물론 운문과 산문이라는 형식 차이에서 기인하는 것이기도 하지만 제가 문제 삼고 싶은 것은 '사상의 시화' 혹은 '시의 사상화'와 관련해서 거칠기 보여주는 이 형식들 사이의 차이에 관한 것입니다. 저는『흰그늘의 산알 소식과 산알의 흰그늘 노래』의 시편들을 읽으면서 지하의 산알에 대한 생각을 깊이 있게 엿볼 수 있는 좋은 기회이기도 했지만 그의 후기시에서 드러나는 사상의 과도한 시에의 개입 같은 것도 읽어냈습니다. 그의 시의 특장인 여백과 틈에서 오는 다양한 해석과 다양한 목소리들이 시인의 과도한 개입으로 단성화되고 있다는 점은 미적 차원에서 아쉬웠고, 사상의 시화 혹은 시의 사상화에 대한 일종의 딜레마에 대해 다시 한번 깊게 생각하게 하는 계기가 되었습니다.

이러한 시와 사상의 긴장(tension) 문제는 시뿐만 아니라 사상이나 미학 전반의 문제와도 관련이 있다고 봅니다. 지하의 사상이나 미학은 시대와 현실을 읽는 탁월한 예감과 예지력으로 우리에게 강렬한 영감을 불러일으키고 있는 것이 사실입니다. 하지만 그의 사상이나 미학은 담론의 구체성 차원에서는 미흡한 것이 또한 사실입니다. 저는 그 원인을 사상이나 미학에 과도한 시적 상상력의 개입에 있다고 봅니다. 이것은 마치 시에 과도한 사상이 개입한 것과 다르지 않습니다. 김사인 선생님께서는 이 부분에 대한 언급은 하고 있지 않지만 이 문제는 우리 문학사에서 늘 있어온 민감한 문제라 지하 시 전반 혹은 그의 사상이나 미학 전반에서 이 문제를 어떻게 바라보아야 할지 혹은 이 문제를 어떻게 이해하고 계신지 선생님의 생각을 듣고 싶습니다.

마지막으로 선생님께서는 아주 의미심장한 발언을 하고 계시는데요, 바로 〈부기〉 1과 2가 그것입니다. 〈부기〉 1에서 선생님께서는 "고전들에 대한 김지하식 경문해석의 타당성에 대해 좀더 냉정한 검토가 필요하다. … 그의 현란한 고전적 인용들이 본래의 문맥에 적정하게 부합하는지 검증이 필요하다. 김지하 시인이 고대사적 원형유산과 미래적 첨단과학의 융합이 필요하다고 했던 것처럼, 전통 종교의 한자 주문, 경문에 대한 의리적, 훈고적 해독은 꾸준히 재시도 되어야 한다."고 말씀하셨습니다. 전적으로 공감합니다.

지하의 사상과 미학에 대해 공부하면서 그 박학다식함에 경탄하면서도 좀 더 구체적으로 확인하고 증명해보고 싶은 것이 적지 않았습니다. 지하가 제기한 '생명', '우주생명', '그늘', '흰 그늘', '산알', '신(神)', '시김새', '못난 시', '숭고', '허공', '모심', '너머' 등이 모두 여기에 해당합니다. 어떤 용어나 개념에 대한 맥락이나 계보 없이 툭툭 던져지는 것들을 모아서 어떤 구체적인 담론을 구성하는 일은 결코 쉽지 않습니다. 가령 그의 미학의 핵인 '흰 그늘' 만 보더라도 그것에 대한 맥락이나 계보에 대해서는 이렇다 할만한 언급이 없습니다. 흰 그늘은 지하 이전에 동리 신재효가 젊은 제자와 소리에 대한 대화를 나누는 과정에서 한 말입니다. 제자가 그늘이 무엇이냐고 묻자, 신재효는 그것을 "광대가 인생의 여러 우여곡절을 겪으면서 자연스레 생기는 것"인데 "그 그늘이 너무 짙어서 가라앉으면 영 못쓰는 소리가 되"기 때문에 "흰 그늘"이어야 한다는 이야기를 합니다. 그가 말하는 흰 그늘은 "그믐밤에 널린 흰 빨래 같은 것"을 의미합니다.

이러한 예는 그가 제기한 많은 미학적인 용어들이 계보를 지니고 있다는 것을 말합니다. 그 계보를 구체화해야지만 지하의 생명 혹은 흰 그늘의 미학도 구체화된다고 할 수 있습니다. 이것은 김사인 선생님께서 제기한 "'흰 그늘' 은 그처럼 일체의 작위를 내려놓음으로써 달성되는 것인가. '애씀' 과 '마음모음' 을 대상이나 감정의 핵심을 관하려는 일체의 노력과 집중을 '잘 쓰려는 욕심' 이라고만 볼 수 있는가. 또 '잘 씀' 이 반생명적·반민중적인 것인가. 애쓰는 것은 대상이 깊은 것에 접속되기 위한 기도나 명상과도 같은 깃이어서 그에 받쳐져 '참말[眞言]' 로서의 시가 이루어진다. '허튼 것' '성긴 것' 역시 그것이 의도적으로 추구될 때 얼마나 참일 것인가." 등의 문제 제기와 일맥상통한다고 볼 수 있습니다.

저는 그의 생명론을 공부하면서 수운 최제우가 제시한 '불연기연(不然其然)'을 '드러나지 않는 마음의 질서인 영성과 드러난 물질적 질서인 생명'으로 해석한 대목에서 감탄을 한 적이 있습니다. 서구의 변증법과는 다른 우리의 진화 논리를 여기에서 발견할 수 있겠구나 하는 기대 때문이었습니다. 그런데 제가 『동경대전』(1880)을 공부하면서 텍스트를 정독한 결과 '불연기연(不然其然)'을 다르게 해석할 수도 있다는 생각을 하게 되었습니다. 『동경대전』의 해석과 관련하여 최근 살펴본 것들 중에 주목할 만한 것이 있는데요. 『동경대전』을 마테오 리치의 『천주실의』(1593 혹은 1594)에서 테마를 얻은 것으로 여기에서 '其然'은 상식적으로 자연스럽게 이해되는 세계를 의미하고, '不然'은 우리의 상식적 기연으로는 해석이 안 되는 세계, 즉 서구의 하느님, 아담과 이브, 동정녀 마리아 등의 세계를 의미한다는 것입니다. 따라서 세계 이해는 기연만으로도 충분하다는 것임을 알 수 있다는 해석이 바로 그것입니다.(김용옥, 『동경대전 1 · 2』, 2021, 참조) 이런 해석 하에서라면 불연기연은 진화의 논리와는 관계가 없다고 할 수 있습니다.

　이러한 『동경대전』에 대한 다양한 해석들을 아우르면서 그것을 지하의 해석과 비교하고 또 그것을 통해 지하의 해석을 구체화하고 객관화한다면 어떤 보편성 같은 것이 성립될 수 있으리라고 봅니다. 김사인 선생님께서 바라는 것도 바로 이러한 것과 관계가 있다고 봅니다. 이러한 일련의 과정은 지하가 예감하고 예견한 시적 영감들을 하나의 담론체로 구체화하기 위한 한 방법이라고 할 수 있습니다. 잘 아시는 것처럼 지하는 우리에게 점점 잊혀져 가던 동학을 해월의 '밥 사상'을 새롭게 해석함으로써 그것을 널리 대중화시켰고, 서양의 기하학과는 달리 생물학으로부터 기원하는 우리의 혹은 동아시아의 생명사상을 새롭게 해석함으로써 그것을 널리 대중화시킨 그런 안목과 혜안을 지닌 존재라고 할 수 있습니다. 지하가 제기한 이러한 사상과 미학들을 하나의 담론체로 구체화하고 그것의 계보를 만드는 일은 우리 후학들이 해야 마땅한 일이라고 봅니다. 지하의 이런 사상과 미학뿐만 아니라 우리의 사상과 미학에 대한 공부 길에서 늘 부딪히는 문제가 바로 '그 사상과 미학의 맥락을 가늠해 보고, 그것이 어떤 흐름을 형성하고 있는지' 하는 그런 계보학적인 것의 부재 문제라고 할 수 있습니다.

저는 김사인 선생님께서 제기해 주신 서구와는 다른 우리 시의 형식과 맥락, 즉 생명, 흰 그늘, 못난 시의 문제는 지하의 시와 사상, 미학 더 나아가 우리의 사상과 미학을 구축하는 중요한 계기와 기반을 제공해 주리라고 봅니다. 이런 점에서 선생님께서 "추후의 공부를 위해" "생각의 단서가 될 만한 시와 산문을 발췌하고 주제어를 붙여" 주신 것은 우리에게 좋은 동기부여가 될 것이라고 봅니다. 아울러 이와 관련하여 선생님께서 지하 혹은 우리 시, 사상, 미학과 관련하여 생각하고 계신 것이 있으시면 말씀 청해 듣겠습니다. 다시 한 번 지하의 시, 사상, 미학의 공부 길에 중요한 방법과 과제를 제시해 주신 데 대하여 감사드립니다. 고맙습니다.

토론문에 대한 답변

김사인

  이재복 선생의 지적과 문제제기의 절실함에 깊이 공감합니다. 미비한 공부로 작성된 발제문이 송구스럽습니다. 좀더 공부를 보완한 뒤에 이 선생님의 추가 질의에 답할 기회를 찾겠습니다.
  다만, 김지하의 사상과 예술을 기존의 맥락과 계보에 연결시키고자 과도히 서두를 필요는 없지 않을까 합니다. 예컨대 김지하의 '흰 그늘'을 동리 일화에 자칫 단선적으로 환원시키면, 그 다의성과 매력이 손상되어 무미한 것이 될 수도 있습니다. 저는 지하의 시와 산문들을 그 자체로 좀더 음미하는 시간이 아직은 우리에게 필요한 것이 아닌가 생각하고 있습니다.

3주제

김지하 '담시'의 형식 미학과 풍자성

발제 | 홍용희

토론 | 백현미

김지하 '담시'의 형식 미학과 풍자성

홍용희 | 문학평론가, 경희사이버대학교 교수

1. 서론

김지하는 1970년 '담시(譚詩)' [1] 「오적」을 발표하면서 문단은 물론 사회 전반에 큰 파문을 불러일으킨다. 이것은 물론, 「오적」이 지닌 당시 엄혹한 시대에 특권지배층을 향한 거침없는 비판과 저항의 내용과 직접 연관되겠지만, 동시에 전통 민예 양식의 형태, 화법, 수사 등에 기반을 둔 형식 미학의 신선한 충격과도 깊이 연관된다. 그는 「오적」의 첫 구절에서 "시를 쓰되 좀스럽게 쓰지 말고 똑 이렇게 쓰랏다"라고 선언적으로 일갈한 바처럼, 기존의 시적 형식을 과감하게 벗어나서 복합적인 시대적 모순 상황을 통렬하게 비판하는 서정, 서사, 극적 요소를 혼융한 미적 양식, '담시'를 창작한 것이다.

그의 이러한 독창적인 시적 양식의 창조는 「오적」이 발표되던

---

1) 김지하가 발표한 담시는 「오적」(1970), 「앵적가」(1971)를 비롯하여 「소리내력」, 「고관」, 「육혈포 숭배」를 포함하는 「비어」(1972), 「오행」(1972), 「똥바다」(1974), 「김흔들 이야기」, 「고무장화」, 「이 가문날에 비구름」(1988) 등이 있다.

1970년에 나온, 시론 「풍자냐 자살이냐」에서 제기한 실천 과제의 구체적인 실현으로 파악된다. 그의 이 시론은 김수영의 모더니즘적 소시민 의식에 대한 면밀한 비판의 연장선에서 "물신의 거대한 발 아래 버르적거리는 한편의 섬세하고 아름다운 서정시 속의 초월이 너무나 애잔하고 너무나 초라하고 너무나 무력하다는" 인식을 전제로 출발한다. 그는 개인의 "찰나의 자유"나 의식적 "초월"에 치중하는 "좀스"러운 시에서 떨쳐 나와 민중의 "치열한 비애와 응어리진 한"을 "저항적 풍자"로 담대하게 펼쳐내고자 한 것이다. 그가 올바른 민중적 세계관과 풍자의 정신을 구현하고자 할 때 찾게 된 것은 "풍자시의 보물창고"로 인식되는 서정·서사 민요, 노동요 등 광범위한 단시들과 판소리이다. 그는 전통 민중민예의 창조적 계승에서 "민중적 비애"에 바탕 한 "저항적 풍자"의 형식원리와 미의식을 성취해 나간 것이다.

　김지하의 전통 민중민예에 대한 이해는 이미 1963년부터 심우성, 조동일 등과 함께 '우리문화연구회'에 참여하면서 무속·판소리·탈춤·민요 등의 고전문예 양식을 탐구하면서부터이다. 그는 스스로 이때부터 본격적으로 익히게 된 "민요의 가락이라든가 우리 리듬, 전통적인 문학에 대한, 민예에 대한" 것들이 자신의 "문학의 변화"[2]를 추동하였음을 직접 전언한 바 있다. 이러한 면모는 1960년대 이른바 4.19 세대 문인들이 선봉적인 민족민중문화사에 대한 재발견과 연속성보다는 서구의 근대성과 합리적 지성을 향해 치달아 갔던 행보와 뚜렷하게 대별된다.

　이를테면, 4.19 세대 문학적 지형에서 『문학과 지성』계열은 그 전

---

[2] 윤구병, 김지하 대담, 「시인 김지하의 사상 세계」, 『철학과 현실』, 1990 봄호, 165쪽

신인 『산문시대』, 『68문학』의 창간사에서부터 "우리는 태초와 같은 어둠 속에 서 있다"는 선언 아래 토속적이고 전통적인 문화에 대해 "샤머니즘의 미로", "관념적 유희" 등의 부정적 어사로 치지도외하는 면모를 보인다.3) 또한, 『창작과비평』 계열의 경우 1969년 「시민문학론」4)에서 '시민'의 개념에 대한 문제제기를 통해 전통단절의 실정을 지적한다. 시민문학론에서 시민은 "서구라파의 시민계급에서 연원을 찾아, 프랑스 혁명 이후 '자유·평등·이상'을 실현시키고자 하는 계층"에 근간을 둠으로써 서구적 근대성을 '완성형'으로 한국적 근대성을 '결여형'으로 끌고 가는 논리에 봉착되기도 한다.5)

이렇게 보면, 김지하는 조동일 등과 함께 1960년대 이후 4.19세대의 문학적 대응에서 『문학과 지성』, 『창작과 비평』 계열의 앞 세대와 차별을 내세운, 세대론적 인정 투쟁의 층위와 구별되는 제3계열의 지형을 열어간 것으로 정리된다.6) 그리하여, 이들은 4.19 세대론의 울타리를 뛰어넘어 우리의 심원한 전통문화 속의 민본주의적 유산과 민중 문예 미학의 광맥을 자신의 문학과 사상의 젖줄로 삼을 수 있는 터전을 확보할 수 있었다. 김지하의 '담시'를 비롯한 민중극, '대설' 등은 바로 그 구체적인 산물로 파악된다.

지금까지 '담시'에 관한 논의는 문예 미학적 규명과 평가보다는 사회·정치적 맥락 속에서 집중적으로 거론되어 왔던 것이 사실이

---

3) 한강희, 「1960~1970년대 한국문학 양대 산맥의 형성과 분화」, 『문예연구』, 2014, 봄
4) 백낙청, 「시민문학론」, 『창작과 비평』, 1969. 6
5) 『창작과 비평』의 경우 점차 주체적인 민족민중에 대한 각성을 통해 4.19 혁명을 동학농민혁명에서 3.1운동으로 이어지는 민중 변혁 운동사의 연속성 속에서 파악해 나가면서 1970년대 민족문학론의 좌표를 정립해 나갔음은 주지의 사실이다.
6) 허윤희, 「1960년대 참여문학론의 도정」, 『희귀 잡지로 본 문학사』, 깊은샘, 2002 참조

다. 따라서 여기에서는 '담시'가 지닌 형식 미학과 구성 원리 그리고 저항적 풍자의 구현 양상 등에 대해 순차적으로 살펴보고 그 의미와 가치를 논의해보고자 한다.

2. 장르 복합성과 단형 창작 판소리

'담시'(譚詩)란 1970년 김지하가 「오적」을 발표하면서 스스로 부여한 문학 양식의 명칭이다. 따라서 새롭게 제기된 '담시' 양식의 성격에 대한 논의가 깊은 관심사가 되었다. 특히 '담시'는 서정, 서사, 극적 요소가 혼융되어 있어서 서로 다른 관점의 장르론이 제기되었다.

장르란 문학과 문학사를 시간과 장소의 기준이 아니라 조직과 구조가 가지고 있는 특수한 형식과 질서 원리[7]에 따라 변별하는 미학적 준거이다. 따라서 김지하가 표방한 '담시'의 장르적 성격을 규명하는 것은 작품의 미학적 원리를 이해하는 과정이라고 할 수 있다. 그동안 '담시' 장르에 관한 논의는 서구의 일반화된 장르체계[8]와 우리의 전통적인 문학사적 장르체계에 입각한 분류로 나누어 볼 수 있다. 전자의 대표적인 논의로는 오세영에 의해 제기된 구비서사시,

---

[7] R. Wellek, O. Wellen, 『Theory of literature』, (Harmondsworth : Penguin Books, 1949, p.361
[8] 일반적으로 장르는 상위개념과 하위개념을 지니는 바, 전자를 장르류(類)라 하고 후자를 장르종(種)이라 하여 통칭할 수 있을 것이다. 장르류는 장르종들을 포괄하고 나아가 많은 개별적이고 구체적인 작품들의 기본 속성이 된다. 김준오, 『한국현대장르비평론』, 文學과知性社, 1990, 12쪽 참조

라드(ballad)⁹⁾라는 주장이다. '담시'의 특성을 발라드와 비교할 때, 이야기 중심의 노래, 민중의 감수성, 단일한 사건, 서사적·극적 구성 등에서는 근원 동일성을 지닌다. 그러나 발라드가 지닌 사건 전개의 객관적 시점, 시인의 논평과 해설의 배제, 주제의 암시적 표현 등[10]의 특성은 '담시'와 뚜렷한 차이를 드러낸다.

이와 같이, 우리 문학사에서 독창적으로 창작된 '담시'를 서구의 장르체계에 대입시켜 그 성격의 유무를 살피는 방법은 큰 의미를 지니지는 못한다. 서구의 양식론을 우리나라 문학 양식에 직접적으로 적용하여 검토하는 방법은 세밀하게 이루어질수록 우리 문학의 실상을 설명하는 방법론에서 더욱 멀어질 우려가 있기 때문이다.[11] 발라드의 구성 요건에 완전하게 합치되는 문예 작품은 서구 이외에는 없을 것이기 때문이다.

김재홍은 '담시'는 우리의 서사민요, 서사무가 및 판소리 등 구비 서사시를 바탕으로 씌어진 단형의 개인 창작서사시인데, 그 중에서도 특히 서사민요의 현재적 계승[12]이라고 주장한다. 그러나 서사민요의 특성을 '담시'에 대응시켜 볼 때, 구성적인 질서, 사건의 극적 전개, 등장인물의 평범성, 사건의 중요성, 비판적 리얼리즘의 속성

---

9) 오세영, 「장르실험과 전통장르」, 『작가세계』, 1989 가을호
10) 김재홍, 「서사시와 역사적 대응력」, 『문예중앙』, 1985 가을호
11) 서구의 일반적인 장르이론은 주지하듯 아리스토텔레스의 『시학』에서 정립된 서정, 서사, 극 양식의 3분법에 토대를 둔다. 이에 따르면, 서사시는 타인에 대한 보고적인 모방이며, 서정시는 자기 자신에 대한 모방을 끌어내는 것, 극은 행위로서 드러내는 모방이다. 이러한 서구의 3분법적 장르이론은 야콥슨, 에밀 슈타이거 등에 걸쳐 문학의 기본 양식으로서 상정된다. 그러나 우리 문학사에서 이러한 3분법은 그 어느 장르에도 귀속시킬 수 없는 많은 작품들을 비문학으로 처리하거나 어느 한 장르에 무리하게 귀속시키는 결과를 낳아온 것이 사실이다.
12) 김재홍, 「반역의 정신과 인간해방의 사상」, 『작가세계』, 1989 가을호, 110쪽

등은 상응하지만 부녀자들의 일상성, 슬픔의 정서 등이 주조를 이룬다는 점13)은 상이한 차이를 드러낸다. 특히 무엇보다 '담시' 가 부녀자에 의해 불리어지는 노래가 아니라 전문 광대의 창에 의해 완성된다는 점에서 서사민요의 장르종에 귀속 시키기에는 무리가 따른다.

한편, 염무웅은 「敍事詩의 가능성과 문제점」에서 우리 서사시의 맥락을 검토하는 연장선에서 '담시' 에 대해 가장 먼저 사회·정치적 관심사에서 진지한 문학적 탐색의 필요성을 제기하며 형식론을 언급한다. 그는 우리 시사에서 서사시의 장르 규정에 대해 서양의 발라드 개념의 역사적 변이와 해석의 유연성을 감안하더라도 중요한 것은 우리 문학사적 현실 위에서 문제를 보는 자세라는 점을 강조하면서, '담시' 「오적」, 「소리내력」 등은 창자의 말, 노래, 이야기 등이 주조를 이룬다는 점에서 판소리의 계승 양식이라고 설명한다. 특히 그는 이들 작품에 대해 기존에 알려진 판소리의 길고 복잡한 구조와 대별된다는 점에서 '단형판소리' 라고 규정한다.14)

여기에 이르면, '담시' 의 장르론은 다양한 관점에서 조망되어야 하겠지만 가장 핵심적인 미학적 특이점에 해당하는 소리(음악화)를 포괄할 수 있어야 할 것으로 보인다. 따라서 '담시' 의 장르론에 대해 우리 전통문화의 맥락에서 전문 광대의 창에 의해 완성되는 대표적인 장르인 판소리와 연관시켜 논의하는 것이 가장 타당함을 알 수 있다. 판소리의 전반적 특성을 항복화하면 다음과 같다. ① 광대가 이야기를 소리(음악)와 너름새를 통해 해석하고 연출하는 예술행위이다. (소리에는 아니리와 창이 섞여 있다.) ② 판소리는 민요나 시

---

13) 조동일, 『敍事民謠硏究』, 계명대출판사, 1979, 33-52쪽 참조
14) 염무웅, 「서사시의 가능성과 문제점」, 『韓國文學의 現段階』, 創作과 批評社, 1982, 28쪽

조처럼 누구나 부를 수 있는 것이 아니라 전문 창자에 의해서만 가능하다. ③ 표현과 수식은 유식한 문체와 함께 일상생활의 구체적이고 발랄한 세시가 다채로운 율격을 통해 엇섞이어 등장한다. ④ 평범한 인물을 등장시킨 일상생활의 구체적이고 현실적인 이야기가 주로 제시된다. ⑤ 부분의 독자성을 지닌다. ⑥ 대체로 주제의식은 표면적 주제와 이면적 주제라는 이중구조로 이루어져 있다. ⑦ 길이가 월등하게 길다.15) 이상의 판소리 장르의 구성 요건을 '담시'에 대응시켜 보면, ①~③은 분명하게 합치된다. 특히 「오적」, 「소리내력」, 「똥바다」 등이 이미 전문 창자에 의해 공연되었다는 사실은 '담시'의 판소리적 특성을 뚜렷하게 보여준다. ④의 등장인물의 측면을 살펴볼 때, 「김흔들 이야기」의 김흔들, 「고무장화」의 장화삼춘, 「소리내력」의 안도 등은 전형적인 일반 민중이다. 「오적」의 오적, 「이 가문 날의 비구름」의 수운 최제우, 「앵적가」의 앵군, 「오행」의 노앵왕도 등은 평범한 일상인이라고 할 수는 없지만 초현실적인 인물이나 신출귀몰한 영웅, 호걸은 아니라는 점에서 전통판소리의 요건에서 크게 벗어나지 않는다. '담시'에서 ⑤의 특성은 전통판소리의 경우처럼 뚜렷한 양상을 띠지는 않지만 그러나 독자적인 화소와 장면의 극대화를 위해 장황한 수사, 사설의 부연을 구사하는 면모를 선명하게 드러낸다. 이러한 점은 서사문학의 일반적인 구조가 플롯의 긴밀한 유기적 관계를 통해 전체적인 주제의식을 부각시키는 데 집중하는 경우와 뚜렷하게 변별되는 특징적인 요소이다.

⑥~⑦은 '담시'와 전통판소리의 서로 상이한 점이다. 그러나 이러

---

15) 조동일, 「판소리의 전반적 성격」, 김흥규 외 편, 『판소리의 이해』, 창작과비평사, 1994 참조.
  백대웅, 『다시 보는 판소리』, 어울리디, 1996, 11쪽 참조

한 차이가 '담시'를 판소리의 장르종에 포함시키지 못할 이유가 되지는 못한다. 오히려 주제의식의 이중성과 장형의 길이가 드러나지 않는 것은 '담시'가 단형의 창작판소리라는 점을 더욱 분명하게 한다. 전통판소리는 공동문학, 적층문학, 성장문학이기 때문에 중첩적인 주제의식과 다채로운 미학적 장치가 자연스럽게 형성되었을 것이다. 그러나 '담시'는 특정 개인에 의해 형성된 창작판소리이기 때문에 전통판소리에 비해 상대적으로 단일한 구성과 주제의식의 집중이 불가피했을 것으로 파악된다.

이상의 논의를 바탕으로 '담시'의 문학적 장르를 규정하면, 장르류는 서사시이고, 장르종은 단형 창작판소리[16]라고 정리할 수 있다. 실제로 창작판소리는 김지하의 '담시' 뿐만이 아니라 해방 전후에 형성, 유통된 「열사가」[17]를 비롯하여 해방 이후에 발표된 박동진의 「판소리 예수전」(1969), 「충무공 이순신전」(1973), 임진택의 「오월 광주」(1990), 정철호의 「그날이여 영원하라」(1993) 등의 여러 편이 있다. 조선 후기에 평민층을 기반으로 발생한 판소리는 19세기 들어 양반층까지 아우르면서 폭넓은 정서적 공감을 불러일으키며 전성기를 구가하였으나 점차 위축되면서 20세기 들어 창극화로 기우는 쇠잔기를 맞이한다. 판소리의 창극화는 연행 공간이 자본주의적 흥행체제로 상설화된 극장에서의 공연과 관련된다. 판소리와 상

---

16) 김지하는 자신이 창작한 담시에 대해 1985년 한 대담에서 '단형판소리'로 규정한다. 그 후 1993년 담시 전집 간행사에서 담시는 '단형판소리'와 동의어라는 점을 다시 확인한다. 김지하·愼洪範 대담, 「생명사상의 전개」, (김지하, 『남녘땅 뱃노래』수록) 참조

17) 열사가의 작자는 확실치 않다. 열사가는 단일한 작품이 아니라 「이준선생열사가」, 「안중근 열사가」, 「윤봉길 열사가」, 「유관순 열사가」로 구성되어 있으며, 때로는 「이순신전」, 「권율장군전」, 「전봉준」 등이 덧붙기도 했다. 김기형, 「창작판소리 사설의 표현특질과 주제의식」, 『판소리연구』 제5집, 1994 참조

인자본의 결합, 이를 통한 창극의 등장은 결국 예술 흥행방식과 예술양식 자체가 근대적인 것으로 전환되는 양상이다.[18] 이러한 과정을 통해 점차 위축된 전통판소리는 창작판소리를 통해 면면히 현대적으로 계승되고 있는 것이다. 임진택의 다음과 같은 지적은 판소리의 창조적 계승의 필요성에 관한 내용이 직접적으로 드러나 있다.

> 민족적이고 민중적인 것, 그것이야말로 우리시대가 완수해야 할 문화적 대변혁을 향한 필연적인 과정이자 목표이다. 판소리는 그러한 목표와 과정을 향해 가는 민족문화운동선상에서 가장 전진적인 역할을 감당할 수 있는 기본틀을 갖고 있으며, 그것은 판소리에게 주어진 하나의 업보일 수가 있는 것이다.[19]

위의 전언은 "민족문화운동선상에서" 판소리의 창조적 계승의 중요성이 강조되고 있다. 실제로 1970-80년대 발표된 김지하의 '담시'를 비롯한 일련의 창작판소리는 민족적 민중의식에 입각한 사회변혁 운동의 일환으로 추구된 것이다. 특히 판소리는 상이한 계층의 다채로운 삶의 정황, 체험, 모순, 대립, 신명 등의 혼융을 통해 역사적 삶의 다층적인 실상을 형상화하기에 효율적인 양식이다. 정치권력의 집중화와 부정부패의 구조화, 외채 누적과 해외 의존도의 심화, 계층간 양극화의 심화, 도시빈민의 증가 등 정치·경제·사회적으로 중첩되는 내부 모순의 상황에서 김지하가 '담시', 즉 단형판소

---

18) 「은세계」의 창극 공연은 그 대표적인 실례이다. 김종철, 『판소리사 연구』, 역사비평사, 1996, 291~292쪽 참조
19) 임진택, 「살아있는 판소리」, 『한국문학의 현단계 II』, 창작과비평사, 1983, 342쪽

리를 창작한 배경 역시 앞에서 지적한 판소리의 민중적 삶의 현장성에 대한 입체적 반영과 변혁 의지를 드러낸 것으로 파악된다.

3. 전복(顚覆)의 언설체계와 다성적 기법

'담시'는 다양한 계층의 이질적인 언어가 상호 교섭, 충돌, 순환하면서 의미를 재생산하는 다성적인 언설의 장이다. 다성적 언설은 다양한 형태의 발화 주체들이 상호 공명하면서 하나의 발화 공간 안에 뒤섞여 들어와 제각기 욕망을 표출하는 다중심적 담론[20]을 지향한다. 그래서 '담시'의 화소들은 단성적인 공식적·권위적 담론체계를 전복하고 해체하면서 활성화되는 카니발적 축제[21]의 언술을 드러낸다.

물론 '담시'의 이러한 전복과 해체의 언설은 판소리 양식의 계승을 통해 가능하다. '담시' 역시 판소리 경우처럼 고정체계면과 비고정체계면을 근간으로 하면서 비고정체계면에서 장황한 수사, 장면의 극대화, 부분의 독자성 등을 활용한 구체적인 삶의 리얼리티를 집중적으로 추구하고 펼쳐낸다. 고정체계면과 비고정체계면으로 구성된 '담시'의 줄거리를 사건 전개에 따라 단락적으로 배열하여 정리하면 다음 〈표 1〉과 같다.

---

20) 단성적 구조와 다성적 구조의 특징을 유형화하면 다음과 같이 대응된다.
　　단성적 구조 : 선험적 의미 중시, 단일한 가치관, 동일성의 미학, 이상지향적
　　다성적 구조 : 현실의 리얼리티 중시, 체험적 논리, 다원적 가치관, 현실지향적
　　M. 바흐찐, 전승희 외 역, 『장편소설과 민중언어』, 창작과비평사, 1988
　　김욱동, 「이어성과 다어성」, 『대화적 상상력』, 문학과지성사, 1988 참조
21) T. 이글턴, 여홍상 역, 「축제로서의 언어」, 여홍상 엮음, 『바흐찐과 문학이론』, 문학과지성사, 1997참조

〈표 1〉

작품명 단락구분	1. 五賊	2-1. 소리내력	2-2. 尻觀	2-3. 六穴砲 숭배
외화	화자의 사설 창작 배경 전언	화자의 사설 창작 배경 전언		
내화 ①	오적을 소개한다	안도를 소개한다	고관(尻觀)을 소개한다	임금(姙禽)이 草凶을 부수고 잔치를 벌였다
②	오적들의 도둑질 재주를 보여준다	안도의 고단한 삶을 보여준다	고관의 호사스러움을 보여준다	임금이 병을 얻어 복부가 불러온다
③	포도대장이 오적들을 체포하라는 어명을 받는다	안도가 유언비어 살포죄로 잡혀간다	고관이 호텔로 간다	임금이 구렁이 알을 잉태한다
④	꾀수가 오적으로 몰려 고문을 당한다	온갖 죄목으로 신체의 각 부분이 잘리고 감금된다	고관이 여자를 만나 즐긴다	예수쟁이 생간을 먹으면 낫는다고 하여 그들을 설득한다
⑤	꾀수가 오적들의 정체와 거주지를 밝힌다	안도가 억울한 자신의 신세를 한탄한다	호텔에 불이 난다	예수상을 육혈포로 쏜다
⑥	오적을 잡으러 포도대장 출두한다	안도가 어머니와 고향을 사무치게 그리워 한다	고관을 비롯한 특권층 부류들의 소동이 벌어진다	예수상에서 피가 쏟아지고 예수쟁이들이 몰려온다
⑦	포도대장은 오적에 회유되고 꾀수가 무고죄로 잡힌다	권력자들이 안도를 사형에 처한다	권력층의 부조리의 결과인 안전시설 미비로 죽어 간다	임금이 구렁이알을 출산하고 예수상을 없애라고 한다
⑧	포도대장은 오적들의 보초를 서며 잘살았다	여전히 안도의 몸통 구르는 소리가 난다	떨어진 고관을 간첩으로 알고 구경꾼들이 쫓는다	예수상은 적중시키지 못하고 저희끼리 쏘아댄다
⑨	포도대장과 오적이 벼락을 맞아 죽는다	안도가 여전히 살아 있다고 사람들은 믿는다		드디어 모두 죽고 만다
외화	이런 이야기가 전해 온다는 화자의 뒷말	이런 이야기가 전해 온다는 화자의 뒷말	이런 이야기가 전해 온다는 화자의 뒷말	화자의 사설 전체에 대한 평가

작품명 단락구분	3. 五行	4. 櫻賊歌	5. 똥바다
외화		분단과 폭정의 시대 상황에 대한 전언	화자의 사설 창작 배경 전언
내화 ①	쇠가 나무를 누른다	앵자라는 성인이 나타나 앵군에게 처세술인 앵도를 전한다	糞三寸待를 소개한다
②	쇠로 인해 모든 화(禍)가 비롯된다	앵도를 연마한 앵군이 시국의 상황을 따라 사꾸라 행각을 벌인다	분삼촌대의 집안내력을 들려준다
③	결단코 나무로 쇠를 누르고자 한다	앵왕이 앵군의 재주를 시험코자 한다	분삼촌대는 조선에 나가 설욕할 때까지 똥을 참는다
④	上이 維新新村之令을 전국에 선포한다	앵군이 앵왕에게 난국의 타개책으로 다변앵도와 춘화감상을 제안한다	분삼촌대가 방한단 일행 속에 은밀히 끼어 조선으로 향한다
⑤	김가 성과 관련되는 자와 모든 쇠를 제거한다	성개방으로 인해 세상 망할 큰 재앙이 벌어진다	조선에서 온갖 환대를 받다가 참지 못해 이충무공 동상 꼭대기에서 똥을 싼다
⑥	유신과 새마을운동을 내세워 나무심기에 국민들의 노동력을 착취한다	하인인 꺽쇠도 부정을 일삼는다	학생들과 노동자, 농사꾼들이 떼를 지어 청소를 외친다
⑦	백성들의 한이 쌓여 나무가 화염에 휩싸이고 천둥번개가 심해진다	꺽쇠의 폭로로 분노한 회원에 의해 앵군이 죽는다	온 세상이 똥바다가 된다
⑧	上이 벚나무에 떨어진 벼락에 맞아 죽는다	귀신이 된 앵군이 꺽쇠에게 덤벼든다	분삼촌대가 참새의 똥을 피하려다 미끄러져 이순신 장군 동상으로부터 떨어진다
⑨	上의 죽음을 좋아하던 환관도 죽는다	꺽쇠의 이마 위에 기이한 꽃 한 송이가 핀다	분삼촌대는 지금도 계속 떨어진다
외화	이러한 이야기가 전해온다	이러한 이야기가 전해온다	화자의 뒷말

작품명\단락구분	6. 김흔들 이야기	7. 고무장화	8. 이 가문날의 비구름
외화	인간이 제각기 강산 정기를 타고나는 이치에 대한 사설	연장의 중요성에 대한 사설	眞人이 나올 세상의 범상치 않은 정세에 대한 사설
내화 ①	김흔들을 소개한다	장화삼춘을 소개한다	수운 최제우에 대한 소개
②	원주 역전에서 땜쟁이 노릇을 한다.	왜놈 후꾸다가 쫓겨가면서 새고무 장화 한 켤레를 주고 간다	수운의 탄생 과정
③	전쟁이 터져 국군으로 뽑혀 간다	고무장화를 애지중지 위한다	지배층의 부패와 외세의 침입으로 점철되는 험열한 시대상에 대해 탄식한다
④	전쟁 중 인민군에게 포로로 잡힌다	마을 사람들이 장화를 탐내어 뺏으려고 온갖 수작을 다 부린다	최제우가 도를 얻어 중생을 살리고자 길을 떠난다
⑤	유엔군에게 잡혀 사역병이 된다	난리가 나자 장화를 비녀산에 감춘다	수운이 구미 용담에서 하늘의 계시를 받는다
⑥	중공군에게 포로로 잡힌다	인민군 장쇠의 닦달을 아우 또 삼춘이 막아준다	최제우가 후천개벽 사상의 포덕에 나선다
⑦	휴전으로 석방되어 원주에 돌아온다	국군이 돌아온다고 하자 장화를 끼고 도망친다	삼남이 동학 천지가 되자 조정에서 수운을 체포하러 온다
⑧	통일을 역설하며 다닌다	전쟁이 끝났으나 장화삼춘은 실종되어 돌아오지 않는다	수운이 해월 최시형을 道統의 전수자로 지목한다
⑨	흔들흔들했던 제 신세 타령을 한다	장화 한 짝을 찾아낸 마누라의 기도 덕분에 장화삼춘이 돌아올 것이라고 믿는다	수운이 처형당하고 기층민중들이 시끌시끌 후천개벽을 외친다
외화		전해온다는 뒷말	수운을 추모하는 조시

이상에서 보듯 담시의 구성체계는 고정체계면과 비고정체계면을 기본 골간으로 하는 바, 고정체계는 외화(外話), 내화(內話)[22]로 이루어진다. 외화는 작중인물이 아닌 화자가 이야기를 소개하는 서두와 이야기가 끝난 후의 뒷말을 가리키고, 내화는 이야기의 줄거리에 해당한다. 작중 인물이 아닌 화자가 이야기 전체의 평가를 전언하는 외화의 서술은 공적 외부시점[23]에서 이루어진다. 공적 외부시점에서 진술할 때, 판소리 창자와 청중들은 서술 대상에서 객관적인 거리를 지니게 된다. 위의 〈표 1〉에서 외화는 공적 외부시점에서 전체적인 서술 대상의 조감, 감정의 통어, 주제 의식의 부각을 위한 역할을 충실히 수행한다. 그러나 「오적」, 「소리내력」, 「똥바다」, 「이 가문날의 비구름」 등의 경우, 외화가 작품 줄거리의 앞뒤에서 균형 있게 갖추어져 있지만, 「고관」, 「육혈포 숭배」, 「오행」, 「앵적가」는 그렇지 못하다. 외화의 형식을 온전히 갖추지 못한 후자의 작품은 그렇지 않은 전자의 경우에 비해 이야기 전개 방식이 훨씬 더 직접적이고, 주제 의식의 표면적인 외적 발현이 두드러진다. 그래서 이야기 속에서 진행되는 인물, 사건, 장소의 갈등 관계가 일관되게 청중과 근접해 있는 단조로운 양상을 띠게 된다. 따라서 이들 작품군은 이야기의 표면적인 강렬성, 직접성은 두드러진 데 반해, 시점의 이

---

[22] 이를테면 『흥부전』의 경우도 외화와 내화가 뚜렷하게 구분되어 나타난다. 서두와 결말 단계에서 나타나는 외화를 예시하면 다음과 같다. 서두 : 아조(我朝) 즉위 원년 초에 국태민안(國泰民安)하고 시화세풍(時和歲豊)한데 희희탕탕(喜喜蕩蕩)하니 억만세지장춘(億萬歲之長春)이라. 결말 : 어화 세상 사람들아, 이 책을 보매 흥보의 어진 마음(…) 어진 일을 본을 받고 악한 일을 행치 마라. 성심공덕(誠心功德)하옵시오. 김진영, 김현주 역주, 『장흥보전』, 『흥보전』, 박이정, 1997 참조
[23] 김현주, 「판소리 唱者의 거리 조정방식과 그 기능적 의미」, 『판소리연구』 제 5집, 1994 참조

동을 통한 거리 조정의 변화성과 역동성은 미약하기 때문에 청중들의 심미적 감흥을 약화시키는 경향이 있다.

한편, 대체로 "이러한 얘기가 전해온다"는 이사로 종결되는 결말의 외화는 내화에서의 인물, 사건, 배경 등에 걸친 첨예한 갈등 관계를 급격하게 이완시키고, 객체화하는 역할을 한다. 이러한 결말 처리는 '담시'가 당대의 권력층에 대한 통렬한 풍자와 비판의 내용을 중심축으로 하고 있다는 점과 무관하지 않을 것이다. 다시 말해, 지배층에 대한 격정적인 항거와 저항의 내용을 민담적인 결말의 방식으로 처리함으로써 현실의 모순상을 과격하게 비판하는 동시에 그로 인한 외부적 탄압에 대한 효과적인 엄폐장치를 마련한 것이다.

'담시'에서 내화의 구성 체계를 살펴보면 대체로 9개의 화소로 정리되는 바, ①과 ⑨가 이야기의 시작과 끝으로서 서로 짝을 이루며 대응된다. 대체로 ①에서 인물이나 사건이 소개되고 ⑨에 이르러 마무리되는 것이다. 그리고 대체로 ①~③의 단계는 기(起), ④~⑥의 단계는 승(承), ⑦~⑧의 단계는 전(轉), ⑨의 단계는 결(結)에 해당한다. '담시'의 줄거리는 기, 승, 전, 결의 인과적 연속성을 지니며, 긴장과 이완, 몰입과 해방이라는 정서적 체험 마디를 반복하면서 전개되고 있다. 특히 '담시'에서의 예술적 감흥과 신명은 고정체계의 전체적 틀거리보다 내화를 구성하는 비고정체계면의 장황한 수사, 장면의 극대화, 서정시가, 가요의 삽입 등의 삽화식 구조[24]를 통해 전

---

[24] 문자문화에 바탕을 둔 네러티브의 플롯은 발단-전개-절정-위기(하강)-결말로 도형화되는 '클라이맥스 선형 플롯'이 중심 구조를 이루지만, 구술문화에 바탕을 둔 내러티브의 플롯은 다양한 예화들로 엮어진 '삽화식의 구조'라는 차이를 지닌다. W. J. Ong, 이기우·임명진 역, 『구술문화와 문자문화』, 문예출판사, 1995, 212-216쪽 참조

체적인 이야기의 변화성, 운동성, 순환성의 활력을 고취시키는 가운데 효과적으로 배가된다. 또한, 앞에서 외화의 기반을 이루는 공적 외부시점은 내화에서도 간헐적으로 등장하여, 판소리 창자가 인물의 대화와 내적 독백 장면에서 그 인물의 심리 속으로 들어가 발화하는가 하면, 동시에 이야기로서의 골격을 형상화하고 전개시키고 설명하는 역할을 적절하게 수행하기도 한다.

한편, '담시'는 연행 양식에 따라 아니리의 산문과 창의 율문으로 나누어진다. 아니리는 산문으로 요약된 서술로서, 장면과 장면의 접속, 장면의 상황 설정 기능을 수행하며, 창은 대상과의 정서적 일체감을 고조시킨다. '담시'의 전개 방식에 해당하는 문학성(아니리)과 음악성(창)의 융합을 통해 장황한 수사, 길게 부연된 사설, 장면의 극대화를 구현한 실례의 일부를 인용하면 다음과 같다.

(a) 첫째도둑 나온다 재벌이란 놈 나온다. / 돈으로 옷해 입고 돈으로 모자 해 쓰고 돈으로 구두 해 신고 돈으로 장갑해 끼고 / 금시계, 금반지, 금팔찌, 금단추, 금넥타이 핀, 금카후스보턴, 금박클, 금니빨, 금손톱, 금발톱, 금작크, 금 시계줄. / 디룩디룩 방뎅이, 불룩불룩 아랫배, 방귀를 뽕뽕뀌며 아그작 아그작 나온다 / 저놈 재조바라 저 재벌놈 재조봐라

(b) 종로 병농 부교농 다농 / 부농산 보험 부진 부역 / 사환 급사 소사 수위 모조리 한번씩 다 지내고 / 영등포 시흥 만리동 을지로 / 방직 주물 제당 피복/직공 화부 발송 시다 / 싸그리 조금씩 다 들러 보고 / 구파발, 창동으로, 장안평, 과천으로 / 이태원 꿀꿀이장사 답십리 시래기장사

(a), (b)는 각각 「오적」, 「소리내력」에서 등장인물을 소개하는 한

대목으로서 '담시'에 빈번하게 등장하는 화법이다. 유사한 어사의 반복과 열거를 통한 장황한 수사와 장면의 극대화는 서사적 구성상의 의미 이상의 중요한 역할을 수행한다. 재벌의 호화스런 사치 풍조와 기층 민중인 안도의 지난한 직업 순례가 급박한 반복을 통해 운율의 속도감을 배가시키면서 현장감, 생동성, 문학적 감흥을 동시에 불러일으키고 있다. 내화의 ②~⑧의 화소들에서 자주 등장하는 독자적 자율성을 드러내는 이러한 전개는 사설 전체의 주제 의식에 복무하면서 동시에 전체 줄거리의 심미적 역동성과 이면의 주제 의식을 풍요롭게 생성시키는 역할을 수행한다.

이상에서 보듯, 김지하는 단형 창작판소리, '담시'에서 민중들의 삶의 리얼리티를 다채로운 음성들이 엇섞이고 충돌하고 확산하면서 지배층의 공식적 언어체계를 전복하고 이면의 주제의식을 신장하는 다성악적인 언설을 통해 실감있게 펼쳐 놓고 있는 것이다. 그가 「오적」의 첫 구절에서 "시를 쓰되 좀스럽게 쓰지 말고 똑 이렇게 쓰랏다"라는 선언적 문제제기를 구체적으로 실현한 결과물인 것이다.

4. 갈등구조와 저항적 풍자

'담시'의 전복(顚覆)의 언설과 다성악적 구조는 "민중의 치열한 비애와 응어리진 한(恨)"을 특권지배층을 향한 "저항적 풍자"로 전환시키는 동력으로 작용한다. 이점은 김지하가 '담시', 「오적」을 발표하던 1970년에 발표한 「풍자냐 자살이냐」에서 강조한 "민중의 비애"를 "시적 폭력"의 형태로 치환시키는 정점에 "풍자"가 있다는 이론을 작품으로 실현한 것에 해당한다. 실제로 그는 「오적」을 필두로 1970년대 초반에 발표한 '담시' 일수록 민중과 특권지배층의 갈등 구조 속에서 인식되고 전개되는 올바른 민중관과 저항적 풍자를 날카롭게 펼쳐 보인다. 그는 "현대 풍자시의 보물창고"[25]라고 강조한 판소리를 비롯한 전통적 민족민중민예를 창조적으로 계승하고 있는 것이다. '담시'의 갈등구조를 편의상 도표화하면 다음 〈표 2〉와 같다.

〈표 2〉

작품 계층 및 대립 양상	(1)	(2)			(3)
		(2-1)	(2-2)	(2-3)	
(가)	오적(재벌, 국회의원, 고급 공무원, 장성, 장차관)	돈깨나 있고 똥깨나 뀌는 사람들	尻觀	姙禽	나무, 上
(나)	포도대장	판결자, 처형자	고관에 빌붙는 자들	卜師	환관
(다)	꾀수(날치기, 들치기, 네다바이, 팸프, 창녀, 포주, 깡패, 쪽쟁이, 껌팔이, 담배팔이, 양말팔이, 도롭프스팔이, 초콜렛팔이, 거지, 문둥이, 시라이, 양아치, 비렁뱅이)	안도(사환, 급사, 소사, 직공, 화부, 발송시다, 꿀꿀이 장사, 시레기 장사, 돛배기 장사, 북어 알장사, 굴러대장사, 뻔대기장사, 흙 짐지기, 배추거간, 영화관 엑스트라, 용달사, 짐 심부름꾼)		예수장이, 천주장이	국민들

---

25) 김지하, 「풍자냐 자살이냐」, 『시인』, 1970, 6-7월호.

작품 계층 및 대립 양상	(4)	(5)	(6)	(7)	(8)
(가)	노앵왕	분삼촌대	전쟁시기	일제강점기 전쟁시기	서세동점의 혼란기
(나)	앵군, 격쇠	금오야 권오야 무오야		장쇠	관군
(다)	백성들	한국 사람들	김흔들	장화삼춘	수운 최제우 (기층 민중들)

위의 도표에서 (가)는 대부분 자신의 이익을 위해 온갖 악행을 저지르는 특권지배층, 권력층, 기득권층들이 중심을 이룬다. 다만, (6), (7), (8)은 특정한 지배계층에 국한되지 않고 이 땅의 험난한 역사의 질곡을 부각시키고 있다는 점에서 앞의 경우와 구별된다. (나)는 대부분 (가)의 부류에 기생하는 부패한 중간 관료들이다. 이들은 특히 사회 전반의 왜곡된 제도, 관행, 풍속 등을 명징하게 표상한다는 점에서 중요한 역할을 한다. (다)는 착취와 억압에 시달리면서 살아가는 기층 민중들이 중심 부류를 이룬다. 작품의 가장 중요한 부분을 차지하는 이들은 앞장의 〈표 1〉의 내화 ⑥단계의 화소에서 대부분 억울하게 옥살이(죄수)를 하거나, 사지가 잘리는 참형을 당하거나(안도), 식민지와 전쟁의 역사 속에서 수난 받는(김흔들, 장화삼춘) 무기력한 패배자들이다. 그러나 이들은 일방적인 피해자에 그치지만은 않는다. ⑥, ⑦단계에서 고조된 비극적인 화소가 ⑨단계에 이르면, 폭압적인 권력적 지배자들이 모두 파멸하는 징벌을 받음으로써, 고전적 권선징악의 상황 반전을 통한 해소로 귀결된다. 현실

적인 갈등이 초현실적인 자연적 힘의 개입에 의해 해소되는 이러한 해결 방식은 민중 주체의 역사적 전망을 약화시키는 아쉬움을 남기는 것도 사실이다. 그러나 작자는 이러한 점을 민중들의 억울한 사정에 대한 처연한 하소연을 통해 상쇄시킨다. 이들 민중들의 자신의 처지에 대한 처연한 하소연과 원망은 결국 지배층의 위악성을 고발하는 동시에 올바른 세상을 향한 간절한 역사적 갈망으로 작용하기 때문이다.

이와 같은, 김지하 '담시'의 기본 축을 이루는 갈등 구조는 '담시'의 주조를 이루는 저항적 풍자를 날카롭게 드러내는 형식론으로 작용한다. 그는 전통적 민중민예에서 터득한 풍자의 활용에 대해 해학과의 배합 속에서 다음과 같이 설명한다.

> 올바른 풍자는 폭력 발현의 방법과 방향이 모순 없이 통일된 것이라야 한다. 그것은 민중에 대한 표현에 있어서는 해학을 중심으로 하고 풍자를 부차적, 부분적인 것으로 배합하는 것이며 민중의 반대편에 대한 표현에 있어서는 풍자를 전면적, 핵심적인 것으로 하고 해학을 특수한 부분에만 국한하여 부수적으로 배합하는 것이어야 한다.[26]

풍자와 해학은 공통적으로 웃음을 수반하는 골계(滑稽)의 하위 범주에 속한다.[27] 그러나 풍자의 웃음은 부정, 서양, 냉혹한 분노, 독로의 성격을 지니고, 해학의 웃음은 삶의 지혜에 입각한 포용과 융

---

26) 김지하, 위의 시론 참조
27) 골계에는 '객관적 골계'와 '주관적 골계'가 있다. 전자는 대상 자체 내에서 일어나는 것으로 대상의 성격, 환경에 따라 주로 나타나며, 후자는 작가가 대상을 받아들이는 태도와 방법에 따라 일어나는 것으로 기지(Wit), 아이러니, 풍자, 해학 등이 여기에 포함된다. 김지원, 『해학과 풍자의 미학』, 문장, 1983, 28쪽

화의 성격을 지닌다. 다시 말해, 풍자는 대상의 모순에 대해 투항하지 않고 모든 억압적인 요소를 파괴하는 데 주력하는 갈등구조를 지향하고, 해학은 비판과 익살을 통한 화해구조28)를 지향한다. 그러나 실제 작품 속에서 풍자와 해학은 일반적으로 서로 엇섞이고 겹쳐지면서 동시적으로 전개되는 양상을 자주 드러낸다.

'담시'에서 풍자성은 등장하는 중심인물의 명칭에서부터 선명하게 드러난다. 「오적」의 '五賊'은 을사조약에 합의한 대한제국의 대표적인 매국노, '乙巳五賊'에서 가져온 것이다. 작자는 제목을 통해 이미 오적이 국권을 팔아넘긴 매국노에 비견된다는 야유와 비난의 풍자성을 드러내고 있는 것이다. 오적의 구성원인 재벌(狾獘)은 '엮어 놓은 미친 개', 국회의원(匊獪狋猿)은 '교활한 곱사등이의 원숭이', 고급공무원(跍礫功無獂)은 '공은 없이 높은 곳에 걸터앉은 돼지', 장성(長猩)은 '나이 많은 성성이', 장차관(瞕搓矔)은 '병든 눈을 흘기며 다니는 형상'에 각각 비유하고 있다. 한자음의 차용을 통해 음과 뜻의 이질성을 희화적으로 포착하여 당대 지배층의 부정부패와 가렴주구의 실상을 집약적으로 비판하고, 동시에 사설의 전체적인 내용을 효과적으로 암시해 주고 있다. 「尻觀」은 고관(高官)을 '꼬리가 보이는' 尻觀으로 재규정하여 짐승의 형상으로 묘사하고 있다. 지배 권력층이 간첩을 비하하여 희화적으로 표현하던 '뿔이 나고 긴 꼬리 달린' 짐승의 형상을 바로 그들 자신의 모습으로 반전시켜 묘사하고 있는 것이다. 「六穴砲崇拜」의 姙禽은 백성의 군주로서의 임금을 '짐승을 임신한 흉악한 짐승, 姙禽'으로 재규정하여

---

28) 김덕근, 「개화기 시가의 풍자」, 『韓國文學의 滑稽 硏究』, (南松 金永秀博士 華甲紀念論文集 刊行委員會), 태학사, 1993, 215쪽.

비판적으로 표현하고 있다. 「똥바다」의 糞三寸待는 일본제국주의의 후예의 인명을 똥(糞)에 비유함으로써 일본의 신군국주의 풍조를 비판하고 친일군상의 추악상을 신랄하게 표현하고 있다. 이상의 a)~d) 의 인물명은 대체로 추(醜)의 극단을 환기시키는 축생의 이미지를 빌려오고 있다.

이러한 점은 수궁가에서 물고기들이 등장하여 용왕을 향해 서로 자기의 재주를 자랑하는 대목을 연상시킨다. 그러나 수궁가에서는 즐거운 웃음을 유발시킨다면, '담시'에서는 냉혹하고 위협적인 긴장과 분노의 공격적 풍자성을 유발시킨다. 해학보다 풍자가 압권을 이루고 있는 것이다. 억압과 불평등 속에서 살아가는 기층 민중들의 부패한 특권층에 대한 분노와 증오의 격정이 과장된 추(醜)의 형상을 통해 집약적으로 표현되고 있다. 대체로 판소리 사설에서 지나친 과장은 평범한 언사로는 표현할 수 없는 사실의 본질을 집중적으로 나타내는 수법으로서, 결국 비사실성의 구현을 통해 사실의 본질[29]을 환기시키는 방법이다. 등장인물에 대해 비사실적으로 과장된 추(醜)의 극단적 표현 역시 그들의 위선적인 특질을 포착하여 드러내는 방법적 전략의 산물인 것이다.

여기에서 추(醜)의 미학적 특성은 ① 관념적으로는 절대적인 이념의 감각적 현상으로서 모든 미에 대한 부정인 몰취향적인 것이고, ② 실제적으로는 진과 선이 부정태로서 악의 실체 병[30]에 해당된다.

---

[29] 김홍균, 「판소리 사설에 나타난 '엮음'의 수법과 그 효과」, 서정범 외, 『國語國文學 硏究의 새로운 摸索』, 집문당, 1993, 349쪽
[30] 카를 로젠크란츠, 조경식 옮김, 『추의 미학』, 나남, 2008, 179-291쪽 참조
로젠크란츠는 19세기 중엽에 나타난 "추한" 사회현상의 제 문제들을 당시의 어떤 철학자들보다 민감하게 받아들였다. 당시의 도시화, 빈곤화, 사회화가 시대적인 "추한" 현상들을 보여준다는 인식을 전제로, 한편으로는 예술로 다른 한편으로는 부정

따라서 추(醜)는 현실적인 악 또는 폭력의 반영이며 동시에 그것에 대한 저항31)의 속성을 지닌다. 풍자는 바로 이러한 추의 대상에 의해 설움 받아온 민중의 증오를 예술적 표현을 통해 추의 대상을 향해 신랄하게 공격하는 것이다. '담시'에서 빈번하게 드러나는 풍자의 특이성을 보여주는 실예의 일부를 직접 살펴보기로 한다.

　　a) 쪽 째진 배암 샛바닥에 구호가 와그르르/ 혁명이닷, 舊惡은 新惡으로! 改造닷, 부정축재는 축재부정으로!/ 근대화닷, 부정선거는 선거부정으로! 重農이닷, 舊農은 離農으로!/ 건설이닷, 모든 집은 臥牛式으로! 社會 淨化닷, 鄭仁淑을, 鄭仁淑을 철두철미 본받아랏!(…) 되는 것도 절대 안 돼, 안될 것도 문제 없어, 책상 위엔 서류 뭉치, 책상 밑엔 지폐 뭉치/ 높은 놈껜 삽살개요 아랫 놈껜 사냥개라, 공금은 잘라먹고 뇌물은 청해 먹고
　　「오적」 부분

　　b) 결단코/ 결단코 결단코 결단코/ 나무가 쇠를 결단코 이기리라!(…) 유신이닷!/ 김가와 김가 부스럭지는 모조리 잡아 죽여랏!(…)/ 뻘건 것은 불이니 이놈들 몰아 빨갱이로 몰아 반공법, 국가보안법에 그저 덜컥덜컥
　　「五行」 부분

　　c) 개 같은 세상!/이 소리가 입밖에 떨어지기가 무섭게 철커덕/쇠고

성의 철학으로, 그리고 미학적으로는 추의 미학으로 표출할 수 있다는 문제 의식을 바탕으로 집대성하고 있다.
31) 김지하, 위의 시론 참조.

랑이 안도놈 두 손에 대번에 채워지고 질질질 끌려서 곧장 재판소로 가는구나/ 땅땅땅 - 무슨 죄던고?/두 발로 땅을 딛고 아가리로 流言蜚語를 뱉어낸 죄올시다/호호 큰 죄로다(…)건방지게 無許 可着足罪, 제가뭔데 肉身休息罪, 싹아지 없이 心氣安定罪, 가난뱅이 주제에 直立的人間本質簒奪劃策, 못난놈이 思惟時間消費罪, 가당잖게 始罪, 죽고 싶어 不罪, 제가 무슨 뜬구름이라고 現實 旁觀罪

「소리내력」 부분

풍자는 항의하려는 본능에서 생기는 것으로서 예술화된 항의32)이다. 풍자의 효과를 극대화시키는 방법은 비난의 대상이 되는 악의 여러 가지 양상들을 연속적으로 폭로하는 것이며 이를 통해 그와 대립되는 선(善)을 적소에서 환기시키는 것이다. 다섯 도적들의 부패의 실상이 구체적인 현실적 사건을 배경으로 다양하게 폭로되고 있다. "혁명공약, 수의계약, 舊惡, 新惡, 臥牛式, 社會淨化, 鄭仁淑" 등 당대의 시사성을 띤 낱말이 대거 등장하고 있다. b) 역시 木氏 즉, 朴정희 대통령을 직접 빗대어 그 전횡과 폭압 정치를 겨냥하고 있다.

이러한 양상은 '담시'의 날카로운 풍자의 대상이 당대의 절박한 현실 상황과 직접 관련되는 것임을 선명하게 보여준다. 전통판소리에서 풍자의 대상이 비교적 보편적인 인간의 악한 심성이나 관료의 횡포성을 다루는 일론적이고 추상적인 범주라면, '담시'의 경우는 구체적이고, 현재적이라는 점에서 뚜렷하게 변별된다. 담시가 전통판소리에 비해 급박한 긴장과 분노로 응결된 비장미가 강렬하게 드러나는 주된 이유도 여기에 있다. 특히 1970년대에 발표된 일련의 '담

---

32) Ian jack, Pope, Writers and Their Work, Oxford, 1954, p.17

시'는 김지하의 독재 권력의 강권 정치에 대한 반역의 정신과 투쟁의식이 가장 강렬하게 표출된 세계이다.

c)는 이농민 안도의 유언비어 죄목에 대해 나열하고 있다. 당시 유신체제에서 억압되었던 언론의 자율권을 야유하면서 동시에 인권 부재의 시대상을 폭로하고 있다. 작품의 정황은 슬픔과 비애의 어조를 바탕으로 하고 있지만, 죄목이 거듭 첨가되면서 흥미를 돋우는 웃음을 유발시킨다. 강렬한 풍자의 경직성 속에 어눌한 해학적 요소가 결부되고 있다. 이와같이 '담시'에서 해학적 요소는 기층 민중에 대한 묘사에서 두드러지게 나타난다. 이러한 해학적 요소는 안도의 끈질긴 민중적 생명력을 환기시키면서 또한 관객들에게 강권 통치의 폭압상을 정서적 충격을 통해 내면화시키는 효과를 얻고 있다.

풍자와 해학은 근본적으로 실재와 이상 사이에서 생기는 상충을 간파할 때 일어난다. 그러나 풍자는 이상에 위배되는 실재에 대한 공격을 겨냥한다면, 해학은 상충관계를 넘어서는 포용과 화해를 지향한다. 「김흔들 이야기」의 경우 해학성이 두드러진다. 질곡의 역사 속에서 우여곡절을 겪으면서도 패배하지 않고 살아온 김흔들의 신산스런 삶의 과정은 비애를 수반하면서도 건강한 생명의 역동과 신명을 느끼게 한다. 그가 걸어온 삶의 역정은 좌익, 우익의 대립적인 지배체계의 도식에 의해 규정될 수 없는, 전일적이고 유기적이며 유연한 구조를 지닌 일상적 체험의 세계이다. 그는 격동하는 역사의 중심부를 관통하면서 깊이 체현한 삶의 지혜에 입각하여 민족전쟁과 분단현실을 "민족의 비극이지!"라고 요약적으로 진술한다. 죽음을 넘나드는 고통스런 삶을 강요했던 분단 전쟁의 피해의식으로부터 스스로 이를 넘어서서 모든 울분, 항변, 원망을 걷어내고 현실을 관조적 시각으로 직시하고 있다. 김흔들이 "흔들흔들 거리며 제 흥에 취해 좌중을 웃음판으로 만들며 펼쳐내는 신산스런 삶의 이야기는 '화해와 포용'을 지향하는 해학의 한 전형에 해당한다. 지배층에 대한 표현에는 풍자성이 전면적이고 해학성이 부차적으로 드러나며, 민중에 대한 묘사에는 해학성이 전면적이고 풍자성이 부차적으로 드러나는 양상이 적용되고 있는 것이다.

김지하의 '담시'에서 해학성은 「김흔들 이야기」, 「고무장화」, 「이 가문날의 비구름」 등으로 가면서 주조를 이룬다. 이들 작품에는 특권지배층과 민중의 대결 구도보다는 생명의 이치를 체험적 삶 속에서 터득하고 실천해 나가는 민중적 삶이 중심을 이루고 있기 때문이다. 이것은 김지하의 문학세계 전반이 1980년대 초반을 마디절로 직접적인 응전과 대결 구도에서 점차 생명의 이치를 터득하고 이를 바탕으로 살림의 문화를 펼쳐나가는 주체로서의 민중성과 생명의 세계관을 강조하는 추이에 상응하는 것으로 파악된다.

5. 열린 결론 : '담시'와 기위친정(己位親政)의 '촛불'

'담시'는 다성악적인 구성 원리를 통해 당대의 복합적인 현실 상황과 생활 정서를 원심력적으로 확산시키면서 동시에 공적 외부시선에 의해 전체적인 징후를 고찰하고 통어하는 구심력적인 누님의 면모를 보인다. 특히 다채로운 계층으로 열린 다성악적 구조의 입체성은 지배적인 공식 담론을 전복(顚覆)시키고 체험적 삶의 담론을 전면으로 소생시키는 축제의 언어 세계를 지향한다. 또한, '담시'는 문학과 음악의 친연성을 회복시킴으로써 민중적 생명의 고양된 충족, 신명의 고취와 문학적인 감응력을 제고시키는 역할을 효과적으로 수행하고 있다. 김지하는 시론, 「풍자냐, 자살이냐」에서 강조했던 "올바른 민중관에 입각"하여 "현실의 악에 의해 설움 받아온 민중의 증오가 예술적 표현을 통해 그 악에게로 향하는 공격"으로서 "저항적 풍자"를 '담시'를 통해 시범적으로 성취한 것이다.

이상에서 살펴본 '담시'의 민중적 세계관과 생명의 고양된 충족으로서의 미의식은 김지하 문학세계의 원형으로서 지속적으로 작동한다. 그가 이천년대 들어 거듭 일어났던 '촛불' 정국에 대해 깊이 주시하면서 그 의미와 가치를 깊이 있게 개진한 것은 이러한 문맥에서 파악된다. 그는 '촛불' 혁명에 대해 스스로 다음과 같이 설명한 바 있다.

맨 꼬래비로 소외되었던 삶들이 한때 운이 나빠 산이나 물가에 도망가 숨어 있던 임금처럼 정치의 중앙 전면에 등장하고 있어요. 구한말 김일부의 『정역』에서는 후천개벽의 때가 시작되면 기위친정(己位親政), 즉 기위가 임금처럼 역사의 정치 중앙 전면에 나서는 친정(親政)이 시작된다고 했어요. 『정역』은 '기위친정'을 '십일일언(十一一言)'과 '십오일언(十五一言)'으로 나눕니다. 십일일언은 이십대 미만의 어린이, 청소년과 여성들이 정치 전면에 나서는 무위정치(無爲政治)의 시작이라는 뜻이고, 십오일언은 이제껏 교양과 문화와 수양과 정치를 담당했던 선각자, 지식인, 종교인, 기성 전문 정치가는 한발 뒤로 물러나 십일일언의 무위 정치를 위해 조용히 아무것도 하지 않는 듯한 겸손한 태도로 그저 소리 없이 돕는 역할을 하는 것입니다. 이 경우 전문 정치인은 십일일언의 중심인 직접민주주의를 보조적으로 배합하는 어른스러운 대의민주주의로 후퇴하는 것이지요.
이것은 노자의 '무위이화(無爲而化)', 고대 이상정치의 비밀인 '아무 위이민자화(我無爲而民自化)'. 즉, '성인(聖人)인 나는 아무 것도 하

지 않는데 백성이 스스로 정치를 다 한다'는 것에 상응하지요. 촛불 정국이 바로 이런 형국이지요.33)

김지하는 김일부의 『정역』에 등장하는 '기위친정(己位親政)'의 현장을 '촛불' 혁명에서 보고 있다. 그는 '촛불'에 대해 민중이 밑바닥 삶의 소외(疏外)로부터 서서히 해방되어 임금 자리에 복귀하는 후천개벽을 향한 과정의 표상으로 파악하고 있다. 그리하여 '십일일언(十一一言)'은 민중이 직접 정치의 주역이 되는 '기위친정'의 역할론에 해당하고, '십오일언(十五一言)'은 스스로 자리를 비우고 물러나서 기위친정을 보완적 위치에서 돕는 "선각자, 지식인, 종교인, 기성 전문 정치가"의 공적 책무에 해당된다. 실제로 2016년 '촛불' 혁명은 민중이 정치권을 충격하고 선도하면서 구질서의 탄핵과 새로운 정부 출현을 선도하였다. 그는 '촛불'의 민중성에서 새로운 차원의 세상을 열어가는 "새길"을 보고 있는 것이다.

한편, 이것은 '담시' 「오적」, 「소리내력」, 「김흔들 이야기」 등에 나오는 꾀수, 안도, 김흔들 등이 마침내 역사의 전면에 변혁의 주체로서 진출한 것으로 이해된다.34) 그리고 이것이 그가 설파한 민중의 본디 성품이 구현된 생명공동체 문화를 열어가는 후천개벽의 동력이며 징후라고 할 것이다. 이렇게 보면, 그의 문학과 사상의 연대기는 일관되게 '담시'에 등장하는 꾀수, 안도, 김흔들 등의 꿈과 원망을 담은 민중적 세계관과 생명 가치 실현의 멀고 지난한 여정이었다고 할 수 있을 것이다.

---

33) 김지하 · 홍용희 대담, 「경건하고 고즈넉한 모심의 개벽」, 『쿨투라』, 2016 겨울호
34) 위의 대담 참조.
　김지하는 이러한 질문에 크게 고개를 끄덕이며 말없이 동의한 바 있다.

참고문헌

김기형,「창작판소리 사설의 표현특질과 주제의식」,『판소리연구』제5집, 1994
김덕근,「개화기 시가의 풍자」,『韓國文學의 滑稽 硏究』, (南松 金永秀博士 華甲期念論文集 刊行委員會), 태학사, 1993
김재홍,「반역의 정신과 인간해방의 사상」,『작가세계』, 1989 가을호
김종철,『판소리사 연구』, 역사비평사, 1996
김지원,『해학과 풍자의 미학』, 문장, 1983
김지하,「풍자냐 자살이냐」,『시인』, 1970 6-7월호
김지하·홍용희 대담,「경건하고 고즈녁한 모심의 개벽」,『쿨투라』, 2016 겨울호
김흥균,「판소리 사설에 나타난 '엮음'의 수법과 그 효과」, 서정범 외,『國語國文學硏究의 새로운 摸索』, 집문당, 1993
백낙청,「시민문학론」,『창작과 비평』, 1969. 6
백대웅,『다시 보는 판소리』, 어울림, 1996
염무웅,「서사시의 가능성과 문제점」,『韓國文學의 現段階』, 創作과 批評社, 1982
오세영,「장르실험과 전통장르」,『작가세계』, 1989
윤구병, 김지하 대담,「시인 김지하의 사상 세계」,『철학과 현실』, 1990 봄
윤구병, 김지하 대담,「시인 김지하의 사상 세계」,『철학과 현실』, 1990 봄
조동일,「판소리의 전반적 성격」, 김흥규 외 편,『판소리의 이해』, 창작과비평사, 1994
조동일,『敍事民謠硏究』, 계명대출판사, 1979
카를 로젠크란츠, 조경식 옮김,『추의 미학』, 나남, 2008
한강희,「1960~1970년대 한국문학 양대 산맥의 형성과 분화」,『문예연구』, 2014 봄
허윤희,「1960년대 참여문학론의 도정」,『희귀 잡지로 본 문학사』, 깊은샘, 2002
Ian jack, Pope, Writers and Their Work, Oxford, 1954
M. 바흐찐, 전승희 외 역,『장편소설과 민중언어』, 창작과비평사, 1988
　김욱동,「이어성과 다어성」,『대화적 상상력』, 문학과지성사, 1988
R. Wellek, O. Wellen,『Theory of literature』, Harmondsworth : Penguin Books, 1949
T. 이글턴, 여홍상 역,「축제로서의 언어」, 여홍상 엮음,『바흐찐과 문학이론』, 문학과지성사, 1997
W. J. Ong, 이기우·임명진 역,『구술문화와 문자문화』, 문예출판사, 1995

토론문

「김지하 '담시'의 형식 미학과 풍자성」

백현미 | 전남대학교 교수

　김지하 시인이 쓴 '담시' 하면, 70년대 초반에 발표된 「오적」「소리내력」「똥바다」를 떠올립니다. 담시의 대표적인 특징으로 논의되어 온 '판소리의 창조적 계승과 정치 풍자'가 적실하게 실현된 것도, 임진택에 의해 판소리로 공연된 것도, 그리고 담시 관련 논의와 연구에서 대상으로 삼은 것도 이 세 작품이기 때문입니다.

　홍용희 선생님의 「김지하 '담시'의 형식 미학과 풍자성」은 70년대-80년대 담시 전체를 대상으로 삼아, 담시의 형식 미학과 구성 원리를 추출하고, 저항적 풍자의 구현 양상을 밝힌 글입니다. 선생님의 글을 통해, 70년대에 발표되었지만 크게 주목 받지 못한 「앵적가」와 「오행」 등을 그리고 80년대에 (미)발표된 세 편의 담시를 함께 살피며, 담시의 특징과 위상을 조망해야 하는 과제가 분명하게 부각되었습니다. 몇 가지 질문으로 토론자로서의 소임을 갈음하겠습니다.

　1. 담시의 범위와 발표(혹은 집필) 시기에 대한 정리가 필요해 보입니다. 김지하 시인은 「오적」(『사상계』 1970년 5월호) 발표 당시 그 시를 일컬어 '담시'라고 명명했지만, 그 외의 작품들을 발표할

때는 굳이 담시라고 하지 않았던 것으로 보입니다. 그러니「오적」이외의 담시는 발표할 때의 명명에 의해서가 아니라 출판사의 편집 방향(또는 시인의 의사)에 의해 담시가 되곤 했을 겁니다. 예를 들어『김지하 담시모음집: 오적』(동광, 1985)에는 70년대 발표 작품들과 함께「쵸루탄가」와「아주까리신풍」이 포함되어 있습니다. 이야기시라고 보기 어려운 이 두 시는 이후에 출판된 담시전집에서는 빠지게 됩니다.

선생님의 발표문(주1)에 따르면, 김지하의 담시는「오적」(1970),「앵적가」(1971),「소리내력」,「고관」,「육혈포 숭배」를 포함하는「비어」(1972),「오행」(1972),「똥바다」(1974),「김흔들 이야기」,「고무장화」,「이 가문 날에 비구름」(1988) 등 총 8편이고,「비어」에 포함된 「소리내력」,「고관」,「육혈포 숭배」를 별개 작품으로 구별하면 총 10편입니다.「김흔들 이야기」와「고무장화」의 집필 연도는 따로 밝히지 않으셨습니다.

『김지하 담시전집: 말뚝이 이빨은 팔만사 천개』(동광, 1991, 이하 동광본)에는 개별 작품의 발표 시기가 자세히 밝혀져 있습니다.「오적」(70년 5월,『사상계』),「앵적가」(72년 10월,『다리』),「소리내력」(72년 4월,『창조』),「고관」(72년 4월,『창조』),「육혈포숭배」(72년 4월,『창조』),「오행」(74년 8월, 일본『世界』),「똥바다」(발표 당시 제명은「분씨물어」, 74년 8월, 일본『世界』),「김흔들 이야기」(86년 해남에서 씀, 미발표),「고무장화」(86년 해남에서 씀, 미발표),「이 가문 날에 비구름」(대설「南」미발표분의 하나)라고 밝혔습니다. 이 동광본의 알림 내용을 따른다면 80년대 담시들은 80년대 후반에 집필되고 발표되었다고 하겠습니다. 출판사 솔에서 낸『결정본 김지하 시전집3: 오적』(1993, 이하 솔본)에도 이 10편이 모였는데, 어쩐

일인지 「김흔들 이야기」와 「고무장화」의 집필 시기를 언급하지 않았습니다.

몇몇 작품은 발표 연도가 제각각입니다. 「앵적가」의 발표지는 『다리』인데, 솔본에서는 71년 4월에, 동광본에서는 72년 10월에 발표되었다고 합니다. 「오행」은 솔본에서는 73년 집필했다고만 하고, 동광본에서는 74년 8월 일본 『世界』에 게재되었다고 합니다. 선생님은 1972년 작이라고만 밝히셨습니다.

2. 70년대 담시와 80년대 담시 사이의 차이와 변화를 다룰 방안은 무엇일까요. 선생님께서는 김지하 담시의 특징으로 '전복의 언설체계와 다성적 기법, 그리고 저항적 풍자'를 들었습니다. 문제는 이 특징들이 70년대 담시에서는 선명하게 드러나지만, 80년대 담시에서는 잘 드러나지 않는다는 점입니다. 발표문에서도 80년대 담시들은 아예 분석되지 않거나(3장 전복의 언설체계와 다성적 기법), 별도로 간단하게 언급될 뿐입니다(4장 갈등구조와 저항적 풍자). 80년대 담시를, 70년대 담시의 결여태나 잉여태로 치지도외하지 않으며 살필 방도가 궁금합니다.

담시의 발표(및 집필) 시기는 70년대 전반기(1970-1974)와 80년대 후반기(1986-1988)로, 10년 이상의 격차가 있습니다. 그 사이, 시인은 오랜 수간 생활을 피하고 교도소 배 세상으로 생환했고, 날라신 정치·문화계의 판도 속에서 생명사상 운동과 새로운 문예활동을 시작했고, 의욕적으로 대설 『南』을 세 권(창작과비평사, 1982·1984·1986) 출간했습니다. 김지하의 창작 활동 맥락에서 보면, 80년대 담시는 『南』의 집필 중단과 엇물려 시작된 셈입니다. 실제로 1985년 이뤄진 한 대담에서 대담자가 「오적」「비어」같은 새로운 담시를 쓸 계획을 묻자 김지하 시인은 대설 속에 다 포함될 테니 더 이상 쓰지 않겠다고 합니다(『남녘땅 뱃노래』, 두레, 1985). 수운 최제우 선생의 삶을 형상화한 「이 가문 날에 비구름」은 단행본으로 출판되었는데(동광, 1988), 동광본 담시전집에는 '대설 「南」 미발표분의 하나'라는 주를 달고 실렸습니다. 이렇게 80년대 담시가 대설 창작과 엇물려 창작되었고, 대설과의 관련성을 추측할 흔적이 있다는 점이 시사하는 바는 없을는지요.

 80년대 담시들은 서세동점기와 한국전쟁기의 혼란 속에서 이어지는 민중들의 생명/삶을 이야기합니다. 창작 시기로부터 떨어진 과거의 시간대를, 시인의 아버지와 조부 그리고 증조부가 살았던 시간대를 다루고 있습니다. 70년대 담시들이 창작 시기와 잇닿은 당대를, 시인 자신이 맞섰던 한일협정과 군사정권 문제를 풍자와 저항의 태도로 다룬 것과 크게 다릅니다. 대상이 다르니 형식도 달라집니다. 이런 변화와 차이를 함께 드러내며 김지하 담시의 전체상이 논의되길 기대합니다.

 3. 담시 형식에 대한 논의는 80년대 초반부터 자못 활발하게 진행되었습니다. 염무웅은 담시를 판소리를 계승한 서사시라고 했고(1982), 임진택은 담시를 판소리 형식을 빌어 시도한 일련의 장시(長詩)를 일컫는 용어라고 하면서, 「오적」과 「소리내력」은 판소리적 양식을 압축한 단형 판소리라고 했습니다(1983).

 90년대 담시전집을 펴낸 솔본의 편집진은 담시를 '판소리투의 장시'라고 하는 한편 "담시는 극적인 요소와 그 밖의 많은 현대적 장르 요소들을 수용함으로써 결국 소리를 중심으로 하는-김지하의 표현을 약간 변용한다면-화엄적 장르"이고 "이야기와 시, 극과 노래,

서정과 서사가 자유로이 혼융하는 장르라는 점에서 담시는 탁월한 열린 장르"라고 했습니다(1993). 기왕의 장르 개념에 얽매이지 않는 장르임을 강조한 것입니다. 학계에서는, 담시는 판소리와 다르고 일반적인 장편 서사시와도 다른, 독자적인 시양식으로 보는 논의가 개진되었습니다. 정끝별은 "극적 서사성이 있는 산문적 율문으로 이루어져 있으며, 판소리의 어법과 형상화 방법을 차용하고, 구체적인 현실반영적 요소 및 정치적 풍자성을 지닌" 새로운 시양식으로 보았습니다(『패러디 시학』, 1997).

선생님은 담시의 문학적 장르를, 장르류는 서사시이고 장르종은 단형 창작판소리라고(2장 장르 복합성과 단형 창작 판소리), 다소 규범적으로 장르론을 제기했습니다. 담시 장르가 서사시류에 속하는 단형 판소리가 되려면, 단형 판소리가 서사시, 더 나아가 시장르에 속한다는 전제가 필요합니다. 열린 장르로서의 담시를 제한된 틀로 보게 되는 건 아닐는지요.

담시를 단형 판소리로 규정하는 것은, 담시를 통해 경험케 되는 다양한 표현 자질과 전통연희적 요소를 판소리적 요소로만 환원하거나 고정하게 될 수 있습니다. 몇몇 담시에서 판소리의 어법과 형상화 방법이 지배적으로 활용되었지만, 모든 담시가 그런 것은 아닙니다. 70년대 담시가 단형 판소리답다고 할 수 있겠는데, 이때도 단형 판소리 장르라고 규정하며 제한할 필요는 없겠습니다.

70년대 초반 김지하 시인은 다양한 전통연희에 두루 개방된 채 이야기 구조를 새롭게 형상화하는 실천을 감행했습니다. 최초의 담시 「오적」을 발표할 무렵 민요·판소리·탈춤 등을 새로운 풍자시의 보고로 내세우는 시론(「풍자냐 자살이냐」, 1970)을 발표했고, 이어 전통연희를 재창조한 공연 대본을 여럿 썼습니다. 그래서인지 이 시기 동시다발적으로 창작된 담시와 풍자시론과 공연 대본에는 판소리적 자질뿐 아니라 다양한 전통연희적 자질들이 활달하게 활용되었습니다. 마당극 형식으로 공연된 「진오귀」(1973)에서 빈농인 해설자는 판소리 창자를 연상시키고, 남사당 덧뵈기 먹중마당을 활용한 공연인 「소리굿 아구」(1974)의 소재(일본 기생관광)와 표현은 「똥바다」의 소재 및 표현과 상당 부분 상통합니다. 「앵적가」의 앵군 대 꺽쇠의 대거리는 탈춤에 나오는 양반 대 말뚝이의 대거리와 유사합니다. 김지하 시인은 이야기 내용과 전달 상황에 조응하는, 이야기 형식을 탐구하고 실천했습니다. 그 흐름을 오롯이 드러내는 만만찮은 과제가 우리에게 주어져 있습니다.

토론문에 대한 답변

홍용희

백현미 선생님께서 발표문을 상세하게 검토하고 중요한 문제 제기를 해주셔서 감사합니다.

세 가지 질문 내용에 대해 순차적으로 답변을 드리도록 하겠습니다. 먼저, '담시'의 장르 개념과 관련된 문제 제기를 해주었습니다. 1970년대 발표 작품을 모은 『오적』(김지하 담시모음집, 동광, 1985)에 실린 「쵝루탄가」와 「아주까리 신풍」이 이후 출판된 담시 모음집에 빠진 것, 「이 가문 날에 비구름」이 『말뚝이 이빨은 팔만 사천 개』(동광, 1991)에는 실리지 않았고 『오적』(김지하 담시전집, 솔, 1993)에는 실린 것으로 보아서 담시 장르에 대한 개념과 포괄 범위의 변화를 읽을 수 있지 않은가? 하는 질의입니다.

「쵝루탄가」와 「아주까리 신풍」을 1985년 김지하 담시 모음집에 넣은 것은 '담시'와의 연속성 속에서 포함시킨 것이 아니라, 출판사에서 독자적인 화소, 장면의 극대화, 장황한 수사, 사설의 부연 등으로 전개되어, 장형이 길이를 특징으로 하는 '담시'를 보는 신심에, 독자들의 접근성을 용이하게 하기 위한 편집상의 극적인 장치로 이해하는 것이 옳습니다. 이들 작품은 풍자성이 강한 매우 짧은 단시입니다. 「쵝루탄가」는 동학농민운동에서 유래한 전래 동요 "새야 새야 파랑새야~"를 차용한 양식으로, 1960년대 학생시위 때 단골로 불리었던 4줄짜리 2연으로 이루어진 선동가요입니다. 「아주까리 신풍」 역시 일본 군국주의 부활을 외치다가 자살한 소설가 미시마 유끼오를 풍자한 15행 단시입니다. 이들 시편들은 당시 운동가요, 응원가 등으로 유명했기 때문에 담시 전집의 접근성을 높이기 위해 한 페이지를 활용해서 삽화와 함께 실었던 것으로 이해됩니다. 「오적」 등이 지닌 '담시'와의 장르적 동질성은 전혀 찾아볼 수 없는 일반 단시형의 작품입니다.

그리고 「비어」가 「소리내력」, 「고관」, 「육혈포 숭배」를 포함하는데, 이들 세 작품이 독립적인 작품으로 볼 수는 없는가? 하는 질문이 있었습니다. 여기에서 「비어」란 유언비어(流言蜚語)의 '비어(蜚語)'를 가리킵니다. 그리고 이러한 '비어'에 해당하는 서로 다른 화소를 연작 형태로 나열한 것이 이들 세 작품인 것이지요. 그래서 이들 세 작품은 '비어'라는 공통적인 속성을 지니면서 동시에 각각의 개별적 독립성을 지닌다고 할 것입니다.

두 번째 질의에 대해 답변을 드리겠습니다. '담시'를 판소리로 규정하기 어려운 논거로 행과 연갈이를 의식하여 써진 점, 가창법 명시가 없는 점 등을 들고 있습니다. 그러나 이것이 '담시'를 판소리로 보지 못할 이유가 되기는 어렵습니다. 행과 연갈이는 판소리의 율문적 문장을 만드는 데 도움이 되는 형식이고, 악보가 없는 것은 구두전승예술에 속하는 판소리의 특성에 해당하기 때문입니다. 판소리는 정악의 '계속성'과 달리 작창자에 따라 새롭게 노래되는 '변이'의 특이성을 지니어 왔습니다. '담시'를 소리꾼 임진택이 자신의 방식으로 엮고 짜서 작창한 것은 '담시'의 판소리적 특성을 방증하는 것이지요.

또한 「진오귀」(1973), 「소리굿 아구」(1974)와 판소리의 공통점을 들고 '담시'를 판소리로 규명한 것의 한계를 지적하고 있습니다. 그러나 이들 작품은 마당극에 해당하는데 마당극은 판소리에서 파생된 장르입니다. 그래서 판소리의 특성과 연관되는 사설 등의 요소들이 있습니다. 그러나 이것이 '담시'를 창작 판소리로 규명하지 못하는 논거일 수는 없는 것이지요.

앞으로도 이와 같이 '담시' 장르에 대한 다양한 논의가 개진되면서 새롭게 재확인하고 부연해 나가는 것은 바람직하다고 생각됩니다.

세 번째로는 『결정본 김지하시 전집』, 솔, 1993에 실린 「김흔들 이야기」와 「고무장화」의 창작 시기가 밝혀지고 있지 않은데 언제로 유추되는가? 하는 질문입니다. 이들 작품은 김지하 시인의 문학 세계 전반의 변화에 상응합니다. 김지하 문학 세계는 1980년대 중반을 마디절로 불온한 세력에 대한 직접적인 응전과 대결 구도에서 불온한 세력까지 순치시켜 포괄하는 살림의 문화, 생명의 문명론으로 나아가는 특성을 보입니다. '담시'에서는 이러한 변이에 상응하여 지배층에 대한 저항적인 풍자에서 생명의 이치를 터득하고 이를 바탕으로 살림의 문화를 실천해나가는 주체로서의 민중성과 그 민중의 해학성이 두드러지는 양상을 보입니다.

그러나 언제 완성되었는가? 하는 시기를 특징하는 것에 답변을 하라면 저는 1993년이라고 말하는 것이 가장 정확하다고 생각됩니다. 작품의 완성은 출간되는 순간까지 수정 보완하는 것이 통상적이기 때문입니다.

또한 1980년대 창작된 3편의 '담시'와 대설 『南』과의 창작 시기가 중첩되는 것이 지니는 시사점에 대한 의견을 물으셨습니다. '대설'

은 '담시'가 단형 판소리인데 비해, 큰 이야기, 즉 장형 판소리의 장르에 해당합니다. 이렇게 보면 '대설' 창작과 '담시' 창작은 기본적으로 판소리 창작이란 점에서 연속성을 지닙니다. 다만 전통 판소리에 상응하는 좀 더 본격적인 판소리를 창작하고자 했던 것인데, 아쉽게도 완성에 이르지는 못했던 것이지요.

제대로 된 답변이 되었는지 모르겠습니다. 발표문 전반에 대한 백현미 선생님의 중요한 문제 제기에 거듭 감사의 말씀을 드립니다.

4주제

김지하의 민중문화예술운동

발제 | 정지창
토론 | 김봉준

김지하의 민중문화예술운동

정지창 | 평론가, 전 영남대학교 교수

1. 민중문화예술운동의 발원지 김지하

1974년 7월 13일, 김지하는 민청학련 사건의 주모자로 군법회의 1심재판에서 이철, 유인태, 여정남, 김병곤, 나병식, 이현배 등과 함께 사형선고를 받았다. 그 직후 김지하는 검찰의 심문을 받으러 호송차에 실려 가면서 후배 임진택과 이런 대화를 나눈다.

> "진택아, 나는 죽는다. 너에게 부탁이 있는데, 들어줄래?"
> "네."
> "내가 꼭 하고 싶은 일이 있었는데, 네가 그 일을 해줬으면 한다."
> "어떤 일인가요?"
> "문화운동이다."
> 전혀 예기치 못한 단어였으므로 나는 잠시 말문을 잃었다. 그랬더니 잠시 생각하던 지하 형이 다시 한번 가래 끓는 목소리로 나직이 묻는다.
> "진택아, 네가 해줄래? 문화운동이야. 문화운동밖에 길이 없어."
> "네, 알겠습니다."
> 「임진택의 탈춤과 마당극 4」, 『프레시안』, 2022. 2. 28.

김지하는 생전에 여러 분야에서 특출한 재능을 발휘한 재주꾼이었다. 시인, 극작가, 평론가, 미학자, 문인화가, 사상가, 그리고 무엇보다도 박정희의 유신독재에 온몸을 부딪쳐 정치투쟁을 벌이다가 투옥된 민주투사. 그런 김지하가 생전에 "꼭 하고 싶었던 일"은 바로 문화운동이었다. 왜 문화운동이었을까? 군사정권의 총칼에 맞서 싸우기 위해서는 "문화운동밖에 길이 없"다고 믿었기 때문이다. 그래서 죽음을 앞두고 유언처럼 후배 임진택에게 문화운동을 계속해달라고 간절하게 부탁했을 것이다.

그가 추구한 문화운동은 바로 민중이 주체가 되는 민족예술운동이었다. 물론 그가 이런 문화운동에 뛰어들기까지는 상당 기간의 방황과 모색이 있었다. 4.19 이후 대학가에서 민족문화에 대한 관심이 고조되는 가운데 조동일 등의 선구적 활동에 자극받은 김지하는 그 이전의 서구 모더니즘 예술에 대한 일방적 경도(傾倒)와 심취에서 벗어나 우리 전통예술의 소중함을 깨닫게 된다.

> 나는 4.19와 5.16 이후 (…) 민족주의와 민족문화 열풍, 민족주체적인 세계관과 민중주체의 역사의식을 조(동일)형을 통해 받아들였고 새로이 불붙기 시작한 탈춤·판소리·민요·무가와 민화·민예 등의 내용과 형식에 대한 연구 및 그 방향성을 공유하며 '우리문화연구회' 운동에 곁에서 참가하였다.
> 『흰 그늘의 길 1』, 422쪽

대략 1960년대 중후반에 이루어진 이런 전환이 민중문화예술운동가로서의 김지하를 만들어내어 마침내 1970년대에 그 결실이 다방면으로 펼쳐진다. 김지하가 민중의 삶과 민중문화에 대한 투신을 결행할 때의 심경은 첫시집 『황토』(1970)에 실린 시 「결별」에서 엿볼 수 있다.

> 잘있거라 잘있거라
> 은빛 반짝이는 낮은 구릉을 따라
> 움직이는 숲그늘 춤추는 꽃들을 따라
> 멀어져가는 도시여
> 피투성이 내 청춘을 묻고 온 도시
> 잘있거라
> …(중략)…
> 하루도 술없이는 잠들 수 없었고
> 하루도 싸움없이는 살 수 없었다
> 삶은 수치였다 모멸이었다 죽을 수도 없었다
> 남김없이 불사르고 떠나갈 대륙마저 없었다
> …(중략)…
> 고개를 숙여
> 내 초라한 그림자에 이별을 고하고
> 눈을 들어 이제는 차라리 낯선 곳
> 마을과 숲과 시뻘건 대지를 눈물로 입맞춘다
> 온몸을 내던져 싸워야할 대지의 내일의
> 저 벌거벗은 고통들을 끌어안는다
> 미친 반역의 가슴 가득가득히 안겨오는 고향이여
> 짙은, 짙은 흙냄새여, 가슴 가득히
> 사랑하는 사람들, 아아 가장 척박한 땅에
> 가장 의연히 버티어 선 사람들

이제 그들 앞에 무릎을 꿇고
다시금 피투성이 쓰러진 긴 세월을
굳게 굳게 껴안으리라 잘있거라
키 큰 미류나무 달리는 외줄기
눈부신 황톳길 따라 움직이는 숲그늘 따라
멀어져가는 도시여
잘있거라 잘있거라.

그가 도시에 묻고 온 것은 피투성이 청춘만은 아니다. 그는 도시적 삶뿐만 아니라 도시적 감수성과도 결별한다. 띄어쓰기를 무시하고 호흡과 장단에 따라 꿈틀거리는 시행들은 그가 발견한 민중적 삶의 생동하는 맥박이다.

그러나 그는 아직도 육신의 병과 마음의 감옥, 김지하식 용어를 빌면 '이중구속'으로부터 풀려나지 못하고 몸부림친다. 「결별」만 해도 전반부의 도시에서의 고통스러운 삶의 토로가 더 절실하고, 후반부의 대지와 민중의 삶에 대한 투신은 "굳게굳게 껴안으리라"에서 보듯 선언적 다짐에 치우쳐 있다.

1963년에 쓴 것으로 보이는 「결별」은 1970년대 초에 발표된 김민기의 민중가요 '신작로'처럼 도시적 삶과 결별하고 민중의 대지로 발길을 내딛는 청년의 모습을 그리고 있으나 분위기는 사뭇 다르다. 김지하의 「결별」은 여전히 어둡고 침울한 '그늘'을 벗어나지 못하지만, 김민기의 노래는 밝고 생기에 넘친 대지와 자연과 민중의 삶을 묘사하고 있다. 가령 이 노래의 5절을 보자: "동산에 무지개 떴다. 고운 노을 물들고 하늘가 저 멀리에 초저녁별 빛나네. 집집마다 흰 연기 자욱하게 덮히니 밥냄새 구수하고 아이들을 부르는 엄마 소리. (후렴) 가자 천리길 굽이굽이쳐 가자. 흙먼지 모두 마시면서 내 땅에 내가 간다." (김지하의 회고록인 『흰 그늘의 길 2』에 1972년 원주로 돌아갈 때의 심경을 노래한 시로 「결별」을 소개하고 있으나, 여러 정황으로 보아 이 시는 1963년 김현의 초청으로 목포에 내려갔다가 내친김에 땅끝을 찾았을 때 쓴 것으로 보인다.)

  그는 쫓기고 쫓겨 혼돈과 절망과 고통의 막다른 곳, 땅끝에서 "카오스의 핵인 애린의 여성성 안에 코스모스의 새 이동선·질주선" (「깊이 잠든 이끼의 샘」, 『꽃과 그늘』, 197쪽)이 합치하는 이른바 '오메가 포인트'에 도달한다. 그리고 이 '땅끝'으로부터 그의 시는 "비로소 자기 발견, 제 뿌리와 줏대, 이미지의 고향, 언어의 집, 그리고 참된 삶이 생성하는 시간의 불꽃들이 쌓인 옛 곳간을 찾아"(같은 곳)냈고, 김지하의 용어로 '흰 그늘'의 이미지, '원생명의 반역'을 통해 그의 시다운 시의 출발점이 마련된 것이었다. 이제 풋내기 시인 김지하는 참다운 시인 즉 민중시인으로 새로 태어난다. "고향에 참으로 돌아갔으니 비로소 민족으로, 민중으로, 내 가족으로, 내 자신으로 돌아갔고, 그리하여 인간으로, 생명으로 돌아갔다"(같은 책, 196쪽)고 그는 고백한다.

  이로부터 김지하의 문학과 삶은 새로운 단계로 접어든다. 「황톳길」과 「오적」과 「진오귀굿」과 생명사상은 바로 여기서 비롯된 것이다. 삶과 텍스트의 일치를 추구한 서정시와 독창적인 민족형식으로서의 담시와 마당극, 생명사상을 바탕으로 한 민중문화의 새로운 세계가 열렸으니, 대략 1970년을 기점으로 민중광대 김지하가 전방위적으로 펼친 굿판은 이후 민중문학은 물론이고 민중문화운동의 질풍노도시대를 이끈 추동력이 되었다. 김지하의 영향력은 문학에만 국한되지 않고 연극(채희완, 임진택을 중심으로 한 마당극·마당굿 운동)과 미술(오윤 등의 민중판화), 음악(김민기와 이종구의 민중가요와 노래극), 춤(이애주의 현장 춤), 영화(하길종과 장선우의 영화), 가톨릭농민회와 한살림운동 등 여러 방면으로 확산된다.

　김지하가 민족민중예술운동의 발원지가 된 것은 그가 단순히 전통문화의 가치를 발견하고 이를 복원하거나 보존하는 데 그치지 않고 그것을 바탕으로 당대의 현실을 반영하고 비판하고 풍자하는 재창조의 길을 열었기 때문이다. 그는 1970년대의 대부분을 감옥에 갇혀 있었으나 그가 뿌린 민중문화운동의 씨앗은 후배인 황석영·채희완·임진택·김민기·김석만·이애주·오윤 등 이른바 문화운동 1세대에 의해 싹을 틔우고 꽃을 피웠다. 그러다가 1980년 광주민중항쟁을 계기로 민중문화운동은 전국으로 들불처럼 퍼져나가 기존의 문화적 개념과 관행은 물론이고 표현매체의 일대 혁신을 가져왔다. 가령 풍물과 창작탈춤, 마당극(굿), 기존 노래의 가사를 바꾸어 부르는 '노가바', 민중가요와 노래극, 걸개그림, 벽화, 만화, 대자보, 생활한복, 판화달력 같은 새로운 표현 수단들이 쏟아져 나왔으니 민중문화의 백화제방이라 할 만하다.

　감옥에서 생명사상에 눈을 뜬 김지하는 1980년 출옥 이후 민중문화예술운동 조직에 직접 참여하지는 않고 민족의 재통일과 서구식 근대를 넘어선 새로운 개벽세상을 꿈꾸며 한살림운동과 요더운동 같은 생명운동을 선도했다. 겉으로 보기에는 초기에 꿈꾸었던 문화운동과는 차원과 방법이 달라진 것처럼 보이지만, 그 속내를 살펴보면, 그는 평생 민중이 주인되는 "새 하늘 새 땅"을 꿈꾸며 원대한 문화예술운동을 일관되게 추구했다고 볼 수 있다.

2. 민족민중문학운동

「황톳길」을 비롯한 서정시와 「오적」, 「비어(蜚語)」 등 담시와 대설(大說) 『남(南)』은 장르의 차이에도 불구하고 모두 민중적 정서를 바탕으로 판소리와 탈춤, 가사, 민요 등 민족전통의 형식들을 원용하고 있다는 공통점을 지닌다. 또한 이 작품들은 대체로 구어체이면서도 독자나 관객을 향해 말을 건네거나 주고받는 '이야기체'로 되어 있다는 것이 특징이다. 형식면에서는 생동하는 리듬이나 호흡을 타고 있는데, 판소리나 탈춤의 형식을 빈 담시와 마당굿은 물론이고 서정시에서도 이같은 생동하는 호흡은 쉽게 확인된다. "내용이 아니다. 정신보다 더 깊은 영(靈)의 가난은 내용이 아니라 형식에서, 형식보다 더 깊은 장단, 호흡에서 기어나온다"(「깊이 잠든 이끼의 샘」, 시선집 『꽃과 그늘』 후기, 187쪽).

가령 초기작인 「황톳길」의 첫머리를 보자.

  황톳길에 선연한
  핏자욱 핏자욱 따라
  나는 간다 애비야
  네가 죽었고
  지금은 검고 해만 타는 곳
  두 손엔 철삿줄
  뜨거운 해가

땀과 눈물과 모밀밭을 태우는
총부리 칼날 아래 더위 속으로
나는 간다 애비야
네가 죽은 곳
부줏머리 갯가에 숭어가 뛸 때
가마니 속에서 네가 죽은 곳
「황톳길」 부분

 여기서 "나는 간다 애비야"라는 직접화법은 "나는 간다"라는 서술형과는 생판 다른 직접적인 호소력과 생동감을 가지고 독자에게 다가온다. '나'라는 시적 화자는 넋두리나 독백을 하는 것이 아니라 '너'라는 '애비'에게, '가마니 속에서 죽은 애비'에게 직접 말을 건넨다. 독자는 여기서 폭염의 한낮에 시뻘건 황톳길을 따라 철삿줄에 묶여가는 '나'가 죽어 가마니에 덮여 있는 '애비'에게 던지는 마지막 하직 인사를 듣는 듯한 느낌을 받는다. 이 순간 독자는 마당판의 관객이 되어버린다. 그리고 이러한 직접적인 호소력은 "나는 간다 애비야/ 네가 죽은 곳"이라는 구절을 반복함으로써 증폭된다. 시적 화자는 신내림을 받은 무당처럼 철삿줄에 묶여가는 죄수와 일체가 되어 그의 입을 빌어, 과거에 무슨 일로 억울하게 즉결 처형되어 가마니에 덮여 있는 '애비'에게 작별을 고한다. 여기서 보듯, 관객의 반응을 계산하고 긴장감을 고조시켜 자신의 호흡에 일치시키는 솜씨는 바로 노련한 광대의 그것과 다를 바 없다.

 이러한 생명의 호흡과 직접화법은 「타는 목마름으로」, 「푸른 옷」, 「서울길」 같은 서정시에서도 살아 있지만, 「형님」, 「푸른 하늘 흰 구름을」 같은 타령조의 시에서는 육자배기 가락에 실린 민중적 정서와 그늘진 신명으로 상승된다.

> 희고 고운 실빗살
> 청포잎에 보실거릴 땐 오시구려
> 마누라 몰래 한바탕
> 비받이 양푼갓에 한바탕 벌려 놓고
> 도도리장단 좋아 헛맹세랑 우라질 것
> 보릿대춤이나 춥시다요
> 시름 지친 잔주름살 환히 펴고요 형님
> 있는 놈만 논답디까
> 사람은 매한가지
> 도동동당동
> 우라질 것 놉시다요
> 지지리도 못생긴 가난뱅이 끼리끼리
>
> 「형님」 전문

　여기서도 단어의 의미보다 장단과 호흡을 따르는 김지하 문학의 특징이 여실히 드러난다. 후일 김지하가 자신의 담시의 특징으로 지목한 요소들, 즉 생명의 리듬, "행간에서 솟아나는 신명의 문법," "언어 밑에 흐르는 신명의 분류(奔流)", "단어가 퉁겨내는 광활한 여백". 민요적 표현과 어법을 활용한 이야기체와 노래체 등이 이미 초기 서정시에서도 그 싹을 드러내고 있다.

　문학청년 시절 모더니즘의 세례를 받고 쉬르(초현실주의) 풍의 시를 써서 시화전을 열기도 했던 김지하는 여기서 보듯, 민요의 현대화와 활용에 공을 들인 흔적이 뚜렷하다. 그는 대학 시절 "낡아빠진 민요 따위가 어떻게 현대시가 될 수 있느냐"는 태도를 고수한 김수영의 모더니즘 문학보다는 신동엽의 민족문학을 선호했고, 민족의 비전을 공업화로 본 김수영과는 달리 농업사회주의에 기반한 새로운 개벽 세상을 꿈꾸었다(『흰 그늘의 길 1』, 429쪽과 평론「풍자냐 자살이냐」,「민족의 노래 민중의 노래」, 김지하·홍용희『김지하 마지막 대담』, 48쪽 참조).

요컨대 김지하의 문학은 그 내용과 형식 양면에서 기존의 관행과 문법을 넘어선 파격적이고 혁명적인 요소들을 과감하게 표출함으로써 독자들에게 충격을 주고, 당혹감과 공포심을 자아냈다. 첫 시집 『황토』와 담시「오적」은 시인의 내면적 감성의 토로가 아니라 독자와 관객에게 직접화법으로 던지는 '구라'였다. 이처럼 그는 삶과 텍스트의 일치를 추구하며 '시인의 비애'를 '민중의 비애'로 전환시켰다. 황석영, 김남주, 박노해, 백무산으로 이어지는 민중문학의 도도한 흐름은 김지하에서 발원한다. 또한 "모더니즘의 갑갑한 우리"를 벗어나 "민요 및 민예 속에 난파선의 보물처럼 쌓여 있는 저 풍성한 형식가치들, 특히 해학과 풍자언어의 계승"(「풍자냐 자살이냐」, 『김지하 전집 3』, 41쪽)에서 이룩한 김지하의 성취는 높이 평가되어 마땅하다.

1970년대초에는 계간 『창작과비평』(1966년 창간)을 중심으로 민중 주체의 민족문학이긴 명제에 암깅적으로 동조하는 일련의 진보적 작가들이 인적 연결망(네트워크)을 형성하게 된다. 이런 느슨한 연결망이 일정한 조직을 갖추고 집단적 운동에 나서게 된 것은 김지하의「오적」필화사건과 투옥에 자극을 받아 1974년 11월 18일 자유실천문인협의회(자실)가 결성되면서부터였다. 그 이전에 이른바 '문인간첩단사건' 같은 필화사건과 개헌청원운동에 대한 문인들의 참여가 있었지만, '자실' 탄생의 직접적인 계기가 된 것은 김지하의 구속이었다. 광화문 비각 앞에서 고은 등 문인 101명이 서명하여 발표한 선언문은 김지하를 비롯한 긴급조치 구속 인사를 석방하고 언론·출판·집회·결사·사상의 자유를 보장하라고 요구했다. 이후 '자실'은 '김지하 석방을 촉구하는 문학의 밤' 등을 통해 꾸준히 구속 문인의 석방과 표현의 자유를 외쳤고, 1980년대에는 기관지 『실천문학』과 '민족문학교실' 등을 통해 다수의 대중과 접촉하면서 민중 주체의 민족문학을 전파하는 데 앞장섰다.

그렇지만 김지하로 인해 탄생한 '자실'의 후신인 민족문학작가회의가 1991년 '죽음의 굿판을 집어치워라' 파동을 계기로 김지하를 제명하는 등 불화를 겪은 것은 역사의 아이러니라 할 것이다.

3. 담시와 창작판소리

김지하가 민중문화예술운동에서 거둔 가장 두드러진 업적은 모더니즘의 한계를 극복하고 민요와 판소리 등 전통연희로부터 풍자와 해학의 언어를 발굴하여 창작판소리의 원형인 담시를 창안했다는 점이다. 이른바 민족형식의 탐구에서 그는 누구보다 빛나는 성과를 거두었다.

「오적」(1970)을 비롯한 일련의 담시들은 통렬한 풍자로 유신시대의 폭압에 저항하는 행동하는 양심의 한 전형으로 김지하를 독자들에게 각인시켰다. 뒤이어 발표한 「앵적가(櫻賊歌)」(1971)와 「비어(蜚語)」(1972), 「오행(五行)」(1973), 「똥바다」(1974)는 전통판소리를 현대화하여 풍자문학의 새로운 지평을 열었다. 대부분의 독자들은

1970년대에 발표된 이런 담시들을 바탕으로 한 임진택의 창작판소리 「오적」과 「소리내력」, 「똥바다」를 통해 김지하의 담시를 기억한다. 담시 「비어」는 「소리내력」과 「고관(尻觀)」, 「육혈포숭배」의 3편으로 구성되어 있는데 임진택은 이 가운데 첫째 대목인 「소리내력」을 판소리로 만들어 1974년 이후 180여회에 걸쳐 국내외에서 공연했다. 풍자와 현실비판이라는 두 요소가 김지하 담시의 속성으로 이해되는 것은 이 때문이다.

그러나 김지하는 1980년대에 풍자와 현실비판을 넘어서는 담시의 새로운 경지를 개척한다. 원주시절(1980~1985)에 창작한 것으로 보이는 「김흔들 이야기」와 해남시절(1985~1988)에 창작한 것으로 보이는 「고무장화」와 「이 가문 날에 비구름」(1988)은 종래의 담시들과는 다른 면모를 보여준다. 「김흔들 이야기」는 원주 지역의 명물인 김흔들이라는 무식쟁이 땜장이가 남북간의 이데올로기 대립과 6.25 전쟁의 민족상잔을 겪으며 민중적 지혜와 생명력으로 통일이 살길임을 깨닫는 과정을 담아냈다. 「고무장화」도 목포지역의 농투산이 '장화삼춘'의 행적을 통해 해방 이후의 혼란과 전쟁의 참혹상을 민중적 해학으로 뛰어넘는다. 여기서는 1970년대의 담시에서 나타나는 날카로운 풍자와 비판 대신 푸근한 해학과 유쾌한 미소가 주조를 이룬다.

「이 가문 날에 비구름」은 동학의 창시자 "수운 최제우 선생의 삶과 죽음을 한 호흡에 단필로 내리친"(김지하 담시 전집 『五賊』에 수록된 「이 가문 날에 비구름」 서문) 서사적 담시이다. 풍자와 해학에 머물지 않고 사상적 깊이와 성찰, 서사적 묘사와 비극적 상승을 담고 있는, 김지하 담시의 새로운 면모를 엿볼 수 있는 작품이다.

"판소리는 생명의 문학이다. 나의 담시(譚詩), 그러니까 단형(單形)

판소리 역시 생명의 문법을 모토로 한다. 가락이 장단을 타거나 빠져나가는 중에 행간에 솟아나는 신명의 문법을 잘 살펴주기 바란다. 언어 밑에 흐르는 신명의 분류(奔流) 없이, 단어가 퉁겨내는 광활한 여백의 울림 없이 시, 특히 생명의 시는 없다. 의미만 가지고 시를 따지는 관행은 이제쯤은 극복되어야 할 것이다."(김지하 담시전집 『五賊』, 自序 생명문학의 산알, 솔, 1993) 담시는 '생명의 문법', 또는 '신명의 문법'을 바탕으로 하는데, 그것은 단어의 의미와 함께 가락과 장단, 여백이 어우러지는 아른바 '화엄적 장르' 임을 강조한 것이다.

김지하의 담시는 일정한 정형시형을 가진 서구적 발라드나 이야기시와는 달리 한국의 전통적 '소리' 개념이 결합하면서 판소리의 아니리와 창처럼 음조와 장단이 달라지는 것이 그 특징이다. 가령 도입부의 서사적 기술(記述)은 아니리와 중머리로, 급박한 상황이나 빠른 진행은 자진모리, 휘몰이로, 풍자나 조소는 엇머리로, 이야기의 결말은 엇중머리로 장단과 호흡이 달라지는 것이다. 임진택의 「똥바다」는 김지하 담시의 이러한 특징을 잘 보여준다. 「똥바다」에는 판소리 장단 이외에도 일본의 노〔能〕와 군가조, 낭송조, 창조(唱調) 등이 다양하게 사용되고 있다. 가령 삼촌대(三村待)가 현해탄을 건너오는 대목은 노〔能〕로, 친선 방문단은 군가조로, 똥바다의 처절한 장면은 창조와 진양조로 분위기를 고조시킨다. 김지하가 자신의 담시를 '작은 판소리'라 부르는 것은 담시가 처음부터 서양의 발라드보다는 판소리를 염두에 두고 써졌다는 것을 말해준다.

임진택의 작창(作唱)과 공연으로 선풍적 인기를 얻은 창작판소리 「오적」과 「소리내력」, 「똥바다」(1985년 초연)는 김지하의 이름을 국내외에 널리 알렸다. 그러나 그가 감옥에서 나와 1980년대에 쓴 대설(大說) 『남(南)』은 이른바 '큰 판소리'를 목표로 하였으나 '큰 소리'는 되지 못하였다. 그 이유는 새로운 화엄적 민중형식의 창조라는 작가의 야심찬 기획에도 불구하고 민중들의 구체적인 삶을 형상화하기보다 단순한 형식상의 모델로 삼음으로써 "민중 없는 민중형식, 또는 민중이 쉽게 접근하기 힘든 민중형식"으로 귀착되었기 때문이라고 염무웅은 지적한 바 있다(염무웅, 「서정시·담시·대설—김지하 시의 형식 문제」, 『모래 위의 시간』, 369-372쪽 참조). 오히려 '큰 판소리'의 창작 도중에 잠시 짬을 내어 쓴 '작은 판소리'들(「김흔들 이야기」와 「고무장화」)이 '큰 소리'의 가능성을 보여주었다는 것은 의미심장하다. 민중의 구체적 삶에 기반한 '작은 판소리'가 모이고 쌓여 저절로 '큰 소리'가 될 수도 있었을 터이지만, 지그시 참고 기다리며 삭히기에는 광대의 신명이 너무도 뜨겁게 용암처럼 분출했으니 안타까운 일이다.

그러나 김지하의 담시는 창작판소리의 물꼬를 터주어, 임진택을 비롯한 숱한 '새끼 광대'들의 후속 작품들이 태어나는 결정적인 계기가 되었다.

4. 마당극과 민중연극운동

마당극(마당굿)이라는 새로운 민중연극은 1964년 서울대 문리대 교정에서 공연된 조동일의 「원귀(冤鬼) 마당쇠」에서 시작된다. 서양식 무대극의 형식과 기법을 지양하고 우리 전통의 마당판에서 공연되는 탈춤 같은 전통연희의 양식을 채택한 이 작품에 뒤이어 「호질(虎叱)」(김지하 각색, 연출)과 「야, 이놈 놀부야」(조동일 작) 등의 마당극이 이른바 6.3 사태 속에서 탄생했으니, 이것이 민족민중문화운동의 원조인 셈이다. 이에 대한 김지하의 말을 들어보자.

> 반독재 민주화운동의 전 시기에 언더그라운드를 휩쓸었던 민족문화운동의 전위는 문학과 함께했지만 그보다는 마당극, 마당굿, 풍물과 놀이운동이 오히려 더 첨예했다. 노래도 미술도 무용도 영화도 다 앞서거니 뒤서거니 함께였지만 그 종합성·대중성·영향력과 현장성 등에서 연희예술 쪽이 가장 진취적이었다.
> 『흰그늘의 길 2』, 103쪽

1971년 서울대 탈춤반이 채희완의 주도로 창립되어 봉산탈춤을 공연한 이후 전국의 대학가에서 탈춤부흥운동이 불붙기 시작하여 탈춤반(민속극연구회)이 우후죽순처럼 나타났다. 이들은 처음에는 전통 탈춤을 전수하여 공연했으나 다음 단계에서는 탈춤의 형식에 시사적인 소재를 담아내는 창작탈춤으로 발전시켰다. 창작탈춤은 여기서 한 걸음 더 나아가 1970년대 중반에는 전통연희의 형식을 원용한 새로운 표현양식과 현실적인 문제들을 표현하는 마당극이나 마당굿으로 진화했다. 마당극(굿)은 언론·표현의 자유가 질식상태에 빠진 군사독재 시대에 제도권 언론매체가 보도하지 않는 진실을 전하는 소규모의 게릴라식 저항매체의 역할을 수행했다.

원주시절인 1971년 김지하는 소외된 민중을 외면하고 권력과 금권에 빌붙어 잇속을 차리는 기독교를 비판한 희곡 「금관의 예수」를 써서 전국을 순회 공연했다. 김민기가 작곡한 주제곡 '금관의 예수'는 민주화운동을 하는 학생들이 즐겨 부르는 애창곡이 되었다.

뒤이어 1973년 가톨릭 원주교구에서 농촌계몽을 위한 「진오귀굿」을 만들면서 '마당극'이라는 개념을 처음 도입했다. 무대와 객석이 분리된 서양의 무대극이 아니라 관객과 배우가 마당판에서 함께 아우러지는 연극이라는 의미로 마당극이라는 용어를 사용했는데, 그중 채희완이 안무한 '도깨비 마당'은 봉산탈춤의 먹중마당을 변용한 최초의 창작탈춤으로 기록된다. 이 작품은 원주에서는 공연되지 못하고 같은 해 12월 25일 박형규 목사의 도움을 받아 제일교회에서 임진택 기획·연출로 「청산별곡(靑山別哭)」이라는 이름으로 공연되었다.

창작탈춤에 이어 김민기의 제안으로 탈춤과 국악을 활용한 음악극 「소리굿 아구」가 공연된 것은 1974년 3월이었다. 검열을 피해 이종구의 개인 작품발표회의 2부로 국립극장에서 공연된 이 작품은 남사당 탈놀이의 먹중과장과 봉산탈춤 먹중과장을 원용하여 일본인 기생관광을 풍자했다. 이 작품의 극본과 노래는 김민기, 연주는 김영동, 작곡은 이종구, 배우는 임진택, 이애주, 채희완, 김석만 등이 맡았는데, 이들이 후일 문화운동 1세대로 불리게 된다.

탈반 출신의 채희완은 그후 「공장의 불빛」(음악: 김민기, 1978), 「청산디 벽계수야」(음악: 박봉멈, 1983)에 뒤이어 탈춤과 재담, 판소리 등을 활용한 「강쟁이 다리쟁이」(1984)를 잇달아 공연했고, 연극반 출신인 임진택은 김지하가 옥중에서 구상한 '장일담 설화'를 바탕으로 한 「녹두꽃」(1980)과 김지하의 생명사상을 바탕으로 한 「밥」(1985) 등 마당극을 연출했다.

김석만, 이상우, 오종우 등이 이끈 극단 연우무대는 「한줌의 흙」

(1979)과 황석영의 희곡을 바탕으로 한 「장산곶매」(1979), 「장사의 꿈」(임진택 연출, 1981), 「판놀이 아리랑고개」(1982), 「부러진 노를 저어 저어」(1983), 「한씨연내기」(1985), 「칠수와 만수」(1986) 등 무대극을 주로 공연했다.

 이런 민중연극의 흐름은 1988년 전국 각지의 마당극패와 민중극 극단들이 모여 민족극운동협의화(민극협)을 결성하고 매년 '민족극 한마당'을 개최함으로써 지속적인 연극운동으로 자리잡았다.

 김지하가 감옥에 갇혀 있는 동안 그의 후계자이자 대리인으로서 1970~80년대에 민중문화운동의 현장에서 후배들을 이끈 것은 작가 황석영이었다. 「객지」(1971), 「한씨연대기」(1972), 「삼포 가는 길」(1973), 「장사의 꿈」(1974) 등 그의 소설들은 1970년대의 민중문학을 선도했고, 그후 극단 '연우무대'에 의해 연극으로 각색되어 공연되었다. 그는 또한 이 시기에 「돼지꿈」, 「땅풀이」, 「장산곶매」, 「산국(山菊)」, 「항파두리 놀이」 등의 희곡을 써서 공연했는데, 「땅풀이」와 「항파두리 놀이」는 그가 제주에 머물면서 문무병 등 후배들과 '수눌음'(후에 '한라산'으로 발전)이라는 연희패를 조직하여 공연한 작품이다. 이에 앞서 광주와 해남에서도 현지의 연희패와 어울려 마당극을 활성화하는 데 산파 역할을 한 황석영은 1980년대에도 민중문화운동협의회(민문협)의 공동대표로 민중문화운동의 최전선을 지켰다. 1988년에는 한국민족예술인총연합(민예총)의 탄생에도 중요한 역할을 했고 김지하가 행동으로 옮기지 못한 통일운동을 이어받아 1989년에는 문익환 목사의 뒤를 이어 북한을 방문함으로써 최초의 '탈남작가'가 되었다.

5. 민중음악·노래운동

1970년대초 혜성처럼 등장한 김민기는 '아침 이슬'을 비롯한 민중가요를 발표하면서 젊은 세대의 열광적인 호응을 얻었고, 이 노래는 이후 민주화운동의 주제가로 널리 불리게 되었다. 그는 미술대학 선배인 김윤수, 김지하와 교류하면서 많은 가르침과 영향을 받았다. 최초의 한국적인 음악극인 「소리굿 아구」(1974)의 기획과 제작에 이어, 1978년에는 채희완, 임진택과 함께 노래극 「공장의 불빛」의 제작에 깊이 관여했다. 동일방직의 노조탄압 사례를 노래굿이라는 새로운 형식에 담아낸 이 작품은 마당극의 구성과 탈춤의 몸짓, 노래의 정서적 호소력을 유기적으로 결합시켰다. 카세트테이프로 제작되어 노동현장과 교회, 대학 등으로 배포된 이 작품은 노동자들의 의식화를 목적으로 만들어진 문화운동의 산물이었다.

김민기가 작곡하거나 편곡하고 가사를 바꿔 사용한 노래들은 그 양식의 다양성과 폭발적인 현장감과 민중정서를 파고드는 호소력으로 이후 노래운동과 노래극 양식에 결정적인 영향을 끼쳤다. 서정적이고 애잔한 발라드풍의 '공장의 불빛'과 '이 세상 어딘가에', 경쾌하고 가극적인 트위스트곡 '돈디갱'과 국악풍의 '두어라 사랑', 구전가요와 군대의 속요를 활용한 '야근'까지 김민기의 음악적 재능은 놀랄 만큼 대담하고 다양하게 펼쳐져 결국 현실의 모순을 날카롭게 고발하고 전복시키는 전투적 해방감으로 고양된다.

가령 자본가의 지시에 따라 무자비하게 여성 노동자들을 폭행하는 용역 깡패, 즉 구사대가 부르는 '돈타령'은 당시의 황금만능주의를 직설적으로 표현한다. 강렬한 트위스트 선율을 활용한 이 노래의 날카로운 세태 풍자는 지금도 현실성을 잃지 않고 있다.

>개같이 벌으랬다 돈만 벌어라
>더러운 돈 좋아하네 돈만 벌어라
>새 돈 헌 돈 따로 있나 돈만 벌어라
>아무거나 시키세요 돈만 벌어라
>인정 찾고, 양심 찾고
>개소리를 허덜 마라
>정승처럼 쓰면 됐지
>돈 벌어 돈만 벌어

이 작품은 이후 노래극과 민족음악운동에 결정적인 자극과 영향을 끼쳤다. 가령 문호근이 한국음악극연구소를 통해 발표한 「우리들의 사랑」과 「구로동 연가」 등은 「공장의 불빛」을 계승, 발전시킨 것이다.

김지하의 시를 노래로 만든 '타는 목마름으로' (이성은 작곡), '빈산' (이종구 작곡), '금관의 예수' (김민기 작곡)가 일반대중에 의해 널리 불리면서 음악에서도 민요와 민속악에 대한 관심이 고조되었다. 김영동과 이종구, 최태현은 국악가요의 새바람을 일으킨 대표적인 작곡가들이다.

6. 민중미술운동

1) '현실동인 제1선언'

　김지하는 1969년 10월 미술대 후배인 오윤, 임세택, 오경환 등이 결성한 '현실동인'의 창립선언문을 작성, 김윤수의 교열을 받아 완성했다. 그러나 당국의 강압으로 창립 전시회는 열리지 못하고 선언문만 남았다.

　본인의 전공인 미학과 미술사의 각종 학습내용들을 요약, 정리한 듯한 이 선언문에서 그는 예술은 현실의 반영이라는 전제하에 현실과 유리된 모든 예술을 배척하고 현실에서 출발하여 현실로 돌아가는 부단한 운동이 바로 예술의 역사라고 강조한다. 그는 특히 중국 회화의 모방과 아류에 머물고 있는 전통 동양화의 내용과 형식의 혁신을 현실주의 미술의 주요 과제로 제시한다. 전통회화에서 찾을 수 있는 전형성과 왜곡, 강조, 시공간적 동시축약, 병풍이나 행차도에서 보이는 연속성의 표현 등도 새롭게 활용할 수 있는 전통 기법으로 추천한다. 또한 단원(壇園)과 혜원(蕙園)의 실사(實寫) 전통과 겸재(謙齋) 일파의 진경산수(眞景山水) 전통을 이어받아 안견(安堅)류의 현실도피적 관념화나 시방 회화의 맹목적인 모방과 추종에서 벗어날 것을 요구한다. 요컨대 주체적으로 전통 회화의 긍정적 요소들을 이어받아 현실을 반영하고 비판하는 것이 미술의 과제라는 것이 이 선언문의 요지다.

　이같은 선언문의 내용은 실제 작품 창작과 전시로 실현되지 못하고 지하로 잠복했다가 그로부터 10년이 지난 1979년 '현실과 발언'

(현발) 동인의 결성과 전시로 꽃을 피웠다. 오윤, 최민, 김정헌, 임옥상 등 그의 후배들이 주축을 이룬 '현발' 동인의 현실참여적 창작과 발언은 이후 수많은 미술 동인과 유파들에 의해 계승, 진화되어 1980년대와 90년대의 도도한 민중미술운동시대를 열었다.

2) 민족민중미술운동과 생명의 미술운동

1990년 김지하는 '현발' 창립 10주년을 기념하는 전시회를 보고 민중미술운동에 관한 짤막한 소견을 밝혔다. 여기서 그는 '현실동인 제1선언'의 작성 배경을 설명하면서 새로운 민족민중미술운동은 기존 미술의 관행과 모순을 비판하는 데서 한 걸음 더 나아가 서구 중심적인 죽임의 문명을 대신할 새로운 문명의 창조를 전망해야 한다고 말한다. "민족민중미술운동은 현실 반영, 고발과 계급투쟁과 같은 소극적 차원을 넘어서서 민중적 삶 속에서 솟아나고 있는 새 삶의 요구에 새롭게 대답하는 적극적인 가치 창조운동으로 전화해야 한다"(「생명의 미술로!」, 『김지하 전집 3』, 130쪽)는 것이다. 구체적으로 그는 민족통일 운동이 없이는 남북공존과 민주화, 생존 문제가 성취될 수 없다고 밝히면서 새로운 생명의 문명을 위해서는 민족민중문화운동과 예술운동에서 '신명'의 미학적 탐구와 저항의 문화에서 생명의 문화로의 전환이 요구된다고 역설한다.

7. 민중예술과 민족형식

그가 남긴 시집과 담론들을 다시 읽으면서, 김지하는 저항과 생명이라는 두 개의 화두와 함께 민족이라는 화두를 평생 붙들고 씨름했다는 것을 새삼 확인하게 된다. 그의 창작은 언제나 민족예술과 민족형식이라는 두 가지 과제를 염두에 두고 전개되었고, 서정시와 담시, 희곡, 비평 같은 기존의 장르를 넘나들고 융합하면서 민요와 판소리, 탈춤, 가사 등의 전통 민중예술에서 발굴한 풍자와 해학의 기법을 원용하여 새로운 민족예술의 가능성을 모색해왔다. 그가 전통 민중예술과 연희에 주목한 것은, 민족예술이란 결국 민족의 대다수를 차지하고 있는 민중의 예술일 수밖에 없다는 확고한 믿음에 바탕을 둔 것이었다. 분단으로 한 민족이 두 나라로 갈라져 있는 현실에서는 민족을 하나로 묶어줄 예술, 즉 민족예술이 필요하고, 민족예술의 실질적인 내용과 형식은 민중의 현실과 필요를 반영하는 민중예술이어야 한다는 것이 그의 한결같은 믿음이었다.

20세기를 마감하는 1999년에 나온 김지하 시인의 서정시 선집 『꽃과 그늘』에 붙인 시인의 후기 「깊이 잠든 이끼의 샘」에서 민족담론에 대한 그의 생각을 읽을 수 있다. 그가 민족담론이 필요한 이유로 꼽은 세 가지 근거는 다음과 같다. 첫째, 우리는 아직 민족통일을 이루지 못했는데, 통일을 위해서는 보편적이면서도 주체적인 새 민족담론을 바탕으로 한 통일사상이 필수적이다. 둘째, 일본 극우파의 재등장과 미국의 자국중심주의, 미국을 제치고 동아시아의 새로운 강자로 등장한 중국의 민족주의 등 험난한 국제정세에 우리 나름으로 대응하기 위해 서양 문화·정치·경제적으로 대응해야 한다. 셋째, 젊은 세대의 새로운 문화창조를 위해 국수주의와 민족해체적 아나키즘, 북한의 폐쇄적 단선적 주체 지향과 남한의 개방적 세계화라는 모순과 이중구속을 뚫고 나가는 '열린 민족문화운동'이 필요하다.

여기서 특히 주목할 만한 대목은 '열린 민족문화운동'이라는 명제이다. 김지하는 젊은 세대가 이끌어갈 새로운 한국문화의 출발점이 바로 '열린 민족주의'라고 말하려는 것 같다. '열린 민족주의'란 무조건 우리 것과 우리 문화가 최고라는 근거 없는 자국 우선주의를 넘어선 개방적인 민족주의를 가리킨다. 영어로 쇼비니즘이라 부르고 속어로 '국뽕'이라 부르는 자폐적인 국수주의가 아니라, 민족 고유의 심성과 정서를 바탕으로 하되 인류보편적인 가치와 미의식을 추구하는 민족문화를 그는 바람직한 미래의 한국문화로 제시한다.

최근 해외에서 호응을 얻고 있는 한국식 대중가요(K-팝)와 영화, 드라마 등 이른바 한류 열풍이 이러한 개방적 민족문화운동의 결실이라고 보는 것을 자칫 아전인수라고 타박할지도 모른다. 그렇지만 김지하의 창작활동과 민족담론이 내포하고 있는 깊고 넓은 의미를 되새겨보는 것은 젊은 예술가들에게 엄청난 자극과 영감을 불러일으킬 것이라고 믿는다. 특히 그가 개척한 담시(譚詩)라는 서사 장르, 즉 광대의 민중 구라를 예술적으로 활용하는 방안은 창의적인 젊은 예술가들이 도전할 만한, 열린 민족문화운동의 구체적 과제의 하나가 아닐까.

8. 민중문화예술운동과 후천개벽사상

김지하의 민중문화예술운동론은 단순한 문화예술운동론이 아니라 사상의 변혁까지 포함한 사상문예운동론이다. 역사적으로 모든 문예운동은 기존의 문예에 대한 비판과 새로운 표현 형식과 내용을 포함한 시대적 경향, 즉 문예사조로 귀결되었다. 김지하의 경우에도 그의 문화운동론은 당연히 그만의 독창적인 사상적 배경과 전망을 내포하고 있지만, 치열한 민주화 투쟁과 그로 인한 장기간의 투옥, 그리고 그후에 쏟아낸 장광대설과 그의 정치적 발언을 둘러싼 논란에 묻혀 상대적으로 주목을 받지 못했다.

그의 민중문예론은 민족종교·민중사상과 긴밀하게 연결되어 있다. "특히 민중사상가들 속에 나타났던 소박한 표현 가운데에서 생명적 세계관·협동적 세계관의 단초를 끄집어내"(『밥』, 48쪽)려고 그는 분투했다. 그가 내세우는 민중사상의 핵심은 다음과 같다: 민중의 사상은 지극히 소박하고 미신적이며, 정리되지 않은 흐트러진 형태지만 개벽 지향적으로 나타난다. 따라서 후천적 민중사상으로부터 선천의 체제화된 고급사상을 분해하고 재평가해야 한다. 제3세계의 시각으로 유럽을 보고, 비판해야 한다. 소박하고 단초적인 표현이지만 그 안에 들어 있는 생동하는, 의표를 찌르는, 몇 마디 안 되는 표현으로부터 반생명성·이데올로기·굳어진 껍질의 역사적 책임소재를 비판해 들어가야 한다.(앞의 책, 42-43쪽 참조)

그는 동학의 주문 암송과 주문을 쓴 종이를 불에 태운 다음 물에 타서 마시는 의식(儀式)을 민중사상의 소박한 표현의 한 예로 든다. "시천주 조화정, 영세불망 만사지"라는 주문을 계속 암송하고 주문을 쓴 종이, 즉 영부(靈符)를 태워 물에 타서 마시면 건강해진다는 수운의 체험담은 막혔던 생명의 순환질서를 회복하여 마음과 몸이 정상회된다는 이치를 설명한 것이라고 본다(51쪽). 수술적이고 미신처럼 보이지만 실은 마음의 병을 치료함으로써 몸이 건강해지는 묘약이며, 영성의 해방을 통한 활인(活人)이라는 것이다. 이런 맥락에서 강증산은 개벽을 활인과 의통(醫統)이라고 불렀는데, 그의 '남조선 사상'에서 '남조선'이란 나머지 조선사람, 즉 유교, 불교, 기독교 신자들이 아닌, 나머지 소외된, 뿌리뽑힌 민중들을 가리킨다. 증산이 말하는 '천지공사' 또는 '천지굿'은 후천개벽을 통해 이런 밑바닥 민중이 새 세상의 주인이 된다는 말이라고 김지하는 해석한다 (53-54쪽 참조).

이러한 김지하의 민중사상과 민중예술에 관한 생각은 1970년 4월 미국에서 영화 공부를 하는 친구 하길종에게 보낸 편지에서 소박한 형태로 그 단초(端初)가 드러난다. "참된 아름다움은 대중적인 것이다"라는 제목의 이 편지(실천문학판 『김지하 전집』 3권 수록)에서 김지하는 민예(民藝)와 샤머니즘에 주목하면서 그것들이 가진 부정적 요소들을 극복하고 긍정적인 요소들을 적극적으로 살려내는 것이 민중예술의 중요한 과제라고 말한다. 그는 샤머니즘의 미신적 요소를 배척하면서도 그 밑바닥에서 작용하고 있는 "민중의 한과 욕구, 오랜 불행의 소산인 행복에의 열망, 죽음의 의식을 통한 보다 나은 생과 부활에의 집념"(앞의 책, 190쪽)을 계승하여 새로운 민중예술의 밑거름으로 활용하려고 한다.

> 이 땅의 모든 버려진 것, 오래도록 암장(暗葬)된, 도륙당한, 그러나 지금도 면면히 살아 흐르고 있는 민중의 정서와 욕구와 예술을 외면한 채로는 그들의 개선을 위해 봉사할 수도, 그들의 편에 설 수도 없다. 참된 미(美)는 대중적인 것이다. 쉬운 것이며, 쉬운 것 속에 모든 심오한 이면과 사상이 압축되고 육신화(肉身化)한 것이 미의 극치다.
> 앞의 책, 188쪽

당시 구상하고 있던 영화 「태인전쟁」의 초고(트리트먼트)에서 김지하는 동학농민전쟁 당시 총알을 막아준다고 농민군이 왼쪽 어깨에 붙이고 다니던 부적을 일본군의 총알이 뚫고 들어와 중상을 당하는 장면을 예로 들어 설명한다. 이 장면은 동학의 샤머니즘적 요소가 일본군의 총알로 상징되는 서구적 과학기술문명에 의해 처절하게 파괴되는 것을 드러내면서 "약소민족의 봉기와 그것의 좌절(…) 샤머니즘의 한계와 샤머니즘에 의존할 수밖에 없었던 민중의 서러운 세계 내에서의 자기상실"(같은 책, 200쪽)을 표현해야 한다고 그는 주장한다. 이 영화는 "민간신앙과 그에 결부된 민족주의가 강력한 화기(火器)로, 군함외교 시대의 잔인한 무력으로 침입하는 제국주의와 과학 앞에서 얼마나 서럽게도 패배하는가 하는 것, 즉 농민전쟁과 샤머니즘의 토대 위에 구축된 신념이 지닌 역사사회적 한계성을 극명하게 그려내"(같은 곳)려고 했다.

샤머니즘에 관한 김지하의 견해는 지금도 경청할 만한 탁견이다. "샤머니즘은 옛날에 있었고 농촌에만 있는 지나간 시대의 유물인 것만이 아니다. 그것은 오늘날, 과거 못지않게 번창하고 있으며 옛 모습 그대로 또는 둔갑하여 여러 형태, 여러 지역에서 특히 서울에서 그 세(勢)가 하늘을 찌르고 있다. 기독교의 형태로도 나타나고 불교의 껍질을 쓰고도 나타난다. 샤머니즘이 민중 속에 차지하고 있는 그 강한 영향력의 뿌리를 그 정체부터 파악하는 것이 중요하다. 우리가 파괴해야 할 것은 그 미신성(迷信性)이며 우리가 접수하고 심오하게 이어받아 해결해야 할 것은 그 밑에 뿌리로 작용하고 있는 민중의 한(恨)이며 욕구, 오랜 불행의 소산인 실내석인 행복에의 열망, 죽음의 의식을 통한 보다 나은 생과 부활에의 집념이다."(같은 책, 190-191쪽)

동학을 비롯한 19세기의 자생적 한국사상에 대해 김지하가 각별한 관심을 가지고 심혈을 기울여 공부한 것은 고통과 빈곤에서 벗어나려는 민중의 해방 욕구를 제대로 파악하여 이를 바탕으로 현실을 개조하는 데 동원하기 위해 민중종교와 개벽사상이 필요하다고 보았기 때문이다. 그는 또한 민중적 정서와 언어 속에 녹아 있는 "정겹고 힘찬 역동성, 거칠고 우악스러우면서도 동시에 섬세하고 서러운"(같은 책, 191쪽) 요소에 주목하고 그 표현원리를 모순된 현실에 대한 강력한 저항의 예술형식으로 발전시키려고 시도했다. 이것이 바로 김지하가 평생 일관되게 추구했던 장대하고 심원한 문화운동의 핵심원리가 아니었을까.

그러나 안타깝게도 그의 문화운동에 대한 구상은 1970년대 초의 몇 년 동안 극히 일부분만 현실태로 모습을 드러냈을 뿐, 뒤이은 장기간의 옥중투쟁과 그로 인한 몸과 마음의 병으로 대부분 실현되지 못했다. 그렇지만 그가 뿌린 문화운동의 씨앗과 구상은 1970년대와 80년대의 다양한 민중문화운동과 그후의 생명문화운동으로 계승되어 꽃을 피웠다. 아마도 후대의 연구자들은 이 시대의 민중문화운동과 생명문화운동을 선도한 김지하의 사상과 행적을 보다 상세하고 치밀하게, 지금까지와는 다른 새로운 관점으로, 분석하고 연구할 것이다. 그때쯤이면 김지하의 이름에는 민중과 민족과 생명을 화두로 새로운 개벽세상을 꿈꾸었던 문화혁명가, '밑바닥 민중이 하늘'이라는 기치를 내걸고 서구문화의 철옹성을 향해 돌진했던 동학농민군의 마지막 문화공작대장, 또는 '민중광대패의 모가비'라는 호칭이 자연스럽게 따르게 될지도 모른다.

토론문

一終無終一, 마당문예운동의 지존 김지하

김봉준 | 화가, 오랜미래신화미술관장

'김지하의 문화운동론' 잘 읽었습니다. 문화운동의 태동기 활동을 찬찬히 짚어 주셔서 많은 공부가 되었습니다. 이렇게 총정리한 김지하의 문화운동론은 처음 접하기에 후학들에게 큰 도움이 됩니다. 특히 김 시인은 시인이자 예술가이자 민주화운동가이자 사상가이셨지만, 시인의 핵심적 활동력은 문화운동에 있었다는 말씀에 동의합니다. 오랜 독재와 폭력, 물질주의 사회에서 벗어나지 못하는 한국사회에서 폭력적 힘들의 끝없는 대결로는 답이 없고 일상의 억압에서 벗어나는 문화운동밖에 길이 없다고 하신 김 시인의 뜻을 살려주셨습니다. 기실, 예술운동만이 아니라 평화운동도 노동운동도 학생운동도 지역운동도 다 문화운동입니다.

저는 이 글에 더 붙일 말은 별로 없습니다. 그래도 청하시니 몇 글 써 올립니다. 김 시인은 4.19와 64년 6.3한일굴욕외교반대 투쟁에서 조동일 선생과 같이 민족문화연구소를 만드시며 우리 문화 재창조가 필요하다고 각성하며 민주화운동 속에서 자주적 문화운동을 자각합니다. 그 실천적 행동으로 마당극과 '민주주의 장례식' 등을 연출하고 서구 모더니즘을 극복하는 대안문예를 우리 전통에서 찾았다는 것도 공감합니다. 특히 민중의 문화를 누구보다 주목하셨고 당시 지식인과 예술인들이 낡았다고 기피하려 했던 민중적 전통문화를 애정을 갖고 학습하고 활용하셨습니다. 이것은 김 시인 고향이 남도 끝자락 목포로 민중의 구비문화가 생활 속에 배어 있기에 가능했던 것 같습니다. 남들은 서울 오면 사투리 지우기에 바쁠 적에 반대로 문화적 귀향을 택합니다. 김지하는 목포 해양권 뱃사람들의 질박한 설화, 아니 더 근원적인 원형문화와 밈(Meme)문화가 있습니다. 자기 바탕문화를 버리고 모더니즘으로 배를 갈아타기에는 생래적으로 아니었을 겁니다. 아니면 안 하고 말지, 저 남도의 자존적 문화인이었습니다. 젊은 시절부터 문예비평의 기조는 중심부터 잡고 외래문화도 받아 들이자는 입장이 분명했습니다.

남도 출신 자존적 문화인이 어떻게 훗날 지존의 문예인으로, 아시아의 대표적 시인이며 아시아 사상가로까지 성장하셨는지, 정지창 선생의 김지하의 문화운동론은 잘 설명하고 있습니다. 여기서 좀 더 주목하고 싶은 것은 김지하 문화운동의 길은 모더니즘 수용에 역점을 둔 서울 중심의 문예풍조보다는 남도의 구비문화를 태반으로 한 민중문화의 재창조에 있었던 것이 아닌가 합니다. 민중과 지식인의 일치화, 예술을 민중 속으로 투신하게 하는 저 밑 모를 투혼. 이 근성 있는 문화 행동은 어디서 나온 것일까요. '활동하는 무'의 근원지부터 알아야 할 것 같습니다. 생성하는 문화운동의 사상적 거처, 생성문화의 서식처를 계속 민중 현장에 두고 계셨던 것은 아닌가 생각합니다. 원주에서 가톨릭 농민회원들과 함께한 〈진오귀〉〈금관의 예수〉 등 마당굿 창작들과, 해남으로 낙향해서 1990년대 사상기행하며 다닌 삼남지방의 행보를 보면 문화활동의 거처가 짐작됩니다. 전라도 경상도 충청도 강원도를 두루 돌며 과거 변혁문화사상의 흔적을 찾아서 기행하며 지역의 지성을 찾아 만나 토론하고 사유했습니다. 동학, 기학, 남학, 양명학, 천지인사상, 풍수사상 등의 변혁사상의 뿌리를 찾았던 것 같습니다. 김 시인의 문화운동은 문학과 예술이나 사회 민주화에 한정되지 않고 근대주의 경계 밖 체제 외경에서, 깊고 오랜 남도사상에서 뿌리를 찾았던 것 같습니다. 이 점은 빼 놓을 수 없는 김지하의 문화현장으로 또 다른 문화운동이었으니 김지하의 사상적 맥을 세우는 정초가 됩니다.

김지하의 출생지 목포에 가서 김지하 문학기행을 하다 보면 유년기 고향 생활이 남달리 진함을 알 듯합니다. 「황토」시의 배경에도 있듯이 어린 시절 숭어가 뛰던 갯벌에서 본 4.3제주 항쟁자들이 집단학살된 시신들을 발견합니다. 목포 교도소로 끌려와서 죽은 제노사이드(목포교도소에 투옥시키고 6.25가 나자 이승만 정부는 집단학살한다), 초등학교 시절 존경하던 여선생님이 좌익으로 몰려 처형당한 사건, 친일 권세자에게 노름에 가산까지 탕진하게 된 친할아버지 이야기, 지역 친일파와 좌익의 피투성이 싸움들, 1974년 흑산도에서 체포되어 목포항으로 호송되어 어시장 아낙들 구경거리로 끌려가던 심정은 「고행…1974」(동아일보 1975.2.26.)에 글로나마 남습니다. 고향에 수갑 찬 모습으로 돌아온 33세의 문학청년은 녹보앙에서 오열합니다. 중학생 시절 아버지가 목포를 피해 원주로 이주한 것도 좌익 탄압을 피해 살고자 탈향했던 아버지 때문입니다. 4.3과 여순항쟁과 6.25의 처절한 역사를 체험한 고향에서 초라하게 살아남은 자들의 끈질긴 생명력이 김지하 문학의 토양일 겁니다.

김 시인의 문학은 국가폭력으로 피투성 땅 위에 세운 국가에 대해 생래적 저항은 민주화 투쟁 속에서도 담시「소리내력」「오적」으로 드러납니다. 민중의 구비문화가 몸소 밴 시인은 민중의 이야기 만담·민요·가요·판소리 굿의 형식이 자신의 문학 창작에 자원인 것은 당연했습니다. 김 시인의 문학 공부는 내용 이전에 형식이, 정치적 사상보다 원형적 뿌리가, 도피보다 현실이 먼저 중요했을 것입니다. '풍자냐 자살이냐'의 시문학 비평문도 다시 보면 허무주의가 깊게 깔린 모더니즘 문학으로는 끝이 결국 자살밖에 없을 것이라는 위기가 있었기 때문일 겁니다. 그보다 민중 현실에서 민중과 함께 소통하는 문학을 택한다는 결단이 김지하 문학에 있는 듯합니다. 1969년 현실동인 선언문 '예술은 현실의 반영이다'는 긍정적 세계상을 잃어버린 서구의 현대미술에 대한 응대입니다. 조선의 무궁한 미술전통에서 배울 것을 강조합니다. 직접 형식까지 창작한 담시들은 판소리 형식을 활용하고, 창작 마당극(진오귀, 금관의 예수)은 전통 마당굿에 기반을 두었습니다. 김 시인은 어떤 틀을 예술형식으로 취하느냐를 내용보다 더 중시했습니다. "모든 예술은 기왕의 양식으로부터 나온다"는 명제처럼 형식은 세계관의 틀입니다. 예술 속의 미학과 세계관을 중시했고 남들처럼 신유행에 흔들리지 않고 자신의 줏대를 민중적 민족예술에 두었던 것은 분명합니다.

김 시인 덕분에 1970~80년대 한국문화는 민족 민중적 예술형식의 자기 틀 짜기가 앞당겨졌다고 생각합니다. 6, 70년대의 지난한 암중모색과 신산고초가 있었기에 1980년대의 찬란한 민중예술의 백화쟁명한 꽃이 독재투쟁의 민주전선 마당으로 넓혀지면서 시의적절하게 피어났습니다. 조선 판소리가 태동기·형성기·완성기를 거쳐서 오늘에 이르렀듯이 현대 마당문예는 김 시인의 태동기를 거쳐서 지금 형성기에 있습니다. 예술은 타자를 향한 훈육이 아니고 다중을 향한 연설장이나 정치집회도 아닙니다. 예인들의 독자적인 숙성기와 신산고초 끝에 감성·이성·영성의 미적 수단들이 마술적 결합처럼 새로운 이야기와 이미지가 모아져서 창작이 됩니다. 김지하는 이야기와 이미지와 율여의 삼박자를 갖추신 마당문예 창작 예인입니다.

저는 민족문화와 민중예술이라는 개념보다 마당문화예술이라고 부르고 싶습니다. 민족문화, 민중예술 개념을 기피하는 것은 아니고 예술을 사회학적 개념에 갇히게 하고 싶지 않기 때문입니다. 개념은 언어의 집이면서 활동의 틀이 되는데 '민중예술'이 사회계급적 범주로만 이해되는 것이 저는 싫습니다. 역사 발전의 주체로서 민중을 인정하지만, 예술 고유의 가치범주와 무한한 개성을 축소시키고 가리는 듯도 합니다. 민요, 민화로 조선시대 모든 그림을 통칭할 수 없듯이 개인의 개성적 표현이 그때보다 더 확대된 요즘, 이를 통칭해서 민중예술이라고 부르는 것은 개념에 예술을 가둔 듯합니다. 지금 김지하 시도 민중시라고 부르지 않고 그냥 김지하 시입니다. 사상미학적으로 보다 근원으로 깊고 넓은 지평으로 열린 문화예술의 사유가 필요한 때입니다. 제3세계 인류족들 마당문화의 보편성을 확인하는 연구가 이제 본격적으로 시작돼야 할 때입니다.

명칭은 부르는 사람 마음이니 민중예술이라 부르든 마당예술이라 부르든 부르는 사람 마음대로입니다. 이 지점에서 다시 돌아보고자 지난 겨울호 『창작과 비평』에 백낙청 선생 요청으로 「마당문화예술, 촛불혁명의 뒷심」을 기고한 적이 있습니다. 거기서도 마당문화예술을 한국문예의 중심 개념으로 이야기를 전개했습니다. 여기서는 그 글에서 언급하지 못한 부분을 조금만 더 하고 싶습니다. 이글에서는 김지하 추모문화학술제에 맞게 '마당문예의 지존, 김지하'라고 토론문 제목을 뽑았습니다만, 세 분을 함께 부르고 싶습니다. 마당문화예술의 지존으로 김지하, 심우성, 백기완을 꼽습니다. 이분들은 마당문화예술을 일관되게 평생을 하신 분들입니다. 말년까지 마당문예의 의미와 가치를 강조하다 가신 분들은 이 세 분이라 생각합니다. 심우성 선생은 특히 망자의 넋풀이를 마당문화에서 잊지 말자고 강조하시며 말년에는 넋풀이 마당굿을 펼치다가 떠났습니다. 망자의 마당으로 현실을 보는 태도는 제3세계 마당문화유산에 보편적으로 있습니다. 멕시코의 망자의 날(Day of The Death)은 현실 마당에 조상의 죽음을 모셔와서 조상의 넋을 즐겁게 해드리고 죽은 자와 산 자가 같이 한풀이하는 축제입니다. 이 축제는 아즈텍의 장례문화를 계승하면서 서구에서 온 켈트신화의 할로윈데이 축제와 결합하면서 맥시코 최고의 축제문화로 성장했습니다. 지금은 유네스코 세계문화유산으로 등재가 되었습니다. 백기완 선생의 마당문화는 노동자의 가난·억압·소외의 현장을 마당문화로 만드시며 평생 민중 이야기꾼으로 사셨습니다. 사람(생명)의 가장 아픈 곳이 우주의 중심이라는 세계관을 생래적으로 갖고 계셨던 분 같습니다. 이것은 마당굿판이 天地人이 삼합하는 곳으로 보아온 마당문화 정신을 이야기마당으로 계승한 것입니다. 조선의 구비문화마당은 새로운 태동기로 백기완의 이야기 마당, 김지하의 담시, 임진택의 창작판소리로 재탄생했습니다. 예술의 생명은 태동에서 시작합니다. 이제 후학들이 생기면서 형성기를 맞이할 것입니다. 이제는 '민중 구라' 같은 비문 용어보다 '이야기 마당'이 좋을 듯합니다.

　마당문화는 부여의 영고, 고구려의 동맹, 동예의 무천, 마한의 뜰밟이가 원조입니다. 숲마당·일마당·놀이마당이 있어 왔습니다. 소도는 종족의 창건신화가 깃든 숲마당이니, 신라 창세 신화의 마당은 계림, 조선의 건국과 함께 점지한 인왕산자락 아래 숲마당은 사직단, 저 고조선의 환웅과 웅녀가 혼례청을 꾸린 곳은 신단수였습니다. 천지인(조상)신 신당이 모셔진 당숲 마당에서 신화의례로부터 탄생한 것이 마당문화였습니다. 마을의 당숲은 부족연대의 국가가 되면서 나라의 당숲으로 진화한 것입니다. 한국문예의 뿌리는 당연히 마을 당숲 마당(서낭당)입니다. 부여의 영고, 고구려의 동맹, 동예의 무천이 다 이런 천지인 삼합의 마당에서 하는 축제였습니다. 이런 천지인 삼합의 정신이 오래전 기록된 경은 역시 천부경입니다. 일시무시일(一始無始一), 하나에서 시작하지만 무에서 시작하는 하나입니다. 배달겨레는 하나 하늘을 숭배합니다. 없음, 텅빈 우주 빅카오스에서 하나인 빛이 나오고 거기서 음양이 나와 천지 마당이 생성됩니다. 하나는 다시 음양이 되고 음양에서 하나가 새로 태어나니 천지인 삼이 됩니다. 삼은 우리 민족의 성수이며 우리 마당의 천지인을 모시는 원방각입니다. 인류족은 저마다 신성수를 갖고 있는데 우리 민족은 3수입니다. 삼각산, 삼신할망, 삼신각, 삼세번, 삼혼. 삼은 시공간을 우주관을 삼으로 하는 겨레의 시원사상의 상징입니다. 천부경 사상은 항일독립군들 대부분이 가슴에 품고 독립투쟁을 했는데, 어째서 지금 이 국가는 독립정신과 국가 정체성 연구나 한국학에서 천부경사상 연구를 외면하는지 알 수 없습니다. 동학의 인내천(人乃天)이나 시(侍)도 하늘이 내 안에 있다고 보는 천부경과 뜻이 같습니다. 천부경 마지막 부분을 봅시다. "근본은 변함이 없어

본심에는 본래 태양의 빛을 떠받드니 사람 가운데 천지가 하나로 있다." 不動本 本心本太陽仰明 人中天地一. 마지막 글도 의미심장합니다. "하나는 끝나지만 끝이 없는 하나이다." 一終無終一

마당문화예술은 신명의 미학적 가치를 획득하며 역사의 의미를 찾는 마당으로 분명해지고 있습니다. 역사를 광장으로 소환하고 광장이 역사의 광장이 되고 있는 최근 촛불시민집회를 보면 더 분명해집니다. 국가폭력에서 죽어간 영혼이 너무 많은 현대사를 직면하는 오늘 조상의 넋을 모시고 굿을 하지 않을 수 없습니다. 돌아가신 조상과 산 후손이 합종하는 마당굿이 필요한 시대가 되어버렸습니다. 피할 수도 없고 피해서도 안되는 오늘의 마당문화의 주제는 망자의 넋풀이 마당굿일 겁니다. 부산 민족미학연구소에서 꾸준히 성노예 할머님들 위령굿을 해온 〈해원상생굿〉, 최근 인사동 아르떼숲 갤러리 특별전시 〈너의 이름을 부른다〉와 시청에서 예술인들이 펼치고 있는 〈10.29 할로윈데이 추모- 어두울수록 빛나는 진실의 별 159〉, 그리고 곧 있을 〈이애주 서거 3주기 추모문화제〉가 모두 망자의 넋맞이 마당굿들입니다. 마석 모란공원에서 열릴 마당굿을 기대합니다. 그곳은 많은 민주열사들이 같이 잠들고 계신 곳입니다. 망자의 넋풀이 마당굿을 이애주 추모마당굿과 함께 치를 수밖에 없습니다. 이번 김지하 추모문화제가 끝나면 김 시인 묘소 참배를 갔다가 바로 마석 모란공원으로 달려갈 것 같습니다. 마당문예 활동가들이 다시 작심하고 힘을 모으는 시대가 오고 있습니다. 나라가 위태로운 역사 앞에서 좌시할 수 없어 끝나고 다시 서울 광장으로 갈 것 같습니다. 마당문예는 민주화운동의 첨병 같은 저 7, 80년대 게릴라 문예운동에서부터 시작했습니다. 지금 촛불항쟁을 떠받치고 있는 뒷심입니다. 집회의 물리력은 시민단체와 민중이 감당하지만 감성과 영성의 문화마당은 여전히 마당예술인들이 감당해야 하니까요.

마당문예의 세 거목이 모두 서거하셨습니다. 김지하, 백기완, 심우성의 서거가 문화적으로 볼 때도 주는 무게가 남다릅니다. 마당문예 운동가들의 마음은 더욱 슬픕니다. 마당문예의 1세대 선배님들 오윤, 이애주, 김구한 님 서거도 마찬가지입니다. 자꾸 사라져 가시는 마당문화인의 영혼들을 지켜보노라면 이제 1세대가 끝나가고 있다는 걱정을 안 할 수 없습니다. 하나는 다시 무에서 새로 피어난다는 천부경의 끝 구절처럼 '다시 나는 하나'를 생각하게 합니다. 마당문예 1세대는 저물어가는데 촛불항쟁은 절정기에 이르고 있습니다. 지금은 태동기, 형성기를 거쳐온 마당문예는 다음 세대로 이어지는 과도기입니다. 문화운동가 김지하 선배님 추모 1주기를 맞아서 앞으로 남은 사람들이 준비할 문화운동의 방향을 생각하게 합니다.

김 시인은 많은 일을 하고 가셨지만 우리 문화운동은 정치적 정파로 여러 갈래로 찢어졌던 1987년 문화운동부터 살피지 않을 수 없습니다. 1987년 겨울 대선에 여러 노선으로 정파의 일부에 참여한 문화운동을 돌아보면 그때 분열이 극대화한 시기 같습니다. 각자 형편대로 문화운동 동지들은 결별했고 그후 삼십 년 이상 문화운동은 니러 갈래로 흩어지며 각자도생으로 생존에 허덕이며 예술운동을 했습니다. 그래도 조상 민중문화를 계승하는 입장과 민주화에 대한 간절한 염원은 같으니 촛불시민광장으로 다시 모여들었습니다. 한때 분열했지만 결별하지 않았습니다. 2019년 3.1혁명백주년 기념문화제도 서울 광화문 광장에서 함께 잘 치루었습니다. 그리고 보면 문화운동의 '흔들리는 중심' 이나 '보이지 않는 하나' 는 있습니다. 한국의 문화운동은 4.19혁명과 5.18, 6월 민중항쟁을 거치면서 독립적 사상미학과 문화전략이 정립되지 못한 채 흘러온 듯하지만, 그저 정치적 좌파의 문화예술만도 아니고, 한국 정치의 하부단위도 아닌 민중 속 문화활동이 분명히 뿌리내렸습니다. '90년대 들어 문화활동가의 조직적 협력은 더 약해지고 흩어졌지만 헌신해온 이름 없는 마당예술가들이 있었기에 마당문화운동의 신화를 공유하고 있습니다. 신화는 조셉 캠벨의 말처럼 '신성한 힘'으로 현재에도 진행형입니다. 한국의 현대신화들- 한국민주화운동사, 한강의 기적, K-방역의 세계적 모범방역 등으로 보는데 마당문화운동도 한류를 있게 만든 현대신화입니다.

한국의 문화운동은 이제 영성 평화와 일상의 미시 파시즘을 정화하고 소중한 일상을 지키고 일상에서 빛나는 생활문화운동이 꼭 필요합니다. 영적인 천지인의 모심과 의례를 문화운동 과제로 만들어가길 고대합니다. 따듯하고 포근한 모성문화에 주력하는 문화운동도 할 때가 왔습니다. 한국의 사대 종교 중에서 기독교와 불교의 신도는 줄었는데 가톨릭과 원불교 신자는 늘고 있는 이유는 무엇일까요. 민주화운동에 참여하면서도 일상의 위안과 평화를 중시하는 영성문화를 대안으로 준비해 온 곳은 그나마 성공하고 있습니다. 이제 하나가 셋이 되듯 마당이 마당을 모아 광장에서 큰 하나 되고, 거기서 영성문화를 준비할 때입니다. 지금 문화운동은 영성을 대안문예운동으로 창조할 때 같습니다. 저는 망자의 무덤에 가게 되면 유난히 김지하 시인의 시노래 「빈산」을 부르고 듣기를 바랍니다. 이 노래는 영적인 울림이 있어서입니다. 논리와 이성보다 영성적 감성으로 상처받은 영혼을 위로하는 예술을 저는 찾습니다. 국가폭력은 우리 일상까지 들어와 상처를 남기고 있습니다. 아프고 외로운 영혼들을 어루만지고 달래며 같이 가야 할 시대입니다. 한국은 이미 영성문화가 필요한 문화다원주의시대, 자기가 자기를 신성으로 만들어야 살 수 있는 탈근대문화시대에 들어섰습니다.

김지하의 문화운동은 한국 사회문화에 많은 것을 남겼습니다. 이제 글을 정리합니다. 첫 번째, 식민지와 미군정 통치와 전쟁과 모방산업화를 겪으면서도, 모더니즘으로 경도하는 문예풍조에서도 김지하 문화운동은 우리 전통적 구비문화, 마당문예부터 주목하게 만들고 대안문화운동으로 마당문예 길을 앞장서서 여셨습니다. 두 번째, 민주화운동 속에서 문화운동의 필요성을 자각하시고 민중 삶에 집중적 억압을 하고 있는 정치권력에 저항하는 문화, 민중과 학생지식인이 함께하는 문화를 만드는 데 진력했습니다. 민중이 주체가 되는 민중문화운동을 선구적으로 펼쳤습니다. 세 번째, 김지하의 문화운동은 사상과 미학 차원으로 진화하면서 레드 컴플렉스와 제국적 모더니즘 문화의 열등감을 극복하며 자주적 문화창조의 길을 여셨습니다. 동학과 남도사상의 재해석으로 청산주의 문화풍토를 넘어 생명사상으로 세계적인 대중문화가 된 한류의 사상적 뿌리를 심으셨습니다. 묘목을 한국 땅 곳곳에 많이 심었고 그, 묘복이 자라서 이세 곳곳이 문화숲으로 자라고 있습니다. 도시마다 마당문화숲이 필요합니다. 김지하는 사즉생 생즉사로 문화운동을 하셨습니다. 자기를 죽여서 같이 살고자 하신 분이 맞습니다.

김지하는 크게 두 번 목숨을 걸었습니다. 한국 민주화 운동에서 이고 또 한번은 죽음의 문화에 사랑도 명예도 버린 채 문화운동을 하셨습니다.

"나는 좌파도 아니고 우파도 아니요. 가운데도 아니다. 새로운 길을 찾는 사람이다." 김지하는 이렇게 말씀하시고 훌쩍 가버렸습니다. 예술은 창작이 생명입니다. 모방만으로는 새로운 사회도, 문화도 만들 수 없습니다. 대안문화운동가 김지하의 창조정신은 '남은 조선사람들'이 '남녘땅 뱃노래'로 이어 부르길 바랍니다. 한국 마당문화운동은 한국 민주화 운동과 동행했으며 지금도 계속되는 촛불항쟁의 뒷심이며 지역문화운동의 모태입니다. 목숨을 건 죽음의 문화와 문화투쟁을 하며 길어 올린 생명문화 덕분에 적어도 이제는 한국 문화운동이 정치계의 좌우파 정치노선에 휘둘릴 만큼 부박하지 않습니다. 이제 민중문화의 본질이 '마당문화'에 있음도 자각하기 시작했고, 마당문화의 사상적 뿌리에는 천부경·동경대전·3.1정신과 유영모, 함석헌의 씨알사상과 장일순 김지하의 생명사상 등이 포개져 있음도 알겠습니다. 생명사상, 살림의 미학은 미학 예술가이기에 찾아낸 사상미학입니다. 한국은 왜 정치사상에서 길을 못찾고 문예사상에서 길을 찾고 있는지 묻게 됩니다. 김지하 선생은 정체성부터 세우자는 문화운동을 하셨습니다. 그리고 나서 세계 인류는 서로 다른 아름다움을 반기며 '아름다움이 세상을 바꿀 것입니다.'

내 안에 빛은 어둠 속으로 감춰져도 내 안에 밝은 에너지, 신명이 있습니다. 다시 또 하나를 낳고, 다시 둘 음양이 되고 셋을 낳으며 생명의 빛은 계속 밝을 것입니다. 꼭두 문화운동가 김지하 님은 가셨습니다. 종일종무종일(終一終無終一)입니다. 종시(終始)입니다.

하나의 빛들이 또 피어나 自燈明 法燈明, 자신의 등불을 찾습니다. 나 자신에 신을 모심에 사상과 미학의 거처도 나 자신이고, 절체절명의 위기 앞에 선 자아는 자신을 등불 삼아 진리를 찾습니다. 「애린」은 김 시인의 자등명을 밝히는 선언적 시였듯이 문화운동가들은 자등명을 들어 자신들의 신화를 창조할 것입니다. 자등명은 마당으로 모여 집단신명을 만들어 갑니다. 홀로 자등명(신명)이요 함께 법등명(집단신명)입니다. 다시 신명으로 우리의 마당문화를 대를 이어 만들어갑시다. 이것이 지존의 문화운동가 김 시인의 참 뜻을 살리는 길입니다.

〈남도 마당굿〉 500X120cm 아크릴화 2023년 김봉준 작

들당산으로 시작하는 뜰밟이와 십이지신 벽사가면무, 조상 망자넋굿을 중심으로 그렸다. 고대 마한에서는 항상 오월에 씨를 뿌릴 때가 되면 천지인 신명에게 굿을 올리고 무리지어 노래와 춤을 주었다고 전한다. 그 춤은 수십 명이 일어나 따라가면서 땅을 밟는데 손과 발이 서로 웅한다. 마디마디 아뢰는 사람이 있어 탁무(방울춤)를 추었다. 시월 농사가 끝나면 뜰밟이를 다시 하니 오월과 같았다고 중국 고대사서 위지동이전에서는 전한다. 한국 마당문화의 원조는 고대 마딩굿이다.

5주제

김지하의 생명미학과 악·가·무 천지굿론

발제 | 채희완

토론 | 이윤선

김지하의 생명미학과 악·가·무 천지굿론

채희완 | 부산대학교 명예교수

목차

I. 말문을 열며 : 김지하 생명미학사상을 위한 불림
II. 생명춤미학 서설
III. 생명미학으로서의 악가무론 1 : 형태론
IV. 생명미학으로서의 악가무론 2 : 생명춤 미론
V. 생명미학의 실천 행 : 별수련, 수심정기춤
VI. 〈천지굿〉에 대한 민중적 생명미학으로서의 접근과 해석
VII. 생명미학의 활로 : 미적 범주로서의 미적 추(醜)

I. 말문을 열며 : 김지하 생명미학사상을 위한 불림

1. 생명미학의 단초, 김지하

김지하 시인은 1980년 12월, 5년 9개월만에 감옥생활에서 풀려나고 나서 1984년 4월에 "밥이 하늘이다"라는 불림을 뭇 생명계에 뿌린 발언들을 모아 『밥』(분도출판사, 1984)이라는 제목의 책을 냈습니다. 거기에는 죽음 같은 오랜 감옥생활에서 깨친 생명사상의 바탕

위에 어릴 때부터 학습도반이던 윤노빈과 함께 구축해온 신생철학, 그 위에 스승 장일순 선생의 한살림 사상, 현대 신과학에서 빚어진 창조적 진화의 '생성론'과 현대생태학의 자기조직화론, 또 거기에 동이족 '한' 사상에 대한 통렬한 해석이 가해져 충돌하며 융합하는 일대 최첨단생명사상의 첫 불림이 있었고, 그것은 새로운 생명사상을 위한 불림의 뿌림새였습니다. 그리고 그것은 한편 앞으로의 생명운동을 향한 심고이기도 하였습니다.

그 이듬해에는 남조선 남은 사람들이 주체가 되어 새 개벽세상으로 노저어가는 남조선민중주체사상의 『남녘땅 뱃노래』(두레)를 내었고, 그 이태 후에는 죽음과 죽임의 세력마저 '되살림'하는 변혁적 세상살림살이의 현실성을 깊이 명상한 수상집 『살림』(동광)을 내었습니다. 1991년에는 산문집 『타는 목마름에서 생명의 바다로』(동광, 1991)와 『김지하전집 1,2』(서정시, 담시, 희곡집, 산문집)(동광)이 나오고, 『동아일보』에 자신의 일대기를 펼치는 「모로 누운 돌부처」가 연재되면서 그의 생명사상은 일차 생성론에서 출발하여 생명학으로 나아간 한 거대한 국면을 마무리하면서 그것으로 새 시작의 단초로 삼았습니다.

그 이듬해에는 생명사상에 관한 글을 묶어 산문집 『생명』(솔)을 내고, 그 이듬해에는 같은 출판사에서 『결정본 김지하 시전집 1, 2, 3』(솔)을 내었습니다. 이노씨 새 굴빌의 노내를 나시는 한쌘, '그물코' 네트워크를 결성하여 생명운동 소식지를 내고, 이듬해 생명가치를 위한 민초들의 모임 '생명민회'를 결성하면서 본격적인 생명운동의 조직과 실천에 나서기 시작하였습니다.

1996년 1월에는 생명미학운동의 확산을 위해 미술, 음악, 춤 장르의 민족예술가들의 작은 모임으로 '신풍류회의'를 결성하고, 3월에는 생태정치학자 문순홍과의 대담을 엮어 『생명과 자치』(솔)를 펴내었습니다. 그 이듬해에는 '율려학회' 건설을 위한 학술세미나를 9회나 개최하면서 율려사상운동을 동시에 펼쳤습니다. 1999년 봄부터는 명지대 국문학과 석좌교수로 임명되어 미학과 시학에 관한 특강을 하면서 드디어 교육계와 학계에 발을 들여 놓는 계기가 되었습니다. 그해에 미학강의를 모아 『예감에 가득한 숲그늘』을 내고 이듬해 문화운동론을 모은 『옛 가야에서 띄우는 편지』(두레)를 내면서 그의 생명사상은 그대로 생명미학과 엇섞여 뗄 수 없는 한 몸이 되었습니다.

2001년 9월 인터넷 신문 『프레시안』에 회고록 「나의 회상, 모로 누운 돌부처」가 다시 연재되기 시작하고 이듬해 김지하의 철학사상, 사회사상, 미학사상을 총괄적으로 묶어 『김지하 사상전집 1, 2, 3』(실천문학사)이 출판되고 2004년에 민족미학의 기초개념 여섯 가지를 제안한 『탈춤의 민족미학』(실천문학사)이 나오면서 제 길을 잡아 그의 생명미학은 본격화되었습니다. 그리고 그 이듬해 김지하 생명미학의 결정체이자 일차 마무리라고 할 수 있는 『흰 그늘의 미학을 찾아서』(실천문학사)가 나왔습니다.

2000년대 벽두까지 김지하의 생명학과 생명미학의 진행 행로를 살펴보면 이러합니다. 그 후에 그는 『김지하의 수왕사』(올리브, 2013), 『우주생명학』(작가, 2018)을 내어 여성동학, 여성 천지개벽의 근원을 찾고 생명평화 우주개벽의 미학행으로의 길을 재촉하였습니다. 돌아가신 지 거의 일 년 만에 문학평론가 홍용희와 김지하의 마지막 대담집 『대담』(작가, 2023)이 출간되었습니다.

노겸(勞謙, 겸손하게 열심히 일한다는 뜻의 아호, 1999년도부터 씀) 김지하 시인은 19세기 중엽 이후의 민족종교사상에서 근원을 찾아 상고대 동이족의 정치경제문화의 원형을 밝히면서 그의 사상과 미학에 우주생명론적 바탕을 마련하였다. 곧 그것은 민주 직접의사결정체으로서의 화백(和白), 호혜 평등시장으로서의 신시(神市), 뭇생명 사이의 변화, 진화, 감화로서의 풍류(風流)가 그것이다. 그는 풍류를 바탕으로 하고 거기에 초월성과 코기토(이성적 영역), 리비도도 함축하여 민중생명미학의 미적 범주로서 '흰 그늘'이란 개념을 창출하였다. 바로 '흰 그늘'을 모셨을 때 최고단계의 미적 체험이라 하였다. 그것은 곧 자기 안에 우주 생명을 모심을 자각할 때인 것이어서 사람 몸속에 하늘과 땅이 우주핵과 존재핵으로 하나임을 깨닫게 되는 체험이라는 것이다. 이렇게 하여 새로운 세상맞이의 후천개벽을 열어 젖힌다는 것이다.

위 글은 2천년대 초 어느 학술발표회 자리에서 발제자의 한 사람인 노겸 김지하 시인을 그의 토론자인 필자가 학술대회 청관중에게 소개한 안내문의 일부입니다.

김지하 시인께서는 2000년도 새천년을 맞이하는 즈음해서 앞으로 새 세기에는 문화아필로 새노운 싱시·성세의 비선을 체시해 술 것이라고 예감하신 바가 있습니다.
세계경제, 지구생태계, 인간문명이 안팎으로 엄청난 위기사태에 직면해 있는 이때, 이에 적극 대처하는 새로운 문화적 창의력의 담론은 미학적 모험에 있다 하시고, 이 요구 앞에서 민족의 미학은 주체성 세우기에 머무를 수 없다고 하셨습니다. 결국 문화적 상상력과 감각적 관조가 세계를 이끌고 가는 시대에서는 미학적 창조의 영성적 담론이 정치, 경제, 역사의 논리에 앞서 관통되어야 할 필요가 있다고 역설하신 것이지요. 새 시대에 미학의 선도성을 강조하셨는데, 미학 연구자로서, 특히 한국의 미학도로서 우리들의 자긍심을 드높여 주셨습니다.

그리고 시인 스스로도 아시아 고대에 대한 대대적인 문예부흥, 세계 문명사의 새로운 미래를 위한 대규모 문화혁명, 그리고 고대로 들어가는 문예부흥과 미래로 나아가는 문화혁명을 똑같이 관통하는 새로운 미학의 건설, 즉 문화예술과 역사와 철학을 통전하는 새 차원의 문화와 문화이론의 창조, 이 세 가지를 향하여 한민족 특유의 선도풍류사상의 광맥을 좇아 줄기차게 연찬의 방법론을 입론하시면서 깊은 명상과 변혁과 사회적 실천 끝에 거대한 우주 생명학의 미학을 구축해 오신 것입니다.

그리하여 숨어있는 차원에서 새롭게 드러나는 차원으로 올라오는 초월성이자 아우라인 흰 빛의 떨림(風)과 이에 검은 그늘의 흐름(流)이 결합되어 '흰 그늘'의 '혼동적 질서'라는 생명 추동력이 새 세상맞이의 후천개벽의 문을 열어젖히고 있는 것입니다.

이러한 신비롭고도 광활한 우주적 사유가 과연 현대 삶의 실질적인 현실과제에 어떻게 적응할 것인가가 또 한편의 문제영역이었습니다. 이에 미학적 질과 경제성 사이, 에코와 디지털 사이, 기초예술과 대중문화 사이 창조적 긴장관계로서 생겨나는 현실적인 미학문제를, 홍익사상과 이화세계, 신화의 세계에 대한 새로운 해석, 정역(正易)과 여율(呂律)의 논법, 특히 19세기 후천개벽사상에서 그 해결의 실마리를 풀어 우리에게 제공하고 있습니다.

후천개벽이란 선천을 섬멸적으로 파괴하는 단절이 아니라 선후천이 공존하는 것으로 '선천의 남은 것이 후천에 의해 해체, 재구성된 뒤 기우뚱하게 균형을 잡아 비평형적으로 공존·공생' 하는 것이라는 대목에서는 조동일 선생의 전통계승방법론에서 긍정적 계승과 부정적 계승의 논법을 한 차례 극복한 것으로 보입니다. 이는 "대립하는 것 사이의 이중교호적 결합의 기우뚱한 균형"이라고 요약할 수 있는 창조적 혼돈의 질서잡기, 이른바 카오스모스의 한민족적 사유유형, 문화유형이라 아니 할 수 없을 터입니다. 바로 이것이 김지하 그 특유의 생명학 논법이라 하겠습니다.

한편 "풍류(興)가 먼저 나서고 율려(比)로서 시비가 따르더니 다시 풍류의 감성으로 휘몰아 합의에 도달한다."는 정치적 화백과 경제적 신시와 문화적 풍류의 결합논리는 일선 정치경제의 논리나 민족통일의 논리와도 부응하는 바가 있을 터입니다. 이러한 논리의 토대인 '아니다-그렇다(不然其然)'의 이중모순적 교호성의 역설논리는 치열한 논쟁을 통해 깨달음을 얻는 당파논법, 각비(覺非), 홍비법, 이변비중(離邊非中)의 원효의 논법과도 연관되어 한민족의 생명 차원변화의 논법의 토대를 이끌어내고 있습니다.

다만 이러한 형용모순어법이, 유랑과 정착, 3극 천지인과 음양오행, 3수분화와 2수분화, 신성과 세속, 혼돈과 질서라는 '혼돈적 질서'에 '자기조직화'라는 '삶과 세계의 창조적 진화'의 대립상과 순식간에 얽혀늘어, 그늘 사이의 '위상'과 '활농' 상의 구문이 애매해실 때마다 창조적 혼돈 이전에 일차적인 논리적 혼란 속에 빠져들 때가 없지 않았음을 고백해 두고자 합니다.

그리고 마당의 빈터가 판으로 출렁거려 '흰 그늘'의 큰 살림판으로 무한 개방된다는 마당판의 특성이 그토록 난해하던 천부경의 '34성환571'에 대한 탁월하고도 도저한 해석을 통해 밝혀지고 있다는 신비로움에 '극에서 굿으로'의 역설적 회귀를 열망하는 저로서는 만사가 어쩌지 못하게 됩니다.

이제 야나기 무네요시의 그늘과 고유섭의 빛이 서로 얽혀 차원변화의 관계를 맺고 초월성과 일상성 사이의 교호성으로 나아가 이들이 근대한국미학과 예술학의 중요한 교차지점에서 만나는 데 이르러서는 문득 학문적 행복감마저 느끼게 됩니다.

어쩌면 과학시대에 새로운 생명신비적 예술이나 새로운 미학의 출현을 예감이라도 하는 듯 산상(山上)의 미학으로도 비유해 볼 수 있는 김지하 시인의 우주생명학적 미학이 대중문화가 넘치는 21세기 장터의 미학으로도 과연 실현될 수 있는가 하는 점에서 그것의 현실 적응력을 새삼 살펴보게 됩니다.

마지막으로, 한국미학사상 전집을 비롯하여 독특한 미학적 사유의 광채를 모아 여러 책으로 내신 바 있고 또 석좌교수로서 강단에 서시기도 하였으나 늘 거리의 미학자로 자처하셨던 분으로서, 한국의 본격적인 강단미학의 한 집결체의 한 축인 '한국미학예술학회'의 학술발표회장에 발제자의 한 사람으로 나서본 감회가 어떠하신지 참으로 궁금합니다. 일반미학계와는 사뭇 달리 1999년 이래 수년간 한국미학의 주제와 연구영역, 연구방법 등 한국미학연구의 구도잡기를 주제로 줄기차게 학술모임을 벌여온 '한국미학예술학회'의 학술발표회장에 대한 느낌은 어떠하신지요?

『미학예술학연구』 21호, 2005, 6.

라고 「흰 그늘의 미학(초)」이라는 제목으로 발제를 중도에 마친 이에게 토론자가 물었습니다. '한국미학연구의 방향성'이라는 큰 주제로 "한국미학예술사상을 구축하기 위한 방법론을 모색"하고자 열린 2005년 봄, 홍익대 학술회의실에서였습니다.

　순수이성과 실천이성을 중심으로 한 형이상학적 접근과 과학 실증적 정보를 근거로 한 경험과학적 접근, 그리고 본질학과 사실학, 대상과 인식 사이의 치열한 교합 사이에 창의적이고 생산적인 의미지평을 확충하려는 현상해석학적 접근이 막다른 길에 접어든 세계사상계와 세계미학계의 사조(思潮)를 향하여, 동서양이 함께 제껴놓은 '영성과 우주생명의 창조적 진화'를 폭탄처럼 던져 천지개벽할 폭발음과 함께 엄청난 의식혁명적 풍파를 일으키는 중이었습니다. 거기에는 그 자신의 신산고초의 미적 현실체험과 동방 상고대 동이족의 신비한 미적 체험사상이 그 특유의 미적 논리전개방식으로 융합되는 중이었습니다. 그것은 상극의 변증법이자 상생의 변증법이고, 또 이를 뛰어넘어 그 자신 특유의 형용모순어법인 "대립하는 것 사이의 이중교호적 기우뚱한 균형"으로 귀결되어 있습니다.

2. 비과학적인 것의 과학화 : 반대일치 논법 : 대립하고 있는 것의 이중교호적 결합 : 새로운 신명론

　신과학, 생태학, 신우주론에서 말하고 있는 생성론과 생명론을 몇 마디로 요약하긴 극히 어렵습니다만, 세상에 있는 우주 만물들은 모두가 영성이 있고, 마음이 있고, 무기물조차도 사시 소식 활동을 하고 있다고 합니다. 이때 중요한 것은 신령함 자체가 아니라 신령함의 생성 운동이라는 겁니다. 그리고 하나의 작은 개체 속에 엄청난 전체성이 유출된다고 합니다. 작은 개체성을 인정함으로써 전체성을 실현한다는 것이지요. 더 많은 이야기가 있지만 이 두 가지를 앞으로 춤을 접근할 때 사유의 단초로 김지하 생명사상과 결부하여 논의거리로 삼아 보려고 합니다. 이는 곧 신명론으로 시작되고 신명론으로 마무리 된다는 것이고, 또 거기서 새로운 신명론을 대기한다는 뜻입니다.

이런 논의는 보이는 것만을 규명해 보려고 했던 과학 체계의 미비점을 극복하고, 보이지 않는 것조차도 과학적으로 논의될 수 있다고 하는 차원, 이를테면 말할 수 있는 것과 말할 수 없는 것, 들리는 것과 들리지 않는 것, 드러난 질서와 숨겨진 질서, 이들이 동시에 과학적으로 탐구되어야 한다는 새로운 학문 체계의 요구이기도 합니다. 특히 '비과학적인 것의 과학화'는 중요한 과제이기도 하지요. 이의 논리구조는 대립하는 것의 이중교호적 기우뚱한 균형인 것이지요. 대립하는 것이 쟁투, 지양하는 상극의 변증법만이 아니라 서로 상생하는 변증법이 일심(一心)으로 융합하는 우주생명의 화쟁(和諍) 논법입니다.

3. 일놀이굿의 일치 : 활동하는 신명, 신명의 활동 : 춤

우리는 한국예술의 아름다움이란 '생활과 종교와 예술이 비분리된 민예(民藝)적인 것'임을 언급한 고유섭의 견해를 다시 떠올리게 됩니다.

신명은 일과 놀이, 그리고 창작과 향수의 전일적 통일체로서 모든 생명을 포태하는 출산적 정취(mood)가 고조된 민중적 미의식의 모체입니다.

한국전통춤의 형식원리이자 유형적 특징은 바로 우주 생명기운의 운행원리이자 영성적인 것이 빚어내는 역동적 균형으로서 궁궁을을(弓弓乙乙)의 무궁한 시공간성이기도 합니다. 일, 놀이, 굿의 합일체로서의 춤이 이를 증시해줍니다. 활동하는 신명, 신명의 활동상이 바로 춤입니다.

4. 생성론-생명학, 생명미학 ; 동방의 예지와 생명의 자기조직화론의 교합

> 시천주 주문은 동학의 핵심이요 테야리즘(필자 주: 테야르 드 샤르댕의 우주진화론을 따르는 이념)의 압축이다. 테야리즘 안에, 테야리즘과 함께 베르그송과 그레고리 베이트슨, 데이비드 봄 등의 우주적 생명문법이 그대로 드러난다.
> 『김지하 회고록 흰 그늘의 길 3』, 학고재, 2003, 229쪽

김지하 시인은 일찍이 시천주 주문 13자를 스스로 의미 규정한 수운선생의 「논학문」(論學問, 『東經大全』 수록)을 동방의 신비로운 예지와 동서고금의 과학적 검증법을 버무려 동시에 구사하면서 깊고 넓은 해석의 지평을 열어 놓은 바가 있습니다. 김시인이 절체절명감으로 주문 내용을 압축한 글 제목은 「인간의 사회적 성화(聖化)」입니다. 이는 당시 신생철학의 중간 결산과 같은 것이라고 봅니다.

우리는 그것으로 그의 생명사상의 토대가 갖추어졌다고 판단할 수 있습니다. 이에 더해 1980년대 들어서 '존재를 낳는 것이 생성'이라는 '생성론'이 생명의 '자기조직화론'과 더불어 신과학적 서술을 더하게 되면서 그의 생성론, 생명론은 19세기 민중공파사상의 우주론적 해석학과 함께 생명학, 우주생명학으로 나아가게 되었습니다. 김지하의 생명미학은 이에 따른 생성미학적 우주론이기도 합니다.

이로써 「김지하의 생명미학과 악가무천지굿론」의 말문을 열어봅니다. 그 기조는 김지하의 생명사상을 기초로 한 생명미학입니다.

II. 생명춤미학 서설

1. 춤과 신명(神明) ; 살풀이와 씻김, 그리고 유랑성과 엑스타시

1) 춤은 원초 생명의 자기확인이라고 할 수 있습니다. 이러한 생명의 자기확인이란, 하나의 존재라는 것이 개체적인 존재자일 뿐 아니라 다른 무엇과 유기적인 연관관계를 맺고 있는 협동적인 존재자임을 스스로 확인한다는 것입니다. 춤은 생명력이 흘러 넘치는 살아 생동하는 것이어서 언제나 죽음이나 죽임의 상황에 대결하는 측면이 있어 그만큼 적극적이고 쟁투적인 삶입니다.

   춤은 온갖 반(反) 생명에 대해 대항해 왔습니다. 우리는 춤출 수 없도록 사회체제를 몰고간 중세(中世) 시기에 춤추지 않으면 살 수 없는 사람들이 죽을 때까지 춤추다가, 죽어서야 춤이 그치는 '죽음의 춤'과 '무도병'의 역설적 사회병리현상을 기억하고 있습니다.

2) 그렇기에 춤출 수 없게끔 만드는 죽음, 죽임의 세력에 대항하는 춤이야말로 춤의 가장 강력한 주제가 될 것입니다. 반생명을 척결하고 살아있음에 겨워 신령스러움의 생성활동인 엑스타시를 체험하는 여기에서 우리의 독특한 신명론이 제기될 수 있다고 하겠습니다. 죽임인 살을 풀어 헤쳐 물리치는 '살풀이' 과정에서의 극점이 바로 '신명' 입니다.

3) 신명은 '우주 생명력과 교합된 상태로 확대된 자아'라고 김지하 시인은 말합니다. 말하자면 우주 생명이 인간내부에 지펴들어 자기 안에 우주가 확대되어 나오는 영성적인 것입니다. 그리고 이러한 신명은 우리의 샤머니즘적 전통에서 얘기하듯 '신이 나고 들고 오르고 내리고 지펴 바람나는 접신체험'이기도 합니다. 그것은 우주질서가 나고드는 '내유신령 외유기화(內有神靈 外有氣化)'의 동학주문과도 통합니다. 자신이 한울님의 담지자임을 스스로 깨닫는 이마다 신명의 주체자이므로, 신명은 연행 예술가에게만, 농촌 정서 체험자에게만 다가오는 것이 아닌, 만인 보편의 것입니다.

4) 예술가란 말하자면 일반인의 은폐된 신명을 끝내 불러일으키는 신명의 대행자입니다. 각자마다 내재된 신명을 은폐시키도록 몰고간 삶의 액을 제거하는 사제의 역할을 맡아하는 것입니다. '신맞이춤'으로서 인간과 자연과 우주와 역사가 동시에 초청되어 공생에너지를 교감하는 생명포태의 신명이 있는가 하면, 화랑도의 가무처럼 접화군생(접화군생)하여 미적인 것과 생태도덕적인 것이 합일된 풍류의 본원적 신명이 있습니다. 그리고 병신춤에서 보이는 그늘진 신명이라든지 살풀이 춤에서 보이듯 전투적 현실인식을 통한 역동적이고 역설적인 신명 또한 있는 것이어서 신명은 단순한 한풀이나 소비적 정서가 아닙니다.

생긴대로 마구잡이로 추는 자생적 천성적 신명이 있는가 하면, 전문 예인의 별 것 아닌 듯 천진난만한 고졸(古拙)의 '사로잡는' 신명도 있습니다. 멍석말이 춤으로써 반생명적 상황을 극복하는 죽음맞이의 웅혼한 신명이라든가, 동학의 검결(劍訣)처럼 사회개혁과 우주 개벽의 신명, 원효대사의 무애가무(無㝵歌舞)처럼 진속일여(眞俗一如)의 신명, 전(全)문명사적 전복을 꿈꾸는 신명 등으로 춤에서 드러나는 신명은 이처럼 여러 갈래인 것입니다.

2. 미적 체험으로서의 신명

1) 신명과 민중적 미의식

① '활동하는 무', '움직이는 도', '텅 빈 자유'인 춤은 창조적 진화를 부추겨 마지않는 경건한 실천행입니다. 이는 사람 마음 가운데 한울님을 모시는 『천부경(天符經)』에서의 인중천지일(人中天地一)과 동학교리에서 시천주(侍天主)의 '하나됨', '하느님', '한울님'의 실천의례이기에 모방하며 존경하는 사(事)와, 존경하며 동무하는 동사(同事)의 이중교호로써 춤의 주체인 신명의 활동상이 아닐 수 없습니다. 여기에서 신령스런 빛을 모신 아름다움이 생성됩니다. 이는 한국예술의 아름다움은 '생활과 종교와 예술이 비분리된 민예(民藝)적인 것'임을 언급한 고유섭의 견해를 재음미케 합니다.(「한국인의 미의식의 세 가지 원천」, 〈2016 세계미학자 대회 발표문〉)

② 신명은 일과 놀이, 그리고 창작과 향수의 전일적 통일체로서 모든 생명을 포태하는 출산적 정취(情趣, mood)가 고조된 민중적 미의식의 모체입니다. 한국전통춤의 형식원리이자 유형적 특징은 바로 우주 생명기운의 운행원리이자 영성적인 것이 빚어내는 역동적 균형으로서 궁궁을을의 무궁한 시공간성이기도 합니다.

③ 그러므로 신명은 이러한 형식원리뿐만 아니라 예술창조 과정에서의 내재적 충동으로서 열정, 열광(enthusiasm), 영감(inspiration), 그리고 창작·향수체험으로서의 출산적 에너지인

동시에 작은 살림살이에 무한한 창조적 계기를 부여하는 우주적 생명체험입니다. 어둠과 빛의 세계, 신산고초의 '한(恨)'과 신성하고 고결한 환희 그리고 미적인 것과 윤리적인 것 등의 결합처럼 대립하는 것 사이의 이중교호적 얽힘은 한국 미 또는 한국적 미의식의 핵심적인 특질이 아닐 수 없습니다.

여기서는 신명의 내재적 기능을 살풀이와 치유, 씻김과 연관하여 규정하는 한편, 샤머니즘적 유동, 전이로서 창조적 혼돈을 경험하는 초월세계 진입의 엑스타시 현상을 기술해봅니다. 그리해서 무한회귀하는 순환적 진화의 생성에너지를 통해 신명의 살아있는 현재성을 논구함으로써 춤생명미학이란 학문이 현재라는 시공간에서 새로이 생성되고 있음을 입증해보고자 하는 것입니다.

2) 신명의 내재적 속성

① 여기서 우리는 신명이 그 속성으로 지닌 그늘의 드러냄, 그늘의 밝음화, 정화, 마음의 씻음, 씻김, 치유, 신산고초의 한과 신성하고도 고결한 환희, 곧 '흰 그늘'을 짚어낼 수 있습니다.
② 또한 한국의 신명이란 현실 속에서 현실초월적 세계로 진입하는 '비판적 초월' 임을 또다시 강조하게 됩니다.
③ 그리고 신명은 치유와 상생과 사태해방이 사회현실인식과 통합함으로써 빚어지는 창조적 계기부여의 우주적 생명체험이라 하겠습니다.
④ 신명은 '영성과 우주생명의 창조적 진화'의 산물이라 하겠습니다. 그리하여 구속적인 현실에서 벗어나 민중적 소망에 내재한 생성으로서의 새로운 시공간 형성인 것입니다.

⑤ 한국전통춤의 형식원리이자 유형적 특징인 '맺고 풂', '어르고 닮' '덩실덩실' 과 '너울너울', 발디딤새로서의 비정비팔(比丁比八), 춤동작선으로서 3진 3퇴, 3전 3복, 사방치기, 연풍대 그리고 춤 리듬의 내재 원리로서의 3분박(分拍), 대삼소삼(大三小三) 등은 그것이 바로 우주 생명기운의 운행원리이자 영성적인 것이 빚어내는 역동적 균형으로서 궁궁을을(궁궁을을)의 무궁한 시공간성이기도 합니다.

3. 미적 체험의 시공간 : 마당, 판

1) 신명이 드러나는 '틀' 과 극적 생성적 시공간

미적 체험은 미적 상황을 만들어내는 것, 즉 미의식을 가지고 대상과 부딪치는 관계 체험(Erlebnis)이라고 한다면 그것은 좁게는 창작체험과 향수체험이 교통하는 것이라 할 수 있습니다. 특히 우리의 경우에는 복합문화공간으로서 판의 생성에너지원으로서 신명을 이야기할 수 있겠습니다. 신명의 구체적이고 실제적인 상황은 문화복합공간이라고 할 수 있는 '마당', 또는 '판' 을 통해 확인할 수 있습니다.

거기에서는 향수자가 단순히 수동자의 입장만 취하는 것이 아니고 또 창작자가 작품을 자기 속에서만 한정시키지 않습니다. 이를테면 수용미학에서 이야기되는 정도뿐만 아니라 이를 넘어 예술 창작 향수체험을 두루 통해 늘 새롭게 판을 짜고 또 새롭게 해석하는 것입니다. 그러기에 이는 지극히 즉흥적인 판의 원리와 밀착되어 있고, 신명의 논의에서 가장 살아있는 현장은 우리에게는 마당판이라고 할 수 있습니다. 바로 그러한 신명을 드러내고 있는 생명에너지의

'틀'로서 미적, 생성적 시공간의 예를 들어보기로 합니다.

2) 마당판과 전지적(全知的) 생성시각

① 4방, 5방, 8방, 시방으로 열린 마당판의 원형적 연행공간에서 관중은 무엇을 어떻게 보는가? 상자무대(proscenium arch)의 관중은 무대가 베푸는대로 일방위적으로 무대를 보게 됩니다. 그러나 원형무대의 관중은 무대를 보되 공연을 보는 관중을 보면서 공연을 봅니다. 앞의 경우는 감성독재의 집중공간이고 뒤의 것은 관중의 시선이 분산 공유되는 협동적이고 확충적 공간입니다.

② 한 관중은 동일평면 상의 관중뿐만 아니라 그보다 윗층에서, 또 더 윗층에서, 드디어는 하늘 위에서 보는 이와 동일한 시각을 공유합니다. 하늘에서 굽어보고 땅에서 건너다보는 이것이 전지적 시각입니다. 이는 하늘님의 시각이고, 인중천지일(人中天地一)의 시각입니다. 그리고 그것은 마치 소설에서 3인칭 화자(話者)의 시각과 같고, 또 만사를 장악하는 킹카드(King Card)적 시각(Augusto Boal, *The Theatre of The Oppressed*)이기도 합니다. 관중은 앉아 있는 각자의 위치에서 사태를 공유하고, 사건의 증시자(證示者, demonstrant, Bertolt Brecht, *Epic Drama*)이면서 동시에 당사자가 됩니다.

③ 이는 '4방시각'의 시각이니 시각집중이 아니라 시각협동, 곧 시각의 network입니다. 그래서 중심내용은 강화되고 관계주변은 유기화됩니다.

4. 민중의 공유시각을 포지한 광대

1) 민중의 공유시각을 포지한 광대는 자기 얘기를 남 얘기처럼, 남 얘기를 자기 얘기처럼, 1인칭과 3인칭 사이 들락거림이 자유롭습니다. 1인칭의 3인칭화, 3인칭의 1인칭화의 교합인 셈이지요. 전지적 시각입니다. 그것은 자기 일을 남의 일처럼, 남의 일을 자기 일처럼 바라보아온 일상의 자기객관화, 일상초탈의 자기주관화가 이중교호하는 육체반응에서 비롯된 것이 아닐 수 없습니다. 그는 서사극(敍事劇, epic drama)에서 말하는 사건 목격자인 '증시자'(證示者)의 시각에 더해 사건 당사자로서 객체의 주관적 감정이입의 자기발언자이기도 한 것입니다.

2) 신명의 대행자로서 신적 존재자로 전이된 소리춤꾼, 연행자는 자신의 발언과 춤행위를 배역으로 맡은 인물의 목소리와 몸짓으로 전달하되 1인칭 화자의 시각과 3인칭 전지적 시각을 이중교호적으로 얽혀들게 합니다. 제 얘기하듯 남 얘기 하고, 남 얘기하듯 제 얘기를 하여 카오스모스적이고, 혼돈적 질서입니다. 여기에 기화신령(氣化神靈)의 신명이 출산적 정취(出産的 情趣)를 생성합니다.

3) 진정한 민족 광대는 민중의 중첩된 정서체험을 전승하는 예인으로서 개체보존의 생명에너지를 덜어낸 자리에 민중의 신명을 채움으로써, 그 자신의 신명으로 일반 민중의 숨은 신명을 불질러내는 무당과 같은 존재입니다.

Ⅲ. 생명미학으로서의 악가무론 1 : 형태론

1. 4방치기와 3진 3퇴, 3전 3복, 태극선

1) 우리춤은 아무래도 '사방치기'에서 비롯된다 할 것입니다. 판닦음, 터벌임을 하여 판을 여는데, 동서남북 4방신께 배례를 올리는 것인데요. 봉산탈춤의 첫 대목인 4 상좌춤이 그러하고, 들놀음, 오광대의 5방신장무도 그러하지요. 아예 '사방치기' 라는 춤사위 이름은 양주별산대놀이 첫 마당 상좌춤에도 있고 옴중춤에도 있습니다. 이는 하늘께, 자연과 우주만물께 제례를 드리는 것으로 춤의 첫 말문을 여는 것인데, 말하자면 춤의 시작을 고지하고 인사를 드리는 겁니다. 하늘과 사람, 우주와 사람, 자연과 사람 사이뿐만아니라 사람과 사람 사이의 인사굿이기도 합니다. 처용무의 첫 대목인 상배가 또한 그러한 것이지요. 풍물에서도 이렇게 인사굿으로 판을 엽니다.(막이 내리고서야 있을 커튼콜이 맨 앞머리에 있습니다. 물론 놀이를 끝내고서도 커튼콜을 합니다.) 무엇보다 먼저 하늘과 우주와 자연과 조상과 역사를 모셔들이는 것으로 판을 여는 것입니다. 굿에서 첫 대목인 청배거리, 부정거리가 또한 그러하지요. 제 놀 땅을 터닦아 정화하고 거룩한 곳으로 옮기고서야 세속적인 것으로 놀아댑니다.

2) '사방치기' 란 사방을 친다는 것인데 어떤 뜻인가?

'상대방을 치다', '벽을 치다' 처럼 '때리다, 타격하다, 두드려 패다'입니다. '북을 치다'가 또한 그러한데, 북을 두드려 하늘문을 여는 겁니다. 영고(迎鼓)입니다. 하늘맞이입니다. 또한 양치기 목동이 있듯이 '치다'는 '기르다, 보듬다, 양육하다'입니다. '사방치기'란 그러기에 사방팔방의 우주만물을 길러내는 겁니다.

또 새끼를 치는 겁니다. 알을 까는 겁니다. 번식하는 것이지요. 개체보존과 함께 종족을 보존합니다. '사방치기'란 뭇 생명을 접속하고 이어가는 것입니다.

그러하니 '사방치기'란 사람 가운데 하늘과 땅을 모셔들여, 삼라만상과 역사와 주위사방과 나중 올 후대 사람과 미물까지 보듬고 길러내며, 북을 치듯 세상을 두드려 일깨우는 신명맞이입니다. 못된 것, 그르친 것, 억압하는 것을 타격하여 물리쳐 풀어내는 새 살림살이입니다.

3) '사방치기'는 같은 동작을 동, 서, 남, 북 등으로 '뿌려' 줍니다.

이러한 반복적 동작은 동작의 의미를 강화, 심화시키고 적층됩니다. 그리고 이는 둘러앉은 관중에겐 공동의 시각, 공유의 동류의식을 유발시킵니다.

반복적 동작이나 리듬은 사실의 세계나 산문의 세계에서 율동과 운문의 초월적 세계로 진입하는 통과의례의 과정이 됩니다. 산문이 노래가 되고, 일상동작이 율동을 얻어 춤이 됩니다. 같으면서도 조금씩 변화되는 가락 속에서 점점 엑스타시의 세계로 빠져듭니다. 이로써 원초(原初)적 원형(圓形)의 회귀공간이 생겨나고 공동신명의 자장(磁場)이 확보됩니다.

4) 3진 3퇴는 세 번 나아가고 세 번 물러서고, 3전 3복은 세 번 드러 눕고 세 번 엎어지는 움직임의 동작선을 말합니다. 3이라는 유동적이고 혼동적인 역수의 특성이 두드러진 움직임의 동선이자 행로입니다. 이에 4방이라는 위상이 자리잡고 있어 3진 3퇴하는 유동성은 3진퇴와 4위상이 고리를 이루어 더욱 혼돈적으로 움직이는 질서의 균형감을 품어냅니다. 말하자면 '혼돈적 질서'의 극대화이자 카오스모스적인 현실신령적 세계입니다.

5) 이에 라인은 생명기운의 영성적인 것이 빚어내는 역동적 균형으로 궁궁을을(弓弓乙乙)의 무궁한 태극선(太極線)이 아닐 수 없습니다.

2. '비정비팔(非丁非八)'의 디딤새

1) 우리춤의 발디딤법의 핵심은 비정비팔의 디딤새에 있습니다.

비정비팔의 디딤새는 두 발을 비스듬히 디디되 丁자 모양도 아니고 八자 모양도 아니라는 겁니다. 좀더 면밀히 보면, 丁자 모양이 아니어서 八자 모양이고 八자 모양이 아니어서 丁자 모양이라는 겁니다. 丁자 모양이기도 하고 八자 모양이기도 한 것인데, 아무래도 조금은 어중간한 디딤새이지요. 어찌보면 이도 저도 아닌 얼치기 회색의 행보인 듯도 싶고, 이것이며 또 저것인 것이어서 '2중교호의 기우뚱한 균형'이기도 합니다. 여기엔 직각과 둔각, 벌림과 오무림이 교차하고 한 고리를 이루고 있습니다. 수렴과 확산이 연동하면서 무궁한 태극선을 그리고 있습니다.

이에 따라 오금을 죽였다 도듬새를 놓았다 하여 몸 전체를 놀립니다. 앞으로 내딛고 뒤로 갈 때 비드듬 뒤축을 살짝 들어 '덩실덩실' 춤추고, 가슴에서 팔을 내어 엎었다 제쳤다 짓고 뿌려 '너울너울' 춤춥니다. 디딤새와 발길이 날카롭기로 이름난 이매방 명인의 발 놓는 법이 그러합니다. 이리해서 그분의 활갯짓은 더 없이 자유롭고 거기서 정중동의 시김새가 나옵니다. 그늘이 어려 쩔은 데서 흰 빛을 품에 그러쥐고 사방으로 뿌려줍니다. 흰 그늘의 뿌림새입니다.

2) 우리나라 활쏘기의 아랫몸 자세가 '비정비팔' 입니다.

활쏘는 이의 발의 위치는 丁자도 八자도 아니면서, 가슴은 비우고 배는 단단히 해야 한답니다. 대체로 스트레이트 스탠스(straight stance)라고 하여 두 발을 과녁과 직각으로 두는 양궁의 자세와는 다른 것입니다. 어쩌면 이러한 엉거주춤한 자세야말로 활시위를 떠난 화살이 120보 앞 145미터쯤 떨어진 과녁을 적중시키는 힘의 원천인 것입니다. 칼날 같은 과학적 엄정성이 거기서 나옵니다. 바로 퍼지(fuzzy)이론이 그렇지요. 우리춤의 동작도 이러한 무술동작과 깊이 연관되어 있습니다.

3) 둘러보면, 솜씨좋게 대패질하는 큰 목수의 아랫몸 자세가 또한 '비정비팔' 입니다.

그분이 아무렇게나 무심코 놓은 발품새가 바로 '비정비팔' 입니다. 그렇게 발을 놓고 일하는 품새는 그의 일이 더 이상 고역스런 일이 아니라 그대로 한가락의 춤인 듯하지요. 일하는 것이 아니라 마치 춤추고 노는 듯합니다.

그렇게 일과 놀이가 따로 없이 신명이 나 있는 것이니, 이는 보는 이에게도 신명을 불러 감염시킵니다. '비정비팔' 의 발놓기, 발디딤새는 우리의 무술에서, 춤에서, 일에서 매한가지로 신명을 불러 일으키는 자세입니다. 21세기 오늘 어떠한 춤의 과학, 어떠한 춤의 신명이 있어 일과 놀이, 삶과 유희, 과학과 예술을 하나로 아우를 수 있겠습니까?

3. 엇박 : 붉은 악마와 '대한민국'

2002년 서울과 지역 도시에서 열린 월드컵대회에 응원나온 젊은 붉은 악마의 대파도는 2006년 촛불혁명과 함께 노겸 김지하 시인에게 우리의 역사와 세계사에 대해 어떤 의미가 있는가를 깊고 신명나게 통찰케 한 바가 있습니다.

그것이야 말로 새 세계를 열어젖히는 고대 동방 르네상스의 한 징표이고, 한류의 원천적 에너지를 확인케 해주는 거대한 개벽의 물결이라고 보았습니다. 그리고 붉은 악마들의 무리지은 행동 속의 그 테마를 셋으로 보아 '엇박', '치우(蚩尤)', '한국형 태극'을 들었습니다. 여기서 우리가 먼저 주목하는 것은 악가무의 한국적 특질을 한꺼번에 요약해주는 장단타기의 '엇박' 입니다.

1) 2분박과 3분박의 교직, 엇박

> 한 달 내내 온 인이 합성은 '대 한 민국'과 '떼떼떼 떼떼' 였다. '대한민국' 은 4분박이니 2분박과 함께 질서와 균형과 고요의 박자. 이에 대비해 3분박은 혼돈과 역동과 소란의 박자다. 그런데 이 대한민국의 '대한' 의 2분박을 길게 끌어 '대~ 한' 의 3분박으로 만들어서 혼돈의 박자로 바꾼 뒤에 '민국' 의 2분박을 그 뒤에 갑자기 붙여서 전체를 3분박 플러스 2분박의 혼돈의 질서, 즉 엇박을 창조한 것이다.
>
> 『생명과 평화의 길』, 문학과 지성사, 2005, 156쪽

붉은 악마가 일사분란하게 응원의 박자를 맞춘 것은 '대한민국' 이란 구호의 2분박과 3분박의 엇갈린 교합, 곧 '엇박' 입니다. 이를 '혼돈적 질서' 를 창조해낸 데에서 온 것으로 풀이하고 있습니다.

'엇' 이라는 우리말은 전통 예술에서 서로 반대되는 이것과 저것이 서로 엇가면서도 함께 붙어 있는 것'을 말한다. 이 엇박이 지배적으로 나타나는 전통굿이 곧 '호호굿' 인데 '호호굿' 이야말로 격동과 고요가 함께 '엇걸이' 또는 '잉아걸이(베틀의 북이 들어가며 동시에 나가는 것)' 하는 (어떤 의미에서) 대단히 현대적인 굿 형태다.

위 책, 156쪽

2) 엇박의 혼돈적 질서

엄밀히 말하면, '대한민국' 의 장단은 풍물굿에서 오방진을 짤 때 두드리는 오방진가락의 한 배 중 셋째 토막을 잘라내어 엇박의 묘미를 준 장단입니다. '대한민국' 의 4박 중에 앞의 두 박은 3분박이고 뒤의 두 박은 2분박입니다. 이를 한 장단으로 교직한 것이지요.

대~한민국 다음의 장단인 따따따 따따 역시 3분박 플러스 2분박으로 엇박, 즉 '혼돈박' 이니 마찬가지로 '혼돈의 질서' 다.

위 책, 156쪽

한 배 중에 한 토막만을 잘라내 확대하여 반복하니, 불완전한 것의 양적 확대인 셈입니다. 이렇게 되면 한 배 안에 출렁이는 암수가락배합을 이룰 수 없어 일사불란은 하나 변화는 막히게 됩니다. 그러나 그것은 3분박과 2분박의 교합으로서 엇박이자 '혼돈의 질서'(카오스모스)인 것은 분명하지요.

'혼돈의 질서'가 연속되는 경우의 '대~한민국'은 '불림'(일종의 귀신 부르는 소리, 즉 초혼(招魂)이 되고 뒤의 '따따따 따따'는 장단이 되므로 신령한 카오스인 '불림과 음악적 질서인 코스모스의 장단'이 플러스되어 결국은 또 하나의 '혼돈의 질서', 카오스모스가 되는 것이어서 이 역시 하나의 카오스모스 문화인 것이다.

위의 책, 156쪽

3) 집단신명의 분출로서 한류

엇박을 한꺼번에 수천 명이 맞추다는 점에서 '집단적 파격의 질서'라는 놀라운 반대일치의 집단적 신명의 힘을 과시했다는 것입니다.

바로 같은 혼돈이면서 질서인 '엇박'이 음감(音感) 예민한 유럽선수들을 커다란 당황감과 혼돈 속에 빠트렸고 전통적인 엇박에 익숙한 한국 선수들에게는 역동적인 차분함을 선사했다는 것이 월드컵을 구경한 사람들의 중평이다. 이 역설에 가득 찬 붉은 악마의 '카오스모스 문화가 현대 세계에 진정으로 의미하는 것은 무엇일까?

위 책, 156-7쪽

카오스문화의 집단 실행의 현장에서 우리는 신령스런 한류문화의 재 부활을 직접 체험한 것입니다.

4. 흰 그늘의 소리, 음악의 흰 그늘 : 본청의 자리에 황종적 협종이, 시김새와 그늘의 지극인 '수리성', '귀곡성'으로

우리음악에서 음의 중심자리를 본청이라 한답니다. 오음육률 12음계는 소리의 위상이고 선율의 흐름은 본청의 운동입니다. 이를 관장하는 우주음악의 원리가 율려입니다. 이에 대한 논의는 노겸 시인의 『흰 그늘의 미학을 찾아서』(문학과 지성사, 2005)에서 잘 살펴볼 수 있습니다.

1) 선천 시대의 율려는 중심음이 황종인데, 후천시대를 열어젖히는 여율은 황종자리에 협종이 들어간 형국이라고 합니다. 곧 황종적 협종, 협종적 황종인 것이지요.

> 하늘이 질서요 코스모스라면 땅은 혼돈이요 카오스이며, 사람은 그 코스모스와 카오스, 그 질서와 혼돈, 그 법칙과 질료이다. 제 안에서 창조적으로 통합하는 기운이요 주체이니 곧 생명이다. 음악 쪽에서 본다면 하늘인 건괘(乾卦)가 율려(律呂)요 그 중심음인 황종(黃鐘)이며 중국의 아악(雅樂)이라면, 땅인 곤괘(坤卦)가 여율(呂律)이요 협종(夾鐘)이요 한민족 궁중악인 정악(正樂)인데, 주역 둘째의 곤괘에 있는 '누른 치마를 입으면 으뜸으로 길하다(黃裳元吉)'란 상징의 의미처럼 재상이 임금 자리에서 통치함이라 협종이 황종 자리에서 들어가 중심음, 즉 궁(宮)음 노릇을 하면 아주 좋다는 뜻이다. (…) 이것은 다시 '카오스가 코스모스 자리에 들어가 우주를 통치하면 매우 좋다'란 뜻이 된다.
>
> 위 책, 475쪽

2) 황종적 협종, 협종적 황종은 여율이 율여의 자리에 든 것이어서 좋은 통치를 기대하게 된다는 뜻입니다.

> 이것은 역(易) 질서로 볼 때 '정역의 여율(呂律)이 주역의 율려(律呂) 자리에 들어가 지배하면 매우 좋다'가 된다. 마찬가지로 여성, 여성성, 모성, 사랑과 대지의 생명학이 남성, 남성성, 부성, 도덕과 하늘의 이법(理法) 자리에서 통치하면 으뜸으로 좋다는 말이 될 수도 있다.
> 위 책, 475쪽

3) 이는 하늘과 땅의 이중교호적 결합이며, 개체가 자기 정체성을 잃지 않고, 하늘과 땅을 분권적으로 융합하여 표현된 '어울질'과 '엇걸이'인 것입니다. 정간보의 미학이 거기에 있습니다.

> 미학적으로는, 특히 음악에서는 무슨 뜻이 되는가?
> 협종적 황종(夾鐘的 黃鐘), 여율적 율려(呂律的 律呂), 혼돈적 질서(混元之一氣)나 '그늘'에 해당한다면 숨어 있는 차원에서 새롭게 드러나는 차원으로 올라오는 초월성, 아우라, '한'의 경지인 '흰 빛'에 결합된 '그늘', 즉 '흰 그늘'이 될 터이니, 다름 아닌 산조(散調)나 속악(俗樂) 등의 '정간보(井間譜)'의 미학이 그것이다.
> 왜냐하면 정간보는 탈중심, 해체, 혼돈과 생성, 생명의 시대에 중심 아닌 중심이라 해야 할 계열화, 촉매, 뿌리 등의 기능을 가진 본청(本淸)을 천지인 중의 '사람', 즉 '인(人)'의 역할에 배치하고 그 위아래의 음역에 '하늘(天)'과 '땅(地)'을 획정하여 사람을 중심으로 하늘과 땅을 아우르거나 오르내리거나 어울질(꺼꿀잡이, 혼돈)하거나 엇걸이 (중층화, 복잡화)해나가기 때문이다('人中天地一'이 정착한 것이다).

혼돈적 질서, 하늘과 땅의 이중교호결합 그리고 '그늘'이 아무리 훌륭한 미학적 범주라고 해도 구체적인 경우에 구체적으로, 개별적인 조건에서 개별적으로, 개체가 자기정체성(identity)을 잃지 않고 혼돈과 질서, 하늘과 땅을 '분권적으로' '융합(fusion) 표현' 하기는 쉽지 않기 때문이다.

위 책, 475쪽

4) 삭힘의 시김새는 '그 사람 속 본청'에 좌우되는 것입니다.

판소리에서 엄격한 소리꾼 자질의 첫째 덕목으로 치는 그늘, 웃음과 눈물, 익살과 청승, 잉아걸이, 엇걸이 등과 농(弄), 묵(默), 틈(間), 앞소리가 끝나기 전에 뒷소리를 겹치거나, 허공에 소리끌텅(줄거리)을 던져놓고 기침하거나 가래를 뱉거나 물 한잔 먹고 나서 허공에 아직도 떠 있는 소리끌텅을 홱 나꿔채다가 다시 이어가도 조금도 단절감이나 위화감을 느끼지 않을 정도의 재능의 수련과 연마의 조건이 되는 '시김새(삭힘의 명사)' 역시 바로 개별적 조건의 개별적 조율이라는 '사람 속(人中)' 그 '본청(本淸)'에 좌우되는 것이다.

위 책, 476-7쪽

5) '귀곡성'은 시김새와 그늘이 지극정성으로 도달한 '흰 그늘'의 세계입니다.

한 걸음 더 나아가 '시김새'나 '그늘'이 다 충족된 소리꾼이 걸걸한 '수리성'으로써 가히 명인의 경지에 이른다 하더라도 '귀신울음소리(鬼哭聲)'를 내지르는 귀신의 영역, 『천부경』의 이른바 '오칠일(五

七一)'의 경지에 이르지 못하면, 중력으로부터의 초월성, 중력과 초월성의 통일(시몬 베유), 이른바 땅과 하늘의 통일(天地一)을 사람 속(人中), 즉 개별적 조건에서 개별적으로 신산고초를 제 나름나름으로 견뎌내지 않으면 [동학의 주문 앞머리 '모심(侍)'의 마지막 명제인 "각자각자 서로 옮길 수 없는 것을 나름나름대로 깨달아 다양하게 실현한다(各知不移者也)"] 통달하지 못한다. 그렇기 때문에 귀곡성은 제 나름의 '삭힘(忍辱精進 수련, 연마, 신령한 차원변화, 동학의 至化 至氣 至於至聖)'의 지극한 경지에 이르지 못하면 어림없다.

이것이 '흰 그늘'이다.

위 책, 477쪽

5. 연산(連山)구조

1) 연산구조는 '산이 연이어 있다'는 것인데, 각각 봉우리마다 독자성을 지니고 있으면서 그것이 보이지 않는 질서 속에서는 하나의 맥을 이루고 있다는 것입니다. 마당마다 서로 다른 제재와 주제가 보이지 않는 질서 속에서 한 맥을 이룹니다. 각 마당은 통일된 생성흐름(비판적 초월, 향유)이 내재적으로 분화되고 다양화되어, 독립성을 유지합니다. 말하자면 옴니버스 구조이고, 병행적, 중층적, 다층적 연산구조입니다. 많은 민속예술, 판소리, 탈춤, 민화 등이 그러하고, 병풍도 마찬가지입니다. 이는 한 가지로 열두 가지를 말하는 부분의 독자성입니다.

2) 다양의 통일로 나아가는 것이 아니라 통일된 것이 다양화로 분화되는 방향을 취합니다. 전지(全知)적 시선도 이와 연관되지요.

이 연산구조 속에서는 부분이 전체 속에 기여하면서 더 나아가서는 이 부분이 전체를 대표해주기도 하는 것입니다. 여기서는 최소단위의 의미묶음인 마루채 개념이 중요합니다.

3) 마루채와 마루채의 엮음방식에 기초하여, 마루채의 선택적 엮음 방식에 따라 연행의 시간이 축소, 확대되고, 수렴과 확충이 동시에 진행됩니다. 이로써 공연상황은 시시각각 재구성될 수 있습니다. 더불어 마당 사이 분산, 이동배치, 들락거림이 허용됩니다.

4) 하나의 작품은 작품의 완성과 동시에 완결되는 것이 아니라 생활적 시공간 속에 자연 연륜과 함께 완성되어갈 따름이라는 동양적 예술관과 이는 서로 통합니다.

IV. 생명미학으로서의 악가무론 2 : 생명춤 미론

1. 맺고 풂

1) 맺고 푸는 과정은 역(易)의 운행과정으로 인생사의 매듭이자 고리이기도 합니다.

세시풍속도 그러합니다. 명절이란 삶의 반성과 전망이 교차하는 '날잡은 날'이고, 삶의 굴레가 맺고 풀리는 날입니다. 이렇게 하여 그날이 그날이 아니라 밋밋한 삶에 굴곡이 지어집니다.

2) 맺고 푸는 것은 '감고 푸는 것'과도 통하여서 수렴과 확산입니다. 순환적 진화의 끝없는 '과정'(process)입니다.

한국전통춤의 한 특성을 선묘(線描)적이라 한다지요. 특히 태극선의 선묘법이 그러합니다. 대부분의 민속춤 사위가 그러하고 승무의 감고 푸는 사위, 탈춤의 깨끼춤, 외사위, 양사위, 겹사위, 곱사위, 농사 일춤의 '몽두리사위' 등이 다 그러합니다.

3) 맺고 푸는 것은 동작으로선 엎어지고 제치는 것이기도 하고, 하나의 춤으로서는 전체 구성의 틀이 그러하기도 합니다.

"내고 달아 맺고 푼다"라는 풍물의 구조나 문예작품의 기승전결(起承轉結 또는 발단, 전개, 절정, 대단원) 구조라든가 음악에서의 기경결해(起輕結解)와도 통하지만, 앞부분의 '내고 달아'는 결국 '맺고 푸는' 데에 품기울 뿐입니다. 대삼소삼(大三小三)이라든가, 암가락 숫가락 사이의 배합 등도 맺고 푸는 묘미의 하나에 해당하지요. 맺고 풂은 때로는 긴장과 이완의 짙은 감정곡선의 배합을 일컫기도 합니다.

4) 경상도 깃거디 정면의 춤을 넛배기춤이라 하고, 그것의 숭핵대목은 '배김새' 사위에 있습니다.

'배김새' 춤사위는 지신밟기나 매구굿(埋鬼)과 관련이 깊어 '꽉 배기듯' 앞발을 들어 지신을 밟듯 강하게 디뎌 놓고 두 팔을 양 옆구리에 부딪쳐 튕겨나오듯 춤을 춥니다. 어르고 배기고 푸는 것은 배김새의 순차적인 진행입니다. 경상도 들놀음이나 오광대의 말뚝이춤이나 양반춤이 그러하고, 동래학춤의 춤사위도 그러합니다. 이와 같은 떨배기의 배김새가락이 춤멋을 더해줍니다.

배김새는 '답지저앙(踏地低昂)'의 강력한 기운을 풀어냅니다. 땅에 발을 디디고 몸을 수그렸다 폈다하는 동작으로, 천지인이 하나가 되어 하늘을 지향하고 빛을 받아들이는 디딤새의 동작입니다. 무릎을 굴신하여, 오금을 죽이고 도듬새를 놓는 그것은 우리 춤의 중심동작입니다. 그러한 하체동작을 관장하는 곳은 하단전(下丹田)이며, 생명에너지의 중심자리입니다. 그러나 그보다 먼저는 원(原)단전에 해당하는 회음혈(會陰穴)인데, 이는 생식과 배설활동을 관장하는 자리입니다. 그러한 하단전과 회음혈이 신체활동의 중심이 되어 상체와 온몸의 운동을 불러일으키는 몸동작이 '답지저앙'입니다.

말하자면 하체동작을 토대로 해놓고 그 위에 상체동작을 얹어 몸짓을 하는 것이지요. 이러한 디딤새를 더욱 강렬하게 표현한 것이 '배김새'인 것입니다. 그리고 그 디딤새의 모양은 '비정비팔(非丁非八)'입니다. 거기엔 홍청대는 듯하나 강인한 돌파력이 내장되어 있습니다.

5) 한국 전통춤의 대부분이 종결부분에 가서는 연풍대 동작으로 이어져 끝을 맺습니다.

이 동작은 한 발을 껑충 뛰어 내디디며 팔사위를 뿌리고는 앉아 맴을 돌면서 일어납니다. 풍물소고춤의 장기인 자반뒤집기를 연상해도 좋구요.

이는 좁게는 자전하면서 넓게는 공전하는 것이어서, 이 둘이 얽혀 있습니다. 이 또한 수렴과 확산의 '이중교호적인 얽힘'이 아닐 수 없습니다. 그 앞의 수많은 직선과 곡선의 동작들은 마지막 연풍대가 감싸도는 큰 틀 속에 품기어 자유로운 정착감을 얻습니다. 이로써 유목적이면서 정착적인 세계로 진입됩니다.

6) 그리고 그것은 부단한 회전춤, 윤무(輪舞)이기에 끝마무리이면서도 끝나지 않아 기제(旣濟)이면서 미제(未濟)의 뜻을 아울러 품고 있습니다. 말하자면 또 다시 순환적 진화인 셈이지요. 신명인 기화신령의 세계는 이처럼 과거, 현재, 미래가 한 덩어리로 돌고 돌아 제자리에 와서는 또 새로운 것이 되어 떠납니다(無往不復). 원융적 세계이나 굴러 나아가는 이런 세계는 생성적 연기론의 순환적 진화의 세계입니다.

2. 덩실덩실, 너울너울 추어지는 우리춤

1) 우리춤을 묘사하는 언어관행 중에는 '덩실덩실'과 '너울너울'이라는 의태어가 있습니다.

춤추는 모습을 내실아내 아니 덩-실, 덩-실 하듯 음절을 각각 분절해 발음할 때에는 '덩'은 2로, '실'은 1로 하는 삼분박(3分拍)으로 발음해야 합니다. 즉 이분박으로 춤추는 것이 아니라 삼분박으로 춤춘다는 것이지요. 그리고 '덩실덩실' 했을 때 춤추는 모양은 몸이 올라갔다가 내려앉는 상하운동 동작을 떠올릴 수 있습니다. '덩실덩실'은 무릎을 굽혔다 폈다 하면서 오금과 도듬새로써 온몸이 상하운동을 하는 모양입니다. 물론 상하운동만이 아니라 '덩실덩실' 할 때 팔 동작이 좌우로 벌여지는 양상도 어감 상 느낄 수 있습니다.

2) '너울너울'은 상하보다는 팔동작이 좌우로 펼쳐져 수평적인 동작이 많은 듯한 느낌을 줍니다. 물론 '너울너울'도 몸이 상하로 움직이는 것을 '덩실덩실'과 '너울너울'이 다같이 상하운동이고 수평운동이지만은 '덩실덩실'에서 수직적인 운동감이 더 강하게 느껴진다면, '너울너울'에서는 수평적인 몸 움직임이 더 강하게 느껴집니다. 수직, 수평이 같이 어울려드는 조화롭고 균형관계에 있되 기우뚱하게 균형이 잡혀 어느 한 쪽이 더 강하게 넘나드는 그런 것을 느끼게 됩니다. 이처럼 상체와 하체가 서로 기우뚱하게 어울려드는 모양을 '덩실덩실'과 '너울너울'이라는 용어 속에서 생각해 보게 되지요.

3) 중국 위나라 사람 진 수(陳壽 233~297)가 쓴 글 『3國誌 魏志 東夷傳』 중 삼한시대 제천의식을 살펴볼 때 춤 용어에 '수족상응'(手足相應)이라는 말이 있는데요. 이 말이 곧 '덩실덩실'과 '너울너울'의 복합체가 아닐까요? 물론 그 토대는 '답지저앙'(踏地低昂)입니다. '답지'는 '땅을 밟고, 땅에 발을 디디고'라는 뜻입니다. '저앙'이란 곧 무릎을 '굴'(屈)해서, 오금을 죽여서, 몸을 가라앉혀서 땅에 가까이 다가가게 한 다음에 무릎을 '펴'서 도듬새(伸)를 하는 그런 하체 동작의 모양을 갖게 됩니다. 이와 함께 가슴을 펴고 중단전의 활동으로서 팔을 엎었다 제쳤다 펼치면서 다음 동작이 얹혀 가는 모습을 보게 됩니다. 즉 하체를 토대로 해놓고 그

위에 상체를 얹어 가지고 몸짓을 하는 그런 양태입니다. 그것이 또 '덩실덩실'이고 '너울너울'입니다.

4) 춤 움직임의 몸 부위를 이야기할 때 하체동작은 회음혈, 하단전의 활동이고, 상체 중심의 동작은 중단전, 상단전이 관장을 한다고 합니다. 4개의 단전이 동시에 같이 작동하는 예를 '덩실덩실'과 '너울너울'에서 우리는 육체적으로 알게 됩니다. 그것은 오그리고 펼치는 것, 나고 드는 것, 오르내리고, 지펴서 발하는 수렴과 확산의 '2중교호적 얽힘'인 것입니다.

5) 우리말에 신나고 신들리고 신오르고 신내리고 신지핀다는 말이 있지요. '나고 든다'는 수평이동으로 들락거린다는 것입니다. '오르내린다'는 상승과 하강, 수직동작이지요. '지핀다'는 불이 지피듯 속에서 타고 올라 바깥으로 바람을 일으키는 소지가 됩니다. 신명이란 바로 그러합니다. 그것이 동학에서 얘기하는 '기화신령'(氣化神靈)입니다. 몸 안에 있는 신령스러운 존재인 한울님(內有神靈)이 바깥으로 기화(外有氣化)함으로써 사람마다 본원의 자리를 벗어나지 않음을 스스로 알고 있는(一世之人各知不移者也), '모심(侍)'의 뜻과 발맞춰 있습니다.

6) '덩실덩실', '너울너울'은 상하좌우, 수직과 수평, 사방, 팔방, 시방으로 에너지가 넘나드는 신명난 사람의 춤동작을 일컫는 것이 아닐 수 없습니다. 또 그것이야말로 '弓弓乙乙'을 옆으로 눕힌 태극선의 모양이지요. '궁궁'은 조금 복잡한 단계의 것으로 원이 3각점으로 돌아가는 삼태극이고, '을을'은 2각점으로 돌아가는 이태극입니다.

7) 이태극과 삼태극의 모양으로 동작하는 춤사위의 것으로 '너울질'이라는 것이 있습니다. '너울질'은 파도치는 듯 엎어치듯 제치듯 만물을 출렁이게 하고 또 생성시키는 에너지원으로서 태극의 활동상입니다. 태극이 활동하고 있는 '너울질'의 이런 모습이 바로 '덩실덩실'이고 '너울너울' 입니다.

3. 하늘과 교통하는 춤

1) 우리춤은 생명의 근원에 맞닿아 있는 춤이라고 합니다. 하늘과 맞닿아 있는 춤, 하늘의 운행과 더불어 같이 하는 춤입니다. 그러기에 '사(事)'이면서 '동사(同事)' 입니다. 한편 공경하고 섬기면서도 파트너쉽으로 동무해서 더불어 세상일을 해나가는 것이지요 (主者稱其尊而與父母同事). 그리고 그것은 원효스님의 대중교화처럼 수순중생(隨順衆生)이나 동사섭(同事攝)하는 것과 통하는 바가 있습니다.

2) 그러기에 하늘과 만나지 않는, 생명의 근원과 맞닿아져 있지 않는 춤은 우리춤의 진정한 의미를 포기한 춤이라 할 수 있을 것입니다. 오늘날 그것이 많이 훼손되고 변질되었다면 다시 회복되어야 마땅하겠지요.

'회음혈-하단전-중단전-상단전'은 기가 움직이는 자리를 적은 것인데, 회음혈에서 하단전, 중단전, 상단전으로 순차적으로 넘어가지 않고 건너뛴다는 것입니다. 회음혈에서 중단전으로, 다시 내려가서 하단전에서 상단전으로, 그리고 다시 회음혈로 내려가는 흐름이 바로 태극선의 라인이죠. 여기에 적합하게 맞추어서 추는 춤은 바로 '덩실덩실', '너울너울'로 표기될 수밖에 없을 것입니다. 또는 '덩실덩실', '너울너울', 이렇게 자연스럽게 우리 몸의 반응대로 추는 춤은 결국 이런 순서를 밟지 않을 수 없을 것입니다.

3) '궁궁을을', '태극'은 1860년 음력4월 5일 11시에 수운 최제우 선생이 용담정에서 득도하면서 하늘의 뜻을 깨치고 형상을 얻었다는 신비체험의 이야기에서 따왔습니다. 그 때의 그 모양이 '궁궁을을'과 같고, 그 내용이 '태극'과 같다고 하였습니다.

4. '추어지다'

1) 좋은 우리춤은 '춘다'라기보다는 '추어지다'라고 하는 것이 좀 더 정확한 표현이라고 봅니다. '추어지다'는 수동태이지요. 그리고 그것은 그야말로 '저절로'라고 하는 것입니다. 일부러 크게 꾸미지 않은 것이란 뜻이 있겠고, 그래서 '무기교의 기교', '무계획의 계획'이라는 의미를 떠올리게 됩니다. '무위(無爲)'적인 세계를 추구하는 것이지요. 그리고는 자연이 그러하므로 그러그러하게 흘러서 되어진 것이라는 뜻이 있습니다. 그것은 자연합일로서 기운이 운행되고 있는 모습을 닮은 상태의 것을 뜻하지요.

2) '무위(無爲)'적인 자연합일(自然合一)은 우리의 자연주의입니다. 그것은 무위는 무위이되 '인위적 무위' 즉, '적극적인 무위'입니다. '애써서 춤추지 않음'으로 향하는 것입니다. 정중동(靜中動)의 태도가 그러한 형상입니다. 추는데 추어지는 것으로 나아가 춤

의 '없음'으로 '있음'의 무한한 가능성을 열어놓는 것이지요. 노경(老境)의 세계가 그러할 것입니다.

3) '사라지다'라고 하는 것은 형체를 보이지 않는다는 것인데, '살아가다'라는 말의 수동태에서 나왔다고 합니다. '살아가다'라는 능동적인 것을 수동태로 하면 '살아지다', 곧 '사라지다'라는 겁니다. 50대 후반을 맞이한 윤후명씨가 어떤 소설집을 냈는데 그 주제가 그러합니다. 삶의 근원적인 세계를 천착하는 소설인데 바로 '사라지다'라는 우리말을 근저로 해놓고 삶에 본원적인 질문을 던지고 있습니다. 수동형으로 살아감, 추어지는 춤처럼 사라지는 삶을 산다는 것입니다. 춤을 추는데 추어지는 춤을 춘다는 말이 가능하다면, 사는 삶인데 사라지는 삶을 산다는 것도 가능하겠지요.

4) '왜 춤을 추는가'와 '왜 사는가'는 같은 질문의 것이라고 할 수 있습니다. 살아있기에 춤추는 것이지요. 죽은 것은 춤출 수 없습니다. 여기서 '살아있음'의 의미 폭만큼 춤의 의미 폭이 생겨납니다. 춤은 여지없이 삶의 자기충일이고, 삶의 궁극을 향한 끝없는 도정입니다.

5) 미국 현대 춤의 대모라고 일컫는 마사 그레이엄은 절창이라고 할 수 있는 한 마디를 했습니다. "내가 춤을 선택한 것이 아니라 춤이 나를 선택했다"입니다. 이는 춤에 대한 대단한 자긍심이지요. 그리고 그것은 춤의 '부름'에 이를 받잡고 그리된 것입니다. 지극한 겸양의 자긍심입니다. 하늘이 도모하고 인간이 이루는 것입니다.

6) 이렇게 해서 추는 춤은 '추어진다'는 단순한 수동태 그 이상의 의미를 지니게 됩니다. 그래서 그것은 저절로, 자기 본연의 모습 그대로, 자기 생긴 대로, 욕망하는 바 제 마음대로, 제 멋대로 해도 큰 테두리에서 벗어나지 않고(從心所欲不踰矩), 아무데도 거칠 것 없어 삶과 죽음에서 단번에 벗어난(一切無碍人 一道出生死), 원효 스님의 '거룩한 것과 속된 것이 다르지 않다'는 진속일여(眞俗一如)의 경지이지요.

V. 생명미학의 실천 행 : 별수련, 수심정기춤

2001년 9월부터 한 2년 간 인터넷 신문 『프레시안』에 김지하의 회고록 「나의 회상, 모로 누운 돌부처」가 연재되었습니다. 그 글은 그로부터 10년 전 동아일보에 같은 이름으로 연재된 것을 다시 정리하는 것으로 시작하지요. 2002년 7월부터는 회고록 「나의 회상, 모로 누운 돌부처」가 제2부부터 『월간중앙』에 동시에 연재되기 시작했습니다. 이를 거두어 소제목이 달린 346개의 꼭지로 편집하여 2003년 〈학고재〉에서 『김지하의 회고록 흰 그늘의 길 1, 2, 3』이란 제목으로 책을 출판하였습니다. 다음의 인용 글은 거의 모두가 『김지하의 회고록 흰 그늘의 길 3』에 실린 320번째 꼭지인 「술탁」(위 책, 227~247쪽)에 실린 것을 거의 그대로 옮겨낸 것입니다. 소제목만 논지를 펼치기 위해 자의로 붙여 보았습니다.

1. 계기

나는 망연 속에서도 어느 날 어둑어둑한 초저녁에 두 다리 사이 회음부에서 새파란 별이 반짝하더니 가슴 복판에 별이 뜨고, 다시 배꼽 아래 안쪽에서 뜨고, 끝에는 상단전에 뜨는 과정이 저녁 내내 반복되는 체험을 했다. 그 후 나에겐 변화가 왔다. 별수련이었다.
『김지하 회고록 흰 그늘의 길 3』, 학고재, 2003, 227쪽

노겸 시인이 이른바 '별수련'을 시작하게 된 계기를 적은 대목입니다. 이 당시 시인은 "죽음의 굿판을 걷어치워라"의 후파로 견디어내기 어려운 진창에 빠진 채 거듭 찾아오는 숨은 병마에도 시달리고 있는 '목동아파트 시절'이었습니다. 그리고 한편 심신의 안정을 위해 단학 관련 명상수련에 몇 해 전부터 심취해 있었습니다.

별은 시천주 주문과 함께 뜨고 또 떴다. 시천주 주문은 말로는 네 단락이나 뜻은 세 단락으로 3 플러스 4였다. 3 플러스 2와 마찬가지다. 바로 역동적 균형이니 태극이요 궁궁이었다.
병원에 입원하고 퇴원하는 고달픈 경험에도 불구하고 또 뭇 비난이 내게 쏟아졌음에도 불구하고 '척분'은 내게 하나의 줄탁이었으니 나만의 새로운 내공 수련이자 바로 생명시의 시작이요, '그물코'의 탄생이며 '생명민회', 즉 '생명 가치를 위한 민초들의 모임'의 출생 신호이자 거의 동시에 '풀뿌리 민주주의를 위한 시민연대'의 개막 선언이었다.
위 책, 227쪽

노겸 시인은 이 '별수련'을 통해 천부경의 핵심이자 수리철학의 하

나인 '34 성환 571"의 궁리를 실천해내고, 이로써 자신의 심신도 풀 뿐만 아니라 드디어 풀 길이 막힌 정치 경제 사회의 현실과제를 근원적으로 해결하는 생명문화운동 실천행의 디딤돌로 삼았던 것입니다.

2. 시천주 주문의 단락 구조 : 네 단전 자리에 시천주 주문을 집어넣어, 이는 태극(2수)에 궁궁(3수)을 배합한 것

시천주 주문은 그 언어적 문법구성으로는 네 단락이요. 사위체(四位體)이다. ① 시천주, ② 조화정, ③ 영세불망, ④ 만사지로 구성된다. 그러나 그 의미적 체계로서는 세 단락이요 삼위의 역동적 구조이니, ① 시천주, ② 조화정, ③ 만사지로 발전한다. 따라서 박자로 치면 '3박 플러스 4박 또는 3박 플러스 2박'으로 엇박을 이룬다. 역동적 균형이며 '혼돈의 질서'다.

또한 세분하면 문법체계로서는 ① 시, ② 천주, ③ 조화, ④ 정으로 ⑤ 영세, ⑥ 불망, ⑦ 만사, ⑧ 지로 여덟 단락 또는 4·4단락이지만, 그 의미로서는 ① 시, ② 정, ③ 지의 세 단락 또는 ① 시천주, ② 조화정, ③ 만사지의 세 단락에 조건구인 ④ 영세불망이 끼어서 네 단락이 되니, 역시 박자로 치면 3박 플러스 4박 (또는 3박 플러스 2박)으로 엇박이다. 따라서 주문 전체는 그 별 뜨는 순서에 따라 '궁궁'의 자취를 형상화한 것이다.

위 책, 229쪽

3. 별수련법 - 네 개의 단전호흡의 흐름에 시천주 주문을 입혀 수련하는 것

무릎을 굴신하여, 오금을 죽이고 도듬새를 놓는 그것은 우리춤의 중심동작입니다. 그러한 하체동작을 관장하는 곳은 배꼽아래의 하단전이며, 생명에너지의 중심자리(精充)로 물질적, 육체적 힘이 충만하고 기운이 들어가 모아지는 곳입니다. 그러나 그보다 먼저는 원(原)단전에 해당하는 회음혈(會陰穴)인데, 이는 생식과 배설활동을 관장하는 자리입니다. 원초의 기운이 발하는 이른바 '활동하는 무(無)' 개시지점(initiation point)입니다. 그러한 하단전과 회음혈이 신체활동의 중심이 되어 상체와 온몸의 운동을 불러일으킵니다. 가슴의 명치보다 조금 안쪽에 있는 중단전(氣壯)은 온갖 문화삶을 창조하고 사회적 사랑과 깊은 우정과 동정, 소통의 내면화와 관련이 깊습니다. 이마 중앙 안쪽 머리 속에는 상단전이 있어 영성과 우주와의 회통을 관장한답니다.

이러한 '회음혈-하단전-중단전-상단전'은 기가 움직이는 자리를 적은 것인데, 생명단학의 원리에서는 회음혈에서 하단전, 중단전, 상단전으로 순차적으로 넘어가지 않고 건너뛴다는 것입니다. 회음혈에서 중단전으로, 다시 내려가서 하단전에서 상단전으로, 그리고 다시 회음혈로 내려가는 흐름이 바로 태극선의 단전 호흡라인입니다.

이러한 호흡의 라인에 따라 네 개의 단전 자리에 시천주 주문의 세 가지 역동적인 의미 단락을 넣어 단전호흡으로 수련을 합니다. 이는 김지하시인이 창안한 '별수련'입니다. 태극궁궁 단전호흡 수련, '궁궁 수련'입니다.

'궁궁을을' 수련, '궁궁' 수련이란 1860년 음력 4월 5일 11시에 수운 최제우 선생이 용담정에서 득도하면서 하늘의 뜻을 깨치고 형상을 얻었다는 신비체험의 이야기에서 따왔습니다. 그 때의 그 모양이 '궁궁을을' 과 같고, 그 내용이 '태극' 과 같다고 하였는데 태극궁궁 단전수련법이란 거기에서 따온 수련법 이름입니다. 수운의 득도 과정을 그리워하여 노겸 시인은 그의 단학 수련과정에서 깨친 생체심리적 동력학을 시천주 주문의 동학수련법과 결부시킨 특유의 단전호흡 수련법이기도 합니다.

수운 선생은 마음을 지키고 정기를 바르게 한다는 '수심정기'(守心正氣)의 마음기틀을 만사의 근본이라 보았는데, 이를 본받아 단전호흡의 흐름에 따라 율동을 맞춘 춤을 우리는 가히 '수심정기춤' 이라 일컬을 수 있을 것입니다.

4. 태극궁궁가, 궁궁수련 수심정기춤

이에서 노겸시인은 다음의 시를 짓고 제목을 '태극궁궁가' 라 하였습니다.

가랑이에 님이요 앙가슴에 달이로다
배꼽 아래 꽃이요 머리 속에 별이로다
가랑이에 시요 앙가슴에 천주로다
배꼽 아래 조화요 머리 속에 정이로다
가랑이에 영세요 앙가슴에 불망이라
배꼽 아래 만사요 머리 속에 지로다
푸른 별 뜨듯 붉은 꽃 피듯 푸른 별 뜨듯 붉은 꽃 피듯

삼백 육십 경락경락 푸른 별 뜨듯 붉은 꽃 피듯

김지하 작사, 최태현 작곡

그는 이를 아래와 같이 해석하였습니다.

선천체계를 위상으로, 후천원형을 활동으로 하여 그 네 개의 위상 위에서 궁궁의 역동이 푸른 별 뜨듯, 붉은 꽃 피듯 시천주 주문(侍天主呪文)의 네 단전에 폭발하는 '궁궁(弓弓)'은 태극 자리에 궁궁이 들어가면 매우 좋다가 된다. 후천개벽이다.

『흰 그늘의 미학을 찾아서』, 실천문학사, 2010, 476쪽

회음혈은 가랑이로 님이요, 시와 영세가 배치되고, 중단전은 앙가슴에 달이요, 천주와 불망이 배치되고, 하단전은 배꼽 아래로 꽃이요, 조화와 만사가 배치되고, 상단전은 머릿속으로 별이요정과 지가 배치되었습니다.

노겸시인은 이 가사에 맞춘 단전호흡법을 각종 시민대중 모임에서 현장 실시하여 동학선교적 마음잡기에 갖은 애를 썼습니다.

5. 고리, 지극한 성스러움 체득

네 개의 단전에서 궁궁 같은 세 개의 움직임이 활동하는 고리가 이루어지고, 이는 5, 7, 1로서 질적 변화하여 지극한 성스러움에 이르고 만다는 것입니다.

태극음양의 사상과 같은 네 개의 단전에서 별이 뜨되 그 내용의 움직

임은 궁궁과 같은 세 개의 '움직임'이다. 이렇게 3과 4의 내용과 형식에서의 역동적 균형, 혼돈적 질서, 카오스모스(Chaosmos, 들뢰즈, 가타리의 용어인데 수운의 계시 체험 그대로 태극 또는 궁궁을 해명하는 용어이다)가 곧 '활동하는 무'로서 '고리 環(천부경)' 또는 '고리중심 環中(장자)'을 이룬다.

즉 천부경의 전체 의미상의 앞부분과 뒷부분의 연결고리에 해당하는 '셋과 넷이 고리를 이룬다'의 비밀이 이것일는지도 모른다. 이 고리는 선도풍류(仙道風流)의 비의(秘儀)일 것이니 『장자』 철학 그 나름으로 자세히 의미되어 있는 바 '빈방에서 흰 빛 난다(虛室生白)'의 경지이거나 좌망(坐忘) 또는 허무의 체관 등이 모두 그 자취나 형상으로서는 이 '고리' 또는 '고리중심'의 그 체험 아닐까? 이 '고리'는 철학만이 아니라 일본 학자 사카이의 말처럼 현대 물리학에서 원자운동의 새로운 핵심으로, 채희완의 탈춤에서와 같이 탈춤, 시나위 등 우리 민족예술의 미학적 핵심원리로서 '엇', '걸이' '묵(默)' 또는 '농현(弄絃)' 등의 원리로까지 작용하는 그것은 아닐까?

또한 '삼사성환(三四成環)'은 그 다음 이어지는 '오칠일(五七一)'이라는 전혀 새로운 암묵한 뇌세포의 불가해한 차원(?)을 열고 나온다. 주문의 마지막에는 이렇게 씌어 있다.

그러므로 그 진리의 작용을 밝게 밝히며 끝내 생각하고 생각해서 잊지 않으면, 마침내 지극한 우주 기운으로 변화하니 끝내는 '지극한 성스러움(至聖)'의 자리에 이를 것이다. 이때 이미 동학의 진리, 그 계시인 태극이며 궁궁이 상고의 동이 사상 천부의 근현대적 부활임을 깨닫게 될 것 같다. 하늘은 사람 안에 있다. 『삼일신고』에는 '신은 뇌 속에 내려와 산다'는 구절이 나온다. 현대 뇌수학으로 말한다면 90퍼센트 이상의 잠자는 뇌세포 속에 바로 신의 거처가 있다는 것이다. 사람이 제 안에 모신 것이 하늘이다. 고로 천부는 영부다. 영부가 바로 그 모양이 태극이며 또 그 모양이 궁궁인데, 이것이 즉 오늘에 제시된 '천부', 세계사의 대혼돈(Big Chaos)에 대한 처방(그 이름을 '신선의 약'이라 한다는 수운의 계시 내용)으로서의 새 삶이자, 새 문명의 원형이요. 새 문화의 패러다임 (들뢰즈, 가타리의 주장인 카오스모스와 같은 것)인 것이다.

위 책, 229-231쪽

6. 별수련과 생명운동

이러한 별수련은 노겸 시인이 주장하는 바 하나의 생명운동의 첫 새벽, 산책길 같은 것이었습니다.

나에겐 산책이 곧 행동이었다. 산책은 곧 회음에서 수해(두뇌에 있다는 상단전)로 다시 회음으로 돌아오는 별수련, 환수련, 궁궁수련이었으니. 우주적 코뮤니즘을 인간세계 안에 일으키고 꽃 피우고 열매 맺기를 예상하는 하나의 생명운동이었으니까.

위 책, 235쪽

VI. 〈천지굿〉에 대한 민중적 생명미학으로서의 접근과 해석

1. 음개벽(陰開闢)의 상징 의례

'천지굿'은 1908년 강증산과 고판례가 혼례마당에서 올린 풍물굿을 일컫는 말입니다. 실제 혼례식에서 강증산은 자신의 새로운 아내 고판례에게 천지대권을 넘겨주는 의례를 치릅니다. 자신이 지닌 천지공사의 종교적 대권을 여성에게 이양하는 상징적 실천의례인 것이지요. 이로써 음개벽은 종교적 현실성을 확보하게 됩니다.

음 개벽은 결국 "여성중심의 남녀 균형, 혼돈중심의 혼돈 질서, 상생중심의 음양 태극"(『생명과 평화의 길』 문학과 지성사, 2005, 73쪽)으로 정돈됩니다.

> 그 뒤 또한 20년이 지나 전주 모악산 밑 구릿골과 정읍 대흥리에서 강증산은 자기의 두 번째 부인인 고판례를 부인 중의 으뜸인 '수부'라 하고 천지인의 삼계 또는 색계, 욕계, 무색계의 삼계대권과 도의 법통을 그녀에게 넘겼던 것이었다. 제자들이 모두 다 보는 앞에서 고판례로 하여금 식칼을 들고 누운 자기 배를 올라타고 앉아 "삼계대권을 내놓아라!" 하고 명령하게 하고, 자기는 싹싹 빌며 말했다.
> "네, 지금 당장 다 드리겠습니다."
> 김지하 회고록 『흰 그늘의 길 3』, 97쪽

위의 〈마당굿 천지굿〉 대본은 2004년 노겸 김지하 시인이 세 마당으로 작성하였고, 이를 저본으로 하여 2003년 5월 일산에서 거행된 '세계 생명과 평화 대회'의 축하 공연물로 올리겠습니다.

다음의 글은 2021년 2월 「천지굿」이란 제목으로 부산의 놀이패 '창작탈춤패 지기금지'가 올린 마당굿에 필자가 붙인 해설문의 일부입니다.

이 공연은 1908년 동짓달 강증산이 제자들이 둘러 보는 가운데 아내

고판례와 천지합덕의 예를 치루면서 천지대권을 여자에게 넘기는 〈천지굿〉 풍물의례의 재현입니다. 가난과 병고와 재앙과 죽음이 즐비하게 행렬지어 마치 바리데기 서천행처럼 지나가는 그 위에서 강증산은 고판례의 웃통을 벗겨놓고 배 위에 걸터앉아 장도칼을 목에 대고 "천지대업에 중도 불변하겠느냐", 다짐을 받습니다.

이번에는 거꾸로 강증산이 친히 드러눕고 고판례로 하여금 자신의 목에 장도칼을 겨누게 하고 "나를 일등으로 정하여 모든 일을 맡겨주시렵니까?" 하니 강증산이 "의혹하지 마소" 하는 것입니다. 만백성의 부모가 되는 천지대도의 수부(首婦) 공사(公事)로서 강증산은 너와 내가 하나가 되고 인간사와 세상사와 우주만물을 정양정음(正陽正陰)하는 고요한 정세개벽(靖世開闢)의 포문을 열어 민중의 풍물굿으로써 보여주는 것입니다.

천지굿 팸플릿, 2021년 2월 21일, 28일, 부산, 청주 소극장에서

2. 정세개벽의 천지공사(天地公事) : 광활하고 웅혼한 우주적 상상력

노겸시인은 천지굿에 대해 다음과 같이 판의 정황을 덧붙여 천지굿의 변혁의지를 강조하십니다. 그러나 그것은 혁명이나 전쟁과 같은 동세(動世)개벽이 아니라 의통제세(醫通濟世) 같은 고요히 세상을 바꾸는 정세개벽의 숨은 역동성을 넌지시 일러줍니다.

공사는 재판으로서, 천지공사는 '천지우주를 재판한다는 것이니 천지조화의 질서를 바꾼다' (위의 책, 71쪽)는 뜻입니다. 천지운행의 법칙을 바로 세워 후천개벽의 세상을 실현하는 것입니다. 이는 거대하고 광활한 우주적 상상력이 아닐 수 없습니다.

그러고는 불경, 유교 경전, 술수 책, 공명첩, 어음과 계산서와 기독교의 성경 따위를 모두 찢어 마당에 벌여놓고 고판례로 하여금 그것들을 짓밟으며 춤추게 하였으니, 이것을 천지대권이 남자에게서 여자에게로 넘어가는 '천지굿'이라 일렀다.

위 책, 98쪽

3. 민중음악 풍물굿의 여울성

그리고 이때 올려진 풍물굿 음악을 두고 '율려'가 아니라 '여울'로 보고 민중음악의 여율성을 강조하여 해석하였습니다. 율려는 생명질서에 알맞는 음악을 말합니다. 음을 억제하고 양을 높이는 윤리 위에 서 있던 질서를 거꾸로 뒤집는 것이 후천개벽을 이끌어내는 음악입니다. 이는 양을 높이는 율려가 아니라 음을 높이는 여울입니다.

천지굿의 음악은 1905년, 1906년쯤 강증산선생이 자기의 부인인 수부 고판례에게 천지 대권을 넘긴 뒤에 세상을 바꾸는 천지굿을 열었는데, 이때에 중국에서 건너온 당악이나 송악 같은 궁정 음악, 즉 아악이 아니라 무지렁이 농사꾼들의 농악인 풍물과 거렁뱅이 사당패 같은 천민들의 걸뱅이굿을 울렸으니, 그것이 바로 여울이다. 여울은 민속악, 즉 민중음악이요, 궁정에서 사용했던 아니라도 중국에서 건너온 것이 아니라 신라 시대부터 내려온 〈수제천〉 같은 민족음악인 정악이다. '여울'은 한 마디로 후천 민중민족시대의 민중민족음악이니, 이것이 바로 오늘 여기 우리의 율려이다.

후천은 선천을 다 때려부수고 서는 새로움이 아니라. 후천이 중심에 있되 동시에 후천의 새로움과 선천의 오래됨이 함께 있는 것이다. 그러므로 '여율'은 민중적 민속악과 민족적 우주음악인 정악이 함께 동거하는 것, 여율로서의 율려라 하겠다.

「구릿골 기행」, 『김지하 전집 1』, 실천 문학사, 2002, 266쪽

4. 총체연행으로서의 굿: 민중적 표현 매체. 우주음악으로서 풍물굿

강증산은 천지공사의 집행을 민중종교의식 굿으로 거행합니다.

암컷의 시작, 개벽의 시작, 암컷의 골짜기, 물과 쇠의 조화와 상승의 골짜기, 의통제세와 정음정양과 음개벽의 시작인 골짜기, 정세개벽의 골짜기, 삶을 안돈시킴과 동시에 근본적으로 변혁하려는 새로운 우주개벽의 시작인 이 골짜기에서 선생은 천지공사를 집행합니다. 부적을 사르고 주문을 외우며 민중종교적 의식, 굿을 통해서 천지공사를 집행합니다.

위 책, 269쪽

무지랭이 농사꾼들 농악인 풍물과 거렁뱅이나 사당패같은 천민들의 '걸뱅이굿'을 올렸으니(위의 글, 266쪽) 굿은 굿이로되 신성일변도의 것과는 판이한 민중적 표현매체로서 구별될 수밖에 없습니다. 우주음악입니다. 그리고 그것은 강증산이 가장 즐겼던 풍물굿으로서 민중의 총체연행으로입니다.

5. "밑바닥 민중이 후천개벽의 주체이다.": 주문

천지공사의 주체는 민중이고, 변혁의 주체가 바닥의 민중인 데에 강증산사상의 중심점이 놓여 있다고 김시인은 강조합니다.

> 온 우주, 온 생명을 근본적으로 변혁하는 주체가 인간이요, 인간 중에서도 맨 밑바닥의 허름하고, 이름 없고, 괄시 당하고, 짓밟히고, 굶주리고, 쫓기고, 끝끝내 일만 하며 혹사당하고 빼앗기고 병들고 죽임 당하는 민중, 바로 그 민중을 주재자로 하여 민중적 의식인 굿에 농악 장단을 곁들여 파천황의 우주정치적 대개조사업을 집행했다는 것, 이 점에 강증산 사상의 강력한 중심점이 있음을 잊지 말아야 합니다.
>
> 위 책, 268쪽

천지굿 때 청관중이 외운 주문은 "걸궁굿, 초라니패, 남사당, 여사당, 삼대치"였습니다. 이들은 민중들 중에서도 가장 밑바닥 민중이었습니다.

> 여기에서 우리는 선생의 강력한 민중주체사상을 엿볼 수 있습니다. 선생은 평소 자기를 광대요 무당이라 했으며 밑바닥 민중, 광대, 무당이 개벽의 주체라는 점을 분명히 했습니다. 그는 괄시받는 여자가 후천개벽의 주체임을 분명히 얘기했으며 또한 농투산이, 떠돌이 거지, 온갖 구박받고 천대받고 고통 중에 있는 모든 사람들이 후천 개벽의 주체임을 분명히 못박아 말하였습니다.
>
> 위 책, 280쪽

6. '인간과 우주생명의 전일체성' : 강증산의 행장과 기적, '일상의 성화', 인간의 사회적 성화

강증산은 기적을 통해 개혁과 공사의 가능성을 부여하고 있다고 노겸시인은 해석하고 있습니다. 우주종교적 상징과 함께, 어록과 행장에 일관된 파격의 의미(위의 책, 77쪽)는 '우주적 혼돈질서'의 실행이라고 해석합니다. 지극한 기운의 활동으로 보는 것이지요.

> 그의 어록과 행장에 일관되는 파격의 의미는 무엇인가?
> 한마디로 바로 그것이 그의 우주사상의 기초로서의 혼돈의 질서이다. 그가 행한 여러 차례의 기적 역시 '우주적 혼돈질서'였으니 아마도 대원사의 그 밤, 오룡이 포효하는 그 밤의 큰 깨우침의 내용이 곧 한마디로 '지기(至氣)' 곧 '카오스모스'가 아니었을까?
> 『생명과 평화의 길』, 문학과 지성사, 2005, 77-78 쪽

그리고 그것은 노겸 시인의 융숭 깊은 해석처럼 '인간과 우주생명의 전일체성'이 낳은 '일상의 성화(聖化)', '인간의 사회적 성화'라 능히 넘겨짚을 수 있다고 할 것입니다.

> 선생은 하늘과 바람과 흙과 물과 채소와 사람과 천지귀신, 즉 우주생명과 더불어 전일체적 유기적으로 한 몸으로, 한 생명의 흐름으로 연결되어 있었습니다. 선생의 사상에 있어서 기본이 되는 것은 이 같은 인간과 천지생명의 유기적인 전일체성이라 할 수 있습니다.
> 「구릿골 기행」, 『김지하 전집 1』, 273 쪽

7. '생명평화의 길' : 인사만사는 "하늘이 기획하고 인간이 수행할 뿐인 것"

노겸 시인은 강증산 선생이 허름한 인생에게 주는 마지막 가르침으로 "일을 꾸미는 것은 하늘이요, 일을 이루는 것은 사람"이라고

훈시합니다. 이는 사람이 그동안 지켜왔던 선천시대의 덕목을 뒤집어엎은 것입니다. 세상만사는 "사람이 제 할 도리를 다하고 나서 하늘의 명을 기다린다(盡人事待天命)"가 아니라 "하늘이 기획하고 인간이 수행해 이룬다"는 것입니다.

> 아마도 우리네 같은 허름한 인생들에게 주는 증산의 마지막 큰 가르침은 막상 다음의 말씀인 듯하다.
> 일을 꾸미는 것은 하늘이요.
> 일을 이루는 것은 사람이다.
> (謀事依天 成事依人)
> 『생명과 평화의 길』, 79쪽

그리고 우주적 대전환의 시기가 다가올 때 인간의 공부와 실천, 우주생명학이 절실하다는 것입니다.

> 우주의 대전환은 이미 다가오고 있고, 다만 인간의 공부와 실천, 생명학, 우주생명학, 또는 '모심과 살림'만이 남았으니 일부(一夫)에게 내린 연담(淵潭) 선생의 화두 '그늘이 우주를 바꾼다(影動天心月)'에 그대로 연속되는 말이다.
> 위 책 79-80쪽

기상이변과 생태계 오염을 비롯한 위기의 도래는 하늘의 결정이니, 인간의 임무로서 "생명평화의 길은 음개벽의 실천이 아닐 수 없다"고 하는 것입니다.

그렇다면 기상이변과 생태계 오염, 세계화라는 세계시장 실패, 테러와 전쟁, 그리고 인간의 내면적 황폐, 대병겁의 도래는 하늘의 결정이고 그것에 대한 우리의 대응, 수운, 해월, 일부, 증산에 이어 오늘 우리의 '생명평화의 길' 은 인간의 임무인 것이니 과연 그들이 우주를 바꾸는 '역수성통원리(易數聖統原理·김일부)'와 '만사지(萬事知·최수운)'는 결코 헛소리가 아닐 것이며 그 실천의 상징, 그 개벽의 꽃이 곧 증산대인이요, 모악산 풍수지리의 음개벽이 아닐까?
위 책 80쪽

자연변화의 필연에 대응하는 인간의 주체적 실천을 말하는 것(「구릿골 기행」, 271쪽)으로 김시인은 해석합니다. 그리고 "하늘의 개조작업은 이미 끝났으니 이제 인간이 실천하기만 하면 된다"라는 말에서 무한한 우주과학적 우주정치학적 상상력의 번뜩임을 보게 됩니다.(위 글, 272 쪽)

8. 강증산의 죽음: 세계사적 성배의 소명, '한 송이 커다란 우주의 꽃', 미륵의 소망과 기쁨

노겸 시인은 스스로 자진한 강증산의 죽음을 두고 '세계사적 성배의 소명'을 다한 '한 송이 커다란 우주의 꽃'이라 하였습니다.

단식과 독주(毒酒)로 스스로 목숨을 끊는 것 역시 하나의 우주 생명(스스로 옥황상제였기 때문이다)에 대한 재판 같은 집행이었으니 우주 질서의 조정이라는 그의 행적의 상징성이 품고 있는 비극적 진정성 앞에 모골이 송연할 뿐이다.

죽음 뒤에는 스스로 현대 문명의 땅인 서천(西天) 서양(西洋)으로 건너가 그 문명의 이기(利器), 혼돈기에 필요한 과학 등 온갖 물질문명(증산은 이 물질문명의 합법성을 부정하지 않았다. 다만 그것을 활용할 수 있는 새로운 우주생명학의 부재를 한탄하였다)을 모두 몰고 와 동양 문화, 후천개벽의 동학 정역계 사상과의 대결합으로 새 차원의 우주 문명을 건설하겠다는 세계사적인 성배(聖杯)의 소명을 서원하였으니 수운, 해월, 일부에 이어 증산은 동학 정역계 후천개벽 사상사의 절정이요 한 송이 커다란 우주의 꽃이다.

『생명과 평화의 길』, 78쪽

그리고 그것은 미래불인 미륵불의 시간이 상정한 '우주개벽의 소망'인 것이라고 풀이합니다.

죽음에 임해서까지도 그는 뒤에 남을 제자들과 인민들에 대한 끝없이 슬픈 연민과 측은지심을 거두지 않는다.
"나를 보려거든 금산사 미륵을 보라!"
"앞으로의 세상은 용화세계(龍華世界)가 되리라!"
용화의 한국학적 맥락은 고대적 시간, 마치 해월의 '자기를 향한 제사(向我設位)'나 『천부경』의 셋과 넷이 고리를 이루어 다섯과 일곱이 한으로 통합된다(三四成環五七一) 속의 끝으로 처음이 되어 돌아갈 고리(環, 環中)의 시간, 혹은 우로보로스 Uroboros적인 고대의 자기회귀적 원시간의 회복이다. 이는 원시반본(原始返本)인데 이것이 곧 미래불인 미륵의 시간인 것이니 중요한 것은 증산 자신과 똑같이 스스로 옥황상제인 김형렬 등과 같은 무지랭이 촌놈들, 불쌍한 동학당 패잔병들, 농투산이들이며 주막쟁이 김주보의 마누라나 숱한 유랑민들의 바로 지금 여기의 텅텅빈 삶의 시간을 중심으로 용화의 옛 시간과 미륵의 새 시간이 상정한 소망, 우주의 어미 모악산 아래, 시커먼 시루 위에 세워진 금산사 미륵불의 금빛 기쁨에 의해 드높여진 현재 안으로 몰려드는 개벽을 예언한다.

위 책, 78-79 쪽

Ⅶ. 생명미학의 활로 : 미적 범주로서의 미적 추(醜)

1. 미적 범주로서의 '미적 추'는 미의 부정인 것

추는 미의 대립개념입니다. 현대미학에서는 아름다움의 유형으로 순정미, 우아미를 비롯하여 여러 가지의 미적 범주를 아우르고 있고, 미의 반대인 추까지도 포함하고 있습니다. 이때 추는 '불완전한 미'도 아니고 미흡한 미도 아니라 '미의 부정'으로서의 추입니다. 이를 우리는 '미적 추'라고 부릅니다.

'미적 추'에는 미와 미의 부정이 서로 얽혀 있어 충돌하면서 한편으로 기우뚱한 균형을 이루고 있고, '역설적인 미'이자 반대 일치의 형용모순어법입니다. 이에서 우리는 살아 생동하는 '추의 미학'을 상정할 수 있습니다. 노겸 시인은 이에서 동아시아문화론과 나아가 세계변혁의 동방 르네상스의 부활을 예감하고 있습니다.

노겸 시인의 발언입니다.

우아미 대신 숭고미가 중심에 서는 괴기(怪奇)와 환상이 현실주의와 결합하는 '추의 미학'이 새로운 미학이 될 것이라는 주장입니다.

우아미 대신 숭고미가 중심에 서는 괴기와 환상이 현실주의와 결합하는 이른바 '추의 미학'이 전면에 떠올라야 한다. 그것이 바로 생명과 무의식, 리얼리즘과 모더니즘, 에콜로지와 사이버네틱스, 종이문학과 디지털문학이 서로 결합하고 융통하는 새 세대의 새로운 미학일 것이다.

만해문학상 수상소감, 단기 4335년 11월 25일

2. 추와 병(病)과 졸(拙)을 통해 지극한 예술(至藝)에 이른다.

다음은 수묵서화집 『절, 그 언저리』(창작과 비평사, 2003년 4월)의 서문, 추의 미학에서입니다.

추에는 괴와 기와 골계(滑稽)와 제의(祭儀), 비장(悲壯)이 가까이 살고 있다고 하였습니다.

사실 '추'를 통과하지 않으면 생태학과 무의식에 도달하지 못한다. 마치 코스모스에 대비한 카오스처럼 기왕의 미학적 법칙과 비례, 이미지와 비유체계의 혼돈이 바로 '추'이기 때문이며, '추'라는 이름의 이 실패 언저리엔 그러나 '괴'와 '기'와 '골계'와 '제의', 그리고 '비장'이 가까이에서 살고 있기 때문이다.

카를 로젠크란츠가 '추'를 통해 김미오 숭고미에 도달하고자 했듯이 아돌프 루텐베르크가 '병(病)'을 통해 참다운 심오의 존재미를 획득하고자 했듯이, 그리고 추사가 '괴'와 기와 '졸'(拙)을 통해 참다운 '선불(仙佛)'의 세계, '산은 높고 물은 깊은(山崇海深)' 지예(至藝)의 땅에 이르려 했듯이.

위 책, 411쪽

추와 병과 졸을 통해 참다운 선불의 세계, 지극한 예술에 이른다는 것입니다.

3. 미적 추로서의 새로운 미학

미적 추로서의 새로운 미학이 젊은 문화혁명을 일으킬 것을 예측하고 있습니다.

> 지금은 문예부흥과 문화혁명의 때다. 젊은이들의 감수성과 상상력이 신화와 '복고'와 엽기와 명상과 환상과 희극 그리고 숭고비장의 생태학과 장엄한 생명의 세계관을 지향하고 동경한다. 미학혁명이 요청되고 있는 것이다. 그 혁명은 추의 미학이 문예부흥과 문화혁명을 관통하면서 동시에 안팎에서 추진될 것이다.
> 오늘날에 필요한 생명과 영성, 생태학과 무의식, 에콜로지와 사이버네틱스, 리비도와 아우라. 주체와 타자, 농경문화와 유목문화가 새 차원에서 결합을 이루는 새로운 미학은 일단 하나의 추의 미학일 것이다.
>
> 만해문학상 수상 소감에서

새로운 생명미학, 새로운 혁명미학을 이끌어낼 미적 범주는 '혼연지일기'(混然之一氣, 카오스모시스)의 창조적 진화인 '미적 추'가 아닐 수 없습니다.

토론문

비로소 한국미학이 시작되려는가?
— 「김지하의 생명미학과 악·가·무 천지굿론」에 감사드리며 —

이윤선 | 진도학회 회장

1. 흰 그늘의 두 출처

남도문화의 정체를 딱 한 마디로 말하면 '귄'이라고 할 수 있습니다. 아름다움, 매력, 지극함, 은근함, 옹골짐 등 수많은 의미를 함축하고 있는 낱말이자 형용입니다. 생전의 우리 어머니가 허리춤에 새내끼(새끼줄) 한 줄 질끈 묶고 요리조리 오그렸다 폈다 춤을 추시면 사람들이 그리 말했습니다. "귄이 찍찍 흐른다." 남방의 잊혀진 전설 나타라자의 손놀림을 기억이라도 하는 것일까요?

목포 나들목 건너편에 용당리가 있습니다. 김지하의 초기시, 어쩌면 그의 생애 첫 번째 시상이었을지도 모를 「용당리에서」를 떠올립니다. 김선태가 쓴 '김지하의 첫 시집 『황토』와 목포*'에 의하면, 4.19혁명 참가 후 고향 목포로 숨어들어 항만과 도로공사판 인부로 일하며 두패 생활을 하던 1961년경에 쓴 시입니다. 나는 이 시선 일종의 선험에서 비롯된 노래라고 생각합니다만.

    용당리에서의 나의 죽음은
    출렁이는 가래에 묻어 올까, 묻어 오는

---

1) 「기획특집 김지하」, 『문예연구』 봄호, 2012.

소금기 바람 속을
돌 속에서 흐느적거리고 부두에서
노동자가 한 사람 죽어 있다
그러나 나의 죽음
죽음은 어디에.

무슨 일일까
신문지 속을 바람이 기어가고
포래포래마다 반짝이는 내 죽음의
흉흉한 남쪽의 손금들 수군거리고
해가 침몰하는 가래의 바다 저 끝에서
단 한 번
짤막한 기침 소리 단 한 번.

그러나 용당리에서의 나의 죽음은
침묵의 손수건에 묻어 올까
난파와 기나긴 노동의 부두에서 가마니 속에
노동자가 한 사람 죽어 있다

그런데
무슨 일일까
작은 손이 들리고
물 위에서 작고 흰 손이 자꾸만
나를 부르고.
「용당리에서」 전문

김지하가 목격한(혹은 선험적으로 알아차린) 용당리 부두와 목포 선창에 널브러진, 거적때기에 덮여있던 주검들을 생각합니다. 갱번(남도사람들이 일컫는 바다의 총칭)가 포래(파래)밭에 떠밀린 시신과 표류와 황혼의 햇살을 받아 작열하는 흰 빛을 생각합니다. 동학 도당 증조부의 고향 암태도에서 할아버지의 거처 법성포로 다시 목포에 이르는 갯벌의 실핏줄 같은 물골을 생각합니다. 김지하의 유년이 겹겹이 포개지고 갈라진 옛 부두에서 조용필의 노래 〈창밖의 여자〉를 듣습니다.

> 창가에 서면
> 눈물처럼 떠오르는 그대의 흰 손
> 돌아서 눈감으면 강물이어라
> 한 줄기 바람 되어 거리에 서면
> 그대는 가로등 되어 내 곁에 머무네~

조용필의 첫사랑 노래이지만 오늘은 어쩐지 '눈물처럼 떠오르는 그대의 흰 손'에 생각이 머무릅니다. 왜 그런지 나도 모르겠습니다. 갱번은 눈부시게 빛납니다. 만조기의 자글자글한 윤슬이 그러하며 간조기의 쩍쩍 벌어지는 갯벌이 그러합니다. 모두 있음과 없음을 교지하는 간만조의 답비늘들입니다. 끝포대(실파래)에 널혀진 시신은 흰 빛으로 빛나고 있었을 터, 하지만 김지하의 사상편력이나 생애 내력으로 보면 이 주검들은 분명 수사자(水死者)가 아니었을 것입니다. 물 위에서 물 밖에서 죽임당한 주검들이었을 테니까요.

고향 목포에서 숨어 지내던 시절 햇볕 혹은 하늘빛은 "목포 거리도 유달산도 하늘빛마저도 내게는 적의를 가득 품은 낯선 사물"들이었습니다. 목포와 이 언저리 사람들에게 용당리는 일명 땅끝입니다. "내 마음의 끝, 세계의 끝, 내 방황의 끝, 내 삶의 끝이 목포 앞바다, 그 똥 덩어리 둥둥 떠다니는 시꺼먼 바다 저편에서 내게 손짓하는 것 같은" 곳이지요. 그래서 시아바다에서 자살을 시도하였으나 서투른 자살 기도는 결국 실패하였고 "시 한 편만이 뒤에 남게 된" 것이지요. 그것이 초기시 「용당리에서」이거나 「성자동 언덕의 눈」이거나 혹은 「비녀산」입니다.

　　마주한 저 월출산 아래 내리는
　　저 용당리 들녘에 내리는 은빛
　　비행기의 은빛 비늘의 눈부심, 독함 눈부심 위에 아아 푸른 눈
　　침묵한 아우성의 번뜩임이 거기서 타느냐
　　지금도 너는 반짝이느냐
　　성자동 언덕의 눈
　　하얗게 날카롭게 너는 타느냐.
　　「성자동 언덕의 눈」 마지막 절

김선태는 이렇게 얘기합니다. "어떤 깨어지고 닫혀 있고 묻혀 있는 상황, 그러나 말을 할 수 없는 암담하고 답답한 상황만 어렴풋이 감지될 뿐 '접시', '흙', '가락지', '저녁', '나무', '입술', '광석', '겨울', '달', '흰 모시옷' 등 무수히 난무하는 이미지들의 상관관계일 '흰'과 '분홍'과 '붉은'이 수식하는 색채의식의 대비를 무엇이라고 명쾌하게 해명하기가 불가능하다. 말하자면 전형적으로 난해한 초현실주의적 특성을 지니고 있다." 그렇다면 무엇이 그를 이로부터 리얼리즘으로 이끌었으며 마침내 흰 그늘 담론을 꾸

리게 하였을까.

  알베르 까뮈의 『이방인』에서 주인공 뫼르소는 작열하는 태양 빛 때문에, 이른바 안타고니스트를 살해합니다. 김지하는 포래 더미 위 간단없는 주검에 작열하던 빛을 상고하여 부조리를 살해합니다. 한국 미학의 옹골진 밑돌로 탄생하게 되는 '흰 그늘'이 그것입니다. 나는 이것이 '흰 그늘'의 첫 출처라고 말해왔습니다. 그 자신의 손이었을 흰 손에 대한 응답이었을 것이라고 말입니다. 김선태의 착상을 빌려 말하면 숱한 키워드들의 교란 속에서 흰 색과 검은 색 그러니까 '흰'과 '그림자'를 그리도 명료하게 끄집어 올렸던 것입니다.

  주검들뿐이겠습니까. 용당리, 아니 목포와 갱번과 섬과 시대와 찢어진 이 나라에 널브러진 표류하는 노래, 부유하는 말들, 혹은 정박하지 못한 사상과 파산되어 돌아오지 못한 철학의 조각들, 떠다니는 모든 것에 대한 응답들 말이지요. 김지하는 시아바다에서 죽었고 용당리에서 이미 죽었으며, 포래포래마다 떠밀려 올려진 주검들 위에 엎혀 죽었다가 상가(喪家) 제청의 다시래기 놀이처럼 이내 다시 살아났던 것입니다.

  김지하의 이러한 '죽고 살고'의 경험은 그의 생애 내내 이어졌던 것 같습니다. 훗날 사형선고와 감옥에서의 풀싹 경험 등이 이른바 '생명' 담론으로 이어졌다고 생각됩니다. '죽기살기'라는 우리 속담이 있습니다. 무슨 일을 열심히 할 때 쓰는 말이지요. 아마도 이 말의 출처는 '죽고 살고'에 있을 것입니다. 세상의 모든 의례가 '죽이기와 살리기를 모아서 만든 방식'으로 꾸며진다는 데서 그 이치를 알아차릴 수 있습니다. 김지하의 생애는 '죽기 살기'였고 그것은 이 나라와 시대가 강요한 것이었습니다. 그래서 생각합니다. '죽고 살고'의 연속된 삶 속에서, 강제된 '열심'과 내발적 '열심'의 교란이 전환되는 계기는 이른바 1991년 5월의 '죽음의 굿판' 필화사건일 것입니다.

또 다른 흰 그늘의 출처를 지난해에 언급해두었습니다(이윤선의 「남도인문학 310」,전남일보. 2022. 8. 19). 그 글의 일부를 가져옵니다.

> 해모수와 사통한 뒤 버림받은 유화를 이상하게 여긴 동부여의 왕 금와가 그녀를 방에 가두었는데 햇빛[日光]이 비추니 몸을 이끌어 이를 피하고 해그늘(日影)이 좇아와 비추니 받아들여 이로 인해 잉태했고 하나의 알을 낳았다.
>
> 『삼국유사』,「고구려조」 주몽 탄생 기사

김지하는 말합니다.

> 햇빛[日光]과 해그늘[日影]이 분명히 서로 다름에도 불구하고 이병도는 각각 '햇빛'으로 번역했으니 '해그늘' 곧 흰 '그늘'의 깊고 무궁한 신화적, 신비적, 미학적 의미, 그 창조적 진화의 맥락을 전혀 깨닫지 못했음이다. 해그늘[日影]은 분명히 '흰 그늘'인 것이다. '흰 그늘'이 곧 오래되고 새로운 역수들, 바로 만사(萬事)라면 '흰 그늘'의 미학은 수련, 공부로 이를 알고 동시에 그 앎을 계시받는 것이니 이른바 '깨침'인데…(하략)

이것이 내가 보는 흰 그늘의 두 번째 출처입니다. 내가 김지하를 사숙하며 본보기 삼아 취한 말은 '시김새'와 '흰 그늘'입니다. 그는

'흰'과 '그늘' 사이의 교란을 극복하기 위해 평생을 바쳤습니다. 조동일의 언설을 빌리자면 상극의 삶이었습니다. 마지막까지 '흰 그늘'을 '흰그늘'로 붙여 쓰지는 못했습니다. 하지만 그를 받아쓰며 나는 붙여쓰기를 합니다. '흰그늘' 그것은 '음'과 '양'을 '음양'으로 쓰는 것과 같습니다.

『율려란 무엇인가』(1999)에 이윽고 출현하는 흰그늘은 사실 오래 전 용당리 부두에서 김지하를 부르던 '흰 손'이었습니다. 거적때기 아래 하릴없이 죽은 사람들의 손이었고 남도 산하에 스러져간 동학 도당들의 손이었으며 어쩌면 누군가가 사모하던 '님'의 손이었을 수도 있으며 무엇보다 그것은 시아바다에 풍당 빠져 죽은 김지하 본인의 손이었습니다.

이후 '죽고 살고'의 험난한 노정에 수련이 더해지고 공부가 쌓였으며 무엇보다 그의 필명이 암시하듯 물길 아래 시커먼 그 지하(地下)에서 길어 올린 것이 흰그늘이었습니다. 김지하의 미학적 정체를 딱 한 마디로 말하자면, '흰그늘'일 것입니다. 『흰 그늘의 길』(3권)에서 이렇게 말합니다. "흰 그늘의 묵시는 내 정신의 분열, 내 상상력의 균열에 하나의 통합적 근거와 창조적 방향을 주었다. '흰 그늘'은 나의 미학과 시학의 총괄 테마가 되었다. 그렇습니다. 그가 붓 잡아 일필휘지하건 지팡이를 짚고 비틀거리건 그의 몸은 흰그늘에 모인 것입니다. 그래서 생각합니다. 그가 한국 미학의 시초를 초했기에 한국 미학의 요체 또한 '흰그늘'에 모일 것입니다.

2. 한국 미학이 시작되려는가

　김지하의 미학 정체를 딱 한 마디로 하자면, '흰그늘'이라 할 수 있습니다. 마치 남도 사람들의 웅숭 깊은 미학적 전거가 '권'인 것과 같습니다. 1963년 『목포문학』에 「저녁 이야기」를 발표할 때는 之夏라는 이름을 썼습니다. 이후 필명을 地下로 쓰다가 芝河로 굳어집니다. 김영일이라는 본명을 썼던 시기가 1991년 '죽음의 굿판' 필화사건에 못지않게 그의 삶에 중요한 기점이라고 나는 보고 있습니다. 2000년 『옛 가야에서 띄우는 겨울편지』(2000)가 김영일이라는 이름으로 출판되었지요. 김지하는 옛 이름이라고 괄호 안에 가두어둡니다. 지하를 벗어던지고 영일이라는 본명을 쓰고자 했을 때가 수구초심 회향의 중요한 기점이었을 것입니다. 아마도 동안의 10여 년 속에 우여곡절이 있을 듯합니다. 하지만 그에게 강요되었던 상극의 삶은 회향을 허용하지 않았던 것 같습니다. 이 생각이 얼마나 오래 이어졌는지 내가 알지 못합니다. 다만 괄호 안에 가두어두었던(이게 진심이라고 나는 보는데) 지하라는 이름이 다시 괄호를 벗어던집니다.

　김지하는 『시김새』(2011)의 서문에서 이렇게 얘기합니다. "15세기 피렌체와 베네치아 르네쌍스의 핵심미학, 그 브렌드·토오치는 '어둑어둑한 저녁 강물 속에서 문득 빛나는 희끄무레한 한 물빛'(야코프·브룩하르트)이었다. 한국의 네오르네쌍스가 오고 있는 것이다. 아닌가? 허허허허." 아니라니요? 선생님 말씀대로입니다. 처절한 개인적 경험과 찢어진 나라의 경험이 재구성한 흰그늘, 또 다른 호명이었던 시김새가 그것을 증명합니다. 갱번가에서 태어나 갯바람을 먹고 자랐기에 알 수 있을까요? 어둑어둑한 저녁 강물 속에서 문득 빛나는 아! 흰 손! 그래서 감히 이렇게 말하고자 합니다. 리쩌허우 담화록 『중국철학이 등장할 때가 되었는가』(2010)의 제목을 빌려서 하는 말입니다. '한국 미학이 등장할 때가 되었는가?'

　김지하 1주기, 그가 주창한 미학이야말로 한국미학의 정명(正名)임을 명토박아두기 위함입니다. 한국 미학의 으뜸말이 '흰그늘' 일 것입니다. 오늘 토론에 앞선 며칠 전 가칭 생명문화포럼에서 내가 발표한 제목이 「'흰 그늘'의 두 출처, 나의 재생론 '다시나기' 다듬기」였습니다. 턱없이 부족하지만, 그저 고졸하기만을 바랐던 생각 모으기였습니다. 나는 지금껏 우리 고향 진도의 '다시래기'와 '살랭이' 놀이와 '씻김굿'과 또 '윷놀이' 등을 생각하며 생각 모으기를 해왔습니다.

　김지하가 제창한 키워드들만 수십 가지를 넘어서지만 대개가 정리된 개념이라기보다는 천재 시인의 감성이 자아낸 이름짓기라고 생각하고 있습니다. 철학, 미학, 운동 등 이론과 실천을 넘어서는 끝간 데 모를 화두가 가지런하지 않습니다. 주신 담론들을 다듬는 것은 후학들의 몫일 것입니다. 애오라지 생각합니다. 불후의 선지자를 당대 한 하늘 아래 숨 쉬며 사숙할 수 있었음에 감사할 따름입니다.

　채희완의 오늘 작업이 그 일환이라고 생각합니다. 김지하를 본보기로 들어 증산의 천지굿에 의미와 방식들을 덧입힌 열심에 경의를 표합니다. 감히 드린다는 말씀 외에 따로 붙일 말씀이 없습니다. 내가 모르는 부분이 많아 그저 배울 따름입니다. 좀 더 보완하여 김지하께 드리는 증정본으로 출판하시면 좋을 듯합니다.

　내 생각을 정리합니다. 후천개벽을 발설하던 이들로부터 두 세기를 돌아 오늘에 이르렀습니다. 동학, 증산, 혹은 천부경 등으로 투사되어 재구성된 내력들이 즐비합니다. 강증산이 열었던 천지굿(1908, 1928)의 울림도 벌써 1세기가 흘렀습니다. 그 공명의 폭이 어찌 우리 사회에 피드백되었는지 내가 톺아보지 못하였습니다. 보천교 차천자는 농악을 주된 의례 삼아 연행하게 하여 오늘날과 같은 농악 재구성에 큰 역할을 하였습니다. 그에 앞선 후천개벽의 전기수(傳奇叟)들 중 우리 기억에 스며들지 않은 이들이 대부분일 것입니다. 그래도 이름도 빛도 없던 그분들에 의해 좀 더 모양을 다듬고 내실을 두텁게 하여 오늘에 이른게 아닌가 생각합니다.

지난 한 세기 혹은 두 세기, 우리는 극심한 균열과 파장을 겪었습니다. 천여 개가 넘는 종교를 만드는가 하면 극단에서 극단에 이르는 사상적 궤적을 그렸습니다. 친족 상잔을 넘어 극단의 죽임을 양산하는 난세를 지나왔습니다. 근자의 기점에 김지하가 있습니다. 시대는 그에게 상극의 삶을 살라 명하였으나, 그는 상생의 삶을 살기를 지향했던 듯합니다. 앞서 예시한 고향 목포와 갱번과 그 있음과 없음을 교직하던 갯벌에 비친 물비늘들의 영감이 그렇습니다. 그가 불교신자였는지는 모르겠지만 용당리 갈포래 위 주검에서 돈오(頓悟)하고 평생을 점수(漸修)하였습니다. 그 결과가 흰그늘입니다. 그에게 숙명으로 내린 것은 상극의 삶이었으나 그의 지향은 상생이었습니다. 그 무수한 횡단의 노정에서 배우고 익힌 것이 판소리의 시김새였습니다. 한동안 주장하던 율려는 굳이 내세워 공부를 흩뜨릴 이유가 없습니다. 여율(呂律)의 전복으로, 박근혜의 손을 들어주었던 것으로 족합니다.

불교 심우도(尋牛圖)의 열 번째 그림은 목동이 마침내 저자에 나서는 장면입니다. 소를 잃고 방황하다 소를 찾아 깨달음에 이르기까지의 곡절이 첩첩이 쌓여 마침내 이른 결실의 풍경입니다. 소의 행방을 굳이 살필 이유가 없습니다. 평생 상극의 삶을 강요받았던 김지하는 우리가 알아차리기 훨씬 이전부터 이미 저자에 나섰던 것같습니다. 그래서 나는 말하고자 합니다. 김지하를 만나기 위해서는 고담준론의 철옹성 위를 오를 것이 아니라, 난장판 저자로 내려와야 합니다. 그가 깨달아 이른 경지를 감히 상고합니다. 수의를 벗어 던지고 나사로처럼 부활한 그가 덩실덩실 춤추실 곳은 음주와 가무가 횡행하는 저자 거리입니다.

 이식학(移植學)이 판치는 세상에서, 홀연히 입말 이야기로 시와 사(辭)를 짓고 판소리와 민요의 시감새를 끄집어낸 김지하가 계셨고, 또 그 이야기의 본디 정체일 소리를 얹은 임진택과 몸으로 비틀어 말하는 채희완 등이 계심에 감사할 따름입니다. 왜 이분네들이 허락도 없이 보잘것없는 이 땔나무꾼의 흉중에 들어와 교란하시는가를 상고하는 중입니다. 이것이 흩음이 아니라 신명의 모음임을 알아차리게 될 날을 모름지기 기다립니다.

 남방의 기운을 품고 북방 가까운 원주에 머리를 눕히니 흰 빛을 품은 검은 그늘이요 해를 품은 달이 되었습니다. 산알이 되고 앵산이 되고 부용이 되었습니다. 얼척(어처구니)없던 세상에서 한낮에도 등불 켜고 사람 찾던 사람 김지하를 사모합니다. 오늘 김지하의 '흰 그늘'을 받고 채희완의 정리된 생각을 받았으니, 나는 또다시 다음 단계의 생각을 꾸립니다. 이 글을 쓰기 위해 옛 부두 땅끝 용당리를 찾았습니다. 초의의 언설대로 연하(煙霞)가 난몰(難沒)하는 옛 인연의 터에 무심히 앉아 조용필의 노래를 마저 듣습니다.

 이 땔나무꾼은 그저 트로트 한가락과 막걸리 한 잔이면 족합니다.

채희완 선생님에게 두 손 모아 감사의 뜻을 전합니다. 심산구곡 유영하시다 저자로 내려와 땔나무꾼의 공허한 탁자에 에둘러 앉으신 김영일 선생님께 막걸리 한 잔 올립니다.

누가 사랑을 아름답다 했는가
누가 사랑을 아름답다 했는가
차라리 차라리 그대의 흰 손으로
나를 잠들게 하라.

6주제

정치와 미학의 어긋난 궤적 연결하기

김지하 미학 사상의 특이성에 대한 역사지리인지생태학적 해석을 중심으로

발제 | 심광현

토론 | 김수현

정치와 미학의 어긋난 궤적 연결하기
김지하 미학 사상의 특이성에 대한 역사지리인지생태학적 해석을 중심으로

심광현 | 한국예술종합학교 명예교수, 미학/문화연구

1. 들어가며

김지하 시인(이하 김지하)이 우리에게 남긴 업적과 과제들은 다양한데, 이미 잘 알려진 두 가지 업적 간의 - 그러나 충분히 해명되지 못한 - '어긋난 관계'를 중심으로 그의 작가적 삶을 관통하고 있는 미학 사상의 특이성에 대해 먼저 얘기해 보려 한다.

1) 그 하나는 서슬 퍼런 군부독재 시대에 한국 사회의 모순을 풍자와 해학으로 통렬하게 고발한 작품(담시 「오적」과 마당극 「진오귀」 등)을 통해 '70년대 민중문화운동의 거센 물꼬를 틈과 동시에 제3 세계의 저항 예술가로 세계적인 주목을 끌어내는 돌풍을 일으켰지만 정작 자신은 6년간 독방에 갇혀 침묵을 강요당했던, '태풍의 눈' 처럼 긴장에 가득 찬 특이한 작가적 삶의 궤적이다. 분단 이후 오늘에 이르기까지 이렇게 강렬하게 정치적-예술적 열정을 연소시켰던 예는 찾기 어렵다. 실제로 20세에 전투적인 학생운동의 선봉(1961년

남북학생회담의 남측 대표)에 섰다가 30세(1971년)에 「오적」을 발표해 민중문화운동의 새 장을 열고, 40세(1981년) 이후에는 생명운동의 선각자이자 활동가로 변신했던 그의 삶의 독특한 궤적 자체는 정치와 예술과 사상의 경계를 종횡무진 횡단하는 태풍의 궤적과도 다름없었다고 할 수 있다. 이렇게 험난하고 빈곤한 시대의 격랑에 휩쓸리면서도 철저하게 민중적 관점을 견지하며 그 치열하고도 고난에 찬 경험을 탁월한 작품들로 녹여냈다는 점 하나만으로도 소위 '노벨상' 수상의 충분한 자격이 있는 셈이다.

2) 그러나 이런 성과들은 1980년대 이후 그가 선택한 정신적 삶의 다른 궤적에 의해 점진적으로 지워져 왔다. 외견상으로는 1980년대의 전투적 민중운동이 정점에 달했던 1991년 '변절자 논란'을 일으킨 『조선일보』 기고 「죽음의 굿판을 거둬라」가 특히 극적인 계기가 되었다. 하지만 내용적으로는 그 전부터 전투적인 운동방향과 거리두기가 시작되었고 이후에는 더욱 심화되었다. 그가 감옥에서 깨달은 생명 '살림' 사상의 심화 과정이라고도 할 수 있는 이 궤적은 동학을 발판으로 민중적-민족적 전통문화의 뿌리를 캐내고 축적해 '후천개벽'의 원동력을 구성해내려는 '원시반본'의 방향으로 첨예화되었다. 이후 평생 동안 동학-풍류-단군신화로 거슬러 올라가며 전통 사상의 현재화에 그처럼 매진한 일 역시 유례를 찾기 어렵다[1].
 형식 논리만으로 보면 참여적-저항적 예술 창작과 민중적 전통문

---

1) 이철호에 의하면, 김지하가 자신의 사상적 편력 속에서 매우 각별하게 기억하는 이 깨달음은 책 한권으로부터 연유했다고 한다. "그때 마침 내가 기억해낸 것이 함석헌 선생의 옛 권유였다. 영성과 생명, 삶의 안팎을 과학적, 신학적으로 함께 이해하자면 테야르 드 샤르댕을 읽는 것이 첩경이라는 그 옛 권유였다." "김지하는 처음에 이효

화의 복원과 계승이라는 두 가지 측면이 상보적인 시너지 효과를 낼 수 없는 것은 아니다(네루다, 브레히트의 경우처럼). 그러나 김지하에게서 이 두 가지 측면은 서로를 상쇄하고 무화시키는 역설적인 결과를 초래했던 게 아닌가 싶다. 그 이유를 밝히는 것이 이 글의 취지 중 하나지만, 일단 거칠게 그려보자면, 작가 자신의 정신적 변화와 사회 환경 변화 사이에서 벌어진 거대한 '틈' 때문이 아닐까 싶다. 작가 자신의 성장 궤적과 반대 방향으로 급팽창한 한국 자본주의의 압축성장, 즉 반세기에 불과한 짧은 시간에 「수탈에 의한 원시적 축적('50~'60년대)→절대적 잉여가치 착취('70~'80년대)→상대적 잉여

상의 번역본을 읽다가 독해의 어려움을 겪고는 결국 『인간현상』영역본을 구해와 이를 수개월 만에 완독하기에 이른다. 바로 이 『인간현상』 독해를 통해 김지하는 '이제까지의 모색과 앞으로의 나의 사상이 나아갈 길에 참으로 결정적'인 방향을 얻게 되었다고 술회한다. '눈이 시원하게 활짝 열렸다'고 표현하기도 하는 그날의 깨달음의 구체적인 내용은 무엇인가. 김지하의 독해에 의하면, 『인간현상』의 핵심은 '우주진화의 삼대 법칙' 이다. 우주진화의 내면에는 의식의 증대가 있고, 우주진화의 외면에서 복잡화가 있으며, 군집(群集)은 개별화한다는 이른바 '삼대 법칙'을 기준으로 인간의 삶과 역사를 바라보는 것이 김지하에게 놀라운 바는 무엇보다 '샤르댕 사상의 중핵은 바로 동학사상' 이었기 때문이다. 그 당시로서는 '최고 최대의 과학적 진화론'에 해당하는 샤르댕 사상의 핵심에서 다름 아닌 동학의 종지(宗旨)를 발견해냈다고 확신하는 순간, 샤르댕 사상과 동학 사상 사이에서 흥미로운 전도(顚倒)가 발생한다. 동학의 탁월성은 샤르댕의 진화론을 통해서야 비로소 입증되는 것이지만 그 서구 진화론의 한계를 초극하는 것은 동학이 유일하다. 다시 말해 『인간현상』이라는 책 한 권이 불러일으킨 '생각의 파도'는 그를, 때로는 베르그송이나 그레고리 베이트슨에게 또 때로는 들뢰즈나 미셸 세르에게 인도해주기도 하지만, 기독교와 불교를 거쳐 그 사상적 궁극이 결국 동학으로 통한다고 김지하는 결론 내린다.(…) 그런 의미에서 김지하는 '내 넋이 이미 서학과 동학을 탁월한 과학적 새 차원에서 통전' 했다고 말할 수 있게 된다. 가톨릭에서 동학으로의 사상적 전회는 그렇게 이루어진 셈이다. 그가 동학사상을 통전의 원리로 자신하는 근거는 동양과 서양, 정신과 물질이라는 이원론의 초극에 있었다.' (이철호, 「김지하의 영성(靈性) : 1970년대 민중신학과 기독교 생명정치의 한 맥락」, 『동악어문학 제68집』, 동악어문학회, 2016, 170~172쪽)

가치 착취('90년대~)→자본 수출(2010년대~)로 중층화되고 세계화된 과정 사이의 간극, 신자유주의적 세계화/정보화가 가속화한 '글로벌 문화'와 '로컬 문화' 사이의 간극과, 여기에 더한 아날로그적 현실과 디지털 가상현실 사이의 점증하는 간극 등이 그것이다.

이 다층적인 간극들을 연결할 수 있는 징검다리가 애초에 있을 수 없었던 것은 아니라고 본다. 자본주의 세계화 과정과 한반도의 역사지리적 변동의 상호작용에 대한 엄밀하고 입체적인 통찰이 그것이지만, 아쉽게도 당시 국내외의 많은 지식인들의 경우와 유사하게 그 역시 세계 자본주의의 역사-동아시아 지역사-한반도의 역사 사이의 불균등 발전에 내포된 복잡한 의미에 대한 적합한 통찰에 이르지 못했던 것 같다. 그 결과 일상-예술-미학-지역사-세계사-형이상학의 상이한 층위들 간의 다층적인 연결 고리가 단절되고, 그의 사유 지평이 예술-미학-형이상학의 좁은 지평으로 협착되면서 저항적-참여적 예술/미학의 열정과 원시반본을 통한 후천개벽 사상 복원의 강박적 열망이 상호부정적으로 상쇄된 것이 아닌가 생각된다.

그동안 김지하의 작업에 대해 전반기의 예술적 실천에서는 큰 성공이 있었지만 후반기의 사상적 탐구에서는 한계를 노정했다는 식의 평가가 주종을 이루어왔던 것도(물론 1980년대 이후 그가 제기한 생명운동과 전통의 계승운동에 동참했던 이들의 평가는 상반되겠지만) 이런 연결 고리의 부재와 연관된다. 하지만 개인-사회-사건의 상호작용의 다중스케일 네트워크라는 관점에서 보면 이런 이분법적인 평가 자체도 미학과 형이상학을 매개하는 역사지리적 콘텍스트의 변동에 대한 통찰의 부재에서 비롯된 것이라 생각된다.

이런 평가와 달리 필자는 그의 1960~70년대의 작업과 1980~90년대 이후 후반기의 작업 각각에 환원 불가능한 예술적, 사상적 성과가 있다고 본다. 다만 서로 연결되지 못하고 그 자신에 의해서도 방치된 이 두 가지 성과를 역사지리-인지생태학적 관점에서 연결해보면, 김지하의 치열했던 작가적 탐구의 공과를 온전히 구별하고 그 성과를 계승, 발전시킬 새로운 길이 열리지 않을까 싶다. 이 글은 이런 가추법적인 상상의 윤곽을 김지하의 미학 사상적 논의를 중심으로 그려보려는 하나의 시론이다.

2. 김지하의 참여-예술적 실천과 미학적-형이상학적 사유 간의 간극 연결하기

필자는 김지하의 예술적-사상적 탐구의 궤적 가운데 드러난 가장 큰 공백은 앞서 말했듯이 참여-예술적 실천과 미학적-형이상학적 사유 사이에서 발생한 역사지리적 콘텍스트의 변동에 관한 인식의 혼란에서 비롯되었다고 본다. 그의 글을 자주 접해보았던 이들에게 이런 주장은 어쩌면 터무니없어 보일 수도 있다. 그는 실제로 다른 어떤 예술가들보다 더 정치경제적이고 사회문화적인 역사적 콘텍스트의 변동에 민감하게 반응하며 이에 대해 많은 이야기들을 쏟아 내왔기 때문이다. 그가 생명사상을 본격적으로 전개하기 시작하면서 민중문화운동의 문제점을 비판하기 시작하던 1990년대 초반에 쓴 글에서만 해도 다음 같이 자세한 정세분석적 언급들이 넘쳐나고 있다.

> 다 알고 모두 느끼는 것이겠지만 지금 우리의 삶, 민중의 삶, 세계와 자연은 엄청난 변모와 파괴를 경험하고 있다. 세계사적 급변, 문명의 위기, 동북아시아 정세의 변모, 사회주의 체제의 붕괴, **자본주의 체제**

의 쇠퇴(강조 : 필자), 특히 이른바 환경 곧 자연생태계의 전면적 파괴와 오염 등은 인간의 주체적 분열과 사회윤리의 결정적 타락 등과 함께 놀라운 생산력 증대와 과학기술의 발전에도 불구하고 단순히 세기말적 혼란이 아니라 문명 전체, 나아가 인류 문명사 전체의 대전환을 요구하고 있는 것이 오늘의 현실이다. (…) 남한 사회 내부만 하더라도 농업·공업·정보화 등 생산양식의 다차원적 중첩과 그에 따른 사회 생활양식의 복잡화, 천차만별로 세분화되는 노동내용, 문화의 다중적 분열과 퇴폐, 경제 침체, 미·일 등의 무차별 개방 압력과 잠식, 정치의 무능 부패, 경제력 집중과 토지 독점, 사회윤리의 전면적 타락. (…) 실질임금 저하, 세금, 주택 문제 등등에 개인의 정체성 상실, 분열, 정신질환의 확산, 이로부터의 폭력적 돌파와 환상적 도피의 만연, 여기에 대응하는 민중운동의 각종 분열, 지지부진한 시민운동, 취약한 주민운동, 민주화·민족통일·사회개혁운동의 쇠미, 환경운동은 이제 시작에 불과하며 농촌은 붕괴 직전에 있고 학생운동·지식인·문화운동은 침체 상태에 있으며 그나마 소극성을 탈피하지 못하고 있다. 이 같은 복잡성을 두고 많은 사람들이 다차원적 교체기 전환기라 부르며, 한 계급이나 계층적 세계관이나 사상으로는 대응할 수 없는 심각한 도전으로 받아들이고 있는데 역시 타당하다. 이 복잡한 삶에 창조적으로 대응할 세계관, 새로운 문화가 요구되고 있다.[2]

내용만 보면 30여 년 이전에 쓴 글이라고는 믿기 어렵다. 외려 오

---

2) 김지하, 「생명의 미술로」, 『김지하의 문예이론』(이하 김지하1), 정구형 펴냄, 국학자료원, 2013.

늘의 혼란스럽고 복잡한 이행기의 상황과 잘 부합한다. 다만 "자본주의의 쇠퇴"라는 표현에서 드러나듯이 그의 역사적 통찰의 부정확성 또는 조급한 주관적 기대가 엿보인다. 사회주의 붕괴를 계기로 동구권까지 확장 일로에 있던 1990년대 초반 신자유주의 세계화 시대의 흐름을 완전히 무시한 과장된 표현이기 때문이다. 영민했던 그가 미국 헤게모니의 해체기인 오늘의 상황에는 적합하지만 30여 년 전 세계사의 흐름과는 부합하지 않은 부정확하고 성급한 판단에 빠진 이유가 무엇일까?

세계 정세에 대한 성급하고 주관적인 해석은 세계사의 흐름에 대한 역사 인식을 흐릿하게 만들며, 예술-역사적 인식-미학적/형이상학적 조망 사이의 복잡한(3항 이상의) 관계를 예술-미학/형이상학 간의 이항식으로 단순화시키기 쉽다. 자신이 젊은 시절 실천의 암묵적인 지지대일 수 있었던 역사적 사회주의 운동과 맑스주의 미학이 '열림'과 '살림'의 정치/철학/미학이 아니라 가둠과 '죽임'의 정치/철학/미학이었다는 인식으로 비약하는 것은 이런 맥락에서다.

> 반영, 과장, 선전, 선동으로 확장하는 이 역학체계는 사실은 획일과 수렴의 부메랑이다. 계산된 효과는 극대화되는 확장 조직에도 불구하고 그 조직을 계산하는 이데올로기적 목적의식의 견고한 체계로 되돌아 들어가고 만다. 미의식은 혁명적 '공리성'에 제한되며, 이념에 의해 '감사' 받고 목적에 의해 '정위' 되고 '해석' 받는 세계 체험은 모든 생명 활동과 그 감성적 인식을 형상론·요소론적인 객관적 실재론에 감금시킨다.
>
> 김지하1, 145쪽

북한의 남침을 승인한 소련에 대한 환멸로 프랑스 공산당을 탈당하고 절친 사르트르와 격렬한 논쟁 끝에 결별했던 모리스 메를로-퐁티를 비롯해 전 세계의 많은 좌파 지식인들이 사회주의 운동의 이념과 현실 사회주의 체제 사이의 모순과 괴리를 접하고 강한 실망과 비판을 수행했던 역사적 맥락에서 보자면 김지하의 실망과 비판도 새로운 것은 아니며, 따라서 문제 될 일도 아니다. 그러나 현실 사회주의 체제의 모순을 비판하는 것과 맑스주의에 대한 비판과 맑스 자신에 대한 비판은 각기 동일한 차원의 것이 아니다. 가령, 앙리 르페브르나 프랑크푸르트 학파(아도르노, 벤야민, 마르쿠제 등)는 소련식 사회주의와 이를 지지하는 유럽 공산당의 문제점을 강력히 비판했지만 이를 맑스 자신에 대한 비판으로 등치시키지 않았다. 이런 맥락에서 임마누엘 월러스틴은 맑스주의 자체가 스탈린주의와 같은 일괴암적인 덩어리가 아니라 복잡하고 대립된 갈래들을 포함한 '천 개의 맑스주의'라고 강조한 바 있다. 이런 복합적 갈래 속에서 1950~70년대의 서구(동구를 포함해)의 좌파 지식인과 예술가들은 현실의 자본주의 체제와 사회주의 체제 양자 모두를 비판하면서 스탈린주의를 넘어서 대안적 맑스주의의 길을 새롭게 개척하기 위해 맑스로 돌아갔다(네오맑스주의와 신좌파 등).

그러나 김지하의 선택은 아쉽게도 이들과는 다르게 '소련식-북한식 사회주의 체제 비판=맑스주의 비판=맑스 비판'이라는 환원주의적인 길로 협애화되고 말았다. 이런 잘못된 등치는 맑스의 철학 자체에 대한 다음과 같은 오해에서 드러난다.

헤겔과 맑스는 '만물은 견고하고 불변하는 원자다'라고 믿었던 데모크리토스와 '우주는 폐쇄적 동력학 체계이며 모든 사물은 자기완결적 폐쇄계로서 우주 밖의 신으로부터 주어지는 제1동기에 의해 상호 충돌, 조화함으로써 운동이 발생한다'고 증명한 뉴턴의 후예들이다. 그들은 뉴턴의 이 정태적 폐쇄성을 벗어나고자 자생적 변화 발전의 체계로서 사물 내부의 모순과 모순의 자기부정의 원리, 변증법을 내세웠으나 역시 관념 또는 물질의 실재·실체 안에 그 변화와 운동을 마저 감금해 버렸다.

김지하1, 145-146쪽

  이런 주장은 헤겔에 대해서는 적용될 수 있을지 몰라도 맑스에게는 결코 적용될 수 없다. 맑스의 박사학위 논문 『데모크리토스와 에피쿠로스의 자연철학의 차이』(1841)의 제목은 물론 본문 내용과도 정 반대되는 주장이기 때문이다. 맑스는 이 논문에서 데모크리토스-뉴턴의 원자론이 왜 우주 밖에 신을 필요로 하는 기계론적-유신론적 원자론일 수밖에 없는지를 에피쿠로스의 예를 들어 논증했다. 그와 달리 에피쿠로스-루크레티우스의 원자론은 낙하하는 원자들의 편위에 따라 생성되는 우발적인 마주침으로 신 없이도 우주의 자기 조직화 과정을 설명할 수 있는 우발적-무신론적 원자론임을 방대한 문헌 연구와 논리적 구조 분석을 통해 규명했다(이런 논증은 오늘날 복잡계 과학과 자기 조직하는 우주론의 이론들과 일치한다). 이 논문은 2001년 국내에서 처음 단행본으로 번역되었다. 따라서 1980년대 말~1990년대 초에 김지하가 독일어 원본이나 영어 등 다른 번역본으로 이를 직접 접하지 않았다면(그랬을 가능성은 없다. 직접 보았다면 위와 같이 왜곡된 기술을 할 수 없기 때문이다), 2차 문헌이나 구전을 통해 잘못된 정보를 접하거나 본인 자신의 기억이 왜곡되었을 가능성이 높다[3].

이런 오해는 단순히 맑스에 대한 올바른 이해 여부를 따지는 것이라면 큰 문제가 될 수 없다. 나중에 원전을 접하면 잘못된 해석을 자기비판과 더불어 수정하면 되기 때문이다. 그러나 중요한 문제는 잘못된 경로이든 편협한 해석이든 자본주의 현실에 대한 비판과 대안의 가장 중요한 사회적-역사적 전거였던 맑스주의 운동과 맑스의 사상이 스탈린주의와 등치되어 '죽임의 철학'으로 오도되면서 새로운 세계관의 패러다임에 대한 그의 치열한 탐구에서 중요한 참조점이 될 수 있었을 비판적 사회과학의 연구 성과들의 역할 자체가 김지하의 탐구에서 소거되어 버리는 극적 계기가 되었다는 점이다. 그 여

---

3) 칼 맑스의 박사논문인 『데모크리토스와 에피쿠로스 자연철학의 차이』(그린비, 2001)를 국역했던 고병권은 「고대 원자론과 칼 맑스의 유물론 -맑스의 박사논문이 품고 있는 네 개의 유물론」(『맑스주의 연구 제18권 4호』, 경상대학교 사회과학연구원, 2021년 12월)에서 다음과 같이 주장한다. "기존 연구들은 대체로 이 저작을 관념론적 요소가 지배적인 인간주의적이고 자유주의적인 텍스트로, 혹은 기껏해야 미숙하고 초보적인 형태의 유물론을 확인할 수 있는 텍스트로 받아들였다. 하지만 본 연구에서는 이 저작을 맑스 유물론의 새로운 면모를 발굴할 수 있는 큰 잠재력을 가진 텍스트로 해석했다. 맑스의 박사논문에 대한 해석을 통해 본 연구는 크게 네 가지 유물론(혹은 맑스 유물론의 네 가지 면모)을 드러냈다. 첫째는 '초월성의 신학'과 대결하는 '내재성의 유물론'이다.(…)인간과 자연의 내재적 역량을 긍정하고 강화하려고 했던 독특한 유물론의 전통을 확인했다. 둘째는 '목적론적 역사'와 대결하는 '사건의 유물론'이다. 본 연구에서는 맑스가 주목한 에피쿠로스의 '클리나멘'(clinamen) 개념을 통해 역사에 대한 목적론적(혹은 발전주의적) 관념을 비판하고, 각 시대의 고유한 구성과 법칙, 그리고 시대들의 이행을 유물론의 관점에서 어떻게 이해할 수 있는지를 밝혔다. 셋째는 '동일성의 존재론'과 대결하는 '다양성의 유물론'이다. 본 연구에서는 원자의 특성들에 대한 맑스의 논의를 바탕으로, 차이를 동일성과 관련짓지 않고, 차이들을 차이들로부터, 다양성을 다양성으로부터 사유하는 것이 어떻게 가능한지를 밝혔다. 넷째는 '보편적 체계'와 대결하는 '해체의 유물론'이다. 본 연구에서는 에피쿠로스가 행한 원자론의 해체 작업에 대한 맑스의 생각을 바탕으로, 현실을 객관적이고 필연적이며 보편적인 체계로 설명하려는 시도들의 신화적 성격을 비판했다."

파로 그는 자본주의의 전 지구화 과정에 대한 비판과 대안사회 구성에 필수적인 사회과학적 분석이라는 연결 고리를 건너뛴 채 새로운 예술과 문화혁명에 대한 탐색을 전통 사상에 대한 형이상학적 해석과 직접 결합하는 방향으로 나아갔던 것 같다.

자신의 1960~70년대 세계관과는 정반대의 방향으로 나아가는 이런 어긋난 궤적은 1990년대 이후 발간된 그의 후반기 저술 전체의 주된 틀을 형성한다. [일상의 모순(에 대한 분노)→예술적 실천(풍자와 해학)→사회구성체의 모순과 변동에 대한 통합적인(역사유물론적) 이해→형이상학적 사유→역사지리적 불균등발전의 심화된 인식→예술적 실천의 심화→일상의 변혁→새로운 문화운동→새로운 사회운동→새로운 형이상학→ …]으로 순환하면서 나선형으로 확장, 발전할 수 있는 잠재력을 가졌던 사상의 풍부한 고리(A)가 [생명사상의 발견과 생태미학적 탐구→원시반본의 형이상학→율려 문화운동]과 같은 추상적이고 탈역사적인 고리(B)로 축소되었던 셈이다. 감옥에서 생명사상으로의 회심이 일어났다고 해서 이런 변화가 필연적이었을까?

필자는 아니라고 본다. 그가 1990년대 현실 사회주의 체제의 붕괴를 계기로 맞이할 수밖에 없었던 새로운 세계관의 구성 과정에서 '현실 사회주의 체제-맑스주의-맑스의 사상 간의 환원 불가능한 차이들'(C)을 깊이 성찰하거나, 이에 관한 정확한 논의를 접할 기회가 있었다면 그의 사상이 (B)가 아닌 (A)의 길로 나아갈 수 있었을 것이라고 보기 때문이다. 내용적인 측면에서 보자면, 그의 후반부 사상과 담론의 상당 부분은 맑스 사상의 핵심, 즉 카오스이론과 유사한 우발성의 유물론에 기초한 역사유물론적 분석과 예측, 자본주의에 의해 심화되는 인간과 자연의 신진대사의 균열에 대한 생태적 비판,

환경의 변화와 인간 활동의 변화의 선순환을 모색하는 혁명적 실천의 사상, 각자의 자유로운 발달이 만인의 자유로운 발달의 전제이자 목적이 되는 사회(자유로운 개인들의 연합 사회)라는, 특이성과 보편성의 선순환을 촉진하는 독창적인 코뮤니즘의 사상과 충분히 연결될 수 있기 때문이다.

그럼에도 불구하고 김지하가 (C)의 통찰이나 지식을 접하지 못한 채 (B)의 길로 나아간 것 자체가 인지생태학적으로는 우발적 마주침의 기회의 결여 때문이고, 역사지리적으로는 그와 한국사회를 엄습한 세계사적 불균등 발전의 결과라 할 수 있다. 그는 "세계를 변혁하려는 사람은 많았고, 그 중에서도 가장 대표적인 사람은 맑스였습니다. 그러나 맑스 운동은 실패했"(선집, 456쪽)다고 선언했다. 일부는 맞지만 일부는 틀린 말이다. 현실적인 변혁의 성패로 보면 동학은 단지 아주 짧은 시간 동안 혁명에 성공했을 뿐이었기에 실패했다고 보아야 한다. 그런데 김지하는 동학의 실패에도 불구하고 최수운의 깨달음의 의미를 근본적으로 해석하기 위해 많은 노력을 기울인 데 반해 맑스/주의를 되돌아보려는 노력은 기울이지 않았다.

이런 차이는 한편으로는 증조부가 동학에 참여했었고 조부는 공산당에 관여했고, 부친이 빨치산이기도 했었던 김지하 자신의 가계의 특수성(으로 인한 개인적인 고초 등)과 다른 한편으로는 그가 4.19세대이면서도 세계사적으로는 '68혁명 세대에 속한다는 점과 복잡하게 얽혀 있다고 본다. 그가 감옥에 있는 동안 '68혁명은 실패로 끝났고, 1980년대 초반 감옥에서 나오자 서구는 신자유주의로 전환했고, 소련에서는 페레스트로이카가 시작되었던 데 반해 한국에서는 민중운동이 격화되면서 감옥에서 생명사상에 눈뜬 그의 정신적인 변화와 한국 사회와 세계적인 문화정치적 흐름은 물과 기름처럼 분리되었기 때문이다.

역사는 공간적으로는 경제-정치-사회문화적인 심급들 간의 과잉결정 및 과소결정, 시간적으로는 사건의 시간(단기)-정세의 시간(중기)-장기지속이라는 여러 스케일의 '에포크들'의 중첩, 그리고 중심-반주변-주변으로 구성된 세계체계 내의 지리적 위상 차이들로 인해 선형적으로 발전할 수가 없다. 오히려 다양한 시공간 차원들의 충돌과 마주침의 창발을 통해 지그재그로 움직이는 불규칙한 경로를 따른다. 역사지리적 불균등발전! 이 때문에 동일한 사회 내에서도 계급만이 아니라 성-지역-세대-인종의 차이에 따라 상이한 시대와 문화를 살 수밖에 없는 경우가 발생한다. 한편으로는 선배 세대가 앞서지만 다른 한편으로는 후퇴하는 반면, 후배 세대는 그와 반대 방향으로 움직이는 모순적인 궤적이 형성될 수도 있다. 1980~90년대 민중운동의 방향을 둘러싸고 김지하와 후배 세대가 충돌했던 것도 개인적인 호불호를 떠나 이런 중층적 맥락에서 살필 필요가 있다.

그와 필자는 1997년~ 2005년 사이 종종 만나 이런 중층적인 맥락을 돌아보며 세계사의 거센 파도 속에서 점점 더 커져 가는 어긋난 궤적과 격차들을 좁히기 위해 여러 가지 논의를 했지만 서로가 하던 일들의 바쁜 일정에 떠밀려 가시적인 성과를 거두지는 못했다. 돌이켜보면 오늘 발표하게 된 이 글은 지난 시기에 시작했지만 중단되었던 과거 대화를 20여 년 만에 재개하는 격이라고 할 수 있다. 이 재개된 대화가 이제는 일방적일 수밖에 없다는 점은 아쉽지만, 앞서 말한 간극을 실질적으로 연결할 만큼 공부가 성숙해지는 데에 그만한 시간이 필요했던 것이 아니었을까 한다[4].

---

[4] 필자는 김지하의 생명사상과 미학적 논의가 들뢰즈와 가타리(『천개의 고원』과 『세

이런 전제 하에 이하에서는 최근 '역사지리-인지생태학'이라는 형태로 수렴된 필자 나름의 공부의 결실을 디딤돌로 삼아 다음과 같은 가설을 세우고 그 타당성을 김지하의 미학적/사상적 탐구에 대한 분석을 통해 살피려 한다.

필자가『인간혁명에서 사회혁명까지』[5]에서 제안한 '역사지리-인지생태학'은 크게 두 축의 방법론을 연결한 것이다. '맑스-세계체계론-데이비드 하비의 역사지리 유물론'이라는 한 축과 '그레고리 베이트슨의 마음의 생태학-프란시스코 바렐라의 제3세대 인지과학-뇌과학 연구를 결합한 인지생태학'이라는 다른 축이 그것이다. 이 두 가지 축을 뫼비우스띠처럼 연결해, '자연적-사회적 환경의 변화와 상호작용하는 인간 활동(몸과 마음의 두 속성의 일치-불일치 방식)의 변화의 다양한 양태'를 뇌과학-복잡계 과학을 매개로 연구하려는 통섭적

가지 생태학』 등)의 사상과 유사한 점이 많다고 보아 이들을 매개로「동서도기」또는「동서취사」(최한기)가 잘 이루어진다면 과거와 현재를 연결하는 데 유용할 거라 생각했다. 이외에도 칸트와 들뢰즈를 통해 맑스를 새롭게 이해하는 방법, 복잡계 과학을 매개로 서구 비판이론에 대한 새로운 공부의 필요성 등을 그에게 제안했다. 반면 그에게서 동학 사상/운동의 깊이와 오래된 풍류도와 미학에 대해 배웠고, 이후『흥한민국』(현실문화연구, 2005)을 쓰면서 풍류도와 전통연희에 관한 항목에서 그의 생각을 프랙탈 이론과 결합하여 나름대로 발전시키고자 했다. 그와의 대화는 동서의 예술과 철학에 대해서만이 아니라, 자연과학과 사회과학과 기술공학 간의 통섭(문화공학)의 중요성, 그에 기초한 새로운 문화운동의 필요성 등으로 광범위하게 펼쳐졌었다. 그러나 아쉽게도 맑스의 재독해/재전유에 대한 필자의 권유는 그에게 제대로 수용되지 못했는데 돌이켜 보면 이 글에서 제시한 역사지리적 불균등 발전에 대한 공부가 필자에게 크게 부족했던 탓이라고 생각된다. 1997~99년 사이 필자와의 대화들 중 일부가 그가 율려운동을 시작할 즈음『민족예술』(1999년 8월호)에「율려운동과 새로운 윤리적-미적 패러다임」이라는 대담 형태로 소개된 바 있고, 그는 필자의『홍한민국』에 발문을 쓰기도 했다.

5) 심광현 유진화 공저,『인간혁명에서 사회혁명까지 : 문명 전환을 위한 지식순환의 철학과 일상혁명 스토리텔링』(이하 심광현1), 희망읽기, 2020

인 연구 방법을 제안한 것이다. 이런 관점에서 보면 자연적-사회적 환경과 인간 활동의 상호작용의 양태는 스케일의 차이와 무관하게 네 가지 유형으로 대별할 수 있다(악순환, 교착, 선순환, 안정화).

가장 거시적인 시공간적 스케일에서 보면, 500여 년 전에 시작된 자본주의의 세계화 과정은 조반니 아리기가 『장기 20세기』(1994)에서 자세히 규명한 바와 같이, 1~2세기에 한 번씩 대대적인 사회경제적-정치적 위기가 발생하면 전쟁이 발생하는 가운데 정치 혁명과 기술혁신을 통해 자본주의 영역을 지리적으로 확대하여 새로운 헤게모니를 수립하는 방식으로 이루어졌다(1618~1648년 30년 전쟁→17세기 네덜란드 헤게모니→미국 독립전쟁/프랑스 혁명/나폴레옹 전쟁→19세기 영국 헤게모니→1차 세계대전/러시아혁명과 중국혁명/2차 대전→20세기 미국 헤게모니→현재 세계경제의 위기와 우크라이나 전쟁 등…). 여기에 시스템 다이나믹스의 방법을 적용하면 한 지역에서 다른 지역으로의 헤게모니 이행 과정을 '기존 헤게모니의 위기=악순환', '전쟁=교착', '새로운 사회 시스템의 등장=선순환의 시작', '새로운 헤게모니 구축=선순환의 안정화'로 대별할 수 있다.

여기서 '혁명'이란 자연적-사회적 환경의 변화와 개인들의 활동의 변화가 불일치하여 악순환으로 치달을 때 이 상태를 중단한 후, 양자의 변화가 선순환하도록 조정하는 과정에 해당한다. 이렇게 보면 혁명적 실천을 "환경의 변화와 인간 활동의 변화의 일치"(포이에르바흐 테제 3번)로 정의했던 맑스는 역사지리-인지생태학적 방법의 첫 시작을 열었던 셈이다.

흔히 그의 역사유물론을 기계적 유물론과 혼동하는 경우가 많다. 하지만 앞서 말했듯이 그의 박사학위 논문은 그의 유물론이 기계적 유물론이 아닌 우발성의 유물론임을 밝혀준다. '우발성의 유물론'

에 의하면 자연은 조물주 없이도 원자들의 편위에 의한 마주침과 충돌로 '사건-조성-해체-사건-조성…' 이라는 자기 조직화의 무궁한 생성 과정을 밟게 된다. 다만 직립에 의해 두 손과 입술이 자유로워진 인간의 경우, 비인간의 자연과의 신진대사 과정을 합목적적인 노동 과정을 통해 조정함으로써(즉 자연 선택의 인위적 선택) 자기 조직하는 자연의 느린 진화 과정을 창조적 진화의 차원으로 가속화 한다는 점에서 여타의 자연의 흐름과 차이를 만든다(맑스는 이런 관점 때문에 신 없이도 자연사의 변화를 원리적으로 설명한 다윈의 진화론과 역사적 변화를 원리적으로 설명하는 자신의 역사유물론이 합치할 수 있다고 생각했다. 비록 다윈은 맑스의 요청에 침묵으로 일관했지만 말이다).

맑스가 『경제·철학 수고』, 『독일 이데올로기』, 『자본론』 등에서 해명한 것은 이 인위적 선택의 조정 과정이 역사 시대에 들어와 국가의 탄생/문자의 발명과 더불어 계급 지배의 형태로 구조화된 (노예적-봉건적-자본주의적) 생산관계(가)에 의해 - 인류의 다수가 고통 받음은 물론 인간과 자연의 신진대사의 균열이 심화되는 - 변질되면서, 인간과 자연을 동시에 파괴하는 악순환의 고리를 가속화한다는 사실이었다. 맑스가 말하는 사회주의/코뮌주의 혁명(나)은 계급 지배 자체를 소멸시키는 방식으로 자본주의적 생산관계 자체를 해체하여 역사상 처음으로 자연적-사회적 환경과 개인들의 상호작용이 '선순환' 하는 방향으로 전환해야 한다는 주장이다. 김지하의 어법으로 말하자면 소수에 의한 민중의 지배와 자연의 파괴를 촉진하는 '죽임의 문명' (가)을 인간과 인간, 인간과 자연의 수평적 선순환을 촉진하는 '살림의 문명' (나)으로 전환시킬 '후천개벽' 의 길을 찾아야 한다는 것이다.

김지하는 현실 사회주의의 붕괴를 목도하면서 맑스 자신도 (가)에 속했다고 오해했지만, 그렇게 오해하지 않았다면 맑스의 혁명 사상과 동학의 후천개벽 사상을 거시적으로 연결할 수도 있었다고 본다. 이런 관점에서 본다면, 김지하의 미학/사상에서 나타난 어긋난 궤적을 재평가할 수 있음과 동시에 그의 탐구에 대한 계승의 방법에서도 큰 변화가 있지 않을까? 이하에서는 두 가지 가설-추리를 통해 이 질문에 답하고자 한다.

(가설-1) 김지하가 구별하지 못했던 「현실 사회주의 체제의 문제-천개의 맑스주의-맑스 사상 간의 다층적 차이」의 관점에서 보면 우발성의 역사유물론/자유로운 개인들의 연합에 관한 맑스의 이론과 김지하가 동학에 대한 해석을 통해 주장한 후천개벽의 문화혁명은 상반된 것이 아니라 매우 유사할 수 있다. 특히 스피노자와 복잡계 과학이라는 매개고리를 설정하면 양자 사이에 적절한 연결 고리가 만들어질 수 있다. 일견 황당해 보일 수 있는 이런 관점은 맑스의 역사유물론과 유대적인 메시아 사상을 연결하고자 했던(1930년대 당시에는 이상해 보였지만 오늘날에는 많은 이들이 공감하는) 벤야민의 입장과도 유사한 것이다.

(가설-2) 현대의 복잡계 과학/프랙탈 과학의 원리를 민중적-민족적 전통문화에 대한 김지하의 해석과 연결하고 이 연결고리를 (가설-1)에서 제시한 맑스의 사회과학적 분석-스피노자의 사상-동학으로 이어지는 거시적 연결고리와 다시 연결할 경우 앞서 제시했던 (A)와 같은 선순환 고리가 형성될 수 있다고 본다. 이 거시적인 연결 고리 속에서 자연적 환경과 상호작용하는 개인들 간의 사회적 관계의 상호작용이 지속 가능하게 선순환하기 위해서는 상상력을 매개로 감성과 오성과 이성의 자유로운 유희가 촉진되어 개인들의 몸과 마음

의 역량이 충전되고 활성화되어야 한다. 김지하가 '동학의 후천개벽 =새로운 문화혁명'이라는 화두로 제시하려 한 것도 바로 이와 같은 '미적 교육을 통한 새로운 인간의 형성'과 다르지 않다. "자연과 사회, 비인격적인 자연 주체와 인간 타자들을 자기 안에 무수히 생성시키고 포괄하는 이 우주적인 개방적 주체로서의 신인간"[6]의 형성이 그것이다[7]. 이 미적 교육의 원리가 김지하의 경우 '흰 그늘의 미학'이라면 필자의 경우 '프랙탈-흥의 생태미학'이라 할 수 있다(양자의 차이점과 상보적 성격은 3절에서 다시 설명할 것이다)

이 짧은 글에서 두 가지 가설 모두를 엄밀하게 입증하기는 어렵다. 여기서는 (가설-2)의 주장을 먼저 검토한 후에 이를 토대로 (가설-1)의 가능성을 느슨하게 살피는 순서로 논의를 전개하려 한다. 다만 김지하의 미학 사상 전체를 분석 대상으로 삼는 것은 시간과 자료의 부족 때문에 다음 기회로 미루고, 이하에서는 필자가 『흥한민국』의 제3장 중 「전통연희의 흥」에서 다루었던 내용들(중 일부를 이탤릭 체로 보완하는 방식)을 중심으로 김지하 미학의 핵심 원리를 검토하고자 한다.

---

6) 김지하, 『김지하 선집 제1권 : 철학사상』(이하 김지하2), 김영현 펴냄, 실천문학사, 2002, 443쪽.
7) "뉴휴머니즘 · 신인간주의 · 우주적 휴머니즘이다.(…) 이런 신인간만이 생태학의 긴 논쟁을 해결합니다. (…) 새 시대의 비전을 열기 위한 차원에서 인간의 마음을 이해한다면 적어도 형성적 인간, 우주적 인간, 조의식, 집단적 무의식 또는 우주적 무의식을 가진 아주 깊고 넓은 인간에 대한 새 규정과 부딪치게 됩니다. 즉 우주와 인간 마음의 깊은 상관관계입니다. 이것을 발견하지 않으면 (…) 인간에 대한 재발견도, 새로운 문화 건설도 어렵습니다. 그렇게 되면 새로운 정치경제나 지구 체계의 새로운 사회 질서도 창조할 수 없습니다. 핵심은 마음에 있습니다. 마음과 인간에 대한 이해와 새롭게 건설될 문화 이 세 가지에 달려 있습니다."(김지하2, 443쪽) 필자의 입장에서 보면, 인간관의 혁명적 재구성과 마음에 대한 체계적인 연구는 '역사지리-인지생태학적 관점에서 본 인간의 마음의 새로운 지도 그리기'에 해당한다. 그 거시적인 골격은 이 글의 말미에 다이어그램 형태로 제시되어 있다.

3. 탈춤의 민족미학-흰 그늘의 미학-프랙탈 흥의 미학

살풀이 춤이든 무심의 춤이든 우리 전통 춤의 바탕은 프랙탈한 흥의 미감에 있다[8]. 왜 그런지 채희완의 우리 춤 해설을 통해 살펴보자. 채희완은 '덩실덩실'과 '너울너울', '답지저앙(踏地低昻)'과 '수족상응(手足相應)', 맵고 품, 비정비팔(比丁比八)과 배김새, 사방치기, '연풍대燕風臺'라는 용어로 우리 춤의 기본 동작을 설명한다.(…)

두 팔을 덩실덩실, 너울너울 흔들고 펼치며 발을 들고 무릎을 굽혔다 펼치는(프랙탈한) 주름운동, 팔사위를 사방으로 뿌렸다가 거두며 맺었다가 풀며 앉아 맴돌다가 다시 솟아오르는(카오스모시스적인 창발) 과정, 이 모든 동작에서 흥의 미감의 프랙탈한 변주를 읽을

---

[8] "프랙탈 기하학은 우툴두툴한, 매끄럽지 않고 거칠거칠한 우주를 반영하며, 구멍이 많고, 움푹 파이고, 잘리고, 꼬이고, 서로 엉켜 있는 것들을 다루는 기하학이다. 이런 관점에서 보면, 해안선의 길이는 어떤 의미에서 무한하다고 할 수 있다. 이런 엉켜 있음을 밝히기 위해서는 통상적 의미의 1차원, 2차원, 3차원을 넘어서서 소수(분수) 차원까지를 고려해야만 한다. 0과 1 사이, 1과 2 사이의 공간은 무한하기 때문이다. 여기서 소수(분수) 차원은 달리 명확히 정의할 수 없는 성질, 말하자면 물체의 거칠거칠한 정도, 부서진 정도, 불규칙한 정도를 재는 방법이 된다. 그런데 만델브로트는 이런 불규칙성이 어떤 규칙성에 의존한 결과임을 발견했다. 각 변의 길이가 1인 삼각형의 중앙에 한 변의 길이가 1/3인 작은 삼각형을 붙여 나가게 되면 '코흐의 눈송이(Koch snowflake)'라는 '거친 해안선 모델'이 나타나게 된다. 이때 변의 길이의 합은 3x4/3x4/3…으로 무한대가 된다. 하지만 면적은 원래 삼각형의 외접원 면적보다 작게 되어 무한히 긴 선이 유한한 면적으로 둘러싸이게 되는 역설적인 상황이 생기게 된다. 이런 역설은 무질서 속의 질서라는 개념으로 압축할 수 있다. 이때 이 질서는 자기복제적인 반복에 의해 생긴다. 자기복제적 반복이란 곧 단순성의 원리를 함축하는 것이다. 이런 의미에서 형상이 프랙탈 할수록 그에 들어맞는 규칙은 더 단순해질 것이다.(…) 불규칙하고 울퉁불퉁한 공간이나 형태에서 풍겨 나오는 소박미가 숨겨진 프랙탈 질서(또는 프랙탈 끌개[fractal attractor])를 가질 경우, 그

수 있다. 자연이라는 거대한 하나의 실체(자기가 스스로 원인이 되어 결과로서의 자기 자신을 조직하며 무한히 변화하는 스피노자적인 의미의 실체, 복잡계 과학의 자기 조직하는 우주)가 접히고 펼쳐짐을 거듭하면서 변화무쌍한 역사를 펼쳐 보이는 과정으로서의 자연의 실체는 (우주적인 시공간적 스케일에 비하면 개미와 같은 스케일에 머무는) 우리의 일상적 시각으로는 손에 잡히지 않는다. 긴 시간대의 변화가 우리의 눈에는 마치 정지하고 있는 것처럼 보이기 때문에 우리는 자연의 프랙탈한 능산적 측면(데이비드 봄의 '보이지 않는 질서')을 보지 못하고 유클리드 시각에서 소산적 측면('드러난 질서')만을 재단하는 습관에 사로잡혀 있다.

그런데 우리 전통 춤을 통해 벌림과 오므림, 펼침과 접힘의(김지하가 말하는) 이중교호적인 얽힘의 프랙탈 과정을 실천적으로 수행하면서 머리로는 이해하기 어려운 생성적 연기론을 몸으로 체득할 수 있는 기회를 보게 되는 것이다. 우리 전통 춤은 그런 점에서 자연의 장대한 철학을 화용론적으로 일상 속에서 펼쳐 보이는 철학적 행위

것은 단순한 규칙 몇 개만으로 해독될 수 있다는 점에서 '프랙탈한 소박미=단순미'라는 공식이 가능하다. 소박미는 유클리드 차원을 넘어서는 프랙탈 차원에서 비로소 현대적인 미의식과 상통한다. 유클리드기하학 차원에서는 복잡하고 불규칙하게만 보이는 것이 프랙탈 기하학 차원에서는 단순한 규칙으로 바뀔 수 있기 때문이다. 비로소 이 점에서 소박미의 비밀을 이해할 수 있게 된다. 그 단순한 규칙이란 곧 접힘과 펼침의 자기복제적 반복이다. 산이 울퉁불퉁하다는 것은 편평한 지표가 지층의 압력이 작용해 무수히 많이 접히면서 프랙탈 차원이 높아졌음을 뜻한다. 이런 이유에서 한반도의 고생대 지형은 프랙탈 차원이 높을 수밖에 없다. 이런 무수한 접힘과 펼침의 반복으로 면적이나 크기는 작은데 길이나 에너지는 무한대로 늘어나는 것이다. 한반도는 크기는 작지만 무한히 많은 에너지를 담고 있고, 다른 나라와는 달리 특히 기(氣)가 세고 많은 자원을 담고 있는 지형이라 할 수 있다. 이것은, 뇌가 용량은 작지만 세포단위들이 길게 구부러지고 접혀 있어서 정보의 무한 축적이 가능한 것과 비슷한 원리라고 하겠다." (심광현, 『홍한민국』, 현실문화연구, 56-57쪽)

다. 전문화된 체계로서의 철학이 아니라 수행으로서의 '철학하기'라는 말이다(이것이 곧 프랙탈한 생태미학적 원리를 체화한 예술적 실천이다).

춤사위에 숨겨졌다가 펼쳐지는 프랙탈한 자연(자체)의 심오한 철학하기가 탈춤에서는 일상의 이야기와 더불어 아무 거침없이 신명나게 펼쳐진다. 탈춤에서는 슬픔이나 공포를 나타내는 대목에서조차 재미가 넘치고 흥겨울 수 있다(비극적인 내용을 희극적으로 표현하는 역설적인 재미와 흥). 약점, 부조리, 비정상, 불일치, 비논리성 등이(풍자와 해학의 중층적이고 역동적인) 웃음을 환기시키는 희극적 계기로 사용되어 흥을 일으킨다. 이런 내용(과 표현의) 요소만이 아니다. 놀이꾼과 구경꾼의 경계, 양반과 상민의 경계, 일상과 비일상의 경계 허물기(브레히트적인 소격 효과), 대사나 춤사위만이 아니라 과장되고 왜곡된 탈의 모양새(바흐친이 강조했던 그로테스크한 신체 미학) 역시 흥을 일으키는 복합 요소다.

1970-80년대에 탈춤을 민중문화운동에 끌어들여 마당극과 마당굿으로 재개념화 했던 채희완은 탈춤이 일으키는 역동적이고 프랙탈한 흥의 복잡하고 역동적인 미감을 다음과 같이 설명하고 있다.

> 탈은 걸어놓고 완상하는 장식적인 고정체가 아니다. 쓰고 움직이는 것이기에 움직이는 조각과 같이 생동하는 공간적 가변성을 지닌다.(…) 하회탈을 보면 심한 요철 굴곡과 비대칭적인 형상으로 얼굴을 숙이면 침울하고 들면 호방하여 다양한 표정으로 생동감을 창출한다.(…) 연행으로서 생동하는 조형공간인 것이다.(…) 열린 공간의 세계에 행위로 참여하는 탈은 판을 출렁이게 하여 난장을 트게 해주

9) 채희완, 『탈춤』, 대원사, 초판8쇄, 2004, 22~23쪽.

는 활력소일 뿐 아니라 의사소통을 매개해 주는 살아 있는 신호전달 체계이기도 하다. 이렇게 판을 열어 숨어 있는 놀이 심성을 분출시켜 주는 탈은 숨어 있는 신명을 돋우어낸다.9)

탈춤의 역동적이고 프랙탈한 성격을 탈춤을 구성하는 요소 하나하나에서 끌어내어 탈춤 전체의 구조로 상승시켜 주는 탁월한 분석이다. 프랙탈의 원리에 따르면 불규칙한 부분 속에서 불규칙한 전체가 반복된다(다도해의 지리적인 접힘과 펼침의 구불구불한 형태처럼). 이런 관점에서 보면 여러 개의 마당으로 구성되어 있으면서 각 마당마다 자기 완결구조를 가진 탈춤의 프랙탈한 성격이 잘 드러난다.

김지하는 탈춤이 지닌 역동적 흥취의 복합성이 채희완이 말하는 연산(連山)구조에서 기인한다고 보았다. 마당과 마당, 한 마당 안에서의 구조적 틀과 틀도 끊어지고, 한 인물과 인물도 끊어지고, 동작과 동작 체계 사이에도 기승전결적인 연속선의 흐름이 없다는 것이다. 이 때문에 제멋대로 비선형적으로 폭발하는 카오스적 양태를 보이지만 탈중심적·다핵적·분산적·유기적 의미망이 신명의 생성과 같은 감동을 산출한다는 것이다.

김지하는 탈춤의 관객이 울지 않고 비판적 거리를 동반한 웃음을 자아내면서 감동한다고 하는 점, 그리고 구조가 똑똑 끊어지면서 연결되는 원리를 미학적으로 더 구체적으로 해명할 필요를 제기한다. 또 풍수지리의 형국론과 좌향론, 혈맥, 명당론, 기맥·수맥의 표층과 심층, 천기와 지기 등을 탈춤의 분석에 응용해야 한다고 역설한다10).

그런데 이것이 바로 프랙탈한 질서, 즉 무질서 속의 질서가 아니고

---

10) 김지하, 『탈춤의 민족미학』(김지하3), 실천문학사, 2004, 110~124쪽.

무엇이겠는가? 이런 점에서 채희완과 김지하의 설명은 다음과 같이 보완될 필요가 있다.

첫째, 김지하가 연산구조라고 부르는 바는 프랙탈 차원이 높은 한국 산세의 형상과 상동성을 갖는다. 한국의 산세(*평균 600미터 내외의 높이로 하루 나절에 오르내릴 수 있어 몸과 마음에 쉽게 체화되는 구조*)는 주름이 많아 끊어질 듯 이어지고 이어질 듯 끊어지는 구조를 갖고 있다. 이런 구조는 산맥의 프랙탈한 변주의 결과다. 크고 작은 봉우리와 계곡들은 전체 산세의 흐름을 반복해 작은 차이들을 만들어내고(*삼면이 바다로 싸여 있고 온대의 중심에 위치해 사계절의 뚜렷한 반복과 차이를 만드는 프랙탈한 기후와 더불어*), 그 결과 생태적, 미적(*바람의 진동과 물의 흐름이 만드는 풍류미의*) 다양성이 커진다. 이런 지세와 연산구조는 상동적이다.

둘째, 연산구조의 프랙탈한 성격은 들뢰즈/가타리가 『천개의 고원』에서 말하는 전형적인 '매끈한 공간(smooth space)'에서 잘 드러난다. 이 공간은 리좀(rhizome)적 그물망이 무시무종으로 흥취를 변주하는 강도 높은 생성적 공간이다. 이런 메커니즘의 특성을 프랙탈 이론이 아닌 다른 관점에서 좀 더 과학적으로 설명해 볼 수 없을까?

들뢰즈는 '매끈한 공간'의 또 다른 모델로 패치워크(patchwork)나 퀼트(quilt)를 들고 있다. 매끈한 공간은 이런 여러 조각들의 연결망으로 유동한다는 것이다. 그러나 들뢰즈의 설명은 여기서 그쳐 아쉽다. 이런 조각들의 역동적 연결망의 구체적인 작동방식은 『혼돈의 가장자리(At home in the universe)』를 쓴 스튜어트 카우프만(Stuart Kauffman)의 '무작위적 그래프' 이론으로 보다 잘 설명될 수 있다.

카우프만은 점들과 점들을 임의로 연결하는 선들의 집합으로 화학적 창조가 이루어지는 과정을 보여 준다. 가령 20개 단추를 바닥에 떨어뜨려 놓고 무작위로 연결하면 단추의 숫자가 많고, 실 대 단추의 비율이 문턱치 0.5를 넘어설 경우 대부분의 단추들이 한 개의 거대한 성분으로 연결되는 상전이(相轉移, phase transition) 현상이 나타난다. 그 비율이 1.0을 지나가면 모든 길이의 닫힌 경로들이 발현되기 시작한다.

카우프만은 마치 하나로 크게 연결되어 있는 수많은 작은 패치워크 조각들의 연결망과도 같은 형상을 하고 있는 이 무작위 그래프가 혼돈의 가장자리에서 생명의 기원을 이끌어내는 동력이라고 주장한다. 실 대 단추의 비율과 400개 단추에서 만들어지는 가장 큰 덩어리의 변화 크기를 수직·수평의 그래프로 나타내면 S자, 즉 시그모이드(sigmoid) 함수 모양을 취하게 된다.

여기서 실 대 단추의 비율이 증가함에 따라 가장 큰 단추 덩어리의 크기는 처음에는 느리게 증가하다가 급속히 증가하고 다시 느려진다. 급격한 증가가 바로 상전이(phase change)같은 현상의 신호다. 카우프만은 이것을 따로따로 떨어진 물 분자들이 하나의 얼음 덩어리로 결빙하는 것과 같은 상전이 현상이라고 설명한다. 화학반응계에서도 충분히 많은 수의 반응들이 촉매 될 때 촉매 된 반응들의 거대한 연결망이 이와 유사한 방식으로 갑자기 결정화 한다.

연산구조라는 마당극의 형식구조는 작은 의미의 패치워크들의 연결망과도 같은 것으로, 처음에는 서서히 증가하나가 일정한 분턱을 넘어서면 갑자기 폭발적인 감흥을 휘몰아 오는 양상을 보인다. 이는 생명의 창조과정과도 너무나 흡사하다. 이런 점에서 마당판이 만들어내는 생명과 죽음, 혼돈과 감동이 한데 어우러진 감동은 분자적 패치워크들로 구성된 여러 마당판의 임계점을 형성하고 있는 시그모이드 함수의 경계에 의해 결정된다고도 할 수 있다[11].

김지하가 『탈춤의 민족미학』에서 논의한 다양한 논거와 주장들은 그 자체가 카오스모스적이고 프랙탈하게 얽혀 있어 쉽게 정리하기가 어렵다. 여기서는 이를 정리하는 것보다는 김지하의 논의 중에서 흥의 생태미학과 직접 관련되는 대목을 살펴보기로 하겠다. 바로 풍류장(風流場)과 흥비(興比)의 개념이 그것이다.

1) 먼저 풍류장 개념을 살펴보자. 김지하는 채희완이 말하는 탈춤마당의 네 의미(생활마당의 의미, 판국과 같은 상황적 의미, 결말로 치닫는 겨루기와 같은 의미, 짜임새 있는 구조라는 의미)가 성과 속을 넘나드는 이중교호(二重交互)적(미얄할멈과 같이 섹시하면서도 신령한 이중적) 의미를 갖고 있다고 본다. 그리고 이런 성격을 신라의 풍류도와 연관시켜 마당판을 '풍류장'이라고 명명한다. "풍류장이라는 게 역사적으로 보아 감각적 쾌락에 기초를 두면서도 성스러운 깨달음의 영역으로 연결되는 장소라고 파악할 수 있"기 때문이라는 것이다.

성속을 넘나드는 이중교호적 장으로서 풍류장이라는 해석은, 앞서 최치원의 설명에서 살펴보았던 포함삼교적인 풍류도의 진선미 복합체적인 메타차원과도 상통한다. 이렇게 보면 탈춤마당이란 단지 흥취를 집단적으로 구현하는 놀이의 장을 뛰어넘어 우리 전통을 관류해 온 고차원의 풍류도를 가장 역동적으로 실천하는 장이라고도 할 수 있다. 탈춤과 관련해 최치원의 풍류도를 해석한 김지하의 논의를 살펴보자.

---

11) 스튜어트 카우프만, 『혼돈의 가장자리』, 국형태 옮김, 사이언스북스, 2002, 99~103쪽.

> 탈춤은 풍류(風流)입니다. 최치원은 풍류를 두 가지로 규정합니다. 포함삼교(包含三敎)와 접화군생(接化群生)입니다. 여기서 군생(群生)에는 뭇 생명, 중생, 인간, 동식물, 무기물, 물방울, 흙덩어리, 티끌, 바람 등이 다 들어갑니다.(…) '군생' 하면 우주만물을 다 의미합니다. (…) '접(接)'은 일방적인 것이 아니라, 가까이 사귀어 주거니 받거니 하는 것으로 사랑입니다. 가까이 사귀고 사랑하고 존경해서 '화(化)', 즉 감화, 변화, 요즘 문자로 이야기해서 진화, 쉽게는 해방, 완성한다는 것입니다. 접화군생이 풍류의 핵심내용이고, 포함3교는 유불선(儒佛仙) 대사상을 애당초 가지고 있다는 뜻입니다. 따라서 핵심은 접화군생에 있습니다.
> 김지하3.

핵심을 찌르는 문장이다. 그런데 앞서 나는 풍류도의 핵심이 유불선 삼교보다 한 수준이 더 높은 메타차원(*포함삼교*)에 있다고 말했다. 이는 전체와 부분의 관계라는 논리적 형식(*멱집합 또는 논리 계형*)의 측면을 말하는 것이다. 그런데 서로 이질적인 유불선 삼교를 어떻게 하나로 꿸 것인가라는 내용 측면에서 보자면, 그 요체가 김지하가 말하듯 접화군생에 있다고 보는 것이 적절하다고 본다. 접화군생은 주체-주체, 주체-타자, 주체-자연이 감응해 프랙탈한 배접관계를 이룰 때 나타나는 홍의 생태미학의 원리이기도 하기 때문이다.

그런데 김지하의 탈춤 해석에서 흥미로운 부분은 탈춤에서 구현되는 카오스모스 문화를 "여성성에 기울어진 '갸우뚱한 남녀균형'(*페미니즘이 주도하는 후천개벽*), 곧 카오스에 기운 코스모스의 문화"(김지하3, 79쪽)라고 해석하는 대목이다. 이를 앞의 설명과 연결해보면 "섹시함의 세속적 감각에 기운 성스러운 문화"라고도 재해석할 수 있다. 여기서 요체는 그냥 성속(聖俗)의 균형이 아니라 속(俗)에 더 큰 비중을 두고 "갸우뚱하게 기운" 역동적 균형이다.

이는 내 방식으로 보면 "프랙탈한 흥에 갸우뚱하게 기운 흥-한-무심의 균형 잡힌 문화"라고 생각된다. 섹시함의 세속적 감각이야말로 남녀합방의 프랙탈한 흥취, 생화(生化)의 감동을 형적으로 드러내는 미감이기 때문이다. 한데 김지하의 글에는 이와 반대되는 주장이 있어 비판적 검토가 필요하다고 본다.

김지하가 우리 민족예술의 가장 중요한 정서적 기초가 '한'이라고 보는 대목이 그것이다. 어렵게 살아온 민중이 천 몇 백 차례의 외부 침략을 받아 집단 정서의 내면이 자연히 응어리지게 되었다는 것이다. 그리고 이런 '한'이 '시김새'와 같이 침잠해 "환하면서도 침잠하고 빛과 어둠이 같이 있고, 슬프면서도 기쁜" '흰 그늘'의 미학을 만들어낸다는 것이다. 이때 김지하는 우리말 '흰'이 신령함과 신명의 드러남을 뜻하는 것이라고 풀이한다(김지하3, 145~149쪽).

하지만 우리 민족의 기본 미감은 '흥'이지 '한'이 아니다. 1,000번 이상의 침략전쟁이 있었다고 하나, 기실 우리가 중국이나 일본과의 전쟁에서 지거나 직접 지배당한 것은 고려 때 130여 년의 기간, 병자호란, 일제강점기에 불과하다는 점을 되새겨 볼 필요가 있다(임진왜란은 초기에는 밀리기는 했으나 후에는 왜군을 격퇴시켰다는 점에서 진 전쟁이라고 하기는 어렵다). 수많은 전쟁을 얘기하자면 중국은 우리보다 더 많은 전쟁을 겪었고 2,500년간 왕조가 10번도 넘게 교체되었고, 그 절반의 기간이 소위 '오랑캐'들의 지배 시기였다(위진남북조 시대, 수, 원, 청), 그에 비하면 우리는 크게 세 번의 왕조교체가 있었을 뿐이다. 외세의 직접적인 지배 시기도 훨씬 짧다.

이처럼 거시적 차원에서 비교하면 한을 우리 민족의 기본 정서로 볼 수 있는 역사적 근거가 취약하다고 할 수 있다. 또 앞서 말했듯이 자연조건과 생활문화의 특성을 고려해 볼 때도 한이 우리 민족의 기본정서라고 주장할 근거는 별로 없다.

그런데 김지하의 주장에서 주목할 만한 점은 '흰+그늘'이라는 모순적인 복합어다. '흰'은 신령함과 신명의 드러남이라는 점에서, 또 밝음의 총체를 의미한다는 점에서 흥과 상통한다. 하지만, 한을 뜻하는 '그늘'과 결합되어 모순적인 의미를 포함하고 있기도 하다. 물론 "슬프면서도 기쁜"이라는 이중교호적 의미를 풀이하기 위해서 이런 모순어법을 사용했다고 생각한다.

그런데 나는 '흰 그늘'이라는 단어가 구조상 흥의 측면을 한의 측면보다 앞세우고 있다는 점에 주목하고 싶다. 이중교호라 하더라도 그의 다른 논의처럼 "기우뚱한 균형"이 관건이기 때문에 '흰'과 '그늘' 중 어느 한쪽으로 '갸우뚱하게 기울었는가'는 중요한 문제다.

이렇게 보면 그가 말하는 '흰 그늘'의 미학이 옳게 서려면, 한을 우리 민족의 기본정서로 보는 시각이 먼저 교정될 필요가 있다. 그럴 때라야 비로소 '흰 그늘'의 미학은 카오스적이고 프랙탈한 흥의 생태미학 쪽으로 "갸우뚱하게 기울어진" 후천개벽(後天開闢)의 미학으로, 카오스 쪽으로 기우뚱하게 기울어진 카오스모스의 미학으로 활기차게 되살아날 수 있을 것이기 때문이다.

2) 이제 흥비의 문제를 살펴보자. 여기서 관건이 되는 것은 흥비와 비흥의 차이점이다. 이 문제는 김지하가 동학의 제1대 교주 수운(水雲) 최제우(崔濟愚)의 깨달음의 과정을 비흥(比興), 각비(覺非), 흥비(興比)로 설명하는 대목과 연관이 있다. 그는 최수운이 아직 보이지 않는 후천개벽의 미묘한 얘기(興)를 이미 드러난 질서인 공자맹자의

윤리적 질서(比)를 통해 풀이하는 것을 비흥(比興)이라고 설명한다. 그런 연후 김지하는, 후천개벽의 비밀에 대한 직관적 인식에서 현실에 대한 이러저러한 판단으로 나아가는 방법을 수운이 흥비(興比)라고 풀이했다고 본다. 그러면서 그는 흥비를 탈춤에서 미얄의 돌연한 죽음으로 인한 대혼란과 슬픔에 빠지는 것에 비유한다. 그리고 이것의 전환점이 곧 각비(覺非)라고 설명한다. 다시 말해서 최수운이 비흥과 흥비 사이에서 각비를 터득해 깨달음을 얻게 되었다는 것이다(김지하3, 82~83쪽, 354~355쪽). 여기서도 두 측면에 문제점이 있다고 생각한다.

첫째, 흥비의 흥이 미얄의 죽음으로 인한 대혼란과 슬픔을 가리킨다고 한 부분이다. 앞에서처럼 여기서도 한과 흥의 관계가 역전되고 있다는 느낌이 든다. 물론 수운이 비흥과 흥비를 얘기할 때, 비와 흥은 공자가 말하는 부흥비(賦興比, 부는 역사적 사실을 다루는 장르, 흥은 서정적 장르, 비는 교훈이나 지적인 시를 말하는 장르)라는 세 가지 문학 장르를 말하는 것이기에 흥비와 '흥취'를 혼동해서는 안 될 것이다. 논리적으로만 보면 흥비라는 서정적 장르가 한의 정서를 담는다고 해도 안 될 것은 없다. 하지만 그럴 경우 후천개벽의 생성적 논리학이 지닌 창조적 힘이 약화되고 후천개벽이라는 새로운 질서가 부정적인 한의 정서에 기초한 꼴이 된다.

둘째, 김지하가 수운의 깨달음을 비흥-흥비-각비 순서로 바라보고 있는 측면이다. 물론 이런 순서는 선천개벽-후천개벽-불연기연의 각비라는 논리적 순서를 연상시킨다. 그러나 이럴 경우 후천개벽의 의미는 상대적으로 약화되며 깨달음 다음에는 무엇이 있는가라는 질문이 남게 된다. 동학이 단지 깨달음을 얻기 위한 종교라면 불교와 차이점이 무엇이겠는가?

동학에 대해 잘 모르는 나로서 그 내막을 알기 어렵다. 다만 과거의 혁명 개념(정치혁명-경제혁명-문화혁명)과는 달리 문화혁명-정치혁명-경제혁명-새로운 문화와 사회질서로 이어지는 수순을 강조하는 문화정치적 관점에서 이 문제를 이렇게 풀어보는 것이 어떨까 싶다.

먼저 홍비의 홍은 김지하도 설명했듯이 후천개벽에 대한 직관적 인식이기에 이것이 서정적 장르를 가리킨다고 해도 그 서정성이 한의 정서에 바탕한 것이 아니라 프랙탈 홍의 정서를 지칭하는 것이라고 해석해 보자는 것이다. 그동안 중국이나 일본에 의해 가려지고 왜곡되거나 지워져 온 우리 전통 풍류도의 기본정서가 홍이라는 사실에 대해 최수운이 일찌감치 직관적 터득을 얻었다고 생각해보자는 것이다. 이런 프랙탈 홍취를 선취하였기에 오히려 유교적 비홍의 논리를 부정하는 각비가 가능했던 것이 아닐까 하는 것이다.

그렇다면 깨달음의 순서도 '홍비→비홍→각비→새로운 홍비…' 로 이어져야 하지 않을까? 아니면 오히려 이 순서는 선형적이 아니라 비선형적이고 동시다발적이어야 할지도 모른다. 비홍이라는 공맹적인 선천개벽의 논리로 아무리 현실을 설명하려 해도 현실은 정반대로 나아가고 있기에 공맹 논리가 틀렸다고 깨닫지만, 그 이전에 이미 젊은 시절의 수운 자신이 프랙탈한 홍의 생태미학을 온몸으로 체득해 직관하고 있었기에 과감히 비홍은 '아니다'라고 말할 수 있었나고 보자는 것이다. 이래야 김지하가 앞서 '섹시함에 갸우뚱하게 기울은 신성함'이라는 방식으로 후천개벽의 논리를 설명했던 부분, 그가 강조한 탈춤의 역동적인 홍의 미학과도 일치할 수 있다. 또 각비 후에 신명 나는 후천개벽의 실천적 활동성이 명백한 형태로 드러날 수 있다.

이렇게 볼 때 종교가 아니라 문화혁명으로서 동학이라는 숨겨진 면모가 새롭게 드러나지 않을까? 마치 성속이 한데 어울리는 풍류장으로서의 탈춤마당에 성스러운 승화의 측면이 포함되어 있다고 해서 탈춤을 종교의례라고 볼 수 없고, 오히려 1970년대 말 이래 민중운동의 역동성을 선봉에서 이끌어내었던 탈춤을 문화운동의 엔진이라고 보아왔듯이 말이다. 이런 점에서 김지하의 '탈춤의 민족미학'은 수정될 필요가 있다고 본다.

그런데 다행히도 김지하에게 이 책(『흥한민국』)의 발문(跋文)을 부탁하러 갔다가 대화를 나누던 중 그가 『흰 그늘의 미학을 찾아서』라는 제목으로 2005년 4월에 실천문학사에서 책으로 발간할 원고에서 이런 문제점들을 정확히 수정하고 있음을 알게 되었다. 그 수정된 의미를 분명히 하기 위해 여러 구절들을 인용해 보겠다.

> 최수운의 '홍비가(興比歌)'에서 먼저 시비를 가리고 다음 개벽에 대한 정서적 합의에 도달하는 비흥법(比興法)이 잘못임을 깨닫고(覺非)나서 그것을 거꾸로 뒤집어 '홍비법(興比法)'으로 나아간 것과 깊이 관련된다. '홍비법'은 먼저 숨은 차원의 이상적 세계에 대한 묵시적 동의에서 출발한 뒤 그것의 현실성을 시비하고 그러고 나서 정서적 합의에 도달하는 참다운 논쟁의 기술이다. 수운의 홍비가에 의하면 이때 인간은 '인간 주체인 나의 무궁함과 바깥 세상인 우주의 무궁함이 겹쳐진(神人合一) 무궁무궁'에 도달한다 하였다.
> 「풍류와 율려」 11절, 『흰그늘의 미학을 찾아서』

> 수운이 시구에 다음과 같은 말이 있다. 바람이 숲 속 호랑이를 이끄니 이로 말미암아 그 뒤를 다시 바람이 따른다.
> 같은 책, 「풍류와 율려」 11절

율려의 기둥은 시비논쟁의 '비(比)'에 있고 풍류의 바람은 바로 그 시작이자 끝인 '흥(興)'에 있는 것이다.(…) 풍류가 먼저 일어나서 율려를 이끄는 법이다. 그리고 나서 다시 풍류가 일어나는 것이다. 이것은 바뀔 수 없는 후천문화개벽의 순서다.

같은 책, 「풍류와 율려」 11절

풍류가 율려를 배우고 율려가 풍류를 배울 수 있다. 그러나 풍류가 앞서고 율려의 '비(比)'의 교궁이 그를 따르며 다시 풍류가 팔풍과 같은 큰 광풍(狂風)으로 전원합의에 몰아넣지 않으면 다시 말해 '여율적 율려'가 되지 않으면 궁극적 차원 변화인 대풍류는 일어나지 않는다.

같은 책, 「풍류와 율려」 11절

비흥이 세간에 유행하는 것을 보라! 환유, 제유의 범람과 이미지 범벅(比)의 생태시(興)의 홍수를 보라! 생명, 우주생명의 대혼돈에 따른 대개벽의 시흥(興)이 넘쳐나고 실존적 감흥으로 흐르면서 그에 절실한 그 혼돈 나름의 독창적 비유나 이미지의 '아니다-그렇다(比)'의 진실에로 나아가야 하는 것 아닌가? 이 전환이 현 시기 우리 미학과 시학이 단행해야 할 '각비(覺非)'이다. 바로 이 각비만이 흥비의 차원변화에 의해 미약식 시간의 시종(始終:, 저음과 같이 명백히 수어진 기승전결의 시간관)'을 미학적 시간의 '종시(終始, 끝이 바로 처음이 되는 자기회귀의 무궁무궁의 시간관)'으로 뒤집어 놓는다(문화대혁명, 문화개벽).

같은 책, 「'한'과 '무궁무궁'」 15절

이 원고에서 수운의 각성은 분명하게 후천문화개벽, 문화대혁명으로 재정리되어 있다. 여기서 '문화개벽'이나 '문화대혁명'이라는 용어를 사용하는 것이 합당한가를 두고 논란이 있을 수 있다. 여기서 수운이 자신의 깨달음과 실천을 두고 '천도교'라 직접 칭하지 않고 '동학'이라고 불렀던 이유를 상기할 필요가 있다고 본다.

동학에서는 주문(呪文)을 외우면 만사형통될 것이라고 말하기 때문에 동학은 종교가 아니냐고 할 수 있다. 실제로 동학을 계승한 천도교는 종교임에 분명하다. 하지만 막상 그 주문의 내용을 살펴보면 동학의 가르침이 과연 오늘날 우리가 알고 있는 '종교'라는 느낌이 들지 않는다.

천지를 운행하는 하늘의 허령창창(虛靈蒼蒼: 순수하고 미묘하며 끝없이 파랗게 펼쳐진)한 지기(至氣: 최상의 기, 본원의 기, 또는 혼원지일기[混元之一氣])를 받아 "안으로는 신령함이 생기게 되고 밖으로는 지기와 합일하게 되면 세상의 모든 사람들이 각자 저마다 깨닫게 되어 마음이 변하지 않는다."(내유신령 외유기화 일세지인 각지불이[內有神靈 外有氣化 一世之人 各知不移])라고 본 주문을 해설하는 대목을 보라.

수운이 말하는 본 주문(시천주조화정영세불망만사지[侍天主造化定永世不亡萬事知])의 요체는 천주교처럼 천주와 같은 인격신을 맹목적으로 믿거나 성리학처럼 옛 성인의 말씀을 무조건 모시라는 것이 아니다. 각자가 내유신령(안으로는 신령한 기운을 일깨우고)과 외유기화(밖으로는 지기와 합일)하는 방식으로 천인감응(天人感應)을 실천하면 깨달음을 얻게 된다는 것이다. 이런 가르침은 종교라기보다는 미학적이고 철학적인 가르침에 가깝다. 스스로 자연의 지기와 합일하여 미적·윤리적 각성을 이루라는 것이다.

이런 점에서 최수운의 동학적 가르침이 유불선 삼교포함과 접화군생을 근간으로 삼국통일의 원동력을 이루었던 풍류도의 19세기적 재해석이라고 보는 데에는 큰 무리가 없다. 물론 이런 문화혁명적 각성과 가르침은 갑오농민혁명의 실패와 일제의 조선강점에 따라 해체되고 말았다. 1894년이 우리 전통의 원동력이던 풍류 정신의 상징적 죽음을 보여 주는 시점이라고 볼 수 있는 것도 이런 맥락에서다. 이 풍류정신을 오늘에 어떻게 되살릴 것인가?

4. 타원 궤도를 이루는 김지하 미학 사상의 역사지리 – 인지생태학적 보완

김지하는 그 자신의 미학 사상을 어떤 체계나 구조를 드러내지 않은 채, 마치 영감을 받아 담시와 판소리를 쏟아내듯 서사적인 이야기 형태로 펼치면서 차이와 반복의 리듬을 펼친다. 하지만 문장과 문장의 행간과 여러 글들 간의 관계를 고려해 볼수록 그의 미학 사상 전체가 하나의 타원 궤도를 이루며 선회한다는 생각이 강해진다.

타원 궤도는 중심이 하나가 아니라 두 개다. 풍류가 그 하나라면, 동학이 다른 하나다. 이 두 축의 회전이 근접하면서, 그의 미학적 탐구의 결산이라 할 '흰 그늘의 미학'이라는 타원 궤도를 이루게 된 것이 아닐까 싶다. 시간이 경과하면서 풍류의 축은 단군신화와 『천부경』, 『삼일신고』 등에 대한 해석으로 거슬러 올라가며, 동학의 축 옆에는 김일부와 강증산 등 동학과 유사한 시기에 창발한 여러 유형의 '후천개벽론'들이 결합된다. 다소 비약일 수 있겠으나, 그가 강조한 '음양의 이중성', '불연기연', '이중교호'의 논리도 필자가 보기에는 두 개의 중심을 가진 타원 궤도의 구조에 상응하는 논리로 보인다12).

타원 궤도는 두 개의 원으로 인수분해 할 수 있고, 두 원의 연결선을 비틀면 뫼비우스의 띠로 만들 수 있다. 하지만 연결선을 잘못 분할하면 원들 자체가 여러 갈래로 분리되어 버린다. 서구에서도 이전에는 하나로 연결되어 있던 철학이 19세기에 들어와 다양한 분과학문으로, 가령 환경에 대한 과학적 연구와 내면에 대한 철학적 성찰로 분리되었듯이 말이다13). 역사지리-인지생태학적 관점에서 보면 외면적 환경에서 생성되는 변화와 내면적 영성에서 나타나는 변화는 뫼비우스 띠처럼 연결되어 상호작용한다. 그러나 이 상호작용은 거시적으로만이 아니라 미시적으로도 악순환, 교착, 선순환, 안정화의 네 가지 경우로 변화한다. 선순환과 안정화에 이를 경우 두 축은 안정된 타원궤도를 그릴 수 있다. 아래 인용문에서도 나오는 "외면적 생성과 내면적 영성… 뇌의 진동과 신체의 파동"이 선순환을 이루는 경우가 그것이다. "바람의 떨림과 물의 흐름으로서의 풍류, 중

---

12) 가령 「음양의 이중성」은 태양에서 가장 먼 곳(원일점)과 가장 가까운 곳(근일점)이라는 이중의 중심을 갖고 회전하면서 4계절이 만들어지는 지구의 타원형 공전궤도와 유사하다고 볼 수 있다.
13) "뇌는 운동을 사전 설계함으로써 환경과 몸의 상호작용을 조율한다. 이 과정에서 진화한 의식과 무의식은 '뇌의 상태공간'에서 내면화된 운동의 역동적 궤적을 구성한다. 이 궤적 속에서 발화된 말과 행동은 일정하게 환경의 변화를 야기하고, 그 변화는 다시 나 혹은 타인의 '마음의 상태공간'에 변화를 촉발한다. 이것이 외부 환경 속의 대상을 포착하는 '능동적 지각과 능동적 행동 사이의 기능적 순환 고리'다.(…) 이런 점에서 생명체의 외부와 내부는 하나의 순환 고리(프란시스코 바렐라와 에반 톰슨이 강조하는 '구조적 짝패')를 이룬다. 이 순환 고리는 내부(자기)에서 출발해 외부 세계(비자기)로 나아가면 다시 처음 위치로 되돌아오고 그 역도 마찬가지인, 안과 바깥이 꼬여 있는 뫼비우스의 띠와도 같다.(…) 이런 과정을 통해 뇌의

력과 초월의 이중교호결합으로서 생명미학의 두 조건"(424쪽)이라는 주장도 이런 맥락에서 타원 궤도의 두 중심이라고 보면 보다 선명하게 이해될 수 있다.

김지하가 1960~70년대에 이 상호작용의 악순환을 강력히 고발하다가 감옥에서 교착 상태에 빠진 후 선순환의 가능성을 깨닫고 1980년대 초 출소 이후 선순환을 위해 동학과 그 이전의 풍류로 거슬러 올라간 과정 전체도 역사지리-인지생태학의 관점에서 보면 납득하기가 쉽다. 그가 "변절"하거나 운동을 "배신"한 것이 아니라 환경과 생명체의 상호작용의 의미(장회익 교수의 어법으로 말하자면, 보생명과 낱생명의 상호작용으로서의 온생명의 의미)에 대한 깨달음을 통해 변혁과 혁명의 의미를 자연적-사회적 환경의 변화와 생명체의 변화의 선순환으로 새롭게 정의하고자 했던 셈이다(이에 반해 동

신체지도가 몸의 복잡한 운동을 지도화하듯 외부 세계를 총괄한 마음의 지도인 '세계관'과 내적 삶을 총괄한 마음의 지도인 '인생관'이 형성된다. 성인들은 각자 자기 방식으로 세계관과 인생관이 뫼비우스의 띠처럼 연결된 정신적 항해 지도(상식)를 만들면서 삶을 영위해 나간다.(…) 경쟁 압력이 거세지면 자신의 세계관이나 인생관과 맞지 않는 상황으로 내몰리기 때문에 세계관과 인생관이 모순되거나 불일치하는 경우가 발생한다. 이로 인해 각자의 세계관과 인생관이 분리되고, '소문자 철학'은 표류하거나 파편화된다. 다양한 형태의 사회적 분업과 경쟁이 각자의 정신적 항해 지도인 뫼비우스 띠를 여러 번 분할하는 것이다(뫼비우스 띠를 중심선을 따라 자르면 두 개의 띠로 분리되는 대신 두 번 꼬인 하나의 띠가 된다. 그 중심선을 따라 두 줄로 자르면 두 개의 띠로 분리된다. 하나는 동일한 길이의 뫼비우스의 띠가 되고, 다른 하나는 두 배로 긴, 두 번 꼬인 띠가 된다 등등).(…) 19세기 이래 오늘에 이르기까지 '대문자 철학' 역시 산업자본주의의 분업화 압력에 떠밀려 수많은 분과학문으로 쪼개져 왔다: 인식론과 존재론, 논리학과 윤리학과 미학, 현상학과 언어철학, 사회철학과 심리철학, 정치철학과 과학철학 등으로의 분화가 그것이다. 그 결과 '대문자 철학'의 뫼비우스 띠 역시 여러 겹으로 꼬이거나 쪼개진 형태로 파편화되고 말았다. 이렇게 전개된 철학의 분과학문화 과정은 가히 '철학적 분열증'의 전시장을 방불케 한다."(심광현1, 204~205쪽)

시대 민중운동은 외부 환경과의 싸움이라는 한 축을 중심으로 선회하고 있었다). 이런 관점에서 풍류에 대한 그의 생각부터 먼저 정리해보자.

1) 김지하는 「횐 그늘의 미학(초)」에서 "나의 미학 생각(횐 그늘의 미학)도 어떤 의미에서는 현대적으로 해석된 풍류라고 할 수 있다"(김지하1, 378쪽)고 말했다.

> 민족민중미학의 기초는 '풍류'에 있다. 현대 생태학 및 생명미학의 기준 역시 풍류다. 그런데 지금 서양과 전 세계 및 우리나라의 경우에도 대규모 생산양식화되고 있는 대중문화의 앞으로의 담론 방향 또한 풍류다. 이른바 '한류'의 지금 숨은 차원도 미래의 드러난 차원도 역시 풍류이기 때문이다. 풍류의 현대적 면목이 곧 '외면적 생성과 내면적 영성', 그 중 한 면으로 좁게 말하면 역시 '디지털-에코'이기 때문이다. (…) 풍류는 '넋의 떨림과 목숨의 흐름'이므로 다른 말로 '뇌의 진동과 신체의 파동'이기도 하다. 나는 '횐 빛의 떨림'과 '검은 그늘의 흐름'을 마치 초월과 중력의 결합처럼 '횐 그늘'이라 불러 왔으니, 나의 풍류미학, 미학적 생성학을 '횐 그늘의 미학'이라 이름 짓는 한 까닭이다.
>
> 김지하1, 378쪽

그에 의하면 풍류의 연원은 신라 시대 훨씬 이전으로 거슬러 올라간다. "한민족의 근원적 민족종교, 민족사상, 그 연원 즉 샘물의 첫 시작인 중앙아시아 마고신화의 율려론과 함께 북방 샤머니즘의 중심 흐름인 '삼태극'의 춤과 남방 해양계의 문화가 결합한 우주 생명학"

(379쪽)이 풍류의 본원적인 의미라는 것이다. 하지만 이 주장에는 문헌적 근거가 불충분하기에 그의 시적인 염원을 담은 주관적 해석이라고 보아도 좋을 것이다. 그러나 정확한 문헌적인 의미는 『삼국사기』에 실린 최치원의 해설에서 찾을 수 있다. 김지하는 이중에서 '접화군생' 네 글자에 대한 해석을 다층적으로 확장하고자 노력했다.

> 동양사상문화의 맥락 안에서 '뭇 삶[群生]'이 마치 '중생(衆生)'처럼 '인격·비인격을 물론하고 생명·무생명을 막론하는 일체 우주만물'을 뜻하는 것이고, '가까이 사귄다[接]'는 말이 '널리 이롭게 함[弘益]'을 뜻하여 '공익공익', '공심공심' '공공성'을 말한다면 이는 곧 우주만물에 대한 친밀한 관여로서 인간에 대한 사회적 공공성인 천하공심을 이미 포함한 우주만물에 대한 우주적 공공성은 (…) 곧 '우주 사회적 공공성'을 지시하게 된다. (…) 접화는 곧 '홍익과 이화의 주체인' **인간 속의 신이 바로 만물 속의 신과 소통함이다**(강조: 필자). 미학적으로는 창조와 향수를 통한 주체와 타자의 미학적 소통, 즉 '느낌으로써 통함[感而遂通]'이다. 이 감통, 즉 접의 결과 또는 목적이 '감동'임은 물론 더 정확하게 '감화'라는 점에서 '접화군생'은 풍류미학의 근본 명제, 생명 미학의 기본 테마가 되는 것이다. 더욱이 접화는 미학적 감동과 깨달음(감화, 감동과 조화)을 통해서 '인간과 신 사이의 합일'이라는 높은 종교적 차원에까지 이르러 '생명-영성적인 창조적 진화의 체험'을 활짝 열어준다.
>
> 김지하, 380-381쪽

그는 "포함삼교의 바탕이 접화군생이라는" 전제 하에서 포함의 범위를 과거로는 유불도 삼교로, 그 이전으로는 단군 신화와 치우 황제 등으로 거슬러 올라가며, 그 이후로는 기독교, 샤르댕, 들뢰즈의 철학, 현대의 카오스 이론 등으로 확대한다. 위에서 설명한 의미의 '접화군생'이란 역사지리-인지생태학적 관점에서 보면 환경과 생명체의 상호작용을 선순환으로 이어지게 하는 원리이기도 하기에 여기에 근접하는 모든 철학과 과학적 이론들은 원리적으로는 얼마든지 포함할 수 있다. 현대적으로 말하자면 접화군생이란 「프랙탈 인지생태학」의 원리와도 같은 것이다.

> 유불도와 기독교, 그리고 각종 철학, 과학 등의 평화로운 공존과 살아 생동하는 미학적 통합은 최치원의 풍류의 요점인 '뭇 생명'(나아가 생명·무생명, 인격·비인격을 막론한 우주만물)을 다 가까이 사귀어 감화, 변화, 진화, 조화시킴, 접화군생의 원리 위에서 성립될 것이다. 접화군생의 네 글자야말로 현대 생명의학의 알짬이다.… 또한 접화군생은 현대 생태학과 생명의 네 가지 근본 특성을 다 담고 있기 때문이다. 접이 관계성이고, 화가 순환성이고, 군이 다양성이고, 생은 그 주체가 영성이기 때문이다.
>
> 김지하1, 415쪽

이런 관점에서 필자는 '풍류의 미학'에 대한 김지하의 해석에 대체로 동의한다. 그러나 '동학의 후천개벽 사상'의 경우는 보다 복잡한 분석 절차가 필요하다. 동학에는 역사적으로 세 개의 측면(1894년 혁명이전의 사상과 수련으로서의 동학, 1894년 혁명과 실패 및 이후 의병운동과 사회주의 운동으로의 전이, 일제 시대에 천도교로 변형된 동학)이 포함되어 있지만 이에 대한 필자의 공부가 부족해 아직까지는 이 문제를 분명히 정리하지 못하고 있다. 그러나 시공간을 거슬러 비교해 보면 '천도교로 변형된 동학-실패한 동학 혁명-혁명 이전 최수운의 동학 사상 간의 상이한 차원'은 '스탈린주의/주체사상으로 변질된 현실 사회주의-맑스주의의 이름을 내건 혁명들의 실패와 맑스주의 혁신을 위한 다양한 노력-맑스주의 이전 맑스의 사상 간의 상이한 차원'이라는 측면과 유사해 보인다. 이런 비교의 차원에서 보자면, 최수운의 후천개벽 사상 자체를 새롭게 해석하려는 김지하의 시도는 맑스의 혁명 사상 자체를 스탈린주의-주체사상 및 헤겔리안 맑스주의로부터 구별해서 새롭게 해석하려 했던, 필자를 포함한 국내외의 다양한 시도와 큰 차이가 없다고 본다.

특히 맑스(1818~1883)와 최수운(1824~1864)은 지리적으로는 지구의 반대쪽에 살았지만 시간적으로는 동년배로서 아래로부터의 세계혁명과 민중주체의 후천개벽을 주장했다는 점에서 역사지리-인지생태학적으로 유사한 각성에 이르렀다고 볼 수 있다. 김지하가 이런 점들을 충분히 고려하면서 맑스의 사상에 대한 새로운 해석을 포함 삼교의 범위에서 포함시켰다면 어땠을까? 실현되지 못했던 이런 가능성을 염두에 두면서 동학에 대한 김지하의 해석을 살펴보자.

2) 김지하에 의하면 "동학은 후천개벽 사상이다". 선천개벽과 후천개벽이 일어난다는 주장 자체가 물론 과감한 선언이다. 국가의 탄생과 더불어 시작된 수직적인 계급 지배의 반복 과정으로서의 역사는 계급 지배 자체를 폐지할 코뮤니즘 혁명 이후 인류의 삶에 비하면 하나의 '전사前史'에 불과하다는 맑스의 주장처럼 말이다. 그러나 선천개벽과 후천개벽에 대한 김지하의 해석은 그 시공간적 범위가 맑스보다 훨씬 광대한 반면, 변혁의 원형에 대한 설명은 형이상학적이고 변혁의 원리와 주체에 대한 설명은 간명하다.

(1) 후천개벽은 지난 5만년(호모 사피엔스 사피엔스가 출현한 시기) 이후의 인류 문명사 전체가 완전히 바뀌는 대전환이요, 대혼돈의 도래를 명제화하는 변혁 사상이다.(김지하1, 277쪽)

(2) 그리고 이 대전환 속에서 인류가 살아갈 새 삶의 원형을 동학은 계시(하늘로부터 묵시)에 의해 받았으니 그 모양은, '태극 또는 궁궁[太極而弓弓]' 이고 그 뜻은 '혼돈의 질서[混元之一氣]' 라는 것이다.(김지하1, 277쪽)

(3) '사람이 한울' 이라는 사상.(…) 인간을 천하게 만드는 온갖 옮김과 죽임에 맞서 인간을 무한히 거룩하게 드높이는 인간의 사회적 성화의 실천 (…) 지렁이만도 못하게 천하게 죽임당하는 사람의 삶을 한울로 드높이는 민중주체의 인내천혁명, 민중주체의 생명운동, 참삶의 실천 자체 (…) 그 생명운동의 줄기찬 실천을 통해서 우리 민족과 민중 자신만이 아니라 온 인류와 중생의 해방도 비로소 이루어질 것.(김지하2, 113쪽)

이 세 가지 차원이 단번에 전체적으로 연결되어 이해되기는 어렵다. 하지만 세 번째 '사람이 한울이다' 라는 '인내천혁명' 에서부터 역순으로 접근해 나아가면 동학에 대한 김지하의 열정적인 재해석의 전모를 가늠하기가 상대적으로 쉬워 보인다. 인간 바깥에 있는 신을 모실 것인가, 인간 안에 있는 신을 모실 것인가(또는 인간이 곧 신인가)? 전자를 주장한다면 서학과 다름없기에 동학이라면 마땅히 후자여야 할 것이다. 그런데 이 질문에서 '인간' 대신에 '자연' 을 집어넣으면 어떨까? 자연 바깥에 있는 신을 모실 것인가, 자연 안에 있는 신을 모실 것인가? 전자가 기독교라면 후자는 서구의 비주류 전통인 범신론과 스피노자의 생각에 근접한다.

스피노자에 의하면 정의상 자기가 자기의 원인인 실체는 단 하나 밖에 없기에 "신 즉 자연"이다. 이런 관점에서 보면 인간도 자연(실체)의 무한한 양태들 중의 일부인 유한양태이기에 인간 안에 신(의 속성)이 내재한다는 생각, 즉 "인간 안에 한울이 있다"는 생각과 자연스럽게 연결될 수 있다. 스피노자에게서는 인간 안에만 신(의 속성)이 내재하는 것이 아니라 자연의 만물 속에 내재한다. 『신인철학』(1930)을 쓴 이돈화에 의하면 동학의 한울은 "만유평등의 내재적인 신"이다(한국민족문화백과대사전, '인내천 사상'). 김지하 역시 '인내천'의 의미를 '비인간중심주의'로 이해한다 : "신은 인간 안에서, 인간만이 아니라 모든 생명체 속에서 살아 생동한다. 인간이 적으로 봤던 바위에, 바다에, 그가 정복하고자 했던 산맥에 신이 살아 생동하는 것과 마찬가지로."(김지하2, 205쪽)

　이렇게 간단한 비교로 스피노자와 수운의 동학 사상을 등치시키겠다는 것은 아니다. 다만 '실체 1원론-속성 이원론-양태 다원론'의 간명한 구조를 갖는 스피노자의 존재론과 인식론(1종인식-2종인식-3종인식)은 동학의 '인내천' 사상의 의미를 지역적 특수성과 더불어 전 지구적인 보편적 차원에서 이해하고 보완하는 데 길잡이가 될 수 있다는 것이다. 이런 생각은 앞서 말한 풍류도의 '포함삼교'의 범위를 과거에서 현재로 넓힘과 동시에 동에서 서로 확대하는 여러 비교 작업 중의 일환이 될 수 있다고 본다. 이런 비교 작업이 정밀하게 진행된다면 동학을 천도교라는 민족종교의 좁은 틀에서 벗어나 동-서를 가로지르는 보편적 존재론/인식론/윤리학의 차원에서 새롭게 이해하는 길이 열릴 수 있지 않을까 싶다[14].

---

14) 현대수학과 복잡계 과학과 역설의 논리학 등을 매개로 동서사상의 비교연구에 전

나아가 스피노자의 '신=자연' 이자 자기 원인이자 결과인 자연(능산적 자연에 의한 소산적 자연의 변형) 개념은 현대의 복잡계 과학/카오스 이론과도 연결되며, 후자는 다시 맑스의 우발성의 역사유물론과도 연결된다. 따라서 스피노자와 동학 사상의 비교 연구는 자연스럽게 동서양 철학 사상의 횡단적 비교와 현대과학과의 연결로 이어질 수 있게 되는 것이다.

3) 맑스-복잡계 과학-스피노자-동학의 연계 가능성에 대해 : 맑스의 박사학위논문(고병권 국역본)에는 후대에 알튀세르가 '우발성의 유물론'의 특징으로 꼽은 핵심 내용(① 세계가 있기 전부터 원자들과 공백들만이 존재했다. ② 우연히 허공에서 낙하하던 원자들이 편위[클리나멘]를 일으켜 다른 원자들과 마주침으로써 하나의 세계가 탄생한다)이 선명하게 제시되어 있고 또 풍부하게 해석되고 있다. 맑스는 이런 존재론적인 가정에서 출발한 에피쿠로스의 철학의 원리는, "시간을 실체적인 것으로 만듦으로써 시간 자체의 개념이 부정된다는 사실을 파악하지 못한" 데모크리토스의 절대적 시간(101쪽)과 달리, "현상의 절대적 형식" "현상계의 순수한 형식"으로서의 시간, "자신 안에서 반성하는 것으로서의 변화, 즉 변동의 변동"으로서의 시간, "사건의 사건(속성의 속성)"을 "구체적 자연의 수동적

력해온 김상일 교수의 『동학과 신서학』(지식산업사, 2000), 『수운과 화이트헤드』(지식산업사, 2001)에 이런 비교 연결 작업에 적합한 다양하고 풍부한 해석들이 체계적으로 제시된 바 있다. 김교수의 작업은 이런 논리-형이상학적인 비교 연구에 치중하고 있어서 근현대사를 뒤흔든 자본주의적인 역사지리적 불균등 발전에 대한 분석이 빠져 있다는 아쉬움이 있지만, 향후 보다 포괄적인 다층적 비교 작업(가령 가라타니 고진이 『네이션과 미학』에서 제기한 네이션과 미학의 관계 등을 접합하는 중층적 비교 등)을 위한 튼튼한 논리적 디딤돌이 될 수 있다고 본다.

형식인 조성(Zusammensetzung)"과 대응하는 "구체적 자연의 능동적 형식"으로 설정함으로써, "본질의 세계인 보편적인 것에 대한 의식적 반대로서"(117쪽), "자기의식의 절대성과 자유"(115쪽), "추상적-개별적 자기의식"(114쪽)으로 파악했다.

맑스의 사상은 이렇게 이미 출발점부터 우발적 클리나멘의 철학이었고, 구체적 자연의 수동적 형식 조성(소산적 자연)에 대응하는 능동적 형식으로서의 시간의 철학, 즉 사건의 사건 변동의 변동(능산적 자연)의 철학이었다. 『자본』에서 드러난 세 가지 시간(정지된 시간, 재생산의 시간, 변동의 시간)의 관계도 맑스가 후기에 들어와 비로소 맞부딪친 새로운 것이 아니다. 바로 사건의 사건, 변동의 변동이라는 구체적 자연의 능동적 형식을 포착하려는 최초의 시도가 이후 구체적으로 분석하게 된, 역사적으로 조성된 자본주의 사회구성체 내부에서 발생 가능한 세 가지 시간성 간의 관계에 대한 구체적인 탐구로 발전한 것이었다고 해석해볼 수 있다.

맑스의 박사학위논문에 대한 해제에서 옮긴이 고병권은 루크레티우스가 말하는 "원자들의 폭포"를 미셸 세르와 프리고진의 비선형열역학과 연결하여 유체역학의 관점에서 재해석하면서, 맑스가 에피쿠로스에서 찾아낸 "클리나멘은 필연성의 쉐마(도식), 영원한 것, 불변의 것을 깨고 난류(turbulence)를 들여온다"고 설명하고 있다. 이런 관점에서 보면 여러 겹의 시간들이 겹쳐져 흐르고 있는 역사는 결코 선형적 연대기가 아니라 서로 분기하는 사건의 사건들이 종종 난류를 만들어내기도 하는 사건들의 열린 집합이라고 할 수 있다[15].

---

15) 심광현, 「『마르크스로 돌아가다』의 '틈새'에 대한 고찰 : 우발성의 유물론의 관점에서 본 역사현상학」, 『문화/과학 제97호』, 문화과학사, 2019, 298~300쪽.

물론 여기서 잊어서는 안 될 지점이 있다. 맑스는 구체적 자연의 능동적 형식만을 강조한 것이 아니라 그것이 구체적 자연의 수동적 형식인 '조성' 속에서 발생한다는 점을 강조했다. 마치 능산적 자연과 소산적 자연이 분리될 수 없는 자연의 두 얼굴인 것과 같이 말이다. 역사적 사건의 사건은 세계의 탄생 이전처럼 허공 중에서 이루어지는 것이 아니라, 오직 역사적으로 조성되어 있는 현재의 사회구성체 내부에서 발생하는 작은 편위들(클리나멘들)의 마주침을 통해 난류를 돌발시키면서 그 수동적 조성의 형식을 변화시킬 수 있을 뿐이다. 따라서 역사적 과정, 사건의 사건의 과정은 '우발적 마주침 → 마주침의 응고(조성) → 조성의 해체와 틈새와 공백에서 발생하는 새로운 마주침 → 마주침의 새로운 응고…' 라는 끝없는 과정이라고 할 수 있을 것이다.

이런 맥락에서 필자는 다른 논문에서 후기 알튀세르의 우발성의 유물론도 단순한 해체의 과정으로만 보는 대신 우발성의 유물론과 마주침의 유물론의 이중주로 새롭게 해석해볼 것을 제안한 바 있다[16]. 이 이중주야말로 맑스가 박사학위논문에서 말했던 구체적 자연의 수동적 형식(조성)과 능동적 형식(시간)의 이중주에 해당할 것이다. 이 과정을 앞서 언급한 세 가지 시간들과 연결해볼 수 있을 것이다. 전자가 과잉결정된 정지된 시간과 재생산의 시간(지배계급이 주도하는 계급투쟁의 시간)이라면, 후자는 과소결정된 변동의 시간(이에 맞서는 피지배계급의 계급투쟁의 시간)인데, 상대적 안정기에는 전자가 지배적이지만 이행기에는 후자가 활성화된다고 말이다.

---

16) 심광현, 「두 가지 '알튀세르 효과'의 마주침 : 우발성과 마주침의 유물론의 생산적 이중주를 위하여」, 『문화연구 제7권 2호』, 한국문화연구학회 학술지, 2019

앞선 논의와 연결한다면 이행기는 난류가 생성되는 시간이다. 동학의 관점에서 보면 바로 '후천개벽'으로의 이행이 시작되는 시간, '혼원지일기'가 생성되는 혁명의 시간에 해당한다고 할 수 있다. 난류는 극도로 비선형적인 가속운동의 흐름이기에 후천개벽으로의 이행도 단번에 이루어지는 것이 아니라 전진과 후퇴와 정체와 교착을 포함한 지그재그의 복잡한 굴곡을 지닌 과정(1848년 혁명의 실패, 1871년 파리코뮌의 실패, 1894년 동학혁명의 실패, 1917~1991 소련과 동구원 사회주의의 실패 등등)을 거치면서 불규칙적으로 전개될 수밖에 없다. 맑스와 최수운을 이렇게 연결해 보면 세계사적인 후천개벽의 과정은 19세기 후반에 시작되어(기) 20세기에 성공과 실패가 뒤섞인 복잡한 전개 과정(승)을 거쳐 21세기 오늘의 전지구적인 위기 상황을 새롭게 극복해 나가야 하는 과제(전)와 직면하고 있는 '장기 지속의 과정'이라고 할 수 있다.

5. 나가며

이상의 논의들은 해당 텍스트들의 엄밀한 비교 분석의 결과가 아니라 단지 비교 분석의 필요성이 있다는 필자 나름의 가설을 풀어본 것일 뿐이다. 그러나 이 글에서 살폈듯이 김지하의 전반기 정치적-예술적 실천과 후반기 미학적-형이상학적 탐구가 이율배반적이거나 자가당착인 것이 아니라 관점을 달리해 보면, 역사지리-인지생태학적인 불균등 발전의 결과로서 일시 분리되었지만 언제든 새롭게 연결되어 발전할 수 있는 하나의 타원 궤도를 구성한다는 논점은 비교의 출발로서 타당하다고 생각된다. 넓게 보면 맑스의 세계혁명은 서양 사상이고 동학의 후천개벽은 한국만의 민족 사상(종교)이기에 서로 무관하다고 보거나 또는 누가 우월한가를 따지는 식의 이분법적 구획에서 벗어나, '세계혁명을 통한 후천개벽' 과 '후천개벽의 깨달음(인내천과 접화군생)를 현실화시키는 세계혁명' 이라는, 지구화 시대의 보편-특수를 연결하는 세계적인 사상으로 거듭날 새 길을 찾아야 하지 않을까 싶다는 것이다.

그러나 동서 사상의 융합이라는 것이 단순 '절충' 을 넘어 창조적인 상생이 되려면 어떤 원리가 필요하지 않을까? 김지하는 후반부에 이런 통합적 원리를 찾는 데 몰두했던 것 같다. 대표적인 예가 삼수분화와 이수분화, 삼축과 이축의 우주론/우주관의 모색이 그것이다.

> 문화에 있어서 지금 대두되고 있는 생명문화운동은 최소한 삼수분화의 우주론과 이수분화의 우주관, 그리고 3과 2의 혼성이라고 할 수 있는 혼돈에 대해서 대답을 할 수 있어야 한다고 생각합니다. 3이란 뭐냐? 천지인 사상이 삼축입니다. 그리고 이축이란 뭐냐? 음양, 이중성! 음양은 이원론이 아닙니다. 이중성이라 불러 마땅합니다. (…) 한 존재가 음도 되었다가 양도 되었다가 하는 겁니다. (…) 천天은 예컨대 요즘 식으로 얘기하면 자연, 지地는 사회, 인人은 인간, 이렇게 현대적으로 해석할 수도 있습니다.
>
> 김지하2, 496쪽

그는 삼수분화를 삼재론, 카오스론으로 구체화하려 했고, 음양의 이중성을 불연기연-진화론이나 그레고리 베이트슨의 이중구속의 이론 등으로 보완하려 했다. 그러나 충분히 설득력이 있어 보이지는 않았다. 삼수분화와 이수분화가 존재론인지 인식론인지 미적-윤리적-정치적 실천인지 구별도 없이 여러 층위가 뒤섞인 상태에서 무작위적으로 결합되는 경향이 있었기 때문이다(전문 철학자가 아닌 시인으로서 극복하기 어려운 한계라고도 할 수 있다). 그러나 스피노자의 사상의 핵심 원리인 '실체 1원론-속성 2원론-양태 다원론'과 결합한다면 김지하의 논변을 체계적으로 재배치할 수 있다고 본다. '혼원지일기의 존재론적 일원론-사유/연장이라는 2가지 속성 이원론(이수분화)-3이라는 무수한 숫자로 상징되는 양태 다원론(삼수분화)'으로 보는 방식이 그것이다.

다른 한편 삼수분화의 양태론은 단순히 무한양태를 시사하는 것이기만 한 것이 아니라 다음과 같이 유한양태를 체계화하는 가이드라인으로 재해석할 수도 있다. '자연구성체-개인구성체-사회구성체의 역동적 관계의 변형 과정'으로 인간을 새롭게 정의하는 방식이 그것이다[17]. 이는 맑스의 '인간의 자연과 비인간의 자연의 신진대사의 합목적적인 조정 과정으로서의 인간 노동의 역사지리적 발전'이라는 역사유물론과, 그람시가 옥중수고에서 제안한 '개인, 사회, 자

---

[17] 그람시는 유고집 『옥중수고 권2』에서 「인간관의 개혁」이 시급함을 다음과 같이 주장했다. "각 개체에 반영되어 있는 인간성은 다음과 같은 다양한 요소들로 이루어진다. **첫째 각 개인, 둘째 다른 사람들, 셋째 자연 세계.**" (198쪽) 여기서 역사지리-인지생태학적 리듬분석의 관점에 상응하는 확장된 인간 개념과 만날 수 있다. 맑스의 '사회적 관계의 앙상블로서의 사회적 개인'이란 정의를 '개인, 사회, 자연 간의 동적 관계의 앙상블로서의 사회적 개인'으로 확장하는 방식이 그것이다. '개인, 사회, 자연 간의 동적 관계의 앙상블로서의 사회적 개인'은 다시 사회와 자연과 동적 관계를 맺는 일종의 '멱집합(power set)'을 이룬다. 개인은 모든 부분집합을 하나로 모은 집합인 동시에 전체 집합의 한 부분집합이면서 역동적으로 열린 집합인 것이다. {{개인, 사회, 자연}, {사회, 자연} {자연,…}이라는 중첩적이고, 무한히 열린 과정이 그것이다. 따라서 사회 변화와 개인의 변화와 자연의 변화는 결코 분리될 수 없다. 어느 경우든 개인과 사회와 자연의 동적 관계 전체가 변하기 때문이다."(심광현 1, 117쪽)

연의 동적 관계로서의 새로운 인간관', 펠릭스 가타리가 제안한 '세 가지 생태학의 순환'을 필자가 인지생태학적으로 통섭하여 재구성한 인간의 몸과 마음의 다중스케일 네트워크의 구성(아래의 다이어그램)에서 중요한 좌표 역할을 한다[18]. 서구의 사상은 동아시아의 경우보다 더 분석적이면서도 체계적이기 때문에 동서 사상의 통섭을 시도할 경우 이런 지점들을 디딤돌로 삼을 필요가 있다.

어디서 마무리할 것인지 현기증이 날 정도로 논의가 어지럽게 전개되었지만, 일단 이 글의 중심 주제가 김지하의 미학 사상에 대한 검토이기에 그의 후천(개벽의) 미학인 '흰 그늘의 미학'에 대한 얘기로 되돌아오자. 김지하의 미학은 삼수분화와 이수분화의 이중교호라는 전통 사상의 원리를 미학적인 경험에 다양하게 적용할 뿐 체계화된 미학이론이 아니기에 그 '계승'이 쉽지 않다. 그러나 그의 요청이자 질문은 충분히 계승할 수 있고 또 계승되어야 한다.

> 과연 '지기학', 즉 '혼돈한 근원의 우주질서', '혼돈적 질서'로부터 미학은 무엇을 얻을 수 있을 것인가? 멋이란 무엇인가? 깊이 생각해야 할 미적 개념이다. '한국의 '멋'은 혼돈과 질서 사이에서 문득 드러나는 설명 불능의 숨은 차원이다. 쉽사리 때려잡으러 들면 안 된다. 이제부터 찾아야 한다.
>
> 김지하1, 436쪽

그가 해명해야 한다고 제시한 개념들의 목록만 해도 수십 가지가 넘는다. : '멋', '결이', '놓', '묵', '잉아걸이', '틈', '이면', '허튼

---

[18] 심광현1, 564쪽, 「표-22 : 발생적-인지생태학적 매트릭스로 본 인간역량의 다중스케일 네트워크」 참조.

소리', '허름', '빈터의 아름다움', '빈 마당' 속에서 일어나는 숨은 극적 차원인 '판', '추임새', '고리 속의 무궁', '홍비', '신명', 밝음과 어둠의 교호결합으로서의 흰 그늘의 새로운 차원, '끊어지면서 이어지는 것' 등등. 그는 질문을 나열하면서도 당부의 말도 잊지 않는다.

> 시몬 베유 가라사대, '천민만이 가장 성자에 가깝다'고 했다. 천민 중의 천민의 소리, 음악이 아닌 소리, 소리 속에도 잘 끼워주지 않는, 허튼 소리에도 못 끼는 타령, 농민들의 풍물류에도 끼지 못하는 천민의 소리, 그것도 '거지, 동냥아치'의 구걸 타령을 바로 천지인 삼계 우주를 통치하는 율려라고 불렀던 강증산의 천지 미학사상 앞에 서늘한 마음으로 옷깃을 여민다.(…) 참다운 초월은 역시 중력 안에서만 일어난다.
>
> 김지하1, 440쪽

이렇게 '중력 속에서 초월하는 역설의 미학, 혼돈적 질서의 미학'이 곧 말년의 김지하가 우리에게 전해주는 민중적 민족미학의 근본 원리이자 상세히 탐구해야 할 과제다. 물론 이 미학은 추상예술의 심미주의 미학과 같은 미학이 아니라 문명사적인 후천개벽의 미학으로서 진흙탕 같은 중력의 무게 속에서 초월하는 신인간 형성의 미학, "다시 인간이란 무엇인가"를 질문하는 미학이다. 그는 1999년 율려운동을 제안하는 강연에서 다음과 같이 주장했다.

> 어느 날 해변에서 문득 깊은 생각에 빠져 들었습니다. 생각은 크게 두 가지였는데, 하나는 아무리 외면적 사회구조 또는 경제구조를 혁

파하려 노력해도 결국 그것을 지탱하고 받아들이고 확대시키는 인간의 마음, 민중의 마음이 변하지 않으면 소용없다는 깨달음이었습니다. 물론 감시 고발도 해야 하고 개혁도 진행되어야 합니다. 그것은 대전제입니다. 그러나 그것을 근본적으로 혁파해서 새 세계와 새 문명을 건설하기 위해서는 인간의 마음이 변하지 않으면 안 되고, 마음이 변하려면 문화가 변해야 되고, 문화가 변하려면 인간 자체와 인간에 대한 관점이 변해야 한다는 것입니다.

김지하2, 440-441쪽

　최근 들어 빅데이터와 딥러닝에 기초한 '생성 AI'를 통해 인간의 예술적 창작과 비평을 대체하려는 AI시대가 본격화되자, "인간이란 무엇인가"라는 질문이 도처에서 다시 제기되고 있다. AI혁명은 전문가들이 규격화한 지식과 정보의 생성과 평가라는 틀에 의해서 인간의 마음을 새롭게 정의하면서 인간 활동을 대체하거나 보완하려 한다. 자본과 국가의 이익이라는 기준에 맞춰 진행되는 '위로부터의 인간혁명'(A)이다. 이에 맞서려면 철저하게 민중적 관점에 기초해 '아래로부터의 인간혁명'(B)이 요구된다. 이 양자의 관계를 역사지리-인지생태학적 관점에서 다이어그램으로 시각화하면 [표1]과 같다.

　현재 인공지능기술은 그림 좌측에 점선으로 구획한 '신체' 운동능력, '무의식적 지각', '특수감각', '체성감각', '오성'의 패턴 인식 기능을 '역설계' 하고 있다. 조만간 복잡한 상황 변화에 적절한 결정으로 대처하는 '판단력'의 일부 기능(규정적 판단력)까지 알고리즘으로 개발할 것이다. 그러나 나머지 '생명감각', '충동', '감

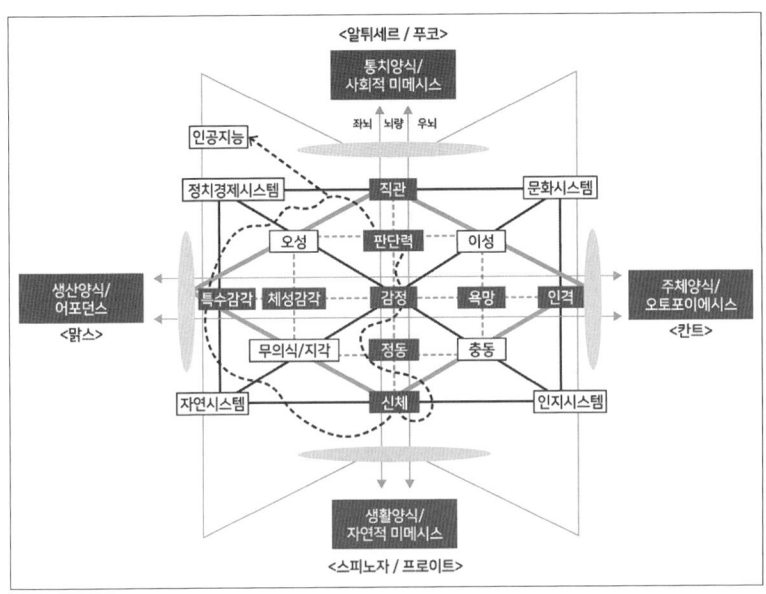

[표1] 네 가지 실존양식의 좌표 속에 위치한 개인구성체의 다중스케일 네트워크(심광현1, 562쪽)

정', '욕망' 까지 알고리즘화하기는 어렵다(현재 감정분석 소프트웨어가 개발되었지만 감정분석이라는 '인지적' 기능을 넘어 몸의 욕구와 현실의 일치 여부를 쾌와 불쾌로 판정, 조절하는 인간 감정의 고유한 '수행적' 기능까지 개발하기는 어렵다).

 후자의 능력들은 기쁨과 슬픔, 사랑과 증오, 부러움과 시기심, 몰입과 무기력증, 흥분과 우울증이 교차하는 예측 불가능한 정서적 파도를 유발해 설계자의 의도에 반하는 결과를 초래할 가능성이 높다. 사이보그가 개발자의 연애를 시기해 문제를 일으키는 영화 〈사이보그 아담〉(2015)처럼 인간과 동일한 욕망을 장착한 AI는 정신분열증 환자보다 더 심각한 '오작동' 의 위험이 있다. 그리고 이런 능력들의 과잉을 조절하기 위해 진화된 '판단력' 의 나머지 부분(반성적 판단력), '인격', '이성', '직관' 도 알고리즘으로 만들기는 어렵다.

바로 이런 차이가 오히려 인공지능 매트릭스가 지배하는 디스토피아로의 길을 억제할 사회적 연대 강화의 현실적 기반이 된다. 요소들의 숫자가 n일 경우 이 요소들의 조합으로 만들어지는 부분집합의 합계, 즉 멱집합의 수는 2^n이다. 인공지능이 '역설계' 하고 있는 6가지 능력들 간의 가능한 조합의 멱집합 수는 '2^6=64' 이다. 그러나 13가지 능력들의 가능한 조합의 멱집합 수는 '2^{13}=8,192' 이다. 이 개인적 조합이 인격적 대화를 통해 사회적 조합으로 확대될 경우, 그 양적 차이는 거대한 질적 차이로 증폭된다. 부상 중인 '인공지능자본주의' 에 능동적으로 대응할 '사회적 연대 강화' 가 그것이다.

물론 이런 사회적 역량 강화의 가능성이 단지 숫자상의 가능성에 머물지 않기 위해서는 사람은 물론 뭇 생명 모두를 한울로 모셔야 한다는 '시천주-접화군생' 의 관점에서 제시된 '혁명적인 미적 교육' 의 요구를 충족시켜야 할 것이다[19].

---

19) 김수현, 「민족미학과 미적 인간학으로서의 예술교육」, 『민족미학 제2권』, 민족미학회, 2003. "풍류도의 미적 인간의 이념은 접화군생하는 신선이다. '접화군생' 이라는 수식어에 담긴 현세주의적인 의미는 민족 고유의 신선 개념에서 핵심이다. 신라의 향가나 음악 등은 주술적인 효용이 두드러질뿐더러 당시의 미적 활동은 예술을 통해 만물을 화생시키려는 것이었다. 화랑도의 미적 활동이 접화군생을 지향한다는 것은 신선(필자: 중국 도교에서 초세속적인 신선)처럼 노는 것과는 성격을 달리한다. 화랑들이 가악을 즐기는 활동은 단지 예술에서 노닐어 풍류를 즐기려는 것도 아니요, 또 인간의 내면에 이성과 감성이 조화된 심적 상태를 조성하려는 것도 아니었다. 화랑들의 가악은 우주만물과의 교령·교감을 추구하는 것이었고, 그들이 가악으로 기뻐한 것은 그러한 결과와 함께 하는 지극한 미적 감정이었다. 접화군생하는 신선은 천인합일의 경지에서 노니는 완전한 존재이며, 이러한 이념이 우리 민족이 추구했던 미적 인간의 원형이었다."(222~223쪽) 현세주의적으로 '접화군생하는 신선' 의 경지를 이루어내는 일은 오늘의 현실에 비추어보면 가히 '혁명적' 이다. 이는 과거에도 결코 쉬운 일이 아니었으며, 통일 이후 신라 시대부터 점차 그 통합적인 성격을 잃고 도교적인 탈속이나 문자 그대로의 놀이 차원으로 협애화되었다고 할

인중천지일, 천지가 사람 마음속에서 하나로 통일돼 있다. 이게 천지
공심입니다. (…) 이건 하나님의 마음인데 (…) 모든 생물, 흙덩어리,
물방울이 썩어가는 것, 다람쥐가 죽어가는 것, 전부를 아파하는 마음
입니다. 인간은 물론이죠. 자기 식구, 이웃, 또는 죽은 귀신들까지 걱
정하는, 더 먼 무한 우주에 하나의 별이 떴다가 사라지는 것까지도
걱정하는 그 마음입니다. 율려. 풍류. 최치원은 접화군생이라고 했어
요. 인간이 그게 가능할까요? 가능하지 않더라도 이제는 목표를 거기
에 세워야 되요. 그래서 교육도 하고, 남하고 대화하는 척도도 거기
에 세우고, 글 한 줄을 써도 거기에 세우고 (…) 인간의 예술의 최고
봉은 사람의 마음을 감동시키는 거지만, 한 걸음 더 나가면 동식물의
마음을 감동시켜야 됩니다. (…) 이게 접화군생입니다. 나는 예술가
에게 그게 최고의 경지라고 보는데, 이래야 지구 문제가 윤리적으로
해결이 됩니다.

김지하2, 560-561쪽

금년 들어 '챗GPT'의 상용화로 세계적인 혼란이 야기되고 있다.
이 언어생성 GPT의 핵심원리는 '빅데이터의 심층학습을 통한 해법
의 생성+진위를 가려내는 평가의 틀'이다. 전자는 기술이 발전할수
록 정교해질 것이지만 문제는 후자의 평가 기준을 어떻게 세울 것인
가에 있다. 자본-국가가 세우는 위로부터의 평가의 틀을 수동적으로
따를 것인가, 아니면 지구적 차원에서 인간의 자연과 비인간의 자연

수 있다. '예술을 통한 만물의 화생'이라는 이념은 마르쿠제가 『에로스와 문명』에
서 재조명했던, 만물과 교감하는 오르페우스적인 미적 해방의 이념(이 역시 문명의
발전에 따라 희석화되거나 추방되었던)과도 유사해 보인다.

의 지속 가능한 공생과 인간 사회 내에서 계급차별-인종차별-성차별을 동시에 극복하는 수평적인 기준을 세울 것인가? 국내외적으로 다양한 논의들이 전개되고 있지만, 필자가 보기에 이제까지 제시된 후자의 기준은 '세 가지 생태학의 연결'과 '적-녹-보라 패러다임'이라는 두 가지 요청으로 압축할 수 있을 것 같다.

그러나 이런 요청을 제안하는 이들의 시공간적 지평은 여전히 협소하다. 이 지평을 최소한 맑스와 수운이 150여 년 전에 제안했던 세계혁명론과 후천개벽론에서 시작해 오늘에 이르는 세계사적인 투쟁과 실패의 불균등 발전의 복잡한 역사적 과정으로 확대하여 전 세계 민중의 고군분투의 의미를 되새길 때라야 비로소 자본-국가의 수직적 평가 기준을 넘어서는 수평적 합의를 이끌어낼 수 있을 것이다. 김지하가 "타는 목마름으로" "원시반본"에 입각해 '미적-윤리적 교육을 통한 신인간의 형성'을 요청했던 것도 결국은 이런 수평적 기준의 전 지구적 확장을 자신이 아는 범위 내에서 시도했던 것이라 볼 수 있다. 이제 좋든 싫든 다가온 후천개벽의 시간을 맞이해 산 자들만이 아니라 죽은 자들, 앞으로 도래할 후손들까지 모두가 연대하지 않으면 안 될 것이다. 평생에 걸친 김지하의 정치적-예술적-사상적 분투는 이를 위해 귀중한 디딤돌이 될 수 있지 않을까?

이런 맥락에서 볼 때, 이 글의 서두에서 말했듯 그의 분투를 역사지리-인지생태학적 관점에서 비판적으로 계승하는 일은 맑스의 사상과 메시아적 구원의 사상을 연결하려 했던 벤야민의 관점과 크게 다르지 않다고 본다. 벤야민에게서 무엇보다 중요한 것은 빈곤한 현재와 도래할 불확실한 미래 사이에 놓인 것이 아니라, 억압받는 자들의 오랜 전통과 그것을 망각한 현재 사이에 놓여 있었다. 벤야민은 "노동자들에게 미래 세대들의 구원자 역할을 부여하는" 사회민주주의를 비판하면서 "해방된 자손의 이상에서가 아니라 억압받은 선조의 이미지에서 그 자양분을 취했던" 러시아 혁명 초기의 "살아 숨 쉬었던" 의식의 중요성을 환기시켰다[20]. 이런 이유로 그는 "역사가는 과거를 향한 예언자"이기에 "자신의 시대에 등을 돌리고", "억압받는 자들의 전통을 전유하는 일"을 자신의 과제로 삼아야 한다고 주장했다. "예언자적 시선은 과거 속으로 가물거리며 사라지는 이전 사건들의 정점들에서 점화"되고, "프랑스 혁명은 2천 년의 심연을 건너 로마 공화정을 다시 붙들" 수 있었다는 것이다(벤야민 1, 363쪽).

> 역사의 자유로운 하늘 아래에서 펼쳐질 그와 같은 도약이 마르크스가 혁명을 파악했던 변증법적 도약이다.[21]

그는 현재의 빈곤 상태에 좌절하는 대신, 자신의 시대에 등을 돌린 채, "결을 거슬러 역사를 손질하며"(벤야민2, 336쪽), 억압받는 자들의 전통으로부터 "우리가 그 속에 살고 있는 '비상상태'가 상례"라는 가르침을 얻어내고, "진정한 비상사태를 도래시키는 것이 우리의 과제"라는 각성에 이를 수 있었다(벤야민2, 337쪽). 이런 각성 하에서 그는 역사적 대상에 다가가되 "그 대상을 단자로 맞닥뜨리는 곳에서만" 다가갔다(여기서 말하는 '단자'란 전체가 부분으로 프랙탈하게 접혀들어 극소 스케일에 이른 경우로 재해석해 볼 수 있다.)

---

20) 발터 벤야민1, 「역사의 개념에 대하여」 관련 노트들」, 『발터 벤야민 선집 5』, 최성만 옮김, 길출판사, 2008, 364쪽.
21) 발터 벤야민2, 「역사의 개념에 대하여」, 『발터 벤야민 선집 5』, 최성만 옮김, 길출판사, 2008, 345쪽.

이러한 단자의 구조 속에서 그는 사건의 메시아적 정지의 표지, 달리 말해 억압받은 과거를 위한 투쟁에서 나타나는 혁명의 기회의 신호를 인식한다. 이런 식으로 그는 한 시대에서 한 특정한 삶을, 필생의 업적에서 한 특정한 작품을 캐낸다. (⋯) 역사적으로 파악된 것의 영양이 풍부한 열매는, 귀중하지만 맛이 없는 씨앗으로서의 시간을 그 내부에 간직하고 있다.

벤야민2, 348쪽

김지하가 "타는 목마름으로" 최수운의 후천개벽론을 반복적으로 외쳐댔던 것도 바로 그 안에서 "메시아적 정지의 표지"를 보았기 때문이 아닐까? 그는 자연으로 돌아갔기에 그가 제기한 요청들과 이런 질문에 대해 올바른 답을 찾는 일은 이제 산 자의 과제가 되었다.

토론문

「정치와 미학의 어긋난 궤적 연결하기」

김수현 | 경상국립대학교 명예교수, 미학/미술교육

    심광현 교수는 김지하의 두 가지 업적, 즉 "참여-예술적 실천과 미학적-형이상학적 사유" 사이에서 발생한 '어긋난 궤적'을 말하면서, 이를 "역사지리적 콘텍스트의 변동에 관한 인식의 혼란"에서 비롯되었다고 지적한다. '인식의 혼란'이란 1990년대 초반 사회주의 붕괴와 신자유주의 세계화 시대의 흐름에 대한 부정확한 역사적 통찰을 가리킨다. 발표자는 맑스 사상의 핵심이 "우발성의 유물론에 기초한 역사유물론적 분석과 예측"에 있으며, 이러한 맑스를 김지하가 오해하지 않았다면 "맑스의 혁명사상과 동학의 후천개벽 사상을 연결"할 수도 있었을 것이라며 안타까워한다. 그러나 20년 전의 대화를 더는 잇지 못하게 된 김지하는 이러한 '거시적 과제'의 책임을 발표자에게 고스란히 맡길 것 같다.

    김지하의 미학 사상은 2002년에 발간된 『김지하 전집』 제3권을 통해 묶여져 있다.(그늘을 주제로 한 『예감에 가득 찬 숲 그늘』의 대부분의 강연록과 논고들이 여기에 재수록) 이후 환고리(環) 개념을 중심으로 다룬 『탈춤의 민족미학』(2004.2), 마지막으로 『흰 그늘의 미학을 찾아서』(2005.10) 같은 저서들이 출간되었다. 『탈춤의 민족미학』은 1999년에 부산 민족미학연구소에서 이루어진 일주일 연속 강의이며, 『흰 그늘의 미학을 찾아서』도 대부분이 전집이 출간된 2002년 이후부터 2005년 사이에 행한 강연류를 모은 것이다. 그 전에 발표자의 『홍한민국』(2005.5)이 나왔고, 김지하가 쓴 발문의 타이틀이 「홍비의 미학」이다. 이러한 순서를 참고하면서, 이 자리에서는 민족 전통사상에 기초한 김지하의 미학 사상과 발표자가 말하는 것처럼 '우리 민족의 기본 미감'인 '프랙탈 홍' 이론과 연관하여, 그 교호 관계를 중점적으로 짚어보려 한다.

1. 먼저 석학 두 분의 대화의 연속을 보조하기 위해, 발표자의 『홍한민국』(2005)의 발문에 제시된 김지하의 의견을 첫 번째 질문거리로 삼아본다. "심 교수는 아직까지도 동학 정역적 사상사 안에 그 야말로 프랙탈적으로 포함(包含)된 유불선 전통 전체와 고대 생명학의 살아 생동하는 가치를 전면적으로까지는 인정하기를 꺼리고 있는 눈치다." 이러한 의견이 여전히 유효한지, 혹은 민족 전통사상(종교)에 대한 김지하의 해석이 발표자의 이른바 '역사지리-인지생태학적 관점'을 형성하는 데 어떠한 영향을 주었는지 간략한 답변을 기대한다.

2. 다음은 프랙털(fractal) 개념에 대한 정의의 문제다. 기본적으로 '프랙탈'은 복잡계를 다루는 기하학의 용어다. 이는 '자기복제적인 반복'에 의해 생기는 '무질서 속의 질서'인데, 발표자는 이를 미적 술어로 채용하여 "불규칙하고 울퉁불퉁한 공간이나 형태에서 풍겨 나오는 소박미"를 설명하는 데 적용한다. 그런데 김지하는 이 개념을 동학의 언어로 이해하려고 시도하여, 처음에는 "우리 도는 넓으나 간략하다(吾道博而約)"라는 최수운의 말에서 그

의미를 찾았다. 이어서 김지하(2005, 14쪽)는 이 말을 전신에 퍼져 활동하는 뇌기능을 설명하거나 '우주는 그물코'라는 화엄불교 사상을 설명하는 데 적용했다. "프랙털(fractal)이 뭐예요? 전체가 따로 있으면서도 그 전체가 조그만 곳 안에 따로따로 다 있는 것을 말해요." 이와 같은 화엄적 우주관에 프랙탈 개념을 적용하는 게 타당한가? 혹은 '프랙탈 홍'에 관한 발표자의 개념이 화엄적 우주관과 모종의 관계가 있는지 묻고 싶다.

3. 홍을 논의한 대목은 최수운이 「홍비가」에서 '비홍' 아닌 '홍비'를 내세웠다는 해석에서 찾을 수 있다.(『탈춤의 민족미학』354쪽). 여기서 비홍은 "보이지 않는 후천개벽 이야기를 누구나 아는 드러난 질서로서의 공맹의 윤리적 질서를 가지고 설명하는 방법", 홍비는 "진정한 내면에 숨겨져 있는 비밀에 대한 직관적 인식으로부터 검증적 현실에 대한 이러저러한 판단으로 나가는 방법"이라고 설명된다. 미루어 짐작하면 김지하에게 '비홍'이나 '홍비'란 말은 '홍'과 '비'의 선후 관계를 가리키는 용어인 것 같다. 그리고 그 순서에서 김지하가 옹호하는 것은, 현실적 유추(比)에 반하는 각비(覺非)를 통해서 초월적인 깨달음이 일어나는(興) 그 순차적 관계로 보인다. 이러한 각비는 김지하에 따르면 "동학의 핵심적인 전환점의 논리"이며, 우리 문화 속에 이러한 논리석(?) 구조가 들어 있는 것이 탈춤에서 미얄의 돌연한 죽음이었다.

김지하의 홍비론에 관하여 발표자(2005)는 두 가지를 비판했다. 첫째는, "홍비의 홍이 미얄의 죽음으로 인한 대혼란과 슬픔을 가리킨다"면, "후천개벽이라는 새로운 질서가 부정적인 한의 정서에 기초한 꼴이 된다"는 것이다. 그리하여 "홍비의 홍은 후천개벽에 대한 직관적 인식이기에 한의 정서를 가리키는 것이 아니라 프랙탈 흥의 정서를 지칭한 것이라고 해석해 보자"는 것이다. 둘째, 발표자는 "김지하가 수운의 깨달음을 비흥-흥비-각비 순서로 바라보고" 있지만, "그 순서가 〈흥비-비흥-각비-새로운 흥비---〉로 이어져야 하며, 혹은 비선형적이고 동시다발적이어야 할지도 모른다"고 주장했다.

흥비 이론의 요점이 영적인 개벽, 즉 "후천개벽론을 말함에 있어, 그 이상한 '숨은 차원'을 표현하려면 '비' 보다 '흥' 이 앞서야 한다"는 데 있다면, 김지하의 '흥' 이론과 발표자의 '프랙탈 흥' 이론과의 어떤 접점을 찾는 일은 어쩌면 불필요한 일일지도 모른다. 발표자의 의견을 부탁드린다.

4. 발표자는 자신의 '프랙탈 흥' 내지 '흥의 생태미학' 과 관련하여 김지하의 풍류장 개념이나 흰 그늘 개념을 긍정한다. 그러면서도 "우리 민족의 기본 미감은 '흥' 이지 '한' 이 아니다"라며, 김지하의 "한을 우리 민족의 기본정서로 보는 시각"을 교정할 필요가 있다고 본다. 하지만 김지하의 '흰+그늘' 론이나 심지어 '그늘' 론에서도 한을 우리 민족의 유일한 기본정서로 보았다고 하기 어려운 것 같다.

김지하의 그늘론은 명지대학교 특강(1999. 5. 26)에서 「그늘이 우주를 바꾼다」는 제목으로 전개된다. '그늘' 은 "우리나라만의 독특한 미적 개념"(전집3, 310쪽)으로 취급되며, "빛, 어둠, 웃음, 눈물, 천상과 지상, 기쁨과 슬픔, 나와 내가 아우러지는 것"(전집3, 318쪽)이 특징이다. 이러한 미적 개념으로서의 그늘은 단지 슬픔, 즉 한(恨) 또는 정한(情恨)과는 차원을 달리한다. 한은 그늘의 '첫째 조건'이며, 현실에서 상처받은 한이 전제되어야 시김새가 나온다. 한편 김지하는 "한, 어둠, 고통 안에서 그 한을 움직이는 '신명'이라는 밝은 영이 들어 있는" 예술을 강조했다. 나아가 그는 우리 전통미학의 핵심으로 미적 패러다임과 윤리적 패러다임이 분리되지 않고 "삶과 세계와 우주를 바꾸는" 접화군생의 예술을 강조했다.

짐작컨대 김지하는 발표자의 '프랙탈 홍' 이론이 '흥' 또는 '신명'의 요소뿐만 아니라 '한' 또는 '슬픔'의 요소를 이중교호적으로 포섭할 여지가 없는지를 되묻지 않았을까.

토론문에 대한 답변

심광현

1. '동학'에 대해서는 역사적으로나 정치적으로나 봉건사회에서 근대사회로의 이행의 결절점을 이루면서 오늘날까지도 중요한 과제를 남기고 있기에 우리의 전통 사상과 문화를 역사지리-인지생태학적으로 온전히 이해하는 데 필수적인 관문이라고 생각하고 있다. 하지만 '정역'에 대해서는 아직까지도 잘 모르겠다. 1997~2005년 사이에 김지하와 나눈 대화 중 풍류도와 탈춤에 대한 김지하의 해석은 전통의 깊이를 깨닫고, 나름의 프랙탈 흥의 미학의 타당성을 확신하는 데에 중요한 역할을 했다. 그 때 배우고 생각했던 것들이 나중에 『흥한민국』을 구상하는 데서도 일정한 디딤돌 역할을 했다고 볼 수 있다. 또 한반도의 프랙탈한 자연환경과의 상호작용 속에서 형성된 한국인의 생활문화와 전통문화의 프랙탈한 성격이 20세기를 거치면서 어떻게 변형되었다가 되살아나는가에 대한 관심은 이후 역사지리-인지생태학적 관점을 형성하는 데에서도 중요한 기반이 되었다고 할 수 있다.

2. 불교에 대한 순전히 개인적인 해석일 뿐인데, 중중무진/일다무애/무진연기의 프랙탈한 구조가 무한히 펼쳐지는 화엄적 우주관은 부분 속에 전체가 반복되면서 무한소와 무한대가 서로 연결되는

다중프랙탈 구조로 이루어져 있다고 생각한다. 특히 우리나라 산의 주름지고 프랙탈한 특성이 화엄사상의 프랙탈한 특성과도 잘 맞는다고 생각하는데, 인도, 중국, 한국, 일본으로 전승된 불교가 유독 한국에서만 연속성을 가지며 깊이 뿌리내리고 사상적으로도 원효와 의상을 통해 화엄사상의 완성에 이르렀던 점도 한국의 프랙탈한 자연-문화-사상의 특징과 밀접하게 관련이 있지 않을까 생각하고 있다.

3. 필자가 이 부분에서 말하고자 했던 핵심은, 『탈춤의 민족미학』에서 우리 민족의 기본 정서가 '한'에 있다고 보았던 김지하의 미학적 관점(145~149쪽)이 이후 일정부분 변하지 않았는가 하는 데에 있다. 필자와의 대화가 어느 정도 변화에 기여했는지는 살피기 어렵지만 『흰그늘의 미학』의 원고를 읽으며 김지하의 생각에 일정하게 변화가 있다고 생각된 부분들을 발췌해서 『흥한민국』에 인용했는데, 김지하가 이를 읽은 후에 『흥한민국』에 발문을 쓰면서 이에 대해 반론을 제기하지 않은 것은 변화를 수용한 것에 대한 일종의 확인이 아니었을까 생각한다.

4. 필자가 비판했던 것은 김지하가 『탈춤의 민족미학』에서 우리 민족예술의 가장 중요한 정서적 기초가 '한'이라고 보았던 대목에 대한 것이다. 어렵게 살아온 민중이 천 몇 백 차례의 외부 침략을 받아 집단 정서의 내면이 자연히 응어리지게 되었고, 이런 '한'이 '시김새'와 같이 침잠해 "환하면서도 침잠하고 빛과 어둠이 같이 있고, 슬프면서도 기쁜" '흰 그늘'의 미학을 만들어낸다는 것이다(145~149쪽). 한이 오래 응어리지고 삭혀지다 보면 슬프면

서도 기쁜 흰 그늘의 미학이 자연스레 생성된다는 식의 논리였는데, 실제로 필자와 오랜 시간 대화 과정에서도 이런 생각을 여러 차례 피력한 바 있었다. 필자는 이에 반대해서 흥이 기본 정서라는 주장을 반복했던 기억이 난다. 김지하는 이후 다양한 고려 끝에 최종적으로는 한과 흥이라는 개념을 다른 여러 요소들 중의 하나로 포함하는 포괄적인 '흰 그늘의 미학'으로 나아갔다고 생각된다. 이런 방향에 대해 필자도 동의한다. 다만 필자가 강조한 것은 만일 기본 정서라는 게 있다면 한보다는 흥이라는 점이고, 앞서 밝힌 바와 같이 김지하 역시 최종적으로는 이에 동의했다고 생각한다. 한편 기쁨과 슬픔은 생리학적으로도 이중교호적이기에 흥이 있으면 한도 있게 마련이다. 프랙탈하게 펼쳐지는 기쁨이 흥이라면, 프랙탈하게 접히고 스며드는 슬픔이 한이라고 할 수 있다. 하지만 양자는 그 비중과 방향성에서 비대칭적이라고 생각한다. 한반도의 프랙탈한 자연 경관에서는 그늘보다 빛이 더 많이 작용하는 것과 같다. 또 흥이 선행하지 않으면 한에 침몰되지 한을 극복하지 못한다고 보기 때문이다.

김지하의 그림과 글씨

특별 주제

붓끝에 실려 있는 모시는 마음

발제 | 유홍준

토론 | 홍성담

붓끝에 실려 있는 모시는 마음
- 김지하의 그림과 글씨 -

유홍준 | 미술평론가, 명지대학교 석좌교수

김지하 그림의 출발

김지하는 그림과 글씨에서도 당신의 시 못지않은 독자적인 예술 세계를 보여주었다. 그의 그림은 옛 문인들이 그러했듯이 '먹의 유희', 묵희(墨戱)라고 했지만 화법에 정통하였고 글씨는 유려한 달필이었다. 그런 의미에서 김지하는 현대 문인화가였다.

김지하는 서화를 따로 배우고 성심으로 연찬한 바는 없다. 그러나 어려서부터 그림 그리기를 좋아하여 벽에고 땅바닥에고 그림을 그리며 놀았다고 한다. 그러면 어머니는 나중에 환쟁이가 되면 안 된다고 그림을 못 그리게 하고 심지어 손을 묶어놓기도 했는데, 그럴 때면 발가락으로 연필을 쥐고 그림을 그리며 반항하곤 했다고 한다.

대학 진학 때 김지하는 미술대학에 가고 싶어 했지만 집안에서 반대하여 서울대 미학과에 입학하였다. 그 당시 미학과가 미술대학에 있었기 때문에 미학과에 들어가면 곁눈으로 미술 수업을 받을 것으로 기대하고 선택한 것이었다고 한다. 그러나 미학과는 그가 대학 2학년 때인 1960년, 4.19혁명 이후 사회개혁 분위기를 타고 미술대학에서 문리과대학으로 이전하게 되어 결국 어깨너머로 미술 공부한다는 것이 불가능하게 되었다.

그 대신 미학과의 동양미학 교수인 학보(學步) 김정록(金正祿) 선생은《동양미술사 서설》강의시간에 사군자 실기수업을 하였기 때문에 지필묵에 대한 기본 수업은 받은 셈으로 되었다. 그리고 김지하는 김정록 선생을 무척 따랐고 김정록 교수에게 김지하는 누구보다도 아끼는 제자였음이 『흰 그늘의 길』에 잘 나타나 있다.

김지하는 고질병인 폐결핵 때문에 대학을 7년 반 다니고 1966년 가을에 졸업하였다. 대학시절 김지하는 1964년의 한일회담 반대 데모 등 학생운동에 헌신하고 조동일과 탈춤 판소리 연구에 전념하는 한편으로는 미학과 선배인 김윤수, 화가인 오윤, 오숙희 남매 등과 가까이 지내면서 미술과의 인연을 맺어왔다. 1969년 미술대학 졸업생 오윤, 임세택, 오경환 3인의 전시회 팜플렛에 실린 〈현실동인 제1선언〉은 이런 배경에서 나온 것이다.

실제로 김지하는 그림을 잘 그렸다. 1970년 5월『사상계』에 발표한 담시(譚詩)〈오적(五賊)〉에는 '70.4 지하' 라는 사인이 들어 있는 삽화가 실려 있다(도1). 당시 기성 화단에서는 볼 수 없는 이 뛰어난 풍자화는 〈현실동인 제1선언〉1969년)에 실린 오윤의 화풍과 많이 닮아 있어 오윤의 작

도1. 김지하, 〈오적〉,『사상계』1970년 5월호

품으로 보인다. 당시 김지하가 수유리 오영수 집에 드나들면서 오숙희, 오윤 남매와 자주 어울렸던 것을 생각할 때 둘이 머리를 맞대고 그림을 그렸을 것으로 생각된다.

훗날 2009년 『자음과 모음』 봄호에 〈오적〉이 재수록될 때 김지하는 총 15점의 삽화를 그려 실었는데 이것이야말로 김지하 특유의 풍자화이다(도2, 도3).

도2. 김지하, 〈오적〉, 『자음과 모음』 2009년 봄호

도3. 김지하, 〈오적〉, 『자음과 모음』 2009년 봄호

1971년 잡지 『다리』에 발표한 〈앵적가〉의 삽화를 보면 여지없는 김지하의 필치로 되어 있다(도4). 그리고 『동아일보』 1975년 2월 25일자 1면에 실린 〈고행 1974〉에도 김지하가 수갑 찬 손을 그린 삽화가 실려 있다(도5).

그런 김지하가 본격적으로 서화에 탐닉하여 스스로 묵희(墨戲)라 말하며 그림을 그리기 시작한 것은 1970년대 내내 오랜 감옥생활을 보내고 1980년 겨울에 석방되어 원주에 칩거할 때부터였다.

그때 김지하는 원주의 서화가인 무위당 장일순 선생에게 본격적으로 서예와 묵란을 지도받았다. 당시 김지하는 정말로 그림과 글씨에 몰두하였다. 그 무렵 원주 김지하의 작고 어두운 방은 온통 먹그림으로 도배되어 있었고 방에는 먹 향기가 짙게 배어 있었다. 이것이 그 유명한 '지하난(芝河蘭)'의 시작이다.

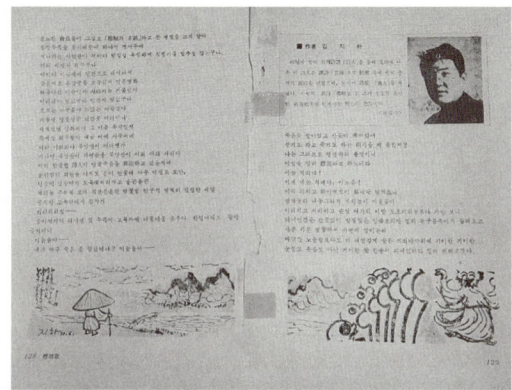

도4. 1971년 잡지 『다리』에 발표한 〈앵적가〉 삽화

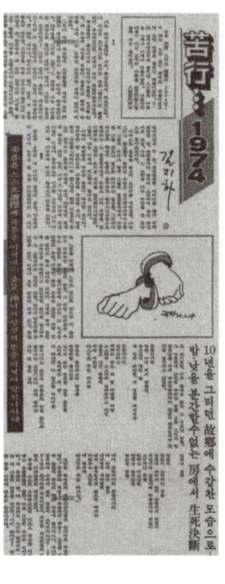

도5. 『동아일보』 1975년 2월 25일자 김지하의 삽화 ▶

김지하의 글씨

김지하는 글씨보다 그림으로 더 잘 알려져 있고 또 그림에 더 열중하였지만 사실상 그의 그림과 글씨는 둘로 나누어지지 않았다. 그의 그림에는 반드시 거기에 걸맞는 화제가 들어삼으로써 작품으로서 완결미를 갖추었으니 서화(書畵)가 일체로 되는 세계였다.

서여기인(書如其人)이라고 해서 '글씨는 곧 그 사람이다'라는 말이 있는데 김지하는 한글과 한자 모두 독특한 자기 서체를 갖고 있다. 김지하의 글씨는 그의 시와 마찬가지로 기존의 정형과 법도에서 완전히 벗어나 있다. 글자의 크기가 일정치 않고 한 글자 안에서도 강약의 리듬이 강하다. 그는 추사 김정희의 예술론에 많이 의지하여 난초 그림 중에 '불계공졸(不計工拙)', '잘 되고 못 됨을 따지지 않는다' 는 것을 말하기도 하였는데, 추사의 글씨는 '법도를 떠나지 않으면서 또한 법도에 구속받지 않은 것' 으로 김지하의 글씨 또한 그런 세계로 나아갔다.

실제로 그의 작품 중에는 추사를 본받아 썼다며 '방 추사(倣 秋史)' 라 밝힌 작품도 있고, 간혹 예서체와 전서체를 구사하기도 했지만 김지하 글씨의 본령은 초서와 행서의 필법에 의지한 울림이 강한 한글 서체에 있다고 할 수 있다.

김지하 글씨의 필획은 대단히 유려하다. 흘림체가 갖고 있는 특성을 살리면서 한 글자 안에서 크기를 달리하여 그가 200자 원고지에 쓴 〈황톳길〉(도6)을 보면 '황' 자에서 ㅎ과 ㅇ의 크기가 다르고. '핏자국' 은 세 글자의 크기가 다 다르다. 이것은 붓글씨로 쓴 〈불귀(不歸)〉(도7)의 첫 행 '못 돌아가리'를 보면 더욱 명료히 드러난다.(도7) 특히 그의 붓글씨에서는 붓에 가하는 힘을 달리하여 글자의 짙고

도6. 김지하, 〈황톳길〉, 1985년 원고지에 펜, 24.5x91.5cm

도7. 김지하, 〈불귀〉, 1985년, 종이에 먹, 31x122.7cm

옅음이 리듬으로 나타나고 있다. 그리하여 김지하의 글씨는 기본적으로 유려한 가운데 무언가를 호소하는 듯한 절절한 울림이 있다.

김지하의 이런 글씨체를 가장 잘 보여주는 작품이 그의 초기작 〈흉중장우주(胸中藏宇宙)〉(1983년, 도8)이다. 임진택에게 써 준 작품으로 '흉중장우주 장상현춘추(胸中藏宇宙 掌上現春秋)', '가슴에는 우주를 담고, 손바닥 위에는 춘추(역사)를 드러내라' 라고 쓴 것인데, 필획은 아름답고 글자엔 강약이 명확히 드러나 있다.

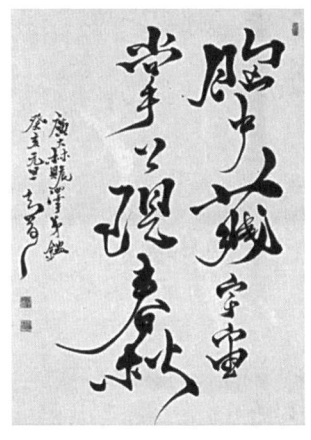
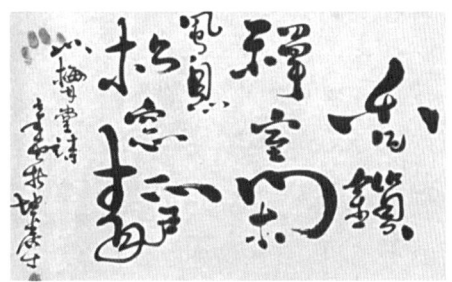

도9. 김지하, 〈행서 : 향소선실한(매월당 시)〉, 1981년, 종이에 먹, 41x68cm

◀도8. 김지하, 〈흉중장우주(임진택에게)〉 1983년, 종이에 먹, 48.5x37cm

〈행서 : 향소선실한(香銷禪室閑)〉(1981년, 도9)은 매월당 김시습의 시구 중에서 '향소선실한 풍식송창정(香銷禪室閑 風息松窓靜)', '향기 사라진 선방은 힘기고운데 마음 그친 소나무 창가는 고요하네' 를 쓴 것으로 추사체를 연상케 하는 글자의 조형미가 드러나 있다.

김지하의 서예 작품에는 옛 문인의 시구를 옮긴 것도 많지만 특히 주역의 괘사(卦辭)를 쓴 것이 많다. 김지하가 동학에 심취하여 전통사상을 다시 우리시대에 소환하였음은 모두가 잘 알고 있는 바이지만, 한편 김지하는 동서양의 고전도 파고들어 존재와 현상의 제 법칙을 깊이 성찰하였다. 김지하는 한때 주역에 심취하여 열심히 공부한 적이 있다. 2002년 무렵 인사동에서 주역에 대한 기초강의를 1년간 수강하고 2003년에는 유승국 교수를 토지문학관으로 초대하여 원주의 지인, 국악인 김영동 등과 1년간 강의를 들은 바가 있다.

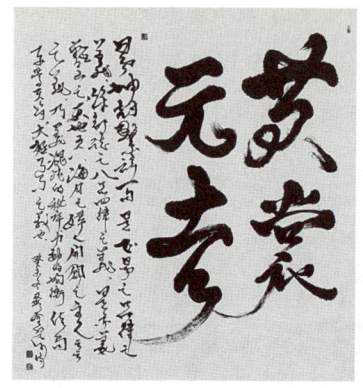
도10. 김지하, 〈행서 : 황상원길〉, 2003년, 종이에 먹, 72.7x60.6cm

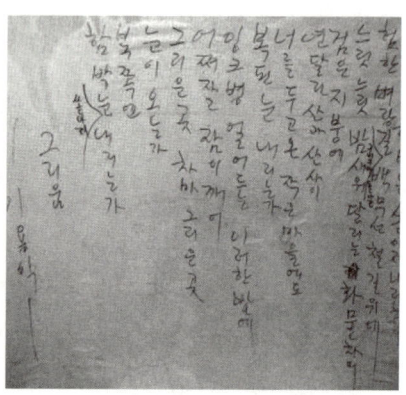
도11. 김지하, 〈그리움〉, 1991년, 종이에 매직, 103x119cm

〈행서 : 황상원길(黃裳元吉)〉(2003년, 도10)은 주역 곤(坤)괘의 괘사를 쓴 것이다. '황색(黃色) 치마처럼 하면 크게 길(吉)하리라.'라는 뜻이다. 그리고는 잔 글씨로 이 괘사에는 그가 말한 율려의 팔려사율(八呂四律)의 뜻이 들어 있음을 풀어서 써 넣었다.

이러한 김지하의 글씨체는 1991년 어느 날 인사동 평화만들기 카페에서 만취한 상태에서 단숨에 써 내려간 이용악의 〈그리움〉(도11)에 그의 필획이 갖고 있는 내공이 여실히 드러나 있다. 김지하의 그림세계는 그의 이런 달필이 있었기 때문에 가능했던 것이다.

김지하 그림의 화제(畵題)와 낙관(落款)

김지하는 자신이 그린 난초 그림을 선후배 동지들에게 선물하곤 하였다. 이때 김지하는 자신의 이름과 받는 이의 이름을 쌍낙관하고 그를 위한 글귀를 화제(畵題)로 써 넣었다. 1984년 내가 원주로 찾아뵈러 갔을 때 나뿐만 아니라 내 벗들에게 줄 난초 그림을 그려 봉투에 담아두고 이름대로 전해주라고 하였다.

청나라의 서화가 정판교(鄭板橋)는 말하기를 "내가 난초를 그리는 것은 단순히 즐기기 위함이 아니라 이로써 세상을 위하여 애쓰는 사람을 위로하기 위함이다."라고 하였는데 김지하의 난초 그림은 바로 그런 것이었다.

2000년대 들어와서 재야단체의 수많은 기금마련전 때마다 작품을 여러 점 기증하였고 또 개인적으로 경제적 어려움을 겪고 있는 동지들에게 작품을 나눠 주면서 그의 난초 그림이 세상에 널리 알려지게 되었다.

김지하가 개인전을 가진 것은 2001년 인사동 학고재에서《미의 여정, 김지하의 묵란》전을 연 것이 처음이었고, 2005년에는 달마도와 매화를 중심으로《지는 꽃, 피는 마음》전을 열었으며, 2014년에는 원주의 후배 김영복의 주관 하에 선화랑에서 수묵산수와 채색 모란꽃을 중심으로《시인 김지하의 빈산》전을 열었다. 이 세 번의 전시회에서 보여준 묵란, 묵매, 달마, 수묵산수, 채색 모란꽃이 김지하의 그림 세계이다.

화제는 직품마다 안를 노는 안분으로 섞어 넣었는데, 한글의 경우는 '풀은 왜 꽃을 피우는가'처럼 시구 내지 화두(話頭)를 지어 쓴 것이 대부분이다. 한문의 경우는 고사성어, 옛 문인의 시(詩), 고승의 게송(偈頌), 주역의 괘사(卦辭)에서 골라 쓰곤 했다. 문인의 시로는 매월당(梅月堂) 김시습(金時習), 하서(河西) 김인후(金麟厚), 추사(秋史) 김정희(金正喜) 등이 있고, 고승의 게송으로는 서산대사(西

山大師), 부휴선사(浮休禪師) 등이 있다.

그런데 그가 심취했던 동학(東學)의 경구는 특별히 쓰인 것이 보이지 않고 〈수묵산수: 갑오년(甲午年) 갑오리(甲午里)〉처럼 동학의 이야기를 쓴 것이 보인다. 그리고 채희완, 임진택 등 민중예술 후배들에게는 특별히 자신의 예술 철학을 담은 글귀를 쓰기도 하였다.

김지하는 작품에 낙관할 때 거의 다 간지(干支)로 날짜와 계절을 표시하고 이름 다음에 '제(題)하다' 대신 모실 시(侍)자를 쓰거나 '모심'이라고 하였다. 동학의 모시는 마음을 그렇게 표현한 것으로 그는 당호를 시재(侍齋)라고 하였다.

김지하의 본명은 김영일(金英一)이고 스스로 지하라고 하였는데, 지하의 한자는 지하(芝荷), 지하(之夏), 지하(之荷), 지하(地下), 지하(知荷) 등을 그때마다 달리 쓰곤 하였다. 이외에도 노겸(勞謙), 우형(又形)이라는 호를 사용하였고 드물게 자신의 이름 영일(英一), 또는 이를 한글로 풀어서 '꽃 한 송이'라고 쓴 적도 있다. 이것이 김지하 그림의 형식이다.

묵란(墨蘭): 기우뚱한 균형

김지하의 묵란은 무위당 장일순 선생의 지도를 받으면서 출발하였지만 지하난의 세계는 처음부터 독자적인 길을 걸었다. 무위당의 묵란은 잎이 곧게 뻗은 건란(建蘭)을 잡초처럼 그리면서 스스럼없는 필법에 허허로운 경지를 보여주는 세계이다. 이에 반해 지하의 난초는 유려한 곡선미를 특징으로 하는 춘란(春蘭)을 기본으로 하고 있다.

80년대 초, 김지하의 초기 묵란은 〈묵란 : 거 묘한 난〉(1984년, 김민기에게), 〈묵란 : 하로동선(夏爐冬扇)〉(1984년, 유홍준에게)이 전형적 모습이다(도12, 13). 길게 뻗은 장엽(長葉) 한 가닥을 세 번 꺾어 중심에 놓고 짧은 잎들이 퍼져 있는 간결 구도이다. 난초 잎을 세 번 꺾는 것은 추사 김정희가 말한 이른바 삼절법(三折法)으로 난엽의 유려함을 속되지 않게 나타내는 화법이다.

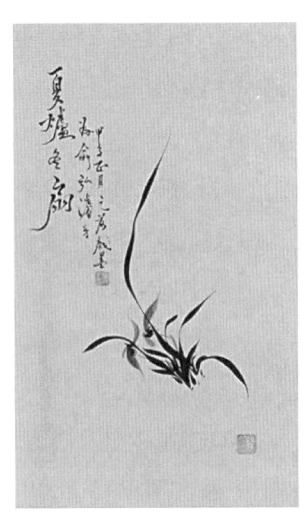

도12. 김지하, 〈묵란 : 거 묘한 난(김민기에게)〉, 1984년, 종이에 먹, 31.5×42.5cm

도13. 김지하, 〈묵란 : 하로동선(유홍준에게)〉, ▶ 1984년, 종이에 먹, 52.4×31.3cm

1986년 해남 시절에도 김지하의 묵란은 아주 유려한 난엽의 아리따움을 보여주었다. 당시 '민족미술인협의회' 창립을 축하하며 그린 〈묵란〉 작품은 "춤을 추려면 똑 요렇게 추렷다"라는 화제와 함께 춤사위를 연상케 하는 장엽(長葉)의 난을 그렸다. 이런 화풍은 훗날에도 계속되어 〈묵란 : 흐르는 강물같이〉(1989년)에서 볼 수 있다.(도14)

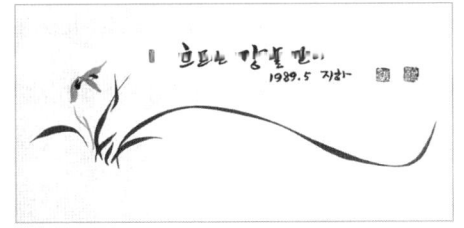

도14. 김지하, 〈묵란 : 흐르는 강물같이〉, 1989년, 종이에 먹, 30×60cm

〈묵란 : 부휴(浮休) 게송〉(1986년, 도15)은 곡선미를 자랑하는 난엽 두 줄기를 아래위로 배치한 아리따운 그림으로 '병인년 봄 해남 금강천변 남십헌에서 지하거사가 재미삼아 그렸다'(丙寅 春 日 於 海南 金剛川邊 南十軒 知荷居士 戲墨)라고 낙관하였다. 그리고 부휴(浮休, 1545~1615)선사의 다음과 같은 게송(偈頌)을 화제로 써넣었다.

풍동과빈락 風動果頻落 바람 불자 산 나무 열매 자꾸 떨어지고
산고월이침 山高月易沈 산이 높으니 달이 벌써 지려하네.
시중인불견 時中人不見 내 곁에는 아무도 없는데
창외백운심 窓外白雲深 창 밖에 흰 구름만 자욱하구나.

1990년대 일산 시절로 들어서면 김지하의 난초는 바람에 나부끼는 풍란(風蘭)으로 전환하면서 더욱 율동미가 강조되고 화제는 서정적인 것에서 철학적인 것으로 바뀌었다.

〈풍란 : 주역 이(離)괘〉(2003년, 도16)는 바람에 휘날리는 난초의 모습을 그리고는 주역 64괘 중 30번째인 이(離)괘의 초구(初九) '이착연경지무구(履錯

도15. 김지하, 〈묵란: 부휴 게송〉, 1986년, 종이에 먹, 33x42.5cm

然 敬之無咎)', "밟는 것이 어지러워도 공경스러우면 허물이 없다"를 큰 글씨로 쓰고 이어 그 풀이를 작은 글씨로 써넣으면서 함축미를 강조하였다.

도16. 김지하, 〈풍란: 주역 이괘〉, 2001년, 종이에 먹, 35x68.5cm

이때부터 김지하의 묵란은 더 이상 아리따움을 드러내지 않았다. 오히려 거친 듯한 의미를 지닌 난초로 바뀐 것이다. 〈묵란 : 불계공졸(不計工拙)〉(2003년)에서 '잘 되고 못 됨을 가리지 않는다.'고 한 것이 그 대표적인 예이다.(도17)

도17. 김지하, 〈묵란: 불계공졸〉, 2003년, 종이에 먹, 35x68.5cm

2001년 11월, 김지하는 인사동 학고재에서 개인전을 가지면서 자신의 난초 그림에 대하여 세 가지를 말하였다.

  첫째는 표연난(飄然蘭) : 혼돈(카오스) 속에서 새 질서를 찾는 난
  둘째는 소산난(疏散蘭) : 흩어진 가운데 새 질서를 찾는 난
  셋째는 몽양난(夢養蘭) : 태고의 무법을 지키는 난

 이러한 김지하의 난초 그림이 지향하는 세계가 〈묵란 : 기우뚱한 균형〉(2001년)에 드러난다(도18). 이것이 그가 강조한 '미(美)의 율려(律呂)'이다. 율려는 국악에서 가락을 이르는 말로 동양의 12음률 중 율(律)은 양(陽)의 소리이고 려(呂)는 음(陰)의 소리이다. 그 오묘한 변화와 조화를 김지하는 '기우뚱한 균형'이라고 한 것이다.
 이러한 작품은 〈묵란 : 역여(逆旅)〉(2008년, 김성훈 총장에게)에 그대로 나타난다(도19).

도18. 김지하,
〈묵란 : 기우뚱한 균형〉,
2001, 종이에 먹, 30x60cm

도19. 김지하,
〈묵란 : 역여〉,
2008년, 종이에 먹, 34x67.5cm

묵매(墨梅) : 흰 그늘

2000년대로 들어서면 김지하는 그림의 소재를 묵매로 넓혀갔다. 김지하는 스스로 말하기를 본래 난초는 선비들이 즐겨 그리는 문인화이기 때문에 자신에게 잘 어울리지 않았다고 했다. 그러나 매화는 달랐다. 기굴(奇崛)한 매화 줄기는 농묵(濃墨)으로 힘차게 그리면서 빼곡이 피어난 작은 꽃송이는 담묵(淡墨)으로 섬세하게 나타내면서 그 어긋난 이미지가 자아내는 강렬한 대비를 추구하고 있는 것이다.

이는 화제에 쓰여진 대로 "괴로움 속의 깊은 기쁨"이고 그가 젊은 시절 심취했던 '추(醜)의 미학'이다. 김지하는 젊은 시절 서양 미학과 미술에도 심취하여 나 같은 후배에게 헤겔의 제자인 칼 로젠크란츠(K.Rossenkranz, 1805~1879)의 〈추(醜)의 미학〉을 역설하였다. 염무웅 선생의 증언에 의하면 학생 시절 문예 세미나에서 '추의 미학'을 발표하였다고 한다. 김지하는 나를 비롯한 후배들에게 이탈리아 형이상학파 화가인 키리코(Giorgio de Chirico, 1888~1978)나 멕시코의 민속 주제를 현대회화로 승화시킨 타마요(Rufino Tamayo, 1989-1991) 같은 화가의 싸늘하면서도 따뜻한 서정이 일어나는 작품에 주목하라고 훈도하였다.

김지하는 묵매 그림에서도 옛 문인과 선사의 시에서 화제를 많이 옮겨왔다.

도20. 김지하, 〈묵매 : 간괴화기〉, 2003년, 종이에 먹, 70×46.5cm

〈묵매 : 간괴화기(幹怪花奇)〉(2003년, 도20)는 '줄기는 괴이하지만 꽃은 기이하네'라는 화제로, 이는 서산대사의 제자로 임진왜란 때 승병장이었던 경헌(敬軒) 제월당(霽月堂, 1542~1632) 선사의 설중방매(雪中訪梅, 눈 속에 매화를 찾았더니)의 마지막 구절인 월하청향단복래(月下淸香斷復來), '달빛 아래 맑은 향기 끊겼다 이어지네'를 화제로 담았다.

〈묵매 : 소영입황혼(疎影入黃昏)〉(2003년, 도21)은 하서(河西) 김인후(金麟厚, 1510~1560)가 양산보(梁山甫)의 소쇄원(瀟灑園)을 읊은 48영(詠) 중 〈제 28영 석부고매(石趺孤梅), 받침대 위의 매화〉 중에서 '황혼에 성긴 그림자 물 위로 드리우누나.'를 화제로 써넣었다.

김지하의 이러한 묵매 그림은 바로 그가 말한 '흰 그늘'의 이미지였다. 〈묵매 : 백암(白闇)〉(2005년, 도22)이라는 작품이 이런 사실을 말해 준다. 김지하는 '흰 그늘'을 백암(白闇)이라고 하였고 그 이미지는 '매귀고려혼(梅鬼高麗魂)', '매화는 괴기한 가운데 아름다운 혼이 있네'라고 하였다.

김지하의 '흰 그늘'이란 판소리와 국악에서 말하는 이른바 '시김새'이다. 시김새란 '식음(飾音, 음을 장식함)'에서 나온 말로 소리의 맛을 꾸미는

도21. 김지하, 〈묵매 : 소영입황혼〉, 2003년, 종이에 먹, 47x70cm

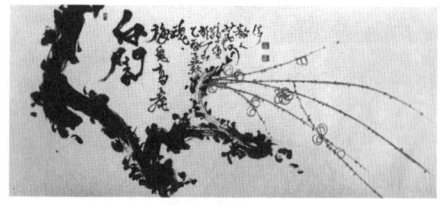

도22. 김지하, 〈묵매 : 백암〉, 2005년, 종이에 먹, 35x68.5cm

오묘한 울림으로 '그믐 밤에 널린 흰 빨래' 같은 이미지를 말한다.

인물상과 자화상

김지하는 몇 점의 인물화를 그린 것이 있다. 통상적인 인물화가 아니라 그 인물의 이미지를 희화(戲畵)로 그려 당사자에게 선물한 것이다. 인물화란 본래 여간한 아마추어는 그릴 수 없다. 그림에 대한 숙련이나 천분(天分)이 있지 않고는 그릴 수 없다. 그런데 김지하에게는 일찍부터 인물 희화를 그릴 수 있는 화재(畵才)가 있었다.

〈경제학자 박현채〉(1982년, 도23)는 경제학자 박현채(朴玄埰, 1934~1995) 선생에게 그려 드린 것으로 '임술(壬戌) 초동(初冬) 치악산하(雉岳山下) 지하거사(地下居士) 가가희묵(呵呵戱墨)'이라고 낙관하였다. 박현채 선생은 조정래의 『태백산맥』에 등장하는 '위대한 전사'의 모델로 '민족경제론'을 펼치면서 박정희 정권의 개발독재에 맞서 불굴의 투지로 옥고를 치르면서도 끝까지 굴하지 않았던 당당한 학자였던 바, 박현채 선생이 부릅뜬 눈으로 파리채를 휘두르는데 파리는 선생의 머리 뒤로 날래게 도망가는 모습을 그린 것이다. 그리고 화제로는 노자의 한 구절을 적어놓았다.

"약한 것이 강한 것을 이기

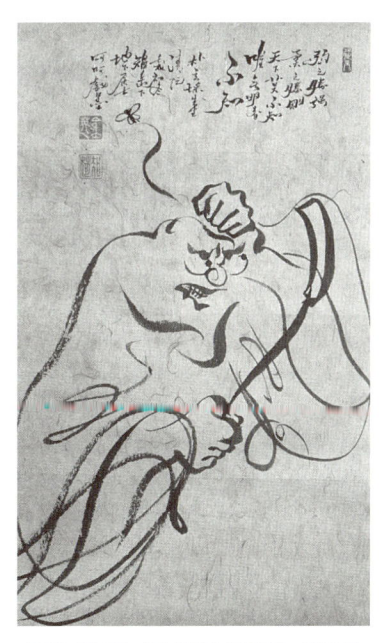

도23. 김지하, 〈경제학자 박현채〉, 1982년, 종이에 먹, 58x37cm

고, 부드러운 것이 굳센 것을 이기는데 세상사람들은 이를 알지 못한다.(弱之勝强 柔之勝剛 天下莫不之)"

〈춤꾼 채희완〉(1983년, 도24)은 민족문화운동 탈춤의 제1세대로 일찍부터 후배들로부터 교주로 받들어지고 있는 채희완을 위해 그린 것으로, 외발로 서 있는 춤사위를 그려서 '채희완 아우님께 돼지해 소설에 꿩뫼 아래서 지하 쳐드림' 이라 낙관하고 화제로는 "털 뜯긴 꿩 하늘에 훨훨 날 듯"이라 제하였다.

〈소리꾼 임진택〉(1983년, 도25)은 역시 민족문화운동의 제1세대로 김지하의 담시를 판소리로 부르고 창작판소리를 개척한 임진택을 위해 그린 것으로, '廣大 林賑澤 弟 鑑 癸亥秋日 치악산하(雉岳山下) 무설지하거사(無舌之荷居士) 희묵(戲墨)'이라 낙관하고 장문의 화제를 달았다.

이 화제는『장자(莊子)』외편(外篇)의「지낙(至樂)」에 나오는 "천지는 무위이면서 하지 않는 것이 없다(天地無爲也而無不爲也)"를 전거로 제시하면서, 소리꾼인 광대는 모름지기 '지구가 돌아가는 굉음(轟音)을 듣고 내는 것으로

도24. 김지하, 〈춤꾼 채희완〉, 1983년, 68.5x36.5cm

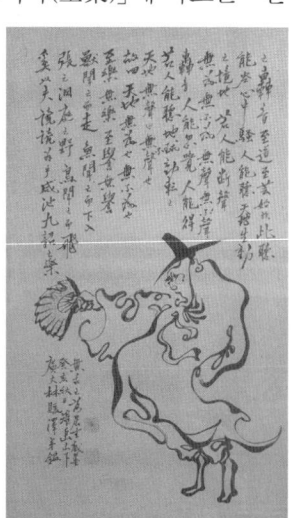

도25. 김지하, 〈소리꾼 임진택〉, 1983년, 65x38cm

예술의 출발로 삼아야 할 것'이라고 말한 것이다. 그 화제의 내용이 이처럼 광대한 것도 놀랍지만 이를 한문으로 쓴 김지하의 능숙한 한문 문장력에 감탄을 보내게 된다.

또 1984년 이애주의 창작춤판 〈나눔굿〉의 포스터에 사용할 그림을 그린 작품에는 머리 위에 밥그릇을 이고 손가락질하는 춤사위를 일필휘지의 유려한 필치로 그려내고 있다.

그리고 김지하는 〈자화상(自畵像)〉(2014년, 도26)을 한 폭 그리고는 본명인 '김영일'이라고 낙관하였다. 마치 임꺽정을 연상케 하는 장사의 이미지에 화가 난 달마상같은 우락부락한 상으로 특히 눈썹이 휘날리는 모습이 인상적이다. 내가 왜 그렇게 그렸냐고 물으니 웃으면서 "나는 눈썹이 잘 생겼다고들 하더라"라고 대답했다.

김지하는 아주 예외적으로 호랑이 그림을 그린 적이 있다. 동물화는 인물화와 마찬가지로 사실성이 요구되는바, 1986년 그림마당 민 개관기념전에 출품되었던 춤추는 호랑이를 그린 〈공갈무도(恐喝舞圖)〉는 오윤의 〈무호도(舞虎圖)〉를 보고서 이를 희화한 것으로 해학이 넘치는 명화인데 그때 누가 사갔는지 소장자를 알 수 없다.

달마도

김지하의 이런 인물화 솜씨는 〈달마도〉라는 새로운 장르

도26. 김지하, 〈자화상〉, 2014년, 종이에 먹, 53x35cm

에서 그 진가를 발휘하게 된다. 김지하는 왜 갑자기 달마도에로 그림 소재를 옮겼는가에 대해서 말한 적이 없지만, 내가 추측컨대는 그의 문학에서 보이는 풍자와 해학을 담아내기 위한 것이 아니었을까 생각게 한다. 묵란이 적성에 맞지 않아 묵매로 옮겼듯이 이번엔 코믹 달마에로 나아간 것으로 보인다.

동학에 심취한 김지하가 불교의 달마도를 그린 것은 동학과 불교가 서로 통하는 바가 많기 때문이었다. 또 불교는 오랜 역사 속에서 갖가지 신상과 인물상에 대한 전형적인 이미지를 갖추고 있지만 동학은 그런 도상(圖像, icon)을 갖고 있지 않기 때문이기도 하다. 이에 대해 김지하는 "동학은 내 실천의 눈동자요 불교는 내 인식의 망막이다."라고 명확히 말했다.

김지하의 달마도는 연담 김명국의 저 유명한 〈달마도〉의 달마와 달리 '코믹 달마'로 선승(禪僧)을 달마의 형상으로 표현한 것이다. 김지하 자신은 이 '코믹 달마'가 만화로 전락하지 않을까 경계하면서 달마의 표정과 거기에 어울리는 선게(禪揭) 한 마디를 화제로 써넣어 그가 역설적으로 말하는 '초현실적 현실'을 담아냈다. 그리고 "꽃이 지다", "이 푸른 신새벽에 일어나 무엇을 하려는가", "그릇이 비어야 반야(般若)가 찬다." 등 화제에 따라 달마의 얼굴 표정과 눈동자의 모습이 다르다.

탁발승을 그린 〈달마 : 탁발공책(鐸鉢空册)〉(2003년, 도27)이나 서산대사의 게송에서 한 구절을 따 "꽃은 지고 절집은 오래도록 닫혀 있네"를 그린 〈달마 : 화락승장폐(花落僧長閉)〉(2004년) 같은 작품이 대표적인 예이다.(도28)

도27. 김지하, 〈달마 : 탁발공책〉, 2004년, 종이에 먹, 70x40cm

도28. 김지하, 〈달마 : 화락승장한〉, 2004년, 종이에 먹, 70x45cm

달마도에서도 옛 문인의 시구를 옮긴 것이 많은데 〈달마 : 김정희 시〉(2003년, 도29)는 추사 김정희의 〈실제(失題)〉라는 오언절구를 쓴 것이다.

    藥徑通幽窅 (약경통유요) 약초 길은 깊고 먼 곳으로 이어지고
    蘿軒積雲霧 (라헌적운무) 담쟁이 올라간 처마에는 구름안개 쌓였구나
    山人獨酌時 (산인독작시) 산에 사는 사람 홀로 앉아 술을 마시러니
    復與飛花遇 (부여비화우) 꽃잎이 흩날리다 술잔 위로 떨어지누나

아마도 마지막 구가 마음에 와 닿았던 모양이다. 이처럼 김지하의 달마도는 그림과 글씨와 시구가 삼박자를 이루며 시서화(詩書畵)의 일체를 이룬다.

김지하는 달마도를 통해 세태를 풍자하기도 했는데 〈달마 : 고구

려 다물무(多物舞)〉(2004년, 도30)는 중국의 동북공정을 비판하는 뜻을 담고 있다.

도29. 김지하, 〈달마 : 김정희 시〉, 2003년, 종이에 먹, 35x68cm

도30. 김지하, 〈달마 : 고구려 다물무〉, 2004년, 종이에 먹, 69.5x68.5cm

수묵산수와 모란

2014년, 김지하는 인사동 선화랑에서 세 번째 본격적인 작품전을 가졌다. 원주의 후배 김영복의 기획으로 이루어진 이 전시회에는 묵란도, 묵매도, 달마도에 이어 새로운 장르로 수묵산수화와 채색 모란도를 선보였다. 김지하의 그림이 또 다른 소재로 옮겨 앉은 것이다. 그 이유에 대해서 역시 김지하는 언급한 바 없지만 내가 추측컨대 그의 문학에서 보이는 서정성을 담아내기 위한 전환으로 생각한다. 그래서 김지하의 수묵산수화와 모란도는 그의 시 어느 한 대목을 연상케 하는 서정성이 있다.

김지하의 수묵산수화는 반(半) 추상화로 농묵과 담묵이 카오스를 이루면서 미묘한 조화를 이룬다. 그가 묵란과 묵매에서 추구해온 대로 화면 속에 '기우뚱한 균형'이 유지된다. 그는 작가의 변에서 이렇게 말했다.

수묵산수는 우주의 본체에 대한 접근이다. 서양화의 사실주의와 다르다. 산(어두움)과 물(밝음), 농경과 유목 문화의 대비 등을 담채와 진채(眞彩)로 드러내 보았다.

이와 같이 그의 수묵산수화에서 산과 물의 형상은 농묵과 담묵의 어울림으로 거의 추상화되어 있다.

〈수묵산수 : 머언 하늘…〉(2014년, 도31)은 담묵의 산자락에 농묵의 계류가 뻗어 내리는 모습인데 화제에는 "머언 하늘이 내게 다가오듯, 골덕내길에서 갑오 가을 영일(英一) 모심"이라고 쓰여 있다.

도31. 김지하, 〈수묵산수: 머언 하늘…〉, 2014년, 종이에 먹, 57.5x70cm

도32. 김지하, 〈수묵산수: 여곡길〉, 2014년, 종이에 먹, 70x57cm

〈수묵산수: 여곡(女哭) 길〉(2014년, 도32)은 담묵의 산자락을 타고 농묵으로 두 줄기가 흘러내리는 모습으로 여인의 한 맺힌 통곡이 서려 있는 듯한 분위기를 전한다. 이 작품을 보면서 나는 그의 『애린 1』에 실린 「남한강에서」를 떠올리게 된다.

둘러봐도 가까운 곳 어디에도
인기척 없고 어스름만 짙어갈 때
오느냐 이 시간에 애린아…

그리고 그의 대표적 수묵산수라고 할 〈수묵산수 : 갑오리(甲午年)〉(2014년, 도33)라는 작품에는 다음과 같은 화제가 쓰여 있다.

갑오년 갑년이가 갑옷 입고 한 마디 하는 호저(好楮) 그녀의 고향 갑오리(甲午里), 갑오 가을 노겸(勞謙) 김지하 모심

김지하는 일찍이 '갑년이의 갑옷'에 대해 이렇게 말한 적이 있다. 1898년 6월. 단성사 뒤편에 있었던 좌포청에서 동학 제2대 교주 해월 최시형이 참수될 때 해월의 마지막 한마디

도33. 김지하, 〈수묵산수 : 갑오리〉, 2014년,
종이에 먹, 39.5x69cm

는 "올해는 갑년이가 갑옷을 입는 날이다." 이었다.

갑년이는 원주시 호저면 갑오리에 사는 여성으로 그녀는 건너 동네인 고산리 원진녀씨 댁에 숨어있던 해월 선생을 수발들다 해월과 함께 포졸들에게 붙들려 섬강을 통해 뗏목으로 서울로 압송 중 포졸에게 두 차례 윤간을 당한 뒤 미쳐, 좌포청에 갇힌 지 사흘 만에 방면되나 거리를 떠돌다 양평 두물머리에서 죽었다. 그래서 갑년이가 갑옷을 입는다는 것은, 남자로 상징된 기득권 세력에 전쟁을 선포한다는 뜻이 된다.

이 그림을 그린 2014년은 마침 갑오년이기 때문에 김지하에게 갑오동학혁명과 갑오리의 갑년이가 더 마음에 깊이 다가왔던 것으로 보인다.

김지하는 말년에 들어와 수묵산수화에 이어 채색 모란화를 그렸다. 한때 굽히지 않는 저항과 용기있는 투쟁으로 한 세상을 투사로 살아올 때도 마음 한쪽에는 여린 순정이 있었다. 시집 『황토』에서 '황토길에 선연한 핏자국 따라 검고 해만 타는 길'을 간다고 외칠 때에도 '아침 햇살에 빛나는 영롱한 나팔꽃'을 노래하기도 했다. 그런 순정과 서정을 그린 것이 채색 풀꽃과 모란꽃이다.

〈꽃: 푸른 꽃〉(2004년, 도34)은 "어느 때 푸른 꽃은 푸른 한울을 향하나"라는 화제를 쓰고 '갑오 여름 노겸(勞謙) 모심'이라고 낙관한 작품으로 담담한 필체로 농담을 달리한 푸른 꽃 두 송이를 그린 것이다. 풀꽃의 청순함보다는 무언가 선적인 화두를 던진 것 같은 작품이다.

도34. 김지하, 〈꽃 : 푸른 꽃〉, 2004년, 종이에 채색, 34x43.5cm

도35. 김지하, 〈모란꽃 : 붓가는 대로〉, 2014년, 종이에 채색, 34x38.5cm

김지하의 모란꽃 그림은 붉은색 물감을 몰골법(沒骨法)으로 단숨에 뭉쳐 풀어낸 속필(速筆)의 꽃송이가 청순하고 싱그럽기만 하다. 그는 모란꽃의 화제로 "이월 보름은 봄이 가깝다."라고 희망을 말하기도 하고, "모란도 갈 길을 간다네"라며 아쉬움을 말하기도 한다. 그래서 그의 채색 모란도는 화사하면서 '애린'을 생각게 하는 아련한 아픔이 동반된다. 그런가 하면 〈모란꽃 : 붓가는 대로〉(2014년, 도35)에서는 아무런 꾸밈없이 그렸음을 말하고 있다. 이 그림을 보면 김지하의 시집 『화개』에 실린 「삶 1」을 떠올리게 한다.

> 꿈꾸지 않겠다
> 꿈으로 고통을 이겨내는 일
> 그만 두겠다
> …
> 풀 한 포기와 말하며
> 우주를 살겠다.

김지하는 그때 전시회 팸플릿에서 이렇게 고백하였다.

내가 어려서 제일 그리고 싶었던 건 뜰 뒤의 모란이었습니다.

김지하는 결국 '흰 그늘'이 서린 모란꽃을 화사한 채색화로 그리다 세상을 떠났다. 묵란으로 시작하여 묵매로, 그리고 달마도로, 또 수묵산수화와 채색 모란도로 화제를 옮기며 생애 후반, 붓을 놓지 않은 김지하는 실로 위대한 현대 문인화가였다. 김지하는 위대한 시인이자 사상가인 만큼 뛰어난 문인화가였던 것이다.

토론문

김지하의 '난'은 어디쯤에서 어떤 기운[氣]을 뿜고 있을까

홍성담 | 화가

1. 낄낄거리며 난을 치다

나는 대학시절에 '오적' 필사본을 몰래 읽은 기억이 김지하 시인에 대한 모든 것이었다. 1980년 오월광주항쟁 직후에 그이가 석방되어 전라도 여행을 그이와 함께 했다. 이후 그이가 해남에 몇 년 거주할 때 가끔 나를 불러서 함께 술을 마시며 난을 쳤다. 둘이 번갈아 가며 붓을 들어 난을 치면서 얼마나 낄낄대고 웃었던지 지금은 고인이 되신 김영주 형수님께서 자꾸만 주의를 줄 정도였다. 아마 내 인생에서 가장 즐겁게 그림을 그렸던 시간이 바로 그이와 함께 한나절도 넘게 붓을 잡고 난을 치던 바로 그 시기였다.

2. 귀신 씨나락 까먹는 소리

나는 걸개그림 '민족해방운동사' 사건으로 안기부에 체포되어 남산 지하실에서 혹독한 고문을 받았다.
수사관들은 나를 마르크스, 레닌주의 미학(그런 이름의 미학이 존재하는지 아직도 나는 모른다.)이나 북한의 주체문예이론의 신봉자로 몰아갔다.

　순진한 나는 수없이 두들겨 맞으면서 열심히 내가 추구하는 미학을 설명했다.

　목포시에서 배로 서너시간 거리인 '하의도' 섬에서 초등학교를 졸업한 나는 해마다 이런저런 목적으로 동네잔치처럼 수차례씩 벌어지는 굿, 즉 샤머니즘이나 애니미즘의 영향을 많이 받았다. 그리고 중, 고, 대학을 도시에서 다니면서 느꼈던 도시문화의 소외감, 개인과 개인의 간격을 끊임없이 더욱 넓히고 그 자리를 시장으로 만드는 자본주의의 폭력을 극복하는 길은 개인과 개인, 개인과 가족, 개인과 사회의 공동체적 성격을 회복하는 것이라고 생각했다. 그리고 이 새로운 공동체의 대안은 이미 우리의 정서 속에 깊게 뿌리를 내린 농촌공동체 또는 도시농업공동체 또는 도시골목공동체일 것이라고 주장했다. '農業'을 하자는 것이 아니라 미래를 위해서 '農事'를 도시문화에 접합해야 한다고 믿었다. 나는 두서없이 동학의 집강소를 이야기하면서 내 주장의 타당성을 내세웠다.

　들판에 무담시 돋아나는 이파리에, 그리고 가을바람에 말라가는 줄기 하나도 모두 신명이 들어서 그렇게 스스로 변화하는 것이라고 말했다.

　신(하늘)은 아래로 더욱 내려와 사람을 닮으려고 노력해야 하며, 사람은 높이 받들어 올려져 신의 모습을 닮으려고 애쓰는 가운데 화해와 통일의 장대한 세월이 온다.

　길을 걷다가 우연히 발부리에 채이는 저 돌멩이도 나와의 인연 때문이며, 공중에 날아가는 새 한 마리에도, 갯가의 모래 한줌에도 모두 제각각 숨과 혼이 깃들어 있으며 바로 그것을 그리는 일이 나의 화업이라고 주장했다.

그때마다 수사관들은 '북한 공작원으로부터 제대로 교육을 받았구나!' 라고 소리치며 나를 곤죽이 되도록 두들겨 팼다.

수사관이 3명씩 2개조였는데 어느 날, 한 조의 수사관의 얼굴이 바뀌었다. 그 중 약간 나이 좀 먹은 수사관이 다시 새롭게 취조를 시작했다. 나는 앞서 했던 이야기를 다시 반복했다.
반복하다보니 세부사항이 보충되고, 서구 현대미학자들의 이야기들이 새록새록 기억되면서 첨언되어 내가 생각하기에도 그럴싸하게 느껴졌다.

수사관이 외쳤다.

"이 XXX도 귀신 씨나락 까먹는 소리를 하네, 이거 미치겠네! 야 임마! 니들 예술가들은 요렇게 항상 정신병자 같은 소리를 하냐? 이 XX가 아직 정신을 못차렸구만!"

나는 결국 홀라당 벗긴 채 귀싸대기를 쳐 맞고 몽둥이찜질을 당해야 했다.

이런 식의 취조가 몇 번이고 계속되었다.
어느 날 나는 분위기를 살펴가면서 슬그머니 물었다.

"햐! 나 말고, 어떤 놈이 귀신 씨나락 까먹는 소리를 했으까?"
"야 XX야! 내가 옛날에 영일이! 김지하를 취조했다. 그땐 내가 쫄따구였지만!

그 XX가 귀신 씨나락 까먹는 소리만 하다가 뒈지게 얻어맞았지. 얌마! 너! 덜 맞고 몸 보전하려면 우리가 갈켜준대로 얼른 써라! 임마! 니가 말하는 공동체가 바로 공산주의 아녀? 니가 신명이라고 우기는 것은 김일성 주체사상을 위장한 거고! 우리가 장사를 한두번 해본 것도 아니고 말이야!"

나는 두들겨 맞으면서 '씨나락 까먹는 소리'를 수없이 반복했다. 그렇게 나의 그림에 대한 그런 생각은 남산 지하실에서 더욱 강하게 뿌리를 내렸다.

3. 지하의 그림

남산 지하실에서 그 기나긴 수업이 끝나고 나는 서울구치소로 송치되었다.

감옥행이라는 엄중한 순간에도 가슴을 후벼파는 것은 '귀신 씨나락 까먹는 소리'였다.

그간 김지하 시인이 낸 책들을 모조리 읽기 시작했다.

그이가 집필한 '1969년 현실동인 제1선언문'의 장구한 문장들의 글자 하나하나가 귀중하게 이해되었다.

분도출판사에서 출판한 에세이 『밥』은 그이의 생명사상의 중요한 발걸음이었다. 물론 민청학련 사건으로 투옥되기 직전에 작성한 「현실동인 제1선언문」과 1975년 아시아아프리카작가회의의 '로터스 특별상' 수상 소감문에서도 이미 그이의 생명사상은 일관되게 큰 기둥을 이루고 있었다.

남들이 '귀신 씨나락 까먹는 소리'의 결정판이라고 비판하는 『남녘땅 뱃노래』는 독서량이 한량없이 빈곤한 환쟁이인 나에게 너무 알아먹기 쉬웠다. 천둥 번개처럼 명확하게 마음자리에 들어왔다. '귀신 씨나락 까먹는 소리'란 '알아먹기 힘들다'라는 속된 표현일진대, 나는 사람들이 왜 그 내용을 못 알아먹겠는지 잘 이해 할 수가 없었다.

아마도…
'누구 또는 어느 글에 의하면~'이라는 문장을 사용하지 않으면 자신의 주장을 못하는 천박함이나 '낱말 이어가기 놀이'식 말꼬리 잡아 홈치기를 논증의 기본구조로 믿고 있는 허접한 지식이 오히려 김지하의 글을 이해하지 못하게 하는 장애가 되는 것이 아닐까 하는 생각도 든다.

그러나 예전에 그이와 함께 온종일 낄낄대며 그렸던 수묵, 즉 그의 '난' 그림에서 나는 생각이 곧 멈추어 버린다. 김지하는 석방 이후 약 40년을 줄곧 그림을 그렸다. 그리고 타의반 자의반으로 전시회도 세 번을 했다.
서어기인(書如其人), 글씨는 곧 그 사람이다. 또는, 그림은 곧 그 사람이다. 즉 '자신의 마음과 생각을 담아 붓을 움직인다'는 뜻이겠다. 재호단(在毫端), 모든 것이 붓 끝에 달려있다는 의미다.

김지하의 붓질은 '난' 그림에서 그치지 않고 나름 신명이 나면 인물군상을 닥치는 대로 흐드러지게 그렸다. 매화, 달마도, 수묵산수, 그리고 목단꽃까지 붓질은 멈추지 않았다. 그이의 그림 중에서 가장 단순하면서도 붓질과 먹의 농담 그리고 화면공간의 분할배치가 명확하게 나타나는 '난' 그림을 중심으로 다시 생각을 간단하게 정리해본다.

그이의 '난' 그림에서 나는 어떻게 지하의 '생명사상'과 '율려'를 찾아야 할까. 그래서 때때로 나는 그이의 난을 떠올리면서 이 풍진 세상을 살았던 다른 이들의 난을 자주 찾아본다.

다음의 '난' 그림을 친 사람들은 대부분 지하와 엇비슷한 고난과 번뇌의 세월을 살았다.

이징의 '난'은 이파리 하나하나가 잘든 칼처럼 시퍼렇게 날이 서있다.

윤두서의 사슴 그림 배경으로 그려진 '난'은 잡초나 억새 이파리 같다. 세찬 바람에 일제히 누워있다. 그림의 주인장인 윤두서 자신도 저렇게 마냥 눕고 싶다.

이징(1581-1674)

윤두서(1668-1715)

추사의 난은 대단히 철학적이다. 아마도 그림 그리는 일을 '종교'로 추앙하게 된다면 튀어나올 형상이다. 이슬람 문화의 아라베스크 문양처럼 형식의 완결에 몹시 엄격하다.

장승업의 난은 세련된 붓질에 흐드러진듯 하지만 허무주의가 이 파리를 가득 누르고 있다.

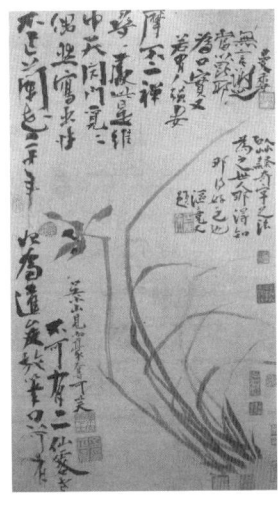
김정희
(1786-1856)

장승업
(1843-1897)

이하응의 난은 완강한 고집과 재주가 만나서 서로 호응하지 못하고 불화하고 있다.

민영익의 난은 근심과 절망이 가득한 이파리가 못내 허공만 가르고 있다.

민영익(1860-1914)

이하응(1820-1898)

조희룡의 난은 당시 조선말 예원의 총수답게 기예와 힘이 넘친다. 한평생을 연마한 붓질로 말아 올린 난은 거대한 힘으로 불쑥불쑥 솟아 하늘을 뚫을 기세지만, 그 이파리의 끝은 결국 무한 공간에서 사라진다.

조희룡(1789-1859)

여기까지는 그림을 조금이라도 볼 수 있는 사람이면 누구나 쉽게 내놓을 수 있는 감상평이다.

이런 말장난이나 다름없는 시각을 넘어서야 그림 속으로 본격적으로 들어갈 텐데… 그래서 그림 그린 사람의 생각과 감정을 읽어낼 수 있을 것이나 그 방법을 나도 도무지 모르고 아무도 가르쳐주지 않는다.

그림이 붓을 든 사람의 정신과 마음을 담지하고 있는 현물이라면 당연히 화폭을 바라보는 우리는 그림에서 그의 사상과 철학을 객관화, 또는 구체화하는 것이 마땅하다.

4. 보지만 말고, 그림 속으로 들어가기

화제는 그림 속을 들여다보는 키워드가 될 수 있지만, 그것에만 의존하는 것은 어릴 적에 '시화전'을 보는 정도에 머무른다.

'난' 잎은 화폭의 오방(五方) 중에 어느 방향에서 출발하여, 이파리의 끝은 어느 방향을 가리키는가. 그리고 그러한 방향성이 무엇을 의미하는가. 난 꽃과 난 잎이 서로 향하는 방향과 각도에 따라 그이의 어떤 심사가 들어있을까. 난 꽃잎이 얼마큼 오므렸는가, 힘을 주어 오므렸는가, 수술과 암술을 감추려는 듯이 살짝 부드럽게 오므렸는가, 하늘을 안을 듯이 넓게 펼쳤는가, 꽃은 춤을 추고 있는가. 춤은 승무를 닮았는가, 살풀이춤을 닮았는가, 봉산 취발이 겹사위춤을 닮았는가, 무동춤을 닮았는가, 화폭에 바람이 보이는데 왜 난은 조용히 서있기만 하는가, 바람도 없는데 저 난은 왜 한쪽으로 누워있는가, 이파리는 바람에 납작 엎드렸는데 저 꽃대는 왜 수직으로 솟기만 하는가 등등.

'난' 이파리가 화폭을 갈라서 만들어내는 각개 공간의 도형에서 우리는 무엇을 읽을 것인가. 이파리 한가닥의 시작과 끝이 농담 없이 진묵으로 일관했는가, 아니면 붓질의 조임과 풀림이 어떤 식으로 이루어져서 화폭 전체가 어떻게 숨을 쉬며 그것은 우리에게 무엇을 말하고 있는 것일까.

김지하, 그이는 우리에게 우주와 인간의 관계를 설파했다. 생명과 생명이 만나고 무생물과 생물 또는 무생물끼리 만나서 화엄을 이루는 세상을 전 생애를 통해 일관되게 말했다.

특히 형식의 완성을 중요하게 생각했던 그이가 지난 40여 년의 화업을 통해서 우리에게 무엇을 말하고 있을까.

김지하는 장일순의 난으로부터 배웠다.

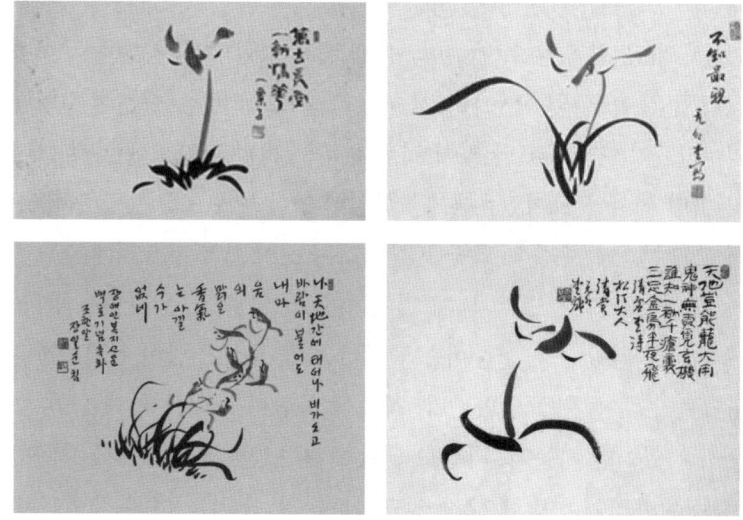

장일순(1928-1994)

어떤 이는 지하의 난을 잡초나 잔디와 같다고 말한다. 그것은 민중시인이라는 프레임 때문에 붙여진 듯하다.

그이는 2010년 나의 전시회에 와서 이렇게 천근 같은 한마디를 했다.

'그림은 선(線)이다.'

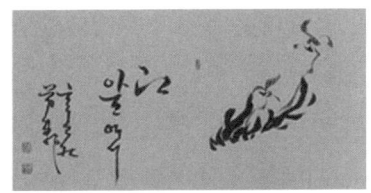
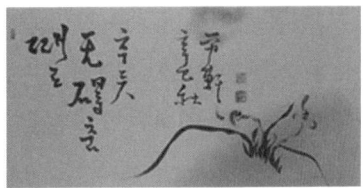

김지하(1941-2022)

　사실상 그이의 예술인생은 평생에 걸쳐 '형식과 내용의 합치'에 있었다. 그이가 20대에 '추(醜)의 미학'을 따져 물었던 것도 한낱 우리 전통미의 풍자·해학·익살 과상 등등을 오늘날 새로운 미학으로 재탄생 시키려는 것보다는 내용과 형식 또는 다른 전혀 생각하지 못한 것들을 모두 한꺼번에 솥에 넣고 끓이고 고아서 신도 모르고 인간도 모르고 하늘도 모르고 땅도 모르는, 너도 나도 모르는 어제도 모르고 내일도 모르는 그 어떤 새로운 것으로 '창조'하려는 상상력의 실제화였는지도 모를 일이다.

그림은 생각의 실체이기도 하지만 기호 혹은 부호가 되기도 한다. 또 일종의 '상징'으로 변화할 수도 있다.

그이의 '난' 이파리가 가른 허공의 어느 구석에, 또는 '난'과 화제 그리고 붉은 점으로 박혀있는 낙관 사이에 그이의 무슨 생각이 어떤 기운을 뿜어내고 있을까.

민주화운동과 김지하

김정남
미야타 마리에
히라이 히사시

특별강연 1

김지하 재판의 막전막후

김정남 | 전 청와대 교육문화수석

"박정희 선생의 가슴과 머리 위에 은총이 쏟아지기를"

1975년 6월 29일, 모스크바에서 열린 '아시아·아프리카 작가회의'는 제3세계의 노벨상이라 불리우는 로터스상 특별상을 김지하에게 수여키로 결정했다. 이 작가회의는 '김지하는 현재 아시아뿐 아니라 전세계에서 가장 뛰어난 시인의 한 사람으로서 한국의 다른 정치범들과 함께 자유와 민주주의의 상징이다' 라는 견해를 담은 석방요청서를 박정희 앞으로 발송했다. 그리고 이 무렵 그는 75년도 노벨상 후보로 추천받는다.

재판부 기피신청에 대한 법원의 판결을 기다리는 중에 김지하의 양심선언이 발표되었고, 그로부터 한 달쯤 뒤인 9월 16일은 김지하의 1심 구속기간이 만료되는 날이었다. 1심 구속기간은 6개월로, 6개월이 되면 구속영장의 효력이 정지된다. 그러자 유신정권은 비열한 편법을 썼다. 형식상으로는 김지하를 구속기간 만기로 석방하고, 대신 민청학련 사건으로 선고받은 무기징역형에 대한 형 집행정지

결정을 취소했다. 문서상으로만 석방하고 신병은 무기수로 묶어둔 셈이다.

그러나 재판부기피신청으로 일단 호구를 벗어났고, 양심선언으로 정치적 승기를 잡았기 때문에 이제 불길한 예감이나 공포 같은 것은 없었다. 법적으로는 불구속 상태라 재판은 하염없이 미루어지다가 1976년 5월 18일부터 비로소 본격적인 재판이 열렸다. 김지하는 자신의 작품 구상 메모와 관련한 검찰의 심문에 대하여 "자기만이 알아보기 위하여 자기 자신의 그때그때 상념, 기억, 착상을 자기만이 알아볼 수 있는 기호로 적어놓은 메모를 근거로 한 사람의 사상을 평가한다거나, 또는 아직도 완성되지 않고 더욱 작품화할지도 모르는 구상을 판단한다는 것은 마치 지나가는 사람을 붙들고 네 머리 속의 사상이 의심스럽다고 연행, 문제 삼는 것과 같다"고 주장하였다.

재판은 1976년 9월 28일, 제12회 공판까지는 비교적 순조롭게 진행되었다. 검찰측 감정증인으로 나온 유정회 국회의원 신상초는 김지하의 「말뚝」이라는 작품 구상이 부르주아와 프롤레타리아의 계급투쟁을 다룬 작품으로서 전형적인 공산주의 문학이요, 따라서 김지하의 사상은 공산주의라는 억지 주장으로 일관하였다. 신상초는 계속 땀을 뻘뻘 흘리면서 증언했는데 김지하가 "1970년에 당신을 만났을 때 「오적」을 칭찬하면서, 만약 법적인 문제가 생기면 자신이 잘 아는 한 아무개 변호사를 소개해 주겠다고까지 말하지 않았는가" 묻자, "「오적」이 부패문제를 공격한 것은 맞지만 십중팔구 오해 받을 가능성이 있다고 말한 것"이라고 궁색한 변명을 했다. 반면에 변호인측 증인으로 나온 작가 김승옥은, 김지하와의 오랜 교유 끝에 분명하게 말할 수 있는 것은 '김지하는 결코 공산주의자일 수 없는 사람'이라는 증언을 했다.

비공개로 구치소에서 있었던 함세웅, 문정현 두 신부에 대한 증인심문에서 신부들은 "인혁당 사건이 조작이라는 확신을 갖고 있다. 심지어 내외의 이목이 집중되어 있는 이 3.1민주구국선언 사건에서조차 조작이 이루어지고 있는 판이다. 인혁당이 조작이라는 것은 천하가 다 안다"고 증언하였다.

제12회 공판에서 변호인측은 시인 구상과 이한택 신부의 감정의견서와 함께 작가이자 언론인인 선우 휘의 소견서를 제출하면서, 이들을 공개된 법정에서 의견을 말할 수 있도록 증인으로 채택해 줄 것을 요청하였다. 이와 아울러 김수환 추기경을 특별변호인으로 선임해 줄 것을 요구하였다. 김지하의 작품구상 '말뚝'이나 '장일담'에서의 민중의 봉기와 구원, 혁명과 종교의 통일이 과연 신학적으로 용인될 수 있는 것인지, 가톨릭 교리와 사상에 대해 말씀을 듣자는 것이었다. 김수환 추기경한테 허락도 받았다. 김수환 추기경은 "내가 법정에서 잘할 수 있을까"하면서 다소 흥분된 어조로 그 뜻을 받아들였다.

재판부가 김수환 추기경에 대한 특별변호인 선임과 구상, 이한택, 선우 휘의 증인신청을 직권으로 거부하자, 김지하는 첫째, 자신에게 결정적으로 유리한 증인을 채택해주지 않음으로써 공정한 재판을 기대하기 어렵고 둘째, 사건의 성격상 충분한 심리가 요청됨에도 불구하고 이유없이 서두르는 것을 납득할 수 없다고 재판부 기피신청을 했다. 이로써 재판은 그해 12월 14일 13회 공판이 열리기까지 무기연기 되었다.

구상, 선우 휘의 의견서

구상 시인의 감정의견서는 황인철 변호사의 부탁으로 김병익이 썼는데, 뒷날 황 변호사에 대한 회고담에서 그는 이렇게 말하고 있다.

> 76년이었을 것인데, 반공법으로 구속 중인 김지하의 장일담에 관한 옥중메모에 대한 감정을 그(황인철)는 우리에게 부탁해 왔었다. 그때 홍성우 변호사와 그는 고은, 백낙청과 함께 나를 정릉의 한 방갈로에 초청한 자리에서 문제의 메모를 검토해서 소견서를 써달라는 것이었다. 주로 그가 메모의 성격과 문제점을 자상히 설명해 주었고, 우리는 밖으로 유출되어서는 안된다는 그 두툼한 메모를 돌려가며 검토했다. 이튿날 집으로 돌아온 나는 그 메모에 대한 소견서를 하룻밤 꼬박 새우며 2백 자 원고지로 1백 장을 넘을 만큼 꽤 길게 썼다. 한없이 진지하고 뜨거웠던 그 밤, 그리고 그 글을 마치고 났을 때 창 밖으로 부옇게 밝아오던 새벽 빛, 그 원고에 대해 그는 정말 대견해 하고 고마워했다. 그 감정서는 법정에 한 원로 문인의 이름으로 제출되었다고 한다.

이 감정의견서는 "문학작품이라는 것은 사회과학 이론과 달라 바로 현실적 수단으로 적용될 수 없다는 것이 상식이다. 하물며 작품으로 구성되기 전의 창작메모를 놓고 그것이 어떤 정치운동, 폭력활동의 예비행위로 단정하는 것은 메모 자체뿐 아니라 인간의 사상, 문학창작의 심리를 전혀 고려하지 않은 데서 빚어진 것"이라고 정리하고 있다.

예수회신학원 원장 이한택 신부의 이름으로 된 감정의견서는 가톨릭 역대 교황의 회칙, 제2차 바티칸공의회 문헌 등을 토대로 내가 쓴 것인데, 김한림 선생이 인철지에 먹지를 대고 써서 제출하였다. 증거로 제출되어 있는 네 권의 메모첩을 관통하는 사상은 "자유, 민주주의는 중요하다. 그러나 참된 자유란 주리는 자가 배부르고, 묶인 자가 풀리며, 헐벗은 자가 입고, 병든 자가 나으며, 죽은 자가 영생하고, 절망한 자가 영원한 희망을 얻는 것이다"라는 것으로 요약할 수 있다. 그리고 김지하의 작품 구상은 모두가 "네 이웃이 주리는 한 너는 결코 자유로울 수가 없다"는 것으로부터 출발한다. 이런 것들이 성경의 말씀이나 「어머니와 교사」등 회칙, 또는 교리에 결코 어긋나지 않는다는 것을 이한택 신부에게 감수를 받아 작성했다.

선우 휘의 소견서는 독특했다. 그는 굳이 옥중메모를 읽어보지도 않았다. 그러나 그의 논지는 간결하고 명확했다. "김지하의 사상적 판단에 있어서 나에게 적지 않게 충격을 안겨 준 것은 그가 명백히, 그리고 강렬하게 자기는 결코 공산주의자가 아니라는 것을 주장하고 있는 바로 그 점입니다. 나의 직관적인 판단임과 동시에 논리적인 사고를 거친 결론부터 말한다면 김지하는 결코 공산주의자는 아니라고 확신합니다. 한마디로 말하면 그가 법정에서 공산주의자가 아니라고 단언한 이상, 그는 공산주의자가 아닙니다. … 그는 시인입니다. 시인은 말할 나위도 없이 진실을 읊는 사람입니다. 갖은 세속의 영욕을 도외시하며 때로 도덕가가 위선을 하며 성직자가 독선으로 행동하는 시대상황 속에서도 인간의 진실을 읊는 것이 시인입니다. 독실한 신앙심을 갖고 끊임없이 진실을 추구하는 시인이 거짓말을 할 리가 없습니다."

4시간에 걸친 변론

1976년 12월 14일, 제13회 공판에서 김지하는 징역 10년에 자격정지 10년을 구형받았다. 12월 23일 오후, 제14회 공판에서는 변호인의 최종변론과 김지하의 최후진술이 이루어졌다. 김지하에 대한 변론요지서는 내가 썼는데, 재판기록을 집에 가지고 들어가는 것이 부담스러워, 무교동에 있는 한일여관을 잡아 며칠 동안 작업했던 것으로 기억한다. 변호인 여섯 분이 4시간에 걸쳐 법정에서 낭독할 만큼의 분량이었다.

박세경 변호사로부터 시작된 변론은 이돈명, 이세중, 조준희, 황인철, 홍성우의 순으로 이어졌다. 이돈명 변호사는 특히 이 사건에서 가장 예민한 사안이었던 인혁당 사건에 그 변론을 집중하였다. 마지막 변론을 한 홍성우 변호사는 앞서 말한 것처럼 김지하의 시,「타는 목마름으로」를 낭송하여 방청석을 숙연하게 만들었다. 변론의 결론이랄까, 그 마지막은 이렇게 되어있다.

> 변호인측은 끝내 가족과의 접견과 통신, 독서가 일체 허용되지 않은 채 진행된 이 재판에 대하여 심심한 유감을 표시하는 바이며, 아울러 그러한 혹독한 상황하에서 변호인측이 피고인에게 조금도 도움이 못되어 주었던 점에 대하여 미안하게 생각하면서 한편으로 그러한 어려움 속에서도 당당하게 자신의 소견을 피력, 진술해 준 피고인의 용기

에 대해 경탄해 마지않는 바입니다. … 본 사건은 피고인의 구체적 행위, 즉 옥중메모 작성 및 인혁당 관계 발언이 반공법에 저촉되는 예비행위냐 아니냐를 가리는 재판인 동시에 피고인의 사상이 공산주의적이냐 아니냐를 가리는 재판입니다. 이 두 가지를 따로 떼어서 하나 하나를 증거와 법리에 의해 냉정히 검토해 본다면 그 어느 쪽에서도 피고인은 무죄를 선고받는 것이 당연하다고 믿습니다. 변호인측은 일체의 선입관 없이 피고인의 정확하고도 정직한 진술에 따라 그 내용들이 평가되고 분석될 것을 희망합니다. 본 변호인측은 본건에 대하여 단호히 무죄를 주장합니다.

자유를 사랑하고 민주주의를 사랑하며 누가 보아도 그 용기와 재능과 식견에는 탄복할 수 밖에 없는 대한민국의 한 젊은 시인이 공산주의자의 누명을 쓰고 반공법 위반자로서 처벌되어야 한다면 이것이야말로 사법사에 크나큰 오점을 남기는 일이며, 또한 국가적으로도 크나큰 손실이 아니고 무엇이겠습니까.

마지막으로 김지하 피고인의 사상을 가장 극명하게 표현하고 있는 그의 시 한 편과 김지하의 양심선언, 옥중메모를 보고 보내 온 외국 신학자들의 의견서, 그리고 김지하 피고인에 대한 지원서한을 이 자리에서 밝히면서 이 변론을 끝맺고자 합니다.

이 날의 재판은 밤 10시까지 계속되었다. 변론에 4시간, 그리고 김지하의 최후진술에 3시간 15분이 걸렸다. 1976년이 저물어가는 12월 31일, 김지하는 기왕의 무기징역에 덧보태어 징역 7년에 자격정지 7년이 선고되었다. 김지하의 재판은 인권변론의 전형을 보여주었다. 우여와 곡절은 있었지만, 비교적 충분한 진술기회가 주어졌고, 변론은 성실했으며 재판기록도 완벽하게 정리되었다. 김수환 추기경을 비롯한 많은 사람들의 애정어린 성원과 세계적인 관심을 모으면서 재판은 진행되었다. 첫 재판은 죽음의 공포를 안고 시작되었지만, 김지하의 최후진술이 끝났을 때는 모두가 감동이었다. 나 개인적으로는 내가 인권변론에 깊이 관여하게 되는 첫 사건이었다. 다음은 밤 10시까지 계속된 김지하의 최후진술 가운데 몇 대목이다.

감동으로 끝난 재판

나는 시인입니다. 시인이라는 것은 본래부터가 가난한 이웃들의 저주받은 생의 한 복판에 서서 그들과 똑같이 고통받고 신음하며 또 그것을 표현하고 그 고통과 신음의 원인들을 찾아 방황하고 그 고통을 없애며 미래의 축복받은 아름다운 세계를 꿈꾸고, 그 꿈의 열매를 가난한 이웃들에게 선사함으로써 가난한 이웃들을 희망과 결합시켜 주는 사람입니다. 그렇기 때문에 우리는 참된 시인을 민중의 꽃이라 부르는 것입니다.

인혁당 사람들은 억울합니다. 그것은 비극입니다. 이 비극은 반드시 원한을 만들어 냅니다. 그들과 그들 가족들의 원한이 하늘에 사무칠 때 하늘은 분명히 머지않은 장래에 역사를 통해서 심판하실 것입니다. 우리 세대 전체를 명백한 불의를 보고서도 일신의 더러운 안전과 평안을 위해서 침묵을 선택한 불의의 공범집단으로서 단죄할 것입니다. 여러분(방청객과 모든 사람들)! 노력을 아끼지 말아 주십시요.

김지하의 최후진술은 절절하게 이어졌다. 이는 김지하의 양심선언과 함께 시대적 증언으로서의 가치를 지니고 있다. 그 마지막 부분은 더 감동적이다.

하느님의 은총이 이 불행한 민족 위에 폭포수처럼 쏟아져서 다시는 샛별 같은 청년들이 이 더러운 분단의 비극 때문에 법정에 끌려와서 청춘이 시들게 되는 일이 없도록 끝없이 기원하겠습니다. 그리고 내일 주(主)의 성탄절을 맞이해서 여러분에게 축복이 내리고 나를 박해하고 그렇게 미워하는 현 정부 최고 지도자 박정희 선생과 중앙정보부의 고급요원들에게도 가슴과 머리 위에 흰 눈처럼 은총이 폭폭 쏟아지기를 빕니다. 자비로운 은총이 그래서 용서하시고 모두 축복받기를 빌겠습니다. 감사합니다.

> 축사

김지하에 대한 이해가 계속 이어지기를 희망합니다

미야타 마리에(宮田毬栄) | 중앙공론사 문예지 『海』 전 편집장

도쿄에서 온 미야타 마리에입니다. 김지하 시인 사후 1주년 추모 심포지엄에서 시인의 전체상에 다가서는 이러한 연구 성과가 나타난 것에 큰 놀라움과 기쁨을 느끼고 있습니다. 한국이 낳은 천재 시인이 가진 내적 세계는 원대하고 복잡합니다. 게다가 그 세계는 항상 동적이며, 끊임없이 증식하는 다양한 팩터를 내장하고 있습니다. 김지하라는 참으로 알기 어려운 한 시인, 그 예술가를 다면적으로 연구하고 여러가지 업적에 빛을 내기 위해서는 오랜 시간이 필요하다고 생각했습니다. 그러나 사후 1년이라는 짧은 시간임에도 불구하고 그동안의 탐구를 통해 시인이 가진 풍부한 수맥을 재발견하신 열의와 실력에 경의를 표하고자 합니다. 고맙습니다. 오랜 세월 시인과 관계를 가진 사람으로서 깊은 감사를 드립니다.

그런데 그 기쁨 속에서 여전히 내 마음을 뒤흔드는 것은 심포지엄 성과의 몇 분의 일이라도 적어도 10여년 전에 밝혀졌더라면, 김지하 시인에 대한 이해가 있었다면, 시인의 그 아픈 '폭주'를 멈출 수 있

지 않았을까 하는 사라지지 않는 후회입니다. 미련스러운 저 자신의 후회를 담은 감회이겠지요. 그래서 소규모라도 김지하 연구, 김지하에 대한 이해가 이 심포지엄을 계기로 앞으로도 계속 이어지길 강력히 희망하고 있습니다.

작년 '김지하 시인 추모문화제' 이후 김지하 씨에 대한 많은 자료를 정리하기 시작한 저는 70년대를 되새기고 70년대의 긴장 속에서 살아갔던 감각이 되살아나는 것을 깨닫게 되었습니다. 이토록 고통스럽고 오랜 수난의 세월을 옥중에서 보낸 시인이 왜 끝내 고독하게 죽어야 했는지 생각하면 답답함을 느낍니다.

옥중에 있던 시인과 우리 구명위원회 측의 숨 막히는 연대의 나날에 대한 김정남씨의 발제문을 방금 받았습니다. 살아 있는 날에 그의 귀중한 증언을 들을 기회가 있을 거라고는 상상조차 못 했습니다. 이 얼마나 기쁜 일인가요! 한국의 민주화 투쟁을 지원하는 국경을 초월한 연대에는 실로 많은 한국과 일본 및 세계인들의 사심없는 작업들이 있었지만, 현실적으로는 김정남 씨와 저를 잇는 가느다란 한 줄이 그 뿌리에 있었습니다. 김지하 시인의 세심한 배려로 지정된 인물이 김정남 씨이며 그의 연락만 믿어달라는 전갈이 있었습니다. 게다가 시인이 내밀한 싸인으로 쓰던 한 글자 '회(懷)'를 우리 사이의 '암호'로 삼기를 원했습니다. 이 글자 '회(懷)'는 세계에서 가장 아름다운 암호가 아니었을까요?

'회' 씨의 편지는 거침없이 쏟아졌고, 그 편지에는 모두 시인의 생각과 메모, 작품에 대한 구상내용이 빼곡히 적혀 있었던 바, 나는 그의 지적 감수성, 그리고 사태를 냉정하게 가늠하는 분석력에 경탄하곤 했습니다. 74년 4월부터 80년 12월까지, 즉 김지하 씨가 옥고를 치른 6년여 오랜 세월에 걸친 '회' 씨의 민주화운동에 대한 변함없는 헌신을 제가 증언할 수 있는 것도 이 심포지엄 덕분입니다. 50년의 세월이 그것을 가능하게 했다면 내가 오래 산 의미가 있다고 생각하고 싶습니다.

심포지엄을 기획 운영하신 여러분, 그리고 김지하 시인에게 관심을 가지고 참석해 주신 모든 분들께 진심 어린 감사를 드립니다.

김지하 구원운동의 의미와 일·한 시민연대

히라이 히사시 | 〈교도통신〉 객원논설위원
번역 : 김효순 | 리영희재단 이사장

1975년 5월 16일 필자는 도쿄 긴자의 스키야바시공원에 있었다. 오에 겐자부로 등 35인이 그곳에서 김지하의 석방을 요구하는 단식투쟁 때문에 그들이 앉아야 할 텐트 설치 등을 돕고 있었다.

김지하는 그해 2월 15일 대통령의 '형집행정지조치'로 약 10개월 만에 석방됐다. 그러나 2월 25일부터 27일에 걸쳐 동아일보에 연재된 '고행-1974'로 3월 13일 다시 구속됐다. 4월 9일에는 민청학련 사건의 '인민혁명당' 그룹 8인이 처형됐다. 김지하에게 다시 사형판결이 나올 위험성이 있었다. 5월 19일 첫 공판을 앞두고 그를 구원하기 위한 단식투쟁이었다.

스키야바시공원에 텐트를 치니 가장 큰 문제는 공원을 근거지로 하고 있던 홈리스(노숙자)들을 설득하는 일이었다. 당시는 홈리스라는 말도 없었고 '부랑자'라고들 했다. 공원을 점거해서 결과적으로 그들을 쫓아내는 것이 되기 때문에 단식투쟁의 의미를 호소하고 설득하기 위해 대화를 했다. 거기서 배운 것이 이미 전후 30년이 지나고 있었지만, 그들이 전쟁에서 입은 피해를 계속 지고 있다는 점이었다. 그들의 신상 얘기를 들으면서 단식투쟁의 의미를 호소했다.

필자는 그해 4월 교도통신에 입사한 직후여서 신입연수를 받고 있었다. 당시 사회부에 임시배치돼 있었다. 다음날 기자회견을 한다고 해서 함께 단식투쟁 준비를 하던 같은 세대의 오카모토 가즈유키와 협의해 정해진 시간에 기자회견 안내전화를 해주도록 했다. 필자는 그 시간에 누구보다도 빨리 전화기를 잡고 데스크에 "문화인들이 김지하 구원으로 단식투쟁을 한다는 연락이 있는데 제가 갔다 올까요"라고 말하고 회견을 취재해 원고를 썼다. 필자의 기자 인생에서 최초의 원고가 「김지하를 구하라」는 단식투쟁 원고였다. 40여 행의 기사를 써서 데스크에 넘겼다. 데스크는 나의 원고를 반 정도로 줄이고 자신이 갖고 있던 다른 시민단체의 집회안내 전단을 보면서 취재도 하지 않고 덧붙였다. 어느 혁신정당에 가까운 시민단체의 것이었다. "취재도 하지 않고서 변변치 않은 녀석이네"라고 생각했지만, 새내기 기자가 미디어의 현실을 안 순간이었다.

그로부터 48년의 세월이 흘렀다. 김지하는 작년 5월 8일에 세상을 떠났고 단식투쟁을 했던 오에 겐자부로도 3월 3일에 숨졌다. 김지하 1주기를 맞아 내 자신과 김지하와의 관계를 포함해 구원운동에 관여했던 일본인과의 관계나 김지하가 일본의 시민운동에 준 영향 등에 대해 소소한 기록을 남기고 싶다고 생각한다.

'저항시인'의 등장

일본인이 '김지하'라는 이름을 알게 된 것은 1970년 5월 김지하가 잡지 『사상계』에 「오적」을 발표하고 나서일 것이다. 그해 6월에는 『주간 아사히』에 오적의 전문이 번역 게재됐다. 그 풍요로운 풍자와 비판과 강력한 말의 난무에 많은 일본인이 경탄했다.

그해 12월에는 최초의 시집 『황토』가 나왔지만 발금이 됐다. 주오고론(중앙공론)사의 미야타 마리에는 『주간 아사히』에 게재된 「오적」에 충격을 받았지만 『황토』가 발금처분된 것을 알게 되자 그렇다면 자신이 일본에서 출판하겠다고 결심했다.

처음으로 주오고론사에서 1971년 12월에 나온 『긴 어둠의 저편에』에는 이미 한국에서 발표된 시집 『황토』, 평론 「민족의 노래 민중의 노래」, 평론 「풍자냐 자살이냐」, 담시 「오적」, 희곡 「나폴레옹 꼬냑」, 희곡 「구리 이순신」 등을 수록했다.

미야타 마리에는 당시 교도통신 서울지국장을 하고 있던 에구치 히로시나 히시키 가즈요시를 통해 김지하에게 일본에서의 출판을 타진했다. 김지하로부터 히시키를 통해 '모든 것을 맡긴다'는 승낙의 답변과 자화상이 미야타 마리에에게 전달됐다.

단 두 사람으로 출발했던 '김지하 구원(국제)위원회'

그후 김지하는 1972년 4월 가톨릭잡지 『창조』에 「비어」를 발표했다가 그달 12일 검거돼 반공법 위반 혐의로 입건됐다. 미야타 마리에는 김지하 구원을 위한 운동에 착수했다. 편집자로서 알고 지내던 13인의 문학자에게 『긴 어둠의 저편에』를 보내고 김지하 구원운동에 참가를 요청했다. 하지만 여기에 응한 것은 '베트남에 평화를! 시민연합'(베헤이렌) 활동의 실적이 있었던 작가 오다 마코토 한 사람뿐이었다. 김지하 구원운동은 실질적으로 미야타 마리에와 오다 마코토 두 사람으로 출발했다.

처음에는 기자회견을 해도 기자들이 모이지 않았다. 어떤 때는 기자 한 사람만 와서 오다 마코토는 분노해서 돌아가려 했다. 하지만 미야타는 "돌아간다는 게 뭔가요? 한 사람이라도 그 기자가 계속 이

문제를 커버하도록 설득하세요"라고 오다를 설득한 일도 있었다고 한다.

그러나 시민운동의 경험이 있는 오다는 움직임이 재빨라서 그해 5월에는 '김지하 구원(국제)위원회'를 발족시켰다. 1972년 6월 26일 박정희 대통령에게 보내는 '호소'를 작성해 김지하의 즉시석방과 자유로운 활동의 보장을 한국 정부에 요구했다. 이 '호소'에는 일본에서 오다, 미야타 두 사람 외에 아오치 신, 아라하타 간손, 이노우에 히사시, 오오카 쇼헤이, 쓰루미 스케, 나카노 시게하루, 히다카 로쿠로, 마쓰모토 세이쵸, 마루야마 마사오 등 64인의 지식인이 참여했다. 해외에서는 장 폴 사르트르, 시몬 드 보브와르, 노엄 촘스키 등 20인이 이름을 올렸다.

사르트르 등 프랑스 지식인의 참여는 당시 프랑스에 있던 프랑스 문학자 에비사카 다케시의 작용이 컸다. 에비사카는 번역자 아사부미 기미코에게도 협력을 요청했다. 아사부미는 이전에 교류가 있던 사르트르와 보브와르 두 사람의 찬동을 얻었고 에비사카는 그 외 로베르 갈리마르(출판인), 클로드 부르데(정치학자), 앙드레 고르츠(철학자), 장 부이용(인류학자) 등의 찬동을 얻기 뒤해 노력을 기울였다. 파리에 거주하던 저명한 여배우 기시 게이고노 소제프 케세르(작가) 마르그리트 뒤라스(작자) 등이 움직이도록 해주었다.

미국의 지식인에 대해서는 오다나 영자 미디어

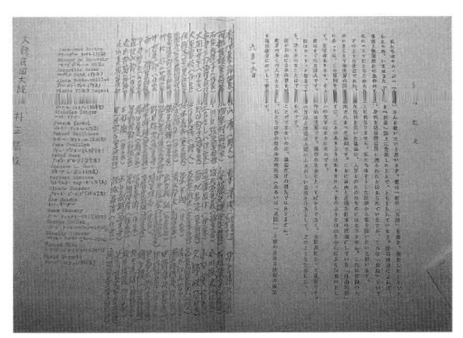

1972년 6월에 낸 「호소」(미야타 마리에 제공)

『로닌』(RONIN)을 발간하고 있었던 데이비드 보게트가 적극적으로 움직였다.

달러화를 내밀며 도망을 권유한 가라 쥬로

김지하는 1972년 5월 1일 반공법 위반으로 입건됐다가 폐결핵 악화로 7월까지 마산의 국립결핵요양소에 연금상태로 있었다.

김지하는 그해 6월 이 요양소에서 일본인 두 팀과 만났다. 첫 번째 팀은 연극인 가라 쥬로였다. 일본의 전위극단 '쵸쿄(상황)극장'을 이끄는 이단의 연극인 가라 쥬로는 서울과 도쿄를 소재로 한 〈두 도시 이야기〉를 써서 첫 상연을 서울에서 실현하려고 했다. 당시 처이자 연극활동의 파트너이기도 했던 여배우 이예선李禮仙(나중에 이여선李麗仙으로 개명)씨는 재일한국인이었다. '쵸쿄극장'이 1969년 오키나와 공연을 하려 했을 때 미국 관리하에 있던 오키나와행 비자가 나오지 않았다. 가라 쥬로는 이것을 내재적인 모티브로 해서 서울과 도쿄를 잇는 〈두 도시 이야기〉를 썼다. 〈두 도시 이야기〉는 "유령민족인 일본인의 지하수를 좇아서 그 근원을 탐색하는 것에 의해 현대의 일본인을 검증해보자"는 것이었다. 가라 쥬로는 1940년 2월생으로 김지하보다 1살 연상이었다. 서울 공연 준비를 위해 가라 쥬로는 두 차례 방한했다. 그러나 한국쪽 연극인들은 박정희 군사정권하의 상황에서 "그것은 무리"라고 말했다. 그러나 가라 쥬로는 현장에 가서 상연을 생각해 보겠다고 1972년 3월 2주간의 비자로 방한했다. 이 '해협원정대'에 참가한 것이 가라 쥬로, 후와 만사쿠, 이예선, 네즈 진파치, 오쿠보 다카 5인이었다.

2주간의 관광비자로 연극을 상연한다는 것은 어려웠다. 감시를 피하기 위해 여관도 네 번 바꿨다. 서울에서의 상연을 목표로 마침내 찾아간 것이 김지하였다.

가라 쥬로에게 김지하를 소개한 사람은 당시 교도통신 서울특파원으로 앞에서 얘기한 히시키 가즈요시였다. 히시키 특파원은 도쿄외국어대학에서 연극부에 속했던 왕년의 연극청년으로, 가라의 얘기를 듣고서 같은 이단연극인 김지하를 소개했다. 가라 쥬로가 김지하를 만난 날도 그가 당국에 2일간 구속됐다가 풀려난 직후였다고 한다.

당시 주오고론사의 문예지 『우미』의 편집자였던 작가 무라마쓰 도모미는 가라 쥬로에 공감해서 함께 방한했다. 일행은 무라마쓰의 호텔방에서 〈두 도시 이야기〉의 연습을 했다. 무라마쓰의 회고이다.

> 〈두 도시 이야기〉의 연습은 내 호텔방에서 행해졌다. 2인용 정도의 방에 가라 쥬로 패 5인과 김지하 패 4인이 모여 영어 일본어 한국어가 날아다니는 이상한 연습 광경이 됐다. 연습 뒤에는 술판이 벌어져 이예선을 머리 위로 들어올려 회전시켜서, 금분 쇼(금색 가루를 전신에 바르고 춤을 추는 공연) 댄서로서의 시절을 되살렸다. 이에 대해 김지하는 젊은 무리들에게 아이스박스를 두드리며 아리랑을 부르게 하고 지신은 기기에 맞춰 격렬한 춤을 보여줬다. 〈두 도시 이야기〉의 공연은 (먼저 귀국하는 바람에) 볼 수 없었지만, 호텔 방에서의 선명한 기억이 나의 머리 속에 줄곧 눌어붙어 있었다.[1]

---

1) 〈나의 두 도시 이야기〉
   http://hana.wwonekorea.com/history/hist/10th94/es-muramTomomi.html

비자가 만료될 듯한 3월 23일 밤 서강대학에서 공연이 실현됐다. 김지하의 노력으로 서울의 청년극단 '상설무대'와 '쿄쿄극장'의 공동공연이 이뤄졌다. '일한 반골친선대회'라고 명명했다.

서강대학교에서 1972년 3월에 상연된 〈두 도시 이야기〉의 한 장면(히시키 가즈요시 제공)

한국쪽 '상설무대'는 김지하의 〈금관의 예수〉를, '쿄쿄극장'은 〈두 도시 이야기〉를 상연했다.

관객은 약 4백 명 정도로 가라에 따르면 절반 가까이가 수녀들이었다. 수녀들의 목적은 〈금관의 예수〉를 보는 것이었다. 가라 일행은 벼락치기 한국어로 상연을 했고, 김지하와 가라 쥬로라는 일본과 한국의 이단자 연극인의 작품이 동시에 공연됐다. 이 만남이 서로에게 영향을 준 듯하다.

가라 쥬로는 당시 극단 '덴죠자시키'의 데라야마 슈지 등과 함께 전위연극의 기수였지만, 〈두 도시 이야기〉를 제외하면 한반도를 소재로 한 작품이 많지는 않았다. 역시 부인이자, 연극활동의 파트너였던 여배우 이예선의 존재가 컸다고 생각된다. 김지하는 이예선에게 "한국인이라면 더 한국어를 공부하라"고 말했다고 한다.

가라 쥬로가 1972년 3월 서울에서 〈두 도시 이야기〉를 공연한 직후인 4월에 김지하는 「비어」를 발표했는데 4월 12일에 검거돼 반공법위반으로 입건됐다. 김지하는 결핵 요양의 명목으로 마산의 국립결핵요양원에 강제연금됐다.

일시는 분명치 않으나 가라 쥬로는 마산 요양원에 있는 김지하를 면회하기 위해 그해 6월 다시 방한해, 앞에서 얘기한 히시키 특파원의 안내로 김지하와 재회를 했다. 요양원 밖으로 끌어내는 데도 성공해 마산의 해변에서 면회를 계속했다. 가라 쥬로는 복대 속에 감춰두었던 달러 다발을 꺼내서 "김지하씨, 이걸로 도피해 주세요"라고 호소했다. 그러나 김지하는 "지금은 그럴 시기가 아니다"라고 그것을 거부했다. 김지하는 붉은 와이셔츠를 입고 있었다. 히시키 특파원이 두 사람

마산 국립결핵요양원에서 1972년 6월 가라 쥬로와 대화하는 김지하(히시키 카즈요시 제공)

의 '밀회'를 사진에 담았고 나중에 NHK에서 방영된 〈어나더 스토리 월경하는 '붉은 텐트'(쿄쿄극장의 통칭)〉에서 소개됐다.

가라 쥬로는 서울 공연 후 1973년 방글라데시의 다카, 치타공에서 〈벵갈의 호랑이〉, 1973년에는 레바논이나 시리아의 팔레스타인 난민캠프 등 9개소에서 〈아랍판 바람의 사부로〉를 각기 현지어로 공연을 했다. 가라 쥬로를 일본 국내의 연극운동에 만족하지 않고 발전도상국에서의 공연으로 내몰아간 배경에는 김지하와의 만남이 있었다고 생각된다. 그것이 데라야마 슈지 등 당시 다른 전위연극의 교류와의 차이었다. 김지하가 가라 쥬로를 방글라데시, 팔레스타인으로 향하게 했다고 말해도 좋을 것이다

쓰루미 슌스케와의 만남

1972년 김지하에게는 또 하나의 큰 의미가 있는 일본인과의 만남

이 있었다. 사상가 쓰루미 슌스케와의 만남이다.

미야타 마리에와 오다 마코토는 김지하 구원을 위해 방한 계획을 세웠지만 비자 발급이 거부됐다. 두 사람은 대응방안을 상의하다가, 오다가 그 자리에서 쓰루미 슌스케에게 전화를 해서 자신들은 갈 수가 없기 때문에 대신 가줬으면 좋겠다고 의뢰했다. 쓰루미는 이것을 쾌락했다.

쓰루미 슌스케, 마쓰기 노부히코, 가나이 가즈코 3인이 구원위원회의 의뢰로 1972년 6월 29일부터 7월 4일까지 방한했다. 서울에서 비행기를 내렸을 때 김지하 구원 서명부를 넣은 마쓰기 노부히코의 짐이 행방불명이 됐다.

쓰루미 등은 서울에서 교도통신의 히시키 특파원과 만나 마산의 국립결핵요양소에 '연금' 돼 있던 김지하의 방 위치 등을 물어서 사전에 약도 등을 만들었다.

세 사람은 7월 1일 요양소를 방문해서 접수처에서 이름을 밝히고 방문목적을 알렸다. 수위는 상부에 전화를 해서 어떻게 대응할지 지시를 기다렸다. 그 틈에 가나이 가즈코는 천천히 요양소 안으로 들어가 2층에 있는 김지하의 개별실에 이르렀다. 가나이가 2층으로 올라갈 때 요양소 직원이 발견해 팔을 잡았지만 여성이어서 그랬는지 팔을 놓아 가나이는 결국 김지하를 만나는 데 성공했다. 가나이는 김지하를 데리고 접수처로 내려왔다. 접수처 수위는 상사로부터 "김지하인지 뭔지는 없다고 말하라"고 들은 듯했지만, 김지하가 여기에 있는 것이 드러나 곤란해 했다고 한다. 결국 요양소 외부로 나가지 않는다는 조건으로 김지하의 개별실에서 면회가 실현됐다. 그보다 조금 전에 가라 쥬로가 요양소를 방문했었고, 히시키 특파원이 김지하 방이 요양소 어디에 있는가를 가르쳐 준 것이 도움이 됐다.

한국말을 하지 못하는 쓰루미 일행은 영어로 김지하와 얘기를 시작했다. 방문의 목적이나 서명운동 관련을 얘기했다. 쓰루미에 따르면 김지하는 △ 지식인 문학의 의미 △ 분단에 대해 얄타회담의 마키아벨리즘을 증오한다 △ 한국은 특수하게 깊은 분단을 증오하는 것을 통해 세계 도처에 있는 분단에 항의한다 △ 일본의 당신들이 한국에 올 수 없다는 것은 분단이다 △ 남미의 기독교 △ 해학, 갇힌 왕자 △ 배고픔, 배고픔이야말로 근본문제다 △ 미시마 유키오론 △ 가라쥬로론 △ 정치사상과 문학사상 등에 대해 의견을 얘기했다.

다시 일본의 구원운동에 대해 "당신의 운동은 나를 도울 수 없다. 그러나 나는 당신의 운동을 돕기 위해 내 목소리를 보태겠다"(Your movement can not help me. But I will add my voice to help your movement)고 말했다. 쓰루미는 이 발언에 대해 "첫 대면의 외국인에게 방금 들은 운동에 대해서 바로 이렇게 대답한다는 것은 그가 얼마나 건성으로 하는 말에서 자유로운가를 보여주고 있다. 이 말은 그 후 현재에 이르기까지 우리들의 운동을 집약하고 있다."고 밝혔다.

쓰루미는 "김지하가 갇혀 있는 채 이런 운동을 도우려 한다는 자세는 우리들을 비판하고, 격려하는 이중의 작용을 갖고 있다"고 지적했다. 김지하의 비판과 격려가 상반하는 이중의 작용을 갖고 있다는 쓰루미의 인식은 정말이지 쓰루미다운 복안(複眼)적인 시점이었다.

쓰루미는 다음날 2일에도 요양소를 찾아가 김지하와 의견을 나눴다. 김지하는 '비어'로 구승문예의 전통을 현대에 복원하고 싶다고 하고 현대의 『데카메론』을 쓰고 싶다고 설명했다. 김지하는 자신이 기독교도여서 상대를 미워하면 안 되는 것이지만, 한국 정부에 연민을 갖고 있어도 밉다고 했다. "나는 미워해서는 안 된다. 그러나 밉다"고 심정을 토로했다. 김지하는 쓰루미에게 원주에 가보기를 권유

했다. 일행은 서울에 돌아왔고 쓰루미만
이 서울에서 원주로 가서 지학순 주교나
신도들을 만났다. 2)

쓰루미 슌스케가 김지하에게서 이런
영향을 받았지만, 김지하도 쓰루미 슌스
케로부터 큰 영향을 받았다.

필자는 김지하와 나름 오래 접해왔지
만, 자주 들었던 것은 여성 존중의 사상
은 쓰루미의 영향이었다는 것이다. 또 김
지하는 일본의 '한류 붐'을 높이 평가하
고 있었다. 이것에도 만화 등 하위문화(sub culture)에까지 지적 호
기심을 펼쳤던 쓰루미의 영향을 느꼈다. 김지하는 2005년 필자와의
인터뷰에서 "일본의 한류 붐에도 새로운 가치가 있다고 생각한다.
쓰루미 슌스케씨는 이전에 '여성들이 한반도에서 온 새로운 문화적
충격을 자신들의 것으로 할 때 일본의 개혁이 시작된다'고 밝혔는
데, 국가를 넘는 동아시아의 새로운 흐름이 아닐까라고 생각한다.
나는 일본의 극우는 용서없이 비판하지만 일본의 양심적 세력에는
기대를 걸고 있다"고 말했다.

쓰루미 슌스케 사망 소식을 전한 2015년 7월 24일자 '아사히신문' 전자판

1972년 7월 4일 남북은 '7·4공동성명'을 전격적으로 발표했고
김지하는 석방됐다.

미야타 마리에는 쓰루미 등의 방한이 끝난 후 1972년 7월 11일부

---

2) 『김지하』(무로 겐지 편, 산이치쇼보) 수록, 「분단 쓰루미 슌스케」
『일한연대의 사상과 행동』(아오치 신, 와다 하루키 편, 겐다이효론사) 수록 「김지하
최초의 말, 쓰루미 슌스케」

로 김지하에게 영문으로 편지를 보냈다. 미야타는 이 편지의 말미에 "나는 이제 한국에는 당분간 갈 수 없겠지요. 그리고 당신은 당신의 조국을 떠날 수 없죠. 계속 멀어져 가는 거리 속에서 틀림없이 확실한 것을 나는 알았습니다. 내가 당신을 도우려 하고 있는 것이 아니라, 당신이 우리들을 격려하고 있다는 것입니다"라고 썼다. 김지하가 쓰루미에게 말했다는 내용을 스스로에게 받아들인 메시지였다.

'7·4공동성명'은 해방 후 처음으로 나온 남북 당국자 간의 큰 합의였지만, 박정희 정권은 1972년 10월 비상계엄령 하에서 유신헌법을 선포하고 그 해 12월에는 유신헌법이 공포됐다.

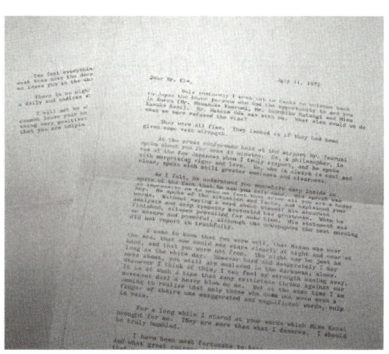

1972년 7월 김지하에게 보낸 미야타 마리에 영문 편지(미야타 마리에 제공)

김대중 납치사건, 민청학련사건, 사형판결

김지하는 1973년 4월 7일 김수환 추기경 주례로 작가 박경리의 딸 김영주와 결혼했다. 그러나 한국의 정치정세는 격동의 시기로 들어갔다. 그해 8월 8일 김대중이 도쿄에서 납치되는 사건이 발생했다. 11월 5일에는 김지하를 포함해 함석헌·천관우 등 15인이 박정희 정권의 독재를 비난하는 '민주회복을 요구하는 시국선언문'을 발표했다. 동아일보에서는 기자들이 12월 3일 '언론자유수호선언'을 발표했다.

박정희 정권은 1974년 1월에 긴급조치 1호, 2호를 발포하고 민주화운동을 탄압했다. 박 정권은 4월 6일 민청학련사건 관계자 34인의 자수를 발표했고 김지하는 지하로 잠행했지만 4월 25일 전남 흑산도에서 체포됐다.

일본에서는 한국의 이런 정세에 대응해 4월 18일 한국문제를 다뤄온 여러 시민단체가 모여 '일본의 대한정책을 규탄하고 한국의 민주화운동에 연대하는 시민연락회의'(일한련)을 발족시켰다. 7월 10일에는 미야타 마리에, 오다 마코토가 '김지하구원(국제)위원회'를 '김지하들을 돕는 회'와 '김지하들을 돕는 국제위원회'로 개편했다.

그런데 김지하는 7월 13일 비상보통군회의 제1심판부에서 사형판결을 받았다. 여기에 항의해 7월 16일 도쿄 긴자의 스키야바시공원에 텐트를 치고 마쓰기 노부히코, 난보 요시미치, 김석범, 김시종, 이회성 5인이 3일간의 단식투쟁에 들어갔고, 시민에게 '김지하를 구하라'고 호소했다. 단식투쟁이 끝난 7월 19일에는 시바공원에서 약 1천 명의 시민 집회를 연 뒤 한국대사관으로 가 시위를 벌였다. 같은 날 도쿄 말고도 고베, 후쿠오카, 미국의 뉴욕, 호주의 멜번, 시드니, 캔버라에서도 집회와 시위가 벌어졌다.

7월 20일에는 작가 미야하라 아키오가 가나가와현 후지사와역 앞에서 3일간의 단식투쟁을 벌였는데 그날 밤 김지하 등 5명이 무기로 감형됐다. 7월 27일에는 스키야바시공원에서 쓰루미 슌스케·김달수·하리우 이치로, 이진희가 3일간의 단식투쟁을 했다.

8월 8일은 김대중이 납치된 지 1주년이 되는 날이었다. '김지하들을 돕는 국제위원회'의 히다카 로쿠로, 오시마 고이치, 후지에다 미오코, 미국인 조지 윌드, 프레드 블랙먼으로 구성된 방한단(단장 히

다카 로쿠로)이 서울로 출발했다. 한편 김대중이 납치된 이다바시의 호텔 그랜드 팔레스에서 '일한련'의 아오치 신, '김지하들을 돕는 회'의 오다 마코토, 나리타 도모미 사회당 위원장, 미야모토 겐지 공산당 위원장, 다케이리 요시카쓰 공명당 위원장 등 5자회담이 열려 오다가 준비한 '공동호소'를 토대로 토의를 해서 수정한 뒤 기자회견에서 발표했다. '공동호소'는 모든 정치범의 석방, 대한경제원조의 근본적인 재검토를 요구했다. 시민운동과 사회, 공산, 공명당이 대한정책에서 일치점을 찾은 것은 이제까지 없던 성과로 9월에 공동으로 집회를 열기로 결정했다.

9월 19일에는 도쿄의 메이지공원에서 '박 정권에 모든 정치범의 석방을 요구하고 정부, 재계에 대한정책의 근본적 전환을 촉구하기 위한 9.19 국민대집회'가 열려 약 3만 명이 참가했다. 집회에는 신좌익의 각 당파로부터 시민단체, 사회당, 공산당, 공명당까지 참가하는, 당시로서도 최대한의 범위에 걸친 세력이 결집한 집회가 됐다.

한국에서는 동아일보 기자 약 2백 명이 10월 24일 편집국에서 집회를 열어 '자유언론실천선언'을 발표했다.

'일한련'의 아오치 신 대표는 박정희 정권이 핵개발을 위해 캐나다에서 중수로형 원전을 수입하려 하고 있고, 이 원전 수출에는 일본기업 히타치가 참가한다는 것을 알고 11월 6일 히다치를 방문해서 참가를 확인한 뒤 중지하도록 요구했다.

12월 14일에는 조지 오글 목사가 한국에서 추방돼 도쿄 하네다공항에서 비행기를 내리려 했으나 저지당했다.

'고행…1974', '3.1제안', '양심선언'

한국에서는 1975년 2월 12일 국민투표가 행해져 박정희 정권의 '유신체제'가 찬성 73.1%로 신임됐다. 2월 15일에는 대통령의 '형집행정지조치'로 '인혁당' 관계자를 제외한 148명이 석방돼 김지하도 약 10개월 만에 출옥했다.

당시 동아일보 기자였던 이부영은 김지하의 장모인 박경리 집에 머물고 있던 김지하를 방문해서 집필을 의뢰했다. 김지하는 의뢰에 응해서 이부영 앞에서 '고행-1974'를 썼고, 이것은 동아일보에 2월 25일부터 27일까지 3회에 걸쳐 게재됐다. '고행-1974'는 '인혁당'이 완전히 조작이라는 것을 고발했는데 이것으로 박정희 정권은 김지하를 반공법 위반 혐의로 3월 13일 다시 구속했다. 4월 8일에는 '인혁당' 피고 8인의 사형이 확정돼 다음날 8인이 처형됐다.

미야타 마리에 등은 '인혁당' 피고 부인들의 수기를 입수해서 1974년 11월 '자료〈인민혁명당사건〉가족의 증언'이란 팸플릿을 만들었던 만큼 판결확정 다음날의 처형은 충격적이었다. 김지하에게 다시 사형판결이 떨어지는 것은 아닌지 위기감이 높아졌다.

김지하 재판이 5월 19일부터 시작되는 것을 앞두고 이 원고의 모두에서 밝혔던 오에 겐자부로 등 35인이 17일부터 스키야바시공원에서 3일간 단식투쟁을 벌였다.

김지하는 쓰루미 슌스케에게 "당신들의 운동은 나를 도울 수는 없다. 하지만 당신들의 운동을 돕기 위해 나는 내 목소리를 그 운동에 보태겠다"고 말했지만, 1975년 3월 1일 '선언 1975.3.1-일본 민중에의 제안'을 발표했다. 여기서 김지하는 "우리들이 인간답게 생존하고 당신들이 인간답게 생존할 수 있는 유일한 활로는 우리들이 현재 추진하고 있는 민주・민족・민생운동과 이에 대한 당신들의 보다 광범한, 보다 강화된 공동투쟁뿐입니다"라고 한일민중의 공동투쟁을 제창했다. (김지하는 2005년 4월 필자에게 '30년 만에 일본 민중에게 보내는 제안'을 전하고 한일 시민의 연대로 일본의 보수세력에 의한 '역사왜곡'을 저지하자고 호소한 일이 있었다. 이때 김지하는 "일본의 근현대사 왜곡에는 전 아시아의 민족이 반대하고 있다"고 강조하고 "역사왜곡, 교과서, 독도문제 등의 해결을 위해 '시민운동의 명예'를 걸고 몰두해야 한다"고 지적했다. 또 아시아에서 새로운 정치, 경제의 틀을 만들기 위한 제1단계로서 '한일(일한)시민연대' 조직을 만들어서 상설기구로 활동하도록 제안했다.)

서울지검공안부는 4월 3일 김지하를 반공법 혐의로 기소했다. 다시 한국 정부의 문화공보부는 4월 4일 '나는 공산주의자이다'로 시작하는 '자필진술서'를 포함한 1백 쪽에 달하는 '김지하에 대한 반공법위반용의 사건자료'를 공표했다.

그리고 첫 공판이 5월 19일 열려 김지하는 재판장이 전에 비상군법회의에서 인혁당사건에 검사로서 관여한 인물이고 자신에 대한 중요혐의인 인혁당에 대한 글의 위법성을 심리하는 재판에서 공정한 재판을 기대할 수 없다고 재판장 기피를 신청했다.

이런 가운데 일본 '가톨릭정의와평화협의회'는 8월 4일 기자회견을 열어 김지하의 양심선언을 공표했다. '김지하들을 돕는 회'는 9월 이 양심선언을 책자로 배포해서 김지하 구원을 호소했다.

이 양심선언의 공표로 옥중에 있던 김지하는 이후 독서와 운동이 금지되고 옆방과의 연락을 차단하기 위해 옆방을 비우는 등 감시가 강화돼 김지하의 옥중생활은 더욱 가혹 했다.

이 김지하가 옥중에서 썼다고 하는 '양심선언'은 만기출옥수의 손으로 감옥에서 반출돼 5월 하순 윤형중 가톨릭신부에게 전달됐고, 외국인 신부에 의해 미국에 있던 J. 시노트 신부 경유로 일본에 전해진 것으로 됐다. 그러나 김지하는 1991년 2월에 발표한 '나는 도적, 고백운동을 벌이자'에서 '양심선언'은 자신을 구하기 위해 고 조영래 변호사가 쓴 것이라고 고백했다.

그렇지만 2020년 10월에 출판된 김정남의 회고록 『그곳에 늘 그가 있었다』에 따르면 '양심선언'은 김지하와 조영래 사이에 빈번하게 메모가 오고가면서 작성됐고, 김정남도 거기에 손을 댄 것이라는 것이 명확해졌다. 그런 의미에서 '양심선언'은 김지하, 조영래, 김정남 3인의 합작이었다고 봐야 할 것이다.

또한 '양심선언'의 반출 루트에 대해서도 만기출옥수로부터 윤형중 신부에게 메모가 전달된 것은 사실이지만, 거기에는 '양심선언'의 기술이 없었다고 한다. 일본의 '가톨릭정의와평화협의회'에 '양심선언'을 넘긴 것은 성베네딕토회 소속 독일인 신부 오도 하스(한

김지하 석방을 호소하는 '한일련'의 '한일연대뉴스'

국명 오도환) 신부로 시노트 신부가 전달했다는 것은 전달 경로를 감추기 위한 수단이었다고 한다.

　김지하의 고백은 당시 김지하 구원운동에 관여했던 사람들에게도 놀라움이었지만, 동시에 그것을 쓴 조영래 변호사나 김정남이 김지하에 대해 갖고 있던 이해의 깊이나 뛰어난 문장력에도 놀라움을 갖지 않을 수 없었다.

일본과 한국을 연결한 시민의 다양한 루트

　김지하 구원운동의 중핵을 담당했던 미야타 마리에는 『긴 어둠의 저편에』에 이어, 1975년 12월에 『불귀』(不歸)를, 1978년 9월에 『고행』을 주오고론사에서 출판했다. 최초로 출판한 『긴 어둠의 저편에』는 한국에서 이미 발표된 것을 모은 것으로 작품을 모으는 것이 비교적 용이했지만, 『불귀』나 『고행』의 원고를 모으는 것은 대단한 노력이 필요했다. 일본과 한국을 잇는 다양한 시민 루트로 김지하의 메모나 원고가 한국에서 미야타에게 전달됐다.

　처음에는 앞에서 언급했듯이 교도통신 서울지국의 루트로 연락이 전해졌지만, 그후 가장 위력을 발휘한 것은 가톨릭루트였다. 특히 김지하가 옥중에 있던 때는 가톨릭 사람들의 한결같은 노력이 있었다. 가톨릭정의구현사제 등이 입수한 정보나 메시지가 다양한 사람들의 손을 통해서 미야타에게 전해졌다. 김지하는 미리 자신이 투옥됐을 경우에 신뢰할 수 있는 것은 이 사람들이라는 메시지를 미야타에게 전하고 있었다. 김지하는 맨 처음에 '회'(懷)라는 사인이 들어간 문서를 미야타에게 보냈는데, 그가 감옥에 들어간 이후에도 '회'(懷)라는 사인이 들어간 문서가 미야타에게 전해졌다. 그 '회'의 집

필자는 김정남이었다.

　김정남의 문서에는 당시의 한국상황, 그것에 대한 분석, 그리고 일한 시민운동이 앞으로 어떻게 대응해야 하는가라는 것이 애정이 담긴 문장으로 적혀 있었다. 그것이 미야타를 격려하고 앞으로 나아가게 했다. 일한의 시민운동 연대에서 김정남이 이룬 역할은 큰 것이었다.

　또한 김수환 추기경의 친족이 되는 재일한국인 남성이 있었다. 가톨릭의 여러 경로로 한국에서 이 남성에게 문서가 오면 그로부터 미야타에게 문서가 전달됐다. 때로는 미야타가 전혀 모르는 사람이 주오고론사를 방문해서 문서를 남기고 간 일도 있었다고 한다. 가톨릭에서도 특히 원주 사람들의 협력이 있었고 특히 지학순 주교의 노력은 컸다. 후에 원주에서 생협운동 등을 펼친 김영주의 협력도 있었다.

　당시 미야타가 근무하는 주오고론사에서는 교환수를 통하지 않으면 국제전화를 할 수 없었다. 어느 때 미야타는 국제전화요금이 많다고 교환수에게 주의를 받았다고 한다. 미야타가 사정을 설명하자 그 교환수는 미야타의 전화요금을 회사 안에서 비밀로 해주었다고 한다. 미야타는 여러 가지 곤란을 극복해서 『불귀』나 『고행』을 출판했지만 그 뒤에는 일한의 다양한 시민들의 헌신적인 협력이 있었다.

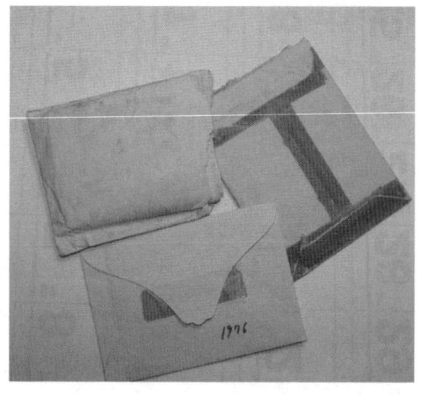

1970년대에 배달된 '회(懷)'의 편지. 미야타 마리에 제공)

김지하에게 '로터스상'

'아시아·아프리카 작가회의' 상설서기국회의가 1975년 6월 28, 29일 17개국 대표가 참가한 가운데 모스크바에서 열렸다. 일본에서는 오다가 참가했다. 이 회의에는 원래 김지하에게 상을 준다는 것은 예정돼 있지 않았지만, 오다는 시집 『황토』 등을 거론하며 김지하는 한국뿐만이 아니라 세계적으로도 걸출한 시인이라고 강조했다. 옥중에 있는 김지하에 대한 지지를 호소하며 노마 히로시, 오에 겐자부로, 이회성 3인의 '로터스상 추천문'을 소개하고 김지하의 시를 영역한 것을 배포했다. 그리고 김지하의 수상이 아시아·아프리카문학과 사람들의 미래에 중요하다고 호소했다. 이에 대해 남아프리카, 팔레스타인, 인도 등의 대표가 강력한 지지와 추천을 했다. 그 결과 아시아·아프리카작가회의는 김지하에게 '1975년도 로터스상 특별상'을 수여했다.3)

1976년 3월 1일 한국에서 김대중 등 18인이 '민주구국선언'을 발표했다. 3월 22일 첫 공판에서 약 10개월 만에 2차공판이 열려 일본에서 마쓰기 노부히코, 시미즈 도모히사가 방청을 위해 내한했다. 5월 18일 3차공판에서 검사는 김지하를 '모택동노선에 따라 활동하는 공산주의자'로 몰아가려 했으나 김지하는 날카롭게 반론했다.

8월 26일에는 일본의 가톨릭정의와평화협의회가 김지하의 '옥중

---

3) 〈오다 마코토 전작품〉
　　http://odamakoto.jp/database/notes/note_15.html
　　http://odamakoto.jp/database/notes/note_16.html
　　http://odamakoto.jp/database/notes/note_17.html

'아시아·아프리카 작가회의' 월보 표지. 1975년 7월 김지하의 로터스상 특별상 수상 소식을 전하는 월보 별책.

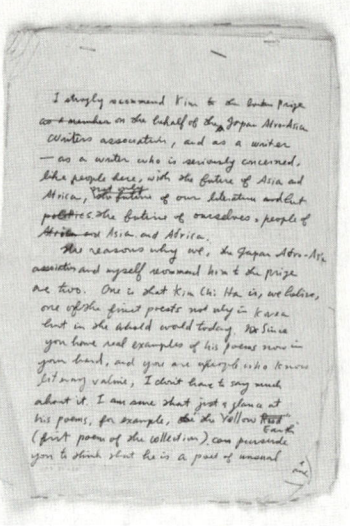

옥중에 있는 김지하를 로터스상에 추천하기 위해 오다 마코토가 준비한 스피치 초고의 첫 번째(오다 마코토 프로필 전자책판·온디맨드판에서)

메모'를 기자회견에서 공표했다.

영역본 출판, '김지하에게 노벨문학상을' 의도

일본의 '김지하들을 돕는 회'에서는 옥중에 있는 김지하를 구출하고 그의 문학을 세계에 알리기 위해서는 김지하 시의 영역본이 필요하다고 생각했다. 그 배경에는 김지하가 노벨문학상을 받으면 그의 문학을 세계에 알려서 더욱 그를 구출할 수 있다는 의도가 있었다. 김지하 시의 일부가 영역된 것은 있지만 제대로 된 번역자에 의한 체계적인 것은 아니었다. 그래서 하버드대학에서 박사 학위를 한

데이비드 매캔 David McCann에게 번역을 의뢰해 1980년 영역 시집 『THE MIDDLE HOUR, Selected Poems of Kim Chi Ha』를 미국에서 출판했다. 서문은 드니즈 레버토브 Denise Levertov가 기고했고 앞표지는 김지하 자신이 그린 자화상이 사용됐다. 표지 안쪽의 사진은 노먼 소프 Norman Thorpe의 호의에 따른 것이다. '김지하들을 돕는 회'에서는 1천 부를 매입하기로 했다. 이 시집은 미국에서 9

1980년 미국에서 출판된 김지하 영역시집 『THE MIDDLE HOUR』

달러 50센트, 일본에서는 2,500엔에 판매됐다. '김지하들을 돕는 회'는 그해 3월에 이 시집을 헌금을 포함해 1만엔에 살 것을 지원자에게 호소했다.

김지하 인세 전달

김지하의 부친 김맹모는 김지하가 옥중에 있던 시기에 미야타 마리에게 편지를 보내 김지하 작품에 관한 저작권은 미야타에게 일임한다고 연락했다. 김맹모는 부자관계를 증명하는 것으로 주민등록표까지 동봉했다.

1970년대만 해도 김지하의 저작은 여러 출판사에서 게릴라적으로 출판됐다. 김지하를 소개하고 구하기 위해서였을 것이지만 저작권법적으로는 문제가 있었다.

1970년대에 일본에서 출판된 김지하의 저작은 다음과 같다.

『긴 어둠의 저편에』	시부야 센타로역, 주오고론사, 1971
『오적 황토 비어』	강순역, 아오키쇼텐, 1972
『김지하 시집』	강순역, 아오키쇼텐, 1974
『민중의 소리』	김지하작품 간행위원회 편역, 사이마루출판회, 1974
『불귀』	이회성역, 주오고론사, 1975
『양심선언』	이데 구쥬 편역, 오쓰키쇼텐, 1975
『내 혼을 해방해라』	이데 구쥬 편역, 오쓰키쇼텐, 1975
『심야』	도요비쥬쓰사, 1976
『김지하 작품집』(1·2),	이데 구쥬 편역 아오키쇼텐, 1976
『옥중에서』	이데 구쥬 편역, 오쓰키쇼텐
『고행-옥중에서의 투쟁』	김지하간행위원회 편역, 주오고론사, 1978

1970년대에 일본에서 출판된 김지하 저작

미야타 마리에는 김지하 부친으로부터 저작권을 일임받았지만, 그것은 역으로 책임을 지는 일이기도 했다. 그래서 자신이 소속된 주오고론사 이외에 무단으로 출판한 출판사에게도 저작권료를 내도록 애썼다.

다음 문제는 이 인세를 어떻게 해서 김지하 가족에게 전달하는가였다. 반공법 등으로 옥중에 있는 김지하 가족에게 은행송금을 할 수가 없었다. 당시 한국에서는 외화를 갖고 있는 것 자체가 죄가 될 가능성이 있었다.

이것을 도운 사람이 교도통신 문화부 여성기자였던 나카무라 데루코였다. 나카무라는 한국에 대한 관심이 깊고 사물놀이를 좋아해 자주 방한했다.

이 '데루상'(나카무라 데루코)이 미야타의 의뢰로 인세를 한국에 전달했다. 한국어를 하지 못하는 나카무라 데루코를 도와준 것이 김한림이었다. 『일한사전』 등을 편찬한 시인 김소운 선생의 부인으로 일본어는 일본인보다도 능숙했다. 김한림의 차녀인 김윤이 1974년 3월 학내 시위로 구속돼 제적됐다. 그후 민청학련사건에 관련돼 징역 5년형이 선고되자 김한림은 구속자가족협의회를 조직해 오래전부터 친구인 공덕귀 윤보선 전 대통령 부인에게 회장을 맡도록 하고 자신은 총무로 활동했다. 당시 잇달아 발생했던 재일한국인정치범문제에서도 김한림은 재판을 방청해서 그 내용을 일본의 지원단체에 전달하는 중요한 역할을 했다. 장녀 김영은 1970년 일본인 목사 사와 마사히코와 결혼했다. 사와 목사 부부도 일본과 한국 사이에서 한국의 민주화운동을 지원하고 나카무라를 도왔다.

나카무라는 김한림 등의 도움으로 인세를 김지하의 벗인 김정남에게 전했고, 김정남은 그것을 김지하 가족에게 원으로 바꿔 전달했다.

나카무라에 이어서 필자도 인세를 전달했다. 교도통신의 지방지국에 근무하고 시절과 필자가 대학생 시절이었던 1973년 가을 처음으로 방한해 당시 김한림이나 사와 목사 일가와 만났다.

필자의 기억으로는 김한림이 차녀 김윤과 함께 있던 수유리의 임시 주거를 찾아가 거기서 김정남을 만나 미야타에게 부탁받은 인세를 전달했다. 선명하게 기억하고 있는 것은 김정남이 나에게서 받은 돈(외화)을 바로 양말 속에 감추는 것이었다. 도중에 불심검문을 당해도 별일 없도록 하기 위해서였다. 다시 필자는 김정남이라는 이름도 알지 못했다. 미야타나 우리들은 당시 김정남을 '오우시'(牡牛, 황소)라고 불렀다. 나카무라가 만났을 때 인상이었을지도 모른다. 필자는 나중에 서울특파원이 되어 '오우시'가 김정남이었다는 것을 알았다.

후에 김지하 모친 정금성으로부터 인세를 받았다는 정중한 사례 편지가 미야타에게 왔다. 정금성은 사례 편지를 미야타뿐만 아니라 주오고론사 경리부에까지 보냈다. 김지하가 옥중에 있어 경제적으로도 곤란한 시기였기 때문에 인세는 당시 가족들이나 운동에 도움이 됐던 것 같다.

김한림(왼쪽)과 김지하의 어머니 정금성(오른쪽). (미야타 마리에 제공)

약 7년의 옥중생활 끝에 석방

1976년 12월 14일 13차 공판에서 검찰측은 김지하에게 반공법 위반으로 징역 10년, 자격정지 10년을 구형했다. 12월 23일 14차 공판에서 김지하는 최후진술을 하면서 "징역 10년에 자격정지 10년이라는 구형은 저에게는 영광입니다. 지금 복역하고 있는 종신형을 모두 끝내고 죽은 후에 다시 부활해서 10년 징역을 다시 한번 복역하라는 의미로 이해해서 더욱 감사의 마음을 참을 수 없습니다"라고 말하며 3시간 20분에 걸친 진술을 했다. 그리고 12월 31일 1심 재판부는 징역 7년, 자격정지 7년을 선고했다. 하지만 김지하가 지적했듯이 그는 무기징역을 복역하고 있고 다시 징역이 7년 추가된 것이었다.

1977년 1월 15일 김지하는 1년 10개월만에 가족과 면회했다.

1978년 3월 13일 서울에서 김지하 3주년 기도회가 열려 김병상 신부를 위원장으로 하는 '김지하구출위원회'가 결성됐다.

그리고 박정희 대통령이 1979년 10월 26일 김재규 중앙정보부장에 의해 암살돼 '서울의 봄'을 거쳐 김지하는 1974년 4월 전라남도 흑산도에서 체포된 이래 도중 25일간의 형집행정지에 의한 석방기간을 제외하고 약 7년의 옥고 끝에 1980년 12월에 석방됐다.

김지하에 대해 서울중앙지법이 범죄행위가 존재하지 않는다며 재심에서 무죄를 언도한 것은 2013년 1월 4일이었다.

1984년 김지하와의 첫 면담

필자는 1983년부터 84년에 걸쳐 한국어 학습을 위해 연세대학의 한국어학당에 1년간 유학을 했는데 1984년 가을 원주에 있는 김영주의 소개로 김지하를 만나러 원주로 갔다. 처음 만난 김지하와 어떤 얘기를 했는지 잘 기억하고 있지는 않지만, 일본의 원수폭금지운동 등에 대해 질문을 받은 기억이 있다. 필자가 히로시마지국에 근무했던 관계로 일본의 원수폭금지운동에 대해 얘기했다.

김지하를 만난 후에 원주에 있던 사상가 장일순 선생이 저녁식사를 대접해 주었다. 장일순 선생은 자신이 입고 있던 버버리 코트를 필자에게 보여주며 "에구치(교도통신 서울특파원)와 만났을 때 서로 코트를 교환했지. 이 코트는 원래 에구치 코트야"라고 에구치와의 인연을 말했다.

필자는 그후 서울에서 1990년인가, 1991년에 김지하와 오에 겐자부로의 대담을 마련한 일이 있다. 김지하는 오에와의 대담에서 논의가 조금 서로 맞아떨어지지 않는 부분이 있어 대담이라는 틀을 벗어나 오에와의 대화를 계속하고 싶었던 듯했다. 오에는 몸이 좋지 않았는지 자리를 바꿔 얘기를 계속하기를 바라지 않았고, 필자와 김지하가 인사동으로 가서 마신 기억이 있다.

그리고 김지하는 1991년 5월 조선일보에 「젊은 벗들! 역사에서 무엇을 배우는가」를 기고해 "지금 곧 죽음의 찬미를 중지하라"고 호소했다. 김지하는 이 기고로 운동권세력과의 대립이 깊어졌다. 당시 서울특파원이었던 필자는 이 시기 젊은이들의 잇단 분신을 취재하면서 김지하의 주장이야말로 맞다고 생각했다. 한국 진보세력의 김지하 비판이 확대되자 일본에서도 "김지하는 전향했다"는 분위기가 퍼졌다. 필자는 그렇지 않다고 생각했다. 김지하는 당시 동아일보에 1991년 3월 7일부터 6월 20일까지 자신의 유년기를 「모로 누운 돌부처」라는 제목으로 15회에 걸쳐 연재했다. 조선일보에 기고한 것은 그 도중에 일어났는데 이 연재에 삽화를 그리던 임옥상은 김지하의 망가진 자화상을 삽화로 그렸다.

미야타 마리에는 필자에게 동아일보에 연재됐던 「모로 누운 돌부처」를 번역해 달라고 부탁해 1994년 『주오고론 문예특집 봄(春季)호』에 게재됐다. 필자로서는 시집 『황토』를 낳은 김지하 문학의 본 바탕이 될 부분을 이 유년기의 자서전으로 소개하고 싶었던 것이다. 그것은 피상적으로 "김지하는 변질했다"고 말하는 사람들에게 안티테제를 제시하는 것이기도 했다. 그렇지만 그것은 문학자도 아니고 어학력이 부족했던 필자에게는 과중한 작업이었다. 이해가 어려운 부분은 김지하 자신에게 질문을 해서 번역작업을 계속했다.

필자는 2003년부터 2007년까지 세 번째 서울특파원의 임기를 끝내고 일본으로 귀국했는데 그후에도 교류는 계속됐다.

한국인의 '얼굴'과 '사상'이 보인다는 것의 의미

일본에서는 1960년대 후반부터 2차 안보투쟁이 시작돼 대학분쟁이 전국으로 확대됐다. 그러나 1969년 1월 도쿄대학의 야스다강당 사건을 거쳐 1970년에 안보조약이 자동연장되자 그런 운동은 점차 침체돼 갔다. 특히 신좌익 당파간의 '내부항쟁', 연합적군 내부의 처절한 린치살인사건은 일본 사회운동에도 큰 충격을 주었다. 국제문제로는 1960년대의 베트남 반전운동이 크게 일어났지만, 1975년 사이공 함락으로 베트남이 통일되자 일단락이 됐다. 2차 안보투쟁에서 패하고 일본 시민운동은 정치투쟁에서 공해문제, 지역문제, 소비자운동 등 개별적인 문제로 향해 갔다.

베트남 반전운동은 '베트남에 평화를! 시민연합'(베헤이렌) 등의 새로운 시민운동을 태동시키는 등 일본에서도 크게 번졌다. 그러나 베트남전쟁의 종식을 쟁취한다는 큰 성과를 낳기는 했지만 그 반전운동에 참가했던 일본 시민들이 베트남 사람들이 무엇을 생각하고 무엇을 추구하려고 했는가를 정말로 이해했는지는 의문이었다. 베트남 반전운동에 참가했던 일본조차 베트남에서 싸웠던 개개인들의 사상의 내실(內實)을 알고 있었다고는 말할 수 없다. 일본의 시민에게 베트남 사람들의 '얼굴'과 '사상'이 보이지 않았던 것이 아닐까.

그런 의미에서 1970년대 한국의 민주화운동은 일본의 시민사회에 새로운 시야와 자극을 주었다. 특히 1973년 8월의 김대중 납치사건, 1974년 4월의 민청학련사건은 일본사회에 큰 충격을 주었다. 김대중 납치사건은 한국의 공권력이 도쿄에서 백주에 대통령선거에도 입후보했던 야당 지도자였던 김대중을 납치하는 충격적 사건이었고 민청학련사건에서는 일본인 하야카와 요시하루(당시 서울대 대학원생), 다치카와 마사키(저널리스트)도 체포됐기 때문에 일본에서도 연일 보도됐다. 김지하는 이미 「오적」이나 「비어」로 일본에서도 '한국의 저항시인'으로 알려지고 있었다. 그 시인이 사형판결을 받았다는 사실은 큰 충격이었다.

아마도 70년대에 일본인들이 가장 잘 알고 있는 한국인 이름은 김대중과 김지하였고 그것을 탄압한 박정희였을 것이다.

일본인에게 있어 '김지하'라는 이름이 민청학련 사건의 사형판결에서 처음으로 등장한 것이 아니라, 이미 「오적」이나 「비어」, 「황토」라는 작품으로 알고 있던 시인이 사형이란 위기에 직면했다는 것으로 '김지하를 구하라!'라는 외침은 보다 절실한 것이 됐다. 일본인은 이 시인의 풍요로운 풍자나 비아냥, 유모어에 감탄했고 한편으로 그런 것의 근저에 있는, 시집 『황토』에 그려져 있던 서정성에 감격했다. 다시 민청학련사건에서 체포된 학생이나 지식인들의 법정 증언 등을 통해 한국의 민주화운동을 담당하고 있던 사람들의 '이름'이나 '얼굴', 그들의 '문학'이나 '사상'에 접할 수가 있었다. 여기에 베트남 반전운동과의 큰 차이가 있었을 것이다.

한국에서 '괄호'를 떼어내는 것

1970년대 한국은 군사독재의 나라였다. 현재는 믿을 수 없는 일이지만, 당시 일본의 좌파적 사람들은 한국에 「 」나, " "라는 부호를 붙였다. 이것은 대한민국, 한국이라는 나라를 인정하지 않는다는 자세였다. 그러기 위해 이들은 '일「한」조약'이라든가 '대"한" 자세'라는 식으로 한국에 「 」나, " "를 붙였다. 여기에는 북한 문제도 관련되어 있다. 1948년에 대한민국과 조선민주주의인민공화국이 성립했다. 일본은 1965년에 일한조약을 체결해서 한국과의 관계를 정상화했다. 일한조약에 반대했던 사람들은 조선민주주의인민공화국은 인정하지만, 대한민국은 인정하지 않는다는 경향이 강하게 남아 있었다. 아직 일본사회에 조선민주주의인민공화국에 대한 '환상'도 남아 있었다.

그러나 1970년대의 한국의 민주화운동은 이런 기울어진 시각에 명확히 수정을 압박했다. 한국에 괄호를 붙인다는 사고방식, 한국을 인정하지 않는다는 사고방식은 김지하의 시나 희곡에 접하고, 민청학련사건 피고들의 법정진술 등에 귀를 기울이는 것으로 당연히 수정이 강요될 만했다.

시민운동 '일본의 대한정책을 규탄하고 한국의 민주화투쟁에 연대하는 일본연락회의'(일한련)의 사무국장을 맡은 와다 하루키 도쿄대 교수는 일한련의 '일한연대뉴스' 17호 (1976년 1월 15일)에서 '한국의 한(韓)에 괄호를 붙이는 것에 대하여' 란 글에서 "이쯤에서 한국의 한에 괄호를 붙이는 것을 산뜻하게 그만둬야 한다"고 지적했다.

'일한연대'라는 것의 의미

'일본의 대한정책을 규탄하고 한국의 민주화투쟁에 연대하는 일본연락회의'(일한련)은 '한국의 민주화운동에 연대'를 내걸고 태동한 시민운동이었지만, 당초는 여러 가지 비판을 받았다.

쓰루미 슌스케는 김지하 구원운동에 핵심적 역할을 하고 일한련의 활동에도 관여하면서도 "일한연대라는 건 무리다"라고 말하고 있었다. 그것은 구원운동 등을 부정하는 것이 아니라, 한국 민주화운동의 주체는 한국 사람들이고 그 '당사자성'(當事者性)에서 일본인들이 하는 역할은 아주 작은 것이라는 인식이며, '연대'는 가볍게 말하는 것이 아니라는 인식이었다. 김지하가 쓰루미에게 했다는 말, "당신들의 운동은 나를 도울 수는 없다. 하지만 당신들의 운동을 돕기 위해 나는 자신의 목소리를 그 운동에 보태겠다"는 것은 그 부분을 찌른 발언이었지만, 그것은 김지하의 위악적인 측면의 표출이기도 했다. 같은 김지하가 1975년 3월 1일의 '선언 1975.3.1-일본 민중에의 제안'에서는 적극적인 일한공투를 호소했다.

앞에서 언급했듯이 김지하는 2005년 4월 필자와의 인터뷰에서 일부러 '30년 만에 일본 민중에 보내는 제안'을 전하고 일본 보수세력에 의한 '역사왜곡'을 일한 시민연대로 저지하자고 호소했다.

'일한연대'라는 과제는 그 안에 '당사자성'이란 무거운 물음을 내포하면서도 서로가 공명(共鳴)하는 관계성의 형성을 요구하는 생각을 배출해갔다고 생각한다.

문학적 공명

오에 겐자부로는 1994년 노벨문학상을 수상했다. 오에는 그해 12월 7일, 수상식 3일 전에 기념강연을 했다. 1968년에 노벨문학상을 수상한 가와바타 야스나리가 한 '아름다운 일본의 나'에 대한 비판적 시점을 담은 '애매한 일본의 나'라는 제목의 강연을 했다. 오에는 "이 같은 현재에 살면서, 이 같은 과거에 새겨진 고통스런 기억을 가진 인간으로서 나는 가와바타와 소리를 맞춰 '아름다운 일본의 나'라고는 할 수 없습니다"라고 가와바타와의 대립축을 명확히 했다. 그리고 "이런 이미지 시스템이야말로 주변 일본의, 다시 주변 토지에서 태어나 자란 나에게 거기에 뿌리를 두면서 보편성에 이르는, 표현의 길을 열어 준 것입니다. 이윽고 그것은, 현재 내세워지고 있는 경제적 신세력으로서의 아시아가 아닌, 오래 계속되는 빈곤과 혼돈의 풍요를 감춘 아시아라는, 옛부터 친근한, 그러나 아직 살아 있는 메타포군(群)에서 한국의 김지하, 중국의 청이(鄭義), 모옌(莫言)에 연결되게 하기도 했습니다. 나에게 문학의 세계성은 먼저 그같은 구체적인 연결 위에 성립하고 있습니다. 이전에 한국의 뛰어난 시인의 정치적 자유를 요구하는 단식투쟁에 참가했던 나는 지금 천안문 사건 이후 표현의 자유를 잃고 있는 중국의 아주 양질의 소설가들의 운명을 걱정하고 있습니다"라고 말했다.

오에는 "현재 일본이라는 국가가 유엔을 통한 군사적 역할에서 세계의 평화유지와 회복을 위해 적극적이지 않다는 국제적 비판이 있습니다. 그것은 우리들의 귀에 아픔과 함께 전해지고 있습니다. 그러나 일본은 재출발을 위한 헌법의 핵심에 부전(不戰)의 서약을 둘 필요가 있었던 것입니다. 고통과 함께 일본인은 신생으로 가는 모럴의 기본으로서 부전의 원리를 택한 것입니다"라고 일본의 평화헌법에 대해서도 언급했다.

오에는 노벨문학상수상 기념강연에서 김지하와의 문학적 공명과, 그러기 위해 자신이 행한 1975년의 단식투쟁이 중국 문학자의 운명을 우려하는 자신으로 이끌었다는 것을 분명히 했다.

오에는 1995년 2월 서울에서 크리스찬아카데미와 이와나미쇼텐 주최로 열린 '심포지움 해방 50년과 패전 50년-화해와 미래를 위해'에 김지하와 함께 참가했다.

오에는 이 심포지움에서 노태우 정권 시대의 1990년에 처음 방한했을 때 공항에서 3시간 기다린 끝에 정치활동을 하지 않는다는 서약서를 쓰고 겨우 입국이 허가됐다고 밝혔다. 그리고 김지하와의 대담 '세계는 히로시마를 기억하고 있는가'에서 김지하에게 강하게 비판을 받았다는 회고를 했다. 김지하는 히로시마를 묻기 전에 일본인 자신의 도덕적 청산, 역사적 청산을 벌이는 운동이 필요하다고 오에에게 호소했다고 했다. 오에는 이것에 답하는 형식으로 "일본인은 아직 도덕적 청산, 역사적 청산을 하고 있지 않다. 그러기 위한 노력이 필요하다. 그러나 역사적 잘못을 청산하고 있지 않은 지금도 그것을 자각하면서 새로운 아시아에 대해 구상을 갖는 것에 노력을 하지 않으면 안된다"고 말했다.

그리고 "김지하와 나는 서로 만나는 것이 없는 관계에 있으면서 같은 방향으로 향해 온 것이 아닐까라고 생각한다. 그런 것이 (일한의) 공통의 길을 여는 것이 아닐까. 그래서 희망이 있다"고 말했다.

김지하는 "일한 양국은 과거를 정리하고 새로운 시대를 열어가지 않으면 안된다"고 밝히고 중국을 포함한 지식인이나 시민에 의한 '동북아시아 생명공동체운동'이나 새로운 문화의 창조를 제창했다. 동북아시아에서 핵철거나 환경파괴 방지 등도 호소했다.4)

김지하와 문학적 공명을 한 또 한 사람의 일본 작가로서 나카가미 겐지가 있다. 김지하는 나카가미를 '슬픈 반역의 생에 대해 귀중한 예감을 주는 소설가'라고 평했다.5)

김지하는 서울에서 일시 머물고 있던 나카가미 겐지와 자주 만났다. "…나카가미와는 잘 마셨다. 술만 마셨던 것 같은 기분이 든다. 한국과 일본을 둘러싼 유행가를 가라오케로 부르고 나카가미의 바리톤은 박력이 있었다. 한번 술을 다 비웠다고 생각했는데 나카가미가 방의 어느 구석에서 술을 갖고 나왔다. 처음 가는 타인의 방인데도 그는 감춰진 술을 찾아냈다, 이상한 사내였다…"고 말했다. "나카가미와는 '모풍당'(母風黨)이란 당을 만들었지. 어머니를 지상 至上의 존재로 숭배하는 비밀결사야. 당시(黨是)는 어머니에 대한 것을 시나 소설로 해서 작품을 쓰는 것. 이것만 있다면 모두 '모풍당'의 당원이 될 수 있지"라고 말했다고 한다.6)

필자는 1990년 5월 서울에서 김지하와 나카가미 겐지의 대담을 마련한 일이 있다. 이것은 나카가미가 미야타 마리에에게 의뢰해서 된 대담이었다. 그후 샌프란시스코에서 열리는 문학자 국제회의에 가지 않으면 안 되기 때문에 대담 정리나 확인을 맡긴다는 의뢰였

---

4) 교도통신 1995년 2월 7일 '공통의 길'을 호소한다, 오에, 김지하 등 참가, 서울에서 일한 50년 심포지움
5) 교도통신 2005년 8월 5일 「압도적인 천성의 소설가 문학적 자장이 된 '골목'」(미야타 마리에)
6) 교도통신 2022년 5월 12일 「'영웅'이 희구한 모성 김지하씨를 애도한다」(가와무라 미나토)

다. 나카가미는 이때 이미 건강이 나빴다. 대담 도중에 옆으로 누워 대담을 진행했다. 건강이 악화되고 있는 중임에도 김지하와의 '대화'를 기록에 남겨두고 싶다는 나카가미의 집념 같은 것을 느꼈다. 이것은 주오고론 1990년 8월, 9월호에 「동아시아의 새로운 세계관」이란 제목으로 게재됐다. 나카가미는 약 2년 후인 1992년 8월, 46세의 젊은 나이에 숨졌다.

"새로운 꽃을 동아시아에서 피우지 않으면 안 된다"

김지하는 필자와의 2005년 인터뷰에서 "아시아에서 새로운 제도, 새로운 문화의 샘을 찾지 않으면 안 된다. 나는 죽기 전에 반드시 그것을 이루지 않으면 안 된다"고 말했다. 필자는 김지하로부터 "한국어를 더 공부해라. 기자는 깊게 말을 배워서 두 나라의 다리를 놓지 않으면 안 될 것"이라는 말을 들었지만, 이 무렵에는 "경제를 제대로 공부하라"고 들었다. "냉전시대에는 분배와 성장, 시장원리와 고용의 평등처럼 자본주의적인 것과 사회주의적인 것이 서로 상극을 펼쳤다. 그리고 상극과 함께 상생, 서로의 상호보완성이 생겨난다." "본래 '시장'에는 '교환' '호혜' '재분배'의 세 가지 기능이 있다. 그러나 자본주의가 한계에 이르러 시장기능 중에 교환만이 남고, 호혜와 재분배는 사라졌다."

"나는 아시아에서 해답이 나온다고 생각한다. 교환을 인정하면서 상호보완적인 기능, 생태계의 존중, 상대의 정신적 삶의 인정. 그런 것을 존중하는 속에서의 '상호교환과 물물교환' 그리고 '호혜와 교환'의 이중운동이 결국 아주 획기적인 재분배를 가져오지는 않을까."

" '획기적인 재분배' 는 완전한 분배의 평등을 말하는 것이 아니다. 질적인 '충족감' 과 '청빈' 이 동시에 있는 구조가 진정한 재분배라고 생각한다. 이것을 누가 하느냐이다. 구미의 리버럴들은 아시아가 하기를 바라고 있다."

김지하는 필자와의 인터뷰에서 "새로운 꽃을 동아시아에서 피우지 않으면 안 된다. 그러기 위해서는 한국과 일본이 손을 잡지 않으면 안 된다. 나는 일본의 나쁜 점도 알면서, 그래도 일본의 가능성을 중요시하고 있다"고 강조했다.

"현해탄을 가고 오면서 새로운 꿈을 갖고 아시아에 새로운 전기를 일으키지 않으면 안 된다. 현해탄을 새로운 시점에서 보자"고 호소했다.

일본의 시민운동은 한국의 민주화운동 속에서 다양한 사람과 만났다. 김지하는 일본을 엄하게 비판하면서도 '아시아에 새로운 전기' 를 불러일으키기 위해 일본과의 대화를 모색한 드문 지식인이었다.

김지하는 2009년 필자와의 인터뷰에서 "나는 우도 좌도 아니다. 중도진보다. 내가 감옥에 들어갔을 때 나를 불굴의 혁명가로 치어올려 일종의 좌익신화를 만들려고 했다. 나는 그것을 비판할 수도 없었다. 왜냐 하면 민주화로 나가는 하나의 길이었기 때문에 전술적인 잘못도 있었을 것이다. 나만 참으면 좋다고 생각했다"고 말했다. 긴 옥중생활에서 정신적인 고통이 계속돼 정신병원에 12차례나 입원했다는 것도 분명히 했다.

나는 나그네야. 나그네는 길에서 죽는 것이다. 지금까지 하지 않으면 안 되는 것을 할 뿐이다. 나는 자신을 그런 식으로밖에 설명할 수 없다.

원주 방문

김지하는 2012년 12월 대통령선거에서 박근혜를 지지했지만, 그것은 필자에게도 충격이었다. "왜 박근혜를 지지했는가?"라는 것을, 진정한 생각을 알고 싶었다. 그리고 그런 표층적인 정치동향에의 관여보다, 더 본질적인 문학적, 사상적 영위를 탐구해야 하는 것이 아닌가라고 생각했다. 미야타 마리에도 같은 생각이었던 듯했다. 그래서 2015년 4월에 필자와 미야타는 원주의 김지하를 방문했다.

김지하 부부는 박경리문학관에서 우리를 맞이해주고 원주 주변을 차로 안내해 주었다. 그러나 우리들이 찾았던 깊은 얘기는 할 수 없었고, 우리는 일종의 상실감을 안고 서울에로 돌아왔다.

작년 5월에 김지하의 죽음을 접했을 때는 깊은 후회의 마음이 덮쳤다. 미야타도 필자도 2015년 4월이 최후의 대면이었다. 그후 왜 대화의 어프로치를 더 하지 않았던가라는 후회에 사로잡혔다. 김지하의 만년의 '고독'이나 '고립'을 녹여서, 다시 사상적 축적에 의해 여과된 새로운 서정시에 접하고 싶다는 것이 필자의 생각이었지만, 아무것도 하지 못하고 김지하를 저쪽으로 보내버렸다는 회한이 무겁게 남아 있다.

김지하와 미야타 마리에

김영주(우)와 미야타 마리에(좌)
2015년 4월 원주에서(필자 촬영)

김지하의 생명사상과 생명운동

박맹수

조현범

이기상

주요섭

1주제

김지하 생명사상의 뿌리
- 동학을 중심으로 -

발제 | 박맹수

토론 | 김용휘

김지하 생명사상의 뿌리
~ 동학을 중심으로 ~

박맹수 | 원광대학교 명예교수

차례

1. '생명'에 대한 견성(見性)
2. 동학과 '오래된' 인연(因緣)
3. '생명의 눈'으로 본 동학(東學)
4. '금불문 고불문'(今不聞 古不聞)의 성취
5. 통절한 '경고'(警告)

1. '생명'에 대한 견성(見性)

시인이자 '생명 사상가'인 노겸 김지하(勞謙 金芝河, 본명 英一, 1941-2022)는 1984년 6월 강원도 원주시 학성동 자택에서 당시『동아일보』논설위원이던 최일남(崔一南, 1932-2023)과의 대담을 통해 감옥 안에서 '생명'에 대한 각성이 어떤 계기를 통해 이루어졌는지 다음과 같이 밝히고 있다. 이 대담에서 김 시인은 감옥 안에서 생명에 대한 큰 각성이 어떻게 이루어졌는가 하는 은밀한 소식을 처음으로 대중 매체에 공개하고 있다. 길지만 '생명 사상가'로 새롭게 탄생하는 김 시인 자신의 이야기를 담은 원(原)자료를 독자들에게 제공하는 의미에서 그 내용을 상세히 소개하고자 한다.

어느 날이었다. 운동하러 나갔다가 언뜻 본 어떤 감방 안에서 이상한 일이 벌어지고 있었다. 그 방에는 서울대 문리대 후배가 들어 있었는데, 그 친구는 철창 쇠 받침과 그 밑의 시멘트 사이에 난 파란 풀에 열심히 물을 주고 있었다. 〈미스터 로버츠〉라는 영화 있지 않습니까. 잭 레몬과 헨리 폰다가 출연하고 선장으로 나오는 제임스 개그니가 배 안에서 화분에 물을 주는 장면이 있는데, 그 후배란 녀석이 바로 그걸 흉내 내고 있더라 이겁니다.

운동장에 나가 가만히 생각하니 아무래도 이상해요. 풀이 날 리가 없더라 이겁니다. 돌아오면서 담당에게 혼날 각오를 하고, 그 후배에게 어떻게 풀이 나더냐고 물었습니다. 그랬더니 그가 풀이 나와 있더라고 대답하는 것이었습니다. 물을 주면 죽죽 자란대요. 풀이름이 뭐냐고 그랬더니 '개가죽나무'라고 그러더군요. 다시 방에 와서 곰곰 생각하다가 그럴듯하기도 해요. 비가 오면 시멘트 사이에 약간의 틈이 생기고 그 사이에 바람이 불면 흙먼지가 풀씨를 날아다 줄 수도 있다는 추리였지요. 제가 지금 둔한 소리를 하고 있는데, 그 이치가 뻔하기 때문입니다. 그러나 그 속에서는 그게 뻔하지가 않아요. 이튿날 다시 운동하러 나갔다가 담을 보니까, 스카이라인을 따라 홈이 생기지 말라고 민짜로 시멘트를 발라 놓았더군요. 그런데 가만히 보니 약간의 틈 사이에 풀이 나 있었습니다. 봄이었는데 주제에 꽃까지 달고 있더군요.

방에 돌아와서는 직업이 글장이인 때문인지는 몰라도 막 눈물이 나와서 온종일 울었습니다. 고등생명이란 제가 틈 사이에 난 풀만도 못하다는 생각도 들었습니다. 그리고는 나는 절대로 안 죽는다는 다짐도 해보았습니다. 풀도 시멘트 감방에서 씨를 뿌리며 생명을 유지해 가는데 나도 생명체니까 가능성이 있을 것이다. 큰 생명이 바로 나, 김 아무개라고 부르는 실체가 아니냐, 안에도 밖에도 죽은 다음에도 내 생명이 있는 게 아니냐, 그런 생각이 들었습니다. 바깥사람들이 들으면 몽상적이라고 할지는 모르겠으나 봄이 되면 민들레 씨앗이 공중에 하얗게 날아 창살 사이로까지 들어옵니다. 심볼릭한 얘긴데, 그놈들이 겁도 없이 감방 안에까지 들어옵니다. 그러니까 씨라는 것이 생명을 전파시키기 위해서 감방까지 들어올 수 있다, 그렇다면 억울할 것이 없지 않느냐 그런 생각을 하려고 애썼습니다. 얘기는 그렇게 되나 제가 예수도 부처도 아닌 바에 어렵기는 했습니다. 그래서 불교책도 읽고 나무 관세음보살도 외고 동학 주문(東學 呪文)도 외었습니다. 김 (수환-주)추기경께도 말씀드렸지만 가톨릭 신자로서 전통 수행 방법만 한 것은 아닙니다.[1)

위에 인용한 김 시인의 '생명'에 대한 각성 이야기는 불교 용어를 빌리자면, 견성(見性)에 해당한다고 하겠다. 김 시인은 수감 생활을 하던 가운데 생명에 대한 대 각성 즉, 우주에 가득 차 있고 자기 안에도 살아 있는 큰 생명=우주 생명의 소식을 깨달았다고 고백하고 있다. 1984년 6월, 김 시인과 대담에 임했던 최일남의 표현에 따르면, "그는 '생명의 본성' 이란 말을 앞에도 뒤에도 참 많이 했다. 이

---

1) 김지하·최일남 대담, 「민중은 생동하는 실체」. 『민족의 노래 민중의 노래』, 동광출판사, 1984, 208-210쪽.
2) 김지하·최일남 대담, 위의 책, 215쪽.

것이 요즈음 그의 생각에 많은 부분을 차지하고 있는 것 같았다."[2] 는 것이다. 최일남과의 대담 바로 이것이 김 시인의 생명에 대한 깨달음, 생명에 대한 견성 소식이 구체적으로 전달되는 첫 샘물이다. 김 시인이 생명에 대한 큰 각성, 불교적 용어로 말하면 생명에 대한 견성을 한 소식은 1985년 5월에 역시 강원도 원주시 김 시인의 자택에서 두레출판사 대표 신홍범(愼洪範, 1941-현재)과 나눈 대담에서 더욱 상세하게 그 모습을 드러내게 된다. 아래는 신홍범과의 대담의 일부이다.

> (신홍범) 아까 생명의 씨앗이란 말이 나왔는데, 요즘 많이 생각하시는 생명 사상, 생명의 세계관의 씨앗을 갖게 된 것은 언제부터였습니까?
> (김지하) 이전부터도 그런 것이 나에게 있었다고 볼 수 있겠지요. 위기철 씨가 「살아 있는 문학을 위하여」란 글에서 나의 문학에 대해 쓰는 가운데 나의 초기의 서정시를 삶과 죽음의 대비 관계로 해부하고 있는데, 그것은 잘 본 것 같애요. 살아 있는 것, 생동하는 것, 역동하는 것, 뜀뛰는 것, 흐르는 것, 이런 것에 대한 추구가 강했으니까요. 그런 것이 자각적인 형태로, 중심적인 문제로 나의 생각을 차지하게 된 것은 확실히 감방생활, 옥중생활의 결과라고 말할 수도 있을 겁니다.[3]

> (신홍범) 감방의 갈라진 시멘트 벽 틈 사이에 풀이 나서 꽃까지 피우는 것을 보고, 그리고 봄이 되면 민들레 씨앗이 하얗게 살아 창살 속으로까지 들어오는 것을 보고 생명에 대해 많은 것을 생각케 되었다는 글을 읽은 적이 있습니다.

---

3) 김지하·신홍범 대담, 「생명사상의 전개」, 『남녘땅 뱃노래』, 두레출판사, 1985, 353쪽.

(김지하) 직관적인 인식이었지요. 시멘트란 입자는 매우 촘촘한 물질이고 쇠 같은 감옥을 구성하고 있는 물질들은 딱딱하고 두께가 있으며 모가 나 있는데, 이런 것들은 갇혀 있는 사람들에게 고통을 주지요. 이것을 확대시키면 아파트라는 것도 그런 것이고 경직된 체제도 마찬가지지요. 나는 시인으로서 직관적인 방법으로 인식합니다. 그런데 고통을 통해서 세계의 어떤 문제를 인식하는 데는 직관적인 방법이 가장 통괄적인 방법이 아닌가 해요. 실제로 자기 삶의 구체적 경험 가운데서 인식하는 것이니까요.

잡초도 시멘트의 조그만 틈에서 뿌리를 내리고 꽃을 피운다면, 그보다 훨씬 유기적이고 자각적인 통합능력을 가진 고등생명인 인간이 그렇게 갇혀 있을 수는 없는 일이예요. 그런 갇혀 있는 상태에서 자기 생명을 파괴시키지 않고 어떻게 뚫고 나가 광활한 생명의 바다에 이를 수 있느냐는 나 자신의 자각적인 몸부림이 민중의 사회적 역사적 처지의 문제와 같은 문제로서 결합되었던 것이 아닌가 생각합니다.[4]

이상, 최일남과 신홍범 두 사람과의 대담에서 확인할 수 있는 것은 감옥 안에서의 큰 각성 즉 생명에 대한 견성이 이루어지기 이전에도 김 시인은 막연하게나마 자신의 시 속에서 생명에 대한 그 나름의 추구는 있었지만, 그것이 이른바 '자각적으로' 자신에게 다가온 것은 감옥 안에서 개가죽나무의 생명력을 목도한 직후라고 명확하게 밝히고 있다. "생명은 감옥 안에서나 밖에서나 언제나 살아 있다." 바로 이것이 김 시인의 '생명'에 대한 견성 소식이었다.

---

[4] 김지하·신홍범 대담, 위의 책, 356쪽.

2. 동학과 '오래된' 인연(因緣)

다음은 김 시인과 동학의 인연에 대해 말할 차례이다. 한 마디로 김 시인의 동학과 인연은 깊고도 깊다고 하겠다. 그 인연의 고리를 두 가지 정도로 나누어 소개한다. 첫째, 김 시인 집안이 바로 동학 집안이었다는 사실이다. '태생적으로' 김 시인은 동학군이었던 것이니, 그가 회상하는 집안의 동학군 내력 안으로 들어가 보자.

문재철이란 사람이 있다. 일제 때 암태도 대지주였고 목포 조선면화회사 사장이었고 문태중학교 교장이었고 암태도 소작쟁의 때는 농민들의 원한의 표적이었던 친일파 악질지주 바로 그 장본인이다. 이 사람 아버지 문 아무개 씨가 바로 우리 집안의 말하자면 불구대천의 원수다. 증조부가 이 문씨와 골패를 한 모양이다. 땅문서 집문서 몽땅 걸고 사생결단을 한 모양이다. 막판에 문씨가 속임수를 쓰고 증조부가 이걸 되잡아 윽박지르자 급기야 문씨는 관헌을 끌어들여 증조부를 잡아다 죽도록 곤장을 친 모양이다.

풀려나 떠메 나온 증조부. 재산 몽땅 빼앗기고 원한에 사무쳐 이를 갈며 복수를 맹세했다 한다. 어느 날 밤 문씨네 집에 빙둘러 불 싸지르고 문씨 찾으나 튀고 없고 불길 속에서 뛰쳐나온 그 집 머슴들 하난지 둘인지 셋인지, 맨주먹으로 다 때려죽이고 나서, 이 대목은 아무래도 뻥튀김 같은데, 하여튼 그길로 중선배에 식솔 태우고 밤새 바다를 달려 영광 법성포로, 법성포에서 전북 줄포로, 줄포에서 김제로, 김제 어딘가로 깊숙이 들어가 외진 데 눌러앉아 농사지으며 살았

는데 바로 그 쩍에 동학에 입도했다 한다. 그러나 갑오혁명 때는 두목
으로 몸을 세워 이름을 크게 떨쳤다 한다.5)

이것이다. 이 대목이 우리 집안의 가장 큰 자랑이다. 이 대목에 이르면
난 언제나 피가 더워진다. 내 핏줄이 자랑스럽고 떳떳하여 머리속에 맑
은 종소리가 뎅그렁 뎅뎅 울리는 듯하고 가슴이 활짝, 눈고리는 위로 칙
치켜 올라가고 목구멍에 껄껄 웃음이 가득가득 차는 듯 말할 수 없이
유쾌하다. 내 주변에 과연 동학당 자손이 몇 놈이나 되나! 자랑스럽지
않고 배기겠나! 하물며 내가 조금은 증조부 닮았다는 거듭된 고모들 주
장에랴!
동학군이 관군과 왜군과 민포군에게 풍비박산이 나고 영광 법성포 주
아실 주아머리에 피신한 증조부는 여러 해 거기 숨어 사시다가 그 뒤
법성에서 광주 나가는 후미진 고갯마루에서 이상한 죽음을 당하셨다.6)

1991년 3월 7일자 동아일보 9면에 「모로 누운 돌부처」라는 제목
으로 기고한 글에서 김 시인은 자기
집안이 동학 집안이었다는 사실을
밝히고 있다. 위에 인용한 내용이
바로 그것이다. 동학 집안이라는 사
실은 김 시인의 정체성을 뿌리에서
부터 받쳐주는 하나의 '원형'(原型)
이었다고 짐작된다. 이 동학 집안의

〈사진1〉 김지하 시인의 동학 집안 내력
『동아일보』 1991년 3월 7일, 9면

---

5) 김지하의 회상, 「모로 누운 돌부처」 제1회, 『동아일보』 1991년 3월 7일, 9면;『김지하
회고록: 흰 그늘의 길 1』학고재, 2003, 25쪽.
6) 김지하의 회상, 「모로 누운 돌부처」 제1회, 『동아일보』 1991년 3월 7일, 9면.

'원형'은 김 시인의 유년과 청소년기를 거쳐 대학 시절에 이르기까지, 나아가 대학 졸업 후 박정희 독재정권에 대항하는 민주화운동 시절을 거쳐 만년에 이르기까지, 그리고 옥중에서나 옥 바깥에서나 그의 정신세계 가장 밑바닥에 언제나 변함없이 자리하게 된다. 다음에 인용하는 두 글이 그것을 웅변한다.

> 조동일(1939-현재) 형은 『청맥』(靑脈)의 좋은 고정 필자였는데, 한번은 조형을 통해 청맥에서 내게 동학의 갑오혁명을 주제로 한 한 편의 장편 민족 서사시를 써달라고 부탁해왔다. 나는 그때 아무 계산도 없이 즐거운 마음으로 받아들였다. 왜냐하면 그 말을 듣는 순간 우리 집안이 동학 집안이라는 것과 어렸을 때 전설처럼 들은 해남에서의 대전투가 떠올랐기 때문이다. (…)
> 나는 그 전설을 판소리 형식의 서사 구조 안에 담고자 했다. 내용과 형식의 일치라는 미학적 요구 때문이었다. 한 이백여 행(行)을 써나 갔을까. 당시 출간돼 나와 있던 유일한 동학 관련 서적인 최동희(崔東熙, 1925-2013) 선생의 『동경대전』(東經大全)[7]을 열심히 읽고 그 뜻을 새기며 판소리의 현대화를 시도하려고 무진 애를 썼다. 그러나 백방으로 몸부림쳐 봐도 아직은 역부족이었다. 조형도 창작에 임해서는 그리 큰 도움을 못 주었다. 나는 할 수 없이 훗날의 작업으로 미누고 이백 행의 서성시 스무 묶음 분량의 미음뿐인 그 서사시를 불태워버릴 수밖에 없었다.[8]

---

7) 김지하 시인이 보았던 최동희 선생의 저작의 이름은 정확히는 『동경대전』이 아니라 1961년에 고우사에서 최동희 선생 이름으로 나온 『동학경전』을 말한다. (사진2) 참조.
8) 『김지하 회고록 : 흰 그늘의 길 2』, 학고재, 2003, 71-72쪽.

위 내용은 김 시인이 서울대 재학 시절, 구체적으로는 몇 차례의 구속에서 풀려나 복학 후 1966년 8월 말에 졸업하기 직전, 이승철 시인이 작성한 「김지하 연보」에 따르면9), 1966년 봄에 동학을 주제로 한, 아니 1894년 말 동학농민혁명이 최후의 국면에 접어들었던 당시, 일본군과 조선 관군의 연합군에 맞서 약 2천여 동학농민군이 전라도 해남 우슬치에서 장렬히 싸웠던 전투를 소재로 한 서사시를 쓰고자 시도했다고 회상한다. 그러면서 흔쾌히 청맥 측의 제안을 수락했던 이유 가운데 하나를 자기 집안이 동학 집안이었기 때문이라고 말하고 있다. 유년 시절부터 그의 머릿속과 가슴속에 새겨져 있는 동학의 '원형'이 살아 대학 시절에도 그대로 살아 움직이고 있음을 짐작하게 해주는 에피소드다.

다른 또 한편의 에피소드는 고등학교 동기이자 서울대 동기이기도 한 고(故) 하길종(河吉鍾, 1941-1979)10)영화감독과의 사이에서 탄생한다. 1966년 8월 말에 대학을 졸업한 김 시인은 폐결핵이 악화되어 서울 서대문에 있는 시립병원에 입원하여 치료를 받는 중에, 미국으로 유학하여 시네마 연구에 매진하고 있던 하 감독과 함께 동학농민혁명 당시 최후 전투였던 태인전투(泰仁戰鬪)11)를 소재로 한

---

9) 이승철, 「김지하 연보」, 『김지하전집 1』, 실천문학사, 200, 734쪽.
10) 하길종 감독은 김지하 시인과 중동고 동문이며, 서울대 재학시절부터 깊은 교분을 쌓고 있었다. 1979년 39세로 요절하였다. 한국 영화의 새 지평을 열었던 하길종 감독의 저서로는 다음과 같은 것이 있다.
『백마타고 온 또또』(예조각, 1979), 『영상, 인간 구원의 메시지』(예조각, 1981), 『사회적 영상과 반사회적 영상』(전예원, 1982), 『하길종 수상록: 물이라면 혹시는 바람이면』(전예원, 1983)
11) 태인전투는 1894년 12월 23일(음력 11월 27일)에 태인의 성황산, 한가산, 도리산 일대에서 일본군 60명, 조선 관군 230명에 맞서 전봉준 장군이 이끄는 동학농민군 5천여 명이 저항했던 최후의 조직적 전투였다. 이 전투에서 농민군 측은 40여 명이 전

 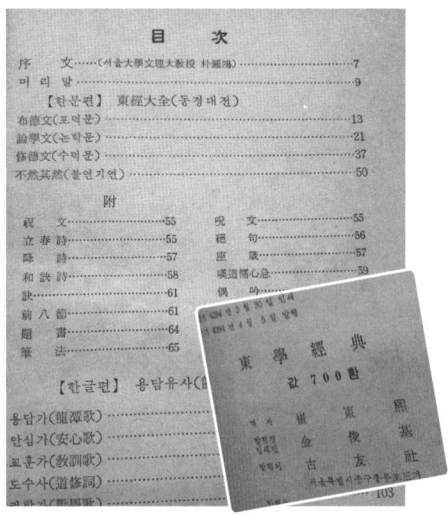

〈사진2〉『동경대전』 표지(최동희) 〈사진2-1〉『동경대전』 목차와 판권(최동희)

영화를 제작하려고 시나리오 작업을 시도하고 있었다.[12] 당시, 미국의 하 감독에게 보낸 편지[13]에서 김지하는 태인전투에 대한 자신의 구상을 다음과 같이 말하고 있다.

　첫째, 부적에 초점을 모았다. 주인공은 도입부에서 중상을 당하는데, 그의 왼쪽 어깨에 붙어 있는 부적을 일본군의 총알이 뚫어버린다. 주인공은 피 뜨거운 젊은이로서 동학군이다. 그는 동학농민전쟁의 마지막 전투인 공주의 우금 고개 전역(戰役)의 일환인 태인(泰仁) 싸움

사하고 50여 명이 생포되었으며, 회룡총 15정, 조총 2백여 정, 말 6필, 그밖에 많은 탄약과 연환을 빼앗기고 뿔뿔이 흩어졌다. (김은정 외, 「원평 태인전투」, 『동학농민혁명 1백년』, 도서출판 나남, 1995, 347-348쪽 참조)

12) 이승철, 「김지하 연보」, 앞의 책, 735쪽.
13) 김지하, 「참된 아름다움은 대중적인 것이다-하길종 감독에게 보낸 편지」, 『남녘땅 뱃노래』, 도서출판 두레, 1985, 9-25쪽.

에서 왼쪽 어깨에 부상을 당하는데 당시 동학군은 모두 왼쪽 어깨에 궁을(弓乙)이라 쓴 거친 한지(韓紙)의 부적(靈符라고 함)을 달고 있었다. 그 부적을 몸에 붙이면 총알이 몸을 다칠 수 없다고 동학이 가르쳤기 때문이다. 바로 이 뚫어진 부적, 총알이 뚫고 간 피 묻은 부적, 이 부적 속에 실패한 혁명, 좌절된 열정, 압살된 정의, 외세와 연합한 봉건 지배세력의 무력에 의해 짓밟힌 농민의 민족주의, 외침에 유린되어 온 우리 역사의 피비린내, 특히 근대한국의 뿌리 깊은 역사적 모순의 폭발과 그 폭발의 회진(灰塵), 한 마디로 네가 말한 바 역사적 비극을 상징해 넣어가야 한다.[14]

이승철 시인의 「김지하 연보」에 따르면, 김지하가 태인전투를 다룬 시나리오를 구상하고 하 감독과 장문(長文)의 편지 교류를 가진 시기를 1968년으로 특정하고 있다.[15] 김 시인은 대학을 졸업한 뒤에도 그의 가슴 속에 자리한 동학의 '원형'을 모티브로 삼아 영화를 제작하기 위해 그 시나리오 구상에 몰두하고 있었다는 것. 이 점을 우리는 어떻게 해석해야 할까. 단순히 집안이 동학 집안이어서가 그 모든 이유가 아니라는 사실을 "이 뚫어진 부적, 총알이 뚫고 간 피 묻은 부적, 이 부적 속에 실패한 혁명, 좌절된 열정, 압살된 정의, 외세와 연합한 봉건 지배세력의 무력에 의해 짓밟힌 농민의 민족주의, 외침에 유린되어 온 우리 역사의 피비린내, 특히 근대한국의 뿌리 깊은 역사적 모순의 폭발과 그 폭발의 회진(灰塵), 한 마디로 네가 말한 바 역사적 비극을 상징해 넣어가야 한다."고 강조하고 있는 김 시인의 글에서 확인이 가능하다.

---

14) 김지하, 위의 글, 18-19쪽.
15) 이승철, 「김지하 연보」, 앞의 책, 735쪽.

일찍이 김 시인은 소설가 김성동에게 다음과 같이 말한 적이 있다고 한다. "일인칭에서 일인칭을 포함한 삼인칭의 바다로, 개인사(個人史) 중심으로부터 개인사를 포함한 민중사(民衆史)의 바다로, 주관 일변도의 시각으로부터 주관·객관이 무상히 넘나들며, 자연·초자연·현실·환상이 매개나 해명 없이 혼융(混融)하는 살아있는 화엄(華嚴)의 바다로 확장해 나갈 것"[16]이라고. 이것은 사실은 김 시인이 시인 자신에게 하고 있는 말에 다름 아니다. 그는 이 시절에 이미 자신의 '개인사로서 동학'과 '민중사로서 동학'을 혼융한 '화엄 동학'의 길을 필사적으로 모색하고 있었다고 보아야 할 것이다.[17]

3. '생명의 눈'으로 본 동학

앞 장에서 살펴본 바와 같이, 옥중생활에서 생명에 대한 견성을 한 김 시인은 감옥에서 풀려난 뒤 자신의 정신세계의 '원형'을 이루고 있는 동학을 어떻게 풀어내려 했을까. 특히 생명에 대한 견성 이후 그의 동학에 대한 접근, 해석은 차원 변화를 이루었다고 생각된다. 여기 그 증거의 일단을 소개한다.

---

16) 김성동, 「광대 또는 보살-지하 선지식과의 만남」, 『실천문학』3 실천문학사, 1982, 37쪽.
17) 김 시인은 옥중생활 속에서 많은 책을 읽었다고 회고하는 바, 그중에는 동학 창시자 수운 최제우와 동학 2대 교주 해월 최시형의 글도 탐독하였으며, 동학의 주문도 수시로 외웠다고 고백하고 있다. 이것은 김 시인이 감옥 안에서도 중단 없이 동학에 대한 수련과 공부를 지속했다는 것을 반증한다.(『민족의 노래, 민중의 노래』, 1984, 210쪽; 『타는 목마름에서 생명의 바다로』, 1991, 35-36쪽 참조)

17세기 · 18세기 · 19세기에 가열화되기 시작했던 유럽의 제3세계 지배, 문화 파괴 · 말살, 정치 · 경제 · 사회적 지배, 그리고 자기들 방식의 강요, 착취 · 억압 · 세뇌 —이런 과정에 대해 계속 어떤 형태로든 저항하면서, 자기들의 문화적 특수성을 주장하면서, 그 특수성 안에 있는 세계일가주의 · 사해동포주의적인 보편적 가치에 대해 계속 이야기해 왔던 사상가들의 맥락이 어느 민족에게나 다 있다. 이런 사람들의 문화적 새 세계관 제출 노력의 노력은, 비록 소박하고 투박하더라도 앞으로 주목해야 될 부분이라고 생각한다. 이것은 어느 민족에게나 다 있다. 우리 민족만이 아니다.(…) 우리 민족의 경우엔 특출한 거봉(巨峯)으로서 동학의 수운(水雲) · 해월(海月)과 김일부(金一夫; 一夫 金恒을 말함)와 강증산(姜甑山; 甑山 姜一淳을 말함) 등을 꼽을 수 있고, 그 밖에도 수많은 사람들이 있다. 불교 쪽에도 경허(鏡虛) · 만해(萬海) · 전강(田岡) 등과 민중 속에서 떠돌며 민중선(民衆禪)을 실천한 많은 선승들 · 미륵(彌勒) 사상가들, 그리고 수많은 산간과 농촌의 도가적(道家的) 또는 혁신유학적(革新儒學的) 민중 사상가들과 민중적인 역(易) 사상가들 · 풍수 사상가들, 그리고 투박한 민중적 크리스챤들이 많이 있었다.(…) 특히 외세 침략 기간 중에 이것으로부터 민족 · 민중의 해방 활로를 찾으려 했던 그 모색 과정에서 특히 민중 사상가들 속에 나타났던 소박한 표현 가운데서 생명적 세계관 · 협동적 세계관의 단초를 집어내야 한다. (…) 이런 관점에서 볼 때 우리에게는 '동학'(東學)이라는 거대한 산맥이 있었다. 민족종교 · 민중사상에서의 생명관은 어떠한가? 동학의 초대 교주 수운 최제우(崔濟愚)는 1860-1864년에 걸쳐 4년 동안 공적 생활을 했는데, 이때 1860년 4월의 득도(得道) 과정에서 생명과 가장 관련된 부분은 '영부'(靈符) 사상이다. 한울로부터 부적(符籍)을 받았다는 것이다.

이 부적은 글씨로 쓰면 '궁'(弓) 자 두 개를 겹쳐 놓은 것과 같고, 그림으로 그리면 태극으로 되고, '궁궁을을'(弓弓乙乙)로도 되는데, 이것은 결국 음·양이 각각 하나로 머물지 않고 계속해서 맞물려 돌아가는, 동양세계에서 '태극'으로 표현되는, 역(易)에서는 생명의 실상이라고 지적하는 바로 그것이다. 쉴 새 없이 변화하고. 민중의 눈, 제3세계의 관점, 생명의 세계관에서부터 이것을 이해하자. 이때 중요한 것은 '궁궁'(弓弓) 영부는 수운의 표현에 의하면, '활인부'(活人符)라는 점이다. '활인부'란 무엇인가? 지금 사람들이 죽어 있다는 이야기이다. 병들어 있다: 불안·공포·빈부격차·가렴주구, 소위 '동양 중세문명의 경색화' '서양 제국주의 세력의 생명 말살' 앞에서 민중의 생명이 움츠러들었다: 이 움츠러든 민중을 어떻게 가슴 펴고 살게 하느냐: 생리적 질병뿐만 아니라 심리적 질환, 인간의 정신적인 질곡, 사회적인 질곡을 어떻게 타파해 나가느냐 —이것이 그의 '활인' 사상이다. 그것은 문자로 푼다면, 모든 인간은 '시천주'(侍天主)했다. (즉, 자기 안에 한울님을 모시고 있다)는 이야기이다. 만약 한울님을 생명으로 바꾸어 이야기해 본다면, 처음도 끝도 없고 무변광대하고 죽어도 죽지 않는 그 '생명' —불교에서는 '심'(心)이라고 부르고, 노장학에서는 '도'(道)라고 부르고, 역학에서는 '기'(氣)라고 부르고, 기독교에서는 '성령'(聖靈)이라고 부르고 또는 과학자들은 '에네르기'라고 부르는 것 —을 모든 사람이 자기 안에 모시고 있다는 이야기이다. 이것을 거꾸로 이야기하면, 그 총체적 생명이 모든 움츠려들고 짓밟히고 빼앗기고 천대받고 멸시당하는 불행한 존재인 인간 안에 살아 계시다는 사상이다. 그리고 그것을 눈에 보이는 형태로 표현한 것이 '궁궁을을'(弓弓乙乙)이다. 계속 돌고 돈다는 이야기이다. 그런데, 이때 중요한 것이 '영부탄복'(靈符吞服)이다. 이 영부를 물에 타서 마신다는 것이다. '시천주 조화정 영세불망 만사지'(侍天主 造化定 永世不忘 萬事知)가 기본 주문이다. 자기 안에 한울님을 모셨고 이 한울님이 무궁무진하게 조화하는 데에 합한다는 뜻이다. 생명이 자기 원래의 생의 실상과 본성에 알맞게 무궁무진하게 활동하는, 신선한 원래의 도리에 알맞게 살겠다: 그렇게 살되 이것을 잊지 않고 실천하면 해방된다는 뜻이다.

요즘 소장 사학자들은 수운의 『동경대전』을 '유학 찌끄러기'· '중인(中人) 유학'· '아전(衙前) 유학' 정도로 아주 경멸해서 말하는데 — '명명덕'(明明德)이나 '공자' 등 유학의 전통적 개념이 많이 나오므로 —문자만 유학에서 빌려왔을 뿐이지(하기는 강증산의 말처럼 최수운이 유학의 틀을 완전히 못 벗어난 건 사실이지만) 그 기초 사상은 다르다. '활인' 사상이다. 생명의 사상, 생명 회복의 사상이다.[18]

위에 인용한 글을 읽어 보면, 김 시인은 시종일관 1860년 4월 5일에 수운 최제우에 의해 성립된 동학을 "17세기, 18세기, 19세기에 가열화되기 시작했던 유럽의 제3세계 지배, 문화 파괴와 말살 과정에서 거기에 대항하는 형태로 보편적인 생명의 세계관"이 우리 민족의 경우에는 동학(東學)으로 표출된 것으로 파악하고, 그 동학의 영부(靈符)와 시천주(侍天主)에 내재한 생명의 세계관을 탁월하게 해석해 내고 있다. 필자의 관견(管見)으로는, 김 시인이 감옥에서 나온 이후에 동학을 생명의 사상, 생명의 세계관으로 풀어낸 일은 '금불문 고불문지사'(今不聞 古不聞之事)요, '금불비 고불비지법'(今不

---

18) 김지하, 「인간해방의 열쇠인 생명」, 『일하는 하늘님』, 일과 놀이, 1984, 98-107쪽; 『밥』, 솔 출판사, 1995, 『김지하전집 2: 사회사상』, 실천문학사, 2002.

比 古不比之法)19) 즉 '개벽적' 일대 사건이었다고 본다. 김 시인은 마침내 수운 최제우에 의해 확립된 동학의 생명 사상적 특징을 다음과 같이 결론짓는다.

> 수운 사상 전체를 통관하고 있는 것은 개인의 정신과 사회적 정신, 개인과 사회집단의 생존, 모든 우주 자연을 하나의 통일적·유기적인 생명체로 보는 관점이다. 문명과 우주와 사회와 그 사회적 생존을 철저히 생물학적인 틀 안에서 생동하는 하나의 유기체로 보고, 기(氣)의 운동으로 보고, 움직이는 총체적 연관 속에서 그 질곡과 병을 보며, 그 치유를 창조적인 생명 순환의 회복으로 본다는 점이다.20)

> 동학은 현실 역사 속에서의 사회적 제도의 혁파와 질곡 타파라는 적극적인 혁명과 더불어 그보다 더 크게 전 사회적인 인간과 인간 사이, 나아가 인간과 자연 사이의 관계를 화해와 친교로 유기화, 조직화하는 것이며, 따라서 동학의 조직은 전쟁이나 제도 타파만을 위한 전투적 조직이 전혀 아니었다는 점에서 우리는 언제나 유념해야 합니다. 그것은 자신을 변화시키며, 세상의 모든 사람들과 화해로운 세상을 만들려는 화해의 조직이었으며 화해의 공동체였습니다. 따라서 이것이 먼저이며 이것이 기초입니다.21)

동학운동은 서기 1860년 수운 최제우 선생의 생명의 실상에 대한 큰

---

19) 최제우, 「논학문」, 『동경대전』(박맹수 옮김, 지만지, 2012), 23쪽.
20) 김지하, 「인간해방의 열쇠인 생명」, 앞의 책, 109쪽; 『밥』, 솔 출판사, 1995, 52쪽; 『김지하전집2 : 사회사상』, 실천문학사, 2002.
21) 김지하, 「은적암 기행- 최수운과 남북접의 관계」, 『김지하 이야기 모음: 남녘땅 뱃노래』, 두레, 198, 193쪽.

깨달음과 민중생명의 자기복귀를 위한 민중 자신의 자각적이고 인위적인 조직 실천으로부터 시작되었습니다. 동학의 민중적인 생명의 세계관은 제일 먼저 영성(靈性) 공동체 활동으로부터 시작되어 생활 공동체로, 그리고 결국은 소외와 억압과 약탈, 분단과 파괴라는 죽임의 세력에 저항하는 혁명적 후천개벽운동으로 확장되어 나갔습니다. 동학의 민중적 생명의 세계관은 그 경전(經典)인 『동경대전』(東經大全)에 확고하게 나타나 있습니다. 그리고 『동경대전』 전체의 내용은 21자로 되어 있는 주문(呪文) 속에 압축되어 있으며, 이것은 다시 본 주문 13자 속에 압축됩니다.[22]

人爲와 非自然의 한복판에서 사람이, 無爲自然이 되는 길은 人爲的인 노력에 의해서만 가능하다. 그래서 동학 수행은 '侍天主' 부터 시작하는 것이다. (중략) 그래서 동학은 '天主'를 '侍' 했으면 '造化'에 '定' 하라고 한다. '造化' 는 '無爲而化' 이며 '無爲而化' 는 '氣化' 다. '氣化' 는 '기운화함' 이니 바로 사회화요, 공동체화, 곧 '同歸一體' 다. 자기 안에 저마다 한울님을 모시고 섬겨 신령하게 되고 거룩하게 된 사람들이 그 한울님 조화에 따라 인위적으로 서로 협동적 삶을 함께 살면 어찌 人爲와 非自然의 '죽임' 을 '살림' 으로 바꿔놓을 수 없겠는가?[23]

위에 인용한 바와 같이, 김 시인은 1860년 4월, 수운 최제우에 의해 확립된 동학을 '생명사상'으로, 그리고 해월 최시형과 '녹두장군'

---

22) 김지하, 「인간의 사회적 성화 - 수운사상 묵상」, 위의 책, 110쪽.
23) 김지하, 「인위와 인위적 무위」, 『김지하 수상록: 살림』, 동광출판사, 1987, 73쪽.

전봉준에 의해 전개된 1894년 동학혁명을 '생명운동'으로 확고하게 자리매김하고 있다.

4. '금불문 고불문'(今不聞 古不聞)의 성취

위의 제 3장에서 살펴본 바와 같이, 생명의 눈 즉, 생명의 세계관에 입각하여 동학을 풀이한 김 시인의 업적은 감히 단언하건대, '금불문 고불문지사(今不聞 古不聞之事)'요 '금불비 고불비지법(今不比 古不比之法)'을 성취했다고 필자는 생각한다. 풀이하자면, 김 시인의 동학 해석, 김 시인이 남긴 동학 관련 글에서 성취된 '생명의 눈으로 본 동학, 생명의 세계관으로 풀이한 동학 해석'은 "오늘날에도 듣지 못했고 옛날에도 들어본 적이 없는 일이요, 오늘날에도 비교할 수 없고 옛날에도 비교할 수 없는 '금석지전'(金石之典)이 아닐 수 없다는 것이 필자의 판단이다.

여기서 잠시 생전의 김 시인과의 교류의 한 자락을 소개하려 한다. 김 시인의 성취를 높게 평가하게 된 사연이 거기에 있기 때문이다. 일찍이 고등학교 3학년 봄, 그러니까 1974년 4월에 이른바 '민청학련사건'이 났을 때 시인의 이름을 처음으로 전설처럼 전해 들었다. 본명은 영일(英一)이고 시 유명한 「오적」(五賊)이란 풍자시를 쓴 위대한 시인이라고. 필자가 재학하고 있던 고교 학생회장도 '민청학련사건'에 연루되어 끌려간 것을 계기로, 김 시인이 내 가슴 속으로 처음 들어온 것이다. 세월이 꽤 흐른 뒤, 필자가 한국학대학원에서 동학 공부를 본격적으로 시작했을 때, 강원도 원주에 살던 시절인 1986년 '6월항쟁'이 한창이던 그때, 두 번째로 김 시인의 소식을 원주 집에서 들었다. 건강이 악화되어 원주 기독병원에 입원해 있는데, "해월 선생이 저기 오신다는 둥" 이상한 이야기를 많이 한다는 것이었다.

그 무렵 필자는 막 해월 선생에 관한 석사논문을 마친 뒤였고 김 시인은 무위당 장일순 선생을 비롯한 '원주캠프' 멤버들과 함께 막 '한살림 모임'을 시작하고 있던 시기였다. 해월 선생을 무지무지하게 좋아

〈사진3〉『남녘땅 뱃노래』, 두레, 1995 표지

하시는 도사가 원주에 계시다는 동료의 소개로 무위당 장일순 선생님을 찾아뵙고, 이윽고 '원주캠프' 선배들이 주축이 된 '한살림 모임'에 말석으로 참여하게 되면서 드디어 김 시인과 자주 만날 기회를 얻었다. 한국학대학원 박사과정에 진학해 공부하던 시절 어느 날, 서울 시청 앞 구(舊) 대한일보사 빌딩 2층인가 3층에 있었던 '한살림모임' 사무실에서 김 시인이 연구위원장을 맡고 있던 시절이었던 때, 가난한 시인을 찾아가 가난한 대학원생이던 필자는 점심을 몇 차례나 얻어먹은 적이 있다. 아마도 가난한 시인에게 점심을 얻어먹은 사람은 박맹수밖에 없지 않을까. 그러면서 김 시인의 동학에 대한 공부, 동학에 대한 관심, 동학에 대한 해석에 대해 기회 닿은 대로 물어본 적이 있다. 특히 1985년 『남녘땅 뱃노래』[24]에 실린 동학에 관한 글 「은적암기행- 최수운과 남북접의 관계」[25]에 대해 많

---

24) 김지하, 『김지하 이야기 모음: 남녘땅 뱃노래』, 두레, 1985년 8월.
25) 「은적암기행」은 1984년 12월 12일에 시작했던 '사상기행'을 마치고 쓴 글이다. 갑

은 질문을 드렸던 기억이 지금도 생생하다. 김시인의 「은적암기행」은 필자에게 마치 칠흑 같은 밤중에 길을 비추는 등불 같은, 새벽 밤하늘을 가로지르는 혜성 같은 존재로 다가왔다. 수운의 동학사상을, 갑오년 동학혁명을, 특히 해월 선생에 대한 평가를, 그리고 이른바 남접과 북접의 관계를 어쩌면 그렇게 '탁월하게' 설명할 수 있을까? 기이하다 못해 신비롭다는 생각마저 했던 기억이 새롭다. 그런 필자의 우문(愚問)에 대해 김 시인 왈 "시인의 직관력이야!" 그러나 내게는 직관이 아니었다. '역사적 진실'이었고, '만고불변의 확증'이었다. 그 뒤로는 미친 듯 김 시인의 동학 관련 글에 빠져들었고, 김 시인이 역설한 내용을 국내외에 산재한 동학의 1차 사료 발굴과 현장답사, 후손들의 증언 채록을 통해 증명하는 데 40년 세월을 바쳤다.26)

〈사진4〉 김 시인의 동학 이해로부터 계발을 받은 박맹수의 저서

오 동학혁명을 주도한 '남접'(南接) 즉 전라도 중심의 혁명 주도세력의 실체를 탐구하는 한편, 그 남접의 주력이었던 손화중포가 지닌 규율성(도덕성)에 대한 분석을 통해 남접과 북접의 관계를 둘로 볼 것이 아니라 하나로 보되, 시국관, 시국적 경륜 또는 전략 내지 전술의 차원에서, 방법의 선택에서 그 차이성을 드러낸 것으로 이해해야 한다고 밝힌 바 있다. (김지하, 「은적암기행-최수운과 남북접의 관계」, 위의 책, 188쪽)

이하에서는, 필자가 빠져들었던 1980년대에 김 시인을 만난 뒤, 김 시인이 남긴 동학에 대한 탁월한 해석, 즉 생명의 세계관에 입각하여 동학을 풀이한 업적들 가운데 후학들이 반드시 참고해야 할 중요 업적을 연대순으로 소개한다.

「일하는 한울님」(『밥』, 분도출판사, 1984년 4월)
「인간해방의 열쇠인 생명」(『밥』, 분도출판사, 1984년 4월)
「인간의 사회적 성화-수운사상 묵상」(『김지하 이야기 모음:남녘땅 뱃노래』, 두레 출판사, 1985년 8월)
「은적암기행-최수운과 남북접의 관계」(『김지하 이야기 모음 : 남녘땅 뱃노래』, 두레출판사, 1985년 8월)
「앵산기행」(『김지하 이야기 모음: 남녘땅 뱃노래』, 두레 출판사, 1985년 8월)
「우금치 현상」(『살림』, 동광출판사, 1987년 9월)
「인위와 인위적 무위」(『살림』, 동광출판사, 1987년 9월)
『이 가문 날에 비구름』(동광출판사, 1988년 4월)
「개벽과 생명운동」(『타는 목마름에서 생명의 바다로』, 동광출판사, 1991년 1월)
「동학과 여성」(2004 가을 생명문화 연구: 동학과 여성, 사단법인 제정구기념사업회)
「나를 향한 제사와 내 마음이 곧 네 마음」(『방콕의 네트워크』, 이룸, 2009)
「육임제의 의미와 세 번 숨고 세 번 드러남」(『방콕의 네트워크』, 이룸, 2009)
「수운 시에서 배운다」(『방콕의 네트워크』, 이룸, 2009)

---

26) 김 시인의 통찰, 김 시인의 동학 해석에 촉발된 필자의 동학 연구는 다음과 같은 성과로 정리되었다.
「해월 최시형 연구-주요 활동과 사상을 중심으로」(한국학대학원 박사논문, 1996)
『사료로 본 동학과 동학농민혁명』(모시는사람들, 2009)
『한글판 동경대전』(지만지, 2009)
『개벽의 꿈 동아시아를 깨우다-동학농민혁명과 제국일본』(모시는사람들, 2011)
『생명의 눈으로 보는 동학』(모시는사람들, 2014)

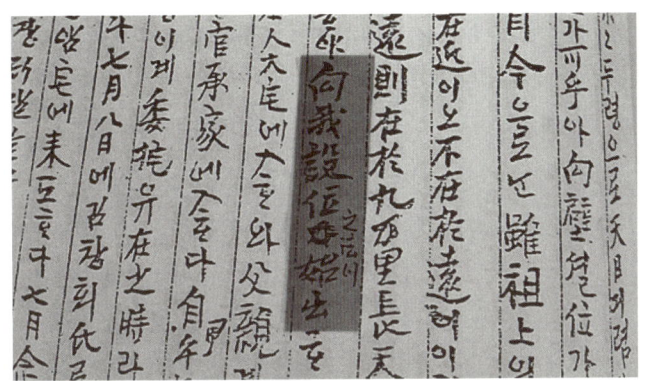

〈사진5〉 김지하의 「앵산기행」에 소개되고 있는 해월 최시형의 '향아설위' 법설(出典, 『조석헌 역사』, 1909)

5. 통절한 '경고'(警告)

 김 시인은 일찍이 '생명의 사상'으로 등장한 동학, 그리고 그 '생명의 사상'에 근거하여 일어난 갑오 동학혁명을 오히려 폄훼하고 왜곡하는 현상, 그것을 조장하는 학자연(學者然)하는 연구자들에게 통절한 경고를 내린 바 있다. 이하에 인용하는 글이 바로 그것이다.

 동학에 대한 현 단계의 이해 수준은 매우 천박한 정도다. 이른바 사회경제사학을 한다는 나이 젊은 마르크스 보이들이 이 무렵 아무렇게나 무책임하게 내뱉은 동학론, 소위 '갑오농민전쟁론(이것부터가 문제다)'이란 것은 한 마디로 유럽에서 빌려온 기계 제품인 고무신에 맞추려고 큰 발을 잘라내는 억지 춘향이었으니, 엥겔스의 '독일 농민전쟁론'에 꿰맞추려고 깊은 성찰이나 혁명적 감동, 치밀한 과학적 조사와 검증도 거치지 않고 "북접(北接)은 반동이요, 남접(南接)은 혁명세력"이라는 식으로 치켜세우는 등 엉터리 동학사관을 연출하고 있었다. 그따위 엉터리 사학에서는 손화중(孫化仲, 1861~1895)이나 김개남(金開南) 등 수련과 조직 그리고 혁명적 예절을 엄수한 혁명의 조직적 주류는 아무 의미가 없는 것으로 폄하되고, 극소수의 추종자밖에 확보하지 못한 일개 접주였던, 그러나 인물만은 출중했던 전봉준(全琒準, 1855~1895)을 클로즈업시켜 난데없는 계(契)를 동원하고 두레를 항시적인 조직으로까지 키워놓는 영웅주의 사기극을 연출하게 된다. 이 폐해가 지금까지 계속되고 있지만 역사학적 대오류를 범한 당사자들은 도무지 반성할 기미조차 보이지 않는다. (중략) 나는 출옥 후에 계속해서 젊은 사학도들의 이 같은 치명적 오류에 대해 충고를 아끼지 않았으나 그들의 대답은 내내 나에 대한 비아냥과 모략·중상뿐이었다. (중략) 동학을 모르면 형평사(衡平社)를 알 수 없고, (해월의 아들 최동희가 조직한- 주) 고려혁명당을 모르면 최초의 사회주의 물결인 고려공산당의 역사사회적 실체를, 그 이후 소위 남조선노동당의 정체를 모르게 되고, 그리되면 활빈당과 남학(南學), 그리고 해방과 전쟁 이후의 혁신계 노선을, 국내파 공산주의와 민족좌파를 모르게 되고, 천도교청우당(靑友黨) 및 신간회 등 당시의 연합전선 노력과 상하이 임시정부의 실체를 알지 못하게 되는데, 그럼에도 이 땅 위에서 4.19혁명의 물결을 알고자 하며 광주사태 이후의 학생운동과 민주민족통일전선을 역사적으로 해명하려 시도한다는 말인가?27)

김 시인의 눈으로 본다면, 동학(東學)은 아직도 진정한 복권을 이

---

27)『김지하 회고록: 흰 그늘의 길 3』, 학고재, 2003, 46-48쪽.

루지 못했다. 그가 평생토록 '생명의 눈'으로 보고자 했던 동학과 그것의 혁명적 표출이었던 갑오동학혁명은 여전히 미복권 상태이다. 오랜 기간 이른바 사회경제사적 관점으로만 동학을 보아왔던 '갑오농민전쟁론'의 폐해가 청산되지 않았기 때문이다.[28] 필자 역시 '갑오농민전쟁론'에 대해 다음과 같이 비판한 바 있다.

> 우리 역사학계에서는 그간 너무나 오래도록 동학과 1894년 '혁명'과의 관계를 '종교적 외피설'에 의존하여 해석해 왔다. 필자의 눈에는 '종교적 외피설'이야말로 우리 학계가 여전히 수입 이론과 방법론에만 의존한 채, 주체적인 해석의 틀을 제시하지 못하고 있는 구태(舊態)로 비친다.[29]

> 다행히, 최근 한말개화기(韓末開化期)에서 일제강점기(日帝强占期)를 거쳐 현대에 이르기까지 동학에서 출발하여 천도교, 대종교, 증산교, 정역(남학이 포함됨), 원불교 등 이른바 '개벽종교(開闢宗敎)'들을 '개벽파'로 지칭하고, 그 개벽파들의 사상과 운동을 근현대 한국 사상사에서 새롭게 자리매김하려는 움직임이 일고 있다는 점에 한 가닥 희망이 있다.[30]

---

28) 필자 역시 '갑오농민전쟁론'의 폐해에 대해 전면적인 비판과 문제 제기를 여러 차례 한 바 있다. 구체적으로는 다음과 같은 글 참조.
29) 박맹수,「동학과 혁명과의 관계, '종교적 외피설'에서 벗어나야」,『교수신문』2007년 6월 11일자.
30) 백낙청 외,『문명의 대전환을 공부하다』, 창비, 2018, 242쪽; 이병한,『유라시아견문 3: 리스본에서 블라디보스토크까지』, 서해문집, 2019, 669쪽.

토론문

「김지하 생명사상의 뿌리」

김용휘 | 대구대학교 교수

1. 생명이 외면당하는 나라, 대한민국

"압구정 아파트서 여중생 추락사…5일 새 강남서만 '세 번째'", "얼마 전 인천에서 남편이 세 자녀와 아내를 살해하고 스스로 목숨을 끊어"

매일 접하게 되는 뉴스입니다. 20세기 가장 탁월한 시인이자 사상가, 그리고 운동가였던 김지하 선생이 세상을 떠난 지 1년, 세상은 갈수록 선생이 꿈꾸었던 생명평화 세상과 더 멀어지고 있는 느낌입니다. 1가구당 0.8명도 안되는 최저출생율, 그리고 20년째 최고자살률의 대한민국은 지구상에서 생명을 가장 가볍게 생각하는 나라가 되어버렸습니다.

제가 김지하 선생을 개인적으로 뵙게 된 것은 선생이 한참 모 단체의 테러 위협으로부터 피신하던 1999년 무렵이었습니다. 그때 저는 부산예술대의 동학연구소에서 근무를 하고 있었습니다. 당시 부산

예술대의 김춘성 교수와 셋이서 점심을 같이 한 적이 있었습니다. 그때 선생은 30대 초반의 젊은 동학 연구자를 위해 앞으로 어떤 공부를 해야 하는지에 관해 많은 조언을 해주셨습니다. 그때의 말씀이 저에게는 공부의 방향을 잡는 데 큰 자극과 도움이 되었습니다.

그 뒤로 몇 년 후 동학의 시천주 사상과 관련된 주제로 박사학위를 하고 나서 다시 한번 가까이에서 뵐 기회가 있었습니다. 아마 2006~7년 정도로 기억합니다만, 당시 막 인문한국(HK) 사업이 시작될 때, '생명학'으로 HK 사업 신청을 하는 데 참여를 하게 되었습니다. 그 사업이 끝나는 10년 후에는 대학에 '생명학과'를 만드는 것을 목표로 계획을 수립하였는데, 아쉽게도 선정이 안되었습니다. 이로써 제도권 대학에 '생명학'을 자리잡게 하려던 야심찬 계획이 수포로 돌아간 것은 두고두고 아쉬운 장면입니다.

2. 탁월한 사상가, 김지하

박맹수 교수님의 「김지하 생명사상의 뿌리」는 감옥에서의 '생명'에 대한 각성부터, 동학꾼이었던 증조부의 이야기를 통해 '개인사로서의 동학'과 '민중사로서의 동학'을 혼융한 '화엄 동학'의 길을 필사적으로 모색했던 김지하 생명사상의 뿌리를 잘 드러내 보여주고 있습니다. "동학은 17세기, 18세기, 19세기에 가열화되기 시작했던, 유럽의 제3세계 지배, 문화파괴와 말살 과정에서 거기에 대항하는 형태로 보편적인 생명의 세계관의 표출"이었으며, 김시인은 동학의 영부와 시천주에 내재한 생명의 세계관을 탁월하게 해석했다고 서술하고 있습니다. 또한 '생명의 눈'으로 보고자 했던 동학과, 그것의 표출이었던 갑오동학혁명이 아직 복권되지 못했다는 아쉬움과 함께, 최근의 개벽파들의 사상과 운동에서 희망을 바라보고 있습니다.

김지하 선생의 생명사상의 근간이 동학이라는 데 이견을 가질 분은 거의 없을 것입니다. 물론 동학만 있었던 것은 아닙니다만, 동학이 중심이 되었다는 것은 의심할 수 없습니다. 선생은 단순히 동학의 언어를 빌려서 생명사상을 논하는 수준을 넘어서, 시천주, 향아설위, 불연기연, 밥한그릇의 사상, 삼경 등 동학의 주요 개념에 대한 탁월한 재해석을 통해 동학을 이 시대의 사상으로 살려내었습니다. 특히 동학을 "잃어버린 우주 생명을 자기 안에서 다시 회복시킬 뿐만 아니라 그 생명의 질서에 일치해 살며 타인 속에도 이웃 속에도 그와 같은 무궁한 우주 생명이 있음을 인정하고 서로 공경하며, 동식물 속에도 우주 생명이 살아 있음을 인정하고 동식물을 공경하며, 흙이나 물과 같은 무기물 속에도 생명이 살아있음을 인정하고 또한 공경하는, 그리하여 우주 생명과 일체로 천지를 공경함으로써 천지와 일체가 되는 그러한 사상, 바로 이와 같은 생명사상에 의해서 극심한 선천시대의 생명파괴를 극복하고 생명을 공경함으로써 생명의 생태적 질서가 회복되는 후천의 시대를 열 수 있다는 사상"이라고 요약한 것은, 동학의 핵심을 너무나 잘 정리했다고 생각됩니다. 그런 점에서 선생은 단순한 시인을 넘어 탁월한 사상가이기도 했습니다.

불연기연을 '아니다 - 그렇다'의 논리로 해석한 것도 탁월한 해석입니다. 불연기연을 통해서 헤겔 변증법의 대립, 투쟁과 종합, 그것의 파동만으로 보는 관점의 한계 및 새로운 형태의 극단화된 모순의 구조적 이원론의 오류를 넘어설 수 있다는 것입니다. 물론 이 아이디어는 윤노빈의 『신생철학』에서 얻은 것이라 하더라도, 불연기연의 '아니다-그렇다'의 생명의 논리는 동양 최초의 진화론으로 재해석하면서, 오늘날 물리학이나 생물학 전체에 활용할 수 있다는 점, 그리고 이로써 앞으로 실천해야 할 생명운동을 보다 높은 탁월한 과학의 수준에 접근시킬 수 있을 것이라고 해석한 점은 역시 탁견입니다.

해월의 향아설위를 시간관의 차원에서 바라보고 있는 해석도 의미심장합니다. 진리는, 생명은 '지금 여기' 전방, 곧 모든 방향에 살아 있으며 상하좌우, 동서남북, 시방 전체에 생명이 움직이고 있고 가득 차 있는 것이며, 역사는 다만 단순하게 시간적인 과거에서 시간적인 미래로 진행한다기보다는 사방 팔방 시방으로 시공 연속적으로 무한히 분산하면서 동시에 무궁무궁하게 질서를 형성하면서 복잡화하는 것이며 그것이 차원을 변경하면서 끊임없이 반복 확장, 확장 반복하면서 창조적으로 순환하며 신령한 생명이 질적으로 확산하는 과정으로 파악합니다. 이와 같이 제사 방식 속에 내포되어 있는 문명사 전체의 잘못된, 시간적 착각이라는 사상구조를 혁파한 것이 향아설위 사상이라고 해석하고 있습니다.

선생은 한국의 정치 · 경제 · 사회 · 교육 · 노동 · 통일 · 농업 · 여성 등 모든 분야에서 생명의 세계관에 입각한 실천을 강조했습니다. 여전히 진보적 사회운동이 아직도 마르크스의 틀을 못 벗어나고 있는 상황에서, 미크그느 역시 시구 근내의 사유를 넘어서고 있지 못하며, 여성 운동, 교육 운동 역시 서구의 이론에 기대고 있는 실정에서, 더 근본적인 차원에서, 생명의 원리와 질서에 입각한 새로운 생태문명을 역설하고 있다는 점에서 의의가 있다고 생각합니다. 특히 통일 분야에서 자본주의와 사회주의를 넘어설 수 있는 통일의 철학이 나와야 한다고 강조합니다.

통일에는 통일의 사상이 있어야 한다는 것은 통일을 창조적 통일로, 이상 사회 실현의 길로 연결시킬 수 있는 창조적인 철학이 밑에 깔려 있지 않으면 안 된다는 이야기입니다. 나는 그것을 일단은 수운과 해월 사상에서 발견합니다. 그것은 생명의 세계관이요, 생명운동에 의한 인간과 자연과 우주질서의 회복입니다. 그리고 개벽의 실천이며 생명을 공경하는 새로운 문명의 창조와 결합된 민족통일이어야 한다는 생각입니다. 생명을 회복시키고 인간과 자연을 화해시키며 인간과 인간을 공동체적으로 결합시키는 커다란 생명의 세계관이 나타나고 그 생명의 세계관에 입각한 살아 생동하는 통일사상, 통일철학이 나오지 않으면 안 되며 그에 따라서 새로운 생활양식과 사회제도의 틀이 씨앗부터라도 나타나서 남한 사회에서만이라도 확대되고 발전하는 과정을 통해서 점차 남북 사회에 확대될 때에만이 그 과정에 있어서의 공존도 지킬 수가 있으며 점차 완전통일로 나아갈 수 있습니다.

이러한 생명의 세계관에 입각한 통일사상, 새로운 정치·경제적 고민, 중도적 통일론의 의미를 깊이 연찬해야 한다고 생각합니다.

무엇보다도 선생은 동학의 '다시개벽'을 인류문명사에 있어서의 대전환이며, 인간 자신의 정신혁명과 사회적인 적극적 실천에 의해서 이루어져야 할 근본적 전환이라고 보고, 그 전환을 위해 새로운 문명의 원리를 '공경'에서 찾고 있는 점이 각별하다고 생각합니다. 그리고 생명을 논하면서도 여타의 생태주의와는 달리 '자기 안의 우주생명'을 찾아 회복하는 것', "나의 근본에는 한도 없고, 처음도 끝도 없는 우주생명이 살아 있다는 생각, 그리고 모든 이웃들과 동식물, 무기물, 우주 전체에까지 나의 생명은 연결되어 있어서 과거·현재·미래가 내 안에 하나로 연속하고 있다는 자각"이 새로운 문명의 기초로서, 새로운 주체로서 요구된다는 점, 다시 말해 '영성'을 중시하면서, 생명의 세계관에 바탕한 새로운 문명을 전망하고 있습니다. 그리고 이 지점에서 수운 선생이 자각한 천도의 '무위이화'를 우주생명의 조화에 합기덕(合基德)해서, 일치해서 살려고 하는 '인위적 무위', 즉 적극적인 천도의 실천으로 해석한 점도 탁월합니다. 이에 따라 천도, 즉 우주생명의 질서를 인식하고 그 질서에 맞춰서 사는 사회생활을 목표로 하는 새로운 운동이 실천적으로 벌어지지 않으면 안 된다고 역설하고 있습니다.

바로 이 점, 영성을 강조하고, 우주적 질서와 합치되는 생활 실천을 강조한 점이 김종철의 녹색운동과 구분되는 지점일 것입니다. 김종철 선생의 녹색운동은 간디의 사상이 가장 근간이라고 할 수 있으며, 근본적인 생활운동보다는 당면한 정치적 현안에 대해 좀더 적극적으로 발언한 정치운동의 성격이 강하며, 기본소득 등의 새로운 사회경제시스템에 대한 직접적인 고민들로 지식인 사회에 적지 않은 반향을 일으켰습니다. 반면 생명운동은 좀더 근본적인 인간의 변화와 생활양식 전반의 변화를 촉구했다는 점에서 발본적이긴 하지만, 일반 대중들에게 현실적으로 받아들여지기에는 다소 멀게 느껴진 점도 있었던 것 같습니다. 그런 섬에서 생명운동과 녹색운동은 상호보완적이라는 생각이 듭니다. 녹색운동은 김종철로 대표되는 고뇌하는 양심적 지식인의 비관적 정조(情操)가 있는 반면, 생명운동에는 영성에 기반한 우주적 낙관주의가 있다는 점에서도 대조적입니다.

3. 자기실현과 우주적 낙관주의의 정열

저의 동학 공부는 김지하 선생에게 많은 빚을 졌음을 고백합니다. 한때 그 분의 글이 논리적 비약이 많다고 느껴져 거리를 둔 적도 있었습니다. 하지만 글이 반드시 논증적이어야 할 필요가 없으며, 그 분의 모든 글이 하나의 긴 시(詩)일 수 있겠구나라고 생각을 하게 되니까, 그분의 글이 다시 놀라운 영감과 통찰로 다가온 경험이 있습니다.

오늘날 한국의 생명사상이 답보 상태를 면치 못하고 있다고 느껴집니다. 이를 극복하기 위해 최근의 기후위기나 포스트휴먼, 신유물론, 정동이론 등을 담아내고 새로운 담론들을 끊임없이 생성하면서, 특히 청년들과 자주 교류해야 한다고 생각합니다. 하지만 가장 중요한 점은 선생도 강조했듯이 '자기실현'이라고도 표현했던 부분이 아닌가 합니다.

> 인간의 자기실현입니다. 인간의 자기실현, 인격적 통합이 중요합니다. 이것은 이미 수운 선생의 시천주, 내 안에 무궁한 우주생명을 모시고 있고, 해월 선생님의 양천(養天)사상, 그것을 길어냄으로써 내 자신이 우주생명의 질서에 일치하여 우주와 같이 무궁한 존재로 자기실현할 수 있다는 생각, 이 생각을 보다 더 강력한 수양운동으로 발전시켜야 할 것입니다.

저는 오늘날 답보 상태에 있는 생명사상과 생명운동의 가장 큰 문제점은 이를 단순히 하나의 대안 담론으로만 생각하고, 실제 자기실현을 위한 강력한 수양운동이 부족한 점에 있는 것이 아닌가 스스로 반성해 봅니다. 따라서, 선생의 마지막 10년의 발언들이 가져온 파장에도 불구하고 그분의 진의를 제대로 이해하고, 강력한 수양운동에 바탕하여, '생명사상'을 더 연마하고, 다시 '생명운동'을 우주적 낙관주의 위에서 삶의 정열, 개벽의 정열, 생명의 정열로 가열차게 추진해 나가야 한다고 봅니다. 개벽세상은 미래의 어느 시간 속에 있는 것이 아니라, 이미 지금 여기, 우리의 가슴 속에 도래해 있기 때문입니다.

ⓒ 박옥수

2주제

김지하와 한국 기독교사상

발제 | 조현범

토론 | 김선필

김지하와 한국 기독교사상

조현범 | 한국학중앙연구원 교수

차례

1. 서론
2. 김지하와 장일순: 천주교의 사회적 가르침
3. 김지하와 서남동: 개신교 민중신학의 태동
4. 결론

---

1. 서론

　김지하(1941-2022)는 언제나 시인이었다. 시인의 마음으로 한국 민중의 질곡과 고난을 감싸 안고 그들의 목소리를 대변하였다. 시인의 분노로 민중을 억압하는 권력자들을 질타하였고 다른 사람의 노동으로 자기 배를 불리는 자들을 미워하였다. 또 시인의 상상력으로 세상과 우주의 이치를 꿰뚫고자 하였다. 그러나 김지하의 문학적 형상화 작업이나 저술들 속에는 자신이 섭렵하였던 다양한 사상적 요소들이 스며들어 있다. 종교와 관련지어 보자면 동학을 필두로 하여 강증산의 해원 사상, 민중불교 사상 등을 발견할 수 있다. 이와 더불어 김지하가 기독교 사상으로부터 받았던 영향에 대해서 논하는 것도 가능하다. 그렇지만 김지하와 기독교 사상의 상호 연관성을 묻는 작업은 그다지 활발하지 않다.

이 글은 김지하가 자신의 문학 세계를 구축하고 독재정권을 반대하는 저항시인으로 활동하는 과정에서 기독교 사상이 어떤 역할을 하였고, 이어서 반대 방향으로 김지하가 이루었던 저항문학으로서의 성취가 한국 기독교 신학에 어떤 영향을 주었는지를 탐구하고자 한다. 먼저 김지하가 원주에서 장일순의 지도 아래 천주교의 사회사상 혹은 사회적 가르침에 관한 문헌들을 읽고 토론하는 과정에서 받은 영향을 다룰 것이다. 그런 다음에는 김지하의 문학적 상상력이 한국 개신교 신학에 미친 영향을 추적하고자 한다. 이것은 주로 한국 개신교 민중신학을 체계화한 대표적인 신학자 서남동의 경우를 통해서 살펴볼 것이다. 이러한 논의는 김지하가 품었던 생각과 사상을 현대 한국 사상사의 지평 속에서 이해하는 데 도움을 주리라 기대한다.

2. 김지하와 장일순: 천주교의 사회적 가르침

김지하는 장일순을 처음 만난 것을 1961년 2월로 기억하였다.[1] 그는 1960년 4월 혁명 이후 미학과의 분리대 이전과 민속통일연맹(민통) 결성 등 혼란스러운 학내 상황을 겪은 뒤 부모님이 계신 원주로 내려갔다.[2] 원주 시내의 기독청년회관에서 열린 청년 모임에서 사회를 본 김지하는 장일순이라는 인물을 처음으로 상면했다. 당시에

---

1) 김지하, 『흰 그늘의 길 1』, 학고재, 2003, 372-374쪽.
2) 김지하는 1955년 중학교 1학년 겨울방학 때 목포에서 부친이 일하고 있던 원주로 이

장일순은 윤길중 등과 함께 혁신계 정당 사회대중당을 이끌고 있었다. 김지하는 장일순과의 만남에 대해서 "그날이 아마도 내 삶 속에 선생님이 들어오신 첫날일 것"이라고 회상하였다.

1961년 군사쿠데타 직후 장일순은 중립화통일론을 주장하였다는 이유로 구속되어 7년 형을 선고받고, 3년 동안 복역한 후 1964년 후반에 출소하였다. 출옥 후 장일순은 대성고등학교 이사장으로 복귀하였다. 하지만 1965년 6월로 예정되었던 한일 협정의 정식 조인이 가까워지던 4월 원주에서는 대성고 학생들이 중심을 이룬 전국 최초의 고교생 '한일 협정 반대 시위'가 벌어졌다. 이 일로 장일순은 이사장직을 박탈당하였다. 당시 장일순은 대성고 학생들에게 월간지 『사상계』를 소개하기도 하고, 함석헌을 강사로 초빙하여 특강 형식으로 전교생에게 강의를 하도록 하는 등 대성고 학생들의 사회의식 형성에 영향을 끼친 바 있었다.[3]

앞서 김지하는 1964년 한일 협정 반대운동으로 구속되어 형을 살다가 1965년 출옥하였다. 몇 달 뒤인 1965년 초여름 원주에서 장일순을 다시 만났다. 아마 원주 대성고 학생들의 시위가 있은 뒤의 일로 보인다. 김지하는 장일순이 4월 혁명 후 사회대중당 후보로 원주에서 출마하는 등 현실정치에 참여하는 활동을 펼쳤다가 군사쿠데타 직후 3년 동안 옥고를 치르면서 새로운 사회운동의 가능성을 모색하고 있었다고 기억한다. 김지하가 술회하는 장일순의 당시 생각은 다음과 같다.

사하고 원주중학교로 전학하였다. 2년 동안 원주에서 중학교를 다닌 뒤에 중동고등학교에 입학하면서 서울로 유학하였다. 고등학교 시절에도 주말이면 원주로 가서 지냈다. 김지하에게 원주는 목포에 이어 두 번째 고향인 셈이었다.
3) 김소남, 『협동조합과 생명운동의 역사』, 소명출판, 2017, 71쪽.

지금 베트남에서는 불교와 호치민 세력이 연대하고 있네. 남미에서도 가톨릭이 혁명 세력과 함께 전선에 선 데도 있어. 카밀로 토레스 신부가 그 예야. 나는 이것이 아마 새 시대의 새로운 조류일 것이라고 생각해. 지금 가톨릭에서는 1962년부터 1964년까지 2년 동안 제2차 바티칸 공의회를 열고 인간의 개인적 구원과 사회적 구원을 함께 추진하는 문제를 검토하고 있다고 하네. 아직 그 결과는 알 수 없으나 몇 년 안에 큰 변화가 있을 것 같아. 벌써 여러 해 전에 사회와 정치와 노동문제에 대한 교황의 칙서가 발표된 일이 있으니까. 감옥에서 많이 생각하고 또 나와서 생각한 것인데, 이제는 정치 가지고는 아무것도 안 돼. 정당 같은 것으로는 소용없어. 종교를 우회해야 하네. 종교를 배경으로 하는 새로운 대중운동에 사활이 걸렸네. 나는 불교도 중요시하지만 우선 가톨릭, 그것도 새로운 혁신적 가톨리시즘에 기대를 건다네. 지금 가톨릭은 어둡고 답답해. 그러나 이제 창문을 열기 시작하면 개인 구원과 사회변혁의 새로운 에너지원이 될 거야.[4]

장일순의 의식 변화에 큰 영향을 끼친 것은 지학순 주교와의 만남이었다. 로마 바티칸의 교황청에서는 1965년 3월 22일 원주교구를 신설하고 초대 교구장으로 지학순 주교를 임명하였다. 부산의 초장 본낭 수임이었던 지학순 신부는 5월 29일 부산역을 출발하여 원주교구에 부임하였다. 6월 29일 원주 원동성당에서 주교 승품 및 교구장 착좌식을 거행하였다. 이어서 로마로 가서 9월 14일부터 12월 8일까지 거행된 제2차 바티칸 공의회의 마지막 회기인 제4회기에 한

---

4) 김지하, 『흰 그늘의 길 2』, 학고재, 2003, 81-83쪽.

국 주교단의 일원으로 참석하고 귀국하였다. 원주교구장 지학순 주교는 제2차 바티칸 공의회의 정신에 따라서 자신의 사목을 도울 평신도 지도자를 양성할 계획을 세우고 사람을 물색하다가 장일순과 만나게 되었다. 지학순 주교의 전폭적인 지원 아래 장일순은 공의회 문헌을 공부하는 그룹을 만들고 천주교의 사회적 가르침을 교육하였다. 지학순 주교는 아직 공의회 문헌들이 한국어로 번역되어 있지 않기 때문에[5] 일본에서 일본어로 번역된 공의회 문헌들을 들여와서 장일순에게 번역을 의뢰하였다.[6] 이렇게 하여 지학순 주교와 장일순은 개인의 영혼 구원만을 중시하던 과거의 천주교를 벗어나서 변화하는 현대 사회와 함께 호흡하고 사회정의 실현에 앞장서는 새로운 천주교를 만들기 위하여 원주교구를 터전으로 활동하게 되었다.

한편 원주교구에서 장일순을 중심으로 공의회 문헌을 학습하는 모임이 있다는 소식은 1967년 무렵 김지하에게도 알려졌다. 폐결핵이 심해지자 김지하는 1967년 2월부터 1969년 6월까지 서대문 역촌동 포수마을에 있는 역촌동 서대문시립병원의 폐결핵 요양원에 입원해 있었다. 어느 겨울에 선배 한기호가 요양원으로 찾아와서 장일순의 근황을 알려주었다. 지금 원주에서 후배들과 함께 새로운 진보적 가톨리시즘 공부를 하고 있다는 것이었다. 1962년부터 1964년까지 열린 공의회에서 2년 동안 검토한 사회개혁의 메시지와 방법론, 신학적 배경을 정리한 문건들이 속속 출간되어 원주의 장일순이 후

---

[5] 제2차 바티칸 공의회 문헌들이 정식으로 한국어로 번역, 간행된 것은 1969년의 일이었다. 박정일, 「개정판을 펴내며」, 『제2차 바티칸 공의회 문헌』, 한국천주교중앙협의회, 2002.
[6] 백효민, 「장일순 안의 가톨리시즘」, 『교회사연구』 58, 2021, 208쪽.

배들과 함께 공부 중이라는 소식이었다.[7] 퇴원 후 김지하는 원주에서 머물 때 장일순의 공부 모임에 참석한 적이 있었다. 그 모습을 다음과 같이 묘사하였다.

> 가톨릭 센터 한 작은 방에 장일순과 젊은 그들이 모여 있었다. 십여 명 될까? 책상 위에 당시 교황 바오로 6세의 민족의 발전 촉진에 관한 회칙을 놓고 공부하고 있었다. 구석에 조용히 앉아 귀 기울여 들으니 텍스트의 착 가라앉은 침착성 뒤에 수많은 논쟁과 토론과 노선 선택의 갈등이 개재한 것 같았고, 그 논리의 여유로움은 이천 년 역사와 조직의 방대함과 치밀함에 대한 자부심에서 기인한다는 것을 느낄 수 있었다.[8]

그러나 김지하는 장일순의 공의회 문헌 공부 모임에 곧장 합류하지는 않았던 것으로 보인다. 1969년부터 1970년 상반기까지 직장 생활, 시인으로서의 등단, 시작 활동, 연극 연출 활동 등으로 바쁜 나날을 보냈기 때문이다. 1969년 8월에 '코리아 마케팅'이라는 회사에 카피라이터로 취직하여 넉 달 동안 직장을 다녔다. 이어서 11월에는 『시인』 11월호에 시 「황톳길」 등을 상재함으로써 시인으로 등단하였다. 1970년에는 『사상계』 5월호에 「오적(五賊)」을 발표하였다. 또한 풍자극 「나폴레옹 꼬냑」의 연출을 맡아 무대에 올리려고 하였으나 하루 전인 6월 20일에는 체포되고 말았다.

1970년 11월 13일에는 전태일의 분신 사건이 벌어졌다. 장례식 이

---

7) 김지하, 『흰 그늘의 길 2』, 148쪽.
8) 위의 책, 148-149쪽.

후 이어진 대학가의 시위와 추모 행사 뒤에 김지하는 원주로 내려가서 앞으로의 운동 방향에 관하여 장일순과 의논했다. 장일순은 자기 집에 머물면서 천천히 생각해보라고 권하였다. 김지하는 원주 봉살미 아래 봉산동 장일순의 자택에 머물던 무렵에 교황이 발표한 여러 회칙과 방대한 공의회 문헌들을 읽으면서 지냈다고 술회하였다.[9] 김지하의 기억이 정확하다면 1970년 겨울과 1971년 봄에 김지하는 장일순의 지도를 받으면서 본격적으로 천주교의 사회적 가르침을 공부하였다.

훗날 1975년 5월 3일에 발표된 「양심선언」[10]에서 김지하는 자신이 학습한 천주교 문헌들을 구체적으로 언급하였다. "나의 경우 신과 혁명의 통일적 영상은 요한 23세의 「어머니와 교사」가 '지상 양식의 기적을 통해 천상 양식의 마련을 예고' 하던 예수의 빵의 신비를 지적함으로써 한층 분명하여지고, 현대의 해방신학의 보고들, 그리고 제2차 바티칸 공의회 이후의 교황들의 칙서 및 그 이전의 「레룸 노바룸」, 「콰드라게시모 안노」 등의 회칙 등으로 인하여 더욱 구체화되어 왔다."[11]

이상에서 언급된 천주교 문헌들을 시대순으로 나열하면 다음과 같다. 먼저 「레룸 노바룸(Rerum Novarum, 새로운 사태)」은 「노동헌장」이라고도 불리며 1891년 레오 13세 교황이 반포한 문헌으로서 사회 문제를 다룬 최초의 교황 회칙이다. 가톨릭 사회운동에 대한 지지를 표명하였고, 사회주의를 반대하여 사유재산제도를 옹호하면

---

9) 김지하, 『흰 그늘의 길 2』, 184쪽.
10) 이 「양심선언」은 김지하가 감옥 밖으로 내보낸 옥중수첩을 토대로 조영래가 집필하였다고 한다.
11) 김지하, 『남녘땅 뱃노래』, 두레, 1985, 54쪽.

서도 노동자의 자기방어 권리로서 노동조합 결성을 권장하였다. 다음으로 「콰드라게시모 안노(Quadragesimo Anno, 사십주년)」는 「레룸 노바룸」 반포 40주년을 기념하여 1931년 비오 11세 교황이 반포한 문헌인데, 역시 사회 문제에 대한 교회의 역할을 강조하고 인간의 평등성이라는 관점에서 계급 문제에 균형이 있어야 한다고 주장한 회칙이다. 이어서 1961년에 요한 23세가 반포한 회칙 「어머니요 스승(Mater et Magistra)」은 천주교가 주장하는 사회 정의의 개념을 재정립한 문헌으로 평가된다. 그리고 앞서 장일순이 원주에서 젊은이들과 학습하였다는 바오로 6세의 회칙 「민족들의 발전(Populorum Progressio)」은 제2차 바티칸 공의회가 끝난 뒤인 1967년에 나온 것으로, 세계의 인류 공동체는 서로 협력하여 빈부의 격차를 없애고 서로 형제처럼 살아야 한다는 점을 강조한 문헌이다. 그래서 서구 사회가 아시아, 아프리카, 라틴아메리카 등 비서구 지역에 대해 자행한 식민주의 수탈을 비판하고 저개발 국가의 제반 문제들에 지적과 해결 방안을 담고 있다. 이러한 교황 회칙들과 제2차 바티칸 공의회 문헌들은 1960년대 말부터 한국 천주교가 사회 참여에 눈을 뜨게 되는 동력을 제공하였다.[12]

전태일의 분신을 계기로 한국의 노동 현실을 자각한 김지하는 제2차 바티칸 공의회 문헌들과 각종 교황 회칙들을 장일순의 공부 모임에서 함께 학습하면서 천주교의 사회적 가르침을 흡수하였다.[13] 그

---

[12] 강인철은 제2차 바티칸 공의회 문헌을 포함하여 역대 교황의 사회적 가르침이 담긴 회칙들이 한국어로 번역, 간행된 시기를 정리하면서 1965년부터 1973년까지를 한국 천주교가 사회 참여에 나서게 되는 학습과 계몽의 시기로 표현한 바 있다. 강인철, 「한국 교회의 사회 참여와 제2차 바티칸 공의회」, 『교회사연구』 25, 2005, 17-20쪽.
[13] 김지하는 1971년 부활대축일에 프란치스코라는 세례명으로 세례를 받았다. 이미 김

리고 이것은 김지하가 가지고 있었던 문화운동가로서의 감수성, 민중지향적인 사고 등과 결합하면서 폭압적인 군사정권과 반민중적인 경제 질서를 비판하는 에너지로 작용하였다. 그 결과로 출현한 김지하의 문학 활동이 바로 1972년 3월 천주교에서 간행하던 종합월간지『창조』에 발표된 연작시「비어」의 제3연 '육혈포 숭배', 1973년 원주 가톨릭회관에서 공연된 연극 〈금관의 예수〉, 그리고 1974년의 옥중 메모에 적힌「장일담」구상이다. 이들 작품에는 김지하가 습득한 기독교의 비판적 사회 인식이 녹아 있다.「비어」와「장일담」은 개신교 민중신학의 출현과 관련이 깊으므로 다음 장에서 설명하기로 하고, 여기서는 〈금관의 예수〉에 관하여 논하도록 하겠다.

희곡 〈금관의 예수〉는 1971년 겨울 한국의 소도시에 있는 어느 성당을 배경으로 가난으로 고통받고 사회적으로 냉대를 당하는 거지, 문둥이, 창녀, 이들의 아픔을 외면하는 신부, 교회 공사를 따내어 배를 불리는 음탕한 사장, 사회적 약자들의 신산한 삶을 동정하며 그들을 위한 싸움에 나서게 해 달라고 기도하는 수녀 등을 등장인물로 내세워 사회 현실을 비판하고, 그러한 현실에 안주하고 있는 교회를 질타하는 내용으로 구성되어 있다. 십자가에 매달려 있던 예수가 갑자기 살아나서 문둥이를 설득하여 금관을 벗기게 하고 억압당하는 민중과 함께 불의와 부패와 빈곤과 악을 물리치는 투쟁에 나서려고 하지만, 신부와 사장과 순경이 금관을 다시 빼앗아 예수의 머리에 씌워버림으로써 종전대로 굳어져 버린다는 것이다.

지하가 공의회 문헌과 각종 교황 회칙들을 학습하였다는 것을 알고 있었던 원주 단구동 성당 주임 이영섭 신부는 별도의 예비자 교리 학습을 부과하지 않고 그대로 세례를 주었다. 김지하,『흰 그늘의 길 2』, 188쪽.

원래 〈금관의 예수〉는 가톨릭 문인 이동진이 처음 쓰고 여러 사람의 손을 거친 다음에 최종적으로 김지하에 의해서 마무리된 작품이다.14) 이동진의 원 대본은 극단 '상설무대'가 1972년 1월 21일부터 2월 10일까지 서강대학교 운동장의 야간 야외공연으로 초연한 것이었다.15) 하지만 이동진의 원작은 김지하에 의해서 상당히 많이 수정된 것으로 보인다.16) 김지하 본인도 "가톨릭 쪽 사람 이동진이 이미 플롯을 세운 위에 내가 이전에 쓴 「구리 이순신」과 오스카 와일드의 동화를 끌어들여 대폭 뼈대를 수정하고, 이종률과 우리 쪽 멤버들이 대거 참여해 연습 과정에서 '어렌지'를 과감하게 행함으로써 거의 새 작품이 되었다"고 말하였다.17)

　〈금관의 예수〉에는 김지하가 장일순과 함께 천주교 문헌을 학습한 흔적이 여러 군데 나타나 있다. 먼저 제1장 후반부에는 신부와 수녀가 나누는 대사가 나온다. 수녀는 창녀 홍 막달레나가 와서 고해성사를 청한다고 하자, 신부는 마뜩잖은 어조로 시간이 없다며 다음에 오도록 하라고 말한다. 그리고 사회정의평화위원회 임원들의 면담에 대해서도 교회는 정치문제에 개입해서는 안 된다고 하면서 면담을 거절한다. 그러자 수녀는 신부의 언동을 다음과 같이 비판한다.

　　수녀: 문둥이, 거지, 도둑, 깡패, 그리고 창녀들, 날품팔이 일꾼들, 그

---

14) 박영정,「1970년대 기독교 연극 연구」,『국제어문』21, 2000, 174쪽.
15) 이동진,『희곡 금관의 예수』, 해누리, 2022, 5쪽.
16) 이동진의 원래 희곡 대본과 김지하와 동료들이 개작한 「금관의 예수」를 비교하면 그 내용에서 현격한 차이가 있다. 김지하의 「금관의 예수」는 김지하,『민족의 노래 민중의 노래』, 동광출판사, 1984에 실려 있으며, 민주화운동기념사업회의 오픈 아카이브 홈페이지에서도 열람할 수 있다.
17) 김지하,『흰 그늘의 길 2』, 202쪽.

사람들도 모두 천주님의 백성들입니다. 더욱이 예수님께서는 그런 사람들을 특히 사랑하셨습니다.

신부: 아니, 날 가르칠 셈이요? 어떻든 데모는 안 돼요.

수녀: 「어머니와 교사」, 「지상의 평화」, 공의회의 모든 결정들, 교황의 여러 가지 말씀들, 사회정의 실현에 관한 주교회의의 결정들, 이 모든 것이 공연한 이야기들인가요?

신부: 시간이 없다. (일어서며 손목시계를 본다.)18)

여기서 교황 회칙과 공의회 문헌들을 나열하며 신부를 비판하는 수녀의 목소리는 바로 김지하 자신의 목소리이기도 하였다. 1970년 하반기부터 1971년 봄까지 장일순과 함께 공의회 문헌 등을 학습한 결과가 희곡 〈금관의 예수〉에서 수녀의 목소리로 등장하고 있다.19) 교회가 소외된 사람들에게 관심을 가지고 그들을 돌보는 역할을 해야 한다는 점은 1960년대부터 천주교 내부에서 생겨나는 자기비판의 목소리인데, 김지하는 〈금관의 예수〉에서 이러한 점을 강조하였다.

그런데 〈금관의 예수〉에는 또 한 가지 주목할 만한 점이 있다. 김지하는 장일순과의 학습에서 천주교의 사회적 가르침을 받아들였지만, 사회적 구원의 주체성이라는 점에서는 전통적인 기독교의 신학적 입장과 그 결을 달리한다는 것이다. 다시 말하면 해방자이자 구원자로서 예수의 역할만큼이나 민중의 주체성도 함께 강조하고 있다.

---

18) 김지하, 『민족의 노래 민중의 노래』, 100쪽.
19) 이동진의 희곡에는 위에서 인용한 대사들이 들어 있지 않았다. 그다음의 대사들도 없다. 따라서 이 부분은 김지하의 창작으로 보아야 한다.

문둥: 예수님, 어찌하면 예수님이 해방될 수 있습니까? 다시 살아나실 수 있습니까? 어찌하면 다시 살아나 저희들에게 오실 수 있겠습니까?

예수: 내 힘만으로는 안 된다. 너희들이 나를 해방하지 않으면 안 된다. 안락과 부귀와 영예와 권세를 가까이 하려는 자는 안 된다. 의롭지 못한 자도 안 된다. 용기 없는 자는 안 된다. 기도만으로도 안 된다. 기도와 함께 행동하지 않으면 안 된다. 가난한 사람들을 위해, 억눌린 사람들을 위해 행동하는 사람, 그리고 너와 같이 가난하고 불쌍하고 핍박받으면서도 어진 사람들밖엔 안 된다. 네가 내 입을 열었다. 네가 내 머리에서 금관을 벗겨내는 순간 내 입이 열렸다. 네가 나를 해방하리라.

문둥: 저는 힘이 없습니다. 제가 어떻게?

예수: 너만이 날 해방하여 내가 너희들과 함께 이 세상에서 하늘나라를 이룩하게 만들어 줄 사람이어라. 너의 그 가난, 너의 그 슬기와 어진 마음, 더욱이 불의에 대해 항거하려는 네 용기가 바로 그것이다. 자, 가까이 오라. 네가 내 입을 열게 했듯이 내 몸을 자유롭게 하라. 이 시멘트를 벗겨내라. 내 머리 위엔 가시관으로 족하니라. 어리석고 탐욕한 자들이 외식을 즐기며 금으로 만든 관을 내 머리에 씌웠다. 금관이 속됨으로 나는 더 깊혀지고 익눌리고 밀소사 못아는 것을 네가 해방했다.[20]

김지하에게 예수와 억압받는 민중은 구원의 주체와 객체로 나뉘지 않는다. 민중 역시 제도 교회의 틀 속에 갇힌 예수를 해방하는 주

---

20) 김지하, 『민족의 노래 민중의 노래』, 133-134쪽.

체로 설정된다. 그래서 예수가 자신의 백성을 구원하듯이, 예수 자신도 자신의 백성에 의해서 구원자로 해방되는 과정을 거쳐야 한다. 이로써 2천 년 전 팔레스티나에서 살았던 역사적 예수와 1970년대 한국 사회의 민중은 구원과 해방의 서사에서 상호적인 주체로 인식된다. 이러한 점은 김지하가 일방적으로 기독교 사상을 흡수하였다기보다는 한국 민중의 현실이라는 맥락 속에서 자기만의 방식으로 소화하였다는 점을 잘 드러내 보여준다고 하겠다.

3. 김지하와 서남동: 개신교 민중신학의 태동

김지하는 1972년 천주교에서 발행하는 종합월간지 『창조』 4월호에 풍자시 「비어(蜚語)」를 발표하였다. '소리 내력(來歷)', '고관(尻觀)', '육혈포(六穴砲) 숭배'의 세 부분으로 구성된 「비어」가 정부를 비판하는 내용을 담고 있다고 하여, 사장 유봉준 신부가 3월 18일에, 주간 구중서가 3월 29일에 중앙정보부에 연행되었다. 경찰은 『창조』 4월호를 판매금지시켰다. 그리고 이 일로 유봉준 신부와 구중서 주간은 사표를 내게 되었다. 그리고 잡지 『창조』는 1972년 11월에 폐간되었다. 『창조』는 1933년 6월 10일에 창간되었던 천주교 잡지 『가톨릭 청년』이 일제의 강압에 의해 1936년 12월 자진 폐간했다가 해방 후인 1947년 4월 복간되어 1971년 9월 제호를 『창조』로 바꾸어 종합 월간지로 다시 출발한 잡지였다. 그런데 불과 1년 만에 김지하의 시 「비어」로 촉발된 필화사건으로 폐간된 것이었다. 그러나 김지하의 시는 잊히지 않았으니, 같은 해인 1972년 4월 21일에 발행된 일본의 주간지 『주간(週刊) 아사히[朝日]』에 소개되면서 세

계 각국에 널리 알려지게 되었다.[21]

「비어」의 세 번째 부분인 '육혈포 숭배'의 내용은 대략 다음과 같다. 어느 날 임금이 잔치를 벌인 자리에 커다란 구렁이가 서까래를 감고 틀어 서리더니 홀연 사라져 버리자 임금은 병을 얻어 배가 불러왔다. 복사(卜師)를 불러 무슨 병인지 아뢰라고 하자, 복사는 구렁이 알을 잉태하였다고 하면서 산 사람 간을 약으로 먹으면 효험을 볼 것이라고 한다. 공산당 간이 독하기로 이름 나서 특효이나 너도나도 잡아먹어 씨가 말랐으니 독하기론 버금가는 예수쟁이 생간이 좋을 것이라고 하였다. 임금은 온 나라 예수쟁이 가운데서도 가장 독하기로 이름난 놈들만 골라 교회 안에 모아 놓고 배를 갈라 생간을 모두 바쳐 평소의 은혜에 보답하라고 하였다. 임금은 육혈포를 뽑아 들고 협박하다가 뒷벽 십자가에 붙은 예수상에 눈이 갔다.

> "네놈들이 무얼 믿고 까부나 했더니 저걸 믿고 까불었구나. 내가 세상에서 가장 꼴 보기 싫은 것이 저 예수란 놈 꼴이겠다. 세상의 온갖 고통, 인간의 모든 고민을 짊어진 척 목수쟁이 천한 놈이 출세욕에 급급하여 천자라고 혹세하고 비어로써 무민하니 비웃음도 당연하고 죽는 것도 당연하다. 대 라마 제국의 힘을 무엇쯤으로 알았더냐. 믿을 것은 예수 놈이 아니라 오로지 육혈포뿐이로다. 짐이 저걸 당장에 육혈포로 막살 내셨으니 눈여겨서 잘 보아라."

임금이 예수상을 육혈포로 쏘자마자 시뻘건 피가 예수 가슴팍에서

---

[21] 이미 1970년 6월에 나온 『주간 아사히』에는 김지하의 시 「오적」이 전문으로 게재된 적이 있었다. 이것은 2022년 6월 25일 서울 천도교 대교당에서 열린 김지하 시인 49재 추모문화제에서 김지하 시인의 일본어 작품집 편집자 미야타 마리에가 추모사에서 밝힌 것이다.

용솟음치고 흘러서 온 교회에 꽉 찼다. 앉아있던 야소장 천주장들이 일어서서 몰려오자 임금이 몸을 비틀다가 구렁이 알을 낳았는데, 구렁이 알이 깨지고 구렁이 새끼가 기어 나와 엄마하고 부르자, 질겁한 임금이 닥치는 대로 육혈포를 쏘며 소리를 질렀다.

"사대문을 닫아라, 출입을 엄금하라. 남김없이 체포하라. 함구령을 선포하라. 기갑여단을 진주시켜라. 항공기를 투입시켜라. 근왕병을 출동시켜라. 저놈의 빌어먹을 예수란 물건을 한 조각도 남김없이 콩가루로 만들어라."

소총과 기관총과 대포와 전차포와 비행기가 사면에서 예수상을 철통같이 에워싸고 마구잡이로 쏘는데, 하도 조그만 물건이라 적중을 못 시키고 저희끼리 쏘아대서 죽고 죽이고 부수고 부서지고 망가뜨리고 망가져서 모조리 한꺼번에 왕창 망해 버렸다는 이야기.22)

김지하가 「비어」를 발표하고 2년이 지난 뒤인 1974년 7월 23일부터 8월 4일까지 세계기독교협의회(WCC)의 '신앙과 직제 위원회 (Commission on Faith and Order)' 회의가 아프리카 가나에서 열렸다. 당시 기독교 장로회 소속 목사이자 연세대학교 신과대학 학장이었던 서남동은 '신앙과 직제 위원회'의 위원 자격으로 이 회의에 참석하였다. 스위스 개혁교회 목사였던 한스-루디 베버(Hans-Ruedi Weber) 박사는 7월 25일 저녁에 카메룬 예수회의 엥겔베르트 음벵 (Engelbert Mveng, 1930-1995) 신부와 공동발표를 하였는데 그 주제는 「여러 문화에 있어서의 십자가(The Cross in Many Culture)」였다. 서남동의 술회에 따르면 한스 베버 박사의 발표는 신약성서에 기록

---

22) 김지하 외, 『한국문학 필화작품집』, 도서출판 황토, 1989, 37-41쪽.

된 예수의 십자가형 처형 사건이 시대와 문화에 따라 어떻게 해석되어 왔는지를 다룬 것이었다. 그런데 베버 박사는 김지하의「비어」에 실린 '육혈포 숭배'를 소개하는 것으로 발표를 마무리하였다.23)

서남동은 베버 박사의 발표를 통해서 김지하의 시「비어」를 처음 접하였다. 그리고는 귀국하는 과정에서 일본에 들러 김지하의 시를 구해서 읽었다고 한다.24) 서남동은 1975년 『기독교사상』 2월호에 실린「예수·교회사·한국교회」라는 글에서 베버 박사의 발표를 소개하였다. 그러면서 김지하의 '육혈포 숭배'에서 지상의 권세와 십자가의 대결이 가장 극적으로 묘사되었으며, 김지하의 시가 보여주는 묵시문학적인 문체는 눌린 자의 비전이라고 해석하였다.25)

서남동은 민중이라는 실체를 자신의 신학의 중심 과제로 설정한 것은 1974년부터라고 회고하였다. 그리고 1975년에 연세대학교 신과대학 퇴수회에서「예수와 민중」이라는 제목으로 주제 강연을 하였는데, 이것이 민중신학의 외적인 출발이라고 하였다.26) 그러므로 서남동이 민중신학을 구상하게 된 것은 1974년 김지하의 시「비어」에 실린 '육혈포 숭배'를 접하고 나서 이루어진 일로 보는 것이 합당하다.27)

---

23) 서남동, 『민중신학의 탐구』, 한길사, 1983, 24-26쪽.
24) 서구 신학자들이 어떻게 김지하의 작품을 알고 있었는지, 그리고 서남동은 일본에서 어떻게 김지하의 시집을 구할 수 있었는지에 관해서는 다음의 논문을 참고할 수 있다. 장문석, 「현해탄을 건넌 '타는 목마름'」, 『상허학보』 58, 2020, 100-103쪽.
25) 서남동, 『민중신학의 탐구』, 26쪽.
26) 서남동, 『민중신학의 탐구』, 173쪽.
27) 서남동이 김지하의 시를 처음 접한 것이 언제였는지에 대해서는 분명하지 않다. 이에 대해서 문동환은 약간 다른 내용을 회고한 적이 있다. 서남동은 1970년 8월 아프리카 나이로비에서 열린 세계장로회 연맹 제22차 총회에 참석하였는데, 그곳에 모인 외국 신학자들이 한국의 김지하와 그의 시「오적」에 대해서 높이 평가하는 이야

서남동이 김지하의 문학에서 받은 감동을 신학의 주제로 끌어오면서 민중신학의 한 축이 구성된 것은 분명한 사실이다. 그러나 민중신학의 형성 과정에는 다양한 흐름이 합류해 있었다. 유동식은 1970년대 한국 개신교 진보 진영에서 생겨난 신학적 조류로서 민중신학의 형성에 관여한 신학자들로 김정준, 서남동, 안병무, 김용복, 현영학 등을 들었다. 그에 따르면 핵심적인 역할을 담당한 이는 조직신학자 서남동이었다. 그리고 성서신학자 안병무는 성서 신학의 차원에서, 그리고 개신교 윤리학자 현영학은 전통적 서민 문화의 차원에서 각각 특색있게 민중신학을 전개하였다.[28]

민중신학이 태동하는 과정에서는 1960년대 후반부터 한국의 개신교 신학계에 라틴아메리카의 해방신학 등 해외에서 새로운 신학 사조가 소개되기 시작하면서 한국적인 현실에서 신학을 정초해야 한다는 목소리가 싹텄다는 점, 1970년 전태일의 분신 이후 한국 사회의 불평등과 노동 현실에 대한 자각이 이루어졌다는 점도 주요하게 작용하였다. 이와 더불어 1973년 5월 20일에 발표된 유신체제를 비판하는 「한국 그리스도인 선언」도 한국 개신교의 사회 참여에서 분수령이 되는 사건이었다. 이러한 움직임 속에서 서남동은 1973년 7월 8일에 간행된 『대화』지에 「한국 교회의 십자가 이해」라는 글에서 다음과 같은 말을 남겨 한국 개신교 신학계에 새로운 신학이 태

기를 듣고 충격을 받았으며, 정작 한국의 신학자인 자신은 김지하의 시를 읽어보지 못했다는 사실에 부끄러움을 느꼈다는 것이다. (문동환,「김지하의 '오적' 민중신학 재촉」,『한겨레』, 2008년 8월 26일.) 그러나 서남동 본인은 1974년 7월의 세계기독교협의회 '신앙과 직제 위원회' 회의에서 김지하의 '육혈포 숭배'에 대한 발표를 들었던 것을 강조한다. 그러므로 이 글에서는 김지하가 한국 민중신학의 태동에 끼친 영향을 논하면서 서남동의 회고에 방점을 두고자 한다.

28) 유동식,『한국신학의 광맥』, 전망사, 1982, 258-259쪽.

동하고 있음을 알렸다.

> 오늘 한국교회의 비교적 젊은 세대 중의 일부에서 그리스도의 십자가를 이해하는 데 있어서 본 회퍼 목사의 처형당함과, 노무자들의 인권을 위해서 분신한 전태일 군의 결단의 경우를 오늘의 십자가의 영상으로 이해하고 있는 것 같다. 그렇다면 오늘날 그리스도인들이 이해하고 있는 십자가는 교회나 신앙을 지키는 데서 오게 되는 순교의 내용에서 나아가서 일반적인 눌린 자들을 위한 인간적인 결단에로 확대되어 가는 셈이다.29)

이처럼 서남동과 안병무, 현영학을 비롯한 일군의 한국 개신교 신학자들은 1970년에 접어들어 한국의 민중이 처한 사회 현실을 비판하고 기독교의 복음에 따라 사회 참여를 추진하는 신학을 구상하게 되었다. 민중신학이라는 이름의 시발점을 이룬 것으로는 『기독교사상』 1975년 4월호에 실린 안병무의 「민족, 민중, 교회」, 그리고 서남동의 「민중의 신학에 대하여」를 주로 꼽는다.30) 그러나 앞서 보았듯이 서남동이 민중을 신학적 주제로 설정하는 신학을 생각하게 만든 것은 김지하의 작품이었고, 그 영향은 1974년부터 나타나기 시작하였다.

민중신학이라는 울타리로 묶을 수 있는 1970년대 개신교 신학자들 가운데서도 특별히 서남동에게서 김지하의 민중 문학이 미친 영향이 분명하게 드러난다. 서남동과 김지하, 또는 김지하의 문학적 상상력이 서남동의 신학적 언어에 미친 영향을 가장 극명하게 보여주

---

29) 서남동, 『전환시대의 신학』, 한국신학연구소, 1976, 90-91쪽.
30) 이상철 외, 『민중신학, 고통의 시대를 읽다』, 분도출판사, 2018, 8쪽.

는 사례는 바로 김지하의 '장일담' 구상에 대한 서남동의 신학적 해석이다.

김지하는 1975년 3월 13일 오전 9시 40분 경에 서울에서 원주 집으로 가려고 정릉의 처가에서 나오다가 중앙정보부에 연행되었다. 중앙정보부는 원주 집을 수색해서 영등포교도소에 수감되어 있을 때 작성했던 옥중 메모를 비롯한 기록과 책을 압수하였다. 김지하가 반공법 위반 혐의로 기소된 이후에 검찰의 공소장에는 김지하의 원주 집에서 찾아낸 「장일담」 작품 구상 메모가 등장한다.[31] 이 메모는 김지하가 1973년 11월 5일 유신체제를 반대하는 '민주 수호를 위한 시국선언문' 발표로 인하여 1974년 전남 흑산도에서 체포되고, 비상 군법회의에서 사형을 선고받았다가 7월 2일 무기징역으로 감형되어 1975년 2월 15일 형 집행 정지 처분으로 출감할 때까지 영등포교도소에 수감되어 있을 때 쓴 것이었다.[32] 김지하가 1975년 5월 옥중에서 쓴 「양심선언」에서 장일담이라는 작품을 구상하게 된 계기를 다음과 같이 소개하였다.

> 나는 1971년 이래 지금까지 줄기차게 전개되어 오고 있는 한국 기독교의 민권운동의 실천에 스스로 참여한 과정을 통하여 한국과 같은 가장 깊은 모순을 품은 복잡한 조건과 풍토 속에서 독특한 생명력을 발휘해 온 우리 민중의 끈덕진 저항과 혁명의 전통 속에 신과 혁명의 통일이라는 새로운 인간 해방의 원리를 창출하여 제3세계에 제시할

---

31) 김정남, 「증언, 박정희 시대 12 김지하 양심선언」, 『한겨레』, 2012년 2월 13일.
32) 검찰의 공소장에는 1975년 1월 초순부터 중순까지 김지하가 출역하던 영등포 교도소 내 인쇄공장에서 남은 종이로 만든 소형 수첩에 붉은색 볼펜으로 메모를 작성하였다고 되어 있다.

소재(素材)의 금광맥(金鑛脈)이 있다는 확신을 갖게 되었다. 이 소재를 현대의 해방신학의 끌로 다듬어낼 때 '하느님의 선교'(Missio Dei)는 투박한 한국적 민중투쟁의 전통 속에서 새로운 모습으로 기적을 일으킬 것이다. 바로 위와 같은 주제들, 한 종교가의 가르침과 사상적 편력의 일생을 통하여 복음서 형식으로 표현하려 한 것이 장일담이며, 소위 '반국가적 표현물 제작 예비음모'에 저촉되었다고 박정권이 주장하는 시작구상(詩作構想)인 것이다.[33]

그러면서 김지하는 자신이 구상한 장일담의 내용을 소개하였다. 「양심선언」에서 소개한 장일담 구상 메모를 요약하면 다음과 같다.[34] 장일담은 백정과 창녀의 아들로 태어난 도둑놈이다. 그는 부자가 훔쳐간 돈을 가난뱅이가 도둑질하여 나눠야 한다고 생각하여 그것을 실행하다가 감옥에 들어간다. 장일담은 탈옥하여 수배되고 창녀들이 있는 뒷골목에 숨는다. 장일담은 창녀들에게 하느님은 바로 당신들의 썩은 자궁 속에 있다, 하느님은 밑바닥에 있다고 설파한다. 그 후 장일담은 계룡산에 들어가 해동극락교를 선포하고 네

---

33) 김지하, 「양심선언」, 『남녘땅 뱃노래』, 54-55쪽.
34) 「장일담」 구상 메모는 중앙정보부에 압수되었고 김지하가 반공법 위반 혐의로 기소되었을 때 검찰에 의해서 증거물로 제출되었을 것이다. 현재 「장일담」 구상 메모의 원본은 어디에 있는지 알 수가 없다. 이 사건의 담당 변호인이었던 홍성우 변호사가 보관하고 있던 검찰의 공소장, 변호인의 항고장, 변론요지서, 김지하의 최후진술, 시인 구상과 문학평론가 김병익 등의 감정의견서, 제1심 판결문, 검사의 항소이유서 등에도 「장일담」 구상 메모는 보이지 않는다. 다만 김지하의 변호인들이 1976년 12월 23일에 재판정에 제출한 변론요지서에 「장일담」 구상 메모를 설명하는 부분이 다섯 쪽 분량으로 소개되어 있다. 그 내용은 「양심선언」에 실린 것과 거의 유사하다. (민주운동기념사업회-서울대학교 법학연구소 공익인권법센터 편, 『인권변론자료집 2』, 경인문화사, 2012, 271-276쪽.)

단계 수행과 공동소유, 혁명 행동을 설교하고, 이 세상은 말세이며 곧 새 세상이 온다고 선언한다. 장일담은 노동자, 농민의 무리와 더불어 마귀가 있는 서울을 향하여 깡통을 들고 진군한다. 그는 극락이란 밥을 나눠 먹는 것이며 밥이 하늘이라고 선포한다. 장일담은 배신자 유다스의 밀고로 잡혀 죽는다. 한마디 변명도 없이 반공법, 국가보안법, 내란죄 등의 죄명을 쓰고 목이 잘린다. 처형된 장일담은 사흘 만에 부활하여 그 목이 배신자의 목을 떼고 배신자의 몸통에 붙는다. 이 기이한 결합은 복수이면서 동시에 악인까지도 구원하는 기이한 장일담의 사상을 표현한다.[35] 이상의 내용이 김지하의 장일담 구상이었다.

  김지하 본인도 장일담이 어렴풋한 윤곽일 뿐이며 아직 미완성의 세계라고 하였다. 그래서 그 속에는 김지하가 섭렵한 다양한 사상들이 혼재되어 있다. "종교적 고행과 혁명적 행동이, 예수의 행적과 최수운, 전봉준의 투쟁이, 초기 기독교의 공동체적 생활양식에의 동경과 우리 민족의 오래고 강인한 민중운동에의 애착이, 파울로 프레이리의 피압박자의 교육 테제, 프란츠 파농의 폭력론, 블랑키스트적인 급진폭력, 기독교의 원죄론적인 인간관, 가톨릭의 '행천주(行天主)' 사상 등과 불교의 윤회설, 임꺽정, 홍길동의 활빈(活貧) 사상, 동학의 시천주, 양천주 사상들이 혹은 결합하고 혹은 용해되고 혹은 서로 모순하고 부딪치면서 어지럽게 교차하고 있다"는 것이다.[36]

  그래서 장일담에 대해서는 다양한 해석들이 존재한다. "밥이 하늘"이라는 메시지는 동학의 제2대 교주 최시형(崔時亨)의 사상에서

---

35) 김지하,「양심선언」,『남녘땅 뱃노래』
36) 위 글, 56쪽.

영감을 얻었으며, 득도하여 해동극락교를 선포하고 서울로 진격하는 모습은 동학농민혁명을 본뜬 것이라는 평가가 있다. 그리고 무저항이 몸으로 붙잡혀 처형되고 부활하여 영혼이 되어서도 "밥을 나눠 먹자"고 외치는 모습은 기독교의 비폭력사상, 부활 신앙, 코이노니아 사상에 더하여 천주교의 사회적 가르침이나 해방신학의 영향이 들어 있다고 해석하는 경우도 있다.[37] 그렇다면 민중신학의 입장에서는 장일담을 어떻게 해석하는가? 먼저 서남동의 말을 들어보자.

> 어두운 뒷골목의 가난하고 병들고 정신착란을 일으킨 창녀의 몸에서 한 새 생명이 태어나는 눈부신 기적을 장일담은 보았다. 그 아기 새 생명의 탄생은 곧 그 자신[장일담]의 탄생이었다. 그리고 그 새 아기의 생명은 통시적(通時的)으로 공시적(共時的)으로 짓밟히고 가난하고 병들어 아픈 어둠을 온통 삼켜버리는 새 생명이었다. 세상 죄가 만들어낸 희생의 제물인데 그 세상 죄를 온통 흡수해버리고 심판하고 속죄하는 속죄양이 태어난 것이다. 어둠은 빛을 이기지 못한다는 증거다. 지금까지 여기까지 남김없이 덮고 있는 죽음의 그늘이 제아무리 짙다고 할지라도 결국 새 생명의 탄생을 막지는 못한다는 증거다. 죽음을 이기는 것이 생명이다. 그것이 그리스도적 생명이다.[38]

요컨대 서남동은 한국 민중의 고난과 예수의 수난을 하나로 합류시키고 이를 신학적으로 해석해내는 것이 한국 민중신학의 과제인데, 「장일담」이 그 생생한 사례라고 보았다. 서남동은 『신학사상』

---

37) 후루타 도미다테, 「김지하의 '한' 담론」, 『종교학연구』 37, 2019, 110쪽.
38) 서남동, 『민중신학의 탐구』, 354쪽

1979년 3월호에 발표한 「민중의 신학」이라는 글에서 「장일담」이 지니는 신학적인 의의를 좀 더 구체적으로 탐색하였다.[39] 그에 따르면 한국의 민중신학은 한국의 민중 전통과 『성서』 및 교회사의 민중 전통의 합류인데, 그 합류가 1970년대에 이루어졌으며, 두 이야기의 합류를 가장 잘 보여주는 것이 김지하의 사상과 작품이라고 하였다. "그(김지하)는 그의 신학 사상을 한 담시(譚詩)의 구상 메모 「장일담」에서 보여주고 있다. 이 담시 「장일담」 구상 메모로써 그는 가톨릭 신앙에로의 두 번째로 보다 깊은 회심을 보여주고 있으며, 또 이로써 그는 이미 세계에서 기대의 각광을 받고 있는 민중의 신학자로 등장하게 되었다."[40] 서남동이 장일담의 민중신학적 특징을 제시하는 논점들 가운데 기독교 사상과 관련하여 의미 있는 진술을 담고 있는 것들을 추리면 다음과 같다.

① 한국의 민중 전통과 기독교의 민중 전통을 아울러 이어받는 '해방의 설교자' 장일담이라는 인물의 선교의 출발점은 그의 득도(得道)인 '밑바닥의 일치'에서부터다. 이 사회에서 저주받고 이 땅에서 추방당한 버림받은 자들의 소굴에 들어가서 그들과 마음으로 일치하는 경험을 한다. 그는 그들의 마음속에서 참마음, 곧 신을 만나게 된다. 이 밑바닥을 다시 뒤집으면 바로 하늘이 되고 거기에 민중의 메시아가 출현할 수 있다. 성병으로 육신이 썩을 대로

---

[39] 서남동이 1979년에 발표한 「민중의 신학」은 그 뒤 수정 보완을 거쳐서 1982년에 한국신학연구소에서 펴낸 민중신학 관련 주요 문헌집인 『민중과 한국신학』에 수록되었다. 이듬해인 1983년에 나온 그의 저서 『민중신학의 탐구』에도 같은 제목으로 실렸다.
[40] 서남동, 「두 이야기의 합류」, NCC 신학연구위원회 편, 『민중과 한국신학』, 한국신학연구소, 1982, 272쪽.

썩었고 정신착란중까지 겸한 창녀 산모가 낳은 아기, 새 생명에서 신이 출현하는 것을 보고 득도한다.

② 장일담의 민중신학이 내세우는 테제는 '신과 혁명의 통일'이다. 그 내용에는 동학과 기독교의 통일, 인간 정신의 영신적 쇄신과 사회구조의 정의적 혁명의 통일, 밑바닥과 하늘의 일치, 지상 양식(밥)과 천상 양식(자유)의 일치 등 여러 가지를 담고 있다. 이것은 마르크스 사상이 제공할 수 없고 그(김지하)는 이 체계와 방식을 가톨릭 신앙에서 발견했다고 한다.

③ 김지하는 신과 혁명의 통일을 대혁명이며 사회혁명보다 한 차원 높은 혁명이라고 말한다. 김지하의 메모 한 대목에는 이렇게 기록되어 있다는 것이다. 내 낙원은 이 땅에 있지 않고 이 땅으로부터 시작하여 저 서울을 지나 세계로 우주로 하늘로 그리고 모든 세월의 저편으로 이어져 나가는 바람과 같은 이 외줄기 휜 길이다. 길은 곧 극락이며 나는 이 길을 가는 나그네다. 여기에 장일담 혁명의 차원이 나타난다.

④ 장일담의 신학은 한의 신학이다. 장일담의 민중신학은 민중의 한을 풀어주고 위로하는 한의 사제직으로서의 교회를 말하며, 민중이 자기 정체를 확인시키는 과정에서 스스로의 해방과 구원을 찾고 있다.

⑤ 장일담은 1970년대 한국에 태어난 나사렛 예수인 셈이다. 그의 출생과 행각, 해방의 설교, 재판과 사형과 부활의 전기가 예수의 생애의 복사다.

⑥ 장일담은 범죄인으로 참수되는데 3일 만에 부활하여 그의 머리가 배신자의 목을 떼고 그 몸통에 붙는다. 이러한 기이한 결합은 악인까지도 종당에는 구원한다는 장일담의 사상이다.

㉦ 장일담의 해방의 복음은 신학의 토착화를 결정적인 중요 과제로 삼는다. 김지하는 예수의 이야기인 복음서와 민중의 한의 창인 판소리를 결합하려는 것이다. 그리하여 한국적 민중적 신학을 형성해보려고 한다. 판소리 사설인 「장일담전」은 예수의 이야기의 엮음인 「요한복음서」의 진행과 흡사하다.[41]

서남동은 민중신학의 과제를 성서의 민중 동기와 한국의 민중 전통을 결부시키려는 것이고, 그런 결부를 통하여 비로소 '한국 신학'이 성립할 수 있다고 보았다. 서남동에게 이러한 지향이 싹트는 계기는 바로 김지하의 민중 문학을 접하게 된 것이었다. 그래서 김지하를 민중신학자라고 부르며, 김지하의 작품 구상에 등장하는 장일담이 바로 1970년대 한국에 태어난 나사렛 예수라고 선언하였다.

민중신학자 서남동은 김지하의 문학적 영감에서 받은 영향을 자신의 신학적 연구에 녹여내는 작업에 머무르지 않고, 실천적 지식인의 삶을 살았다. 그래서 1974년 11월 27일 '민주 회복 국민 선언'에 참여하였고, 계속 독재정권에 저항하였다. 1976년 3월 1일 명동성당에서 열린 '3.1 민주 구국 선언'에 서명하면서 연세대학교 신과대학 교수직에서 해직되고 함석헌, 안병무, 문동환 등과 함께 투옥되어 1977년 12월 31일까지 수형생활을 하였다. 1980년에는 김대중 내란음모 사건 연루자로 다시 체포되어 2년 6개월의 실형을 선고받고 5개월 동안 옥고를 치른 뒤에 형 집행 정지로 석방되기도 하였다. 이처럼 서남동으로 대표되는 한국 개신교 민중신학의 형성과 현실 참여에는 김지하의 민중문학이 많은 영향을 끼쳤다.

---

41) 위의 글, 272-275쪽.

4. 결론

이상에서는 김지하와 기독교 사상이라는 주제 아래에 김지하가 반독재 민주화운동 과정에서 거쳤던 사상적 변화와 기독교 사상의 접점을 두 가지로 살펴보았다. 먼저 김지하는 필생의 스승 장일순이 이끌던 원주 그룹에 참여하여 천주교의 사회적 가르침에 대하여 학습하였다. 그 과정에서 김지하는 제2차 바티칸 공의회 문헌, 그리고 근대 사회의 여러 문제에 대한 천주교의 입장이 담긴 교황 회칙들을 읽고 민중운동의 자양분으로 삼았다. 김지하가 받아들인 천주교의 사회적 가르침은 그의 작품들, 특히 「비어」, 「금관의 예수」, 「장일담」 구상에 투영되어 있다. 둘째로 김지하가 세속 권력과 기독교 신앙의 대결을 문학적으로 형상화한 작품들이 한국 개신교 신학자 서남동에게 영향을 주어 민중신학이 태동하는 계기가 만들어졌음을 살펴보았다. 본론에서 필자의 역량 부족으로 다루지 못한 점, 두 가지를 거론하면서 글을 마무리하고자 한다.

김지하를 기독교 사상과 관련지어 다루기 위해서는 그 밖에도 검토할 만한 점들이 몇 가지 더 있다. 우선 김지하가 라틴아메리카 해방신학으로부터 어떤 영향을 받았는지도 다룰 필요가 있다. 김지하는 1975년의 「양심선언」에서 신과 혁명의 통일이라는 주제를 구체화하는 데 도움을 준 것으로 '현대 해방신학의 보고들'을 꼽았다. 그러면서 몇 명의 이름을 열거하였다. 프레데릭 헤어조그(Frederick Herzog, 1925-1995),[42] 제임스 콘(James Cone, 1938-2018),[43] 리처드 숄(Richard Shaull, 1919-2002),[44] 폴 레만(Paul Lehmann, 1906-

1994),[45] 위르겐 몰트만(Jürgen Moltmann, 1926-),[46] 요한 밥티스트 메츠(J.B. Metz, 1928-2019),[47] 하인츠 에두아르트 퇴트(Heinz Eduard Tödt, 1918-1991),[48] 우고 아스만(Hugo Assman, 1933-2008),[49] 라인홀드 니버(Reinhold Niehbur, 1892-1971),[50] 디트리히 본회퍼(Dietrich Bonhöffer, 1906-1945)[51] 등이 그들이다. 이들이 모두 해방신학에 관련된 인물들은 아니다. 그리고 김지하가 이들의 저

---

42) 미국 듀크대학교에 재직하였던 조직신학자이자 그리스도 연합교회 목사였으며, 해방신학을 학문적으로 탐구하였다.
43) 미국 유니온 신학교에서 조직신학을 강의한 흑인 신학자로서, 흑인 신학과 흑인 해방신학의 주창자로 알려진 인물이다.
44) 미국의 신학자이며 콜롬비아에서 장로교 선교사로 활동하였고, 프린스턴 신학교에서 에큐메닉스를 강의하였다.
45) 기독교 윤리학을 전공한 미국인 신학자로서 시민적 자유 옹호론자였으며 프린스턴 대학교에서 프레데릭 헤어조그의 박사 학위 논문을 지도한 스승이었다. 매카시즘에 반대하여 비상 시민적 자유권 위원회의 의장으로 활동하였다.
46) 독일 개신교 신학자이며 튀빙엔 대학교 신학대학 명예교수로 있다. 20세기 후반 대표적인 독일 개신교 조직신학자이다. 해방신학의 형성에도 영향을 주었다고 한다. 김지하의 「양심선언」이 발표되고 세계 각지에서 김지하 구명운동이 벌어졌을 때, 김지하의 사상과 신앙을 보증하는 성명서에 서명하였다.
47) 독일 천주교 신학자이며, 칼 라너 밑에서 하이데거와 토마스 아퀴나스 신학을 공부하였다. 위르겐 몰트만의 영향으로 정치신학을 발전시켰다. 몰트만과 함께 김지하 구명을 위한 성명서에 서명하였다.
48) 독일 개신교 신학자이며 하이델베르크 대학교에서 조직신학 및 사회윤리학 교수를 지냈다. 디트리히 본회퍼의 전집을 간행하는 데 크게 기여하였다
49) 브라질 태생의 천주교 신학자로서 제2차 바티칸 공의회의 정신에 바탕을 두고 해방신학을 발전시켰다.
50) 미국 개신교 신학자이며 윤리학자이다. 기독교 신앙을 바탕으로 현대 정치와 사회 문제에 발언하였으며, 미국 노동자들의 비인간적인 노동 조건과 환경을 비판하는 글을 썼다. 『도덕적 인간과 비도덕적 사회』라는 저서로 유명하다.
51) 독일 루터교회 목사이자 신학자이며 나치즘을 반대하는 운동가였다. 히틀러 암살 계획에 가담하였다가 체포되어 교수형을 당했다.

서를 읽었다고 단정하기도 어렵다. 그러나 1970년 연말 원주에서 장일순의 지도를 받으면서 김지하가 제2차 바티칸 공의회 문헌이나 각종 교황 회칙들만이 아니라 교회의 사회적 역할을 강조하는 다양한 기독교 사상가들을 배웠음을 보여준다. 그러므로 김지하가 거명한 신학자들의 영향을 조사하는 것은 1970년대 한국 기독교 사회운동에 영향을 준 사상적 흐름을 연구하는 데에도 필요할 것이다.

한편 1975년 이후에 김지하는 옥중 독서를 통하여 사상적으로 큰 변화를 겪게 되었다. 민중사상에서 생명사상으로의 변화라고 이를 만하다. 그 과정을 회고하면서 김지하는 예수회 신부이자 지질학자, 고생물학자이며 동시에 철학자였던 피에르 테야르 드 샤르댕(Pierre Teilhard de Chardin, 1881-1955)의 주저 『인간현상 *(Le Phénomène Humain)*』[52]을 여러 번 언급하였다. 진화론과 천주교 신앙을 조화시켜 우주적 진화철학을 구상한 테야르 드 샤르댕의 사상은 분명히 기독교 사상의 틀을 벗어난 것은 아니었다.[53]

하지만 김지하가 받아들인 테야르 드 샤르댕의 생각은 김지하가 이름 붙인 '우주 진화의 삼대 법칙'에 국한된 것이었다. 김지하는 그것을 우주 진화의 내면에는 의식의 증대가 있고, 우주 진화의 외면에는 복잡화가 있으며, 군집(群集)은 결국 개별화하여 각각의 특

---

52) Pierre Teilhard de Chardin, *Le Phénomène Humain*, Paris: Seuil, 1955(양명수 옮김, 『인간현상』, 한길사, 1997).
53) 한국 신학계의 안테나라는 별명을 가지고 있었던 서남동은 세계 신학계의 새로운 흐름을 습득하는 과정에서 테야르 드 샤르댕의 저서를 읽었으며 진화론과 기독교 신앙을 일치시키려는 시도로 해석하였다. 1969년 연세대학교 연합신학대학원에서 간행하는 학술지 『현대와 신학』 제6집에 발표한 서남동의 논문 「떼야르 드 샤르댕의 '오메가 포인트'」는 1976년 한국신학연구소에서 간행한 논문집 『전환시대의 신학』에 다시 수록되었다.

수성과 자유를 실현한다는 말로 요약하였다.54) 김지하는 함석헌의 권유로 테야르 드 샤르댕의 저서를 읽었으며, 이를 통하여 영성과 생명을 연결하는 중요한 지침을 얻었다고 한다.55) 그러나 김지하는 테야르 드 샤르댕으로부터 받은 사상적 영감을 더 이상 자세하게 언급하지는 않는다. 그나마 우주 진화의 삼대 법칙에 대한 설명도 동학의 시천주사상의 혜안을 설명하기 위한 매개 역할에 그치고 있다.

이러한 이유로 이 글에서는 김지하의 생명사상과 테야르 드 샤르댕의 관계를 다루지 않았다. 그렇지만 김지하가 자신의 생명사상을 구상하고 정립하는 과정에서 영향을 받았던 서구 사상의 편린들을 모아서 구체적인 영향 관계를 밝히는 것은 김지하의 생명사상을 사상사적으로 탐구하는 데 중요한 작업이 될 것이다. 이 글에서 논외로 하였던 김지하의 생명사상과 기독교 사상의 관계는 차후에 한국철학계의 연구 과제로 남기고자 한다.

---

54) 테야르 드 샤르댕의 저서에는 우주 진화의 삼대 법칙이라는 용어나, 의식의 증대, 복잡화, 개별화를 도식화한 설명이 나오지 않는다. 다만 후기에서 "① 복잡성-의식의 우주적 법칙(la loi cosmique de complexité-conscience), ② 인간의 첫 출현 또는 반성의 개별적 단계(la première apparition de l'homme ou le pas individuel de la réflexion), ③ 반성의 집단적 단계로의 고양(la montée vers un pas collectif de la réflexion)"을 언급하였다. 그러므로 김지하가 말하는 우주 진화의 삼대 법칙(의식의 증대, 복잡화, 개별화)는 아마 테야르 드 샤르댕의 저서를 영문판으로 읽으면서 김지하가 그렇게 정리한 것으로 추정된다.
55) 김지하, 『흰 그늘의 길 2』, 422쪽.

참고문헌

강인철, 「한국 교회의 사회 참여와 제2차 바티칸 공의회」, 『교회사연구』 25, 2005.
김소남, 『협동조합과 생명운동의 역사』, 소명출판, 2017.
김지하, 『남녘땅 뱃노래』, 두레, 1985.
김지하, 『민족의 노래 민중의 노래』, 동광출판사, 1984.
김지하, 『흰 그늘의 길 1, 2』, 학고재, 2003.
김지하 외, 『한국문학 필화작품집』, 도서출판 황토, 1989.
민주화운동기념사업회·서울대학교 법학연구소 공익인권법센터 편, 『인권변론자료집 2』, 경인문화사, 2012.
박영정, 「1970년대 기독교 연극 연구」, 『국제어문』 21, 2000.
박정일, 「개정판을 펴내며」, 『제2차 바티칸 공의회 문헌』, 한국천주교중앙협의회, 2002.
백효민, 「장일순 안의 가톨리시즘」, 『교회사연구』 58, 2021.
서남동, 「두 이야기의 합류」, NCC 신학연구위원회 편, 『민중과 한국신학』, 한국신학연구소, 1982.
서남동, 『민중신학의 탐구』, 한길사, 1983.
서남동, 『전환시대의 신학』, 한국신학연구소, 1976.
유동식, 『한국신학의 광맥』, 전망사, 1982.
이동진, 『희곡 금관의 예수』, 해누리, 2022.
이상철 외, 『민중신학, 고통의 시대를 읽다』, 분도출판사, 2018.
장문석, 「현해탄을 건넌 '타는 목마름'」, 『상허학보』 58, 2020.
후루타 도미다테, 「김지하의 '한' 담론」, 『종교학연구』 37, 2019.
Pierre Teilhard de Chardin, *Le Phénomène Humain*, Paris: Seuil, 1955(양명수 옮김, 『인간현상』, 한길사, 1997).

토론문

「김지하와 한국 기독교사상」

김선필 | 서강대학교 신학연구소 선임연구원

　조현범 교수님께서 정리해 주신 「김지하와 한국 기독교사상」 발표문을 정말 재미있게 읽었습니다. 교수님의 말씀대로, 김지하는 언제나 시인이었습니다. 앞서 김정남 수석께서 "시인은 말할 나위도 없이 진실을 읊는 사람입니다."라고 김지하를 변호한 선우 휘의 일화를 소개해주신 바와 같이, 김지하는 시인으로서 언제나 진실 즉, 진리를 추구하는 구도자의 길을 걸었습니다. 그랬기에 그는 진리를 설명하는 여러 사상과 종교들을 탐구하였고, 그것을 자신의 작품에 녹여냈습니다. 특히 그는 민중이 겪고 있던 억압과 고통 속에서 진리를 해석하고자 했고, 그 수단으로 기독교 사상과 대면하게 되었습니다.

　교수님의 발표문은 김지하의 문학 작업 속에 녹아든 기독교 사상의 원천이 무엇이었으며, 그것이 어떻게 다시 한국 기독교 사상에 영향을 미쳤는지를 간결하게 잘 설명해주고 있습니다. 사실 김지하와 기독교 특히, 원주캠프로 표현되는 천주교와의 관계는 상당히 밀접했습니다. 하지만 이에 대한 연구는 상대적으로 미미한 상태입니다. 이점에서 발표문은 김지하와 천주교의 관계를 명료하게 보여주고 있기에 그 의미가 깊습니다. 더욱이 천주교 사회교리의 영양분을 흡수하여 탄생한 그의 민중문학이 개신교 민중신학의 탄생에 영향을 미쳤다는 해석은 마치 양립할 수 없을 것 같이 분리되어 있는 구교와 신교 사이에 서로 공감할 수 있는 진리가 존재한다는 점을 새삼 일깨워주고 있습니다. 따라서 김지하를 매개로 한 천주교와 개신교의 사상적 교류는 교회일치운동(에큐메니컬)의 가능성을 보여주는 주요 사례로 소개되어도 무방하지 않을까 생각합니다. 또한 이러한 해석은 종교사회학적으로도 의미가 있습니다. 김지하라는 인물과 그의 민중문학이 군부독재 시절 천주교와 개신교의 현실 참여를 강화시킨 여러 요인 가운데 하나라는 점을 밝혀주고 있기 때문입니다.

그러면 우선 제가 이해한 발표문의 주요 내용을 요약해보겠습니다. 발표문은 서두에 김지하가 자신의 문학 세계를 구축하고 독재정권을 반대하는 저항시인으로 활동하는 과정에서 기독교 사상이 어떤 역할을 하였고, 반대로 김지하가 이루었던 저항문학으로서의 성취가 한국 기독교 신학에 어떤 영향을 주었는지를 탐구할 것이라고 밝히고 있습니다.

이를 위해 김지하와 천주교의 관계에 대해 살펴보기 시작합니다. 김지하는 1961년에 장일순을 만났고, 그를 통해 천주교를 통한 사회변혁에 관심을 갖게 됩니다. 이후 김지하는 장일순의 지도를 받으며 천주교 사회교리를 공부하였고, 「육혈포 숭배」, 「금관의 예수」, 「장일담」 등으로 대표되는 자신의 문학 작품 속에 그것을 녹여내어 폭압적인 군사정권과 반민중적인 경제 질서를 비판하게 됩니다. 그러나 그는 민중이 구원의 객체에 머무는 전통적인 천주교 교리와는 달리, 민중을 구원의 주체로 인식합니다. 이는 김지하가 천주교 교리를 일방적으로 수용한 것이 아니라, 한국 민중의 현실이라는 맥락 속에서 자신만의 방식으로 교리를 수용하였음을 보여줍니다.

이어서 발표문은 김지하의 문학적 성취가 개신교 민중신학의 태동에 영향을 미친 바를 살펴보고 있습니다. 특히 김지하의 민중문학으로부터 강렬한 영향을 받은 민중신학의 선구자 서남동에 대해 논하고 있습니다. 서남동은 1974년에 김지하의 시「비어」에 실린「육혈포숭배」를 접하고 나서 민중을 신학적 주제로 설정하는 신학, 즉 민중신학을 구상하게 되었습니다. 또한 그는 1974년에 김지하가 옥중에서 메모한「장일담」속에서 한국 민중의 고난과 예수의 수난을 하나로 합류시키고 이를 신학적으로 해석하는 사례를 발견하게 됩니다. 이후 그는 실천하는 민중신학자로서 민주화 운동에 앞장섰습니다. 이처럼 김지하의 민중문학은 한국 개신교 민중신학의 형성과 현실 참여에 많은 영향을 끼치게 됩니다.

이상 김지하와 한국 기독교사상에 관한 조현범 교수님의 발표문을 나름대로 요약해 보았습니다. 혹시 잘못 이해한 부분이 있다면, 편하게 말씀해 주시길 부탁드립니다. 이어서 교수님의 발표문을 읽고 들게 된 몇 가지 의문사항을 여쭙고자 합니다.

먼저 김지하와 천주교의 관계에 관한 것입니다. 김지하는 다양한 사상적 조류와 종교를 흡수하여 자신만의 독특한 민중문학을 창조해냈습니다. 특히 발표문에서도 지적해 주신 바와 같이 1970년대에 그는 천주교와 깊은 관계를 맺어왔고, 그것이 그에게 미친 영향은 상당했습니다. 그러나 김지하는 1979년 옥중체험을 계기로 생명사상에 관심을 갖게 되었고, 명시적으로 천주교를 떠나 그 스스로 '원동학' 이라 부르던 동학에 귀의하게 됩니다. 여기서 궁금증이 생깁니다. 천주교 역시 생명을 중시하는 교리를 가지고 있음에도 불구하고, 김지하가 자신의 작업에 지대한 영향을 미친 천주교와 결별해야만 했던 이유는 무엇이었을까요? 물론 교수님께서 발표문의 말미에 밝혀두신 바와 같이, 그의 생명사상에는 천주교 신학자 테야르 드 샤르뎅 등의 영향이 남아있지만, 그것은 어디까지나 동학에 뿌리내린 생명사상을 이해하기 위한 수단에 머물러 있던 것이 아닌가 생각됩니다.

또한 발표문은 독립변인으로서 천주교 사회교리가 종속변인으로서 김지하에게 미친 영향을 단선적으로 보여주고 있습니다. 그러나 일방적인 것은 없듯, 혹시 천주교 사회교리를 자양분으로 그가 창조해낸 민중문학이 반대로 한국 천주교에 미친 영향은 없었는지 궁금합니다.

다음은 김지하와 개신교 민중신학의 관계에 관한 것입니다. 발표문은 김지하의 민중문학이 서남동으로 대표되는 개신교 민중신학의 태동에 깊은 영향을 미쳤다고 보고 있으며, 그 근거로 김지하의 작품에 대한 서남동의 해석을 제시하고 있습니다. 물론 사상이라는 것이 주로 글을 통해 영향을 미치는 것은 사실이지만, 사람과 사람 사이의 인격적 만남과 교류를 통해서도 영향을 주고받는 경우가 많습니다. 예를 들어 김지하가 장일순, 지학순 주교와의 교류를 통해 천주교 사회교리를 익히게 되었던 것처럼 말입니다. 이점에서 동시대를 살아왔던 김지하와 서남동, 더 나아가서는 개신교 민중신학자들이 지면을 넘어 상호 인격적 만남과 교류를 가져왔던 일은 없었는지 궁금합니다.

이상으로 조현범 교수님의 발표에 대한 지정 토론을 마치고자 합니다. 교수님께서 천주교 사회교리의 영향을 받은 김지하의 작품 세계와 그의 작품으로부터 영향을 받은 개신교 민중신학의 흐름을 명료하게 정리해 주신 덕분에 공부를 많이 할 수 있었습니다. 또한 진리를 탐구하던 구도 시인 김지하를 통해, 문학과 종교, 현실 문제라는 키워드가 서로 긴밀히 연결되어 있음을 새삼 깨달을 수 있었습니다. 귀한 발표를 해주신 조현범 교수님과 김지하 시인의 1주기를 추모하는 이 뜻깊은 자리에 저를 초대해 주신 관계자 여러분께 감사의 말씀을 전합니다.

토론문에 대한 답변

조현범

먼저 저의 부족한 글 「김지하와 한국 기독교사상」을 읽고 유익한 토론을 해주신 김선필 박사님께 감사의 말씀 올립니다. 박사님께서 토론문에서 요약하신 내용은 한 가지도 틀린 점이 없습니다. 제 글의 주요한 논지를 그대로 잘 간추려 주셨습니다. 게다가 제 글의 의의를 짚어주시면서 천주교와 개신교의 교회일치운동에도 일조할 수 있을 것이고, 나아가서 종교사회학의 관점에서 보더라도 김지하의 민중문학이 군부 독재 시절 천주교와 개신교의 현실 참여와 맺는 관계를 해명해 주었다고 평가하신 것은 정말 과찬의 말씀입니다. 제 공부의 수준이 그 정도에는 미치지 못합니다. 단지 앞으로 김지하 연구의 방향과 관련하여 조금 더 다루어졌으면 좋겠다 싶은 분야를 제안하는 정도에 그치고 있습니다.

김선필 박사님께서 토론문에서 몇 가지 의문 사항을 말씀해 주셨습니다. 이에 대해서 제가 얼마나 감당할 수 있을지는 잘 모르겠습니다. 그냥 제가 아는 수준에서 간단히 답변을 올리겠습니다.

첫째는 김지하와 천주교의 관계에 관한 것입니다. 천주교 역시 생명을 중시하는 교리를 가지고 있는 것은 분명합니다. 그런데도 왜 김지하는 나중에 가서 천주교와 결별한 것일까요? 제가 감히 속단할 수는 없지만 몇 가지 추론을 해볼 수 있겠습니다. 먼저 김지하의 자서전을 읽어보면 김지하의 선대 가계에서 동학과의 연관성이 자주 나옵니다. 그런 연유로 김지하가 지학순 주교에게 "원래의 동학으로 돌아갑니다."라고 말한 것은 김지하 본인이 천주교보다는 동학에 태생적인 친연성을 갖고 있었기 때문이 아닐까 생각합니다. 또 다른 측면으로 보자면 천주교 원주교구의 성직자들에 대한 실망도 컸을 것으로 추측됩니다. 원주교구 사제들이 장일순과 평신도 활동가들을 교구 소속 기관의 운영에서 배척하는 것을 보면서 마음의 정리를 한 것이 아닐까 생각해 봅니다. 이 문제에 관해서는 오늘 다른 발표의 토론자로 참석하신 김소남 선생님께서 저보다 훨씬 더 많이 아십니다. 사석에서 여쭈어보겠습니다.

둘째는 천주교의 사회교리를 자양분으로 하여 김지하가 형상화한 민중문학이 한국 천주교에 미친 영향은 없었느냐 하는 질문입니다. 김선필 박사님께서 말씀하신 것은 김지하의 문학적 형상화가 한국 천주교 문인들이나 천주교 사회운동에 미친 영향에 관한 것으로 이해됩니다. 제 식견이 짧아서 그런 것이겠지만, 저는 아직 김지하의 영향을 받은 천주교 문인의 작품을 접한 적이 없어서 잘 모르겠습니다. 그렇지만 중요한 지적인 만큼 앞으로 더 관심을 기울여 보겠습니다.

셋째는 김지하와 개신교 민중신학의 관계에 관한 것입니다. 김지하 시인이 동시대를 살았던 개신교 민중신학자 서남동, 더 나아가서는 개신교 민중신학자라 이를 수 있는 안병무, 현영학 등과 지면을 넘어서 상호 인격적 만남과 교류를 가져왔던 일은 없었는지 질문하셨습니다. 어제 기조 발제를 해주신 염무웅 선생님께서 서남동 선생의 인품에 대해서 저에게 말씀해 주신 적이 있었습니다. 아마 김지하 시인은 서남동, 안병무, 함석헌 등 개신교계의 민주화운동 인사들과 상당한 교분이 있었을 것으로 짐작합니다. 그러나 그분들의 개인적인 삶에 대해서는 제가 잘 모르기 때문에 자세한 사정을 말씀드리기는 어렵겠습니다. 이 문제 역시 앞으로 좀 더 관심을 가지고 연구해보겠다는 말씀으로 답변을 대신하고자 합니다.

끝으로 애정 어린 토론을 해주신 김선필 박사님께 다시 한번 감사의 말씀을 올립니다. 이번 학술대회를 통하여 공부할 기회를 가질 수 있어서 저로서는 큰 영광이었습니다. 감사합니다.

3주제

21세기 생명위기에 대응할 김지하의 생명학

발제 | 이기상

토론 | 심광섭

21세기 생명위기에 대응할 김지하의 생명학

이기상 | 한국외국어대학교 철학과 명예교수

벼리

1. 전 지구적 생명위기의 해법 찾기
2. 김지하와 〈세계생명문화포럼〉 그리고 '생명학'
3. 지구생명 시대 '생명학'의 과제
4. '생태학'에서 '생명학'으로 가는 추세
5. 김지하의 생명사건론
6. 인간의 재발견
   1) 인간은 가장 신령한 자각적 우주생명
   2) 온갖 생명의 성화를 추구하는 21세기 새로운 우주종교
7. 21세기는 생명과 영성의 시대
   1) 영성적 삶은 역설의 생활화
   2) 활동하는 무로서의 자유와 우주적 대해탈
8. 김지하 생명사상의 특징과 의의

1. 전 지구적 생명위기의 해법 찾기

시인 김지하는 현대 인류가 처한 상황을 다음과 같이 표현하고 있다.

"세계는 병들고 삶은 위태롭다. 인간 내면의 도덕적 황폐와 지구 생태계의 전면적 오염, 그 위에 세계 경제의 위기, 테러와 전쟁, 속수무책의 기상 이변과 온난화, 그보다 더욱더 심각한 전 인류의 깊이 모를 절망과 문명에 대한 회의가 우리를 지배하고 있다. 이른바 **대혼돈(Big Chaos)**이다." [1)

이것은 단순히 극동 아시아 한반도 어느 한 시인의 외로운 탄식이 아니다. 인류가 문명의 위기에 처해 있고 지구 생태계가 붕괴의 위험에 놓여 있으며 해마다 몇 천 종의 생물체가 지구상에서 사라져 가고 있고 우리가 마시는 물, 먹는 음식, 숨 쉬는 공기가 더 이상 안전하지 않다는 경종은 이미 사반세기 전부터 들어온 보고라서 새삼 새로울 것도 없는 이야기다.

독일의 주목받는 생태철학자 회슬레는 이렇게 말한다.

"**생태학적 파멸**은 아주 근접한 미래에서 우리를 노리고 있는 숙명적 사건이다. 이러한 파멸을 피하려는 모든 공동의 노력이나 이를 진정시키려는 모든 전략에도 불구하고 생태학적 파멸에 대한 확신은 그 사이 대부분 사람들의 의식에 자리 잡게 되었다." [2)

---

1) 김지하, 『생명과 평화의 길』, 문학과지성사, 2005, 167쪽.
2) 비토리오 회슬레, 『환경위기의 철학(Philosophie der Ökologischen Krise)』, 신승환 옮김, 서강대 수도자대학원, 1997, 16/7. 1990년 모스크바 강연을 출간한 책.

지구촌 시대에 더 이상 근대에서 통용되었던 삶의 원칙은 적용될 수 없다. 울리히 벡은 지금 우리가 살고 있는 지구촌 시대는 제1 근대와는 다른 제2 근대라고 규정하면서 제2 근대에 맞갖는 새로운 패러다임을 찾아내야 한다고 말한다.3) 그러면서 "**제2의 근대**의 관건을 이루는 질문에 대한 답안을 갖고 있는 사람은 아무도 없다."고 한탄한다.4) 그렇지만 이 문제를 해결하여야만 21세기에 평화가 있을 것이다.

에른스트 울리히 폰 바이츠제커는 "**21세기는 새로운 패러다임 전환의 전망**"이 열릴 것으로 보며 "경제 다음에 환경 또는 자연자원의 희소성이 우리 삶의 중심적인 동기"가 될 것으로 내다본다.5) 프리초프 카프라는 『생명의 그물』에서 이 문제를 해결하는 것은 생각보다 아주 간단할 수 있다며 "**발상의 전환, 인식의 전환을 해야 한다**"고 주장한다.6) 우리의 사고방식과 인식의 틀이 생명 중심으로 바뀌고 우리가 지구 위 모든 생명체와 더불어 살 수밖에 없는 공동 운명체임을 깨달아 그에 필요한 생명의 정치, 경제, 문화를 펼쳐나가는 "**생명 문화 공동체**"를 이루어나간다면 아직 지구 생명에 희망은 있다.

---

3) 울리히 벡(Ulrich Beck), 『지구화의 길. 새로운 문명의 가능성이 열린다(Was ist Globalisierung?)』, 조만영 옮김, 거름, 2000, 30, 203, 252, 290쪽.

4) 울리히 벡, 같은 책, 290쪽.

5) 에른스트 울리히 폰 바이츠제커(Ernst Ulrich von Weizsäcker), 『환경의 세기. 인간다운 삶과 노동을 위한 생태효율적 비전(Das Jahrhundert der Umwelt)』, 권정임/박진희 옮김, 생각의나무, 1999, 6쪽. 그는 이어서 이렇게 말한다. "오늘날 인류는 지속적인 경제 성장보다 자연보호를 더 우위에 두어야 한다. 이는 자연이 미래에도 역시 생존의 토대, 즉 진정한 삶의 질을 이루는 토대가 될 것이라는 아주 단순한 이유 때문이다."

6) 프리초프 카프라(Frijof Capra), 『생명의 그물 (The Web of Life)』, 김용정/김동광 옮김, 범양사출판부, 1998, 19쪽 이하.

에드워드 윌슨은 생명의 패러다임으로 생명의 다양성을 살려 "**생명의 미래, 인류의 미래**"를 준비해야 한다고 강조한다.7) 제레미 리프킨은 생명의 패러다임을 정치, 경제, 문화에 적용하여 "살아 있는 공동체"를 만들어나가야 한다며 유럽 연합의 노력을 인류의 꿈으로 제시하고 있다.8)

2. 김지하와 〈세계생명문화포럼〉 그리고 '생명학'

제1차 세계생명문화포럼_경기2003은 2003년 12월 수원에서 '21세기의 문명의 전환과 생명문화'라는 주제 아래 문화학술마당을 펼쳤다. 이 대회에서 발표한 「수원 세계생명문화 선언문」에서는 "현대 과학과 기술의 문제점을 토론하고, 현대 환경사상을 포괄하면서 아시아에 고유한 창조적인 생명문화를 구축하기 위한 토론이 이루어졌고, '생명학'이란 학문분야를 제안했다"고 밝혔다.9) '생명학의 정립'은 이런 배경 아래에서 우선 한국적인 전통 생명사상을 연구하

---

7) 에드워드 윌슨(Edward Osborne Wilson), 『생명의 미래 (The Future of Life)』, 전방욱 옮김, 사이언스 북스, 2005; 에드워드 윌슨, 『인간 본성에 대하여 (On Human Nature)』, 이한음 옮김, 사이언스북스, 2005; 에드워드 윌슨, 『생명의 다양성 (The Diversity of Life)』, 황현숙 옮김, 까치, 1995.
8) 제레미 리프킨(Jeremy Rifkin), 『유러피언 드림. 아메리칸 드림의 몰락과 세계의 미래 (The European Dream. How Europe's Vision of the Future is Quietly Eclipsing the American Dream)』, 이원기 옮김, 민음사, 2005; 제레미 리프킨, 『바이오테크 시대 (The Biotech Century)』, 전영택/전병기 옮김, 민음사, 1999; 제레미 리프킨, 『소유의 종말 (The Age of Access)』, 이희재 옮김, 민음사, 2000.
9) 『아름다운 모심, 힘찬 살림. 21세기 문명의 전환과 생명문화』, 세계생명문화포럼_경기2003 자료집, 경기문화재단, 2004, 566쪽.

여 한국인의 삶 속에 녹아들어 있는 생명의 문화를 이론적·체계적으로 정리하여 새로운 삶의 지표로 삼아보자는 취지를 담고 있다.

'**생명학**' 이라는 이름은 그것이 또 하나의 생명에 대한 이론이 아니라 삶 속에서 삶을 위해 형성된 삶의 지혜를 생명운동의 차원에서 커다란 얼개와 틀에서 정리하여 체계를 만들어서 다시 삶을 위한 지침과 가치로 삼아보겠다는 생명-실천적 의도를 담고 있다. 삶과 앎이 분리되지 않고, 이론과 실천이 따로 놀지 않는, 삶 속에서 보다 나은 삶을 위해 사람이 묻고 배운 그런 삶의 지혜를 지침으로 만들어 다시 삶 속에 되먹임시키는 것이기에 기존의 '생명론' 이나 '생명관' 또는 '생태학' 과 차별화시키기 위해 '생명학' 이라는 이름을 택했다.

'생명학' 에서 우리가 시도하고자 하는 것은 크게 두 가지다. 하나는 '생명' 에 대한 논의를 다른 관점이 아닌 생명의 관점과 삶(살아있음, 살아나감, 살림)의 관점에서 개진해보자는 것이다. 지금까지는 생명에 대한 '과학적' 논의라는 구실 아래 주로 서양의 논의들만이 다루어져 왔다. 그러나 지구촌 시대 동서 통합을 이야기하는 마당에서 다른 문화권의 생명에 대한 이해에도 귀를 기울여볼 때가 된 것이다. 다른 하나는 '학문' 내지는 '과학' 에 대한 이해도 서양의 과학전통이 아닌 동양의 학문전통에서 새롭게 이해해보려 시도해 학문의 지평을 넓혀보자는 것이다. 더욱이 생명의 문제는 결국 삶의 문제이기에 삶에 되먹임되어 삶과 연결되지 않는 앎은 죽은 이론으로 남을 뿐이다.

동아시아, 특히 **한국인의 생명이해**에서 우리가 서양의 생명론과 연관지어 우선 강조하고 싶은 것은 세 가지다. 첫째는, 우리의 '생명' 이라는 낱말에는 '하늘의 뜻(명령)' 이라는 의미가 들어있다는 점이다. 거기에는 '생명(生命)'은 '살라는 하늘의 명령' 또는 '옹일름[천명(天命)]에 따른 몸사름'이라는 의미가 간직되어 있다. 둘째는, 하늘의 명령으로서의 생명과 그 명령에 따른 개별 생명체의 구체적인 삶이 구별되고 있다. 생명은 생명체와 구별된다. (우주적) 생명과 (개별 생명체의) 삶은 구별해야 한다. 우리는 이것을 **'생명학적 차이'** 라고 이름하고자 한다. 셋째는, 모든 생명현상에는 보이게 보이지 않게 하늘의 뜻이라는 지향성이 들어있다. 이것을 하늘의 마음이라 부를 수 있고 학문적으로 **'생명학적 지향성'** 이라 이름할 수 있다. 이것은 물론 첫째 것의 다른 면일 뿐이다. 따라서 여기서 중요한 것은 생명학적 차이와 생명학적 지향성이다.

그 다음 동아시아의 학문에 대한 이해에서 우선 강조하고 싶은 점은 다음과 같은 것이다. 서양에서 '학문' 또는 '과학'이라는 말은 라틴어로는 'scientia', 독일어로는 'Wissenschaft'다. 'Wissen'은 앎(지식)이다. 학문이라는 것은 지식(앎)의 체계다. 그런데 우리에게 '학문(學問)'은 말 그대로 '배워 물음(묻고 배움, 묻기 위해 배움)'이다. 단순한 지식이 아니라 묻고 배움(배우고 물음)으로 보았던 이 점을 우리는 오늘날 되살려야 한다. 묻고 배움의 의미는, 묻고 배워서 '된 사람'이 되려고 하는 격물치지(格物致知), 성의정심(誠意正心), 수신제가(修身齊家), 치국평천하(治國平天下), 궁신지화(窮神知化)의 길 속에 들어있다.

이것이 우리가 생각하는 학문의 길이다. 학문을 하는 것은 사물을 구명하고 앎에 이르는 사물에 대한 지식획득이라는 인식론적 차원에서 끝나는 것이 아니다. 더 나아가 거기에는 또한 반드시 나의 뜻을 정성되게 하고 마음을 바르게 하는 방식으로 나의 몸과 마음을 닦는 일이 속한다. 그런 다음 가족을 돌보아 보살펴 집안을 가지런히 하고 나라를 잘 다스려 세상을 평화롭게 만드는 데 이바지해야 한다. 더 나아가 자연 자체의 변화를 알고 신의 뜻을 알아내 거기에 맞추어 살아가는 것을 궁극적인 학문의 목표라고 보았다.

3. 지구생명 시대 '생명학'의 과제

1) 지구가 처한 환경 내지 생태의 위기를 생명의 차원에서 해결할 길을 모색한다. 인간의 생존만이 문제가 되는 것이 아니라 지구 위 모든 생명체의 존립과 지구 생명 자체가 위험에 처해 있기 때문이다.
2) 생명에 대한 공부를 통해 생명 중심의 세계관, 인간관, 가치관을 도출해내야 한다. 그러한 정신과 태도 아래 생명을 존중하고 사랑하는 생명문화의 살림살이를 펼쳐나가야 한다. 이러한 생명에 대한 공부와 일상에서의 실천을 우리는 '생명학'이라고 이름할 것을 제안한다.
3) 지구촌 시대 지구 위의 모든 생명체는 지구 공동 운명체를 이루고 있다. 생명의 미래를 위해 우리는 인류의 문화 속에 간직되어 온 다양한 생명사상을 공부하고 거기에서부터 현재 우리가 필요로 하는 생명의 패러다임을 구축하려 시도한다.
4) 오랫동안 자연과의 합일 속에 생명존중의 전통을 쌓아온 아시아의 문화유산에 주목한다. 전일론적 또는 통전적 세계관, 관계론적 사고방식, 그물망적 생명이해, 공생과 상생의 살림살이 등이 우리가 거기에서 주목하는 특성들이다.
5) 현대 과학이 펼쳐 보이는 생명현상에 대한 연구성과를 고려에 넣으면서 그 한계 또한 인식하고 그것을 보완하려 노력한다. 우리는

생명의 역사와 진화, 그리고 그를 통한 다양한 자기전개 속에서 생명의 미학적 차원과 영성적 차원을 읽어내며 거기에 주목한다.

6) 생명의 문제에서 중요한 것은 이론과 지식이 아니라 구체적인 삶 자체인 것에 유념한다. 그리하여 일상의 살림살이에서 자기를 희생하며 약자를 감싸고 보살피며 생명사랑을 실천해온 여성들의 삶의 방식과 태도에서 생명실천의 본보기를 읽도록 노력한다.

7) 생명 중심의 생활을 위해서는 지구상의 모든 사물과 생명체가 서로 상호의존관계에 있다는 사실을 깨닫고 생명(생물)권 보존에 책임을 다하겠다는 굳은 실천의지가 요구된다. 그렇지만 고통과 불편을 감수하지 않고 생명사랑의 이상은 실현될 수 없다.

8) 경쟁과 지배, 소유와 소비에 익숙해진 현대인의 심성을 바꾸지 않고는 생명문화의 전개는 불가능하다. 우주적 생명의 뜻에 맞추어 자신의 욕망을 억제하여 자신 안에 간직되어 있는 생명사랑의 씨알을 틔워야 한다.

9) 인간은 이제 더 이상 만물의 영장으로서 모든 생명체 위에 군림하는 폭군이 아니라 지구상의 모든 생명체를 감싸고 보살피며 생명의 지속가능성을 염려해야 하는 관리인 또는 살림지기가 되어야 한다.

10) 세계생명문화포럼은 이러한 깊이 있는 논의 끝에 생명현상이 열어보이는 통전(온전)성, 영성 그리고 아름다움에 수복하면서 살림지기로서의 여성들이 보여준 '살림·모심·깨침'의 정신으로 생명문화를 펼쳐나가야 함을 재확인한다.

80억 인류가 지구상의 다른 생명체와 평화롭게 공존하며 상생해나가기 위해서는 획기적인 발상(인식)의 전환이 필요하며 그에 맞갖은 새로운 윤리의식과 가치관이 요구된다. 단순한 의식의 변화만이 아니라 그에 맞추어서 우리의 생활관과 생활방식을 근본적으로 바꾸려는 확고한 실천의지가 뒤따라야 한다. 이를 위해 네 차례의 세계생명문화포럼은 동아시아의 생명중심의 세계관과 가치관을 재조명해서 지금 인류가 봉착하고 있는 생태(생명)위기에 기여할 수 있는 길은 없는지를 연구하는 생명학을 정립하려고 노력하였다.

경쟁과 소비가 주도하는 문화에서 살림과 모심이 더불어 삶의 새로운 패러다임으로 정착되는 문명사회를 우리는 '21세기 생명중심의 신문명'이라고 이름하고자 한다. 그리고 이러한 이념과 목적 아래 정치와 경제 그리고 문화의 틀을 새롭게 짜서 우리의 생활세계를 생명평화의 시각 아래 근본적으로 바꾸어나가려는 전 지구적 살림운동을 펼치려고 한다.

'생명학'에서는 어떤 이념적 틀 안에서 생명의 정치, 생명의 경제, 생명의 문화가 전개되어야 할지 그 이론적 토대를 점검하여 새롭게 구축하려 시도한다.

- 지구상의 모든 다른 생명체와 평화롭게 공존할 수 있는 생태(생명) 중심의 도덕 또는 가치관은 어떠해야 하는가?
- 신을 경외하며 하늘 아래 땅 위에 존재하는 모든 것들과 사이좋게 살아가야 하는 인간의 모습은 어떠해야 하는가?
- 이념과 성별 그리고 피부색에 구애받지 않고 모든 민족이 한데 어울려 함께 더불어 사는 상생과 공생의 정치는 어떠해야 하는가?
- 경쟁과 효율성만을 내세우지 않고 가난하고 힘없는 자를 아우르며 보살피는 살림과 돌봄의 경제는 어떠해야 하는가?
- 다양한 문화의 꽃을 피우며 지구촌의 모든 사람들이 신명나게 살

아갈 수 있는 삶의 문법과 문화의 논리는 어떠해야 하는가?
- 지구촌의 모든 사람들이 생명과 평화의 시각 아래, 살림과 모심의 정신으로 지구차원에서 살림운동을 펼치기 위해서는 어떤 정책적인 고려와 대책(국제적인 관계망, 호혜망)이 필요한가?

'지구생명 시대' 지구 위의 모든 생명체를 보호하고 관리해야 하는 '살림지기'로서의 인간은 생명에 뿌리를 둔 '삶의 진리, 삶앎의 진리, 살림의 진리'를 묻고 배워서 생명의 진리에 부합한 살림살이의 규범을 정립해야 한다. 정치·경제·사회·기술·과학 모두 생명의 신명을 일깨우는 살림의 축제와 마당이 되어야 한다. 지구의 살육자인 인간은 한시바삐 '살림지기'로서 거듭나야 한다. 그래야 새 천년에도 인류는 인간이 포함된 우주 진화를 이야기할 수 있을 것이다.

4. '생태학'에서 '생명학'으로 가는 추세

환경 문제도 조금 깊이 들어다보면 인간이 자기만 편하게 잘살자고 개발과 경제 성장을 핑계로 자연을 마구잡이로 파헤친 결과로 초래된 것이다. 그것은 흔히 인간중심주의라고 지적한다. 그러니까 환경 문제는 '환경'의 문제로만 접근해서는 결코 해결되지 않는다는 결론이 나온다. 인간이 만물의 영장으로서, 지구의 주인으로서 잘살기 위해서 자기 것 갖고 자기 좋은 대로 하는데 무슨 문제냐고 생각하는 태도를 바꾸지 않는 한 지구 파괴는 계속될 테고 당연히 환경은 나빠질 수밖에 없을 것이다. 그래서 환경 문제를 근본적으로 해결하려면 인간중심주의의 생각을 떨쳐버려야 한다는 주장이 나오는 것이다. 그것을 '**탈인간중심주의**'라고 부른다. 우주에 지금으로서는 하나뿐인 이 녹색 지구가 인간만을 위한 것이 아니라 살아 있는 생명체 모두를 위한 것이라는 생각이 나오게 되었다. 생명체들을 위한 최소한의 생존 조건들을 갖춘 상태에서 인간의 복지를 위한 환경 개선도 이루어져야 한다는 주장이 설득력을 갖기 시작했다. 이렇게 환경 문제는 생태 문제로 한 단계 업그레이드되었다.

그런데 생태 문제라는 것이 그 속을 들여다보니 결국은 '**생명체**' 또는 '**생명**'이란 무엇인가 하는 생명 문제로 귀착된다는 것이 20세기 말부터의 학계의 인식이다. 20세기 말 유명한 생태윤리학자인 **한스 요나스(Hans Jonas)**는 1984년 『책임의 원칙—기술 시대의 생태학적 윤리 (Das Prinzip Verantwortung. Versuch einer Ethik für die technologische Zivilisation)』(이진우 옮김, 서광사, 1994)를 출간한다. 이 책은 지금까지도 생태 윤리의 고전으로 통한다. 그런데 그로부터 10년 뒤인 1997년 한스 요나스의 새로운 저서 『생명의 원리—철학적 생물학을 위한 접근(Organismus und Freiheit. Ansätze zu einer philosophischen Biologie)』(한정선 옮김, 아카넷, 2001)이 출간된다.[10] 그런데 잘 살펴보니 이 책은 이미 그전에(1973년) 다른 제목 『유기체와 자유 — 철학적 생물학을 위한 접근』으로 출간된 적이 있었다. 즉 그 책을 출판사에서 요나스의 사후 『생명의 원리 — 철학적 생물학을 위한 접근』이라는 새로운 이름으로 개작해서 다시 출간한 것이다. '생태학적 책임의 원칙'이 왜 갑자기 '생명의 원리(원칙)'[11]로 바뀌었을까? 그 밑바탕에는 학술계의 동향에 대한 고려가

---

10) 한스 요나스는 이 책으로 1987년 독일 서적 판매 조합 평화상을 수상한다.
11) '원칙'과 '원리'로 다르게 번역되고 있지만 독일어로는 둘 다 'Prinzip'이다.

깔려 있었다. 생태 문제에 대한 논의가 깊어지면서 많은 학자들이 '생명'에 관심을 갖기 시작했기 때문이다.

생명을 둘러싼 논쟁이 진행되면서 '생명이란 무엇인가' 라는 생명에 대한 정의가 불가능하다는 주장도 등장하고 있다. 분명한 것은 생명에 대한 규정이 이제 어느 한 학문 분야나 분과의 일이 아니라 삶과 앎, 물질과 정신, 유기물과 무기물, 육체와 영혼 등 존재하는 모든 것을 건드린다는 사실이다. 생명 연구는 학제 간의 긴밀한 협조가 필요한 통합 학문으로 부상하고 있다. 여기에 생명 개념 또는 생명관의 변천에 대한 철학사적 고찰이 절실하게 요구되며 그에 관한 저서도 발표되고 있다. 그런데 대부분의 저자들이 서양 학자들이기에 서양의 생명관에 대해서는 정리를 잘하고 있지만 동양의 생명관에 대해서는 수박 겉핥기식의 소개 정도에 그치고 있다. 생명 존중의 전통을 자랑하는 동아시아의 생명관에 대한 연구가 시급한 시점이다. 그래서 동서양의 생명 이해를 통합적으로 수용하여 새로운 생명관과 그에 걸맞는 가치관을 수립해야 하는 과제가 한국의 학자들에게 주어지고 있다.

생명에 대한 논의를 펼쳐가면서 우리는 동아시아가 심정적으로 또는 생활 방식에서 볼 때 서양 사람보다 훨씬 더 생명 중심적으로 살아왔다고 자부할 수 있을 것이다. 그럼에도 불구하고 지금 생명에 대한 논의가 전개되는 배경을 보면, 생명 파괴로 인한 생태계의 위험이 극에 달하면서 그 해결 방안을 찾는 가운데 생명이 철학적 화두로 떠오르게 되었다. 다시 말해 환경 문제가 생태 문제로 넘어오고, 그 대안으로서 생명이 관심의 초점이 되다 보니 이런 상황을 주도해온 서양 학자들이 주도권을 잡고 그들의 논의에 동아시아학자들이 끌려가는 형국이 되고 만 것이다.

나는 학생들에게 서양 철학을 가르치면서 한국의 현대 사상을 연구하는 가운데 시대의 아픔에 고민하며 문제를 풀려고 노력한 한국인들 중 생명에 관심을 갖고 있는 사람들이 많다는 것을 발견했다. 누구보다도 김지하 시인은 이미 80년대 초 생명의 중요성을 강조하며 생명운동을 전개해야 한다고 주장하여 운동권 학생들에게 변절했다는 비난을 받았다. 또한 평생 생명, 평화, 진리를 외치며 "생각하는 백성이라야 한다"고 민중을 깨우친 함석헌 선생이 있었다. 그리고 조금 더 파고드니 함석헌 선생의 스승인 다석 류영모 선생이 생명이라는 화두 하나를 붙잡고 일생을 살았다는 것도 알게 되었다. 이처럼 이 세 사람의 생명 담론의 밑바탕에는 자연의 순리에 따라 다른 모든 생명체와 더불어 평화롭게 살아야 하는 것을 천명으로 알고 살아온 이 땅의 민중이 자리하고 있다는 것을 깨달았다.

그래서 나는 다른 곳이 아닌 한국인의 삶 속에서 우리만의 독특한 '생명'의 의미를 읽어내야 한다고 생각하게 되었다. 우리의 삶과 문화에 결과 무늬로 갈무리된 살림살이의 문법에서 우리만의 독특한 삶의 진리, 생명의 진리를 찾아내야 한다고 확신하게 되었다. 이러한 확신이 이 책의 구성과 전개에 깔려 있다. 생명의 진리, 삶의 진리를 공부하는 '생명학'을 정립하려는 시도는 환경학과 생태학으로는 지금 인류와 지구가 당면한 문제를 근본적으로 해결할 수 없다는 상황 인식에서 출발한다. 우리의 시각을 바꾸기 위해 고대의 자연 개념으로 돌아가서 현대에 맞는 새로운 자연관을 수립하자는 학자들도 있다. 그러나 그것은 자연의 문제가 기술 문명의 문제로 발전되어왔고 그것이 환경 문제와 생태 문제를 낳아 현대에 이르게 된 역사적 흐름을 간과한 생각이다. 우리는 자연관, 우주관, 인간관, 가치관의 밑바탕에 이 모든 것을 아우르는 생명관이 있었음에 착안해야 한다. 생명에 대한 이해의 변화가 어떻게 인간의 역사와 밀접하게 연관되어 있는지를 밝혀내는 것이 앞으로의 연구 과제 중 하나다.

'생명학'은 기존의 '생명'과 '학문'에 대한 규정을 해체하고 그것을 사름과 삶의 진리, 삶을 알고 살아가는 살림살이의 진리, 하늘의 뜻을 받들어 우주 진화에 동참하는 생명의 진리라는 차원에서 새롭고 더 넓은 이해의 지평에서 재구성해야 할 과제를 스스로 떠맡는다. 지금 우리는 학문으로서 생명학의 가능성을 살펴보아야 하는데, 여기에서도 자칫하면 생각 없이 '생명학'의 '학'을 로고스로 이해할 수 있다. 명심해야 할 것은 로고스중심주의, 이성중심주의, 인간중심주의를 탈피하자고 하면서 다시 로고스 또는 이성에 해결책을 기대한다면 이건 시작부터 잘못된 방향에서 해결책을 찾는 일이라는 것이다. 로고스중심주의에 대한 비판과 그에 대한 확고한 대안적 입장을 제시하지 않고서 또다시 로고스를 사용한다면 문제가 될 것이다. 그래서 나는 이 글에서 서양의 이성 개념과는 구별되는 한국인 삶의 문화 속에서 발견되는 생활세계적 이성을 '살림살이의 이성'이라고 이름 붙이면서 그 독특함을 감성과 영성의 융화로 특징지었다. 그것이 다석 류영모에게서는 덧없는 삶[생(生)]과 비상한 울일름[명(命)]으로 나타났고, 김지하에게서는 감성과 영성의 기우뚱한 균형으로 표현되었다.[12]

---

12) 이기상, 『지구촌 시대와 문화콘텐츠 – 한국 문화의 지구화 가능성 탐색』, 한국외국어대학교출판부, 2009 참조.

5. 김지하의 생명사건론

김지하는 20세기를 마감하고 있는 현대의 상황을 다음과 같은 두 가지 독특한 점에서 특징지으며 조망하고 있다. 하나는 지구촌 곳곳에서 돌출되고 있는 생명파괴 현상이다. 다른 하나는 전 지구가 하나의 생활권으로 변화됨에 따라 등장하고 있는 새로운 형태의 문화 출현이다.[13]

근대화, 산업화에 따른 기술과학문명의 여파로 지금 지구촌 곳곳이 썩어가고 있다. 지구 전체를 하나의 생명체로 볼 때, 이 지구는 인간의 자연정복적인 탐욕스런 개발정책으로 인해 생태계의 질서가 근본적으로 파괴되어 그 생명이 위협당하고 있는 실정이다. 자신만의 편의만을 생각하는 극도의 이기적인 사고방식과 생활태도로 말미암아 윤리도덕은 땅에 떨어졌으며, 그로 인해 사회적 생명 자체도 파괴되어 가고 있다. 또한 자기 자신 속의 무궁한 생명의 근원을 망각하고 자신을 물질적 존재로만 여기는 결과로 생기는 온갖 자기분열과 자기상실 속에서 개인의 생명마저도 파괴되어 가고 있다. 이렇듯 모든 면에서 생명경시, 생명망각, 생명파괴가 전 세계적으로 확산되어가고 있는 실정이다. 이러한 전 세계적인 생명파괴의 현장에

---

13) 김지하의 생명사상에 대한 글들은 다음과 같은 책들에 실려 있다. 김지하, 『타는 목마름에서 생명의 바다로』, 동광출판사 1991 ; 김지하, 『생명, 이 찬란한 총체』, 동광출판사 1991; 김지하, 『생명』, 솔출판사 1994. 그외에도 참조 푸미오 타부치, 『김지하론. 신과 혁명의 통일』, 정지련 옮김, 다산글방, 1991.

서 우리는 또한 개벽의 조짐도 볼 수 있다는 것이 김지하의 생각이다. 그 변화의 씨앗을 우리는 이미 지구촌 곳곳에서 확인할 수 있다는 것이다. 이것은 김지하의 두 번째 관점으로 이어진다.

우리가 살고 있는 현대는 기술과학의 발달로 인류의 정서와 사고 활동이 시간과 공간의 벽을 넘어 크게 확장되었으며, 통신기술과 대중매체의 눈부신 발달로 전 지구가 하나의 생활권으로 되어가고 있다. 이러한 전 지구적인 생활권이 대두됨과 더불어 그에 맞추어 전 지구적인 정신권, 전 지구적인 영적 공동체가 출현하기 시작했다. 특히나 소위 선진국에서 온갖 형태의 새로운 문화들이 등장하기 시작했고 새로운 문명을 요구하는 대안적 생활집단들도 나타나기 시작했다. 새 시대의 새 과학이라는 신과학도 나타나 서구적이 아닌 것에 대한 동경과 추구에 부채질을 하고 있다. 이러한 움직임들은 대체로 동양의 전통사상에 대해 깊은 관심을 나타내 보이며 거기에서 문명의 전환을 가능케 하는 어떤 변화의 가능성을 보고 있다.

김지하는 한 마디로 서양의 기술과학적 합리성이 이루어 놓은 산업문명과 기계문명이 지구라는 생명체를 뿌리째 파괴해 가고 있음을 확인할 수 있으며, 이러한 생명파괴가 개벽의 조짐으로 이어지고 있는데, 그것이 곧 생명파괴의 반대급부의 움직임으로 이성이 아닌 다른 차원에서의 생명에 대한 접근이다. 따라서 신령, 영성에 대한 관심, 새로운 생명의 세계관에 대한 동경과 갈증이 개벽의 가상 큰 조짐이라는 것이 김지하의 생각이다.

개벽을 준비하기 위해서는 지금 우리의 기술과 과학을 지배하고 있는 서구의 낡은 방법론과 사상체계를 버리고 21세기를 동양사상으로 준비해나가야 한다고 김지하는 주장한다.

개벽의 조짐과 시대의 추세에 맞추어 우리는 동양사상으로 새로운 문명을 건설해나가는 데 앞장서야 한다. 여기에 김지하가 제시하고 있는 사상적 대안은 삼경(三敬)사상이다. 즉 신을 공경하고 인간을 공경하고 천지만물을 공경해야 한다는 사상이다.

우리는 땅을 공경하는 법을 배워야 한다. 땅, 무기물인 땅마저도 어머니의 살처럼 공경한다면 나무, 풀, 벌레, 짐승들과 같은 유기적인 생명체도 공경해야 함은 더 말할 나위가 없다. 땅은 우리가 돌아가야 할 회귀처이며 우리가 생겨난 고향이다. 만물이 생성하는 자궁이며 우리들 어머니의 자궁이다. 따라서 결코 독점, 투기는 물론 오염, 훼손, 파괴될 수 없는 거룩함 그 자체이며 신령함 그 자체이다. 땅을 독점, 이용, 파괴하는 자들은 반드시 대가를 치르고 말 것이다.

우리는 또한 내 안에 우주생명이 있음을 인정함으로써 자기공경과 자기실현의 길로 나아가며, 타인 속에 우주생명이 있는 것을 인정하고 공경함으로써 진정한 공경의 공동체를 이루어나가야 한다. 또한 동식물과 무기물 속에도 우주생명이 살아 있다는 생각을 정신적으로 굳게 믿고 공경함으로써 자연생태계와 인간의 화해 및 공생 관계를 원칙적으로 회복하여야 한다. 그리고 더 나아가 우주시대에 알맞게 우주전체와의 과학 내지 종교적인 긴밀한 상호 연관관계에서 인간의 위치를 파악함으로써, 우주적인 생명질서와 자기의 생명질서를 연결시키는 것이 전사회적으로 보장되는 그러한 문명사회를 이룩해나가도록 노력해야 한다.

김지하는 새 시대를 새로운 종교적인 열정을 불러일으키는 시대로 보고 있다. 벌써 지구촌 곳곳에서는 새로운 정신적 욕구와 같은 것이, 종교적 욕구와 같은 것이 번지고 있다. 우주시대에는 무궁무궁한 시간의 연장선까지 확장되고 있는 인간의 체험을 설명해주기 위해서, 광막한 공간과 시간 속에서 인간의 정체와 위치를 설명해주기 위해서는 새로운 우주종교가 필요하다.

새로운 우주종교는 종교가 새 과학을 촉발시키고 과학이 새 종교를 성립시켜, 양면 모두가 창조적으로 통일되는 방향으로 나아가야 할 것이다. 이것은 역사 이래 인류 고통의 하나인 정신과 물질, 개체와 전체, 인간과 우주 분열을 극복할 것이다. 진화하는 우주, 우주의 진화하는 마음을 신으로 보고, 신을 진화하는 마음의 주체, 진화하는 우주의 주체로 보는 새로운, 과학적이면서도 신비주의적인 우주종교의 출현이 요청된다.

김지하는 이러한 우주종교가 우선은 과학과 종교의 절충으로 나타나겠지만, 이미 과학과 종교가 하나이며 진화하는 우주질서와 신령한 생명활동이 하나로 결합된 사상의 한 가능성이 역사 위에 나타났다고 보고 있다.[14] 지금 시대는 다양성의 시대, 복합성의 시대이며 엄청난 광활성의 시대, 한마디로 화엄의 시대이다. 따라서 상호 공경에 입각한 다른 모든 종교와의 다원주의적인 연대가 필요하다. 모든 종교는 생명의 세계관·가치관이라는 기본 사상에 입각할 때 일치할 수 있으며 그에 알맞는 인간의 생활양식을 찾고 그것을 확장시키는 운동에 연대할 수 있다.

21세기는 영의 시대, 정신의 시대일 것이다. 영적 인간, 정신적 인간의 출현 없이는 21세기는 무의미하다고 김지하는 결론 내린다.[15]

---

14) 김지하, 『생명』, 71쪽.
15) 앞의 책, 73쪽.

6. 인간의 재발견

1) 인간은 가장 신령한 자각적 우주생명

김지하는 현대 문명 전환의 가장 초미한 문제인 문화의 창조적 변혁의 기초를 마련하기 위해 제일 중요한 일 가운데 하나는 인간을 재발견하는 것이라고 힘주어 말한다.[16] 김지하는 한마디로, 인간은 우주생명이며 동시에 가장 신령한 자각적 우주생명이라고 말한다. 인간이 가장 뛰어난 문화와 창조력을 가진 것은 틀림없다. 그러나 그것은 자연을 지배하고 정복하고 착취하는 관계를 정당화하는 것이 아니라 오히려 우주자연과의 완전한 교감과 일치, 일체를 이루어 자기를 실현하여야 함을 함축하는 것이다. 그리고 그 과정이 또한 모든 자연 생명 내부에 살아 있는, 그러나 아직 꽃피우지 못한 영성적인 자유의 만개를, 앞으로 인간이 창조해야 할 생명 문화와 세련된 도덕적 과학으로 그것을 도와줌으로써, 이른바 중생 대해탈을 가능하게 하여 참다운 후천개벽을 성취시켜야 할 크고 깊고 광활하고 당당한 전 우주적인 윤리적 책임을 가지고 있다는 점에서 가장 우수하고 가장 신령하다는 것이다. 즉 인간의 우월성은 바로 이와 같은 우주의 대차원 변화에 대해 창조적 개입을 해야 하는 윤리적 책임을 가졌다는 데에 있는 것이지 소아병적으로 자연을 착취하고 정복해도 좋다는 식의 유치한 범죄적 우월성을 말하는 것이 전혀 아니다.[17]

---

[16] 김지하는 곳곳에서 이 점을 강조하여 말하고 있다. 김지하, 『생명과 자치』, 110쪽; 『예감에 가득 찬 숲 그늘』, 23쪽; 『율려란 무엇인가』, 한문화, 1999, 13쪽.

김지하에 의하면, 인간이 스스로를 재발견하여 재규정하기 위해서는 충족되어야 할 조건이 있다. 인간은 자기 안에 무궁무궁하고 신령한 우주생명의 끝없는 생성을 모신 삶이다. 이것을 자각하고 그 생명의 흐름에 그대로, 그러나 동시에 자주적이며 창조적, 영성적으로 동역(同役), 동사(同事)하는 과정이 곧 인간의 문화적, 창조적 자연으로서의 인간이며 사회적 성취이지만 이 과정이 동시에 우주생명의 대차원 변화를 통한 자연 만물의 근본적 회생, 즉 자연 생명 내부의 영성적 자유의 만개, 바로 중생 대해탈 과정인 것이다. 인간의 참된 해방과 완성은 곧 우주 자연 삼라만상의 대해탈 과정 자체인 것이다. 자연의 해방 없이는 인간의 완전한 자유는 없다. 왜냐하면 인간은 축소된 소우주가 아니라 그 자체로 생동하는 무궁한 대우주 활동이기 때문이다. 이러한 인간의 재발견, 재규정을 통해 비로소 생명 정치의 기본 조건에 도달하고 근본생태학과 사회생태학의 논쟁에도 종지부를 찍는다고 김지하는 말한다.[18]

김지하는 수운 선생을 따라, 인간을 신령하고 무궁한 우주생명을 모시고 있는 거룩한 생존으로 본다. 인간은 곧 '무궁인간'이다. 인간 안에는 전 우주진화의 역사, 전 자연사가 다 살아 있으며 과거와 함께 미래가, 수천억 개의 은하계 우주의 무궁한 삶이 다 요동친다. 생명은 모든 것에 모든 것이 연결되는 큰 흐름이다. 인간의 생명은 35억 년의 유기체의 나이를 먹었을 뿐만 아니라 150억 년 전 빅뱅으로까지, 아니 그 이전과 오늘 이후의 무궁에까지 연속되는 끝도 시작도 없는 존재이다. 인간의 의식은 포유류, 파충류 시대의 기억까

---

17) 김지하, 『생명과 자치』, 110쪽.
18) 같은 책, 111쪽.

지 지니고 있으며 인간의 무의식은 무기물의 기억까지도 지니고 있다. 따라서 김지하에 의하면, 인간이 밥 먹고 똥 싸는 일상, 팔을 굽히고 펴고 물 마시고 숨쉬는 일체의 동작이 다 우주적인 생성이요 거룩한 활동이다. 그러므로 신령하고 무궁한 우주생명을 제 안에 모시고 있음을 인정하고 스스로를 공경함으로써 자기 실현을 하는 것이 우주시대의 자기 성찰이요 개성화이다.[19]

2) 온갖 생명의 성화를 추구하는 21세기 새로운 우주종교

21세기는 새로운 인간 공동체의 건설 노력으로부터 시작될 것이라고 김지하는 내다본다. 그런데 그것은 일면적인 자유도, 일면적인 평등도 아닌, 자유와 평등을 근원적으로 실현하는 연대의 공동체일 것이다. 연대는 수평적 사랑과 우애만으로는 공고해지지 않는다. 이를 위해 필요한 것이 공경이라고 김지하는 주장한다. 공경은 인간 상호 공경뿐 아니라 보편적인 생명공경으로까지 확산되어야 한다. 이웃을 섬기는 사랑, 높이 떠받드는 사랑이 공경이다. 연대의 공동체는 공경의 공동체이다. 자기 안에 신령하고 무궁한 우주생명이 살아 생성하고 있음을 인정하고 공경함으로써 개성화하고 자기 실현을 하듯이, 타인 안에도 신령하고 무궁한 우주생명이 살아 있음을 인정하고 섬기는 것이 공동체적 공경이다. 공경은 타인의 개성과 인격과 창의를 철저히 존중하는 태도이며, 이 태도가 공동체 전원의 다양한 창조력과 영성을 이끌어낼 것이라고 김지하는 말한다.[20]

개인으로서의 인간이 자기 안에 무궁하고 신령한 우주가 살아 있

---

19) 김지하, 『틈』, 97-8쪽.
20) 같은 책, 98쪽.

음을 인정하고 공경하여 개성화하면 할수록, 자기 안에 살아 있는 우주, 곧 이웃·지역·사회·민중·민족·인류·뭇생명·지구·우주를 창조적으로 '되만듦'어 갈 수 있을 것이라고 김지하는 본다. 그리고 이 '되만듦'의 창조력이 바로 영성이며 신기(神氣)이고, 그 영성이 곧 공동체를 인류와 전 중생에게 개방하는 힘이요, 그것이 바로 개성화의 힘이다.[21]

김지하는 엔트로피가 지배하는 세계에서 생명은 질적으로 확산 진화한다고 말한다. 생명은 네가티브 엔트로피를 먹고 산다. 그것은 분산·해체·개별화하면서 동시에 근원적이고 새로운 차원에서 복잡화·유기화한다. 개성화는 창조적 통합과 동의어이다.[22]

김지하는 21세기가 환경문제를 해결하기 위한 근원적인 생명윤리의 창조와 실천으로부터 시작될 것이라고 내다본다. 인간 안에 신령하고 무궁한 우주생명이 살아 있음을 인정한다면 동식물과 무기물 안에도 신령하고 무궁한 우주가 살아 활동하고 있음을 인정하고 자연을 공경해야 할 것이다. 더욱이 자연은 우리에게 먹을 것, 입을 것을 주고 숨쉴 공기와 마실 물과 아름다움과 어머니의 포근함을 준다. 우리는 천지 안에 양육되는 존재인 것이다. 천지에 보은해야 하며 되먹여드려야 한다. '되먹임'이 바로 '되만듦'이며 새로운 생명의 문명의 창조이다.

자연 생태계의 단순한 회복만으로는 부족하다. 천지에 대한 적극적 공경을 통해서 자연물의 대해탈, 물질의 영화(靈化), 온갖 생명의 성화까지도 목표로 삼아야 한다. 천지에 대한 공경과 보은과 되먹임

---

[21] 같은 책, 98-9쪽.
[22] 같은 책, 99쪽.

은 인간의 성숙한 우주적 윤리와 책임을 실천하는 것이다. 이것이 21세기 새로운 우주종교의 목표일 것이라고 김지하는 말한다. 그러나 그것은 우주생명에 대한 인간의 깊은 성찰과 과학적 탐구 그리고 전 우주생명에 대한 성숙한 윤리적 책임감이 있어야 가능하다. 그리고 그것은 동양과 서양의 사상적 통일, 과학과 종교의 통일들을 통해서 이루어질 것이다.[23]

더 나아가 김지하는 21세기가 인간과 기계의 공생의 시대가 될 것이라고 보며 그에 대처해야 한다고 말한다. 그에 의하면, 컴퓨터나 멀티미디어 등 모든 인간의 인공적 제조물, 즉 기계 안에도 신령한 생명이 생성하고 있음을 인정하고 공경하는 대물윤리가 창조되어야 한다. 수공업과 매뉴팩쳐 시대의 공정 안에 살아 있던 대물윤리를 오늘의 첨단기술과 연관지어 재창조할 필요가 있다. 대물윤리가 없는 21세기는 기계의 반란으로 나타날 것이라고 김지하는 우려한다.[24]

7. 21세기는 생명과 영성의 시대

1) 영성적 삶은 역설의 생활화

김지하는 무엇보다도 21세기를 생명과 영성의 시대라고 규정하고 싶어한다. 21세기는 역설의 시대다. 그 역설이 곳곳에서 표출되고 있음을 우리는 확인하고 있다. 그런데 역설은 다른 것이 아닌 바로 생명논리이며 영성의 생성구조다. 지구화와 지방화, 지구적 기동성과 지방적 정착성, 통합과 탈통합, 개방과 자립, 비평형과 평형, 비동

---

23) 같은 책, 99-100쪽.
24) 같은 책, 100쪽.

시성과 동시성 등 여러 쌍의 모순이 중층적으로 복합된 혼란한 역설의 시대를 우리는 살고있다. 김지하에 의하면, 이 시대는 예전엔 성인군자나 고승대덕들만이 논하고 실현하던 생명의 역설적 진리를 세속의 범부중생이라도 모두 실천하고 생활화해야 살 수 있는 그런 시대다. 가히 달이 손가락을 가리킨다고 김지하는 표현한다. 그것은 시대의 도전이 응전의 내용까지 함축하고 있다는 말이다. 어느 하나가 다른 하나와 싸워 물리치는 변증의 논리로는 이 시대를 살 수 없다고 김지하는 말한다.25)

김지하는 역설의 생활화가 우선 개성화와 자기 성찰의 노력에서 시작될 것으로 본다. 우주생명은 역설적으로 생성한다. 위상과 운동은 동시에 파악할 수 없으며 빛은 입자이면서 파동이다. 그리고 대립적인 것은 상호 보완적인 것이다. 참선을 조금이라도 해본 사람이라면 생명이, 곧 마음이 역설적으로 활동함을 알게 될 것이라고 김지하는 말한다. 거기에서는 빛과 어둠, 고통과 쾌락, 선과 악의 양극이 혼재하며 교차한다. 이 양극을 합일하는 것이 초월하는 것이며 초월하는 것이 양극을 역설적으로 체득, 생활화하는 것이다.

이때 초월은 고대적 초월이 아닌 현실적 이탈 곧 '포월(匍越)'이라고 김지하는 이름한다. 현실 속에 배를 맞대고 피투성이로 포복함으로써 그 과정에 문득 어떤 경계를 넘어서는 깨달음의 실존적 삶이 그것이다. 역설의 생활화는 곧 영성적 삶을 말한다. 모든 생명, 물질까지도 '앎'이 있다. '앎'이 영성이다. 그리고 신기(神氣)다. 기독교의 원수 사랑이나 십자가, 불교의 진흙 속의 연꽃이나 진공묘유(眞空妙有) 등은 모두 영성의 진면목을 가리키는 말이다. 김지하는

---

25) 김지하, 『틈』, 101쪽.

영성을 이상한 소리나 이상한 환상으로 보지 말고 우주생명의 교감과 역설적 체험으로 생각해야 한다고 강조한다.[26]

그러면 영성이란 무엇을 말하는가? 김지하는 영성이 어느 하나에 국집(局集)되는 그런 능력이나 기능이 아니라고 말한다. 한 사람이 개인 내면에 영성을 가지고 있다고 했을 때에 그 영성에 독특한 개성적인 지향과 양상은 분명 있는 것이나, 그 내적인 활동의 전 우주적이고 전 심층 의식계적인 깊이와 넓이와 높이는 가히 무궁한 것이다. 따라서 전체 사회에 대한 인식 속에서 개체의 위치를 보는 전일적 사고 능력으로서의 개인적 영성은 바로 그것 자체가 모든 개별 인간들 사이의 정신적인 상호 주관적 의사소통의 교호 수단을 가진 교호 기능으로서의 영성이며 나아가 물질과 생명계 삼라만상 전체 안에 숨은 채로 생동하는 바로 그 영성이다.[27]

이 영성의 수준과 신묘함이 인간과 완전히 동일한 것은 아니나, 그런 오묘한 창조력과 오묘함을 씨앗으로 간직한 기초적 영성을 모든 물질이나 모든 생명이 다 가지고 있는 바, 바로 이 영성은 인간의 영성과 사실은 다양한 차이는 있으나, 그 내용에서 하나이고 무궁하며 결코 분할되지 않는다고 김지하는 말한다.[28]

2) 활동하는 무(無)로서의 자유와 우주적 대해탈

김지하는 자유도 인간의 자유의지와 연관해서 설명하지 않고 영성과 관련지어 풀어낸다. 김지하는 자신의 자유에 대한 근원적 통찰을, 수운 선생이 가장 중요한 시천주(侍天主)의 핵심 개념인 천, 즉

---

26) 김지하, 『틈』, 101-102쪽.
27) 김지하, 『생명과 자치』, 220쪽.
28) 김지하, 『생명과 자치』, 220쪽.

하늘을 설명하지 않고 공(空)의 상태로, 무와 허의 상태로 그대로 남겨두는 것을 보고 얻었다고 고백한다. 수운 선생은 모심의 내용으로 무궁하고 신령한 우주생명의 끝없는 창조적 진화 생성을 말하고도, 그 신령의 주동성, 창조성을 강조하면서도, 그 근거로서의 천, 하늘을 설명하지 않았다. 이것은 자유라고 표현하기에 뭔가 부족한 점이 있지만, 그보다 더 깊고 오묘한 여백을 열어놓은 것이다. 김지하가 보건대, 바로 이 여백이야말로 서구적 자유 개념과는 또 다른 동양 나름의 무궁무궁한 자연 속에서의 허, 태허, 공, 활동하는 무 또는 태극이무극(太極而無極) 등과 같은 말로밖에는 표현할 수 없는 거대한 미지의 여백이다. 이 여백은 인간의 이러저러한 능동적 활동을 통해서, 생명 진화 활동을 통해서 자기를 실현한다.[29]

김지하에 의하면, 근원적인 보이지 않는 생성의 기본인 자유는 드러난 질서 속에서도 이러저러한 형태로 자기 실현을 요구하며 자기 실현의 기본 동력으로 작용한다. 자유를 위한 여러 가지 형태의 해방 운동과 사회 변혁 활동은 인류 진화사 전체, 인류 역사 전체를 물들이고 지배하는 중요한 특징으로 작용하였다. 자유는 오히려 정의에 대한 요구보다 앞서며 정의에 대한 요구의 근원을 이루기도 한다.[30]

김지하는 인간 안에 있는 신령하고 무궁한 우주생명의 생성을 신기(神氣)라고 보며, 이 신기가 바로 '활동하는 무(無)'라고 설명한다. 그리고 틈 속에서 신기(神氣)가 통하는 것으로 본다. 그런데 사실은 역으로 신기의 확산하는 힘이 틈을 벌리는 것이다. 신기 자체

---

[29] 같은 책, 225쪽.
[30] 같은 책, 225, 271쪽.

가, 생명 자체가 생성하는 그물이다. 이 살아 있는 무의 그물 생성이 틈을 확산시킨다.[31]

활동하는 무로서의 자유를 말하고 있는 김지하의 생명 사상은 서구적 자유주의와는 전혀 다르다. 김지하는 자유가 영성과 결합되어 생동하고 발전한다고 보며, 영성에 의해서 자유가 실현되고, 그 영성은 자유의 기초 위에서 생동한다고 본다. 자유는 신령할 정도로까지 한 인간 정신의 우주적, 사회적, 전체적 확장력과 심층 무의식까지 파고 들어가 그것을 해방시키는 근원적인 힘인데, 바로 이 힘이 근원적 자유에 입각하지 않는다면 생동할 수 없다.[32]

김지하는, 자유의 기본적 추동력에 입각한 사회의 새로운 창조를 문제 삼되 새롭게 형성되어 나온 보이지 않는 질서의 근원적 유출인 불연의 세계에 기본과 중심을 두어야 한다고 말한다. 그리고 그렇게 해서 직관적으로 파악된 자유롭고 신령한 새로운 생명계의 새로운 지향을 상상력과 직관 세계에서 무궁무궁하게 느끼고 그에 따라 현실을 살펴 나가며 현실을 '아니다 - 그렇다'로 관찰하는 과정을 통해 드러난 질서인 현상 사회적 질서와 우주 사회적 공공성을 재평가함으로써 시민적 생활 세계의 새로운 창조의 방향을 잡아야 한다고 강조한다.[33]

김지하에 의하면, 영성적 생명의 근원으로 작용하는 보이지 않는 질서의 기본인 허허한 우주적 공, 활동하는 자유, 즉 자유라고 부를 수 있는 무의 활동의 현실적 실현은, 이미 주어져 있는 사회적 제약 속에서의 낡은 윤리 판단에 기초한 선택 기준으로서의 자유 또는 기

---

31) 김지하, 『틈』, 129쪽.
32) 김지하, 『생명과 자치』, 226쪽.
33) 같은 책, 227쪽..

업가적 자유주의의 일상적 소아적 자유가 아니다. 비록 그것이 생활적인 구체적 감각을 통해서 실현될 수밖에 없는 생활적인 내용을 가지기는 하나 근본적으로 전 우주적으로 자기와 함께 이웃, 모든 물질과 생명계의 영성 만개와 대해탈을 목표로 하는 개인 내부의 자유를 실현하는 것이어야 한다고 김지하는 말한다.[34]

따라서 이제부터 모든 사회 운동은 첫째 개인 중심이어야 하며 그 개인을 출발점으로 한다 했을 때 그 개인의 철저한 자기 수양과 내적 직관과 이른바 모심의 철저한 자각적 실천을 전제로 해야 한다. 모든 개인들은 모심의 철저한 자각적 실천을 통해 특히 그 모심의 틈을 전제로 할 때에만, 외면적 자유가 그 스스로 창조적으로 생성할 수 있도록 여유를 줄 때에만, 모심 자체의 소아(小我)적 제한을 풀고 이러저러한 충동적인 일상적 자유의 욕구를 승화하면서 보다 큰 우주적 대아(大我)의 자유를 실현할 수 있는 과감하고 대담한 실천을 기약할 수 있다.[35]

김지하가 보건대, 문제는 자유와 영성의 관계에 있다. 영성은 자유에 근거하며 자유를 창조하는 기(氣), 즉 생명 활동의 공(空)이요 그 오묘함은 창조력을 의미하는 신(神)의 미묘함에 있다. 이것을 모두 무(無)라 하는데, 이를 가시적 질서로 자기 조직화하면, 그것이 새 사회인 것이며 그 사회가 제도적으로 보장하고 확보해주는 것, 그것이 바로 우주 사회이며 일상적 생활가치로서의 자유로운 생명 질서일 것이다. 그것은 내가 남을 해방하며, 남이 나를 해방할 뿐만 아니라, 인간이 여러 가지 기능을 통해 도구, 기술, 기계의 자유를 만

---

34) 같은 책, 228쪽.
35) 같은 책, 228쪽.

개시키는 대해탈을 향해 우리의 삶을 밀고 가도록 한다. 그 대해탈은 시간 저 너머의 피안에 성립하는 유토피아, 또는 상고의 대동의 세계가 아니라, 지금 여기 우리의 구체적인 생활 속에서 비록 낮은 차원의 제한된 범위이거나 맹아 상태이거나 소극적 상태일지라도 가능성의 영역으로 존재한다. 그래서 이 대해탈은 무궁무궁하게 확장적으로 제 안에서 실현되는 그러한 생활적 자유의 문제라고 김지하는 말한다.[36]

김지하에 의하면, 이 자유가 모든 방면 전 계층, 전 물질 단위, 전 생명계, 전 민족과 전 사회, 텔레커뮤니케이션의 복잡하고 다층적인 상호 그물망의 확장・생성 속에서 실현될 때에, 바로 이 자유는 남의 자유와 연결되고 전 우주적, 전지구적 자유로 확대될 것이다. 바로 이 자유가 보장하는 것이 신령한 문화의 창조이다. 문화의 창조는 자유의 근거이며 자유에 의해서 촉발된다. 그리고 문화의 창조는 종국적으로 전 우주적 해방, 즉 자유의 종국적 형태인 해방을 가져올 것이다. 자유는 바로 스스로를 결정하는 것이며 그 어떤 조건에도 응하지 않는 자기 생성의 원리이다. 이것은 목적에 의해서가 아니라 과정에서 이룩되는 것이다. 따라서 끊임없는 확산과 동시에 안으로 굴러드는 영성의 자기 성취가 바로 진정한 자유와 해방의 실현 공간이요 실존적 삶의 성취 내용이다.[37]

---

36) 같은 책, 229-30쪽.
37) 같은 책, 230쪽.

8. 김지하 생명사상의 특징과 의의

 끝으로 김지하의 생명사상의 특징을 몇 가지로 요약 정리하여 보자.
 무엇보다도 눈에 띄는 특징은 대단히 포괄적이고 총체적인 거대 담론이라는 점이다. 거대 담론을 회피하고 작은 이야기를 시도하는 '탈근대'에 김지하는 시대에 역행해서 오히려 과감하게 거대 담론을 시도하고 있다. 서양이 자신들의 거대 담론에 싫증을 내기 시작했다고 해서 세계무대에 한번도 자신의 삶의 문법이 묻어 있는 이론 한번 제기해 보지 못한 동아시아의 지식인마저 거대 담론을 피할 이유는 없다. 오히려 우리는 그들이 생각하지 못했던 거대 담론을 제시해서 그들과는 다른, 자연과 우주에 대한, 우리 자신과 만물에 대한 시각이 있었음을 보여주어야 한다. 그리하여 세계화와 정보화의 시대에 세계가 서구적 세계관으로 획일화되어버려 그 다양함을 잃고 자멸하는 길을 걷지 않도록 가능성을 열어주어야 한다.
 우주생명과 우주진화에 대한 김지하의 거대 담론은 우주의 전 역사와, 신을 포함한 존재하는 모든 것을 다 아우르는 총괄적 구상이다. 그것은 또한 스스로 주장하고 있듯이 드러난 질서에만 얽매이지 않고 숨겨진 질서에 더 비중을 두고서 우주생명을 꿰뚫고 있는 생명의 논리를 잡으려는 역설적인 노력이다. 그것은 드러난 질서에 대한 드러난 연구성과를 다 감안함과 동시에 숨겨진 질서에 대한 탐구에도 주목해야 하는 대단히 광범위한 작업이다. 한마디로 동서양을 포함해 전세계의 지금까지의 생명에 대한 논의를 다 고려에 넣어 종합적으로 통합해내야 하는 과제임을 스스로 천명하고 있다. 그래서 우리는 김지하의 생명에 대한 논의에서 과학과 종교, 철학과 사상을 다 아우르며 그 경계를 자유롭게 넘나드는 사유의 자유로움을 발견할 수 있다. 김지하는 자신의 주장을 뒷받침하기 위해 현대과학의 이론과 발견을 최대한 활용하고 있다. 그리고 김지하는 자신이 이러한 현대과학의 추세가 일정한 방향을 가리키고 있음을 간파했다고 믿는다.

현대과학이 고심해서 풀려고 하는 생명문제가, 서양인들이 몸담아 왔던 생활세계의 고정된 세계관과 인식의 틀에 의해 올바른 접근을 제시하지 못하고 오히려 방해하고 있다면 우리는 한번쯤 다른 시각에 주의를 기울여 봄직도 하다. 살림을 삶 속에 생활화하며 우리를 포함해 만물 속에서 활동하는 우주생명을 모시고 공경하며 생명공경의 살림살이를 살아온 민족이 있다면 그 민족의 세계관과 생명해석에 귀를 기울일 필요가 있다.

김지하는 바로 한국인의 삶의 문법에 결과 무늬로 새겨져 있는 한 살림 사상에 인류가 필요로 하는 해답의 실마리가 놓여 있을 수 있음에 착안한다. 반만년의 삶 속에서 유불선을 자기 것으로 만들며 살아온 한국인의 삶의 지혜 속에 지금 현대인이 필요로 하는 통합적 사유방식의 진수가 있을 수 있다. 다원화시대, 다중심시대, 다극화시대가 필요로 하는 통합적 사유태도와 삶의 방식을 한국인은 제시할 수 있어야 한다. 그래서 김지하는 과학자들의 담론에 한국인의 전래 담론을 끌어들인다. 무엇보다도 스스로 유불선과 서학을 통합한다고 나섰던 동학에서 이러한 의식적인 사상 통합 노력의 본보기를 볼 수 있다. 김지하는 우리 시대의 최수운이기를 지향한다.

김지하 생명사상의 출발점은 현대 인류가 처해 있는 생태적 위기이다. 위기의 근본적 원인은 기술 과학 문명으로 인한 죽임 문화의 확산이다. 그로 인해 지구 곳곳에 온갖 형태의 생명파괴현상이 진행되어가고 있다. 이러한 죽임 문화의 밑바탕에는 잘못 방향 잡혀진 우주관 내지는 자연관이 깔려 있다. 그리고 그러한 관(觀)에는 삶을 영위하며 터득해온 삶의 지혜와 논리가 반영되어 있다. 그것을 김지하는 서양의 이분법적 사유태도와 소유중심의 생활방식에서 본다. 이러한 생활방식과 사유태도에서는 독특한 패러다임 또는 인식의 틀이 형성되어 왔다. 그것은 존재 중심적이고 이성 중심적인 패러다임이다.

존재, 실체, 본질, 기체를 분석과 환원의 방법으로 찾아 들어가 이성적으로 설명하여 그것으로 존재하는 모든 것을 체계 속에 질서 짓는 해석의 역사가 곧 서양학문의 역사다. 인간의 능력이 – 그것이 사유든, 인식이든, 경험이든 – 있는 것으로 규정하는 그것을 이성의 능력으로 범주화시켜 개념으로 잡아내는 것만을 존재하는 것으로 규정해 왔다. 존재하는 것으로 이성적으로 규정될 수 없는 것은 없는 것 - 무(無)로 판명을 받고 학문적 관심의 대상에서 쫓겨났다. 그래서 존재 중심과 이성 중심의 사유태도에서 관심을 끌지 못한 것은 생성과 무(없음, 텅 빔)였다.

그래서 문명의 대전환을 위한 거대 담론을 준비하는 김지하는, 바로 이러한 사유태도, 그리고 그에 바탕한 학문방식, 그리고 그에 따른 생활양식을 바꿔야 한다고 주장한다. 그러기 위해서는 존재 중심에서 생성 중심, 더 나아가 생명 중심으로 사유의 패러다임을 바꿔야 하며, 그에 대한 인간의 대응 능력도 이성이 아닌 다른 능력으로 바뀌어야 하는데, 그것이 바로 영성이다. 이렇게 생성(생명) 중심과 영성 중심으로 패러다임이 달라질 경우 우주와 자연, 인간과 자연만물에 대한 시각과 대하는 태도 역시 달라질 수밖에 없다. 먼저 신에 대한 관념도 달라지고 우주창조, 발생, 진화 등에 대한 설명도 달라지며, 신과 우주, 나와 자연만물에 대한 관계맺음도 바뀔 수밖에 없다.

존재하는 모든 것은 실체나 존재의 시각이 아니라 생성이나 생명의 관점에서 접근해야 한다. 존재하는 모든 것은 한 순간도 머무르지 않고 모든 것과의 다양한 그 모든 관계 속에서 끊임없이 변화한다. 모든 것은 다 끝없이 변화한다는 것, 이 세상에 변화하지 않는 것은 없다는 것이 우리가 출발해야 할 첫 번째 원칙이다. 신에 대해서도 우리는 존재 중심, 이성 중심의 관점을 버리고 생명 중심, 영성 중심의 시각에서 접근해야 한다. 그럴 경우 이제 신도 완전한 자족의 상태에서 행복하게 자기자신만을 사유하는, '사유하는 사유'가 될 수 없다. 끝없는 변화 속에서 그 변화를 유지·지속시키는 존재가 신일 것이다. 그것을 김지하는 '일하는 한울님'이라고 이름한다.

이렇게 생성(생명) 중심으로 사유를 전개시킬 경우 잊지 말아야 할 것은, 변화는 개념으로 잡아낼 수 없다는 점이다. 개념의 틀 속에 잡힌 현실은 더 이상 변화 속에 있는, 살아 움직이는 생명이 아니다. 이성이 자신의 주위환경을 살기 좋은 세계로 만들기 위해 끌어들이고 있는 설명의 틀, 이름의 세계를 실제의 세계와 혼동해서는 안 된다. 질서는 잠시도 혼란스러움을 견딜 수 없는 인간이 어지러움 없이 편하게 살기 위해 카오스의 생성세계에 부여하는 해석의 틀이다. 밖으로 드러나는 법칙에만 눈을 돌려서는 안 되고 그 법칙을 감싸고 유지시켜 주는 카오스의 요동에도 주목해야 한다. 생명현상에서는 드러난 질서보다 보이지 않는 숨겨진 질서가 더 큰 역할을 하고 있음을 잊어서는 안 된다.

이러한 시각에서 김지하는 현대과학의 이론과 발견을 나름대로 고려에 넣어서 세 가지 우주진화의 법칙을 끄집어낸다. 우주진화의 내면에 의식이 확대되어 가고 심화되어 간다는 법칙이 제1법칙이다. 우주진화의 외면에서는 복잡화 현상, 즉 다양한 수준과 형태의 물질과 생명의 유기화, 자기 조직화가 진행된다는 것이 제2법칙이다. 물질을 포함한 이 모든 우주생명이 그 내면의식의 근거인 자유의 활동에 따라 개별화하여 발생하며, 그 개별성 내부에 고도의 영성적·유기적 전체성을 실현함으로써 그물망의 형태로 복잡화한다는 것이 제3의 법칙이다.

이러한 생성(생명)에 대한 대응능력이 영성으로 바뀔 경우 그에 따라 근본적으로 달라지는 것도 많다. 무엇보다도 인간에 대한 정의가 달라질 수밖에 없다. 인간은 이제 더 이상 이성적 동물이 아니다. 인간은 신령한 우주생명이다. 인간의 위상과 역할 그리고 사명도 달라진다. 이성적인 동물의 경우 우주와 자연에 대한 이성적인 파악과 대처가 본질적인 존재방식일 것이다. 그러나 이제 신령한 우주생명일 경우 더 이상 그러한 이성적인 관계맺음으로는 안 된다. 더 이상 머리 좋은 사람이 참다운 인간이 아니다. 소위 지식인, 학자, 과학자가 세계를 이끌어 가는 주체가 아니다. 자신 안에서, 자연만물 안에서 일하고 있는 신령한 우주생명의 존재를 느끼고 그 일함에 동참하는 사람이 본래적인 사람이다. 우주생명의 생성에 활동하고 있는 일하는 한울님을 알아보고 모시며 그 일함에 함께 동참하여 일하는 사람이 참된 사람이다. 김지하는 이렇게 노동으로 우주생명의 진화에 동역하는 사람을 '민중'이라 이름한다.

한국인은 예로부터 하늘을 아버지처럼 공경하고 땅을 어머니처럼 모시고 그 사이에 자라고 있는 만물을 자식처럼 아끼고 보살피며 자연친화적으로 생명을 존중하며 살아온 민족이다. 그렇게 자연 속에 자연과 더불어 살아온 민족의 생활세계에는 그러한 삶의 태도가 삶의 문법의 형태로 아로새겨져 있을 것이다. 김지하는 그것이 고대 한국인의 풍류도에서부터 시작해서 조선말기의 최수운의 시천주 사상 속에 간직되어 이어져 내려오고 있다고 본다. 한국 민중들의 한 살림살이 속에서 생명 중심적이고 영성 중심적인 삶의 방식을 읽어낼 수 있다.

  문명의 대전환을 위하여 새로운 삶의 모델을 찾는 현시점에서 우리는 멀리 다른 데를 찾아 헤맬 필요가 없다. 바로 우리 조상들의 살림살이가 현대가 필요로 하는 새로운 삶의 방식이다. 이제 우리는 그것을 현대 우리가 놓여 있는 시대적 상황을 염두에 두고 새롭게 정리하고 체계화시켜 이론으로 만들어 내놓아야 한다. 김지하는 이러한 시대적 사명을 깨닫고 그를 위한 초석을 마련했던 것이다.

참고문헌

김지하, 『타는 목마름에서 생명의 바다로』, 동광출판사 1991.
김지하, 『생명, 이 찬란한 총체』, 동광출판사 1991.
김지하, 『생명』, 솔출판사 1994.
김지하, 『생명과 자치. 생명 사상·생명 운동이란 무엇인가』, 솔, 1996.
김지하, 『예감에 가득 찬 숲 그늘』, 실천문학사, 1999.
김지하, 『율려란 무엇인가』, 한문화, 1999.
김지하, 『생명학』 (전2권), 화남, 2003.
김지하, 『생명과 평화의 길』, 문학과지성사, 2005.
김지하, 『우주생명학』, 작가, 2018.
푸미오 타부치, 『김지하론. 신과 혁명의 통일』, 정지련 옮김, 다산글방, 1991.
『생명 평화 선언』, 생명과 평화의 길, 2004.
비토리오 회슬레, 『환경위기의 철학(Philosophie der ökologischen Krise)』, 신승환 옮김, 서강대 수도자대학원, 1997.
울리히 벡(Ulrich Beck), 『지구화의 길. 새로운 문명의 가능성이 열린다 (Was ist Globalisierung?)』, 조만영 옮김, 거름, 2000.
에른스트 울리히 폰 바이츠제커(Ernst Ulrich von Weizsäcker), 『환경의 세기. 인간다운 삶과 노동을 위한 생태효율적 비전 (Das Jahrhundert der Umwelt)』, 권정임/박진희 옮김, 생각의나무, 1999.
프리초프 카프라(Frijof Capra), 『생명의 그물 (The Web of Life)』, 김용정/김동광 옮김, 범양사출판부, 1998.
에드워드 윌슨(Edward Osborne Wilson), 『생명의 미래 (The Future of Life)』, 전방욱 옮김, 사이언스 북스, 2005.
에드워드 윌슨, 『인간 본성에 대하여 (On Human Nature)』, 이한음 옮김, 사이언스 북스, 2005.
에드워드 윌슨, 『생명의 다양성 (The Diversity of Life)』, 황현숙 옮김, 까치, 1995.
제레미 리프킨(Jeremy Rifkin), 『유러피언 드림. 아메리칸 드림의 몰락과 세계의 미래 (The European Dream. How Europe's Vision of the Future is Quietly Eclipsing the American Dream)』, 이원기 옮김, 민음사, 2005.
제레미 리프킨, 『바이오테크 시대 (The Biotech Century)』, 전영택/전병기 옮김, 민음사, 1999.

제레미 리프킨, 『소유의 종말 (The Age of Access)』, 이희재 옮김, 민음사, 2000.
한스 요나스(Hans Jonas), 『책임의 원칙-기술 시대의 생태학적 윤리 (Das Prinzip Verantwortung. Versuch einer Ethik für die technologische Zivilisation)』, 이진우 옮김, 서광사, 1994.
한스 요나스, 『생명의 원리-철학적 생물학을 위한 접근(Organismus und Freiheit. Ansätze zu einer philosophischen Biologie)』, 한정선 옮김, 아카넷, 2001.
김춘성, 「해월 사상의 현대적 의의」, 『해월 최시형과 동학사상』, 부산예술문화대학 동학연구소 엮음, 예문서원, 1999, 57쪽.
오문환, 「해월의 삼경 사상: 한울, 사람, 생태계의 조화」, 『해월 최시형과 동학사상』, 109~132쪽.
이기상, 『지구촌 시대와 문화콘텐츠 - 한국 문화의 지구화 가능성 탐색』. 한국외국어대학교출판부, 2009.
이기상, 「생명학의 미래를 생각한다. 지구 살림살이를 위한 생명학」, 『21세기 문명의 전환과 생명문화』, 세계생명문화포럼-경기2003 자료집, 105-123쪽.
이기상, 「삼신 할매의 살림살이-이성이 현대 사회의 삶에 가지는 의미」, 『동아시아 문예부흥과 생명평화』, 세계생명문화포럼_경기 2005 자료집, 345-363쪽.
이기상, 「생명의 진리와 생명학 - 지구 생명시대에 요구되는 생명문화 공동체」, 『생명사상과 전 지구적 살림운동』, 세계생명문화포럼_경기 2006, 81-119쪽.
이기상, 「새로운 보편 문화논리의 모색. 해석학, 화용론 그리고 사건론」, 『인문학연구』, 제1집(1996), 한국외국어대학교 인문과학연구소 편, 1-48쪽.
이기상, 「김지하의 생명사건론. 생활 속에서 이루어야 하는 우주적 대해탈」, 해석학연구, 한국해석학회, 2003, 495-574쪽.
이기상, 『글로벌 생명학. 동서 통합을 위한 생명 담론』, 자음과모음, 2010.
『21세기 문명의 전환과 생명문화』, 세계생명문화포럼_경기2003 자료집.
『아름다운 모심, 힘찬 살림』, 세계생명문화포럼_경기 2003 자료집.
『한국의 생명담론과 실천운동』, 세계생명문화포럼_경기 2004 자료집.
『동아시아 문예부흥과 생명평화』, 세계생명문화포럼_경기 2005 자료집.
『생명사상과 전 지구적 살림운동』, 세계생명문화포럼_경기 2006 자료집.
The Transformation of the 21C & Life-Culture 'Sallim', WLCF2003 Paper Book
A New Renaissance for Life and Peace in East Asia, WLCF2005 Paper Book
Life Thought and Global Sallim (Livelehood) Movement, WLCF2006 Paper Book

토론문

「21세기 생명위기에 대응할 김지하의 생명학」

심광섭 | 신학/미학, 전 감리교신학대학교 교수

토론자는 1978-79년 군인교회에서 가수 양희은이 부른 〈금관의 예수〉를 주일마다 LP판을 올려놓고 교회 앞 텅 빈 연병장에 "오 주여 이제는 여기에!" 울려 퍼지는 공명의 힘으로 빙벽처럼 차갑고 미끄러지기만 했던 군 생활을 견뎌냈고, 85년 독일 유학시절 대학교 구내서점에서 발견한 붉은 황토색 이 작은 시집 『황토』(Kim Chi-ha, Die gelbe Erde und andere Gedichte, 1983)가 눈에 띄어 정말 기뻤고, 한 일본인이 뮌스터대학에 학위 논문 「Fumio Tabuchi, Politische Mystik im Asiatischen Kontext, Kim Chi Ha, der Katholische Dichter aus Korea, 1982」으로 제출된 것을 도서관에서 발견하고 깜짝 놀랐다. 이 논문을 복사해서 읽었다. 후에 이 책은 『김지하論. 神과 혁명의 통일』(정지련 옮김, 다산글방, 1992)이란 제목으로 출간되었다. 이상 시인에 대한 인연이고 애정이다.

토론자는 김지하 시인에게 헌정한 이기상 선생님의 『글로벌 생명학』(2010)도 이미 읽었고, 이번 발표문도 세 번이나 읽었지만 토론을 전개할만한 틈이나 출구를 찾기가 여간 어려운 것이 아니었다. 그래서 직접적으로 접근하기보다는 간접적인 접근, 즉 수개월 전부터 '김지하의 흰 그늘의 생명미학'이라는 관점에서 읽기 시작한 지점으로부터 접근하기로 전략을 세웠다.

우선 노겸(勞謙) 김지하 시인의 첫 작품 『황토』(1970)로부터 마지막 작품 『흰 그늘』(시집, 2018)과 『우주생명학』(2018)까지 출간된 35권의 시집, 36권의 산문집, 4권의 희곡집과 수많은 서화와 신문잡지 기사와 추천사와 편지를 일별하고 헤아리면, 노겸은 한국의 사상가, 조선과 한국을 잇는 큰 사상가라는 생각이 든다. 공부하면서 한국의 전통사상과 현대사상 사이의 단절을 얼마나 자주 절감했는가. 그런데 노겸은 현대적 잇슈를 전통 사상을 재해석하면서 풀어간다.

1. 反생명

김지하의 생명학은 생명사상이 발아, 형성됐다고 보는 1980년대 이후만이 아니라 그 이전부터 꿈틀거린 사상이다. 편의상 문학과 예술, 생명운동과 정치, 사회운동을 나누어야 심도 있는 논의가 가능한 것이겠지만, 생명은 나눌 수 없을 뿐만 아니라 시인의 전 생애를 일이관지한 개념이라는 관점에서 그의 사상을 이해하고 싶기 때문이다.

이 생각은 김정남(전 청와대 교육문화수석)의 「김지하 재판의 막전막후」에서 밝혀졌다. 1976년이 저물어가는 12월, 사형 언도를 앞둔 김지하의 최후 진술은 정말 숙연하고 감동적이며 인간 존엄성의 지극한 경지를 밝힌다. 눈물이 펑펑 쏟아지지 않을 수 없다.

하느님의 은총이 이 불행한 민족 위에 폭포수처럼 쏟아져서 다시는 샛별 같은 청년들이 이 더러운 분단의 비극 때문에 법정에 끌려와서 청춘이 시들게 되는 일이 없도록 끝없이 기원하겠습니다. 그리고 내일 주(主)의 성탄절을 맞이해서 여러분에게 축복이 내리고 나를 박해하고 그렇게 미워하는 현 정부 최고 지도자 박정희 선생과 중앙정보부의 고급요원들에게도 가슴과 머리 위에 흰 눈처럼 은총이 폭폭 쏟아지기를 빕니다. 자비로운 은총이 그래서 용서하시고 모두 축복받기를 빌겠습니다. 감사합니다.

정치, 사회, 종교적 反생명·反민중에 맞선 격랑의 시기인 1973년에 쓴 전 4장의 희곡 〈금관의 예수〉가 그렇다. 부자와 권력자들에 시멘트로 '꽁꾸리쳐' 금관을 씌워 교회에 모신 예수는 이 금관을 벗기고 시멘트를 부수어 나를 해방해달라고 문둥이에게 요청한다. "내 힘만으로는 안 된다. 너희들이 나를 해방하지 않으면 안 된다.… 네가 내 입을 열었다. 네가 내 머리에서 금관을 벗겨내는 순간 내 입이 열렸다. 네가 나를 해방하리라."(『민족의 노래 민중의 노래』, 133쪽) 가난한 자와 억눌린 자의 구세주와 해방자로 오신 구원의 주체인 예수가 거꾸로 민중에게 해방된다. 인간은 자기 스스로 구원할 수 없다는 전통적 타력 구원 교리에 반하여 민중은 자기를 스스로 구원한다는 민중신학의 구원관이 여기에 근거하고 있다. 독일에 민중신학을 번역 소개한 유럽의 해방 신학자 위르겐 몰트만이 "십자가에 달린 민중이 세계를 구원해야 한다면, 민중은 누가 구원할 것인가?"라고 묻는 이유이다. 자기조직화하는 생명은 자기 구원자이기도 한 것이다. "민중이 생명의 담지자"(전집1, 171쪽)라면 민중은 자기 구원자인 것이다. 그러나 생명에 대한 현상적 이해는 그 역할을 이행할 수 없다. 한 대학생을 통해 말해진 생명이해는 종래의 과학적 생명현상에 대한 기술에 지나지 않는다. "생명은 무엇일까요? 생명은 수억의 세포에서 이루어지는 온갖 대사활동이라고 볼 수 있습니다."

2. 생명학

한국사회에서 개발과 성장의 시대인 6-70년대에 '성장의 한계'(1972) 이후 환경운동과 생태사상은 김지하에 의해 '생명운동'으로 전환된다. "이제 환경운동은 생명운동으로 불러야"(전집2, 296쪽) 한다. "'생태학'에서 '생명학'으로 가는 추세"라는 이기상 선생님의 발표문 4절의 제목에서 보듯이, 환경이 국부적이고 지역적이라면 생태는 전체적이고 지구적이며 생명은 생태에 더하여 우주적이고 영성적이다. 물질에서부터 기술까지 영성이 있음을 인정해야 하지만 인간은 가장 신령한 자각적 '우주생명'이고 신령하고 무궁한 우주생명을 모시고 산다.(생명학1, 150쪽; 생명학2, 98쪽) 서양어 생명(life, Leben)이 주로 생명현상의 기술에 해당한다면 김지하의 생명이해는 생(生)이 처음부터 담지한 명(命), 즉 자기 안에 계속해서 살아 움직이고 가동하고 생동하는 생명력, 생명의 근원, "펑펑 솟구치는 생명의 신선한 물결"로서의 生命이다. 그래서 생명은 "동서양 사상의 만남, 유불선과 그리스도교의 융합의 초점"(『흰 그늘의 길 3』, 53쪽)이다. 민중운동은 생명운동 속에서 그 생명운동을 통해서 크게 자기를 신장시켜야 한다고 말하기도 한다. 생명운동은 생명의 실상이 생동하는 모습으로 명백히 인식됨이요, 드러남이요, 열림이다.(전집1, 239쪽)

생명운동은 전 지구적 생명파괴의 세력과 부딪친다. 생명(생태)위기에 직면하여 세계적 생명학자들이 진단하고 제시하는 해법과 김지하의 다른 점은 무엇인가? 그것은 제1차 세계생명문화포럼_경기 2003에서 제시한 현대 환경사상을 포괄하면서 아시아(혹은 한국인)에 고유한 생명이해를 탐구해 얻은 창조적인 생명문화를 구축하기 위한 생명학의 시도라는 점을 발표문은 적확하게 드러낸다. 생명에 대한 서양적 이해를 참고하면서 한국인의 고유한 생명이해에서 도출한 생명실천을 위해 제시된 10가지 과제는 인간이 '우주생명'을 체인(體認)하는 방법이고 지평이다. "인간은 신령하고 무궁한 우주생명을 모시고 있는 거룩한 생존으로 '무궁인간' 이다." 새로운 인간은 온갖 생명을 공경하고 모심으로써 성화를 추구한다. 여기에는 자연물의 대해탈, 물질의 영화(靈化), 온갖 생명의 성화와 기술과 기계의 성화까지 포함된다. 김지하는 『생명학2. 21세기와 생명사회론』에서 기술에도 영성이 있으며 시장의 성화뿐 아니라 문화의 역동적 힘인 에로스 안에는 새로운 신령이 움직여 민중예술에 "거룩한 육체, 성스러운 성욕 문화가 탈춤과 판소리와 산조 음악"(54쪽)에 발현되고 있음을 읽어낸다.

3.역설/불연기연/흰 그늘

전 문명사적인 대전환기에 새로운 문화창조는 생명운동이 구체화되는 실사(實事)이다. 신학자 폴 틸리히(Paul Tillich, 1886-1965)는 생명을 존재의 실현으로 보고 영적 생명존재의 기능으로 도덕, 문화(예술), 종교를 말한다. 이에 반해 김지하는 '활동하는 무(無)' 라는 개념을 도입한다. 우선 김지하는 생명논리와 영성의 생성구조는 '역설' 이라고 말한다. '역설' 은 서양의 변증법적 논리에 대한 대항 논리이다. 변증법은 죽임의 논리이며, "살아 있다는 것은 '아니다·그렇다' 로 살필 수 있을 뿐 제3의 종합이란 없다"(『생명학1』, 295)고 말한다.

발표문이 김지하 생명학의 제한, 집중은 적절한 것이지만 생명학은 미학을 통해 실천적 생명문화 운동으로 나아갈 수 있다고 생각한다. 그래서 '역설' 의 논리가 미학에 적용되면 '흰 그늘' 이 된다. 김지하는 두 종류의 그늘 경험을 언급한다. 하나는 외적인 경험으로서 빛과 어둠이 교차하는 저녁 무렵의 그늘 경험이다. 저녁은 완전 어둠이라고 할 수 없는, 빛과 시커먼 어둠이 왔다갔다하거나 또는 공존하거나 교체되는 어떤 전체의 시간이다. 그늘은 어둠이 아니다. 그늘은 빛이면서 어둠이고 어둠이면서 빛이고, 웃음이면서 눈물이고, 한숨과 탄식이면서 환호요 웃음이다. '흰 그늘' 로 비유되는 그의 세계관은 역설적인 통일이다. 빛과 어둠, 선악이 공존하는 한 생명으로서 살다 가는 길이다. 주관과 객관, 주체와 타자를 넘나들고 이런 것들을 아우르는 우리나라만의 독특한 미적 개념이다. 그늘은 양극의 살아 생동하는 기우뚱한 균형의 상호보완 관계이다. 두 번째 그늘의 예를 판소리에서 찾는다. 판소리의 경우에 아무리 소리가 좋고, 제스처가 좋고, 외모가 좋아도 더 중요한 것은 소리 훈련이다. 소리가 청성, 천구성, 높고 크고 맑은, 이런 소리가 최상품이 아니라 우리나라에서는 수리성이 으뜸이다. "저 사람 소리엔 그늘이 없어" 하면 그 사람은 끝난 것이다. 왜 그런가? 그의 소리에는 거리를 두게 하는 부정성이 빠져 있기 때문이다.

4. 흰 그늘의 생명미학

김지하에게 생명학과 미학은 서로 분리될 수 없는 한 쌍이다. 생명학은 미학을 통해 활성화, 구체화되고 미학은 생명학에 입각해 조율된다. 그러나 양자에 공통된 논리는 역설, 흰 그늘이며 그 우주적 바탕은 태허(太虛) 혹은 '활동하는 無'이다. 하나로 묶어 말하면 '흰 그늘의 생명미학'이다. 후에 시인은 생각의 지평을 넓혀 새로운 미학을 "아우라지의 미학"(2014)이라 이름 짓고, "세계와 인류와 전 중생계의 우주생명학의 기초"라고 말한다. 여기서 흰 그늘은 冥(冥界)이 된다.

우주중심에서 울리는 생명의 본음(律呂/呂律)을 내림받아 삼라만상이 공명하며 오르고 피어나 생명의 춤을 추는 한판 천지굿이 성화된 아름다운 한 생명의 삶이고, 이 생명현상에 대한 공감, 공명, 통각, 체인(體認)의 학이 '아우라지 우주생명 미학'이 아닌가 예감한다.

4주제

김지하의 생명사상과 생명운동의 전개
― '생명운동가' 김지하를 기리며

발제 | 주요섭
토론 | 김소남

김지하의 생명사상과 생명운동의 전개
― '생명운동가' 김지하를 기리며

주요섭 | 생명운동가

차례

1. 다시, 왜 김지하와 생명운동인가?

2. 생명사상의 구성·생명운동의 태동(1980년대)
   1) 로터스상과 원주보고서
   2) 이변비중의 차원변화와 '신명'의 생명사상
   3) 생명운동의 근거지 만들기

3. 생명운동의 양 날개(1990년대)
   1) 개벽과 생명운동
   2) 생명정치운동의 실험
   3) 생명문화운동의 전개

4. 생명운동의 차원변화(2000년대)
   1) 생명과 평화의 길
   2) 세계생명문화포럼과 생명사상·생명운동의 전 지구적 확장
   3) 촛불과 화엄개벽의 꿈

5. 생태파국시대의 생명운동과 '요기-싸르'의 길

1. 다시, 왜 김지하와 생명운동인가?

새삼스러울 수도 있다. 김지하(1941-2022)의 생애 후반 40년은 의문의 여지없이 심원한 생명시인이자 생명사상가로 받아들여진다.[1] 그리고 오늘날 김지하의 감각과 사유는 한국[2] 생명운동[3], 나아가 한국 사회의 일부가 되었다.

그렇다면, 왜 '김지하와 생명운동'인가? 왜 김지하의 생명사상과 생명운동의 관계를 다시 질문하려 하는가? 오늘의 초점은 '생명운동가' 김지하이다. 김지하는 분명 시인이었고 사상가였지만, 또한 김지하는 '생명운동가' 였다. 스스로 그것을 자임했거니와 그의 폭넓

---

[1] 네이버 국어사전의 '생명사상'(출처 : 우리말샘) 항목에서 생명사상은 문학용어로서, "1980년 출옥 이후 '생명'이라는 화두를 던진 시인 김지하(金芝河)의 사상. 김지하는 서구적 휴머니즘의 한계를 지적하며, 우주 만물에 깃든 생명을 모셔야 참생명의 후천 시대가 열릴 것이라고 주장하였다."로 기술된다. '생명사상' 이라는 용어가 어떻게 소통되고 있는지를 짐작할 수 있는 하나의 증거가 된다. 한국문학사에서 생명사상의 소유권자는 김지하일 수밖에 없다.

[2] '한국의 생명운동'이라고 생명운동 앞에 '한국'을 붙인 것은, 물론 생명운동의 '국적'을 밝히려는 것은 아니다. 생명운동을 복수(複數)로 보고, 기독교와 가톨릭의 생명운동, 특히 미국에서 수입되어 성시화된 일부 기독교의 pro-life운동 혹은 '생명문화운동'과 구별하여, 그 고유성을 명확히 하려는 것이다. 이런 관점에서의 생명운동 기술에 관해서는 최근에 출간된 주요섭의 『한국 생명운동과 문명전환』, 1장 「한국 생명운동사 40년 연대기」 참조.

[3] 네이버 국어사전에서 '생명운동(生命運動)' 항목(출처: 표준국어대사전)은 "1. 사회 일반 생명을 중요한 것으로 생각하여 죽어 가는 생명을 살리고자 하는 사회적 운동. 2. 사회 일반 환경을 중요한 것으로 생각하여 오염된 자연을 깨끗한 상태로 되돌리고자 하는 사회적 운동." 생명운동이 보통명사가 되었다는 근거이기도 하지만, 생명운동이 매우 협소하게 이해되고 있다는 증거이기도 하다.

은 활동은 생명운동가라는 말에 부족함이 전혀 없어 보인다. 김지하는 이미 "감옥 안에서 생명운동을 결심했다"고 고백하고 있다(『흰 그늘의 길 3』). 그의 생명사상은 생명운동의 실천과정에서 더욱 깊고 넓어졌으며, 또한 섬세해졌다. 그리고, 그 일부가 필화(筆禍)나 설화(舌禍)로 격발되기도 했다.

거슬러 올라가면, 김지하는 1970년대 민주화운동의 최전선에 서 있을 때에도 생명사상을 품고 있었고, 생명운동의 감각으로 행동했다. 예컨대, 그는 1974년 '양심선언'에서 작품메모 '장일담'을 빌어 "밥이 하늘임"을 강조했고, 1976년 최후진술에서 기독교의 논리와 동학의 언어를 빌어 그의 민주화운동이 근본적으로 '천주(天主)투쟁'이었음을 밝힌다.[4]

이 글의 목적은 '생명운동가'로서의 김지하를 조명하는 것이다. 시인이나 사상가로 설명할 수 없는 '생명운동가' 김지하의 면모를 관찰한다. 한국 생명운동 40년 역사에서 김지하는 간과되었다. 감옥에서의 극적인 생명체험 끝에 생명사상을 태동시킨 것은 물론 인정되고 있지만, 흔히 1991년 '죽음의 굿판'으로 기억되고, 여성 대통령 지지자로 언급된다. 김지하에게서 열정적이고 치밀한 사회운동가를 상상하기는 매우 어렵다. 그러나 어쩌면 그는 '이변비중(離邊非中)의 차원변화'[5]와 '초월적 돌파'[6]를 위해 용맹정진한 '생명

---

[4] 1985년 출간된 『남녘땅 뱃노래』, 2012년에 책 제목을 바꾸어 재출간된 『남조선 뱃노래』에 각각 「고행… 1974」와 「양심선언」이라는 제목으로 실렸다.

[5] '이변비중의 차원변화'는 1982년 이른바 '원주보고서'에서부터 마지막 '우주생명학'까지 김지하의 생명담론의 키워드였다. 이에 대해서는 뒤에 별도로 논의한다.

[6] '초월적 돌파'는 원로 사회학자이자 녹색연합 대표 등으로 오랫동안 시민사회운동에 참여했던 박영신 연세대 명예교수가 미국의 역사학자 Benjamin I.Schwartz(1975)로부터 얻어 소개한 개념이다.

운동의 전사'였는지도 모른다. 김지하는 '명상과 변혁'을 동시에 꿈꾸는 '요기싸르'였다.[7] 그는 '생명운동'을 '환경운동'과 구별하고 서유럽의 근본 생태주의운동과도 다르다며 각을 세웠다.[8]

> 나는 환경운동과도 다르고, 근본 생태주의운동과도 또 다른, 생명운동을 하는 사람입니다.

이 글에서는 김지하의 생명사상이 처음으로 문자화된 1981년 로터스상 수상 연설문으로부터 시작해 생명운동가로서 절정의 활동력을 보여준 2000년대까지 생명운동 및 사회적 활동을 연대기적으로 살펴보려 한다. 이 작업을 통해 한국 생명운동사에서 '생명운동가' 김지하가 재조명되고, 나아가 한국 생명운동의 잠재력이 재평가되는 계기가 되기를 기대한다. 단, 이번 작업은 '김지하와 한국 생명운동'의 전반적인 흐름을 살펴보는 시론적인 작업에 머물 수밖에 없다. 구체적인 활동과정과 활동내용에 관한 연구는 향후의 과제로 남길 수밖에 없다. 특히 이글에서 '율려학회'와 '세계생명문화포럼' 등 김지하의 생명문화운동 부분은 스케치에 머물고 있음을 밝힌다.

---

7) '요기싸르'는 정치국원, 혹은 인민위원으로 번역되는 러시아어 comminssar(코민싸르)와 요가 수행자를 뜻하는 요기(yogi)를 결합한 말로, 헝가리의 혁명적 지식인인 아서 케슬러((Koestler, Arthur. 1905-1983)가 만들었다. 케슬러는 '부분적 전체'를 뜻하는 홀론(holon)이라는 개념을 만들기도 했다. 한국에는 『야누스』, (범양사, 1993), 라는 책이 번역되어 있다.
8) 1995년 7월 환경부에서 「'기우뚱한 균형'에 관하여」라는 제목으로 한 강연이다. 『김지하전집 제2권』.

2. 생명사상의 구성·생명운동의 태동(1980년대)

생명운동은 물론 사회운동으로서 '집합적 행동'이고 사회적 소통의 형식으로 진행될 수밖에 없다. 또한 한국 생명운동의 태동에는 가톨릭과 원주라는 종교적·지역적 배경이 엄존했다. 그러나, 그것을 담론으로 구성하고 서사를 창조해낸 것은 분명 김지하라는 '인물'[9]이었다. 1980년대 한국 생명운동의 태동기, 김지하는 고유의 생명사상을 주창·구성·정립하고, 생명운동의 근거지를 만들기 위해 노력했다.

1) 로터스상과 원주보고서

> 나의 생명운동 제안은 사실상 그날의 원주 가톨릭센터 이층 수상식장에서였다. 명시적으로 말을 하지는 않았으나 그 내적 흐름은 그러했다.
> 『흰 그늘의 길 3』, 41쪽

김지하는 광주학살의 "비참과 죽음의 공포"가 사람들의 가슴을 무겁게 짓누르고 있던 1980년 12월 석방됐다. 6년여 만이었다. 그리

---

[9] 여기서 '인물(person)' 개념은 독일의 사회학자 니클라스 루만의 '사회학적 체계이론'에 따라 '인간(human)'과 구별된 일종의 '사회적 페르소나'이다. 김지하의 '신체적 차원'과 '심리적 차원'은 알 수 없는 미지의 영역이며, 우리가 관찰할 수 있는 것은 사회적으로 소통된 언어와 몸짓 등 사회적 행위들뿐이라는 말이다.

고, 1년 후 1981년 12월 김지하는 로터스상 수상 연설을 통해 '생명의 세계관'을 제안한다. 이 상은 1975년 김지하의 감옥 시절에 이미 수상이 결정된, 아시아·아프리카 작가회의가 수여하는 문학상이었다. 김지하의 고백에서 보았듯이, 이 연설문 안에 생명사상의 핵심이 다 들어있었다. '생명의 세계관'과 '생명의 존재양식'이 명시되고, 생명의 존재양식, 즉 생존양식은 '공동체'적이면서도 '영성'적이라는 점이 적시된다.[10]

> 우리는 이 비참과 죽음의 암흑 한복판에서 그 암흑이 지닌 양면성(兩面性), 암흑의 의미, 그 모순의 신비를 발견함으로써 비참과 죽음의 암흑 그 자체를 그대로 뒤집어 유럽인과 모든 형태의 **민중의 적(敵) 마저도 포함한 전 인류와 전 생명계에 찬란한 부활을 가져다 줄 세계사적 대전환을 이루어야 할 역사적 책임**을 걸머지고 있습니다. 우리는 그 책임을 완수하기 위해 '존엄한 생명의 존중과 사랑'이라는 보편 진리를 생활적으로 구체화시키고 새롭고도 폭 넓은 세계관을 창출해내야 하며 **영성적(靈性的)이면서도 공동체적인 새로운 생존양식**을 창조해내야 합니다. 인간과 자아, 인간과 인간, 인간과 자연 사이에 결정적인 친교와 평화를 성취시킬 **생명의 세계관, 생명의 존재양식**을 출현시켜야 합니다.(강조는 필자)

이뿐만이 아니다. 놀랍게도 김지하의 '개벽사상'과 '전환담론'이

---

10) 그날을 전후해 이른바 원주캠프의 좌장이었던 장일순(1928-1994)과 함께 김지하는 방향 전환을 논의하기 시작했다. 그리고 장일순의 '수동적 적극성'으로의 후퇴와 '아주 개량적이면서도 근본적 대중적 민중운동의 새길' 모색에 동의했다(『흰 그늘의 길 3』).

이미 로터스상 수상 연설문에는 내장되어 있었다. 나아가 강증산의 '음개벽'을 빌어, 여성의 시대를 선포한다.

> **현대는 후천개벽**(後天開闢)**의 시대이며 음개벽**(陰開闢)**의 때입니다.** 이제까지의 인류문명사는 선천(先天)시대였고 음과 양이 갈등하는 시대, 즉 양이 지배하는 시대였습니다. (중략) 이 전환이 곧 부활이요, 이 전환이 곧 단(斷)이며, 이 **전환이 바로 오늘날 우리 한국 민중을 포함한 아시아, 아프리카, 라틴아메리카 전체 민중이 수행해야 할 세계사적 책임**의 내용입니다. 이 대전환은 무엇보다도 먼저 정신개벽, 즉 문화적 대변혁을 전제로 합니다. 전환과 변혁의 주체는 물론 민중입니다. (중략) 오늘날 후천개벽의 시대에는 음과 양이 조화하는 시대, 즉 음이 지배하기 시작하는 시대입니다. 여성과 남성이 평등대동을 이루는 것, 즉 **'여성적인 것'이 그 지배를 넓혀가는 역사**이며 새로운 형태의 모권(母權)이 중심으로 되어가는 문화의 때요, 해원과 상생의 때입니다.(강조는 필자)

그리고, 이듬해인 1982년 봄, 드디어 '생명운동'이라는 말이 적시된 문서가 발표된다. 「생명의 세계관 확립과 협동적 생존」(이하 '원주보고서')이란 문서가 그것이다. 이 문서는 '생명운동에 관한 원주보고서'라고 불리기도 하는데, 그 이유는 1970년대 한국 민주화운동의 중심지였으며 지역협동운동의 모델을 만들어가고 있던 원주의 사회운동가들이 이 문서를 통해 사회운동의 방향전환을 선언했기 때문이다.[11]

---

[11] 한살림 창립 20주년 기념으로 발간된 책자 『스무살 한살림 세상을 껴안다』(2006)는 그 배경을 다음과 같이 적고 있다. "원주의 지역사회 개발운동을 주도했던 운동 주

「원주보고서」는 개요, 본문, 각론의 3개 장으로 구성되어 있는데, '개요'가 1985년 출간된 『남녘땅 뱃노래』에 「삶의 새로운 이해와 협동적 삶의 실천」이라는 제목으로 실린 것으로 보아 이 부분은 순수하게 김지하의 글로 보인다. 본문과 각론은 원주캠프의 좌장이었던 장일순을 비롯한 원주의 활동가들에 의해 보완되거나 공동으로 작성된 것으로 보인다. 특히 이 문서는 로터스상 연설문과 달리 가톨릭적 언어로 쓰여있는데, 이 문서가 공식적으로는 가톨릭 원주교구 사회개발위원회의 활동을 위한 것이기 때문이었다.[12]

「원주보고서」에서 김지하는 당대를 '생명위기시대'로 진단하고, 이를 극복하기 위해서는 '협동적 삶으로의 전환'과 산업문명의 쌍생아인 자본주의와 사회주의를 동시에 넘어서는 '문명의 전환'이 요청된다고 밝힌다. 그리고, 유물론적 세계관에 기초한 전통적인 사회운동 노선에서 '생명의 세계관'을 바탕으로 하는 새로운 사회운동으로의 전환을 선언한다.

물론 키워드는 '생명'이었다. 이때 생명은 '이념'에 대한 안티테제였다. 사회주의와 자유주의와 같은 이념의 환상을 깨뜨리며, 고통과 죽음의 생명세계를 알아차리게 한다. 기존의 사회운동에 의문을 제기하고 새로운 차원의 사회운동의 길을 제안했다. 그리고, '생명운동이라는 희망'을 선언한다.

체들은 농촌이 급격히 축소되고 있는 외부 환경 변화에 좌절하지 않고 자신들의 운동 방식에 대한 비판적 성찰을 통해 새로운 운동을 구상한다. 그 성찰과 구상은 1982년 '생명에 관한 원주 보고서'라는 글로 김지하 시인에 의해 정리되었다. 이들이 착안한 새로운 운동방식은 바로 생활협동운동의 전망 아래 농촌과 도시를 잇는 도·농 직거래운동이었다."
12) 이하 「원주보고서」에 관한 논의는 김소남(2017) 참조.

제3세계 민중자신을 비롯한 전 인류와 전 생명계, 전 우주적인 생명의 부활, 해방, 완성을 향한 세계사적 대전환에 대해 제3세계 민중운동이 짊어진 역사적 책임의 내용이 그 확실한 모습을 드러낼 것이다. 이제 아시아, 아프리카, 라틴 아메리카의 광활한 대륙에서, 수십억 민중의 일상적인 영성과 생존 속에서 **생명운동이라는 대전변**이 일어나야 하고 또 일어날 수밖에 없다는 신념이야말로 죽음에 직면한 **전 인류 전 중생의 유일한 희망**이다.(강조는 필자)

「원주보고서」 이후 생명운동은 스스로를 다른 사회운동들과 구별하면서 자신을 생성해갔다. 조선 말 동학이 서학 및 성리학과 싸우면서 자신을 정립했듯이, 생명운동은 사회주의와 자유주의, 진보와 보수 양쪽과 거리를 두면서 자신만의 사회운동을 만들어갔다. 그러나, 그것은 이변비중(離邊非中), '양끝' 도 아니고 '중간' 도 아니었다. 새로운 범주, 도식, 패러다임으로의 '차원변화' 였다.

2) 이변비중의 차원변화와 '신명'의 생명사상

김지하의 관점에서 생명운동으로의 '전환' 은, (생명체험에 의거한 생명사상의 통찰이 그렇듯이), 단순히 '방향바꾸기' 가 아니었다. '차원변화' 였다. 그리고 그 설명의 논리가 원효의 화쟁사상으로부터 얻은 '이변비중(離邊非中)' 개념이다. 이는 「원주보고서」에 나와 있는 내용으로 김지하 생명운동의 결정적인 화두가 된다. 이는 사회주의와 자본주의를 '동시에 넘어서기' 라는 실천적인 과제이기도 했다.[13] 사회적 '차원변화' 는 곧 '문명전환' 일 수밖에 없는 것이다.

---

13) '이변비중의 차원변화' 는 김지하의 평생의 화두였다. 핵심은 '중도' 와 '중간(가운

생명의 진리는 중도다. 그것은 양쪽 가장자리를 떠나면서도 가운데가 아니다(離邊非中). 그것은 모두(全)이며, 모든 것이 생명의 씨앗임(處處皆佛)을 믿는 것이며 이 믿음으로부터 오는 사랑의 실천(慈悲行)이다. 제3세계 민중운동으로서의 **생명운동은 자본주의와 공산주의를 다같이 떠나면서도 그 중간길이 아니다**. 이것은 어떤 것, 어떤 사람을 반대하는 것이 아니라 모든 것, 모든 사람 속에 활동하는 반생명적 경향을 반대하고 모든 것, 모든 사람 속에 숨은 채 드러나는 생명의 씨앗을 현실적으로 꽃피우는 일이다. (…) 스스로 창조하고 스스로 해방하고 반생명에 저항하다 죽고 다시 부활하여 스스로 확장함으로써 자신을 변화시키고 체제 자체의 역사적 한계를 근본적으로, 근원적으로 철저히 소멸시킬 **전면적인 부활과 해방과 개벽을 가져오는 변혁운동이며 동시에 자비와 사랑의 운동**인 것이다.(강조는 필자)

로터스상 수상 연설문과 「원주보고서」를 통해 '생명의 세계관'이 제안되고 생명운동으로의 차원변화가 이루어진 후, 김지하는 『대설

데)'의 구별이다. 그러나, 김지하에게 그에 대한 어떤 이미지는 있으나, 논리적으로 명확하게 밝히지는 못한 것으로 보인다. 먼 훗날 2009년 초 〈법보신문〉에 촛불의 감흥을 화엄개벽론으로 펼치다 중단하며, '유마경의 불이법문(不二法門) 해 내한 어려움이 한 원인이었다고 언급했던 부분에서 실마리를 찾을 수 있을 것으로 보인다. 필자는 '모든 것', '모든 사람'을 구원하고자 하는 열망에도 불구하고, '생명/반생명' 역시 '또 하나의 구별'이라는 점에서 역설에 빠질 수밖에 없었다는 잠정적인 결론에 도달했다. 그러나 이에 대해서는 별도의 논의가 필요하다. 필자는 아래 문장, 특히 '모든'이라는 말에서 김지하의 열망과 역설적 현실의 발단을 발견한다. "이것은 어떤 것, 어떤 사람을 반대하는 것이 아니라 모든 것, 모든 사람 속에 활동하는 반생명적 경향을 반대하고 모든 것, 모든 사람 속에 숨은 채 드러나는 생명의 씨앗을 현실적으로 꽃피우는 일이다."

南』을 통해 생명사상의 한국적 원형을 판소리 형식을 빌려 형상화한다. 그리고 1984년 출간된 이야기 모음집 『밥』과 1985년 출간된 『남녘땅 뱃노래』(특히 2부)를 통해 그의 생명사상과 생명운동론의 핵심내용이 구성되고 정립된다. 1989년 「한살림선언」을 포함해, 이후의 논의는 이들의 변주, 혹은 심화·확장이라고 말해도 아주 잘못된 이야기는 아닐 것이다. 아래 『밥』과 『남녘땅 뱃노래』(2부)의 목차가 이를 증거한다.

『밥』의 목차
창조적인 통일을 위하여; '로터스상' 수상연설
인간 해방의 열쇠인 생명
일하는 한울님
나는 밥이다
천지굿
똥 또는 광대
생명의 담지자인 민중

『남녘땅 뱃노래』(2부)의 목차
삶의 새로운 이해와 협동적 삶의 실천[14]
인간의 사회적 성화(聖化)
은적암기행
구릿골에서

---

[14] 이 중 『남녘땅 뱃노래』 2부 첫머리에 수록된 「삶의 새로운 이해와 협동적 삶의 실천」이 원주보고서에 김지하가 쓴 '개요'에 해당한다.

남녘땅 뱃노래
앵산기행
민중문학의 형식문제

그리고, 1985년 「민중문학의 형식문제」를 통해 '신명'의 예술론을 펼친 김지하는 1986년 발행된, 한국전쟁 당시 죽임당한 원혼들의 해원을 노래한 시집 『검은 산 하얀 방』 서문에서 '신명의 생명사상'을 내어놓는다. 김지하는 스스로 묻는다. "그 소리, 속으로부터 울려나오던 그 소리는 도대체 무엇인가? 도대체 그 무엇이 다가오고 있음을 알리는 조짐인가? 이런 일은 무슨 힘에 의해 일어나는 것인가?" 그리고, 김지하는 스스로 답한다.

> 이 물음에 대답할 자는 오직 하나―
> 모든 것을 아우르며 모든 것을 놓아주며 모든 것을 살아 뜀뛰게 하는 활동하는 **무**(無), **신명**―
> 지금 여기 죽임당하는 매일매일의 삶 속에서 솟구쳐 출렁거리며 모든 존재를 죽임에서부터 살려내고 인간의 사회적 삶과 내적인 삶, 인간만이 아니라 **모든 생물, 무생물, 물질과 기계까지도 거룩하게 드높이고 서로 친교하고 공생하고 해방하고 통일하여 '한울'로 살게 하는 가없는 저 화엄의 바다, 그 약동하는 생명의 물결**뿐이리라.
> (강조는 필자)

3) 생명운동의 근거지 만들기

신명은 '생명을 생명이게 하는' 어떤 힘이다. 그런 맥락에서 김지하의 생명사상은 '생명의 존엄'에 머물지 않는다. '살아 있는 것을 살아 있게 하는 힘'에 대한 체험적 통찰이며, 그러므로 김지하의 생명사상은 '신명'의 생명사상이다. 그렇다. '신명 없는 노래'는 '죽은 노래'이고, '신명 없는 노동'은 '죽은 노동'이다. 생명운동은 곧 '신명살림운동'이고, '신명 나는 세상'이 '생명사회'인 것이다. 그러나, '신명 나는 세상'은 저절로 이루어지지 않는다. 김지하에게 생명운동은 "인위적이고 자각적이며 조직적인 것"이다. 생명운동은 '인위적 무위'일 수밖에 없다. 생명운동의 역설이다.

> 생명운동은 인위적이며 자각적이며 조직적인 것입니다. **생명운동은 인간의 역사적 사회적 생명, 즉 민중생명의 인위적이고 능동적인 자기회복운동 속에서 자각적으로 진행**됩니다. 전 우주중생의 생명운동이란 현실적으로는 인간의 인위적인 죽임, 즉 억압과 분단과 왜곡 소모 파괴 약탈 오염 변질 멸종 등에 대한 저항을 민중생명의 인위적인 자기회복운동 속에서 진행한다는 이야기입니다.(강조는 필자)
> 「인간의 사회적 성화」, 『김지하전집 1』

생명운동은 그 자체로 신명나는 활동이고 생명의 결대로 사는 삶과 사회를 지향하지만, 그 역시 사회운동인 이상 하나의 인위적 사회기획인 것이다. 그런 맥락에서 김지하는 끊임없이 조직을 시도했다. 특히 생명운동의 초창기 '생명운동의 근거지' 만들기가 절실했다. 전국 곳곳에서 실현지가 만들어지기를 기대했다.

> 나는 전부터 고향에 돌아가는 것이 평생의 소원이었고, 이제는 낙향하여 생명과 영성과 지역공동체운동을 새롭게 시작하려는 높은

뜻이 있었다.

『흰 그늘의 길 3』, 137쪽

　김지하는 1985년 여름 전라도 해남으로 이사했다. 원주에서 빚어진 여러 가지 "불화와 집안의 내적 갈등에서 벗어나고 악화되는 신병치료와 생명사상을 본격적으로 탐구하고자 함"이었다. 그리고, 원주를 떠나면서 가톨릭과도 거리를 두게 되었다.
　땅끝 해남은 김지하 생명사상의 특별한 계기이기도 했지만, 김지하 생명운동의 출발점이기도 했다. 『애린』 연작에서 보듯 새로운 것은 항상 끝에서 시작된다. 수운 최제우가 '하늘님체험'을 체험하고 자신의 깨달음을 펼치다 눈을 피해 전라도 남원에 갔고, 이것이 계기가 되어 남접의 씨앗이 뿌려졌듯이, 김지하는 해남의 아우들에게 생명사상과 생명운동의 씨앗을 뿌린다. 그리고 이는 훗날 광주한살림과 전북한살림을 포함해 호남지역 생명운동의 뿌리가 된다. 김지하 스스로도 그것을 잘 인식하고 있었다.

　　나는 (해남의 아우들) 그들에게 새로운 생명사상과 지역공동체운동
　　에 관한 씨를 뿌리기 시작했다.
　　『흰 그늘의 길 3』, 144쪽

　김지하가 해남에 머물던 시절 인연을 맺었던 지역의 후배들, 김성종, 천용식, 박순태 등이 그들이다. 이들은 1987년 여름부터 광주 무등산에서 감잎차를 공동 제다(製茶)하며 '광주한살림공동체'를 준비했다.
　『모심과 살림연구소』, 2007, 106-107쪽

광주는 처음부터 유기농산물 직거래보다 문화운동적 색채를 강하게 띠고 있었다. 이들은 1988년 봄, 광주 주월동에 한살림농장을 세워 젊은이 30여 명이 공동체생활을 하며 녹차와 감잎차를 생산하고 달과 장승, 종이공예, 전통염색 공예품들을 공동생산하는 등 생명문화에 기초한 생활문화운동을 전개하며 생산과 배움 그리고 치유를 통합하는 한살림 실현지를 꿈꾸었다. 이때 한광석이 시도했던 전통염색은 이후 우리 사회에 전통염색이 널리 퍼지는 데 크게 기여했다. 1988년 여름부터 유기농산물 공급 사업을 시작한 뒤, 1990년에 광천동에 사무실을 마련하고 출판, 교육, 도농직거래, 녹색환경운동, 주민자치운동, 의료공동체 운동을 펼쳤다. 하지만 내부 구심력을 잃고 직거래 사업을 안정적으로 정착시키지 못해 1992년에 활동을 중단하고, 2003년 다시 유기농산물 직거래 논의가 시작될 때까지 긴 휴면 상태로 접어든다. 하지만 초창기 광주한살림은 생명사상에 기반을 둔 생명문화운동의 폭과 가능성을 확인시켜주고, 배움과 치유의 터전 그리고 생산이 결합된 한살림마을에 대한 상상력을 자극하는 데 모자람이 없는 실험이었다.[15]

한편, 1988년 4월 김지하는 원주의 동지들과 함께 '한살림모임'의 준비에 착수한다. 또 다른 의미에서 생명운동의 근거지가 필요했기 때문이다. 김지하와 동지들은 1986년 12월 '한살림농산'의 설립으

---

15) 필자 역시 그 씨앗들 중 하나가 발아한 셈이다. 1980년대 말 지역공동체운동을 위해 고향 정읍에 귀향했다가 김지하의 '해남 아우' 중 한 명인 천용식을 비롯해 광주의 형제들을 만나게 되었다. 이때의 인연이 이어져 1995년 김지하의 주도로 조직된 생명자치운동단체인 생명민회 사무국장으로 가게 되고, 1990년대 말 정읍으로 다시 돌아와 여러 가지 생명문화운동을 전개하고, 전북한살림을 창립(2003년)하게 되었다. 그리고, 그 인연은 지금도 이어지고 있다.

로 본격화된 유기농 생산소비운동과 더불어 생명운동의 또 다른 축인 생명문화운동을 시작하고자 했다. 개벽적 문명전환운동의 열망을 담을 수 있는 큰 그릇을 만들고자 했다. 김지하는 "그늘로부터 새 빛이 돋으리라"고 믿으며 '한살림모임'에 큰 기대를 가졌다. 1년여간의 연구와 토론 끝에 최혜성의 대표 집필로 선언문이 만들어졌다. 그리고, 1989년 9월 29일, '한살림모임' 창립식과 함께 「한살림선언」이 발표된다.

한국 생명운동사에서 「한살림선언」은 서구의 공산당선언에 버금간다는 이야기가 나올 만큼 역사적인 문건으로 이후 한국 생명·생태·환경운동에 중대한 영향을 미쳤다. '한살림모임'은 창립 후 생명사상과 관련된 대중강좌를 개설하고 『한살림』(1990)이라는 무크지를 발행하기도 하고, 『공생의 사회 생명의 경제』(1990) 등 생명운동 관련된 책들을 출판하기도 했다. 그러나, '한살림모임'의 활동은 재정적인 문제를 비롯한 여러 가지 사정으로 오래지 않아 멈출 수밖에 없었다.[16] 이를 계기로 김지하는 '한살림'과도 멀어지게 된다. 김지하는 훗날 "한살림 문화운동의 중지는 '운동'의 정지"였다고 회고한다(『흰 그늘의 길 3』, 244).[17] 그만큼 아쉬움이 컸다는 말이다.

---

[16] 한살림모임에서 김지하는 연구위원장을 맡았다. 한살림협동운동을 전개하고 있던 박재일이 의장을, 김민기가 사무국장을 맡았고 최근까지 한살림연합의 실무책임(전무이사)을 맡았던 윤형근이 간사 역할을 했다.

[17] 앞에서 본 것처럼, 김지하 사상체계는 1980년대 중반에 정립되었다고 해도 과언이 아니다. 그런 맥락에서 1989년 발표된 「한살림선언」의 의의도 재해석될 여지가 있다. 적어도 김지하의 관점에서는 그럴 것이다.

3. 생명운동의 양 날개(1990년대)

 세인들에게 1990년대의 김지하는 '죽음의 굿판' 으로 기억될 수밖에 없지만[18], 김지하에게 1990년대는 생명운동의 양 날개를 펼치며 본격적인 활동을 시작하던 시기였다. 양 날개는 '생명정치' 와 '생명문화' 였다. '생명민회' 가 만들어지고 경기도 부천과 전북 부안 등에서 '주민자치' 의 실험이 이루어진다. 다른 한편, '율려학회' 등 생명문화운동단체들이 창립되고 새 담론이 제시되었으며, 서울과 지방을 넘나들면서 생명문화의 개화를 꿈꾸었다.

1) 개벽과 생명운동

 「한살림선언」이 발표된 1년 후 1990년 8월 김지하는 수운회관에서 「개벽과 생명운동」이라는 제목으로 긴 강연을 한다. 김지하는 이 강연을 통해 '생활협동운동' 과 구분되는 '생명문화운동' 으로서의 생명운동을 강조하며 「한살림선언」에 버금가는 강령적 비전을 제시한다. 「개벽과 생명운동」은 김지하 개인의 것이었지만, 1981년 로터스상 수상 연설 이후 10여년 간 심화·확장된 생명운동론의 결정판이었다. 특히 개벽운동으로서의 생명운동, 문명전환운동으로서의 생명운동의 비전과 전략이 담대하게 펼쳐진다. 김지하에게 개벽이 천도(天道)라면, 인사(人事)는 생명운동이다.

---

[18] 이른바 '죽음의 굿판' 은 큰 파문을 일으켰고, 그것은 전통적 사회운동 및 진보운동과의 결별을 의미했지만, 역설적으로 사회에 큰 충격을 주며 생명사상 및 생명운동의 존재감을 강하게 드러낼 수 있었다.

> 개벽은 천도요, 인사는 생명운동이라고 저는 믿습니다. 인간, 사회, 자연생태계의 파괴와 근원적 우주 생명의 질서로부터의 이탈이 극에 달한 현실 속에서 그 생명의 본성을 인식하고 그 생명의 본성과 질서에 따라서 살려고 하는 **생명운동을 통해서만이 개벽을 실천**할 수 있다고 저는 믿습니다.(강조는 필자)

강연은 놀랍게도 "나는 찢어진 사람입니다"라는 고백으로부터 시작된다. 이어서 강연은 현 시대를 '만연된 병적 현상'과 '생명의 상실'로 진단하고, 개벽의 전망을 제시한다. 김지하에게 개벽은 "한마디로 우주질서 전체가 바뀐다는 뜻이며, 우주질서의 변화 속에서 인간의 질서, 인간의 역사적인 모든 조건도 또한 변한다는 뜻이며, 5만 년의 인류문명사 전체가 대전환한다는 뜻"이다. 그리고, 개벽의 관점에서 생명운동의 철학과 비전을 밝힌다. 세계관과 생활양식의 대전환, 사회와 문명의 대전환을 선포한다. 김지하가 제안하는 '생명문화운동의 6대 방향'은 어마어마한 스케일과 함께 탁월한 시대적 적실성으로 30년이 훨씬 지난 오늘에도 큰 영감을 준다. 여기서는 그 타이틀만 소개한다.

인간의 자기실현
생명공동체 건설
생태계의 균형 회복
중도적 민족통일
새로운 문명의 창조
우주와 인간 간의 관계 정립

2) 생명정치운동의 실험

김지하는 한편으로 '한살림모임'과 함께, 다른 한편 개인적으로 다양한 생명운동들을 펼쳐나간다. 1990년 4월 21일 '한살림모임' 등 여러 단체가 함께 마련한 '지구의 날' 행사에 참여하기도 하고, 1991년엔 '지구의 날' 행사와 함께 이른바 '은행나무 살리기' 운동에 참여하기도 한다. 또한 1993년 4월 환경운동연합 창립대회에 참석하여 "김지하가 '생명'이라는 술을 부어준" 최열을 위해 축사를 하기도 한다(신동호, 2007).

특히 '은행나무 살리기' 운동은 기존의 환경운동과 구분되는 김지하의 생명론적 환경운동을 잘 보여준다.[19] 1991년 4월 서울시 도봉구 방학동에 있던 높이 25m, 둘레 10.7m에 달하는 거대한 은행나무 앞에 김지하와 풍수지리 전문가 최창조, 단식농성을 하던 환경운동가 차준엽 등이 모였다. 인근의 아파트 신축으로 인해 수령이 500여 년에 이를 것으로 추정되는 이 나무가 고사할 위기에 처했기 때문이다. 그리고, 차준엽의 단식 8일째 되던 4월 22일 제2회 '지구의 날'에 김지하는 차준엽과 함께 환경선언문을 읽었다. 제목은 '환경에서 생명으로!' 였다.

> 시민 각자 각자가 인간과 인간, 인간과 자연이 하나의 커다란 생명의 그물임을 깨우치고 생명의 원리를 공부하며, 그 원리에 따라 총체적 오염에 스스로 대응해 나가야 한다. 모든 **환경운동은 이제 포괄적 생명운동으로 크게 차원변화**를 해야 한다.… **생명의 또 하나의 원리는 창조적 영성**이다. 방앗골 은행나무 주변토박이 주민들은 요

---

19) 김지하, 『뭉치면 죽고 헤치면 산다』, 1991, 154~155쪽.

즘 매일밤 산신령과 큰 호랑이 꿈을 꾸고 있다. 생명은 그렇게 신령한 것이다.(강조는 필자)

다시 '차원변화' 다. 주민과 함께하는 생명운동은 이제 '주민자치', '생명정치'로 비약한다. 김지하는 1992년 지방자치선거가 부활한 것을 계기로 '시민참여'와 '풀뿌리 민주주의'를 내건 '참여와 자치를 위한 시민연대회의'에 참여한 바 있는데[20], 이제 본격적인 생명정치운동을 시작하게 된 것이다. 이때를 전후해 김지하는 생명운동과 주민자치에 관한 담론을 모은 책들을 연이어 펴낸다. 『뭉치면 죽고 헤치면 산다』(1991), 『옹치격』(1993), 『틈』(1995), 『생명과 자치』(1995) 등이 그것이다. 그리고, 그것은 1994년 '생명가치를 찾는 민초들의 모임(이하 생명민회)'의 창립 제안으로 구체화된다.[21]

이에 대안운동으로서의 새로운 사회운동의 필요성을 절감하면서 **환경, 자치, 문화 등을 한 고리 안에 통합시킬 생명운동을 재창하며 생명가치, 곧 보편적 삶의 통합을 추구하는 민초들의 모임인 생명민회 운동을 제안**하는 바이다.(강조는 필자)

김지하에게 주민자치는 '생명운동의 정치형식'이었다.[22] 김지하에게 지역은 생명운동의 '틈'이었다. 지역이라는 틈을 통해 기존의

---

[20] 이때는 '한살림모임'의 회원으로서 「한살림선언」을 대표 집필한 최혜성과 함께 참여했다.(김소남, 2017: 199쪽)
[21] 「생명민회를 제안한다」역시 모심과살림연구소가 펴낸 『생명운동자료모임』(2012)에 수록되어 있다.
[22] 이러한 규정은 김지하와 함께 생명민회를 준비한 여성 생태정치학자 문순홍의 언급이다. 문순홍의 『생태학의 담론(문순홍유고선집1)』 6장 「김지하와 생명」 참조.

질서와 다른 새로운 시공간이 태동한다. 김지하는 '생명민회'를 통해 새로운 차원의 생명운동의 조직화를 시도한다. '생명민회'는 한국 생명운동 역사에서 유일하게 '정치(자치)'를 표방한 단체로서 1995년 전면 실시 예정인 지방선거를 앞두고 설립되었다. 김지하는 생명운동의 '정치형식'으로서 주민자치와 민회운동을 내걸고, 이창식(부천YMCA)[23], 강대인(대화문화아카데) 등과 함께 '생명민회' 활동을 이끌었다. 특히 생태정치학자 문순홍(1957-2005) 등 소장학자들과 함께 공동작업을 진행하기도 했는데,[24] 이 문서는 김지하와 문순홍의 공동작업의 결과로 명시되어 있다. 이때 발표된 「생명민회를 제안한다」에는 한국형 '생명정치'의 원형과 사회운동의 새로운 패러다임이 제시되어 있다. '생명민회'는 먼저, "현재의 세계가 우리에게 요구하는 것"으로서 '인식의 전환'을 촉구한다. 특히 「생명민회를 제안한다」의 '생성적' 시·공간관(時·空間觀)은 2023년 오늘의 생명운동에도 통찰의 원천이 된다. 예컨대 이런 내용이다.[25]

① 열려있는 선형이 아니라 '닫혀있는' 그물망의 원으로
② 단선형 절대시간에서 복선형 상대시간으로
③ 절대공간에서 상대공간으로 : 다층의 동위상화

그리고 생명민회 운동의 전략은 '틈'으로 구체화된다. 미래세계는

---

23) 부천시장으로 출마한, 부천YMCA 총무였던 이창식 후보를 지지하면서 직접 지지방문을 하기도 했다.
24) 문순홍과 공동작업의 결과물이 대담집 『생명과 자치』, 솔, 1996. 이는 나중에 『생명학 1,2』, 화남, 2003 재편집돼 출판되었다.
25) 새로운 시공간관에 관한 보다 자세한 논의는 문순홍(2006) 11장 「시간, 공간 그리고 생명 지역론」 참조.

현 세계 속에 이미 존재하는 '틈'으로 엿보인다. '틈'으로부터 생성된다.

> 현재의 세계는 자신의 모습으로 실체적인 외형과 가치내재적 내용이란 양면을 모두 가지고 있는 반면, 바람직한 사회는 구체적 외형을 가지지 못하고 오직 의식 속에 이미지로만 낡은 삶의 틀 속에 존재한다. 즉, 이 세계에서는 그 가치체계가 구체적인 제도/법률/학문 체계 속에 감추어져 있으면서 무의식 속에 숨어서 보편화되어 있다. 반면 **바람직한 세계는 현실세계를 위태롭게 하는 문제군들이 만들어낸 의식의 '틈' 속에 과거의 구체적 경험과 더불어 이미지로서 엿보인다.** 그러나 현 체제의 보편적 의식과 무의식은 상식의 세계를 이루고 있어, 이 '틈' 속에 살아 숨쉬는 과거와 미래를 보지 못하도록 막거나, 보더라도 곧 부인토록 만든다. 따라서 **미래의 세계는 그냥 가만히 앉아서 만들어지는 것이 아니다. 오히려 이 '틈'을 확장시키기 위해 제도와 삶의 방식 속에 감추어져 있는 상식을 걷어내고, 이를 새로운 가치체계로 전치시킬 필요**가 있다.(강조는 필자)
>
> 「생명민회를 제안한다」

'생명민회'는 구상에 머물지 않았다. '생명민회'를 통한 생명-자치운동의 전국적 네트워크를 기대했고, 청년들의 조직화를 도모했다. 실제로 청년을 대상으로 하는 생명사상 및 생명운동 강좌를 통해 청년모임이 만들어지고, 전북 부안 등 호남지역을 중심으로 '생명가치'가 실현되는 주민자치의 가능성을 모색했다. 또한 '그물코'라는 매체를 중심으로 생명문화운동과 생명자치운동의 연결고리를 꾀했다. 그러나 '생명민회'의 활동은 문순홍의 투병과 이른 죽음을 비롯한 여러 가지 사정으로 활동이 중단된다. 훗날 김지하는 이 시기의 활동을 이렇게 회고한다.

> 그물코는 간행물의 제목이기도 했는데, 생명문화운동과 지역의 풀뿌리 정치 등을 연결하고 동북아와 세계의 환경, 생활협동, 유기농 등 시민생명운동을 네트워킹하는 그야말로 '그물코'가 목적"이었다. 그러나 이런저런 사정으로 제대로 구현하지 못했다. 그러나 영세한 형태로마나 경기도 부천과 전라북도 부안에 근거지를 만들고자 몇 년간 노력했다.
> 『흰 그늘의 길 3』, 240쪽

특히 부안 변산반도에 전남 전북 충남 경기를 잇는 '풀뿌리 생명운동의 근거지'를 장만하는 것이 중요했다. 특히 부안에 자주 갔다. 김지하에게 그것은 "작지만 큰 일이었고 오래됐지만 새길이었다."(『흰 그늘의 길 3』, 240쪽)

3) 생명문화운동의 전개

환경-생명운동과 자치-생명운동에 적극적으로 참여하던 김지하는 선택과 집중의 필요성을 절감한다. 생명운동의 효과가 즉각적으로 나타날 수 없었기 때문이다. 1990년 후반 김지하는 역량을 생명문화운동에 집중하기로 결심한다. 자치-생명운동을 위해 자주 방문하던 전북 부안 변산의 바닷가에서였다. 어느 날 '변산의 밤', 김지하는 '시인'과 '문화'로 돌아가기로 마음을 먹는다. "생명운동, 풀뿌리 지역운동, 사회변혁운동도 중요하지만, 시인이 노력해야 할 것은 '마음보'를 바꾸는 운동"이었던 것이다(『흰 그늘의 길 3』, 252쪽).

그것은 생명문화운동이요, 영성운동이었다. 이때 문화운동이란 "문학과 예술, 역사, 철학 세 방면의 통합된 큰 틀의 문화를 바꾸고 새로운 창조하는 운동"이다(『흰 그늘의 길 3』, 253쪽).

김지하는 "생명운동의 핵심은 '접화군생(接化群生)' 네 글자"라고 누차 강조한 바 있다.[26] 널리 알려져 있듯이 '접화군생'은 최치원의 그 유명한 난랑비서에서 나오는 이야기로, 결국 생명운동이란 뭇 생명을 모시고 함께 어울리는 '풍류' 세상인 것이다.[27] 이런 감각은 1996년 7월 '신풍류회의'의 발족으로 이어졌다. 김지하를 비롯해 미술과 국악, 문학을 아우르는 문화예술인 6명이 서울 마포구 사무실에서 모임을 갖고 '신풍류회의(新風流會議)'를 발족한다. '신풍류회의'는 "본디 우리 스스로가 갖고 있던 풍류사상의 큰 회복을 통해 오늘의 위기를 극복할 수 있다"라는 메시지를 남기기도 했다.[28]

그리고, 1998년 생명문화운동을 본격적으로 펼치기 위해 '율려학회'가 조직된다(『흰 그늘의 길 3』, 264~268쪽). '율려'는 김지하 생명문화운동의 새로운 키워드이다. 김지하를 비롯해 강준혁 · 김영동 · 김정헌 · 임진택 · 채희완 · 정희섭 등은 1998년 8월부터 9회에 걸친 준비모임을 갖고 새로운 인간상과 우주질서를 우리의 고대로부터 공부한다. 그리고, 1999년 8월 4일 공식적으로 창립대회를 개

---

26) 「한국 전통사상의 현대적 의의와 전망」, 『전집1: 율려란 무엇인가?』
27) 國有玄妙之道曰風流(국유현묘지도왈풍류) : 나라의 현묘한 도가 있으니 '풍류(風流)'라 한다. 設教之源(설교지원) : 그 교를 창설한 내력은 備詳仙史(비상선사) : 선사에 자세히 실려 있으니 實乃包含三敎(실내포함삼교) : 실은 유 · 불 · 선 삼교를 포함하여 接化群生(접화군생) : 군생을 접화하는 것이다.
28) 중앙일보 1996년 7월 21일자 기사 참조.
https://www.joongang.co.kr/article/3300809#home

최한다.[29]

김지하에 의하면, "율려는 우주만물의 생명질서에 알맞은 음악"이다. 율려는 '우주와 인간의 관계를 표현하는' 동양의 음악의 이름이다. 율(律)은 양(陽)이고 려(呂)는 음(陰)이다. 우주의 12계절에 비유하면, 6개월은 따뜻한 계절인 양(陽)이고 나머지 6개월은 추운 계절인 음(陰)인데, 바로 이 음양(陰陽)의 음률을 '12율려(律呂)'라고 한다. 동아시아 사상에서 율려는 음악적 척도이지만, 동시에 삶과 세계의 준거가 된다.[30]

한편, 김지하는 '율려학회'와 별도로 영호남의 지역활동가들과 문화운동가들을 중심으로 '삼남민족 네트워크'를 결성한다(『흰 그늘의 길』, 273-276쪽). 1999년 개천절에 남원 교룡산성 선국사 은적암터에서 2박 3일의 판이 열렸다. "동학사 속의 동이사상 문화사를 공부하는 삼남민족 네트워크 구성"했다. 김지하는 그날을 잊을 수 없었다. "아! 그날을 어찌 잊겠는가! 그날에 푸르른 하늘이 그토록 활짝 열렸으며…"

4. 생명운동의 차원변화(2000년대)

2000년대에 들어서며 김지하의 생명운동은 더욱 활발해진다. 삼보일보와 오체투지와 같은 생명운동의 현장에 직접 참가하고, '세계생명문화포럼'을 개최하여 생명사상의 지평을 지구적 차원으로

---

29) 중앙일보 1999년 8월 7일자 기사 참조.
https://www.joongang.co.kr/article/3807092#home
30) 율려와 감응, 그리고 척도의 관계에 관해서는 김희정(2010) 참조

확장한다. 아울러 '생명과 평화의 길'이라는 단체를 창립하고, 같은 제목의 책을 펴내며 김지하 고유의 '생명평화운동'을 펼쳐나간다. 그리고, 다시 이변비중의 차원변화. '화엄개벽'의 촛불을 켠다.

1) 생명과 평화의 길

새 밀레니엄이 시작되는 2000년대의 첫 10년은 한국 생명운동의 절정기였다.[31] 지리산 생명평화결사와 삼보일배, 그리고 오체투지를 거치면서 생명평화운동으로 확장되고, '생명평화' 가치는 전 사회적으로 확산된다. '생명과 평화의 길'이 열리고 있었다. 그리고, 그 길 위에 생명운동가 김지하도 함께했다.

김지하는 2001년 4월 지리산 실상사에서 도법 스님 등과 함께 젊은 학자·학승들이 참여한 가운데 '지리산'을 주제로 공부를 시작한다. 생명운동의 도반들이 함께했고, 5월 26일 열린 '생명평화 민족화해 지리산 위령제'의 공동봉행위원장을 맡기도 했다. 김지하는 지리산 공부모임의 배경을 이렇게 설명한다.[32]

> 지리산은 한국전쟁을 전후해 좌우익 대립이 가장 치열했던 곳입니다. 민간인과 군경을 합쳐 1만 명이 죽어 나갔어요. 그러나 그곳은 이데올로기의 희생자들이 몸을 숨기는 곳이었고 혁명투사들이 정기를 받은 장소입니다. 삶과 죽음, 누생과 화애가 함께 넘나드는 곳이지요. 전쟁·배제·대립의 논리를 비판적으로 극복하고 화해·사랑·모성·자비를 철학화, 사상화하는 출발점이 될 수 있다고 봅니다.

---

31) 2000년대 초 절정기의 생명운동과 지리산을 중심으로 하는 '생명평화' 운동으로의 확장에 관해서는 주요섭(2023) 책 1장 「한국 생명운동 40년 연대기」 참조.
32) 경향신문, 2001년 4월 5일자.
https://m.khan.co.kr/culture/book/article/200104051916251#c2b

2003년은 한국 생명운동의 신기원이 열린 해였다. 2003년 3월 25일에서 5월 31일까지 불교의 수경스님과 가톨릭의 문규현 신부가 중심이 되어 전북 서해안의 대규모 간척사업 저지를 위해 '삼보일배(三步一拜)'가 진행됐다. 삼보일배는 한국 사회운동의 새 지평을 여는 대사건이었다. "환경에서 생명으로" 패러다임의 전환이 선언되고, 운동방식에 있어서도 간디의 비폭력 투쟁에 비견되는 '거룩한 사회운동'의 모델이 만들어졌다(주요섭, 2023).

김지하에게 삼보일배는 "이 세대의 징표"였다. 김지하(『생명학 1』, 5쪽)에 따르면, 생명운동은 그 차원이 변화했다. 형식은 시민운동이지만, 내실에서는 '사회적 공공성'을 넘어서 '우주사회적 공공성', 생태적 연쇄저항, 생명학의 영역으로 성큼 들어왔다. 새만금 간척 중단을 요구하며 삼보일배 55일째를 맞이한 순례단에 김지하는 헌시를 보내기도 했다.[33] 제목은 「三步一拜(삼보일배)」다.[34]

그리고 5년 후 2008년, 김지하는 이명박 정부의 한반도대운하에 반대하는 투쟁의 현장에 다시 함께한다. 그해 4월에는 종교환경회의가 개최한 '문명전환기 생명평화운동의 방향과 역할'이라는 주제의 대화마당에서 김지하는 '생명과 평화의 길'이라는 제목으로 강의를 했다. 강의를 통해 김지하는 역사상 처음으로 "사회공공성을 지닌 현안이 시민운동을 일으키는 계기가 됐다"고 강조하며 "한반도 대운하 정책 논란이 새로운 차원의 사회적·문화적 운동의 시초가 될 것"이라고 예감했다.

---

33) 프레시안. 2003년 5월 22일. https://www.pressian.com/pages/articles/71795
34) 三步一拜. 부제는 '수경 스님 등 새만금 항의에 부쳐'다. 나는 물이요 / 뻘이요 한 송이 구름 // 흐른다 머금었다 피워 올린다 // 세 번은 죽고 / 한 번 살아 // 새내기들 새뛴 / 神誥에 성큼 돌아가노라. *神誥: 옛 고조선의 天地人 三一神誥

5년 전 삼보일배로 새만금을 살리기 위한 거룩한 투쟁에 나섰던 수경 스님과 문규현 신부는 2008년 9월 4일 4대강으로 상징되는 "개발과 파괴, 생명의 죽음과 약사들의 고통을 생각하며 참회하는" 오체투지(五體投地)의 대장정을 시작했다.35) 지리산 노고단 천고제에 참석한 김지하는 "광장의 촛불. 이제 산에 오릅니다."로 시작되는 고천문을 짓기도 했다.36)

　　김지하의 '생명과 평화의 길'은 대안적 경제시스템의 제시로 이어졌다. 2008년 11월 일본 후쿠오카에서 열린 '호혜를 위한 아시아 민중기금'의 아시아 확대회의에 제안자로 참석하여 기념 강연을 한다. 일본의 생협 및 환경운동단체들과 한국의 일부 생협과 필리핀, 인도네시아, 동티모르, 팔레스타인, 파키스탄, 방글라데시 등에서 온 민중단체들이 참가한 가운데, 김지하는 칼 폴라니의 '호혜', '교환', '재분배' 개념을 빌려 "호혜를 전면(前面)에, 교환을 일상으로, 획기적 재분배를"이라는 슬로건을 제시한다. 호혜와 교환이 융합된 '호혜시장' 개념을 제안한다. 사실 이 슬로건은 한살림운동에서 상품을 파는 동시에 선물을 나누는 '매장/나눔터'의 이중구조를 통해 나름대로 구현되어 왔다.37)

　　한편, 김지하는 2004년에는 '생명과 평화의 길'에 본격적으로 나서기 위해 직접 '생명과 평화의 길'이라는 이름의 단체를 조직한다.38) 2004년 8월 서울 프레스센터에서 창립총회를 열고 활동을 시

---

35) 2008년 9월 4일 지리산 노고단 하악단을 출발하여 10월 26일까지 계룡산 신원사 중악단까지 1차 오체투지가 진행되었고, 2차로는 2009년 3월 28일부터 다시 충남 계룡산 신원사 중악단에서 출발하여 6월 6일 임진각 망배단까지 1, 2차 모두 총 124일 동안 하루 약 4km씩 총 400여km를 오체투지를 하며 행진하였다.
36) https://ecolifenet.tistory.com/27
37) 주요섭의 『전환이야기』의 II부 「생명경제와 체제 전환」 참조.

작했다. 창립준비위원장을 맡은 정성헌을 비롯해, 삼남민회·율려학회·지리산공부모임 등 다양한 모습으로 10여 년 동안 함께 활동한 인물들이 참여한다. 김지하는 '생명과 평화의 시대'를 열어나갈 새로운 패러다임을 모색하는 화두로 '그늘이 우주를 바꾼다'39)를 제시한다. 이후 '생명과 평화의 길'은 2003년부터 2006년까지 세계생명문화포럼을 주관하고, 2007년 '생명학회'의 창립을 주도하는 등 생명학을 체계화하고 생명문화를 확산하기 위해 다양한 활동을 전개한다. 김지하는 2005년에 같은 제목의 『생명과 평화의 길』이라는 책을 펴내기도 했다.

2) '세계생명문화포럼'과 생명사상·생명운동의 전 지구적 확장

이제 생명평화의 지평은 동아시아와 전 세계로 확장된다. 생명문화의 확산과 생명학의 정립을 중심으로 고유의 생명문화운동을 계속 이어오던 김지하는 경기도의 지원을 받아 '세계생명문화포럼'(2003~2006년)을 개최한다. 이를 통해 국내외의 생명담론을 집대성하고, 생명운동의 지평을 지구로 확장하고자 했다. '세계생명문화포럼'은 그 규모에 맞게 국내외 성과를 집결시켰다.

---

38) https://www.pressian.com/pages/articles/27710
39) '그늘이 우주를 바꾼다'는 한국 선맥의 화두 중 하나인 영동천심월(影動天心月)을 우리말로 풀어 말한 것으로 김지하 생명사상 및 개벽담론의 핵심 슬로건 중 하나이다. 김지하는 '생명과 평화의 길' 창립대회에서 발표한 생명평화선언을 통해 "'그늘'은 판소리 등에서 쓰이는 개념으로 '윤리적으로 인생의 쓴맛, 단맛의 신산고초를 피하거나 적당히 얼버무리지 않고 피하지 않고 받아내되, 분노나 폭발이 아닌 '삭힘(견딤)'으로 인욕정진하는 삶의 자세'를 일컫는 말"이라고 설명한다. 또한 김지하는 "그늘의 자세로 우주를 바꿀 수 있는 에너지를 표출할 때 인류 문명의 새로운 대안을 찾는 것이 가능하다"고 주장한다.

"아름다운 모심 힘찬 살림"

2003년 12월 18일 경기도 수원에 있는 경기중소기업종합지원센터에서 '세계생명문화포럼-경기 2003' 개막식이 열리고 3박 4일의 포럼이 시작됐다. 포럼의 주제인 '21세기 문명의 전환과 생명문화'를 논의하기 위해 15개국 108명의 학자와 문화예술인, 시민사회 지도자들이 한 자리에 모였다.[40] "생명과 관계된 문화적 문제들을 포괄적으로 다루면서 옛 아시아의 문예와 지혜들을 전면적으로 탐색·재조명하고, 세계 곳곳에서 논의되고 실천된 생명문화 등 동서양의 여러 사상과 그 사례들을 나누고자" 했다.

'생태주의와 생명사상', '생명의 문화적 통로', '공생의 삶과 생명의 경제', '동아시아의 역사와 상생'으로 구성된 4개의 주제마당과 '생명문화와 지역발전계획-살림'의 경기도 만들기'를 주제로 하는 특별마당이 열렸고, 국내외의 저명한 환경운동가와 지식인의 발표가 있었다. 반다나 쉬바(인도 환경운동가), 리카르도 나바로('지구의 벗' 의장), 수잔 레이시(예술가), 발 플럼우드(호주 국립대학 연구원), 미조구찌 유조(동경대 명예교수) 등이 그들이다.

3박 4일의 포럼을 마친 참가자들은 「수원 세계생명문화 선언문」을 발표한다. 선언은 "개개 인간의 삶이 소중하게 여겨지며, 생명을 지속하게 하는 인간의 활동과 인간과 자연이 함께 공존하는 것"을 최고의 목적으로 하는 '생명문화의 원칙'을 따랐음을 확인하고, 1) 전체마당 선언과 2)주제마당 선언 3) '행동 추천'으로 구성된 선언문

---

40) 개막기사는 수원신문 2003년 12월 18일자 참조.
http://www.suwon.com/news/articleView.html?idxno=5114

을 발표한다.

이 중에서도 특히 호주의 생태여성주의자인 발 플럼우드(Val Plumwood)가 제안한 "생명권에 대한 존중"은 큰 주목을 받았다. 김지하는 이후 여러 차례 플럼우드를 언급하며, 파국적 생태위기의 유일한 해결책은 (플럼우드와 합의한) '인격-비인격, 생명-무생명 모두를 우주의 공동주체로 다 함께 모시는 문화와 생활의 대변혁'에서 찾을 수밖에 없다고 강조한 바 있다. 플럼우드의 '비인간 생명권' 개념은 '선언문 1-4'에 반영되었다. 선언문의 '주권국가처럼'이란 표현이 시사하듯 '비인간-비생명'에 대한 '윤리적' 고려만이 아니라 '정치적' 행동의 필요성에 대한 문제의식이 담겨있다.

> 1-4 인간을 넘어선 세계(다른 생명 존재)에 관해서, 우리의 삶이 다른 생명 존재와 조화를 이루고 있는지를 결정하는 데 있어 우리의 철학뿐만 아니라 우리의 구체적인 행동도 중요하다. 모든 문화와 전통은 반드시 자신의 관행과 전통을 주의 깊게 비판적으로 검토해서, 인간을 제외한 생명계에 치명적인 영향을 미치는 것들을 바꾸어야 한다. 만일 이러한 영향이 어떠한 것인지를 모르고 있다면, 이제 그 영향을 우리 자신이 깨닫고, 그에 따른 책임있는 행동을 하는 것이 곧 우리의 의무이다. **인간을 제외한 종들은 고유한 권리와 영토를 가지고 있는 '주권국가' 처럼 인정되어야 한다. 우리는 인간국가들뿐만 아니라, 이 '주권국가' 들과 평화적인 공존과 상호존중**을 목표로 하여야 한다.(강조는 필자)

'세계생명문화포럼'은 2003년부터 2006년까지 4년간 계속됐다. 진행된 세계생명문화포럼의 주제를 일별한다.[41]

2003년에는 '21세기 문명의 전환과 생명문화'를 주제로 '여러 생명담론들과 실천운동의 성과와 한계를 정리'했다. 2004년에는 '한국의 생명담론과 실천운동'을 주제로, 한국 생명사상의 조명을 통해 생명운동의 대중화 촉발을 기대했다. 2005년에는 '동아시아 문예부흥과 생명평화'를 주제로 '동아시아 사상 문화의 르네상스 탐색과 호혜망 구축을 모색'했다. 4년째인 2006년에는 '생명사상과 전 지구적 살림운동'을 주제로 3년 동안 진행된 세계생명문화포럼의 사상을 통합적으로 회고하여, 21세기 새로운 학문이자 실천사상으로서의 '생명학'을 정립하며[42], 전 지구적으로 '살림운동'을 확산하는 메시지가 전 세계로 발신하는 것을 기대했다.

3) 촛불과 화엄개벽의 꿈

'후천개벽'은 김지하 생명사상이 처음으로 문자화되었던 1981년 로터스 수상 연설에서부터 김지하 생명사상의 열쇳말이었다. 김지하의 시대인식이자, 문명사적 대전환의 비전을 제시하는 핵심 개념이었다. 그것은 사회적이면서도 동시에 우주론적이었다. 그리고, 2008년을 전후해 드디어 '화엄개벽'으로 종합된다. '화엄개벽의 길'(법보신문)[43] 과 '화엄개벽의 모심'(대화문화아카데미)[44] 으로 선포된다.

---

41) 이하 2003년부터 2006년까지의 주제와 주요내용은 「세계생명문화포럼_경기2006 기자간담회 자료」 참조.
42) 생명학의 정립을 위해, 2007년 6월 생명학회를 창립하였으나 여러 가지 사정으로 실제 활동으로 이어지지는 못했다.
43) 김지하는 2009년 1월부터 법보신문에 '화엄개벽' 주제로 연재를 시작했다. 이때 그는 강원도 원정사에서 화엄경을 공부하며 머물고 있었다. 그러나, 10회만에 연재는 중단된다.

이 지구와 전 인류의 오늘의 삶과 의식 안에 모심의 화엄개벽이 이루어질 수 없다면 지금의 대혼돈은 내일 없는 대붕괴로 귀일하고 말 것이다.(「화엄개벽의 모심」)

그런데, 김지하에게 화엄개벽은 관념의 산물이 아니었다. "촛불을 켜라, 모셔야겠다."(『흰 그늘의 길 3』, 426쪽)는 말에서 알 수 있듯이 김지하는 이미 화엄개벽을 예감했고, 또 체험했다. 2008년 이른바 광우병 촛불 현장이 그것이다. 김지하는 촛불에 '진심' 이었다. 그의 촛불에 대한 관심은 2002년 6월 서울 월드컵 당시 출현한 '붉은악마' 에 대한 경탄과 재해석에서 시작되었다. 2002년 6월 「유월개벽」[45] 이라는 김지하의 기고글은 이를 보여주는 증거 중 하나이다(『흰 그늘의 길 3』, 351-369쪽).

김지하에게 촛불은 "우리 시대의 4.19" 였다. 김지하에게 촛불은 "68혁명보다 훨씬 더 깊고 더 넓고 더 거창한 문명사 전체의 근본적 대전환과 직결돼 있다."(2009a: 44쪽) 그리고, 김지하에게 촛불은 '숯불' 및 '횃불' 이 아니다.[46] "지난해 시청 앞에 켜진 촛불은 바

---

44) '화엄개벽의 모심' 은 2009년 6월 9일 대화문화아카데미에서 주최한 제2회 여해포럼의 강연 주제이다. 김지하는 그의 화엄개벽론의 전모를 밝히고 있다.
45) 기고글 「유월개벽」에서 김지하는 '나치즘의 예감', '파시즘의 가능성' 에 우려를 제기하며 '문화민주주의', '광장문화' 와 같은 진보적 지식사회의 정치적 해석과 다르게 '민족적이면서 세계적인 독특한' 메시지로 해석한다. 김지하는 '붉은악마의 새로운 문화적 코드' 를 밝히고자 했다. '역동적 카오스모스' 로서의 태극, 차원변화로서의 셋, '3 플러스 2박' 이라는 민족음악의 기본박자와 혼돈적 엇박, 고대 탁록대전의 치우천황의 이미지, 농경정착문명과 유목이동문명의 문명 전쟁, 유목-농경적 이중적 통합문명의 비전, 어린이 청소년 여성의 주체성의 출현 등이 그것이다.

로 이 돌아옴이었다. 네페쉬하야의 예루살렘 입성소식이었으니 이 소식을 모심이 다름 아닌 촛불이다. 촛불은 횃불이 아니다. 숯불도 아니다."(화엄개벽의 모심)

김지하에게 촛불은 '하아얀 어둠', '흰 그늘'의 상징이었다. 그리고, 그 원형은 김지하 생명사상의 태동기에 이미 한 편의 시로 출현한 바 있다. '촛불'이라는 제목의 시가 그것이다(『검은 산 하얀 방』, 1986: 21쪽).

> 나뭇잎 휩쓰는
> 바람 소리냐 비냐
> 전기는 가 버리고
> 어둠 속으로 그애도 가버리고
> 금세 세상이 온통 뒤집힐 듯
> 눈에 핏발 세우던 그 애도 가버리고
> 촛불
> 홀로 타는 촛불
> 내 마음 휩쓰는 것은
> 바람 소리냐 비냐.

---

46) '횃불'과 '숯불'은 촛불 파괴꾼 까쇠의 등장(2009a: 24쪽)과 관련이 있다. 그리고 이는 김지하의 당파, 즉 삼지창론의 사상투쟁과 관련이 있다.
47) 그 사회적 실체 중 하나가 '방콕의 네트워크'이다. 김지하는 오래전부터 공동체와 협동조합은 끝났다고 단언한다. '공동체'와 '공생체'를 단호히 구별한다. 그러나 그것을 실험할 후배들이 없었다. 그런데 촛불에서 희망을 본 것이다. '자급적 공동체론'에 머물고 있는 협동운동에 실망한 김지하는 2008년 촛불의 비폭력적 역동에 감격했다.

그렇다면, 김지하의 화엄개벽의 핵심은 무엇일까? 한마디로 '만물해방(萬物解放)' 이다. '인간해방' 이 아니다.[47] 김지하는 최근 유행하는 '신유물론' 에 버금가는 통찰력과 실질적 탐색을 진행한다. 그의 슬로건은 '물질이 메시아' 다.

> 나는 지난 촛불의 '온라인, 오프라인 화백' 의 저 시끄러운 쌍방향 통행들과 광장의 직접민주주의에서 희미하게 화엄경을 느꼈다. 또한 그때 동시에 느꼈다. '우주만물이 물질의 굴레에 갇힌 채 자기들을 해방해줄 메시아가 올 날을 애타게 기다리고 있다' 는 성경 구절이다.
> **메시아는 누굴까?**
> **물질 자신이다.**
> 물질 자신이 물질 자신을 인식하고 해방한다.
> 사실은 물질 안에 있는 신과 영과 생명이 그 주체로서 물질 자신을 자기조직화하여 해방하는 것이겠다. 이것이 곧 창조적 진화다. 화엄경의 진리와 근본에서는 같다.(강조는 필자)
>
> 『촛불, 횃불, 숯불』, 92쪽.

일찍이 김지하는 나무와 풀과 돌멩이의 생명성을 누누이 강조한 바 있다. 김지하에게 메시아는 초월적인 그 무엇이 아니다. 존재 그 자체이다. 촛불이 촛불을 조직하고, 자기가 자기를 구원한다. 그런데 이때 '자기' 란 인간만이 아니다. 인간이 지구를 구원하는 것이 아니라, 지구가 인간을 구원한다. 그렇다. "물질이 메시아다." 21세기 첫 번째 바이러스인 '사스' 가 유행했을 때, 김지하는 경북의 산간을 헤맨다. 치유물질을 찾기 위해서였다(『초미』). 4대강의 반대운동을 펼칠 때에도 김지하는 '죽임당하는 강' 과 동시에 그 강의 재생능력

에 주목했다(「변혁적 생명학」).[48]

김지하는 화엄개벽을 통해 '차원변화의 차원변화'를 보여준다. 김지하의 촛불과 화엄개벽론은 2009년 출간된『소근소근 김지하의 세상이야기 인생이야기』4권에 풍부하게 결집되어 있다.[49]

　1권『방콕의 네트워크』/ 서문: 모심, 화엄개벽의 길
　2권『촛불, 횃불, 숯불』/ 서문: 촛불, 횃불, 숯불
　3권『새 시대의 율려, 품바품바 들어간다』/ 서문: 사타구니 대해탈의 첫 샘물
　4권『디지털 생태학』/ 서문: 붉은악마에서 이미 촛불을 보다

5. 생태파국시대의 생명운동과 '요기싸르'의 길

한반도와 동북아시아, 동아시아는 향후 2~3년 안에 정치, 경제, 사회, 사상, 문화적 대변동을, 향후 7~8년, 또는 13년 안에 온 세계와 연계

---

[48] 최근 지식사회에서 '신유물론'이 널리 읽히고 있다. 예컨대, 제인 베넷의『생동하는 물질』(2020)은 많은 지식인과 활동가들을 매료시켰다. 그리고 일부에서 해월 최시형의 경물사상을 거론하긴 했다. 그러나 김지하의 '물질이 메시아'에 주목하지는 못했다.

[49] 김지하의 생명운동에서 화엄개벽론과 함께 주목되어야 할 부분이『수왕사(水王史)』이다. '수왕사'는 2013년에 출간된 책 제목이기도 하지만, 역사 기술의 새로운 차원을 연 작업이다. '삼천 년을 짓밟혀 온 못난 백성들과 여인들의 역사'라는 부제처럼, '모성'으로의 권력 이동을 상징하는 '수왕'이란 용어를 통해 "지난 시절 짓밟혀온 여성과 어린이, 백성들이 새 역사의 주인공으로 등장하는 시대의 후천개벽이자 대화엄세상" 이야기를 역사적으로 재구성한다. 2010년대 이후 새로운 예술적 흐름 중 하나로 인정되고 있는 '파라픽션(para-fiction)'과 연결해 검토해볼 필요가 있다. 파라픽션에 관해서는 임나영(2022) 참조.

되어 생명, 생태, 생활, 물, 식량, 건강, 에너지 등등에서 생태적, 기후적, 우주적 대변동, 악질만세(惡疾滿世)의 대병겁(大病劫)을 맞이하게 된다. 불가피하다. 시간이 많지 않다.[50]

김지하는 꼭 집어서 '13년'이라고 적시한다. 2008년에 쓴 글이니 13년을 더하면 2021년인 셈이다. 코로나19가 전 세계를 휩쓸던 시기다. 물론 우연이겠지만, 예사롭지가 않다. 김지하의 생명운동은 처음부터 개벽운동이었다.

파국의 위기가 운위되는 오늘 김지하의 개벽담론은 서유럽의 '파국담론'과는 결이 다른, 또 다른 전환담론의 가능성을 예감케 한다.[51] 김지하의 생명사상과 생명운동은 한국 생명운동의 잠재력이다. 전지구적 생명운동이 미래가 될 수도 있을 것이다.

지난해 10월 세상을 떠난 세계적인 과학철학자이자 사회학자인 브뤼노 라투르는 묻는다. "근대화할 것인가? 생태화할 것인가?" 그리고 그는 물론 '생태화'를 지시한다. 그리고 전략으로 '코스모폴리틱스(cosmo-politics)'를 제시한다. 수많은 동서의 지식인들이 그를 인용해 "인간과 비인간의 집합체를 하나의 세계"로 여기는 코스모폴리틱스를 논했고, 국내의 적지 않은 학자들이 그를 소개하고 논문을 썼다(김환석, 2017). 그러나, 국내에서 김지하의 '우주생명학'에 유의한 사람은 없었다.

최근 서유럽의 생태철학에서 이른바 '어둠의 생태학(dark

---

50) 김지하, 「유모차부대 엄마와 참교육」. 프레시안 2008년 9월 27일자. https://www.pressian.com/pages/articles/91058
51) 파국적 전환담론들과 개벽담론의 잠재력에 대해서는 주요섭(2023)의 『한국 생명운동과 문명전환』, III부에 집중적으로 논의하고 있다.

ecology)(티머시 모턴, 2022)'이 주목을 받고 있다. 서유럽에 '어둠의 생태학'이 있다면, 우리에게는 어둠보다 더 깊은 '심연(深淵)의 생명사상'이 있다. 김지하의 '명(冥)의 생명사상'(『아우라지 미학』)이 그것이다. 그리고, '심연'의 어둠은 '희망'의 어둠이기도 하다. 김지하는 말한다.

> 이 어둠. 이 절망을 우선 받아들여야 한다. 그리고 그것을 넘어서는 길을 찾아야 한다.[52]

희망은 '명(冥)'에 있다. 김지하가 「화엄개벽의 모심」에서 말하고 있는 것처럼, "종말이 개벽"이기 때문이다. '지구적 비상사태와 새로운 생태신학의 전환점'을 탐색하는 여성신학자 캐서린 켈리는 "시작에서 종말로 가는 시간이 아니라 종말에서 새로운 시작으로 갈 수밖에 없다"(『지구정치신학(2022)』)고 강조한다. 그렇다. '시종(始終)'과 '종시(終始)'는 구별되어야 한다. 김지하가 그랬듯이 우리는 이제 '종시의 시간'을 구성해야 한다.

> 저의 꿈은 '요기싸르'라는 개념에 다 들어있지요. 요기(yogi)는 인도의 수행자이고, 싸르(ssar)는 혁명위원회를 뜻하는 코민싸르(comminssar)에서 온 것입니다. 그러므로 '요기싸르'란 말은 안으로는 내면의 평화를 추구하면서 밖으로는 사회적 변혁을 추구하는 혁명가 정신을 추구하는 것을 뜻하는 것입니다. 저는 내면의 정신적 평화와 외면의 사회적 변혁이 동시에 제 안에서 공존 가능하다고 보았던 것입니다.[53]

---

52) 앞의 글 「유모차부대 엄마와 참교육」

그렇다. 김지하는 '생명운동가'였다. 특별히 그는 '영성과 개벽'을 동시에 추구한 '개벽적 수행자'였다. 그리고 '깨달음과 혁명'의 열망은 한국 생명운동의 과거와 현재, 미래 안에 스며들어 있다.[54]

'요기싸르' 김지하에게 평생의 화두는 '모심'이었다. "내 생애를 통틀어 더듬어 찾아온 그 무엇이 있다면, 그것은 한마디로 줄여 말하면, '모심' 즉 '侍' 한 글자라고 대답하겠다."(『흰 그늘의 길 3』, 424쪽) 그런데, 이때 모심은 '허공에의 모심'이다(『김지하전집』, 11쪽). 비약을 위해서는 허공에 발을 내딛어야 한다. 화엄개벽의 '풍요로움'의 원천은 '허공에의 모심'에 있었던 것이다. 1976년 김지하가 '최후진술'에서 언급한 '천주(天主)운동'도 어쩌면 '허공에의 모심'이었을 것이다. '활동하는 무'를 모심이었을 것이다. 그리고, 그것은 김지하의 '생명운동의 길'이었을 것이다. '요기싸르의 길'이었을 것이다. 그것은 아마도 '흰 그늘의 길'이었을 것이다.

> 흰 그늘은 논리가 아니다. 그것은 분명 하나의 희망, 그러나 현실적인 치유에 대한 희망이다.
>
> 『흰 그늘의 길』, 415쪽.

---

53) 불교평론 2008년 12월 7일자 조성택 교수의 확의 인터뷰 참조.
http://www.budreview.com/news/articleView.html?idxno=564
54) 예컨대, 김지하의 시, 「줄탁」에 나오는 '새파란 별'이라는 표현도 수행에 대한 이해가 없이는 읽어내기 어렵다.

참고문헌

김소남. 2017. 「1970~80년대 원주그룹의 생명운동 연구」. 동방학지 제178집. 171~211쪽
김소남. 2017. 『협동조합과 생명운동의 역사』. 소명출판.
김지하. 1984. 『밥』. 분도출판사.
김지하. 1985. 『남녘땅 뱃노래』. 두레.
김지하. 1986. 『검은 산 하얀 방』. 분도출판사.
김지하. 1996. 『생명과 자치』. 솔
김지하. 2002. 『김지하 전집2(사회사상)』. 실천문학사
김지하. 2005. 『생명과 평화의 길』. 문학과 지성사.
김지하. 2008. 『흰 그늘의 길 3』. 학고재.
김지하. 2009a. 『소근소근 김지하의 세상이야기 인생이야기1-방콕의 네트워크』. 이룸.
김지하. 2009b. 『소근소근 김지하의 세상이야기 인생이야기2-촛불, 횃불, 숯불』. 이룸.
김지하. 2009c. 『소근소근 김지하의 세상이야기 인생이야기3-새 시대의 율려, 품바 품바 들어간다』. 이룸.
김지하. 2009d. 『소근소근 김지하의 세상이야기 인생이야기4-디지털 생태학』. 이룸.
김지하. 2013. 『수왕사』. 올리브앤앰비
김지하. 2014a. 『아우라지 미학』. 다락방.
김지하. 2014b. 『초미 첫 이마』. 다락방.
김지하. 2018. 『우주생명학』. 작가.
김환석. 2017. 「코스모폴리틱스(Cosmopolitics)와 기술사회의 민주주의」. 사회과학연구, 30(1), 1-18쪽 재인용.
김희정. 2010. 「감응과 척도 그 현대적 의미」. 『東亞硏究』 제59집(2010년 8월), 163-186쪽.
모심과살림연구소 편. 2012. 『생명운동자료모음』. 모심과살림연구소.
모심과살림연구소. 『스무살 한살림 세상을 껴안다』. 도서출판 한살림.
문순홍. 2006. 『생태학의 담론(문순홍유고선집1)』. 아르케
신동호. 2007. 『자연의 친구들(환경운동 25년사)1, 2』. 도요새.
윤형근. 2003. 「한국의 생태담론과 생명운동」. 계간 사상 2003년 겨울호 96-126쪽.
임나영. 2022. 「동시대 미술에 나타나는 파라픽션(Parafiction) 연구: C. 램버트비티의 이론을 중심으로」. 이화여대 예술조형학부 석사 논문.

장일순. 2016. 『나락 한 알 속의 우주』. 녹색평론사.

제인 배넷. 2020. 『생동하는 물질 사물에 대한 정치생태학』. 문성재 역. 현실문화.

주요섭. 2015. 『전환이야기』. 모시는 사람들.

주요섭. 2023. 『한국 생명운동과 문명전환』. 풀씨.

캐서린 켈러. 2022. 『지구정치신학-지구적 비상사태와 새로운 생태신학의 전환점을 위한 투쟁』. 박일준 번역. 대장간.

티머시 모턴. 2022. 『인류-비인간적 존재들과의 연대』. 김용규 번역. 부산대학교출판문화원.

토론문

「김지하의 생명사상과 생명운동의 전개」

김소남 | 국사편찬위원회 편찬연구원

  주요섭 선생님의「김지하의 생명사상과 생명운동의 전개」는 비록 시론적인 글이지만 생명운동가로서 김지하 시인의 삶과 활동의 궤적을 큰 흐름으로 정리한 글이라는 점에서 중요한 의미가 있습니다. 특히, '생명민회' 때부터 김지하 시인을 오랫동안 가까이 모시고 함께 활동했던 생명운동의 활동가가 생명운동가로서의 그를 평가하고 그의 활동과정을 정리했다는 점에서 의미가 있다고 생각합니다.

  토론자는 2010년대 원주지역 원주그룹의 협동조합운동과 생명운동에 대해 연구한 바 있습니다. 그 결과물을『협동조합과 생명운동의 역사-원주지역의 부락개발, 신협, 생명운동』(소명출판, 2017)을 간행한 바 있습니다. 원주그룹의 생명운동에 대한 연구가 막바지였던 2016년 11월 15일, 김영주 선생님께 연락을 드려 그분의 주선으로 원주 토지문학관에서 김지하 시인을 만나 뵙고 3시간여 구술작업을 진행한 바 있습니다.

  당시 토론자는 원주그룹이 최초로 생명운동을 제창한 문건인「생명의 세계관 확립과 협동적 생존의 확장」(1982)의 작성과정, 1970년대 초 뼁땅사건(뼁땅심포지엄)을 통해 지학순 주교와 장일순 등이 민중의 기본적 자유권과 생존권에 입각해서 향후의 민중운동을 전개하되 이를 '생명'으로 명명하며 '생명' 인식이 태동된 과정, 1979년 봄 감옥에서 개가죽나무의 풀씨를 통해 '생명'의 인식, 한살림연구모임·한살림모임의 조직과 「한살림선언」(1989)의 작성과 역할 등 많은 부분에서 질문하였습니다. 아쉽게도 김지하 시인은 1970~1980년대 많은 부분에서 기억하지 못하셨습니다. 그 결과 원주그룹 생명운동의 태동과 초기 흐름에서 김지하 시인의 역할을 제대로 조명하지 못한 채로 연구를 마무리하게 되어 아쉬움이 크게 남은 바 있습니다.

토론자는 김지하 시인의 생명사상과 생명운동의 초기 형성과정, 즉 김지하 시인의 생명사상이 형성된 1980년대에 관심이 많습니다. 실상 1980년대에 김지하 시인의 생명사상의 큰 줄기가 태동·완성되었으며, 이를 통해 생명문화운동 분야를 시작으로 독자적인 생명운동가로서의 활동이 전개됐다고 생각합니다.

1980년대 김지하 시인의 생명사상·생명운동 형성과정에서 가장 중요한 부분은 1970년대 지학순 주교와 장일순 선생님을 중심으로 한 원주그룹의 협동운동(3개도, 13개 시·군, 90여 개 농촌마을과 10여 개 탄광지부에서 재해대책사업위원회가 전개한 제반 운동)과 생명운동의 전환 흐름이라고 생각합니다. 1979년 봄 감옥에서 개가죽나무의 풀씨를 통해 '생명'을 인식한 경험을 가진 김지하 시인은 1980년 12월 출옥 후 장일순 선생님의 추동과 사회개발위원회 내 다수의 검토·협의·회람과정을 통해 생명사상의 중요 얼개를 만들어 갑니다. 그 결과물이 주요섭 선생님이 중요하게 보셨던 「아시아·아프리카 작가회의의 '로터스상' 수상 연설(1981. 12)」과 「생명의 세계관 확립과 협동적 생존의 확장」(1982년 초)이라는 문건입니다.

특히, 일명 원주보고서라는 문건은 1년간의 짧은 시간 동안 가톨릭 원주교구 내에서 토론되고 김지하 시인에 의해 대표 집필되면서 생명사상의 구성에 있어 다소 시대적 한계(운동권의 논리와 생경한 용어, 생명운동의 내용적 기반인 과학사상·동학사상 등에 대한 시대적 이해의 한계, 생명운동에 대한 논리와 언어의 정리·체계화 미흡 등)가 있다고 토론자는 보고 있습니다. 1982년 4월 부산미문화원 방화사건으로 인해 원주교구가 크게 곤욕을 치렀고 1983년 후반 정세 완화에 따라 점차 생명사상의 모색과 전개를 위한 김지하 시인의 활발한 움직임이 나타납니다. 1984년 12월 김지하 시인은 이문구·송기원·임진택·장선우·원경등과 떠난 사상기행(1984. 12)을 통해 최제우·강증산의 동학사상·민중사상 등의 탐방에 나섰고, 『밥-김지하 이야기 모음』(1984. 4)에 이어 1985년『제3세계-제3세계의 새로운 세계관』(1985. 1), 『남녘땅 뱃노래』(1985. 7) 등이 간행됩니다.

1987년 6월 항쟁 이후 김지하 시인은 열려진 공간 속에서 '한살림연구회준비모임'과 '한살림창립준비위원회'를 꾸리고 10여 차례의 학습모임과 수차례의 토론회 등을 거쳐 1989년 10월 한살림모임 창립대회를 통해 한살림선언을 제창합니다. 당시 한살림선언은 최혜성 선생님이 대표 집필했지만 한살림연구회부터 한살림모임에 이르기까지 이를 주도한 것은 실상 김지하 시인이었다고 생각합니다. 한살림선언은 1980년대 중반부터 치열히 모색된 김지하 시인의 생명사상이 응축된 내용으로 보아야 한다고 생각합니다.

주요섭 선생님은 1980년대 중반 출간된 『밥』과 『남녘땅 뱃노래』를 통해 김지하 시인의 생명사상과 생명운동론의 핵심내용이 구성·정립됐다고 하셨습니다. 토론자는 원주보고서에서 보여지는 원주그룹의 생명사상의 중요 내용이 1984년 12월 '탈원주' 후 김지하의 사상기행과 이후의 치열한 모색과정(동학사상/신과학사상/녹색사상 등)을 거쳐 한살림선언을 통해 그의 생명사상의 핵심이 구축 됐다고 봅니다. 이에 대해서 어떻게 생각하시는지 여쭈어봅니다. 또한 김지하의 사상기행은 그의 생명사상의 형성·심화에 있어 중요한 계기라고 생각합니다. 주요섭 선생님이 이를 본문에서 다루지 않은 연유는 무엇인지 여쭈어봅니다. 마지막으로 감옥 안에서 '생명운동을 결심했다' 와 '1970년대 민주화운동의 최전선에 서 있을 때에도 생명사상을 품고 있었고, 생명운동가적으로 행동했다' 는 내용의 근거는 무엇인지 여쭈어 봅니다.

 김지하 시인의 생명사상·생명운동에 대한 연구는 역사학계에서 아직 본격화되지 않고 있습니다. 이를 본격적으로 연구하기 위해서는 1970년대 원주그룹의 '생명운동' 이 태동되는 속에서 1980년대 초 원주보고서가 작성되는 과정, 장일순 선생님의 생명사상 형성과정 연구와 비교하면서 생명사상의 뼈대와 내용 구성·심화를 위한 김지하 시인의 학습과 사상기행, 연구모임 등에서의 치열한 모색·탐색과정 등을 밝히는 작업에서 시작될 필요가 있습니다. 이를 통해 각 시기별로 김지하 시인의 생명사상의 중요 내용이 구축되고 형성되는 과정에 대해 정치하고 세밀한 연구가 필요하다고 생각합니다.

종합토론

생명운동의 현황과 나아갈 방향

생명사상과 생명운동의 과제
김용우 | 한알마을 이사장

죽임의 굿판은 걷어치워야 한다
유정길 | 불교환경연대 녹색불교연구소 소장

핵(核) '죽임의 굿판' - 귀천(歸天)의 웃음
김영래 | 신시화백연구가

율려와 생명문화운동
김영동 | 작곡가

생명 위기에 대한 통감(痛感)없이 생명운동 없다
-노겸(勞謙) 김영일(金英一) 시인과의 인연에 대한 회고
如流 이병철 | 시인, 생명운동가

생명사상과 생명운동의 과제

김용우 | 한알마을 이사장

1982년 김지하가 초고를 쓰고 장일순을 비롯한 원주캠프의 활동가들이 윤독하며 첨삭·가필하여 발표한 「생명의 세계관 확립과 협동적 생존의 확장」(일명;원주보고서) 이래로 생명사상과 생명운동은 '확립'과 '확장'의 길을 걸어왔다. '확립'이 생명사상의 발전 경로라면 '확장'은 생명운동의 진행 경로이다. 확립이 '시선의 문제'라면 확장은 '공간의 창조'이다. 1982년 생명 '사상'과 '운동'은 한 알의 씨앗으로 한반도에 뿌려졌다. 그런데 '생명의 세계관'이 새로운 우주론을 의미한다면 '협동적 생존'은 새로운 생활양식의 창조와 전환을 의미한다. 그리하여 생명사상과 운동은 '다시개벽' 운동이다. 그것은 처음 개벽이 세상의 창조를 의미한다면 후천개벽 내지는 다시개벽은 새로운 사회와 문명의 창조로서 인간의식의 진화를 의미하고, 그것은 새로운 사회와 문명에 관한 인문운동과 생활변혁 운동을 의미한다.

생명사상과 생명운동은 1982년 이후 얼만큼 풍성해지고 확장되었을까? 원주캠프의 생명운동으로의 전환 이후 1984년 『밥』의 출간, 1985년 『남녘땅 뱃노래』 출간으로 이어지기 시작한 김지하의 담론이 발표되기 시작한다. 생명사상의 담론은 1989년 「한살림선언」으로 이어져 공동작업으로서 생명운동 담론은 정점을 찍는다. 그 이후의 생명사상과 생명운동의 담론은 김지하의 외로운 활동과정이다. 2022년 생을 마감하기까지 생명사상의 주요 담론을 생산한 사람은 김지하라고 할 수 있다. 반면 생명운동은 1985년 원주소협의 창립을 통해 생활양식의 전환을 모색하는 실험을 한 이후 1986년 한살림농산의 창립으로 본격적인 운동판을 열었다. 그 이후 유기농을 중심으로 한 생명운동은 지금까지 양·질적 성장을 거듭했지만 성찰을 통해 방향성에 대한 점검이 필요하다.

> 따라서 생활의 가장 핵심부분인 먹거리, 밥 한 그릇을 건강하게 지키는 기초운동에서 출발하여 사회환경, 도구와의 관계 기술, 경제제도와 시장질서 전체를 변혁하는 문화운동, 교육운동, 나아가 새롭고 성스러운 기초 생물학적 삶의 성화(聖化)로까지 차원 변화를 해야 할 것입니다. 단순한 먹거리 장사의 차원, 단순한 사업경영방식의 차원, 구호만의 생명운동으로 한정되는 유기농운동은 넘어서야 하는 것이죠. 특히 지금 예기(銳氣)에 차서 진행되고 있는 지역의 주민자치운동과의 결합, 그리고 확산되고 있는 환경운동과의 더 깊은 기초적 결합, 자기를 변화 시키고 있는 각 종교단체의 생명운동적 앙양과 발진과의 탁월한 결합, 문화운동과의 결합 등이야말로 매우 중요한 유기농 운동의 미래를 결정짓는 갈림길이 될 것이며, 이것을 기초로 하여 동북아 전체의 농업부활, 생명공동체운동의 기초와 발판과 방향을 마련하는 데에 자기의 화살방향을 두어야 할 것입니다.[1]

2000년대 초반까지 양적 성장과 영역의 확장을 거듭해 온 생명운동은 한국사회운동의 새로운 희망이라는 소식도 들었다.

---

1) 김지하, 『생명사상, 생명운동이란 무엇인가 김지하의 생명과 자치』, 솔출판사, 1996, 288쪽

생명사상과 운동이 그토록 비판해 왔던 근대문명의 한계와 파국이 눈앞에 보이기 시작하고, 과학자들이 기후변화의 위험성이 목전에 와 있음을 승인하자, 생명사상과 운동은 오히려 행로가 불분명해지고 있다.

이를테면 기후변화와 생명의 위기 앞에서 서구학자들이 지질학 시기를 '인류세'라고 해야 한다고 논쟁적 화두를 던진 것이라든지, 라뚜르와 니콜라이 슐츠의 『녹색계급』론의 등장으로 인한 문명전환의 주체에 문제, 인공지능(AI)과 유전자 편집가위 등 현대과학의 생명과 인간에 대한 침범 내지는 도전(포스트휴먼 논의)에 생명사상과 운동은 어떤 대답을 하고 있는가? 문명전환의 당위적 주장은 많이 보이나, 새로운 문명으로 가는 사람과 자연의 관계라든가, 생명운동이 가야 할 구체적 길(방법)에 대해 침묵하고 있다. 생명사상 담론의 빈곤시대다. 당연히 생명운동 역시 답보를 면치 못하고 있다.

> 인간 재규정과 재발견 문제는 사카르(아난다 무르티) 등이 제기하고 있는 네오 휴머니즘 문제와 함께, 훗설 이후 하버마스나 한나 아렌트 등이 집중적으로 강조하고 있는 바 시민적 생활세계건설의 기본으로 새로운 사회적 공공성의 개념, 즉 훗설의 레벤스벨트(Lebenswelt), 상호 주관적 의사소통의 근거로서 레벤스벨트, 생명세계에 대한 새로운 해석 등에 모두 연결되어 있습니다. 인간의 재발견은 현대문명전환의 가장 초미한 문제인 문화의 창조적변혁의 기초로서 매우 중요한 위치를 차지한다 하겠습니다. 저는 한마디로 인간은 우주생명이지만, 동시에 가장 신령한 자각적 우주생명이라고 말하겠습니다. 인간이 가장 뛰어난 문화, 창조력을 가진 것은 틀림없죠. 그러나 그것은 자연을 지배하고 정복하고 착취하는 관계를 정당화하는 것이 아니라 오히

려 우주 자연과의 완전한 교감과 일치, 일체를 이루어 자기를 실현하며, 그 과정이 또한 모든 자연생명 내부에 살아있는, 그러나 아직 꽃 피우지 못한 영성적인 자유의 만개를, 앞으로 인간이 창조해야 할 생명문화와 세련된 도덕적 과학으로 그것을 도와줌으로써, 이른바 중생대해탈을 가능하게 하여 참다운 후천개벽을 성취시켜야 할 크고 깊고 광활하고 당당한 전우주적인 윤리적인 책임을 가지고 있다는 점에서 가장 우수하고 가장 신령하다는 것입니다. 즉 인간의 우월성은 바로 이와 같은 우주의 대차원 변화에 대한 창조적 개입을 해야 하는 윤리적 책임을 가졌다는 데에 있는 것이지 소아병적으로 자연을 착취 정복해도 좋다는 식의 유치한 범죄적 우월성을 말하는 것이 아닙니다.[2]

김지하로 지칭되는 생명사상과 생명운동은 이제 생성을 멈추었다. 지극한 영적 감응으로 생명사상과 생명운동을 차원변화 시키는 길은 무엇인가?

우크라이나와 러시아의 전쟁은 지구에서 또다시 국제적인 전쟁의 우려를 증폭시키고 있다. 전쟁은 우크라이나 영토 내로 제한되고 있지만 서방국가들은 우크라이나에 무기와 군비를 지원하고 있으며 심사 기로가 늘고 있다. 러시아는 중국은 비록한 반서방 국가들을 규합함으로써 신냉전에 다가서고 있다. 대만과 북한을 사이에 두고 중국과 미국동맹세력의 대응도 점차 군사적 긴장으로 전환되고 있다. 한반도를 둘러싼 강대국들의 기류가 심상치 않다. 21세기에도 죽임의 문명이 지배적이게 할 수는 없지 않는가?

---

[2] 앞의 책, 110쪽

죽임의 굿판은 걷어치워야 한다

유정길 | 불교환경연대 녹색불교연구소 소장

IPCC 6차 보고서, 2040년에 도달할 1.5도의 비극

2023년 3월 20일 IPCC 6차보고서는 이대로 가면 지구 평균상승온도는 2040년에 회복할 수 없는 티핑포인트인 1.5℃에 도달할 것이라고 보고했다. 이는 3년 전 2050년에 도달할 것이라는 예측보다 10년 앞당겨진 것이다. 인류가 위기를 해결할 수 있는 기회가 10년 줄어든 것이다. 그러면 과연 인류는 2040년 위기를 잘 극복할 수 있을까? 이 위기의 이후에는 어떤 삶이 펼쳐질까?

이제까지 인류는 어제보다 오늘, 오늘보다 내일이 나을 것이며, 시간적 차이를 두고 모든 국가는 풍요로운 유토피아를 이룰 것이라고 믿어 의심치 않았다. 80년-90년초까지 자본과 돈, 권력이 행세하는 세상에 항거하여 계급모순이나 민족모순이 극복이 되고 민중이 중심이 된 평등한 세상이 되면, 높은 사회주의적 성장과 최소한 북유럽 수준의 풍요로운 사회주의 비슷한 것을 희망하는 아름다운 진보의 미래가 펼쳐질 것을 믿었다.

그러나 고르바쵸프가 몰타에서 자본주의와의 경쟁을 폐기하고, 전 지구적인 위기로서 환경생태문제를 주목하며 '글라스노스트와 페레스트로이카'를 선언했다. 급기야 1990년 직후 동구와 소련이 붕괴하는 사건을 목도하면서 변혁을 위해 노력한 사람들은 크나큰 충격을 받아야 했다. 이후 1992년 브라질 리우환경회의는 '지속가능한 발전 ESSD'이라는 세계적 화두를 던졌다. 이는 인류가 2-300년간 이제까지 추구한 진보와 성장, 발전방식은 잘못되었고 이 방식이 지속된다면 인류는 지속불가능한 위기를 초래할 것이며, 이러한 잘못된 발전 패러다임은 패절되고 전환되지 않으면 안된다는 강력한 선언이었다. 이어 제안된 '의제21(Agenda21)'이라는 세계적 변혁프로젝트를 중심으로 모든 나라의 발전방향이 변화되어야 함이 강조되었다.

이렇게 과거의 '진보의 표상'이라고 생각한 사회주의가 붕괴하기 시작한 1990년, 그리고 '발전의 표상'이라고 생각한 자본주의의 성장방식의 패절을 선언한 1992년 리우환경회의 바로 그 사이, 1991년 5월 5일 시인 김지하의 "죽음의 굿판을 걷어치우라"는 사자후는 당시 전 지구적인 전환의 위중한 시기를 깨닫지 못한 사람들에겐 당황스럽고 이해할 수 없는 행동이었다. 그래서 과거 동지였던 많은 사람들은 이를 배신이라고, 섬망증이라고 말하기도 했다. 그러나 기후위기라는 인류의 죽음을 목전에 둔 지금, 30년 전의 그의 호소를 그렇게 쉽게 폄훼하고 넘어가면 되는 걸까?

생명위기의 본질과 인간의 미망

오늘날 인류에게 닥친 심각한 기후위기는 계급문제나 민족문제를 압도하는 생태위기이며 생명위기이다. 한때는 그저 여러 문제 중 하나로 환경문제를 생각했지만, 이제 전 지구적인 패러다임의 문제이며, 인류의 총체적인 문명전환을 강제하는 메시지라는 것은 30년이 지난 지금에 와서는 상식이 되었다.

생태위기의 본질은 무엇인가? 80년부터 자본주의(청색)든 사회주의(적색)이든 결국 기후위기를 초래하게 만든 동일한 원인제공자이며, 결국 그놈이 그놈인 쌍둥이일 뿐이라고 비판하며 생태주의(녹색)가 등장했다. 그래서 생태적 재의식화 재구조화로 전환사회를 구성하지 않으면 안된다는 것이다. 80년-90년대의 진보라는 패러다임이 생태위기 앞에 과연 그것이 진정한 진보였는지를 돌아보게 되었고, 나아가 역사가 그렇게 과거에서 미래로 직선적으로 확장하며 상승 발전하는 것인지도 의심을 품게 되었다.

1991년 바로 그 시점이 인류에게 전환의 각성을 요구한 안팎의 변곡점이었다. 바로 그때 이를 예감한 김지하는 여전히 '생산력의 고도화, 성장주의'를 진보로 생각해 온 민주화운동의 동지들에게 과거의 인식이 더 이상 옳지 않으며 새로운 패러다임으로서 생명운동으로의 전환을 강변하며 1991년 5월 5일 "죽음의 굿판을 걷어치워"라고 말한 것이라고 생각한다.

최근들어 기후위기를 앞두고 자본주의든 사회주의자든 국가마다 일정한 시간간격을 두고 성장과 풍요를 추구했으며, '생산력의 고도화'가 진보의 척도라고 생각했던 과거를 다시 복기해 보기 시작했다. 우리는 무엇을 잘못했는가?

고전경제학이든 사회주의경제학이든 동일하게 '지구의 자원은 무한하다'는 생각을 기반으로 해왔다. 근대사회에서 이것은 증명이 필요가 없는 공리였다. 이를 기반으로 무한성장주의, 무한팽창주의는 자본주의나 사회주의의 동일한 패러다임이었다. 무한한 자원의 경쟁적 전취, 채취가 바로 발전이었다. 유럽과 미국으로 대표되는 선진국들의 현재의 풍요는 아프리카, 아메리카와 아시아지역의 자원을 빼앗아 자기나라에 쌓아 이룩한 찬란한 문화였고, 그 나라에서 끌고간 노예들의 값싼 노동력착취를 기반으로 이룩한 풍요였다. 더욱이 과학기술의 가속적인 발달로 자연의 개조능력은 폭주하면서 무한한 채굴, 가속적인 채취를 통해 오늘날 자본주의, 사회주의를 포괄하는 산업사회의 풍요를 이루었다. 그리고 가난한 나라들을 향하여 자신들이 걸어온 길이 인류의 궁극의 목표임을 강조하며 GNP,GDP 서열을 매겨 따라오도록 유도해 왔다.

무한성장주의, 무한채굴주의, 죽임의 사회

그러나 위기를 통해 우리가 깨달은 너무도 분명한 사실은 지구는 무한하지 않은, '하나뿐인 지구(The Only One Earth / Our Sole Earth)'라는 사실이다. 따라서 무한한 자원채굴은 불가능하며, 무한한 물질생산은 불가능하고, 대량생산, 대량소비, 대량폐기는 지구자원의 정화능력 재생능력을 넘어서는 불가능한 일임을 깨닫게 되었다. 여기에 '생산력의 고도화'를 진보라고 생각해온 그동안의 패러다임은 허상임이 확인되었다.

또한 지구상의 인간만이 유일한 의미있는 존재라는 인간중심주의가 심각한 문제의 또 다른 원인임도 깨닫게 되었다. 뭇생명과 비인간 존재들은 그저 인간의 식량으로, 지배 정복되고 이용되어야 할 존재로 생각했던 것이 오늘날 생물종의 멸종을 조래하고 사연과의 조화와 균형을 파괴하며 인간 스스로 위기를 자초한 원인임도 깨닫게 되었다. 모든 자원은 미래세대의 것이며 현세대는 그것을 그저 빌어왔을 뿐이라는 지속가능한 발전의 정의는, 오늘날의 민주주의가 현세대 인간들만의 협의에 한정되었음을, 그래서 비인간존재와 미래세대의 의사까지 반영한 민주주의로 확장되지 않으면 안된다는 깨달음을 주었다.

인간의 몸의 조화와 균형을 생각하지 않고 자신만의 번영을 추구하여 무한증식하는 암세포처럼 인간은 자연과 뭇생명과의 조화를 고려하지 않고 지구의 정화수준을 벗어난 무한정한 쓰레기와 오염을 유발해 왔던 것이다. 또한 현세대의 북반구 국가의 풍요는 오염을 가난한 나라에 떠넘기거나 미래세대로 떠넘기며 후손들에게 피해를 전가시키며 누려온 번영, 성장임을 깨닫게 되면서, 이러한 성장, 이러한 진보와 발전이 과연 정상적인 것인가를 묻고 있는 것이다.

기후위기는 전환의 시그널

여기에 아마존의 밀림이 "파괴되든 말든 나와는 상관없다", "네가 죽든 말든 나는 관계없다"는 "너와 내가 구분하고 단절되어 있다"는 가르고 나누는 구분의식이 경쟁사회를 구성하는 근본이 되어 성장사회의 보편적인 사회윤리가 되었다. 경쟁은 곧 너와 나를 가르고 적과 우리 편을 나누며, 나아가 우리 편의 단결을 위해 상대를 극단적으로 배제하는 이분법으로 이어진다. 이러한 경쟁과 대립은 필연적으로 승리와 패배가 있기 마련이다. 나의 성공, 승리를 위해서는 개인이든 집단이든 국가든 누군가는 패배해야 한다. 그로 인한 패배의식과 피해의식은 의식의 죽음이다. 이것이 누적되면 결국 물리적 죽임으로 이어진다. 죽임의 사회이다. 이렇게 인간과 인간끼리 죽여나가는 사회는 결국 인간이 자연을 죽여나가는 죽임의 사회를 구조화했고 결국 인간 스스로를 파괴하는 죽임의 문화가 된 것이다. 이렇게 산업사회의 거대한 죽임의 문화가 약한 고리인 기후위기로 발현된 것이다. 생태위기시대의 우리의 깨달음은 인간과 인간, 인간과 자연이 구분하고 가르고 나눌 수 없으며, 서로가 서로 촘촘히 연결되어 있고 이렇게 연결된 존재로서 모든 개인은 우주적 존재이며 우주적 사건임을 깨닫게 된 것이다.

이산화탄소가 기후위기의 원인이라고 생각하여 탄소배출만을 문제삼는 것, 기후문제만 해결하면 모든 것이 해결될 것처럼 생각하는 것을 '탄소환원주의' 또는 '기후환원주의' 라고 비판한다. 탄소나 기후만 해결한다고 되는 것이 아니다. 그것은 죽임의 패러다임이 만든 수많은 문제 중에 약한 표층을 뚫고 나온 하나의 현상일 뿐이다. 그래서 기후위기는 총체적인 죽임의 문명에 전환을 강제하는 시그널이자 메신저로 봐야 한다는 것이 기후위기 운동가들의 공통된 인식이다.

죽임의 사회를 살림의 사회로

2035년 1.5도를 막을 수 없으면 인류는 희망을 기대할 수 없는 위기이자, 절멸로 추락할 것이라고 과학자들은 경고한다. 이러한 상황에도 무한성장과 발전, 직선적 진보를 포기하지 못하는 것은, 벼랑 끝으로 가는 줄 모르고 무리지어 달려가는 어리석은 동물떼들 아닌가? 그야말로 전 지구적인 '죽음의 굿판' 이다. 어떻게 하는 방향을 틀어야 한다. 방향을 바꿔야 한다고 누군가 외쳐야 한다. 90년대 당시도 그렇고 지금도 여전히 계급모순과 민족문제가 있었다. 그러나 침몰하는 타이타닉호안에서 의자를 평등하게 배치하는 것보다 침몰을 우선 막는 것이 더욱 위급한 상황이 아닌가? 뜨거운 물속에서 서서히 죽어가는 것을 깨닫지 못하는 개구리처럼 1990년대 우리들은 서서히 죽어가는 이러한 거대한 죽음의 조짐을 인지하지 못하고 있었다.

그래서 김지하는 80년 초부터 죽임의 문화를 살림의 문화로 바꿔야 한다고 주장해 왔고 그의 목소리는 갈수록 절규로 변했다. 인류가 이대로 가면 안된다고 92년 7만여 명이 넘는 유엔인간개발회의를 통해 발전과 성장에 대한 방향 전환을 강변했다. 그러나 우리는 그저 다양한 문제 중 하나인 환경문제가 좀 심각해졌구나 하는 정도의 나른한 인식에 머물러 있을 때, 그는 7-80년대의 동지들을 향해 "이대로 가면 다 죽는다"는 절규를 통해 전환을 호소했던 것이다. 30년이 지난 지금 우리는 그가 외쳤던 죽음의 굿판 속에 살아왔음을 깨달았던 것이다. 이제야 죽임의 문명이 살림의 문명으로 개벽되어야 함을 확철대오하게 되었다.

다시, 죽음의 굿판을 걷어치워라

이념이 아니라 생명에 주목하라고 말하는 그의 절규, 단순한 평등이 아니라 모심을 통해 평등이 완성됨을, 비인간 생명과 미래세대를 고려한 새로운 민주주의로 전환을, 외부의 산업화에 포섭된 인간 내면의 산업화를 극복해야 함을, 사회변화는 결국 인간의 자기변화와 함께해야 한다는 각성을, 인간과 모든 존재들이 우주를 모시는 큰 한울임을 깨닫는 영성, 확장과 지배, 정복이라는 남성성에서 관계와 과정, 돌봄과 협동이라는 여성성의 사회를 이루어야 한다는 것을 강변했음을 30년이 지난 이제야 조금씩 깨닫게 되었다.

절박한 기후위기는 전 인류에게 공포와 두려움이 되어 때늦게 눈을 뜬 지금, 우리는 희망보다 절망을 느끼고 탈성장과 포스트성장의 회색빛 미래를 걱정할 때, 일찌감치 위기를 인지한 그는 파국과 절멸, 공포와 두려움이 아니라 신명과 풍류로 새 세상이 열리는 포월의 차원변화 세계 도래를 강조했고, 혁명, 변혁이 아니라 "다시개벽"의 희망을 만들어야 함을 강조했다. 이러한 그의 가르침은 위기로 암울한 이때 우리에게는 참으로 고맙고 소중한 희망의 메시지이다.

위기의 시대, 이제야 비로소 "죽임의 굿판" 속에 살아 왔다는 것을 깨달았다. 30년 전 그것을 알아차리고 알린 사람은 소수의 눈맑은 사람 중에 맨 앞에 선 사람, 비난의 돌을 맞으며 광야에서 외친 예언자가 바로 김지하였다. 이제 이 굿판을 "걷어치우고" 살림의 "다시개벽" 세상을 위해 전환의 기회로 만드는 것은 바로 이제 남아 있는 우리의 일이다.

핵(核) '죽임의 굿판' - 귀천(歸天)의 웃음
김영래 | 신시화백연구가

1. 소위 '죽음의 굿판'과 '버들가지에 꿰인 개구리의 삶'

내가 김지하 시인을 만나게 된 것은 '불교사회 연구소'에서 "동북아시아에 중화(中華)문명만 있는 것이 아니라, 이문명(夷文明)도 있었다. 그리고 그 내용은 신시(神市)와 화백(和白)이었다."라는 강의를 하게 된 것이 인연이 되었다. 유정길 선생 부탁으로 그 강의 내용을 요약해서 『서원(誓願)과 연대』라는 잡지에 실었는데, 그 글을 김 시인이 보고 "만남을 주선해 달라."고 요청하여 만나게 된 것이다. 그 때는 김 시인의 소위 「죽음의 굿판을 걷어 치워라!」라는 글이 조선일보(1991.5.5.)에 실린 지 얼마 안 된 때였다.

당시 김지하는 등소평을 치료했다는 한의사에게 치료를 받고 있었다. 조선일보에 쓴 그 글로 인해 '민족문학작가회의'에서 제명처분 받은 충격으로 오랜 옥고(獄苦)에서 발생한 섬망증(譫妄症 - 논리의 전체성과 균형감이 깨져 착각(錯覺)인 상태에서 요령부득의 언행을 하는 정신현상)이 더욱 심해진 상태였기 때문에, 머리에 잔뜩 침을 꽂는 치료를 하고 있었다. 마침 나 역시 피부가 가죽같이 굳어가는 공피증(鞏皮症)을 앓고 있었기에 한방 처방을 받고 있었던 바, 동병상련(同病相憐)으로 대화를 하게 되었다.

"좌계. 나는 일단 젊은 벗들에게 글을 먼저 쓰고, 그 다음에 문인들에게, 그 다음에 백골단을 운영하는 무도한 정권에 대해 쓰려고 했던 건데…" "아니?! 선생님 순서가 뒤집힌 것 아닙니까?!" "…" "때리는 시어머니보다 말리는 며느리가 더 밉다더니, 그 꼴이 되어 버렸네요."
"…" 긴 침묵 끝에 김지하는 씹어뱉듯이 한마디 했다. "무슨 소리! 아끼는 젊은 벗들 죽음부터 막는 것이 제일 먼저 해야 할 일이지!!" 처절한 외로움 속에서 뱉는 김지하의 말 앞에 나는 이죽거리듯 질문했다. "선생님! 혹시 조선일보의 그 글을 보고 절망해서, 분신자살이나 목을 매달거나, 혹은 음독자살한 문인들이 혹 있습니까?!" 또 다시 긴 침묵 끝에 김지하는 유난히 낮은 저음으로 말했다. "… 절대 자살할 놈들이 아니지!… 징하게 살아남는… 상갓집의 하이에나 같은 놈들!!"

돌이켜보면 조선일보에 쓴 글의 원래 제목은 「젊은 벗들! 역사에서 무엇을 배우는가?」였다. 신문 지면에 '죽음의 굿판'이란 부제가 크게 부각되었고, 그로 인해 평지풍파가 일어났다. 김지하가 문인들에게 제명처분을 당했던 이유는 '죽임의 굿판'을 벌이는 정권에 대한 순교적 저항에 김지하가 찬물을 뒤집어씌우는 글을 쓴 셈이 되었기 때문이다.

김지하는 「오적」사건이나 「비어」사건, 「고행1974」 등 늘 필화사건으로 투옥, 고생을 하였는데, 그가 개인적으로 가장 괴로워한 필화사건은 바로 조선일보 '죽음의 굿판' 필화였고, 김지하 시인은 죽어서도, 이 필화사건의 멍에를 지금도 지고 있는 것이다.

이 사건을 지켜보면서 늘 마음 속에 떠오르는 것이 진표율사(眞表

律師)가 출가하게 된 사연이다. 진표율사가 어릴 때 동네 친구들과 사냥놀이를 하였는데, 버들가지에 개구리 30마리를 꿰어 놓고는 깜빡 잊고 냇가에 놓고 갔는데, 이듬해에 와보니 버들가지에 꿰인 채로 개구리들이 살아있는 모습에 큰 충격을 받고 12살에 출가를 한다.

진표율사가 충격을 받은 까닭은 '버들가지에 꿰인 개구리들이 죽고 싶어도 편히 죽을 수 없는 사정'을 절실하게 느꼈기 때문이다. 왜냐하면 한 개구리가 죽으면 살아있는 다른 개구리들이 따라 죽을 수 있기 때문에 '편한 죽음'을 악착같이 이겨내고 살아야만 하는 생명의 처절성에 눈(眼)떴기 때문이다. 돌이켜보면 김지하의 글에 분노한 문인들의 삶 역시 '버들가지에 꿰인 개구리의 삶'을 살고 있는 그러한 시대였고, 지하의 삶 역시 그러했다.

2. 핵순장(核殉葬)시대 - 핵전쟁의 인질(人質)이 된 한반도

'죽임의 굿판'과 '죽음의 굿판'은 쌍으로 붙어 다닌다. 김지하 시인이 질타했듯이 환상(幻想) 속에 사는 사람들은 '실질적인 관련 지식'이 황당할 만치 없다. 환상은 마치 사막 속에 피어나는 신기루(蜃氣樓) 같은 것이다.

오늘날 '동북아시아'는 핵전쟁으로 인한 '죽임의 굿판'과 그 짝인 '죽음의 굿판'이 서로 교차하는 먹구름이 피어오르고 있는 상황이다. 그럼에도 불구하고 이 문제의 해결을 위한 '실질적인 관련 지식'이 황당할 만치 없기 때문에, '북한 핵'에 대한 정책과 담론은 오아시스(Oasis)가 아니라 '사막의 신기루'에 불과하게 되었다.

최근 주변 사람들에게 핵전쟁에 대한 '상식적인 전문용어'에 대해서 늘 묻곤 한다.

" '발사 왼편 전략' 이라는 말 아세요?"

이는 핵무기를 발사하는 곳을 왼편에, 그리고 피폭 당하는 곳을 오른 편에 그리는 습관 때문에 생겨난 용어이다. 핵 발사체가 있게 되면 왼편에서 오른 편으로 날아가기 때문에 '발사 징후만 있으면 그 원점을 타격하는 것'을 뜻하는 용어이다. '발사 원점 타격'이란 말에 "전쟁하자는 거냐?"는 말을 하는 것은 "비전투원인 민간인의 대량살상에도 무방비상태에 있어야 한다!"는 말과 다름없는 것이다.

서로 핵을 보유한 상태에서 핵전쟁에 기본적인 대비책은 '상호확증파괴(Mutually Assured Destruction)' 밖에 없다. 이는 "상대방이 우리를 대량살상하면, 우리 역시 상대방을 대량 살상한다."는 전략이다. 이니셜 MAD는 문자 그대로 인류가 '죽임의 굿판'에 미쳐있는 것을 상징한다.

북한의 대부분 핵무기는 압록강과 두만강 국경 근처에 배치되어 있어 미국이나 일본 등 상대국이 원점 타격했을 때 중공과 러시아가 자동 개입할 수밖에 없는 핵전쟁-연환지계(連環之計)를 쓰고 있다.

중요한 것은 핵전쟁에서는 '죽임의 굿판'만이 있지, 이에 대한 순교적 저항인 '죽음의 굿판'이 존재하지 않는다는 사실이다. 그 누가 북한 핵개발 앞에 분신자살을 한 적이 있는가? 설혹 분신자살을 한다고 해도 순교적 저항이 될 수 있는가? 허억! '죽임의 굿판'이 '죽음의 굿판'을 흡수 통일한 것이다!! 크게는 인류가, 작게는 동북아시아 지역전체가 핵(核) 순장(殉葬)시대에 돌입한 것이다. 이는 현재 남한(南韓) 사람 전부가 '핵(核) 인질'이 이미 되고 있음을 뜻한다. 그렇다고 북한은 안전한가? 마찬가지로 궤멸할밖에 수가 없다. 따라서 이런 상황을 그대로 두고 벌이는 북한과의 평화협상은 '스톡

홀름 증후군'(인질범을 사랑하는 인질의 심리증세)에 빠진 것에 불과하다.

3. 귀천(歸天)의 웃음과 김지하의 타르테마(tardemah)

지하 시인은 '감옥 창살 틈에 핀 풀포기'에서 생명사상을 키웠다. "생명력은 감옥을 뚫고 들어온다."는 영감어린 통찰이 일어난 것이다. 그는 '감옥의 벽'이 자신을 압박해 들어오는 가위눌림 현상을 자주 얘기하곤 했다. 가끔은 고문(拷問) 받는 이야기도 했는데, 이럴 때 천상병 시인이 고문 받던 이야기를 하면서 파안대소(破顔大笑)하곤 했다. 그것은 천상병 시인이 고문을 시작하기도 전에 비명(悲鳴)을 자지러지게 질렀다는 것이다. 고문하는 안기부 요원들이 "야! 임마! 시작하기도 전에, 허참!" 어이없어 하면, 천상병 시인은 "저… 담배 하나만!" 이렇게 말했다는 것이다. 이 얘기를 하면서 지하 시인은 또 깔깔대고 웃었다.

나는 궁금해서 물었다. "지하 선생님. 천상병 시인이 미리 비명 지르고 하면, 고문정도가 약하게, 말하자면 조금은 봐주는 식으로 되는 거 아닐까요?" "엥?! 그랬겠지. 아무래도 나보다 약하게 받았겠지… 하하! 그랬겠지. 하하하하!"

나는 김지하 시인과의 이때의 대화 이후로 늘 천상병 시인의 '미리 비명 지르기'와 김지하 시인의 '깔깔 웃음'을 합하여서 '귀천(歸天)의 웃음'이라고 회상한다.

내가 왜 이 회상을 떠올리는가? 군사정권에 저항한 민주화 운동은 고문을 받았고, 이런 과정에서 그들은 영혼의 바닥에 접근하는 '처절한 외로움'과 아울러 '자아(自我)에 대한 모멸감' 속에 결코 지울 수 없는 '마음의 낙인'이 찍힌다. 그런데, 천상병 시인의 '미리 비명 지르기'와 김지하 시인의 '깔깔 웃음' 즉, '귀천의 웃음'은 고문에 따르는 낙인(烙印)의 자국 자체에 '대(對)를 끊어지게 하는' 즉, 절대(絶對)의 풍미(風靡)를 보여주었기 때문이다.

김지하는 히브리 언어를 빌어 설명하자면, 타르테마(tardemah)에 늘 들락거린다. 타르테마는 과거의 상처를 딛고 새로운 도약을 꿈꾸는 자들이 반드시 통과해야 할 문지방이다. 이 경험을 통해 잃어버렸던 자아를 찾고 과거의 상처로부터 회복하는 계기를 마련한다.

타르테마에 들어서면 엄청난 공포와 혼란을 겪지만, 이런 경험을 통해서 '절망을 희망으로 전환할 불굴의 용기와 지혜'를 얻게 된다. 김지하에게 동학(東學)과 증산(甑山), 정역(正易)의 김항(金恒)의 '세계'는 모두 타르테마인 것이고, 여기서 그는 대(對)를 끊는 체험을 하였으며, 이를 널리 알리고자 하였다.

4. U.N. 안보리(安保理)의 '거부권' 앞의 원음(原音) 율려

안보리(安保理)는 '국제평화와 안전보장'을 위해서 U.N.의 실질적 핵심기관으로서 집행을 위해서 상임이사국들은 거부권을 지니고 있다. 상임이사국이 전쟁의 당사자가 될 경우, '전쟁의 억제'를 위한 U.N.군(軍)의 파견은 안보리의 거부권 때문에 저지가 되고, 실효를 거둘 수 있는 문(門)은 닫히고 만다. 상임이사국은 모두 공인된 핵보유국이다.

김지하가 화백(和白)에 관심을 가졌던 까닭을 나는 정확히 기억하고 있다. 그것은 "좌계, 화백은 언제까지 운영되었어?!" "예. 선생님. 화백은 저 신화시대부터 시작해서 이성계가 창건한 조선조 때까지 계속 유지되었습니다. 한반도는 조선의 영토였지만, 만주는 조선, 여진, 돌궐, 몽골, 귀화 중국인의 다섯 민족의 공유지였습니다. 그런 사실이 실록(實錄) 신증동국여지승람 등 지리지에 실려 있습니다." 이윽고 지루하게 생각될 만한 사서(史書) 및 각종 경전에 대한 '새로운 해석'을 해대면, 중요한 핵심 포인트(point)를 잡고서는 자신의 생각을 펼치면서 긴 대화에 추임새를 넣곤 했다.

그리고 그가 화백에 관심을 기울인 이유는 그것이 오늘날 상임이사국의 '거부권'과 유사하지만, 전혀 다른 방식으로 운영되는, 그러나 현실성을 지니기 위해 진화된 형태 즉, 생소한 방향으로 복잡화된 방식이기 때문이었다.

예를 들어 안보리의 핵보유국들이 평화유지군(P.K.O, Peace-keeping Operation)에 핵감축한 만큼 '거부권'을 행사할 수 있게 하고, 이 '거부권'으로써 자국(自國)의 '최고통수권자'를 뽑게 하는 방법이다. 나는 "고려 원종(元宗)이 태자시절 쿠빌라이를 만날 때, 어떤 상황이 있었는가?'를 설명했다.

유럽을 점령하려던 몽골 군대가 갑자기 사라진 것은 만주 한가운데의 '배달화백'의 성호(聖湖)인 대해(大海) - 여진 사람들이 길목해(吉木海)라고 부르는 바다- 의 북쪽 산맥인 청산(靑山) 산맥에 P.K.O로서 근무한 대가로 얻은 '말발(화백회의 표)'로 칸(Khan)을 직접민주주의로 뽑기 위해 유럽 원정에 나간 몽골군이 철수한 것이고, 고려 태자가 직접 온 것이 '쿠빌라이가 칸이 되는 데 어떤 정치적 의미가 있는지'에 관한 이야기를 아주 상세하게 풀어서 설명한 것이다. 또 청산별곡 후렴구로 "얄뤼 얄뤼 얄라승 얄라레 얄라"는 몽골어로 "이기자 이기자 이겼다. 이겨라. 이겨!'라는 군가(軍歌)였음을 이야기한 것이다.

남이 들으면, 뜬금없고 불편한 이야기임에도 불구하고 김지하는 지루해하지 않고 꼬치꼬치 캐물으면서 대화를 이어갔고, 그 많은 이야기 가운데, 영감(靈感)을 자극받을 수 있는 새로운 차원의 이야기를 디딤돌 삼아 나갔다. 김지하는 지루한 '역사적 사실'을 바탕으로 한 '사회 시스템'의 재구(再構)는 필요하지만, 공감(共感)을 이끌어 내는 데는 '걸림돌'이 될 수 있는 것으로 생각했다. 오히려 신화적 사건이 널리 공감(共感)할 수 있는 '디딤돌'이 되는 것으로 여기고 그쪽으로 대화를 유도해 나갔다.

　'핵(核) 죽임의 굿판' 뿐 아니라 가공할 '기후위기'와 '팬데믹'이 닥쳐온, 혹은 곧 닥쳐올 오늘날, '죽음의 굿판'을 걷어치우라는 죽비소리가 여전히 뜬금없고 불편한가?

　우리는 왜 김지하가 넘나들었던 '타르테마'를 같이 넘나들 수 없나?!

　김지하는 소위 '죽음의 굿판' 필화사건 이후 한동안 칩거하더니, 율려(律呂)와 풍류(風流)와 신시(神市)와 화백(和白)이라는 화두(話頭)를 꺼내들었다. 왜? 더 멀리 과거를 돌아볼수록 더 멀리 미래를 내다볼 수 있는 것! 고대로 갈수록 현재의 벽에 갇혀있는 속수무책을 넘어설 수 있는 영감(靈感)어린 '르네상스의 원형'이 발견되기 때문이다.

　김지하는 이를 "우주의 원음(原音) 율려를 찾았다."고 표현했다.
　그가 찾은 원음 율려가 온 세상으로 번져나가기를 나는 '타는 목마름'으로 기다리고 있다.

율려와 생명문화운동

김영동 | 작곡가

일반적으로 율려라는 용어는 음악의 전문용어로 알고있다. 그러나 율려는 신화(박제상의 부도지)나 철학, 드물게 한의학에서도 쓰이고 있다. 음악에서 율려란 양률, 음률의 음양운동을 말한다. 이것은 음악기능뿐이 아니라 음률이 포괄하고 있는 우주자연의 관계망 안에서 깊이있는 사고를 유인하고 있다.

『우주변화의 원리』의 저자인 고 한동석 선생은 율려를 다음과 같이 정의하였다.

> 율려란 우주자연의 운동하는 음양의 순수핵심으로 육양(六陽)의 운동본질을 율(律)이라고 하고 육음(六陰)의 운동본체를 려(呂)라고하는 바 그것을 합하여 율려라고 한다. 후일 이것으로 악기의 기본을 삼았으며 음악에서 음률의 기본으로 삼은 것이다.

12음률이 6률 6려의 陽律과 陰呂로 알려져 있는 것은 주지의 사실이다. 12음의 6양률은 純陽卦인 乾괘 6효에 배치하고 6음률은 純陰卦인 坤괘 6효에 배치하여 율려가 순음·순양인 음양본체임을 암시하고 있다. 또한 12율이 주역과 밀접한 관계임을 은연중에 드러내고 있다. 악학궤범의 율려격팔상생응기도설(律呂隔八相生應氣圖設)에는 12율과 관계된 우주자연의 질서. 즉 별자리, 24절기, 방위,

역법인 천간, 지지등과 연관지어져 있다. 이러한 점에 비추어 보면 음악과 우주자연운동은 밀접한 관계를 지니고 있음을 알 수 있다. 따라서 음악은 우주자연질서의 운동에서 비롯된 것이라 해도 과언은 아니다.『악학궤범』에 있는 기준음인 황종(12율의 첫째음)에 대한 의미를 살펴보자. 참고로 12율은 황종, 대려, 태주, 협종, 고선, 중려, 유빈, 임종, 이칙, 남려, 무역, 응종이다. 여기에서 6양률은 황종, 태주, 고선, 유빈, 이칙, 무역이고, 나머지는 6음려이다.

"황종(黃鐘)의 황(黃)은 중앙의 빛이고 황종의 종(鐘)은 종(種)에 통하니 즉 양기(陽氣)가 황궁(黃宮)에 잠맹(潛萌: 땅 속에 엎드린다는 뜻)함을 뜻한다.··· 황종은 자(子)의 기(氣)요, 그 절후는 동지(冬至)이고 그 괘는 건(乾)의 초구(初九)인 까닭에, 음(陰)의 대려(大呂)와 합성을 이루고, 또 한편 황종에 2/3를 곱하여 임종(林鐘)을 생한다." 이와같이 음률은 우주자연 운동의 필연적 현상을 음악으로 구현하는 것이다.

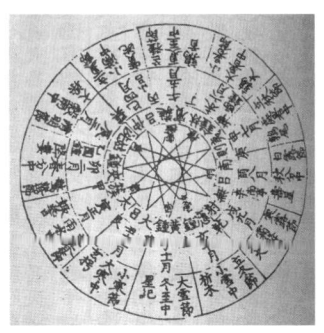

위의 건·곤괘에 배합된 율려의 원리는 주역의 원리와 같다고 볼 수 있다. 주역의 64괘 384효(爻)는 율려의 순수음양운동 구조이며, 64괘의 괘사(卦辭)와 384효의 효사(爻辭)는 모든 사물의 생명

변화의 내용이다. 따라서 율려는 생명운동의 원리라고 할 수 있다.

　마지막으로 김지하 시인의 율려운동에 대한 기사내용을 옮겨보자.

　"율려는 우주자연운동의 질서이며 그 질서의 체계인 음양운동의 순수핵심을 반영하는 동양의 음악과 예술의 구조와 원리를 말한다. 율려운동은 음악과 시와 율동이 정치의 기본이었던 인류문화의 시원인 동아시아 고대로 돌아가 정치, 경제부터가 아니라 문화에서, 내 마음에서 우주와의 관계를 짚어가는 것, 이것을 예술로 표현함으로써 궁극적으로 지구전체의 문명을 바꿔야 한다는 것이다."

생명 위기에 대한 통감(痛感)없이 생명운동 없다

-노겸(勞謙) 김영일(金英一) 시인과의 인연에 대한 회고

如流 **이병철** | 시인, 생명운동가

   오늘 이 자리에 모인 분들 대부분 김영일시인과 인연 또는 사연이 있는 분이지 싶다. 나도 그 가운데 한 사람으로서 김시인과의 인연에 대한 회고부터 나누고자 한다.

   나는 김시인을 아는 대부분의 사람들이 그를 '지하형' 또는 '김지하선생'이라고 부르는 것과는 달리 '노겸(勞謙)형'이라고 부른다. 이에 대한 나름의 사연이 있기 때문이다.

   김시인과는 74년, 이른바 민청학련 사건으로 함께 묶였으나 학연과 지역이 달라 재판과 수감 중에는 직접 만나지 못했다. 그러다가 그 이듬해에 민청사건으로 수감되었던 우리 대부분은 형집행정지로 풀려났지만, 김시인은 동아일보에 「고행(苦行) 1974」의 연재로 다시 재수감되어 옥중에 있을 때였다. 그 무렵이던 78년, 『창비』 50호 기념좌담회 자리에서 내가 김시인의 시에 대해 비판적인 의견을 피력한 바가 있었는데, 그 뒤에 김시인이 출소한 직후인 81년 정초에 원주에서 무위당선생을 모시고 김시인과 처음으로 인사를 나누었을 때, 김시인은 창비 좌담회 때의 나를 기억하고 있었다. 그런 인연을 시작으로 무위당선생, 인농 박재일선배 등과의 인연도 겹쳐 김시인을 자연스레 형님으로 모시게 되었고 특히 '한살림모임'(이 모임은 초기 한살림운동의 두 축 가운데 하나로서 한살림 물품사업과 같은 차원에서 문화운동을 지향하며 무위당을 모시고 김시인의 주도로

이루어졌다.)을 함께하면서 더 깊게 만나게 되었다. 이를 계기로 그 뒤에 내가 쓴 책들에 길게, 짧게 발문이나 표사(表辭) 등을 써 주셨는데, 특히 이른바 새천년을 맞이하며 내가 준비했던 책『살아남기, 근원으로 돌아가기(두레, 2000. 1)』에 장문의 발문으로 당신의 이름을 옛 이름 '김지하' 에서 '노겸(勞謙) 김영일(金英一)' 로 새롭게 바꾸었다는 것을 밝혀놓고 다음부터 꼭 그렇게 불러달라고 당부했기 때문이다.

「귀농(歸農)은 율려(律呂)의 각비(覺非)운동」이라는 이 발문(단기 4332년 11월 3일 새벽 3시 30분)은 단지 김시인이 당신의 이름을 새롭게 바꾼 것을 알리는 내용만이 아니라 당신의 생명사상에 대한 주요한 메시지를 담고 있는 문건 가운데 하나라는 점에서도 중요한 의미를 지닌다고 생각하기 때문이다. 그런 점에서 나는 김시인의 그 당부를 저버릴 수가 없다.

이즈음을 전후해서 김시인이 해남 등지로 피신해 있을 때, 피신 중의 당신의 연락책으로 당시 전국귀농운동본부장을 맡고 있던 나를 공식적인 연락책으로 지정하여 김시인이 도피 중에 썼던 책,『옛 가야에서 띄우는 겨울 편지(두레, 2000. 1)』의 머리글에서 내 이름과 연락처를 명기해 놓아 그 후로 더 자주 만남과 연락을 나누게 되었다.

시대의 천재이자 광인(狂人), 그리고 큰 무당

저마다 인연에 따라, 또는 이해와 믿음에 따라 김시인에 대한 느낌과 평가는 다를 수밖에 없다. 나에게 김시인은 시대를 앞서간 천재이자 경계를 넘어선 사람으로 다가와 있다. 도인은 여취여광(如

醉如狂)하다고 했던가. 범인의 눈에는 그렇게 보인다는 말이겠다. 김시인 또한 세상에 그렇게 보였지 싶다.

아마도 해남 피신 시절 즈음이었으리라. 내가 살던 곳과 가까운 통영과 거제에 함께 갔었는데, 거제의 시퍼런 남해안 길을 오랫동안 걸으면서 이런저런 이야기를 나누게 되었다. 그러던 중 나는 노겸형님께 '유랑공동체운동'을 제안했는데, 그와 관련한 이야기를 한참 나누다가 불쑥 나에게 이런 말을 했다.

"이 형, 나는 저 너머를 본 적이 있소." 당신은 저세상, 이승 너머를 보았다는 말이었다. 김시인은, 그의 정신세계는 이미 경계를 넘어서 있는 것 같았다. 그의 신명은 이승의 세계조차 제대로 분별하지 못하는 나로서는 가늠할 수 없는 것이었다.

그렇게 나는 김시인의 생전에도, 그리고 그의 사후에도 그를 제대로 이해하지도, 그가 전하고자 하는 메시지조차도 제대로 알아듣지 못하고 있다. 이미 경계 너머에 있는 이를 경계에 가려진 눈으로 무엇이라고 할 수 있을까. 그런 점에서 김시인 사후에 이곳저곳에서 들리는 이렇다 저렇다는 평가는 내겐 휜 소리처럼 들릴 때가 많다.

노겸 김영일 시인, 그는 내가 여태껏 알고 만나본 이들 가운데 가장 감성이 뛰어난 시인이었고, 반독재 민주화 전선에서 가장 치열한 투사였으며 가장 예민하고 깊은 통찰력을 지닌 사상가이자 몸으로 살아간 운동가였다. 그는 시대의 천재였고 신 지핀 자이자 광인이었으며 동시에 세기의 큰 무당이었고 예지자였다.

그보다 먼저 그는 아픈 사람, 온몸으로 앓는 사람이었다. 온 존재로 앓는 사람, 가족사를, 민족사의 애환을, 세상을 품고 앓았다. 그렇게 시대를, 역사를 혼신으로 앓았다. 그 아픔으로, 그 고통의 예민하고 날카로운 촉수로 그는 생명에 대해 신음하고 노래했다. 그렇게 그는 애초부터 일반인의 잣대로는 계량할 수 없는 그런 존재였다.

그가 자신은 '갈기갈기 찢어지고 파괴된 사람'이라고 고백했듯이 찢어진 자로서, 그의 온 존재가 자신과 온 생명의 죽임당함에 대한 두려움과 고통으로 가득 차 있었고 이를 벗어나고자 하는 몸부림이 죽임의 세력에 맞선 혼신의 저항이었지 싶다. 그는 크게 앓았고, 생의 마지막까지 그렇게 앓았던 사람이었다.

91년 이른바 「죽음의 굿판을 걷어치워라」라는 칼럼은 죽임 당하는 생명의 아픔으로 전율하던 시인의 절규였고 죽임을 부추기는 세력과 세태에 대한 단호한 일갈이었다. 그것은 죽임 당하는 고통을 온몸으로 앓는 자만이, 생명은 그 무엇으로도 바꿀 수 없음을 온 존재로 체감한 자만이 외칠 수 있는 벽력 같은 죽비였다. 그러나 전도몽상에서 헤어나지 못한 자들의 반응은 어떠하였던가.

생명, 생명운동의 키워드

김시인이 생명운동을 제시하며 던진 말들은 여럿이라 싶다. 그 가운데 나에게 화두처럼 다가와 있는 낱말들은 '밥, 님, 모심, 호혜, 각비, 개벽, 신명' 등이다. 이 낱말들 하나하나가 생명과 분리될 수 없는, 예사롭지 않고 깊게 새겨야 할 말들일 터이다.

나는 밥이 하늘이고 밥을 모시는 것은 하늘이 하늘을 모시는 일(以天食天)이라는 해월선사의 말씀을 무위당선생과 김시인을 통해 배웠다. 두 분의 이끄심이 없었더라면 나는 아직도 밥에 담긴 그 큰 뜻을 알지 못했으리라 싶다. 그렇게 밥은 내게도 생명의 화두로 깊게 자리 잡고 있는 지 오래인데도 나는 과연 제대로 밥을 모시고 있는가 싶을 때가 여전히 많다.

천지만물이 모두 '님' 이란 것도 김시인에게서 배웠다. 그가 시
「님」을 통해 일러준 내용이다.

> 님/
> 가랑잎 한 잎/ 마루 끝에 굴러들어도/ 님 오신다 하소서
> 개미 한 마리/ 마루 밑에 기어와도/ 님 오신다 하소서
> 넓은 세상 드넓은 우주/ 사람 짐승 풀 벌레/
> 흙 물 공기 바람 태양과 달과 별이/ 다 함께 지어놓은 밥/
> 아침저녁 밥그릇 앞에//
>
> 시, '님' 전문

모심으로써 살아있다는 말이나 호혜나 신명이나 개벽이란 말 또한 그렇다. 우선은 이 말들의 의미를 제대로 알아듣는 일이 중요하리라 싶다. 생전에 내가 노겸형께 "형님은 민중이나 저잣거리 장바닥 사람들 이야기는 자주 하면서 말은 왜 그렇게 어렵게 합니까. 나도 형님의 그 말을 제대로 알아듣지 못하겠는데, 형님이 말씀하시는 민초들이 어떻게 그 말을 알아듣겠습니까?"라고 했더니 대뜸 "이형, 공부 좀 하소."라고 하셨다. 이렇듯 생전에도 김시인의 말씀을 제대로 알아듣지 못했고 형님이 떠나신 지금도 여전히 그 말씀을 제대로 알지 못하고 있다. 이제 누가 노겸형님의 말씀을 쉽게 풀어낼 수 있기를 기대해볼 뿐이다.

이후 생명운동의 방향

지금 생명위기, 인류와 지구행성 생명계가 죽음으로 치닫고 있다

는 것을 느끼지 못하는 사람은 없으리라 싶다. 느끼지 못한다면 그것은 생명감이 마비된 존재일 터이다. 팬데믹과 기후위기는 개체 생명뿐 아니라 인류라는 종 전체를 위기로 내몰고 있기 때문이다. 지금은 지구 생태계, 생명계의 대멸종이 시작되는 단계가 아니라 이미 막바지에 이른 시점이라는 지적도 깊게 공감된다. 이 땅에 생명운동의 이름을 내건 지도 이미 40여 년에 이르렀는데, 그 반향은 여전히 미약하다. 대 멸절의 시대, 이제 어떻게 할 것인가. 결국은 살아남기가 그 핵심일 것이다. 살아남기, 생명은 마지막 순간까지 살아남고자 한다. 살아남기 위해서 무엇을 해야 할 것인가.

그 첫 번째는 지금 우리가 죽어가고 있을 뿐 아니라 서로를 죽임 속에 몰아넣고 있음을 자각하는 일이다.

열탕 속의 개구리 이야기를 흔히 하면서도 정작 우리 자신이 지금 그 열탕 속에 빠져 헤어나지 못한 채 죽어가고 있음을 제대로 깨닫지 못하고 있다는 사실을 알아채는 것이다. 이러한 위기의식의 마비는 우리의 생명감각이 둔화되었기 때문이다. 이미 온 사방에서 죽어가고 있고 죽임당하고 있는 생명들의 비명과 절규가 가득한데도 우리의 생명감각은 이 죽임의 문명에 마취되어 제대로 느끼지 못하고 있는 것이다. 그런 점에서 지금 가장 시급한 문제는 이 둔화되고 마비된 생명감각을 일깨우는 것이다. 그래야 자신이 지금 죽음으로 치달으면서 다른 생명들을 또한 그렇게 죽임으로 내몰고 있다는 것을 느끼고 깨달을 수 있기 때문이다.

생명감각, 그것은 아픔을 느끼는 것, 생명의 통감(痛感)이다. 자신의 아픔을 느낄 때 우리는 비로소 다른 존재, 다른 생명의 아픔에 공감할 수가 있다. 자신과 타인의 아픔을 느끼지 못하는 이가, 함께 아파할 줄 모르는 이들이 생명을, 생명운동을 이야기한다는 게 얼마나 허황된 것인가.

두 번째는 앓고 있고, 죽어가고 죽임당하는 존재들과의 연계와 연대이다. 그것이 함께 살기, 함께 살아남기이다.

생명은 홀로 존재할 수 없다. 서로 다른 생명, 다른 존재와 연계하여, 상호 의지하여 살아있고 살아갈 수 있기 때문이다. 모든 생명, 모든 존재가 나의 '님' 일 수밖에 없는 까닭이다. 모심으로써 살아간다는 것 또한 이와 같다. 생명은 서로의 밥이 되는 것, 그것이 상생(相生)이다. 그것이 생명의 밥으로 살기이다. 지금 죽임의 이 문명이 서로를 자신의 '밥으로 삼은' 문명이라면 상생의 새 문명은 서로에게 생명의 '밥이 되는' 것이어야 한다. 생명의 밥으로 살기, 호혜시장의 회복은 생존을 위한 상호의존과 상호 존중에 바탕하는 것이어야 하는 것이다.

세 번째는 '다시 개벽(開闢)' 이란 생명을 위한 전환이어야 한다.
개벽이란 곧 전환이다. 다시 열리는 새 세상이란 전환 없이는 이루어지지 않기 때문이다. 전환이란 무엇인가. 그것은 방향과 상태를 바꾸는 것이다. 뒤집기와 뒤엎기, 돌파도 전환의 한 방법일 것이다. 일찍이 「한살림선언(1989년)」에서 천명한 '죽임의 문명에서 살림의 문명으로' 가 그 한 예일 터이다.

전환은 각비(覺非)로부터 시작된다. 어제까지의 길이 잘못된 것이었음을 통절히 깨달을 때만이, 그 길이 사는 길이 아니라 오히려 죽임으로 내닫는 것이었음을 온몸으로 체감했을 때만이 비로소 존재의 전환이 이루어질 수 있기 때문이다. 생명위기에 대한 통감, 그것이 각비(覺非)일 것이다.

생명운동으로서 전환을 이끄는 열쇠 말 가운데 놓쳐서는 안 될 하나는 '영성'이다.

'영성이란 무엇인가. 그것은 자기 안에 우주 생명이 살아 있고 모든 사람 안에 우주 생명이 살아 있음을 인정함으로써 서로 공경하며 동식물과 무기물도 우주 삼라만상 전체의, 눈에 보이지는 않으나 광활한 적막 속에서 끊임없이 창조적으로 활동하는 하나의 큰 생명의 테두리 속에, 영겁의 한 흐름 속에 일치되고 있다는 이 믿음을 각성하고 실천할 때, 바로 그것이 영성이며 영적 인간이라고 생각한다(김지하,「개벽과 생명운동」, 1990년).'

'천지만물 가운데 하늘을 모시지 않는 것이 없다(天地萬物 莫非侍天主)'는 해월선사의 말씀이나 하늘과 사람과 만물을 함께 공경한다는 삼경(三敬) 정신도 이런 영성의 회복과 다름이 아닐 것이다. 개벽, 전환운동에서 영성을 이야기하지 않을 수 없는 것은 이 때문이다.

이와 함께 이 땅의 전환운동에서 시급히 벗어나야 할, 벗어나지 않으면 안 될 것은 이원론적 인식이다. 그 가운데서도 이른바 우리 사회의 가장 극단적 병폐인 진영논리와 이를 뒷받침하는 확증 편향적 사고이다. 존재하는 모든 것은 이것과 저것으로 뚜렷이 경계 지어 나뉘어 있지 않다. 상호 연계되어 존재하기 때문이다.

생명은 특히 그렇다. 붉은 생명, 푸른 목숨이 따로 있는 게 아니다. 저마다 고유 독특하므로 다양하다. 이 모두가 한 생명이다. 한 생명, 한 목숨을 둘로 나누고 가르는 것이야말로 가장 반생명적인 것이고 공멸의 길로 치닫는 미망의 짓이 아닐 수 없다. 하나이면서 고유하고 다양한 생명을 패거리 지어 나누고 가르는 그 틈새에 깃드는 것이 죽음이기 때문이다. 연기론이나 불연기연의 인식과 사고가 전환운동의 바탕이 되지 않는 한 생명의 개벽, 그 생명으로의 다시 전환은 불가능해질 것이다.

밥과 영성, 또는 밥과 모심의 영성으로 저마다 선 자리에서 생존을 위한 자발적인 전환, 살아남고 제대로 함께 살기 위한 전환의 몸짓, 그리고 이를 바탕으로 한 새로운 삶과 생명을 위한 자발적 공동체들의 연대, 그 호혜 상생의 움직임이 생명으로의 새로운 길을 열어가는 핵심이라 싶다. 그것이 우리가 타고 있는 배가 이미 난파 중이라 할지라도 앞으로 살아갈 이들을 위한 구명정을 마련하는 것이라 하겠다.

네 번째는 감사와 신명의 회복과 일상의 성화(聖化)이다.

생명운동, 전환운동에서 처음부터 마지막까지 놓치지 않아야 할 것은 감사하기와 신명의 회복과 일상생활을 거룩하게 모시기라 싶다.

감사하기란 이렇게 살아있음을, 함께 살아갈 수 있음을 감사하는 것이고 살아가게 하는 존재들에게 감사하는 것이다. 삶 자체, 존재 자체에 감사하는 것이 어쩌면 생명운동의 핵심이라 싶기도 하다.

신명의 회복이란 영성의 회복과 같은 말일 것이다. 내 안팎으로 모셔진 님, 그 생명의 신령함을 공경하고 감사하며 즐기는 것이 신명의 회복에 다름 아닐 것이다. 그런 삶을 일상의 성화라 할 수 있으리라. 결국은 자신을 잘 모시는 것, 자기 예배라 하겠다. 여태껏 섬겨온 돈과 물질 등 생명이 아닌 것들의 숭배에서 내 생명 안에, 모든 생명 안에 두루 충만한 님을 모시고 함께 즐기는 것, 그것이 전환이고 개벽이고 생명운동일 것이다.

어쩌면 죽임의 문명에 길들어진 나를 뒤집는 것, 나를 개벽하는 그것이 생명 전환의 그 전부일지도 모르겠다. 내가 생명의 길로 전환할 때 거기에 이미 다시개벽, 그 생명으로의 전환 세상, 전환문명이 꽃 피어나는 것이 아니겠는가.

앞으로 김시인을 '노겸 김지하' 시인이라 부르자

마지막으로 이 자리를 빌려 하나의 제안을 하고자 한다. 이 자리가 김시인과 관련한 공식적인 자리라 생각하기 때문이다. 앞으로 김시인을 부르거나 지칭할 때는 '김지하' 라는 명칭 앞에 '노겸(勞謙)'을 넣어 '노겸 김지하' 로 부르자는 것이다.

우리는 김시인이 자신을 그렇게 불러달라고 했던 1999년 늦가을의 간곡한 당부를 대부분 알고 있다. 김시인은 스스로 '노겸'(勞謙, 주역 지산겸地山謙 3효, 君子有終)이라는 호를 얻고는 자신을 '노겸 김영일' 로, 자신의 잊혀진 이름인 '영일(英一)', 그 '꽃 한송이' 으로 회복하고자 했다. 그래서 자신의 새 이름에 대한 의미를 널리 알리고 앞으로는 그 이름으로 살고자 했다. 이는 김시인이 말했듯이 매우 중요한 의미를 갖는다. 자신의 정체성을 새롭게 찾았다는 것이기 때문이다.

어둠에서 밝음이다. 그늘에서 빛으로, 생명의 두 측면 중 이제는 밝은 면으로의 귀향이다. 그는 이것을 자신의 각비(覺非)이며 전환이라 했다. 흰그늘이되 그 밝음에 대한 주목이다. '어둠과 희생과 죽음의 이름에서 생명과 모심, 겸손의 이름' 으로 나아가자고 한 것이었다. 그러나 세상은 이런 김시인의 바람을 수용하지 않았다. 가까운 지인들조차도 그 의미를 알아듣지 못하고 '노겸 김영일' 이 아니라 예전의 그 '김지하'이기를 원했다. 여전히 그를 가슴에 한을 품고 체제에 맞서는 반체제의 투사로, 온몸을 던지는 저항시인으로 붙잡아 두고자 한 것이다. 그것은 생명사상가, 생명운동가로 깨어난 김시인의 참모습이 아니었다.

내가 이런 제안을 다시 하는 것은 앞서 언급한 것처럼 김시인이 당신의 새 이름을 얻은 뒤에 그 이름에 담긴 뜻을 알리며 앞으로 그 이름으로 살고자 한다고 선언하고 자기를 "지하가 아닌 노겸"으로 그렇게 불러달라고 간곡히 부탁했기 때문이었다. 그런 점에서 나는 김시인이 생전에 원했던 그 이름을 이제라도 부르는 게 합당하다고 생각한다. 그래야 김시인이 투사이자 저항 시인으로서만이 아니라 전환의 새로운 문명의 길(생명과 평화의 길)을 제시한 생명사상가이자 생명운동가로서의 면모를 제대로 드러낼 수 있다고 믿기 때문이다.

나는 우리가 김시인의 1주기를 맞아 그 이름을 '노겸 김지하'라고 부르는 것은 김시인에 대한 하나의 신원(伸冤)운동이라고 생각한다. 그것이 합당한 이름을 되찾는 것이기 때문이다. 그러나 원래 김시인이 바랐던 '노겸 김영일'이 아닌 '노겸 김지하'로 하자고 제안하는 것은 '김지하'는 이제 바꿀 수 없는 세상의 이름이 되고 말았기 때문에 그것은 그것대로 존중하여 살리되, 그 앞에 김시인이 직접 지어 자랑스러워했던 호, '노겸'을 붙여 함께 부르자고 제안하는 것이다. 그것이 흰그늘을 부르는 마땅한 이름이라 싶기 때문이다. 이제부터 노겸 김지하시인 또는 김노겸 시인으로 그렇게 기억하고 기리고 이어가기를 마음 모은다.

2

김지하가 남긴 글과 생각

생명의 길·개벽의 꿈

양심선언

나는 무죄이다

창조적 통일을 위하여 - '로터스상' 수상 연설

생명의 세계관 확립과 협동적 생존의 확장

개벽과 생명운동

깊이 잠든 이끼의 샘

생명평화선언

화엄개벽의 모심

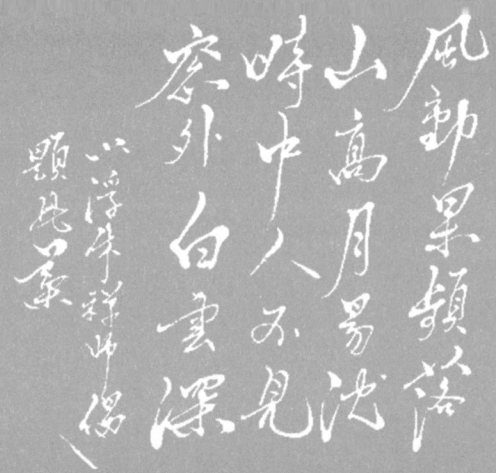

양심선언[*]

정의와 진리를 사랑하는 모든 이들에게 이 글을 보낸다.

참으로 어처구니없는 모략이 지금 나에게 들씌워지고 있다. 박정권의 억압자들은 나를 가톨릭에 침투한 마르크스-레닌주의자로, 민주주의자로 위장한 공산주의 음모가로 몰아 투옥하였다. 이제 곧 나를 교활 음험한 공산주의자로 영원히 그리고 합법적으로 낙인찍기 위한 재판 놀음이 벌어질 것이며, 그 결과 나는 이 땅에 만들어진 그 숱한 관제 공산주의자의 대열에 끼게 될 것이다.

분명히 말해 두거니와 이것은 나 개인에 대한 모략만이 아니라 우리들의 민주회복운동 전체와 사회정의 구현을 위해 투쟁하는 신·구교에 대한 중상모략 소동의 일환이며, 특히 천주교 정의구현 전국사제단의 활동과 민주회복국민회의 및 일체의 청년학생운동을 용공으로 몰아 압살하려는 대 탄압의 예비 작업인 것이다.

현재의 내 솔직한 심정으로는 나 자신에게 지난 4년 이래 가해지고 있는 박 정권의 이 더러운 상투적 모략에 대하여 한마디 변명도 하고 싶지 아니하며 또 이번 사건에 관한 최소한의 진실도 정보부원

---

[*] 1975년 2월 25일~27일까지 『동아일보』에 3회에 게재된 「고행…1974」와 인혁당 사건에 관한 내외 신문 기자 회견 내용이 문제되어 3월 14일 재수감된 김지하 시인이 '김지하는 공산주의자다'라는 정부의 날조된 주장을 반박하기 위해 1975년 5월 옥중에서 쓴 것이다.

들의 "일체의 주장과 변명은 법정에서"라는 말대로 법정에서 밝히려 하였다.

그러나 사건이 나 자신의 근본적인 사상과 사회적 근거를 왜곡, 파괴하고 나아가 민주 역량 전체와 내 소속 교회, 그리고 후배 학생들에 대한 막심한 피해로 확대될 수 있는 이 시점에서 양심에 따라 나의 사상과 진실을 명백히 밝히는 것이 역사와 민중에 대한 나의 의무라고 생각한다.

1. 내가 공산주의자인가?

한마디로 잘라 말해서 지금껏 나는 자신을 공산주의자라고 생각해 본 적이 한 번도 없으며 현재에도 나는 결코 공산주의자가 아니다. 나를 가리켜 공산주의자라고 한 중앙정보부의 발표는 실로 가소로운 것이다. 변호인들로부터 듣건대 그들은 정보부 5국 지하실에서 쓴 나의 이른바 자필 진술서란 것을 온 세상에 공포하고 마치 그것이 내가 공산주의자임을 증명하는 결정적 증거나 되는 듯이 선전하고 있다 한다.

그 진술서('제3회'를 '제2회'로 고치고 제2회 조서는 파기 처분한 문제의 그 문건)가 내 육체의 한 부분에 의해 써진 것은 사실이다. 그러나 그것은 실히 나의 임의에 의한 것이 아니다. 한 무력한 개인이 대한민국의 대중앙정보부에서 쓴 종이쪽지를 여러분은 얼마나 믿을 수 있다고 생각하는가.

정보부에 끌려가서 나는 처음부터 내가 가톨릭에 침투한 공산주의자임을 시인하라는 강요를 받았다. 5~6일간 나는 그 '틀'에 끼여 적색 오징어포가 되기를 거부하며 버티었다. 나는 정보부에 가기 전부터 극도로 쇠약, 빈혈로 졸도하거나 지독한 불면증으로 시달리고 있었는데, 5~6일간을 버티는 동안 극도의 정신적 시련과 육체적 피로를 겪어야 했고 내 체력은 한계에 도달, 의식마저 혼란 상태에 빠졌다.

나는 박 정권이 나를 공산주의자로 몰아 처단하려는 기본 방침을 굳히고 있는 한 정보부에서 진실을 밝히려고 노력한다는 것이 얼마나 어리석은 것인가 하는 것을 깨닫게 되었고, 뿐더러 나를 어떤 일이 있더라도 공산주의자로 만들어 내라는 상전의 절대적인 명령을 받고 며칠 밤을 밤새우며 양심에 위배되는 짓을 하고 있는 불쌍한 말단 수사관들과 피차의 신경만 소모하여 다툴 필요가 없다고 느껴졌기 때문에 6일째에는 그들이 미리 작성해 가지고 온 소위 자필 진술서 내용을 그들이 부르는 대로 낙서처럼 받아써가지고 내던져 버렸던 것이다. 문제의 자필 진술서라는 것이 만들어진 경위는 실로 이러하였던 것이다. 그러므로 그 진술서의 내용은 당연히 허구와 자기 모순으로 가득 찬 것이 되었다.

"빈곤과 질병으로 인한 열등감과 좌절감 때문에 공산주의자가 되었다"라는 대사는 그들이 즐겨 사용하는 상투 문구로서 내가 지극히 혐오하는 부분이다. 그들은 「오적」 사건에서도 「비어」 사건에서도 그리고 민청학련 사건에서도 똑같은 소리를 공소장이나 그 밖의 문건에서 되풀이 쓰곤 했었다. 가난한 자, 병든 자는 모두 다 공산주의 우범이란 말인가. 여러분은 자존심 있는 한 인간이 과연 그와 같은 비굴한 진술을 임의로 할 수 있다고 생각하는가? (그들이 나에게 쓰도록 강요한 진술서에 의하면 나의 모든 행위, 심지어 당시 「오적」과 「비어」를 집필한 것까지도 공산주의 사상에 의한 것이라고 되어 있다.)

그렇다면 전 세계가 나에게 속았다는 말인가. 세계의 모든 평론가들은 「오적」, 「비어」를 잘못 평가한 죄로 문책 받아야 할 것인가? 문학 작품이란 스스로 그 자신의 주제와 사상을 말하는 것이다. 「오적」이 공산주의 문학이라면 어째서 그에 관한 재판은 4년 이상이나 지연되었는가? 「비어」는 어찌하여 기소조차 되지 않았는가? 또한 진술서는 내가 공산주의자인 동시에 가톨릭 신자라고 한다. 가톨릭을 믿는 공산주의자란 '뜨거운 얼음'이란 말과 마찬가지로 형용 모순의 표현이다. 공산주의자들이 종교, 특히 가톨릭을 백해무익한 이른바 '인민의 아편'으로 보고 있다는 것은 삼척동자도 아는 사실이다.

이와 같은 엉터리 진술서 - 그들이 임의로 부르고 내가 자필로 받아 적은 그들의 각본 - 이외에도 그들은 또 내가 읽은 몇 권의 서적과 나의 옥중 수첩을 가지고 내가 공산주의자임을 입증하는 증거라고 선전한다. 과연 이것이 그들이 제시하는 증거의 전부인 것이다. 여러분은 냉철하게 생각해 주시기 바란다. 아무리 사상의 자유, 학문 연구의 자유가 없는 우리 사회라 할지라도 카를 마르크스의 고전 따위 몇 개를 읽은 것이 어째서 그가 공산주의자라는 증거가 된단 말인가. 어째서 검열 관리는 좌경 서적을 읽어도 되고 지식인을 포함한 일반 시민은 읽어선 안 된다는 말인가. 내가 읽은 수백 권의 책 중 좌경 서적은 그들이 나를 공산주의자로 몰기 위한 증거로 압수한 모택동의 『모순론』한 권을 포함하여 모두 10권에 미달하며, 그것도 외국에서는 지식인 필독의 책으로 되어 있는 고전적 저작들뿐이다. 또 옥중에서의 정념과 사색의 단초, 작품의 영상 따위를 편편이 기록한 나의 수첩들 어디를 뜯어보아도(만약 그들이 증거인 수첩들 전부를 공개한다면 이것은 더욱 분명해질 것이다) 내가 억압과 수탈을 철저히 혐오하고 그것을 제거하기 위한 길을 찾아 사상적 모색을 거듭하며 자신을 채찍질해 온 자취는 있을망정, 내가 공산주의자로서 하나의 확립된 기존 사상 체계를 가진 사람이라는 증거는 전혀 없는 것이다.

그렇다면 나는 나 자신의 사상을 정확히 무엇이라고 말할 수 있을 것인가. 거기에 대한 해명을 시도하기 전에 나는 우선 두 가지 점이 전제되어야 한다고 본다.

첫째, 나는 나 자신을 자유사상가라고 생각한다. 나의 사상은 어떠한 개인적인 야욕에 유혹되거나 위협 따위에 굴복하지 않을뿐더러 어떠한 독단이나 교조에 얽매이지 않는 것이 되기를 원한다. 따라서 나는 나 자신을 한 번도 무슨 '주의자'로 규정해 본 일이 없다. 자유의 혼란 속에서 조성되는 창조적 긴장 가운데로 부단히 자신을 던짐으로써 참된 인식에 도달하려는 것, 이것이 현재의 나의 모습이다.

둘째, 나는 아직 사상적으로 미숙한 사람이다. 나는 어떤 기존의 이데올로기를 선택하기로 결단한 일이 없었음은 물론이고 내 나름대로 하나의 정연한 확립된 사상 체계를 갖지 못하고 있다. 다시 말하면 나는 아직도 방황과 모색을 거듭하고 있을 뿐인 것이다. 이러한 사실은 어떤 의미에서는 매우 부끄러운 일이나 그렇다고 해서 반드시 전적으로 폄하 받을 일이라거나 또 나 혼자만의 책임은 아니라고 생각한다. 생각건대 인간 내심의 사상과 양심은 절대로 자유이어야 하며, 그 형성의 과정도 절대로 자유로워야 한다. 이것은 인간의 천부적 권리이며 유신헌법에서까지도 보장하고 있는 바이다. 그럼에도 불구하고 우리 사회에서는 사상의 자유(그 형성 과정의 자유를 포함)는 사실상 극도로 제약되어 있고, 통제된 획일적인 사상과 편견만이 지배한다. 이것은 우리가 우리 자신의 정신적인 성장 과정을 돌이켜 보면 누구에게나 명백한 일이다. 극도로 통제된 정보 입수, 극도로 제약된 독서 범위, 그 밖에도 각종의 불합리한 편견과 터부가

난무하는 불모의 정신 풍토…. 이 속에서 우리의 그리고 나의 사상은 회의와 회오 속에 표류에 가까운 방황을 거듭하지 않을 수 없었던 것이다.

이러한 점을 염두에 둔다면 나는 우리 사회에서 이른바 '자생적 공산주의자'라는 것은 사실상 존재할 수 없다고 생각한다. 공산주의자라고 하면 우리는 거의 조건반사적으로 뿔 달린 붉은 얼굴에 피가 뚝뚝 흐르는 긴 손톱을 가진 악마를 연상하게 된다. 이것이 오늘날 남한에 살고 있는 30대 이하 세대의 공통된 정서적 토양인 것이다. 뿐더러 우리는 공산주의 이론에 대하여 지극히 감정적인 태도 이외에는 아무것도 배울 수가 없었다. 이러한 풍토에서 호기심으로 남몰래 숨을 죽이고 읽은 몇 권의 좌경 서적만으로 어떻게 확고한 공산주의의 이론과 신념을 갖춘 공산주의자가 형성될 수 있겠는가.

이것이 내가 이 땅의 젊은이 중에 자생적 공산주의자가 절대로 있을 수 없다고 단언하는 근거이다. 나 역시 예외는 아니다. 다시 말해서 나는 공산주의자이기는커녕, 공산주의가 무엇인지, 공산주의 국가에서의 생활이란 어떠한 것인지조차 거의 제대로 알고 있지 못한 사람인 것이다. 내가 공산주의자라니, 그것은 천만의 말씀이다.

2. 민주주의와 혁명과 폭력에 관하여

나는 이웃인 인간을, 억압받고 수탈되어 고통과 모멸 속에서 인간적인 모든 것을 박탈당하고 있는 구체적인 인간들을 온몸으로 뜨겁게 실천적으로 사랑하는 사람이 되기를 원한다. 이것이 스스로 설정한 나의 인간적인 과제의 전부이다. 이것이 나의 모든 사상적인 모색의 출발점이고 귀착점이다. 따라서 나의 사상적인 모색의 전 과정은 인간에 대한 사랑이라는 관점에서 해석되기를 나는 바란다.

형제들을 사랑하기 위하여 나는 그들을 비인간화하고 있는 따위의 모든 억압과 수탈을 증오한다. 그것은 억압받는 자만이 아니라 억압하는 자까지도 철저하게 비인간화하는 것이다. 그러므로 억압과 수탈을 반대하여 싸우는 것, 그것이 나의 사상적·실천적 관심의 전부이다. 내가 가톨릭에 입교하게 된 것은 가톨릭이 정신적 질곡과 물질적 질곡의 동시적 극복, 억압자와 피억압자의 동시적 구원을 통한 억압 그 자체의 절멸이라는 사상을 보편적 정신으로 제시하였기 때문이다. 그 신앙은 구체적이고, 서로 모순되고 충돌하는 다양한 사상·이론·판단 등을 섭취·용해하여 보편적인 진리로서의 어떤 것을 제시하여 주기 때문이다. 내가 박 정권과 오적에 반대하여 싸워 온 것은 그들이야말로 우리 사회에 있어서 억압과 수탈의 범인이기 때문이다.

나의 사상은 민중에 대한 사랑과 동시에 그들에 대한 신뢰 가운데에서 싹텄다. 나 자신이 그 일원으로서 억압받은 민중들 가운데에서 자라나면서, 나는 억압자들이 사회에 강요해 온 민중에 대한 모든 선입관 즉 비천·추악·도덕적인 타락·천성적인 게으름·비열한 성품·무지·무기력 등의 일종의 열등, 인종적 비하가 실은 아무런 근거가 없는 짓이며 오히려 억압자들 자신에게 돌려져야 할 성질의 것임을 확인하였다. 내가 체험한 민중들의 모습은 정직·근면하고, 어리석은 것 같으나 하늘의 지혜로 풍성하고, 힘없고 무기력한 것 같으나 실은 위대한 힘과 강인한 의지를 갖추고, 거칠면서도 이웃에 대한 인간다운 짙은 애정을 가진 떳떳하며 싱싱한 모습이었다. 민중을 신뢰하므로 나는 이들이 스스로의 운명의 열쇠를 가질 때 모든 문제가 올바른 해결로 이끌어질 것이라는 확신과 동시에 그러한 위대한 민중의 날이 반드시 오고야 말리라는 움직일 수 없는 신념을 갖게 되었다. 이러한 확신은 나를 민주주의의 철저한 신봉자로 만드는 동력이 되었다(민중을 신뢰하지 못하고 억압자들이 주입한 거꾸로 된 가치관을 갖는 자들은 일관성 있는 철저한 민주주의자로 될 수 없고 종국에 있어서는 압제의 편에 서게 마련이다).

민주주의란 무엇인가

그것은 침묵에 반대되는 것이며, 자유로운 말을 뜻하는 것이며, 따라서 모든 감춰진 진실이 가차 없이 폭로되는 것을 뜻하는 것이다. 나는 진리가, 그리고 오로지 진리만이 인간을 해방한다고 믿는 사람이다. 폭로된 진실이 '억압자들의 주술에 걸려 침묵의 문화 속에서 얽매여 있던 민중의 의식'을 뒤흔들어 해방하고 그들을 자유로운 비판 정신의 폭풍이 휘몰아치는 광야로 인도할 때에야말로 민중의 날이 오고 민중의 역사는 창조주에 의해 약속된 정의와 자유의 가나안으로 향하게 될 것이다. 이것이 나의 꿈이며 나의 신앙이다. 나는 그 가나안의 모습이 어떤 것인지를 정확하게 그릴 수 없다. 그것은 어느 한 개인에 의해 그려질 것이 아니라 민중의 손으로 창조되어야 할 성질의 것이다. 민중이 스스로의 운명의 열쇠를 스스로의 손에 쥐도록 싸우는 것, 여기까지가 나의 과제이다.

이러한 의미에서 내가 요구하고 내가 쟁취하려고 싸우는 것은 철저한 민주주의, 철저한 말의 자유 그 이하도 그 이상도 아니다. 또한 이러한 의미에서 나는 기본적으로 민주주의자, 자유주의자이다. 내가 가톨릭 신자이며, 억압받는 한국 민중의 하나이며, 특권·부패·독재 권력을 철저히 증오하는 한 젊은이라는 사실 이외에 나 자신을 굳이 무슨 주의자로 규정하라고 한다면 나는 이 대답밖에 할 수 없다.

민주주의는 백성을 사랑하는 위정자를 바라는 것이 아니라 시민의 피와 시민의 칼을 두려워하는 권력을 바란다. 민주주의는 궁극적으로 압제에 대한 끝없는 거부를 뜻하는 것이다. 민중이 원하지 아니하는 정치권력을 폐지할 권리 없이는 민주주의는 없다. 그러므로 민주주의는 민중의 혁명권을 거부하는 것이 아니라 도리어 그것을 최종적인 담보로 하여 존립하는 것이다. 이 자명한 진리를 우리는 외면해서는 안 된다.

혁명의 보장, 어떤 의미에서 항구적·상식적인 혁명 가능성의 존재는 민중이 지배자를 길들이고 억압과 수탈을 배제해 나아가는 근본적인 동력이다. 이와 반대로 혁명의 금압, 혁명의 터부화는 지배자가 민중을 길들이고 억압과 수탈을 영구화하는 수단이다. 그러므로 나는 반항과 혁명의 신봉자가 된다. 나는 우리 민족의 연연한 혁명 전통을 사랑하고 거기에 무한한 민족적 자부심을 느낀다. 민중의 자기 존립을 위한 비판과 항의를 압살하고 끝내 회개할 줄 모르는 권력에 대하여 혁명 이외의 무슨 방법으로 대처할 수 있을 것인가.

토마스 아퀴나스 이후의 가톨릭 정치사상에서는 민중의 생존을 유린하고 공동선을 침해하는 명백한 폭군적 압제를 타도할 자연법적 권리와 의무가 민중 자신에게 명백히 주어진 것으로 인정되어 왔다. 이것은 압제에 의해 상실된 민중 자신의 인간성을 민중 스스로가 회복하는 폭발적 전환점을 마련함으로써 민중의 급격한 보편적 각성, 즉 역사가 비약하는 기적을 일으키는 것이다.

반항과 혁명은 그 과정에 있어 낯선 적건 간에 폭력적인 현상을 수반한다. 권력의 억압적 폭력의 지속은 민중의 의지를 마멸함으로써 이른바 '침묵의 질서'를 만들어 낸다. 때문에 이 죽음과 같은 질서를 깨뜨리는 폭력이 불가피하게 되는 경우가 생긴다. 나는 일단은 이러한 폭력적인 현상을 긍정한다. 아니, 긍정할 수밖에 없다. 그러나 이 경우 내가 긍정하는 폭력은 억압하는 폭력이 아니라 저항하는 폭력이며 인간성을 박탈하는 것이 아니라 그것을 회복하는 폭력이다. 그것은 '사랑의 폭력'이라고 불러 마땅할 것이다. 성전을 더럽히는 장사치들의 머리 위에 내리치는 예수 그리스도의 회초리는 바로 이러한 '사랑의 폭력'이었다. 그것은 억압받고 수탈되는 민중만이 아니라 억압하고 수탈하는 압제적 지배까지도 인간으로 거듭나게 하는 '사랑의 폭력'인 것이다.

기본적으로 폭력은 고뇌스러운 것이며 그로 인한 파괴는 쓰라린 것이다. 그러나 지상에 사는 우리로서는 이 고뇌를 딛고 넘어서야 할 때가 있는 것이다. 특히 민중이 침묵과 굴종 속에 잠들어 깨어나지 않았을 때 민중에게 '비폭력'을 요구하는 것은 황야의 이리 앞에서 민중을 벌거벗기는 짓이다. 그때 민중을 각성, 격렬한 투쟁에 동원하기 위한 폭력의 계기가 불가피한 것이다. 간디도, 프란츠 파농도 이 때문에 괴로워했고, 카밀로 토레스 신부는 이 때문에 총을 든 모습으로 발사하지 않은 채 민중 앞에서 사살 당하였다.

총을 든 신부의 모습은 성스럽다. 그의 이념이나 그의 방법이 옳은 것인지 아닌지를 나는 알지 못한다. 그럼에도 불구하고 떨리는 걸음으로 골고다로 가는 길을 찾아 헤매는, 인간을 사랑하기 위하여 자신의 죄악까지도 각오하는, 그리하여 지옥 끝까지라도 가려 하는 그 처절한 사랑의 모습이 눈물겹도록 성스럽게 느껴진다.

비겁한 비폭력이 잔인한 폭력과 통하듯이, 사랑의 폭력은 '용기있는 비폭력'과 본질적으로 같은 것이라고 나는 믿는다. 사랑의 폭력을 긍정하는 나는 동시에 비폭력주의자인 것이다. 참된 비폭력주의는 억압자에 대한 한 치의 양보도 타협도 없는 철저한 불복종을 전제로 한다. 이 원칙에서 벗어나는 허울 좋은 모든 '비폭력주의'는 압제에 대한 협력 이외의 아무것도 아닌 것이다.

내가 지지하는 혁명은 이와 같은 철저한 비타협, 불복종의 비폭력주의와 고뇌스런 사랑의 폭력을 결합 통일하는 가운데에서 이루어지는 것이다.(이것이 「장일담」의 세계이다.) 거기에 이르기 위하여, 다시 말하면 비폭력이 비굴로 흐르지 않고 폭력이 사랑으로부터 벗어나지 않기 위하여 나는 인간의 부단한 내적·영성적 쇄신이 필요하고 민중의 보편적인 자기 각성 과정이 필요하다고 본다.

나는 비록 블랑키즘 같은 것이 심리적으로 혁명의 단초적 계기가 되는 점은 인정하지만, 소수의 조직적 폭력 음모에 의하여 요행으로 얻어지는 그러한 혁명은 꿈꾸지 아니하며 신뢰하지도 아니한다. 이것이 내가 어떠한 음모자의 조직을 구성하거나 거기에 소속되려 하지 아니하고 민주주의를 위한 발언·집회 또는 기도회에 참여하는 이유이다.

또한 내가 꿈꾸는 혁명은 자유·민주·자주·평화·통일의 조국을 건설하기 위한 것이지만 본질적으로는 우리 민중이 스스로의 운명을 스스로의 손으로 결정하기 위한 보장을 전취하려는 것이다. 그것이 내가 확신을 가지고 지지하는 혁명의 모습이다.

또 그것은 외래의 이데올로기에 의해 스테레오 타입이 된 모습이 아니라 우리 민족 특유의 혁명 전통을 계승·발전시킨 것이 될 것이다. 동학농민운동과 3.1운동, 그리고 4월혁명의 전통은 그러한 혁명의 모습을 예시해 주는 것이다.

3. 혁명적 종교에의 꿈 「장일담」의 세계

　나는 J. B. 메츠의 고백처럼 내 속에 혼재하는 여러 사상들의 상대적 다양성 그 자체 때문에 더욱 유일 절대적 존재에의 신앙이 요구되고 또 가능해진다고 믿는다.
　혁명은 종교를 거부하여야 하며 종교는 혁명을 거부하여야 하는가? "아니다"라고 나는 말한다. 이 점에서 나는 이미 마르크스-레닌주의자가 아니다. 마르크스주의적인 아편 종교관은 역사적인 종교의 한 측면에서만 타당한 일면의 진리일 뿐이다.
　보름달이 구름에 가려 흐려지듯, 오랜 억압에 찌든 민중의 가슴속에는 정의에의 열정과 이웃에의 사랑이 이기적·개체 보존적인 도생주의와 보신(保身)주의에 압도되어 잠들어 버리고, 그들의 미칠 듯한 한과 분노는 좌절과 자학 속에서 방향을 잃은 채 분산·고립되어 무조직적 발산을 거듭하게 된다. 이것이 지배자들이 침 뱉으며 형무소에 처넣은 수많은 '천민범죄(賤民犯罪 - 절도·강도·폭력·살인·자살·탈영·인질극 등)', 모든 참담한 비극의 원인이다.
　이때 제사장의 종교, 바리새의 종교는 민중의 이기적 도생주의. 보신주의를 내세워 환상으로 영구히 타락시키고 그들의 한과 분노를 감상적인 자선주의로 길들여 거세해 버린다. 민중을 걸인화하는 구호물자의 신은 결국 억압자의 신인 것이다. 이것이 바로 내가 슈바이처에게 찬동할 수 없는 이유다.
　그러나 똑같은 시간에 예언자의 종교, 사랑의 종교는 광야에서 일어나, 억압받고 그리하여 소외되고 비인간화된 민중의 가슴속에서 잠자는 모든 인간적인 것, 모든 하늘의 것을 폭풍처럼 뒤흔들어 일깨워 낸다. 그것은 부활의 신비-혁명이다. 그것은 민중들로 하여금 신의 형상대로 창조된 자신의 존엄성에 눈뜨게 하여 그들의 좌절과 자학을 종말론적인 희망으로 바꾸어 놓는다.

그리하여 그것은 민중의 이기적 · 개체 보존적 · 환상적인 도생주의를 연대적 · 집단적 · 현실적인 도생주의로, 만인의 인간다운 삶과 존엄을 쟁취하기 위한 투쟁으로 전변시킨다. 그것은 민중의 한과 분노를 그 자학적인 발산으로부터 해방하여 그것을 하느님의 공의를 요구하는 강인하고 열렬하고 우렁찬 아우성으로, 나아가서 필요한 경우에는 그 결정적이고 조직적인 폭발에로 발전시킨다. 그것은 혁명적 종교이다.

이 기적과 같은 전환, 이 부활의 신비를 잉태하는 계기는 삶과 죽음을 꿰뚫는 인간의 종교적인 결단, 인간의 내적 · 영성적 쇄신에 있다(이것이 장일담이 노래하는 '단'의 철학이다). 대학 시절 특히 결핵으로 오랫동안 요양할 때부터 나는 죽음에 대한 공포와 우리 사회에 만연한 정신적 비인간화가 물질적 빈곤과 더불어 동시에 극복되는 길에 대한 갈증을 느끼고 있었다. 그때 '사람이 곧 하늘이다'라는 동학의 속삭임이 내게 들려왔다. 그리고 그것은 곧 '제폭구민'의 깃발을 높이 들고 생존의 권리를 쟁취하기 위한 투쟁의 대열에 나서는 저 참혹한 농민 전쟁의 처절한 기아 행진의 영상과 결합되어 천지를 뒤흔드는 우렁찬 함성으로 울려 왔다.

그 순간 이래 10여 년을 나는 이 영상을 줄기차게 추구해 왔다. 그러는 사이 나는 어느덧 이 영상에 신과 혁명의 통일이라는 이름을 붙이게 되었다. 또한 나는 '사람이 하늘이다'라는 말을 '밥이 하늘이다'라는 시어로 번역하게 되었다. '신과 혁명의 통일'이라는 이 어렴풋한 영상을 끌어안고 피투성이의 고뇌로 가득 찬 오랜 사색 과정을 거치는 동안 나는 현대의 진보적 기독교 사상과 그 운동에 이끌리게 되었다. 그 사상은 트릴쥐, 오자남, 마르크스 등을 포함한 유럽의 사회 개혁 사상을 전통적인 기독교 사상의 거대한 건축 속에 흡수, 새로운 것을 발전시키려는 것이었다.

1972년 '기독교사회주의 샌디에이고 선언'에서 제시된 바와 같은 마르크시즘의 사회 개혁 원리와 기독교 사상과의 통일에 관하여 나도 같은 관심을 갖게 되었는 바 그것은 예컨대, 마르크스와 예수가 결합하는 경우 마르크스에서는 사회적 억압이 인간의 구원을 방해한다는 구조적 인식론이 선택되고, 예수에서는 만인에 대한 사랑과 인간의 존엄을 주장하는 휴머니즘, 인간의 구원의 계기로서의 '거듭남'의 강조, 그리고 역사 속에서 심판하며 공평하게 하며 해방하는 소망의 신-나사렛 예수의 활동 모범이 선택되어 통일되는 것에 대한 관심이다. 적어도 나에게 있어서는 이 통일은 물론 역사적인 마르크시즘과 역사적인 기독교의 기계적인 결합이 아닌 완전히 새로운 어떤 것이다. 이 새로운 것, 아니 이 창조되어 가고 있는 도중의 미확정물에 대하여 나는 어떠한 기존의 명칭도 사양한다. 남북 분단의 비통, 그리고 그것을 빌미로 한 가혹한 억압과 지배의 현실 아래서 경직될 대로 경직돼버린 우리 사회의 불모적 정신 풍토는 나의 이 사상적 미완물에 관하여 성급하게 어떤 기존 이데올로기의 낙인을 찍기를 강요할지 모른다. 그러나 나는 이것을 '창조하는 인간의 권리'로서 거부한다. 단호히 절대로 거부한다. 인간의 모든 창조적 사상은 대량 생산 과정에 의해 만들어지는 획일적 규격품이 아니다.

나의 경우 신과 혁명의 통일의 영상은 요한 23세의 『어머니와 교사』가 '지상 양식의 기적을 통해 천상 양식의 마련을 예고'하던 예수의 빵의 신비를 지적함으로써 한층 분명하여지고, 현대의 해방신학(Frederick Herzok, James Cone, Richard Shaull, Paul Lehmann, Jürgen Moltmann, J. B. Metz, Töat Hugo Assman, Reinhold Niehbur, Bonhöffer의 보고들), 그리고 제2차 바티칸 공의회 이후의 교황들의 칙서 및 그 이전의「레룸. 노 바룸」,「콰트라게시모 안노」등의 회칙 등으로 인하여 더욱 구체화되어 왔다. 그러나 무엇보다도 나는 1971년 이래 지금까지 줄기차게 전개되어 오고 있는 한국 기독교의 민권 운동의 실천에 스스로 참여한 과정을 통하여 한국과 같은 가장 깊은 모순을 품은 복잡한 조건과 풍토 속에서 독특한 생명력을 발휘해 온 우리 민중의 끈덕진 저항과 혁명의 전통 속에야말로 신과 혁명의 통일이라는 새로운 인간 해방의 원리를 창출하여 세계에, 특히 제3세계에 제시할 소재의 금광맥이 있다는 확신을 갖게 되었다. 이 소재를 현대의 해방신학의 끝로 다듬어 낼 때 '하느님의 선교 Missio Dei'는 투박한 한국적 민중 투쟁의 전통 속에서 새로운 모습으로 기적을 일으킬 것이다. 바로 위와 같은 주제들, 한 종교가의 가르침과 사상적 편력의 일생을 통하여 복음서 형식으로 표현하려 한 것이「장일담」이며 소위 '반국가적 표현물 제작 예비 음모'에 저촉되었다고 박 정권이 주장하는 시작(詩作) 구상인 것이다.

장일담은 원래 백정과 창녀의 아들로 태어난 '도둑놈'이다. 그는 자기의 처지에 고통 받다가 어느 날 득도, 해방의 설교자가 된다. 그는 임꺽정처럼 '부자가 훔쳐간 돈을 가난뱅이가 도둑질' 하여 나눠야 한다고 생각하고 그것을 실행하다가 감옥에 들어와서도 도둑들에게 혁명을 가르친다. 감옥 안에서 어느 날 그는 운동 시간을 빼앗기고 분통이 터진 나머지 "해방은 가차 없이 필요한 것, 원수인 부르주아를 타도하자"고 외친다. (이 시작 구상 메모는 장일담의 초기 행동, 과격 행동 사상에 따른 감옥에서의 가르침의 내용의 일부인데, 저들은 이것을 내 사상 그대로인 듯 발췌, 클로즈업하여 내가 공산주의자라는 움직일 수 없는 증거라고 몰아대고 있다.)

장일담은 탈옥하여 수배되고 창녀들이 있는 뒷골목에 숨는다. 그는 창녀들에게 "오 나의 어머니!" 하며 그 발에 입 맞추고 거기서 "밑바닥이 하늘이다", "하느님은 바로 당신들의 썩은 자궁 속에 있다. 하느님은 밑바닥에 있다"고 선언한다. 그 후 그는 계룡산으로 들어가 '해동극락(極樂)교'를 선포, '시천주, 양천주, 행천주, 생천주'의 네 단계의 수행과 '공동 소유' 및 혁명 행동 등을 설교하고 기도와 행동을 통일할 것을 강조하며, '흐름에의 거역', '밑바닥을 하늘로 전복할 것'과 지상에서 천상에로 이르는 나그네 길이 혁명이며, 인간 속에 있는 짐승을 죽이는 것- '백정' 짓-이 수행의 핵심이라는 것을 가르치고 이 세상은 말세이며 곧 새 세상이 온다, 해동에 극락이 온다는 것을 약속한다.

이후 그는 노동자, 농민들을 향하여 전도를 하며 황야에 이르러 제사를 올려 모든 옛것을 불태우고 폭력은 불가피하나 '단'이 바람직하다고 가르친다. 그는 무리와 더불어 마귀가 있는 서울을 향하여 모두 깡통을 들고 진군한다. 이때 그는 극락이란 "밥을 나눠 먹는 것"이며 "밥이 하늘이다"라고 선포한다. "밥이 있는 서울로 가서 거기를 또 지나 밥을 나눠 먹는 천국에 이르는 영원한 나그네 길로 간다." 이 길은 극에 이르면 다시 밥이 있는 곳으로 되돌아오는 영원한 수행을 암시한다.

그는 진군하고 패배하고 현상 수배되어 배신자 유다스의 밀고로 잡혀 죽는다. 그는 한마디 변명도 없이 반공법, 국가보안법, 내란죄 등의 죄명을 쓰고 목 잘린다. 이때 그는 〈밥이 하늘〉이라는 노래를 부른다.

밥이 하늘입니다. 하늘을 혼자 못 가지듯이 밥은 서로 나눠 먹는 것
밥이 하늘입니다. 하늘의 별을 함께 보듯이 밥은 여럿이 갈라 먹는 것
밥이 하늘입니다. 밥이 입으로 들어갈 때에 하늘을 몸속에 모시는 것
밥이 하늘입니다. 아아, 밥은 모두 서로 나눠 먹는 것

처형된 장일담은 사흘 만에 부활하여 그 모가지가 배신자의 모가지를 떼고 배신자의 몸통에 붙는다. 배신자의 몸뚱이는 성자의 머리와 결합한다. 간지를 우반자로 하고 성·선·진리를 내용으로 하는 이 기이한 결합은 복수이면서 동시에 악인까지도 구원하는 화엄경에 입각한 기이한 장일담의 사상을 표현한다.

장시 「장일담」은 다음과 같이 끝날 예정이다. "밥을 나눠 먹는다는 노래를 부르는 소리, 폭풍이 되어 전국 각처를 휘몰아친다고 전한다."

이와 같은 것이 「장일담」의 윤곽이다. 그것은 아직도 어렴풋한 윤곽이다. 거듭 말하거니와 「장일담」의 세계는 아직 미완성의 세계이다. 그 속에는 종교적 고행과 혁명적 행동이, 예수의 행적과 최수운·전봉준의 투쟁이, 초기 기독교의 공동체적 생활 양식에의 동경과 우리 민족의 오래고 강인한 민중운동에의 애착이, 파울루 프레이리의 피압박자의 교육 테제, 프란츠 파농의 폭력론, 블랑키스트적인 급진 폭력, 기독교의 원죄론적인 인간관, 가톨릭의 '천주' 사상 등과 불교의 윤회설, 임꺽정·홍길동의 활빈(活貧)사상, 동학의 시천주·양천주 사상들이 혹은 결합하고 혹은 용해되고 혹은 서로 모순하고 부딪치면서 어지럽게 교차하고 있다.

현재로서는 내가 구상하고 있는 이러한 「장일담」의 세계에 대하

여 나는 어떤 일관된 이론적 해명을 하려 하지 아니한다. 그것은 불가능한 것이다. 내가 그것을 할 수 있는 것은 「장일담」을 완성한 후의 일이 될 것이다.

4. 나는 반공법을 위반하였는가?

나를 공산주의자로 '만들어 내려는' 박 정권은 내가 옥중 수첩에 「장일담」 등의 시작·극작 구상을 메모한 것을 가지고 반국가단체를 찬양하는 표현물 제작 행위로, 나의 소위 인혁당 사건 관계 발언들을 반국가단체 찬양·고무·동조 행위로, 내가 내 방에다가 몇 권의 서적을 놓아두고 있었던 것을 반국가단체를 찬양·고무·동조할 목적의 표현물을 은닉·보관하여 반국가단체를 이롭게 한 행위로 몰고 있다. 어제오늘에 시작된 것이 아닌 이 지긋지긋한 반공법 제4조의 상투적·견강부회적·무차별적·모략적 적용이야말로 우리 사회의 사상적·정신적 성장과 발전을 가로막아온 최대의 질곡이며, 우리 민중으로부터 '말의 자유'를 빼앗아 숨 막히는 암흑한 침묵의 문화를 보급함으로써 민주주의를 압살하고 부패 특권의 압제 권력을 유지해 온 최대의 억압의 무기이다. 나는 이에 대하여 자유의 이름으로 머리끝부터 발끝까지 치떨리는 분노로 항의한다. 나는 또다시 나에게 들씌워진 이 더러운 질곡을 단호히 거부한다. 인간을 인간답게 하는 개성의 허용, 사상의 자유, 표현의 자유를 온몸으로 요구한다.

가) 첫째로, 중앙정보부와 경찰의 수사 과정을 통하여 저들은 내 시작 구상 「장일담」에 관한 메모에 대하여 그것이 모택동 사상에 의

해 쓰인 것이라고 나를 강박하였다. 「장일담」의 메모에는 앞에서 언급한 바와 같이 동서고금의 수많은 사상, 입론, 행적 등에 관한 메모가 있다. 그중 하나로서 모택동의 「모순론」도 있다. 이것을 빌미로 저들은 내가 모 사상에 입각한 공산주의자이며 모순론의 '대립물의 전화·통일의 법칙'에 따라 가톨릭에 입교했으며, 「장일담」 메모 중 '신과 혁명, 빵과 자유, 지상과 천상의 통일' 등의 기록은 모순의 전화론에 해당하는 것이며 심지어는 '부활'까지도 모택동 사상이라고, 즉 죽음의 부활로 '전화'된 것은 모순의 전화라고 실로 어처구니없는 억지를 부리고 있다. '부활'을 모 사상에 입각한 '모순의 전화'로 보는 검사의 그 놀라운 상상력에 대하여 우리는 경탄만 하고 있을 것인가!

유물론과 형이상학을 동일시하고 변증법 비슷한 것만 있으면 모두 공산주의자로 모는 대한민국의 '민주 경찰' 앞에서는 노자도, 공자도, 예수도, 석가도, 아니 그 누구도 모두 공산주의가 될 수밖에 없을 것이다.

앞서 나는 「장일담」이 아직 미완성의 세계이며 그런고로 아직 그에 대한 이론적 해명을 할 수 없다고 하였지마는 적어도 그것이 마르크스주의 사상을 표현하기 위하여 일관된 사회주의 리얼리즘에 입각하여 쓰인 것이 아니라는 것은 단언할 수 있다. 「장일담」의 내용은 묵시록적·예언자적이며, 우화·괴기·상징·비유와 엉뚱한 초자연적 사건, 그리고 농민적·자유노동자적 감수성이나 상상력으로 가득 차고, 그 색채는 기교 화미하여 표현주의적이고, 죽음·동요·불안·공포·혁명·절망·음울·학살·처형·퇴폐 등이 주된 분위기를 이루어 강렬한 언어와 폭력적인 사건으로 피투성이와 같은 과도시대의 특징을 보여 주는 것이다. 따라서 그것은 사회주의 리얼리즘의 회색 분위기나 자연주의적 묘사, 현실적 사건 전개, 철과 용광로 등 노동자적인 것과는 무관한 것이다.

이러한 작품 세계에 관하여, 그것도 아직 미완성인 것을 가지고 '북괴를 이롭게 할 목적으로 쓰인 것'이라고 강변하는 데에 이르러서는 할 말을 잃을 수밖에 없다. 이것이 '문예 중흥 5개년 계획'을 내세우고 있는 저들의 진면목인 것이다.

다음, 부르주아에 저항하는 '말뚝'을 주제로 한 나의 극작 구상 메모에 관한 저들의 주장을 보자. 저들 검찰과 정보부는 이것이 자본주의와 부르주아를 타도하고 노동자·농민이 승리하는 마르크스주의적 작품이라고 몰아붙이고 있다. '공산주의자'를 만들어내기에 여념이 없는 저들은 '부르주아'라는 한마디에 거의 조건반사적으로 반공법을 들이대는 신경질적인 반응을 보인다. 그러나 마르크스가 꽃을 꽃이라고 부른다고 해서 내가 왜 꽃을 보고 꽃이라고 불러서는 안 되는가? 오늘날 '부르주아'란 이미 전 세계에 걸쳐서 보편적으로 인정되어 있는 역사적인 개념이다. 또한 '부르주아'라는 말을 사용하거나 '부르주아'를 증오한다고 해서 공산주의자라고 한다면 '부르주아'를 증오한다고 외쳤던 프랑스 가톨릭의 오자남, 베르나노스는 어떻게 설명할 것인가? 뿐더러 우리 사회에서는 일반적으로 '잘사는 사람, 있는 사람'을 가리켜 반농담으로 부르주아라고 지칭하는 관용어법이 통용되고 있다. 내가 극작 구상 메모에서 쓴 '부르주아'란 용어는 바로 이러한 의미, 더욱 구체적으로 말하자면 우리 사회의 억압자인 '부패 특권층'을 지칭하는 한정된 의미를 지닌 것으로서 이는 곧 「오적」과 동일한 내용이다.

또한 이 극작의 주제는 반부패·반특권의 민생운동 테제에서 시작되는 것이며, 주인공을 자유노동자로 설정함으로써 ─ '말뚝'이란 원래

탈춤 속의 반항적 종놈 - 공업 노동자 계급의 계급독재를 전제로 한 혁명 따위와는 전혀 무관한 '천민적 저항 인간상'을 창조하여 보여주려 하는 것이 목적이다. 즉 인륜을 상실한 정신, 육체적으로 소외된 '밑바닥 천민'을 주인공으로 하여 현대 한국 민중정신, 육체적으로 인간성을 박탈당한 비인간의 전형을 창조, ① 그의 좌절과 ② 그 좌절을 '미사' 즉 하늘로부터의 계시에 의해 극복하게 하고 ③ 저항케 함으로써 민중의 좌절 - 인간 회복에 이르는 '행동과 기도의 상호 작용' - 을 '한국적인 투박한 저항적 천민'인 말뚝이 속에 투사하여 '희망'을 강조하고 그 결과로 도래할 종말론적 환각으로서의 어떤 '친교'(성서의 코이노니아Koinonia)의 세상을 그리려 하였는 바, 이는 참된 예술의 영원한 주제인 억압 없는 사회에의 표현이며 기독교적·종말주의적 상상력에 의거한 것이지 그 어떤 이데올로기에 입각한 것이 아님은 물론, 북괴를 이롭게 할 목적으로 쓰인 것은 더욱 아닌 것이다.

여기서 나는 왜 내가 「오적」, 「비어」, 「장일담」, 「말뚝」 등의 문학 작품을 쓰느냐는 동기를 분명하게 밝혀두려 한다. 나는 그것을 누구를 이롭게 할 목적으로 쓰는 것은 아니다. 쓰고 싶어서 쓴다. 쓰지 않고는 도저히 배길 수 없는 속으로부터의 억누를 수 없는 충동 때문에 쓴다. 쓰지 않을 수 없어 쓴다. 그것뿐이다.

나) 나의 소위 인혁당 관계 발언들 - 하재완의 고문설, 인혁당 석방 요구, 기자회견 등에 관하여 저들은 내가 '북괴의 선전 활동에 동조하였으며' 반국가단체인 인혁당을 이롭게 한 것이라고 주장하고 있다.

인혁당 고문설에 관한 나의 발언과 북괴의 선전 활동의 내용이 같았다고 하자. 그러면 내가 북괴의 선전 활동에 동조한 것인가? 북괴가 나의 선전 활동에 동조한 것인가? 그들은 하재완을 만나지 못하였으나 나는 직접 하재완을 만나 내 귀로 그 이야기를 들었다. 그것을 그대로 세상에 전한 것뿐이다. 나는 결코 북괴의 선전 활동을 듣고 그것을 근거로 하여 하재완이 고문 받았다고 선전한 것이 아니다. 만약 내용만 같다고 모두 '동조'라고 한다면 민주 인사 석방을 요구해 온 수많은 시민·지식인·종교인·학생·정당인들은 역시 '민주 인사 석방'을 틀림없이 주장하였을 '북괴의 선전 활동에 동조한 죄'로 반공법의 적용을 받아야 한단 말인가? 이 얼마나 지나친 난센스인가?

나의 발언은 '반국가단체인 인혁당'을 이롭게 하기 위한 것이었던가? 아니다. 나는 내가 아는 사실을, 세상 사람들이 마땅히 알아야 할 저 끔찍한 진실을 이 나라의 인권과 민주주의를 위하여 폭로하였을 뿐이다. 나는 많은 할 일을 젖혀 두고 나와 아무런 관계도 지면도 없었던 '인혁당'을 특별히 이롭게 하기 위하여 박 정권의 탄압을 무릅쓰고 애쓸 아무런 이유가 없다. 저들은 내가 나의 '용공성'을 감추기 위해서 '인혁당 조작설'을 퍼뜨렸다고 주장하나 세상이 나를 용공 분자로 알지 아니하고 국무총리란 사람까지도 김지하는 공산주의자가 아니라고 국회에서 공언한 처지에 내가 '용공성'을 감추기 위해서 그런 발언을 할 무슨 이유가 있었겠는가? 오히려 그런 발언을 하는 것은 박 정권에 의해 '용공 분자'로 몰릴 명백한 위협이 존재하고 있었을 것이다.

인혁당 사람들이 고문을 받았다는 것은 나의 확신이다. 중앙정보부란 어떤 곳인가? 학생들, 야당 국회의원들은 물론이요, 최근에는 공화당 원내총무란 사람까지도 고문을 받은 일이 있노라고 폭로한 그런 곳이다. 그러한 중앙정보부에서 공산주의로 몰아 처형하려 한 '인혁당' 사람들이 고문을 받지 않았으리라고 하는 '논리적' 심증을 가질 수 있는 사람이 대체 몇 사람이 되겠는가?

그러한 나의 확신을 나는 그것도 내가 귀로 듣고 눈으로 본 사실에만 국한하여 표현한 것뿐이다. '인혁당'이 과연 반국가 단체인가, 아닌가? '인혁당'이라는 것은 과연 실체가 있었던 것인가, 도깨비인가? 나는 아직도 이 의문에 관한 박 정권의 선전을 절대로 그대로는 믿지 않는다. 만약 나로 하여금 그것을 믿게 하려면, 그리고 내가 거짓으로 고문설을 퍼뜨렸다고 국민들에게 납득 시키려면, 박 정권은 이미 처형된 8명을 되살려 놓든가, 하재완·이수병의 혼이라도 불러와야 할 것이다. 이 문제에 관한 재판은 어떻게 가능한 것인가?

다) 나에게 씌워진 가장 기막힌 죄목을 이야기하자. 1964년도에 내가 읽은 잡지 『한』과 『청맥』, 그리고 1969년에 읽은 『실천론』·『모순론』 등의 서적을 내 집 골방에 내버려 놓은 것이 반국가 단체를 이롭게 하기 위하여 반국가적 표현물을 은닉·보관한 것이라는 것이다.

10여 년 전에 읽고 버려 둔, 골방 속에서 먼지를 뒤집어쓰고 잠자는 책이 무엇이 어째서, 어떻게 적을 이롭게 한단 말인가?

5. 자유와 정의를 사랑하는 모든 이들에게

억압과 독재에 반대하고 자유와 정의, 그리고 양심을 시키려는 모든 사람들은 지금도 부패 특권의 독재 정권에 대하여 치 떨리는 분노로 맞서고 있을 것이다.

나는 지난 2월 15일 무기수로서 출감할 때 분명히 약속한 바대로 내 생명이 붙어있는 한 끝까지 독재 정권에 대항하여 투쟁할 것이다.

위에서 나는 나의 반공법 위반 사건의 진상을 밝혔다. 나는 나를 기억하는 모든 이들이 위의 양심선언의 내용에 반하는 어떤 형태의 나에 대한 모략도 신뢰하지 않을 것을 확신하면서 밀폐된 방 속에서 나마 나의 평화를 누리고 있다.

나의 옥중 수첩에는 나의 위의 선언의 진실을 입증할 많은 기록들이 있고, 또 나로서는 옥중에서의 고통스럽던 시절에 밑바닥의 버림받은 이웃들과의 교우에서 얻은 귀중한 체험과 진실과 영감들이 그 수첩에는 기록되어 있다. 그 속에는 나의 것만이 아닌 우리 시대의 진실이 있다고 말하고 싶다. 그 4, 5권의 수첩들이 인멸되지 않도록 노력해 주기 바란다.

우리는 무엇 때문에 싸워왔는가? 인간을 위하여서이다. 자유롭고 해방된 인간, 신이 창조한 본래의 모습으로 회복하기 위하여서이다. 우리의 이 과제는 그 무엇보다도 우선하는 것이며, 잠시도 늦출 수도 멈출 수도 없는 것이다.

부패와 특권, 독재야말로 적화에의 황금교이다. 독재와 억압을 유지시키는 것은 안보가 아니다. 독재와 억압을 물리치고 자유와 민주주의를 지키는 일이 참다운 안보임을 직시하자. 자유와 민주주의를 잃고 나면 우리는 도대체 무엇을 지킬 것인가? 저 지루한 기아와 질병, 암흑과 모멸의 끝없는 굴레를 지키기 위하여 우리는 목숨을 걸어야 할 것인가? "아니다"라고 우리는 다 같이 말하자.

자유와 평화를 사랑하는 전 세계의 양심 있는 이웃들은 우리의 외롭고 고난에 찬 투쟁에 아낌없는 지원을 보낼 것이다. 이 시대에 가장 필요한 것은 진실, 그리고 그것을 사랑하기 때문에 당해야 하는 수난에 대한 정열이다. 인간의 자유와 해방을 위하여 온 민중이 애타게 기다리는 민주주의의 승리를 위하여 우리의 모든 것을 던지자고 말하고 싶다.

우리 모두의 건투를 위하여 나는 오늘도 기도하고 있다.

추신 : 나는 내가 체포될 때에 내가 살고 있던 시골집과 내 아들이 살고 있던 집이 시간을 같이하여 수색당하고 그 결과 나의 내밀한 사적 기록인 메모첩 4, 5권이 압수되었는 바, 그들이 나를 체포하고 집을 수색한 목적이 당초에 어디에 있었던가에 의문을 갖고 있다. 그들은 처음 "김대중씨 납치 사건의 진상을 시로 써 달라는 부탁을 받지 않았는가?" "원고는 어디에 있는가?"를 매우 신랄히 추궁했었으니까.

나는 지금 접견도, 통신도, 집필도 금지되고 운동과 기타 모든 권리가 제약된 채로 심지어 서적까지, 성경까지도 금지된 상태에서 1.27평의 어두움 속에 밀폐되어 있다. 이 어둠 속에서 나는 또한 끈질긴 추억의 유혹과 싸워야 하며 부단히 저 불길하고 잿빛뿐인 미래와 눈을 부릅뜨고 맞서고 있다.

이 고통만이 나를 적 앞에서 각성케 하고 잠들게 하지 않는다. 지금 내 마음은 물처럼 맑다. 다만 이 글이 나가 발표될 때에 연관된 선의의 사람들에게 가해질 그 쓰라린 피해만이 걱정이다. 벗들, 부디 그들의 고통에 관심을 기울여 달라! 나를 슬픈 눈빛으로 보지 말아다오. 우리는 곧 만나게 될 것이다.

1975년 5월 4일

나는 무죄이다*

　우선 장장 9개월 동안 수고해 주신 재판부의 노고에 대하여 치하의 말씀을 드리면서 아울러 끝까지 나의 최후 진술을 경청해 주시기를 부탁드립니다. 그리고 만난을 무릅쓰고 열과 성을 다해 변호해 주신 변호사 여러분께 감사와 눈물겨운 존경의 인사를 바칩니다. 그리고 이 사건을 국가를 위한다는 명분 아래 담당하여 끝까지 노심초사한 검찰관에게도 국민의 한 사람으로서 감사를 드립니다. 특히 징역 10년에 자격정지 10년의 구형은 나에게는 큰 영광입니다. 지금 살고 있는 종신형을 다 살다 죽고 나서 다시 부활해서 10년 징역을 더 살라는 뜻으로 알고 더욱 감사하게 생각합니다.
　본 진술에 들어가기 전에 현 정부의 주장과 태도에 대한 나의 소감을 밝히겠습니다.

　첫째, 현 정부는 애당초 인혁당 사건이 조작되었다는 나의 주장은 허위일 뿐만 아니라 내가 북한의 선전에 동조하는 것이라 하여 반공법 위반으로 구속했습니다. 그러나 그 뒤 검찰의 취조 과정에서는 작품 구상 메모만을 전면 확대하고 인혁당 사건에 관한 부분은 퇴화

---

*이 글은 1976년 12월 23일 오전 10시부터 밤 10시까지 약 12시간 계속된 재판에서 변호인단의 변론에 이어 약 3시간 15분에 걸쳐 피고 김지하가 최후 진술한 것을 요약 발췌한 것이다.

된 꼬리처럼 붙어 있기는 붙어 있으되 유죄인지 무죄인지 분명한 언급 없이 얼렁뚱땅 넘어갔습니다. 논고에서도 명확하고 합당한 증거나 논리의 제시 없이 형식적 거론만으로 넘어갔습니다. 죄가 있는지 없는지, 조작했다는 것인지 아닌지 나는 도무지 뭣이 어쨌다는 것인지 모르겠습니다.

    이와 관련해서 현 정부의 나에 대한 태도에도 많은 문제점이 있습니다. 베트남 사태 이전과 이후, 「양심선언」 발효 이전과 이후, 3.1 민주구국선언 사건 이전과 이후에 각각 나를 대하는 태도가 판이합니다. 대법원 판결(1975년 4월 8일)이 끝나자마자 재심 청구의 기회도 허용되지 않은 채 24시간 이내에 처형해 버릴 정도의 중대한 국사범인 인혁당 인사들을 무죄라 하여 구명에 나섰던 김지하라면 엄청난 중죄인임에 분명합니다. 또 검사의 주장과 같이 내가 10년에 걸쳐서 골수 깊이 공산주의 사상을 가지고 있는 반국가 분자라면 더더욱 중죄인입니다. 이름은 밝히지 않겠지만, 중앙정보부의 고급 요원 둘이 나에게 와서 베트남 사태 이전에는 "당신의 석방 여부는 당신의 태도 여하에 달려 있으니 협조적으로 나올 수 없느냐"고 했고, 「양심선언」 직후에는 와서 "장관 될 의사가 없느냐, 고집만 부리지 말고 협조적으로 나오면 빛도 보고 출세도 할 텐데 무엇 때문에 모두가 손을 들고 있는 판에 당신만 끝까지 버티고 있느냐"고 했고, 명동 사건 직전에는 "그만큼 고생을 했으니 이제는 가슴을 탁 열어 놓고 허심탄회하게 얘기를 해서 고집 그만 부리고 나가야 될 것이 아니냐"고 했습니다. 나는 "안 나간다"고 했습니다. 현 정권 마음대로 휘두르는 꼬락서니 보기 싫어서 안 나간다고 그랬습니다. 10년이고 20년이고 징역 살겠다고 했습니다.

    나는 징역 살 각오는 돼 있습니다. 그런데 문제는 그러한 중죄수인 내가 장관도 되고 말만 잘하면 석방도 될 수 있다는 그 점입니다. 도대체 내가 죄가 있다는 것인지 아닌지, 또 공산주의자라는 것인지 아닌지, 인혁당이라는 것이 존재했던 것인지 아닌지, 인혁당을 조작을 한 것인지 아닌지, 종잡을 수가 없습니다. 나의 발언이 그만큼 중죄라면 국가 공권력은 처음부터 끝까지 분명하고 투명한 태도를 취했어야 합니다. 그런데 그들의 태도가 이토록 불투명하다면 국민 된 사람으로서 한심하다고 할 수밖에 없는 일입니다.

둘째, 현 정부는 내가 가난한 환경에서 태어나 가난뱅이로 자라나, 바로 가난뱅이이기 때문에 생리적으로 부자와 자본주의를 증오하는 악랄한 공산주의자가 됐다고 합니다. 1964년 한일회담 반대 시위로 법정에 선 이래, 수차에 걸쳐 현 정부는 상투적으로 정부 비판의 동기를 가난뱅이이기 때문이라고 말하고 있습니다. 이 나라는 절대 다수가, 국민의 8할 이상이 가난한 민중입니다. 가난한 8할의 민중을 가난하다는 이유 하나만으로 가상적(假想敵), 즉 공산주의 우범으로 몰아세우는 정부라면 이것을 어떻게 국민의 정부라고 할 수 있겠습니까? 더욱이 국민의 절대 다수를 가난하게 만들며 특권 부패를 조장한 것은 누구입니까? 나는 가난한 민중 속에서 태어난 가난뱅이라는 것에 자부심을 갖고 있습니다. 나는 그들을 위하여 끝까지 **투쟁할 것입니다**. 무엇이 어쨌다는 겁니까?

셋째, 나는 시인입니다. 시인이라는 것은 본래부터 가난한 이웃들의 저주받은 생(生)의 한복판에 서서 그들과 똑같이 고통받고 신음하며 또 그것을 표현하고, 그 고통과 신음의 원인들을 찾아 방황하고, 그 고통을 없애며 미래의 축복받은 아름다운 세계를 꿈꾸고, 그

꿈의 열매를 가난한 이웃들에게 선사함으로써 가난한 이웃들을 희망과 결합시켜 주는 사람입니다. 그렇기 때문에 우리는 참된 시인을 민중의 꽃이라고 부르는 것입니다. 만약에 시인이 혁명을 선택했다면 그것은 그가 사랑하는 가난한 이웃들에게 꿈을 주기 위해서이며, 때문에 그 혁명은 이 세상에서 전혀 새로운 창조적인 혁명에 대한 몽상의 단계일 수밖에 없습니다. 그러므로 시인이 꿈꾸는 혁명적 사상의 몽상에 대해서 판단하려면, 때 묻은 이데올로기의 논리나 형식적인 법정 논리에 의해서가 아니라 시인의 상상력의 자율적인 운동 법칙과 직결시켜서 이해하지 않으면 안 됩니다. 소련 당국의 박해 아래 자살한 시인 예세닌은 일찍이 "나는 오늘『자본론』에서 시인에겐 시인의 법칙이 있다는 것을 읽는다"고 쓴 적이 있습니다. 마르크스조차도 시인에겐 시인 나름의 내밀하고도 오묘한 상상력과 자율적인 운동 법칙이 따로 있다는 것을 인정했다는 것입니다. 예세닌은 여기서 소련 당국이 이데올로기의 논리로 시인의 상상력을 찢어 발기고 짓밟고 있다는 것을 지적한 것입니다. 이데올로기의 논리는 끝내 시인의 자유를 짓밟았고 그래서 그는 절망했고 그래서 그는 자살했습니다. 소련 당국의 이같은 이데올로기의 논리로부터 시인의 자유와 상상력의 자율성을 포함한 시민적 자유를 보위하기 위하여, 즉 자유라는 이름의 대의명분으로밖에는 그 입법 취지를 결코 구할 길이 없는 바로 그 반공법을 가지고 현 정부는 이제 소련 당국처럼 때 묻고 둔탁한 상투적인 논리의 강철로 시인의 상상력을 탄압하려 하고 있습니다. 만약 이런 행위가 용납된다면, 현 정부가 예세닌을 죽인 소련 공산주의자들보다 나은 것이 도대체 무엇입니까?

저들이 나에게 가한 박해는 비단 이뿐이 아닙니다. 그들은 나를 특수 감시 상태 속에 집어넣고, 접견·통신·독서·운동·세면 일체를 금지한 위에 심지어 6개월 이상이나 일체의 물품 구매마저 금지시켰습니다. 하루 밥 세 끼밖에는 주지 않았습니다. 말하고 싶지는 않지만 휴지 구매마저도 금지했습니다. 밥을 먹으면 배설을 해야되고 배설을 하려면 휴지가 필요한데 손가락으로 닦으라는 얘기입니까? 현 정부의 소아병적인 정치이기주의에 의해서 반공법은 반공법 자체를 만들어낸 자유라는 이름의 기본 국가 이념에 정면으로 도전하는 반란을 일으키고 있는 것입니다.

넷째, 현 정부는 '악랄하고 극악무도하고 교활무쌍하다'는 형용사까지 붙여가면서 내가 마르크스-레닌주의자이고 모택동주의자라고 계속 주장하고 있습니다. 나의 메모 속에는 분명히 내 자신이 창조적 사상을 찾아 헤매고 있는 의지가 나타나 있습니다. 즉, 이 민족의 정신적 전통이라는 토대와 하느님의 보편 진리를 결합, 어떻게 하면 이 민족이 이토록 복잡다난한 난국을 뚫고 활로를 개척해 나갈 수 있겠는가 하는 고뇌에 찬 새 사상의 창조의지가 도처에 나타나 있는 것입니다. 분명히 말하거니와 '나는 나'입니다. 나는 대한민국 국민 김지하라는 사실에 대해서 높은 자부심을 가지고 있습니다. 나는 이 나라가 허리가 동강나고 가난하고 초라하기 때문에 더욱더 사랑하고, 그러기에 내가 이 나라 국민임을 짙은 열정으로 확인하고 있습니다. 나는 이 곳밖에는 살 데가 없습니다. 내가 쓰는 시도 모국어로밖에는 표현될 수 없는 예술 장르입니다. 나의 모든 상상력과 아름다운 언어의 영상들과 창조적인 생각들의 모든 오묘한 색깔들이 태어난 고장도 바로 이 땅이올시다. 내 태가 묻힌 곳입니다. 나는 가장 짙은 어둠 속에 비치는 빛이 가장 강렬하다는 것을 나의 신념으로 삼고 있습니다. 수첩에 적혀 있고, 「양심선언」에 표현되어 있듯이, 이 법정에서 진술한 모든 것은 어둠 속에서 빛을 찾아 헤매는 구도자의 기록이라고 감히 말할 수 있습니다.

 빛을 찾아 헤매는 과정에서 모택동도, 마르크스도 볼 수 있습니다. 우리는 보다 더 대담해야 합니다. 우리는 보다 더 거대한 위장을 가져야만 합니다. 마르크스면 어떻고 모택동이면 어떻습니까? 거기에 뭔가 부분이나마 경청할 만한 것이 있길래 야단법석들 떠는 것 아니겠습니까? 그들의 사상에 - 물론 비판을 거쳐서입니다만 - 만약 긍정할 만한 것이 있다면 꿀꺽 삼켜서 내 것으로, 우리 사상 체계 속에 체단백동화(體蛋白同化)를 시켜버려야 한다는 것이 내 생각입니다. 그 정도의 배포 없이는 민족통일의 이니셔티브를 결코 우리가 잡을 수는 없습니다. 우리의 조국이, 우리의 민족이 안고 있는 이 비극을 극복하기 위해서는 우리는 대승(大乘)적이고, 크고 넓게 보고, 또 대범해야 됩니다. 메모의 기록이란 그런 점에서 사상 창조를 위한 몸부림인 것입니다. 따라서 나의 메모는 기성의 논리, 이 세상에서 통용되고 있는 논리적인 용어로서는 정립할 수가 없습니다. 그러나 현 정부가 나를 공산주의자로 낙인찍으려 하기 때문에 어쩔 수 없이 법정에서 논리화시켜야 되는 고충이 뒤따르고 있습니다.

 이제 나는 나의 메모 기록에 나타난 사상에 대하여 또 말하지 않을 수 없습니다. 첫째,「말뚝」의 메모에 나타난 사상은 국민 민주혁명 사상이올시다. 검찰의 주장을 입증할 만한 증거는 메모첩 어디에서도 찾을 수 없습니다. 메모에는 유물(唯物)주의적 가치관은 어디에도 없습니다. 오히려 비나리, 즉 기도 형식으로 시작해서 기도 형식으로 끝나고 있고, 중요한 장면 전환 부분마다 집단적인 기도 형식이 강조되어 있습니다. 둘째, 이것이 마르크스주의 혁명이 되기 위해서는 프롤레타리아 독재가 상당한 강조점이 되어야 하는데, 전혀 그렇질 않습니다. 산업 노동자가 아니라 날품팔이 등 룸펜 프롤레타리아가 주역입니다. 또 원수와 원수 사이의 친교를 의미하는 코이노니아, 즉 기독교적 세계관이 핵심 진리로서 표현되어 있습니다. 셋째, 이것이 마르크스주의 혁명이 되려면 폭력 혁명이어야 합니다. 그러나 메모첩에는 분명히 말뚝이가 잡아먹히면서도 익살스럽게 재기하여 저항하는 등, 비폭력적인 행동이 강조되어 있습니다. 그리고 어디에도 타도나 폭력 따위의 언어는 없습니다.

국민 민주혁명에 대하여

내가 얘기하는 국민 민주혁명은 제3세계에 주어지고 있는 특징적 현실과도 관련됩니다. 제3세계에 있어서 민중들의 저항이라는 것은 바로 민주·민족·민생이라는 내용으로 전개되고 있습니다. 우리 현실의 경우 요청되는 혁명은 역시 국민 민주혁명입니다. 나는 이 과정에서 기독교의 사회혁명 사상과 인간해방 사상을 동학 농민운동 등 민중 전통과의 관련 속에서 토착화시키는 방향을 시도해 본 것입니다. 국민 민주혁명의 대상이 되는 현 정권에 대하여 말합시다. 메모첩 자체에 의해서도 내가 추구하는 혁명이 국민 민주혁명이라는 것은 명백하고 또 그 대상은 현 정권이라는 것도 명백합니다. 현 정권은 그 자신이 독재 권력이요, 외세의 앞잡이요, 착취 자본가입니다. 그렇기 때문에 민주·민족·민생을 주 내용으로 하는 국민 민주혁명의 대상이 됩니다. 나는 현 정권을 부르주아라고 썼습니다. 그리고 현 정권을 독재 권력, 착취 자본가, 외세의 앞잡이라고 분명히 표시해 놓았습니다. 국민 민주혁명의 3대 테제인 민주·민족·민생에 대한 3대 적대 요소는 그 자신이 독재 권력이며 착취 자본가이며 외세의 앞잡이인 현 정권일 수밖에 없는 것입니다. 도대체 지금 이 사회에서 돈 쥔 놈이 칼 쥔 놈이요, 칼 쥔 놈이 돈 쥔 놈이라는 명백한 사실을 모른다면, 그런 사람을 간첩으로 신고해도 결코 틀리지 않을 것입니다.

천주교에서도 강조하고 있는 기본 생존권 보장 운동을 설사 부분적인 계급투쟁으로 볼 수 있을지 모릅니다. 그러나 전면적인 계급투쟁과는 무관합니다. 우리의 민중 전통으로 보아서, 또 현재의 여건으로 보아서 국민 민주혁명의 가능성은 충만해 있습니다. 그것에 대한 질곡이 바로 현 정권입니다. 현 정권이 무너지면 혼란이 온다, 대체 세력이 없다고 말하는 사람이 있지만, 천만의 말씀입니다.

5.16쿠데타 이후 오늘날까지 15년에 걸쳐서 반독재·민주화 운동이 줄기차게 이어져 왔고, 수천의 선언문이 나왔습니다. 나는 그들 선언문 가운데는 어느 나라 혁명사에서도 볼 수 없는 엄청나게 심오하고 새로운 형태의 민주주의 혁명 매너와, 엄청나게 높은 영원하고 보편적인 이상과, 엄청나게 광활한 혁명에 의해서 이루어질 미래의 꿈이 보이고 있다고 확신합니다. 많은 청년·학생·지식인·종교인 등 민중운동의 지도자들이 투옥되고, 그 혹독한 고문 아래서 얻어터지면서도 자기들의 신념을 굽히지 않았습니다. 그 과정에서 자기의 개체적인 인식과 민족의 전체적인 인식을 결합시키는 내적·외적인 통일적인 생의 방향을 결단해 왔습니다. 국민 민주혁명의 잠재적인 간부가 이 사회에는 꽉 들어차 있는 것입니다. 그들은 지금도 '기다리는 칼'로 존재하고 있습니다. 더욱이 국민 민주혁명을 정치적 차원에서뿐 아니라 인간의 영구 보편적인 소망과 관련시킬 수 있는 근거라 할 수 있는 종교 역량이 우리와 합류하고 있습니다. 신부와 목사는 국민 민주혁명의 명실상부한 지도자로 되고 있습니다.

우리에게는 이와 같이 국민 민주혁명을 위한 모든 전반적인 조건이 갖추어져 있는 것입니다. 국민 민주혁명은 반드시 승리할 것이며 3대 테제는 또한 반드시 성취될 것입니다. 따라서 3대 적대 요소의 집적인 현 정권은 반드시 망할 것입니다. 나는 그것을 확신합니다. 물론 국민 민주혁명의 동력은 연합된 민중의 힘입니다. 따라서 연합된 민중에는 노동자·농민뿐만 아니라 각계각층의 소시민·학생·지식인·소상인·기업가 등이 참여하여야 합니다.

메모에도 그렇게 표시되어 있지만, 「말뚝」과 「장일담」에 나타나는 혁명은 두 개가 아니라 하나입니다. 나는 메모에서 연합된 민중의 정치 형식을 '전선'이라고 부르고 있는데, 이것이 공산주의에서 말하는 통일전선이냐 하면 그렇지 않습니다. 즉, 공산당을 이미 전제해 두고 그 당의 전위노릇을 하는 껍데기로서의 통일전선이 아니라, 전위당이 존재하지 않는 조건 아래서 민중 전체의 정치적 지도부로서, 그 자체 하나뿐인 지도부로서 나는 '전선'이라는 말을 썼습니다. 즉, 국민 민주혁명의 보편적인 정치 지도부로서 당 기능을 가진 전선인 것입니다. 알제리의 '민족해방전선당'과 같은 '전선당'을 말하는 것이지 공산주의자들의 외곽 조직으로서의 인민전선 따위와는 무관합니다.

다음, 국민 민주혁명의 주력으로서의 천민, 그 말썽 많은 룸펜 프롤레타리아에 대하여 말하겠습니다. 나는 우리나라에 있어서 나타나야 할 국민 민주혁명이 지닌 독특한 성격, 즉 제3세계적 현실 일반과의 깊은 연관 속에서 나타나는 그 특수한 성격 때문에 특수한 주체 세력이 등장해야 된다고 생각해 왔습니다. 그리고 우리들의 국민 민주혁명이 기독교의 보편 진리를 배경으로 하게끔 하자는 나의 희망에 따라, 나는 기독교의 복음 사상과 일치되는 주체가 나타나야 된다고 생각해 왔습니다. 따라서 나는 버림받은 형제가 주체가 되어야 한다고 생각하게 된 것입니다. 이 밖에도 나는 국민 민주혁명의 대상이 현 정권인 한, 그에 대치할 수 있는 세력을 설정함에 있어서도 이들이 가장 바람직하다고 생각했습니다. 현 정부는 우리나라 역사상 유례없는 교활무쌍한 전술 집단입니다. 정치·경제·사회·문화의 모든 정보와 온갖 기구들과 갖은 현실적인 유통 가치를 독점한 위에, 중앙정보부 등의 정보 통치 조직을 갖추고 있으며, 뿐만 아니라 북으로부터의 군사적 위협이라는 위기의식을 활용할 수 있는 정권 유지의 명분이 있습니다.

거기다 외국에 나가 학위를 얻어가지고 청와대로 직행하는 자들이 날로 늘어가고 있습니다. 이들의 교활한 지혜가 현 정권을 위해 동원되고 있습니다. 이러한 정권에 대항함에 있어 나 같은 백수건달 가지고는 안 됩니다. 조직적으로 탄압하면 할수록 오히려 탄압 그 자체로 말미암아 오히려 스스로가 인간임을 확인할 수 있는 저들, 실제로 현 정권에 의하여 희생·유린된 창녀와 갈보와 전과자와 버림받은 자들만이 현 정권과 끝까지 대결할 수 있을 것이라고 생각하게 된 것입니다. 우리나라와 제3세계의 현실 일반에서의 전체 민중의 가열한 인륜 상실의 모습은 한마디로 뿌리 뽑히고 저주받은 자의 모습인 바, 이들 밑바닥 인간들은 전체 민중의 인륜 상실 상태의 상징, 피압박 상황의 전형이기 때문입니다. 이들의 가슴속에 쌓인 한(恨), 세상으로부터 소외되었기 때문에 축적된 그 한, 이 한의 엄청난 자기 운동에 의해서만 현 정권과의 대결이 가능하다고 본 것입니다. 나 같은 인텔리나 종교인들 또한 현 정부가 자비(?)로워서 그렇지, 현 정권이 계속 몰아붙인다면 전부 손들게 될지 모르는 것입니다. 그러므로 내가 그들을 주력 또는 주인공으로 본 것은 이와 같은 이유에서였습니다.

우리 민중은 노동자든 농민이든 현 정권의 매판·독재·착취와 분단 및 농촌공동체의 해체와 도농 격차로 인해 모두 뿌리 뽑힌 '부평초'와 같은 일반적 유민 상태에 있습니다. 그러나 여기에는 조건이 있습니다. 이들이 각성하고 이들이 혁명적으로 진출하게 되면 그들이 사용할 수 있는 것은 폭력이 될 것입니다. 그들의 각성도가 높으면 높을수록 그 폭력의 광폭성도 가열해 갈 것입니다. 그 폭력이 방치되어서는 안 됩니다. 그 자제력으로서 나는 기독교의 비폭력적 복음을 설정한 것입니다. 이것은 예수의 출생과 성장, 그리고 복음의 선포와 죽음의 과정에서 터득한 것입니다. 이로써 그들은 놀라운 변화를 일으켜 그 한이 크리스천의 자기희생 정신 및 비폭력 정신과 결합, 숭고한 혁명적 정열로 전환할 것이며, 그 결과 그리스도의 축복을 받는 국민 민주혁명이 결실될 수 있으리라고 믿고 있습니다.

국민 민주혁명의 투쟁 방식으로서 폭력, 비폭력의 통일에 관하여 말하겠습니다. 나는 폭력과 비폭력은 하나로 이루어진 신비스러운 기독교적인 독특한 사회행동 형식이라고 봅니다. 인체로 볼 때 한방에서는 횡격막 이하는 불의 성질을 가지고 있고 횡격막 이상은 물의 성질을 가지고 있는 것으로 보고, 하체는 불꽃처럼 원시적인 생명력으로 끊임없이 타올라야 하고 상체는 물 같은 성질로서 차게 내리누르고 맑아야만 병이 안 난다고 합니다. 즉 밑에서 위로 타오르는 불의 성질과 그것을 자제하여 밑으로 내리누르는 물의 성질이 합해져서 교묘한 조화가 이루어졌을 때 원만한 생명 현상이 일어나는 것입니다. 폭력·비폭력의 통일 문제도 마찬가지입니다. 석탄을 태우는 불꽃이 기관차를 움직이는 것이 아니라, 석탄을 태워서 끓는 물에서 나오는 증기가 기관차를 움직입니다.

기관차의 원리와 폭력-비폭력의 통일 관계는 똑같습니다. 「누가복음」 22장에 보면 죽음이 다가오자 예수는 제자들의 겉옷을 팔아서 도검을 준비하라고 합니다. 두 자루의 칼을 제자들이 가지고 오자 예수는 그것으로 족하다고 말합니다. 예수는 다가오는 폭력에 대하여 인간성을 방어하기 위한 저항적 폭력의 불가피성을 인정하고 있습니다. 그러나 예수는 그 뒤에 끝없이 깨쳐서 시험에 들지 않도록 기도하라고 당부합니다. 예수는 겟세마네 동산에서의 필사적인 기도 끝에 저항적인 폭력의 불가피성의 순환 고리마저 끊고 일어납니다. 그래서 그는 "검을 가진 자는 검으로 망한다"는 말을 남겼습니다. 그리하여 그는 앞으로 종말이 올 때까지 보편적인 인간 전체를 각성시키고 구원하는 가장 원천적인 비폭력 행동의 모범을 창조하였던 것입니다.

나는 모택동주의자인가

검찰은 내가 수첩 속에 모택동의 모순의 법칙을 적용해 보겠다는 명백한 의사 표시를 하고 있는 것으로 보아 내가 모택동주의자라고 주장하고 있습니다. 먼저 말하고 싶은 것은, 검사는 모순 법칙이 마치 모택동의 창조물인 것처럼 착각했거나 아니면 억지를 쓰고 있다는 사실입니다. 그러나 천만의 말씀입니다. 모순, 모순의 대립, 대립의 통일, 모순의 전화, 모순법칙이라는 것 몽땅은 하느님이 태초에 천지를 창조할 때부터 나타난 하느님 자신의 진리입니다. 창세기 1장에 하느님 자신이 태초에 어두움과 빛을 둘로 나누어 하나는 밤이라 칭하고 하나는 아침이라고 칭해서 아침이 저녁으로 되니 첫날이었다고 되어 있습니다. 이것이 모순과 모순의 전화입니다. 아리스토텔레스는 모순, 모순의 전화와 대립, 대립의 통일 등을 명백히 논리화했습니다. 세계 4성의 가르침은 거의 모순에서 시작해서 모순으로 끝납니다. 또 모순 법칙 가운데에도 변증법과 안티노미아[二律背反]가 있습니다. 나의 메모첩에는 안티노미아가 많이 기록되어 있습니다. 이러한 것은 상식에 속합니다. 그런데 검찰은 이러한 상식마저도 무시한 채 억지로 나를 옭아매려 하고 있습니다만, 무리올시다.

내가 메모에서 모택동의 모순 법칙을 부분적으로, 방법론적인 문제에서 적용해 보려 한 것은 사실입니다. 예컨대 서학[天主敎]의 토착화 문제 등이 그것입니다. 모택동은 서양의 산물인 마르크스주의를 수천 년의 이질적인 문화 전통을 가진 중국, 수억 민중의 역사·사회적인 복잡한 조건, 그 특수한 정형 속에서 토착화하려고 했습니다. 마찬가지로 나는 작품 메모에서 천주교를 한국과 같은 또 다른 복잡성·특수성을 가진 민중 생존과 역사적 조건 속에 토착화하는 데서 반드시 한 번은 참고해야 할 경험이라 생각했던 것입니다. 다만 이것은 방법론적인 문제에서 통일성과 투쟁성, 모순의 전화 등등의 구조와 동양 문화, 특히 민중적 세계관과의 관계에서 여하히 가톨릭과 불교·유교·노장·역 철학의 종합에 창조적 암시를 던져 줄 것인가에 대한 관심의 표현일 뿐입니다.

그러나 증거물로 제출된 문제의 노트를 읽어 보면 알 수 있는 바와 같이 모택동은 모순의 통일성과 투쟁성의 법칙을 해석함에 있어 투쟁성의 우위를 인정하면서 그것을 절대적·항구적·본질적인 것으로 평가하고 있습니다. 그에 대하여 통일성이란 종속적, 상대적, 잠정적, 비본질적인 것으로 평가하고 있습니다. 모택동은 국공합작이라든가 하는 전술 면에서의 통일성은 잠정적인 것으로 보고 투쟁성을 본질적인 것으로 보고 있습니다. 즉 투쟁은 영구하고 통일은 일시적이라는 것이 주장의 핵심입니다. 이와 같은 잠정적인 통일성의 원리를 가지고 내가 메모에서 기록한 바와 같은 '지상과 천상의 통일', '빵과 자유의 통일', '밑바닥과 하늘의 통일', '마르크시즘과 가톨릭시즘의 통일'을 설명 할 수 있다고 본다면 그렇게 하려는 놈이 바로 미친놈입니다.

나의 메모첩에 나타난 기록은 명백히 모순의 투쟁성보다는 통일성을 강조하고 있고 통일을 영구한 것으로 보고 있습니다. 내가 말하는 통일성은 기독교적 정신에 입각한 것입니다. 즉 그리스도가 우리에게 가르친 것은 사랑이요, 친교요, 통일입니다. 통일로 가는 길에서 우리는 투쟁을 선택해야 될 때도 있습니다. 그러나 그 선택은 눈물을 흘리며 슬픈 마음으로 선택하는 것입니다. 투쟁을 선택하는 쪽에서 보면 어쨌든 그것은 비극입니다. 그렇지만 그것은 친교의 사회 건설을 위하여 불가피한 도정입니다. 친교란 극대된 사랑의 가장 극치된 사회적 형태입니다. 또 통일의 가장 적극적인 사회적인 형식입니다. 「장일담」의 시작 구상 역시 철저히 통일을 위한 투쟁입니다. 나는 친교를 최고의 가치로서, 또 통일의 완전한 형식으로서 메모 속에 강조한 바 있거니와 특히 「벗에게 보내는 편지」 속에서 나의 통일과 친교에 대한 상념을 적나라하게 숨김없이 적어 놓았던 것으로 기억합니다.

통일 투쟁은 곧 천주 투쟁이다

통일 투쟁은 곧 천주 투쟁입니다. 천주, 즉 하느님은 만유 위에 계시며 또한 만유 가운데 계시고, 그 속에서 만유를 통일합니다. 십자가는 통일 투쟁의 상징입니다. 기독교의 핵심 원리인 통일은 행인지 불행인지, 우리나라의 우리 세대가 걸머진 민족통일이라는 절대 지상 과제와 일치합니다. 우리 민족과 민중 개개인 전체가 당하고 있는 슬픔과 고통은 결국 통일이 아닌 분단·적대·전쟁·소외, 상호 불신 등 분열로부터 초래되고 있습니다. 이것을 극복할 수 있는 것은 통일뿐이요, 친교뿐이요, 사랑과 화해와 사랑에 입각한 개혁적인 평등의 실현뿐입니다. 그만큼 통일은 우리에게 중요하고, 그만큼 시대정신으로서 압도하고, 그만큼 통일 투쟁은 우리에게 주어진 절대 명령입니다.

현실과 관련하여 통일 투쟁으로서의 천주 투쟁을 해명하겠습니다. 첫째, 장기적인 분단과 적대로 화해와 친교의 가능성이 전혀 주어지지 않은 채 분열이 지속됨에 따라 이 사회에는 양도론(兩道論, 결정론, 흑백논리만이 지배하게 되었습니다. 죽일 놈 아니면 살릴 놈이고, 빨갱이 아니면 파랭이[靑]입니다. 이러한 양도론이 우리 생활 전체와 가치 체계와 우리의 정신 내부까지도 지배하고 있습니다. 이것이 모든 고통의 장본인입니다. 나는 이러한 속에서 소외를 극복하고 그리스도를 통해서 참된 삶을 회복할 수 있는 통일 환각과 그 통일 환각을 현실로 바꿀 수 있는 정신적 각성 운동이 일어나야 된다고 봅니다. 즉 소외나 회의의 끝없는 유혹과 대결하는 정신문화 운동과 복음 선포 운동이 일어나야 되는 것입니다. 그리스도를 중심으로 한 소외 극복, 찢어진 생존의 통일, 전인적인 인간의 통일을 위한 정신 혁명이 일어나야 합니다. 바로 이것이 시천주(侍天主)입니다. 둘째, 개인과 개인, 집단과 집단, 계층과 계층 사이에 압박과 착취와 상호불신이 우리 사회에 가득 차 있습니다. 이것은 일종의 정신 병리이며 또한 분열입니다. 이러한 질서를 웅변적으로 압축하는 것이 바로 현 정권입니다. 인간이 인간을 철저히 사랑할 수 있기 위해, 인간에 대한 인간의 정열을 불태울 수 있는 사랑과 친교의 사회를 건설하기 위해서는 결국 압박과 착취, 독재와 독점의 전형인 현 정권과의 대결이 불가피합니다. 즉 독재 권력과 국민 전체 사이에 화기어린 친교와 협동적 공동체를 실현시키기 위해서는 반독재 투쟁이 불가피하게 되는 것입니다. 이것도 민주적 권익 운동, 교회의 쇄신 운동을 수반해야 합니다. 즉 전 국민적 정치적 통일 운동이 일어나야 합니다. 이것의 첫 관문은 그것을 장애하고 있는 현 독재 정권과의 철저한 정치 투쟁이 선행되지 않으면 안 된다는 것입니다. 이것이 바로 양천주(養天主)입니다.

셋째, 민족통일은 우리 민족과 우리 세대에게 주어진 절대 과제요 지상 명령입니다. 나는 통일을 단순한 명분으로서가 아니라 현실론으로서도 불가피하다고 생각합니다. 이념이나 제도 또는 사상 문제 하나 때문에 이 과제를 외면하려 한다면 그것은 민족 반역 행위입니다. 통일을 저해하고 있는 세력은 분단 고정과 분단 영구화를 획책하고 있는 기성 독재 권력과 해외의 신식민주의 세력입니다. 이러한 것들에 대하여 민족 전체가 부딪쳐 싸우지 않으면 안 됩니다. 남북의 기성 독재 권력들은 서로 타방에 대한 끊임없는 적대를 획책함으로 해서 버티고 있습니다. 즉 그들은 민중의 요구와 민중의 인간으로서의 요구를 묵살하고 억압하고 모든 사회 경제 체제를 분열과 적대와 그것을 위한 군비 경쟁에 치중해 왔습니다. 그리고 바로 그러한 적대 정책에서 자기들의 기성 독재 권력의 정권 연장의 명분을 찾아왔습니다. 따라서 반도에는 논리적으로 네 개의 세력이 존재하는 셈입니다. 두 개의 기성 독재 권력과 두 개의 민중적인 안티테제가 그것입니다. 이 두 개의 기성 독재 권력의 본질은 적대요, 분열이요, 겨울이요, 모순입니다. 여기에 저항하는 두 개의 민중적 안티테제는 그 본질이 통일이요, 친교요, 자유요, 민주화요, 봄[春]입니다.

일견 독재 권력은 강력한 집단으로 보입니다만, 그들은 내부적으로 부패하고 모순되고, 자기 분열적이고, 반사회적이고, 반역사적입니다. 일견 민중적 안티테제는 조잡하고 연약해 보입니다만, 그 내부에 끓는 불은 진리 그 자체요, 통일이요, 사랑이요, 정의 그 자체입니다. 따라서 합법칙적인 역사 발전에 따라 안티테제는 기성 권력의 압제를 물리치고 자기의 본질을 이 땅에 행사하기 시작할 것이 명백합니다. 기성 권력이 살아 나갈 길은 오직 하나, 즉 굴복입니다.

나는 북쪽에서보다는 남쪽에서 먼저 민중적 안티테제의 승리가 오리라고 확신하고 있습니다. 이것은 길고 긴 반독재 투쟁 과정에서 탄생된 새로운 청춘의 민주·민족·민생의 전위 정치부대를 중심으로 조직화된 전 국민의 새롭고 자발적인 집단적인 열정의 폭발로서 이루어질 것입니다. 이것이 이 나라에 찾아오는 또 하나의 '아테네의 봄'입니다. 이 아테네의 봄날의 압력에 따라 분단된 북쪽에서도 서서히 자기 나름의 변화를 시작할 것이라는 것을 나는 감히 말할 수 있습니다. 바로 이것이 반도의 북쪽에 찾아오는 '프라하의 봄'입니다. 바로 이와 같은 두 개의 봄, 아테네의 봄과 프라하의 봄은 반드시 반도를 찾을 것입니다. 이것이 법칙입니다. 하느님 역사의 숨결입니다. 그리고 이 봄은 서서히 두 개의 봄을 하나의 봄으로 결합하기 위한 준비를 할 것입니다. 그 중심 세력은 남과 북의 청춘 집단이어야 합니다. 그러나 두 개의 봄은 각기 체제 내 혁명일 뿐입니다.

이것은 점차 반도 전체의 봄의 서곡을 연주하기 시작할 것이며, 그 속에서 하나의 나무로 급속히 성장할 것입니다. 그리고 그것은 반도 주변 정세의 해빙 추세와도 직결되어 반도 전체에 휘황찬란한 '대지의 봄'을 가져올 것입니다. 비무장 지대에서 지뢰가 철수되고 무기는 농기구로 바뀔 것입니다. 비무장 지대에는 지뢰 대신 꽃과 사슴과 노루와 다람쥐와 더불어 남북 청년 공동체가 창설될 것입니다. 여기서는 밤새도록 친교와 통일이 토론됩니다. 여기서의 새로운 통일 모범은 민족 공동체의 새로운 핵으로서 통일 생활의 규범이 되고 새로운 통일 정신의 출현을 앞당깁니다. 이와 같이 해서 참으로 휘황찬란한 '대지의 봄'이 시작되는 것이며, 이것은 모든 것을 통일하는 하느님의 역사가 반도 전체에 미치는 것을 의미합니다. 이것이 '행천주(行天主)' 입니다.

넷째, 우리의 반도는 얄타의 역사적 산물, 제국주의 열강에 의한 세계 분할의 비극적 상징입니다. 따라서 반도 내부에서 적대와 분단과 분열과 싸우는 통일을 위한 투쟁은 이 나라 이 민족에 국한된 것만이 아닙니다. 한반도는 동서의 양 이데올로기의 대립과 적대 사이에 끼어서 그 적대를 극복하기 위해 노력하는 제3세계 민중의 새로운 역사적 과제를 상징적으로 압축하고 있습니다. 그러므로 우리는 그 적대를 극복하는 과정에서 제3세계 민중과 철저히 연대하여야 합니다. 따라서 제3세계의 민중은 자신들을 해방할 뿐만 아니라 그것을 둘러싸고 있는 동서양 이데올로기의 껍질도 깨야 합니다. 마치 중국의 개벽 설화에 나오는 반고처럼 빡빡한 세계 달걀 속에 갇힌 채 노른자와 흰자 사이에 끼어 양쪽으로부터 영양을 흡수하며 성장한 씨눈이 드디어 병아리가 되어 노른자와 흰자의 공간을 다 같이 밀어

제침으로써 딱딱한 세계 달걀의 감금을 부수고 창조적 통일과 살아 생동하는 해방을 성취하는 것과 똑같습니다.

제3세계의 이 같은 세계사적 운명과 형편은 우리 민족의 운명과 형편 속에 웅변적으로 압축되어 나타납니다. 우리는 강대국 패권에 의해 강요된 두 개의 서양 이데올로기를 밀어제침으로써 제3세계 민중과 함께 달걀껍질을 깨뜨려 버려야 합니다. 그리하여 이 세계를 사랑과 친교의 참된 통일 세계로 창조하고 해방해 나가야 할 것입니다. 이와 같은 상태에 도달하면, 성경에서 말하는 "칼을 쳐서 낫을 만들고, 창을 쳐서 보습을 만들고, 이리와 양이, 사자와 소가 독사와 어린이가 함께 노는", 눈물과 통곡과 압박과 착취가 없는 새 땅, 새 하늘이 열리게 될 것입니다. 이것이 '생천주(生天主)'입니다.

이것을 나는 통일에의 환각이라고 부릅니다만, 나는 통일 투쟁이 종국적으로 승리한다는 확신을 갖고 있습니다. 이 통일 환각이야말로 우리 민족 전체가 분열과 분단, 그리고 소외와 양극화의 고통으로부터 벗어나게 하는 하느님의 선물이요, 계시요, 복음이요, 생의 활로라고 믿고 있습니다. 이것을 실현하는 데 있어서는 우리들의 피가 요구됩니다. 그 피는 현 정권과의 투쟁에서 불가피합니다. 현 정권은 그 자신이 독재 권력이요, 착취 자본가요, 친일파 집단이기 때문에 통일에 반대됩니다. 현 정권의 제거 없이는 통일은 불가능합니다. 이 섬은 아무리 상조해도 지나치지 않습니다. 우리는 감옥에 던져질 것입니다. 통일로 가는 길은 일차적으로는 그러므로 서대문 감옥으로 가는 길입니다. 그러나 그 길은 승리의 길입니다. 서대문 감옥으로의 행진이 곧 통일 행진인 것입니다. 왜냐하면 통일의 길은 곧 부활의 길이요, 참된 삶의 길이기 때문입니다. 그리고 예수 그리스도의 길입니다. 십자가의 길입니다.

나는 무죄이다

이상과 같은 통일을 위한 투쟁 바로 그것이 「장일담」과 「말뚝」에 나와 있는 내 사상이며, 「양심선언」과 나의 진술의 내용입니다. 그렇다면 나는 무죄올시다. 나는 내가 서 있는 이 법정과 지난 3년간 살아온 그 작은 감방이 통일 환각과 그 휘황찬란한, 그 아름다운 '대지의 봄'을 향한 대행진의 한 부분임을 확신합니다. 그래서 나는 자부심을 갖고 있습니다. 나는 통일 환각에 사로잡혀 나의 단조로운 생활을 행복으로 껴안고, 수난에 대한 정열을 불태우며, 밖에 대한 집착, 나가게 되지 않을까 하는 환상을 깨뜨리고 끊어 버리고 내던져 버리고 지낸다는 사실을 고백합니다. 그것은 쓰라린 행복입니다. 그러나 그것은 어디에서도 맛볼 수 없는 진리의 기쁨이요, 십자가가 던져 주는 외로운 눈부심 같은 슬프고 맑은 희열입니다.

나의 통일 환각은 남이 나를 미친놈이라고 할 때까지 더욱더 감옥 안으로 파고드는 좁은 문에 대한 결단으로서밖에는 이루어지지 않는다는 사실을 깨닫고 있습니다. 객기가 아니라, 무수한 환상과 번민과 고투 끝에 얻어진 조그마한 결론이요 행복입니다. 뫼르소, 카뮈의 소설 속 주인공은 신 없이도 감옥에서 행복했다고 합니다. 그 비결은 썩어 빠진 세상에 대한 절망이었습니다. 나는 감옥에서 행복해지는 비결을 압니다. 영생과 부활에 대한 다소곳한 소망만이 나를 구원한다고 믿습니다. 나는 행복하고, 매일매일 영광스럽습니다. 그러므로 나에게 무죄가 아닌 어떤 형벌이 주어진다고 하더라도 나는 행복하게 이 길을, 내 십자가를 지고 가겠습니다.

나를 위해서가 아니라 오직 진리를 위해서 판결해주시기 바랍니다.

끝으로 한마디만 더 하겠습니다. 인혁당 사람들은 억울합니다. 그것은 비극입니다. 이 비극은 반드시 원한을 만들어 낼 것입니다. 그들과 그들 가족들의 원한이 하늘에 사무칠 때 하늘은 분명히 머지않은 장래에 역사를 통해서 심판하실 것입니다. 하느님의 역사는 우리 세대 전체를, 명백한 불의를 보고도 일신의 더러운 안전과 평안을 위해서 침묵을 선택한 불의의 공범 집단으로서 단죄할 것입니다. 여러분 방청객과 모든 사람들의 노력을 아끼지 말아 주십시오.

나를 위해서 기도하고, 고통을 겪고 투옥까지 되고, 또 감옥 안에서 몇 차례씩이나 단식 투쟁을 해서 나에 대한 처우 개선을 요구하며 끝없이 사랑해 주시는 함세웅 신부님, 문정현 신부님, 신현봉 신부님, 문동환 박사, 안병무 선생, 이문영 교수, 서남동 교수, 윤반웅 목사, 김대중 선생, 그리고 나의 「양심선언」으로 인하여 고통 받고 있는 후배 학생들이 제발 빨리 석방되도록 빌고 또 빌겠습니다. 내가 괴로워서 못살겠습니다.

하느님의 은총이 이 불행한 민족 위에 폭포수처럼 쏟아져서 다시는 샛별 같은 이 나라의 청년들이 이 더러운 분단의 비극 때문에 법정에 끌려와 청춘을 시들게 하는 일이 없도록 끝없이 기원하겠습니다. 그리고 내일 주의 성탄절을 맞이하여 여러분에게 모두 축복이 내리고, 나를 박해하고 나를 미워하는 현 정부 최고 지도자 박정희 선생과 중앙정보부의 높은 고급요원들의 가슴과 머리 위에도 흰 눈처럼 은총이 폭폭 쏟아지기를 빕니다, 자비로운 은총이. 그래서 용서하시고, 모두 다 축복받기를 빌겠습니다. 감사합니다.

1976년 12월 23일

창조적 통일을 위하여
'로터스상' 수상 연설[*]

감사합니다. 저같이 별 볼 일 없는 사람, 이 세상에서 쫓겨난 초라한 사람을 위해 '로터스상' 수상에 애쓰신 분들, 수상을 결정하신 분들, 그동안 상을 보관해 오신 분들, 그것을 전달해 주신 지학순 주교님과 이 자리를 만들어주신 교구 형제들, 그리고 오늘 여기 참석해주신 여러분께 모두 감사드립니다. 또한 이 자리에서, 이번 '브루노 크라이스키 인권상(人權賞)' 수상을 결정한 '크라이스키 인권상 위원회'에도 똑같은 감사를 표현하고 싶습니다. 제가 처음 '로터스상' 수상 결정에 접한 것은 1975년 가을, 감옥에서였습니다. 그때 저의 심경은 한마디로, 나 같은 사람이 과연 위대한 아시아·아프리카·라틴아메리카 전체 민중의 이름으로 이루어지는 아시아·아프리카·라틴아메리카 작가회의 결정을 수락할 만한 자격이 있는가 하는 것이었습니다. 그때의 그 참담한 심경은 지금도 마찬가지이며 또한 이번 '크라이스키 인권상'에 대해서도 똑같은 것입니다.

솔직히 말씀드려서 저는 예나 지금이나 마찬가지로 별 볼 일 없는 사람, 이 세상에서 쫓겨나 구만리장천(九萬里長天)을 의지가지할

---

[*] '로터스(LOTUS)상'은 '아시아·아프리카·라틴아메리카 작가회의'에서 3년마다 제3세계 작가·예술가·지식인·과학자·정치인들에게 주는 상으로, 김지하는 1975년도 '로터스 특별상'을 수상했으나 수감 중이어서 받지 못하고 있다가, 감옥을 나온 후 1981년에야 이 상을 전달받았다.

데 없이 떠도는 초라한 한 광대의 넋이요, 살아 있는 중음신(中陰身)에 지나지 않습니다. 저는 결코 주(周)나라의 것이라 하여 주나라의 음식을 버리고 수양산 고사리를 뜯어먹다 굶어 죽은 대쪽 같은 선비도 아니요, 뜨거운 피와 무지갯빛 나는 강철로 이루어진 영웅적인 투사는 더욱 아닙니다. 저는 그저 바람이 불면 눕고 바람이 그치면 일어서는 한낱 풀이요, 그 풀들의 넋일 뿐입니다.

그러나 수상 결정은 두 경우가 다 일치하게 저 한 사람만이 아니라 저와 똑같이 별 볼 일 없는 무수한 사람, 이 세상에서 쫓겨나 가없는 고통의 바다를 헤매는 수많은 살아 있는 중음신들, 그렇지만 바람이 불면 눕되 바람보다 먼저 눕고 바람이 그치면 일어서되 바람보다 먼저 일어서는 지혜롭고 끈질긴 민중, 바로 우리 민중의 그 고통과 그 슬기와 칠전팔기의 완만하면서도 줄기찬 그 불가사의한 생명력에 가득 찬 삶을 향해서 주어지고 있습니다.

아시아·아프리카·라틴아메리카 전체 민중의 슬픈 운명은 바로 우리 민중의 슬픈 운명과 일치하며 또한 저의 운명과 일치합니다. 아시아·아프리카·라틴아메리카 전체 민중의 그 깊이 모를 지혜와 그 끈질긴 투쟁은 바로 우리 민중의 지혜와 투쟁에 일치하며 또한 저의 삶도 거기에 일치하고자 노력해온 것이었습니다. 이 일치를 바탕으로 저는 감히 수락을 결단했습니다.

아시아·아프리카·라틴아메리카 전체 민중은 유럽인들이 강요한 수세기에 걸친 비참과 죽음의 암흑 한복판에서 비참과 죽음의 암흑 그 자체를 그대로 뒤집어 유럽인까지도 포함한 전 인류와 전 생명계에 찬란한 부활을 가져다 줄 세계사적인 대전환을 향해 전진하고 있습니다. 동서 양 블록을 막론하고 유럽인들이 아시아·아프리카·라틴아메리카에 강요해온 것은 물신(物神)숭배와 소비숭배와 속도숭배와 폭력숭배였으며 요소론(要素論)과 이원론(二元論)과 욕망의 체계와 생명경시사상이었습니다.

이에 대한 제3세계적 반응의 하나인 국수주의적 경향마저도 그러한 강요의 결과이며 또한 그 강요된 내용의 되풀이입니다. 특히 일본 국수주의, 제국주의, 신식민주의는 유럽 제국주의의 가장 악성적인 것만을 골라 흡수하여 더욱 악성적으로 발전·심화시킴으로써 제3세계 민중에 대한 새로운, 거대한 악마로 나타나고 있는 전형이며, 우리는 앞으로 일본에 대한 특별히 예리한 준비를 해야 할 필요 앞에 직면하고 있습니다.

무수한 민중이 세대를 거듭하여 착취당하고 억압당하고 소외되어 왔으며 학살당해 왔습니다. 매스미디어와 비인간화된 교육제도의 악마적인 위력 아래 전면적·지속적으로 세뇌당해 왔으며, 민중의 정신적 및 사회적 생활 전면에서 온갖 형태의 기괴한 상대연기(相對緣起) 즉 악순환이 심화되어왔고, 이제 그것은 절정에 달한 듯이 보입니다. 민중의 정신적 및 사회적 생활 전면에서 주체가 상실되고 뒤얼크러진 혼효(混淆) 현상이 보편화하여 분열·오염·신경질환·무기력·개성 상실, 그리고 가학(加虐)·피학(被虐) 등 폭력적인 인간관계가 창궐하고 있습니다.

생태계는 혹독하게 파괴되고 자원은 고갈되고 대지의 생명과 인간생명이 똑같이 살인적 노동과 무절제한 소비와 무제한한 속도와 무한정한 폭력에 의해 소모되고 병들어서 세상은 아귀(餓鬼)·축생(畜生)·지옥(地獄)이 삼악도(三惡道)를 방불하는 문자 그대로 나락으로 변모하고 있으며, 민중은 대지로부터 뿌리 뽑히고 그 가족은 해체되어 오대양 육대주의 황야와 바다와 어두운 도시들을 방황하는 유령으로, 살아 있는 중음신으로 전락하고 있습니다.

인간의 모든 지혜와 지식, 과학기술과 정치·경제·사회 제도들은 그 자체가 지닌 바 인류와 자연생명의 해방·완성을 위한 본래의 사명과 기능을 잃어버리고, 생명을 반대하고 생명을 파괴하는 악마적 경향에 봉사하고 있습니다.

우리는 이 비참과 죽음의 암흑 한복판에서 그 암흑이 지닌 양면성(兩面性), 암흑의 의미, 그 모순의 신비를 발견함으로써 비참과 죽음의 암흑 그 자체를 그대로 뒤집어 유럽인과 모든 형태의 민중의 적(敵)마저도 포함한 전 인류와 전 생명계에 찬란한 부활을 가져다 줄 세계사적 대전환을 이루어야 할 역사적 책임을 걸머지고 있습니다. 우리는 그 책임을 완수하기 위해 '존엄한 생명의 존중과 사랑'이라는 보편 진리를 생활적으로 구체화시키고 새롭고도 폭넓은 세계관을 창출해내야 하며, 영성적(靈性的)이면서도 공동체적인 새로운 생존양식을 창조해내야 합니다. 인간과 자아, 인간과 인간, 인간과 자연 사이에 결정적인 친교와 평화를 성취시킬 생명의 세계관, 생명의 존재양식을 출현시켜야 합니다.

이것은 우리 한국 민중을 포함한 아시아·아프리카·라틴아메리카 3대륙의 별 볼 일 없는 무수한 사람들, 이 세상에서 쫓겨나 가없는 고통의 바다를 헤매는 수많은 살아 있는 중음신들, 그러나 바람이 불면 눕되 바람보다 먼저 눕고 바람이 그치면 일어서되 바람보다 먼저 일어서는 지혜롭고 끈질긴 민중이 그 자신의 축적된 고통과 그 고통으로부터 획득한 지혜를 담보로 하여 치러내야 할 역사의 몫입니다.

한(恨)의 축적이 없는 곳에서는 한의 극복도 없습니다. 축적된 한의 그 엄청난 미는 힘에 의해서만 한 자체는 소멸합니다. 굶주린 사람이 밥 찾듯이, 목마른 사람이 물 찾듯이, 어린아이가 어미 찾듯이 부처를 애타게 찾고 기다리는 마음, 부처를 만나기 어렵다는 생각, 그 깊은 한이 없이는 참된 해탈에 이르지 못합니다. 그러나 이 역설적인 전환은 한의 반복과 복수의 악순환을 끊어버리는 슬기로운 단(斷), 영성적이면서도 공동체적인 단, 즉 결단을 조건으로 해서만 가능합니다.

결단은 용기입니다. 참된 용기는 밤을 받아들이는 용기, 진흙수렁을 받아들이는 용기, 고통과 절망과 퇴폐마저도 받아들이는 용기. 흙이 똥을 마다하지 않는 것은 오곡이 풍성하게 결실할 것이기 때문입니다. 이 용기를 민중은 이미 용기라고 부르지 않습니다. 그것은 생명의 본성이기 때문입니다.

'로터스'는 우리말로 연꽃입니다. 저 한 사람, 그리고 여러분, 전체 우리 민중과 제3세계 전체 민중, 전 인류와 전 중생의 생명의 연꽃은 진흙수렁 속에서만 피어날 것입니다. 우리가 비참한 죽음의 암흑을 있는 그대로 둔 채 그것을 뒤집는 부활을, 예토(穢土) 속에서 예토 전체를 그대로 정토로 변화시키는 해탈을, 탁류 속에 들어가 오래 기다려 그 탁류 전체를 스스로 맑아지게 하는 도를 말할 때 그것이 다름 아닌 연꽃입니다. 그것은 십자가요, '부드러움', 즉 생명입니다. 그리고 그것이 이른바 '수동적 적극성'입니다.

'수동적 적극성' 이야말로 참된 용기요 참된 결단이며 생명을 본래 있는 그대로 살아나게 하는 생명 자신의 가장 생명다운 활동양식입니다. 그리고 바로 그것이 '로터스', 즉 연꽃입니다.

현대는 후천개벽(後天開闢)의 시대이며 음개벽(陰開闢)의 때입니다. 이제까지의 인류문명사는 선천(先天)시대였고 음과 양이 갈등하는 시대, 즉 양이 지배하는 시대였습니다. 남성지배의 역사였고 가부장적 문명이었으며 원한과 상극이 지배하는 때였습니다.

억압·착취·차별·고문·학살·모략·음모·갈등·파쟁·전쟁·반란·혁명이 지배했으며 권모술수와 남성적 용기, 잔혹한 패도, 독살스런 항거, 공격력·정복욕·명예·속도·물량·재산 등이 지배적 가치였고 무자비한 탄압, 교묘한 조작과 무장투쟁, 테러리즘, 집단적 보복, 폭력적 인간 지배와 보편적인 생명말살의 악순환이 압도하는 역사였습니다.

강약부동(强弱不同), 남녀부동(男女不同), 귀천부동(貴賤不同), 빈부부동(貧富不同)은 당연시되었습니다. 이 양의 원리가 패권을 쥐고 이룩한 문명이 바로 유럽 문명입니다.

오늘날 후천개벽의 시대에는 음과 양이 조화하는 시대, 즉 음이 지배하기 시작하는 시대입니다. 여성과 남성이 평등대동을 이루는 것, 즉 '여성적인 것'이 그 지배를 넓혀가는 역사이며 새로운 형태의 모권(母權)이 중심으로 되어가는 문화의 때요, 해원(解寃)과 상생(相生)의 때입니다. 평화·화해·친교·대동·통일·일치·자유·평등·사랑·자비·해방·행복이 가장 중요한 가치로되 여성적인 부드러움·너그러움·관용, 갈가리 찢어진 채 조용히 미소 짓는 인내, 악마적 경향에 사로잡힌 자를 때리는 일이 참으로 불가피하다면 끝까지 참은 끝에 눈물을 흘리고 자기 가슴을 치며 때리는 사랑의 채찍, 폭력 비폭력의 분별이 이미 소멸된 새로운 사회활동, 그리고 생명에 대한 보편적인 존중과 사랑이 압도하기 시작하는 역사입니다. 강약평등·남녀평등·귀천평등·빈부평등이 이 시대에는 당연한 것으로 될 것입니다.

이 전환은 선천 속에 '숨은 채 드러나는' 후천을 선천의 틀 안에서 확장시킴으로써 근본적으로 선천을 넘어서는 '수동적이면서 적극적인' 전환입니다.

이 전환이 곧 부활이요, 이 전환이 곧 단(斷)이며, 이 전환이 바로 오늘날 우리 한국 민중을 포함한 아시아·아프리카·라틴아메리카 전체 민중이 수행해야 할 세계사적 책임의 내용입니다. 이 대전환은 무엇보다도 먼저 정신개벽, 즉 문화적 대변혁을 전제로 합니다. 전환과 변혁의 주체는 물론 민중입니다. 그리고 민중은 이미 그 자신이 선천의 틀 안에 후천정신, 후천생존을 숨기고 키워왔습니다. 오늘날 한국을 포함한 아시아·아프리카·라틴아메리카의 모든 작가·예술가·지식인·과학자와 종교인들의 임무는 민중 자신이 주체적으로 '존엄한 생명에 대한 존중과 사랑'이라는 보편 진리를 모든 가치관의 기초로 한 영성적이며 공동체적인 생존양식, 즉 민중 자신 속에 이미 숨겨져 있는 후천을 새롭게 자각적인 형태로 드러내고 확장하는 일에 민중의 일원으로서, 민중의 입으로서 그것을 표현하고 발전 심화시키며 거기에 헌신적으로 봉사하는 것입니다. 바로 이 임무의 즉각적 적극적 수행이 곧 정신개벽, 문화적 대변혁의 시작이 될 것입니다.

비록 바람에 부대끼는 한 포기 들풀처럼 보잘것 없고, 이 세상에서 쫓겨나 구만리장천을 떠도는 초라한 광대의 슬픈 넋 쪼가리에 불과한 저입니다만 개벽을 향한, 부활을 향한 우리 민중과 아시아·아프리카, 라틴아메리카 전체 민중의 고통에 찬 전진 속에, 제게 주어진 진흙창의 삶, 연꽃, 남에게는 쉽사리 이해받을 수 없는 저만의 십자가를 지고 저는 언제나 거기 여러분과 함께 있을 것입니다.

생명의 세계관 확립과 협동적 생존의 확장*

목차

Ⅰ. 개요

Ⅱ. 본문
  1. 생명의 회복과 생명의 본성에 대한 인식
  2. 영성적이고 공동체적인 새로운 생존방식
  3. 근본적인 해결책은 민중자신의 지혜로부터
  4. 생명운동 교육과 활동의 방향
  5. 총체적인 사회 연대운동으로서의 생명운동

Ⅲ. 각론
  1. 농민
  2. 어민
  3. 이농, 도시빈민, 서비스부분 종사자
  4. 산업노동자 일반
  5. 광산노동자
  6. 여성
  7. 청소년
  8. 대학생, 지식인, 문화관계 종사자, 종교인 일반
  9. 타 계층과의 연대
  10. 민족통일

Ⅰ. 개요

죽음의 먹구름이 온 세계를 뒤덮고 있다. 수많은 재래식 무기뿐만이 아니라 핵병기, 생물학·화학무기, 레이저 광선, 무장우주선이 온 지구상의 생명 전체를 위협하고 있다. 인류를 비롯한 전 생명계는 언제 닥쳐올지 모르는 비명횡사의 가능성에 떨고 있다. 현재 그들은 삶과 죽음 사이의 선택이 아니라 급속한 죽음과 완만한 죽음 사이의 선택을 강요받고 있다. 대다수의 인류에게는 실로 두 가지 길밖에 남아 있지 않은 듯하다. 억압과 착취 속에서 일하고 굶주리고 병들어 천천히 죽느냐, 증오와 갈등과 의혹과 좌절과 원한과 불신 속에서 서로 팽팽히 맞서다 어느 날 불시에 죽느냐, 또는 가스·중금속·일산화탄소·유황·유기수은을 먹고 마시고 숨 쉬다 죽느냐, 집단학살·폭동·혁명·전쟁판에서 죽느냐.

산업재해, 식량위기, 화학비료 남용에 따르는 토지 생산력의 감퇴, 농촌과 도시, 선진국과 후진국 사이의 문화적 격차, 교역불균형, 자원고갈, 노동소외[1], 매스미디어를 통한 대중 조작과 기만, 물신숭

---

*1982년 원주캠프에서 진행되었던 두 가지 사회운동(민주화운동과 지역개발 사업)에 대한 성찰의 결과로 작성된 문서. 별칭으로 「생명운동에 관한 원주보고서」로 널리 알려져 있다. 1981년 9월경 김지하 시인에 의해 초고가 마련되었으며, 무위당 장일순 선생을 비롯하여 원주캠프의 활동가들이 모두 읽고 토론하며 수정 가필하여 1982년 상반기에 완성된 문서이다.

1) 노동하지 않는 인간은 자기 삶을 꾸려나갈 수 없다. 따라서 노동이 인간의 삶에서 가장 높은 가치를 지닌다. 그러나 현대사회에서는 노동을 상품으로 취급하여 화폐

배[2], 군비경쟁과 대량살상 무기개발, 정치적 탄압과 고문, 선진 자본주의의 제국주의화 및 신식민주의화, 이들은 모두 생명 대신 죽음이 우리 삶의 질서로 들어서고 있음을 증언한다.

뿌리 뽑힌 민중적 삶, 인간성의 상실, 폭력숭배, 소비숭배, 가학·피학증세의 보편화, 인간 및 범생명의 물질화[3], 테러리즘, 복수의 악순환, 이러한 집단적 정신 분열의 현상은 죽음의 옆얼굴이다. 이렇듯, 빈부의 격차에서부터 생태계의 파괴에 이르기까지 오늘날 지상에서 일어나고 있는 온갖 부조리한 현상의 내부를 꿰뚫어 흐르고 있는 것은 생명경시·생명파괴·반생명의 악마적 경향이다. 이에 대응하여 역시 전 세계적인 범위에서 그리고 전 사회적 규모에서 생명회복과 생명의 본성에 대한 새로운 인식이 요청되고 있으며, 생명을 일체의 가치관·인생관·사회관·역사관·세계관·우주관의 중심으로 파악하고 그것을 중심으로 기존의 모든 문화, 과학, 기술의 성과를 창조적으로 통합할 것과 협동적 삶의 확장에 의한 개인 및 사회적 생명의 진정한 부활·해방이 요구되고 있다.

그러면 생명이란 무엇인가? 그것은 빛이요(요한 1;5), 말씀이요(요한 1;4), 진리요, 길이요(요한 14; 6-7), 썩는 밀알이요(요한 12;24-26), 사랑이다.

를 대가로 교환하는데, 그 과정에서 노동이 그 정당한 대가를 받지 못할 경우 노동에 대한 천시가 일어난다. 가장 존경 받아야 할 노동이 가장 열등한 대우를 받는 상태가 노동의 소외이다.

2) 인간의 삶의 수단이 되는 돈, 상품, 학식, 명예, 권력들을 인간보다 더 높게 평가하는 태도를 가리킨다.

3) 인간이나 동물, 식물, 자연 등 그 자체의 생명으로 움직이는 모든 유기체를 인간의 이기적 욕구를 충족시키는 수단으로 파악하여 그 자체의 이용가치만으로 평가, 교환하는 상태이다.

많은 측면에서 20세기는 역사의 밤에 견줄 수 있다. 밤은 그 안에 갇혀 있는 사람들로 하여금 한 치 앞도 내다보지 못하게 한다. 그것은 우리 눈을 멀게 하고, 우리의 발길을 멈추게 하고, 우리로 하여금 목표를 밖에 둘 수 없게 하고, 우리를 고립시키고, 우리를 잠들게 한다. 밤은 죽음의 세계이고 따라서 물질적인 질서가 유일한 질서가 되는 세계이다. 밤의 세계에서는 모든 것이 물질로 환원된다. 가장 확실한 것은 촉각에 닿는 것이요, 소유될 수 있는 것이며, 자신의 피부에 직접적으로 와 닿는 것이다. 밤의 어둠 속에서 개인은 다른 모든 것으로부터 격리되어 있다. 그를 둘러싸고 있는 것은 모두 그의 존재에 대한 위협의 대상으로 여겨진다. 어디로 발걸음을 내딛어도 확실하지 않다. 따라서 밤은 단절의 영역이다. 이 극한적인 단절의 영역에서 이성은 잠들고자 하는 욕망으로 대치된다. 개인들은 모두 그의 시선을 내면으로 집중한다. 그 어두운 무의식의 심층에서만 그는 자신의 정체를 확인한다. 그는 내면의 기괴한 그림자놀이에 빠져 나중에는 외계와의 유일한 통로인 그의 촉각과 청각마저 버리게 된다. 그리하여 많은 경우에 사람들은 잠에 빠져든다. 그것은 악몽으로 누벼지는 고문 같은 잠일 뿐, 생명의 기운을 모으고 축적시키는 숙면이 아니다. 그러나 밤의 어둠 속에서야말로 의식은 그 어느 때보다 성성히 깨어 있어야 한다. 20세기의 밤은 잠을 위해 주어진 것이 아니다. 만일 이 밤의 성격에 대한 올바른 이해가 없으면, 인류 그리고 지구상의 생명 전체는 영원한 죽음의 잠속에서 깨어나지 못하게 되고 말 우려가 있다. 밤에는 밤의 행동양식이 있다. 이제까지 우리에게 부정적으로 여겨졌던 것, 내부로 돌려진 시선, 촉각을 통한 세계 이해, 청각을 통한 외계의 인식 등은 평소의 상황에서는 모두 극복되어야 할 것이나 밤의 행동에는 절대적으로 필요한 것이다.

생명의 고유한 기능은 자기 집중성에 있다. 모든 생명은 종마다 다른 형태를 띠는데, 그것은 바로 생명의 자기 집중 양상의 차이 때문에 생기는 것이다. 시각을 상실함으로써, 외부의 표적을 잃어버림으로써, 인간은 비로소 스스로의 상황에 대한 재인식의 필요를 느끼게 된다. 이제 그를 이끌어 갈 것은 그의 내부의 소리이다. 또 어떤 것도 확실하지 않으므로, 그는 모든 것을 피부로 느끼고, 겪고, 확인해야 한다. 이 시대에 있어 육체성의 중요함이 바로 그것이다. 그리고 무엇보다도 그는 말의 기능에 새로이 주목하게 된다. 시각적 보조물이 완전히 없어진 상황에서 말은 어떻게 해야만 올바른 의사소통의 수단이 되는가? 공통의 체험이 빠진 상황에서, 공동의 지표가 없는 상황에서 너와 내가 한마디 말로 각각 다른 것을 지시하지 않고 꼭 같은 것을 지시하기 위해서 해결해야 할 문제는 무엇인가? 말은 어둠 속에서 그 원초의 상태로 되돌아가지 않으면 안 된다. 곧 그것은 모든 생명체를 생명체이게 한 기본법칙에 이르러야 한다. 이러한 원형의 획득은 깊은 내성을 통해서만 가능하다. 왜냐하면 우리가 어둠 속에서 신에게 이를 수 있는 길, 말씀에 이를 수 있는 길은 영혼의 내부를 관통하는 길뿐이기 때문이다. 그래서 모든 시각적 보조물이 없이 영혼에서 영혼으로 생명에서 생명으로 전달되는 메시지를 해독하는 방법을 새로 익혀야 한다.

'한 처음'의 '말씀'으로 돌아가는 이 길은 동시에 빛으로 돌아가는 길이기도 하다. 그러나 돌아가서 원형에 이르는 것만으로는 부족하다. 기본적으로 말씀은 너와 나의 의사소통의 수단이다. 의사소통을 통해서 공동으로 문제를 해결하는 수단이다. 따라서 그것은 입밖으로 나와야 한다. 그것을 통해서 세계는 밝혀지고 바뀌어야 한다. 말씀이 진리로서, 길로서 상대방에게 전달되려면, 그것은 내성을 통한 사변의 단계를 넘어서야 한다. 그것은 동시에 구체적인 현실에 대한 정보를 담고 있어야 한다. 어둠 속에 고립되어 있는 사람에게 구체적인 현실은 촉각을 통해서만 주어진다. 따라서 그는 촉각을 최대한으로 이용해서 자기가 놓여있는 상황을 진단해야 한다. 촉각이 가장 많은 정보를 전달하는 것은 우리가 엎드려 포복할 때이다. 우리는 '엎드리고' '기어감으로써' 곧 우리를 낮추고, 우리를 밑바닥 현실과 밀착시킴으로써 비로소 구체적 현실을 인식할 수 있게 된다.

 어둠은 적과 아군을 구별하지 못하게 한다. 우리가 맞고 있는 이 밤의 세계는 빛이 생기기 전의 세계의 상황과 같기 때문에 전선이 나뉘어 있지 않다. 모든 것은 뒤섞여 있고 전방과 후방의 구별이 없다. 나는 일차적으로 잠재적인 적에게 둘러싸여 있는 것이다. 나는 원자적으로 고립되어 있고, 나 밖의 어떤 것도 믿을 수 없으며, 이 세계는 나의 존재를 위협하는 거대한 물신의 형상으로 나에게 압도해 온다. 나는 내 숨길마저 외계와 맞닿는, 내 살갗마저 나를 적에게 밀고하는 배신자가 될지 모른다는 극한의 불신 속에서 전전긍긍한다. 그리하여 나는 한자리에 얼어붙어 화석이 된다. 이것이 밤의 어둠 속에서 생명이 물질화되는 과정이다. 그러나 잠든 자, 물질로 바뀐 자에게는 새벽은 영원히 찾아오지 않는다. 빛은 깬 자의 몫이다. 밤의 한가운데에서 우리의 의식은 결정적으로 깨어나야 한다. 깬 의식이 어둠 속에서 하는 모든 행위는 밤을 물리치고 생명을 앞당기는 데에로 기울여야 한다. 곧 그의 모든 행위는 생명을 부활시키는 활동이어야 하고 진리의 구현이어야 하고 빛이어야 한다. 이러한 행위가 어떻게 가능한가? 우선 그는 이 밤이 잠정적이고, 그 안에서 가사 상태에 있는 모든 생명은 부활이 가능하다는 믿음을 가져야 한다.

우리는 형식 논리적인 이분법에 속아서는 안 된다. 낮과 밤을 같은 힘을 지닌 실체로 보는 흑백논리, 어둠의 세력을 빛의 세력보다 더 압도적인 것으로 보는 자기패배의 논리는 철저한 반성과 비판의 대상이 되어야 한다. 밤은 모든 것을 숨김으로써, 그들을 모두 자기편으로 삼았다고 여긴다. 그리고 밤의 공포에 사로잡힌 사람의 시선에는 과연 모두가 어둠의 편인 것처럼 보인다. 그러나 어둠은 빛을 이겨내지 못한다. 빛은 어둠에 둘러싸여 있으나, 빛은 어둠에게 져본 적이 없다.(요한 1;5) 빛은 충만이고, 어둠은 결핍이기 때문이다. 어둠의 세력은 사실은 소수이다. 그들은 우리의 공포를 통해서 자신의 크기를 과장할 뿐이다. 우리가 어둠의 두려움을 극복하는 길은 생명의 기능에 대한 깊은 성찰을 통해서 주어진다. 생명은 고립을 거부한다. 생명은 일원성, 통일성, 역동성, 전일체성, 협동성, 확장성, 유연성, 지속성, 친화성, 주체성, 다양성과 저항성을 그 본질로 삼고 있다[4]. 생명은 그것이 운동하는 과정에서 잠정적으로 이원적인 분리를 인정하지만 궁극적으로는 하나요, 하나로 뭉친다. 우리에게 겉으로 드러나는 것은 손과 발, 입과 귀, 정신과 육체, 너와 나, 생물과 무

---

[4] 생명은 하나이신 하느님으로부터 나온 것이며(일원성) 물질과는 달리 여러 가지 기능이 유기적으로 한데 합쳐져 있으며(통일성), 끊임없이 목적과 방향을 지닌 운동 속에서 있으며(역동성), 궁극적으로는 생명의 고리들은 모두 다른 생명의 고리들과 이어져 있으며(전일체성), 식물은 동물에, 동물은 식물에 기대어 살아가듯이 모든 생명이 다른 생명들과 서로 도우며 살고 있으며(협동성), 끊임없이 물질의 저항을 이겨내며 자신의 영역을 넓혀가며(확장성), 외부 상황의 변화에 따라 자신의 기능과 구조를 조절할 수 있으며(유연성), 개체들을 고리로 삼아 과거에서 미래로 연속되며(지속성), 생명들 사이에는 종과 류가 달라도 영성적 교류가 가능하며(친화성), 일정한 종으로서, 개체로서 스스로의 운명에 책임을 지며(주체성), 상황이 다름에 따라 거기에 맞춰 스스로의 기능을 새로운 구조로 변형시키고(다양성) 이러한 생명의 본성적인 여러 활동을 파괴·억압·약탈하는 반생명적 장애에 부딪혔을 때 그것을 반복적, 확장적으로 저항·극복하는(저항성) 능동적인 힘을 지니고 있다.

생물, 음과 양 같은 차별상이지만, 이러한 차별상의 밑을 꿰뚫고 흐르는 것은 끊임없이 역동하는 생명 그 자체이다.

다양하게 변화하면서 지속하고, 지속하면서 변화하는 생명에는 잠정적인 위상이 있고 그 위상에는 저마다의 주체가 있다. 그러나 이 저마다의 주체는 고립된 것이 아니다. 생명이 물질을 매개로 해서 시간 속에 지속되고 공간 속에 확장된다는 것을 우리는 종의 보존과 삶의 사회적 통합을 통해서 확인할 수 있다. 그러나 어둠이 빛과 맞서는 자체적 존재가 아니고 빛의 결핍이듯이 물질도 자체적인 존재가 아니고 생명의 잠든 형태라고 할 수 있다. 고립되어 잠든 생명은 물질의 모습을 띤다. 생명은 실체화된 물질과 물질의 벽에 막혀 원자적으로 고립된 폐쇄된 계(系)인 것처럼 보인다[5]. 그러나 바위 끝에 뿌리내린 한포기의 풀이 그에게 직접적으로 주어진 모든 것, 햇빛과 대기와 물을 자기편으로 이끌어 들여 돌로 얼어붙은 생명력을 되살려내어 스스로를 키워나가는 데에서 볼 수 있듯이, 물질은 자기 동일성을 지니고 있지 못하고 궁극적으로는 생명에 의해서 극복되고 지양되는 주변적 생명현상이라고 볼 수 있다. 밤의 죽음이 낮이듯이 물질의 죽음은 생명이다. 이렇게 볼 때 물질은 죽음의 원리에 바탕을 둔 반생명 현상이다. 삶은 죽음의 죽음으로써의 죽음의 극복이기 때문이다.

---

5) 본디 물질은 자체 구조를 지니지 못한 것이므로 일정한 형태를 지니지 못하고 있다. 바로 이러한 물질의 기본적 특질이 물질의 형태를 마음대로 바꾸어서 생명활동의 보조물로 쓰는 기술의 발달을 가능하게 한다. 그러나 인간은 물질세계를 인간의 생명활동이 거기에 부여한 형태 이상의 자체성을 지닌 고유한 세계로 잘못 인식하기 쉽다. 여기에서 다양한 생명활동에 대한 경이 대신에 그 결과로 빚어진 물질의 형상들에 대한 우상화가 생긴다. 이러한 물질적 형상들이 궁극적으로는 생명활동의 피조물임이 인식되면, 물질들의 벽에 갇힌 듯이 여겨지는 생명은 사실은 하나로 연속되어 있음이 확인된다.

바위로 응결된 물질의 힘은 스스로의 자기 동일성을 상실함으로써 삶의 질서 속으로 들어오고 활성화된다. 생명의 원리란 바로 이런 것이다. 그것은 그것이 접촉하는 모든 것을 이용하고 되살려낸다. 그런데 생명의 기본적 특색은 자율성이며, 모든 기계적 법칙을 벗어나고 극복하고자 하는 자유 의지이다. 생명 진화의 역사는 따라서 자율성 확장의 역사이며, 자유 확대의 역사이다. 남이 내 앞을 가로막고 있으면 내 자율성은 침해 받으며, 내 자유는 그만큼 한정된다. 그러기 때문에 자율성과 자유는 남을 남으로 남겨두지 않는다. 그것은 남을 자기 속에 흡수하고 스스로 남에게 동화된다. 생명은 이처럼 전일체성을 지향함으로써 자신을 해방시키고 궁극적으로 평등에, 충만에, 빛의 영역에 이르게 된다.

밤의 세계에서 벗어나고 어둠을 극복할 당면 과제를 안고 있는 우리에게 이 시점에서 중요한 것은 끝없이 지속 변화하며 자신을 확장시키는 이 생명을 어떻게 볼 것이냐이다. 근본적으로 일원적·통일적인 것으로 보고 통일적인 전일체적인 생명 운동 속에서 분리를 보느냐, 아니면 분리 그 자체를 근원적인 것, 이원적인 세계의 자체 구조로 보느냐, 만일에 우리가 이원적인 세계구조를 인정할 경우, 빛의 영역과 어두움의 영역은 절대적인 대립 모순관계에 서게 된다. 그리고 생명 보존과 확장의 노력은 명백한 한계를 갖게 된다. 생명의 한계에는 죽음이, 생명과는 엄연히 구별되는 적대 세력이 생명을 끊임없이 노리며 대치하게 된다. 과연 오늘의 우리 상황을 이 양국의 팽팽한 대치 상황으로 보아야 할 것인가? 아니다. 양국의 팽팽한 대치 상황에서는 어떤 운동도 불가능하다. 그러나 생명현상 그 자체는 운동이다. 끊임없는 자기 극복과 자유 확장의 노력이다. 그 노력이 끝나는 순간 생명은 이미 물질화하게 된다.

분명히 오늘의 상황은 위기이다. 인류가 맞고 있는 최대의 위기이자 지구상의 생명계 전체가 맞고 있는 총체적인 위기이다. 그러나 위기는 긍정과 부정을 그 안에 동시에 포함한 가능성이다6). 가능성이므로 그것은 생명의 승리로 끝날 수도 있으며 죽음의 승리로 끝날 수도 있다. 죽음의 질서에 종사하는 독점자본주의자들, 제국주의자들, 사회제국주의자들, 신식민주의자들, 사회주의 파시스트들, 무기상인들, 관료주의자들, 정상배들, 매판자본가들, 극좌・극우 모험주의자들, 기회주의자들, 독재자들, 왕조 공산주의자들, 국수주의자들, 분파주의자들, 부정과 악덕에 눈감는 종교인들, 도구화된 이성을 섬기는 지식인들 - 이들은 어둠 속에서 인류의 멸망, 생태계의 파괴, 생명의 종식을 노리는 악마적 경향의 대변자들이다. 그들은 역사에 어두운 밤의 장막을 내리고 이성과 생명의 빛을 차단함으로써 죽음의 승리를 확보하고자 한다. 그러나 그들의 목적은 자기모순이므로 필연적으로 실패로 끝나게 된다. 그들은 그들이 섬기는 물신이 생명의 왜곡된 형태임을 간과하고 절대적인 것으로 본다. 어둠 속에서 스스로를 고립된 것으로 파악하고 공포에 사로잡혀 있던 개개의 생명체가 자신을 거대한 생명의 흐름의 한 위상에서 응결된 범생명의 한 고리로서 파악하고, 포복을 통해서 파악한 밑바닥의 실정을 - 생명의 실정을 - 감연히 이웃에 있는 또 하나의 고리에 알리게 될 때, 그리하여 처음에는 어두운 밤을 찢는 목 졸린 외침의 형태를 띠지만, 차츰 조용한 속삭임으로, 여기저기의 수군거림으로, 너와 나의

---

6) 위기라는 말에는 아직도 결말나지 않은 상태라는 의미가 함축되어 있다. 서양말인 crisis에도 역시 같은 뜻이 들어 있다. 이 crisis라는 말은 본디 그리스 말로서 "가르다", "판가름한다", "선택한다", "결단한다"는 뜻을 지닌 동사에서 나온 명사이다. 위기는 따라서 살판과 죽을 판을 가름하는 분기점이라 할 수 있다.

웅성거림으로, 마침내 집단적인 함성으로 울려 퍼질 때, 밤의 지배는 처음에는 완강히 버티는 듯하지만, 결국은 천천히 무너져 내리기 시작한다.

생명을 지키고자 하는 자는 죽음을 두려워해서는 안 된다. 생명은 개체를 초월한다. 기독교의 역사는 억압과 착취와 물신에 대한 저항과 순교로부터 시작한다. 순교는 강요된 죽음의 허구성을 폭로하는 생명활동의 극치이다. 육신에서 해방된 생명의 힘은 찬란한 빛이 되어 어둠에 갇혀 있던 이웃의 의식을 깨어나게 하고, 억압자의 수중에서 억압의 효율성을 박탈한다. 순교자는 순교를 통하여 억압자를 과대평가하고 있던 민중들에게 억압자의 실체를 재인식시킨다. 그들은 어둠을 이용하여 자기들을 고립시키고 자기들을 포위하고 있는 것처럼 여겨졌던 적의 정체가, 정면으로 맞서는 순간 갑자기 거꾸로 고립되어 있으며 자기들에 의하여 포위당해 있는 소수의 왜곡된 생명현상임을 발견하게 된다. 그들은 이미 더 이상 밤을 무서워하지 않게 된다. 밤은 이제 가능적인 낮이다. 그들을 둘러싸고 있는 어둠 속에는 적들이 숨어서 그들의 가슴에 총구를 겨누고 있으나, 더 많은 동지들이 그들을 감싸고 안전하게 보호하고 있음이 확인된다. 그들은 이제부터 두려워하지 않고 말을 하게 된다. 그가 말을 거는 상대는 물론 적일수도 있다. 그러나 동지일 가능성이 더 많다. 아니, 이제 그는 그가 말을 거는 대상이 적이든 동지든 크게 괘념하지 않는다. 그가 괘념하는 것은 그의 말이 진리인가 아닌가 뿐이다.

생명은 어둠 속에서도 협동적 삶을 지향하고, 바로 그 때문에 어둠 속에서 우리의 귀는 더 크게 열리는 것이다. 생명이 곧 말씀이요 진리라 함은 생명이 지향하는 보편성이 추상적으로, 연역적으로 도출된 절대적이고 시공을 초월한 형상적인 것이 아니고, 구체적인 현실 속에서 너와 나의 삶의 경험이 얽히고설키는 가운데 짜여지는 역동적인 운동으로서 귀납적으로 얻어지는 것임을 뜻한다. 이처럼 말씀은 곧 생명의 근거이기 때문에 개체의 삶의 문제 해결은 공동의 삶의 문제 해결을 전제로 하고, 공동의 삶의 문제 해결은 필연적으로 생명 전체 문제의 해결을 함축한다. 말씀은 곧 대화이며, 그것은 나와 나의 영성적 만남이다. 개체는 대화를 통하여 공동의 삶에 관여함으로써 비로소 생명을 유지하게 된다. 우리는 말씀에 참여함으로써 개체적 생존에서 해방되어 생명의 본질에 접근한다.

보편적 진리의 지평에 이르고자 하는 열망, 범생명에의 참여가 없이는 나의 개체적 삶은 불가능하다는 각성 속에서, 대화를 통한 공동문제의 해결이라는 협동적 삶을 지향하는 모든 개체는 이리하여 하나의 생명현상의 역동적이고 다양한 국면이 된다. 대화는 참이 참임을, 거짓이 거짓임을 밝히는 작업일 경우에만 가치가 있다. 대화는 숨기는 수단이 아니고 드러내는 수단이다. 대화는 밤을 낮으로 전환시키는 생명의 본질적 기능이다. 대화 속에서는 이성과 감성, 사유와 믿음이 하나로 통합된다.

직감이 따르지 않는 이성은 도구화되기 쉬우며, 믿음이 뒷받침 되지 않은 사유는 왜곡되기 쉽다. 대화의 주체들 사이에 자유·평등·우애·관용의 정신이 없이 대화가 지속될 수 없으며, 화제에 대한 동일한 관심이 없이 대화가 이루어질 수 없으며, 한 문제에 대한 의견의 일치가 없이 대화가 다른 문제로 옮아갈 수 없으며, 협동을 통한 공동문제의 해결이 없이 대화가 원만히 마무리될 수 없다. 이처럼 대화는 작게는 인간과 인간을 맺어주는 생명의 유대이고 크게는 범생명을 연결하는 기능으로서의 말씀이다.

"목숨을 지키기 위하여 폭탄과 무기를 만들어야 하고, 자식을 올바르게 교육시키기 위해서 아비가 불의와 부정을 저지를 수밖에 없고, 쓸모없는 새것을 생산하기 위해서 요긴한 옛것을 파괴해야 하고, 원조와 자선을 베풀기 위해 먼저 착취해야 하고, 더 튼튼하게 오래 살기 위해서 오염된 음식을 먹고 마셔야 하고, 불확실한 미래의 복지와 건강과 안전을 위하여 확실한 현재의 복지와 건강과 안전을 포기해야 하고, 더 인간적인 삶을 영위하기 위하여 더 기계화된 세계를 만들어야 하고…"

지금 이곳의 삶을 집약하는 표현은 모두 이처럼 이율배반적인 모순의 논리에 바탕을 두고 있다. 이러한 모순은 범생명이 하나의 말씀의 마당에서 진리의 빛을 받으며 대화를 통해 협동적인 삶을 모색하는 대신에, 물질의 질서에 종속된 자신의 고립된 정체를 진정한 생명 현상으로 오인하고 타인의 죽음을 자신의 생명의 확장으로 잘못 파악하는 데에서 생긴다. 그것이 비록 한낱 이름 없는 잡초라 할지라도 생명체는 신적인 것이고, 빛의 영역에 속해 있는 진리의 구현물이다. 그런 뜻에서 잡초의 절멸은 생명의 연속성을 보장하는 하나의 고리를 없애는 것이고, 결국 그것은 생명계 전체의 재난으로 귀결된다. 하물며 생명의 가장 진화된 형태인 동료 인류의 생명을 해치는 대가로 자신의 생명을 유지하려는 요소론적인, 정태적인, 반생명적인 세계인식 태도[7]야 말해 무엇하랴.

---

7) 세계는 불변하는 원자적 단위들의 이합집산에 의해서 이루어지며 이 단위들 자체는 고정되어 그 안에 어떤 운동도 받아들이지 않는다는 관점에서 오로지 자신의 생명만을 유지하려고 하고 다른 사람과의 관계를 부차적인 것으로밖에는 보지 않으려는 태도이다. 이러한 태도를 지닌 사람은 다른 사람의 생명을 물질화함으로써 스스로의 생명도 물질화된다는 것을 모른다.

이제 죽음은 자연적인 현상이 아니라 이 시대의 뒤틀어진 삶을 꾸려가는 데에 빠질 수 없는 수단이자 동료로 등장한 것이다. 사람에게 가장 불행한 사태는 스스로 죽고 싶지 않을 때, 자기의 생명을 보람 있게 꽃피우고 싶을 때, 자기의 소망과 의지에는 상관없이 억눌리고 죽임을 당해야 한다는 것이다. 우리는 이런 형태의 삶을 거부한다. 우리가 바라는 것은 오직 한 가지뿐이다. 우리에게 주어진 생명의 몫을 우리의 능력대로 가꾸어서 굳게 닫힌 천국의 문이 열리도록 커다란 소망의 불꽃으로 키우려는 것뿐이다. 우리는 우리의 귀중한 생명이 가난과 억눌림 속에서 시들고 짓밟히는 것을 바라지 않는다. 우리는 이웃의 생명이 우리의 무관심 속에서 싸늘하게 식어 증오의 덩어리로 응어리지는 것을 바라지 않는다. 우리는 본래 하나의 유기적 생명체인 우리 민족이 허리를 절단당한 채 단말마의 고통 속에서 잘려진 토막끼리 서로 할퀴고 물어뜯고 자멸적으로 찢어 가르는 피바다의 지옥을 바라지 않는다. 민족들 사이의 일체의 멸시, 차별, 불신, 증오와 착취, 억압, 세뇌, 병탄, 학살, 보복, 전쟁의 악순환을 바라지 않으며 그로 인한 민족들 전체의 상호멸망을 바라지 않는다.

스스로 신령한 생명체이며 우리 인류에게 먹이를 제공해 주는 동료 생명인 미생물, 풀, 벌레, 새와 물고기와 짐승과 숲들과 산맥들이 학대당하고 약탈·파괴·멸종당하고 죽고 썩어서 부패 오염물질로 비참하게 전락하는 것을 바라지 않으며, 또한 전락 그 자체가 이미 인류생명의 부패·오염·죽음이므로 이를 바라지 않는다. 스스로 신령한 생명체이며 우리 인류와 모든 중생의 삶의 터전이요 어머니인 물과 토지와 공기, 그리고 대기 전체와 태양과 달과 별들과 우주 전체의 파멸을 바라지 않는다. 우리는 우리 인간 자신과 삼라만상 안에서 쉴 새 없이 활동하고 있는 신령한 생명 그 자체의 어떠한 형태의 파괴도 바라지 않는다. 생명은 알파요 오메가다. 그것 말고 다른 것은 없다. 재난에 부딪친 생명의 창조적 부활을 위해 생명파괴와 죽음의 실상에 정확한 진단을 내려야 한다. 생명파괴의 역사는 이미 오래 전에 시작되었다. 그러나 그것이 전면화의 절정에 달한 것은 20세기다. 우리는 여기에서 20세기에 절정에 달한 생명파괴의 역사가 현대사 안에서 구체적으로 어떤 경로를 밟아 진행되었는지를 간략하게 살펴볼 필요가 있다.

　파시즘과 민주주의의 대결이라는 외관을 띠고 있었던 제2차 세계대전이 끝나면서 세계는 역사상 유례없는 평화의 시대로 들어서는 듯했다. 자유의 적들은 민주연합 세력의 단결과 선진된 과학의 힘 앞에 무릎을 꿇었으며, 식민지에서는 민족해방 운동이 불붙기 시작했다. 자본주의는 다가올 시대에 더 많은 분배와 정의를 약속하고 공산주의는 평등하고 계급 없는 사회의 실현을 선언했다. 진정한 평화는 강대국의 힘에 의해서가 아니라 여러 민족의 자율과 평등을 바탕으로 한 유대 위에서만 실현될 수 있으며, 사회정의와 복지는 권력자의 자선에 의해서가 아니라 시민과 민중의 각성에 의해서만 현실에 뿌리 내릴 수 있다는 생각이 자리 잡기 시작했다. 자본과 무기와 기술은 원조와 협력이라는 이름으로 선진국에서 이른바 개발도상국으로 엄청나게 이동하고, 신신사회를 풍요롭게 한 부와 이념이 후신 사회도 살찌게 할 수 있다는 낙관이 온 세계를 부풀게 했다.
　그러나 40년이라는 시간이 흐르면서 우리 눈앞에 전개된 사태는 예측과는 엄청나게 다른 것이었다. 우선 민주와 자유와 평등과 정의를 표방했던 선진 사회의 위선적인 태도가 표면에 드러나기 시작했다. 20세기 초까지 미국과 유럽을 지배했던 독점 자본주의는 부의 지나친 집중으로 말미암아 계층 사이의 이익대립을 양극화 시키고, 세계를 국가 간의 제국주의적 이익대립의 난장판으로 바꾸고, 거대한 신식민지 체제를 재편성하면서 세계 인구의 대다수를 노예상태로 전락시켰다. 과학·기술·학문·교육의 발달로 해방에 대한 전망과 가능성이 극도로 높아졌음에도 불구하고, 바로 그 가능성이 소수의 계층과 민족의 손에 놓이게 됨으로써 전쟁과 공황과 불신은 이제 일상적인 삶의 환경으로 자리 잡게 되었다.

이렇듯 파탄에 빠진 사회와 국가를 재정비하기 위해 선진 자본주의 진영에서는 수정자본주의가 대두하여 국가가 사이에 들어 계층 간의 타협을 주선하였으며, 뒤떨어진 자본주의 국가들 안에서는 공산주의와 파시즘이 뿌리를 내렸다. 공산주의는 타락한 봉건 식민잔재와 무능하고 부패한 자본가의 일소를 기치로 세우고, 파시즘은 독재자 한 사람의 영도 아래 국가 이익을 국경 밖에서 건져내려는 목적으로 사회를 유기체적 기능 집단으로 재편성하였다. 격렬한 투쟁과정을 거쳤음에도 불구하고 제2차 세계대전 중에 손잡고 싸웠던 자본주의와 공산주의 사이의 모순은 완전한 정산을 보지 못했다. 이 전쟁 중에 성립된 전시체제는 양상을 달리하여 냉전체제로 개편되고, 파시즘과의 투쟁과정에서 국민총력전의 형태로 굳어진 국가의 기본 골격은 전후에도 그대로 존속되어 민중은 자신의 양심과 이익에 관계없이 군부·관료·자본가의 연합세력이 주도하는 이 총력체제에서 병사와 군수 노동자와 저임 생필품 생산자로 동원되었다.

구식민체제에서 형식상의 독립을 얻은 신생국가들은 민족적 차원의 자주적 발전 양식을 모색할 틈도 없이 이 냉전체제의 덫에 걸려들었다. 냉전체제 하의 평화는 군사력의 균형 위에서 유지되는 것이어서 평화의 고유한 요소인 안정성과 확실성을 지니고 있지 못하며,

이에 따라 세계의 북쪽인 동서양 블록, 즉 강대국의 이해 대립이 당사자들 간의 직접적인 전쟁 행태로 나타나는 대신에 지구를 몇 번이나 황폐시키고 남을 핵무기 및 재래식 군비의 끊임없는 확산, 대리전쟁, 국지전쟁이라는 형태로 나타난다.

신생독립국은 그들의 후진성 탈피를 위해서 불가피하게 강대국의 자원과 기술에 의존하게 되고, 그 과정에서 냉전체제에 자연스럽게 편입되어 정치적·경제적 위성국으로 전락하게 되며, 이에 따라 구식민잔재 세력은 강대국의 비호 아래 고스란히 온존하여 독립국가의 사회적 기강을 어지럽히고 경제적으로는 매판세력으로 나타나 신생국가에서 가장 강력한 조직인 군부와 결탁, 후진국 파시즘을 정착시킨다. 정통성이 없는 식민잔재 세력의 존재는 개발도상국의 건전한 국가발전을 해치는 가장 큰 장애요인이다. 이들은 정통성의 확립에 협력하기보다 식민지 체제의 유산인 탄압·고문·음모·학살·보복의 정치 전통을 계승하여 제나라 민중을 억압하며, 그 결과 필연적으로 나타나는 폭동·테러·무장반란·혁명의 직접적 책임소재가 된다. 이러한 부작용의 저류로 작용하는 냉전질서는 대결을 최선의 정책으로 삼는 자신의 성격을 반성하여 고쳐나가기보다는 자신의 모든 힘을 기존의 가치 유지에 얽어매는 경직현상을 보인다.

우선 선진 자본주의 체제에서 이윤추구의 동기는 국가의 지도 아래 새로운 운동 방향을 모색하게 되고, 잠재적인 과잉생산과 국내시장의 포화로 투자 기회를 해외에서 찾게 된다. 이렇게 해서 다국적 기업의 형태로 확대·개편된 독점기업은 이제 막 식민지적 수탈에서 벗어난 신생독립국들의 취약한 생산 기반을 무너뜨림으로써 그들의 자생적 역량을 꺾어버린다. 정치적 목적과 밀착된 원조와 경제협력 관계는 매판세력을 더욱 살찌게 하여 냉전과 자본운동의 대리인으로 나서게 하고, 이런 신식민주의 확대 재생산의 구조 위에서 자기나라 안의 계급적 갈등을 무마시킨다.

고도산업 사회의 거짓과 위선은 바로 여기에 바탕을 두고 있다. 그들은 풍요의 의미를 더 많은 상품의 소비에 국한시키고 인간이성의 능력을 마비시키면서, 자기들이 해결해야 할 근본문제들을 저개발국들에 떠맡긴다. 상품소비로 대표되는 풍요의 체제는 자본가의 손에 그 운명을 맡기기 때문에 모든 가치는 이윤추구의 동기라는 척도에 의해서 우선 순위가 정해진다. 그들은 거기에서 이윤만 생긴다면 인간의 생명 유지에 필수적인 공기와 물이 더럽혀지는 것마저 아랑곳하지 않으며, 자연 자원의 고갈이나 화학비료·농약의 남용으로 인한 지력의 쇠퇴, 생태계의 파괴에도 관심을 두지 않는다.

도시의 밀집된 생활공간에서 인간의 심성이 일그러지고 알코올이나 환각제가 시민의 몸과 마음을 황폐시키는 것을 도외시하는 것은 말할 것도 없고 모든, 매스미디어를 총동원하여 인간의 의식을 상품가치 하나에 집중되도록 마춰시키는 데에 혈안이 된다. 결국 저개발국가에서 받아들이는 것은 선진 사회의 부가 아니라 쓰레기일 뿐이다. 이렇듯이 냉전의 덫에 걸린 저개발국은 자신에게 맞는 발전양식을 개발하기보다는 선진 사회의 모형을 그대로 수용하게 되고, 자생적 발전의 바탕이 되는 식량생산, 생활필수품의 자급, 문화적 전통의 발전적 계승, 삶의 질적 향상 등에 시선을 돌릴 줄 모르게 되었다.

현시점에서 공산주의 체제의 가장 큰 문제는 **빠른 시일 안에 자본주의와 어깨를 겨눌 수 있는 생산력의 확충이 인민에 대한 이데올로기의 강요라는 형태로 나타났다는 점에 있다. 자본주의에 대해 일종의 피해의식을 가지고 출발하는 공산주의 체제에서는 어느 면에서 자본주의보다 더 빠르게 국민 총동원 체제가 완성된다. 현재까지 나타난 양상으로부터 일반화하자면 프롤레타리아트 독재의 이념은 혼란에 빠진 사회를 배경으로 일당 독재의 이데올로기로 변질되고, 폐쇄된 당질서 안에서 급격히 일인 독재의 정치를 탄생시킨다. 빠른 시일 안에 자본주의를 따라 잡으려는 목표 아래 그 목표에 대한 어떤 비판이나 일탈도 허용하지 않고 숙청과 초과노동을 일상적 정치문화로 정착시킨다. 생산의 우상화는 국민의 소비생활을 고도로 제한하고, 노동은 강제성을 띠게 된다.

추상적 목표의 우상화도 빼놓을 수 없는 폐해이다. 소련의 일국 사회주의는 공산주의의 세계 지향성을 일종의 패권주의로 전락시키고, 많은 위성국을 출현시켰으며, 위성국의 국민에게 소련에서 수입된 일인 독재체제 아래서 강요된 경직된 이데올로기를 따르도록 강요했다. 주권제한론 따위 후안무치한 궤변으로 한 민족의 주체와 존엄을 말살할 전략적 필요에 따라 타 민족들을 서슴없이 약탈, 유린, 학살하는 고대적인 제국주의로 둔갑했다. 봉건제도의 기반은 무너졌으나 봉건제의 전제주의적 가치는 그대로 보존된 셈이다. 지도자가 제 자식에게 통치권을 계승하는 따위 시대착오적 왕조 공산주의마저 출현하게까지 되었다. 비밀경찰제도, 지식인 억압, 심지어 국가 관리 경제에 대해 회의를 표명하는 노동자의 탄압이 체제의 지속에 대한 대가로 처러지고 있다. 잉여의 절대양이 군비경쟁과 우주적인 초무기 생산과 생명파괴를 위한 조직적 음모에 소비되고 있다.

현대 공산주의는 자본주의와 마찬가지로 유럽 합리주의, 유물주의 전통의 산물이며 뉴튼, 데카르트, 로크, 그리고 스미스와 헤겔의 후계사상이다. 그것은 자본주의에서 한걸음 더 나아가 헤겔로부터 세속화된 신학마저 박탈함으로써 유럽으로부터 기독교와 함께 일체의 영성적인 것을 마지막으로 제거했다. 자본주의와 똑같이 인간중심주의에 돌아감으로써 봉건제적 질곡을 무너뜨리고 풍요한 세계건설을 예언하며 유물론에 의한 유물론적 질곡으로부터의 해방을 약속했으나, 자본주의와 똑같이 인간중심주의의 그 중심성에만 초조하게 집착함으로써 유물론적 질곡과 범생명 파괴의 물신지배를 확대시킨다. 역사적 유물론의 이른바 자기소외다.

오류는 그 이론의 전개과정의 산물이지만 동시에 그 이론 자체의 자기모순으로부터 시작된 것이다. 그것은 끊임없이 살아 움직이며 변화하는 인간과 생명현상에 대한 역시 살아 움직이는 총체적 이해에 실패했고 인간과 자아, 인간과 인간, 인간과 우주자연 사이의 근원적인 유기적 총체성에 대한 역시 살아 움직이는 총체적 인식에 실패함으로써 당연한 결과로 그것의 개조에 있어서 실패하고 있다. 유럽사상의 한계다. 그것은 정도와 구조의 차이에도 불구하고 근본적으로는 자본주의와 똑같이 인간의 사회적 해방을 소유의 근원적 인정과 소유의 분배조정에 고정시킴으로써, 그리고 형태와 표현의 차이에도 불구하고 근본적으로는 자본주의와 똑같이 세계의 혁명적 개조를 산업주의와 기술 개발, 생산속도의 가열화에 고정시킴으로써 인간의식을 더욱더 단단히 소유에 결박시키고 진정한 사회적 해방을 저해하며 인간생명과 자연생명을 똑같이 물질화시키고, 범생명의 모든 고리들을 분해·고갈·변질·파괴함으로써 그들 스스로 극단적으로 우상화시킨 추상적 목표인 이른바 '자유의 왕국'이 한낱 망상적 미궁임을 그들 스스로 입증하고 있다.

자본주의와 더불어 존재와 소유 사이의 갈등을 더욱 더 첨예화시키고 있으며 존재를 분배된 소유, 증대된 소유의 총체로 오해하도록, 그것을 위해 자신과 이웃과 대지의 생명을 파괴하는 폭력의 정당성을 맹신하도록, 분리·분열·대립·갈등·투쟁·정복을 역사의 잠정적이고 상대적인 현상이 아니라 생명의 항구적이고 절대적인 본성으로 착각하도록 세뇌시키고, 그것을 실천하도록 강제함으로써 인간과 범생명의 물질화를 극단적으로 심화시킨다. 그것은 자본주의와 더불어 희랍 이래 유럽사상의 본질적 측면인 수직적·선적·단계론적·물질주의적·공리주의적·진화론적·진보주의적·인간중심주의적, 상승주의적인 세계관, 그리하여 결국은 이원론적, 요소론적·형상론적 세계관의 휘황찬란한 영웅서사시적인 완성인 것이다. 그리고 그것이 지금 여기 자본주의와 더불어 범생명을 파괴하고 있다.

이와 같은 세계질서 안에서 그 속에서는 인간다운 삶의 유지가 불가능하다고 느끼는 광범한 대중집단, 곧 '민중'이 나타난다. 민중이란 이데올로기적인 측면에서 고립시켜 지칭하는 사회적 계급이라기보다 왜곡된 역사 속에서 모든 형태의 억압자들과 실천적으로 대결하는 과정에서 생성된 피억압자들의 세력 일반을 지칭하는 말이다. 거기에는 고전적인 계급의 도식으로 파악할 수 있는 노동자, 농민, 도시영세민, 양심적인 자본가, 지식인, 성직자 및 차별받고 냉대 받는 인종 전체가 포함되어 있다. 구체적으로 말하면 민중은 제국주의 및 냉전의 질서에 시달리고 그에 대해 저항하는 과정에서 형성된 제3세계의 실체이다. 그들은 새로운 세계, 빛과 생명을 약속 받은 인간들이다. 이 점에서 그들은 정복전쟁의 산물인 고대의 노예와 구별된다. 그들은 제국주의가 전 세계적인 영역으로 확장되었을 때 새로운 압제의 멍에를 짊어진 것이다. 그들의 힘에 넘치는 노동에도 불구하고, 또 그에 따라 사회적인 부가 확대되고 있음에도 불구하고 인간 및 자연생명의 가공할 파괴·고갈에도 불구하고 그들은 만성적인 빈곤과 비참과 죽음 속에서 허덕이고 있다. 한 사회의 총체적 부가 증가하면 구성원도 저절로 그 혜택을 입게 된다는 가설은 적어도 제3세계에서는 허구로 판가름이 났다.

저개발국들은 그들의 모든 역량을 경제개발에 집중했으나 분배체제를 염두에 두지 않고 진행된 개발 정책은 이자라는 형식을 빌어 경제잉여를 대부분 해외로 유출시키는 데에 그쳤으며, 그나마 남은 얼마 안 되는 경제잉여도 국내에서 자본가적 이윤을 보전시키는 데에 돌려져서 결국 소수의 손에 독점되고 말았다.

경제적인 불평등은 빈부의 격차라는 물질적 삶의 국면에만 머물지 않는다. 후진 자본주의 체제는 가혹한 수탈체제를 유지하기 위하여 민중의 자각을 억누르지 않을 수 없으며, 그들의 단결된 행동을 폭력적으로 탄압하지 않을 수 없다. 이 억압의 강화를 통하여 국가권력은 민중들 사이에 무력감으로 대표되는 피압박 심리를 내면화시키고 유효수요를 강제로 창출하기 위한 악순환적인 소비문화의 조장, 농촌파괴, 농업생산력 격감, 대규모의 국내이민, 농업노동력의 도시집중, 실업, 고향상실, 비인간화, 전통단절, 민중의식의 뿌리뽑힘을 가속시키고, 미디어와 교육에 의한 산업주의 세뇌 및 상호불신 풍조를 조상하고, 자원을 고갈시키며 생태계를 파괴하고 오염과 공해의 지옥으로 대지를 황폐화시키면서, 실업자를 구제하려는 노력을 기울이는 대신에 그들을 노동시장 조작에 이용함으로써 비인간적인 고용구조를 상대적으로 안정된 것처럼 위장시키고 있다.

반면 이 악순환의 혁명적 극복을 기치로 내세우는 전투적 혁명집단은 민중을 증오와 생명파괴, 학살과 집단보복의 악순환 속으로 또다시 밀어 넣는다. 국가의 통치 역량은 국민의 복지와 생명의 본성에 대한 올바른 인식을 확장시키는 데에 기울여지는 대신, 제국주의적인 외국산업 군사자본과 결탁하여 민중의 수탈에 동원되거나 혁명의 수술과 피비린내 나는 숙청작업에 동원되고 있다. 그러나 민중의 삶에, 그리고 그것을 바탕으로 해서 비로소 가능해지는 전체적 생존에 필요한 것은 이윤의 보전이나 권력의 유지나 혁명의 수출이 아니라, 생명의 본성을 지키고 협동적 생존의 확장으로 사회적 해방을 수행하려는 각성된 의식과 단결된 행동이다.

필요한 것은 유럽적인 자본주의·제국주의·신식민주의와 그와 결탁한 소수매판 군부세력 대 유럽적인 공산주의·사회제국주의·패권주의와 그에 지원받는 무장폭력 혁명집단의 폭력대결의 악순환, 그 피비린내 나는 상대연기(相對緣起)가 아니라, 모든 생명, 일체인간, 특히 제3세계 민중자신의 전통적 지혜와 창조적 노동 속에 생생하게 살아 움직이고 있는 그 보편적 생명에 대한 존중과 사랑, 그리고 그 다양한 협동적 생산 및 생존의 전통에 단단히 뿌리내린 영성적이면서도 공동체적인 새로운 세계관 확립과, 그러한 생명의 세계관에 일치한 전 사회적, 전 우주적인 다양한 협동적 생존의 확장운동이다. 이러한 세계관과 운동은 결코 기존의 학문·과학·기술의 성과들을 소박하게 부정적으로만 보지 않는다.

본래 학문·과학·기술의 가치는 생명의 유지·보존·확장의 함수이다. 기술은 그 본성이 언제나 실패하는 곳에서부터 출발한다는 섬에서 생명 지향적이기 때문이다. 다만 어떤 세계관, 어떤 가치관에 의해 통어되고 지휘되며 관통되고 촉진되는가에 따라 죽음의 힘으로 역전될 수도, 생명의 힘으로 회복될 수도 있는 것이다. 이 새롭고 민중적인 생명의 세계관, 생명의 존재양식을 기본가치·중심가치로 확립하고 그 토대 위에서 유럽과 더불어 온 인류가 창조하고 성취시킨 학문·과학·기술·문화와 민중운동의 여러 역사적 경험들을 생명의 기본 가치관에 의해 엄중히 판단하고 비판적으로 수렴·통합하여 생명의 방향으로 재활성화하고 생명의 방향으로 재활용하는 창조적 통일이 실천되는 과정으로부터 제3세계 민중자신을 비롯한 전 인류와 전 생명계, 전 우주적인 생명의 부활·해방·완성을 향한 세계사적 대전환에 대해 제3세계 민중운동이 짊어진 역사적 책임의 내용이 그 확실한 모습을 드러낼 것이다. 이제 아시아·아프리카·라틴 아메리카의 광활한 대륙에서, 수십억 민중의 일상적인 영성과 생존 속에서 생명운동이라는 대전변이 일어나야 하고 또 일어날 수밖에 없다는 신념이야말로 죽음에 직면한 전 인류, 전 중생의 유일한 희망이다.

죽음은 생명의 대치물이 아니다. 죽음은 역동적·창조적으로 운동하는 생명의 한 반대계일 뿐이다. 생명은 죽음의 죽음으로서의 죽음의 극복이며, 죽고 부활하는 생명이야말로 영원하고 무궁하며 참으로 살아 있는 참 생명인 것이다. 창조적 생명운동과 그 운동의 실천 속에서 자기 안에 영원무궁한 생명이 우주의 주체로서 살고 죽고 또다시 거듭거듭 부활하면서 쉴 새 없이 활동하고 지속하고 있음을 확신하고 그 활동이 매일매일의 협동적 생존 속에서 끊임없이 확장하고 신선해지고 있음을 경험하는 민중은 더 이상 죽음을 두려워하지 않는다. 핵전쟁에 의한 전 지구의 파멸, 우주전쟁에 의한 천체의 파탄, 그 파천황의 죽음도 그 뒤에 올 휘황찬란한 범생명의 해탈과 부활, 즉 현실적인 후천개벽의 한 반대계기일 뿐 두려울 것은 아무것도 없다. 민중은 그 부활의 씨앗을 매일매일의 생명운동의 실천 속에서 지금 여기 자신과 사회에 뿌림으로써 지금 여기 끝없이 부활하고 있기 때문이다.

생명의 진리는 중도다. 그것은 양쪽 가장자리를 떠나면서도 가운데가 아니다[離邊非中]. 그것은 모두[全]이며, 모든 것이 생명의 씨앗임[處處皆佛]을 믿는 것이며, 이 믿음으로부터 오는 사랑의 실천[慈悲行]이다.

제3세계 민중운동에서 생명운동은 자본주의와 공산주의를 다 같이 떠나면서도 그 중간 길이 아니다. 이것은 어떤 것·어떤 사람을 반대하는 것이 아니라 모든 것·모든 사람 속에 활동하는 반생명적 경향을 반대하고 모든 것·모든 사람 속에 숨은 채 드러나는 생명의 씨앗을 현실적으로 꽃피우는 일이다. 절충이나 샛길은 이 운동과 인연이 없다.

제3세계만이 아니라 모든 사회, 모든 민족, 모든 계층, 모든 인종과 나아가 모든 유정·무정(有情·無情)의 생명체와 존재 속에 생생히 살아계신 영원무궁한 총체적 생명이, 이 죽음의 시대에 있어 그 생명의 참된 담지자이며 그 실천적 전위인 민중이 지금 여기 협동적으로, 그러나 다양하고 개성 있게 확장적으로, 그러나 진취성 있게 과학적으로 일체의 생명파괴에 저항하며 서로 존중과 사랑으로써 공동체적 삶을 건설함에 의하여, 모든 적대적인 또는 다양한 기존의 이데올로기와 물신의 지배 아래 있는 생명이 '있는 그대로의 체제 속에서' 스스로 창조하고 스스로 해방하고 반생명에 저항하다 죽고 다시 부활하여 스스로 확장함으로써 자신을 변화시키고 체제 자체의 역사적 한계를 근본적으로·근원적으로 철저히 소멸시킬 전면적인 부활과 해방과 개벽을 가져오는 변혁운동이며 동시에 자비와 사랑의 운동인 것이다.

한국의 사회와 인간은 일반화된 생명경시, 생명파괴, 반생명현상 위에 분단 상황까지 상승요인으로 작용하여 어떤 점에서는 보편적인 생명파괴의 가장 적나라한 전시장으로 볼 수도 있다. 이러한 현상을 인식하고 척결하려는 이념적 및 실천적 대응으로서의 수많은 운동이 있어 왔으나 정도의 차이는 있지만 대체로 현상의 인식에 국부적·요소론적이었고 그 척결의 실천에 있어 순환적·이원론적이어서 총체적인 생명의 회복에 있어 오히려 생명의 원리나 생명의 실상과 반대되는 방면으로 나가기도 했다.

　이것은 물론 상황자체의 복잡하고 어려운 점들 때문이기도 하겠으나 상당한 정도로 이 운동들을 지도한 지식인들의 세계관·운동관의 내용에 그 원인이 있다. 서구 사회를 휩쓴 진보주의의 이름 아래 강요된 선적(線的)·수직적·단계론적·공리주의적이며 결국은 형상론적인 세계관과 운동관[8]에 그 원인이 있다. 이러한 이념, 사상 등은 생명파괴를 극복하기보다 가속시키는 작용을 더 많이 한 측면이 있다. 그러나 독초가 무성한 곳에는 반드시 영험한 약초가 있는 법이다. 생명파괴, 반생명현상이 극심하고 보편화된 한국 사회, 특히 민중의 생존 속에 일상화되고 있는 생명파괴를 극복할 슬기와 힘은 민중 자신의 개인 및 집단적인 노동체험과 지혜의 전통 안에 숨겨져 있다.

---

8) 선적·수직적·단계론적·공리주의적이며 결국은 형상론적인 세계관과 운동관 : 사태의 물량적 증대와 확장이 곧바로 질적인 변화로 이어진다(선적사고), 세계의 질서는 사다리꼴로 되어 있어서 가장 훌륭한 것은 맨 위에 자리 잡고 있다(수직적사고), 다윈의 진화론에서 보듯이 생명의 진화에는 단계가 있고 따라서 생명의 문제해결도 낮은 단계의 문제부터 점진적으로 단계를 밟아서 해결해 나가야 한다(단계론적 사고). 애초부터 고립된 것으로 보이는 개개의 생명에 모두를 만족시켜 줄 문제해결 방법은 없으므로, 최선의 길은 소수의 생명을 희생시키더라도 다수의 생명을 유지하면 그것이 바른 길이다(공리주의적 사고). 모든 생명체는 각각 독특한 개성을 지니고 있는 독립된 단위이므로 이들의 특성을 충분히 존중하려면 그들에게서 어떤 가변성과 역동성도 배제하고, 하나하나를 시간과 공간을 초월한 불변하는 것으로 파악해야 한다(형상론적 사고)는 세계관 및 운동관으로서 이것은 모두 생명의 본질에 대한 왜곡된 인식으로부터 생겨난 부정적 세계관이요 운동관이다.

토지를 살아 있는 생물로 보고 물과 바람과 대기, 빛과 그늘, 변화하는 기후와 계절, 풀·곡식, 나무와 벌레, 짐승들을 하나의 총체적인 통일된 생명체로, 하나의 통일적인 기(氣)의 운동으로 인식하고 믿어 의심치 않으며, 일체생명을 신령한 것으로 존중하는 전통과 이웃을 한 형제, 한 가족처럼 가깝게 느끼는 전통 속에 이미 영성적이면서 공동체적인 세계관이, 생명의 세계관과 그에 입각한 전 사회적, 전 우주적인 협동적 생존의 확장 가능성이 '숨겨진 채로 드러나' 있다. 물론 이러한 공동체적 세계관이 가진 봉건유제와의 일정한 관계와 그에 관련된 한계성, 그리고 미신적인 세계인식에로의 경계범람과 어떤 형태의 보수성 등에 대한 날카로운 과학적 비판을 조건으로 한다. 그러나 그럼에도 불구하고 총체적 세계인식과 영성적인 인간이해라는 초미한 현실적 도전에 대한 창조적인 응전의 기초는 이 민중적 세계인식과 보편진리로서의 생명의 사랑 이외에서는 발견하기 어렵다.

'숨겨진 채로 드러나고 있는' 이러한 민중적 세계관, 생명의 세계관을 기초로 하여 현대 서양철학의 생물학적 전환[9], 물리학 및 제

---

[9] 현대철학의 생물학적 전환 : 철학의 전통 속에서 우주의 생성을 생물학적 관점에서 해명하려는 시도는 서양에서는 탈레스의 물활론(物活論) 이래로 플라톤과 아리스토텔레스를 거쳐서, 그리고 동양에서는 불교나 도가사상 이래로 태극설과 이기논쟁(理氣論爭)을 거쳐서 끊임없이 이어져 내려 왔으나, 계몽기 이후로 자연과학이 급속히 발달하고, 특히 물리학의 법칙이 자연과학 일반의 법칙의 효용성을 대변하게 되면서 철학의 물리학적·기계론적 전환이 급속히 일어났다. 그러나 1900년대 초에 양자역학, 빛의 파동설, 불확정성 원리 같은 물리학 자체 안에서의 기존 물리학 이론의 완벽성에 대한 강력한 의문이 제기되면서, 또 궁극적으로 생명현상·정신현상이 물리학적·기계론적 법칙으로 환원되기 어렵다는 각성이 뿌리를 내리기 시작하고, 정신현상과 생명현상을 물질의 원리와는 다른 생명의 원리에 의해서 해명하려는 시도가 딜타이, 베르그송, 화이트 헤드, 샤르댕 같은 철학자들에 의해서 이루어져 왔다. 현대

과학 사상의 혁신적인 변화, 기술의 놀라운 발전성과들과 제반 민중운동의 역사적 경험들을 새로운 비판적 조명 아래 자각적·창조적으로 통일하여 심화 확대시키는 곳으로부터, 그러한 민중적 세계관에 입각한 전 민중적, 전 사회적, 전 인류적, 전 생명계적인 협동적 생존10)의 확장과 영성적이면서 공동체적인 새로운 생존방식을 창조 발전시키는 운동을 제3세계 민중운동과의 공고한 연대 속에서 수행하는 곳으로부터 한국 사회의 극심한 일체의 생명파괴 현상과 분단 상황에 대한 근본적이고 총체적인 해결책·대응책이 찾아질 수 있다.

8.15 광복 이래 진정한 해방이 계속 지체되는 악조건 속에서 이 땅의 양심적 지식인과 학생·성직자들은 민중의 고뇌를 정의의 이름으로 대변해왔다. 또 외세의 힘을 업은 매국적인 억압 체제와 맞서오면서 민중은 이 민족의 정기를 보존하기 위해 온 힘을 기울여 왔다. 민중은 자신의 노동을 근대국가의 건설에 쏟아 부었으며 부정과 부패가 만연하고 있을 때 죽음을 무릅쓰고 저항해 왔다. 그리하여 이제 어떤 지배자도 민중과 민족을 도외시하고 군림할 수 없다는 사실이 국민전체의 의식에 뿌리내리게 되었다. 이와 같은 거국적 자

분석철학에서 끊임없는 논쟁의 대상이 되는 몸과 마음의 문제(mind-body problem)도 이러한 전환의 고비를 반영하고 있다고 볼 수 있겠다.
10) 전 생명계적인 협동적 생존 : 공해문제는 본질적으로 생존의 문제를 인간이라는 폐쇄된 종의 울타리 속에 집어넣고 해결하려고 한 데에서부터 일어난 것이다. 범생명에 대한 존중, 자연은 인간의 생존에 필수적 동반자라는 각성은 넓게는 동양문화권 전체, 좁게는 한반도의 역사적 전통 속에 이미 깊이 뿌리내린 민중적 지혜의 결정체이다. 농촌 공동체적 삶에서 모기나 파리 같은 해충의 생명까지도 존중하여 멀리 쫓아버릴 뿐 잔혹하게 죽이지는 않는 관습이 아직도 유지되고 있음에 주목하라.

각은 앞으로 전개될 민족사의 방향을 근본적으로 규정할 것이다. 억압을 일삼고 허위의식으로 국민을 오도한 불의하고 악덕한 집단은 더 이상 민중을 기만할 수 없는 막다른 골목에서 타협을 모색하고 있다. 앞으로 전개될 어떤 운동도 이와 같은 역사적 좌표 위에서 자기의 방향을 찾아야 할 것이다.

우선 지금까지 운동을 주도해 왔던 소위 선진 집단들은 오랜 저항과 그에 따르는 희생에도 불구하고 왜 민중의 비극을 구체적으로 해결하지 못했는지를 근본적으로 반성해야한다. 이들 집단은 모든 행동을 민중과 민족의 이름 아래 해왔으면서도 민중과 민족이 겪고 있는 역경에 대한 올바른 인식을 하지 못했다는 점에서, 이들은 사회적 모순에서 발생한 개인의 고난을 민중의 총체적인 움직임으로 활성화하지 못한 책임을 져야 한다.

우리는 우리가 마주하고 있는 민중의 소리에 귀를 기울이기보다 외국으로부터 관념적으로 배운 우리의 매판적·급진적 지식을 민중에게 강요하지나 않았을까? 우리 자신이 한 사람의 민중으로 민중의 삶을 스스로 살며 민중의 호흡을 자기 자신의 호흡으로 숨쉬기보다 몇 가지 학문적 도식에 빠져 상황의 핵심을 전혀 오해하지는 않았을까? 가장 큰 고난의 담당자가 민중임에도 불구하고 민중의 피압박 심리에 지쳐 우리들 즉 지식인들만이 그 상황을 해결할 수 있다는 독단적 아집에 빠지지 않았을까?

우리가 당면한 가장 큰 문제는 소위 운동의 담당자라고 자처하는 사람들 사이에서 은연중에 엿보이는 민중의 잠재력에 대한 불신이다. 민중의 삶에서 생명 보존의 본능적 충동으로부터 튀어나오는 거친 행동과 말투에 근거 없이 압도되어 말로는 민중을 위해 일한다고 하면서도 전 민중과 진정한 하나가 되어야 할 때 소심하게 움츠러드는 패배주의가 우리의 실천을 저해하는 암적인 요소로 작용해 왔다.

우리는 지금까지 민중을 총체적으로 파악하는 데 실패했고 민중 속에서 줄기차게 살아 생동하는 근원적 세계관·가치관을 인식하는 데 실패했기 때문에 자신을 얻을 수 없었다는 점을 시인해야 한다. 우리는 민중을 당면한 피압박 상태의 피해자로만 볼 것이 아니라 다가오는 미래에 억압의 무거운 멍에를 벗어버리고 민족적 현실의 주체자로 등장할 중심 세력이며 그 해방의 주도적 이념의 실질적인 담지자임을 깨달아야 한다. 역사의 발전에서 가장 중요한 것은 현실의 모순과 주체의 의지이다. 의지는 그 진정한 목표와 그에 이르는 방법이 모순 없이 통합되었을 때 비로소 힘을 발휘할 수 있다.

그러면 현재의 시점에서 주체적 의지의 진정한 목표는 무엇인가? 전 세계적으로 전 사회적으로 허무하게 짓밟히고 시들어가는 생명을 되살려내는 일이다. 악마에의 저항에서 악마 편에 가담하는 자에 못지않게 악마와 맞서서 저항하는 쪽도 생명자체를 추상적 이념과 소외된 욕망에 종속시킬 위험이 크다. 그러나 목적을 망각한 저항은 반드시 저항 자체를 배반하게 된다는 점에서 생명에 대한 사랑으로 뒷받침되지 않은 저항은 무엇보다 경계해야 한다. 우리가 추구하는 방법은 목적을 배반하지 않으면서 궁극적으로 '민중적 합법성'을 띠고 있어야 한다.[11]

---

[11] 우리가 추구하는 목적은 평등한 인간관계에서 출발한 생명 존중, 협동적 삶이다. 따라서 이 목적에 맞는 방법을 선택할 때는 그것은 반드시 민중적 합법성, 곧 민중에 의해서 전폭적으로 지지받게 됨으로써 소수의 악마적 세력으로 하여금 용납하고 타협적 태도로 나올 수밖에 없도록 강력한 뒷받침을 얻어야 한다. 우리의 행동이 급진적 성격을 띰으로써 운동에 참여하지 않은 사람에게 불필요한 공포심을 주지 않아야 하는 까닭도 여기에 있다.

II. 본문

1. 생명의 회복과 생명의 본성에 대한 인식

오늘날 전 세계적인 범위에서 그리고 전 사회적 규모에서 심각하게 문제시 되고 있는 노동소외, 빈부격차, 무역불균형, 소비의 악순환, 생산속도의 가속화, 분업의 극대화, 전자 기구에 의한 인간노동의 고용축소, 사회제도 및 구조적 모순의 심화, 법률의 사회통제도구로서의 전락, 산업재해, 식량위기, 화학비료의 남용에 의한 토지 생산력 감퇴와 토지의 사멸과 생태계 파괴, 식품전반에 있어서의 독물의 문제, 농촌과 도시 및 선진국과 후진국 사이의 문화적 격차와 길항, 세계적 자본주의 체제 속에의 편입, 인간노동과 인격의 상품화, 농촌의 도시문화에의 일방적 편입, 자원고갈, 대기 및 수질오염, 인구의 도시집중과 교통·건축 등 도시설계의 문제점, 군중의 분해, 집단적 이동, 온갖 형태의 혼효현상, 제도교육과 매스 미디어와 종교의식 등에 의한 세뇌, 인간의 정체상실, 정신분열, 도착, 상호불신과 갈등의 일반화, 사회적 적의의 압도, 물신숭배·속도숭배·폭력숭배·소비숭배, 알코올중독·약물중독, 피임약 남용과 소파수술 남발에 의한 여성 생체의 파괴, 임신중절과 낙태의 반복, 영아살해의 합법적 보편화, 가학·피학증세의 보편화, 대중적 기만의 만연, 군비경쟁과 대량살상용 무기개발과 무차별한 군사장비 판매, 전쟁·핵 확산, 정치적 탄압·고문, 대량학살, 음모에 의한 인간의 물질화, 폭동·무장반란, 폭력혁명·테러리즘, 복수의 악순환, 대량숙청·강제노동, 속도 전략에 의한 초과노동, 이데올로기 강요, 새로운 형식의 세계분할, 이념으로서의 요소론·이원론, 상승주의적 진화론, 욕망의 체계로서의 사회인식의 일반화, 전체 민중에 대한 과대한 엘리트지배의 폐해, 테크노크라시의 과도한 압도와 기술 숭배 및 관료주의의 횡포, 경제지상주의·제국주의·신식민주의·사회제국주의·팽창주의·패권주의·국수주의·군사주의·국가지상주의, 인간의 시간과 공간의 자의적 약탈과 분할 그리고 이 세력의 자체논리에 입각한 물량 대형화·조직화와 동시에 개체의 철저한 고립과 입자화 등 오늘날 지상에서 일어나고 있는 온갖 부조리한 일체현상의 내부를 관통하고 있는 것은 생명경시·생명파괴·반생명의 악마적 경향이다.

이에 대응하여 역시 전 세계적인 범위에서 그리고 전 사회적 규모에서 생명의 회복과 생명의 본성에 대한 인식이 요청되고 있으며 생명을 일체의 가치관·인생관·사회관·역사관·세계관·우주관의 중심으로 파악하고 그것을 중심으로 기존의 모든 과학기술의 성과들을 창조적으로 통합할 것과 협동적 생존의 확장에 의한 개인 및 사회적 생명의 진정한 부활·해방이 요구되고 있다. 한 포기의 배추에 있어서의 참된 생명력의 문제로부터 이론물리학의 '장'의 원리나 철학에서의 범주론과 언표방식에 있어서의 생물학적 전환에 이르기까지 생명의 세계관 확립과 그에 입각한 일체 인간과 자연생명계까지를 포함하는 협동적 생존의 확장이 기대되고 있다.

2. 영성적이고 공동체적인 새로운 생존방식

한국의 사회와 인간은 일반화된 생명경시, 생명파괴, 반생명현상 위에 주종적 의존관계, 소위 근대화의 우상화 및 선진·후진국간의 불평등 관계, 그리고 분단 상황까지 상승요인으로 작용하여 어떤 점에서는 보편적인 생명파괴의 가장 적나라한 전시장으로 볼 수도 있다. 이러한 현상을 인식하고 척결하려는 이념적 및 실천적 대응으로서 수많은 운동들이 있어 왔으나 정도의 차이는 있지만 대체로 현상의 인식에 국부적·요소론적이었고 그 척결의 실천에 있어서 순환적·이원론적이어서 총체적인 생명의 회복에 있어 오히려 생명의 원리나 생명의 실상과 반대되는 방면으로 나가기도 했다.

이것은 물론 상황자체의 복잡하고 어려운 점들 때문이기도 하겠으나 상당한 정도로 이 운동들을 지도한 지식인들의 세계관, 운동관의 내용에 그 원인이 있다. 서구사회를 휩쓴 진보주의의 이름 아래 강요된 선적·수직적·단계론적, 공리주의적이며, 결국은 형상론적인 세계관과 운동관에 그 원인이 있다.

이러한 이념, 사상 등은 생명파괴를 극복하기보다 가속시키는 작용을 더 많이 한 측면이 있다. 그러나 독초가 무성한 곳에는 반드시 영험한 약초가 있는 법이다. 생명파괴·반생명현상이 극심하고 보편화된 한국사회, 특히 민중의 생존 속에 일상화되고 있는 생명파괴를 극복할 슬기와 힘은 민중 자신의 개인 및 집단적인 노동체험과 지혜의 전통 안에 숨겨져 있다. 토지를 살아 있는 생물로 보고 물과 바람과 대기, 빛과 그늘, 변화하는 기후와 계절, 풀, 곡식, 나무와 벌레, 짐승들을 하나의 총체적인 통일된 생명체로 하나의 통일적인 기(氣)의 운동으로 인식하고 믿어 의심치 않으며, 일체생명을 신령한 것으로 존중하는 전통과 이웃을 한 형체, 한 가족처럼 가깝게 느끼는 전통 속에 이미 영성적이면서 공동체적인 세계관이 생명의 세계관과 그에 입각한 전 사회적, 전 우주적인 협동적 생존의 확장 가능성이 '숨겨진 채로 드러나' 있다.

'품앗이'와 '두레'에 협동적 생산활동의 전형이, '대동굿'에 영성적이면서도 공동체적인 생존의 전형뿐만 아니라, 생산노동과 집단논리, 일상생활과 신에의 전례(典禮), 개인생존과 사회적 생존의 통일적 인식 및 실천, 우주자연의 운동과 인생변화의 일치된 파악, 삶과 죽음과 부활의 운동으로서의 범생명의 파악 및 그에 대한 합일, 사회적 대화이면서 생명의 자기순환, 자기회복 및 창조적 확장으로서의 말과 춤과 음악의 유기적 기능의 인식과 그 실천의 전형이 있으며, 이것과 더불어 민요 일반과 노동요 · 가사 · 민담 · 속담 · 격언 · 수수께끼 등 일체 민중의 구비 전통문화 가운데에 그리고 지금도 활용되고 있는 전통적 농사방법 일반 속에 이러한 유기적 세계관의 전형이 드러난다.

'씻김굿'에는 정화 즉 세례의 전형과 더불어 삶과 죽음의 차별을 넘어선 범생명적 인식 및 그 생활화의 전형이 있고, 세시풍속과 통과의례, 지신밟기와 마당씻이, 액막이와 살풀이, 무속 일반과 최수운의 칼춤 등 속에 반생명 · 생명파괴의 힘, 죽임의 힘, 상극하는 힘, 즉 재앙과 원한과 죽음에 대한 거부와 해소의 전형이, 탈춤 속에는 사회적 모순과 민중의 적이 전형성(典刑性)을 통해 반생명적 죽음의 모습으로 형상화되며 그것에 대한 저항 양식과 저항 뒤의 승리와 화해의 양식이 있고, '화합굿'에는 상극하는 음양의 통일로서 생명의 부활 · 확장을 인식한 지혜로운 세계인식이 있으며, 무엇보다도 민중 자신의 생각과 말과 이야기와 생활 속에 이러한 생명의 세계관과 협동적 생존의 깊은 경험 및 지혜와 신념이 드러나고 있다.

이조 중후기에 급속히 발전된 자영농(自營農)과 공인(工人)들의 공업기술의 아직 남아있는 형태 속에는 유럽적인 생명파괴적·비(非)유기적 산업화나 농업기계화가 아닌 생명지향적·유기적인 기술 체계 발전의 놀라운 전형이 보이며, 과학사(科學史)와 함께 그러한 기술 및 생산체계가 가진 민중 자신의 생명의 세계관, 협동적 생존과의 연관을 검토함으로써 앞으로의 민중적 생명운동에 있어서 과학기술, 생산노동과 협업 및 분업 등의 관계와 그 가치 내용 및 한계 등에 대한 과학적·유기적인 판단기준을 창조적으로 인식하고 찾아낼 수 있을 것이다.

'숨겨진 채로 드러나고 있는' 이러한 민중적 세계관, 생명의 세계관을 중심 기초로 하여 역학(易學), 대승불교와 선사상, 노장철학과 주체적으로 수용된 기독교 신비사상, 동학과 증산교의 가르침을 배경으로 하고 그리스도의 삶·죽음·부활의 신비와 신구약의 생명의 복음의 인도를 받아 현대 서양철학의 생물학적 전환, 물리학 및 제 과학사상의 혁신적인 변화, 기술의 놀라운 발전성과들과 제반 민중운동의 역사적 경험들을 새로운 비판적 조명 아래 통일하여 자각적·창조적으로 심화·확대시키는 곳으로부터 그러한 민중적 세계관에 입각한 전 민중적, 전 사회적, 전 인류적, 전 생명계적인 협동적 생존의 확장과 영성적이면서 공동체적인 새로운 생존양식을 창조 발전시키는 운동을 제3세계 민중운동과의 공고한 연대 속에서 수행하는 곳으로부터 한국 사회의 극심한 일체의 생명파괴 현상과 분단 상황에 대한 근본적이고 총체적인 해결책·대응책을 찾아야 한다.

3. 근본적인 해결책은 민중자신의 지혜로부터

우리의 바람직한 활동은 단순한 자선, 구빈, 자금 지원 등 소위 사회사업만이 아니라, 인간해방과 사회개혁, 즉 인간의 영성화와 사회적 생존의 협동적 재건에 그 주된 목적이 있다. 따라서 경제사업과 사회운동, 현장 활동과 교육, 교육에 있어서의 양과 질, 영성운동과 협동운동, 농촌생존과 도시생존, 농업노동과 농외노동, 농민운동과 노동운동, 정착농민과 도시이농민, 취업근로자와 실업자, 산업노동자와 도시 빈민, 농촌과 광산, 광산노동과 도시노동, 지도자와 군중, 어업노동과 농업노동 또는 광산노동 또는 공업노동 또는 자유노동 등 상호간의 다양한 유기적 상관관계와 유동성, 도시학생·지식인 운동과 민중운동, 도시청년과 농촌청년, 도시여성운동과 농촌 및 광산 또는 어촌 또는 공장여성과의 다각적인 유기적 상관관계, 교회 기초공동체운동과 협동운동, 교회의 신학방향과 운동기초로서의 민중적 세계관, 제3세계운동과의 관계, 구미공업사회와의 관계, 공업사회 내부의 민중운동과의 관계, 생태생물학적 신연구와 농법, 신협·소협·노청·가농·기농·도산·사선·노총 그 밖에 각종 교회단체 및 기구들과 각종 사회단체 및 그룹들, 학생·지식인들과 사회개발 단체들 사이의 다양하고 복잡한 유기적 상관관계 등을 통일적·총체적·일원론적·동시적·확장론적·수평적으로 인식12)하고 해결해 나가야 하는 것이다.

---

12) 생명의 본질에 대한 바른 통찰에서 출발하는 인식은 모든 생명의 왜곡현상과 그것을 바로 잡으려는 생명활동을 자신의 문제로 환원시키게 되며, 그렇게 되면 어느 하나의 문제도 고립되거나, 부분적이거나, 고정되거나, 독자적인 것으로 존재하는 것이 아니므로, 이 문제의 해결도 생명계 전체의 역량을 결집시킴으로써 비로소 가능

그러나 이제까지의 활동에서 나타나는 것은 여러 면에서의 많은 성과와 힘겨운 노력에도 불구하고 대체로 사업과 운동, 현장상황과 교육, 영성과 협동, 농촌생활과 도시생활, 농민운동과 노동운동, 교회의 개발활동, 활동자와 부락주민, 현지 지도자와 기타 주민, 각종 유관단체들 사이와 각 계층들 사이에서의 분리현상이 아직도 극복되지 못하고 있다. 이것은 물론 이제까지의 활동기간 중에 일어난 정치·경제·사회적인 복잡하고 어려운 여러 가지 상황과 조건 때문이기는하나 상당한 정도로 활동을 주도해온 활동자들 자신의 세계관·운동관·사업관과 일에 임하는 태도 즉 작품의 내용과 구조에도 그 원인이 있다.

 사업과 운동, 영성과 활동들을 분리해서 보는 이원론적 사고, 경제적·물질적 문제의 해결 뒤에 서서히 사회적·정신적 또는 정치적·영성적인 변화가 온다는 단계론적 사고, 강력한 지도자가 확신을 가지고 대중을 끌고 갈 수밖에 없다는 수직적 사고, 현장에 거주하는 사람의 이동 가능성·가변성을 보지 않고 한 부락·한 사람을 고정적인 사업단위로 파악하는 정태적 사고, 이 계층과 저 계층, 도시와 농촌, 이 단체와 저 단체를 서로 분할된 독립적 존재로 보는 요소론적 사고, 사업의 양을 물리적으로 축적하는 과정은 결국 필연적으로 운동이 미래의 방향으로 진보되어 나가기 마련이라는 선적(線的) 사고 등이 지적될 수 있다.

하다는 자각을 갖게 된다. 이것은 주(註)8의 인식과 상반되는 진실한 인식으로서 모든 판단의 기준은 생명의 보호와 창조에 있다. 생명은 모든 생물의 상호 부조와 보완으로 유지되며, 생명은 결코 머물러 변하지 않는 것이 아니라 끊임없이 자기쇄신의 운동 가운데 있음으로써 비로소 변화의 방향자체를 바람직하게 설정할 수 있을뿐더러 자신의 활동범위를 넓힘으로써 생명 그 자체를 안전하게 만든다.

이러한 사고들은 모두 서구적인 형상론적 세계관의 산물이며, 상승주의적·파상적 진보 사관의 필연적인 결과라고 볼 수도 있다. 이것들은 결코 전면적인 생명파괴에 대한 근본적 대응책·해결책이 될 수 없으며, 오히려 생명파괴·반생명 현상을 심화하거나 은폐시킬 수 있는 이념이요 관점들이다. 이러한 모든 바람직하지 못한 이념·관점·견해들은 한꺼번에 총체적으로 극복해야 한다. 어떻게 한꺼번에 총체적으로 극복할 것인가?

문제의 중심, 중심문제의 해결은 자동적으로 주변문제의 해결을 동반하는 법이다. 문제의 중심, 중심문제는 외래의 매판적, 반민중적 이념·관점·견해의 척결이다. 따라서 진정하고 근본적이며 총체적인 해결책은 민중 자신의 지혜와 활동으로부터 나와야 한다. 모든 지식에 있어서 말과 글의 차이는 심각한 문제를 만들어낸다. 민간전승의 지혜, 구비(口碑)적인 지혜는 생활·노동·저항, 죽음과 부활의 희망을 포함한 민중의 역사적 지식의 축적물로서의 지혜다. 그 지혜와 그 활동, 그것이 바로 생명의 세계관이며 협동적 생존의 전통이다. 민중의 이러한 전통적 세계관은 가치판단과 사실판단, 종합판단과 분석판단의 합일에서 성립하는 역동적인 세계관이다. 이것이 문제해결의 중심 고리가 되어야 한다. 그러나 문자로서 정착되고 사유로써 발전되어온 전통을 전면 무시해도 안 되며 외래적인 사상을 전면 무시해서도 안 된다. 주체와 중심을 분명히 하며 이것을 토대와 기준으로 삼아 광범위하게 비판적·선택적으로 수용, 재활성화 할 수 있고 또 해야만 한다. 동양적·전통적 지혜에 입각한 진보적인 대중 노선의 확립으로써만 문제를 해결할 수 있다. 민중의 전통적인 생명의 세계관을 현대과학의 발전 속에서 재조명하고 자각적으로 이론화하며, 거기에 입각하여 민중의 협동적 공동체적 집단생존의 전통을 현실상황에 알맞게 확대·발전시키고 민중 자신이 주체적·자각적으로 과학적·창조적으로 실현하도록 촉성함으로써만 문제를 해결할 수 있다.

형상론적 세계관은 생명의 세계관에 대한 반대 입장이다. 생명은 일원성·통일성·동시성·투명성·약동성·전일체성 또는 총체성과 다양성·협동성·확장성·반복성·친화성·주체성·저항성 등을 본질로 가지고 있다. 그러나 생명이 일원적이고 통일적이라 해서 그것이 운동하는 과정에서의 잠정적인 이원적 분리를 부인하는 것은 아니다. 일기(一氣)인 태극이 움직일 때에 음과 양의 대조가 나타나는 것처럼, 또한 음 안에도 음과 양이 있고 또한 태극이 있으며, 양 안에도 마찬가지로 음과 양이 있고 또한 태극이 있는 것처럼, 중요한 것은 끝없이 변화하는 이 생명, 즉 기를 태극 즉 근본적으로 일원적·통일적인 것으로 보고 통일적인 전일체적 생명운동 속에서 음양의 분리를 보느냐 아니면 분리 그 자체를 근원적인 것, 이원적인 세계구조로 보느냐의 차이다.

생명이 전일체적이라 해서 그때그때마다의 운동하는 생명의 잠정적인 위상에 주체가 없다고는 말할 수 없다. 생명에도 중심과 둘레가 있다. 마치 원에 중심이 있고 둘레가 있는 것처럼, 생명이 확장적으로 운동한다고 해서 진보를 거부하는 것은 아니다. 생명은 사방팔방시방으로 쉴 새 없이 신선한 생명의 물결을 확장함으로써 진보하는 것이다. 이 확장이 바로 참된 역사의 진보다. 생명은 확산하고 외화하고 소진되는 것만은 아니다. 생명은 또한 확산하면서 동시에 수렴하고, 소외되면서 동시에 자기회귀하며, 굳어지고 고갈되면서 동시에 부활하고 신생한다. 그러나 이때에 반드시 잊지 말아야 할 점은 창조의 기능으로서의 생명의 활동은 현실적으로 대상에 대한 기능이라는 것이다.

　대상이 없는 기능은 없다. 생명이 구체적으로 그 기능을 발휘한다면 그것은 어떤 대상을 전제로 해서이다. 반생명적인 기능이 없는 곳에서는 생명의 기능은 사라진다. 역으로 반생명적 기능이 보편화되는 현실이기 때문에 따라서 생명은 그 구체적인 현실적인 모습으로 기능을 발휘하는 것이다. 빈부의 격차는 빈곤만이 아니라 부유까지도 반생명적 기능으로 작동하게 하여 양측을 다 파괴하고 비인간화시킴으로써 생명에너지를 구조적으로 낭비시킨다. 따라서 빈부격차의 근본적 해소를 위한 활동은 생명에너지의 구조적 충만을 가져온다는 점에서 생명운동의 중요한 내용이 되는 것이다.

　역학의 음양의 원리 등을 실천방법에 광범위하고 지혜롭게 응용, '수동적 적극성'의 방법 등을 개발·활용하여 협동활동에서 제기된 제반 모순과 생명파괴를 해결 극복하게 하는 대중노선을 취함으로써 우리가 부딪힌 분리를 넘어설 수 있으며, 우리 자신도 민중의 한 사람으로서 생명파괴로부터 우리를 해방하고 자기 쇄신을 이룰 수 있을 것이다.

4. 생명운동 교육과 활동의 방향

　활동자 자신들의 연수와 자기변화를 위한 노력은 무엇보다도 중요하다. 인간과 사회와 세계를 보는 눈, 즉 중심 가치관과 세계관이 변화되면 민중관·운동관이 따라서 바뀐다. 근원적인 가치로서의 생명에 귀의하여 생명의 운동과 운동법칙에 충실하며 일체 인간과 중생의 생명을 존중하고 사랑하며 협동하여 살고자 하는 방향으로 중심이 변화하면, 기존의 모든 기술과 조직과 체계들은 있는 그대로 새로운 힘으로써 재활성화 할 수 있다.

먼저 생명의 실상과 정체에 대한 묵상·독서·토론과 대화가 필요하고 무엇보다도 자기 자신과 이웃에 대한 존중과 사랑이 그리고 현장 민중의 지혜와 생활과 여러 활동에서 생명에 대한 지혜를 얻어 내야 하고, 또 얻어낸 지혜를 실천적 논리로 정식화하여 민중에게 다시 되돌려 주어야 하며, 되돌려진 그것이 다시금 민중자신에 의해 재창조되고 변형되는 과정을 관찰하는 방법을 통해 생명을 공부하고 체득해야 할 것이다. 생명의 실상에 맞게 근로민중의 세계 내 존재를 재규정하게 하는 것도 되돌리고 재창조하는 일의 하나이다.

우리는 가장 열악한 조건에서 생산에 참여하는 세계 안에서의 노동자, 농부, 어부의 생명의 구체적 기능에 주목해야 한다. 생명의 세계관에 서서 볼 때에 노동자 또는 광부는 생명을 캐는 자이며, 잠자는 생명의 에너지를 일깨워 인간을 위하여 봉사하게 함으로써 산천초목 등의 많은 실존하는 생명의 보존·확장을 가능하게 하는 자이며, 생산이 이 생명보존확장과 모순될 때 이 모순을 가장 예리하게 느끼고 반발하는 자이다. 왜냐하면 그는 노동을 통해서 대지의 총체적 생명에 친화해 있기 때문이다. 어부는 생명을 건져 올리는 자, 생명의 전환을 통하여 생명전체의 확장·해방·완성에 봉사하는 자이다. 농부는 생명을 길러내는 자, 생명이 자기 기능을 최대한으로 발휘하게 하여 그 결실을 거두어 나누는 자, 곡식이 스스로 자라는 것을 옆에서 거들고 도와서 그 가운데 일부를 보상으로 얻는 자이며, 인간 동료들과 그 보상을 나누어 먹어 동료들의 생명을 확장시키는 자이다. 이때 생명의 학살이냐 생명의 전용이냐를 판가름 하는 것은 그가 석탄이나 철이나 고기나 곡식 속에 깃든 생명력을 섭취하여 어떤 목적 어떤 용도에 쓰느냐에 달려있다.

생명에는 핵과 여백이 있다. 생명은 자기 핵, 자기 종(種)을 유지 보존하기 위해 '먹이사슬'에 따라 다른 생명체의 생명력을 섭취하나, 자기 핵 밖에 엄청난 여백을 창출함으로써 또다른 생명체에게 되돌려 주고 갚아준다. 하나의 생명체가 다른 생명체의 생명력을 섭취하는 것은 그 생명체의 핵 또는 종을 착취하는 것이 아니라 그 여백에 관여하는 것이다. 도태이론이나 약육강식, 종족살인 따위와는 전혀 무관한, 해월(海月) 선생의 이른바 '한울(생명)이 한울을 먹는다(以天食天)'는 원리인 것이다. 그리고 이 원리는 우리나라 민중의 전통적 지혜의 하나다. 이 원리가 여백의 원리요, 먹이사슬의 원리이며, 상부상조의 원리이자 협동의 원리이다.

생명은 각 세포들의 유기적 결합·연관으로 이루어진다. 따라서 협동적 생존방식의 창출과 발전이라는 활동도 이와 동일하게 이해되고 결합되어야 함은 물론이다. 민중에 대한 지도자라는 수직적 관계를 수평적 관계, 봉사자·협조자·촉성자로 실질적으로 변화시켜야 한다. 민중이 요구하는 소박하면서도 현명하고, 완만하면서도 용의주도하며, 오래 견디고 잘 참으면서도 차근차근하고 치밀하며, 몇 시간이고 남의 이야기를 들어주면서도 그 이야기에서 문제해결의 실마리를 찾아내는 재빠름이 있는 민중적 인격자 상을 체현하도록 노력해야 할 것이다. 이것은 생명과 협동운동의 기본적 구조를 이루는 원리요 '수동적 적극성'이다. 끊임없이 민중적 지혜를 개발하고 체득하며 민중적 가치관을 탐구하고 민중적 생존방식을 공부해야 한다. 그리고 그 속에서 깊은 의미를 찾아내야 하고 그것을 현장 활동이나 교육에 응용하는 방법을 통해 민중에게 되돌려야 한다. 근원적 일원론에 입각한 역동적 이원론적 사고, 총체적이고 유기적인 현실인식, 역동적이면서 유연한 활동방식 등은 활동자들에게 무엇보다도 더 중요하게 요구되는 것들이다.

활동의 방향은 생명의 세계관 확립, 의식화와 협동적 생존의 확장으로 그 방법은 역의 음양원리를 다양하게 응용하여 현실의 복잡성에 대응하는 '수동적 적극성'과 같은 방법의 꾸준한 개발에 의해 당면문제를 해결해 나가는 것으로 일단 결정하는 것이 좋다.

현장지도자 양성과 활동후계자 발굴문제는 서로 깊이 관련된 문제다. 현장지도자는 고정적으로 볼 것이 아니라 일상적인 활동과정에서 많은 가능성 있는 사람들을 의식화시키는 과정과 연결시켜서 역동적으로 보아야 한다. 농촌·광산·도시 등 모든 지역에서 생명의 세계관, 가치관과 협동적 생존의 확장에 관한 교육과 상담활동, 대화·토의, 개인적 및 집단적, 사적 및 공적인 모든 과정을 통해서 생명과 협동을 중심으로 의식화시킴으로써 현장지도자와 후계자를 준비시켜야 한다. 상담과 교육활동을 질적으로 심화시키고 강화할 뿐 아니라 어느 계층을 막론하고 광범위하게 그 기능을 확대해야만 한다. 청소년에 대한 상담과 교육은 바로 이러한 관점과 직결시켜서 그 구체적 방향과 방법을 잡는 것이 옳다. 결국 활동자는 자기 자신의 상담과 교육, 대화와 활동을 통해 그 대상들 속에서 자기 자신의 발전적 분신을 창조해 냄으로써 자기 자신의 일상적 활동과 현장지도자 및 후계자 양성 문제를 하나로 통일적으로 해결해야 한다.

교육에 있어 먼저 중요한 것은 교육의 내용, 즉 질의 문제를 해결하는 일이다. 생명에 대한 존중과 사랑, 생명의 가치관·세계관을 내용으로 의식화시켜야 하며, 협동적 생존의 확장의 가치인식과 더불어 현장 협동 활동을 조직·전개 할 수 있는 실천적 기능을 체득토록 해주어야 한다. 이 경우 생명의 세계관·가치관의 보편적 측면의 내용과 특수한 한 계층도 활동방법의 일반 보편적 측면과 특수현장의 구체적·특수적 측면이 함께 고려되고 양 측면을 구분과 연관의 원리에 따라 잘 배합해야 한다.

교육대상은 농민·노동자·빈민·청소년·학생·가정주부 등 각 계층 모두에게로 확대하고 교육 계획 진행 임원들과 예컨대 농민회, 신협, 노동운동 단체, 교회 등에서 나와 공동으로 진행을 집행함으로써 총체적인 민중교육, 민중운동으로의 연결을 확대하고 연대를 강화해야 한다. 교육의 질과 양에 있어서 양자의 관계를 역시 음과 양의 상관원리, 상호진화 원리 등에 입각, 그 관계를 조정해야 한다.

교육방법에 있어서 이제까지 지배적이었던 수직적 방법, 강의식 방법을 지양 또는 부수적인 것으로 하고, 이제까지의 부수적 방법인 수평적 방법 즉 그룹토의와 의견발표 등의 방법을 더욱 발전·심화시켜 전면화 또는 지배적인 방법으로 변혁해야 한다. 활동자들이 생명의 세계관·가치관 그리고 협동적 생존의 확장이라는 방향과 '수동적 적극성' 따위의 방법 등에 따라 민중 스스로의 잠재적 세계관, 가치관과 전통적 생존방식을 논리화시킨 내용을 역시 수평적·상향적, 확장적 교육방식, 교육 분위기를 통해 민중에게 되돌려 주고, 민중 자신이 자기 자신의 잠재적인 생각의 내용을 객관적으로 확인하여 주체적으로 발전시키는 자기교육 방법을 교육방법의 골자로 해야 한다. 그들 자신의 개인사나 가족사 등 자기 이야기와 의견을 개방적으로 하고 싶은 만큼 하도록 하는 방법이 채택되어야 하고, 모든 면에서 자발성을 강화하도록 해야 한다. 시청각 매체를 다양하게 활용하고 탈춤이나 민요·굿·놀이 등을 지혜롭게 활용하는 문화활동, 문화운동 측면을 강화하는 것은 교육의 효과에 있어 관건적인 것으로 될 것이다.

5. 총체적인 사회 연대운동으로서의 생명운동

오늘날과 같이 민중의 운명이 전변무상하고 모든 인간의 생존형식이 덧없이 바뀌는 시대, 사회에서 노동운동·농민운동·빈민운동 등을 고립적인 자기완결성을 가진 폐쇄적 단위로 인식하는 것은 오류다. 물론 특수성과 차이점이 있음에도 불구하고 오히려 요구되는 것은 민중의 총체적 운명에 대한 민중 전체의 총체적·통일적·협동적인 운동의 인식이며, 민중 자신의 자발적인 그 조직 실천이다. 이것은 오늘날 생명파괴가 분리·분열·분할·고립·격차·길항 등을 특징으로 나타내고 심지어 각 계층 운동권 내부에 있어서까지도 그룹 간, 단체 간에 분열과 고립, 분파주의 현상이 두드러지며 모든 인간이 요소화, 입자화, 이기주의, 자기중심주의, 물질만능, 경쟁, 타인 도태 등을 가(假) 모럴로 받아들이는 것과도 무관하지 않다. 생명의 참된 존재양식은 협동이며 총체요, 통일이요, 친교요, 역동이다. 민중운동 특히 생명과 협동을 가치와 실천의 핵심으로 하는 민중운동은 마땅히 총체적인 연대운동이어야 한다. 따라서 농민회·노조·신협·소협·노청·사선 등은 전체적인 운동과정에서 협력과 연대를 지속적으로 강화해 나가야 한다. 유관단체들과 긴밀한 정보 교환 및 프로젝트 내용의 동일성과 호흡의 일치를 협의해야 하며, 동일한 운동을 동시에 집행토록 제도적 보장과 자금지원 등 여러 문제들의 해결점을 협의하여 찾아야 한다.

생명운동은 또한 사회운동이며 동시에 영성운동이다. 따라서 여러 종교단체와 신구기독교회 및 수도단체나 수양단체들과 협력·연대가 강화되어야 하고, 다른 행동단체나 일반사회단체 및 기구와 연대를 강화하고 이것을 지식인·청소년·직업여성·주부·소시민·상인·군인·학생·언론인·연예인·실업인·공무원·문인·예술가들 속으로 지속적·적극적으로 확장시켜야 한다. 나아가 외국의 민중운동 및 교회운동, 생명보호운동, 평화운동 등과의 연대 강화는 당연한 일이며, 생명과 협동의 확장적 총체성이 그대로 요구되는 바이다. 이 모든 경우에 있어 조건은 가장 먼저 스스로 우리 자신들의 영성적 차원의 변화, 영적 능력의 증대, 즉 생명에의 귀의·의식화가 얼마만큼 빛나게 이루어지느냐에 있다.

Ⅲ. 각론

1. 농민

1) 농촌·농민·농업의 생명적 본성

농촌은 마음의 고향, 대지는 종자를 보존·성장·확대하는 어머니이다. 농민은 생명을 길러내고 생명이 자기 기능을 최대한으로 발휘하게 하여 그 결실을 거두어 나누는 자, 곡식이 스스로 자라는 것을 옆에서 거들고 도와서 그 가운데 일부를 보상으로 얻는 자이며, 인간 동료들과 그 보상을 나누어 먹어 동료들의 생명을 확장시키는 자이다.

농업노동은 그 자체가 생명의 연속적인 창조과정의 진리에 일치하는 체험을 통해서 농민이 영성적인 삶을 살게 하고, 물·햇빛·흙·공기, 계절의 변화, 농작물의 종자 등을 노동과정을 통해 그 능력이나 자원을 소모·파괴하는 것이 아니라 보존·확장·성장시키고 상부상조적으로 협동하게 하며, 동시에 인간 동료와 협농함으로써 원초적으로 협동적 생존을 확장하는 노동이다.

또한 자연생명의 종자를 유지 보존함으로써 생명을 지속시 키고, 자연 생명의 여백의 창조와 그 창조과정에서 협동적 생존을, 즉 각 생명 고리들을 통합 교류 상호 적극적 접촉에 의한 자기발전을 능동적으로 조직함으로써 인간 및 자연생명 등 일체의 생명을 지속적으로 확장하는 노동이다. 이것은 합법칙적이고 과학적이며 자각적이고 능동적인 활동이다. 따라서 생명의 세계관 확립과 협동적 생존의 확장이라는 새로운 민중적 세계관 확립운동을 전개함에 있어 농민과 농업은 원초적 의미와 그 전형을 보여준다.

농촌은 농민의 생산과 생존의 터전이며 더욱이 인간 동료와의 공동체적 생존의 근거이다. 농민은 자연과 우주, 신의 창조적 활동과의 일상적 접촉을 통해서 영성적인 해방과 협동적인 생존의 일상적인 전개를 통해 근원적인 생명체험을 하는 자이다. 농업은 인간전체에 대해 영성체험의 역사적 근거인 동시에 인간생존의 기본조건으로서의 식량·목축 및 여러 가지 채취물을 제공한다는 점에서 인간 일반의 사회적 생존의 근거가 된다.

이와 같은 농촌은 역사적으로 보아 토지에 대한 고대국가적 소유, 봉건제적 소유의 확대 과정에서 농민 및 인간의 생명체험과 농업노동, 농업생산의 협농석·능농적인 생명 창조활동을 억압·변질·왜곡당해 왔으며, 자본제적 소유의 급격한 확대에 이르러 생명체험과 협동에 의한 생명창조 활동과정에 심각한 소외현상이 심화되었다. 농업소출이라는 결과가 목적 즉 교환가치로 전환되어 영성적인 생명체험과 협동적인 생존의 확장이라는 농업노동의 근본이 도외시되고 파괴됨으로써 농민 자신의 영성과 농업생산의 사회적 연관이 병적인 상태로 기형화 되었다.

오늘날 인간노동의 특징적 내용이 되는 인간과 인간, 인간과 우주 자연생명, 인간과 자아영성 사이의 분리 갈등은 소유욕과 소유 및 소유의 확대와 동시 쌍생아이다. 또한 인간과 자아영성, 인간과 인간, 인간과 자연 사이의 분리는 소유욕과 소유 및 소유의 확대를 촉진하고, 소유욕과 소유 및 소유의 확대는 인간과 자아영성, 인간과 인간, 인간과 자연 사이의 분리를 가속시킨다. 양자는 하나의 현실이며 그 근원은 분별지의 시작, 즉 생명활동의 이원적 분리의 극대화로부터 시작된다.

자본제적 소유의 확대와 외래적인 매판적 산업화의 급속한 강요과정은 곧 농민 및 모든 인간의 생존의 터전인 토지로부터 농민 및 인간의 이탈분리 과정이며, 영성적이면서 협동적인 근원적 세계관의 기초 담지자인 농민이 토지로서 표상되는 세계 자체로부터 뿌리 뽑힘으로써 인간사회 전체의 참혹한 소외현상이 가속되었다.

사회주의 사회의 농업문제 해결은 농촌·농업·농민의 문제는 봉건제 및 자본제적 소유관계에 그 원인이 있다고 보고, 그 소유구조의 변혁, 지주적 내지 농업 자본가적 독점소유의 일반화로부터 토지의 전 인민적 소유, 전 사회적 소유에로 변혁시킴으로써 농민문제를 해결하려는 점에 있어서 농촌문제의 근본 원인을 토지 소유에서 찾아낸 점, 그것을 변혁시키려 한 점에서 긍정적인 평가가 내려질 수 있다.

그러나 토지에 대한 고대국가적, 봉건제적, 자본제적 소유의 확대 이전에, 확대와 함께 확대과정 근저에, 노동주체인 농민과 노동대상인 자연 사이에, 공동노동체인 농민들 상호간에, 농민

개인 내부 및 농촌 공동체 내부의 집단적 영성 속에서 줄기차게 활동해 온 유기적인 생명연관, 총체적인 생명체험이 가진 힘과 문제점, 그리고 그 안에 작용하는 근원적인 생명의 법칙과 진리에 대한 관점을 놓쳤거나 혹은 잘못 인식, 그리고 그 잘못된 인식에 토대를 두어 농업 문제를 파악하고 해결하려 한 점에서 부정적인 판단을 내릴 수밖에 없다. 또한 근본적으로 현대 사회주의·공산주의는 구라파 사상의 선적, 형상론적, 역사주의적 세계관의 새로운 복제품이다.

공업생산력의 극대화에 의해서 역사를 진보시키고, 지주적 농업자본가적 소유를 전 인민적 소유, 전 사회적 소유로 소유구조의 변혁을 통해 인간을 사회적으로 해방시킬 수 있다는 일면적 유물주의적 낙관론이 바로 그것이다. 생산력 증대에 있어서 생산력 증대 그 자체와 생산기술 및 과학의 활용은 바람직하나, 그것이 인간과 자연생명을 보존·유지·성장·확장·완성시키는 근원적인 생명운동의 진리에 일치하여 증대시키느냐, 아니면 그것을 역행하여 인간과 자연생명을 파괴·소모시키고 고갈시키거나 그 진리를 잘못 인식하는 방향에서 생산력 증대를 극대화시키느냐에 차이가 있다.

사회주의 농업문제 해결은 그들이 내세우는 주장과는 달리 다같이 후자의 길을 걸음으로써 생산력 증대의 극대화 자체를 농업노동의 목표로 두고 인간의 사회적 해방을 소유의 사회적 구조의 변경만으로 해결할 수 있다고 믿은 점에서 인간과 농민을 새로운 형태의 소유 집착, 개인 소유 및 집단 소유에 대한 이기주의로 돌려놓았다.

이런 점에서 사회주의 또한 농업을 중공업의 우선적 건설이라는 공업중심주의에 예속시키고 희생시키는 세계관적 오류를 범하고 있는 것이다. 생산력 증대는 농업에서 나타난 바와 같이 생명의 유기적 연관과 운동이라는 근원적 진리에 입각하여 농업생산의 유기적인 살아있는 노동 및 생산구조의 연장·확장 선상에서 해결되어야 하며, 인간의 개인 및 집단적인 생명체험의 개방 즉 새로운 형태의 영성운동·공동체운동의 적극화에 의해서 소유 문제를 근본적으로 해결함으로써만 인간의 사회적 해방을 성취시킬 수 있는 것이다.

현재 나타나고 있는 제3세계의 농업문제 해결 방법은 사회주의 방식이거나 자본주의 방식이고, 또는 양자의 희생물이 되고 있으며, 다만 부분적으로 알제리·탄자니아 등의 경우가 긍정적인 것으로 보인다. 그러나 이 경우들은 아직 진정한 근원적 세계관에 입각한 적극적인 운동으로 나타나고 있지 않다. 우리나라 경우에 농촌·농업·농민의 생명의 세계관에 입각한 생명운동의 옛 뿌리 혹은 새 씨앗이 민중 속에 살아있는 점이 지적될 수는 있으나, 봉건제(왕조)시대, 일제, 분단, 근대화 과정에서 생명파괴·농촌파괴·농업파괴·농민파괴가 절정에 이른 것이 나타난 현실이다.

남과 북이 이상에 적시한 현상을 답습하고 있는 것이 또 하나의 현실이다. 그 원인은 소유 및 소유의 확대와 생산력 증대의 극대화와 공업우선주의적 세계관, 이기적 인간중심주의에 대한 그릇된 인식과 그 무비판적 답습에서 비롯된다.

2) 농촌·농업·농민에 있어 생명파괴의 실상

토지의 사멸, 생태계 파괴, 비료, 농약, 비닐공해, 천적소멸, 식품의 잔류 독성 문제, 농산품의 창조적 개성 파괴, 농촌공동체 분해, 가족 해체, 인간 영성의 타락, 노동가치가 실현 안 됨, 사회적 소외, 전통문화의 상실, 외래문화·도시문화·소비문화·지배문화에 의한 농촌문화의 파괴, 농민의 정체성 상실, 농촌농업에 대한 희망 애착 상실, 고향 상실, 토지와의 생명적 친화감·연대감 파괴, 공동체적 삶 파괴, 절대다수 농민의 궁핍, 농업노동의 생계유지 노동화, 농업노동소외, 절대다수 농민의 영세 소농화·소작농 증가, 독점자본의 투기 목적의 토지소유와 그 확대, 원야·임야의 독점소유로 농업생산과의 연관 단절, 토지제도 문제, 농지개량조합 등 농민관계 조합의 관료화, 농민지배 도구화, 도시화, 공업단지화, 관광지화, 골프장화, 댐건설 등으로 인한 토지의 상실, 생존터전의 파괴상실, 생태계의 변화, 비교우위론, 저농산물가격정책, 외국 농산물 수입정책, 격심한 이농, 청소년·장년 이동, 농업노동의 노령화 부인화, 농민 건강 악화, 증산 일변도의 시책, 전시효과 행정, 공업중심의 경제개발정책, 산업주의, 땅과의 생명적인 연대감·친화감 상실, 약탈농업, 제도교육, 텔레비전 등 매체의 악영향, 관료주의, 흑백논리, 패배주의, 피학·가학증세, 학벌·지벌·족벌주의, 이기주의, 새마을운동, 주택개량, 물질주의, 출세주의, 권력·금력 숭배, 도시 동경, 자기비하, 팔자소관, 체념, 관광병, 봉건적 잔재 유지 조성, 농민의 증산도구화 등이 농촌, 농업, 농민에 있어서 오늘날의 생명파괴의 실상으로 지적될 수 있다.

3) 생명의 세계관에 바탕한 공동체적 삶의 확장

이제까지의 농민운동은 땅, 자연과의 연대성·친화감을 회복하고 인간 동료와의 협동적인 노동과 공동체적 삶을 회복하고, 농민 스스로 자기정체를 확인하기 위해서, 유기농업, 생산협동, 구매 판매협동, 이용협동, 신용협동, 문화 활동과 정책·제도·시책 개선과 각종 농민조합의 민주화, 부락 및 농촌사회 민주화를 위한 활동으로 진행되어 왔다. 이와 같은 활동은 농민의 인간회복과 경제적 이익 실현, 정치적 권리실현이 그 동기가 되고 주된 관심사였다. 그러나 그 커다란 성과에도 불구하고 농산물 가격과 경제적 처지 개선이라는 농민운동은 생명의 세계관과 협동적 생존의 확장이라는 관점에서 재평가 되고 농민운동의 동기와 목표가 재조정, 부여되어야 한다. 정치적인 주장투쟁에서 시작하는 것보다는 일상적이고 내부적인 협동활동에서부터 시작되고, 스스로 먼저 대내적인 생명운동을 실천함으로써 대외적인 활동을 하게 될 때에도 권력실천이라는 관점보다는 전 사회적 협동적인 생존의 확장이라는 관점으로 동기가 재부여되고 재정립되어야 한다.

현재 농민운동의 당면과제인 외국농산물 도입 반대, 생산비 보장, 조합의 민주화 등은 전 사회적 공동체적 삶의 장애를 극복하고 공동체적 삶의 사회적 확장을 기하는 활동으로 재인식 실천되어야 한다. 땅과의 연대, 자신의 생명유지, 인간 동료와 나누는 과정에서 협동적인 생존을 확장해 가는 관점이 아닐 때 정당한 이익실현이 안 되면 활동을 포기하게 되고, 실현되었을 때는 그 동기가 경제주의·이기주의로 변질된다.

생명의 세계관을 확립하고 공동체적 삶의 확장이라는 관점을 가질 때, 농업노동, 농업생산 과정과 농촌생활에서 연대·교감·친교·친화·생명체험이 그들의 존재에 근거를 주게 되고, 끈질긴 희망을 갖게 한다. 또한 타계층과의 유기적 연관에 의해 협동적인 생존을 확장해 가는 과정에서 생명의 가치관의 사회적 확대를 가능케 한다.

이와 같이 농업생산 관계 속에, 노동체험 속에, 농촌 공동체 삶 속에, 농민문화 속에, 농민의 지혜 속에 숨겨진 채로 드러나 있는 생명의 세계관과 공동체적 삶의 확장이 드러나고 실천되며, 농민운동의 중심으로 되어 확장되고 나아가 전 민중운동, 전 사회적인 삶의 중심으로 되어 확장되어 갈 때 전 사회적인, 전 생명계적인, 전 우주적인 생명파괴를 근원적으로 극복할 수 있게 된다.

4) 생명운동·협동운동의 전개에 장애가 되는 문제점들

산업 우선주의 병폐, 공업 우선주의의 팽배, 농업 천시 풍조, 국내의 독점자본과 관료의 결탁, 경제제일주의, 경제개발정책, 농민관계 조합·단체들의 반농민적 관료성, 농업희생정책, 외국농산물 수입정책, 여러 농민운동·집단에 대한 이해 부족, 그릇된 식품선호 문제, 농민 및 활동단체의 생명의 세계관 및 협동적 생존 확장에 대한 이해 부족.

5) 이러한 문제점들을 해결하는 방법은 다음과 같이 예상된다

기존 활동·운동에 새로운 동기와 새로운 민중적 세계관, 가치관, 운동관을 부여해서 변화를 촉성해야 한다.

농민 자신이 생명의 세계관을 확립하고 협동적 생존의 확장을 실천함으로써 농업관·농민관에 대한 인식의 변화를 가져와야 한다.

기존매체 이용, 반매체 개발·활용, 현장의 모임, 교육 활동, 농촌공동체 문화회복 활동을 통해 의식 변화를 확대시켜 간다.

생산·이용·구판·신용 등 각 분야의 협동 활동을 적극화하고 확장해감으로써 이웃 농민공동체들과의 협동적 생존을 확장해가야 한다.

유기농업·자연농업의 확대를 통해서 땅의 생명력을 되살리고, 먹이사슬의 끊어진 고리들을 회복시키고 농민과 자연의 상관관계, 교호관계, 친화감·연대감을 회복시켜 나가야 한다.

농산물의 개성을 살리고, 건전한 농산물을 생산하고 안전한 농산물을 도시민에게 공급하는 활동, 농촌공동체와 도시공동체의 만남과 나눔을 통하여 하나가 되는 활동을 확장해 가야 한다. 안전하고 건강한 식탁 확보 운동이 그 일환이다.

농민운동은 노동운동, 여러 계층의 민중운동과 통일적인 생명운동, 협동적인 생존의 확장운동으로 연대해야 한다.

2. 어민

1) 어민은 생명을 건져 올리는 생명확장의 담지자

어민은 생명을 건져 올리고, 키우고, 보호하고 나누는 자, 생명의 전환을 통하여 전체 생명의 확장·해방·완성에 봉사하는 자이다.

생명에는 핵과 여백이 있는 바 그 생명의 여백을 채취하여 먹이사슬에 관여, 큰 고리로 전화하는 과정이 생명의 본성인데 어업, 채취노동은 이 여백, 이 먹이사슬과 전화과정에 적극적·능동적으로 관여하는 것이다.

　인간과 어류가 친화하는 과정이 바로 채취이다. 먹고, 나누고, 나누는 과정에서 장이 서는 과정 자체가 노동을 통해서 전일체적·유기적 생명활동을 능동적으로 적극화하는 것이다. 또한 종을 파괴하지 않고 어류를 풍성히 하면서 보호하고 여백을 창출해서 채취한다. 어민과 바다와 물고기 간의 연관·친교·연대성, 생명적 친화 속에서 먹이 속에 들어있는 영양소로 생명력을 충전시키고 그것을 나누어 먹음으로써 생명의 교감을 체험하고 집단적 생명으로 확장함으로써 또한 먹이사슬이 확장되고 생명의 순환이 활성화된다.

2) 어촌·어업·어민의 생명소외 현상

　이기적인 인간중심주의가 소유와 독점, 그 확대와 전면적 이익추구로 나타나 자연파괴, 바다의 생태계 파괴, 생명의 순환을 단절시키고 생명파괴를 초래하며 인간과 바다 간의 교감·연관·친교·친화력·연대성을 파괴하고 어민과 물고기 간의 생명적 친화·연관을 파괴하고 물고기와 사람을 동시에 물질화시킨다. 독점자본은 현대 어로기술, 장비, 탐지기술 등을 총동원하여 남획한 결과 어자원 전체를 고갈·멸종 위기에 몰아넣고 있으며, 어장의 독점, 어로 채취권의 허가제, 소유·독점·판매·공급의 제도적 통제 등으로 맘대로 못 잡고 맘대로 못 판다. 따라서 절대다수의 어민에게는 바다가 그들의 참된 삶의 터전으로서의 바다, 생명을 키우는 바다가 아니라 단순한 생계수단으로서의 어로 작업장으로 변해간다. 점차 바다와 멀어지고, 바다와 어로활동, 생업자체에 진저리를 내게 되며, 풍요한 생명의 바다가 한낱 구경의 대상으로 전락되고 있다.

절대다수 어민의 계속적인 궁핍, 어로노동의 소외, 생계유지 노동화 현상이 나타나고 절대다수 어민이 생산자의 위치에서 어업노동자로 전락한다. 수협은 법과 제도에 의해 어민의 생산과 생활을 보장하는 기구가 아니라 그들 위에 군림하는 횡포의 도구로 변해버렸다. 그 결과 인간과 삶의 터전으로서의 바다와의 연관·친교·연대성·친화성은 파괴되고 어민의 고향상실, 정신분열, 정체성 상실, 협동적 생존터전 상실이라는 전면적인 분열·상실 현상이 지배적 현실로 되었다.

어업에 있어서 과학·기술의 문제는 그 사용방향, 동기에 좌우된다. 현존의 해양과학, 조류학, 어로장비, 기술 등은 인간과 물고기, 물과의 관계를 죽음의 관계로 만들고 있다. 과학과 기술의 성과 자체는 인정하지만 그 사용방향과 동기가 바뀌어야 한다. 어업관련의 과학·기술이 반생명적 방향으로 발전함으로써 자연과 바다에 친화된 인간의 오랜 지혜가 전면적으로 무시되고 있다. 어촌 공동체가 파괴되고, 모두가 경쟁관계로 변화했으며, 어민 스스로 협동적으로 생산 - 공급하는 삶을 상실하고 파괴당하고 있다. 인위적인 남획과 멸종위기가 양식을 대두시키고 있다. 단순히 이익추구만을 동기로 하는 이러한 양식방법은 물고기와 패각류·해초류를 기형화시키고, 그 본래의 생태를 파괴시키고 흐름을 차단함으로써 천연의 맛을 상실시키고, 물고기의 생명을 파괴하고 공해를 발생시킨다.

이기적인 인간중심, 공업중심 풍조가 바다의 오염과 공해, 생산공해·생활공해·관광공해·전쟁공해·석유공해·농약공해·비닐공해·공장폐수공해를 유발시켜 왔고, 공업중심 편리위주의 국토개발(댐 등) 결과 기존 생태계 파괴, 새로운 생태계 출현, 풍토병 발생, 물 자체의 부패, 플랑크톤 전멸, 서식어류의 멸종 등을 낳았다.

식생활의 편리위주 경향, 장기냉동보관, 필요하고 건전한 식생활의 형태가 아닌 입맛 위주, 과잉영양 등을 위한 욕심에 의해 대량 남획이 불가피한 현실이다. 편리, 욕심, 정력 숭배가 지배적 유행으로 되어 건전한 식생활의 실질적 파괴, 신선한 어류를 과도하게 소비하는 식생활의 기형적 확산을 만들었다. 인간 육체의 왜곡에 따른 질환의 속출은 이같은 정력숭배와 기형적 식생활의 결과다. 또한 어촌·어민 공동체의 문화는 바다와 노동, 전통과 현재의 삶이 하나로 되는 생산적·공동체적 문화, 일과 놀이가 하나 되는 문화가 아니라 외래문화, 도시문화, 소비문화, 지배문화의 유입·범람으로 잡문화(雜文化)의 형태가 되었으며, 또한 어촌에서 계속되는 불구자, 과부, 고아 등의 대량 출현의 양태와 그들에 대한 대책 부재는 심각한 문제다.

3) 생명의 교감 체험과 전화·순환·완성과정에 대한 진실한 인식에 입각한 생명의 확립

바다·어류·어민과, 이들의 공동체와, 이들이 제공하는 신선한 수산물을 먹는 인간 동료들과의 근원적인 협동활동을 능동적으로 적극화하는 데서 생명파괴를 전면적으로 해결, 극복하는 것이 가능하다.

어업종사자들, 어민 자신의 생명의 실상에 대한 인식, 바다와의 교감에 입각해서 어촌·어업에 있어서의 독점과 소유문제도 해결토록 활성화하고 어민 주체적인 어협, 수협의 공동체적 삶

의 확장이 백방으로 촉성 추진되어야 하며 실질적으로 타 계층과 협력해서 정책 등에 변화를 가져 오게끔 연대적 활동을 강화함으로써 문제 해결이 가능하다. 어촌의 전통과 어민의 노동생활에 기초를 둔 생산적이며 영성적인 공동체 문화의 회복 또한 반드시 빼놓을 수 없는 중요한 문제다.

3. 이농, 도시빈민, 서비스부문 종사자

1) 뿌리 뽑힌 이농민, 박탈당한 도시 빈민

생산계급이면서도 그 결과를 수렴하지 못하고 뿌리 뽑힌 계층, 극도의 소외 · 불안 · 방황 · 동요 등이 극대화되어 있는 계층, 역사와 생명의 전위이며 주체이면서도 역사적, 사회적, 영성적으로 잘못된 세력, 경향 등에 의해 그 영성 및 사회적 생명이 전면적으로 파괴된 전형, 분해되고 분열되고 천시되고 박탈당한 밑바닥 계층이 바로 이들이 이농민 · 도시빈민이다.

이농은 서구의 세계 지배의 산물이며, 잠재적 유민상태로서 이러한 문명의 그늘 아래서 세계도처에 이러한 운명의 형태와 집단이 확대되고 있다. 구조적 압력에 의해 재래적 생산 활동의 기반으로부터 뿌리 뽑혀 새로운 생활토대로 옮겨졌으나, 그 토대에 안정되지 못하고 지속적으로 동요 · 분열 · 분리되어서 사회적으로 파괴당하고 생명과 영성이 적나라하게 부패되고 있으며, 생명에 대한 인식도 희미해지고 각종 각양에서 윤리적으로 붕괴되고 있다.

극단적 범죄, 도박 · 마약 · 알코올, 매춘, 폐결핵 · 정신질환 · 위장 · 간 · 심장질환, 주체 · 정체성 상실, 그날그날의 생존의 압력, 이농 후 도시 생활에의 적응력 결핍, 도시생활의 경제적 부담의 가중, 심리적 억압 및 혼란 증대, 사회적 소외의 심화, 주거 조건의 협소화에 따른 인간관계의 윤리적 문제, 문화 양태의 변화에 따른 감수성의 평형 파괴, 위생문제의 심각한 위협, 뿌리 뽑힌 채 끊임없는 동요 속에 있음으로 해서 나타나는 희망과 계획의 불가능성, 생명파괴의 극대화된 상태, 공동체적 삶의 완전 해체, 가정공동체의 분해, 개인 입자화, 정신분열, 증오심·적대감의 극대화, 외부 접근자 불신, 도생주의, 내부분열, 상호분해, 폭력지향적 성향의 일반화, 강자를 적으로 간주하면서도 존경하는 심리적인 분열, 생산기초로부터의 이탈, 천태만상의 생활방법으로 인한 조직화의 난점 등이 그 특징으로 지적될 수 있다.

극도의 소외와 생명파괴를 경험하는 중에 끊임없는 직업전환, 실업, 빈번한 이동, 분해·분열, 상호적대, 불신, 윤리적 타락, 동요·불안, 범죄가능성, 적응거부 등이 심하면 심할수록 생명 회복에의 잠재적 갈망이 크다. 동시에 폭력·범죄 및 폭동의 가능성도 크다. 폭력적 파괴의 반대급부가 확산되지 못하기 때문에 그것이 내연할 때는 윤리적 타락, 자기비하, 자기분열로 나타난다.

자기 안에서 무규정적으로 움직이는 유동성과 내부분열 하는 그 근원적인 폭력적 힘에 생명의 저항성이라는 표현을 주고 그 힘의 연소방향을 전환시켜 생명운동의 가능성을 스스로 자각케 해야 하며, 깡패들에게도 소속감과 소속단체가 있듯이 각각 조건의 특수성에 따른 여러 형태의 소집단으로 묶어서 소속감을 주고 서로 상부상조토록 촉성해야 한다.

도시빈민의 속성은 단결력이 없고, 돈과 권력에 약하고, 그룹화·조직화보다는 급격한 변화를 빨리 보여줘야 한다는 점과,

온건한 진행 중에서의 문제해결이 아니라 반생명현상에 대응하는 긴장감 있는 대응형태를 바란다는 점, 그리고 이들은 숫자가 많고 매우 다양하면서도 일치하게 극단적이라는 점 등이 심각한 고려를 요구하고 있다.

따라서 폭력 혁명적 방법이 아니라 참된 의미에서의 근본적인 인간혁명을 목표로 하는 진정한 종교운동이 이들 속에서 일어나야 한다. 함께 부대끼면서, 같이 살면서 그 폭력성을 조절 지양하여 영성적 차원으로 끌어 올려서 모든 자신의 당면문제들을 협동적으로 해결하도록 촉성해야 한다. 자기 전체를 그들 속에 집요하게 헌신하는 사람들의 지속적 희생에 의한 운동이라야 이 부문의 운동은 가능하다. 극단적인 파괴현장이기 때문에 혁명적 방법은 오히려 악순환이 될 뿐이다. 끈덕지고 열렬하게 인격적으로 신뢰를 획득하여 인간 내부의 질적 비약을 모색하도록 회복해야 할 바람직한 인간의 생활상이 생생하게 창조적으로 제시되어야 한다. 즉 그들과 완전히 하나이면서도 오류 없는 모범의 제시가 강력히 요구된다는 점에서 이 부분에 대한 관심은 매우 신중, 예민하게 이루어져야 한다. 일거리와 수입, 주택, 위생, 자녀교육, 생존의 자신감, 공동체의 소속감, 무명성(無名性)에서의 해방. 바로 이러한 것들을 스스로 획득하도록 해줌으로써 진정한 교회가 그들 속에 건설되어야 하고 또 건설될 수 있다. 여러 형태의 자생적 집단들에게 바람직한 새생활에 대한 새로운 동기 부여의 가능성을 찾아야 한다.

산업노동자, 서비스·3차 산업 종사자, 이농민, 실업자 모두가 이리저리 복잡한 형태로 혼효돼 있기 때문에 교회도 진정한 투신과 모험을 하지 않으면 안 된다. 교회의 기존 빈민운동 쪽에 생명의 가치관을 촉성해서 확대하는 방안이 찾아져야 한다. 예수의 제자들은 세리·창녀 등 불가촉천민이었다는 복음의 내용은 바로 이 거대하고 복잡한 민중집단에 대해교회와 모든 민중운동 활동가들이 무엇을 어떻게 해야 하는가에 대한 결정적 암시를 제공할 것이다.

2) 이농과 인구의 유동은 한국 사회의 중요한 특징 현상

현시대 한국사회는 이농이나 직업전환을 단행하지 않아도 모든 민중이 심리적으로 이미 자기의 생산과 생존 토대에서 뿌리뽑혀 있다. 이 덧없는 인간운명의 전변과 유민현상에 대응하는 활동은 농촌·광산·어촌·도시 어느 곳의 민중을 막론하고 통용될 수 있는 총체적인 가치관과 보편적인 생존방식을 깨닫고 익히도록 하는 것이다. 그것은 생명의 세계관을 확립하고 협동적 생존의 확장을 어느 곳, 어느 환경에서든지 실천·체득하도록 해야 한다.

이농민에 대해서 그들의 가치관을 포기하지 않은 채 자발적 지양을 통해서 도시생활에 적응할 수 있도록 도시적 삶과 농촌적 삶의 차이에 대한 유익한 정보를 확보할 수 있게 해야 한다. 이것은 앞으로 모든 계층의 운동이 총체적인 민중운동으로 연대, 통합되어야 한다는 점에서도 매우 중요하다.

4. 산업노동자 일반

1) 노동자는 생명을 캐는 자, 생명의 가공자

산업노동자는 잠자는 생명의 에너지를 일깨워 인간을 위해 봉사하게 함으로써 산천초목 등의 많은 실존하는 생명의 보존 확장을 가능하게 하는 자이며, 생산이 이 생명보존 확장과 모순될 때 이 모순을 가장 예리하게 느끼고 반발하는 자이다. 왜냐하면 그는 노동을 통해서 대지의 총체적 생명에 친화해 있기 때문이다. 목재·광석·철·석유· 아연 등이 땅, 산림, 들판에 있는데 이것을 채취해 올릴 때까지는 그것은 적극적으로 활용되거나 적극적으로 활동하는 상태는 아니다. 이것을 타생명과의 관여를 확대시키는 과정에서 정태적으로 원료상태에 있는 잠으로부터 깨어나게 하고 적극적으로 활동케 하는 자가 바로 채취노동자다.

생산재 생산노동자는 원료가 가진 생명력을 가공해서 활용이 되도록 만들어 인간에게 이용되게 하고 실제 생활에서 인간이 그것을 활용토록 한다는 점에서, 스스로 적극화되기를 기대하는 생명에게 여러 공정을 통해 질적 변화를 주어 생명의 순환·전화를 적극화시킴으로써 생명의 확장· 촉성·변모를 현실화하고 또한 협동적으로 생산하는 자이며, 노동력이 외화하여 만든 가치를 자기와 인간 동료에게 되돌리는 자이고, 그것을 통해서 자기 자신의 생명과 재료 및 생산재 상태의 타생명의 해방을 체험하는 자이다.

2) 생명파괴에 가담해야 하는 노동자의 모순

현대 세계에 있어서의 노동자는 창조적 생명활동에 동참하면서 동시에 자신의 생명을 소외시키고 분열시키며 인류와 세계의 생명을 파괴시키는 모순된 존재이다.

근로조건의 계속적인 악화, 근로시간 연장, 과다한 작업량, 혹사, 기계의 노예화, 새 물건을 만드는데 그것을 만드는 노동자는 걸레가 되어 나오는 모순, 일반화된 노동소외, 전자기구에 의한 인간 노동의 고용축소, 저임금 정책, 노조의 어용화, 민주노조 부재, 노동3권 박탈, 산업재해, 속도 전략에 의한 초과노동, 가난, 생활고, 인간성의 상실, 노동과 인격의 상품화, 주택문제, 건강문제, 해고, 민주적·자율적·협동적 활동의 제한·파괴, 유기적 협동생산의 파괴, 협동적 생존의 파괴가 오늘 이 땅 노동자의 일상적 현실이며, 자원을 소모·고갈·파괴하고 자연환경 오염·공해·생태계파괴를 유발하며, 무기·핵무기·맹독성 농약·유해성 식품 등으로 생명을 파괴하는 공업 생산노동에 스스로 참여, 자신의 생명과 전체 생명을 파괴하는 데에 공범으로 일함으로써 반생명적인 힘의 활동에 편입되는 극심한 자기파괴, 자기소외를 경험하는 것도 또 하나의 일상적인 현실이다.

또한 역사적·사회적 생명 활동의 적극적 주체인 노동자가 창조한 생명 가치가 마땅히 그 가치를 되돌려 받음으로써 확대 재생산을 통해 더욱 더 창조적 생명활동을 해나갈 노동자에게 수렴되지 않는 현상, 즉 소외는 한마다로 확장·수렴·외화·회귀의 생명 본성이 어떤 악마적 세력·경향에 의해 차단·파괴·약탈당하고 있는 현상이며, 이것은 전 세계 특히 제2세계와 더불어 한국 노동자의 생명파괴의 일상적 현실이며 제3세계 자본주의 사회 모순의 일반적 양태이다. 사회주의 사회에서는 세계혁명을 향한 초과노동이 일상화되고 있어 역시 자본주의 사회와 마찬가지로 총체적 생명의 일부인 노동자 자신의 생명과 타 생명을 파괴·분열시키는 소외노동에 빠진다.

노동자의 무기·초무기 등의 대량 생산 공정에의 참여는 세계혁명 따위 추상적인 목표 따위에 의해 합법화될 수 없는 명백한 생명파괴의 공범적 죄과가 된다. 따라서 오늘날 전 세계와 제3세계 특히 한국 노동자들의 이 같은 생명파괴는 이중삼중의 복잡성을 띠는 전문명사적인 모순의 결정적인 자기폭로의 양상이다.

3) 노동관의 핵심이 되는 가치관의 변경이 필요하다

생명의 세계관과 협동적 생존의 확장이라는 세계관·가치관·노동관을 확립해야한다. 생명의 보호, 성장, 확장과 타생명과의 유기적 연관 하에서 참된 노동관이 확립되어야 한다. 앞으로의 노동운동은 건설되어야 할 세계의 미래에 대한 바람직한 상을 지니고 전면적인 생명파괴에 대해서 전면적인 생명운동의 관점에 입각, 탄력성 있게 대처해 나가야만 그 창조적 역할과 함께 현실의 극악한 제반조건에서 활로를 찾을 수 있을 것이다. 임금중심의 경제주의, 정치투쟁 중심의 일면적 운동은 비판되어야 하고 생명운동으로 그 관점의 변경이 일어나야 하며 노동자 자신의 창조적 역할과 동시에 반생명적 활동 가담에 대한 명백한 각성이 병행돼야 한다.

4) 자기 삶을 총체적으로 해결하는 노동운동의 관점

생명의 가치관 및 세계관과 산업·공업과의 관계에 대한 몰이해, 공업우선주의의 팽배와 국제적 독점, 국내적 독점의 관료결탁, 노동관계 악법, 노동운동에 대한 이데올로기 편향, 경제주의(임금, 이익추구), 생명의 본성과 생명의 품위에 대한 인식 부족, 노동자의 생활총체에 대한 이해 부족, 노동자의 개인사에 대한 관심 결핍, 통일적이고 총체적이며 전 인격체적인 살아있는 존재로서의 노동자 이해 부족, 노조단위 계열별 투쟁단체의 한 소속분자로서 일면적인 노동자 파악, 민중운동 활동 집단에 대한 이해 부족 등이 이 같은 해결방향에 있어서의 문제점이다.

새로운 노동운동의 시작이 필요하다. 자기의 삶을 새로이 구상하면서 그 삶을 총체적으로 파악하고 총체적으로 해결하는 새로운 노동운동에로의 기본관점의 변경이 필요하다. 이것이 없으면 집단 운동 안에서 자기인격이 보장되는 것은 필연적 결과다. 사회주의 사회 내에서도 이 점이 해결되지 않고 있다. 노동자 자신이 모든 현실과 사태의 실상과 본질을 파악하고 활동해야 하며 근원적인 용기가 발생할 수 있도록 노동과 노동운동에 대한 관점이 확고해져야 할 것이다.

새로운 것만 계속 찾을 때 낡아빠진 세대론에 봉착한다. 사람만 계속 교체한다고 되는 것이 아니다.

5) 총제적·생활적 협동운동으로서의 노동조합운동

노동조합운동은 이제까지와 같은 임금, 노동삼권을 주 문제로 하는 주장투쟁을 하기 어려워진 반면 신협 등의 협동조합 활동은 활동에 활기가 있다. 단위 노동조합이 한 기업체 안에 폐쇄되고 제한되는 반면 협동조합 활동은 단위의 제약성·폐쇄성에서 벗어나 총괄적인 활동을 통해 민중의 총체적 생활에 관련을 맺을 수 있다. 그리고 노동조합은 신협을 통해서나 소비조합을 통해서 다른 산업노동자 또는 다른 계층의 민중과 자연스럽게 연결된다. 이 모든 특징들을 종합하여 생명의 세계관과 협동적 생존의 확장이라는 방향을 그 지역의 모든 민중—노동자만이 아니라 영세상인, 부녀자, 아동, 다른 산업노동자와 다른 계층의 사람들 전체—의 총체적인 생존에 있어서의 일체의 생명파괴 현상에 대해 통일적이고 단합되면서도 다양한 생명운동을 전개할 수 있으며 또 해야 하고 그 과정과 총체적인 생활적 협동운동을 각계각층 민중들 속에서 광범위하게 벌일 수 있고 또 벌여야 한다.

이 문제는 산업노동자들의 공장 밖에서의 생활 총체가 일반적인 도시 빈민권에 속해 있고, 그들의 가치관과 생활감각은 그 기초에 있어서는 농촌적이면서도 그 외피에 있어서는 도시 빈민적, 소시민적 또는 룸펜적 소비 지향적 특징들을 보여주고 있는 점들과 연관시켜 볼 때 문제의 심각성과 아울러 문제 해결의 가능성의 씨앗도 찾아낼 수 있다는 희망과 결코 무관하지 않다. 또한 이 활동은 다른 도시의 다른 부분 노동자나 여러 가지 다른 계층의 민중과 통일적인 생명운동, 협동운동으로 확장해 나갈 수 있고 또 확장해 나가야 한다.

오늘날과 같은 정치·경제·사회적 상황의 대변동, 그 자체에서 끊임없이 민중의 총체적 역량의 성장에 도움이 될 수 있는 긍정적 징후들을 분석하고 활용해야 하며 근로자들의 역량성장의 전화위복적인 계기를 발견, 활용해야 한다. 비록 사용자 측에 의해서 이루어지는 활동 속에서도 그러한 징후가 있다면 외면하지 말아야 한다.

가장 반생명적 현상이 판치는 바로 그곳에 그 현상을 타개할 열쇠가 있다는 것을 믿고 노력하는 것과 그곳에 나타난 반생명 에너지를 생명에너지로 전화시키도록 노력하는 것은 노동자 문제 해결에 있어 하나의 열쇠가 될 것이다.

5. 광산노동자

광산노동자의 노동과 활동의 의미는 산업노동자 일반의 경우와 그 기본에 있어서 일치한다. 광산은 생명파괴, 반생명현상이 집중적으로, 가장 극단적인 형태로 나타나고 있는 현장이다. 즉, 생명파괴가 밀집된 지역 내에서 총체적으로 다양하게 나타나고 있다. 노동운동과 사회활동의 일반적 방향과 방법은 광산의 경우에서도 원칙적으로 전혀 동일하다.

6. 여성

1) 여성은 생명의 출산자

여성은 가족생명의 출산자, 양육자, 보호자, 매개자, 위안자, 수렴자이다. 따라서 여성은 생명의 세계관에 서서 볼 때, 근원적으로 창조적 생명활동 및 생명운동의 가장 중요한 전위적인 담지자이며 반생명 경향에 대한 생명본성적인 저항에 있어서 최전선이라고 할 만하다. 인간의 본성과 심층심리 안에 뿌리 깊이 활동하고 있는 생명근원 및 고향에의 향수는 구체적으로는 어머니, 또는 여성에 대한 깊은 감정복합의 형태를 띠고 있다. 바로 이 심이 사사석, 석극석으로 인식되고 그 인식을 확장한다면 문명전체와 인간의 사회적 의식에 중요한 평형을 이룩할 수 있을 것이다. 여성은 대지와 창조와 생산의 이미지로서 생명의 동의어라고까지 부를 수 있다. 또한 역사적으로나 현 우리사회에 있어서 여성은 가장 나쁜 조건에서 가장 부담을 많이 짊어진 노동자이다.

2) 철저히 파괴되어온 여성의 생명성

성차별주의, 가부장제적 제도·구조·관습은 가정과 사회와 교회에서 철저하게 전면적으로 여성의 생명을 파괴한다. 봉건적 가족 구조 속에서의 비인간화, 억압·속박의 제물의 표본이 여성이다. 기존의 법률·관습·규범·관례에서의 여성차별은 일반화된 역사적 모순이다. 임신중절과 낙태의 반복, 영아살해의 합법적 보편화, 피임약 남용, 소파수술 남발에 의한 여성생체의 파괴는 오늘날 생명파괴의 가장 직접적이고 근원적인 형태로 나타나고 있다.

남성의 성적 요구의 대상화, 남성의 노리개감화, 여성 스스로의 인간적 품위 상실도 또한 보편화되어 있는 생명파괴의 전면적 현실이다. 남녀불평등, 사회활동 기회의 제약, 노동에 대한 차별평가와 차별대우, 여성자신의 자기비하, 패배의식, 열등감, 팔자소관, 주체성 상실, 숙명주의, 그리고 그 반대 콤플렉스 표현으로서의 남성에 대한 여성 도전 형태의 현존 여성해방운동 등은 모두 다 음양과 태극이라는 총체적인 생명균형을 파괴해 온 오랜 가부장제적 문명의 역사·사회적 모순의 심각한 결과다.

3) 생명운동에 있어서 여성과 남성의 상보적 역할

여성의 모든 성차별에 따르는 질곡으로부터의 해방은 전체 인간과 생명의 본질적 질곡으로부터의 해방과 그 뜻 그 목적이 완전히 일치한다. 여성해방이 무절제한 자기 방종이나 여성의 남성화인 것처럼 오해되어서는 안 된다. 여성은 여성으로서의 독자적인 역할과 특성적 기능이 있으며 이러한 기능의 자각적인 수행 속에서 그와는 다른 독자적·특징적 역할을 수행하는 남성과의 평등, 평화, 균형, 조화, 배합과 통합 그리고 인류와 생명계 일반의 평화가 현실적으로 가능할 것이다.

가사노동, 주부노동, 가족 공동체와 어머니의 의미와 역할에 대한 혁명적 평가 변화가 있어야 한다. 바로 이러한 혁명적 평가변화에 의해서만 여성해방, 여성노동의 창조적 방향과 참된 가치가 드러날 것이며 사회전체의 문화적 평형과 새문명의 기틀이 열릴 것이다.

여성문제에 있어서 주의해야 할 점은 생명운동에 있어서는 여성들이 오히려 남성보다 더 열성적인 입장에 서야 한다는 점이다. 생명이나 협동이나 모두 음이 그 기본이다. 즉 총체성과 조화성이 그 본질적 측면이다. 미래에 도래할 생명과 협동의 시대는 부드러움 · 관대함 · 사랑 · 조화 · 포용 · 행복 · 화해 · 친교 · 자비 · 평등 · 자유와 해방, 통일의 시대다. 여성들은 명실공히 생명과 협동운동에 있어서 남성과 상보적 역할을 맡아야 하고 또 맡게 될 것이다. 생명운동에 있어서 여성들의 적극적 활동이 줄기차게 가열되어야 한다.

7. 청소년

1) 청소년은 신선 · 발랄한 생명 그 자체

청소년은 생명의 신선성, 발랄성, 역동성, 가능성, 순결성, 친화성, 자율성, 진리지향성 등이 굳은 껍데기를 쓰지 않고 그대로 눈에 보이는 인간의 모습으로 나타난 생명 그 자체이고 동시에 커다란 위기를 경험하는 시기이다.

옳게 성장할 가능성도 크지만 감염의 가능성, 일탈의 가능성도 크다. 지극히 생명적이지만 반생명적인 악마적 경향으로 빠져 버릴 가능성도 있다.

2) 청소년들에 감염된 생명파괴의 실상

방황, 반항. 기계 및 전자장치에 대한 매혹, 폭력, 찰나주의, 쾌락주의, 편리주의, 정신적 분열, 피억압심리, 로봇, 컴퓨터, 우주전쟁, 마징거제트, 상품광고, 소비 열풍 등은 청소년들에게 침투력이 강하며 그 본질은 생명 파괴적이다. 도시생활의 리듬, 욕망충족에 대한 병적인 집착, 서구문명과 서구적 생활, 외국취향에 대한 일반화된 동경과 모방 등이 청소년 속에 나타난 일반적인 생명파괴의 실상으로 지적될 수 있다.

대중매체는 청소년에 대해서 생명파괴적 과학기술 문명의 경향, 산업주의 세뇌, 경쟁심리, 이익추구, 영웅심리(인기인 숭배), 폭력, 권력, 소비, 물신숭배 등을 조장한다.

성문제에 대해서 호기심 강하나 처리할 능력이 없는 청소년에게 일방적으로 호기심만 자극하며 장애에 부딪친 생명의 본성적 저항의 동기를 여러 가지로 왜곡 해설, 주입시킨다. 제도교육은 그 내용에 있어서 분단사고, 흑백논리, 물량주의, 민족이기주의, 산업화 제일주의, 실천적 유물론, 편리주의를, 그 방법에 있어서 교육과정의 비민주성, 엘리트주의, 입시제도상의 질곡 등이 본질적으로 통합적인 인간이성과 감성, 판단, 정서 등에 분열을 조장하고 반생명적 세계관을 주입시키며 반생명적, 물질주의적, 약육강식적, 경쟁적, 폭력적 가치관으로 세뇌시키고 있다.

일반사회는 그 경험과정을 통해서 일반화된 부정부패, 기만, 입신출세주의, 경쟁, 독점, 폭력, 빈부격차, 저소득층에 대한 멸시, 고소득층에 대한 숭배, 관료주의, 외래상품선호 등 외래풍조, 혼음문화, 잡문화, 관광병, 무분별한 성개방, 도시중심주의, 대형화 숭배, 도생주의, 불신, 사회적 적의, 극단적 이기주의, 시대착오적인 충효관념의 강요와 세뇌, 학벌·지벌·족벌 중시(봉건잔재와 엘리트주의)의 풍조를 청소년에게 무분별하게 후안무치한 형태로 감염시키고 있으며, 가정은 가족공동체의 실질적 분해, 정서적, 경제적 분열, 형식적 부권, 가정불화, 가출, 각기 독립적인 생활권 확대, 제사(祭祀) 퇴화, 통과의례 부재, 가족의 위기극복의 단합된 유기적인 체험 결핍 등을 청소년에게 선사하고 있다.

그 근본적인 원인은 다음과 같이 네 가지로 지적될 수 있다.

① 생명의 본성으로서의 세계 내 생존양식, 지식, 지혜, 기술, 소망, 판단 등의 세대 전승성 파괴(전통단절, 파괴)로 결과적으로는 생명의 연속성이 파괴되고 있다.
② 전 사회공동체 파괴 분해, 특히 전통적인 농촌공동체의 급격한 해체
③ 무분별한 외래 물질문명의 유입 확산
④ 분단시대의 특징적인 사회병리의 영향 등에 의한 사회적 생명의 장기적이고 광범위적인 전면 파괴

3) 생명의 본성에 바탕한 가족공동체

생명의 세계관·가치관 확립과 협동적 생존의 확장으로 이 모순들을 지양·극복해야 한다. 생명의 본성으로서의 세대전승성을 사적·공적·개인적·집단적으로 가족·사회·교육·매체와 문화일반을 통해 새로운 형태로 회복·강화해야 한다.

공동체적 삶을 확장해 가야한다. 공동체적 삶은 가부장제와 공존할 수 없다. 봉건제적 잔재 및 질곡을 청산함으로써만 생명의 본성에 입각한 진정한 공동체적 삶이 가능하다. 생명의 파장이 가시적 형태로 나타나는 것이 사회적인 공동체이고, 가족공동체는 그 최소단위이다. 가족공동체가 생명력이 있으려면 마을공동체 및 사회공동체와 그 양식 및 그 질적 가치내용의 변화에 있어서 확장과 수렴의 긴밀한 상관관계가 전제되어야 한다. 즉 소공동체는 더 큰 공동체로 확장되고, 큰 공동체는 소공동체와 질적 변화를 시키는 긴밀한 상관관계를 유지해야한다.

가족 이기주의와 한편 가족공동체를 질곡으로 보는 가족해체라는 이 상반된 양자의 오류는 똑같이 지양되어야 하며 그 지양을 위해서는 생명의 본성으로서의 상관관계에서 문제들을 보아야 한다. 타공동체와의 연대, 국제적 공동체와의 협력 관계에서도 이 관점은 타당하다.

가족공동체 내의 가사노동·주부노동의 사회적 의미, 가족생명의 출산자·양육자·보호자·매개자·위안자·수렴자인 어머니의 의미에 대한 혁명적 평가변화가 있어야 한다.

이런 성질의 가족공동체가 강화되고 이러한 가족공동체의 새로운 영성적·협동적 윤리가 조장되고, 가족이기주의와는 인연이 없는 참된 모성이 확립되어 청소년에게 영향을 주어야 한다. 어머니로서의 여성과 청소년 문제는 긴밀히 연결되어 있다. 이러한 가족공동체는 무분별한 외래문화의 영향과 부권의 질곡을 청산케 하고, 청소년의 개인적 성장과정에 있어 그 판단과정에서 이성과 감성에 협동적 생존의 우월성과 통일의 희망과 전망을 줌으로써 분단에서 오는 여러 가지 형태의 심리적·

사회적 불균형에서부터도 벗어날 수 있게 한다. 또한 이런 가족공동체를 통해서 청소년이 생명의 본성 가치에 대한 이해가 높아질 수 있다.

청소년이 생명의 가치관에 입각해서 모든 안팎의 문제들에 대응해 갈 때 그들이 갖는 순결·정열 등의 장점이 발양될 수 있게 된다. 제도가 문제를 해결하는 것이 아니라 인간의 구체적인 삶이 제도·구조·세계를 변화시키는 것이다.

4) 생명운동으로서의 청소년운동의 방향

보이스카웃, 제도교육, 제도매체, 청소년 선도사업, 각종 청소년 활동, 교회의 청소년 활동 등이 생명운동으로서의 청소년 활동의 구실을 못하고 있다. 이것들은 모두 체제화된 교회와 제도교육과 매체의 반동적인 영향이다. 기존매체의 새로운 각도에서의 원숙한 이용, 학교 교사 이용, 가정교육, 어머니 교육, 소매체, 반매체 등을 광범위하게 이용해야 한다.

기존 청소년 운동에 새로운 내용과 동기를 주고 신선한 충격과 새 방향을 제시해야 한다.

앞으로 농민, 노동자, 이농, 문화 등의 전 방면, 전 계층 운동에 있어서 일반적으로 청소년에 대한 관심을 적극화시키고 생명의 세계관에 입각한 전체 민중운동의 일환으로 새로운 청소년 운동을 일으켜야 한다.

청소년의 성문제에 있어서는 지나친 금기·억압 또는 성성(聖性) 강요와 그 반작용으로서의 방종·문란한 육욕집착과 성변태 등 윤리적 해체 등은 둘 다 동시에 지양되어야 한다.

남녀의 성문제는 생명의 자연스런 사회적 표현으로서의 에로스(eros)의 가치를 강조·확대함으로서 에로스와 직결된 친교와 협동의 사회적 확장을 통해서 육욕의 승화 계기를 만들고, 자연스럽게 '아가페'에로 발전하는 계기를 만들 때 진리에의 공동참여와 사회적 사랑에의 관심 및 개인의 내적 해방이 가능해질 것이다.

특히 교회는 그 자신의 청소년운동을 형식적인 데서 탈피시켜야 한다. 내용에 있어서 생명, 협동뿐만 아니라 그 전개 방법에 있어서도, 살아있는 방법과 민주적이고 공동체적인 방법이어야 한다. 예수가 어린이·청소년의 구원 가능성을 강조한 것은 생명의 역동성·순결성·친화성·유희성·자율성·진리지향성이 굳은 껍데기를 쓰지 않고 그대로 눈에 보이게 나타나고 있는 시기라는 점 때문이다. 교회의 청소년단체운동도 이 방향으로 바뀌어야 한다. 무엇보다도 중요한 점으로 강조되어야 할 것은 본당에서의 교리 교육과 유치원 등등에서의 수녀의 역할, 교회공동체 안에서의 어머니의 역할로서 수녀의 역할이 강화되어야 한다. 이점은 여성 및 가족공동체에 있어서의 어머니의 의미와 역할에 대한 이상에서의 강조와 그 원칙적 의미가 전적으로 일치한다. 교리 내용과 교육 방법은 살아있는 내용과 방법으로 해야 한다. 가톨릭 산하 교육 기관 및 홍보매체가 전면적으로 이 방향과 방법으로 나가도록 조정되어야 할 것이다.

8. 대학생, 지식인, 문화관계 종사자, 종교인 일반

1) 생명의 실정을 인식하는 과학적·문화적·예술적 활동

이 분야의 활동은 각기 정도의 차이는 있으나 대체로 생명주체가 자기 생명의 활동을 객체로 대상화하여 총체적으로 관찰하고 표현하며 또한 자기가 관찰하고 표현한 기지의 것과 아직도 관찰·표현할 수 없는 미지의 것 즉, 현상적인 것과 본체적인 것의 관계를 이성 또는 감성을 통해 이해하는 활동인 바, 이것은 인간 일반의 기능인데 이런 기능을 집약화하여 연구·분석·판단, 과학적 탐구, 문화적 활용, 예술적 표현 등이라 부르는 정신노동 또는 영적활동으로서, 이러한 활동을 통해 인간은 자기생명과 세계생명의 실정을 자각으로써 인식하고 그 인식을 토대로 생명활동의 현실을 확장적·지속적으로 총체적·창조적으로 완성시켜 나간다.

한편 이런 기능, 이런 활동의 일면적, 자의적, 독점적 극대화는 역사와 사회생활, 과학과 학문기술의 진보를 통한 근원적 생명운동의 파괴·차단·왜곡·변질·은폐, 결국은 반생명적 활동으로 전화하며, 생명과 민중에 대한 반역·억압기능으로 물질화 또는 자기소외를 하기도 한다. 결국 생명파괴의 동기요 힘으로 자기소외 하게 된다. 지식인의 깊은 본체 인식의 지혜가 수반되지 않는 맹목적인 사회과학적 지식 숭배는 생명파괴의 주범 또는 공범의 처지를 면할 수 없다.

이데올로기의 기초 제공자, 반생명적인 그릇된 문명과 생명파괴 활동의 세계관적 기초를 제공하는 자로서 특히 희랍 이래 서구의 선적·수직적·형상론적·단계론적·요소론적·정태적·상승주의적·진보주의적·이원론적 세계관은 이들이 제공한 바로서 바로 생명파괴의 장본인이다. 그 결과 이들은 스스로 생명으로부터 자기를 소외시켜 물질화시키고 민중으로부터 분리시키고 자기 자신이 분열되고 파괴됨으로써 동시에 생명과 민중과 사회전체를 파괴하고 물질화하고 분열시키며, 제도적 억압, 독점, 독재 등의 반생명적 구조의 기초를 제공한다.

2) 본체적이고 총체적인 생명운동의 통일성

사회와 역사현상의 인식은 동태적 분석방법에 그 기초가 있다. 따라서 그 이론은 분열적·분리적이며 대립과 파동의 형식이다. 이것은 생명운동의 구체적 실천에 있어서 매우 중요한 생명파괴 현실에 대한 과학적 인식에 거대한 도움을 줄 수 있다. 그러나 그러한 현상적 분열과 대립 파동의 근원에서 끊임없이 힘차게 활동하고 있는 본체적인 그리고 총체적인 생명운동의 통일성을 인정하고 명확히 인식하며 그것을 모든 사회·역사·자연과 정신현상의 중심 기초로 하여 그 위에서 현상적인 분열·분리·파동을 인식할 때에만 도움이 된다.

만약 현상의 기초인 본체적이고 총체적인 생명운동의 통일성을 보지 않고 역사·사회·자연의 현상적인 분열·대립·파동만을 세계의 자체 본성으로 믿고 실천한 경우에는 일체의 과학적 이성과 그 인식론, 존재론, 동태적 방법론 등은 생명을 파괴, 물질화·분열·소외시키는 악마적 활동으로 전화된다. 반성적 자각 즉 생명의 고도의 발전단계인 이성의 분별활동은 일면에 있어 긍정적이다. 그러나 이것이 소유의 확대처럼 어떤 지점에서 그 근원으로부터 소외되고 자체존재로 독립되어 물질화한다. 분별지의 극대화가 그 분기점이다. 분별지는 일면 긍정적이나 이것이 일면적으로 극대화될 때 분열 또는 소외라는 반생명 현상이 시작되며 악마적 활동으로 발전한다. 종족우월론, 사회적 도태원리 등은 모두 이것을 전제하고 있다. 근본은 하나인데, 그 현상에 있어서 둘로 나타나는 분리로 보지 않고 분리 자체를 근본적인 것으로 생각한 데서 과오를 범하고 있다는 말이다. 분별지를 극대화시킨 그들의 활동을 민중의 지배 · 지도 기능으로 오해 · 악용한 데에 문제가 있다.

 이들은 자기들의 기능이 생명운동의 한 몫, 총체적 민중 활동 속의 한 몫으로 생각지 않고, 그것을 극대화해서 민중에 대한 지도자 · 선각자 · 지배자 · 요구자, 앞선자 등의 위치로 착각함으로써 생명파괴와 자기소외를 초래하고 있다. 모든 민중은 이미 알고 있으나 자각하고 환기하고 정식화시키고 언표하지 못한 것에 대해 촉성하고 봉사하는 자로서 자기 몫을 인식했어야 마땅하다.

3) 생명활동에 있어서 반생명적 · 반민중적 모순의 극복

 자기가 생명의 본성에 따른 민중의 한 부분이요 자기의 활동이 전 민중활동 속의 한 몫이라는 가치관의 확대에 의해서 이들 활동의 반생명적, 반민중적 모순을 극복해야 한다. 자기 자신 근원으로서의 생명을 회복하고 생명의 근원성에 대한 인식을 철저히 해야 한다.

 총체적 생명운동의 통일성과 전일체성 위에서 현상적 분리를 보아야 한다. 현상적 분리가 생명과 역사의 자체 본성이 아니라는 점을 확실히 깨닫고 그것을 표현하고, 매체 · 교육 · 과학 · 기술 · 문화활동 · 사회활동 · 스포츠 · 학생운동 · 종교운동 등 일체의 인간 활동에 널리 유포시키고 관통시켜야 한다. 민중의 지혜로부터 끊임없이 배우고, 그것을 자각적으로 정립하여 실천 논리로 되돌려 줘야 하며 민중 · 민족의 전통문화를

생명의 세계관과 협동적 생존 확장의 방향에서 과학적이고 실천적・역동적으로 현대의 민중문화, 살아있는 문화, 생산적 문화로 재건 확장시켜야 한다.

4) 대학생・지식인・문화관계 종사자의 반생명적 실태

이들의 반생명적 활동의 실상은 다음과 같이 지적된다.

대학생・지식인의 경우 : 이기적인 인간중심주의・산업우선주의 선전, 생태계 파괴・자원약탈・공해 남발・대기오염 등의 합리화, 외래 이데올로기 편향, 우월감, 전위주의, 지도자이론, 소수정예부대이론, 직업혁명가이론, 상대방견해 매도하는 분파주의, 대부사상, 해결사사상, 노동귀족화현상, 엘리트사상, 이론 날조, 선비의식, 국사근성(國師根性), 기회주의, 권위주의, 권력밀착, 금력밀착, 외세밀착, 민중멸시 사고방식, 지식인의 이중성, 지도자의식

종교인의 경우 : 구세주 예언자 자처, 종교의 기업화, 금력밀착, 권력밀착, 외세선호, 신식민주주의의 촉수역할, 민중 경멸, 민중 죄인시, 민족전통 파괴, 농촌공동체 파괴, 제사 파괴, 가부장제적 신앙강요, 외래의식의 일방적 강요, 외래문화에의 종속강요, 사회전면의 매판화(습관, 정치, 경제, 문화 등),

문화관계 종사자의 경우 : 퇴폐문화, 반민중적 반생명적 외래문화・지배문화・소비문화・도시문화・물질문화・분단문화・권력도구로서의 문화・소비촉진과 유효 수요 강제창출 도구로서의 문화・소외노동 촉진문화・세뇌문화・가부장제적 문화의 유지 강화, 냉전문화, 폭력 예찬, 남성예찬, 여성도구화, 여성무력화, 사랑의 상품화, 무분별한 성 개방, 보편적

육욕 조장, 미의 상품화, 성의 상품화, 잡문화, 전자문화, 혼음문화, 관광문화, 대형화, 속물적 국제화, 전문화, 입신출세주의, 이기주의, 자기 중심주의, 스타숭배, 환각문화의 조장

 스포츠 관계자의 경우 : 스포츠의 사회적 환각제화, 민중의 무력감 강화, 스포츠의 독점 상품화, 수탈 강화 수단화, 정치적 무관심 조장, 유한숭배·영웅숭배 조장, 사회심리적 폭력에 그릇된 배설 파이프 설치, 얼 빼기 작전, 창조시간과 기회 박탈, 생명력 소모.

 이러한 모든 점의 기초에 있는 기본 문제점은 제도교육 독점, 매체 독점, 권력, 금력, 외세밀착 당사자(지식인)들의 민중경멸, 생명에 대한 무감각, 정치·경제·사회·문화의 구조적 압력에 대한 민중 자신의 무기력과 심리적 열등의식, 공포·자기비하, 일방적 수동성, 패배주의, 오랜 역사 경험의 타성으로서의 도식화된 엘리트주의, 지식인 자신의 신념 및 결단력 부족, 무사인일주의, 대세 편승주의, 패배주의, 금력·권력·외세에 대한 기생적 생활습성, 각 방면의 일제 식민잔재 등

5) **이러한 현상과 문제점의 해결방법은 다음과 같이 예상된다**

 기존매체와 제도교육에 생명과 협동이라는 새로운 동기, 세계관, 가치관을 부여해서 변화를 촉성한다.

 소매체, 현장교육의 확대로 새롭고 광범한 민중문화를 창조해야 한다.

 지식인, 스포츠인, 문화인, 종교인 등이 권력·금력·제도·외세 등에의 기생충적 생활습성을 청산하고 독립적 생활을 확보함으로써 창조적 주장, 실천이 가능할 수 있는 여건을 마련해야 한다.

민중에 대한 자기역할을 지도자, 선각자가 아니라 생명운동과 민중운동의 한 몫으로 생각하는 관점을 철저히 지켜야 한다.

일제식민 잔재 청산과 기타 외래 매판경향 청산, 민중 민족적 주체문화를 건설해야 한다.

각계각층의 민중 및 민중운동 그리고 주체적인 민중운동과 철저한 연대와 구체적 운동경험의 축적이 필요하다.

생명에 대한 확신, 협동실천을 통해서 살아있는 집단적 주체로서의 총체적인 민중 주체사상을 명실공히 확립하고 우선적으로 자기 자신의 관(觀)의 변화를 이루어야 한다.

생산현장의 문화운동과 지식인의 문화운동은 생명의 세계관에서 출발하여 상호병행, 상호교류, 생명운동의 큰 차원에서 통일되어야 한다.

복음과 모든 고등종교의 중요한 경전의 핵심은 생명과 협동이다. 종교인들은 이러한 근원과 핵심에 귀의하여 철저히 반성하고 반성한 만큼 적극적으로 실천해야 한다.

특히 생명운동으로서의 문화활동에 있어서 극력 주목해야 할 것은 말의 기능이다. 말은 그 자체로서 살아있는 생명체이며 사회적 혈액이다. 말은 본래 그 안에 진리가 살아 활동하는 산 집이며 쉴 새 없이 움직이는 유기적 생물이다. 말, 특히 대화는 생명의 본성적인 협동적 생존을 가능하도록 추동하는 역할을 한다. 그러나 말은 생명을 파괴·절단·분해·왜곡·진리를 기만하는 역할로 타락할 수도 있다. 이러한 말의 기능은 바로 오늘날의 문화·교육·예술·학문·과학 등의 반생명적 세뇌와 기만의 형태로 나타난다. 말의 진정한 생명력 회복은 문화 일반의 관건적인 문제다.

그리고 생명의 본성을 인식하고 표현하고 실천하는 말, 협동적으로 생존하고 협동적 생존을 성취시키는 말의 기능을 탈환할 때 비로소 참된 문화는 부활한다. 생명운동으로서의 문화 활동은 밤과 죽음과 기만·왜곡·세뇌와 분단의 말의 가면을 벗기며 빛과 생명과 진실과 통일 협동의 살아있는 말을 신선한 피처럼 모든 영혼과 사회 속에 활발히 순환시킴으로써 자기의 몫을 다해야 할 것이다.

9. 타 계층과의 연대

오늘날과 같이 민중의 운명이 전변무상(轉變無常)하고 모든 인간의 생존형식이 덧없이 바뀌는 시대, 사회에서 노동운동·농민운동·빈민운동 등을 고립적인 자기 완결성을 가진 폐쇄적 단위로 인식하는 것은 오류다. 물론 특수성과 차이점이 있음에도 불구하고 오히려 요구되는 것은 민중의 총체적 운명에 대한 민중 전체의 총체적·통일적·협동적인 운동의 인식이며 그 조직 실천이다.

이것은 오늘날 생명파괴가 분리·분열·분할·고립·격차·길항 등을 특징으로 나타내고 심지어 각 계층 운동권 내부에 있어서까지도 그룹 간이나 단체 간에 분열과 고립현상이 두드러지며, 모든 인간이 요소화·입자화·이기주의적 자기중심주의·물질만능·경쟁 타인 도태 등을 가모렐로 받아들이는 것과도 무관하지 않다.

현실은 생명파괴 현상으로서의 분열, 고립적 자기주장, 고립주의 등이 심각하게 나타나고 이를 극복하려는 활동자와 단체 자신마저 상호분열 고립, 분파주의의 오류에 빠지고 있다. 이것은 생명의 세계관과 협동적 생존의 근본적 가치관에 입각하지 않고, 이원론적·

수직적 · 분열적 세계관, 운동관에 입각한 때문이다. 이것은 오랜 역사 안에서 소위 지도자, 소위 활동가들의 일반적 타성이며 오만과 자기 중심주의적인 사고방식에서 연유된다. 이것은 반민중적, 반생명적이다. 또한 이것은 구라파의 이원론적 세계관의 영향과 그 세계관에 입각한 물질문명의 세계지배와 그로 인한 이 사회의 전면적 분열현상과 민족분단에 그 원인이 있다. 이러한 현상을 생명의 세계관과 협동적 생존의 확장으로 극복하기 위해서는 각 그룹, 각 주장과 각 계층의 총체적 · 유기적 연대로서만 가능하다.

그 극복의 방향은 각 계층의 총체적인 연대운동이며 생명운동으로서의 통일적 민중운동이어야 한다. 민중운동 특히 생명과 협동을 가치와 실천의 핵심으로 하는 민중운동은 마땅히 총체적인 연대운동이어야 한다.

생명운동은 영성운동이다. 따라서 모든 종류의 고등종교, 수도단체, 수양단체들과의 긴밀한 유기적 연락과 협조, 통일과 총체적 영성운동으로서의 확장이 요구된다.

생명운동은 또한 사회운동이다. 따라서 일반사회 단체 및 기구와 연대, 학생 · 언론인 · 연예인 · 실업인 · 공무원 · 문인 · 예술가 속으로 지속적, 적극적으로 확장시켜야 한다.

나아가 외국의 민중운동 및 교회운동, 생명보호운동 등과의 연대 강화는 당연한 일이며 생명과 협동의 확장적 총체성이 그대로 요구되는 바이다.

10. 민족통일

민족분단은 역사적 타성의 핵심으로서의 지도층 · 지식인 · 지배층의 분별지의 극대화, 사회공동체의 분해·해체과정, 특히 구라파의 이원론적 세계관과 그에 입각한 물질문명, 제국주의 강대국에 의한 세계 분할에 그 원인이 있으며, 분단으로 인해 그러한 현상은 또한 더욱더 확대·심화·악화되는 과정이며 전면적인 생명파괴의 형태로 절정에 달한 것이 오늘의 세계 현실이요, 그 세계 현실의 모순이 압축된 적나라한 전시장이 우리민족의 분단현실이다.

세계와 인류 및 우주와 생명계 전체가 그렇듯이 민족과 국토도 공동의 역사, 공동의 생활양식, 공동의 문화 및 언어와 공동의 추억을 가진 유기적인 한 생명체다. 이 생명체의 유기성의 파괴가 소수의 강대국 패권의 자의에 의해 강행되고 계속 강행되고, 그 분단 파괴가 고정되고 계속 고정되는 것이야말로 인간 역사상 가장 끔찍한 생명 파괴요 죽음의 사례라고 할 수 있다.

분단된 반도를 둘러싼 미국·소련,·중공·일본과 구라파는 그들 자신의 생명 파괴의 문명을 유지·보존·확대시키기 위해 이 민중의 분단을 고정시키고 있으며, 이 민족의 분단 고정을 통해서 전 세계 인류와 생명계의 분할, 파괴, 죽음의 지배를 유지·보존·확대시키고 있다.

미국·일본·구라파의 다국적기업의 이익과 그들의 정치·군사·문화적인 세계 재패를 위해, 소련·중공의 자국의 경제적 이익과 이른바 세계혁명의 정치 군사 문화적 진출의 필요에 따라 우리 민족, 우리 민중의 참혹한 장기적·전면적인 생명파괴와 죽임이 대가로 치러진다. 이것이 현대세계에 나타난 악마의 모습이며, 악마에 의해 파괴되는 한 집단 생명의 구체적인 모습이다.

이러한 강대국 패권의 정치적 흉계에 등을 대고 분단고정에 힘입어 민족 생명력의 전면적·지속적 약화와 민중의 분열·해체·무기력에 기생하여 남북 양 정권은 극소수의 독점지배 그룹의 정치적·경제적·문화적·사회적 장기독점을 유지·보전·확대하면서 민중과 생명을 무차별 파괴하고 있다.

남북한 두 사회에 있어서의 독재와 독점, 매판적 문화, 사회적 공동체의 실질적인 분해, 특히 정치에 있어서의 전면적이고 항속적인 비민주적 현상은 바로 강대국 패권과 그와 결탁한 국내 독재, 독점 세력에 의한 민족·민중·생명 파괴의 전형적인 증거이다.

이 땅에서의 분단 즉 생명파괴는 정치·경제·사회·문화 전 분야와 전 사회 계층의 일상적인 생활에서 자행되고 나타나고 있는 일체 부조리한 모순현상의 내부를 관통하고 있는 현실의 특징이다.

생명운동으로서의 통일운동, 통일운동으로서의 생명운동은 세계 인류와 우주 생명계와 마찬가지로 자기의 국토와 민족이 잠시도 갈라져 있을 수 없는 유기적인 한 생명체라는 기본적 인식과 통일적인 생명체는 협동적으로 생존할 수밖에 없다는 실천적 요구를 가지고 지금, 여기, 정치·경제·사회·문화·종교 등 전 방면과 전 사회 계층의 일상적 생활 속에서 생명의 가치관 확립과 협동적 생존의 확장을 목표로 적극적·지속적·확장적으로 진행함으로써 이 과정 전체를 민족의 통일, 민중과 생명의 해방운동으로 철저히 일관하는 운동이다. 매일매일의 생명운동은 그 본성과 동기에 비추어 바로 민족통일 운동이며, 민족통일 운동은 그 전개의 폭과 길이와 구조의 특성에 비추어 바로 매일매일의 전 민중의 일상적인 생명운동·협동운동 그 자체의 동기요, 그 자체의 목표요 결과인 것이다.

따라서 현재 이 사회에서 진행되고 있는 반독재 민주화의 요구와 운동은 바로 통일운동으로서의 생명운동, 생명운동으로서의 통일운동의 당면한 해결 과제라는 점은 당연한 것이다.

생명운동은 일상적 민중 협동운동으로서의 민주화 운동과 실천적 민주화 운동으로서의 민중 협동운동의 확대·발전·심화를 통해서 비민주적 독재 독점 풍토와 국제적 패권지배를 극복할 것이며, 이 과정을 통해 진정한 민중 주체의 살아있는, 역동적·지속적·확장적 민족통일 운동을 실천한다.

따라서 이제까지 논의해온 바와 같이 전면적 생명파괴를 극복하기 위한 생명운동 즉, 생명의 세계관 확립과 협동적 생존의 확장이라는 총체적·통일적 민중운동은 바로, 그 지속적 발전과 그 확장적 성숙을 통해서 일관하게 바로 민중주체의 평화적인 민족통일 운동인 것이다.

이러한 생명운동에 의한 민족통일은 그 대상인 생명파괴가 창궐하고 있는 제3세계를 비롯한 전 세계 인류와 생명계 전체의 총체적·통일적 민중운동, 생명운동일 수밖에 없다.

생명운동에 의한 민족분단의 극복과 민족통일의 성취는 바로 보편적 생명파괴의 극복이며 우주적 생명계의 부활운동이다. 따라서 이 운동의 국제적 확대와 국제적 연대 및 지원의 강화는 당연한 것이다.

또한 이 운동은 우주 규모의 부활운동이며 동시에 인간 개개인의 내적 영성 해방운동이므로 죽음에 대결하여 죽음을 극복하는 세계의 생명이신 예수를 따르는 교회가 이 운동을 바로 자기의 가장 중심적이고 일상적인 운동으로 삼아 적극적으로 실천해야 하는 것은 또한 당연한 것이다.

특히 가톨릭교회는 신이 창조하신 생명과 그 생명의 현실적 활동인 사랑을 핵으로 하는 지상과 천상의 도구요 표지로서 현대세계의 사회생활과 인류 및 전생명계의 영성생활을 통일적·일원적으로 복음화 할 것을 자기의 소명으로 삼고 있다. 따라서 가톨릭교회는 교회안의 모든 공동체와 교회 밖의 모든 민중과 함께, 나아가 전 생명계와 더불어 전 사회적, 전 우주적 생명운동을 백방으로 지속적으로 확장적으로 적극 실천함에 의해 죽음과 대결하여 죽음을 극복해야 할 것이다. 한국교회는 세계교회와의 공고한 연대 속에서 바로 생명파괴, 생명말살, 죽음과 억압과 분단의 사막인 이 땅에서 범생명의 부활과 존중, 공동체적 삶과 해방 그리고 민족 통일을 위한 생명운동의 즉각적·적극적 실천 속에서 자기의 십자가를 발견해야 할 것이다.

한국 교회와 사회는 극대화된 분별지, 즉 원죄로부터 비롯된 분열적·분단적 세계관의 산물인 물질주의적이고 쾌락주의적이며 소비적인 생명파괴의 분단문화를 혁신할 영성적이고 협동적이며 공동체적이고 생산적인 생명부활의 통일 문화를 창출해내야 한다.

경쟁·폭력·약육강식·불평등·불신·증오·고발·대립·투쟁과 극단적인 이기주의와 분열·분단의 생명파괴 사회를 변화시킬 사랑과 친교, 평화·평등·신뢰·화해·협동·통일의 생명부활 사회를 건설해 나가야 한다.

다국적 기업의 지배와 외채의 악순환 아래 산업주의 우선, 국방경제 우선, 독점, 물량주의 경제와 공해경제, 남북한의 중복 구조, 경쟁 구조의 생명파괴 경제를 극복할 민족자립경제, 반공해적 유기적 생산경제, 민중평등 경제, 민족평화 경제, 창조적 경제, 남북한 통일적·통합적인 전 인간적 생명부활 경제를 모색해 나가야 한다

강대국 패권정치, 매판정치, 독재족벌, 중앙집권적 억압과 분단 고착의 생명파괴 정치를 지양할 민족 자주정치, 주체정치, 민주적이고

지방자치적이며 탕평적인, 해방과 통일을 실현하는 민중주체의 생명부활 정치를 실현할 총체적인 생명운동을 이 땅에 선포해야 한다.

한국 사회와 교회는 생명운동을 자기의 공동체적 삶과 그 사회적 확대를 통해 스스로 살고, 남북한 양쪽에서 강대국 패권과 그와 결탁한 정치·사회·경제·문화 각 방면의 독점세력 속에서 활동하는 반생명의 악마에 온갖 수난을 무릅쓰고 저항해 나가야 한다.

한국 교회는 이 국토, 이 민족, 이 민중 전체와 더불어 민족통일·민중해방, 전 인류와 전 생명계의 개벽 속에 찬란한 새 생명으로 부활하는 범생명의 역동적 전변에서 순교자들의 거룩한 피의 자취를 따라 자기의 십자가를 확신에 차서 줄기차게 실천해야 될 것이다.

개벽과 생명운동*

안녕하십니까! 실은 자격도 없는 사람인데 이렇게 거룩한 자리에 섰고, 박수까지 받고 보니 죄송할 뿐입니다. 솔직히 말씀드려서 저는 아무것도 아닙니다. 겸사의 말씀을 드리는 것이 아니라 실제로 저는 인격적으로 통합된 사람도 못 되며, 갈기갈기 찢어지고 파괴된 사람입니다.

지난 젊은 시절 감옥과 병원, 술집을 전전하면서 살아왔고 온갖 신경질환이나 초조감, 불안, 여러 가지 욕구불만에 시달리면서 술로 마음을 달래고 그 결과 병을 얻고, 입원하고, 퇴원하고, 여러 가지 불만이나 이런 것 때문에 격렬하게 나 자신을 난파시키는 식으로 세상에 부딪혀왔던 것도 사실입니다. 한마디로 저는 찢어진 사람입니다. 생명력을 상실하고 생명이 파괴된 사람입니다.

지난 5년 동안 혹독한 병에 시달리면서 제가 생각한 것은 산 속으로 들어가 중이 되든가, 자살을 하든가 두 길밖에 없다고 생각해 왔습니다. 그러나 이렇게 생명이 파괴된 인간이 그래도 대지를 딛고 이 세상, 이 장바닥에서 숨을 쉬며 살아있을 수 있는 유일한 이유는 옥중에서 읽었던 수운·해월 선생의 시천주사상, 그로부터 내 안에 무궁한 우주생명이 살아있고 내가 비록 병들고, 못나고, 윤리적으로

---

*이 글은 1990년 천도교 중앙대교당에서 있었던 김지하 시인의 강연 원고 전문이다.

타락한 인간이라 하더라도 나의 근본에는 한도 없고, 처음도 끝도 없는 우주생명이 살아있다는 생각, 그리고 모든 이웃들과 동식물, 무기물, 우주 전체에까지 나의 생명은 연결되어 있어서 과거·현재·미래가 내 안에 하나로 연속하고 있기 때문에 내가 병들거나 죽더라도 결코 소멸하지 않는다는 생각, 바로 이 생각 하나 때문이었습니다. 그리고 오늘 자격도 없고 자신도 없는 사람이지만, 천도교의 부탁을 끝내 거절하지 못하고 이 자리에 선 것도 해월 선생님에 대한 평소의 존경심과 그것 때문입니다.

말씀드린 대로 저는 파괴된 인간이고 별 보잘것없는 허름한 뒷골목 사람입니다. 인격자도 아니고 사상가도 아닙니다. 다만 파괴된 생명, 갈기갈기 찢겨진 영혼, 이것이 수운 선생이나 해월 선생이 가르쳐주신 대로 우주생명이 내 안에 살아있다는 생각, 이것에 의해서 구원받을 것이라는 한 생각, 그래서 이 생각에 불이 붙는다면, 이 생각이 적극화된다면, 나에게 있는 죄 체험, 어둠의 체험, 죽임당한 체험, 이 풍부한 부정적 체험을 삶의 정열로, 개벽의 정열로, 생명의 정열로 바꿀 수 있으리라고 믿기 때문에 저는 아직도 살아있고 또 이 자리에도 나왔습니다.

제 자신이 병들었기 때문에 세상이 다 병든 것으로 보이는지 모르겠지만 내 이웃의 모든 동료들, 동포들의 생활을 보면 나와 똑같은 형태는 아닐지라도 여러 가지 형태로 병들고 생명이 파괴되어 있는 것 같습니다.

우선 우리가 매일 먹는 밥 한 그릇 속에 들어 있는 수은이나 중금속에 의해서 또는 채소나 과일 속에 들어있는 방부제, 착색제, 첨가물 등 온갖 형태의 유해물질들에 의해서 여러 가지로 병이 들고, 성인병, 현대병, 암이라든가 불치병들이 온갖 모양으로 유행하고 있습니다. 땅은 죽어가고 농민들은 화학 영농으로 생태계의 질서를 파괴하고 있고 자기 자신까지 병들며 소비자들을 병들게 하고 있습니다. 이것이 일단 우리 눈에 보이는 가장 가까운 생명파괴의 현실입니다.

사회적인 생활은 복잡할 대로 복잡해졌고, 약육강식, 경쟁, 타인도태, 입신출세주의, 가혹한 이기주의, 불신, 반목, 모략중상 등이 판을 치고 있습니다. 이런 것은 다른 사람의 생명과 나의 생명이 하나로 연결되어 있다는 생각을 잊어버린 데서 오는 것이며, 모든 사람이 신령한 우주생명, 한울님을 모신 존재임을 모르는 데서 오는 것이고, 또 그래서 사회적 생명 자체가 여지없이 파괴되고 있는 것이 현실입니다.

개인적으로 보더라도 자기 자신 속의 무궁한 생명의 근원을 잊어버리고 자기 자신을 물질적 존재로 생각한다든가 고립된 입자로서 생각하는 사상과 경향이 유행하고 있습니다. 그 결과 정신적 소외감, 고립감, 신경질환, 정신병, 온갖 형태의 자기분열과 자기상실 속에서 고통받고 있습니다.

그 밖에 섹스, 폭력, 살인, 인신매매와 같은 생명경시 · 생명망각 · 생명파괴가 보편화되어 있습니다. 잘 사는 사람은 잘 사는 사람대로 밥도 먹게 되었고 돈도 벌 수는 있게 됐지만, 돈을 많이 쓰고 과소비를 한 후에 오는 불안감이나 허망감에서부터 벗어나지 못하고 있습니다. 없는 사람은 없는 사람들대로 소위 상대적 빈곤에 시달리고 있으면서도 눈은 높아져서 소비문화와 낭비적인 풍조 때문에 생활과 의식이 분열되고 있습니다. 황폐한 인간의식, 소외감, 병적인 자기분열 현상은 한없이 만연되고 있습니다.

아시다시피 자원을 약탈하고 고갈시켜서 생태계는 파괴되고 생물들은 멸종 위기에 이르고 공기와 물, 땅은 오염되고 있습니다. 전 세계가 이런 형편에 있지만 우리나라는 뒤늦게 시작한 산업화 과정으로 불과 20~30년 만에 엄청난 환경파괴와 인간파괴, 생명파괴가 진행되고 있습니다.

　이러한 현실을 모르는 사람은 아무도 없습니다. 밥 한 그릇이나 채소 한 포기를 놓고 이것을 먹어도 될까? 이 안에 이상한 유해물질이 들어 있지 않겠는가? 이런 의심을 하지 않는 사람은 아무도 없습니다. 그리고 밥도 좀 먹을 수 있게 되고 돈도 좀 벌 수 있게 되었지만 도대체 이것이 사람 사는 세상인가, 살 맛이 안 난다, 이런 생각을 하는 사람들이 부지기수입니다.

생명의 상실

　이러한 형편, 이러한 전면적인 생명파괴와 생명상실, 무엇인가 근본에서 이탈되어 있다는 깊은 소외감, 고립감과 불행의 감각 등은 많은 사람들이 이야기하듯이 서양의 산업문명, 기계문명에 그 원인이 있다고 합니다. 물론 서양의 기계문명, 산업문명이 그 원인이겠습니다.

　그러나 그와 동시에 보다 더 깊게 보면 인간의 자의식이 발생하고 문명이 시작되고 언어가 발생하고 노동이 조직화되고 공구가 발전하면서 시작된 인류의 5만 년 문명사 전체를 관통해 온 어떤 특징이 있습니다. 그것은 점차 근본적인 우주생명의 질서로부터 인간의 문명이 이탈하기 시작했다는 바로 그것입니다. 아시다시피 수운 선생께서는 바로 이러한 현상을 두고 "한울의 이치를 따르지 않고 한울의 명령을 돌아보지 않는다"라고 표현했습니다. 한울의 이치, 한울의 명령은 쉽게 이야기하면 우주를 지배하는 생명의 질서와 생명의 이치입니다. 생명의 질서, 생명의 이치로부터 이탈한 결과 수운 선생이 표현하고 있듯이, "각자각자가 자기 주장대로 놀아나고 마음이 불안하고 황폐해져서 갈 바를 모르고 헤매"는 사태가 되었습니다.

그것은 19세기의 조선의 형편만이 아니라 오늘날에 있어서 한국의 형편이요, 또한 전 세계 인류의 형편입니다. 19세기에 이 같은 생명질서로부터 이탈한 계기가 나타난 온갖 형태의 소외감, 불안, 초조, 고립감, 개체분열, 사회체의 분열과 같은 현상은 서세동점, 서양 세력이 천주교와 대포와 군함을 앞세우고 전 제3세계와 특히 동양을 침략해 온 것에서 그 절정에 달했습니다. 수운 선생님의 표현을 한 번 더 빌리자면, "그들은 이르는 곳마다 쳐서 무찌르고 정복했다. 그러나 그 서양인들에게는 기화신령(氣化神靈), 기화지신(氣化之神)이 없다"고 했습니다. 이 기화지신을 간단하게 바꿔 말한다면 바로 신령한 생명 또는 신령한 생명력입니다.

서양의 기계문명은 동양을 침략하고 전 제3세계에서 인간과 사회, 문명과 문화와 자연생태계를 파괴하고 자기들의 문명을 강요했지만 그들의 기계문명, 산업문명 속에 기화신령, 즉 활동하는 우주 생명을 상실하고 있었던 것입니다. 수운 선생은 이와 같은 현상을 '개벽의 조짐'이라고 보았던 것입니다.

생명질서로부터의 극심한 이탈과 기계문명, 서양의 제국주의적 침략과 인간파괴, 생명파괴 속에서 수운 선생은 또 하나의 개벽, 후천개벽의 조짐을 보았던 것입니다. 아시다시피 스물 한 자의 주문, '지기금지 원위대강 시천주조화정 영세불망만사지(至氣今至 原爲大降 侍天主造化定 永世不忘萬事知)'의 그 뜻 속에 개벽의 성취, 개벽을 성취할 수 있는 인간의 수행방법, 인간의 실천방법이 요약되어 있습니다.

이 주문의 뜻은 제 식으로 생각한다면 잃어버린 우주의 생명을 자기 안에서 다시 회복시킬 뿐만 아니라 그 생명의 질서에 일치해 살며 타인 속에도 이웃 속에도 그와 같은 무궁한 우주생명이 있음을 인정하고 서로 공경하며, 동식물 속에도 우주 생명이 살아있음을 인정하고 동식물을 공경하며, 흙이나 물과 같은 무기물 속에도 생명이 살아있음을 인정하고 또한 공경하는, 그리하여 우주생명과 일체로 천지를 공경함으로써 천지와 일체가 되는 그러한 사상이라고 생각합니다.

바로 이와 같은 생명사상에 의해서 극심한 선천시대의 생명파괴를 극복하고 뭇 생명을 공경함으로써 생명의 생태적 질서가 회복되는 후천의 시대를 열 수 있다고 말씀하셨던 것 같습니다.

개벽사상

개벽이란 무엇이겠습니까? 개벽이란 한마디로 말해서 우주질서 전체가 바뀐다는 뜻이며 우주질서의 변화 속에서 인간의 질서, 인간의 역사적인 모든 조건도 또한 변한다는 뜻이며 5만 년의 인류문명사 전체가 대전환한다는 뜻이겠습니다. 동학에서는 5만 년 개벽이라고 말합니다. 5만 년이란 숫자는 언뜻 듣기에 그저 굉장히 큰 숫자, 긴 세월이라는 막연한 말로도 들립니다. 그러나 현대에 와서 많은 고고학적 발굴에 의해 역사가들은 인류 문명의 시작, 즉 직립적 인간 속에서 사고하는 인간, 호모 사피엔스의 출현, 자의식의 발생, 반성의식의 발생과 때를 같이하는 언어 발생, 노동의 조직화, 공구의 발생, 문명의 시작, 이것을 대개 구석기 시대의 중간쯤, 지금부터 5만 년 전 정도로 보고 있습니다. 그렇다면 동학에서 이야기하는 5만 년이라는 숫자는 명백히 과학적으로도 매우 의미 깊은 시간이라고 볼 수 있겠습니다. 만약 수운 선생님이 이야기하는 후천개벽이 5

만 년 이전 선천개벽을 다시 번복하는, 뒤집는 그러한 개벽이라고 한다면 분명히 이 개벽은 크게는 우주적인 사건이면서 동시에 가장 구체적으로는 인류문명사에 있어서의 대전환이며 인간 자신의 정신혁명과 사회적인 적극적 실천에 의해서 이루어져야 할 전환인 것으로 생각됩니다.

개벽의 조짐

그러면 오늘날 수운 선생이 예언하신 개벽의 조짐은 어떤 형태로 나타나는가?

과연 현대는 엄청난 우주개벽, 인류 역사 개벽의 조짐을 보이고 있습니다. 몇 가지만 간단하게 말씀드린다면 인간의 우주탐험, 우주과학, 천문학이나 물리학, 탄도학 등의 발전에 따라서 공간에 대한 인류의 정서와 사고활동 등은 엄청나게 넓어졌습니다. 은하까지는 못 미친다 하더라도 해왕성, 명왕성까지 인류의 정서와 사고가 미치고 있습니다. 뿐만 아니라 시간적으로 보더라도 탄소연대 측정 방법의 발견과 그 적용에 따라서, 고고학적 발굴과 탐색에 따라서 과거 수십만 년 수억 년 정도에까지도 시간에 대한 사고와 정서와 감각의 크기가 확대되었습니다.

이와 같은 현상은 인간이 이전의 역사시대에 있어서 자기 민족이나 자기 문명권 정도로 사고와 정서가 한정되어 있던 것에 비한다면 놀라운 변화입니다. 또한 무역, 통신의 발달, 수많은 여행자들의 왕래와 인공위성의 출현, 정보의 대중화, 온갖 형태의 상호접촉에 의해서 전 지구는 하나의 복잡한 그물로 변해가고 있고 지구촌이란 말은 이제 상식적인 말이 되어버렸습니다. 또 이와 같은 거미줄처럼 얽혀 있는 전 지구적인 생활권이 나타남에 따라서 전 지구적인 정신권, 전 지구적인 영적 공동체가 출현하기 시작했습니다.

제임스 러브록이라는 영국 학자는 지구는 하나의 유기체, 하나의 생명체로서 마음을 가지고 있다는 학설을 발표했습니다. 이른바 가이아 가설입니다. 이것은 초기에는 과학자들로부터 많은 비난을 받아왔으나 1989년에는 미국 지구물리학회에서 공식적인 토론에 부쳐지는 사태로 변화하고 있습니다. 지구에는 마음이 있고 지구 전체는 하나의 살아있는 유기체, 살아있는 생명체라는 이 가설은 과학과 종교를 결합시킬 수 있는 길을 열고 있습니다.

1970년 미국과 유럽에서 반전운동, 반인종차별운동 또는 반체제 운동이 격렬해짐과 동시에 히피가 출현하고 온갖 형태의 새로운 문화들이 나타나기 시작했습니다. 체제를 부정할 뿐만 아니라 재래의 서양문명 전체를 부정하면서 새로운 문명을 요구하는 대안 생활집단들이 나타나기 시작했고 명상·요가, 동양의 신비주의에 대한 관심이 높아졌으며, 점성술이 인기를 끌고 우주 속에서 자기의 위치를 재발견하려는 사람들의 갈증이 커졌습니다. 이 결과 근세 서양의 인간중심주의, 과학주의, 산업주의 이래 자취를 감췄던 새로운 형태의 종교적 인간, 영적 인간들이 다수 출현하기 시작했고, 그러한 영적 인간들에 의한 새로운 문화가 나타나기 시작했으며 동시에 새 과학, 새 시대 과학, 이른바 신과학이라고 부르는, 특히 물리학 분야에서의 새로운, 날카로운 연구들이 나타나기 시작했습니다. 또한 원시적 생활, 자연적 생활, 문명 이전의 생활에 대한 동경이 일반화하고, 이런 동경심이 일반화하는 데 따라서 동양의 전통사상에 대한 관심이 서양 세계에서 높아지고 있으며, 이것을 생활화하는 공동체까지 나타나고 있습니다. 이들은 문명 전체를 거부할 뿐만 아니라 새로운 원시생활, 원시공동체를 새 시대에 알맞게 창조적으로 부활시킬 것을 요구합니다.

자본주의와 사회주의가 이미 역사적 타당성을 잃고 붕괴하고 있는 것은 여러분들도 잘 아시는 사실입니다. 이와 함께 새로운 제 3의 운동이 녹색운동이라는 이름으로 서양 공업세계 전체에 번지고 있습니다. 이들 역시 새로운 문명을 요구하며 인류의 역사 전체를 바꿀 것을 요구합니다. 천주교 예수회 신부이면서 고생물학자였던 테야르 드 샤르댕이라는 과학자는 우주의 진화가 5만 년 전에 인류의 반성의식이 나타나기 시작하면서부터는 인류의 문명적인 생활과 영적 내지 정신적 활동을 통해서 진행된다는 주장을 하면서, 현대는 그 진화, 즉 인류문명사, 인류 정신활동을 통해서 진행되는 우주 진화의 전 과정이 새로운 비등점, 소위 오메가 포인트라는 극점, 하나의 전환점에 이르고 있으며 인류문화사 전체가 전 지구적인 생존을 하나의 커다란 영적 공동체로 질적으로 변화시키는 단계에 도달하고 있다고 말하고 있습니다.

생태계의 커다란 변환

이것은 인류문명사 전체가 하나의 시대 단위이거나 세기 단위가 아니라 전 문명 시기, 에포크 전체를 뒤집는 파천황의 변화가 진행되고 있다는 것을 뜻합니다. 이런 것들 모두가 개벽의 조짐이라고 저는 생각합니다. 그 중에서도 가장 중요한 것은 우리가 요즘에도 혹심한 더위를 경험하고 있지만, 이 혹심한 더위의 원인이 무엇인가를 과학자들은 아직 상세히 밝혀내지 못하고 있습니다. 우주 절기 전체가 이상스럽게 변화하고 있습니다. 북반구와 남반구의 기후 질서가 변동해서, 예전에 있을 수 없었던 일로서 파리에서 수십 명이 얼어죽는 사태가 나타나고 그런가 하면 아프리카 밀림이 사막화하고 해수면이 높아지고 조수가 변동하며 시베리아의 동토대가 풀리기 시작하면서 강물과 바다의 높이가 올라가고 있습니다. 이것은 프레온 가스에 의해 대기권의 오존층에 구멍이 뚫리고 이산화탄소, 메탄가스에 의한 온실효과 같은 것과 관련이 있습니다만 꼭 그것만은 아니고 더 큰 어떤 변동이라고 생각됩니다. 선인들이 이야기하듯 지구 전체의 축대가 변동한다는 식의 대개벽과 유사한 형태로 지구 전체의 환경과 지구의 지각 등을 포함한 생태계 전체가 변화하고 있는 것이 사실입니다. 이러한 현실은 인류가 자연생태계 파괴와 지구 환경오염, 공해의 남발이라는 전 지구적인 범죄를 저질러놓은 것과 물론 관련이 있습니다만 그것까지 포함한 우주 전체의 변화라고 생각합니다. 이것이 개벽의 조짐입니다. 아마도 생명을 파괴하는 인간의 죄악은 끝없이 차원을 변경하는 우주 진화의 한 틈이요, 또 그 죄악이 그 틈을 더 크게 확대·심화하는 것이라고 볼 수도 있겠습니다. 인간은 신령을 가졌기에 그렇습니다.

방금 말씀드렸다시피 환경오염, 생태계 파괴, 프레온 가스 남용에 의한 오존층 파괴나 이산화탄소 등에 의한 온실효과 같은, 바다의 오염, 강의 오염, 밀림의 벌채, 생물들의 멸종, 이와 같은 현실, 이와 같은 생명파괴라는 전면적인 파괴야말로 개벽의 가장 큰 조짐이라고 볼 수 있습니다.

"말법이 극에 날아난 정법이 출현한다"는 물교의 이야기도 있고, "선천시대가 극점에 달하면 후천시대가 열린다"는 동학적 표현도 있습니다. 이 말이 바로 그 말입니다. 생명은 신령합니다. 그래서 '기화신령' 입니다. 신령·영성이 사방에서 여지없이 쇠퇴하고 빈곤해져 정신이 부패할 뿐 아니라 도덕이 타락하며 생명 파괴가 극에 이르렀기 때문에 사람들 모두가 생명은 무엇인가, 자기와 생명은 어떤 관계에 있는가, 생명의 본성은 무엇인가, 인간과 자연, 우주는 어떤 관계에 있는가 등에 대한 관심이 높아지고 있습니다. 바로 이것, 이 생명에 대한 관심, 새로운 생명의 세계관에 대한 갈증이 제 생각으로는 개벽의 가장 큰 조짐입니다.

개벽과 그 실천

개벽은 잘 아시다시피 천도(天度)입니다. 우주진화의 필연적 대세이며 역사 변화의 필연적 추세입니다. 운수, 시공연속체로서의 우주 운행의 도수, 그 도수를 결정하는, 즉 천도입니다. 그러나 수운 선생은 "운수야 좋거니와 닦아야 도덕"이라고 했습니다. 필연적 대세가 개벽으로 접근하고 있고, 결정적인 개벽을 향해서 진행되고 있다고 하더라도 아까 말씀드린 대로 5만 년 후천개벽이라고 했을 때 인류 역사를 통한 전 우주적 개벽의 진행, 우주적 개벽의 진행은 인류 자신이 자각적이고 적극적으로 실천하지 않으면 안 된다는 이 생각에 우리는 주의를 해야 할 것 같습니다. 따라서 천도는 인간의 적극적 노력, 즉 인사에 의해서 결정된다고 볼 수 있습니다.

인류의 영성 쇠퇴와 생명파괴가 전 우주에 미치는 영향을 생각한다면 인간의 '인내천' 윤리는 전 우주적 실천 윤리인 것입니다. '무위이화(無爲而化)'라고 해서 앉아만 있어 가지고 개벽이 우리가 바라는 그대로 진행되리라고 생각하는 것은 우주적 개벽 전체의 질서로부터 또 한 번 이탈하는 결과가 될 것으로 생각됩니다. 우주진화에는 차원변화의 틈이 있으며 이 틈을 넘어서는 인간의 학습, 즉 수양과 실천은 무작위적이고 확률적이기 때문에 반드시 '다만 필연적'이라고 볼 수는 없습니다. '우연적 필연' 또는 '필연적 우연'이라고 보아야 하며 여기에 인간의 윤리와 창조성이 함께 있습니다. 자연성이 있습니다만 잘못될 수도 있으며 늦어질 수도 있습니다.

천도는 '무위이화'지만 그 무위이화, 즉 우주 생명의 조화에 합기덕(合基德)해서, 일치해서 살려고 한다면 인위적 무위, 즉 적극적으로 그 무위를 실천하지 않으면 안 되리라 생각합니다. 천도, 즉 우주 생명의 질서를 인식하고 그 질서에 맞춰서 사는 사회생활을 목표로 하는 새로운 운동이 실천적으로 벌어지지 않으면 안 된다고 생각합니다. 따라서 우리는 그 실천운동의 방법과 방편을 찾지 않으면 안 됩니다.

제가 늘 천도교에 대해서 큰 존경심을 가지고 있으면서도, 또한 늘 가지고 있는 중요한 불만 중의 하나는 백여 년 전 이전 혹은 의암 손병희 선생 시대의 교리와 교리 실천, 특히 사회적 실천의 방편들을 그대로 온존시키면서 그 테두리 안에 머물고 있다는 점입니다. 바로 이와 같은 온존적 태도, 수구적 태도로서는 오늘날같이 복잡하게 급변하는 세계 정세와 사회 현실에 대응할 수 있는 적극적 방편을 찾기가 어려울 것입니다.

해월 선생은 "천 년 대일변, 백 년 중일변, 십 년 소일변"이라고 말씀하셨습니다. 이제 동학과 천도교의 역사도 백 년이 넘어서 백수십 년에 이르고 있습니다. 이제 크게 한 번 변할 때가 된 것 같습니다. 동학은 종교적 형이상학이 아닙니다. 동학은 살아있는 사상입니다. 때와 민심에 짝하여 나아가고 들어가는 산 생명체입니다. 이 점 때문에 동학이 위대한 것입니다. 개벽의 때가 자꾸만 늦어지기 때문에 [淸風之徐徐兮] 동학은 자기 사상의 주체가 지향하는 대로 자기의 살 방법과 체계를 자꾸 바꾸어야 합니다[五柳先生覺非]. 철저한 반성과 쇄신, 교리의 재해석, 개편이 필요합니다. 인간이 개벽을 자각적으로 실천할 그 때에 맞는 방법을 찾지 않으면 개벽의 질서로부터 우리 또한 이탈해 갈 것이며 생명의 질서로부터 이탈해 갈 것입니다.

그러면 어디에서 그 구체적인 실천의 방편과 방법을 찾을 것인가?

오늘은 해월 선생이 수운 선생으로부터 도통을 전수받은 날입니다. 오늘 제가 이 자리에 선 것도 아까 말씀 드렸듯이 평소에 가지고 있는 해월 선생에 대한 무한한 존경심 때문입니다. 저는 평소 해월 선생님으로부터만이 개벽의 새로운 실천방법을 찾을 수 있으리라고 믿어왔던 사람입니다.

향아설위(向我說位)사상

해월 선생님의 사상이, 중요한 사상들이 여러 가지 말씀 속에 들어 있습니다만 그 중에도 오늘 제가 강조하고 싶은 것이 향아설위 사상과 밥 한 그릇의 사상, 그리고 삼경사상입니다. 이 세 가지는 서로 맞물려 있는 이치로서 우선 향아설위에 대한 제 생각부터 말씀 드리겠습니다.

잘 아시겠지만 동서고금의 인류문명사, 인류의 정신적인 역사는 한마디로 말해서 향벽설위(向壁說位)의 역사였습니다. 벽 쪽으로 위패를 놓고, 메밥을 벽 쪽으로 놓고 상제가 그 앞에 엎드려 기도하고 비는 그러한 제사 방식의 역사였습니다. 이 제사 방식은 매우 중요한 의미를 가지고 있습니다. 인간의 노동과 사회생활 전체, 인간의 희망과 꿈, 욕구 그리고 고통, 온갖 형태의 인간의 감정과 이성적인 활동, 우주와 자기와의 관계, 이웃 사람들과 자기와의 관계, 모든 타 생명체와 자기와의 관계들을 포함하는 일체의 것을 이 제사 속에 의탁해 왔던 것입니다. 간단히 이야기해서 인간과 우주자연 그리고 신과의 관계가 이 향벽설위 속에 함축되어 있습니다.

향벽설위는 저 벽 쪽에, 내 시선의 저쪽, 시간적으로는 미래에, 내일에 신이 있고, 천국이 있고, 약속의 땅이 있고, 행복된 낙원이 있다는 제사 구조입니다. 신이 내 눈의 저 앞편에 계시다는 생각은 그 신이 내일 약속의 땅을 나에게 주리라는 생각과 깊은 관계가 있습니다.

따라서 자기 노동의 결과와 자기의 꿈과 모든 희망을 미래에로, 저 벽 쪽으로 갖다 놓고 그쪽에 절하면서 오늘을 견디고 오늘을 희생하는, 오늘을 없이하는, 오늘을 무가치하게 만드는 생활을 하도록 민중에게 요구해 온 것이 인류 고금동서의 역사 전체를 통한 모든 사상들의 총체적 내용입니다.

자본주의는 미래에 어마어마한 물질적 성장·발전과 함께 낙원이 오리라는 약속을 함으로써 온갖 형태의 공황과 노사분규의 위기를 넘어왔습니다. 아시다시피 사회주의 역시 어마어마한 생산력 증대와 함께 실현될 공산주의의 자유의 낙원을 약속함으로써 오늘 모든 노동자들을 초과노동으로 몰아 넣었습니다. 모든 약속과 행복은 미래에 있으며 신과 질서와 가치는 미래에 있는 것으로 착각되어 왔습니다.

해월 선생의 향아설위 사상을 통해서 볼 때에 향벽설위는 허구입니다. 인간의 역사는 마치 과거라는 시점으로부터 미래라고 부르는 어떤 시점을 향하여 진행하는 것처럼 보입니다. 우주의, 생명의 진행 과정도 거기서부터 미래로 화살 방향으로 직선적으로, 시간주의적으로 진행하는 것처럼 보입니다. 그러나 이것은 인간의 눈의 착각이라 볼 수 있습니다.

수운 선생의 시 가운데 '월전고후 매시전(月前顧後 每是前)'이라는 시구가 있습니다. 달 앞에 서서 뒤를 돌아보면 그 또한 달 앞이라는 이야기입니다. 진리는, 생명은 '지금 여기' 전방, 곧 모든 방향에 살아 있으며 상하좌우, 동서남북, 시방 전체에 생명이 움직이고 있고 가득 차 있는 것입니다. 역사는 다만 단순하게 시간적인 과거에서 시간적인 미래로 진행한다기보다는 사방 팔방 시방으로 시공 연속적으로 무한히 분산하면서 동시에 무궁무궁하게 질서를 형성하면서 복잡화하는 것이며, 그것이 차원을 변경하면서 끊임없이 반복 확장, 확장 반복하면서 창조적으로 순환하며 신령한 생명이 질적으로 확산하는 과정입니다. 따라서 이와 같은 관점에서 본다면 향벽설위는 착각이라고 볼 수 있습니다. 바로 이와 같이 제사 방식 속에 내포되어 있는 문명사 전체의 잘못된, 시간적 착각이라는 사상구조를 혁파한 것이 향아설위 사상입니다.

    가장 중요한 것은 '지금 여기' 제사를 드리고 있는 상제, 즉 사람, 나, 우리 속에 살아 있는 신, 우리 속에 살아 있는 우주 생명, 우리 속에 지금 여기서 마치 작은 씨앗처럼, 비록 낮은 차원 제한된 범위에서나마 현실적으로 실현되어야 할 무궁한 우주 생명, 이것에 대한 확신입니다. 따라서 향아설위는 메밥의 위치를 벽에서부터 제사 지내는 상제 앞으로 돌려놓음으로써 인류 문명사 전체를 개벽시키는, 상상적으로 개벽시키는 일대 전환점을 만든 것입니다.

    더욱이 죽은 귀신의 시간인 밤이 아니라 산 한울님의 사람의 활동이 가장 왕성한 대낮 정오에 제사를 드린다는 것은 모든 종교와 사상의 '피안(彼岸)'을 '차안(此岸)'으로 혁파한 것이며, 살아 생동하는 산 사람, 산 민중의 생명 종교의 창조를 뜻하는 것입니다.

    아시다시피 제사는 가장 성스러운 것입니다. 가장 성스러운 것이기 때문에 제사 지내는 사람의 가장 속된 노동과 분리돼서 그 노동을 포섭하는 상부구조로 인식되어 왔습니다. 그러나 향아설위에서는 가장 성스러운 신의 활동과 가장 속된 인간의 노동이 아무런 격차도 없다는 것을 증명했습니다. 따라서 이것은 인류문명사의 구조를 전체적으로 변혁하는 것일 뿐만 아니라 생활에 있어서 모든 인간의 노동의 결과를 자기 자신 속에 살아있는 노동 주체인 한울님에게 되돌리는 것이며, 우주 생명이 우주 생명에게 되돌리는 순환을 실현하는 창조 행위, 확대재생산 행위이게 되는 것입니다. 이것은 제사인 동시에 노동이며 사회 정의 실현인 것이며, 사회 정의의 실현인 동시에 문화적인 자기 실현인 것입니다. 뿐만 아니라 만약에 조상의 혼령이 자기 안에 살아계신다면 우주 전체의 생명들도 자기 안에 살아 계시는 것입니다.

밥 한 그릇의 사상

밥 한 그릇을 자기 앞에 갖다 바치는 그 제사를 지낼 때에 자기 앞에 갖다 바치는 밥 한 그릇, 삼시 세 끼 먹는 밥 한 그릇 속에는 우주 전체의 삼라만상의 협동적인 노동이 들어 있습니다.

농사는 인간이 혼자 짓는 것이 아닙니다. 메뚜기와 지렁이, 거미의 도움이 필요하며 물과 흙과 바람과 태양의 작용이 있어야만 농사를 지을 수 있습니다. 또한 조수의 변동과 달의 변화에 따라서 농사는 이루어집니다. 따라서 천지 삼라만상의 협동적인 움직임에 의해서 쌀 한 톨, 밥 한 그릇이 만들어진다고 볼 수 있습니다.

이 밥을 우주의 온갖 생명이 자기 안에 계신 우주 생명에게 갖다 바침으로써 우주 삼라만상의 공동의 노력을 통해 나타나는 천지의 생명 운동을 자기에게 통합시키는 것이며, 순환을 통해서 다시금 노동력의 외화를 통해서 우주의 삼라만상과의 빛나는 생명체험으로서의 창조적인 생산노동으로 되돌아가게 하는 창조적 진화, 창조적 순환의 매일매일의 구체적인 성취인 것입니다. 제사와 식사는 여기서 하나가 됩니다. 따라서 이것은, 인간 안에 살아 있는 우주 생명은 천지 삼라만상과 일치되어 있으며 자기 안에는 수천억 은하계까지 포함하는 전체 생태계, 전체 생명의 운동이 있다는 것을 말합니다. 뿐만 아니라 자기 안에 먼 조상, 가까운 조상, 십대와 백대조, 백대조 이전의 한울님, 즉 요즘 말로 하면 우주 전체의 진화의 역사가 포유류, 파충류 단계, 식물과 바이러스와 무기물까지 포함하는 전체 진화의 역사가 자기 안에, 현재 안에 살아 있다는 생각과 일치합니다.

이것은 현대 정신과학, 뇌생물학, 무의식 연구에 의해 밝혀진 인간의 심층의식 안에 전 진화의 기억이 축적되어 있고 예감이 움직이며 인간의 두뇌활동 안에 전 우주 삼라만상의 생명활동이 다 그대로 일어난다는 보고와 일치합니다. 그래서 '시천주'요 '인내천'이며 '시' 안에 우주 신령·생명의 전체 진화·기화 활동, 곧 '내유신령 외유기화'를 포함하여 설명한 이유입니다.

조상이 내 안에 살아 있다는 이야기는 바로 이것과 일치합니다. 그리고 자기 안에 조상이 살아 있다는 생각은 미래에 태어날 자손들의 혼백의 씨가, 생명의 씨가 이미 현재의 자기 안에 살아 있다는 이야기가 됩니다. 따라서 지금 여기 살아있는 인간, 제사 지내는 사람, 식사하는 인간의 그 마음과 기운 안에는 처음도 없고 끝도 없는 생명의 전 우주적인 역사가 살아 있다는 이야기가 됩니다. 과거와 현재와 미래가 현실의 생활 속에서 실현되고 있습니다. 이것은 불교에서 이야기하는 삼세실유(三世實有)의 사상과 그대로 일치할 뿐만 아니라 아인슈타인이나 민코프스키가 이야기하는 4차원 세계와도 그대로 일치합니다. 따라서 향아설위 사상은 전 문명사의 구조를 개벽할 뿐만 아니라 오늘날 긴급히 요청되고 있는 과학과 종교의 통일·결합에 대해서 커다랗게 문을 열어놓은 사상이라고도 볼 수 있습니다.

삼경사상

그리고 천지공경이라는 사상에서 특히 우리가 중요시해야 할 것은 삼경사상(三敬思想)입니다. 그것은 곧 오늘날 급박한 인간 정신의 주체분열, 사회윤리 타락, 환경오염에 대답하는 탁월한 생명사상이며 그 안에 들어 있는 경물, 제 안에 살아 계신 한울님을 공경하여 우주에로 해방되며, 모든 사람 안에 살아 계신 한울님을 공경, 이웃을 한울처럼 공경할 뿐만 아니라 물건을 한울처럼 공경한다는 사상, 이것은 그 중에서도 매우 중요한 사상으로 생각됩니다.

물건을 공경하는 데까지 나아갈 때 비로소 도덕의 극치에 이른다고 하였는데, 오늘날 우리가 보기에도 산과 바다, 그리고 온갖 동식물들에 대한 파괴가 엄청나게 진행되는 현실에서 볼 때, 물건을 공경하고 땅을 공경하라는 이 사상이야말로 오늘날 환경보존을 위해서도, 생태계의 균형 회복을 위해서도 중요한 사상이라고 봅니다. 이 때의 그 물건은 동식물만 아니라 흙·돌·바위 같은 무기물까지 말할 뿐 아니라, 인간이 생산해 낸 농산물·공산물·수예품, 유형·무형의 문화적 재화나 예술작품 전체를 말합니다.

노동은 사실 화합이며 공경 지극한 사랑으로서의 성교인데, 그 결과 생산된 생명체이기 때문에 물건을 신령한 생명으로 공경하라는 뜻이 됩니다. 이것은 앞으로 새로운 노동관과 연결되는 매우 중요한 사상으로 평가될 것이며, 소위 환경운동의 기초 윤리관으로 적용될 것입니다.

해월 선생의 사상 모두가 그렇겠지만 향아설위와 밥 한 그릇의 사상, 삼경사상 전체를 관통하고 있는 것은 이른바 생명의 세계관이요, 생명운동의 기본 원리입니다. 해월 선생님의 이와 같은 생명사상은 구체적인 운동과 실천으로 어떻게 나타나고 있는가?

올해가 「내칙(內則)」과 「내수도문(內修道文)」 반포 1백 주년이라고 합니다. 「내칙」과 「내수도문」은 포태(胞胎)와 가정생활, 식생활, 그리고 심고에 관한 수양지침인 것은 여러분들이 더 잘 아실 것입니다. 이 「내칙」과 「내수도문」에 나타나 있는 것은 포태, 즉 임신을 하거든 모로 눕지 말고, 기운 자리에 앉지 말고, 무거운 것을 들지 말고, 나쁜 생각을 하지 말고, 육고기나 해물을 먹지 말라, 대개 이런 내용입니다. 이런 것이 그저 간단하게 보입니다마는 전혀 간단한 생각이 아닌 것 같습니다. 이것은 우선 생명에 대한 공경을 밑에 깔고 있는 것입니다. 자기 안에 포태된 바로 그 생명이 무궁하고 신령한 우주 생명임을 인식하라는 것으로서 천지조화가 「내칙」과 「내수도문」에 다 들어 있으니 신실봉행하라 그랬는데, 천지조화가 바로 이 「내칙」과 「내수도문」에 들어 있다는 이야기는 천지우주의 생명의 비밀, 그 무궁진화, 창조적 진화, 즉 조화의 내용이, 그것을 부녀가 포태와 출산을 통해서 실천하는 방법이 「내칙」과 「내수도문」에 있다는 이야기입니다.

태극이 움직여 음양이 상보적으로 화합함으로써 만물을 낳는 것처럼 부부가 화순하여 아이를 낳는 것을 두고 흔히 명제와 반명제가 합명제로 창조적 통일을 하는 것으로 생각하기 쉬운데, 이것은 하나만 알고 둘은 모르는 것입니다. 그것은 유물주의나 실재론·형상론자들의 눈입니다. 사실 아기의 포태와 출산은 우주의 차원 변화이며 새 차원이 열리고 새 시대가 드러나는 것입니다. 아이의 출산은 만물이 새롭게 되는 것입니다. 갓 태어난 아이의 마음을 생각해 보십시오. 「내수도문」에서는 아시다시피 부모님을 공경하고, 가장을 공경하고, 아들들을 사랑하고, 노비를 자식처럼 아끼고, 육축을 아끼고, 손님을 한울님으로 대접하고, 아이들을 한울님으로 대접해서 치지 말라고 되어 있는데 이 사상들은 며느리를 한울님으로 보라는 이야기와 다 한 가지 이야기로 보입니다. 바로 이 사상은 자기 안에 있는 우주 생명이 타인에게도 있으며 가족 전체에게도 우주 생명이 있으며 가족 전체는 하나의 거룩한 생명공동체라는 사상을 밑에 깔고 있습니다. 오신 손님도 한울님이요, 이웃도 모두 한울님이라는 뜻입니다.

개벽의 실천적 방편은 생명운동

이 모든 우주 생명에 대해 공경하라는 가르침은 환경보존과 위생에 관한 이야기로 발전합니다. 가래침을 멀리 뱉지 말라, 물을 멀리 뿌리지 말라, 만약 가래침을 뱉으면 닦아라, 이 이야기는 요즘 이야기로 바꾸어 말한다면 환경보존에 대한 사상입니다. 가래침을 뱉어서 자연생태계를 더럽히지 말라, 이 이야기는 자연생태계, 흙과 물은 한울님의 얼굴이요, 천지의 얼굴이기 때문에 한울님의 얼굴에 가래침을 뱉지 말라는 이야기입니다. 또한 심고를 하라, 끊임없이 심고를 하라, 매사를 심고하라는 것입니다. 자기 안에 살아 계신 한울님에게 모든 것을 고해바침으로써 끊임없이 공경하는 마음으로 일치해서 자기 스스로 우주 생명에 일치함으로써 우주적 주체를 세우고 우주로 스스로를 해방하는 첩경이 심고입니다.

삼시 세 끼 밥, 밥을 먹을 때에 여러 가지 주의할 사항, 이 빠진 그릇, 금 간 그릇에 먹지 말라, 묵은 밥을 새 밥에 섞지 말라 등등. 이것은 밥을 먹는 한울님이 지극히 거룩할 뿐만 아니라 그 한울님이 잡수시는 밥도 또한 지극히 거룩하다는 사상입니다. 따라서 밥 먹는 일을 결코 소홀히 할 수 없으며 하물며 그 밥에 농약을 집어넣을 수는 없는 것입니다. 한울님을 해치고 천지를 병들게 할 수는 없는 것입니다. 삼시 세 끼의 식사를 부모님 제사 봉행하듯이 거행하라. 여기서 식사와 제사는 일치하며 성스러운 것과 속된 것은 하나가 되며 일상생활과 우주 생명의 창조와 순환질서는 하나가 되는 것입니다.

이 모든 것이 심고를 통해서 실천되고 여러 가지 조심하는 행위를 통해서 실천된다고 봅니다. 이와 같이 중요한 수양의 내용이기 때문에 학질당학에 걸리지 않을 뿐만 아니라 간질이나 문둥병까지도 낫는다고 하고 있습니다. 요즘 생각하면 허황하게 들릴지 모르겠으나 그러나 여기에는 비밀이 있습니다. 병이 낫는 것뿐만 아니라 대도를 속히 통할 것이라는 말 속에 생명과 생명체험의 비밀이 들어 있습니다. 바로 이 「내칙」과 「내수도문」에서 우리는 오늘날 우리가 실천해야 될 개벽운동의 실천적 방편을 찾을 수가 있을 것이라고 봅니다.

해월 선생의 사상은 제 식으로 바꾸어 이야기한다면 생명사상이요, 「내칙」과 「내수도문」에 나타나 있는 실천적 방편은 생명운동이라고 부를 수 있겠습니다. 개벽은 천도요, 인사는 생명운동이라고 저는 믿습니다. 인간, 사회, 자연생태계의 파괴와 근원적 우주 생명의 질서로부터의 이탈이 극에 달한 현실 속에서 그 생명의 본성을 인식하고 그 생명의 본성과 질서에 따라서 살려고 하는 생명운동을 통해서만이 개벽을 실천할 수 있다고 저는 믿습니다.

주부와 생명운동

여기서 하나 주의해야 할 사항은, 「내칙」과 「내수도문」이 극히 중요한 생활지침이며 실천방편이라는 점인데, 이것을 특히 부인들 여자들에게 주었다는 점, 여자들 주부들을 중요시했다는 점에 앞으로 생명운동을 전개하는 데 있어서 명심해야 할 사항이 들어 있다고 저는 믿습니다.

여성은 개벽운동, 곧 생명운동의 앞장입니다. 주체라고까지 부를 수 있습니다. 모든 중생, 모든 민중, 모든 인간이 주체이지만 여성과 주부는 주체 중의 주체입니다. 오늘날 실제로 주부들이 생명운동을 실천하고 있습니다. 여러 단체가 있지요. 우선 주부들이 자기 집 밥상, 밥그릇과 반찬 속에 중금속과 수은이 들어 있다는 사실을 인식하고 유해물질이 들어 있지 않은 밥, 유독물이 들어 있지 않은 채소를 먹음으로써 자기 생명과 가족의 생명을 보호하려는 운동으로부터 이것은 시작됐습니다. 그래서 유기농산물을 유기적 방법, 생명의 농법에 따라서 농사를 짓는 농민 생산자들과 직거래를 틈으로써 채소와 쌀을, 또는 기타 과일들을 직접 구매하여 자기 집 밥상을 꾸리는 운동으로부터 시작합니다.

이 운동은 급기야 자기 생명이 소중하고 가족의 생명이 소중할 뿐만 아니라 채소와 쌀 속에도 어떤 신령한 생명이 살아 있다는 것을 인식하는 단계에 이르게 됩니다. 왜냐하면 바구미가 먹지 않는 쌀은 이미 오염된 쌀이며 방부제가 들어 있는 쌀이라는 것을 알았을 때, 쌀이란 것은 바구미가 끓을 수밖에 없다는 것, 그래서 쌀은 살아 있는 생물이라는 것입니다. 쌀이 살아 있는 생물이라는 것을 발견하는 순간, 그의 의식은 모든 물질 속에 보이지 않는 어떤 생명이 살아 있다는 것을 인식하는 단계로 나아갈 수가 있습니다. 이 인식은 그 단계를 넘어서 쌀을 소출하는 땅도 또한 살아 있는 생물이며, 거기에 움직이고 있는 지렁이·메뚜기·거미들이 모두 다 신령한 생물이라는 것을 인정하는 결과가 되는 것입니다.

살아 있는 땅이 지나친 농약과 비료를 주었을 때 죽어가는 것은 그 비료가 살아 있는 생명을 파괴하기 때문입니다. 따라서 화학영농방법을 버리고 자연농법이나 유기적인 농법에 의하지 않고는 땅을 살릴 수 없다는 것을 깨닫고 농민들과 함께 연대해서 땅을 살리는 운동으로까지 공동체운동을 벌여나가게 됩니다. 이것은 바로 해월 선생님의 생명사상, 생명운동의 방법을 자기들 나름대로 실천하고 있는 한 예라고 볼 수 있습니다. 특히 주부들이 중심이 되어서 생활운동 속에서 생명의 고귀함과 우주생명의 통일성·전체성·편재성(偏在性)을 깨닫는 운동이라고 할 수 있습니다. 그러나 이 운동은 매우 중요함에도 불구하고 두 가지의 위험과 한계가 도사리고 있습니다.

하나는 많은 운동권 사람들이 지적하듯이 소득 수준이 높은 중산층을 중심으로 하는 가족 이기주의, 개량주의 운동으로 머물 가능성이 있습니다. 빈민층이나 저소득층에게 그러한 운동이 퍼져나가기에는 힘든 조건이 있습니다. 뿐만 아니라 신용조합운동과 같이 경직된 틀 속에 미구에는 갇혀버릴 가능성도 있습니다. 또 한 가지, 에코 비즈니스라는 말이 나오고 있습니다. 미국과 일본에서 생태산업, 환경산업이라는 말이 나옵니다. 유기농산품이나 저농약·무농약 농산물을 대규모 자본을 투자해서 대기업이 독점해서 시장에 내놓는 것입니다. 우리나라에서도 어떤 독점 재벌이 이미 손을 대고 있다고 합니다. 이와 같이 대기업들이 대규모 자본을 투자해서 생태산업을 독점할 때 주부들을 중심으로 한 소비자운동이나 열세에 있는 생산자들의 유기농운동은 파탄을 면치 못할 것입니다. 따라서 이 한계를 극복하자면 광범위한 각계 각층의 사람들 속에서 그리고 다방면에 걸쳐서 생명의 세계관에 대한 각성운동, 생명의 중요성과 그 총체성·통일성에 대한 각성운동, 하나의 문화운동이 나타나야 하고, 이것이 생활운동과 결합되거나 병행되거나 앞서거나 뒤서거나 하는 관계를 가져야 할 것입니다. 즉, 사회적 가치관이 변해야 합니다.

문화운동의 출발점

그런데 이 경우에 생활과 결합되는 문화운동의 출발점은 역시 자기 안에 무궁한 우주 생명이 살아 있으며 그 우주 생명은 또한 이웃 속에도 살아 있으므로 이웃을 거룩한 존재로, 한울님으로 공경할 뿐만 아니라 동식물 무기물 속에서까지 살아 있는 한울님을 인정하고 그 우주 생명을 공경하며 공간과 시간 전체, 과거·현재·미래의 온 삼라만상을 모두 한 생명의 순환과 연속으로 인정하는 그러한 생각과 각성, 이것이 문화운동의 출발점이 되어야 하고 생활운동의 출발점이 되어야 합니다.

이런 이야기를 하면 이른바 운동권 사람들이 많이 그러는데, 유사종교다, 신비주의다, 관념적이다, 현실 외면이다, 전열 이탈이다 하는 그런 비난을 많이 합니다. 생명운동을 이야기해 온 지 10년이 됩니다만 10년 동안 줄기차게 끝없는 비난과 비판을 받아왔습니다. 과연 이와 같은 생명운동 또는 생명운동으로서의 문화운동, 세계관 운동이 관념적이요, 비현실적이요, 비과학적이며 혹세무민하는 그런 짓에 불과한가! 이 점에 대해서 조금 생각해 보기로 합시다.

여러 가지 현실 운동들을 생명의 사상, 생명의 세계관, 생명운농의 관점에서 한번 살펴봄으로써 여기에 대한 대답을 얻어야 될 것 같습니다. 이 문제는 매우 중요하며 사실상 오늘 제 이야기 중에서 가장 중요한 부분이라고 생각합니다. 조금 지루하시더라도 경청해 주시기 바랍니다.

생명의 세계관과 통일운동

통일운동, 지금 아시다시피 통일논의는 무성하고 정부와 재야, 국내외를 막론하고 왕성하며, 통일운동도 활발합니다. 전민련, 사제단 등이 이북을 간다고 하고 천도교에서도 이북 사람들과 만났다는 이야기를 하고 있습니다. 많은 사람들이 이북에 가고자 신청하였으며 국민들의 통일 열의는 엄청나게 높습니다. 이러한 운동들은 매우 중요하고 이것은 미래에 있을 완전통일에 접근하기 위한 중요한 전 단계적인 운동이라고 생각합니다. 이런 운동은 계속되어야 합니다. 그리고 점점 발전해야 합니다. 그러나 여기에서 빠뜨려서는 안 될 것이 있습니다.

완전통일에 대한 우리의 비전, 즉 전망이 이 운동 전체를 인도하지 않고서는 진정한 완전통일에 도달할 희망은 없습니다. 자본주의적 사회양식이나 사회주의적 사회양식으로 민족통일을 이루어야 된다는 생각이 오류라는 것은 이미 여러분이 잘 아십니다. 자본주의적 사회양식이 틀려먹었다는 것은 우리가 철저히 느끼는 바요, 사회주의적 사회양식이 실패했다는 것은 역사가 증명하고 있으며 이미 동구 사태와 소련의 변화가 증명합니다.

그렇다면 자본주의나 사회주의 체제를 자꾸만 일방적으로 강조하고 그것을 강화시키는 방향이 통일운동과 병행되리라는 생각은 있을 수 없는 것입니다. 물론 양 체제는 접근해야 하며 평화와 군축, 불가침 조약의 체결, 남북의 문화교류와 경제교류 등의 성취, 그리고 많은 이산가족들의 재회 등은 추진되어야 하며 이루어질 것입니다. 더 나아가서 평화공존을 위해 연방제든 공동체든 어떤 형태로든 간에 남북연합은 추진되어야 하고 유엔 개별 가입 또는 동시 가입 등은 추진되어야 하며 추진될 수 있을 것입니다. 한 발 더 나아가서 자본주의와 사회주의의 장점을 결합하는 수렴체제와 같은 것이 경제구조에서 정착할 가능성도 있으며, 이것 또한 부분적으로는 긍정적인 점을 가지고 있습니다.

그러나 바로 그러한 것만으로 완전통일을 이룰 수 있을 것인가에 대해서는 많은 의문이 제기됩니다. 이 나라를 분단한 것은 자본주의와 사회주의의 양 종주국입니다. 그것은 국내파 사회주의자, 국내파 자본주의자들이라기보다는 강대국, 미·소라는 양 패권주의, 자본주의 종주국과 사회주의 종주국의 세계 분할지배 구도에 따른 기하학적인 절단에 의해서 이루어진 것입니다. 자본주의와 사회주의는 그 형태는 약간 다르나 동일하게 산업문명, 기계문명, 기계론적 이데올로기에 그 기초를 두고 있습니다. 따라서 산업문명과 기계문명이라는 이 큰 세계 지배의 괴물을 어떤 방식으로든 극복하지 않고서는 민족통일, 특히 완전통일은 기약하기가 힘듭니다.

따라서 우리의 통일논의는 이제부터는 기계문명·산업문명의 폐해, 끊임없는 생명파괴와 환경파괴·인간파괴를 하고 있는 산업문명·기계문명과 그 이데올로기적 기초와 그것에 연관된 사회주의적 방식, 자본주의적 방식, 파시즘, 수렴·수정주의 등과 앞으로 생겨날 생태사회주의, 생태파시즘, 신좌익, 신우익, 민주사회주의, 사회민주주의 등 온갖 것들의 이합집산 일체에 대한 비판적 극복, 물론 상섬은 수용하겠지만 그 단점은 여지없이 극복할 수 있는 새로운 사회, 새로운 사회양식, 새로운 문명양식에 대한 드넓은 창조적 전망이 없이는 불가능하다고 생각합니다.

백범 김구 선생은 "통일에는 통일의 사상이 있어야 한다"고 말씀하신 적이 있습니다. 장준하 선생도 "우리의 민족통일은 통일 이상이다"라는 말을 한 적이 있습니다. 이것은 단순한 국토 통일, 민족의 재결합으로 통일이 되리라는 생각은 너무도 소박하다는 이야기입니다. 통일에는 통일의 사상이 있어야 한다는 것은 통일을 창조적 통일로, 이상 사회 실현의 길로 연결시킬 수 있는 창조적인 철학이 밑에 깔려 있지 않으면 안 된다는 이야기입니다.

나는 그것을 일단은 수운과 해월 사상에서 발견합니다. 그것은 생명의 세계관이요, 생명운동에 의한 인간과 자연과 우주질서의 회복입니다. 그리고 개벽의 실천이며 생명을 공경하는 새로운 문명의 창조와 결합된 민족통일이어야 한다는 생각입니다. 남북 민족의 삶의 현실은 엄청나게 황폐해 있습니다. 인간에 대한 멸시와 착취, 억압이 진행되고 있을 뿐만 아니라 온갖 형태의 노동 소외와 사회적 소외가 나타나고 있으며 자연파괴가 심화되어 있습니다. 이와 같은 전면적 생명파괴를 극복하기 위해서는 생명을 회복시키고 인간과 자연을 화해시키며 인간과 인간을 공동체적으로 결합시키는 커다란 생명의 세계관이 나타나고 그 생명의 세계관에 입각한 살아 생동하는 통일사상, 통일철학이 나오지 않으면 안 되며, 그에 따라서 새로운 생활양식과 사회제도의 틀이 씨앗부터라도 나타나서 남한 사회에서만이라도 확대되고 발전하는 과정을 통해서 점차 남북 사회에 확대될 때에만이 그 과정에 있어서의 공존도 지킬 수가 있으며 점차 완전통일로 나아갈 수 있습니다. 나는 지금 진행되고 있는 통일논의를 부정하자는 것이 아니라 그 논의와 노력은 계속되되 그것의 밑바닥에 오히려 그것을 선도하는 전망으로서, 그것을 인도하는 비전으로서 생명의 세계관, 생명의 생활양식 창조라는 중요한 과제와 그 실천운동이 병행되어야 한다고 생각합니다.

새로운 민중운동의 물결

　민족통일에 대해서 이야기했습니다만 민주화 문제에 대해서도 이야기해 봅시다. 지금 민주화 문제는 상당히 심각한 장애에 걸린 것 같습니다. 6·29 이후 조성된 좋은 분위기를 민주 세력들은 잘 활용한 것 같지 않습니다. 민주 운동 단체들이 대체로 체제 도전이나 정권 도전에 집착함으로써 일상 생활과 민중의 삶의 속속들이까지도 퍼져있는 비민주적·군사적 요소에 대해서 척결하는 감시자, 철저한 감시자·개혁자로서의 역할은 놓쳐버렸습니다. 따라서 이러한 역할을 새롭게 회복하며 일상적인 민중의 삶 도처에서 나타나고 있는 비민주적 요소에 대한 극복의 방향에서 민주화 운동은 재편되어야 하며, 광범위하고 다양한 그리고 신선한 시민·주민·민중운동이 나타나야 한다고 생각합니다. 그리고 6월 항쟁은 제가 그 때 병중이었습니다만 나중에 신문을 검토한 결과 어떤 지도부에 의한 기폭에 의해서 이루어진 것이라기보다 광범위한 민중의 자발적 힘에 의해 이루어진 이상한 혁명이었습니다. 바로 이 점에 대해서 주의해야 합니다. 이 점을 주의한다면 민중의 생존 전체에 걸친 여러 가지 복잡한 요구를 통합할 수 있는 새로운 민주화 운동을 고려해야 합니다.

　여기에도 역시 문제가 있습니다. 우리 현실에 있어서 지금 민중들의 삶의 내용은 매우 복잡합니다. 돈도 조금 벌 수 있고, 밥도 조금 먹을 수 있지만, 그것을 벌고 밥을 먹는 네까지에 이르는 사람들의 노고는 말할 수 없이 복잡합니다. 엄청난 정신적 소모를 동반해야 하며 엄청난 자기파괴, 이웃과의 경쟁, 가족의 해체, 친척과의 반목 그리고 자기 자신의 상실 없이는 돈도 벌 수 없고 밥도 먹기가 힘든 세상이 오늘날의 형편입니다.

　지역과 지역 간에, 계층과 계층 간에 말할 수 없이 복잡한 관계가 형성되고 있으며 인간의 사회생활 전체가 복잡하기 짝이 없습니다. 복잡다단하고 다양한 이 현실의 삶에 대해서 총체적으로 대응할 수 있고 탄력있게 대응하고 다양하게 대응할 수 있는, 살아 생동하는 삶의 정치적 견해가 나타나지 않고서는 민주화 운동도 민중생존 그 자체에 직접적으로 결합되기가 힘들며, 법이나 제도를 참으로 민중의 생활에 연결시켜서 혁파하거나 창제하기도 힘들 것 같습니다.

생명의 세계관에 입각한 민주화 운동

특히 지금 중요한 것은 민주적 대연합이라는 것입니다. 민주적 대연합, 이것이 요구되는데도 불구하고 저렇게 힘든 이유는 지역 간의 문제, 계층 간의 문제, 물질 생활과 정신 생활의 문제 등등 복잡한 민중적 삶에 총체적으로 대응하며 현실의 삶에 적정한 정책을 내세우고 제도와 법을 창제할 수 있는 살아 생동하는 폭넓은 정치적 견해가 없기 때문입니다. 만약에 이런 정치적 견해가 성립된다면 보수와 혁신, 경상도와 전라도 따위로 크게 갈라져 있는 세력들을 하나의 포괄적 전망 밑에 통합할 수 있을 것입니다. 그러나 이런 일은 그리 간단한 일은 아닙니다. 살아 생동하며 총체적인, 탄력 있는, 살아 있는 사람들의 삶의 정치학, 삶의 정치적 견해라는 것은 살아 생동하는 생명에 대한 이해, 생명의 세계관에 밑바탕을 두지 않고서는 나오기 힘듭니다. 따라서 우리의 민주화 운동은 한편으로는 현 정부의 여러 가지 시책에 대해서 감시·비판·저항하는 운동도 진행되어야 하지만 일상적 생활의 감시자, 전 사회의 민주화를 위한 구체적 감시자의 역할을 하는 동시에 생명의 세계관 발견에 노력하며 여기에 기초한 통일적인 삶의 정치적 견해를 찾아내도록 노력함으로써 실질적인 민주화의 방향으로 나아가야 할 것 같습니다.

생명, 삶 이런 이야기를 하면 반드시 문제를 제기하는 사람들이 있습니다. 생명은 누구나 가진 것인데 생명운동에는 적이 없단 말이냐? 대답은 '아니다-그렇다' 입니다. 적은 있습니다. '그렇다' 입니다. 적은 바로 우주 생명의 질서를 왜곡시키는 과학자, 세뇌 지식인과 아편 종교가, 생명의 질서에서 이탈·소외되어 오히려 생명의 질서를 역습 파괴하고 억압·착취·세뇌·감금·분단·분할하는 제국주의자·패권주의자·다국적 기업 총수·군벌·공산당 정치국·독점재벌·매판 에이전트·파쇼 권력과 고급 관료들입니다. 그들이 바로 인간파괴·자연파괴·환경파괴·생명파괴를 하는 자들입니다. 그들에 대해 저항해야 합니다. 그리고 그들의 암세포적 조직과 그 조직의 확장 기능을 해체해야 합니다. 그러나 역시 그들도 생명을 가지고 있습니다. 그 생명을 파괴할 것이 아니라 한방이나 동의학 등의 방법과 같은 활인처방으로 전향 부활시켜야 합니다. 즉, '아니다' 입니다.

노동을 통한 자기실현

요즘 가장 민감하고 심각한 문제는 노동문제입니다. 노동운동 역시 현실에 있어서 많은 노동자들의 각성과 좋은 성과들을 얻고 있습니다. 그리고 노동자들의 생활 수준도 향상되고 있는 것은 사실입니다. 그러나 노동운동의 지도부에 문제가 있습니다. 노동운동은 대개 두 갈래로 갈라져 있는 것 같습니다. 자본주의 체제 안에서 임금 상승과 처우 개선 등 권익보호의 방향으로 흐르고 있는 경제투쟁 방식이 하나입니다. 또 하나는 혁명적 폭력에 의해서 노동자 주권국가를 건설한다는 사회주의적 정치투쟁 방향이 다른 하나입니다.

잘 아시겠지만 노동이란 것은 우주 생명의 끝없는 창조적 활동이 인간을 통해서 나타나는 가장 거룩한 활동입니다. 노동은 자연자원과 마찬가지로 시장원리로 환원될 수가 없습니다. 임금이나 화폐에 의해서 노동은 평가될 수 없는 것입니다. 노동자는 노동을 통해서 자연생명체와 적극적으로 접촉하며 이웃들의 생명활동과 일체로 공동체적으로 연결됩니다. 따라서 이른바 주관적 생명력과 객관적인 대상의 생명이 통일되어 빛나는 생명체험을 함으로써 노동자가 자기실현, 인격 실현을 하고 노동을 통해서 자기를 해방하는 활동인 것입니다. 한마디로 노동자는 노동을 통해서 세계와 연결되며 자연과 화해하며 생명에 일치하여 새로운 생명체를 생산해 냄으로써 자기의 세계 내 존재를 실현하는 것입니다. 바로 이와 같은 체험을 통해서 인간이 인격적 실현을 하는 것이며 자기를 해방하는 것입니다. 자본주의 사회에서는 이것이 임금 속에서 평가됩니다. 임금투쟁은 중요합니다. 그러나 자본주의 사회의 물신숭배적인 삶의 틀 안에서 몇 푼의 임금이 상승되었다고 해서 노동자의 인격이 실현되는 것은 아닙니다. 그러므로 보다 높은 임금에 의해서 중산층과 같은 생활을 하겠다는 그러한 방향으로 운동이 진행된다면 임금투쟁 그 자체는 매우 중요하지만 거기에 목표를 고정시키는 지도부의 생각은 올바르지 않다고 볼 수 있습니다.

한편으로 혁명적 폭력을 통한 노동자 주권국가의 건설이라는 사회주의 노선은 이미 동유럽에서, 소련에서 본 바와 같이 중앙집중적 지시체제에 의한 노동의 조직화, 관료주의에 의한 노동의 계획, 그 성과의 사전 조직 등에 의해서 진행된 결과 엄청난 노동소외를 일으켰고 노동자의 생명체험의 파트너인 자연 생명은 단순한 정복대상·약탈대상이 됨으로써 노동자는 자연 생명과 분리되며 그 결과 노동자의 사회적 해방이나 인격 실현과는 거리가 먼 아주 지루한 사회로, 종교라는 환상적 아편 대신 알코올이라는 물질적 아편에 의해 자기를 환상적으로 해방하는 그러한 사회로 전락해 버렸습니다.

인간 생명의 리듬에 맞는 노동 구조

바로 이와 같은 현실을 보면서도 우리나라에서 똑같은 오류를 범한다는 것은 잘못된 생각입니다. 노동운동은 진정한 노동자의 인격 실현, 노동의 성스러운 본질의 실현, 자연생명체와 노동을 통한 인간생명 활동 사이의 적극적 연관을 통해서 노동자가 세계와의 창조적 관계를 확립함으로써 자기 자신을 해방하는 새로운 방향을 찾아야 합니다.

제가 우선 제안하고 싶은 것은 노동자 자주관리, 소위 워커스 콜렉티브, 생산자 공동체라고 하는 방식입니다. 이것은 스페인 바스크 지방에서 진행되고 있는 실험인데 몬드라곤 공동체라고 부릅니다. 여기서는 우선 노동자들이 자기 임금의 얼마 만큼씩을 모아 저축조합을 만들고 그 저축조합을 노동자 은행으로 발전시킵니다. 그 노동자 은행에서 노동자에게 자금을 대출해 줌으로써 이들이 새롭게 자기들이 출자자가 되고 경영자가 되어 협의체를 구성해서 직접민주주의 방식으로 회의를 운영하며, 이 회의의 결과를 가지고 생산에 임하는 그러한 생산공동체입니다. 그리고 그 공장에서는 맨 처음에 몇 사람을 공업학교에 보내기도 하고, 차차 공장학교를 소규모로 만든 뒤에 젊은이들을 흡수해서 새로운 생산기술을 습득시키고, 그 숫자가 불어나면 다시 분리시켜서 공장을 설립하도록 자금을 지원하는 그러한 체계로 발전해 가고 있습니다. 이러한 노동자 자주관리 생산자 공동체는 오늘날 대량생산 상품, 공해상품이 판을 치고 있는 시장 한 귀퉁이에서 노동자의 정신과 생명력이 살아 있는 상품, 즉 유기적인 생산방식과 유기적인 질 높은 부가가치를 가지고 있는 공산품을 생산해 냄으로써 시장에 도전하고 있습니다. 이와 같은 방법이 우리 조건에 알맞게 더욱 연구되어서 노동운동의 새로운 방향으로 정착되었으면 하는 것이 저의 바람입니다.

그 밖에도 생산공정, 생산관리, 생산내용, 양과 질 등에 대한 노사공동결정권의 획득, 또는 대기업에서의 경영 참가와 같은 것이 요구되어야 합니다. 뿐만 아니라 빈번하고 심각한 산업재해에 대해서 보다 날카로운 반응을 해야 할 것입니다. 자기의 생명이 소중함을 일깨우기 위해서도, 자기의 생명을 지키기 위해서도 산업재해에 대해서는 날카롭게 대들어야 할 것이며, 대규모 생산공정, 오토메이션 구조에 대해서도 그것을 소규모적인 그리고 유기적인 생산공정으로 바꾸도록 압력을 가하여 인간이 기계의 리듬에 맞추는 것이 아니라, 인간의 생명의 리듬에 맞도록 생물학적 원리에 의해 기계를 제도·제작하도록 요구해야 하며 산업재해를 전면적으로 없애는 방향을 요구해야 할 것입니다. 농민과 연대하여 유기농산품을 집단적으로 구매하는 운동을 벌이면서 사회적인 그리고 자연적인 생명을 회복하는 운동에 노동자도 기여를 해야 합니다.

그러나 보다 더 중요한 것은 자기가 공장 안에서 생산하는 상품이 소비자에게 막대한 생명의 피해를 주고 있고 심각한 생체파괴를 유발하고 있고 거기서 나온 폐수가 자연을 오염시키고 있는 현실에 눈을 돌려야 합니다. 노동자는 자기의 노동을 통해서 자기의 인간적 자부심을 획득하는 것입니다. 그런데 만약 자기가 생산하는 상품이 자기의 생명을 해치고 남의 생명을 파괴하는 공업, 자연을 훼손시키고 오염시키는 공업이라고 한다면 그러한 생산에 참여하는 자기 자신이 역사 전진의 주체라거나 문명건설과 전 인류 해방의 주체라고 하는 등의 자부심을 얻을 근거는 없습니다. 따라서 일차 재료, 즉 노동 대상인 자연생명의 약탈적 채취·절단·파괴에 반대해야 하며 폐수·매연·소음으로부터 유해물질을 이용하는 공산품, 나아가 무기·폭탄 제조 따위 일체의 생산과 그 결과에 의한 환경파괴 내지 인류생명의 파괴 등은 날카롭게 거부해야 할 것입니다. 나아가 생산공정 전체를 생명의 원리에 맞게 뜯어고치는 운동에는 노동자들이 보다 더 주의를 집중시키고 노력을 해야 합니다.

바로 이와 같이 자연이나 세계와 이웃 동료들, 동포들과의 자기 자신의 살아있는 생명관계를 회복하는 방향으로 노동운동을 집중시킴으로써 자기의 인격적인 완성과 해방의 길을 찾아야 할 것입니다. 특히 노동자가 무궁한 우주생명을 제 몸에 모신 신령한 존재요, 그의 노동이 생명의 가장 적극적인 창조적 생산활동이라고 한다면 여기에 대한 처우와 임금의 내용, 즉 노동자의 생명과 노동에 대한 사회적 평가는 혁명적으로 변화해야만 할 것입니다.

산재·부상·생리문제 등은 물론이며 강도 높은 노동, 분진과 매연이 휩쓰는 작업장에서의 노동은 말할 것도 없고 기계의 리듬이 인간생체의 리듬에 어긋날 때 생기는 신경장애나 아주 섬세한 정서나 무의식에 있어서의 상처까지도 모두 다 계산되고 지불되며 치료되어야 할 것입니다. 이것은 체제가 아니라 문명이 바뀌어야 해결될 문제이나 지금부터라도 낮은 단계, 제한된 범위에서라도 시작되어야 합니다. 여기에 대한 노동자 운동 지도부의 새로운 구상이 있어야 합니다. 일반 사무직 노동자·정보·과학·유통·금융·문화·서비스 부문 등 광범위한 화이트 칼라의 운동이나 문제도 이과 같은 시각에 입각하여 특히 생명의 영성에 입각, 정신노동 등에 일어나는 심각한 소외나 분열·장애·질환 등의 문제가 다방면으로 검토되고 대책이 강구되어야 하는데, 이것이야말로 생명과 인간의 신령함에 관심이 없어서는 불가능할 것입니다. 정신노동의 영성, 창조성, 인간신령의 사회적 생태성, 통신하는 생물 본성, 삶의 네트워크적 본질 등에 대한 가치평가에 혁명적 변화가 있어야 이 부분의 해결도 가능합니다.

농민운동과 생명운동의 관계

농민운동도 마찬가지입니다. 우루과이라운드라든가 이런 것에 의해서 지금 크게 말썽이 일어나고 있는데 이것은 물론 저항해야 할 것이며, 농산물 가격문제라든가 농업보조금, 구조조정문제, 농정 전반의 여러 가지 문제에 대해서 정부에 계속 여러 가지 압력을 가해야 합니다. 그러나 전 세계적인 추세로 볼 때 우루과이라운드는 약소국, 제3세계에 대해서는 치명적이지만 우리나라의 경제현실로 볼 때 우리 농업은 일종의 함정에 빠져 들어가고 있습니다. 우리나라가 자동차, 섬유, 가전제품 따위를 미국이나 유럽에 수출하고 있고, 경제성장정책의 핵심을 수출에 두고 있는 한 이 함정에서 빠져나오기 어렵습니다. 물론 정부가 우루과이라운드를 무효화하도록 국민적 압력을 가하는 과정에서 농업정책을 개정 또는 전향적으로 확립하도록 해야합니다만, 농업을 아예 청산하려드는 현 정부에 기대할 것은 아무것도 없으니 동시에 농민 자신들이 농산품의 질, 품질, 고부가가치에 대해서 착안하지 않고서는 농업이 부활할 길이 현실적으로 없으며 농민들이 살아갈 길도 원천적으로 찾을 수가 없을 것이라고 생각됩니다.

전 국민적으로 신토불이의 생명사상, 사람은 자기가 태어난 땅에서 나는 농산물을 먹어야 건강하다는 사상을 선전하면서 우리 농산물 사먹는 운동을 벌여야 합니다. 이에 대응하여 농민은 협업적인 유기농공동체운동을 벌임으로써 품질 높은 농산품, 소비자가 요구하는 살아 있는 생명의 농산품을 생산해내는 운동 그리고 생물학, 미생물학 분야의 새로운 과학적 기술을 보다 과감하게 전통적인 유기적 농업방법에 결합하는 쪽에서부터 활로를 찾아야 할 것입니다. 이미 가톨릭농민회 같은 단체에서는 생명공동체운동으로 방향을 잡고 있습니다. 이 운동은 더욱 넓어져야 하고 깊어져야 합니다. 그러나 이 방향은 농민들의 생명에 대한 자각, 이른바 유기농 철학이 없이는 어렵습니다. 이제부터의 농민운동은 생명운동이 될 수밖에 없습니다. 그러나 이것은 광범위한 소비대중, 국민전체의 생명 각성, 생명의 가치관이 확립되는 생명운동 없이는 불가능합니다.

여성의 역할과 여성운동

여성운동에 대해서 잠깐 이야기해 봅시다. 이제까지 여성은 한편으로는 수천 년간 계속된 바와 같이 남성의 성적 노리개, 부엌데기, 또는 애 낳는 씨받이 정도로밖에는 평가되지 못하고 있었고, 오늘날 여성들을 보는 눈이나 여성운동의 일부도 이 범위를 벗어나지 못하고 있습니다. 여러 형태로 여성에 관한 신보수주의적 경향이 나타나고 있습니다. 여기에 저항하는 새로운 진보적인 여성운동, 서구의 사상가들에 의해서 영향을 받은 진보적인 여성운동은 그러나 여성노동의 사회적 해방만을 주장하면서 모성, 어머니로서의 여성, 주부로서의 여성에 대한 평가를 전혀 놓쳐버리고 있습니다.

얼마 전 TV에서 한 진보적 여성운동가가 말하기를 "우리 어머니는 나까지 포함해서 네 자녀를 낳고, 기르고, 먹이느라고 무의미한 세월을 보냈습니다"라고 말을 한 적이 있습니다. 이것은 상당히 심각한 이야기올시다. 무의미한 세월, 낳고 기르고 먹이고 가르치는 이 일이 무의미하다고 하면 자기 자신의 근본을 부정하는 것이 됩니다. 만약에 어머니의 그 같은 노력이 없었다면, 어머니로서의 모성의 역할이 없었다면 자기는 없는 것입니다. 우리는 다시 한번 여성의 모성, 어머니로서의 역할과 주부로서의 역할을 강조할 필요가 있습니다. 여성은 생명의 출산자요, 양육자이며 보호자요, 교육자입니다. 또한 위로자입니다. 이와 같은 여성의 모성과 여성의 주부노동 또는 가사노동에 대해 단순한 감상적 평가가 아니라 과학적·객관적인 사회적 평가를 해야 하며 이에 대한 혁명적인 변화가 이루어져야 할 것입니다.

생명의 세계관이 뿌리를 내리고 그에 입각하여 생명의 공경이 일반화되며 어머니와 주부로서의 역할이 중요시된다면 여성의 사회적 노동에 대한 평가와 그 노동의 내용 및 시간은 당연히 가벼운 노동, 여성에게 알맞은 노동이 되어야 하며 그 시간은 남성의 절반 이상 정도로 줄어들어야 마땅합니다. 왜냐하면 여성은 가정에서 어머니와 주부로서의 중요한 노동과 역할을 또 해야 하기 때문입니다. 생리 휴가, 출산 휴가 등이 훨씬 더 길어져야 할 것입니다. 미혼여성에 대한 경우 이에 준해야 하며, 취업하지 않은 주부의 경우 그 노동평가는 남편의 임금에 포함되어야 할 것입니다. 바로 이와 같은 혁명적인 사회적 평가 변화를 통해서 여성의 주부로서의 역할과 어머니로서의 역할, 모성이 강조되는 방향에서 여성의 사회적 해방도 통일적으로 이루어져야 합니다. 그리고 여성의 사회적 모성이 중요시되고 중심 가치관이 되는 새로운 문명사회 건설에 의해서 우리는 구원받을 수 있고 여성은 단순한 해방이 아니라 지금의 '엔트로피 노동'을 사회생명의 창조노동으로 바꿀 수 있습니다. 따라서 이것은 새로운 사회, 새롭게 생명이 존중되고 공경되는 사회에 대한 요구와 그러한 사회를 만들기 위한 노력과 여성운동이 결합되지 않고서는 여성해방운동은 매우 어렵다는 이야기가 됩니다. 이 방향으로 나갈 때 여성은 생명운동의 중요한 전위 역할을 할 것으로 생각합니다.

죽임의 문화, 생명파괴의 문화

문화와 교육 일반에서 나타나고 있는 현상에 대해서도 생각해 봅시다. 고급문화가 이른바 서양을 흉내내는 박제된 문화요, 이른바 유한층의 장식품 문화라는 점은 여러분이 더 잘 압니다. 서양의 오페라나 심포니나 가곡들은 대중의 생활과는 아무런 관계가 없습니다. 장식 위주의 그림이나 여러 가지 철학들도 민중의 생활과는 아무런 관계가 없습니다. 한편으로 산업주의 문화, 산업주의 교육은 인간을 경쟁과 약육강식, 출세주의로 내몰고 있습니다. 이렇게 경쟁과 입신출세주의로 내몬 결과 어린 아이들 속에서 자비로운 마음이나 이웃에 대한 사랑, 생명에 대한 외경심 등이 완전히 고갈되기에 이르고 있습니다.

또한 산업주의 문명은 소비적 대중문화를 동반합니다. 이것은 섹스, 폭력, 살인, 방화 등을 선전합니다. TV를 통해서, 비디오를 통해서, 영화를 통해서 우리는 매일매일 그와 같은 미국식 폭력문화, 소위 산업문화의 한 면인 섹스 영화, 살인 영화들을 보게 됩니다. 이것은 젊은이와 어린이에게 심각한 영향을 주고 있습니다. 아파트 꼭대기에서 어린이들이 병아리를 내던져가지고 내기를 하는 유행이 얼마 전에 있었습니다. 조그만 어린이들까지도 생명에 대한 사랑은 눈 씻고봐도 찾을 수가 없는 형편이 되었습니다. 십대들의 폭력, 살인, 강간 등은 이제 매일매일 신문의 기사거리로 나타나고 산과 들, 강과 바다에 젊은이들이 놀러 다니며 파괴하고 훼손하고 오염시키는 것은 이 시대의 흔한 풍경이 되었습니다.

여기에 한술 더 뜨는 것은 군사문화입니다. 파시스트 군사문화가 오랫동안 우리를 지배하고 있습니다. 군사문화는 한마디로 죽임의 문화이며 생명파괴의 문화입니다. 총, 칼, 조직의 폭력, 그것에 의해서 인간은 마땅히 굴복해야 한다는 군대식 문화가 우리를 사로잡고 있고 군대식 행정이 우리를 누르고 있습니다. 심지어 슬기로워야 할 학생운동마저 마치 군대조직마냥 변하고 있습니다. '전사'니 뭐니 하고 서로를 부르고 대행진곡 같은 것을 매일 부르며 '죽음'을 미화 찬양하고 있습니다. 온갖 형태로 군사문화가 우리를 좀먹고 있는 위에 일본 문화가 상륙해 오고 있습니다.

오늘날 우리는 소련 상품이나 소련 문화까지도 받아들이는 개방화, 국제화 시대에 들어서고 있습니다. 따라서 일본 것이라 해서 덮어놓고 반대한다는 일은 점점 더 어려워지고 있습니다. 예전에는 가능했습니다. 오늘날에는 불가능합니다. 그렇다면 일본 문화의 핵심, 그 내용과 질이 무엇인가를 파악하고 여기에 대응하는 방법을 찾을 수밖에 없습니다. 일본 문화의 핵심은 한마디로 말해서 죽임의 문화, 생명파괴의 문화입니다. 우리나라 영화에서는 사람을 죽이는 데 칼로 찌르면 그만이지만 일본 영화에서는 칼로 쑤셨을 때 그 찢어지는 살이 얼마만큼 벌어지며 그 속에서 내장이 튀어나오고 피가 어떻게 흘러나오는지를 카메라가 낱낱이 포착합니다.

대중적 상상력을 촉발시키는 문화운동

일본 문화는 어디서부터 시작되었는가. 일본의 건국신화에까지도 피가 흐르고 있다고 합니다. 심지어 일본이 자랑하는 선 사상, 선불교 사상의 정점이라고 부르는 추수선(秋水禪)의 핵심 내용도 일도양단, 쾌도난마의 무사도 정신에 그 기초를 두고 있습니다. 또 하나는 그들의 감상주의입니다. 벚꽃으로 상징되는 감상주의는 폭력의 뒷면일 뿐입니다. 허무주의, 그리고 난륜, 병적인 섹스, 모두 반생명입니다. 따라서 그들의 칼의 문화, 무사도 문화, 살인과 폭력, 생명파괴, 생명경시 문화를 직시하고 우리 자신이 가지고 있는 전통문화, 특히 기층문화, 민요·민예·탈춤·판소리·시나위·풍물·민화·온갖 굿들 속에 들어 있는 생명에 대한 존중과 무궁한 우주 생명에 대한 찬양, 그리고 신명, 삶과 죽음의 굿 속에 들어 있는 신명 사상 등을 오늘의 현실에서 새롭게 해석하고 강조하며 과학적 조명 아래 우리의 새 문화의 핵심 내용으로 하고 형식 원리로 하는 광범위한 민족문화운동을 새롭게 일으킴으로써 일본 문화의 침식에 대응해야 합니다. 우리는 우리 자신의 생명만이 아니라 일본인까지도 구원해야 합니다. 우리의 생명문화를 일본에 강력하게 수출해야 합니다. 민족의 적까지도 문화적으로 구원하는 대인적인 태도로 일본 문화에 대응하지 않으면 안 됩니다.

젊은이들, 특히 운동권의 이른바 저항문화·혁명문화는 또 다른 의미에서 반생명적이며 비민족적입니다. 끝없는 투쟁과 증오, 복수, 혁명적 파괴의 선동은 폭력의 악순환에 불과하며 또 하나의 생명파괴요 죽임입니다. 그리고 그 일반적 형식은 거의 대부분 소련풍, 슬라브풍으로 일관하고 있어서 민족 형식과는 촌수가 멉니다. 노동자 농민의 인간해방, 자주적 민족통일의 동기와 정열만은 인정하지만 그 내용, 형식, 그 미학적 견해에 나타난 폭력적 인간 이해는 남김없이 비판해야 합니다.

교육과 문화 전체에 생명에 대한 공경이 결핍되어 있는 현실에서, 생명에 대한 공경, 생명의 세계관을 기본 내용으로 하는 새로운 문화가 정착되어야 할 것이며, 이것이 새로운 통일문화, 새로운 사회적 이상에로 연결되어 나가야 할 것입니다. 일반 대중들이 생명의 소중함과 자기 자신이 모신 생명의 무궁하고 거룩하고 위대함을 깨우치는 운동, 타인을 공경하고 동식물과 무기물과 자연을 공경하는 운동, 이러한 생명문화운동을 건설해야 하고, 새로운 사회를 창조하고 그 사회로 통일시킬 수 있는 민중 자신의 대중적 상상력을 자극하고 촉발시키는 문화운동이 나타나야 할 때라고 생각합니다. 이런 운동은 더욱 각 방면으로 확대되면서 특히 산업주의 교육, 폭력교육 또는 입신출세주의, 경쟁, 약육강식, 도태와 같은 이론에 토대를 둔 생명경시 교육에 대해서 강력한 대안으로 제시되어야 하리라고 생각합니다.

열린 체계로 파악

마지막으로 과학이나 학문 전체와 관련해서 한번 생각해 보기로 합시다. 지금 우리의 과학과 학문을 지배하고 있는 사상은 낡고 외래적인 방법론과 사상체계들입니다. 뉴턴의 기계론적 세계관, 폐쇄적 체계로 세계를 이해하는 정태적 세계관, 데카르트의 이원론적 세계관, 영혼과 물질, 정신과 육체를 분리해서 보는 이원론적 세계관, 다윈 이후의 적자생존이론, 도태이론, 그리고 변증법적 유물론, 자연변증법, 사적 유물론과 같은 것들입니다. 이 모두가 이미 낡았고 적합성이 없다는 것은 서구의 새로운 사상계의 동향이 잘 보여주고 있습니다.

서구의 사상계, 특히 물리학의 발전에서 아인슈타인의 상대성 이론이라든가 장(場) 이론, 에너지와 물질을 동일시하는 새로운 이론들의 발전, 하이젠베르크의 불확정성원리의 등장, 닐스 보어의 소위 음양론의 물리학적 적용 등에서 보이는 것은 모두 다 동양 정신과의 결합을 통해서 우주 전체를 생명의 끊임없는 변화 활동으로 보려고 하는 태도입니다. 여기에는 변증법적인 구조 파악 같은 것은 미칠 도리가 없습니다. 오히려 음양과 같은 역(易) 사상, 주역에 나타난 역 사상에 보이는 기의 사상체계, 기의 사상체계에 서양의 새로운 과학들, 학문들이 접근하고 있는 것이 두드러지는 현실입니다. 기론에서는 물질과 정신을 대립되는 것으로 보지 않습니다. 그리고 음양은 상호보완적입니다. 기 안에서는 물질과 정신은 하나이며 기는 닫힌 체계가 아닙니다. 열린 체계로서 우주 전체와 삶 전체가 순환하고 역동하는 살아 있는 체계입니다. 따라서 서양의 물리학·생물학 등이 바로 이와 같은 기나 역 사상 등에 노장철학이나 불교사상과 마찬가지로 관심을 가지고 접근하고 있는 것이 현실입니다. 아시다시피 지기일원론(至氣一元論)이 동학의 기본 사상입니다. 기의 사상을 한 걸음 더 나아가 개벽시대의 성숙한 영적 높이에까지 끌어올린 것이 지기론이라고 생각합니다. 이 지기론에 대한 과학적 평가가 우리나라 과학계와 여러 학문 분야에서 이루어지기를 바랍니다. 오늘 길게 말씀드릴 수 없습니다만 전 세계가 요구하는 새로운 과학, 새로운 기술, 환경오염과 파괴에서 벗어날 새로운 과학기술의 중요한 기초사상이 이 지기론 안에 숨어 있다는 것만 말하고 넘어갑시다.

　세상 사닝께, 과학 세에서 네를 들어서 나원의 노태원리를 부정하는 이론들이 많이 나타나고 있습니다. 생물계·생태계의 기본 질서는 약육강식이나 도태, 또는 적자생존의 원리가 아니라 공생원리이며 상부상조의 원리라는 주장들이 줄지어 나타나고 있습니다. 약육강식이나 도태가 없는 것이 아니라 그것은 비정상적이거나 부분적 현상이라는 것이 밝혀지고 있습니다. 약육강식이라는 것도 인간이 자기의 견해를 감정이입해서 파악한 결과이지 사실은 먹이사슬의 순환질서에 불과하다는 말도 나오고 있습니다. 오직 근본적이고 기초적이고 기본적인 질서는 공생이며 상부상조이며 먹이사슬, 즉 종속영양의 체계라는 것이 계속 주장되고 있습니다.

'아니다-그렇다'의 논리

그런가 하면 인간과 우주 사이의 관계에 있어서도 칼 프리브람과 같은 뇌생물 학자들은 인간 뇌수의 정신활동 속에 전 우주적인 생명활동이 진행되고 있다는 것을 이야기하고 있습니다. 한 걸음 더 나아가 봅시다. 현대 첨단과학의 상징적인 존재는 무엇입니까? 현대 첨단과학의 상징적 존재는 컴퓨터입니다. 컴퓨터를 움직이는 기본원리는 무엇인가를 한번 생각해 봅시다. 컴퓨터에는 변증법이 없다는 말이 있습니다. 컴퓨터에는 변증법이 적용되지 않습니다. 컴퓨터를 지배하는 원리는 '아니다-그렇다'의 원리입니다. 컴퓨터는 '노' '예스' 아니면 '예스' '노'의 원리로 움직입니다. 여러분들이 더 잘 알 것입니다. 자동온도조절기와 같은 구조도 그 기본 원리는 최고온도와 최저온도 사이에서 끊임없이 진동 순환하는 '아니다-그렇다'의 원리입니다. 그레고리 베이튼이라는 미국의 생물학자는 자동온도조절기와 컴퓨터를 예로 들면서 '아니다-그렇다' '그렇다-아니다'의 반복적인 순환원리가 바로 생물학의 기본 원리라는 것을 밝힌 바 있습니다.

생명의 원리는 기초적으로는 '아니다-그렇다'의 원리로서 진행됩니다. 생물학자였던 테야르 드 샤르댕은 인간의 자의식이 발생한 순간을 고생물학적인 과학적 방법으로 접근할 때 '아니다-그렇다'의 문법으로 접근했습니다. 즉, 인간이 자의식을 가진, 반성의식을 가진 존재로서 이른바 슬기인간, 호모사피엔스로서 처음 출현했을 때 그는 직립인간, 호모에렉투스의 무리들 속에서 나타났습니다. 그렇기 때문에 처음 나타난 호모사피엔스의 외모는 호모에렉투스, 직립인간의 외모와 아무것도 다른 것이 없었습니다. 그러나 정신 가운데서 발생한 반성적 의식, 자기의식, 자의식을 생각한다면 다른 직립인간들과는 전혀 다른 존재였던 것입니다. 과학적으로 이 현상에 접근할 때는 인간까지도 포함해서 모든 직립인간의 외면적 현상을 볼 때 '그렇다'라고 이야기할 수 밖에 없는 것입니다. 모두가 그렇습니다. 가시적인, 눈에 보이는 현상은 그렇습니다. 그러나 만약 눈에 보이지 않는 그 중 하나의 뇌수 속에, 정신작용 속에 자의식, 반성적 의식, 즉 정신이 출현했다는 점을 생각한다면 '아니다'라고 볼 수밖에 없습니다. '아니다' 그렇죠. 이 현상을 동시적으로 파악하기 위해서는 '아니다-그렇다'라는 살아 있는 이중 논리로 접근할 수밖에 없다는 것이 테야르 드 샤르댕의 기본 입장이었습니다. '아니다-그렇다'는 생물학적인 질서에만 통용되는 논법은 아닙니다. 물론 서양에는 옥시모롱이라는 모순어법이 있습니다. 그러나 이것과 '아니다-그렇다'에는 비슷한 점도 있지만 큰 차이가 있습니다. 이것에 대해서는 제가 지금 말씀드릴 수 없고. 물리학에 있어서 위상과 운동을 동시에 측정할 수 없다는 하이젠베르크의 불확정성원리도 불가지론으로 떨어져 버렸지만, 만약 이 위상과 운동을 동시에 측정 가능하게 하는 논법이 있다면 '아니다-그렇다'의 논리밖에 없을 것입니다.

한 입자의 그때그때의 위치와 그 위상을 본다면 우리는 '그렇다'라고 말할 수밖에 없습니다. 즉, 중성자로 볼 때에는 중성자다. '그렇다'입니다. 그러나 이 중성자는 중성자라고 부르는 순간에 이미 양자로 변신합니다. 바로 그것은 운동하는 실체이기 때문입니다. 그랬을 때 우리는 '아니다'라고 부를 수밖에 없습니다. 즉, 위상과 운동을 동시에 파악하기 위해서는 '아니다-그렇다' '그렇다-아니다' 라는 살아 있는 이중 논리로 대응하는 수밖에 없습니다.

불연기연(不然其然)의 진화사상

이 문제에는 아까 기론, 동양적인 기학, 동학에서 이야기하는 지기일원론에서 볼 때 정신과 물질을 하나로 통합하며 정신적인 것과 물질적인 것, 또는 양의 운동과 음의 운동을 상호보완적으로 보면서도 또한 대조적인 것으로 보는 그 구조 속에 이미 '그렇다-아니다'의 논법이 들어 있습니다. 생물학, 물리학에서 적용되는 '아니다-그렇다'의 논리는 예를 들어서 마르크스 주의자들이 이야기하는 토대와 상부구조 사이의 갈등관계, 생산력과 생산관계 사이의 모순관계 등을 파악하는 데 있어서도 물질과 정신이 상호 보완적인 하나의 기의 활동일 뿐만 아니라 상호 모순된 것처럼 보이는 현상에 대한 동시적 파악의 방법으로서 '아니다-그렇다'의 방법으로 접근할 때는 생산력과 생산관계, 토대와 상부구조 사이의 관계도 대조적이면서 동시에 상호보완적인 관계일 뿐만 아니라 근본적으로 통일적인 한 기운의 운동이요, '아니다-그렇다'의 상보적 이중성과 그 복잡화, 그리고 끝없는 다중적 차원변화의 생명 원리에 따라 상호 조건적으로 끝없이 순환하며 변화하는 한 생성활동이라는 것을 파악할 수 있게 될 것입니다. 즉, 대립, 투쟁과 종합, 그것의 파동만으로 보는 관점의 한계 및 새로운 형태의 극단화된 모순의 구조적 이원론의 오류를 넘어서게 됩니다. 그리고 토대와 상부구조는 상하관계가 아니라 내외관계로 보아야 합니다. 구조론적인 파악이 아니라 진화론적 관점에서 보아야 합니다. 수운 선생의 '내유신령 외유기화'의 진화사상에 비추어보아야 이 문제는 제대로 풀릴 것입니다. 이 관계를 파악하는 문법 역시 '아니다-그렇다' 또는 그 역이나 복잡화의 생명논리입니다.

이것은 매우 중요한 생산적 결과를 사회운동 전체에 가져오게 될 것입니다. 그런데 이와 같은 '아니다-그렇다'의 논법은 모든 활동에 있어서 안과 바깥, 또는 인간과 환경 사이의 순환관계 등에도 그대로 나타난다고 생각합니다. 그 범위는 엄청나게 넓습니다. 그러면 '아니다-그렇다'와 같은 새로운 생명의 논리, 물리학이나 생물학 전체에 있어서 최근에 사용되고 있고 적용되고 있는 이 논리를 우리는 우리의 전통 가운데서 어디서 확실한 형태로 발견할 수 있는가? 현대 서양과학 사상을 접하기 이전인 백수십 년 전에 수운 선생의 「불연기연(不然其然)」편에서 발견할 수 있습니다. 놀라운 일입니다. 불연기연, '아니다-그렇다' 입니다. 불연기연은 진화론, 동양 최초의 진화사상입니다. 동양 최초의 진화사상이면서도 창조론과 진화론을 결합시키는 이상한 비유 방법, 이상한 은유와 암시로 가득 차 있습니다. 이 은유와 암시의 체계는 앞으로 자연과학자들이나 사회과학자들에 의해서 과학적으로 해명될 필요가 있으며 반드시 그렇게 될 것이라고 믿습니다. 수운 선생의 '아니다-그렇다'의 논리에 의한 인류 역사와 우주 생명의 진화사에 대한 파악 방법을 우리가 연구하고 믿진시키고 실천에 활용함에 의해서 우리들이 앞으로 실천해야 할 생명운동을 보다 높은 탁월한 과학의 수준에 접근시킬 수 있는 길이 열릴 것이라고 믿습니다. 그리고 이것은 우리나라 과학 발전에 큰 기여를 할 것이라고 믿습니다.

동양사상에서 과학적 방법론 터득해야

21세기는 동양사상에 의한 기술문명의 시대라고 합니다. 21세기에는 세계 문명의 중심이 이동하여 동북아시아에 새 문명이 성립되리라는 예언이 무성합니다. 해월 선생은 '궁을(弓乙)' 두 글자가 문명을 되돌린다고 했습니다. 새로운 문명은 새로운 문화, 새로운 세계관만이 아니라 새로운 과학 및 기술과 직결되어 있는데 새로운 과학기술과 첨단기술의 개발을 우리 식으로 하려면 우리 자신의 전통적인 사상으로부터 끄트머리를 찾아내지 않으면 안 됩니다. 우리 자신의 전통적인 사상으로부터 끄트머리를 찾아내려면, 과학이 철학 내지 전통적인 종교사상의 핵심 안에 들어 있는 과학적인 실마리에 착안하지 않으면 안 될 것입니다.

저는 동학만이 이러한 과학 사상을 안에 씨앗으로서 가지고 있다고 말하고 싶진 않습니다. 장자가 이야기하는 '이시(移是)', 이것을 이것이라고 이야기 했을 때 이미 이것이 아니다라는 사상, 즉 이것이라는 판단은 끝없이 변할 수밖에 없다는 생각. 또는 역려(逆旅), 여관이라는 말, 이것은 눈에 보이지 않는 도가 움직여 기운이 물질화될 때, 그것은 마치 우주 나그네가 물질이라는 여관에 잠시 머물렀다 또 떠나간다는 이야기. 모든 생명체는 물질이라는 여관 안에 잠시 들어가 있는 나그네 같은 존재입니다. 아시다시피 이것은 일본의 유가와 히데키가 자기의 소립자이론을 발견하는 데 응용했던 아이디어, 장자에서 응용한 아이디어입니다. 또 불교에서 이야기하는 이것과 저것 사이의 차별을 넘어서는 무차별한 경지에 대한 선(禪)사상의 여러 표현들, 제행무상의 사상, 색과 공이 같다는 사상, 연기설, 특히 수운 선생의 불연기연, '아니다-그렇다'의 생명진화의 원리는 창조적 진화논리를 중심으로 해서 새로운 과학과 기술개발의 끄트머리를 찾는 사람들이 주목해서 보아야 하고 또 우리들의 생명운동을 실천하는 데 있어서도 중요한 과학적 방법론으로서 착안해야 될 사항이라고 생각합니다. 특히 동학의 부도(符圖)인 '궁을'은 인간정신, 기화신령, 진화하는 신, 신령한 생명의 질적 확산진화, 천지의 움직이는 형체를 표현한 것으로 또는 '네거티브 피드백'과 '포지티브 피드백'의 통일적 이중활동의 상징, 나선적 원 운동 등의 '형태 없는 형태'로서, '아니다-그렇다'의 압축으로서, 앞으로의 과학이 새롭게 우주와 생명 진화와 역사를 파악하는 데에 있어 심리물리학의 통일적 건설, 동시성에 입각한 새 우주관 등의 중요한 끄트머리가 되리라고 믿습니다.

이 모든 운동들을 새롭게 하고 새로운 차원의 생명의 세계관 확립과 그에 입각한 새로운 살아 있는 사회양식을 창조하여 이것을 민족통일의 실천 방향으로 밀고 가기 위해서는 먼저 한 계기로서 생활운동이 중요합니다. 생활 속에서 생명의 귀중함을 깨닫는 소비자운동, 깨끗한 자연 농산물을 구입하는 운동이나 협업적인 공동체 유기농 운동, 따라서 농민 생산자들에 의한 유기농산품의 생산 등은 매우 중요하며 이것과 소비자 운동을 결합하는 생명공동체운동은 매우 중요합니다. 그러나 이것과 함께 이것에 앞서서 혹은 이것과 병행해서 더욱 중요한 것은 세계관운동이며 가치관운동, 정신운동, 각성운동, 하나의 생명의 문화운동입니다. 생명의 문화운동을 진행하려면 다음과 같은 여섯 가지의 중요한 내용을 그 안에 간직해야 할 것으로 생각합니다.

인간의 자기실현

첫째, 인간의 자기실현입니다. 인간의 자기실현, 인격적 통합이 중요합니다. 이것은 이미 수운 선생의 시천주, 내 안에 무궁한 우주 생명을 모시고 있고, 해월 선생님의 양천(養天)사상, 그것을 길어냄으로써 내 자신이 우주 생명의 질서에 일치하여 우주와 같이 무궁한 존재로 자기실현할 수 있다는 생각, 이 생각을 보다 더 강력한 수양운동으로 발전시켜야 할 것입니다. 이 수양운동으로 발전시키는 데 있어서 너무 고전적인 수양 방법에 의존하는 것은 조금 재고해야 될 것으로 생각합니다. 카를 융이 이야기하는 집단무의식과 시천주사상은 매우 깊은 관계를 가지고 있다고 생각됩니다. 이것에 대한 좀 더 깊은 연구가 필요할 것입니다. 제 생각으로는 집단무의식, 원형, 민족적 무의식의 단계로부터 우주적 무의식의 단계로 나아가는 것이 시천주사상에 들어 있는 과학적인 인간 이해, 인간의 마음에 대한 이해에 합당한 방향일 것으로 생각합니다. 인류 진화에 있어 포유류 단계의 기억들, 파충류 단계의 기억들까지 넘어서서 무기물 단계에 있어서까지도 있었다는 생명의 초기 의식작용, 이 모든 의식의 역사를 되살려내며, 자기 안에 들어와 활동하는 우주 삼라만상의 생명활동의 상을 한꺼번에 의식하는 그러한 수양운동이 있어야 할 것 같습니다.

무기물에 생명이 있느냐? 있다고 합니다. 자본주의 세계의 많은 과학자들도 공산주의 세계의 많은 과학자들도 대체로 유물론자들은 무기물 속에는 생명이 없고 유기물만 생명이 있다고 하는데, 무기물로부터 유기물로의 전환 과정을 자본주의권에 있는 유물론 입장의 과학자들은, 유물론자들은 해명을 못하고 있습니다. 한편으로 마르크스주의 과학자들은 변증법, 양과 질의 변증법적 법칙을 사물현상에 외삽법적으로 적용시켜서 외삽법, 사물 그 자체의 법칙이 아니라 그 바깥에 있는 관념적인 법칙을 그 사물의 운동에 집어 넣어가지고 거꾸로 되받아 이해하는 방법으로 무기물의 양적인 전개 · 배열 · 축적 과정에서 유기물이라는 질적 비약이 일어났다는 식의 해명을 하고 있습니다. 이것은 사물 그 자체에 대한 과학적 접근이나 탐구에 의해서 이루어진 발견이 아니라 외삽법, 헤겔의 관념적인 변증법적 법칙을 무기물과 생명 사이의 상관관계 속에 집어넣어 가지고 거꾸로 되받아 이해한 결과입니다.

무기물은 그러면 어떻게 전개 · 배열 · 축적되는가? 그것을 그렇게 하게 하는 것은 근본적으로 무엇인가? 여기에 시원한 대답을 못하고 있습니다. 따라서 아직도 생명에 대해 진정한 이해를 못하고 있다고 보입니다. 그런데 최근의 서양의 화학자, 물리학자 중에서 에리히 얀치나 일리야 프리고진과 같은 사람들에 의해서 물질이나 무기물에도 정보교환이나 통신과 같은 생명활동이 있다는 것이 입증되고 있습니다. 제임스 러브록의 가이아가설은 이제까지 무기물 덩어리로 보았던 지구가 하나의 유기체라는 것을 주장합니다. 천체생물학자들은 이 우주 공간에는 수없이 많은 미세한 유기물질이 가득 차 있다고도 말합니다. 과학적으로 이제는 무기물에도 생명의 활동이 있다는 것을 인정하는 단계로 정착되어 가고 있습니다. 재생산기능, 복제기능이 없다 하더라도 진동 · 순환 · 생성하는 모든 것이 생명이라는, 개념 수정의 필요에 직면하고 있습니다. 동학이나 불교, 노장철학에서만 물질에도 생명활동이 있다고 주장하는 것이 아니라 현대과학까지도 무기물도 생명운동이 있다는 것을 주장하고 있는 형편이 되었습니다. 그리고 우리의 의식과 몸 안에는 처음도 끝도 없는 전 우주 삼라만상의 총체적 진화의 역사가, 그 신령한 생명의 역사가 유전과 에너지 순환에 의해 함축되어 있습니다.

시천주란 이 모든 것을 말한다고 저는 생각합니다. 따라서 무기물 속에서의 생명활동의 기억까지도 우리가 살려내는 수양 방법 쪽으로 시천주 수양활동이 확장됨으로써 무궁한 우주 생명의 활동의 기억을 되살려내어 자기의 우주적 생명을 확인하는 자기 실현의 방향으로 나아가는 것에서 새로운 우주시대에 있어서의 인간의 광활하고 깊은 개방적 주체성과 도덕적 윤리적인 기초가 마련될 것이라고 생각됩니다.

생명공동체 건설

둘째로 문화운동이 지녀야 될 기본 내용 중의 하나는 생명공동체 건설입니다. 생명의 원리, 생명의 사상은 정치·경제·사회 전반에 걸쳐 구체화되어 나타나야 할 것입니다. 수운 선생의 각지불이(各知不移)는 공동체의 원리이며 공동체들의 연결원리입니다. 그것은 생명의 생물학적 '종 다양성'의 원리, 생태학의 기본 원리, 동학의 '포접'의 생명원리입니다. 전체와 개체, '종·속·문·계' 등의 다차원적 중층적인 네트워크의 원리에 입각한 다양한 단수, 또는 복수 생명공동체의 건설입니다. 정치적인 문제에 있어서 생명의 원리를 적용시켜서 이해한다면 지방자치제와 같은 것이 생명공동체의 형태로 보장돼야 하고 실시되어야 합니다. 풀뿌리민주주의, 직접민주주의, 참여민주주의, 자치권, 자율지배권, 분권화는 생명생태의 기초 원리입니다.

생명은 개별성과 통일성을 다 같이 가지고 있습니다. 생명은 중심과 둘레를 동시에 가집니다. 그러나 나를 중심으로 해서 볼 때 이웃은 둘레이고, 이웃을 중심으로 해서 볼 때 이웃이 중심이고 내가 둘레인 것입니다. 마찬가지로 모든 사람은 자기가 중심이면서 모든 전체 속의 하나입니다. 이것이 생명의 기본 원리입니다. 개별성과 전체성은 한 본성의 두 측면이라 볼 수 있습니다. 이것은 개방계로서의 생명의 주체성, 비평형의 평형의 원리이기도 합니다. 따라서 모든 지역과 지방에는 그 지역 중심의 독특한 민주주의적 질서, 특히나 직접민주주의의 구조가 정착되는 방향으로 한국 민주주의를 실질적으로 일궈가야 할 것입니다. 우리의 민주화운동은 이와 같은 생명의 원리에 알맞은, 사람의 생태적 삶의 역사와 조건에 알맞은 정치적 생명공동체의 건설, 즉 지방자치제의 보다 높은, 보다 창조적인 단계의 실천으로 향하지 않으면 안 됩니다. 이것을 저는 정치적인 생명공동체운동이라고 부릅니다. 경제적인 운동이나 노동운동에 있어서도 농민들의 협업적인 유기농공동체, 지역 농산물 유통공동체, 지역 농산물 가공공동체 운동이 계속 확대되고 발전되어야 할 것입니다.

산업화가 강요되면서 자연적 생활공동체로서의 마을은 붕괴되었습니다. 우리는 이제 새롭게 생산·생활·자연을 일치시키는 자각적인 마을, 즉 다양한 유기농 협업 공동체를 세워야 합니다. 이것은 새로운 문명사회가 도래했을 때 우리가 건설해야 될 농촌공동체의 한 전초적 모습일 것이라고 생각합니다. 노동운동과 관련해서 볼 때 아까 말씀드린 생산자공동체, 소규모의 생산자가 바로 경영자·출자자가 되는 노동자 자주관리의 방식, 소규모의 생산자공동체와 같은 것이 시도되어야 하며 확대되어야 할 것입니다. 공산주의는 한 국가 전체를 공동체화하려다 실패했습니다. 공동체는 소규모여야 하며, 복수 또는 단수적 내용을 가진 공동체들의 자율적이고 수평적인 네트워크에 의해 연결해야지 공동체 문제를 국가권력이나 국가적 규모에만 연결시켜서는 안 되며, 사회주의의 민주집중제는 생태학적 원리가 아니라 구조·체계·기계의 원리입니다. 소련을 보십시오. 그것은 이미 완전 실패했습니다. 또한 대기업에서는 생산공정을 대규모의 대량생산체계에서 소규모의 생산공정으로 분할시키고 분산시키는 방향으로 압력을 넣어야 하며 그 과정에서 유기적인 생산공정의 확대와 발전을 요구해야 될 것입니다.

유기적인 생산공정이란 것은 우리나라의 경우로 예를 들면, 조선 후기에 나타난 매뉴팩처적인 생산공정 같은 것입니다. 안성 유기막에서 나타나는 유기적인 유기 생산공장 같은 것이 그 대표적인 예라고 볼 수 있습니다. 이와 같은 유기적인 공업 생산구조를 장인공장, 매뉴팩처 단계에 나타난 기술과 공정들을 끌어내려서 첨단 과학기술들, 특히 생물학적 원리, 생명의 원리에 입각해서 개발된 첨단 기술들과 결합하는 방향에서 새로운 생산공정, 소규모의 생산공정이 이루어지도록 생명공동체 운동을 노동 분야나 일반 경제 분야에서도 요청해야 될 것입니다. 마찬가지로 지역 경제 중심체, 유통, 금융, 서비스 등 전 분야에 걸쳐 지역 주민들의 살아 있는 경제생활에 대응하는 살아 있는 지역 경제를 목표로 한 지역 규모의 경제공동체의 건설운동도 지방자치제와 함께 실천해야 합니다. 그리고 그 경영은 자주관리체계이어야 합니다. 이것들이 모두가 생명의 개별성과 전체성이라는 기본 원리, 불교에서 이야기하는 화엄사상의 원리와도 통하며 수운 선생이 이야기하는 '밝고 밝은 운수를 각각 자기 나름대로 밝혀 실현한다[明明期運 各各明]' 또는 '한 세상 사람이 옮길 수 없음을 각각 안다[世之人 各知不移]' 로서의 동귀일체의 기본 정신과 일치하는 생명사상이라고 생각됩니다.

또한 문화공동체 문제, 예를 들어서 케이블 TV나 지역정보화 같은 것이 추진되고 있는데, 이것은 도시에서나 농촌에서나 소규모, 지역규모의 문화공동체의 건설문제 등과 관련해서 어떤 방향이 나와야 하고 움직임이나 요구가 있어야 할 것입니다. 문화공동체 등이 조그만 매체들을 개발하는 방향으로 나아가는 것이 세계적인 추세이고, 생명운동에 있어서도 이 방향을 잘 인식해서 취하는 것이 옳을 것입니다. 또한 의료공동체, 보건조합 운동이 이제 말씀드린 여러 생명공동체운동과 결합되어야 합니다. 한방과 동의학, 민간처방, 단방약 등이 생채식 등과 함께 새롭게 활용되고 이것이 서양 의학기술과 탁월하게 배합되어 대중 보건이 예방 중심으로 이루어져야 합니다.

가정은 다시 부활되어야 합니다. 핵가족이 좋은 것인지 대가족이 좋은 것인지는 아직도 논란의 대상입니다. 대가족과 핵가족의 단점을 버리고 장점을 취합하는 방향에서 새로운 시대, 정보화 등의 새 사회 요구에 맞는 새로운 형태의 생명공동체로서의 가정의 재건이 연구되고 실천되는 방향을 찾아야 될 것입니다. 이것은 과거에도 삶의 중심이었고 변화하는 현재 및 미래에서도 역시 삶의 중심이 가정이라는 근본 견해 위에서 생동하는 현대 인류의 삶의 내용에 잘 대응하는 방향에서 이루어져야 할 것입니다. 가정은 모든 생명의 밭이요 굴이요 둥지입니다. 절대로 없어지지 않습니다.

여기서 또한 중요한 것은 시장의 축소, 생산자와 소비자를 분열시키고 분리시켜서 그 사이에서 확장되어 온(역사적으로 굉장히 오랜 것이지만) 이 시장 구조가 축소되지 않으면 생산자와 소비자 사이의 거리가 좁혀질 수 없으며 살아있는 생산과 유통생활이 보장될 수 없습니다. 그러나 이 시장은 누군가가 이야기했듯이 굉장히 큰 문명적 파장입니다. 따라서 없앨 수는 없는 것입니다. 다만 지금과 같이 엄청나게 확장되어 있고 독과점이 판을 치는 시장 구조를 축소시키는 방향으로 가정과 직장이 보다 더 접근하여 소비자와 생산자가 더욱 더 직거래와 같은 협동적 공동체 운동을 통해서 접근하는 방안이 다양하게 시도되고 실현됨으로써 시장 기능에 지속적으로 압박을 가하고, 그 압박에 의해 구조와 질서가 개편되고 질이 향상되며 양적으로 축소되도록 해서 자본주의 내지 시장사회주의와 같은 어떤 형태로든지 나타나고 있는 시장제일주의를 넘어설 때에만 진정한 의미에서 새로운 문명창조의 사회적인 기초가 가능할 것이라고 생각합니다. 이러한 생명공동체의 건설에 있어서 우리가 바탕을 두어야 할 기본 사상은 사인여천의 정신입니다. 타인에게도 무궁한 한울님, 우주 생명이 살아 계시다는 것을 인정함으로써 상호공경하는 정신 위에서 생활공동체, 생명공동체 운동이 진행되어야 할 것이며, 문화운동은 바로 이 정신에 따라 생명공동체 건설운동으로 나아가는 정신적 내용을 찾아야 할 것입니다.

생태계의 균형 회복

셋째는 생태계의 균형 회복입니다. 해월 선생은 어린아이가 나막신을 신고 땅 위를 소리 내서 달려갔을 때 땅이 울리는 소리를 듣고 가슴을 쓸어 만지면서 가슴이 아프다고 말했다고 합니다. 즉, 해월 선생은 이미 땅과 하나의 생명으로 일치되어 있었다는 이야기입니다. 해월 선생께서는 땅을 어머니 살처럼 공경하라고 말씀하셨습니다. 땅, 무기물인 땅마저도 어머니의 살처럼 공경한다면 나무, 풀, 벌레, 짐승들과 같은 유기적인 생명체에 대해서 공경해야 되는 것은 더 말할 것도 없을 것입니다. 땅은 우리가 돌아가야 할 회귀처이며 우리가 생겨난 고향입니다. 만물이 생성하는 자궁이며 우리들 어머니의 자궁입니다. 따라서 결코 독점·투기는 물론 오염·훼손·파괴될 수 없는 거룩함 그 자체이며 신령함 그 자체입니다. 땅을 독점, 이용 파괴하는 자들은 반드시 대가를 치르고 말 것입니다. 이러한 생명사상에 입각하여 생물학·미생물학·생태학 등을 발전시켜야 하며, 밭의 독초나 독충을 구제하는 데 오리를 활용한다든가, 강물의 오염을 정화하는 데 수초를 양식한다든가 하는 등, 생명에 의한 생명의 구제 혹은 한울이 한울을 먹는 이치, 먹이사슬의 원리를 이용하여 환경과 생태계 문제를 해결하며, 쓰레기를 버리지 않고 치우며 합성세제를 쓰지 않는 등, 여러 운동의 정신적 기초가 만들어질 수 있을 것입니다. 또한 환경문제 해결에 대해 풍수사상을 새롭게 과학적으로 조명·활용할 필요가 있습니다. 풍수에서는 산천을 신령한 생물로 보고 인간생활과 기의 흐름으로 연결된 생태적 공동체로 보고 있기 때문입니다. 삼경사상 특히 경물, 흙에 대한 공경, 물건에 대한 공경과 같은 사상을 발전시켜서 환경보존운동, 공해추방운동, 자원재생운동, 대체에너지를 찾는 운동, 나아가 반핵·반원자력발전운동 등 전체 운동에 있어서 생명운동의 사상적 기초를 형성해 나가야 할 것으로 생각합니다.

중도적 민족통일

넷째는 민족통일문제로서, 저는 일단 중도적 민족통일이라는 방향으로 나아가야 한다고 생각합니다. 중도란 불교에서 이야기하듯이 이변비중(離邊非中)입니다. 자본주의와 사회주의의 양극단을 배제하되 중간 사이길도 아닙니다. 중간의 기회주의적인 사이길이나 절충주의적인 수렴체계로는 완전통일을 이룰 수 없습니다. 해월 선생은 기운과 영(靈)이 중(中)에 이르면 백체백사(百體百事)가 다 신령하다고 했고, 수운 선생은 집중을 특히 강조하셨습니다. 중은 전

(全)입니다. 진정한 중도는 전체를 의미합니다. 전체란 전혀 새로운 차원에서 새로운 방향에서 운동이 시작돼서 양극단까지도 중간까지도 흡수 포섭하여 아우러지게 하는 것으로서 그러한 새로운 창조적 방향이 바로 중도이며 참된 중도적 민족통일 노선입니다.

이러한 민족통일 노선은 아까도 말씀드렸다시피 생명운동과 생명사상에 입각해서 인간과 인간 사이의 공동체적 정신과 인간 내부의 자기의 인격실현과 인간과 자연 사이의 생명의 균형, 공생원리에 입각한 생태계의 균형 회복, 이와 같은 것을 동시에 보장하는 생명의 사회, 생명이 공경되고 생명의 원리가 존중되는 그러한 새 문명을 창조하는 전망 아래 민족이 통일되어야 한다는 이야기입니다. 이 운동의 정신적 기초를 생명의 세계관에 놓음으로써 개체와 전체, 자유와 평등이 한꺼번에 보장되는 그러한 살아 있는 해방된 사회가 나타날 것이라고 생각합니다. 요즘에 통일을 '하나됨' 이라는 국적불명의 말로 흔히들 바꿔 말하는데, 민족통일은 '하나됨' 이 아닙니다. 획일이 아닙니다. 그것은 '각지불이(各知不移)' 이어야 합니다.

새로운 문명의 창조

다섯째는 새로운 문명의 창조입니다. 토인비 같은 사람은 문명의 중심이 유럽과 북미 대륙으로부터 동북아시아 쪽으로 이동할 것이라고 예언적으로 말한 바 있습니다. 지금 아시아·태평양 지역에서 현실적으로 나타나고 있는 현상은 동북아시아를 중심으로 한 태평양 일원에서 새로운 문명의 건설, 새로운 경제권의 구축, 새로운 정치권의 구축이라는 방향으로 진행되고 있다는 점입니다. 이것은 단지 예언 단계에서 그치는 것이 아니라 이미 현실로 나타나고 있습니다.

아시다시피 수운 선생과 해월 선생께서도 개벽, 새로운 문명의 시작은 우리나라에서부터 시작해서 점차 세계로 퍼져갈 것이라고 말한 바 있습니다. 이 사상은 현실에 나타나고 있는 바, 동북아시아 쪽으로 세계 문명의 중심이 이동한다는 현상과 결코 무관하지 않습니다. 그러나 토인비처럼 동북아시아에 문명의 중심이 나타난다고 했을 때 중국을 중심으로 한 세계 국가가 새롭게 나타나 제국주의적으로 세계에 군림하고 지배함으로써 그 지배 아래 평화를 유지하는 그러한 형태로, 로마제국이나 유럽 또는 미국 제국주의와 같은 그러한 형태로 문명의 중심이 이동하고 완성되리라고는 생각지 않습니다. 아시아, 동북아시아의 하나의 정치·경제적 생활 블록이, 북미 대륙과 남미 대륙의 하나의 블록이, EU와 소련을 포함하는 하나의 블록이, 중동 근처의 또 하나의 블록이, 어쩌면 이런 식으로 몇 개의 생활 블록의 분권화 현상이 앞으로 21세기에 나타날 문명의 모습이 될 지도 모릅니다. 그러나 여기서도 분명한 것은 세계 전체와 인류를 우주와의 연관 속에서 새롭게 방향 짓고 새로운 방향으로 사회를 건설해 나갈 정신적 내용, 문화적 내용, 세계관적인 내용이 성숙할 곳, 즉 문명의 중심이 나오고 성숙할 곳은 어디냐 했을 때 그것이 동북아시아에 새롭게 형성될 문명의 중심으로부터 나올 것이라고 생각되며, 바로 이런 점에서 볼 때 수운·해월 선생이 말씀하신 '용담수류사해원 구악춘회일세화(龍潭水流四海原 龜岳春回一世化)' 정신, 또 "다시 개벽에서 아국운수 먼저 하네"와 같은 사상 속에 담겨 있는 예언과 결코 관계가 없다고 생각되지 않습니다.

새롭게 창조되어야 할 새 문명, 이 문명은 내 안에 우주생명이 있음을 인정함으로써 자기 공경과 자기 실현의 길로 나아가며 타인 속에 우주 생명이 있는 것을 인정하고 공경함으로써 진정한 공경의 공동체가 이루어지며 동식물과 무기물 속에 다 같이 우주 생명이 살아 있다는 인식, 우주 생명을 모시고 있다는 생각을 과학적으로 입증하고 정신적으로 굳게 믿고 공경함으로써 자연생태계와 인간의 화해와 공생관계를 원천적으로 회복하며, 우주시대에 알맞게 우주 전체와의 과학내지 종교적인 긴밀한 상호 연관관계에서 자기의 위치를 파악함으로써 우주적인 생명질서와 자기의 생명질서를 연결시키는 것이 전 사회적으로 보장되는 문명사회, 이런 사회가 새로운 문명이어야 할 것입니다. 사회 정의와 인권이 기초적으로 보장되고 아까 말씀드린 자연과 인간과의 공생관계, 인간과 인간과의 공생관계, 민족과 민족과의 공생관계, 문명 블록과 블록과의 공생관계가 네트워크로 연대하여 기본적으로 보장되는 것이 새로운 문명시대라고 봅니다.

어떤 사람들은 요즘에 와서 현대사를 세 단계로 나누어 보고 있습니다. 현대사의 제 1단계는 강대국들에 의한 제국주의적인 세계전쟁 시대였다고 보며 세계분할지배의 시대였다고 봅니다. 제 2단계는 경제대국들에 의한 경제적인 세계 지배의 시대라고 봅니다. 지금이 그 시대라는 겁니다. 그 시대의 다음 단계인 현대사회의 마지막에서 21세기에 연결되는 새 시대에는 사회정의와 인권, 민족의 주권과 각 민족들의 독립적 생존이 보장되며 인간과 인간, 자연관계 사이에 공생관계와 생태적 균형이 보장되는 사회라고 이야기들을 합니다. 물론 차원변화에 따른 혼란과 파국이 있을 것입니다만 기본적인 전망으로서는 이 이야기에 대해서 공감합니다.

새로운 문명사회에 있어서는 민족들에 주어진 독특한 역사, 문화적·생태적 조건에 알맞은 독립적 생존이 보장되어야 합니다. 에스토니아, 라트비아, 아르메니아, 우크라이나 등 소련의 수많은 지역에서 민족주의 독립운동이 일어나고 있는데 이것은 소비에트 연방 제국주의에 의해서 억압된 인간 생존의 기본 요구, 즉 민족들의 생명 자체의 생태적 양식의 요구입니다. 민족은 반드시 하나의 민족들의 생명 자체의 생태적 양식의 욕구입니다. 민족은 반드시 하나의 생명공동체이고 자기들의 독립적인 생태계, 즉 독자적 생활양식을 가지고 있는 것입니다. 따라서 이 생존양식은 독립적으로 보장되어야 하며 새 시대에는 이런 독립적인 생존이 넉넉히 보장되고 이 보장을 통해서 각 민족들은 호혜평등의 조건 속에서 공생과 상부상조적으로 공영해야 할 것입니다.

소련만이 아니라 캐나다에도 분리주의가 있고 세계 각처에 분리주의가 있습니다. 아프리카 지도를 보십시오. 마치 기하학적인 절단선에 의해서 잘라져 있는 것이 현대의 세계지도입니다. 근세 이후 민족국가의 출현에 의해서 수많은 부족들과 민족들이 기하학적인 선에 의해서 자기의 생태계적인 생명체를 절단당했습니다. 우리 민족만이 분단 당한 것이 아니고 세계의 수많은 민족들이 근대 민족국가의 출현과 함께, 나아가 서양 제국주의의 세계 지배와 함께 그들의 기계문명, 기계론적 이데올로기에 의한 기하학적인 분할선에 의해서 민족의 생태계적인 생명이 분단 당했습니다. 지금은 그 기하학적인 분단에 저항하는 민족들이 생명의 몸부림이 요동치는 시대라고 생각합니다. 이 민족들의 독립·분리운동은 앞으로도 더욱 거세게 일어날 것이며 새로운 창조적 민주주의에 대한 요구와 함께 새로운 민족 생존의 생명 원리에 알맞은 실현을 요구하고 나설 것입니다. 이것은 질적으로 확산·진화하는 우주와 인류 생명의 현 단계의 막을 수 없는 분류입니다. 새로운 문명은 이것을 보장해야 하며 각 민족간의 공생과 각 국가간의 공생을 통해서 제국주의와 패권주의,

분할·절단에 의한 세계 생명의 획일·분단·분열·파괴의 시대를 마감해야 할 것입니다.

우리는 바로 이러한 문명을 동북아시아 쪽에, 우리나라와 중국 등을 중심으로 전통적인 사상, 특히 동학의 생명관, 생명의 세계관을 기초로 새로운 생활양식을 창조함으로써 이 문명을 창조해야 합니다. 그리고 이 문명창조의 전망은 반드시 민족통일과 연결될 것입니다.

우주와 인간 간의 관계 정립

여섯째는 우주와 인간 사이의 관계를 정립하는 것입니다. 아시다시피 지금은 우주시대입니다. 수많은 우주선이 발사되면서 1970년을 고비로 수많은 위성들이 날아다니는 시기에 미국과 유럽쪽에서 점성술이 대유행했습니다. 새로운 우주시대에 광막한 우주공간 속에서 자기의 위치를 다시 찾고자 하는 인간의 노력이 새로운 종교적인 열정을 불러일으키는 시대입니다. 또 우리나라에서도 한편으로 젊은이들 속에 굉장히 급진적인 사회변혁에의 열정과 투쟁이 번지고 있지만 반면에 굉장히 넓은 범위에서 자기 자신의 우주적 존재로서의 인식에 대한 요구, 자기 내면의 보다 깊은 성찰, 자기실현에 대한 욕구, 정신적 분열을 극복하고자 하는 새로운 정신적 욕구와 같은 것이, 종교적 욕구와 같은 것이 번지고 있습니다. 이것은 점성술에 의해서 해결될 문제가 아니고 역점에 의해서 해결될 문제가 아닙니다. 이 문제를 해결하기 위해서, 즉 우주시대에는 무궁무궁한 시간의 연장선까지 확장되고 있는 인간의 체험을 설명해 주기 위해서, 광막한 공간과 시간 속에서 인간의 정체와 위치를 설명해주기 위해서는 새로운 우주 종교가 필요합니다.

일찍이 아인슈타인이 이 같은 요구를 표현한 적이 있지만, 새로운 우주 종교는 종교가 새 과학을 촉발시키고 과학이 새 종교를 성립시켜, 양면 모두가 창조적으로 통일되는 방향으로 나아가야 할 것입니다. 이것은 역사 이래 인류 고통의 하나인 정신과 물질, 개체와 전체, 인간과 우주 분열을 극복할 것입니다. 진화하는 우주, 우주의 진화하는 마음을 신으로 보고, 신을 진화하는 마음의 주체, 진화하는 우주의 주체로 보는 새로운, 과학적이면서도 신비주의적인 우주 종교의 출현이 요청됩니다.

이러한 우주 종교는 우선 과학과 종교의 절충으로 나타나겠지만 이미 과학과 종교가 하나이며 진화하는 우주 질서와 신령한 생명활동이 하나로 결합된 사상의 한 가능성이 역사 위에 나타났습니다. 나는 그것을 감히 수운 선생의 동학이라고 주장하는 바입니다. 그러나 동학이 참으로 오늘날 인류 전체가 요구하는 우주 종교가 되기 위해서는 결정적으로 자기쇄신과 개혁을 단행해야 합니다. 현대화·대중화·과학화되어야 하며 영적으로 보다 심화되고 확장되어야 합니다. 큰 개혁이 있어야 합니다. 특히 생명현상에 대한 여러 과학적 이해와 깊은 공부가 연결되어야 합니다.

생명운동의 촉매

마지막으로 저는 이와 같은 생명운동을 전개하기 위해서는 생명운동을 생활과 결합한 각성운동·정신운동·세계관운동, 한마디로 문화운동이 먼저 전개되어야 한다고 생각합니다. 그 문화운동은 각양각층의 사람들 속에서, 각 계층 속에서, 다방면으로 모든 사람 속에서 여러 가지 형태로 다양하게 일어나야 할 것입니다. 그러나 이 다양한 생명운동을 촉매하고 촉발시키는 문화운동이, 특히 세계관의 문제나 문명의 변동, 체제의 변화, 제도의 혁파, 민족의 통일, 삶의 내용과 조건 변화 등에 대해서 가장 민감한 청년 학생들을 중심으로 해서 그 전위운동이 나타나야 합니다. 청년 학생들을 중심으로 한 생명운동으로서의 전위적인 문화운동이 나타나야 합니다. 이 전위적인 청년 학생들의 생명의 문화운동이 천도교 쪽에서부터 제일 먼저 시작되기를 저는 희망하고 제안하는 바입니다.

이 운동은 물론 민족적인 전통사상의 뿌리에서 출발하여 보편적인 인류정신의 지평선으로까지 확장되지 않으면 안 됩니다. 동학은 민족적 전통사상의 주체로서 역사적으로 찬란한 위치를 이미 가지고 있습니다. 그러나 이것을 너무 주장하거나 자만해서는 안 될 것입니다. 그러면 고립을 자초합니다. 지금 시대는 다양성의 시대, 복합성의 시대이며 엄청난 광활성의 시대, 한 마디로 화엄의 시대입니다. 따라서 상호공경에 입각한 다른 모든 종교와의 다원주의적인 연대가 필요합니다. 모든 종교는 생명의 세계관·가치관이라는 기본 사상에 입각할 때 일치할 수 있으며 그에 알맞은 인간의 생활양식을 찾고 그것을 확장시키는 운동에 연대할 수 있습니다. 요한복음에 나타난 생명의 사상이나 화엄경에 나타난 생명의 사상은 그다지 먼 이야기가 아니며 동학의 기본인 시천주사상과도 먼 이야기가 아닌 것으로 저는 생각합니다.

오늘날 생명경시·생명망각·생명파괴가 만연하여 도덕은 여지없이 타락하고 있습니다. 사회 공유의 가치관으로서 생명의 가치관을 유행시키는 새로운 도덕운동, 새로운 사회윤리 건설운동을 각 종교가 다원주의적 네트워크로 연대하여 벌일 수 있도록 청년들이 촉매해야 합니다. 다른 종교 및 사회집단들과 생명의 사상에 입각한 생명운동을 연대해서 벌이는 문제는 생명운동, 생명의 문화운동이 성공할 수 있느냐 없느냐의 갈림길이 될 것입니다.

21세기는 영의 시대, 정신의 시대라고 합니다. 영적 인간, 정신적 인간의 출현 없이는 21세기는 무의미합니다. 영성이란 무엇인가. 그것은 기이하고 신비로운 어떤 것이 아니라 자기 안에 우주 생명이 살아 있고 모든 사람 안에 우주 생명이 살아 있음을 인정함으로써 서로 공경하며 동식물과 무기물도 우주 삼라만상 전체의, 눈에 보이지는 않으나 광활한 적막 속에서 끊임없이 창조적으로 활동하는 하나의 큰 생명의 테두리 속에, 영겁의 한 흐름 속에 일치되고 있다는 이 믿음을 각성하고 실천할 때, 바로 그것이 영성이며 영적 인간이라고 생각합니다. 이와 같이 각성된 인간이 나타날 때 새 문명이 나타날 것이며 새 문명의 씨앗 모습이 우리의 생활 속에 나타남과 동시에 민족통일의 새 지평이 열릴 것을 믿습니다. 그리고 이와 같은 생명운동이 초기 단계부터라도 일단 나타나기 시작하면 모든 사람들 속에 있는 부정적인 체험, 죽임의 체험, 어두운 체험, 종교적으로 이야기하면 일종의 죄 체험, 그 풍부한 체험들이 삶의 정열로, 개벽의 정열로, 생명의 정열로 뒤바뀔 것이며 강력한 우주적 낙관주의 위에 서서 삶을 재건해 나갈 것으로 저는 믿습니다. 지금 다가오는 혼란과 전면적 파괴, 파국을 바로 그 '대전향'의 영성적인 열기로 극복하여 개벽을 성취할 것입니다. 그리고 그 운동의 물결 속에서 제 자신도, 파괴된 제 자신도 회생되리라고 굳게 믿습니다.

장시간 동안 경청해 주셔서 감사합니다.

깊이 잠든 이끼의 샘*

1

내 생애에 시나 글에 관한 얘기를 처음으로 들은 것은 언제였고 또 그 내용은 무엇이었을까? 몇 가지 금세 떠오르는 기억들이 있긴 있다. 그런데 그것은 과연 나의 시와 참으로 무슨 관계가 있는 것일까?

"글을 쓰려거든 똑 이렇게 써야 한다. 백두산 꼭대기에서 어떤 놈이 방귀를 뺑 하고 냅다 뀌면 한라산 꼭대기에서 다른 한 놈이 "어이 쿠려!" 이렇게!

또 이렇게!

영광 법성포 칠산 바다에서 조기가 한 마리 펄쩍 하늘로 뛰어올라 강릉 경포대 앞바다에 가서 풍덩 하고 떨어진다. 뭐 이렇게! 알겠냐"?

내가 다섯 살 때던가, 외할아버지의 말씀이다.

직접 시나 글을 말한 건 아니지만 깊은 관련이 있어서 얘기한다. 우리 아버지는 본디가 술고래신데 술에 깊이 취하면 간혹 잠꼬대를 하셨다. 그 중, 내 아주 어렸을 때부터 몇 차례에 걸쳐 똑같은 잠꼬대를 들어서 마음에 깊이 새겨진 말이 하나 있다. 왈,

---

*시집 『꽃과 그늘』 후기, 1999.12.15.

"인생은 사막이여! 술은 꽃이여!"

이뿐이다. 뻔한 얘기일 뿐인데 이 한 마디가 내 시력(詩歷) 40여 년 내내 잊히지 않고 작용을 했다면 그것은 과연 무엇 때문일까?

삶과 텍스트가 하나라는 나의 소신은 이것과도 관련이 있다. 아버지의 그 고달팠던 삶, 그럼에도 결코 좌절하거나 굴복하거나 비열하지 않았던 그 삶과 이 잠꼬대 한마디가 연속될 때 문득 그것은 승화되어 시론(詩論)이 되고 미학(美學)이 되어버리곤 하던 것이다. 여기에서 '꽃'은 바로 '그늘'로 해석되고 이해되었던 탓이다.

그래, 내 이십대의 어느 자리에선가 술, 꽃, 시라는 주제에 대해 말했던 것도 아마 그 때문이리라.

과연 술은 꽃이요, 꽃은 시인가? 능히 그럴 수 있다. 특히 대중적 민중의 삶의 현장에서는 알다시피 나는 시의 핵심 원리를 '그늘'로 본다. 지난날에도 여러 번 생각했지만 나의 이 '그늘'과 아버지의 그 '꽃'은 무슨 관계가 있을까 하는 생각이 지금 또다시 고개를 든다. 아마 굉장히 재미있고 심오하면서도 매우 대중적이고 민중적인 미학과 시학의 테마가 나올 것 같다. 언젠가 한번 강의로 시도해 볼 참이다.

여기에 이르자 최근의 잊지 못할 기억이 한 가지 바로 뒤따른다. 나는 연초 4월에 일본의 경도(京都)를 방문한 적이 있다. 그곳에서 멋진 동포시인 한 분을 만났다. 그 험난한 일본 땅에서 어렵게 살면서도 수십 년을 내내 단기(檀紀)를 고집하는 민족시인 김이박(金理博)이 바로 그이다. 그의 필명 '이박(理博)'도 사실은 그의 고향 경상도 말로 '이바구'에서 온 것이니, 곧 '말쟁이'의 뜻이라 '문필가'를 말함이다. 그의 안내로 금각사(金閣寺) 은각사(銀閣寺)며 다 돌고 용안사(龍安寺)에서다. 내가 한민족의 민중미학의 핵심원리를

'그늘'이라고 설명한 뒤, 귀명창들이 초년병 소리꾼의 소리를 다 듣고 나서 '그늘이 없어!' 한마디 하면 끝난다는 얘기를 했을 때 그는 그와 똑같은 경우, 일본의 예술감식가들은 '하나가 나이(はなが ない)!'라 한다고 귀띔해 주었다. 그것은 '꽃이 없다!'란 뜻이다. 갖출 것 다 갖추고 온갖 기교를 다 동원하고 젖 먹던 힘까지 몽땅 쏟아붓는 데에도 충족되지 않는 최후의 그 어떤 한 가지! 그것 없이는 아무 것도 안 되는 금척(金尺)과 같은 그 무엇! 우리 민족의 경우에 '그늘'에 해당하는 바로 그것을 '하나' 즉 '꽃'이라 한다는 것이다. 왜 하필 '꽃'이라 할까?

김이박 시인이 가르쳐준 봄비의 일본말, '하루사메(はるさめ)'가 부슬부슬 내리는 4월의 그 용안사(龍安寺) 숲에서 '봄비'라는 한국말의 뉘앙스와, 똑같은 그 비를 '하루사메'라 부르는 일본말의 뉘앙스에서도 '그늘'과 '꽃'의 그 비슷함과 서로 다름을 생각했다.

꽃과 그늘!
일본미학과 한국미학!
무엇이 같고 무엇이 다른가?
나와 내 아버지의 삶!
무엇이 같고 무엇이 다른가?

또한 멀티미디어와 네트워크 세대인 내 아들의 삶과 나의 삶에 있어서 이것은 어떤 의미를 갖는가?
내가 젊었을 때 쓴 시 한 편이 지금 생각난다. 그 시에 다음과 같은 구절이 있었다.

아버지의 시든 꽃에선
쉰내가 난다.
땀내도 이젠 다 지나간
환갑 진갑의
쉰내가 난다.

아마도 아버지의 그 고달픈 삶, 저녁의 술 한잔이 유일한 낙이었던 사막 같은 그의 삶에서 꽃은 이미 시든 꽃이었고 꽃의 시듦은 땀내를 지난 쉰내처럼 이미 '노을'이거나 '그늘'에 가까이 간 것이었다. 그러나 그럼에도 그분에게 있어 꽃은 여전히 그늘이 아닌 최고의 빛나는 시절의 그 외로운 아름다움, 즉 '빛'이고 더욱이 '흰 빛'이었던 사정! 바로 이것이다.

그리고 이 사정은 기이하게도 일본의 좌파 몰락 이후 소위 '건달세대'의 그 '빛과 중력(重力)의 분열' 상태의 한편에서 비록 환상임에도 외롭게 반짝이며 사람을 끌어들이는 그 '빛'의 초월적인 의미와 비슷한 것이니, 일본제국주의시대에 교육을 받은 부친에게 있어 그럴 리는 없겠으나 혹시라도 그 한귀퉁이에서 '꽃'이란 이미지가 내 아들 또래 비슷한 소위 '건달세대'의 사회 중력질서로부터 완전 이탈한 초월과 환상 속의 그 '빛'과 똑같은 것은 아닐까? 그 '꽃'과 그 '빛'의 배후에 '하나가 나이'의 바로 그 '꽃'의 고립성·초월성이 도사린 것이 아닌지?

그러면 묻자.

일본 파시즘과 일본 전통미학의 그 외로운 꽃의 오똑한 초월성의 관계는? 박정희 파시즘과 한국 전통미학에서의 '흰 그늘'의 그 초월적이면서도 현실적인 이중생성의 관계는?

나는 젊을 때 유럽미학을 공부하면서 여러 경우에, 분명 서로 다른 학파임에도 공통적으로 주장하는 바, 저 '장미꽃의 아름다움'이 가진 고립적이고 초월적인 현존으로서의 실체에 관련한 소위 '미(美)의 고독한 실체성' 얘기에 부딪혀 깊은 혼란에 빠진 적이 있다.

그런데 이것은 예컨대 1974년 유신독재의 암흑, 그 이중적 분열과 복잡한 다중적 구속에 사로잡힌 어두운 현실 중력장(重力場)의 캄캄한 무게에 짓밟히면서도 그리움이나 타는 목마름과 함께 그 내면으로부터 폭발하듯 생성해 나온 민주주의라는 이름의 저 신성 '흰 그늘'과 어떤 관계가 있는 것인가? 아니면, 그것은 다시 혹시라도 아버지의 그 '꽃'의 외로운 고립과 같은 내 아들의 '빛', PC방 속에서의 해방, 저 혼자만의 고독한 우주의 그 쓸쓸한 이미지와 관련이 있는가? 민주주의 역시 이러한 눈부신 고립일 뿐인가?

신새벽 뒷골목에
네 이름을 쓴다 민주주의여

그리고,

깊이깊이 새겨지는 네 이름 위에
네 이름의 외로운 눈부심 위에
살아오는 삶의 아픔
살아오는 저 푸르른 자유의 추억
되살아오는 끌려가던 벗들의 피 묻은 얼굴

여기, 두 가지 빛이 있다. '신새벽'과 '외로운 눈부심'

이것들의 정체는 무엇인가?

'꽃' 또는 '빛' 인가? 아니면 '흰 그늘' 인가?

신새벽과 함께 있는 뒷골목, 그리고 민주주의와 그 이름을 벽에 쓰는 나의 존재가 있고, 외로운 눈부심 위에는 삶의 아픔이, 끌려간 벗들의 피 묻은 얼굴이 겹쳐지고 있으니 대답은 이미 나온 셈이다. 이 '새벽'과 '외로운 눈부심'은 미시마 유키오(三島由紀夫)의 '금각사(金閣寺)'의 '꽃'이나 일본 신세대 우파의 '가사라키'의 고신도(高神道)와타나베 당과, 칠지도(七枝刀)의 그 '빛'은 아닌 것이다.

그렇다면 미(美)란 과연 무엇일까?

현실이라는 중력의 이중적·역설적 인력(引力)체계의 구속인 '그늘'로부터 그 내면에서 무궁무궁 생성해 올라오는 그 나름의 초월성의 흰 빛인가? 아니면 현실 이중성의 중력장으로부터 아예 이탈하여 고립한, 아름답고 슬프고 외로운 꽃의 저 큰 우주적인 고독한 실체성인가? 과연 무엇인가?

나의 백 편의 시들 속에 자주 나타나는 꽃이나 빛과 같은 외롭고 아름답고 초월적인 이미지들은 과연 그늘과 같은 우리의 이중생성적인 현실의 삶의 표현들에 대해 어떤 구체적이고 미학적인 역동적 관계를 갖는 것일까?

'꽃과 그늘'

참으로 아름답고 녹살스런 주제다. '흰 그늘'이 아마도 그 분열에 대한 대답이 되겠지만, 백 편이나 되는 시들을 읽어 갈 때에 이 말을 먼저 앞세워버리면 별로 재미가 없을 듯싶다. 시 읽기에서는 무슨 가늠자를 전제해서는 안 된다. '쏠라페시브'가 적당하다. 해가 움직이는 대로 뒤따라가며 무정형으로 대응하면서도 동시에 해 자체의 뜨거운 빛을 닮아 도리어 적극성을 띠는 것!

내가 문학을 실제적으로 수업하게 된 것은 고등학교 때부터다. 국어와 한국문학을 가르쳤던 아름답고 풍요한 상상력과 큰 사랑의 품을 지닌 여선생님 한 분과, 영어를 가르쳤던 쏘는 듯한 지성의 눈빛과 현대 영문학에 대한 뜨거운 정열을 가진 남선생님 한 분이 학교에 계셨다.

이 두 분의 따뜻한 도움과 엄격한 지도로 시골서 올라온 무지렁이가 그나마 촌놈 특유의 캄캄절벽적인 '멍청귀'를 면하고 저만 잘난 줄로 착각하기를 버릇하는 '올통볼통귀'를 졸업할 수 있었다.

우리말의 아름다움과 오묘함을 그때 처음 알았고 한용운·김소월·김영랑·서정주를 줄줄 외우고 다니며 한(恨)과 불교적 허무(虛無), 현실성과 무궁성의 이중적 역설, 육욕적 세계인식과 근역(槿域) 신선도(神仙道)의 아름다움의 비밀을 조금이라도 눈치챈 것이 그때부터다. 키이츠나 셸리에서 스펜더·오든의 모더니즘까지, 소로우의 『월든』의 초월주의에서 비트 제네레이션의 잭 케루악과 앨런 긴스버그 류의 이탈주의까지, 그레이엄 그린이나 엘리어트에서 또 그와는 전혀 달리 웅장한 하나의 산맥이라 할 수 있는 딜런 토머스까지의 넓은 교양, 특히 딜런 토머스의 영적이고 우주적인 생명사상에 깊이 심취하게 된 것 역시 바로 그 무렵 고등학교 때에 시작된 일이다.

다행인 것은 소박하긴 하지만 그때 시작된 문학적 소양의 첫 틀이 한민족 우월주의나 맹목적인 서구 추종주의 어느 한쪽에도 기울지 않고 고르게 배합되었다는 점이다. 국문학을 통한 동양 이해와 영문학을 통한 서양 이해의 행복한 균형의 싹을 내게 선사해주신 두 분 선생님께 감사하는 마음 어디에도 비할 데가 없다.

그러나 한편 그런 복잡한 영향들은 그 나이의 나에겐 통합이 불가능한 혼돈 그 자체였다. 내 머리 속은 그야말로 쓰레기통이었고 그 무렵의 시들은, 한번 저속한 표현을 써서 말한다면, 아침엔 춘향이네 사랑방이요, 저녁엔 메리네 응접실이었으며, 점심때는 '양복에 짚신'이요, '두루마기 바람에 선글라스'인 셈이었다. 그러한 내면의 혼돈과 고뇌는 당연했다. 그 무렵 무척도 가난했는데 그런 열악한 삶과 당시의 독재와 부패와 분단, 전쟁 후의 참혹함, 빈부 격차, 그리고 내면의 무정부상태……. 이런 이유들 때문에 끝없이 끝없이 잠 못 이루는 밤이 계속되었고 생각은 늘 연옥과 지옥 근처를 서성이고 있었다.

지금 그 무렵의 시편들이 남아 있지 않은 것은 참으로 다행이다. 사실은 내 스스로 몇 차례에 걸쳐, 아마 대학 초년 때였던가, 불싸질러버렸기 때문이다. 그것은 한마디로 지옥이었다. 현대적 표현으로는 바로 '분열'이요 '이중구속'이었다.

내 머리 속엔 평화 · 해탈 · 완성 · 초월 · 초극 · 해방의 단어들이 저절로 왔다 갔다 했다. 그러나 그것은 그림의 떡이요 소문일 뿐 내 몫이 아니었고, 실제로 그런 일이 있을 수 있다고 생각할 만한 그 어떤 조짐이나 사례도 당시 나와 이 나라의 현실에서는 없었다.

시에도 그런 것은 없었다. 이 점은 중요하다. 이미 그때부터 사람 안팎의 통합된 완성과 초월적 성취는 나의 암묵적 숙제가 되었는데, 어디에서도 내면의 개성적이고 우주적인 평화 완성과 외면의 사회적 변혁, 빈부 평등과 자유와 민주주의가 보장되는 진보와 민족의 통일 따위가 함께 인식되고 함께 추구될 수 있다는 단초적 사상도 없었으며, 그 표현조차 없었다.

6·25 이후 1956년, 1957년, 1958년, 1959년의 한국 사회의 포괄적 인상은 무엇인가? 그것을 한마디로 말하자면 '가난'이다. 물질에서든 정신에서든, 개인이든 사회든, 서울이든 지방이든, 상층부든

하층민이든, 문화도, 정치도, 경제도, 과학도, 그 어느 분야에서도 모두가 여러 가지 의미로서 단 한마디, '가난' 그 자체였다.

'가난!'

그것이 내 청춘의 생각과 시의 출발점이었다. 만약 여유가 있다면, 내 시의 비트들을 한번 분석해 보라! 거기 틀림없이 어떤 허기진 영혼이 노래 부를 때 어김없이 함몰되는 음악성의 지옥인 '에어포켓', '블랙홀', 즉 비트의 숨가쁜 언덕 오르기가 나타날 것이다. 그래서 헉헉거리며 순간순간 '제로'에, '무의미(無意味)'에, '침묵'에 빠져든다. 이것이 무엇일까? '여백'이요 '틈'인가? 아니다. 나는 그것을 잘 알지만 늘 외면해 왔다.

내용이 아니다. 정신보다 더 깊은 영의 가난은 내용이 아니라 형식에서, 형식보다 더 깊은 장단, 호흡에서 기어나온다 - 비트가 아니라 장단이긴 하지만, 비트라는 심장박동의 뜻을 비친 까닭이 있다 - 이것을, 어느 때던가, 허수경 시인은 몸과 마음 사이의 '입술'이라고 표현했는데, 바로 그 입술이 내용과 형식 사이에 있는 영의 호흡, 가난과 배부름을 표현하는 장단이다 - 그것이 가난할 때 장단이 아니라 비트가 된다! - 바로 그 장단을 내 시에서 한번 분석해 보라. 그 생성체계 안에 그 무렵, 열여섯, 열일곱, 열여덟 청춘의 내 삶의 내면- 아니, 외면과의 복합적 삶의 내면적 반영으로서의 영적 상황-의 가난 · 사랑 · 결핍 · 눈물 · 동경의 좌절과 수음(手淫)의 죄의식, 외로움, 지옥과 같은 권태의 고통, 잠 못 이루는 밤의 아편 같은 몽상과 그때의 뭇 유령들의 모습이 드러날 것이다.

일본의 어느 문학평론가는 민중문학과 민중사의 미래를 원령사관(怨靈史觀)에서 찾자고 한 적이 있다. 우리 쪽에서 말한다면 '한문학(恨文學)'이요 '한사관((恨史觀)'이 된다. 칼 융 쪽에서 접근한다면 '그림자론(論)'이 되는데 그보다는 '그늘론'이 한결 본격 미학이요, 더 과학적으로 들어간다면 '율려학(律呂學)'이 정확하다. 율려의 장단 안에 넋이 흔들리는 것, 그것이 곧 '그늘'이니까.

그것을 '입술'이, 허수경의 그 입술이 바들바들 떨면서 말한다고 생각해 보라! 그 '가난'을 짐작할 수 있겠는가? 내용은, 사유와 이미지와 의미와 감각들은 다 그 위에서 춤출 뿐이다. 독단인가? 그렇지 않다. 바로 그 '가난', 그리고 그것을 드러내는 '입술'인 '율려', 그 '율려'의 느낌인 '그늘', 그 이전에 그 바닥에서 흔들리는 '제로'가 있었음을 기억하라! '에어포켓' 같은 '침묵'과 '정지'의 '틈'이 있다고 했다. 그것이 바로 '지옥'이다.

실은 초월의 흰 빛·평화·창조·완성·해탈·초신성(超新星)과 같은 이 모든 좋은 것들이 처음 태어나 성장하는 '블랙홀'이 바로 이 '헉!' 하고 빠져서 무너져내려 버리는 한순간의 판단 정지인 '무(無)', '공(空)'이다. 이것이 바로 '가난'이고 그리고 '가난'의 시적 반영이다. 가난하고 불행한 사람들은 궁지에 몰리면 입을, 눈을, 감각을 닫아버린다. 방어기제인데, 동물적 생명기제다. 이것이 바로 '가난'의 출처다. 바로 이것을 내 시에서 찾아낼 수 있다면 이것은 이제 그와는 정반대로 '여백'이 될 가능성, '틈'으로 전환될 개연성, '소통성(疏通性)'으로 발전할 근거가 된다. 그래서 '흰 빛'의 출생지, 그 자궁은 시커먼 '블랙홀'이다.

만약 율려에서 이것이 밑에 없다면 그것은 그저 리듬과 그 리듬을 제어하는 메타나 라임 같은 시학적 밸런스 기능밖에 안 남는다. 중요하기는 하다. 그리고 '그늘' 자체가 창조임은 인정한다. 그러나 그런 일반론으로 시가, 예술이 이 험준한 '빅 카오스'의 시절에 무엇을 새롭게 창조하고 무엇을 참으로 돌파할 것인가? 그리고 완성할 것인가?

바로 이 '가난', 그리고 그 때문에 나타나는 텅 빈 '무(無)'로부터 '흰 그늘', '신대 율려(神代 律律)', '율려의 창조적 차원변화'인 신인간의 신문화가 나타난다. 이것이 참된 초월성이요 진정한 '빛'일 것이다.

그리고 여기엔 인간의 용기있는 창조적 응시와 개입과 변형이 필요하다. '가난'을 '창조'로 바꾸는 것은 '각비(覺非)'라고 부르는 용기요 결단이다.

그러나 나는 예전과 마찬가지로 지금에도 내 시뿐 아니라 내 영혼에 대해서까지도 아직까지도 바로 그 밑바닥의 컴컴한 기억 속의 그 귀신 모습처럼 '가난'을 바로 쳐다볼 용기가 없다. '각비(覺非)'를 못한다. 아직도 그렇다. 아아, 나는 얼마나 비겁한가! 또 운다. 이 글을 쓰는 순간 또다시 내 마음은 울고 있다.

내 어릴 적 별명이 '울냄이'이다. 얼마나 잘 울어서 이런 별명까지 붙었을까? 운다는 것은 무엇인가! 일단은 도피기제다!

이것! 우는 버릇! 이게 바로 '가난'이다. '가난'은 악마처럼 이렇게 악순환 된다. 지긋지긋하다!

이제 내 참 얘기가 나왔구나!

글쓰기는 이렇기 때문에 명상행위요 또 하나의 참선이다. '가난'이 내면화되면 이렇게 오래 가고, 이렇게 질기고, 이렇게 기괴해지고, 이렇게 비열해진다. '가난'이 왜 없어져야 하는지, 왜 이 지상에서 끝끝내 사라져야 하는지 이 지점에서도 분명해진다. 내가 오늘은 전과 달리 조금 투명해지고 '각비(覺非)'에 접근하는 듯하다. 마음이 울고 나서인가? 아니면 우는 버릇 자체 속에서까지 '가난'을 보아서인가?

오늘 글쓰기는 좀 기이하다. 문학수업 얘기하다 눈물바람까지 나갔다. 그러나 좌우간 우는 것은 좋지 않은 짓이다.

생각나는 것이 있다. 두 가지인데 첫 번째, 박정희란 자가 걸핏하면 울었다. 그것 아주 고약한 짓인데, 왜냐하면 그 자가 울고 나면 반드시 악독한 짓을 했기 때문이다. 나의 울음이 혹 박정희 패턴이 아닌가 하며 가끔 흠칫 놀랄 때가 있다. 허나 난 권력 근처에 갈 일이 없으니 안심하곤 한다.

또 하나는 '진국'이라는 이름을 가진 내 조카아이 얘기다. 6·25 직후인데 그 무렵 3년을 내리 흉년이 들어 굶주림이 전국에 퍼져 있었다. 아픈 얘기다. '진국'이는 간난아이인데 어쩌다 엄마 젖에서 일찍 떨어져 미음 같은 것을 먹여야 했다. 그 흔한 우유도 구하기 힘든 처지에서 애는 썼지만 기어이 굶어죽었다. 그 아이가 바싹 말라 해골만 남은 몸으로 밤낮없이 내내 울었었다. 내내 울고만 있었다. '내내'다.

이것도 도피기제일까?

한밤중 시커먼 뻘밭에 묻었는데, 내가 이 말을 하는 건 다름 아니라, 이것도 시가 될 수 있는가라는 물음이 문득 솟아나서다.

이런 울음, 이런 죽음도 시가 될 수 있는가?

시는 본래 '가난'과는 거리가 먼 것이다. 이 점을 결코 망각해서는 안 편다. 생나다노 가난을 슬거 시의 수제로 삼을 생각은 말라는 얘기다.

시의 밑바닥에 도사린 '가난'의 악마적 성격과 도리어 빛나는 창조에로 이끄는 정반대의 가능성, 그리고 시와는 거리가 먼 캄캄한 죽음으로서의 '가난'.

세 가지 얘기를 했다.

기억하건대 이 세 가지 문제점이 내 초기 시 등에 약간씩 들어 있었던 것 같다. 그러나 나의 시적 여행의 목적지도 차표도 그 핵심은 역시 '생명'에 있었다. 이미 이때부터 서정주의 초기 '생명파' 시대와 딜런 토머스의 전 시기가 큰 영향을 준 것은 틀림없는 사실일 것이다.

틀림없는 이 사실에 맞대응하는 한 가지 강하고 결정적인 영향이 있었으니 대학 시절의 민족문화운동 바람과 동양 미학을 내게 5년 이상 강의해 주신 김정주(金正株) 선생님이시다.

우선 외우(畏友) 조동일(趙東一) 형을 잊을 수 없다. "우리문화연구회" 등을 비롯해서 조동일 형은 나를 민요·무속·판소리·탈춤의 세계로, 민족과 민중의 전통예술과 문화의 큰바다로 이끌었으며, 젊어서 일찍 하늘로 돌아간 외우(畏友) 이돈영(李敦寧)형으로부터는 화담(花潭) 서경덕(徐敬德)과 녹문(鹿門) 임성주(任聖周), 혜강(惠岡) 최한기(崔漢琦)와 율곡(栗谷) 이이(李珥)·김시습(金時習)·이토정(李土亭), 홍유손(洪裕孫) 등의 소위 '기문(氣門)'을 알게 된 것, 거의 그 무렵에 내 스스로 원효(元曉)와 수운(水雲) 최제우(崔濟愚) 선생에 희미하게 첫눈을 뜨게 된 것이 훗날 내 인생과 사상과 시에 영향을 미친 결정적인 사건들이다.

그러나 이 모든 것보다 더 결정적인 영향은 늘 잊지 못하는 김정록(金正祿) 선생의 동양철학, 미학, 예술사에 대한 강의였고 그 따뜻하고 엄격한 훈도였다. 칸트, 헤겔, 하이데거와 사르트르, 베르그송으로 뒤범벅이었던 유럽 일변도의 커리큘럼의 바다 속에서 파랗게 외롭게 오똑 떠 있는 섬과 같은 그 가르침으로부터 나는 끝내 어느 캄캄한 자리에서도 잊을 수 없는 진솔한 삶의 교훈들을 얻었으니, 비록 천박하지만 내 시의 배후에 이 교양이 서려 있음을 자부심을 가지고 기억한다.

한때 이런 일이 있었다.

겨울이었다. 원주 집이었는데, 끝끝내 잠 못 이루는 며칠 동안의 긴긴 불면의 지옥 뒤에 나는 선생님에게 마치 자살 직전의 청년처럼 편지를 문득 드렸으니, 내용인즉 '괴롭다는 것'이었고, 어찌하면 '벗어날 수 있느냐'는 것이었다.

선생님은 자상하고 따뜻한 길고 긴 답장을 그 하얀 겨울 날, 그래, 생각난다, 울타리 너머 큰 오동나무 위에 두 마리의 까치가 번갈아 우짖고 있을 때였다. 그때 그 답장을!

체관(諦觀)만이 해결의 길일세.

체관이란 그리 쉬운 일이 아니니 용기가 필요하다네. 용기 또한 그리 쉽게 얻어지는 것이 아니니, 어른들이나 옛사람들의 가르침이 그래서 필요한 것일세.

노자(老子)로부터 배우게. 허(虛)라는 것은 그냥 '허무'가 아닐세. 그것은 참다운 용기의 근원이요, 체관의 문(門)이라네. 체관이 곧 삶의 문이니, 지금 곧 서점에 가서 『노자(老子)』를 사다가 잠이 안 올 때마다 읽고 또 읽도록! 아마도 그 책 반을 채 못 읽어 잠이 올 것일세.

잊지 못한다.

감옥에서도, 대학시절 그처럼 내가 몰두했던 헤겔과 칸트와 하이데거가 결코 나에게 철학적 해결책을 주지 못했음을 기억할 때마다 소록소록 기억나는 것이 바로 노자였고, 노자보다도 더 깊고 간절한 선생님의 바로 그 편지였다.

그러나 이런 간절한 사연이 내 시에서 느껴지던가?

안으로부터의 청춘의 고통, 그 시절의 사회적 질곡은 그처럼 깊고도 더러웠으니 참으로 한다하는 학자들조차 그 무렵에는 정신적으로 사회적으로 파탄한 사람들이 부지기수였으니……. 학문으로, 공부로, 이성으로, 가르침으로만 해결될 수 없는 악마적인 검은 중력장의 세계가 그 '가난'이 우리를, 나를 긁어쥐고 있었으니…….

2

'가난'은 없어져야 한다고 했다. 우선 이른바 '빵문제'부터 이 일은 시작되어야 한다고 믿었다. 그리고 그것을 위해서도 민족은 통일되어야 한다고 믿었다. 대학시절부터 시작된 민주화와 민족통일과 사회변혁운동에 내가 뛰어든 한 가지 이유다.

그러나 대학 초기의 나의 시적 여행은 한참동안 그대로 고등학교 시절의 연장이었다. 소위 학림다방에서의 개인 시화전이란 것도 그랬다. 확고한 자기 발견을 못한 채 복잡다단한 영향들이 들쑥날쑥 혼재하는 카오스 상황이었다. 물론 생명의 생각들이 주류였음은 사실이다. 그러나 그 표현, 이미지 생성의 체계들, 비유나 은유들, 색채와 냄새와 울림, 그리고 그늘, 모두가 자기 삶이나 그 삶의 뿌리로부터 멀리 있었다. 허공에서 맴돌고 있었던 것이다.

4월혁명이 바로 고비이다. 그것이 숱한 내 세대의 고비였듯이 나의 고비이기도 하다. 우리문화연구회 등의 민족문화 운동의 바람이 불기 시작한 것은 그 뒤였고, 내가 내 뿌리, 내 고향에 돌아간 것도 그 뒤였으니…….

그래, 4월혁명이 그때 있었다. 아니, 그보다 그때 잊기 힘들 만큼 눈부신 라일락이 교정에 피었었고 그 무렵, 그 라일락 밑에서 잊기 힘들 만큼 아름다운, 또한 평생을 두고 사랑하는 한 여자를 만났다. 혁명보다 라일락과 여자가 기억에 더 가까운 것이 내겐 늘 재미있는 일이다. 또 이런 말을 대담하게 할 만큼 세상이 자유스러워졌고 한편 나라는 사람이 늙어가며 퍽 흉물스러워졌다는 생각도 함께 든다.

이 민족의 역사와 젊은이들과 민중의 삶에는 어울리지 않을지도 모르지만 그 자체로서는 퍽이나 낭만적인 혁명이었고 내 인생의 길고 긴 터널에서 결코 잊어본 적이 없는 굴욕적이고 어두운 사랑……. 짝사랑이었지만 그 자체로서는 너무도 애틋하고 해맑고 고운 빛깔의 사랑이었다. 그러나 눈부시게 빛나던 보랏빛 라일락이 제일 먼저 가고 그다음 혁명이 가고 그리고 끝끝내 사랑이 갔다.

나는 다 잃었다. 친구였던가 후배였던가 그 누군가의 거의 날라리에 가까운 시 한 구절처럼 그야말로 계절도, 혁명도, 사랑도 다 갔다.

나는 그해 한여름 대낮 목포 부두에 혼자 서 있었다. 목포는 내 고향이다. 그 고향에 거의 십 년 만에 문득 혼자서 빈털터리로 돌아간 것이다. 대낮에도 식은땀을 줄줄 흘리며 입으로는 끊임없는 기침과 간혹 시뻘건 핏덩이를 내뱉으며 나는 거기 서 있었다. 내 눈은 다리의 한 행선지 푯말에 꽂혀 있었다.

'땅끝 행'

땅끝, 땅끝, 땅끝이라!

지상(地上)의 끝, 이 지구의 끝이 있단 말인가? 거기가 어딜까? 거기에 가서 삶을 끝낼 수 있다면…….

그때라고 기억된다. 눈이 가늘게 모아지고 어떤 한 지점이 흰 빛의 작은 씨앗처럼 떠올라 점점 확실한 한 점의 빛이 되어가는 것이 보였다. 흰 점이었다. 그것이 땅끝이었다. 환각이었는데 내게 있어 흰 빛은 자주 바로 이 환각의 한 흰점의 형태로 오기도 한다. 이 땅끝 흰

점의 환각에 대한 기억이 그 뒤 어느 날 밤 남도(道)의 어느 낯선 여관방에서 되살아나 캄캄한 어둠 속에서 점점 확대되어 어둡고 슬픈 형상들로 변하면서 태어난 시가, 그 무엇이었던가? 그 한 구절이 이렇게 나가던가?

낯선 돌부처의 얼굴에
침을 뱉던 예리한 기쁨의 날도
이끼의 샘
아아
깊이 잠든 이끼의 샘

기억이 맞는가? 대강 이런 시였는데 바로 땅끝의 흰 환각으로부터 태어난 작품이다. 어둡고 깊은 바다 한복판에 철삿줄에 묶인 채 수장당한 시체들로부터 울려오는 신음들, 그 신음 속의 외침들, 미칠 듯한 희열의 푸른 불꽃을 피우는 반역의 폭발!

결국 땅끝이었다. 이 세상의 끝! 그것은 그 어떤 이데올로기도 정치 프로그램도 없는 반란, 세계와 역사와 성스러운 모든 가치 자체에 대한 원생명의 반역이었고 바로 그 원초적 반역이 불 지피는 미친 기쁨의 세계였다. 이것이 나의 땅끝이었다. 그리고 여기 이것이 참으로 나의 詩다운 詩의 출발점인 것이다.

훗날 내가 해남에 내려가 정착했을 때에 올랐던 그 땅끝 사자봉에서 바라본 앞바다의 시적 이미지가 바로 그것이었고 거기에 6·25 직전 사전검속된 남로당원들을 해군 선박으로 무수히 실어와 큰바다에서 둘씩 둘씩 철삿줄로 묶어 수장한 소위 '보도연맹사건'의 저 캄캄한 바다에서의 대살육의 이미지가 엇섞여 들었다.

이것이 나의 땅끝이었다.

땅끝! 또다시 훗날, 나는 이 땅끝까지 흘러가, 극도로 비관용적이고 군사화된 폭력적 사회변혁운동파와 난폭무쌍한 군부 파시스트들의 극악한 이중구속, 또 내 내면의 환상적 초월과 초보적 경제운동으로서의 생명운동의 생태·중력질서 속에서의 그 지리한 운동현실 사이의 견디기 힘든 이중구속, 이미 감옥에서 활짝 열려버린 상단전(上丹田:泥丸宮)의 영적 분출과 술과 불면으로 인해 흩어져버린 하단전(下丹田)의 정기(精氣)의 해체 사이에서 오는 주화입마(走火入魔)의 위험들, 그 여리고 슬프고 애틋한 '애린'의 갈가리 찢긴 아픈 이미지와 들소 같고 마귀 같고 육식조 같은 주변의 온갖 속물 군상들의 어지러운 노랫소리와 색정적인 속삭임 사이의 이중구속으로부터 훌쩍 벗어나기 위해 흘러간 그 땅끝에 홀로 서서 다시금 돌아갈 길, 아니 새롭게 태어나 새로 시작하는 길, 결국은 안팎의 통합, 내면의 영성적 평화와 외면의 생명 중력질서의 대변혁의 통합, 카오스의 끝이요 핵인 애린의 여성성(女姓性)안에 코스모스의 새 이동선·질주선인 나의 모험의 화살이 꽂히는, 그래서 눈부신 흰 햇살이 천지 가득히 생성하는 오메가 포인트(『애린 2』의 마지막 시)까지 가버린 그 땅끝!

바로 그 지점에서부터, 그 이름조차 아득한 '땅끝'에서부터 나의 시는 비로소 자기 발견, 제 뿌리와 줏대, 이미지의 고향, 언어의 집, 그리고 참된 삶이 생성하는 시간의 풀꽃들이 쌓인 옛 곳간을 찾아낸 것이다.

고향에 참으로 돌아갔으니 비로소 민족으로, 민중으로, 내 가족으로, 내 자신으로 돌아갔고, 그리하여 인간으로, 생명으로 명백히 돌아갔다. 그때, 그러나 아마도 잠재적으로는 이미 오래 전에, 생명의 감각을 통해 아시아인이면서 인류요 지구 생태계의 일원이요 우주인 한 크고 깊은 신령으로 돌아가는 길을 희미하지만 분명히 찾은 것이다.

그리고 그때, 땅끝에서, 깊은 우울 속에서 발견한 자살의 이미지는 이미지 그 자체로서 파산했다. 한 노동자의 절망적 죽음 속에 흐르는 모든 한국 극좌운동의 통일과 혁명 지향의 비극적 최후의 예감, 거기 떨떠름한 동지가 아닌, 깊은 혁명적 동맹자로서 연대하려던 나의 비극적인 자발적 죽음의 이미지는 그 이미지 자체로서 실패했다.

바다로부터 올라오는 저 기이한 '흰 손'! 그리고 짤막한 예언적, 경고성의 기침소리! 흰 손이 흔들리며 내게 보내온 이야기는 과연 무엇이었을까? 어째서 이 손은 '흰 손'이었을까?

내 가상의 땅끝이었던 용당리(龍塘里)에서의 나의 자살은 실제에 있어서도 실패했지만 이후 역으로 풍자를 배수진으로 하고 그 풍자의 포기를 담보로 하는 나의 양도론적인 자살적 혁명의 미래 역시 이미 실패가 예고되어 있었다. 땅끝의 바로 그 시적 이미지 속에서이다.

그래서 시를 예언이라고도 한다.

시는 무서운 신령(神靈)의 활동이다. 내 젊었을 때 이것을 몰랐으니, 모르는 체로 편안했었으니, 그것을 몰랐으니 차라리 시를 몰랐다고 하는 쪽이 정직하리라!

거기, 고향 목포에서의 나날, 나의 내면의 나날은 피와 기침과 식은땀과 주림과 갈증과 외로움, 그리고 간단없는 절망 속의 악몽의 나날이었다. 그럼에도 나는 바로 내가 태어난 연동(蓮洞) 뻘바탕의 재개발 도로공사현장에서 소위 '스테바'라는 이름의 삽질하는 곳에서 가끔씩 일도 하고 그 근처, 내 어릴 적의 유목지대를 어슬렁거리며 돌아다니곤 했다.

광양(廣陽)이었다.

도로공사현장에서 내 유년기에 세들어 살던 집안의 먼 친척뻘 되는 봉제(鳳濟) 삼촌을 만난 것은 아마도 내 인생과 시력(詩歷)에서 아주 중요한 사건일 듯하다.

봉제 삼촌은 그 노가다판의 십장이었는데 늘 막소주에 취해 눈이 뻘겋게 충혈되어 있었고 걸핏하면 싸우고 트릿하면 두들겨팼다. 순 막보기 깡패대장이었다. 역설이지만 그런 깡패가 고학(古學)이 깊어서 두보(杜甫)와 이태백(李太白)을 줄줄 외우고 특히 김삿갓을 즐겨했다. 말투가 괴상하고 말솜씨가 좋아서 그 앞에서 엄벙덤벙하다가는 큰코 다쳤다.

한 번은 좀 까다로운 나이든 친구와 시비가 붙었는데 왈,

"당신 참말로 묘(妙)하요 잉-. 묘(妙)자를 으뜨케 쓰는지 아시오? 계집 女변에 작을 少자여라우! 계집처럼 작단 말이제 잉-"

우리는 밤에 술 한잔하고 나면 으레껏 공사판의 드난 데에 세워둔 '구루마', 그러니까 마차 받침 위에 누워서 밤하늘에 가득 찬 별들과 그 사이를, 그 위를 흘러가는 흰 구름들을 쳐다보며 한없이 긴 침묵에 빠져들곤 했다. 그럴 때 간혹 봉제 삼촌은 내게 착 가라앉은 침울한 목소리로 띄엄띄엄 말하곤 했다.

'아야 영일아, 잉. 나 암만해도 전생에 별이었든가 봐. 으째서 요로큼 별만 보면 눈물이 나는지 모르겠어야. 참말로 볼 때마닥 한없이 흐르고 그렇께. 이상하재 잉-'

별!

별이 된 봉제 삼촌! 늘 청산가리 병을 품고 다니던 삼촌! 스스로 욕

된 삶을 끊을 수 있어야만이 자존심 있는 인간이요, 그것이 인간의 마지막 품위라고 씹어뱉듯 주장하던 사람, 세 번씩 자살기도를 했지만 실패하고 그 뒤 한동안은 살아보려고 그리 애도 써봤다던 삼촌!

나와 헤어진 뒤, 그러니까 3년 뒤 목포로부터 올라온 친척 편에 들으니 나와 헤어진 뒤 얼마 안 되어 대흑산도(大黑山島) 예리 뒷산에 올라가 한밤에 기어이 청산가리로 목숨을 마감했다고!

별로 돌아갔구나!

그때 그리 생각했으나 눈물은 나지 않았다. 초기 시 가운데 「山亭里 日記」란 시가 있는데 바로 거기에 잠깐 비치는 해주(海州) 영감의 성깔의 이미지는 바로 봉제 삼촌이요, 모습은 당시 부정으로 중선지역에서 판사직을 파면당하고 거기 노가다로 일하던 한 늙은 법관이다. 깨곰보는 포장마차에서 맘보장사(전표장사)하던 한 소년이다.

이 시는 그러나 몹시 우울하다. 나의 내면풍경이기도 하다. 그러나 밤에는 그 한없이 가라앉는 스스로의 침체와 환멸, 그리고 낮에는 한없이 분노하고 들뜨는 강요된 앙앙과 요동 사이에서 서서히 죽어가는 노동자의 깊은 영혼의 만가(晩歌)를 목격하며 나는 역시 이상하게도 전세계 좌파운동의 비극적 최후를 아마 생리 속에서 예감했던가?

봉제 삼촌 왈,

"좌익 갖고는 안 돼야! 나도 많이 봤제 잉- 우리 형님 그거 아니라고, 왼손잡이! 너무 단순하당께! 우리나라 문제는 아조아조 복잡해! 복잡하단 말이여. 딴 것이 나와야 돼야! 동양에서 나와야! 두보나 이태백이가 혁명을 해야 한당께. 김삿갓이가 팔 걷어붙이고 나오등가, 잉-"

내가 늘 봉제 삼촌을 못 잊는 까닭이 여기에 있다. 한국이나 동양

발, 새로운 상상력 체계나 깊고 크고 드넓은 새 문화이론에 의한 미적 교육으로부터 다시 시작되는 인간·사회·지구·우주의 근본 혁명 아니면 진짜 변혁이 안 된다는 말을 바로 그가 했기 때문이다. 그 도로공사판의 마차 위에 누워 한없이 흐르는 밤하늘 구름들을 보며, 그래서 나는 그의 자살소식에 울지 않았던 것이다. 그의 바로 이런 명증성과 천재성은 높은 자존심을 동반하기 때문에 욕된 삶을 스스로 정리하지 않고는 도저히 견디지 못하는 법이다.

별!

참으로 별 같던 사람, 봉제 삼촌! 드디어 별로 돌아갔구나!

바로 이 지점이 나의 소위 첫 작품으로 널리 알려져 있는 「황톳길」이 태어난 정신적 배경이다.

어떤가? 말하기 전에 이미 예감할 것이다. 나의 테마를!

그 무렵 나는 두 번인가 영산강가의 저 쓸쓸한 마을, '부줏머리'를 돌아서 왔다. 길고 긴 강가의 황토흙 둑길을 터덜터덜 걸으며, 내가 이제서야 돌아온 곳이 과연 어디며, 내가 돌아온 마음의 역사가 무엇이며, 내가 정말로 누구에게 돌아온 것인지를 생각했다. 차라리 유년기, 소년기부터 내 안에 쌓인 여러 가지 생각들의 기억일는지도 모른다.

그 끝없고 참혹한 죽음, 죽임은 무엇이었을까?

거의 스스로 선택한 사살과도 같은 그 죽음, 죽임들은 어떤 뜻을 갖고 있는가? 저 푸른 강물, 저 눈부시게 붉은 황토 흙, 저 시퍼런 탱자나무들과 짙푸른 하늘빛, 흰 구름, 흰 삐삐꽃들, 공중으로 힘차게 뛰어오르는 숭어떼의 저 푸른 몸뚱이에 번쩍거리는 흰 생명의 빛! 그것에 대해 저 검은 죽임들은 어떤 의미를 갖는가?

사람만이 아니다. 6·25 때는 갯벌의 그 흔한 꼬막까지도 집단 폐사했고 3년 간 무서운 가뭄과 흉년이 휩쓸어 초목(草木)조차 도처에서 시들었다. 이때 죽임은 무엇인가?

그 죽임이, 죽임과 죽음의 결과를 환히 알면서도 관철하고자 한 것은 현실 혁명의 승리인가? 우주의 근본 개벽인가? 거꾸로 그러한 비극적 죽임과 자연의 흉사를 알면서도 이른바 역사의 이름으로 진행하는 혁명이나 정의나 전쟁은 과연 생명의 생성질서에 합당한 것인가? 우주의 참된 질서에 합당한 참다운 개벽의 실천인가? 그것이 아니라면 그 오류와 죄악과 생명에의 반역을 누가 단죄할 것인가?

예고된 죽임임에도 그 죽임에로 나아간 그 민족, 그 민중의 운명은 무엇이며 무슨 뜻을 갖고 있고 누가 배정한 것인가?

이 민족의 운명은 무엇인가? 이 민중의 운명은 무엇인가?

내 가족의 운명은 무엇인가?

내 할아버지, 할머니, 아버지, 어머니의 운명, 그리고 나의 운명은 무엇인가?

비극적 최후의 예감을 강하게 안고서도 죽임과 패배의 자리에 능동적으로 나아가 그 죽임을 끌어안음으로써 수천 년 수만 년 생명의 순환적 생성질서 안으로 끌려 들어간 저 사람들의 또 하나의 내면의 역사!

그것을 우리는 알고 있는 것인가?

내 마음 깊은 곳 저 아래쪽 어딘가 어두운 곳으로부터 지금 막 한 소년의 두려움에 떠는 낮은 목소리가 울려온다.

엄마! 엄마!

테러! 테러!

밖은 캄캄한 밤, 군중들이 모여들고 있다. 횃불이 일렁인다. 소란이 일어난다. 한쪽에서는 개 패듯 패고 다른 쪽에서는 맞아서 반쯤 죽어가며 피를 흘리고…. 흔한 광경이었다. '테러'라는 이름의 생명에의 반역! 역사니 이념이니 하는 이름으로 한낮에도 버젓이 저질러졌던 생성질서에의 그 반역!

테러다.

'울냄이'의 그 맨날 우는 버릇이 이 테러의 공포와 관계없는 것일까? 그 비열한 버릇, 마음속 깊은 곳 소위 '가난'이라 이름하는 동작정지, 판단 정지의 그 비겁한 '에어포켓', 그 '블랙홀', 위기에 부딪친 동물이나 벌레가 순간 꼼짝도 하지 않는 바로 그 태고부터의 생명의 방어기제와 똑같은 '사실 외면'의 버릇, 눈도 귀도 입도 순식간에 꽉 닫아버리는 바로 그 '가난'의 버릇이 이 테러의 공포와 관계없는 것일까?

6·25는 송장의 잔치였다. 나는 6·25 직전, 나흘 전 꿈에 동네의 '다리뚝'이라는 돌다리 밑 시커먼 뻘밭에서 머리와 가슴에 붉은 피 범벅이 된 웬 사내가 새끼줄로 묶은 붉은 관(棺)을 등에 지고 끊임없이 앞으로 꼬꾸라졌다 다시 일어섰다 하며 걸어나가는 끔찍한 꿈을 꾸었다. 그리고 나서 나흘 뒤에 6·25가 터졌고 그 돌다리 밑 검은 뻘밭은 인민군과 국군이 바뀌어 들 때 이쪽저쪽 수없이 많은 사람들이 맞아 죽고 찔려죽은 피범벅의 자리가 되어버렸다.

바로 거기에서 오빠가 경찰에게 맞아죽은 충격으로 6·25 때 좌익을 하다가 후퇴 때 백아산에 입산했다는 아득한 소문만 떠돌던 순분이 고모가, 그래, 틀림없는 순분이 고모였다! 한 경찰관의 첩이 되어 산다더니, 그 무렵 바람 몹시 불던 어느 날 밤, 그 다리뚝 바로 위의 한 대폿집에 앉아 있는 나를 건너편에서 멀건히 쳐다보고 있었다. 틀림없는 순분이 고모였! 내 손톱에 봉숭아물을 자주 들여주던 그 고모!

섬뜩한 것은 바로 그 가까운 자리에,

상순이!

우리는 늘 존칭 없이 그렇게 그를 불렀는데, 소위 지리산 공비토벌대의 맨 앞장에 섰던 좌익 전향자들의 육탄정찰대인 '보아라 부대' 소대장으로 한때 몹시 휘젓고 다니던 그가 거기서 술이 취해 시뻘건 눈으로 순분이 고모를 빤히 노려보고 있었던 것이다. 섬뜩했다.

나는 얼른 고모를 끌고나와 강가의 캄캄한 왕자회사 옛 공장 근처로 갔다. 캄캄한 그곳.

"어떻게 살았어요?"

"죽지 못해 살았제 잉."

"어떻게 나왔어요?"

"한 일곱 달 감옥에 있었제 잉."

강바람은 캄캄했다. 소금기까지 얹힌 밤바람은 그 자체가 이미 치욕이었다. 그 바람의 끈적끈적하고 캄캄한 감각은 지난날 우리 삶의 밑바닥에 도사린 '짐승 같은 어둠의 시간의 정체', 바로 그 '가난'의 본질이었다.

한편에는 끝없는 복수심과 혐오감과 증오, 다른 쪽에서는 무섭고 두려워하는 마음이, 감추고 감추고 또 감추고 나서도, 감춘 사실마저 감추고, 감추는 제 마음마저 감추어도 기어이 두려움은 사라지지 않았던 그 캄캄한 이중적 중력장 중독의 시간, 빛 없는 땅끝의 시간, 역사!

바로 이 인위적인 살해, '죽임'이라는 이름의 역사를 불가항력적으로 받아들이면서도 소위 지도자·혁명가·정치가와 지식인 나부랭이들에 의해 조직되고 이념화되고 교조화·물질화된 시간인 언필칭 역사라는 것으로부터 시작되고 어쩔 수 없이 역사로 돌아갈 운명이긴 하지만 그 자체로서는 역사가 아니라 차라리 역사와는 반대되는 그런 시간, 민중적 삶의 깊은 소망으로부터 시작되는, 지금 여기서부터 과거로 미래로, 사방팔방으로 펼쳐지고 접혀지는, 미래와 과거와 전 우주를 안으로 끌어들이면서 지금 여기에로 끝없이 되돌아오는 우주적이고 초월적인 내면성의 무궁무궁한 생성으로서의 참다운 삶의 시간! 이것에 대해 채 의식은 못하지만, 분명 날카로운 느낌만은 갖고 있는 사람들의 그 또 하나의 시간을 우리는 과연 알고 있는 것인가?

생성은 역사의 근원이지만 역사가 아니다. 참다운, 올올한 고급 예술가는 역사에 참가하지 않는다. 그는 생성에 참가한다. 그의 내면으로부터의 삶의 감각, 살아 생동하는 표현충동의 진솔한 욕구는 생성에 속하지 역사에 속하지 않는다. 그러나 참으로 민중적인 삶을 살고자 하는 살아 있는 예술가는 생성의 편에 분명히 서서 역사를 비판하지만, 어떤 경우, 차원변화의 한 지대점(至大点)에서는 비록 마음에 들지 않고 죽임을 각오하더라도 그 비극적 역사의 패배 현장에 그 스스로 마음속의 자유와 영성의 미는 힘에 따라 흔연히 참가한다. 그로써 그는 민중과 동지들과의 참다운 우주 생명을 공유(共有)한다. 그런데 역사에는 이 사람들의 그 시간이 기록되어 있는가? 존중되었는가? 이것을 중심으로 역사는 씌어지고 의식되고 실천되고 흘러왔는가? 그렇지 않다면 역사란 도대체 무엇인가?

역사와 생성을 분명히 구분한 질 들뢰즈의 카오스 민중론을 읽으며, 감옥 안에서 해월(海月) 최시형(崔時亨) 선생의 저 탁월한 주체적 시간관, 생성관인 향아설위론(向我設位論)을 읽었을 때보다는 못하지만 그래도 큰 감동을 받은 것은 참으로 민중의 내면적 삶을 중심으로 한 참다운 민중론에 접근하고 있기 때문이었다. 그때 나도 모르게 눈물을 흘렸던 기억이 난다.

참으로 산다는 것, 그것을 떠나서는 어떠한 고귀한 이념도 혁명도 없다. 아름다운 것, 사랑·생명·영성·평화·초월성 이것들을 떠나서는 값을 쳐줄 수 있는 그 어떤 혁명도 이념도 사상도 정의도 이 세상엔 없다. 도대체 그런 건 애당초 없다. 착각이 있었을 뿐이고 가범주(假範疇)가 횡행했을 뿐이다.

바로 역사는 과연 생명생성의 진실인가를 이제 참으로 물어야 할 때다. 생명의 깊고 깊은 자유로운 자기 선택의 원리, 물질 내면의 깊은 마음의 움직임으로부터 시작되는 자기 조직화의 진화론! 이제는 차라리 군집 이전에 돌연변이든 다양성이든 간에 그러한 생명의 요동을 통해서 도리어 개체가 먼저 그 내면의 근원적인 자유와 영성이 밀고 선택하고 요구함에 따라 새로운 자기 나름의 군집, 새로운 스타일의 전체성을 유기적으로 형성한다는 이른바 '자유의 진화론!' 이것을 바로 그 '역사'라는 것 앞에서 어떻게 이해해야 하는가?

실존주의는 자유주의요, 무정부주의에 불과한가?

나는 이런 '생성'의 사람들의 '역사' 안에서의 혁명적 활동을 '자유의 동기'라고 부르는데 이것은 분명 우리 민족 나름의 독특한 '자유관'에 입각해 있다고 본다. 그것이 바로 「천부경(天符經)」의 맨 앞줄 '한 처음은 처음이 없는 하나다'로서 '한'이라는 우주 생성의 근원에 '무(無)' 즉 '본원적 자유'가 있음을 웅변하는 곳에 있으며, 수운 최제우 선생의 시천주(侍天主) 주문 해설에서 그 가장 핵심사항이요 우주 창생의 근원이자 제 동기인 '천(天)', '한님', '신(神)'에 대한 설명을 한마디도 하지 않은 채 '빈칸'으로, '공(空)'으로, '무(無)'로, '허(虛)'로, 다시 말하면 '자유(自由)'로 남겨둔 바로 그 기가 막힌 이치 안에 있다. 그러므로 우주 생명은 '활동하는 무(無)', 즉 '자유'의 전개요 생성인 것이다.

바로 이 '자유', '빈칸'으로부터 생성하는 것은 무엇일까? 그것이 빛, 또는 '흰 빛'이요 '초월적 무궁'이다. 장자(莊子)는 '허공생백(虛空生白)'이라 했다. '빈 방에 흰 빛 난다'는 말이다.

내 어릴 적부터의 우리 집안의 전설에 의하면 집안의 큰 '우투리'(남쪽지방의 사투리인데 '우투리', '우툴', '오툴', '오돌또기' 등은 마을 사람을 못살게 구는 나쁜 불한당이나 못된 관리, 악질 지주 따위를 모두가 보는 앞에서 흠씬 두들겨 패서 슬슬 기게 만든 뒤에 먼 곳에 있는 딴 섬으로 바람같이 사라져 버리는 피 뜨거운 사나이를 말한다)였던 증조부님은 고향 '암태도(岩泰島)'에서 문씨(文氏)라는 못된 악질 지주를 몹시 두들겨패고 그 집에 불을 지른 뒤 전라도 김제 땅으로 피신했다고 한다. 이 과정이 하나.

또 하나는 김제에서 저 유명한 김덕명(金德明)포(包)의 동학당에 들어가 소두목(小頭目)이 되어 우금치전투와 태인전투에 참가한 뒤 부상을 당하여 영광 법성포로 망명하고 피신하는 캄캄한 피투성이의 과정과, 그곳에서 동지들을 구출하기 위해 일하다가 관헌에게 살해당하는 전 과정에서 바로 그 '자유'를, '빛'을, 화사심 없는 '우투리'의 우람한 '공심(公心)', '공공성(公共性)' 텅 빈 '무(無)'의 활동을 본다.

역사와 생성은 서로 다른 것이면서도 어떤 관계를 맺는다. 바로 이 관계가 그 무렵 아직 논리적으로 인식되지는 않았지만 분명한 「황톳길」의 테마였다.

한때, 내가 감옥에 있는 동안, 밖에서 나를 철저한 마르크스주의자로 요란하게 선전했던 적이 있었던 모양이다. 오해다. 널리 알려지지 않았지만 가까운 오랜 벗들은 안다. 한마디로 나는 마르크스를 긍정적으로 보았고 배운 점도 있지만 부정적인 인식을 더 많이 갖고 있었고 또 비판적이었다. 나는 정치적으로 전혀 마르크스를 따르지 않았으며, 격렬하고 근본주의적인 행동을 줄기차게 해왔지만 결코 한 번도 무슨 조직에 동의하거나 가담한 적이 없다. 나는 차라리 원주의 무위당(无爲堂) 장일순(張一淳) 선생을 통해 간접적으로 몽양 여운형(呂運亨)의 노선에 동조했지만 그렇다고 그것을 추종한 적도 없다. 레닌이나 코민테른의 세계전략이란 것을 말은 했지만 코웃음쳤으며, 마오쩌둥에게서는 격의대상(格義對象)인 서구 마르크스보다 격의주체(格義主體)인 중국 농민 나름의 민간 변증법에 더 관심이 깊었다. 자칭 혁명가 친구들은 내가 볼셰비키를 말셰비키라 부르는 데에 늘 놀라고, 차라리 마프노의 사회혁명당, 러시아 농민사회주의의 전율적인 꽃이었던 저 자살한 예세닌의 시에 깊이 심취한 것을 기이하게 여겼다. 사실 내 시에 산업노동자를 다룬 작품이 단 한 편도 없다는 사실을 두고 누군가가 왈, '우연이지만 유감'이라고 한 적이 있다는데, 하하하! 그것은 그렇게 말하는 게 아니라 이렇게 말해야 옳다.

'유감이지만 우연이 아니길 바란다."

내 신념에 따른 것이지 전혀 우연이 아니다. 때문에 내게서 생명론이 나오고, 한살림 생명운동 얘기가 나오고 소위 환경운동이나 지역자치운동, 생명경제론, 이중경제론, 거룩한 시장론 그리고 드디어는 율려(律呂)치유운동이 나오는 것이다. 결코 우연이란 없다. 어물쩍해서 몽땅 마르크스의 사상적 천재성·위대성 안으로 한 개인의, 남이 알 수 없는 내면적 고뇌와 초월적인 아픔의 극복의 시간들을 휘말아 먹으려는 따위, 사기를 쳐서는 안 되는 것이다. 아무리 혁명과 역사가 대의명분이라 하더라도 이 점은 엄정히 지켜야 한다. 이제부터는!

그러나, 그럼에도 불구하고, 희미하긴 하지만 나는 안다.
자유와 혁명이, 사랑과 죽음이 어떤 관계인가를!

1967년이던가? 나는 스물 일곱여덟 살에 폐결핵요양원에 있었다. 그때 미국에서 영화공부를 하던 벗, 지금은 가고 없는 그리운 친구, 하길종 감독과의 길고 긴 왕복서신 속에서 한 시나리오를 발전시키고 있었다. 그 제목은 「태인전투」혹은 「새야 새야 파랑새야」인데, 동학혁명전쟁의 마지막 전투인 태인전투에서 부상당한 한 청년이 죽어가는 사흘 동안의 얘기다.

주인공은 동학의 개벽과 혁명에 심취하고 또 '궁궁(弓弓)'의 부적을 왼쪽 어깨에 붙이면 왜놈의 총알이 범접을 못한다는 당시 동학의 강렬한 정신주의를 신봉하고 있었다.

그런데 태인전투에서 주인공은 바로 그 부적을 붙이고 있던 왼쪽 어깨에 관통상을 입고 큰 혼란과 절망 속에서 피신한다. 주인공은 이 사건, 총알이 부적을 관통한 이 엄청난 사건의 수수께끼를 풀기 위해 입교의 중요한 설득자였던 어머니가 사는 집에 가려고 몸부림친다. 그러나 막상 집에 도착했을 때 도륙당한 어머니의 시체만이 그를 맞이한다. 그는 다시 태인 전장으로 돌아가기 시작한다. 그는 오고 가는 사흘 동안 수많은 죽음들의 목격과 내적 체험을 통해, 제3세계 약소민족의 새로운 세계변혁의 메시지가 안고 있는 활인계(活人械)로서의 정신주의는 일본군과 물질문명이 앞세운 현대과학과 군사무기의 '살인기(殺人器)' 앞에 현실적으로는, 당대적으로는 패배할 수밖에 없다는 엄연하고도 슬픈 역사적 한계와 동학 전개의 사회적 상황 미숙 등을 깨닫게 된다.

어디에도 이 비극적 최후를 회피할 수 있는 길이 없음을 깨닫고,

오직 이 절벽과도 같은 역사·사회적 우주질서의 한계 안에 갇혀서 죽어간 동지들과의 그 장렬하고 거룩한 죽음을 함께 공유하는 슬픈 사랑의 길밖에 남아 있지 않음을 절감한다. 그는 중간에 만난 이상한 소년으로부터 들은 〈새야 새야 파랑새야〉라는 슬픈 민요를 부르면서 제가 떠나온 태인의 전장, 그 노을진 싸움터로 돌아가 동지들의 시체 사이로 기어들어가서 그 사이에 몸을 눕힌다.

하늘을 날며 새 송장을 노리던 까마귀가 고공(高空)에서 수직으로 하강한다. 드디어 사흘 동안 손안에 쥐고 놓지 않았던 비극의 매듭인, 그 총알에 뚫어진 피 묻은 부적이, 펼쳐지는 손가락 사이에서 이윽고 천천히 빠져나와 가랑잎처럼, 추운 늦가을의 송장들의 터전을 지나 바람에 흩날려서 멀리멀리 사라진다. 수많은 들개들이 짖어대는 소리가 들리고 어둠 속으로 화면은 '디저브' 한다.

이제 똑같은 주제를 「황톳길」에서 다시 만나게 되었다.

'황톳길'은 나의 테마다. 죽은 아비의 길을 내가 또다시 간다는 것. 제3세계 약소민족의 민족해방투쟁은 세대를 이어 전승된다는 테마 이외에 아무것도 아닐 수 있다. 그러나 여기에 다른 점이 있다. 그것이 「태인전투」의 시나리오에서는 바로 주인공이 가고 오는 사흘 동안의 내적 체험과 죽음의 목격 과정에서 드러나지만 「황톳길」에서는 직접적이다.

이미 말했다.

그 역사적 비극과 그 비극의 한계 안에서나마 민중적 삶의 최고 덕목인 사랑을 위해 죽음을 선택하는 '결단'을 내렸을 때, 역사라는 이름의 그 선천(先天)시대 중력장의 비극의 맞은편에 역사가 아닌 영성적인 내면으로부터의 생명의 풋풋한 생성으로서의 새푸른 하늘, 짙푸른 탱자나무, 뛰어오르는 숭어떼 그 생명의 새하얗게 빛나는 초월성, 희디흰 메밀꽃, 시뻘건 황토흙의 신령한 그 붉은 빛의 압도! 그러나 그 무엇보다도 중요한 점은 아비의 죽음을 이어 그 죽음의 자리로 아들이 또다시 나아간다는 바로 그 결단이다. 나는 이것을 동학(東學) 용어로 '비(非)'라고 부르는데 바로 이것이 내가 최근 '신대'라고 부르거나 '황극(皇極)'이라고 부르는 것, 빛과 어둠이 어우러지는 이중성의 '그늘' 속에서부터 생성하는 눈부신 '흰빛', 즉 '흰 그늘' 또는 '신 인간'이다. 이것이다. 이것만이, 이 사람의 그 초월성만이 역사가 아닌 생성으로 하여금 오히려 역사의 밑바닥에서, 배후에서, 또는 그 틈에서, 역사를 조절하고 그것을 추동·견인·비판·수정하다가 드디어는 그 스스로 드러난 역사, 참으로 창조적인 차원의 신령한 역사로 살아 생동하게 하는 민중적 삶의 우주적인 내면성이 무궁무궁 초월적으로 생성하도록 그것을 주체적으로 실현하는 주인이요, 주동력인 것이다. 이 사람이 지금 '각비(覺非)', 즉 인간의 잘못된 역사를 우주 생성에 근거해서 깨닫는 것, 이것이 곧 결단인데, 이 결단의 근거가 바로 아들이 아비의 마음과 삶에 일치해서 죽음의 자리로까지 나아감에 있는 것이다.

수운 선생은 이것을 '내 마음이 네 마음이다(吾心則汝心)'라는 계시의 의미라고 했고, 이것이 『삼국유사』 초두의 신화에는 환국(桓國)이 환웅(桓雄)의 천하(天下)에 대한 큰뜻을 알게 되는 부분을 '부지자의(父知子意)' 즉 '아비가 자식의 뜻을 알고'라고 표현한다. 하늘 마음이 사람의 마음과 하나가 되는 것, 아비 마음이 자식 마음과 일치하는 것, 이것이 바로 홍익인간(弘益人間)의 근거인데 이것을 두고 천지공심(天地公心)이라 부르니 현대 서구철학 개념으로는 '사회적 소통'이요 나아가 '우주 사회적 공공성'이다.

아비와 아들 사이의 사랑과 결단, '각비(覺非)'는 이렇게 민족적이면서 전 우주적 · 전 사회적인 공공성, 진정한 삶과 세계변혁의 철학적 근거가 되는 것이다. 그리고 이것이 바로 진정한 생명사상이요 생명의 안쪽인 우주적 영성의 깊은 원리이자 '자유로운 혼(魂)' '혼의 자유'인 '무(無)'의 창조적 활동인 것이다. 그래서 매서운 '각비(覺非)'라고 부르는 그 결단, 아비의 뒤를 따라, 비록 쓸쓸하고 남이 알아주지 않는, 아무도 보는 이 없는 바닷가 한모퉁이에 거적 덮인 죽음으로의 길이라 할지라도 기어이 따라가는 것. 그러나 그것이 그 순간을 통해 이미 아비의 차원을 갱신함이며 새차원을 창조하는 내면성의 무궁생성의 새로운 계기가 되는 것이다.

이미 그것을 호흡이, 땀방울이, 숨가쁨이, 숭어의 빛나는 도약이나 흰 꽃의 피어남이나 붉은 황토흙의 압도와 함께 신령한 주체적 결단에 의한 삶과 세계와 자연의 전혀 새차원에서의 대변혁의 예감을 불러일으키는 데에서 보는 것이다.

그러나 그럼에도 불구하고 황톳길은 나의 20대의 삶의 의미요 시편이다. 어둡고 무거운 싸움닭의 세계다.

나는 이제 참으로 거듭된 삶과 고통스런 사상의 '각비(覺非)'를 통해 새 길을 찾았고 비록 아직은 모호하고 애매하며 논증이나 검증 따위, 소위 중력적 사고방식들이 요구하는 바에 따라(이것도 중요하다) 그리고 현실의 복잡하고 중층적인 민족과 세계적 · 지구적인 날카로운 정황에 따라 살아 생동하는 구체적 방향으로까지 정립되기엔 미흡한 것이 사실이지만 -그러나 이것은 별로 어려운 것은 아니다. 앞으로 우리의 노력은 이것을 해결하고도 남는다. 중요한 것은 성실한 '각비(覺非)'에 의해 내면으로부터 생성하는 창조적이고 초월적인 '흰 그늘"이라는 첫 깨달음과 이미지의 발화에 있다. 이것이 이제 시작되었다는 희망적인 소식을 전하고 싶은 것이다. 뛰어오르는 숭어떼의 그 빛나는 태양 같은 생명력의 분출! 빛과 중력의 통일에 의한 중력혁명과 세계 치유의 길, 그렇다.

환웅과 웅녀의 그 비밀, 수천 년의 신화상태에 가려진 그 새하얀 백열(白熱)의 사랑의 비밀, 신체 중심과 두뇌 중심 그리고 농경 정착과 유목 이동성의 통합, 우주와 인간, 신령한 초자연과 리비도적인 인간·자연, 주체와 타자, 주관과 객관, 환상과 현실, 신화와 역사, 직관과 검증, 카오스와 코스모스의 이중적 역설적 교호결합의 상징인 환웅과 웅녀의 결혼, 그리고 그 결과이며 신령한 육체의 홍익인간에 의한 정착적 노마디즘이라는 이화세계 창조의 길이라 할 수 있는 단군과 고조선의 해명과 이해를 통해 드러나는 '흰 그늘'의 비밀.

내 스무 살에 이미 열리기 시작한 '흰 우주로 뻗어나가는 무궁무궁한 내 운명의 길', 그리고 '땅끝'에서 반환점을 돌고, 용당리에서 그 비극성을 예감하고도 황톳길에서, 죽임 앞에서 그 성공의 낙관을 분명 부정함에도 동시에 그 패배 속으로의 참여를 긍정한 그 '그늘' 즉 '율려(律呂)'적인 내 운명의 길. 회피하고 싶지만 받아들임으로써만 열리는 눈부신, 눈부신 흰 생명의 길, 신령한 율려의 길을 간다. 이제야말로 나는 가고 있는 것이다! 그것도 말할 수 없이 기쁘게!

이제야말로 '다양한 정착적 노마디즘'이라는 이름의 새 세계, 오직 신시(神市)의 영성적인 호혜(互惠)경제와 전원 일치를 추구하는 화백(和白)의 직접민주주의와 풍류(風流)의 초월적 우주 영성의 '떨림'의 '빛'과 지구 생태중력장의 '흐름'이라는 현실 중력질서 사이의 문화적 통일과 대변혁에 의해서만 그 맺히면서 풀리고, 정착하면서 이동하고, 생명적 구심이면서 물질적 분산 해체이며, 민족이면서 세계이고, 신령이면서 육체적 물질이며, 전체적 통일이면서 개별적 자유인 율려의 길, 마고의 길로 분명히 나는 지금 가고 있고 그 총개념인 '천지공사(天地公事)'의 드넓은 우주 대로로 굳세게 계속 가기로 결단을 내렸으니, 이 길 아마도 끝끝내 죽음 후에라도 기쁘게 갈 것이다.

단, 기억할 것은 이것은 우리의 조상이, 우리의 아버지들이 어떤 천신만고와 안팎의 고통에도 굴복하지 않고 끝없는 결단, '각비(覺非)'로 그 '가난'을 받아들이면서 동시에 극복하면서 죽음까지도 불사하며 살아온 바로 그 삶의 생성, 역사가 아닌 생성, 그럼에도 역사를 그 사이사이, 틈과 밑과 뒤에서 추동 · 견인 · 비판 · 조절, 그 의미를 쇄신 변혁하다 드디어 이제와서는 그 자신의 마음과 기운과 활동의 전체 시간의 내면이 새로운 차원으로 대규모 변화되는 바로 그 길을 살아왔기 때문이다. 이것이 곧 '황톳길'의 뜻이다.

이제 오늘 내 얘기의 대강은 끝났다.

모든 조짐들은 초기 노작들의 문제점 안에 다 들어 있는 법이다. 그래서 초기값이 민감하다는 것이다. 그리고 이 몇 문제들만 이해되면 그로부터 내 시의 세계는 스스로 문을 열 것이다.

3

내 시는 이제 바뀔 것이다. 아니 안 바뀔 것이다. 그러나 문제의 그 비트, 아니 장단이 달라질 것이다. 틀림없이 그 '가난'을 넘어설 것이고, 이제 허수경이 '입술'이라 부르던 그 이상하게 슬픈 상징적 부위가 비밀스레 숨겨진 마음과 드러나 있는 난폭한 몸의 세계 사이에서 경련하듯 숨죽여 울면서,

"엄마! 엄마!"

"테러! 테러"

하지는 않을 것이다. 결코 그런 일은 없을 것이다.

이것, 이것에 대한 기억, 악몽, 이것들이 내게서, 내 말을 듣고 옛 기억 속의 어둠을 환한 빛 속에 들어올려 하하 웃으며 날려보낼, 나와 똑같은 수많은 역사의 피해자들 그 숱한 이름없는 생성의 사람들, 곧 '민중' 속에서 그 '입술'이 이제는 드디어 반세기 만에 빙긋 미소 지을 것이다. 그리고 그 '가난'이란 이름의 '공터'에 현란한 무지개가 아아! '흰 그늘'이 눈이 시리게 뜰 것이다.

이제까지 내 시에 대해 말하자면 항상 부딪쳤던 그 더듬거리는 버릇, 실어(失語)는 아닌데도 뭔가 반벙어리인 듯한 버릇, 무엇인가 다 말 못하고 늘 미진하던 느낌, 이런 것들…. 이제야 거기서 조금은 헤어나는 느낌이 든다.

그런데 이 얘기를 하는 과정에 사실은 내 시에 대해 그래도 뭔가 문제가 있다 싶었던 것들 몇 가지가 - 소박한 초기 시의 경우를 통해서지만- 밖으로 기어나오긴 분명 나온 듯싶다. 사실 나로서도 이렇게까지 개방적으로 문제들을 찾아서 쏟아놓을 수 있으리라고는 기대하지 못했다.

다행이다.

이 시집을 기획하고 편찬해 준 소설가 김영현 형에게 감사한다.

다음 같은 김형 얘기가 있었다. 자기 주관적 관점 이외에 주변의 젊은이들의 취향도 많이 고려해서 서정시 백 편을 뽑았다 한다. 그 과정에서 느낀 점들을 말했는데 참 재미있다. 그 말을 들으며 시편(詩篇) 하나하나만 아니라 한 개인의 시업(詩業) 전체, 텍스트의 체계 전체가 하나의 생물이요 생명체, 마음을 가진 생명체라는 생각이 들었기 때문이다.

내가 이제껏 상자(上梓:상재의 원래 말)한 시집이 일곱 권인데, 얼마 전 홍용희(洪容熙) 형이 나의 시사를 역(易)으로 해석한 것을 본 일이 있었는데 완전히 근거 없는 것은 아니란 생각이 든다. 왜냐하면 김영현 형의 간략한 설명에 의해서만도 그 일곱 권이 뭔가 제 나름 대로 살아 생동하는 느낌을 줄 뿐만 아니라, 뭐라고 말을 한다는 것이다. 뭔가 '아프다' 고, 또는 '배고프다' 고, 또는 누군가 '사랑한다' 고, 또는 누군가 기다리는데 '오지 않는다' 고, 그리고는 이제는 '잊었다' 고, 그리고 마지막으로는 '이젠 혼자 간다' 고, 그리고는 또 '저 산을 한 번 담담하게 바라보라' 고, 뭐 이런 스타일로 자꾸 가고 있다는 느낌이라는 것이다. 과연 사실이 그럴까? 한번 제목을 들여다보자.

『황토』, 『빈 산』, 『애린 1』, 『애린 2』, 『검은 산 하얀 방』, 『별밭을 우러르며』, 『중심의 괴로움』.

『황토』에서는 장렬한 핏빛 전투성이란 말이 나왔다. 붉은 빛은 검은 죽음에 대비된 생명일 것이다. 그리고 『빈 산』에서는 전투적이면서도 외로운 비장감이 상승하며 크게 고양되어서 매우 비극적이라 한다. 『애린』에서 부드러운 여성성을 그리는 우회적인 민중의 사랑이나 병으로 인해 아픈 나날의 삶의 애잔함이, 『검은 산 하얀 방』의 캄캄하면서 또 새하얀 이상한 세계 - 그래! 이 부분은 앞으로 큰 문제다. 아직은 나도 여기에 대해서는 깊이 개진하고 싶지 않고 다른 기회에 긴 글을 쓸 때가 있을 것이다 - 『별밭을 우러르며』에서 참으로 아프고 외롭고 쓸쓸한 후퇴와 우주적 영성과 고독과 회한과 병환의 세계가, 마지막 『중심의 괴로움』에서 흰 빛과 초월성, 외로운 우주성, 영성과 생명의 관계가 짧고 간결하게 드러나면서 어떤 지녀야 하고 앉아야 하는 본래의 자리로 돌아가는 듯하다는 것이다.

결국 요약하면 가득 찬 데서 텅 빈 곳으로, 역사적 시간에서 우주적 시간으로, 핏빛 붉음에서 눈부신 흰 빛으로, 투쟁에서 애틋한 사랑을 거쳐 자유와 개방으로 변화하는데, 그것이 또 심화·확장 과정을, 그러니까 내면적 의식은 더욱 깊이 심화되고 외면적·사회적·자연적 관련은 더욱 확장, 무한 확대되는 듯하다는 뜻인 것 같다. 모두 다 정확한 지적이라 별로 다른 말을 붙이고 싶지 않다.

그런데 그 중 가장 재미난 얘기는, 서정시만 아니라 담시까지 합쳐서 볼 때 초기에 엄청난 양의 말을 냅다 쏟아놓다가 차츰차츰 말이 줄어들고 말 사이의 소위 '틈'이 더 넓어져 침묵이 사이사이에 더욱 많이 끼여들다가 드디어 어떤 '떨림'과 '흐름'의 일종의 '농현(弄絃)' 효과와 더불어 아주 짧은 시행 몇 줄만 남았다가 마침내 아무것도 없는 텅 빈 '무(無)'로 돌아가 버렸다는 얘기다. 그리고 허공에 흰 빛만 남는다고!

이것이 참 재미있다.

'무', '텅 빈' 자리, 바로 이것인데, 이것이 사실은 이미 『빈 산』에서 개시된 세계요, 흰 빛! 내 시 「不歸」와 제목은 잊었으나 '줄타는 광대의 詩'가 결국 돌아가는 자리들이다. 여기에서 중심이 죽음 뒤의 자리들, 포기 뒤의 텅 빈 방들인데, 바로 그 속에서 '흰 빛'이 도는 것이다. '허공생백(虛空生白)'이란 장자의 일구(一句)가 그것이다. 그런데 이 지적들을 내가 일부러 인용하는 까닭은 이 세 부류의 분석이 사실 내 시 읽기의 가장 핵심적인 세 방면에 해당하는 요점들만 스케치했다는 김이다. 사실, 이 이상 나도 할 말은 없다. 왜냐하면 이 정도의 정리면, 앞에서 내가 집요하게 물고 늘어지며 드러내려고 애쓴 문제점들이나 주제의식, 삶과 텍스트의 관계, 사상, 역사와 생성의 차이, 그것의 시적 반영, 또 그에 관련된 미학이나 시학의 단편적인 원리들을 상기하면서 읽기를 진행할 때 내 시와 삶과 사유의 거의 전체적 윤곽을 이해할 수 있겠기 때문이다.

마지막으로 김영현 형은 내 시의 거의 전면에 조금씩 여기저기 나타나다가 후반에 와서 전면적으로 압도하는 '흰 빛'과 흰 이미지 계열의 시적 의미에 대해 말해 달라고 했다. 사실은 그것도 이미 다 말했다.

그리고 그 흰 빛이나 그늘의 생성의 역사와 그 미학적 의미와 그 율려 속에서의 위치와 가치 등에 대해서는 이미 『예감에 가득 찬 숲 그늘』에서 비교적 상세히 말했으므로 여기서는 생략한다.

다만 한 가지만 말하자.

시집 속에 아마 나올 것이다. '접시꽃 위에 새가 내린다'는 내용의 「비」라는 시가 있다. 아주 오래된 시인데 이 시의 기원이 어디인지 말하면 아마 흰 빛의 이미지의 역사, 그 기원을 짐작하고 그 의미를 찾는 데 도움이 될 것이다. 우선 이 부분의 글을 읽기 전에 그 시를 한번 읽어주기 바란다.

해남은 십여 년 전 내가 내려가 몇 년 간 정착해 살기도 했지만 본디 내 외가쪽의 연고지다. 내가 초등학교 3학년 때니까 6·25 바로 전 해이다. 어머니와 나는 무슨 일로 해서 일시 목포를 떠나 해남 산이면에 있는 신작로가의 한 이모할머니 댁에 얹혀 있었다.

한여름 어느 뜨거운 날이었다.

어머니는 마루에서 다듬이질을 하고 계셨고 나는 마당 복판 장독대 옆에 있는 접시꽃 앞에 서 있었다. 햇빛 아래 빛나는 흰 접시꽃잎의 반사에 문득 내가 눈 위에 손을 올렸던 것 같다. 조금 지나친 동작 같았는데 왜 그런 동작을 취했을까? 너무 흰 빛이었다. 푸른 하늘에 구름이 하얗게 타고 있었고 그 여름 전체가 새하얗고 눈부셨다.

그때 신작로 쪽의 토담 위로 큰 캡을 쓴 외삼촌의 상반신이 보였고 거의 동시에 마치 항아리가 깨지면서 물이 쏟아지듯 마당으로 뛰어나오는 어머니와 후다닥 마당으로 뛰어 들어오는 외삼촌 사이에 순식간에 무슨 얘기가 수군수군 오간 뒤에 어머니는 급히 방으로 쫓아 들어가고 외삼촌은 마루에 재빨리 걸터앉으며 가방을 탁 하고 열었다.

나는 그 뒤 이 한순간 속에 압축된 동작들의 무언극 체계 전체 기억에다 이름을 붙였다.

'미친 여자의 하얀 팔'

왜 그랬는지 모르겠다. 그러나 그날의 이미지가 그랬다. 알 것이다. 이 시는 좀 이상한 데가 있다. 조금은 미친 사람의 세계에 가깝고, 새하얗고 동시에 붉은 피를 흘리는 한 젊은 여자의 접시꽃 위에 불길한 검은 죽음이나 음모처럼 눈이 붉은 작은 새가 자꾸만 추락하듯 내린다. 허공을 낙하하는 뻐라 같다. 그리고 누군가 사랑하는 남자가 멀리서 잡혀 가고 있다.

나는 어머니와 외삼촌의 그 동작 직후 어디선가 재깍 달려온 웬 키가 크고 괜히 실실 웃는 중년 남자를 따라 알 수 없는 어떤 곳으로 떠나야 했다. 어머니는 외삼촌과 함께 서둘러 다른 곳으로 떠났다.

해남의 여름. 뜨거운 무지개 빛을 품은 흰 여름. 온통 백색의 세계였다. 숲도 연못도 자갈과 흙마당과 길도, 토담집 벽들도 모두 다 하얗게 불타고 있었다. 누군지 모르는 아저씨를 따라 나는 한 이십 리쯤 희고 눈부신 흙길을 걸어갔고 버스를 탄 뒤 멀고 먼 경기도 부평으로 떠났다.

어떤 의미에서 문학은 기억이다. 그러므로 그 기억 과정에서, 그 기억의 배후에서 움직이는 숨은 질서인 영(靈)의 개입을 받는다. 영은 그 스스로 삶을 움직이고 조절 비판하며 의미를 생산하는 체계이기 때문이다.

왜 그날의 해남 기억과 접시꽃이 온통 백색의 미친 여자와 검은 새와 꼭 일제시대 같은 리듬과 색채로 가득 찬 기억으로 되살아나는지는 잘 알 수 없다. 다만 어떤 사회적 정치적 억압의 분위기가 기억이나 이미지를 통해 내면화할 때 반드시 그에 저항하는, 영의 깊은 곳에서 생성하는 정신적 항체의 이미지 개입과 혼성(混成) 과정이 있다는 것이다. 이것만은 틀림없다.

심령은 다만 고요한 곳이 아니다. 심령의 깊은 곳으로부터 외면의 무자비한 억압, 비참과 절망에 개입해 들어오고 기이한 수정을 가하는 어떤 초월적인 힘이 있다는 것만 분명히 말해 두자. 이 과정의 색채적 표백 속에 흰 빛이, 그 외롭고 슬픈, 그럼에도 누군가를 한없이 기다리고 말없이 부르는 그런 '흰 그늘'이 생성한다고 본다.

그 후 나는 가끔씩 그 무섭도록 흰 팔, 그 미친 여자의 흰 팔 속의 흰 빛의 접시꽃을 보았다. 그리고 끝없이 그 흰 접시꽃 위에 뻐라 같은 검은 새가 내렸는데, 그 검고 눈이 붉은 작은 새의 이미지가 무엇일까? 대개 이런 것들이 아마도 흰 빛이 내 생애 중 내 영상세계에 들어온 첫 씨앗들이 아닐까?

그 후 흰 빛의 생성에 관해 여러 얘기가 있지만 결정적인 것은, 6년 전 목동의 그 컴컴한 집에서 지금 살고 있는 일산의 환하고 눈부신 이층 아파트로 이사온 직후, 내 세계는 온통 흰 빛으로 변해 버렸다는 것이다. 여기에 대해서도 초두에 약간 언급했고 또 『중심의 괴로움』에서 시집 자신이 이 흰 빛의 시적 의미를 말해 주고 있다.

그리고 흰 빛의 이미지 체계에 관해 말할 때, 절대로 놓쳐서는 안 되는 결정적인 한 가지가 남아 있다. 그것은 흰 빛과 우리 민족의 집단무의식과의 관계다. '흰 그늘'의 경우처럼, 현실의 이중적인 검은 중력장 속에서 생성하는 이상한 아름다움과 초월성을 품은 영적 미의식의 차원에서 이미지 질주와 집단무의식과의 관계를 놓치고 나면 아무리 바슐라르 아니라 바슐라르 할아버지 차원의 물질신비주의자를 데려다놔도 소용없다. 안 잡힌다. 우리말에서 '흰'은 곧 '신'이기 때문이며, '백(白)' 즉 '붉'은 곧 '태양'이기 때문이다. 그리고 그것은 해요, 해머리, 곧 '히말라야'와 '천산(天山)'이니 '한'이요 '천(天)'이다. 그리고 『천부경』이나 율려의 세계에서는 그 태양 즉 "붉"은 하늘의 해라는 원초적 이미지 이외에 이차적이고 숨겨진 질서의 이미지로서 몸·땅·삶·어둠·슬픔과 중력적·생태적인 관성의 세계 자체에서 솟아오르는 신령하고 무궁무궁한 내면의 숨겨온 우주의 새 모습, '새 붉' 또는 '신새벽' 같은 것이기 때문이다. 바로 여기에 원초적 현실세계와 조금 다른 주체의 결단이나 '각비(覺非)'와 같은 엄혹한 초월·초극이 숨어 있다. 그래서 '흰 그늘'의 '흰'이 '신대(神代)' 즉 해방을 향한 피나는 천신만고 끝에 온다는 그 계시나 샤먼의 영통(靈通)세계를 색채적으로 가르치는 것이다. 검은 샤먼과 흰 샤먼을 가를 때의 '흰'도 또한 바로 그것이다.

 서정시에 대한 이야기는 마무리해야 할 것 같다. 결국 이 말은 내가 1970년 5월 「오적(五賊)」이라는 '작은 판소리'를 발표한 사실과 관련된다. 작은 '폭발'이었는데 '안'으로 '온축'하고 높이 승화하여 '삭힘질'하는 서정시의 '시김새'를 훌쩍 뛰어넘어 '신명'을 '밖'으로 퍼발히듯 밀어붙이는 '풀이'의 내숭석인 야단법석'으로서 이 「오적(五賊)」 등의 일련의 담시를 발표한 것은 결국 다섯 살 때던가 외할아버지의 그 잊지 않는 '문장 강화'의 기억에 연속된다고 생각한다. 백두산과 한라산, 서해의 칠산바다와 동해의 강릉 경포대 앞바다는 결국 정서의 크기와 넓이를 말한다. 임백호(林白湖)나 무장시인(武將詩人)들 같은 '호연지기(浩然之氣)'일 것이다. 그러나 나는 너무 감옥에 '오래' 있었고 투쟁에 너무 '깊이' 개입해 있었다. 바로 그 '오래' 와 '깊이' 가 나의 '큰 판소리' 생산을 막았고, 또 역으로는 그 판소리 안으로 '오래' 와 '깊이' 가 들어가서 그것이 참으로 '큰' 소리가 되는 길을 도리어 가로막았다.

그러나 어쩌랴! 시절이 '시' 보다 '삶' 을, '삶' 보다 '쌈' 을 더 요구했고 나는 본디, 이십대의 어느 날 어느 벗에게 술 취해 떠들었듯이 '민족의 역사 위에 내 몸으로 큰 시를 쓰기' 를 각오하고 있었기 때문이었을까? 지금 생각해도 나의 지난 날의 시적 성취는 그리 뛰어난 것이 못 되지 않나 싶다. 그러나 분명한 것은 시는 삶의 연장이지 그 밖에 따로 있는 것이 아니다. 차라리 삶이 시가 될망정 시가 삶을 배신하는 일, 비평가들이 염치없이 흔히 떠벌이는 소위 '발자크 현상' 따위를 나는 솔직히 말해서 일종의 파탄이라고밖엔 안 본다. 변명의 여지는 있겠으나 그리 바람직하지도 아름답지도 않은 일이라는 말이다.

4

이제 이 글도 마무리할 때가 되었다.

문득 이런 생각이 든다. 이 글을 젊은이들이 많이 읽어주었으면 하는 것이다. 지금의 이십대를 나의 이십대와 비교하면 아마 하늘과 땅의 차이만큼이나 서로 다른 삶과 세계 속에 살았고 살고 있다고 할 수 있다.

그러나 뭐라 해도 그 둘 사이에 변하지 않는 것이 크게 잡아 세 가지가 있으니 이 부분에 관해서만은 나의 얘기가 참고사항이 될 수 있으리라 본다. 쉽게 정리하면 다음과 같다.

첫째, 우리는 아직 민족이 통일되지 못했다. 민족통일은 맨 먼저 사상에서부터 시작된다. 새 사상 아니면 새 통일 못한다. 새 통일 못한다는 것은 불행한 유년을, 불행한 아이들을, 그 아이들 속에 그 '가난'을 양산하겠다는 것밖에 안 된다.

새 통일사상은 밖에서부터 오지 않는다. 우리의 상고사와 고대 사상의 현대적 의미를 특히 19세기 후천 민중사 속에 창조적으로 원시반본(原始返本)되는 변형된 상고사상과의 관계 속에서 찾아야 한다. 그것을 중심으로 중국사상·서양사상을 선택·비판적으로 흡수·종합할 때 보편적이면서도 주체적인 열린 새 민족담론이 나오고 이것이 새 통일사상의 기초가 될 것이다.

이 점은 아마 두 세대에 공동으로 주어진 과제이겠다. 시, 문화 전반, 대중복제예술과 미학 이것들 역시 이 속에서 찾아야 한다. 특히 문학은 민족을 이탈 못한다. 이탈 못하되 크게 오히려 근본적으로 이탈할 수 있다. 그것이 뭘까?

둘째, 일본 극우파의 재등장, 중국의 민족주의 열풍, 베트남의 경제민족주의, 미국의 자국중심주의와 미·일 신(新) 가이드라인과 안보동맹에 의한 중국과 북한 견제로 조성되는 동아시아에서의 초긴장 정세에 대응해서 우리는 사상·문화·정치·경제 등으로 응전해야 한다는 점에서 두 세대의 이해대립은 없다.

있는가? 있다면 어찌할 것인가? 이 점 서로 논의할 여지가 있다. 세대 차이는 넘어설 수 있는가? 부디 넘어서기를!

이 역시 민족 역사와 정치 경제 사회 안에서 구심점을 찾고 그것을 중심으로 중국·인도·일본과 베트남, 미국과 유럽, 아랍을 연구, 선택·비판·종합해야만 대응책이 나온다. 그 대응책 위에서 전략을 세우고, 그 전략으로 정부든 시장이든 동아시아 태평양의 여러 사회에 대응하며 협조·연대·동맹·중립·투쟁 등을 선택해야 한다.

시가 이것과 무관할 듯싶은가?

  시는 이 관계망 속에 그 접촉의 감각을 통해 도리어 전 동아시아, 태평양적인 테마, 광활한 현실감각으로 확대될 것이다. 이것이 참된 세계화다.

  셋째, 젊은 세대의 문제점은 이 노겸(勞謙) 노인이 보기엔 - 물론 이 구닥다리가 잘못 보고, 제대로 못 볼 수 있으니 감안하라! - 세 가지다. 그 중 하나는 고대에로의 무한한 신화적 판타지적 탐색과 미래에로의 무궁한 멀티미디어적 사이버적 고도의 과학기술적 접근을 현재 지금 여기의 여러분 젊은 세대 중심의 새 문화창조 과정에서 참으로 담대하고 창의적으로 통합해야 하는 문제다. 그렇지 않으면, 문화적 창의력이 정치 경제를 앞서가고 오히려 그 방면의 새 담론을 생산 예시하며 그 중에도 콘텐츠웨어나 하드웨어나 소프트웨어의 위력을 서서히 앞지를 뿐만 아니라 파격적으로 수정 변혁하기 시작하는 현실과 미래에서 여러분의 미래는 없다. 어찌할 텐가?

  나의 관심과 과제도 거기에 있다. 두 번째는 일본의 소위 '건달세대' 의 깊은 좌절의 테마였고 아직까지도 서양식 자본주의를 타도하고자 하는 일본 극우파의 신도혁명(神道革命)라인의 큰 숙제가 되어 있는 이른바 '빛과 중력(重力)의 분열' 과 그에 대응하는 '빛과 중력(重力)의 통일', 그리고 그에 기초한 병들고 썩은 현실 자본주의 중력사회의 혁명적 치료와 그에 속한 올드라이트 인간의 대쇄신, 그리고 지구 생태중력장의 대변혁과 주변 우주공간의 영성적 초월성의 빛의 차원에서의 과학적 대 재조정, 일본 극우파를 근본에서 극복하기 위해서도 이것은 절체절명인데, 이 세 가지를 통합한 관통 담론의 창조와 그에 응한 과학건설을 진지하게 토의하며 이 운동과 연구의 첫 관문인 대중복제예술, 디지털 테크, 사이버 공간과 뉴미디어 전면에서의 합리적 과학·수학과 신비적 미학의 결합, 두뇌 중심과 신체 중심의 사회 운동 속에서의 주체적 통합 등 전 과정에서 통괄하여 현대 대중기술문화가 잃어버린 초월성의 빛, 즉 '아우라'를 회복하는 운동을 광범위하게 벌이는 문제를 같이 논의할 용기 - 이것은 용의가 아니라 용기다. 왜 그런지는 나중에 알게 된다.-가 필요하다.

  세 번째는 한민족의 민족구성과정은 다른 민족보다 훨씬 오래고 자기구심성이 굉장히 강하다. 단순한 서구 역사에서의 민족주의나 민족국가 형성과정에 대한 사적 인식의 지식만으로는 전연 해석 불가능이다. 그렇다고 국수주의를 인정할 필요는 없다. 다만 그 과정은 이 민족의 사상과 문화나 우주관 안에 엄청나게 여유로운 보편적 관점과 드넓은 세계주의와 우주적 생명사상을 열어놓았고, 인류 전체의 공동기원에 관한 중요한 신화의 단초들을 깊숙이 기억하고 있다. 이 점은 전 인류의 미래에 매우 중요하다. 신시(神市), 화백(和白), 풍류(風流), 마고(麻姑), 율려(律呂)나 천부(天符) 등의 개념은 민족의 명백한 구심점이면서도 동시에 저마다의 나름나름의 '멀티단군'(국가주의 표상이 아닌 개개인 내면의 저마다 다른, 제 나름의 집단무의식의 표상으로서의 '늙은', '중년'의 그리고 '젊은 단군' 운동의 캐치프레이즈)이나 고조선 비전의 다양한 '정착적 노마디슴 - 지역 정착, 농경적이면서 동시에 세계적 이동유목적인, 이중적인 세계문화와 문명(고조선의 환웅·웅녀의 결합신화) 남방 농경 정착 문화의 곰족과 북방 유목 이동문화의 천손(天孫)·환웅족(桓雄族)이 결합·창설한 '농경유목적' 다양한 부족들의 연합국가가 고조선이라는 각도에서 고조선 연구가 새로이 있어야 하고, 단군도 단군과 왕검의 이원집정(二元執政)구조라는 연구각도 등이 새로이 검토될 신시(神市)의 세계 계(契)조직을 통한 신령한 호혜(互惠)경제, 화백(和白)의 통일적 전체성 및 다수와 개별적 자율성 및 소수의 이중적 교호 결합 구조, 풍류의 영성적·우주적 진통의 초월적인 '떨림'의 빛과 이중적인 물질 중력 질서의 '흐름'이라는 생태직관성 사이의 관계 등으로 새로이 보는 문화·미학 운동의 이중적 역설적 교호결합성 등은 바로 이제껏 제기한 율려의 세계관의 내용들로서, 시와 문화와 예술, 문학과 미학의 핵심원리에도 직결되는 것이다.

바로 이렇기 때문에 이런 비전을 세계에 내놓고, 그 담론을 과학화·논리화·현실화·대중화하는 그런 '열린 새 민족문화운동'을 '율려'의 큰 이름 아래 진행하는 데에 적극 참여하여 그것의 맨 앞장에서는 새로운 청년문화의 예봉을 창조해 볼 용의가 ─이것은 용의다. 그 이유도 나중에 안다─ 있는가 하는 것이다.

이제부터의 민족담론은 국수주의요 민족해체적 아나키즘의 이중구속, 그리고 북한의 폐쇄적 단선적 주체 지향과 남한의 개방적 세계화라는 잡종적이면서 거의 일변도의 타자화지향 사이의 이중구속이라는 두 가지 이중구조 속의 사회적 질병을 뚫고 나가는 복합적 '이중메시지'의 '치유과정'이다. 즉 '겹그늘'의 문화 치유다.

그것이 바로 '프렉탈'인데, 작은 민족담론 안에 깊고 넓고 큰 세계, 인류·지구·우주의 새 비전을 담아야 되는 것이다.

앞으로의 민족문학은 바로 이 길을 가야 하고, 그 미학도 율려로서, 아마도 '흰 그늘'의 원리를 중심으로 형성되지 않을까 한다. 그러나 이것은 어디까지나 내 말이다. 검토 대상이지 준봉 대상이 아니다. 상식이겠다.

내 시가 중요한 것은 아니다. 그것은 아직도 완성되지 않았고, 계속 형성과정, 생성과정 속에 있다. 바로 그 점을 또 생성 속에서 읽는 것이 나의 시를 읽는 정도(正道)요 무언가를 얻는 효과적 방법일 것이다.

말이 너무 많았다는 느낌이 든다. '노겸(勞謙)'은 말수를 적게 해서 조촐하고 소박하게 사람을 대접하는 태도인데 지나쳤다는 생각이 든다. 여러분과 함께 공부하는 기분으로 정신없이 떠들었다. 부디 용서해 주기 바란다.

5

마지막으로 내 이름에 대한 이야기 몇 가지만 하겠다.

'지하'라는 이름이 어찌해 생겼는지 묻는 사람이 많다. 간략하게 얘기하자면 이렇다.

5·16 군사 쿠데타 뒤니까, 아마도 스물두 살 때였나 보다. 그때 나는 서울대학교 문리과대학 미학과에서 공부하고 있었고 학교 앞에 '학림'이라는 음악다방이 하나 있었는데 그 다방에서 곧 나의 시화전(詩畵展)이 열리기로 되어 있었다. 그때가 여름이었다. 그때 내게 한 가지 문제가 있었다.

내 본명은 '김영일(金英一)'인데 문단에 이미 같은 이름의 문사들이 여럿 있었다. 당시 서울대 학생이 개인 시화전을 여는 것은 마치 시집을 한 권 내는 것만큼 '준문단적', 혹은 '준준문단적' 사건이었는지라 아무래도 필명(筆名)이 하나 필요했던 것이다. 그랬다.

그런데 그런 어느 날 동아일보사에서 일하던 한 선배가 점심때 소주를 사줘서 실컷 먹고 잔뜩 취해가지고 거기서 나와 동숭동 대학가의 아지트였던 바로 그 음악다방으로 가려고 호주머니를 뒤지니 돈도 버스표도 아무것도 없었다. 그래서 걷기로 했다.

여름 한낮의 태양은 뜨겁고 술은 오를 대로 올라 비틀거리며 종로 길을 갈지 자로 걸어오던 때다. 그 무렵 막 유행하기 시작한 것이 있었는데, 요즘에도 흔한 것이지만 길가에 자그마한 입간판이 주욱 늘어선 것이다. 다방, 이발소, 미용실, 뭐 그런 것들의 입간판인데 술김에도 괴상하게 여긴 것은 그 간판 위쪽에 다 똑같은 자그마한 검은 가로 글씨로 모두 한글로 '지하'라고 하나같이 써 있었던 것이다. 그러니까 지하실에 다방, 이발소, 미용실이 있다는 얘긴데 왜 하필 그 글자만은 유독 똑같은 한글, 똑같은 검은 글씨로 맨 위쪽에 가로로 조그맣게 써 있느냐는 것이다. 그런 똑같은 것들이 여기도 '지하' 저기도 '지하' 저기만큼 가서도 또 '지하', '지하', '지하'! 그야말로 도처에 유(有) '지하' 였다.

"옳다! 저것이다! 저것이 내 필명이다!"

이렇게 된 것이다.

그래서 김지하의 지하시대(地下時代)가 열리기 시작한다. 그 뒤로 내내 정보부 지하실과 경찰서 유치장, 감옥, 지하 술집, 뒷골목과 허름한 싸구려 여관, 남의 집 문간방을 전전하거나 중병으로 병원에 입원하기 일쑤인 스산하고 을씨년스런 지하시대 삼십여 년이 펼쳐진다.

작명가(作名家) 김봉수 왈,

"이것도 이름이야? 감옥에 서너 번은 족히 가겠구먼!"

그랬다.

심지어 한창 지하시대에는 《워싱턴 포스트》의 한 특파원이 내게 처음 악수하며 던진 말이,

"헬로! 미스터 언더그라운드 킴!"이었으니까 뒷말은 할 필요가 없다.

'언더그라운드'라면 혁명가를 뜻하는데, 모자라게도 그걸 은근히 즐길 때까지 있었으니 고생해도 싸다고 하겠다.

이름을 고치라고 충고한 사람이 여럿 있었다. 고집도 부렸지만 또 고쳐서 신문에 발표까지 한 적도 있다. 그러나 결국엔 그것이 그것, 마찬가지로 나는 언제나 그대로 '지하'였다. 왜일까?

때가 차지 않아서였다고밖에 말할 수 없다. 과시 나의 필명 지하의 유행과 삶에서의 지하시대는 필연이었는지도 모를 일이다.

이름은 '위'(位)요 '궁(宮)'이라 '중(中)' 즉 '마음'이 놓이는 '자리'를 말함이다. 일종의 '닻'의 뜻이다. 큰 바람이 불기 전에 벌레들이 자리를 옮기는 것은 그 때문이니 내게 큰 변화가 올 것이 틀림없다.

연초에 역(易)에 물으니 왈,
'견군용(見群龍)'이라 했다.
천지가 요동하는 대개벽이다. 짐작대로다.
처신을 물으니 왈,
'무수길(無首吉)'이라 했다.
'목이 없으면 길하다'는 뜻이다. 단단히 각오해야 한다. 목을 숙이지 않으면 가차없이 잘려나간다는 뜻이니 그러매 크게 깊이 겸손해야 겨우겨우 길하다는 말로도 된다. 그만큼 내게 다가올 변화는 심각하고 그에 대한 대응은 어렵다는 것이리라.

또 한 가지 사건이 있었다. 연초 한낮 내 방에 그냥 홀로 무료하게 앉아 있을 때다. 문득 '노겸(勞謙)'이란 두 글자가 뇌리에 떠올라와 그 의미가 깊이 각인된다. '근로'와 '겸손'이니 언뜻 알아들었다. 그래서 나는 그것을 앞으로 내 호(號)로 삼기로 작정하였다.

'열심히 일하는 겸손'이요 '활동하는 무(無)'요 '아상(我相) 없는 노동자', '노예 노동자'의 옛 뜻이기도 하다. 도대체 내가 그 동안 얼마나 게을렀으면 '근로'가 나오고 또 얼마나 오만방자했으면 "겸손"이 나오랴 싶었으니 앞날이 더욱 걱정되었다. '근로'와 '겸손' 아니면 갈가리 찢겨나가 살 수조차 없는 운명이라는 내 맏아들 놈의 연초 카드점괘가 이미 나와 있었으니까.

물론 나도 안다. 『주역(周易)』의 겸괘(謙卦)는 노겸군자(勞謙君子)가 곧 타고난 천자(天子)이면서도 남의 밑에서 고개 숙여 근신하며 온갖 선행을 다 베푸는 그 아름다운 법(法)으로 결국 하늘을 차지함을 말하는 것이다. 그러나 솔직히 말해 나는 그런 뜻에는 일말의 흥미도 없다. 나 같은 뼛속까지의 쌍놈, 민중에게는 도무지 안 맞는 뜻풀이기 때문이다. 그저 윤리적 패러다임으로서는 '근로'와 '겸손'일 뿐이니 내게 지금 결핍되어 있고 앞으로 그렇게 일관하여 고개 숙이고 살다 가지 않으면 큰 실수를 범할 것이 빈번하게 느껴지기 때문에 굳세게 견지할 따름이고, 미적 패러다임으로서는 곧 '활동하는 무(無)'의 뜻이리라!

언어작업에서 훨씬 더 여백(餘白)과 틈과 침묵을 살리고 설명을 없애며 말을 줄이는 대담한 소통성(疏通性)으로 '흰 그늘'과 '한'을 스스로 움직이게 하고 삶의 내면에서 무궁무궁 저절로 살아 생성하게 하는 그런 텅 빈 창조력의 언어구조를 갖추고 닦으라는 가르침으로 일단 받아들일 따름이다.

그리고 또 하나 나는 이제 작년 개천절에 공언(公言)한 대로, 아버님이 지어주신 이름, 꽃 한 송이 '영일(英一)'로 돌아가고자 한다. 내 인생과 민족 역사에 작고 소담하고 예쁜 삶의 꽃 한 송이만 피우고 가겠다는 조촐한 서원과 함께······.

그렇게 하여 결정된 것이 바로,
노겸(勞謙) 김영일(金英一)이다.
원컨대 부디 앞으로는 이 이름을 즐겨 불러주길 바란다.

단기 4332년 11월 17일 밤
강원도 깊은 산골짝에서
노겸 김영일

생명평화선언*

우리는 인간, 사회, 자연 전체가 오늘 겪고 있는 '대 혼돈(Big Chaos)'을 극복하는 길이 다름 아닌 '생명과 평화의 길'임을 믿으면서 오늘 그 '길'을 함께 나아가기로 결의한다.

그 첫 걸음이 생명, 우주생명의 역사를 기억하고 그 평화의 심각성을 다짐하는 것이라 판단하여 생명과 평화의 길에 관한 우리의 견해를 표명하고자 한다.

우주 생성

큰 혼돈 가운데 그 나름의 질서를 향한 요동과 폭발이 전개되어 오늘의 우주가 탄생하고, 줄기찬 생성과 변화가 진행되는 과정에서 태양계가 생겼다. 대략 45억 년 전에 탄생한 지구는 한결같이 태양으로부터 에너지를 공급받으면서 10억 년이 경과할 즈음 최초의 생명체를 탄생시켰다. 최초의 생명체가 탄생한 이후에도 태양의 열에너지 양과 지구 대기권의 화학적 성분에 커다란 변화가 있었지만, 화석의 기록을 해독한 바에 따르면 지구상의 기후는 대폭적인 변화

---

*2004년 8월 26일 사단법인 '생명과 평화의 길'에서 발표한, 21세기를 향한 인류 문명의 앞길을 제시한 장문의 「생명평화선언」 전문이다.

없이 지속되고 있음을 보여주고 있다. 놀랍게도 지구상의 생명체가 생명의 터전인 자연환경과 교류하면서 생명적 안정성을 구현하는 방향으로 진화를 전개하고 있었던 것이다.

여기서 우리는 자연의 진화가 자연선택을 통해 진행된다는 다윈의 설명과는 달리, 지구에서의 복잡화가 조성되면서 지구 생명 시스템 속의 생명체가 창조적으로 스스로의 생명유지에 적합한 여건을 조성했고, 그 과정에서 숱한 생물 종의 다양화가 이룩되었음에 대해 깊이 주목하고자 한다. 인간의 이성에 의한 남김 없는 해명은 불가능하지만, 지구가 질적 차원변화를 겪으면서, 마침내 가장 고등한 인간이 출현했다는 사실을 겸허하게 받아들이고자 한다.

문화의 출현

지구상에서 현생 인류의 직접적 조상인 '호모 사피엔스'는 대략 20만 년 전에 아프리카에서 출현했고, 네이처지의 최근 보도에 따르면 에티오피아에서 발견되어 '호모 사피엔스 이탈두'로 명명된 화석은 아르곤 연대측정법에 의할 경우 16만 년 전의 것으로 알려졌다. 당시 수백 점의 구석기 유물이 하마 및 물소 뼈 등과 함께 발견되었음에 비추어 볼 때 도구를 사용해 사냥을 행했음을 알 수 있다. 여기에 20세기 중엽의 여러 고고학적 발굴과 고생물학 등에 의해 이른바 '호모 사피엔스 사피엔스'의 출현이 약 5만 년 전이라는 학설도 세워졌음을 전제해야 한다. 그리고 마지막 빙하기가 끝난 1만 년 전부터 현재와 엇비슷한 기후 조건에서 인간은 본격적인 농경과 목축을 시작했고, 문자를 통해 역사를 고증할 수 있는 기원전 3천5백 년 전부터 인류의 4대 문명이 등장했다.

본래 문화(culture)는 어원학적으로 보면 직접적으로 자연을 일구는 것(argricultura)에서 유래했고, 이차적으로는 정신과 영혼을 계발하는 것(cultura anima)을 뜻했다. 따라서 인류는 그 진화 과정에서 인간에게 보다 특징적인 이성과 정신, 그리고 영혼을 연마하여 자연을 인간의 생존에 알맞도록 조직 변형하여 문화를 구축한 것으로 보아야 한다. 좁은 의미의 문화는 정신적인 것으로서 지적이고 예술적으로 진행된 추상적 실체를 의미하고, 문화인류학과 같은 사회과학적 차원에서의 문화는 감각적이고 경험적인 것으로서 눈에 보이는 구체적 실체를 지시한다. 넓은 의미의 보편적 문화 개념은 정신적인 문화와 구체적인 문화 모두를 아우르는 것으로서 타일러(E. B. Tylor)의 표현을 빌릴 경우, '문화 또는 문명은 지식과 신앙, 예술, 도덕, 관습 및 인간이 사회의 구성원으로서 습득한 다른 모든 능력과 습관을 포함하는 복합적 총체' 이다. 이런 맥락에서 보편적 의미의 문화가 광의의 문명과 동일하게 쓰이고 있음을 확인할 수 있다.

물론 19세기 독일 사상으로 인해 초래된 것이지만, 협의의 문명이 물질적 조직의 영역으로 국한되고, 문화가 가치와 의미의 영역으로 제한됨으로써, 협의의 문명이 정신적 의미의 문화와 대조적인 것으로 사용되는 경향이 생겨났음을 우리는 이미 알고 있다. 여기서 우선 우리는 서구 사상사에서 문명(civilization) 개념이 매우 자기중심적이고 배타적으로 쓰여 왔으며 또 여전히 그렇게 쓰이고 있는 데 대해 새삼 깊은 우려를 표명하고자 한다. 18세기 프랑스의 사상가들은 유럽 이외 민족의 야만(barbarism) 상태와 대조적인 것으로서 문명 개념을 사용했다. 바로 그 서양의 문명이 한때 인류사회의 평화를 극심하게 유린하는 제국주의 양태로 발전했고, 20세기 들어서서는 환경 재난에 따른 막심한 생명 위기를 촉발하고 있지 않은가?

산업문명과 환경 재난

사실 환경 문제는 산업문명 이전에도 발생한 적이 있다. 예컨대 메소포타미아 문명의 사례가 대표적이다. 메소포타미아 문명은 그 양적 성장을 구가하는 과정에서 도시 비대화에 따른 인구집중, 많은 인구를 부양하기 위한 경작지 확충, 농수 확보를 위한 관개수로망의 확장을 과대하게 지속했다. 관개수로는 강에서 유입된 물을 경작지로 용이하게 이끌어 들이지만, 그 과정에서 물에 잔류하는 진흙과 모래가 쌓이고, 이것이 다시 수로 인근에 쌓임으로써 배수를 방해하게 되었다. 그 결과 역시 물에 함유된 소금기가 바다로 배출되지 못하고 경작지에 축적되며, 마침내는 염분에 민감한 밀의 작황을 떨어뜨리게 되었다. 당연하게도 도시에 빈곤과 분쟁, 전염병 창궐이 야기되면서 문명을 극도로 취약하게 만들고 거기에 외적이 침입하자 무기력하게 몰락하고 만 것이다. 여기서 메소포타미아 문명을 유지하게 해준 바로 그 요인 자체가 확장 일변도로 치달으면서 도리어 문명의 몰락을 재촉하고 말았다는 사실에 주의할 필요가 있다.

농업문화가 유지되던 시절의 환경 재난은 우연적이었다. 문화가 존속하는 과정에서 그 터전으로 삼은 생태계에 과부하를 줄 경우 그 피해가 부메랑처럼 되돌아옴으로써 문화의 취약화로 귀결되었던 것이다. 그런데 오늘의 산업문명은 본디부터 이미 구조적으로 막심한 환경 재난을 초래함으로써 생명 일반의 위기로 치닫게 하도록 마련돼 있다는 데 문제의 심각성이 있다.

산업문명의 자연 이데올로기는 자연을 자원(resources), 즉 인간의 목적 달성을 위한 도구로만 간주한다. 물론 인간의 목적 자체도 오로지 물질적 성장에만 초점이 맞추어져 있다. 도시와 공단으로 대표되는 인조환경 속의 인간은 논밭의 경작지와 야생 자연환경으로부터 자원을 채취하여 상품을 생산하고 유통·소비하며, 끝으로 폐기하는 과정에서 필연적으로 공해와 오염 요인을 떠안은 생태계가 정화를 통해 감내할 수 있는 가능성을 훨씬 넘어서게 되는 정도로 자연 황폐화와 개체 동식물의 질병과 죽임, 동식물 종의 소멸로 이어진다. 그리고 미래세대 인류가 현세대와 같은 정도의 필요한 산물로 삶을 영위할 수 있는 자유와 행복 추구의 기회를 원천적으로 박탈하며, 더 나아가 방사성 및 유해 화학물질과 같은 요인에 의해 생명과 건강에 대한 권리를 근원부터 침해하는 방향으로 이행한다. 바로 이것이 구조적으로 진행되는 까닭에 물질적 행복 추구에 주안점을 두는 산업문명은 곧바로 생명 위기의 직접적 뿌리임을 우리는 이 자리에서 선언하지 않을 수 없다.

산업 자본주의와 환경 그리고 평화 유린

산업문명의 핵심 체제인 자본주의를 비롯한 일체 물질문명이 자연을 착취하여 환경 문제를 초래하게 된 것은 그 안에 이미 그것을 그렇게 할 수밖에 없는 지배적 사회구조를 잉태하고 있는 데서 비롯된다. 토지를 비롯한 생산수단 일체에 대한 사적 소유를 허용함으로써 사회의 계급적 차별을 조성하고, 이에 도전하는 민중의 요구를 압박하는 과정에서 자본가와 지배 엘리트는 국가에 의한 유형무형의 폭력을 법의 이름으로 정당화해 왔다. 이것은 민족 간에도 역시 그대로 재현됨으로써 지구촌에는 신자유주의 세계화 속의 무역 전쟁이라는 구조적·간접적 폭력의 형태로 후진국과 제3세계 민중의 삶을 도탄으로 빠뜨리기 일쑤였고, 심지어 자원 확보와 패권 유지를 위해서 비극적 전쟁을 벌이는 극단적 반문명의 양태까지 보여 왔다. 최근 미국의 부시정권이 9.11 테러에 대한 보복으로 저질러왔던 아프가니스탄 및 이라크 침공도 그와 똑같은 선상에서 발생한 것임을 우리는 잘 알고 있다.

산업 자본주의는 민족 간의 평화 유린에 그치는 정도가 아니라 환경 위기를 부르는 주범임을 부인할 수 없다. 고전 경제학자 아담 스미스(Adam Smith)는 보이지 않는 손인 시장경제 체제 속에서 사회의 경제주체 각자가 오직 자신의 이익을 최대한 늘리기 위해서 영리 활동을 수행하면 결국엔 모두가 잘 사는 번영의 사회가 도래한다고 보았다. 그것은 귀결점을 모두가 잘 사는 공리주의 사회로 치장했지만, 자본주의 세계화가 촉진된 결과 30대 70의 사회가 20대 80의 대결구조 사회로 더욱 그 모순을 심화하여 빈부격차가 날로 커지고 있는 데서 보듯이, 출발선상의 본질적 이기주의를 교묘하게 은폐한 감언이설에 불과함을 확인할 수 있을 뿐이다. 더욱 참담한 것은 자본이 자연을 자원으로 적극 이용하여 경제적 이익을 배타적으로 향유하는 과정에서 오염의 외부화를 통해 비용 부담을 최대한 기피하고, 그 결과 지구촌 생태 위기를 더욱 고조시키고 있다는 점이다. 또한 자본과 권력은 자연적 존재와도 함께 공유해야 할 바로 그 산 생명인 자연에 대해 기계장비류와 같은 시설을 들이대고 무차별 약탈 착취하여 이익과 혜택을 독점적으로 향유하는 반면, 그 과정에서 야기되는 생태학적 불이익과 부담을 오히려 힘없는 일반 민중에게 전가하는 생태적 부정의를 자행하고 있다. 이에 우리는 동료 인류와 함께

하는 평화, 자연과 더불어 사는 평화를 위해 산업 자본주의를 극복하지 않을 수 없다는 결론을 선언한다.

산업 사회주의와 환경 그리고 폭력

그렇다면 산업문명의 또 다른 체제인 사회주의는 인류 평화와 환경 위기 극복의 유력한 대안일 수 있는가? 적어도 사회주의가 토지를 비롯한 생산수단의 공유화를 도모하고 또 계획경제에 의해 자연에 다가가고자 한다는 점에서 상대적으로 생태 및 생명 친화적인 요소가 있음을 부인하지 않겠다. 그러나 우리는 야수와 같은 자본주의 생산양식을 사회주의의 그것으로 대체하면 문제가 풀릴 수 있으므로 새로운 형태의 생명 윤리나 동양적 신비주의를 필요로 하지 않는다는 따위의 매우 피상적인 주장에는 결코 공감할 수 없음을 밝히는 바이다. 왜냐하면 사회주의도 그 기본 착상이 생산력주의에 매몰되어 끊임없는 성장(sustainable growth)을 도모하기 때문이다. 그러나 인간의 경제는 지구 생물권 경제의 하위 영역이고, 지구 생물권은 생태 경제학의 기본 전제에서 보이듯이 지속가능한 성장을 결코 허용하지 않기 때문이다.

사회주의에는 또 다른 치명적 문제가 있다. 전체주의 사회를 지향하면서 드러났듯이 전체로서의 사회를 위한다는 미명 아래 개체 민중의 자유와 고통, 생명을 침해하거나 도외시해왔다는 점이다. 인간의 경우, 나 자신에게 좋은 것을 취하기 위해서, 예컨대 마음의 양식인 책을 읽기 위해서 내 신체의 일부인 눈의 피로를 마땅히 감수해야 할 것으로 여기는 어리석음과 같은 것이다. 현존 사회주의가 빠져든 전체주의에서는 사회가 목적으로 부상하고, 개개인은 부분으로 축소된다. 따라서 사회의 생산성 증진을 도모하는 과정에서 일부 민중이 입는 환경 및 생태·생명학상의 피해는 어쩔 수 없는 것으로 치부된다. 1986년의 체르노빌 원전 사고 발생과 사태 수습 과정에서 보듯이, 일부 민중의 환경상의 부담은 불가피한 것으로 간주되어 왔다. 이것은 전체를 대변하는 권위주의 질서, 예컨대 공산당과 국가 관료 체제 등이 저지를 수밖에 없는 필연적 귀결이다. 따라서 우리는 또한 산업 사회주의를 극복하는 선에서 새로운 대안 문명을 추구하되, 그곳에서는 사회 구성원 각자의 개별성과 자율성이 근원적으로 존중되고 또한 생태적으로 지속 가능한 지구, 즉 '생명지속적 발전(life-sustaining development)의 방향(백낙청 교수)을 만드는 데 주력하지 않을 수 없다.

생명 위기의 근원적 뿌리

왜 자연에 대해 착취적인 문명이 서양에서 가장 강력하게 태동한 것인가? 그것은 산업문명의 자연 이데올로기인 산업주의(industrialism)를 천착할 때 드러난다. 산업주의는 자연을 인간을 위한 도구로만 여긴다. 여기서 주객 이분법적 사유체계에 의해 인간과 자연 영역이 둘로 분리되고 그리고 인간은 목적(ends), 자연은 수단(means)이 된다. 이런 유형의 사유체계는 멀리 플라톤적인 이원론의 희랍적 사유와 로마의 실용주의 사관, 그리고 중세 시절 진행된 유대교-그리스도교 자연관의 왜곡된 해석, 가부장제 의식 등에서 비롯되었다. 이에 따라서 산업문명과 자본주의, 제국주의가 출현하고 또 그 악순환을 더욱 강화해 왔다. 자연을 착취대상으로 당연시하는 인류 역사에서 계급 차별과 성 차별, 인종 차별에 따른 극심한 폐해가 지구촌 곳곳에서 발생했다는 것은 어쩌면 당연하고 또 그 연장선상에서 막심한 생명 위기가 초래되었다는 것도 역시 당연하다 할 것이다. 지구촌 그 어느 곳에서나 잠재적으로 문제의 소지를 부분적으로 다 잉태하고 있었지만 그것이 서유럽에서 가장 심각했던 것은 문제의 요소가 가장 복합적으로 결합되어 있었기 때문이다. 이분법적 분리주의 사유와 우열에 따라 지배-피지배로 고착화하는 지배체계가 핵심을 이루며, 이것이 역사 속에서 각양각색으로 현실화하면서 민중과 자연에 온갖 피해를 주게 된 원인이라는 사실을 우리는 이 자리에서 확인하고 또한 거듭하여 그 진실을 선언하는 바이다.

근대 과학 및 현대 과학기술의 성격과 폐해

1967년 린 화이트 2세(Lynn White, Jr.)가 사이언스지를 통해 발표한 것처럼, 오늘날 환경위기가 가속화하게 된 것은 현대과학기술이 경제성장의 엔진으로 결합된 데서부터 비롯된다. 자연에 대한 사실 탐구를 목적으로 하는 과학과 문화적 도구 사용방식의 총체인 기술의 결합이 19세기 중엽 이후 활발하게 이루어지면서 자원으로서의 자연 수탈을 계속 심화시켜 왔다. 이로써 옛 농업 등에서 관찰되듯이 인간이 생존 차원에서 자연에 부드럽게 다가가는 도구로서의 연장 문화는 실종되고, 흉물스러운 기계류 일변도의 자동 기계화 문명으로 전환되었다.

그렇다면 환경재난에 책임이 있는 것은 현대의 과학기술일 뿐 근대 과학은 관계가 없다고 단언할 수 있는가? 결코 그렇지 않다. 근대 과학의 이상을 제시한 베이컨(F. Bacon)은 자연을 그대로 내버려두기보다 인위적인 도구(기계장치)로 시험하고 고문하고 괴롭혀야 스스로를 잘 드러내며, 그럼으로써 자연 이용을 촉진하여 인류 제국의 영역을 확장할 수 있다고 주장했다. 데카르트(R. Descartes) 역시 정신과 물질을 이분법적으로 분리함으로써 정신을 지닌 인간이 기계론적 법칙이 적용되는 자연에 대해 아무 거리낌 없이 지배와 약탈적 오만으로 접근할 수 있는 길을 활짝 열었다.

지배적 세계관 및 가치관과 기계론적 법치주의가 결합하여 조성된 기계론적 자연관은 현대의 과학기술에 그대로 전이되었다. 무엇보다도 그 선봉에 선 생명공학은 자연 생명은 물론 인간 생명마저 도구화하여 조작을 일삼는 지경에까지 이르게 되었음을 통탄하지 않을 수 없다. 늘 인류의 복지라는 그럴듯한 명분을 외형적으로 내세우지만, 그 속내를 들여다보면 오직 금력과 권력의 유지와 확장이 그 근본동기임을 고발하지 않을 수 없다. 특히 45억 년의 기나긴 지구역사에서 현대인은 거의 찰나에 불과한 현금까지의 불과 100여 년 만에 그처럼 생명력이 충만하던 지구 생물권과 각 생태계를 더없이 황량한 불모지로 만들어버린 데 대해 다시금 경악을 금치 못한다. 보다 우려할 만한 것은 자연이 그 해법을 거의 알고 있지 못한 상태에서 단기간 시험한 유전자 조작 생명복합체가 기업에 의해 상품화되어 자연으로 대량 유출됨으로써 생태계를 극도로 교란시키고 나아가 인간에게 먹이로 되돌아옴으로써 인간의 생명피해를 가중시킬 것이라는 점을 확인하며 이의 극복의 길에 대한 우리의 지속적 노력을 선언하는 바이다.

역사로부터 배워야 할 교훈

우리는 인류의 문명이 자연에 대해 짐을 지운 부담과 그에 따른 인류의 피해로부터 몇 가지 교훈을 얻을 수 있다고 본다. 첫째, 한

문명 또는 문화와 그것이 터전으로 삼고 있는 생태계는 외적으로 분리되어 있는 목적과 수단, 주체와 대상의 관계가 아니라 오히려 유기적으로 이어져 있음을, 달리 말해서 생명적으로 연결되어 있음을 확인한다. 둘째, 생태계에 기반한 문화 또는 문명이 그 생태계의 생명부양 여력을 넘어설 정도로 팽창하게 될 때, 그 문화 또는 문명이 몰락할 수 있음을 확인한다. 셋째, 현 산업문명은 그 본질을 유지하는 선에서 어떤 체제를 구축하든 구조적으로 생명 위기를 초래할 수밖에 없다는 것을 확인한다. 넷째, 향후 문명패러다임 전환을 통해 자연적으로 지속 가능한 문화를 재구축해야 하는 바, 그것은 필연적으로 생명에 대한 존중에서 비롯되어야 한다는 것. 이것을 우리는 '생명 지속적 발전' 또는 '생명학' 그리고 순정한 우리말로써는 '살림'이라고 표현하기로 한다.

자연 친화적 대안 문명을 찾아서

원시 자연 속에서 나타난 지구촌 인간의 문화가 서구적 길을 걸으면서 자연 억압적 형태를 취하게 되었고, 그 결과 생명에 대한 보편적 죽임의 문화로 더욱 변질되고 있다. 특히 오늘의 산업문명의 생활양식은 자원 채취에서 상품 생산, 그리고 소비를 거쳐 폐기에 이르기까지 어느 것 하나 생명을 존중할 수 있는 여지는 없다고 해도 과언이 아니다. 이에 오늘의 우리는 새로운 문명을 적극 개척창조하지 않으면 안 되는 절체절명의 역사적 선택의 기로에 서 있는 것이다. 그것은 기본적으로 생명의 살림에 바탕을 두는 것이어야 하는데, 그것을 새 문명 패러다임의 두 가지 원리로 분별할 수 있다. 하나는 이분법적 분리주의를 대체하는 것으로서 생명, 우주생명의 유기적 관계성을 바탕으로 해야 한다는 것, 다른 하나는 우열에 따른 지배와 억압의 사유체계를 청산하고 이를 대신할 호혜적 상생의 사유체계로 나아가야 한다는 것, 그리고 이를 이성적으로 인식하는 지평을 포괄하되 더 나아가 자연적 감성과 생태적 영성의 차원에서 조망할 때, 바로 생명윤리의 안팎인 '모심'과 '살림'으로 그것을 드러내야 한다는 것이다.

'모심'과 '살림'이라는 새 문명의 두 화두는 생명적 기반인 자연과 인간사회의 관계에 대해 그리고 사회 내에서의 인간 간의 관계에 대해 다음과 같은 연속적 세 계기를 포함한다고 본다. 한편으로 자연 생명을 존중함으로써 생태적으로 지속 가능한 문화 즉 '생명 지속적 문화'를 새롭게 구축해야 한다. 다른 한편으로 인간의 문화 구성원 각자가 개별성과 자율성을 갖고 인간으로서 존엄을 유지하면서 살아가되, 서로 협력적으로 기대어 살아가는 '생명의 분권적 융합', 즉 '호혜관계망'을 구성하고 동시에 자연으로부터 얻는 혜택을 공정하게 향유함으로써 정의로운 사회가 되도록 해야 한다. 또 다른 한편으로 생명호혜관계망으로 구성된 문화 민족이나 나라들 간에 앞의 두 원리가 반복 적용됨으로써 지구와 주변 우주 간의 평화를 포함한 일체 자연과의 평화는 물론 지구촌 인류 간의 평화와 인간의 내면적 평화 등 모든 평화가 함께 이룩되도록 해야 한다.

서구 생태주의 사상의 존중

우리는 환경위기 시대에 서구에서 대안적 생태주의 사상이 등장한 것을 진실로 반갑게 여기며, 그 기본 정신을 존중하고자 한다. 다만 전통적인 분리주의 및 지배적 사유체계의 산물인 생물학적 인식과 과학기술에 의한 해법과 자본주의 경제학이 서로 합세하여 만들어 내는 기술 중심의 환경 관리주의에 대해서는 문제를 본질적으로 호도할 수 있다는 점에서 적극 경계, 비판하고자 한다. 특히 '비용-이익 분석(cost-benefit analysis)'에 의해 자연의 '이용'과 '보존'을 결정하려는 속 좁은 '환경경제학적 시도'에 대해 깊은 우려를 표명하는 바이다.

반대로 몇 갈래의 서구 진보적 생태주의 사상의 출현에 대해 우리가 이를 적극적으로 반기고 있음을 분명히 하고자 한다. 속 좁은 자아를 넘어서서 이웃은 물론 온 인류 그리고 자연까지 하나로 이어지도록 하는 큰 자기실현(Self realization)과 지구상의 모든 생명이 말 그대로 평등하다는 생명 중심적 평등(biocentric equality), 이 두 규범을 초기에 천명함으로써 생명 존중의 새 물꼬를 튼 심층 생태주의(deep ecology)의 기본 정신을 우리는 소중히 여긴다. 또한 지구를 가이아(Gaia) 생명체로 인식하여 우리가 목숨을 기대어 살아가는 지구의 소중함에 대해 영성적 통찰을 제공한 가이아 생명론에 대해 우리는 찬사를 보낸다.

또 달리 인류가 직면한 환경위기는 근원적으로 인간과 자연의 그릇된 관계에서 비롯되었다기보다 오히려 인간 사회 내에서의 구조적 요인에 의해 초래되었다는 인식에도 상당한 정도로 공감을 표한다. 대표적으로 인간 사회의 서열화(hierarchy) 의식과 구조가 사회적 차별과 계급적 착취 그리고 자연 억압으로 진행되었기 때문에, 인류 사회에서의 층층시하 서열구조를 혁파하는 선에서 인간의 절대적 자유를 존중하고, 이를 바탕으로 지역 자치주의와 연합주의를 구현하며 동시에 자연과 친화 관계로 들어가는 제3의 자연, 즉 자유

자연(free nature)을 구축하고자 하는 사회 생태주의(social ecology)로부터 많은 것을 시사 받을 수 있음을 적극적으로 긍정한다.

남성 중심의 가부장제(hierarchy)가 여성 억압을 형성하고, 이것이 자연으로도 이어져서 남성적 인간에 의한 자연 억압으로 진행되었다고 보는 생태 여성주의(ecofeminism)의 통찰에도 역시 깊이 공감한다. 또한 문제의 근본적 해결을 위해서 사회 내에서의 여성 차별을 초래하는 가부장제 의식과 제도를 원천적으로 청산하고, 그런 기반 위에서 자연에 대해서도 존중과 배려, 돌봄의 자세로 다가가는 페미니즘의 윤리적 자세를 새로운 생명학의 근거 위에서 참으로 높이 평가하고자 한다.

또한 대다수 환경단체가 아름다운 자연경관과 멸종에 처한 동식물 종을 보전하고자 환경운동을 전개할 때 상대적으로 선진국 백인종 남성의 시각으로 접근한 탓에 일부 놓치는 부분이 있었고, 이것을 인권 운동의 시각에서 환경적 사안에 동참하여 바로 잡은 '환경 정의'(environmental justice) 조망을 존중한다. 실제로 자연을 이용하는 과정에서 발생하는 이익과 혜택이 주로 사회적 강자 집단에게 돌아가고 그리고 그 과정에서 발생하는 생태학적 피해와 부담은 주로 사회적 약자 집단, 예컨대 후진국·피지배계급·유색인종·여성·아동·미래세대 인류에게 전가되면서 자연으로 이행함을 적시하고, 이를 정의의 차원에서 바로잡고자 시도한 것에 대해서도 역시 경의를 표하고자 한다.

서양 생태주의 사상의 부분적 한계

우리는 기본적으로 서구의 다양한 생태주의 사상으로부터 소중한 정신과 실천적 내용을 배울 수 있었음을 고백하는 바이다. 그러나 서구에 비해 상대적으로 훨씬 더 자연 친화적이었던 문화권에서 살았고 또 풍성한 문화를 유산으로 물려받은 동아시아와 한국인의 지평에서 바라볼 때 역시 그 심각한 한계를 느끼지 않을 수 없음을 또한 고백하지 아니할 수 없다. 서구에서 채워지지 않은 것을 동아시아와 한국에서 채우면서 서로 호혜적으로 창조적 협력 관계에 들어설 때 비로소 위기 극복을 위한 진정한 전 인류적 전 지구적 해법을 모색할 수 있다고 보기 때문이다.

예컨대 심층 생태주의는 인간 사회 내에 존재하는 불평등 구조를 해결할 수 있는 해법을 제대로 제시하기 어렵다. 가이아 생명론은 전일론적 생명론으로 이행하는 까닭에 지구 여신을 섬기고 숭배하는 데 적합한 통찰을 제공할 수 있어도, 전체주의에 빠진 사회주의와 마찬가지로 인간 개체의 생명을 존중하는 데 적합하지 않을 수 있고, 동아시아의 풍수, 특히 한국 자생풍수학을 그 근원적 바탕으로 적극 접수하지 않으면 지구 치유의 참된 심층적 지구생리학, 의학으로 앙양될 수 없음을 우리는 직감한다. 심층 생태주의 역시 이런 한계 안에 머물러 있다. 사회 생태주의는 변증법적 자연주의에 의존하는 까닭에 생명사태가 자연스럽게 자유 자연으로 이행하게 될 수 있다고 봄으로써 사태를 해결하기 위한 인간의 자발적 노력을 고무시키기 어렵다. 생태 여성주의의 경우, 자칫 지구를 구하는 데 여성이 더 나을 수 있다고 주장함으로써 가부장제의 남성 우월주의를 똑같은 형태의 여성 우월주의로 역전시켜 버릴 수 있다. 그리고 이 역시 동아시아, 특히 한국의 여성생명학의 전통으로 남녀사이의, 여성중심의, '기우뚱한 균형'으로서 보완될 필요가 있다. 그리고 환경정의 운동은 실천적으로 전개된 강점을 갖지만, 너무 인간주의적 접근이라는 한계에 봉착할 수 있다.

물론 여기서 행하는 비판적 지적이 서구의 생태주의 사상이 갖는 소중함을 폄하하는 것도 아니고 또 동아시아의 전통적 생명사상이 그런 한계를 모두 불식하는 최고의 해법을 갖고 있다고 말하려는 것도 아니다. 우호적인 비판은 위기의 깊음을 반영하는 것이고, 더 나아가 서양의 생태주의 사상을 존중하되 분명 동아시아 생명사상 안에 서구의 한계를 불식시킬 명백한 실마리가 있기 때문에, 그것을 계발하여 창조적으로 발전시키면서 서구의 것과 호혜적이면서 창조적 협력적으로 문제를 함께 풀 수 있다는 것을 드러내기 위함이다. 동아시아의 우리가 제시하는 것은 물론, 생명을 존중하는 지구촌 어떤 민족의 고유한 통찰도 역시 우리는 그 가치를 겸손히 평가할 것이다.

동아시아 생태주의의 원형

동아시아 문화권이 상대적으로 서구 문화권에 비해 자연 친화적일 수 있다. 그 이유는 문화를 이루는 핵심 요소인 종교와 종교 이전의 샤머니즘이나 신화 역시 매우 깊숙한 층위에서 자연 친화적이기 때문이다. 예컨대 불교는 삼라만상이 모두 인연관계에 놓여 있다는 연기설(緣起說)을 근간으로 하기 때문에 인간 생명은 인간 이외의 생명에 대해 신중함과 존중의 자세로 다가가지 않을 수 없다. 노장사상 역시 생명 창조의 우주론적 원리로서 도(道)를 주창하고, 자연의 흐름에 일치하는 행위만을 무위(無爲)로 일컬어 도의 산물로 볼 뿐, 그 흐름에 역행하는 행위에 대해서는 인위적 작위(作爲)로서 도에 반하는 것으로 간주한다. 유학은 그 안에 가부장제 요소를 간직하고 있는 만큼 자연 억압적일 수 있는 소지를 품고 있지만, 주역의 음양론 체계에 의존하는 정도로 자연에 부드럽게 다가갈 수 있고, 공자가 논어에서 '도가 인간을 기르는 것이 아니라 인간이 도를 기른다' (子曰, 人能弘道, 非道弘人)라고 한 데서 보듯이 인간이 자연의 참가자이자 완성자일 수 있음을 드러내고 있다. 실재의 역사에서도 제왕의 도덕정치는 '오역(五逆)', '오사(五事)' 등 정치의 철두철미한 환경 오염 책임을 요구하고 있다. 따라서 유불선에 영향을 받은 동아시아의 자연 친화적 문화를 복원하고 또 그것을 창조적으로 새 차원에서 발전시킴으로써 서구의 지혜와 더불어 새로운 문명에로의 전환을 도모하는 것이 가능할 것이다. 그 실현의 길이 바로 '생명과 평화의 길'이며, 그 길은 환경론과 생태학을 넘어서되, 그 뼈대와 진리는 그대로 제 안에 품어 안는 새로운 '생명학', '우주생명학' 성립의 길인 것이다.

한민족 생명문화의 원류

동아시아 문화권을 대표하는 것이 중국 문명임을 부정할 수 없지만 그렇다고 해도 모든 것이 중화로 그 중심이 확정되거나 획일화될 수는 없다. 왜냐하면 우리 민족 전래의 풍류 사상은 매우 심오하고 고유한 특성을 지니면서 장차 생명학·생명사상의 모태로 작용할 수 있고, 그 모태를 드러냄으로써 그 해석학적 촉발력에 의해 중국의 관료 지식인들이 수십 세기에 걸쳐 수직적 통치 체계로 봉인하여 사장한 고대 이래 유불선 모두의 깊은 생성론과 혼돈적 생명론을 부활시킬 수 있으며, 또 실제로 근대의 동학사상을 통해 그 창조적 부활이 웅숭깊게 발현되었기 때문이다. 신라 말의 뛰어난 유학 사상가 고운 최치원은 「난랑비서(鸞郞碑序)」에서 '우리나라에 현묘한 도가 있으니 이를 풍류라고 한다. 가르침을 세운 근원은 선사에 자세히 실려 있는데, 사실 애당초 유불선 삼교를 포함하는 것으로서 중생과 접촉하여 이를 교화한다.' (國有玄妙之道, 曰風流, 設敎之源, 備詳仙史, 實乃包含三敎, 接化群生..)고 하였다. 계속해서 예를 들자면, 공자의 충효와 노자의 무위, 그리고 불교의 선행을 언급하면서, 이런 삼교의 정신이 이미 우리 고유의 전통인 풍류 사상 속에 담겨 있어서 그것을 받아들이기에 용이했음을 적고 있다.

다소 고증이 취약해서일 뿐이지, 우리 민족은 오래 전부터 어질고 착한 군자의 나라였다. 한때 허황된 위서(僞書)로 취급을 받았지만, 근자에 갑골문에 대한 해독을 토대로 동이계(東夷系) 방사(方士), 술사(術士)의 저작으로서 일부 신빙성이 확인된 요동의 지리서『산해경(山海經)』은 '동쪽 군자의 나라 사람은 천성이 유순(天性柔順)할 뿐 아니라 삶을 좋아하고 죽이지를 않으며(好生不殺生) 사양하기를 좋아하고 다투지 않는다(好讓不爭)'고 적고 있다.『이아(爾雅)』에서도 '동쪽으로 해 뜨는 곳에 이르니, 그곳이 태평(太平)인데, 태평 사람은 어질다'고 적고 있다. 공자도『논어』에서 바다 건너 군자의 나라에서 살고 싶다고 술회하였으며, 이를 뒷받침하듯이『한서(漢書) 지리지』에서는 '공자께서 도가 행해지지 않음을 슬퍼하여 천성이 유순한 동이(東夷)에게로 가서 살고 싶어 했다'고 적시하고 있다. 이렇게 우리 민족은 어질고 착할 뿐 아니라 죽임과 다툼을 싫어하였으니 이미 현대 인류와 지구 및 주변 우주생명이 목마르게 기다리는 '생명과 평화의 길'을 애당초 포함하고, 또 유불선의 기본 정신을 담은 고유의 풍류 사상을 이전부터 갖고 있었으니, 한편으로 사회 속에서 정의를 실현하고 또 민족 간의 평화를 도모할 수 있으며, 더 나아가 자연과 더불어 살 수 있는 깊고 넓고 높은 새 차원의 인류적·우주적 생명평화사상의 참다운 원형을 간직했던 것으로 보인다. 비록 사료적 가치가 있는 문헌으로 전하는 것이 빈약하다고 해도, 그 기본 정신을 찾아 우리 민족 스스로 나아가 모든 동아시아 민족들의 참여 속에 동아시아-아시아의 고대 르네상스를 주도·촉발함으로써 환경위기 시대에 고유의 생명사상으로 발전시키는 것이 불가능하지 않을 것이다.

동풍(東風, East Turning)에 관하여

목하 중국은 인류역사와 동아시아사상 결코 간과할 수 없는 일대 추문(醜聞), 문화적·역사적·사상적인 일대 조작극을 꾸미고 있다. 한민족의 역사적 하이라이트인 고구려사와 발해 및 부여사 나아가 고조선까지(이것은 한민족의 고대사 전부다)를 자기네 역사라고 주장하면서 기록과 유물, 유적 전체를 날조·위조하고 있다. 이른바 '동북공정' 이다. 우리는 이 오류를 바로잡기 위해 정치적 전쟁이 아닌 일대 역사전쟁을 선포하는 바이거니와, 이 전쟁은 곧 한국 민족과 중국 민족, 일본 민족을 포함한 모든 동아시아 내지 전 아시아 민족들이 다 함께 참가하는(물론 아메리카와 유럽, 모슬렘과 남미, 아프리카 역시 참가해야 할 것이다). '아시아 고대르네상스' 를 통해 전 아시아, 전 동아시아 민족이 공동 창조한 고대 문명 및 역사로부터 인류가 앞으로 창조해야 할 21세기 신문명의 강력한 암시를 획득해내는 과정에서, 특이한 창조력을 크게 발휘해온 한민족의 고대사의 정의를 탈환할 것이다.

그것이 고조선, 부여, 고구려, 발해의 역사라는 것 외에 또 무엇을 더 강조해야 할 것인가? 강조해야 할 것은 중국 고대사와 고대사상에 등장하기는 하지만(물론 한민족과의 공동창조 내용이므로) 실질이 없는 사상들, 그러나 한민족에게는 중심이요 주류를 이루었으되, 중국 사상사 안에 분명히 '있음에도' 불구하고 3천 년 전 주(周) 나라 문명성립 이후부터 봉건제·가부장제·장자세습제, 천원지방(天圓地方)의 농업적 세계관과 억음존양(抑陰尊陽)의 남성우월주의 및 중국 중심주의의 관료지식인들에 의해 수직적 통치철학으로 단단히 왜곡·봉인되어 버린 채 '살아있지 못한', '죽임 당한' 사상들을 그 '죽임' 에서부터 풀어내어 '살려내는' 일대 르네상스라는 점이다.

그것은 곧 중국 관료지식인들의 주류 통치철학인 존재론·실체론과 로고스 및 코스모스적 우주론(유럽의 주류철학과 마찬가지다)에 가리어져 있는 생성·혼돈·과정·생명·변화의 사상 및 세계관·우주관을 크게 들어 올려 유럽의 경우 희랍의 스토아학파와 근세의 스피노자, 현대의 니체, 베르그송, 떼이야르, 푸코, 베이츤, 화이트헤드, 들뢰즈와 가타리 등의 비주류 생성 및 혼돈사상과의 결합(이중적 교호결합)을 통해 창조적 사상세계를 구축하며 대 혼돈으로부터 인간·사회·자연을 구원할 수 있는 탁월한 통합적 과학 창조를 촉발하는 일이 된다.

목하 지금의 중국사상계는 르네상스는 커녕 참된 역사와 사상과 문화의 적(敵)인 거짓과 왜곡을 서슴없이 저지르고 있고 일본 역시 크게 예외는 아니다. 오로지 한민족만이 분단되어 고통받고 있으나 세계사의 새 차원에 등불을 켜야 하는 제 자신의 사명을 희미하게나마 깨닫고 있는 것이 현실이다.

널리 알려져 있지만 지난 20세기 중반에 유럽에서 일어난 두 가지의 의미심장한 사건이 있다. 하나는 생태학과 녹색운동의 태동이요. 다른 하나는 생명의 내면인 영성(靈性)운동으로서의 '발도르프 학교'의 영성교육운동이다. 그 창시자인 위대한 신비주의자 '루돌프 슈타이너'의 다음과 같은 유언이 남아있다. '인류문명의 대전환기에는 인간의 새로운 삶의 양식을 결정할 원형(原型, Archetype)을 제시하는 성배(聖杯)의 민족이 반드시 나타난다. 그 민족은 본디 개인적으로나 민족적으로나 깊은 영성을 지니고 새로운 세계에 대한 이상을 갖고 있지만 거듭되는 외침(外侵)과 폭정(暴政)에 억압당하고 훼손되어 그 이상을 쓰라린 내상(內傷)으로만 간직한 민족이다. 로마가 지배하던 지중해문명의 전환기에 나타난 그 민족은 이스라엘이었으나 그때보다 더 근본적이고 광대한 전 인류문명사의 대전환기인 오늘에도 그 민족은 오고 있다. 그 민족이 지금 있는 곳이 극동인 것은 알겠으나 더 자세히는 나도 모른다. 그대들이 찾아내어 경배하고 배우라!' 이 유언에 접한 슈타이너의 일본인 제자이며 일본 인지학회(人智學會) 회장인 다카하시 이와오(高橋巖) 선생은 그 민족이 다름 아닌 한민족이며 근현대의 서세동점 등 문명사의 대전환기에 새 삶의 원형을 전 인류 앞에 제시한 것이 바로 동학과 동학계(최수운, 강증산 - 이와오의 주장)사상과 그 운동이라고 역설한다. 동학은 후천개벽(後天開闢) 사상이요 원시반본·무왕불복(原始返本·無往不復 원시가 그 근본을 되돌린다, 한번 간 것이 다시 돌아오지 않음이 없다)이라는 고대의 창조적 회복이다.

그렇다면 고대의 여러 동아시아 민족들과 함께 창조한 한민족의 독특한 세계관·우주관은 과연 무엇일까?

삼태극(三太極)에 관하여

북방 샤머니즘에 연계된 한민족의 고대 우주관의 핵심은 삼태극이다. 우실하(禹實夏) 교수에 의하면 '태극의 한 기운이고 셋을 품은 하나이며 그것은 동시에 동정과 음양(太極一氣, 含三爲一, 動靜, 陰陽)을 포함한다.'이다. 이것은 곧 천·지·인(天地人) 삼극(三極)과 음양(陰陽) 이기(二氣)의 이중적 교호결합(二重的交互結合)이다. 우리 민족의 고서(古書)인 『부도지(符都誌)』에 의하면 '태초에 천지를 창조한 율려(律呂)'가 바로 이것이요 한민족은 물론 중국 등의 고대를 관통하는 우주음악이요 세계의 정치경륜이며, 인간내면의 가장 근본에 있는 무의식의 질서인 '율려'는 다름 아닌 '삼태극의 춤'인 것이다. 이것이 중국의 코스몰로지(혼돈을 억압하고 질서를 존중하는, 抑陰尊陽의 우주론)에 의하면 '12율려'이다. 그러기에 12율려의 중심음 또한 건괘(乾卦) 황종율(黃鍾律)로서 남자요 군자요 제왕이요 질서이며 중국이자 하늘이다. 그러나 한민족의 율려의 중심음은 황종이 아니라 협종률(夾鍾律)이다. 이것은 곤괘(坤卦)이니 황종의 반대이다. 더욱이 중국 사상문화의 꽃인 율려의 철학 곧 주역(周易)이 끝나는 때[終萬物]요 새 우주만물이 일어서는 때[始萬物]의 역학(易學)으로 새롭게 탄생한 김일부(金一夫)의 『정역(正易)』에서는 우주의 질서인 율려를 거꾸로 뒤집어 여율(呂律)이라고 칭한다. 이것은 곧 율려의 코스몰로지에 대한 카오스모스(Chaosmos)의 탄생인 것이다.

이것이 다름 아닌 '생명학'이다. 이것은 그러면 어디에서부터 비롯된 것인가? 이미 수천 년 전에 한민족의 고전인 『천부경(天符經)』은 '한 처음이 처음이 없는 하나'요 '한 끝이 끝이 없는 하나다'라는 그야말로 '혼돈의 우주질서'를 제시하고 그 핵심명제를 '사람 안에 하늘과 땅이 하나다[人中天地一]'라고 규정하였다. 민족의 전통사상을 풍류(風流)라고 불렀던 대유학자 고운 최치원(孤雲 崔致遠)이 '이미 유불선의 이치를 애당초 다 갖추고 뭇 삶을 다 가까이 하여 감화·변화시킨다.'(包含三教接化群生)라고 말한 한마디에 이미 유불선 사이의 평화와 뭇 생명의 상호관계성이 제시되었고 벌써 삼태극의 춤이 작동하고 있으며, 대 불교승려인 원효(元曉) 안에 먼저 '부처와 불법과 스님의 세 가지 보물인 목숨의 진리에로 목숨을 들어 돌아간다[歸命三寶]'는 명제 속에 이미 삼태극이 나타나 '현실 총괄의식인 칠식과 초의식·무의식인 팔식을, 깨달음과 어리석음의 양자가 다 들어있는 팔식에 터를 둔 한마음[一心]으로 통합한다'로 비약하고, '그렇지 않음과 그럴듯함의 양면에서 어우러지는 통합적 판단'에로 넘어가서, 드디어는 십문화쟁(十門和諍)과 비승비속(非僧非俗)의 무애무(無碍舞)로 차원을 바꾸어 버린다. 이어서 한민족의 유불선 사상사와 역사·문화의 절정에는 반드시 음양을 동반한 셋이면서 하나인 삼태극의 춤이 움직였음을 알아야 한다. 어찌 일연(一然)과 이승휴(李承休)만이랴! 현금 유럽의 선진과학이나 들뢰즈의 결론인 카오스문화의 '삼축(三軸)-이축(二軸)'론 등이 바로 이같은 생명의 춤 '삼태극'에 연속되어 있음은 전혀 놀랄만한 일이 못 된다. 세계 사상사의 미래를 동아시아 고대 르네상스를 통해서 창조하려 할 때 반드시 한민족 사상사의 생명학의 근거인 '삼태극의 춤'을 제 길로 삼아야 할 이유가 여기에 있는 것이다.

동학과 생명사상

동학은 북방 샤머니즘의 '삼태극의 춤'과 『천부경』의 '사람 안에 천지가 통일되어 있다'의 명제와 함께 풍류의 생명사상을 중심으로

하여 안으로 유불선의 전통과 밖으로 기독교의 충격을 통합하면서 5만 년 전 원시를 새 차원에서 창조적으로 부활시켜 후천개벽을 주장하기에 이른 인류사상사 최고의 대변혁사상이다. 그리고 그것은 분명한 생명학으로서 대전환기의 새 삶의 원형을 인류 앞에 제시하는 성배(聖杯)의 민족사상이다. 동학은 선약(仙藥)이다. 고대의 풍류선도의 무병장수(無病長壽)의 생명학이다. 동학은 영부(靈符) 즉 천부(天符)를 제시한다. 루돌프 슈타이너가 예언한 바로 그 성배요 원형이라는 추론도 가능할 듯하다. '그 모양은 태극이요 또 그 모양은 궁궁[其形太極 又形弓弓]'이라 함이 그것이다. 그 뜻은 '코스모스요 동시에 카오스'다. 그리고 '선천의 원형이요 동시에 후천의 원형'이다. 후천개벽은 선후천이 동시에 균형을 이루되 후천 쪽으로 무게중심이 기우는 '기우뚱한 균형'이기 때문이다. 그리고 태극은 주나라 이후 2천 8백 년 선천(先天)시대의 코스몰로지인 주역의 상징이요 궁궁은 19세기말 서세동점의 지구변혁기에 민생의 비밀장소로서 『정감록』에 예언되어 나타난 혼돈의 구멍이기 때문이다. 그러므로 동학의 원형은 다름 아닌 '카오스모스(들뢰즈, 가타리의 패러다임인 Chaosmos, 혼돈의 질서)'다. 그 이유는 다음에 아주 명백하게 밝혀져 있다.

동학은 하느님을 '지극한 기운[至氣]'이라고 표현하는데 이것은 **첫째**, 이것은 수운에 의해 해설되기를 '혼돈한 근원의 질서[混元之一氣], 즉 혼돈한 태극일기(太極一氣)'요 이전의 성리학에서 주장하던 이(理)와 기(氣)의 모든 공능(功能)을 다 가진 것으로 극에 이르러 그 신령한 힘을 발휘한다'하였다. '혼원지일기'는 다름 아닌 '혼돈의 우주질서'이니 곧 '카오스코스모스', '카오스모스'다.

둘째, 1902년경 전주 모악산 밑 구릿골(銅谷)에서 천지공사(天地公事)를 집행하던 후동학(後東學)의 강증산(姜甑山)이 '수운(水雲)의 지극한 기운[至氣]이란 율려를 말하는 것이고 율려가 이제부터 후천세상을 다스릴 것이다.'라고 말했다.

셋째, 동학은 진화론이며 더욱이 '창조적 진화론'이다. 수운의 모심(侍)에 대한 해설의 구조가 대(大)고생물학자요 대(大)진화론자인 떼이야르 드 샤르댕의 '인간현상' 중의 핵심사상인 '진화의 3대 법칙'에 그대로 일치하며, 수운의 '아니다-그렇다(不然其然)'라는 글은 그대로 진화론, 특히 '창조적 진화론'인 '조화론(造化論)'으로서 유럽과학과 종교조차도 갈망만 했지 한걸음도 앞으로 나아가지 못하고 있는 과학종교의 기원 곧 '창조와 진화의 통일' 곧 '창조적 진화론'에 신령한 빛을 비추어주고 있다.

넷째, 더욱이 진화의 주체로서의 하늘(天) 또는 신(神)을 일체 언급하지 않음으로써 공(空)·허(虛)·무(無)로 남겨두고 그 공경에 가득 찬 '님'의 진화활동만을 해설함으로써 삶에 시시콜콜 간섭하는 고대적인 신이 아니라 '활동하는 무(無)', '창조하는 자유'로서의 신, '진화의 우주적 주체로서의 신'을 설정·인식할 수 있게 한 점이다.

다섯째, 동학은 다원주의적 진화론의 한계를 일찌감치 벗어나 에리치 얀치 등이 역설하고 있는 바 선진적·통합적 진화론인 '자기조직화(自己組織化)'의 진화론을 이미 1860년에 인류사 앞에 제시하였다. 내면의 신령(神靈)과 외면의 기화(氣化) 사이의 이중적 교호과정을 진화로 봄으로써 자기조직화로서의 진화의 핵심을 찔렀다. 더욱이 그 다음에 떼이야르까지도 잘못 인식한 바 있는 '군집(Union)은 개별화(Differentiation)한다.'는 법칙을 역으로 뒤집어 현대의 자유와 자기 선택의 진화론에 여명을 비추듯이 '각 개체 개체가 제 안에서 움직이는 우주적 불가불리성(不可不離性, 朱子의 '不移')을 나름 나름으로 깨달아 실현한다.(一世之人, 各知各移者也)'라고 명언함으로써, 여섯째로 해체 및 탈(脫) 중심과 함께 새로운 '배열'이나 '계열화'나 '촉매' 또는 '뿌리'의 '탈 중심적 중심성'을 논구해 역시 생명과 영성의 '카오스모스'를 강조한 바 있다. 일곱째, 동학은 우주개벽과 사회혁명을 내면의 영성(靈性, 무의식)과 외면의 생명(生命, 생태학)사이의 '아니다-그렇다(不然其然, no-yes의 생명 및 영성의 차원변화논리)'의 이중적 교호관계로, 그것을 드러난 차원과 숨은 차원 사이의 이축(二軸)적 교호관계 속에서 오행(五行)이라는 지구물질구성의 벼리·법칙[綱·天]으로서의 하늘, 그 질료·물질[質·地]로서의 땅, 그리고 그 생명·주체[氣·人]로서의 사람의 삼축(三軸)의 요동으로 인식하고 있어, 유럽철학 및 과학보다도 근원적으로 더 깊고 훨씬 더 높은 경지에 이르렀다는 점을 유럽의 과학·철학이 한참 차원 변화한 오늘날에야 비로소 우리는 발견하게 된다.

생태학이 도달한 자연과 자유 사이의 통합, 혼돈과학이 결핍하고 있는 혼돈 나름의 독특한 질서, 생성철학이 갈망하는 삼축과 이축의 보다 긴밀한 통합과 거리(틈), 또한 창조와 진화, 의식과 복잡화, 개체와 융합 사이의 여러 가지 생명학적 명제에 대해 동학은 미래의 커다란 창조의 지평을 열어주고 있다.

동학의 평등주의와 페미니즘

동학과 동학계 사상들은 생명학에 입각한 평화와 평등의 사상이다. 최수운은 애당초 후천개벽의 밝고 밝은 운수를 각 개체 개체가 다 제 나름 나름대로 밝히라고 하여 개체의 중심성과 그 개체 개체들의 우주적 생명의 연속성을 함께 파악함으로써 평화와 평등을 보장한다. 내면의 정신과 외면의 물질복잡화, 내면의 수양과 외면의 사회변혁, 내면의 영성과 외면의 생명, 신(神)과 기(氣), 영(靈)과 화(化), 후천과 선천, 수련정진과 사회도덕, 숨은 차원과 드러난 차원, 개벽과 혁명, 접(接)과 포(包), 육임제(六任制)에서의 삼축(三軸)과 이축(二軸), 흥비(興比)와 비흥(比興) 등등, 이 모든 이항대립 사이에 '아니다·그렇다'의 평등논리로 일관하여 근원적 평화 위에 삶의 평등한 변혁과 우주질서의 조율까지도 기도하였다. 포(包)가 유불선 삼교 명망가들을 포섭하는 네트워크였다면 접(接)은 호혜(互惠)관계인 계(契)의 공생(共生)적 형태를 띠었고, 가장 혁명적 내용인 「안심가(安心歌)」를 최초의 신도인 자기 부인에게 헌사하고 노비 두 사람을 해방하여 딸과 며느리로 삼은 것은 물론, 안심가에서 '어제날 부귀자는 오늘날 빈곤자요 어제날 빈곤자는 오늘날 부귀자'라는 개벽적 혁명내용이 모두 그러하였다.

수운 뒤 20년에 충청도 연산의 김일부(金一夫) 선생은 자기의 후천역(後天易)인 『정역(正易)』에서 깨달은 자의 교화(敎化) 및 문화론인 '십오일언(十五一言)'과 민중들 자신의 민주적 고대정치경제론인 '십일일언(十一一言)' 사이에 서로 다름에도 불구하고 근본에서 평등한 바른 체제를 세웠고, 日月(일월)을 평등하게 보았을 뿐 아니라 군자와 여인 등 소인 사이에서의 우주질서의 평등화의 기틀로서 율려를 '여율(呂律)'로 바꾸고, 주역의 '음을 누르고 양을 받듦[抑陰尊陽]'의 체제를 변혁하여 '양을 고르게 하고 음을 춤추게 함[調陽律

陰'의 정역(正易)을 세움으로 '바름(正)' 곧 평등을 취하여 생명평화의 기초 위에 정의를 굳혔다. 그러나 '혼돈의 질서', '역동적 균형', '해체적 계열화' 등은 여율만이 아니라 '여율적 율려'를 담은 민속음악에서의 '본청(本淸)'에 와서야 비로소 활발히 표현되고 있는 한국 근대민중예술사의 필연적 차원변화론을 인정해야 할 것이다.

  일부 이후 20년에 등장한 강증산은 수운, 일부의 생명학에 기초한 평화와 평등을 담대무쌍한 우주적 상상력의 차원에서 신비적으로 집행하였으니 그것이 바로 우주재판 즉 '천지공사(天地公事)'다. 강증산은 그의 제자 김형렬에게 다음과 같이 말했다. "여인네들이 손으로 염주 굴리는 저 소리를 들어봐라. 수천 년을 부엌데기로, 남자의 완롱거리로 구박받아 오며 쌓이고 쌓인 원한이 구천(九天)에 사무쳤다. 하늘이 이를 용납했으니 어찌 옛 여인네들만의 세상(母系)이 되겠느냐, 남녀가 동등한 세상이 오겠지!" 강증산은 그 뒤 두 번째 부인인 고판례(高判禮)를 우주의 주체로 떠받드는 '천지굿'을 집행한다. 정읍 대흥리 차경석의 집에서 남자 수제자들이 다 보는 앞에서 고판례의 누운 몸 위에 먼저 올라타고 식칼을 겨누며 증산은 왈, "천지대권을 받을 준비가 되었느냐"는 뜻의 질문을 한다. 그 뒤 자기가 스스로 눕고 그 위에 고판례로 하여금 올라타고 식칼을 겨누며 "삼계대권(三界大權)을 지금 당장 다 내어 놓으라!"라고 호통치게 하고 거기에 대해 자기는 두 손을 싹싹 빌면서 "네에, 지금 당장에 다 드리겠습니다."라고 한다. 그리고 난 뒤 마당에 불경, 성경, 사서삼경과 공명첩(功名帖), 계산서 등 온갖 서류를 다 갈기갈기 찢어놓고 고판례가 그 위를 밟고 다니며 걸뱅이 각설이 타령조에 따라 춤추게 하였다. 증산은 제자들에게 이것이 바로 '천지굿'이니 천지

태평의 길이라 말한다. 당시 강증산은 스스로 옥황상제 즉 하느님을 자처했으니 이 굿은 곧 그의 우주재판인 '천지공사'와 안팎을 이루는 '후천개벽의 페미니즘'인 것이다.

그러나 동학에서 평등, 평화, 페미니즘 사상은 사실 동학의 2대 교주인 해월(海月) 최시형(崔時亨)에 이르러 그 극치에 도달한다. 해월은 아예 동학의 명운을 '부인도통(婦人道通)'에 걸었다. 많은 부인들이 도통하느냐 마느냐에 동학의 흥망성쇠가 걸려있다고 볼 정도로 해월은 여성의 중요성 즉 여성·여성성·모성, 카오스 중심의 생명운동의 중요성을 의식하였다. 해월의 가르침 가운데 핵심은 우선 '내측(內則, 부인들의 행동지침)'과 '내수도문(內修道文, 부인들의 수련교과)'두 개에 두었고 여성들의 임신, 즉 '포태(胞胎)'를 두고 "후천시대의 타고난 도인(道人)은 부인들이니 곧 천지부모라! 천지부모인 사람을 스스로 모셔 제 안에 잉태할 수 있으니 천지부모의 천지부모라"고 하였다. 자연히 집안 살림을 가장 중요한 생명운동 즉 '살림'으로 동일시하여 음식의 중요성을 거듭 강조하였다. "밥 한 그릇이 만사지(萬事知)다"라고 했으니 이 한마디는 20년 전의 '한살림' 생활협동운동, 유기농운동의 캐치프레이즈가 되었다. 현금에 있어서도, 전 세계적으로도 시민생명운동, 생태환경운동, 즉 '생협과 녹색운동' 전체에 있어서 해월의 이 사상은 변함없는 지침인 것이다.

제사에 있어서 위패(位牌, 신위)와 멧밥의 위치를 벽을 향하여 설치하는 제사[向壁設位]에서 나를 향하여 설치하는 제사[向我設位]로 대역전시킨 1897년의 '앵산(鶯山)의 가르침'은 인류 오만 년 역사의 가장 큰 사건이요, 생명의 참다운 생성 즉 시간을 지식인들의 변조물인 역사와 구별하는 인류문화의 대 구조혁명인 것이니, 그 앞에서는 평등이니 평화니 하는 자잘한 이념들이 모두 다 무색하다. 왜냐하면 나로부터 시작된 우주생명의 시간적 의미는 천지만물과 고금역사가 신령과 함께 지금 여기 살아있는 나에게로 돌아와야 한다는 이 제사혁명에 다 들어있기 때문이다. 이것이 소홀해질 때 노동정의도 민중의 내면적 삶의 생성과 그 충족도 없기 때문이니 도무지 어디에 평화와 평등이 있으랴! 또한 해월은 인간이 다른 생명을 먹고, 생명을 생명이 먹는 먹이사슬을 '한울이 한울을 먹는다(以天食天)' 라 하여 명백히 우주적 '자기조직화' 의 원리를 가르쳤다. 우리의 생명학, 우주생명학은 바로 여기에 터를 잡을 것이다. 그러나 막상 해월사상에서 드러난 가장 감동적인 사상은 청주 서태순의 집에서다. 뜨거운 한여름날 집 뒷방에서 그 집 며느리가 덜거덕덜거덕 베틀 짜는 소리를 듣고 있던 때다. 해월은 그때 '며느리가 일하는 한울님이니, 일하는 며느리를 한울님으로 모셔라' 고 말씀했다. 그때나 지금이나 천덕꾸러기인 여성 중에도 가장 밑바닥의 천덕꾸러기가 며느리 아니었던가! 새벽부터 밤까지 끝없이 일하고도 밑바닥 대접밖에 못 받던, 그 이름조차 없던 며느리를 그 시아버지인 서태순더러 한울님으로 모시라는 한 말씀에 생명의 세계관과 평등과 평화의 원천이 시퍼렇게 살아있지 않은가!

한민족 고유의 생명사상 방법론

참다운 생명과 평화의 길은 매일 매시간 우리의 삶에서 진행되는 생각과 인간관계와 자연과의 관계 등에 일관하는 논리형태, 즉 삶의 방법론에 달려있다. '나는 네가 아니고 너는 내가 아니다' 라거나 '이것은 저것이 아니고 저것은 이것이 아니다' 라는 논리와 말과 삶.

그리고 '너와 나는 항구적으로 싸우거나 잠정적으로 화해하는데 결국 둘 중의 어느 하나가 승리해야 둘은 통일된다' 라는 논리와 말과 삶. 크게 보면 이것이 인류의 '죽임' 의 논리요, '죽임' 의 방법이다. 그리고 이 '죽임' 은 '있음' 을 목표로 하고 '있음' 에 의해 합법화된다. 생명은 '있음' 이 아니라 '살아있음' 이다. 생명은 죽음과 대립하지 않는다. 생명은 삶과 죽음을 다 포함하는 우주적 순환, 관계, 다양이다. 생명은 인위적 살해, 즉 '죽임' 과 대립한다. 그리고 '죽임' 은 목숨을 끊는 것만이 아니라, 억압·착취·구속·멸시·학대·부자유·차별·강제·세뇌 등 온갖 생명의 가치를 잃어버리게 하는 행위 등을 다 가리킨다. 바로 이 '죽임' 에 대립하는 것이 곧 '살림' 이다. 우리가 생명운동을 '살림' 이라 부르는 것은 바로 이 때문이다. 그러나 '살림' 은 '모심' 을 전제한다. '모심' 만이 '살림' 의 길이다. 그러므로 우리의 삶의 논리·방법은 모심, 타자의 생명의 모심, 양자 사이의 관계의 모심을 전제한다. 그때 우리는 이렇게 말하게 된다. "너는 내가 아니고 나는 네가 아니지만 너는 나이고 나는 너이다." 또는 "이것은 저것이 아니고 저것은 이것이 아니지만 이것은 저것이고 저것은 이것이다." 그리고 나아가 이렇게 말해야 한다. "너와 나는 서로 달라서 반대되지만 서로 상호보완적이다. 둘 사이의 관계가 바뀌어 새로운 사태가 나타나는 것은 제3의 지양과 통일이 있어서가 아니라 그동안 보이는 너와 나의 관계라는 보이는 차원 밑에 숨어있던 근본차원이 드디어 드러난 차원으로 차원변화하는 탓이다."

외면의 생명도 내면의 영성도, 외면과 내면의 관계도 그 관계들의 차원변화도 다 그렇다. 우리는 형식논리, 배제의 논리와 변증법을 적극적으로 극복해야 한다. 아마도 유럽의 '모순어법(Oxymoron)'은 많은 도움을 줄 것이다. 무엇보다 삶의 논리, 생명사상의 방법론을 변혁함에 다음의 세 가지 원리가 배경이 되고 기초가 될 것이다.

첫째 역(易)에서와 같이 음(陰)과 양(陽), 상생(相生)과 상극(相克)은 항시적·잠정적 차이가 없고 언제나 상보(相補)적이다.

둘째 현대 생물학이나 물리학에서와 같이 만물만생과 영성은 드러난 보이는 차원과 숨은 보이지 않는 차원이 있다. 숨은 차원은 드러난 차원을 추동·발전·변화·수정·개입·보조하다가 드러난 차원의 해체기에 가서는 숨은 차원 스스로 드러난 차원으로 눈에 보이게 나타난다. 차원변화요 '개시(開示)'이다.

셋째 동학의 '불연기연(不然其然)'에서와 같이 드러난 차원의 상생과 상극의 상보적 관계에서도, 드러난 차원과 숨은 차원 관계에서도, 숨은 차원이 숨어있을 때와 드러날 때의 관계에서도 언제나 적용되는 논리는 '아니다 - 그렇다(不然其然), no-yes'의 논리다. 모든 생명철학과 베르그송, 떼이야로 드 샤르댕, 베이튼 등의 논리와 뇌활동의 원리이며, 그 모방으로서의 컴퓨터의 이진법이 바로 이 논리이다.

한민족 고유의 자연친화적 문화통로

동아시아와 한국은 근대의 서세동점시대에 유럽의 과학에 밀려 자신의 과학을 망각하였다. 그러나 근대화·유럽화 과정에서도 끝끝내 완전히 망각하지 않고, 또 수정이나 탈파(脫破)의 과정 없이 비교적 순정하게 전승해 온 동양 나름의 과학이 있다면 두 가지일 것이다. 그것은 동의학(東醫學)과 풍수학(風水學)이다. 의학은 몸에 관한 것이고 풍수는 땅에 관한 것이다. 그러나 몸 역시 마음에 연속되고 땅 역시 하늘에 연결된다. 그러므로 몸 안에서 마음을 보고, 땅과 함께 하늘을 보아야 한다. 그러므로 동의학과 풍수학은 동양 나름의 자연과학과 인문학의 결합이요 앞으로 동서양 과학 및 인문학의 창조적 결합 또는 이중적 교호결합으로 나아가는 데에 있어 유용한 디딤돌이다. 우리나라의 옛 의학, 즉 동의학에서의 커다란 두 기둥을 생각하지 않을 수 없다. 허준(許浚)의 동의보감(東醫寶鑑)과 이제마(李濟馬)의 사상의학(四象醫學·東醫壽世保元)이 그것이다. 우리는 이 두 기둥으로부터 우리 자신의 가장 결핍된 부분인 과학철학, 생명과학의 철학 원리를 이끌어내야 한다. 그것이 어쩌면 생명학 건설의 구체적인 첫 발걸음이 될 것이다.

「천부경(天符經)」에는 다음과 같은 기이한 구절이 있다. '셋과 넷이 고리를 이룬다(三四成環)' 셋은 무엇이고 넷은 무엇인가? 단전과 경락계의 사정을 육체에 관한 한 거의 전 방면을 '산 채로, 일상적으로' 기록하고 산 채로 처방한 동의보감이 혼돈한 생명기운의 운동과 그 병적인 발현 및 그에 대한 살아 생동하는 처방이라는 '3수분화적(三數分化的)' 과학이라고 한다면, 태극 사상의 역(易) 원리를 관통시켜 눈에 보이는 세포·장기·기관 등을 음양(陰陽)·사상(四象)·체계적으로 분석·종합·처방하되 심장만은 '일묵(一默)'으로 '모심' 처리한 이제마의 사상의학이라는 '2수 혹은 4수 분화적(二數或四數分化的)' 생명활동의 과학이라고 구분할 경우, 하나는 활동, 다른 하나는 위상(位相), 하나는 혼돈, 다른 하나는 균형, 하나는 카오스, 다른 하나는 코스모스, 하나는 '삼동계(參同契)'나 '단전법(丹田法)' 등 선도풍류계 생명학이라면 다른 하나는 '황제내경(皇帝內經)'의 정통법을 음양사상으로 리모델링한 '사위생명체'의 우주적 신체학이라 할 수 있다. 한민족의 선도풍류와 노장학이 공유(共有)하는 '환(環)' 또는 '고리'는 '끝난 곳에서 시작하는' 이른바 '종시(終始)'의 사상으로서 '몸'의 율려를 가리킨다. 동시에 셋으로서의 보이지 않고 확정키 어려운 병기(病氣)의 혼돈이 넷이라는 사위체(四位體)요 눈에 보이는 균형 또는 위상과 연결되어 '환' 또는 '환중'과 같은 미묘한 '혼돈의 질서'를 형성한다는 것은 천부경에서 '삼사성환' 뒤에 붙어 '오칠일(五七一)'이라고 불리는 뇌세포 및 무의식의 최심부의 치료, 즉 '지극한 치료[至療]'의 경지라, 바로 최고의 치유를 율려라고 부르는 의학상의 비의(秘儀)에 가깝다고 하겠다. 이것이 아마도 우리의 구체적 생명과학의 첫 기초일 것이다.

풍수학은 문자 그대로 땅에 있어서의 바람과 물, 즉 장풍(藏風)과 득수(得水)의 관계로부터 땅과 하늘의 관계인 좌향(坐向), 땅의 구심 작용인 형국(形局), 땅의 경락(經絡)과 단전(丹田)을 심층 표층에서 물과 공기와 토질·암석·식생계를 연관하여 보되 기(氣)의 운동으로 밝히고 처방하는 것이니 왈, 땅의 생명학이다. 오늘날 유럽에서 제기되고 있는 제임스 러브록의 가이아학설, 일명 지구의학, 지구생리학도 유럽과학치고는 대단히 파격적이지만 지구풍수학의 도움 없이는 그저 지표(地表)에 대한 외과적 조치로 끝날 뿐 심층치유가 불가능할 것이다. 풍수의 형국론은 곧 생태학의 생물지역론(Bioregion)으로서 생명학에 입각한 지역자치제의 재구획활동에서 결정적 소의과학(所依科學)이 될 것이다. 풍수의 근본, 특히 한민족의 자생풍수(自生風水)는 그 바탕에 풍류(風流)를 깔고 있다. 우리는 땅과 흙과 지구의 생명학인 풍수를 재탐구하여 심지어 오늘날 유럽·아메리카에서 인테리어나 도시설계에까지 활용되고 있는 이 분야를 러브록류의 지구과학과의 사이에서 창조적으로 탐구연찬하며 우선 그 사이에 끼어있는 천박한 오리엔탈리즘부터 제거해야 할 의무가 있다.

호혜적 문화교류를 통한 지구촌 평화의 길

한국과 여러 동아시아 민족 전통의 고대에는 여러 부족 사이에, 그리고 해양과 대륙 사이에 산악과 벌판, 공급계와 수요계, 유목민과 농경민 사이에, 또는 신령한 하늘숭배문화와 지상적 신체적인 삶의 문화 사이에, 상호 혜택을 나누고 공유하는 호혜시장, 즉 '신시(神市)'가 유행했다고 한다. '신시'는 그 바탕에 여러 유형의 복합적인 '계(契)'의 기능을 갖고 있고 그 교차로, 융합권, 해방구, 용광로, 결절점(結節点)이 곧 솟대 또는 솥터였다고 한다. 고대민족들은 이러한 호혜(互惠)라는 인격교환과 생태학적 배려와 신성한 우주질서에 대한 엄중한 경배를 기본 성격으로 하는 '신시'를 통해 인간내면의 영성적 평화, 사회적 평화, 민족 간의 평화, 농경정착문명과 유목이동문명 사이에 자연생명과 인간과의 평화를 성취하였으며, 심지어 일월(日月)과 함께 지구중력권, 태양계, 은하계까지의 소위 '우주적 만물질서의 평온'을 누렸다고 한다. 이러한 생명과 평등, 평화의 정치적 반영이 곧 고대 직접민주주의와 전원일치제인 '화백(和白)'이었고 생명평화의 문화가 곧 '풍류(율려는 바람, 즉 풍류다)'이다. 또는 일본 아스카 고분에서 출토된 고구려 천상열차분야지도(天象列次分野之圖)에 의하면 거대한 성운군(星雲群)인 천시원(天時垣), 자미원(紫薇垣), 태미원(太微垣) 사이에 질서의 평온이 유지되었다고도 한다. 그리고 한국역사천문학회에 의하면 당시 지구중력권의 직녀성과 태양계 중심의 남두육성(南斗六星)과 은하계의 북두칠성(北斗七星)이 직렬(直列)함으로써 우주질서의 평화가 왔다고도 한다. 이 같은 일만년 또는 일만사천년 전의 경우 천문에서 나타나는 우주와 지구의 평화는 우리에게 그저 신화에 불과하고 비과학적 미신에 불과한 것일까? 지금 우리가 겪고 있는 기상이변을 근본에서 극복하라는 화두(話頭)인 '그늘이 우주를 바꾼다(影動天心月)'에서 우리는 그 어떤 '우주생명학의 길'을 찾아 나아가야 할 것인가?

생명학은 우주생명학(일월을 포함한 중력권, 태양계, 은하계의 여러 성운군에 관한 직관과 과학적 참구(參究)에 의해 이루어질 '큰 살림' 또는 '한살림')에 와서야 그 극치에 이를 것이다. 지금의 불볕과 열대야를 어찌할 것인가? 아니 무슨 현상인가? 이것을 몰라도 되는 것일까? 그저 속수무책으로 하늘에만 비는 것으로 아니면 바다와 산속으로 도망가는 것이 능사인가? 참다운 평화는 우주만물질서의 평온에 이르러서야 이룩되는 것이며 다른 모든 인간적 평화가 모두 그것에 의거해 이루어지는 것이니 생명학은 곧 우주생명학인 것이다.

모심을 통한 살림의 길

생명에 대해, 우주생명에 대해, 혹은 무생명까지도 우주적 공동주체로 인정하는 넓은 인식의 지평 위에서 우리가 반드시 먼저 지켜야 할 윤리는 '모심'이다. 그러나 모심은 단순한 공경만을 뜻하는 것은 아니고 창조적 배태이며 긴장의 지속이며 은혜에 대한 보은이며 산 것에 대한 지극한 관심과 기름(養)이다. 바로 이 같은 모심에 의해서만 죽임에 의해 위협받고 시달리는 생명, 우주생명, 무생명과 모든 사물, 사태, 사유와 예감까지도 살아나는 참다운 '살림'에 도달할 수 있다. 오늘 한국인과 동아시아, 아시아인, 그리고 세계인의 생명운동은 결국 두 명제로 귀일되는 것이니 그것이 곧 '모심' 과 '살림' 이다. 바로 모심과 살림만이 성장의 한계와 질적인 성숙을 도모할 것이며, 이른바 생태정의를 구현할 것이며, 페미니즘의 근본자세를 정립할 것이며, 생태계의 문화를 보다 근본적인 생명문화로서 높이고 넓히고 심화시킬 수 있을 것이다.

생명과 평화실천의 선결 과제 세 가지

첫째 과제, 천지인 삼수분화적 접근

천지인(天地人)이라는 삼수분화의 혼돈에 중심을 둔 이수분화 배합의 세계이해로부터 우주생명학 성립이 가능한가를 물어야 한다.

그리고 생명학적 접근으로 인간 내면의 평화, 민족과 민족, 문명과 문명 사이의 전쟁 없는 영구평화, 우주만물질서의 근원적 평온의 회복, 인간과 인간의 사회적 경제적 평화, 인간과 자연의 생태학적 평화, 인간과 도구 사이의 경건한 평화가 참으로 가능한가를 거듭거듭 물어야 한다.

둘째 과제, 음양 이수분화적 접근

중심은 삼수분화에 두되 그 기우뚱한 균형 속에서의 음양(陰陽)이라는 이수분화에 또 하나의 중심을 둔 세계이해로부터 보다 체계적이고 카오스-코스모스적인 우주생명학 성립이 가능한가를 물어야 한다.

생명과 영성의 관계정립, 에코와 디지털적 영적 통신의 관계정립, 뇌(腦)에 대한 자연과학적 접근을 우리는 매우 비판적 자세를 견지하지만, 뇌와 영성사이의 관계는 단 하나라도 놓쳐서는 안 될 것이다. 악학궤범에서의 이른바 '팔풍사위(八風四位)'에서 사위(四位)의 과학적 중요성 등이 그것이다.

셋째 과제, 혼돈의 질서(Chaosmos)와 불연기연론(不然其然論)
'혼원지일기(混元之一氣)'의 문제의식을 확실히 할 것.
혼돈적 질서를 통한 구체적 삶의 모습에 대한 지속적 논의가 필요하다.

'한살림'의 한은 크게 세 가지 뜻을 가진다. ①낱(개체) ②온(전체) ③중간(관계) 이것은 여하히 논리적으로 인식되는가? 보이는 차원과 보이지 않는 차원 사이의 관계에 대한 과학적 인식의 대중화가 필요하다. 예컨대 그레고리 베이츤의 생명차원변화론, 데이비드 봄의 드러난 차원과 숨은 차원의 물리차원 관계론과 함께 최수운의 불연기연론의 삼자비교분석이 실재화해야 한다. 생명, 물질, 영성의 삼자관계다.

그 위에서 김일부(金一夫) '정역(正易)'의 개괄적 인식과 '율려 및 여율론'의 상세한 해석이 필요하다. 또한 강중산의 부인과 식칼의 의미, 페미니즘적인 반전(反轉)을 살펴야 하며 모악산에서 또는 정읍 대흥리에서 제자들에게 한 "나는 옥황상제다. 그러므로 너희도 옥황상제다"라는 파격적 선언이 오늘에 의미하는 것을 밝혀야 한다.

허준(許浚)의 동의보감 연구가 워크숍의 형식으로 이루어져야 하고, 동무(東武) 이제마(李濟馬)의 사상의학 워크숍, 혜강 최한기(惠崗 崔漢綺)의 기철학과 특히 그의 '운화론(運化論)과 인정(人政)의 관계'가 정역(正易)의 '십일일언(十一一言)'과의 비교 속에서 검토되어야 한다.

넷째, 해방이후의 사상사에서

김범부(金凡夫)의 '제3휴머니즘'이나 '동방르네상스', '사증론(四證論)', '최제우론'과 '음양론' 등은 심층 연구되어야 하며, 한동석(韓東錫)의 두 권의 저서, 『우주변화의 원리』와 『동의수세보원주석』은 수차례의 워크숍을 통해 연찬 이해되어야 한다.

식민지와 해방 이후 시대의 동학계 사상 이해가 상세히 적시되어 현재와 보다 가까운 근대적 조건 안에서 생명학을 현재화하고 구체화, 실질화해야 한다.

다섯째, 일본과 중국으로부터의 참고

유럽사상에서의 생명학 연찬과 중국사상사에서 또는 모슬렘으로부터와 인도로부터도 역시 그 사업은 매우 중요하다. 그리고 이것은 한민족의 촉발, 즉 '서울 발 고대아시아 르네상스' 과정에서 탐구되어야 한다. 그러나 그전에, 예외적으로라도 검토되어야 할 필수적 학문 등이 있다. 그것은 다음과 같다.

16세기 북경에서의 마테오 리치의 활동에 관한 연구.

일본 기리스땅(切支丹, 일본 가톨릭) 연구.

중국 태평천국(太平天國) 연구.

중국 담사동(覃嗣同)과 이대교(李大釗) 연구.

일본 오모도교(大本敎)와 '에자나이까 운동' 및 일련정종(日蓮正

宗)의 창가학회(創價學會) 그리고 니시다 기따로(西田幾多郞) 및 명치(明治)에 거역했던 다수의 일본 참회 귀족들의 사상모험에 관한 탐구.

기타 베트남, 인도, 몽골 및 티베트 불교의 연구 등이 지속적인 워크숍 등을 통해 연구되어야 할 것이다.

여섯째, 원주캠프의 생명사상과 '한살림운동' 의 분석 평가
한살림생협과 카톨리시슴, 또는 동학.
한살림생협과 일본생협의 교류사.
한살림과 생협 일반.
한살림운동과 환경운동.

소비생산 유기농산물 도농직거래와 생명문화운동의 교호관계 연구가 모두 관련자의 사망이나 자료 산실 이전에 생생한 형태로 이루어져야 한다.

결어

사단법인 '생명과 평화의 길' 은 자기의 활동구호를 '그늘이 우주를 바꾼다' 로 결정한다. 이 말은 한시의 한 구절로 '影動天心月(영동천심월)' 이다.

1850년대 무렵 충청도 연산(지금의 논산) 인내강변의 '띠울' 이란 마을에 한 기인(奇人)이 살고 계셨다. 전력은 참판까지 한 분인데 낙향하셨다. 연담(蓮潭) 이운규(李雲奎) 선생이시다. 연담 선생 문하에 세 사람의 제자가 있었다 한다. 최수운(崔水雲), 김광화(金光華), 김

일부(金一夫)다. 연담은 최수운에게 선도(仙道) 부활의 동학을, 김광화에게 불교혁신의 남학(南學)을, 김일부에게 유학의 꽃인 주역(周易)의 일대혁파에 의한 간역(艮易, 즉 正易)의 길을 제시해 주었다. 수운이 경상도에서 동학을, 광화가 전라도에서 남학을, 그리고 일부가 충청도에서 정역을 창조하였으니 격암유록에 의한 삼남후천개벽을 상기시킨다. 연담이 일부에게 새 시대의 대역(大易) 창안을 제시하면서 주신 화두가 '그늘이 우주를 바꾼다' 이다. 이것은 정역의 원리 중 '역수성통원리(易數聖統原理)'의 상징이다. 2천 8백 년의 나이를 먹은 중국역·문자역·남성역인 주역에서는 '참찬론(參贊論)'이라 하여 인간은 우주의 질서를 깨우쳐 배우되 그에 일치해서 도덕을 세우고 세상을 다스릴 뿐, 우주질서를 바꿀 수는 없다는 것, 즉 참여할 뿐이라는 말뜻이다. 뉴톤의 우주론과 흡사하다. 여기에 비교할 때 '易數聖統原理'는 우주변화의 진리를 인간이 깨우치고 나면 그 진리(물론 후천개벽의 진리다.)에 의해 우주질서를 조절하여 바꿀 수 있다는 엄청난 개벽적 혁명의 논리다. 심리물리학이나 관찰자참여우주론과 비교할 만하다.

천심월(天心月)은 우주핵이니 쉬운 말로 '신의(神意)' 즉 '하늘의 뜻' 이다. 후천개벽은 정역식으로 풀이하면 '천심월(우주핵)' 이 '황중월(皇中月, 존재핵, 사람 마음의 중심)'로 '옮겨옴(動)'을 뜻한다. 그런데 사람 마음의 핵이 곧 우주의 핵인 것이다. 우주질서와 인간 마음의 일치결합이니 이것이 바로 율려이고 개벽이니, 오늘날 같은 후천개벽시대에는 그것이 바로 '여율' 인 것이다. 바로 그 '여율' 이 세상을 다스린다는 것이 또한 강증산의 표현이기도 하다. 그래서 '천지굿' 도 있었다. 여하튼 '동천심월(動天心月)' 은 개벽이요 우주를 바꾼다는 뜻이다. 무엇이 우주핵을 존재핵으로 바꾸는가? 율려요 여율로서의 율려다. 그 율려 또는 여율적 율려는 구체적으로 무엇인가? '그늘' 이다. '그늘' 은 무엇인가? '그늘' 은 물론 역학(易學)과 율려학(律呂學)에서는 그 나름의 복잡한 음악학적인 전문적 의미가 있다. 그러나 연담의 이 시구에는 그런 전문적 의미까지도 포함한 채 보다 대중적·민중적인 삶의 내용이 깊이 담겨있음을 놓쳐서는 안 된다.

'그늘' 이 무엇인가?

이것은 차라리 판소리나 시나위나 산조(散調) 등의 속악(俗樂)에서 그 말의 참 뜻, 그야말로 말의 그늘을 찾아야 한다. 연담의 뜻이 '뭇 생명을 가까이해서 변화시킴(接化群生)' 에 있지 전문적 학술에 있지 않음을 빨리 눈치채야 한다. 그것이 스승에게 배우는 자세다. 소리에 있어서 그늘은 미학의 가장 중요한 패러다임이다. 우선 윤리적으로 인생의 쓴맛·단맛의 신산고초를 피해버리거나 적당히 얼버무리는 사람에겐 '그늘' 이 깃들지 않는다. 피하지 않고 받아내되 분노나 폭발이 아닌 '삭힘(견딤)' 으로 인욕정진(忍辱精進)하는 삶의 자세에서 그늘이 깃든다. 그것은 그윽한 슬기로움과 숨은 용기일 터이다. 예술적으로 그것은 피를 몇 대접씩 쏟는 독공(篤工)의 결과로, 슬픔과 기쁨, 웃음과 눈물, 청승과 익살, 이승과 저승, 사내와 계집, 나와 너 등 온갖 상대적인 것들을 함께 또는 잇달아, 하나로 또는 둘로 능히 표현할 수 있는 성음(소리)인 '수리성' 을 '그늘' 이 깃든 소리라고 한다.

예컨대 심청가에서 심봉사가 개굴창에 빠지는 청승스런 대목을 도리어 익살스럽게, 뺑덕엄씨와의 우스꽝스런 작희를 오히려 심각하게 표현할 수 있는 재능이 끝없는 인욕정진의 '삭힘' 에서 비롯된

'시김새'가 있음으로써만 가능한 것이다. 이것을 '그늘'이라 하는데 우리 소리의 미학에서는 바로 이 '그늘'이 결정적이다. '저 사람 소리엔 그늘이 없어!' 하면 예술가로서는 끝장이다. 바로 이렇게 윤리적 패러다임과 미학적 패러다임이 일치하는 데에서 우리 민족의 민중예술과 미학의 탁월함이 있는 것이다. 바로 이 같은 '그늘'도 '귀신울음소리[鬼哭聲]'까지 표현할 정도래야 진정한 예술로서 '지극한 예술[至藝]'에 이르고 지예만이 참 도(道)에 이르는 것이다.

'귀곡성'까지 가려면 '그늘'만으로는 부족하다. 우주를 바꾸려면 신의 마음을 움직이고 감동시켜야 하는데 그러자면 그늘이 있어야 하고, 그 그늘만 아니라 거룩함·신령함·귀기(鬼氣)나 신명(神明)이 그늘과 함께 있어야 하며 그늘로부터 '배어 나와야' 한다. '아우라' 혹은 '무늬[文]'다. 바로 이 경지를 '흰 그늘'이라 부른다. '흰'은 곧 '신'이니 '혼' '붉' '불' 등이 '흰'이다. 그늘의 이중적 교호관계라는 드러난 차원과 함께 그 뒤에 숨은 보이지 않는 차원에서 '흰 빛' '신령하고 성스러운 흰 빛'이 눈에 보이게 배어 나올 때에 적어도 '역수성통원리(易數聖統原理)'가 관통해서 우주가 바뀌는 명리가 된다. '귀곡성'이 좋은 예이다. '그늘이 우주를 바꾼다'는 말은 우주를 바꿈, 즉 숨은 신령의 드러남인데 바로 우주를 바꿀 때의 그 주체인 그늘이 곧 '흰 그늘'인 것이다. 그것은 마치 몸은 낡고 줄기는 괴상하나 가지는 깨끗하고 끝은 연하고 부드러우며 꽃은 기이한 그러한 매화의 경지나 바람과 란(蘭), 즉 난초의 움직임[飄然]과 뼈 기운[骨氣]을 함께 포착하는 데에 사군자(四君子)의 의미가 있듯이, '우주를 바꾸는 그늘'은 곧 '흰 그늘'이니 말 자체로서는 '형용모순'이요 '모순어법'이나 우리가 내내 탐구해 왔던 '상극 상생의 상보성'이나 '반대되는 것이 서로 돕는 것', 즉 '아니다' 이면서 '그렇다'이고 '그렇다'이면서 '아니다'인 것, 드러난 차원 밑에서 숨은 차원이 드러나 보이기 시작하는 차원변화, 우주개벽과 사회혁명을 하나로 연속시키고 교호시키는 개벽적 혁명, 이 모든 모순어법이 '흰 그늘'인 것이다. '그늘이 우주를 바꾼다'는 생명과 평화의 길이 '흰 그늘'을 목적으로 함을 뜻한다. 그러나 '흰 그늘'이 까다롭고 어렵기만 한 고급담론에 그치는 것인가? 그렇지 않다.

월드컵 때 한 달 내내 전국의 거리와 운동장을 가득 메운 '붉은 악마' 그 칠백만의 물결이 거듭 내세워 외쳐댄 세 가지 명제가 무엇이던가? 3분박 플러스 2분박의 혼돈의 질서(카오스모스)인 '대~한민국'과 '따따따 따따'의 이른바 '엇 박'이 아닌가! 과거 유목을 청산하고 농경에만 문명의 기초를 놓고자 한 중국의 황제(黃帝)와 74회의 피투성이 전쟁을 치러낸 고조선 배달국 14대 천황 치우(蚩尤)의 시뻘건 로고는 무엇을 의미하는가? 북방계 대륙의 유목이동문화(현실 유럽과 아메리카의 세계화 방향의 지배적 문명론)와 남방계 해양의 농경정착문화(현금 제3세계의 반세계화주의자들과 민족 및 지역주의·생태주의와 농업주의자들의 문명론)의 이중적 교호결합을, 달리 말하면 도시중심의 디지털과 농촌중심의 에코가 우리의 신령한 육체 속에서 이중적으로 교호결합, 새로운 차원변화를, 새 문명의 모습을 현대세계에 제시한 집단적 예언이 아니었는가? 붉은 악마가 계속 밀고 나온 상징이 무엇인가? 태극기 아닌가? 태극기가 무엇인가? 한민족의 태극기는 중국의 태극형상과 '같지만 다르다.' 이 점이 매우 중요하다.

중국의 태극도설이 나온 것은 송(宋)나라 때 주렴계(周濂溪)에 의해서이고 한국에서 태극 또는 삼태극은 북방 샤머니즘의 오랜 고대

문화, 바로 신석기시대의 홍산(紅山)문화에서이며, 아주 가까운 물증으로라면 송대보다 수 세기 앞선 신라 때의 감포 감은사 두 탑 사이의 두 맷돌 위에 새겨져 있다. 중국의 태극형상은 흑과 백에 나누어져 좌우로 서있다. 그리고 흑점·백점이 있다. 그리고 첫째 건괘(乾卦)와 둘째 곤괘(坤卦)에서 63번 수화기제(水火旣濟)와 64번 화수미제(火水未濟)까지의 역경 전 괘상(卦象)을 모두 압축한 네 개의 괘상이 동서남북 정방(正方)에 배치되어 있다. 여기에 비해 한국의 태극기의 태극형상은 붉음과 푸름으로 점은 없고 위 아래로 나뉘어 누워있다. 그리고 역경 전체를 압축하는 네 개의 괘상은 동서남북의 간방(間方)에 배치되어 있다. 역(易)은 읽는 방식에 따라 뜻이 같으면서도 또한 달라진다. 중국 태극과 한국 태극은 여러 가지 읽는 방식을 달리할 때 같은 뜻임에도 엄청난 차이를 드러낸다. 바로 이 같음과 다름을 큰 틀에서 함께 지니고 있는 것이 곧 한민족 고대의 '삼태극'이다. 이것이 어쩌면 오늘 중국의 동북공정이나 역사왜곡의 근거인 동일한 사료(史料)에 대한 해석학(읽기)의 큰 차이요 역사전쟁의 전략인 사관(史觀)의 차이가 될 것이다. 바로 이 같은 뜻이 모두 담긴 용(用)이요 활동으로서는 '그늘이 우주를 바꾼다'이고, 체(體)이며 상징으로서는 '흰 그늘' 인 것이다.

  생명과 평화의 길은 '그늘이 우주를 바꾼다'는 새 시대의 생명학, 우주생명학을 찾아가는 길이며 그 길 자체가 곧 '흰 그늘' 인 새 삶의 원형을 제시한 성배(聖杯)의 민족노선이요 '흰 그늘' 또는 '흰 어둠[白闇]'의 새로운 인류문명의 길, 카오스모스 문화, 역동적 균형에 가까운 새 문명의 길인 것이다. 앞으로 100년간 폭염(暴炎)이 지구를 지배하리라 한다. 어찌할 것인가? 이 길뿐이다. 이 길은 '삼태극의 춤' 이니 곧 옛 김범부 선생의 그 '동방르네상스' 의 길이요 신인간에 의한 호혜세계 창조의 길인 것이다. 흰 그늘이 붉은 악마의 눈빛에 서글서글한 아리따움으로 드리울 날. 그 우주가 바뀌는 날, 우리는 바로 그날을 기다린다. 중력권 내부로부터 흰 빛 초월의 아우라가 솟아나는 바로 지금 여기에서의 대(大)개혁, 대(大)자유의 날!

젊은 다중적민중(多衆的民衆)

10대, 20대, 30대의 카오스민중과 전 민족, 전 동아시아와 아시아, 전 태평양주변의 민족들, 아메리카와 유럽과 모슬렘, 러시아, 아프리카, 남미, 호주 등을 모두 다 끌어안은 '카오스민중'들 속에서 '흰 그늘'이 떠올라 드디어 '그늘이 우주를 바꾸는 그날'이 오기를 인격·비인격·생명·무생명 모두를 아우르는 우리, 그 우리가 기다린다.

'생명과 평화의 길'은 바로 스스로 노력하면서 동시에 그것의 신령한 차원의 우주적 실현에 대한 바로 이 기다림인 것이다.

단기 4337년 (서기 2004년) 8월 26일
사단법인 '생명과 평화의 길' 일동

화엄개벽의 모심*

세계는 바야흐로 화엄개벽의 길로 나아가고 있다.
무엇이 화엄개벽의 길인가?
화엄개벽의 길은 어디에 있는가?
나는 최근에 한 기이한 리포트에 접하고 온 몸과 온 마음에 소름이 돋는 것을 느꼈다. 그것은 3년 전 영국의 『네이처』지(誌)에 실린 마이클 위팅의 보고서 '재진화(再進化 : re-evolution)'에 대한 미국의 저명한 생물학자 린 마굴리스 여사의 자그마한 논평문 「내부공생도 재진화하는가?(Endosymbiosis also re-evoluts?)」이다.
요체는 이렇다.

만약 내부공생도 재진화한다면 유럽의 최근 찰스 다윈 복권 열풍은 물론 헤겔·칸트 재진화의 망상도 끝이다. 왜냐하면 재진화는 다윈 생물학의 파산선고이자 내부공생은 헤겔·칸트 관념론의 청산 소식이기 때문이다. 인류에게 남은 길은 아마도 창조적 진화론과 화엄적 불교사상의 창조적 융합의 개척뿐일 것이다.
최근 『네이처』지에 실린 젊은 과학자 마이클 위팅의 「재진화론」

---

* 2009년 6월 9일 대화아카데미가 주관한 제2회 여해포럼 「'사이·너머' 호혜와 공존」에서 강연한 기조발제를 김지하 시인이 직접 정리한 글이다.

은 인류의 앞날에 큰 빛을 비춰줄, 작지만 의미심장한 불덩어리임에 틀림없다. 특히 그 곤충 겨드랑이에 돋는 새로운 날개들의 성분 속에 일본 분자생물학이 으스대며 자랑해 마지않는 피부 피하지방촉성박테리아인 '산성(酸性) 센트라우볼'이라는 이름의 뇌신경 세포가 다량 검출되었다는 사실은 참으로 놀라운 일이다. 왜냐하면 그것은 곧 이른바 만물해방이 가능하다는 과학적 복음이요, 관념이 대뇌 한정적 사유 기능만이 아닌 그야말로 피하지방질 따위 박테리아 수준에서도, 마치 물방울이 화학적 관념 작용을 하는 것처럼 '개체성을 잃지 않는 분권적 융합'의 '축적순환'과 '확충(擴充)'의 내부공생을 결정하는 관념작용을 한다는 명백한 증거들이기 때문이다.

창조적 진화의 과학이 진화하는 세포들 내면의 의식의 증대과정을 상식화하듯이, 불교의 화엄경은 '서로서로 전혀 동일계열이 아님에도 거의 한날한시에 사방에서 각각 천 가지 만 가지 다른 모양으로 활짝 피어나는 광야의 수많은 꽃들에 관한 깊은 지혜의 매니페스토'다.

이 두 진리가 서로 만나는 참으로 아름다운 날들이 곧 인류의 미래다.

화엄개벽의 길이 어디냐고 물었다.

무엇이 화엄개벽이냐고도 물었다.

창조적 진화론의 현대세계에 대한 메시지는 종말이고 그 종말의 과학적 정의인 '오메가 포인트'는 동아시아 초유의 진화론인 동학(東學)의 '지화지기 지어지성(至化至氣 至於至聖)'의 바로 그 '지화점(至化点)', 다름 아닌 '개벽(開闢)'이다.

종말이 곧 개벽이다.

긴 감옥의 추운 독방에서 바로 이것, 종말이 다름 아닌 개벽이며 그 개벽은 곧 달이 천 개의 강물에 모두 다 제 나름의 모습으로 달리 비치는 만물해방의 날이 열림이고, 세계가 세계 스스로를 인식하는 대화의 날이 열림임을 알았다.

나는 그때에야 비로소 잃어버린 내 고향에 돌아갈 수 있었다. 중조부 이래의 피투성이 슬픈 내 집안의 신앙, 동학으로 돌아갈 수가 있었다. 그리고 그때에야 비로소 세계는 내게 미소로서 화해의 악수를 청해오기 시작했다.

나는 화엄세계를 개벽하는 종말 앞에서의 선(禪)적 결단이 바로 동학의 제1원리인 '모심(侍)' 임을 알았다. 그 모심의 가장 아름다운 실천자가 이천 년 전의 나사렛 예수임을 깨달았다.

나에게 비로소 세계가 말을 걸어오기 시작했고 녹슨 철창 밑 빗방울에 패인 시멘트의 홈에 바람에 날려와 쌓인 흙먼지 속으로부터 작은 풀꽃들이 피어나 생명과 평화를 내게 속삭이기 시작했다.

나는 비로소 살아날 수 있었다. 그때에 비로소 원수와 화해할 수 있었다.

원수는 내게 인생무상을 처음으로 가르쳐주었다. 원수는, 도처에 널린 원수는 이제 싸움의 대상이 아닌 모심의 파트너였고, 모시기 시작했을 때부터 내 영혼 안에는 잃어버린 내 어릴 때 이름 '영일(英一)', '꽃 한 송이' 가 되살아났다. 꽃으로 그들을 때리고 또 때리는 모심의 싸움의 시절이 왔으며, 그 시절 내내 내 넋의 밤마다 내 몸 안에 여기저기 새파란 별이 떠오르는 체험이 시작되었다. 때로 나는 정신병원 안에 있었다. 또 때로 나는 후미진 시골 뒷숲 나무그늘에 앉아있었다. 나는 외로웠고 곁에 아무도 없음을 알았다.

이때다.

수운 최제우 선생의 한 구절 시가 떠오른 것이다.

'남신원만북하회(南辰圓滿北河回)'
남쪽 별이 원만하면 북쪽 은하수가 제자리에 돌아온다.

북쪽 은하수가 제자리에 돌아옴은 바로 후천개벽이다. 서쪽으로 삼천 년 동안 기울었던 지구 자전축이 북극 태음의 물의 중심으로 되돌아옴이 바로 이것이다.

지난해 시청 앞에 켜진 촛불은 바로 이 돌아옴이었다. 네페쉬 하야−히브리어로 '살아 있는 영(靈)'이라는 뜻−의 예루살렘 입성소식이었으니 이 소식을 모심이 다름 아닌 촛불이다. 촛불은 횃불이 아니다. 숯불도 아니다. 촛불은 '하얀 어둠', '흰 그늘' 이다.

그것은 남쪽의 흰 빛이 북쪽의 검은 그늘을 밝힘이다. 그것이 민족의 '불함(不咸)', '볼 곰'이요 역(易)의 '이감(離坎)'이자 전도서 23장의 말 '슬픈 빛으로 깨달은 주님의 주검의 어둠'의 비밀이다. 그리고 화엄경의 절정인 입법계품의 관덕정비구(觀德頂比丘)의 노래 '때로 나의 죽음은 지혜의 해탈문으로 희게 빛난다.'의 세계다.

나는 이제 이 이야기들을 다음과 같이 요약할 필요를 느낀다.

"우리가 만약 이 더러운 물, 즉 정액의 바다에 순결한 흰 모심의 촛불을 켤 수만 있다면 세계는 종말을 통해 새로운 원만의 땅으로 나아갈 수 있고 세계는 이 원만한 용서와 화해의 모심으로 저 거대한 화엄의 세계를 개벽할 수 있을 것이다. 문제는 인류의 대중적 모심의 문화와 모시는 생활의 역사가 있느냐 하는 것이다."

만약 이 지구와 전 인류의 오늘의 삶과 의식 안에 모심의 화엄개벽이 이루어질 수 없다면 지금의 '대혼돈(Big chaos)'은 내일 없는 '대붕괴(Big catastrophe)'로 귀일할 수밖에 없을 것이다. 목숨을 건 선(禪)적인 모심의 한 모범이 절실히 요구되고 있다.

인류의식의 빛이 화엄이요 꽃송이라면 그 의식의 어둠 즉 끝없는 피동성과 끊임없는 파멸적 자기모방의 관성을 끊어줄 새파란 별이야말로 나사렛 예수의 모범이다.'

그러나 조건이 있다.

"그 새파란 별은 수많은 꽃송이가 다 함께, 그러나 다 따로따로 자기 나름으로 활짝 피어나는 큰 원만함을 실천해야 한다. 이것이 개벽의 비밀이요 종말을 통한 참 하늘나라의 도래일 것이다."라는.

예수는 말한다.

"나는 구약을 폐기하러 온 것이 아니라 그것을 도리어 완성하러 왔다."

다만 율법만을 말하였을까?

구약의 저 유명한 구절 "우주만물이 모두 다 물질의 굴레에 갇혀 자기들을 해방해 줄 메시아가 올 날을 신음하며 기다린다."

예수의 완성의 약속이 이 구절을 의미한 것은 아니었을까?

우리는 때로 예수의 마음을 '우주사회적 공공성'이라고도 부른다. 동아시아 개념으로는 천하공심을 이미 제 안에 가진 천지공심(天地公心)일 것이다. 여기서 우리가 잠깐 눈을 날카롭게 할 필요가 있다. 불교의 최고·최대 경전은 대방광불화엄경(大方廣佛華嚴經)이고 그 화엄경의 주불(主佛)인 대방광불 즉 '비로자나 부처'의 이름의 뜻은 다름 아닌 '만물해방', '백화제방(百花齊放)', 그리고 '천지공심'인 것이다. 잊지 말아야 한다.

따라서 잊지 말아야 한다.

화엄경의 가장 큰 두 개의 메타포는 '달이 천 개의 강물에 모두 다 제 나름 나름으로 따로따로 비침[月印千江]'이요, '한 톨의 작은 먼지 안에도 우주가 살아있음 -일미진중 함시방(一微塵中 含十方)'이다.

예수의 모심은 이것을 모심이 아니던가!

그렇다면 예수의 모심은 오늘 이 세계와 인류가 참으로 신음하며 기다리는 삶, '축적순환'과 '확충(擴充)'의 길이 아니던가! 그야말로 '내부공생'이요 '호혜(互惠, reciprocity)'의 길이 아니던가!

화엄의 둥근 세계의 모심은 곧 끊임없는 확산과 다극해체(多極解體)의 대개벽(大開闢)을 그 나름 나름으로 가능케 해주는 진정한 집중 수렴의 천지공심의 체현이 아닐 것인가!

금융위기 직후 미국의 국가정보위원회는 공식견해를 다음과 같이 표명한 바 있다.

"현대세계의 가장 중요한 특징은 세계의 권력과 자본의 중심이 서쪽에서 동쪽으로 이동하고 있다는 것과 그럼에도 이와 동시에 전 세계의 모든 지역들이 자기 위상을 유지할 만큼 다 나름 나름의 다극체제를 형성해가고 있다는 점이다."

나는 이미 5-6년 전에 동아시아 태평양 관련 경제 전문가들로부터 문명 변동의 현실적 테마를 '동(東)로테르담 허브- the integrated network'라고 압축하는 메타포를 들은 바 있다.

이른바 화엄세계다. 문제는 그 축(軸)이 동아시아의 동로테르담 허브인데, 그 지역 안에서 참다운 마음의 허브, 온 세상 온 만물을 다 자기 나름대로 자유롭도록 대 해방하는 큰 천지공심의 허브, 그 모심의 땅이 어디이며 모심의 삶이 무엇이며 모심의 표양이 누구인가에 있을 것이다.

나는 이에 이르러 우리가 사는 이 땅, 이 한반도라는 땅이 강증산(姜甑山)의 예언처럼 다섯 신선이 바둑 두는 이른바 '오선위기(五仙圍碁)'의 운명의 땅임을 생각한다. 네 신선이 두는 복잡한 바둑을 내내 구경하던 주인 신선이 그 네 신선이 돌아간 뒤 그들의 현란한 바둑 수를 모두 익혀 이제 자기의 참으로 웅숭스런 '천지바둑'을 두게 된다는 이야기다.

이것이 무엇을 뜻하는 것일까?

우리는 온 인류와 만물중생이 지금 천지에 가득 찬 대살기(大殺氣)와 그와는 정반대의 그윽한 대서기(大瑞氣) 사이에서 무엇을 어떻게 할 것인가 결단해야 하는 이 판국에 바로 그 다섯 신선의 바둑 수의 예언을 기억하지 않을 수 없다.

증산은 이렇게도 말한다.

"나는 이 다섯 신선이 반드시 진방(震方) 손방(巽方) 태방(兌方) 감방(坎方)과 간리방(艮離方)만이라고 생각하지는 않는다. 나는 어떤 점에서는 그 다섯 신선 중 네 신선이 후천 기독교의 이마두(利瑪竇, 마테오리치), 후천 불교의 진묵(震默), 후천 유교의 주희(朱熹), 후천 선도의 최수운(崔水雲)이고 나머지 한 신선은 그야말로 남조선 사람들, 예수 믿고 부처 믿고 공자 믿고 조상 음덕 믿고 이리저리 저 좋을 대로 가는 사람들 말고 나머지 조선 사람들, 남은 조선 사람들이라고 생각한다."

그렇다.

작년 시청 앞 촛불을 켠 이들이 바로 남조선이고 지금 여기 이렇게 모인 분들이 후천개벽의 네 신선이요 저 밖에 계신 큰 사람들이 사방에서 오신 힘센 세계인들이다.

'확충'은 이제 사람 사람마다 제 나름의 삶의 길을 찾는 한 유행이 되어가고 있다. 너도 나도 똑같은 것은 아니다. 그리 보이지만 전혀 다르다. 이 점을 잘 보아야 한다. 이미 남조선의 화엄개벽, '오선위기(五仙圍碁)'의 대확충은 시작되었다.

누가 이 일을 우리 시대의 새 사건, '제2의 3·1 운동'이라고 부를 수 있겠는가?

나는 오늘 이 자리에서 하나의 문화혁명을 제안한다. 이미 작년 시청 앞에서 켜진 촛불을 이제 자각적으로 켜자는 것이다.

촛불은 그 자체로서 후천개벽이었다. 그리고 그 내용과 과정과 효과는 다름 아닌 화엄이다. 지도자도 조직도 강제도 없었고 끊임없는 토론에 의해 도달한 그때그때의 합의에 의해 도리어 그들은 단 한 올의 오류도 폭력사태도 과장도 없는 기이한 '대화엄(大華嚴)의 월인천강(月印千江)', 이른바 '집단지성'에 도달하곤 했다.

무엇이 그들을 그렇게 하도록 하였을까?

그들 하나하나의 마음마다의 천지공심의 씨앗들이었다. 나는 수없이 많은 개별적인 사례들 속에서 큰 전율과 함께 그것을 확인했다. 내가 스스로 확인한 이상 이것은 이론이 아닌 사실, 즉 엄격한 개념으로서 '팍툼(Factum)'일 뿐이다. 이야기를 희망사항이 아닌 '팍툼'으로부터 시작해야 하는 오늘에 나는 두려움과 환희를 함께 느끼며 눈물로 몸을 떤다. 왜 이러는 것인가?

때(天)와 땅(地)과 삶(人)이 하나(一)가 된 것이다.

내가 지금 제안하는 문화혁명은 바로 이 우주의 기미(機微)를 받아들이고 그것을 현실로 바꾸는 구체적 행동, 개인 및 사회집단, 그리고 국제사회 전체의 개별적, 연쇄적, 대규모 조직 및 산발 행동 전체를 가리키고 있다. 이 혁명에 있어 첫째로 중요한 것은 바로 '모심'이다.

모심이야말로 새 시대, 새 세대, 새로운 만물중생 해방의 시대 흐름의 첫 샘물이다.

우리는 루돌프 슈타이너에게서, 발 플럼우드와 뤼스 이리가라이에게서, 그리고 조직적 혁명의 길을 끊임없이 역행함으로써 도리어 새 시대의 변혁적 문화를 실현코자 하는 사파티스타의 마르코스와 노동자 자율운동의 네그리 하트로부터 오로지 한 사람, 한 사람, 한 가지 한 가지 안에 지금 여기 끝없는 고통 속에서 눈부시게 넘쳐나는 천지공심과 대화엄과 만물해방의 후천개벽의 폭풍을 감지하며 그 감지를 모심으로 연쇄 실천해야 함을 또한 절감하고 있다.

이리가라이는 말한다.

"다 좋다. 그러나 하나만 빠졌다. 그것이 무엇일까? 그렇게 묻고 있을 사람들이다. 그것이 누구인가? 여성이다."

여성.

모심은 바로 여성주체의 실천이다.

질 들뢰즈의 '여성되기'라는 타자화(他者化)나 미셸 푸코의 '어린이 단독자(單獨者)' 같은 분자생물학적 신자유주의 문화폭동이 그대로 옳을 수는 없다. 무엇이 중요한가?

다시금 이리가라이다.

'여신(女神)창조론의 신화적 지표 속에서 모녀직계혈통(母女直系血統) 중심의 새로운 문화변혁을 통한 남녀의 근원적이고 항구적인 평화의 확립'의 유일한 길은 어디에 있을까?

바로 그러한 여신과 모녀혈통의 신화(神話)가 결정적으로 살아있는 땅이라야만 그 삶 속에서 그때가 개벽하는 것이 아닌가!

그곳이 어디인가!

이 땅이다.

1만 4천여 년 전 이래의 마고(麻姑)여신의 여성 혈통 중심신화가 그대로 살아있는 이곳 남조선이다. 왜 남조선인가?

'볽곰'은 곧 고려 때의 '팔관(八關)'으로서 '산천과 온 바다의 용신(龍神)의 밝은 그늘로 뭇 중생이 부처를 이루는 화엄축제'의 이름이다. 그리고 그것은 바이칼의 알혼과 몽골의 토토텡그리, 온 세계의 열일곱 개의 바다와 연못 속의 검은 그늘로부터 솟구치는 눈부신 신명(神明)의 신화로 가득 찬 캄차카, 사할린, 일본 열도와 알래스카, 아메리카대륙의 영혼에 그 이름을 부여한, '흰 그늘'이란 이름을 부여한 시원(始源)적 설화의 땅이기 때문이다. 그러나 북조선은 바로 시원적 신화의 땅 바이칼의 알혼으로부터 이제 너무나 멀다.

북조선은 이제 남조선의 마고, 그 팔려사율(八呂四律)의 근대적 후천개벽문화인 여율(呂律) 즉 '곰 볽'을 앞세운 '볽 곰', 다시 말하면 여율적 율여(呂律的 律呂)의 상징인 '흰 그늘의 미학'으로 인해 그 근본을 회복해야 한다. 개벽을 성취해야 한다.

중요한 것은 그러나 남조선의 '흰 그늘', 남조선 네폐쉬 하야의 촛불이다.

누가 그 촛불을 이끄는가?

촛불은 촛불이 이끈다.

명심하자.

'모심'의 다른 이름이 '흰 그늘'이란 촛불이요 그것의 철학적 클리셰가 '무위이화(無爲而化)'임을 결코 잊지 말자. '무위이화'는 '아무위이민자화(我無爲而民自化)'다. '함이 없는 함'이니 '무위무불위(無爲無不爲)'로서 바로 '하느님 직접통치'다.

그때가 왔단 말인가?

그렇다.

이제 어째서 오늘이 바로 그때인가를 말한다.

386세대는 화염병을 던지며 눈물을 흘리며 입만 열면 노래 불렀다.

'그날이 올 때까지 흔들리지 말자~'

그날이 언제인가?

그날이 바로 오늘이다.

바로 그들이 열망한 그날은 결코 그날이 될 수 없는, 십 년 이십 년 삼십 년을 계속하고도 이루지 못한 사회토대혁명의 기나긴 인고(忍苦)의 세월 이외에 다른 것이 아니기 때문이다. '그날'은 '만드는 것'이 아니라 '되는 것'이다. 우주의 변화이지 인간의 조작이 아니다.

젊은이들은 자기기만에 속았다.

그날이 노무현 정권인가?

그날이 그 반사작용으로서의 오늘인가?

도대체 단 한 치의 흔들림 없이 죽음을 각오하자던 그날이 공금을 도적질하고 뇌물을 받아먹고 동지를 섹스로 협박하고, 아니면 그와 반대로 산천을 개조한답시고 모조리 파괴하거나 도리어 그 파괴를 막겠다던 자들이 부패스캔들의 연쇄 속에서 저 스스로를 먼저 오염·파괴하는 오늘이 바로 그날인가?

나는 그날을 분명 작년 시청 앞 4월 말에서 6월 초까지 켜진 촛불, 그 '하아얀 그늘의 모심'이라고 단언한다. 화엄개벽모심의 전 세계 문화대혁명이 불 켜지는 그때가 바로 그날이요 그날이 바로 오늘인 것이다.

김일부 정역(正易)은 후천개벽의 시작을 '기위친정(己位親政)'이라고 주장했다. 기위(己位)는 대황락위(大荒落位)로서 음맥(陰脈)에도 양맥(陽脈)에도 못 끼는 '헐벗은 벌판의 어둠' 자리다. 그곳 위상이 친정(親政), 임금 자리에 복귀하는 것이니 다름 아닌 네페쉬 하야의 예루살렘 입성이겠다. 이때가 북극 태음의 물의 위치로 지구 자전축이 복귀한다는 것이고, 이때에 그 물의 대음개벽(大陰開闢)을 결정하는 여성 몸의 월경(月經)에 거대한 윤초(潤初), 즉 365일 윤달이 없어지고 360일 정력(正曆)이 선다는 것이니, 이것이 이른바 이리가라이 설(說)이 될 것이다.

그러나 중요한 것은 이때 정역은 반드시 이 개벽이 날짜의 변동만 아니라 날씨 즉 기후의 대변동을 가져오는데, 춘분·추분 중심의 4천 년에 걸친 서늘하고 온화한 유리세계(琉璃世界)를 지구상에 실현해 만물해방과 화엄세계를 참으로 쾌적한 해인삼매(海印三昧)의 세계, 자기해탈의 세월로 이끈다는 것이다. 이때 이 모든 변화의 중핵이 곤대인(困大人)의 출현이요 리대인(離大人)의 축빈우(畜牝牛) 사건이니 참으로 하느님 반고(盤古)의 오화(五化), 태초 십무극(十无極)과 후천 일태극(一太極)을 융합한 오황극(五皇極)의 황중월(皇中月)을 이 세상에 복승(復勝, 드러냄)함으로써, 한 남자가 마치 우주엄마와 같은(마치 비로자나 부처의 천지공심과 같은) 음(陰)을 제 몸과 삶에 실현함으로써 스스로 죽어 바로 제 안의 우주엄마(마치 百花齊放, 月印千江과 같은 내부 공생과 개체 융합)의 탄생을 촉발한다는 것이다. 이것이 간군자(艮君子)요 간역(艮易)의 개벽이니 바로 남조선 화엄개벽 모심의 촛불사건이다.

나는 이제야 이 모든 동방 개벽학의 신비수학적 구조가 2000년 전 이스라엘 한 무덤에서 부활한 나사렛 예수의 사랑과 섬김과 모심의 선(禪)적 신비의 현실적 성취임을 고백한다. 기인 세월 나는 고통과 주저, 질시와 비웃음 속에서 참말 무엇이 이 세상의 미래인지 피투성이로 더듬어 왔다. 그러다 어느 한 지점에 어느 한 컴컴한 시간에 이르렀다.

그곳은 정신병원이었다.

수많은 젊은이들이 제 몸을 불 질러 한 정권의 독재에 항의하고 있을 때 나는 한 인간의 생명이 정권보다 더 크다고 주장함으로써 그들의 끝없는 모욕과 저주 아래 착란을 일으켜 어두운 병실에 입원한 것이다.

그 어둠 속에서 나는 나의 예수를 보았다.

그가 바로 화엄개벽 모심의 선객(禪客) 예수였다. 세상의 저주 아래 갈가리 찢긴 내 캄캄한 몸 안에 새파란 줄탁(啐啄)의 별이 뜬 것이다. 회음(會陰)이었다.

거기 동학주문 첫마디인 '모심' 즉 '侍'가 커다랗게 허공을 울리며 푸른 별과 함께 떴다. 미친 것이다. 물론이다.

그러나 나는 결코 미치지 않았다.

왜?

나는 이어서 온 병실 가득히 19세기말 고부장터에서 일어나 태인 전투에서 사라진 갑오 동학혁명의 그 무수한 꽃봉오리들을, 18세기말 프랑스의 골목골목을 바리케이드 사이사이에서 이름 없는 숱한 민중들이 미소와 구호로써 피워 올리던 붉은 꽃봉오리, 그리고 중세가 끝나가고 르네상스와 종교개혁과 농민혁명과 시민혁명·산업혁명이 머지않았던 그 어두운 유럽의 나날들 도시 도시의 무수한 '장미 십자주의 회원'들의 고통 받는 이름들이 수천수만 개씩 잘 읽을 수 없는 알파벳으로 꽃 문장을 그리며 끝없이 끝없이 스쳐 지나가는 환영에 휩싸였기 때문이다.

일제에 의한 근대화 초기 부산항을 통해 멀리 떠나던 수많은 농민들의 검은 얼굴들, 만주벌판 머나먼 동토에 묻혀간 숱한 숱한 이농민들의 얼굴, 그리고 전쟁 전후한 시기, 4월 혁명 전후한 시기, 북한과 남한에서 벌어진 온갖 정치 사건들 속에서 고문에 죽어간 좌우익, 중간파, 온갖 정파와 종교에 속한 숱한 얼굴 한복판에 붉은 꽃봉오리처럼 새겨진 글씨들 그것은 모두 다 한결같이 단 한 글자였다.

'困(곤)'

한참 훗날이다.

'困(곤)'을 이정호(李正浩) 선생의 『주역정의(周易正義)』에서 찾는다. 주역을 정역의 개벽적 의미 맥락에서 재해석하는 책이다.

'困(곤)'

세궁역진(勢窮力盡)하여 도저히 생명을 유지할 수 없을 때에는 군자는 몸을 죽이더라도 뜻을 이루는 법이다. 이 가장 좋은 예가 살신성인(殺身成仁), 아니 희신속죄(犧身贖罪)를 한 인자(人子)의 경우라고 생각된다. 그는 삼 년 전도(傳道) 기간 중에도 주목(株木, 그루터기)에 앉은 것 같이 하루도 편할 날이 없었으며 산간의 조용한 골짜기와 세리·죄인·병자의 처소에서 지냈다. 주식(酒食)에도 곤(困)했고 거처(居處)에 곤(困)했으며, 집에 와도 믿지 않으니 가시덤불에 앉은 것 같고 나아가도 벽에 부딪치니 무슨 처자가 있으며 장가인들 들었겠는가. 그는 본시 지귀(至貴)한 몸으로 스스로 지천(至賤)한 곳에 내려와 모든 죄고중생(罪苦衆生)과 같이 세상의 괴로움을 몸소 겪고 그 모진 고생을 사서 하였으니 곤우금거(困于金車) 곤우적불(困于赤紱)이라 아니할 수 없다. 새도 돌아갈 깃[巢]이 있으며 여우는 제 굴(窟)이 있으되 인자(人子)는 머리 둘 곳이 없다고 하였다. 그래도 핍박자는 붉은 왕복(王服)과 가시 면류관으로 그를 조롱

한 후에 의월(劓刖)보다 더 무거운 책형(磔刑)에 처하여 인자로 하여금 산 제사의 희생이 되게 하였으며, 그 곤우만유(困于萬萮)와 얼올(臲卼)과 같이 해골망량(骸骨魍魎) 뒤엉킨 곳에 십자가에 꿰어달아 최후에 "아버지 아버지 저를 버리시나이까!"의 탄식일성(歎息一聲)과 함께 마지막 숨을 거두게 하였으니, 오호라 인자일대(人子一代)의 죽음은 너무나 여실하게 곤상(困象)의 '치명수지(致命遂志)'를 연출한 느낌이 있다. 더구나 그 나무에 달려있는 동안 병사의 창으로 찔려 체내의 피와 물이 쭉 빠져버렸으니 '택무수(澤无水)'를 이렇게도 가혹히 나타낼 수 있을까. 곤(困)괘 전체는 마치 인자(人子) 치명수지(致命遂志)의 행적을 그리기 위하여 있는 것 같은 느낌조차 든다.

이와 같이 생각할 때 치명수지한 곤군자가 바로 곤대인이며, 이 대인이 바로 축빈우하여(여성의 검은 그늘, 암소를 기름) 이것을 일월(日月)에 제물로 바치고 계명(繼明)하여 사방(四方)을 비치던(天符經의 太陽昂明) 리대인(離大人)이라는 것을 알 수 있을 것이다. 서(序)괘의 리(離)는 잡(雜)괘의 곤(困)임을 볼 때 더욱 수긍하지 않을 수 없다. 리대인이 곤군자요 곤군자가 곤대인이며 곤대인이 리대인이라는 것은 앞으로의 정신계에 있어서 매우 중대한 뜻을 갖는다고 하겠다.

곤(困)의 뜻은 이렇게 예수의 동아시아 사상사 안에서의 개벽실천자적 의미를 갖고 있다. 정역에서의 예수복음의 신비인 기위친정(己位親政)의 십일일언(十一一言)과 무위존공(戊位尊空)의 십오일언(十五一言)의 행동적 융합인 "삼팔동궁(三八同宮)"이 사실은 간태합덕(艮兌合德)으로서, 첫째 일·중 협력을 전제한 한·미간의 창조적 파트너십으로 동아시아 태평양 신문명 성립을, 둘째로는 현대 자본주의 문명 최대 최고의 위기인 시장 구조의 혁파 방향을 '호혜·교환·획기적 재분배'의 고대 신시(神市)와 '동진불염(同塵不染) 이생상도(利生常度)'의 화엄불교의 경제 원리와 '성스러운 시장으로부터 초과이윤 속성자본의 삯꾼을 몰아내는' 예수의 회초리가 창조적으로 융합하여 '확충(擴充)'과 '축적순환(蓄積循環)' 그리고 '내부공생(內部共生)'을 전제한 '환류(還流)시스템'으로, 셋째 먼저 한반도 나름의 '현대 5일장'을 경제만 아니라 일반 사회생활양식과 생활문화규범에서의 철저한 '모심'으로 일관하자는 문화대혁명을 도처에서 마치 90년 전 기미년(己未年)의 만세운동처럼 일으키고 외치고 실천하고 미소 짓고 서로서로 착한 경제·사회·문화적 관계를 인연 지어가는 물결을⋯.

그렇다.

이것을 이제 우리 민족의 네오 르네상스, 우리 민족의 참다운 생명·평화운동으로 전개해 가는 것. 바로 이것이 다름 아닌 '곤(困)'이요 '간(艮)'이요 '돌아오지 않음'이니, 참다운 '그침' 즉 '지(止)'의 참뜻이다.

나는 이제야 예수가 자기의 참다운 때, 진정한 땅, 그리고 적실한 실천의 삶의 길을 찾았다는 생각을 한다. 더욱이 지금 서방세계를 강타하고 있는 예수 스캔들인 '다빈치코드'가 참으로 이제야 참다운 자기 해명의 자리를 찾았다고 느낀다. 이 동방역사의 개벽적 초미의 현실 안에서 '곤困'이요 '간(艮)'인 예수는 또한 '리(離)대인' 즉 '복희씨(伏犧氏)'의 천명(天命)이니까. 복희씨가 굴속의 검은 7년 간의 어둠을 여성들·엄마들·못난 아기들을 위한 첫 글자, 인류 최초의 암호문자인 '결승(結繩)'을 통해 하늘과 땅과 사람의 서로 상관된 이치를 가르쳐 컴컴한 암흑 속에 짓눌린 음(陰)의 위대한 창조력과 모성(母性)의 광활한 세계 화해의 힘과 아기의 수승한 창조력의 뜻인 '검은 암소를 키워[畜牝牛]' 첫 세상을 참으로 열었듯이, 이제 우리는 오늘의 네페쉬 하야인 시청 앞 촛불의 주체들, 어린이・여성・쓸쓸한 대중들 속에서 특히 여성과 어린이의 캄캄한 삶 속에 이제 막 분출하기 시작한 새로운 시대의 여명을 그야말로 확충적으로 '복승(復勝)-개벽의 생명학적 현상' 시켜야 할 전 생명사, 전 우주사적 책임을 걸머져야만 하겠다.

나는 기인 긴 초조와 자기회의(自己懷疑)와 끝없는 낙망(落望) 속에서 '화엄'은 알겠으나 '개벽'의 참뜻을 알 수 없었다. 또 개벽은 조금 알겠으나 그 개벽을 실천할 모심의 참 주체를 알 수 없었으며, 그 주체를 희미하게나마 깨닫기 시작할 때에는 역시 '그 주체의 자기 없는 인도자', 뜻 그 자체인 '화엄적 집단지성'의 성육신(成肉身)을 발견하지 못한 채 홀로 나의 캄캄한 공부방 등탑(燈塔) 안에서 몸부림쳤다.

어느 날이다.

나의 작은 아들, 지금은 영국 런던의 교외인 하이버리에서 넉넉지도 못한 학비로 유럽 근대회화예술의 완성 속에서 파아란 초월적 빛으로 배어나는 에드가 와인버그와 머슬리 인스브룩의 예수 치명(致命)의 신비를 거의 혼신의 힘으로 공부하고 있는 세희(世熙)의 다음과 같은 편지에 부딪혔다.

아버지,

저는 이제 아버지 곁으로 돌아갈 수 있을 것 같아요. 저는 예수가 다름 아닌 아버지의 기인 감옥살이와 그보다 더 캄캄한 열두 차례의 정신병원의 어둠 속에서 나타났다는 푸른 별의 의미와 크게 다르지 않다는 것을 깨닫는 것 같아요. 이곳에도 현장은 있겠지만 나의 삶의 현장, 나의 탐구의 현장이 도리어 나의 땅, 아버지 곁의 그 어둠 속이 아닌가 합니다. 왜냐하면 예수는 이제 막 울음을 울며 태어나는 새 시대의 새 삶이고 새 문명이기 때문입니다.

그러나 나머지 3-4년 더 머물며 바로 그 사실을 되새기고 더 다짐하렵니다. 내 마음은 한시바삐 아버지 곁에 돌아가 그 길고 긴 동아시아와 한반도의 고통 속에서 이제 어떻게 예수가 첫 이마의 그 눈부신 흰빛을 드러내는지 깨닫고 싶어요.

아버지 사랑합니다. 아니요. 아버지의 고통을 사랑합니다. 내 조국의 그 결코 심상치 않은 검은 고통의 날들을 온몸과 마음으로 사랑합니다. 안녕히 계십시오.

나는 이 편지가 어째서, 언제, 과연 누구 손을 거쳐서 지금의 나의 컴컴한 먹방 등탑에 전달되었는지 알지 못한다. 환상일 수도 있고 사실일 수도 있다.

그러나 그들은 누구인가?

에드가 와인버그와 머슬리 인스브룩이 어떤 화가들인가? 어떤 예술가들인가? 나는 역시 알지 못한다. 그러나 이 편지와 동시에 내 머리에 들어온 이 두 사람에 대해서 한 현대의 예술사전은 다음과 같이 소개하고 있다.

에드가 와인버그(Edgar Wineburg)

런던 옥슨버리 힐스탑 출신의 종교화가. 1827년생, 1915년 사망, 라파엘 모사로부터 시작된 그의 기독교 신비주의는 그의 나이 50세 전후에 '어두운 고통으로부터 배어나는 하느님 아들 예수의 은빛 광채의 기이한 황홀에서 기이한 고통의 암흑 체험 그 자체가 우리 마음 안에서 일으키는 놀라운 광명의 새 세계, 그리고 그것을 매개하는 붓끝의 신비한 세계 숭배에로의 대이동'을 단행한다. 그는 지금도 잘 알려지지 않은 소수의 괴팍한 예술가에 불과하다. 그러나 기이한 것은 그를 찾는 유력한 팬들이 기독교인인 유럽 사람들보다 도리어 동양에서 온 청년들이라는 사실이다. 이 사실은 앞으로 큰 논의의 영역이 될 것 같다.

머슬리 인스브룩(Musley Innsbrooks)

1789년에 태어나 1870년에 죽은 이 화가에 관해서는 공식적인 기록이 거의 없다. 다만 평론가들의 단평들만이 여기저기 흩어져있을 뿐이다. 미술관 이곳저곳에 가끔 그의 유작이 전시되고는 하지만 단한 번도 기념전 같은 것은 없었다. 왜 그럴까? 그의 종교화가 단적으로 반(反) 기독교적이기 때문이다. 예컨대 벌거벗은 예수의 초상화는 어떤 경우 거의 포르노 수준이라는 악평이 따를 정도다. 그럼에도 그의 이러한 노골적인 예수 이미지의 추구는 어떤 이름 없는 젊은 학도의 코멘트에서처럼 "지금 다가오고 있는 젊은 신세대 남녀의 거의 외설에 가까운 개방적 성애(性愛) 과정 그 자체 안에서 거의 폭발적으로 드러난다"고 하는 참으로 신비스러운 순결에의 향심(向心)과 날카로운 세계 이탈의 열망, 그리고 경건하고 숭고한 기이할 정도의 부드러움에 대한 사실 확인이라는 점을 잊지 말아야 할 것이다. 그러나 아직 이것은 우리 사회에서 공개적으로 확립된 영성의 미학이 아니다. - 이상 '캠브리지 아트 북페어', 홀브릿지 타임스 터엄, 157-159쪽, 265-266쪽 재인용

내가 지금 강조하고 싶은 것이 있다.

기이한 일이지만 이 땅에 15세기 이탈리아의 여러 도시국가들, 피렌체나 베네치아 등의 그 높은 생산력으로 인해 말할 수 없이 활기찬 거리거리에 불어 닥친 참으로 놀라운 르네상스의 '흰 그늘'(야콥 브룩하르트의 표현으로는 invienttamentliche ausbrachtheit, 흰 눈부심을 거느린 악마들의 시위 - 당대 시인 게로니모스 하이로미에의 시 구절에서)의 미학(美學) 열풍이 휩쓸기 시작했다는 점이다.

무엇을 뜻하는가?

「에게 해(海)의 푸른 파도」의 시인 함부루크 페이번티션의 다음 한마디를 듣자.

예수가 저기 저 지중해의 드높은 물결 사이로 온 세계 온 민족들의 탄식과 열광의 빛나는 상징들을 배에 싣고 우리에게 온다. 그러나 그것은 우리의 세계 지배를 위한 항복문서가 아니라 우리들 자신이 세계에로 나아가 그 땅 그 사람들 속에서 예수의 세계적 고독을 살라는 우리의 항복문서다.(그의 산문 「페이번티션의 바다체험」에서)

나는 이즈음에서 한마디 종합의 필요성을 절감한다.

예수는 절대선(絶對善)인가?

어디에서든 예수 없이는 안 된다는 뜻인가?

참말로 세계와 우주가 예수 그리스도 밖에서는 종말이고 파멸이고 죽음뿐이라면 지난 기인 긴 세월에 이 지구 위에 일어난 기독교도 유럽인들에 의해 지속적·극단적·조직적으로, 그것도 참으로 더러울 정도의 유럽 제일주의와 염치없는 자기숭배의 강요로 일관해온 파괴 일변도의 야만은 어찌할 것인가?

감히 변명할 여지가 있는가?

그것은 누누이 처처에서 예수 그리스도를 앞세워 바로 그의 이름으로 저질러진 일들이다. 어찌할 터인가?

그러나 나는 이제까지의 그 어떤 새로운 문명창조의 역사도 복수에 의해 이루어져 왔음을 읽은 적이 없다. 마찬가지로 그 어떤 새로운 문명창조의 역사도 미메시스(mimesis), 자기숭배·자기모방이라는 저 권태롭기 짝이 없는 반복행위에 의해 이루어졌음을 읽은 적이 없다. 유럽의 기독교인들은 이제 이 식은땀 나는 초미한, 전 인류문명사의 근원적 대전환 앞에서 뼈저린 회개와 가차 없는 자기비판을 감행하지 않으면 안 된다.

수많은 유럽인, 수많은 수많은 미국인과 그보다 더 많은 세계 도처의 지식인들, 특히 여성과 신세대가 동방불교로부터 새 시대의 여명을 갈망하고 있다. 그러나 그것으로 문제는 일단락일까? 인류의 역사는 그리도 단순하게 한 우물에서 다른 우물로 이동하는 서푼짜리 유목민의 방랑의 역사인 것인가?

산 위의 한 연못, 사막의 한 샘물마다 정착할 때마다 그곳에 집을 짓고, 집을 지을 때마다 그곳에 들어앉아 그곳의 쓸쓸한 새벽바람 앞에서 떠나온 고향의 기인 긴 신화를 들려주던 '끊임없는 종합과 다함없는 창조적 기억'의 역사가 모든 인류이동의 역사요, 더욱 몽골리언 루트 9천 년의 역사다.

그 황막한 9천 년 여행의 첫 샘물이 1만 4천 년 전 파미르 고원 마고성(麻姑城)의 여신 창조와 모녀혈통 중심 모권제의 역사요 열일곱 개의 검은 연못을 통과한 '불곰' 즉 '불함(不咸)문화'의 생성역사가 한 번, 두 번, 세 번, 둥그런 원(圓)을 그리며 '축적순환'과 '확충'과 '내부공생'과 '호혜·교환·획기적 재분배'의 '팔려사율(八呂四律)(혼돈·여성성이 질서·남성성보다 8대 4의 비율로 더 역동적이었던 고대 신시(神市) 체제의 우주율)'의 나아가고 들어오는 행정(行程)은 '에덴'의 메타포로 빛나는 '프리기아'를 돌고, 다시 화엄경 결집의 중앙아시아 대황야의 무수한 마을 마을을 일곱 차례씩이나 반복해서 돌며 온 세상의 사방팔방 그리고 하늘과 땅 위아래의 시방에까지 확산해나가는 것이다. 그것은 분명 입고출신(入古出新)의 쌍방향 통행이었지 전혀 '크로노스(線)'나 '아이온(充滿)'이나 헬라적인 단순 파동의 '우로보로스(ouroboros)'가 아니었다. 우리의 역사 또한 그러하고 동아시아를 포함한 현대 인류의 역사 또한 그러하다. 착각 없기 바란다. 현금의 대혼돈과 절대위기는 그런 한가한 착각을 허락하지 않는다.

이리하여 인류역사, 인류문명사의 전 과정은 드디어 그 첫 샘물인 파미르의 '한'으로 환귀본처(還歸本處)한다. 마고신화는 '한' 즉 '영원한 푸른 하늘(후에문헤 텡그리)'의 신화 이후 약 3만 5천 년 이후의 일이다. 그리고 '마고'와 '에덴'과 '부르한(不咸)'과 '화엄의 대황야'와 '베에링의 캄캄한 하늘못(캄차카 반도의 코리악 족(族)과 이텔멘 족의 7000개 신화에 일관된 세계의 가장 중심인 바다 속 새 우주의 메타포 - 이카이카루 데에무·와이스무이코낭카푸투이- '새야 새야 네가 가는 이 바다의 끝은 어디냐, 내가 숨은 이 깊은 물 속의 하늘 아니냐'의 뜻)'을 다시 빙빙 돌면서 몇 차례나 반복해 '축적순환', '확충', '내부공생', '호혜·교환·획기적 재분배'의 산과 물 사이의 반복적인 '복승(復勝)'으로 차원을 바꾸면서 '팔려사율'의 숨고 드러나는 역동과 균형을 자기 조절하면서 '한'의 첫 샘물(산 위의 연못)로 돌아간다. 이때 주의할 것은 '베에링의 캄캄한 하늘못'의 신화는 전혀 아시아발 몽골신화망 만이 아닌 아시아와 알래스카, 아메리카, 안데스 및 남극 바다들의 유구한 산과 물 신화망 사이의 끝없는 공명(共鳴)과 쌍방향 소통의 축적순환 의미만이라는 점이다. 이 점이 예의 주시되어야 한다. 이 '한'의 개벽학적 오의(奧義)가 『정역』에 이렇게 표현된다(이정호의 다섯 권의 정역해설서를 검토한 결과 도달한 결론이다). '한은 반고오화(盤古五化)이니 후천개벽기의 상제조림(上帝照臨)이다. 하느님 직접 통치는 그 현실적 양태가 무위이화(無爲而化)로서 기위친정(己位親政)과 무위존공(戊位尊空)의 융합인 삼팔동궁(三八同宮)이다. 이때가 곤(困)군자 즉 인자(人子)가 간(艮)군자 즉 한반도의 곤대인으로 출현하는 때다. 그것은 그러나 참으로 고난에 찬 후천(後天) 우주개벽의 치명수지(致命遂志)이니 다름 아닌 기위친정의 현실화다.'

그러나 바로 이 '영원한 푸른 하늘−아시아 전 대륙에 일관한 유일신, 심지어 원시·고대·화엄경 결집시대의 주불(主佛) 비로자나의 이름에까지도 일관된 무궁무극(無窮無極)이 십(十), 즉 십자가이자 토화(土化)의 중심상징'−을 뜻하는 '한'은 곧 다름 아닌 무(無)요, 허(虛)요, 공(空)이다. '한'은 본디 '없음'으로서 '큼' 즉 우주요 신이요 부처인 것이다. 그래서 '울'이다. 『정역』은 그리하여 바로 네페쉬 하야의 호혜의 참 화엄 개벽적 삶을 기위친정하는 유일조건인 '자기 자신을 비움'으로서의 철저한 '모심'인 '무위존공(戊位尊空)'을 개벽의 총칭인 삼팔동궁의 인간적 실천에 있어서의 첫째 조건 '곤대인'의 실존적 용기로 거론한다.

이 텅 빈 모심이 곧 동학이다. 다른 것 아니다. 그리고 그 모심이 곧 '그리스도교 세계관의 완성인 종말적 창조적 진화론과 불교적 우주관의 총괄인 화엄개벽을 제 몸으로 실천하되 또한 제 마음 안에서 그 주체인 하느님이자 부처님인 우주무궁의 그 님을 텅 비워버리는 것, 즉 '모시고 비우고'의 끝없는 참선이다. 동학 본주문의 첫 글자 '시(侍)'의 뜻이 '내유신령 외유기화 일세지인각지불이자야(內有神靈 外有氣化 一世之人各知不移者也)'로서 앞이 창조적 진화론의 '내면의식 외면복잡화'를, 뒤가 '현생인류가 화엄을 각자각자 제 나름 나름으로 깨달아 실현함'을 뜻할 때에 두 번째인 '天主'의 가장 핵심주체인 '天'은 전혀 해명이 일체 없이 '주(主)'를 '님'이라 불러 부모처럼 섬기면서 동시에 친구처럼 동업(同業), 동무(同務), 동지(同志)한다. 즉 '텅 비운다'라고 돼 있음을 결코 잊지 말아야 한다. '그치고 잊지 않고 깨치고'가 그 뒤의 주문내용들이다.

또한 잊지 말아야 할 것은 시(侍)의 첫 뜻인 '내유외유'가 떼이야르 드 샤르댕의「자유의 진화론과 창조적 진화론」의 첫째·둘째 테마인 '내면의식-외면복잡화' 그 자체이고, 둘째 뜻인 '각지불이(各知不移)'가 '주자(朱子)에 의해 맹자 개념으로 번안된 화엄세계(不移)를 각자각자가 다 제 나름 나름으로 인식하고 실천함'이라는 사실이다.

바로 이 같은 '모심'을 이조 500년 비밀불교조직인 당취사(党聚史)는 고려 강화정권 때의 화엄선(華嚴禪) 수련자였던 저 용맹정진의 선승(禪僧) 혜정(惠正)이 당대의 좌우중간 삼파(三派) 정객을 가차 없이, 그러나 애정으로 가득 차 공격한 '비중이변(非中離邊)'의 애틋한 '당파선(钂把禪, 삼지창 선법(禪法))'이었음을 은밀히 전해온다.

과연 오늘의 모심, 오늘의 네오 르네상스와 화엄개벽의 길에서 성취해야 할 모심의 문화대혁명, 그리고 그 선적(禪的) 실천으로서의 새로운 동방 예수의 길은 참으로 피비린내 없이 가능할 것인가? 나의 마지막 소망은 바로 그것뿐이다.

글을 끝내며 내 요즘 공부버릇대로 벽암록(碧巖錄)을 펼친다. 무슨 선(禪)의 소식이 올까?

제 32칙 '임제일장(臨濟一掌)'이다.

정상좌가 임제 선사께 물었다.
"어떤 것이 불법의 큰 뜻입니까?"
임제 선사께서 선상에서 내려와 정상좌를 움켜잡고 뺨을 한 대 친 뒤 확 떼밀어버렸다. 정상좌가 멍청히 서 있자 곁에 있던 선승이 말했다.
"정상좌, 어째서 절을 하지 않소?"
정상좌가 절을 하다가 홀연히 크게 깨달았다.

마지막 부분 한자 표기가 '방예배(禮拜) 홀연대오(忽然大悟)'다.
무엇을 절해 모심인가?
무엇을 절하는 중에 깨달은 것인가?
분명한 것은 나는 비겁하다고 몹시 한 대 맞은 것이다. 지금 이 순간 얼얼한 느낌만 남아있다.
만 가지 세상사에 대한 천 가지 대응이 새로 필요한 시점이다.
역(易)에서 리대인(離大人) 즉 곤군자(困君子)가 축빈우(蓄牝牛) 한다 함은 이 만 가지 세상사에 대한 새로운 살림을 준비함이겠다.
살림의 주인공이 엄마임은 물론이다.

1. 모심의 문화혁명은 살림을 위한 것이다. 발 플럼우드의 외침처럼 인격-비인격, 생명-무생명을 막론하고 일체존재를 우주공동주체로 거룩하게 드높이는 모심의 문화, 모심의 생활양식으로 인류의 삶 전체를 철저히 변혁하지 않으면 지금의 생명위기와 기후변화 등 대혼돈을 극복할 수 있는 화엄개벽의 살림의 길은 사실상 없다. 이것

은 지금 여기에서 당장 논의되고 착수되어야 한다.

2. 지금까지 논의된 모든 화엄개벽의 내용들은 인류역사상 주도적인 동력이었던 남성 지혜자들의 신성적 혈통을 중심으로 한 논의의 한계 안에 있음을 인정해야 한다. 분명한 것은 새로운 시대의 개벽은 반드시 여성 살림꾼들의 모심의 문화전통을 중심으로 해서만 가능하다는 점이다. 여기에 이른바 역(易)의 축빈우(蓄牝牛)의 완성으로서의 곤괘(坤卦)의 '황상원길 문재내야(黃裳元吉 文在內也)'의 비밀이 있다. 현빈(玄牝) 즉 여성 살림꾼을 세상의 통치자로 옹립하되 건괘(乾卦), 남성 지혜자들의 종일건건(終日乾乾)하는 숨은 노력, 즉 안에 간직한 때(天)와 땅(地)과 삶(人)의 삼왕(三王)을 통일하는 인중천지일(人中天地一)의 대화엄이라는 서계(書契)와 결승(結繩) 없이는 으뜸으로 길(吉)한 사천년 유리세계(琉璃世界) 용화회상(龍華會相)의 해인삼매는 기약하기 어렵다.

그러나 여기에서 또한 우리가 반드시 머리를 기울이고 마음을 졸여 섬세한 대응을 갖춰야 할 것이 있으니, 비록 천부경(天符經)의 지혜가 대화엄의 삼왕(三王)을 통일한다 해도 그 밑에 숨은 하나의 왕인 '수왕(水王)'의 밑받침 없이는 그 또한 완성되지 않는다는 점이다. 이 '수왕'의 비밀이 한민족 선도풍류(仙道風流)의 오묘함인 '묘연(妙衍)'인 바 '신령한 연못의 깊이로부터 복승(復勝)해 올라오는 여성 회음 속의 파천황의 창조적 생명력의 확충'이다. 이 힘이 개벽의 주동력이니 북극태음의 물을 움직이고 있는, 지금도 끊임없이 메탄층 폭발과 대빙산의 해빙, 지리극(地理極)-자기극(磁氣極) 상호 이탈과 관계 재편성, 그리고 적도(赤道)의 결빙(結氷)과 함께 그 적도와 황도(黃道)를 일치시키는 남반구 해수면의 초과 상승의 근원적 우주력이다.

천여 년을 지속해 온 율리우스 태양력의 주기를 붕괴시키면서 올해(2009년) 7월 22일 동북아시아 일대에서 관측된다는 대일식(大日蝕) 때에 365일의 윤달이 없어지고 360일의 정력(正曆)이 선다고 한다. 이때에 춘분 추분 중심의 서늘하고 온화한 4천 년 유리세계가 시작된다고 한다. 이것이 곧 달의 작용이고 이 달의 작용의 근원에 여성회음의 거대한 개벽력(開闢力)이 움직인다는 것이다.

'묘연(妙衍)' 없이는 후천개벽도, 위대한 태양앙명(太陽昂明)의 하느님 직접 통치도, 대화엄세계의 해인삼매(海印三昧)도 없다는 것이 바로 한민족 선도풍류(仙道風流)의 천부경(天符經)이다. 어째서 예수의 십자가 옆에는 저 불굴의 열심당원 유다도, 저 성실한 갈릴리 어부 베드로도 없었는가? 어째서 저 위대한 성모 마리아도, 저 탁월한 신비가 요한도 사실상 없었는가? 왜 모두 다 예수를 버렸는가? 왜 하느님까지도 예수를 버렸는가? 어째서 세상은 철저히 그를 짓밟았는가?

그런데 어찌하여 그는 끝끝내 '다 이루었다' 하였는가?

갈기갈기 찢어진 그의 모심 곁에 막달라 마리아가 끝끝내 남아있었던 것이다. 그 여자는 누구인가? 마지막 무덤의 돌을 치운 것은 누구인가?

누구의 어떤 힘인가?

누가 거기 캄캄한 무덤 앞에 앉아있었는가?

베드로인가? 유다인가? 요한인가? 성모 마리아인가?

예수는 살아있는 몸으로 부활하였다. 그리고 하늘로 승천한다. 즉 '개벽'을 성취한다. 그렇다면 그 '참 살림'을 보장한 것은 어떤 힘인가? 이것이 그저 이야기일 뿐이고 이것이 그저 신화일 뿐이고 상징일 뿐인가? 이것은 오늘, 이 캄캄한 무덤 앞에 버려진 우리에게 도대체 무슨 말을 하고 있는 것인가?

버려진 여성의 캄캄한 회음에 하아얀 모심의 촛불을 켜야 할 시간이다.

말로만?

3. 1세기에서 7세기까지의 장기간에 걸쳐 결집된 대방광불화엄경(大方廣佛華嚴經)의 주인 '비로자나(毘盧舍那)'는 본디 파미르(Pamir)어인 '한없이 높고 끝없이 넓은 영원한 푸른 하늘', 알타이(Altai)어인 '후에문헤텡그리'의 뜻이다. 그것은 우리 한민족의 '한' 또는 '울' 또는 '한울'이니, '크고 깊고 넓은 텅 빈 무궁우주' 그리고 '선명한 유일자(唯一者)'를 말한다. 한민족의 시원설화인 1만 4천 년 전 파미르 고원 마고성의 여신 마고(麻姑)는 다름 아닌 이 '비로자나 부처'의 어머니다.

'비로자나'는 본디 '한도 끝도 없이 넓은 벌판에 수도 없이 서로 다른 종류의 꽃들이 한날한시에 모두 다 서로 제각각 다른 모습으로 활짝 피어나는 대광경'을 뜻하고 그와 똑같은 우주, 그와 똑같은 세상 사람들, 그와 똑같은 온갖 마음의 세계를 지칭하는 '파미르 키르기스 한' 민족의 고유어다(간다하라 지역 민속지 '헤라볼로이타이의 불꽃 같은 별'-아무도 다니지 않는 금기(禁忌)의 성스러운 숲 명칭-에서).

'파미르 키르기스 한' 민족은 바로 한민족의 조상이다(키르기스스탄 마나스 연구분과위원장 무사에프 사마르 박사의 증언).

'파미르 키르기스 한' 족(族)의 신화망(이것은 아직도 조사 중, 구성 중, 실증과정 중이다. 따라서 개연성의 영역임을 전제한다) 안에서 '비로자나'와 '마고'의 관계의 어두운 비밀은 바로 타락한 여신인 '마고 꼬꼭끄'의 신화 안에 있다. 키르기스 신화에서 '마고 꼬꼭끄'는 '뱀 같은 여자' '최후 심판의 날에 악한 역할을 하는 여신' '오른쪽 무릎은 남자, 왼쪽 무릎은 여자로 양성을 구비한 여신' 이다. 그러나 또한 '양고기를 먹지 않고 사람고기를 먹으며 여자를 고문하고 남자를 시험하는 어두운 골목귀신' '대낮에 검은 별을 뿌리며 강물을 더럽히는 축축한 바람의 여신' 등등 아주 고약한 뜻을 갖는다. 그럼에도 다음의 뜻을 보자.

'이 세상에 나와서 단 한 번도 남자와 잠을 자본 일이 없음에도 수많은 아이를 낳아 한 왕국을 이룬 여자'

'이 세상 모든 왕들이 꽃을 들고 찾아와 별의 운명을 점쳐달라고 빌었던 산중턱 동굴에 사는 여신.'

또 있다.

'들과 산에 물과 불을 가져다 붙여 세상이 망하는 날까지 흥망성쇠를 즐기는 자들의 숭배대상'이자, 전혀 반대로 '이 모든 악한 행위를 사람과 신과 우주의 번영을 위해 한 시대를 보내고 다른 새 시대를 열기 위해 감히 스스로 저지르는 여신'이며, '동물 식물의 목숨을 사람 목숨과 마찬가지로 존중하여 사냥하는 자들을 벌주는 유목민의 별의 화신' 등도 있다.

종잡기 힘들다.

그러나 이 여신이 분명 매우 어둡고 불길함에도 한편 매우 고통스러운 시험을 통해 운명의 전환을 꾀하고 있는 듯한 느낌을 피할 수 없다. 한마디로 매우 실존적이다.

이 점에서 출발해 보자. 키르기스 신화에는 생태학과 관련된 여신도 있다. 그러나 이 계열과 또한 다르다. 모권제의 여신 마고와도 다르다. 그럼에도 '마고 꼬꼭끄'를 비로자나 주불(主佛)의 어머니라고까지 드높이는 신화조직자들의 의미론적 동기는 어디 있을까?

첫째 마고 꼬꼭끄는 모권제 몰락 이후에 격하된 여신이다. 따라서 매우 어둡다. 거의 마구니 수준이다.

둘째, 그러나 마고의 그 위대한 창조적 명성을 이름에 물려받고 있다. 이것은 신의 역사에서 중요하다. 신은 이름의 역사이기 때문이다. 마고 꼬꼭끄의 여성적인 어둠 속에는 아이 낳는 이야기가 있다. 이것은 비로자나의 그 무수한 대지의 생명들이나 그 무수무수한 부처님들의 눈부신 탄생 배후에 바로 시커먼, 더러운 악(惡)으로 폄하된 실존적 성애(性愛)와 임신과 태교와 출산 및 고통스런 양육의 여성적 살림의 중요성이 역전하여 반영된 것으로 보아야 한다.

마고는 뤼스 이리가라이가 거듭 주장하고 있는 바 여신 창조설에 토대한 신성한 모녀 직계의 혈통 중심성에 의한 남녀 간의 평화의 새 문명 주장에 있어 대표적이다. 그렇다면 마고 꼬꼭끄야말로 그 이리가라이 주장의 어두운 부정적 증거일 수 있다. 그러나 만약 우리가 비로자나 화엄세계와 그 위대한 만물해방의 역사가 이 마고 꼬꼭끄의 어둡고 누추한 회음의 컴컴한 현빈(玄牝) 즉 동굴로부터 태어나는 것이라 본다면 도리어 이것은 다분히 '개벽적'인 것이다.

마치 예수의 몸의 부활의 관문인 무덤 동굴의 그 돌덩이에 앉아 하염없이 그 무덤이 열리기를 기원했던 막달라 마리아의 그 더럽고 어둡고 시커먼 회음 속의 예수 모심의 흰 촛불의 메타포와 연결되는 것 아닐까!

하긴 이런 기록이 또한 남아있다.

프랑스 학자 '레무도르'가 쓴 '파미르 키르기스 정신' 안에는 최근까지 파미르에 살아있는 '라흐만쿨'의 정신은 다름 아니라 그 신화 속의 여신 '가이밸렌' 처럼 일체 생명의 과도한 사냥을 엄금하는 근원적 생명사상이 본디 태생적 본성이라는 것이다. 이 정신이 곧 마고의 정신이라면 마고는 곧 여성성으로 본 비로자나의 화엄정신이 되고, 마고 꼬꼭二는 모권제 붕괴 이후 억압된 네페쉬 하야로서의 여성 내면의 근원적인 생명회생의 개벽적 가능성의 당대 신화적 반영이 아니겠는가!

그렇다면 우리는 한 가지 중대한 결론에 이르게 된다. 마치 현대유럽의 전투적 페미니즘처럼 거의 계급투쟁 차원의 젠더투쟁으로 날을 지새우다가 오늘날 헤겔·칸트·다윈 복권의 大열광에 의해 남성 가부장 문화권력에 여지없이 짓밟히고 있는 그 수많은 마고 꼬꼭 二가 참으로 마고와 그 딸 궁희(穹姬)·창희(蒼姬)의 모녀혈통에 의한 이리가라이식 초모권제(超母權制)의 팔려사율(八呂四律)의 신문명(여성성·혼돈이 여덟에 남성성·질서가 넷이 배합되는 혼돈적 질서)을 창조하려면 여기 무엇이 필요하겠는가 하는 것이다.

이리가라이는 동방적 여신신화의 모권제 기원에 관해 그 현대적 부활문제에서 너무 소박하다. 여신의 신화전통에서 최소한 에리히 노이만의 '대모론(大母論)'에 지적된 자애로운 어머니인 '새하얀 이시스'와 무서운 어머니인 '시커먼 고르곤'의 적대적 대립 정도도 이미 안중에 없다.

서구 페미니즘은 시민사회의 여성 참정권 획득 투쟁 수준인가 아니면 전(全)문명사에서의 위대한 모성(母性) 회복을 위한 장렬한 개벽운동인가? 어느 쪽인가? 소탐대실(小貪大失)이 있어서는 안 된다.

여기에 하나의 암시적 기사가 나타난다. 이슬람 세계에서도 저명한 고고학자인 '알 아르함 무바팍세크힐리' 박사의 어느 날 서양신문과의 회견문에서다.

나는 이 세계가 거대한 모성의 품 안에서 함께 해방되기를 바라는 사람이다. 기독교 문명과 이슬람문명 사이의 끊임없는 투쟁은 그 근본에 여신과 모성의 전통에 대한 기억상실이 있다. 이슬람에서 헤지라 이전, 메디나 전투공동체 이전의 메카에서의 모색과 수련 시대에 무하마드 성인의 부인의 별명이었던 '아크발라이 쇼쿠니아바(한 손을 어둠에 둔 참다운 빛)'에서 한 암시를 받을 필요가 있다. 문제는 오늘 우리가, 특히 남성이 그 부인의 '흰 어둠'을 어떻게 배우느냐에 있고 그 배움의 길은 곧 무하마드가 동굴 수련 중(코란 제63절 하단) 외치는 소리 "나의 영이여! 저 어둠 앞에서 한없이 겸손하거라!" 한마디에 있을 것이다.

요컨대 나의 결론은 예수가 유럽 사람이나 기독교에만 있지 않다는 것이고 모심이 예수 복음에만 국한되어 있지 않다는 것이며, 그 예수가 모심의 촛불을 켜는 여성의 어두운 회음 속의 눈부신 빛의 놀라운 복승(復勝)의 가능성이 꼭 한민족의 마고, 이리가라이의 페미니즘 안에만 있지는 않다는 것이다.

현실은 복잡하다. 그러나 요체는 '모심' 한마디에 있고, '모심'에 의한 '살림' 한마디에 있고, '살림'에 의한 '개벽', '화엄개벽'이란 이름의 '깨침' 한마디에 있다.

4. 인류의 긴 긴 역사에서 여성의 처지는 참으로 비참한 것이었다.
프랑스의 한 신문은 1898년 여름경 니스의 휴양지 한 모래밭에서 전신을 벌거벗긴 채 난자당한 열여섯 살 먹은 소녀의 시체 위에 흰 물감으로 쓰인 다음과 같은 낙서를 보도했다.

"내 혼이 저주하는 여자의 몸에 악마의 칼을!"

그렇다.

여자는 저주받은 존재였다.

이 저주는 도대체 어디로부터 시작된 것인가?

바하오펜의 '모권론(On Matriarchy)'은 이 의문을 풀기 위한 인류 최초의 시도였다. 바하오펜은 쓰고 있다.

"여성은 태어날 때부터 저주받은 존재였다. 수많은 지역에서 똑같이 진행된 여성의 출생식 행사는 대체로 동일하게 집안에 있는 물과 그릇들, 그리고 나무 밑동에 돌을 내리누르고 그 밑에 서려있다고 생각되는 여성의 기운에 압박을 가하여 움직이지 못하도록 조치를 취했다. 이러한 행사는 대대로 이어져 거의 무의식적으로 습관화되어서 이후 근대에 와서는 그것이 마치 집안의 복을 비는 행사인 것처럼 착각되기까지 했다. 이 비리의 역사를 깨는 것이 나의 모권제 연구의 시작이다. 어째서 여성, 어머니의 존재는 저주받은 위치로 전락한 것인가? 태초부터인가? 아니면 그 중간의 한 과정에서인가?

모권제는 분명 수천 년 전까지도 인류역사에 엄존해 있었다. 언제 어떻게 그것은 남성 가부장제에 의해 억압 폐지되기에 이르렀는가? 그 시초를 여신숭배(女神崇拜)로부터 찾으려는 나의 노력은 바로 이 모권제의 사상적 근원에 여성성, 모성의 우주 생명적 의미에 대한 거대한 그 나름의 숭배와 찬양이 있다고 보았기 때문이다. 분명히 원시나 고대의 여신숭배에는 그 나름의 독특한 우주론이 있었다. 그것은 무엇일까? 그것은 한마디로 달을 중심으로 한 우주관이다. 달의 주기를 중심에 두고 태양을 이해하는 이 같은 우주관은 천원지방(天圓地方)과 천동설 시대보다 더 이전에 속한다. 왜냐하면 천동설은 해의 주기에 초점을 맞추기 때문이다. 그렇다면 달의 주기에 초점을 맞추는 우주관은 천동설이나 천원지방설과 어떻게 다른가?

달은 음(陰)주기 16 회전설(이집트나 시리아, 바빌로니아가 모두 모체로 하는 원시 흑해 연안의 '가브리에세아로' 또는 '테세' 문명 출토품에서 간취됨)에 따라 모든 지역의 한복판에 해당하는 흑해의 물 한복판 밑바닥으로부터 달이라고 불리는 괴(怪)생명체가 열여섯 번을 빙빙 돌면서 상승하는 과정에서 계절이 열여섯 번 바뀐다고 생각했던 것이다. 고로 달은 결코 태양과 같이 음양(陰陽)으로 대척적 관계에 있는 것이 아니라 그 자체로서 우주 생명의 기원이요 그 생성의 조절자인 신(神)으로서 숭배되었었다. 바로 그 달의 화신(化身)이 여성이고 여성 중에도 어머니이니 어머니가 아이를 갖고 낳고 키우는 것은 바로 달이 우주를 생육(生育)하는 이치의 압축인 것이며, 태양은 이 달에게 그 생명과 빛의 씨앗을 던져주는 남자의 역할 같은 것에 불과하다고 보았던 것이다."

바하오펜은 바로 이 같은 원시, 초원시의 흑해 신화에서 애당초 음양의 대척적이고 순환적인 생성관이 아닌 음(陰)과 달, 여성, 자궁, 바다, 물, 비와 구름, 그늘, 동굴, 어둠, 심연 등의 상징이 다름 아닌 모든 것의 근원이며 이른바 근본적인 혼돈(混沌)의 주된 영역이었다는 태초의 신앙을 발견한다고 했다.

그렇다면 이것은 문명화 이후의 음양관이나 선악관, 남녀관, 천지이원론이나 생사 이분법 같은 일체의 양가성(兩價性) 자체가 아직 분화되기 이전의 단성생식시대(單性生殖時代)의 잔영이 아닐까?

모든 것이 양가적인 생성교차의 전환구조로 이해되는 때부터 어쩌면 남성과 여성의 우로보로스 즉 상호 얽힘의 용화(龍化) 또는 결승(結繩)의 지혜의 시대가 열리는 것이 아닐까?

문제는 이 여성성, 모성의 근원적인 단성성(單性性, monochromity)

에 있다.

이 단성(單性)적 달의 지배신화의 무의식적 기억은 그 후 완전히 소멸되었을까?

그렇지 않다는 데에 문제의 까다로움이 있다.

바하오펜은 이 지점에서 논의를 더 진행시키지 못한다. 그런 그 뒤를 이어 등장한 에리히 노이만은 그의 대모론(大母論, the Great Mother)에서 도리어 원시에까지 여신 신화의 적대적 이원구도를 소급하고 있다. 즉 사랑과 부드러움과 자애로움으로 일관한 새하얀 이씨스 여신과 잔인하고 난폭하여 전투적이고 압제적이며 무서운 어머니인 시커먼 고르곤 여신으로 대립시키고 있다. 그리고 모권제의 몰락의 시작을 무서운 어머니인 고르곤계에 대한 남성문화의 반역과 도전의 시작으로 보고 있다.

그러나 이 역시 하나의 한계를 보여준다.

왜냐하면 이씨스와 고르곤의 대립은 남성 가부장제의 수천 년 역사과정에서도 결코 고르곤의 무서운 어머니 중심성을 포기하지 않았으며, 이씨스의 희고 순결하고 따뜻하고 헌신적인 이미지는 오직 극히 제한된, 그리고 희망의 대상이자 그리움의 차원으로 한정된 것이 사실이기 때문이다.

문제가 남는다.

모권제는 그럼 무엇이었는가?

이리가라이 등이 묘사하고 있듯이 참으로 아름답고 자애로운 평화와 생명의 시대였는가? '엄마'는 바로 그러한 삶을 보장하는 시절의 신성이었는가? 이리가라이는 특히 여신 창조설에 토대한 모녀직계혈통(母女直系血統) 중심성의 초모권제(超母權制) 신화의 절대적 신성성과 절대적 가치성을 계속해서 미래 신문명사의 기본 흐름으로 부각시키려 한다.

그러나 과연 그것은 옳은 것인가?

옳은 측면도 있을 것이다.

우리 한민족의 신화적 기원인 파미르 고원의 마고혈통의 경우 마고 여신에 이어 남성 개입 없이 궁희 창희로 모녀직계에 계승되는 이른바 팔려사율의 우주율이 현대 신문명 구상의 비전에 주는 상징적·상상력적인 의미는 매우 크다. 왜냐하면 그것은 오늘날 우리가 요구하는 새로운 경제사회질서의 하나인 호혜와 교환과 획기적 재분배의 새로운 객관적 시장패턴 현실화의 근원적 구성 원리로 되기 때문이다.

그러나 이런 점은 어떠할까?

박제상(朴堤上)의 부도지(符都志)의 기록에 의해 본다면 마고 이후 궁희 창희 등 단성생식의 모권제 시대는 결국 자연식량(自然食量)이었던 지유(地乳)의 결핍으로 난간에 돋은 포도를 따먹은 결과 복잡한 맛을 뜻하는 오미(五味)의 변(變)이 일어나고, 그때까지 몸에 머물던 우주율인 팔려사율의 생명리듬이 떠나가고 병이 생겨났으며 인간 사이에 갈등이 발생했다고 되어있다. 결국 그 이후 시대라고 밖에 볼 수 없는 남녀상관에 의한 인구증가기, 황궁씨(黃弓氏)나 유인씨(有人氏)시대는 결국 마고성 문명 내부의 질병·결핍·모순·혼란 때문에 성을 떠나 동진(東進)하여 천산(天山)을 지나서 결국은 한민족의 고향이라는 바이칼의 알혼섬에 이르며 그곳에 정착하는 것으로 되어있다.

이것은 무엇인가? 마고신화의 여신 및 모권제, 그리고 그것을 중심으로 하는 남녀 평화의 팔려사율적 신시(神市)체제가 전설처럼 그렇게 완벽한 이상(理想)이 아니었음을 뜻하는 것이다.

이것은 매우 중요한 의미를 지닌다.

그런데 이것은 또 무엇인가?

동진하던 민족은 유인씨의 인도로 천산 입구에서 그 좋았던 옛날의 마고성 시대의 천시(天市) 또는 신시(神市)로 되돌아갈 수 있기를 서원하며 부동(不動)의 수련(修鍊)인 계불(禊祓)을 통해 온몸이 돌로 굳어지는 이른바 '다물(多勿)'의 국시(國是) 서원을 시작하게 된다.

이것은 곧 파미르의 마고시대가 영원한 이상적 문명의 금척(金尺)이 됨을 뜻하는 것인가? 그럼에도 민족은 계속해서 바이칼로 이동하고 알혼섬에서 환인씨(桓因氏)의 '불함(不咸)' 즉 '빛'의 시대를 엶으로써 이른바 역(易)의 리대인(離大人)의 상징시대, 홍익인간(弘益人間) 이화세계(理化世界)의 '성배(聖杯)'의 시대를 연다. 이처럼 '불함'은 '다물'과 배치되지 않는 것인가?

정역을 포함한 동아시아 개벽사상은 '불함'을 리대인(離大人), 복희씨(伏羲氏)의 결승(結繩)과 서계(書契) 즉 역(易)의 출현으로 본다. 그리고 리대인은 이를 통해 감(坎)과 현빈(玄牝)의 어두운 여성성과 혼돈의 힘을 도리어 축빈우(畜牝牛)함으로써 앞으로 나아가는 개벽의 실질적 기운을 완성하는 것으로 본다. 그 점에 대해 '다물'은 도리어 '다시개벽', 뒤로 돌아가는 개벽의 형태로서 곤대인(困大人)이 천산(天山)에서 서원을 세워 선적(禪的) 결단인 계불(禊祓)을 통해 돌이 되듯이 스스로 목숨을 바쳐 근원의 우주인 팔려사율의 천시(天市)로 되돌아가는 것이다.

바로 이 같은 '불함'과 '다물'의 엇섞임의 흐름이 다름 아닌 고조선 성립의 신화 사상사적 근거다. 빛의 사람인 환웅 씨(氏)가 불함의 목표로 축빈우(畜牝牛) 함으로써 웅녀(熊女), '곰 녀' 즉 검은 그늘의 현빈인 여성을 적극적으로 맞이하고 천산(天山) 이후의 다물의 목표로 옛 마고의 팔려사율의 천시·신시를 회복하려 함으로써 주역 곤괘(坤卦)의 이른바 황상원길 문재내야(黃裳元吉 文在內也)의 이상적 묘연(妙衍) 즉 수왕(水王)에 의한 천지인(天地人) 삼왕통일의 개념적 태양시대를 여는 것이 된다.

바로 이 신화의 사상사적 연장선상에 다름 아닌 '화엄개벽'이 있다는 말이다.

정리한다.

빛.

즉 남성지혜자 중심의 여성옹호 과정인 불함이 그 이전부터 계승[또는 계명(繼明)]된 마고 여신 토대의 모녀직계혈통 중심 팔려사율의 천시·신시 시대에로 후천개벽, 다시개벽, 입고출신(入古出新)하려는 과정에서 현빈 즉 여성성·모성을 통치권력으로 옹립함으로써 비로소 태양정치의 화엄개벽의 길을 열어가는 것으로 우리의 민족신화를 해석할 수 있다는 것이다.

이것은 구체적으로 어떤 결론을 우리에게 가져오게 되는가?

그저 황당한 신화놀음에 불과한가?

전혀 그것이 아니라는 점에 이 논의의 심각성이 있다.

지금 우리가 새로이 창조하려 하는 문명, 특히 경제 원리는 무엇인가?

누누이 말해 왔듯이 고대 신시의 '호혜·교환·획기적 재분배'의 현대, 초현대적 세계 차원의 부활이다. 바로 그것이 다름 아닌 '화엄개벽'이고 그것을 현실화시키는 것이 '모심'이며 모심에 의한 '살림'이고 또 살림에 의한 진정한 '깨침'이라 했다.

이때 가장 중요한 것은 이제껏 종교단체의 자선이나 임의적 이웃사랑에 그쳤던 호혜의 인간과 인간 간의 자리이타(自利利他)와 인간과 자연 사이의 생태학적 상호혜택, 그리고 인간과 신 사이의 해탈적인 중생 구원 등의 자의적 행위를 '교환'이라는 엄격한 객관적 시장패턴 안에서 현실화시키는 문제다. 여기에 대해서는 대강 이해가 되고 있다. 그러나 가장 까다롭고 어려운 것은 막상 '재분배'의 문제다. '재분배'를 함부로 '평등'이라고 떠벌리는 사람들이 있다. 참으로 한심한 사람들이다. 그렇다면 마르크스 대신 폴라니 논의를 구태여 벌일 필요가 없는 것이다.

마르크스주의는 '재분배'를 평등분배라는 단순 차원으로 낭만적으로 추상화시켜 버림으로써 역사로부터 잔혹하게 여지없이 몰락시켜 버렸다. 그런 것은 소년소녀의 꿈일 뿐 있지도 않고 있을 수도 없기 때문이다. 문제는 '재분배'가 바로 호혜와 교환 사이의 드러난 일상적 차원을 그 밑에 안 보이는 차원에 숨어 그 동기가 되기도 하고 그 목적이 되기도 하면서 그 양자 사이의 생극(生克, 상생상극)관계를 추동·조정·비판·수정하다가 어떤 지화점(至化点) 즉 극한점(極限点)에 이르러 그 스스로 드러난 현실 경제 질서로 획기적으로 출현 생성하는 '복승(復勝)'이면서 차원변화로 일종의 '개벽'이라는 사실이다.

따라서 '재분배'는 매우 섬세하고 까다롭고 조건과 사람과 경우 등에 따라 예컨대 투입된 자본과 노동, 생명력, 생태 환경, 시간, 날씨, 리듬, 소음, 분진, 질병 등 온갖 경우에 응해서 그야말로 섬세하고 세목적·획기적으로 어느 한쪽에 수없이 많은 여러 형태로 그 중심이 기우뚱하게 기우는 균형관계일 수밖에 없는 것이다. 그리고 그래야만 비로소 '재분배'가 일체 인간의 경제사회 생활과 생태·생명·내면생활 등에서 획기적인 동기와 목표가 될 수 있고, 이때 비로소 화엄경의 저 유명한 불교경제 원리인 '시장의 먼지를 함께 뒤집어쓰되 결코 이욕에 물들지는 않는 것이 중생의 삶을 이롭게 하는' 항상된 진리의 길[同塵不染 利生常道]의 근본 이치인 '이생상도' 그 자체가 될 수 있는 것이다. 그래야 현실적으로 '동진(同塵) 즉 교환'과 '불염(不染) 즉 호혜'의 유동적·역동적인 생극(生克)을 조정·비판·수정·극복할 수 있는 숨은 '복승과 개벽의 힘'이 되는 것이고 현실적인 금척(金尺)이 되는 것이다.

그렇다면 어찌 되는가?

칼 폴라니 패밀리의 연구에 따르면 바로 이 획기적 재분배에서 가장 어려운 점이 그 재분배를 획기적 차원으로 실현할 수 있는 이른바 '중심성'의 문제라고 한다.

중심성은 재분배를 계산하고 구상하고 예측하고 실천하고 사후에라도 끊임없이 조정하며 그 살아있는 균형을 가능한 한 각 방면으로 시도하는 뛰어난 정치력의 개입을 말한다.

고대 동아시아 신시(神市) 연구자인 좌계(左契) 김영래(金永來)씨는 바로 이 '중심성'이 고대 신시의 경우 '이원화(二元化)'되어 있었음을 매우 강조하고 있다. 일반 정치학에서도 '이원집정제(二元執政制)'는 그 오묘하고 역동적인 효과력으로 높이 상찬된다. 그러나 거기엔 사상사적·문명사적·사회사적 배경조건, 그것을 그렇게 할 만한 원만성, 중도적 균형의 성숙이 필요한 것이었다.

김영래 씨는 고대 신시의 경우 이 '재분배'에 개입한 이원적 중심성을 단군(檀君)과 왕검(王儉)의 '이원집정제'에서 찾고 있다.

우리는 너무 오래도록 외국 침략과 식민지 지배, 아니면 폭군적 압제 아래 시달려 우리나라의 역사를 섬세하게 연구할 틈이 없었다.

단군은 왕검이 아니고 왕검은 단군이 아닌 것이다. 이 점을 분명히 하자.

그렇다면 소비계와 공급계, 유목민과 정착민 등등 엄격한 교환구조의 이중사중(二重四重) '대칭성'의 대각구조 사이에서 서로 다른 기능을 가진 민중 사이에서, 그 삶의 가장 섬세한 기능을 분담·전담하는 이원집정제는 도대체 어떤 사상사적·사회사적·문명사적 배경을 가진 것일까? 또 그것은 오늘의 화엄개벽세계에서 어떻게 그 나름의 절실한 필요와 의미를 가질 수 있을 것인가?

내가 보기엔 다음의 세 가지 배경이 있다. 팔려사율이라는 '혼돈 및 여성성'과 '질서 및 남성성'의 갈등구조, 불함(不咸)과 다물(多勿)이라는 축적과 순환 구조, 이동과 정착이라는 복승(復勝) 확충 구조의 원리이겠다. '혼돈적 질서', '축적 순환', '복승 확충'의 구조는 지금 동아시아 태평양 신문명이 요구하는 새로운 문명과 문화, 사상과 생명양식, 그리고 경제 원리의 호혜 및 환류 시스템이다. 장기적, 복층적 스와프 시스템에 연결되는 가장 원리적인 역동성일 것이다.

나는 우리 신화 가운데에서 드러난 이 같은 남성적 자기희생과 여성적 축적총괄의 가능성이 실제 우리의 민족 고대에 상당한 정도로 현실화되었다고 보는 사람이다. 고조선의 삼신오사(三神五事)와 360 사회시스템에 관련한 연구 역시 많지는 않으나 이미 제출되어 있고, 그에 관련한 천부경(天符經), 삼일신고(三一神誥), 동북방 샤머니즘 등에 관한 근원적 탐구 또한 적지 않다. 몇 안 되는 경우이지만 동북아시아·동아시아 고대사에 바로 이 같은 원리들이 특히 이원집정제 등이 여신(女神)-여황(女皇)과 남신(男神)-천자(天子)로 또는 신라의 왕과 갈문왕(葛文王) 경우처럼 기능분담으로, 또는 일본의 여왕 지배하의 재상총권(宰相總權)형태로 다양하게 분배 배합되었음을 알 수 있다.

그렇다면 묻자.

우리가 제기한 문제, 즉 이리가라이와 마고신화 그리고 리(離)대인, 곤(困)군자로서의 예수 패턴의 '모심'이 향후 우리 역사와 동아시아 태평양 신문명에 가져올 현실적 기능의 모습은 어떻게 나타날 수 있을 것인가?

중요한 것은 또 여기에도 있다.

여성성이나 모권제와 하등 인연이 없을 것처럼 보이는 불교, 그것도 화엄불교사상 안에 입법계품 등을 위시한 도처에 생명성·여성성·모성·어린이, 심지어 창녀의 어두운 여성성의 영역마저도 환히 드러나 매우 중대한 파천황의 새 해석을 기다리고 있다는 사실이다.

5. 동학의 해월 최시형은 다음과 같이 말한다.

여인은 수천 년 동안 내리 구박을 받아서 편성(偏性)이다. 뾰족한 성품을 어쩔 수 없으니 남정네들은 여인들이 골을 내거든 자꾸만 큰 절을 하면서 내내 잘못했다고 빌어라. 수천 년 남자들의 여인에 대한 핍박과 괄시를 그런 기회에 마음에서 죄 갚음해야 할 것이니 이것이 참으로 '모심'이다.

해월 선생은 그 밖에도 어린이와 노인, 못난 장애자, 마을에서 쫓겨난 무당이나 박수에게까지도, 나아가 얻어먹으러 오는 걸뱅이 각설이 문둥이에게도 깍듯이 절하고 모셔 밥 대접을 하라고 가르쳤다. 나는 동학이 이 지점에 와서 비로소 진정한 개벽운동임을 확인한다.

그렇다.

천둥벼락만이 개벽이 아니다.

서푼짜리 밑바닥 인생을 한울님처럼 모시는 것이 참다운 개벽이니 이제 그것이 보편화되고 일상화되어야 할 때가 온 것이다. 해월 선생은 '밥 한 그릇이 만사지(萬事知)' 라고 가르쳤다. 이것이 무슨 뜻일까?

'만사지' 에 대한 수운 선생의 해설은 '수의 많음[數之多]' 에 대해 '그 진리를 공부해 알고 동시에 그 앎을 계시 받음(知其道而受其知)' 이라 했으니, 수수억천만 가지 경우와 사물과 마음과 부처를 스스로 터득해 알면서 동시에 그것의 깊은 신령한 지혜를 한울로부터 받아 크게 깨닫는 해탈을 말한 바 다름 아닌 '화엄개벽' 이었다.

그런데 밥 한 그릇이 바로 이 '화엄개벽' 이라는 것이다. 밥 한 그릇이 어떻게 그 장엄한 우주진리의 근본 해탈문이 된다는 것인가?

이것은 결코 작은 일이 아니다.

우선 밥 한 그릇이 무엇인가를 살피자. 밥 한 그릇이 빚어지려면 쌀이 있어야 하는데 쌀은 수많은 벼알갱이들로 이루어지고 그 벼알갱이들은 수없이 많은 종자들이 저 큰 하늘의 빛과 바람과 달과 계절의 변화, 물과 흙과 농부들의 노동과 벌레들, 새떼들 또는 끝없는 거름주기와 솎아주기, 벌거지 잡아주기 등등 온갖 우주 천지의 협동에 의해 결실하는 산물이니, 쌀 알갱이 한 알 안에 이미 그 천지의 큰 협동이 다 들어가 있다고 했다. 거기에 벼 베고 탈곡하고 방아 찧고 물 붓고 불 때서 한 그릇 밥이 된다면 이것이야말로 바로 화엄법신(華嚴法身)이 아니겠는가!

불교의 화엄선(華嚴禪) 수련 기록인 벽암록(碧巖錄)에는 '운문진진삼매(雲門塵塵三昧)' 라는 공안(公案)이 있다. 간단히 말해 화엄법신과 해인삼매의 경지가 다름 아닌 바루 속의 밥 한 사발이요 통 속의 물 한 모금이라는 뜻이다.

이것이 그것 아닌가!

화엄법신이 화엄법신을 만나는 것을 해월 선생은 '한울이 한울을 먹는 이치(以天食天)'라고 명명했다. 이는 곧 화엄경 노사나품(盧舍那品)의 '확충에 의한 만물해방'의 한 원리다. 이것을 그저 '먹이사슬'이라고 불러 그렇게만 알고 있는 요즘의 유럽적인 생태학 중독은 그 얼마나 피상적이고 천박한가!

하물며 해월 선생의 최고 법설인 '향아설위(向我說位)'에 이르러서는 인간과 물질 사이의 화엄적인 만물해방의 상관관계가 그 절정에 이르게 된다.

해월 선생은 갑오동학혁명이 실패로 끝난 뒤인 1895년 음력 4월 5일 오전 11시 숨어있던 자리인 경기도 이천군 설성면 앵산동에서 수운 선생 득도기념일 제사를 지낼 적에 이제까지 동서양 문명 역사 수천 년 동안 그 누구도 단 한 번도 의심해 본 적 없는 제사방법의 근원적인 일대 혁명을 단행하고야 만다. 즉 이제까지 저쪽[彼岸] 벽 아래 가져다 신위(神位)와 메밥을 차려놓고 이쪽[此岸] 제사 지내는 나, 즉 상제(喪制)가 그쪽에 대고 절하고 비는 향벽설위(向壁說位)를 신위와 메밥을 저쪽에서 번쩍 들어다 이쪽 내 앞에 놓고 바로 나, 즉 제사 지내는 상제를 향해서 나 자신이 빌고 절을 하는 향아설위(向我說位)로 뒤집어 버린다.

그리고는 말한다.

만약 한울님과 조상님과 선생님의 신령이 살아 여기에 오신다면 어찌해서 생명 없는 저 벽 근처에서 어른거리겠느냐. 당연히 살아있는 신령인 사람, 즉 우리 몸 안에 깃들이지 않겠느냐! 이로써 우리는 산 사람과 죽은 사람, 간 사람과 오는 사람, 그리고 날짐승과 털벌레, 온갖 귀신과 마귀들까지도 온통 지금 여기 살아있는 내 안에 들어오고 나아가며 끊임없이 그 모습과 위치를 바꾸면서 활동하고 있음을 알게 될 것이니, 살아있는 우주인 밥을 살아있는 우주인 나 자신에게 바치고 이로써 모시는 것이 당연한 일이 아니겠느냐!

화엄경은 도처에 자기 수렴과 외부확산, 분산과 집중, 복승과 단계변화의 축적순환과 환류(還流)의 끊임없는 그물운동 속에서 수많은 그 그물코마다 각자 제 나름대로 우주 그물의 신령한 숨은 뜻을 깨달은 보살들이 큰소리로 외쳐 법문하는 일대 장관으로 이루어져 있다. 바로 이 대광경이 밥 한 그릇과 연결되어 소소명래 진원처 각각성법 명명지(小小明來 塵源處 各各聲法 名名智)의 세계, 즉 '작고 작은 빛들이 가득 다가와 먼지 근원에 비치니 수없이 많은 소리들이 한없이 떠들어 사물 사물의 이름을 세상에 알리는' 대해탈을 나타낸다면 바로 그 밥 한 그릇을 사람에게 먹이는 여인네의 살림이야말로 그 어느 세상일, 그 어느 절집의 깊은 선수행보다 더 고귀하고 분명한 화엄개벽의 모심의 길이 아니겠는가!

나는 이 같은 동학 해월 법설의 밥 한 그릇 사상이 다름 아닌 예수의 밥 한 그릇, 즉 '빵의 사상'과 똑같은 것이라고 보고 있는 것이다. 도대체 무엇이 다르다는 것이냐!

그렇다면 묻자!

밥 한 그릇을 제대로 먹기 위한 생명운동이 참다운 평화의 보장운동이고 진정한 모심의 깨달음이 아니겠는가!

여인이야말로 이 위대한 '모심'과 '살림'과 '깨침'의 첫째가는 주인공인 것이다. 다만 이제는 그 살림이 가정 안에서만 폐집 되지 말고 온 사회에로 개방되고 전문화되고 제도화되어, 거의 절대화되고 있는 우리의 외식풍조를 하루속히 이상한 화학성분 중독과 해괴한 약물오염의 짝퉁 상태에서 구출해야 할 것이다. 밥 한 그릇의 살림이 새 문명의 참다운 시작이다. 공연히 과학이니 토대니 상부구조니 헛소리 하지 말라! 공연히 거룩이니 초월이니 착한 삶이니 나발 불지 말라! 이 모든 것이 곧 밥 한 그릇의 '모심' 안에 있으니, 예수의 몸인 빵 한 조각, 밥 한 그릇을 우리에게 내주는 참된 '모심'의 사람, 여인이야말로 이제 세상의 참 주인이 되어야 할 때다.

6. 세르비아의 작가 안드레 이보는 언젠가 '우리가 살고 있는 이 세계에서 지금껏 가장 중요한 것은 다름 아닌 가정뿐이다'라고 단정적으로 말한 바 있다. 말은 서로 달라도 이와 같은 뜻에서 일치된 사람은 수없이 수없이 많을 것이다. 그러나 이리가라이는 바로 이 같은 발언을 가장 악랄한 여성 억압의 사례라고 맹공격을 퍼붓는다. 즉 여성의 삶을 좁은 가정 안에 유폐시키려는 현대 남성가부장제의 가장 더러운 흉계라는 것이다. 그럴듯한 이야기다.

그러면 이리가라이가 희망하는 가정으로부터의 여성해방은 구체적으로 무엇이며 어떤 방향인 것인가? 그것은 바로 문명 전체의 구조적 변혁에 의해 옛 유목민들의 정착적 거점이었던 신시, 즉 신성 공동체라는 이름의 '솟대[聖所]' 안에 가족과 연관을 가지면서도 사회와 자연과 우주 사이의 영성적인 신관(神官)의 처지에 있었던 여성의 원초적인 신성성 회복을 요청하고 있는 듯하다. 물론 정확한 표현은 아니다. 그러나 그녀의 구조적 접근방법 전체에서 여성의 생태학적·생리학적 삶과 문명사회의 새로운 신성 공동체 사이의 어떤 적합성에 대한 지속적인 관심은 그런 결론을 짐작케 한다.

만약 그렇다면 여기에 커다란 하나의 조건이 생긴다. 즉 여성자신의 내적 신성성이 여하히 보장되느냐의 문제다.

덮어놓고 여성을 신성한 존재라고 우겨댈 수는 없는 노릇이다. 더욱이 근대 이후 신자유주의적 자본주의 시장경제의 삶 일반의 도박성이나 생명 파괴적 마이너스 기능들을 여성들의 잉여추구의 일반적 삶과 연결시킨다면, 물론 이 경우는 수많은 저임금 여성 노동자나 비정규직 또는 궁핍한 가정주부, 일반적 아파트 입주 여성을 가리키는 것이 아니다. 이른바 유한층의 부르주아 여성들, 세칭 '파스꾸치(pascucci)' 들 이야기다. 펀드장사, 주식이나 부동산, 이자놀이, 도박, 희귀상품 매입과 큰 이득으로 넘겨먹기를 일상관행으로 하며 썩은 유행과 타락한 문화를 파급시키는, 일부의 표현대로 '파스꾸치 빨갱이들(돈 잘 버는 세계정복자)' 이야기다.

이들에 대해서 우리는 심각한 주의를 돌려야 한다.

그 숫자가 많지 않고 절대 다수가 아니라 하여 새 문명사에 있어서 가장 중요한 그 문명건설의 주체인 여성문제를 검토함에서 별무 문제로 치고 도외시한다면 아주 큰 오류를 가져오게 될 것이 틀림없기 때문이다. 다시 말하면 여성이긴 하나 '모심' 과는 전혀 반대편에 서 있는 그 나름의 또 하나의 성전의 '삯꾼들' 이나 '도적들' 이기 때문이다. 더구나 그녀들은 이미 국제적으로도 유명한 '미시즈 버블(Mrs. Bubble)' 들로서 맨해튼에서 한국의 강남까지 펼쳐진 이른바 시끄러운 예수 숭배 그룹들이다.

그들은 끊임없이 주식장사 즉 '삯꾼짓' 을 하면서 동시에 끊임없이 교회에 가서 예수를 부르며 회개하고 노래 부른다.

어찌할 것인가?

이들이 과연 예수의 그 피투성이 외로운 '모심'의 길로 갈 수 있을 것인가?

아니면 기독교는 그저 아무나 아무렇게나 어디서나 제멋대로 우당탕탕 순 신파조로 거품을 튀기며 떠들어대는 저 잘난 척하는 광란에 불과한 것인가?

화엄개벽의 모심, 문명사 대전환의 전 세계 문화혁명 그것의 선적(禪的) 모심의 모범으로서의 예수의 길. 그리하여 참다운 호혜의 삶, 진정한 사랑과 수승한 깨침의 차원으로 나아가기 위하여 아마도 가장 먼저 이마를 짓찧어 피를 뿌리며 고민해야 할 제1의 현안이 여성문제가 아닐까 한다.

그러나 이 문제에 대한 예수의 대답은 무엇인가

'비둘기 같이! 뱀 같이!' 아니었던가! 촛불 아니었던가!

예수야말로 '前三三 後三三' 아니었던가!

용과 뱀이 같은 것 아니었던가!

그렇다면 회초리는 무엇인가?

'咄[돌]'.

나는 이제 긴긴 어둠의 동굴과 날카로운 세상의 빛의 넘침을 벗어나 내 나름의 조용한 '흰 그늘'의 길을 간다.

나의 모심이고 나의 촛불이다.

나는 이 길이 나의 동서융합의 길임을 안다.

예수는 여러 모습으로 여러 곳에 여러 가지 이름과 얼굴로 살고 있음을 생각하며 마지막으로 수운 최제우 선생의 시 구절 한마디를 기억한다.

남쪽 별이 원만하면

북쪽 은하수가

제자리에 돌아온다

南辰圓滿北河回
남 신 원 만 북 하 회

김지하 시인의 삶

•

작품 목록

•

필자 소개와 짧은 회고

김지하 시인의 삶

1941. 2. 4(음)	아버지 김맹모와 어머니 정금성 사이의 아들로 목포에서 출생. 본명은 김영일(金英一).
1953. 3.	목포중학교 입학.
1954. 3.	원주중학교 2학년 편입.
1959. 3.	서울중동고등학교 졸업. 서울대학 미술대 미학과 입학.
1960	4월혁명 후 학내 민주화 시위와 '새생활계몽대' 활동 적극 참여.
1961.	미학과가 문리대로 편입되어 '우리문화연구회' '연극반' 등에서 활동하며 전통문화에 대한 소양을 얻고, 현실을 이해하는 시각을 다짐. 국문학자, 조동일과 함께 남북학생회담의 '민족예술과 민족미학 회담' 대표로 선정됐지만, 개최 1주일 전 5·16군사쿠데타로 좌절.
1963.	목포문협 기관지 『목포문학』 2호에 김지하(金之夏)란 필명으로 첫 시 「저녁 이야기」 발표. 이어 6월 서울대 「대학신문」에 시 「용당리에서 나의 죽음은」(후일 「용당리에서」로 개칭) 발표.
1963. 겨울.	원주의 한 다방에서 시화전을 열고 가톨릭에 대한 깊은 관심을 표현.
1964.	박정희 정권의 굴욕적 대일외교에 맞선 서울 문리대 시위를 주동하면서 '곡(哭) 민족적 민주주의'란 제명의 조사(弔辭)를 작성하고 풍자 민요시 「최루탄가」 발표.
1964. 6. 3.	계엄령 발동으로 6·3사태 발발. 당시 서울대 가두진출 시위의 책임을 맡아 6·3사태 관련 '집회와 시위에 관한 법률 위반' 혐의로 약 4개월 간 구금과 동시에 무기정학 처분.

1964. 6. 22.	일본 도쿄에서 한일기본조약과 4개 협정이 조인되고, 8월 26일 위수령이 발동되어 1년 넘게 진행된 6.3사태는 막을 내림. 6개월 간 도피 끝에 1966년 초 복학하여 졸업.
1969. 11.	월간 『시인』지(11월호)에 '지하'라는 필명으로 시 「비」「황톳길」「가벼움」「녹두꽃」「들녘」 발표하면서 정식 등단.
1970.	『사상계』 5월호에 담시(譚詩) 「오적(五賊)」이 발표되고, 이어 6월 1일 민주당 당보 〈민주전선〉에 게재되어 20만부가 배포됨으로써 국내외에 엄청난 파장. 이후 김지하 등 관련자 4명 구속.
1970. 9. 8.	보석으로 석방. '저항시인'이란 이름으로 김지하가 일약 세계에 알려지는 계기가 됨. 한편으로 『시인』지 6·7월 합병호에 선배시인 김수영 문학의 의의와 한계를 논한 「풍자냐 자살이냐」 발표.
1970. 11.	평화시장 노동자 전태일 분신에 후배들의 요청으로 조시(弔詩) 「불꽃」 발표.
1970. 12.	첫 시집 『황토』(한얼문고) 발간.
1971.	서울 문리대 연극반 봄 학기 김지하가 직접 집필·연출한 〈구리 이순신〉 〈나폴레옹 꼬냑〉이 당국의 불허로 공연 불발. '민주수호 국민협의회'의 결성에 참여한 후 원주로 내려가 천주교 농촌협동운동 기획위원으로 활동. 단구동 성당에서 영세 받음.
1971. 10.	천주교 원주교구 지학순 주교와 대규모 '부정부패 규탄대회' 주도.
1972. 4.	특권층의 횡포와 타락상을 비판·풍자한 담시 「비어(蜚語)」를 월간 『창조』에 발표.

1972. 4.	희곡 「나폴레옹 꼬냑」을 『다리』지에 발표. 이후 해당 잡지의 폐간과 함께 4월 12일 검거되어 반공법 위반으로 입건, 마산국립요양원에 강제 연금됨.
1973. 4. 7.	김수환 추기경 주례로 소설가 박경리의 외동딸 김영주와 결혼.
1973. 6.	한국 마당극의 시발점이 된 농촌 계몽극 「진오귀」 창작.
1973. 9.	일본의 경제침략을 비판한 장편 풍자 담시 「분씨물어(糞氏物語)」 발표.
1973. 11. 5.	서울 YMCA에서 「민주회복을 위한 시국선언문」 발표에 참여.
1974.	박정권의 긴급조치 제1호, 제2호 선포 후 3개월 간 강릉 등지로 도피. '전국민주청년학생총연맹'(일명 민청학련) 사건의 배후 조종자로 지명수배를 받자 재차 잠적. 4월 25일 대흑산도에서 검거됨.
1974. 4. 13.	비상보통군법회의에서 사형을 선고받았으나 이후 무기징역형으로 감형.
1974. 7. 13.	재일본 동포작가와 일본 작가들을 중심으로 '김지하를 돕기 위한 모임' 발족. 세계 저명 지식인들이 김지하의 석방 요구 호소문에 서명.
1974. 11. 18.	'자유실천문인협의회' 창립, 문학인 101인 시국선언문 발표. 김지하 석방과 유신헌법 철폐 선언.
1975. 2. 15.	형집행정지로 출옥. 〈동아일보〉에 '인혁당사건 조작'의 진상을 폭로한 「고행…1974」를 발표, 3월 13일 반국가단체 찬양·고무죄로 체포되어 재구속됨. '자유실천문인협의회' 김지하의 체포에 항의하는 성명을 발표.
1975. 6. 29.	'아시아·라틴 아메리카·아프리카 작가회의'가 '로터스상 특별상'을 수여하고 '김지하 석방 요구서'를 박정희 대통령에게 보냄. 동시에 노벨문학상과 노벨평화상 후보로 각각 추천.
1975. 8. 4.	옥중에서 쓴 「양심선언」이 일본 도쿄에서 발표됨. 이후 독서, 운동·통방·접견이 금지된 가혹한 보복을 당함.
1976. 12.	재판부가 무기징역에 덧보태어 징역 7년, 자격정지 7년을 선고.

1977. 1.	1년 10개월 만에 가족과 면회.
1978. 3.	'김지하구출위원회'(위원장 김병상 신부)가 결성됨.
1980. 12. 12.	국내외의 지속적인 석방운동으로 박정희 시해 후 집권한 전두환 정권에 의해 투옥 5년 9개월만에 형집행정지로 석방.
	장일순 선생으로부터 묵란을 배우며 생명운동 및 생명사상 구상.
1981.	국제시인회의(Poetry International)의 '위대한 시인상', '브루노 크라이스키 인권상' 수상.
	특히 75년 수상자로 결정됐으나 수감 관계로 미뤄졌던 '아시아·아프리카 작가회의' 주최 '로터스상 특별상' 수상.
1982.	생명운동 보고서 작성 – 생명의 세계관 확립과 협동적 생존의 확장. 한국 전통민중사상을 재해석한 『대설 남(南)』 1권,
	시선집 『타는 목마름으로』 간행.
1984. 3.	창비의 17인 신작시집 『마침내 시인이여』에 장시 「다라니」 발표 파문.
1984. 4.	'밥이 곧 하늘'이라는 명제로 생명사상을 제창한 이야기 모음집 『밥』, 『대설 남(南)』 2권 간행.
	산문집 『민족의 노래 민중의 노래』 출간.
1984. 겨울.	소설가 이문구와 원경스님·송기원·임진택·장선우 등이 참여한 '동학사상 기행팀' 결성, 계룡산·모악산·남원 교룡산성 일대 탐방.
	사면복권. 원주에서 해남으로 이사
1985. 3. 6.	'자유실천문인협의회' 주최 강연에서 「민중문학의 형식문제」 발표. 『대설 남(南)』 3권 간행.
1986.	연작 서정시집 『애린』 1·2권, 전작시집 『검은 산 하얀 방』 출간.
1987.	수상집 『살림』 출간.
	발병, 입원.

1988.	수운 최제우의 삶과 구도 과정을 다룬 장시집 『이 가문 날에 비구름』 발간.
1989.	생명의 외경을 다룬 『별밭을 우러르며』 상재.
1990.	생명운동단체 '한살림모임' 창립, '한살림선언문' 공동 작성.
1991.	잇단 분신사태에 직면하여 조선일보에 「젊은 벗들, 역사에서 무엇을 배우는가」 투고. 속칭 '죽음의 굿판 걷어치워라'로 알려지면서 필화. 산문집 『타는 목마름에서 생명의 바다로』, 『뭉치면 죽고 헤치면 산다』, 『김지하 전집』 5권 발간. 동아일보에 회상기 「모로 누운 돌부처」 연재하다가 돌연 중단.
1992.	병석에서 『세계의 문학』 봄호에 두 편의 시 「쉰」 「정신병동에서」 발표.
1992. 9.	시 「줄탁」 발표. 11월, 회상기 『모로 누운 돌부처』 출간.
1993.	'생명운동' 소식지 『그물코』 창간. 『결정본 김지하 시전집』(도서출판 솔). 제5회 '이산문학상' 수상.
1994.	동학혁명 100주년 즈음 『동학이야기』와 생명운동과 주민자치에 관한 담론을 다룬 『옹치격』, 시집 『중심의 괴로움』 출간.
1995.	칩거와 투병생활을 하면서 '틈'과 '모심'을 주제로 한 산문집 『님』 간행. 부친 김맹모 사망.
1996.	생명운동 확산을 위한 '신풍류회의' 결성. 생태정치학자 문순홍과 대담을 엮은 『생명과 자치』 출간.
1998. 8.	'율려학회' 조직, '율려사상'과 '신인간운동'을 주창.
1999.	기행집 『김지하의 사상기행 1·2』, 강연모음집 『율려란 무엇인가』, 미학강의 모음집 『예감이 가득 찬 숲그늘』 간행.

1999.	전통연희극 「세 개의 사랑이야기」를 위한 생명시 8편 창작.
	이 해 명지대 석좌교수로 임명되고, '율려학회' 회장으로 추대.
2000. 12.	'독도찾기운동본부' 상임대표를 맡음.
2001.	회갑을 맞아 「미의 여정, 김지하의 묵란전」 개최.
	율려운동에 관한 담론집 『셋 둘 그리고 혼돈』 출간.
2002.	시집 『화개(花開)』와 그간의 철학·사회·미학상을 집대성한 『김지하 전집』1·2·3권(실천문학사) 간행.
	정지용문학상·만해문학상·대산문학상 수상.
	'생명과 평화의 길' 대표로 취임.
2003.	경기도문화재단 후원 '세계생명문화포럼-경기'의 공동추진위원장으로 제1회 세계생명문화포럼 개최.
	회고록 『흰 그늘의 길』 1·2·3권, 『생명학』 1·2권 간행, 수묵시화첩 『절 그 언저리』 간행.
	경기도문화재단 후원으로 '세계생명문화포럼-경기' 개최.
2004.	시집 『유목과 은둔』, 미학 강의집 『탈춤의 민족미학』 간행.
	한국예술종합학교 석좌교수
2004.	경기도문화재단 후원으로 '세계생명문화포럼-경기' 개최.
2005.	미학 강의집 『흰 그늘의 미학을 찾아서』, 『생명과 평화의 길』 간행.
	영남대학교 교양학부 석좌교수로 취임.
	경기도문화재단 후원 '세계생명문화포럼 경기' 개최.
2006.	시집 『새벽강』 『비단길』 출간.
	제10회 '만해대상' 평화 부문 수상.
2007. 5. 27.	'생명학회' 창립. 문명기행서 『예감』 출간.
	동국대학교 석좌교수.
2008.	원광대학교 원불교학과 석좌교수.

2009.	시집 『못난 시들』, 수상집 『소근소근 김지하의 세상 이야기 인생 이야기』, 『새 시대의 율려, 품바품바 들어간다』, 『디지털 생태학』, 『방콕의 네트워크』, 『촛불, 횃불, 숯불』 간행.
2010.	시집 『산알 모란꽃』, 시집 『시 삼백』 1·2·3 권, 『흰 그늘의 산알 소식과 산알의 흰 그늘 노래』 간행 경제에세이 『춤추는 도깨비 : 돈과 마음의 관계를 생각하다』 출간. 경암학술상 예술부문 수상
2011.	민세상 사회통합부문 수상. 시집 『시김새』 1·2권 출간.
2013.	사상기행집 『수왕사 : 삼천 년을 짓밟혀 온 못난 백성들과 여인들의 역사』 간행. 건국대학교 대학원 석좌교수.
2014.	사상기행집 『초미(初眉)·첫 이마』, 『아우라지 美學의 길』 출간.
2018.	마지막 시집 『흰 그늘』, 산문집 『우주생명학』 출간.
2022. 5. 8.	은둔·칩거·투병 생활을 반복하다가 원주시 자택에서 별세.

작품 목록

시

출간년도	시집	출판사
1970	『황토』	한얼문고
1974	『김지하 시집 오적·황토·비어』	아오키서점(일본)
1975	『不歸』	중앙공론사(일본)
1976	『김지하 전집』	한양사(일본)
1982	『타는 목마름으로』(시선집)	창비
1984	『황토』(재출간)	풀빛
1984	『대설(大說) 남(南)』	창비
1985	『생명으로 쓰는 시』	산하
1986	『애린 1』	실천문학
1986	『검은 산 하얀방』	분도출판사
1987	『김지하 담시(譚詩) 모음집』	실천문학
1988	『이 가문 날의 비구름』(장시)	동광
1989	『별밭을 우러르며』	동광
1991	『김지하 전집』(서정시, 담시)	동광
1991	『마지막 살의 그리움』(시선집)	동광
1991	『타는 목마름에서 생명의 바다로』(장시)	미래사
1991	『말뚝이 이빨은 팔만사천 개』(담시전집)	동광
1993	『결정본 김지하시 전집 1·2·3』	동광
1993	『밤나라』	솔
1993	『모란 위 四更』	솔
1994	『중심의 괴로움』	솔

출간년도	시집	출판사
1996	『빈 산』	솔
1999	『꽃과 그늘』(시선집)	실천문학
2002	『화개(花開)』	실천문학
2003	『절, 그 언저리』(수묵 시화첩)	창비
2004	『유목과 은둔』	창비
2006	『새벽강』	시학
2006	『비단길』	시학
2009	『못난 시들』	이룸
2010	『시 삼백 1~3』	자음과 모음
2010	『산알 모란꽃』	시학
2010	『흰그늘의 산알 소식과 산알의 흰그늘 노래』	천년의 시작
2012	『시김새 1~2』	신생
2018	『흰 그늘』	작가

산문·수상록

출간년도	산문집·수상록	출판사
1984	『민족의 노래 민중의 노래』	동광
1984	『밥』	분도
1985	『남녘땅 뱃노래』	두레
1987	『살림』	동광
1988	『나의 어머니』	자유문학사
1991	『뭉치면 죽고 헤치면 산다』	동광
1991	『한 사랑이 태어나므로』	동광
1991	『생명, 이 찬란한 총체』	동광
1991	『이것 그리고 저것』	동광
1991	『타는 목마름에서 생명의 바다로』	동광
1991	『김지하전집』(산문집1·2)	동광
1992	『생명』	솔
1992	『모로 누운 돌부처』	나남
1992	『아! 김지하 : 번민의 바다에서 생명의 바다로』	타임기획
1994	『생명』	솔
1995	『밥』(재출간)	솔
1995	『틈』	솔
1995	『님』	솔
1997	『생명과 자치』	솔
1999	『예감에 가득 찬 숲그늘 : 김지하 미학강의』	실천문학
1999	『율려란 무엇인가 : 김지하 율려 강연 모음집』	한문화
1999	『사상기행 1·2』	실천문학
2000	『옛 가야에서 띄우는 겨울 편지』	두레

출간년도	산문집·수상록	출판사
2000	『셋 둘 그리고 혼돈』	솔과학
2002	『김지하 전집 1-3』	화남
2003	『흰 그늘의 길 : 김지하 회고록 1·2·3』	학고재
2003	『생명학 1·2』	화남
2003	『사이버 시대와 시의 운명』	북하우스
2004	『탈춤의 민족미학』	실천문학
2004	『흰 그늘의 미학을 찾아서 : 미학강의』	실천문학
2005	『생명과 평화의 길 : 김지하 산문집』	문학과 지성
2009	『소근소근 김지하의 세상 이야기 인생 이야기』	이룸
2009	『새 시대의 율려, 품바품바 들어간다』	이룸
2009	『방콕의 네트워크』	이룸
2009	『디지털 생태학』	이룸
2009	『촛불, 횃불, 숯불』	이룸
2010	『춤추는 도깨비 : 돈과 마음의 관계를 생각하다』	자음과 모음
2013	『김지하의 수왕사』	올리브
2013	『김지하의 문예이론』	국학자료원
2014	『초미, 첫 이마』	다락방
2014	『아우라지 미학의 길』	다락방
2018	『우주생명학』	작가

희곡

출간년도	희곡집	출판사
1988	『나폴레옹 꼬냑·금관의 예수』	동광
1991	희곡집 『똥딱기 똥딱』	동광
1991	김지하 전집 중 희곡집	동광
	수록작품 「나폴레옹 꼬냑」(1970)	
	「구리 이순신」(1971)	
	「금관의 예수」(1972)	
	「진오귀」(1973)	

필자 소개와 짧은 회고

◆ 편집진 ◆

염무웅 | 문학평론가, 영남대학교 명예교수, 창작과비평사 대표 역임, 민족문학작가회의(현 한국작가회의) 이사장, 한국민족예술인총연합 이사장, 겨레말큰사전 남북공동편찬사업회 이사장 역임. 현재 익천문화재단 길동무 공동이사장. 김지하 시인과는 대학시절부터 알고 지냈는데, 김 시인의 범상치 않은 다재다능에 때로 경이로움을 느끼기도 한, 긴장된 친구 관계였다.

이부영 | 자유언론실천재단 전 이사장, 몽양 여운형선생 기념사업회 전 회장. 1975년 김지하 시인이 민청학련 사건의 무기징역에서 풀려난 뒤, 동아일보에 「苦行…1974」를 통해 인혁당 사건의 고문조작 사실을 폭로하도록 하여 재수감되는 빌미를 만든 장본인. 시인이 석방되는 날까지 편한 잠을 못 잤다. 1975년 동아일보에서 강제해직된 이후 50년을 언론 자유와 민주화 운동에 헌신한 재야의 대표인물이다.

유홍준 | 명지대학교 석좌교수, 전 문화재청장. 현 이애주문화재단 이사장. 김지하 시인의 중동고, 서울대학교 미학과 후배로 1969년 김 선배가 문리대 연극회 〈혈맥〉 연출 때 무대장치를 맡아 가까이서 지냈다. 1974년 민청학련 사건 때 영등포 교도소에 함께 복역 중 습작한 시를 보여주었더니 지하 형이 혹독히 비평하면서 "너는 호흡이 기니 산문으로 나아가라"고 하는 바람에 결국 그렇게 되었다.

임진택 | 창작판소리의 독보적 명창이자 마당극 운동의 효시(嚆矢-첫화살). 서울대학교 문리과대학 시절 연극회에서 선배 김지하를 만나 인생이 크게 바뀌었다. 임진택이 한국 마당극의 첫화살이라면 김지하는 그 화살을 쏘아 올린 활(弓)이었다. 임진택의 창작판소리 역시 김지하의 담시 「오적」, 「소리내력」, 「똥바다」로부터 출발한 바, 김지하와 임진택의 인연은 활과 화살의 숙명적 맺어짐이라 할 수 있다.

발제자

임동확 | 시인, 한신대학교 교수, 1980년 4월 전남대학교 용봉문학회 회장으로서 김지하 시인 석방을 위한 〈김지하 문학의 대낮〉을 개최. 서강대학교 국문학과 대학원에서 「생성의 사유와 무의 시학-김지하 詩세계 연구」로 박사학위 취득. 90년대 초반 이른바 '죽음의 굿판' 사건 이후 문학평론가 임우기와 함께 김지하 시인 첫 대면. 이후 홍용희·이재복·박현수 교수와 함께 '김지하 연구회' 결성. 현재 '김지하 포럼' 활동 중.

김사인 | 1981년 동인지 『시와 경제』의 창간 동인으로 참여하며 시 쓰기를 시작했고, 1982년 무크 『한국문학의 현단계』(창작과비평사)를 통해 평론을 시작했다. 월간 『노동해방문학』 발행인, 한국작가회의 시분과위원장을, 근년에는 한국문학번역원장을 역임했다. 2021년 동덕여자대학교 정년퇴임 후 전주에 머물고 있음. 시인이자 평론가로서 제대로 된 김지하론을 쓰고자 오래 소망해 왔으나 여전히 이루지 못하고 있다.

홍용희 | 문학평론가. 1995년 중앙일보 신춘문예 당선, 한국비평문학회 회장, 저서 『김지하문학연구』, 『김지하 마지막 대담』, 『현대시의 정신과 감각』, 『고요한 중심을 찾아서』 등이 있음. 현재 경희사이버대학교 미래문명원장, 미디어문예창작과 교수로 재직 중이다. 또한 계간지 『시작』 주간이며, 『대산문화』 편집위원, 디아스포라 웹진 『너머』 편집위원, 문화전문지 『쿨투라』 편집기획위원으로 활동하고 있다.

정지창 | 전 영남대학교 교수. 전 민예총 이사장, 생명평화아시아 고문. 2002년 김지하 시인의 회갑을 기념하기 위해 「광대의 상상력과 장광대설」이라는 제목의 김지하론을 문예미학회 논문집에 기고했다. 김 시인에게 바치는 헌사였으나, 이 논문을 생전에 김 시인에게 보내드리지 못한 것이 마음에 걸린다. 김 시인이 읽어보셨으면 무어라 했을지 궁금하기도 하다. 앞으로 제대로 된 김지하론을 써보려고 한다.

채희완 | 부산대학교 예술문화영상학과 명예교수. 전국민족극운동협회 이사장, 한국춤비평가협회 회장 역임. 현재 (사)민족미학연구소 소장. 동학 100주년기념 고부봉기 역사맞이굿, 민족통일대동장승굿, 일본군위안부 해원상생한마당 등 민족굿에서 예술감독을 맡아했음. 김지하 시인과 함께 마당굿운동·생명문화운동을 펼치면서『탈춤의 민족미학』을 발간하고, 고 김윤수 선생과 함께 '민족미학'의 정초 놓기에 힘을 모음.

심광현 | 한국예술종합학교 영상원 영상이론과 명예교수,『문화과학』전 편집인. 문화연대 초대 사무처장. 80년대 말『민족미술』편집장 시절 김 시인이 쓴「심정수론」을 게재하면서 첫 만남이 시작됐다. 이후 오윤 인터뷰, 들뢰즈를 매개로 한 '민족미학의 현재화를 위한 대담' 등으로 이어졌던 인연이 서로의 어긋난 삶의 궤적으로 끊어졌다. 그 미완의 대화를 20년 만에 재개하는 마음으로 이번 발표에 임했다.

김정남 | 서울대학교 문리대 정치학과에 재학 중이던 1964년 6.3 항쟁 당시 시위를 주동한 '배후인물'로 몰려 구속된 이후 20년이 넘는 기간 수배·도피·투옥을 반복하면서도 민주화 운동가들을 결집시키고 민주화 운동을 물심양면으로 지원한 '배후인물'. 영화〈1987〉의 실제 인물이다. YS 문민정부에서 청와대 교육문화사회수석비서관을 지냈고, 지금은 민주화운동사를 정리하는 일에 몰두하고 있다.

미야타 마리에(宮田毬栄) | 문필가, 일본 중앙공론사 문예지『바다(海)』전 편집장. 일본에서 김지하 시인의 작품을 1970년대부터 일관되게 편집·출판하는 한편, 김지하 구원 운동을 일본뿐만 아니라 국제적으로 전개하는 데 핵심적인 역할을 한 여성.

히라이 히사시(平井久志) | 교도통신 객원논설위원. 교도통신사의 서울특파원, 서울지국장을 역임. 김지하 구원 운동에 참여하고, 시인의 작품을 번역하여 일본인들에게 알리는 데 앞장섬. 서울 근무를 통해 김지하와 깊이 교류하였다.

박맹수 | 전 원광대학교 총장, 전 한살림 '모심과살림연구소' 이사장. 1986년 한살림모임 창립 당시 김지하 시인을 연구위원장으로 모시고 동학사상에 대해 사사한 이래, 2007년에는 김 시인을 원광대학교 원불교학과 석좌교수로 초빙함.

조현범 | 한국학중앙연구원 교수. 김지하 시인을 직접 뵙고 가르침을 구하는 인연은 얻지 못했으나, 대신 1주기 추모 학술세미나의 말석(?)에 앉아 김지하 시인의 고원한 사상을 배우고 음미하는 호사를 누렸다.

이기상 | 한국외국어대학교 철학과 명예교수, 활발한 저술활동과 번역활동으로 1993년 '열암학술상', 1994년 '한국출판문화상 번역상'을 수상했다. '우리말로 학문하기 모임' 초대 회장, '생명과 평화의 길' 학술이사를 맡았다. 김지하 시인과는 〈세계생명문화포럼_경기 2003〉부터 4년간 기획위원과 추진위원으로 함께 활동했고, 2007년 초대 '생명학회' 회장으로 추대되었다.

주요섭 | 전북 정읍에서 태어나고 자랐다. 1983년 상경한 이후, 정읍과 서울을 오가며 '지역'과 '생명', '전환'을 키워드로 다양하게 활동하며 공부했다. 1995년부터 5년여간 '생명민회' 사무국장으로 일하며 김지하의 생명운동을 도왔다. 2023년 늦은 나이에 「김지하의 사회사상 연구-니클라스 루만의 사회학적 체계이론을 경유하여」를 주제로 박사학위를 취득했고, 이어 『한국 생명운동과 문명전환』(2023)을 출간했다.

◀· **토론자** ·▶

서승희 | 한국학중앙연구원 한국학대학원 국문학 전공 부교수. 김지하를 통해 1970년대 한국 역사와 문학을 배웠다. 이제 여러 나라에서 온 학생들과 김지하 시를 읽으며 한국 문학의 과거와 현재, 그리고 미래를 생각한다.

이재복 | 문학평론가, 한양대학교 국제문화대학 학장. 한양대학교 한국미래문화연구소 소장, 국제비교한국학회 회장. 저서로 『몸』, 『비만한 이성』, 『몸과 그늘의 미학』, 『김지하가 생명이다』 등이 있다.

백현미 | 전남대학교 교수, 창극 및 현대연극 연구자. 김지하 시인을 추모하는 학술심포지엄에 함께하자니, 〈타는 목마름으로〉를 부르고 〈똥바다〉에 추임새 하던 시절이 이미 아득한데, 불현듯 생생하게 살아난다.

김봉준 | 김지하 시인과는 1983년 애오개문화마당에서 밤새 환담한 것이 첫 만남. 1994년 내 개인전에서 '신명의 미학'으로 토론회를 가질 때 주빈으로 참석해 주셨다. 이후 나도 원주에 오랜미래신화미술관을 세우고 산골살이를 시작한 바, 토지문화관에 가끔 찾아뵈며 정분을 나누었다. 현재 더 넓은 세상에서 예술을 마감하고 싶어 해외에서 미술전시 중이다. 앞으로 K-아트로 인생을 마무리하고 싶다.

이윤선 | 전 한국민속학술단체연합회 이사장, 전 남도민속학회 회장. 현 서남해안포럼 이사장. 해남 칡북에 얽힌 설화 답사를 위해 화원반도 서동사 일대를 지팡이를 짚고 다니시던 김 시인을 하루 모셨던 적이 있다. 임진택 명창이 연행하는 김 시인의 〈소리내력〉에 고수로 참여하며 흰 그늘을 톺아보고 있다. 시인의 유훈일 수 있을 남도의 '권'을 '기우뚱한 아름다움'으로 재구성하고 있는 중이다.

김수현 | 경상국립대학교 사범대학 미술교육과 명예교수, (사)민족미학연구소 『민족미학』 전 편집장. 서울대학교 미학과의 까마득한 후배로 김 시인이 동학의 길을 따라 남도순례를 할 때 진주에서 처음 만났다. 그는 우리 가족 5인을 음양천지인으로 불러주었다.

홍성담 | 화가. 대표작품으로 '오월광주항쟁 연작판화 - 새벽', '그림소설 - 바리', '생태환경연작그림 - 나무물고기' 등이 있다. 1982년 해남으로 이주한 김지하 시인을 만나 수년 동안 동학기행을 함께 하면서 많은 가르침을 받았다.

김용휘 | 대구대학교 자유전공학부 교수, 방정환배움공동체 '구름달' 대표. 동학의 시천주 사상 연구로 박사학위(철학)를 취득, 2010년부터 생명운동에 관심을 갖고 활동하고 있으며, 2018년부터 2년간 인도 오르빌에서 공동체를 경험하고 돌아와 지금은 방정환의 정신을 계승하는 교육운동에 주력하고 있다.

김선필 | 집안 대대로 내려오던 천주교 신앙을 이어받아 사제가 되기 위해 신학교에 입학했지만 결국 평신도의 삶을 선택했다. 현재 서강대학교 신학연구소 선임연구원으로 재직 중이며, 한국 천주교회를 중심으로 종교사회학 연구를 이어가고 있다.

심광섭 | 독일 부퍼탈-베텔신학대학교에서 박사학위(1991)를 받았다. 감리교신학대학교에서 은퇴(2023년)한 후 현재 (사)한국영성예술협회 공동대표로 일하고 있다. 김지하의 사상 전체를 '흰 그늘의 생명미학'으로 연구 중이다.

김소남 | 한국현대사 전공, 국사편찬위원회 편사연구관. 원주 지역 생명운동의 태동과 전개 과정에서 김지하의 역할과 활동상을 규명하기 위해 2016년 만나 구술작업을 했다. 그 결과 장일순과 김지하 등 원주그룹을 중심으로한 『협동조합과 생명운동의 역사』(2017, 소명출판사)를 간행했다.

종합토론자

김용우 | (사)한알마을 이사장. 원주한살림과 원주생협을 비롯한 생명운동 단체에서 일하면서 토지문화관에서 열리는 세미나나 포럼을 통해 김지하 시인을 만났다. 또한 무위당만인회 고 김영주 회장과 함께 생명운동 관련 회의와 행사를 함께 했다.

유정길 | 불교환경연대 공동대표. 1994년 김지하 시인이 주도하는 '생명가치를 찾는 민초들의 모임(생명민회)'의 초대 사무국장을 역임하면서 풀뿌리 자치에 근거한 생명운동을 시민사회단체에 확대하는 활동을 함께 해왔다.

김영래 | 신시화백연구가, 좌계학당 대표. 『서원과 연대』라는 잡지에 「이문명(夷文明)의 핵심은 2군1민(二君一民)을 이루는 신시(神市)와 화백(和白)에 있었다」는 글을 올린 후 김지하 시인으로부터 "만나자"는 연락이 와서 고양 자택으로 찾아뵙게 되었다. 현재 김지하 시인이 새로 만든 '등탑팔괘(燈塔八卦)'에 대해서 연구, 집필 중이다.

김영동 | 국악작곡의 문을 연 선구적 1인. 대표적인 곡으로 〈어디로 갈거나〉, 〈한네의 승천〉, 〈삼포 가는 길〉 등이 있고, 명상음악들도 널리 알려져 있다. 김지하 시인이 포착한 '율려'라는 개념이 본래 음악에서 연유한 것이므로 김 시인과 둘이 따로 만나는 일이 잦았다.

이병철 | 한국가톨릭농민회 사무총장, 전국귀농운동본부장, 녹색연합대표 등 역임. 민청학련 사건으로 김지하 시인과 함께 구속됨. 무위당 장일순 선생을 모시고 한살림 공부모임과 생명운동을 함께 했다.

김지하 시인 49재 추모문화제
2022. 6. 25. 천도교 대교당

작가 황석영

미야타 마리에

환경운동가 최열

김지하를 다시 본다

김지하 시인 1주기 추모문화제 기자 간담회
2023. 5. 4. 백악미술관

김지하 시인 1주기 추모 서화전
2023. 5. 4.– 9. 백악미술관

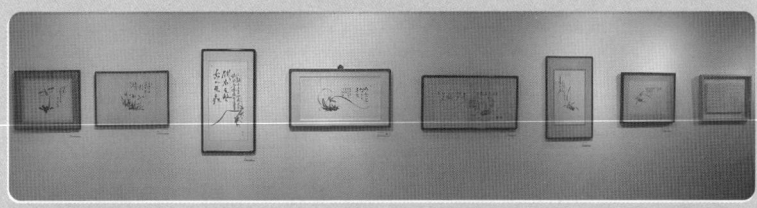

김지하 시인 1주기 추모 학술심포지엄
2023. 5. 6.– 7. 한국학중앙연구원

염무웅 학술 심포지엄 추진위원장

이부영 1주기 추모문화제 추진위원장

유홍준 한국학중앙연구원 이사장

안병우 한국학중앙연구원 원장

김정남　　　　　미야타 마리에　　　　　히라이 히사시

1052
김지하를 다시 본다

김지하 시인 1주기 추모 공연
2023. 5. 6. 한국학중앙연구원 청계학당

가수 문진오

길동무 이사장 김판수

시 낭송 임동확

김지하 담시 임진택 작창 「소리내력」

김지하 시(詩) 이종구 작곡 「탈」

김지하 시인 1주기 추모 묘소 참배
2023. 5. 8. 원주 토지문화관

김지하를 다시 본다

펴 낸 날	2024년 11월 18일 초판1쇄
	2025년 1월 20일 초판2쇄
엮 은 이	염무웅 이부영 유홍준 임진택
글 쓴 이	이부영 임진택 염무웅 임동확 서승희 김사인 이재복 홍용희 백현미
	정지창 김봉준 채희완 이윤선 심광현 김수현
	유홍준 홍성담
	김정남 미야타마리에 히라이히사시
	박맹수 김용휘 조현범 김선필 이기상 심광섭 주요섭 김소남
	김용우 유정길 김영래 김영동 이병철
	김지하
기획·제작	이애주문화재단
	한국작가회의 50주년 기념사업단
기획실무	양정순
펴 낸 이	윤혜경
펴 낸 곳	개마서원
	서울 성북구 아리랑로 111-4
	1989년 8월 17일(제1-953) 등록
	ongoejisin@gmail.com
사 진	박옥수 장성하
편집·디자인	장성하
교 정	박성실 김설인

ISBN 979-11-989453-1-0
값 54,000원

이 책에 실린 사진과 글은 저작권법에 의해 보호를 받는 저작물입니다.
이 책은 POSCO 의 후원으로 제작되었습니다.